Boelcke,
Wirtschaftsgeschichte Baden-Württembergs

Willi A. Boelcke

Wirtschaftsgeschichte Baden-Württembergs

von den Römern bis heute

Konrad Theiss Verlag Stuttgart

Herausgegeben mit finanzieller Unterstützung
der Robert Bosch Stiftung,
der Gesellschaft für Baden-Württembergische Wirtschaftsgeschichte e.V., Stuttgart,
der Württembergischen Hypothekenbank AG, Stuttgart,
der Stiftung zur Föderung der geistigen und künstlerischen Arbeit, Stuttgart
und des Handwerkstages Baden-Württemberg

CIP-Kurztitelaufnahme der Deutschen Bibliothek

Boelcke, Willi A.:
Wirtschaftsgeschichte Baden-Württembergs : von
d. Römern bis heute / Willi A. Boelcke. –
Stuttgart : Theiss, 1987.

Schutzumschlag: Jürgen Reichert, Stuttgart
Umschlagbilder: Links Herstellung von Zündkerzen bei Bosch,
Robert Bosch GmbH Stuttgart, rechts Montageband bei
Daimler-Benz in Sindelfingen, dpa (Schulte).

© Konrad Theiss Verlag GmbH, Stuttgart 1987
ISBN 3 - 8062 - 0423 - 3
Alle Rechte vorbehalten
Gesamtherstellung: Grafische Betriebe Süddeutscher Zeitungsdienst Aalen
Printed in Germany

Karl Erich Born
zum 65. Geburtstag

Vorwort

Güterproduktion ist mindestens ebenso bedeutsam wie der Geist der Menschen. Erst durch gesteigerte Güterproduktion gewann die wohlstandsmehrende Wirtschaft Gestalt. Stärkeres Licht auf die Entwicklung der Wirtschaft und ihrer technischen Mittelhaftigkeit in Vergangenheit und Gegenwart fallen zu lassen, ist daher ein vordringliches Anliegen. Das gilt insbesondere für das Wirtschaftsgeschehen in einem mehr von Standortungunst als -gunst gezeichneten Lande, das jedoch hinsichtlich seines Industrialisierungsgrades seit Jahrzehnten die Spitzenposition innerhalb des deutschen Wirtschaftsraumes einnimmt. Wo man's ursprünglich am wenigsten erwartet hatte, ist alles so völlig verändert. Diesen fortwährenden Wandel zu erhellen, ist obendrein eine ebenso reizvolle wie intensivstes forscherisches Bemühen herausfordernde Aufgabe. Sie aus möglichst umfassender Perspektive zu bewältigen, hat sich der Verfasser mit dem vorliegenden Buche gestellt, der ersten monographischen Wirtschaftsgeschichte Baden-Württembergs und damit auch dem ersten Versuch, das faszinierende Kontinuum von der villa rustica Romana, vom Gutshof der römischen Kaiserzeit, bis zum Daimler-Benz-Konzern der Gegenwart nachzuzeichnen, verständlich zu machen und in den größeren Rahmen menschlicher Kulturleistungen einzuordnen.

Um das Bild des Wirtschaftslebens zwischen Rhein, Main und Bodensee sowie seine Anatomie voll in Szene zu setzen, ist nicht nur das Ganze zu betrachten, sondern werden auch die Teile der Summe und ihre Rahmenbedingungen in den jeweiligen großen Geschichtsepochen untersucht, die Bevölkerungsbewegung in Stadt und Land, die Entwicklung der Landwirtschaft, des Gewerbes, des Verkehrs zu Wasser, auf dem Lande und in der Luft, des Nah- und Fernhandels, des Geld- und Bankwesens und wird ferner nicht nur die Sphäre der Großbetriebe, sondern auch die bedeutende Welt des Mittelstandes, der Bauern, Handwerker, der Einzelhändler und der für Südwestdeutschland typischen Kleinfabrikanten erfaßt. Es wird geschildert, wie die einzelnen Teile der Wirtschaft ineinandergreifen, sich gegenseitig unterstützen und bedingen oder auch hemmen und bekämpfen. Auch kommt es darauf an, jeweils Macht und Ohnmacht von Märkten und Institutionen, von Unternehmern und Verbrauchern aufzuzeigen. Alltagswirklichkeit soll sich widerspiegeln, und internationale Zusammenhänge sind aufzudecken. Wirtschaftsgeschichte darf sich nicht darauf beschränken, »theorieverordnete« Zahlenreihen zu systematisieren und zu korrelieren. Säkulare Entwicklungen und kürzere Abläufe können nur dann umfassend erklärt werden, wenn die wirtschaftlichen Wechsellagen in ihrer Verknüpfung und Dialektik mit den jeweiligen sozialen Bedingungen, den politischen Faktoren, wirtschaftspolitischen und sozialen Ideen, den technisch-wissenschaftlichen Neuerungen und vorhandenen psychologischen Gegebenheiten gesehen werden. Neu ist in diesem Buche die versuchte längsschnittartige Verbindung zwischen makro- und mikroökonomischer Betrachtungsweise, die breite, mit Absicht nicht anonymisierte Darstellung von unternehmerischem Verhalten und Unternehmensleistungen. Informiert wird über die Geschäftsentwicklung von zahllosen Firmen, namhaften und weniger bekannten, um wirtschaftliche Abläufe, insbesondere Sonderentwicklungen sichtbar zu machen. Neu ist die gebotene starke Verzahnung von Wirtschafts- und Technikgeschichte. Arbeit, Wirtschaft und Technik gehören untrennbar zum Menschen.

Ausgeklammert wurden in dieser bereits umfassenden, dickleibigen Darstellung weitgehend die typischen Gegenstände der Sozialgeschichte, der Pauperismus im 19. Jahrhundert, die Rolle der Gewerkschaftsbewegung, Lohnentwicklungen, die staatliche Sozialpolitik bis hin zum sozialen Netz des Wohlfahrtsstaats, längerfristige soziale Umschichtungen, die Beschäftigung von Gast- und Zwangsarbeitern, das berufliche Bildungswesen und die betrieblichen Sozialleistungen. Die Sozialgeschichte Südwestdeutschlands soll in einem weiteren, schon in Angriff genommenen Buch dargestellt werden. Der übersichtlichen Information über politische, geistige und soziale Entwicklungen dient ferner das vom Verfasser herausgebrachte : Handbuch Baden-Württemberg. Politik, Wirtschaft, Kultur von der Urgeschichte bis zur Gegenwart. 1982.

Vom einzelnen, von der Familie über die Gemeinde bis hin zur Wirtschaftsregion und zum politischen Ganzen aufsteigend, erwuchs Wirtschaft dem Wesen nach aus dem Streben der Menschen, ihre elementaren Lebensbedürfnisse zu sichern, ihr Los zu verbessern und möglichst auch Bequemlichkeit und Freizeit mehrende Daseinserleichterungen zu schaffen. Seit Jahrhunderten haben die sehr lernfähigen, ausgeprägtem Konkurrenzdenken verhafteten Menschen in Südwestdeutschland hart gearbeitet. Das Eigentumsstreben beflügelte sie. Auch die Maschine vermochte sie weder von ihrem Boden abzulösen, noch ihnen den individualistischen Arbeitssinn zu nehmen. Arbeit entfremdete sie offenbar nicht, weil für sie als Maßstab galt, was der Schwabe Hegel schon Anfang des vorigen Jahrhunderts in Berlin lehrte: »Dieses ist das unendliche Recht des Subjekts, daß es sich selbst in seiner Tätigkeit und Arbeit befriedigt findet.«

Technische Schöpfungen wurden zum Schlüssel, um neue Räume zu öffnen, neue Einkommensquellen sich zu erschließen, um das Wesen des Menschen und seine Umwelt zu erweitern. Der Sprung vom Werkzeug zur Maschine vergrößerte diese Dimensionen und erzeugte neue Qualitäten. Nie geträumte, ungeheure Möglichkeiten und ungeheure Gefahren eröffneten sich. Ein Bruch mit Traditionen trat ein. Göttergleich wurden die Menschen, weil ihnen die wirtschaftlich genutzte Technik millionenfach vermehrte Kraft verlieh. Das Zeitalter der industriellen Revolutionen, in dem wir heute leben, wurde in seiner markt- und weltverändernden Dynamik entscheidend von der sich ständig steigernden Geschwindigkeit der technisch-wissenschaftlichen Revolution bestimmt. Eine südwestdeutsche Wirtschaftsgeschichte muß notwendig diesen technikgeschichtlichen Entwicklungen entsprechenden Raum zur Verfügung stellen und könnte daher auch Nachschlagewerk für beide Sachgebiete sein.

Die arbeitserleichternde und einkommensmehrende Technik brachte bekanntlich nicht nur neue Möglichkeiten der Produktion hervor. Massenhafte Anwendung von Technik weckte während der industriellen Epoche durch ihre Leistungen neue, riesenhafte Bedürfnisse. Das tägliche Dasein des Menschen verwandelte sich radikal. Soweit Bedürfnisse bei gleichzeitig gestiegener effektiver Nachfrage wuchsen, entstand neue Arbeit, kam es vor allem im industriellen Bereich bis an die Schwelle zur »Computergesellschaft« zu einer gewaltigen Arbeitssteigerung. Der südwestdeutsche Raum ist hierfür ein vorzüglicher Beleg, aber zeugt auch beispielhaft dafür, wie sich die Menschen der technisierten Arbeits-, Wirtschafts- und Lebenswelt anzupassen wußten und umgekehrt sich bemühten, die Technik dem Menschen und der Natur anzupassen. Gelungen ist es bisher nur teilweise, in einzelnen Bereichen beängstigend wenig. Um die komplizierten ökonomischen und technischen Prozesse zu beherrschen und um nicht zuletzt zu verhindern, daß sich die nicht durch sich selber zu begrenzende Technik gegen den Menschen und seine natürliche Umwelt richtet, sind von ihm mehr denn je Lernen, Können, Wissen und Einsicht in ökonomische Vorgänge gefordert. Eine vorbehaltlose Fortschrittsgläubigkeit, wie sie sich um 1900 gerade auch im »Schwäbischen« zuweilen sogar poetisch artikulierte, war weder für die Frühzeit der industriellen Revolution typisch, noch ist sie heute anzutreffen. Nach wie vor gilt der Jaspers-Satz: »Die Wertschätzung der Technik hängt ab von dem, was man von ihr erwartet.«

Stuttgart, im Februar 1987

Willi A. Boelcke

Inhalt

Modernität und Stagnation: Reformation, Merkantilismus, Aufklärung   93

Das liberale Reformzeitalter   164

Wege zur Hochindustrialisierung   215

Krisen und Konjunkturen in der Epoche der Weltkriege 313

Römisches Erbe

Unter römischer Besatzung

Rom hatte wieder gesiegt. Als Cäsar 58 vor Christo in siegreicher Schlacht an der Öffnung der Senke zwischen Vogesen und Jura (Mühlhausen?) das Reich des Suebenkönigs Ariovist zerstört hatte, stieß römische Zivilisation erstmals bis an den Rhein vor und wurde zugleich die natürliche Einheit des Oberrheingebiets in Frage gestellt. Um die von Rom beanspruchte Weltherrschaft zu verwirklichen, eroberten die Stiefsöhne des Kaisers Augustus, Tiberius und Drusus, im Feldzug gegen die Räter und Vindeliker um 15. v. Chr. das Bodensee-Gebiet (Legionslager Dangstetten), erreichten die Donau und überschritten den Lech bei Augsburg (Legionslager). Wirksamen Widerstand konnten die ansässigen Kelten der römischen Weltmacht, zudem wirtschaftlich und kulturell hoch überlegen, nicht entgegenstellen. Unter der realistischen Außen- und Sicherungspolitik während der Regierungszeit Kaiser Claudius' (41–54 n. Chr.) wurden dann Kastelle an der oberen Donau (Hüfingen, Tuttlingen, Emerkingen usw.) eingerichtet und der Rheinübergang am Kaiserstuhl durch Kastelle gesichert. Sie waren für die folgenden Jahrhunderte Symbol römischer Präsenz und Militärherrschaft und wurden durch die mit ihnen verbundenen Lagerdörfer (z. B. Öhringen, Köngen, Murr) zum Kristallisationskern von Handel, Handwerk und Landwirtschaft. Innerhalb der heutigen Grenzen von Baden-Württemberg sind rund 70 römische Kastelle entdeckt worden.

Mit der festen Grenzsetzung, Zeichen des Verzichtes auf die weitere Ausdehnung der römischen Universalherrschaft, verbanden sich innere Reformen und erhielt der Landesausbau an Donau und Oberrhein merkliche Anstöße. 46 n. Chr. konnte die Via Claudia Augusta als wichtige, von der römischen Provinzhauptstadt Augsburg nach Italien führende Verbindungsstraße dem Verkehr übergeben werden, noch im Mittelalter vielbenützte Handelsstraße. Ein Netz römischer Straßen, »Heerstraßen«, geradlinig im Verlauf, mit steinernem Unterbau, Schotterauflage und beiderseitigen Straßengräben, führte von Augsburg aus in alle Himmelsrichtungen und durchzog all-

mählich das ganze Land, eingebunden in das Gesamtnetz der Römerstraßen des Imperiums von 90000 km Länge (ohne Haupt- und Nebenstraßen).Militärische Zweckmä-
ßigkeit und militärischer Bedarf begünstigten das Wirtschaftsleben und seine Verknüpfung mit der römischen Weltwirtschaft. Römische Städte erwuchsen in Anlehnung an erhaltene keltische Gewerbesiedlungen (Rottenburg) und römische Militär-
stationen. Sie überdauerten auch deren Verschwinden (Brigantium/Bregenz; Cambo-
dunum/Kempten, Argentorate/Straßburg). Angestrebt wurde eine rasche, wohl kaum
auf Widerstand gestoßene Romanisierung der einheimischen keltischen Bevölkerung.
Eine bürgerliche Oberschicht von Beamten und Kaufleuten konnte sich entwickeln,
zumal den entfernten Provinzen eine gewisse Selbstverwaltung gewährt wurde. Wer
in den verschiedenen Truppengattungen des römischen Heeres gedient, zuletzt auch
eine ala, d. h. ein Regiment von fünfhundert Nichtrömern zu Pferde, befehligt hatte,
den hielt man aus der römischen Adelsklasse für befähigt, als Statthalter einer kleinen
Provinz vorzustehen. Die skrupellose Tributerhebung und Steuerverpachtung in den
Provinzen war in der Kaiserzeit eingedämmt.

Mit Vorsicht und Umsicht führte Kaiser Vespasian (69–79) die römische Sicherungspolitik am Rhein fort. Er ließ das verlassene Legionslager Argentorate (Straßburg) neu
besetzen, zur besseren Beweglichkeit römischer Verbände die Straße von Straßburg
über Offenburg durch den unwegsamen Schwarzwald nach Rottweil und Tuttlingen
zur Donau (Faimingen) ausbauen, trug den Angriff auf das rechte Rheinufer, wo er das
Gebiet zwischen dem Oberrhein und der oberen Donau, das »Dekumatenland«, in
Besitz nahm. Als Sicherungsmaßnahme wurden unter ihm die Donaukastelle auf die
Rauhe Alb vorverlegt (Burladingen, Urspring, Heidenheim u. a.), um dann gegen
Ende der Regierung Kaiser Domitians (81–96) noch auf eine nördlicher gelegene
Rems-Donau-Linie (Neckar- und Alblimes) vorgerückt zu werden. Mächtige Offen-
sivstöße und der Ausbau von Verteidigungsstellungen (155: Vorderer Limes), um die
eroberten Räume sowie die erreichte Kultur- und Zivilisationshöhe zu behaupten,
kennzeichneten die Politik der römischen Kaiser bis zu Beginn des 3. Jahrhunderts an
Rhein und Neckar.

Römische Weltwirtschaft

Der Schutz des 548 km langen, von Truppen besetzten niedergermanischen, oberger-
manisch-rätischen Limes, zwischen Rhein, Main, Jagst, Kocher und Donau, den im
2. Jahrhundert Wachttürme, Palisaden und später auch Wall, Graben und teilweise
eine Mauer verstärkten, bot für den dortigen römischen Herrschaftsraum eine wesentliche Rahmenbedingung für seine wirtschaftliche Blüte während des zweiten nach-

christlichen Jahrhunderts. Die so geschützte Region wurde Bestandteil des weit über das Mittelmeergebiet reichenden »gemeinsamen Marktes« Roms. Es ist oft nach den entscheidenden Kräften der Weltintegration unter der Pax Romana gefragt worden. War es allein die militärische Abschirmung gegenüber einer als barbarisch empfundenen Außenwelt? Schon gar nicht folgte Roms Weltwirtschaft einer technischen Revolution der Produktionsmittel im Gewerbe und in der Landwirtschaft. Revolutionär oder zumindest innovativ in hohem Maße erwies sich jedoch die römische Politik bis hinein ins Dekumatenland im Bereich des sog. tertiären Sektors. Durch gewaltige Leistungen im Straßenbau, Anlage von kaiserlichen Poststationen, von Rast- und Umspannstationen (Mühlacker, Hüfingen, Lahr u. a.), durch Bildung von Schiffergilden (Ettlingen) auf Rhein und Neckar, den Bau von Brücken, Häfen, Wasserleitungen u. a. m. wurden die Transport- und Kommunikationssysteme enorm ausgeweitet und intensiviert. Die heute noch erhaltenen römischen Meilen- oder Leugensteine (Marktplatz von Ladenburg) zeugen nicht minder von den verkehrsfördernden Maßnahmen in römischer Zeit. Integrierend wirkte in der römischen Welt auch das gemeinsame Recht, der gemeinsame Verwaltungsaufbau sowie das gemeinsame Maß- und Münzsystem, wichtige Voraussetzung für die weltweite, gelungene Organisation des Handels zwischen arbeitsteilig spezialisierten Produktionsräumen.

Die Wirtschaft Roms war – abgesehen vom fiskalischen Steuerdruck der antiken Mißachtung gewisser Seiten des Erwerbslebens entsprechend – von staatlicher Einmischung frei, eingezwängt auch nicht in Währungsgrenzen. Der römischen Weltwirtschaft diente der einzigartige, überall gültige Aureus (Goldmünze; 8,185 g) als »Weltgeld«, von Cäsar eingesetzt, von Augustus in eine stabile Prägeordnung gebracht (Gold-, Silber- und Kupferprägung). Rom verfügte über ein für den Fern-, Binnen- und Kleinhandel mustergültiges System, das bis ins 3. Jahrhundert den wirtschaftlichen Wohlstand des römischen Imperiums verbürgte. Roms Abhängigkeit von Importen bedeutete auf der anderen Seite einen ständigen Geldabfluß in die eroberten Provinzen und ins Ausland. Römisches Geld war vielbegehrt, bei den Germanen nicht zuletzt als Statussymbol. Es kann daher auch nicht verwundern, daß die Falschmünzerei allerorten gedieh, belegt u. a. durch einen in Rottenburg entdeckten anschaulichen Fund von gefälschten Münzen und einer in der Nähe des Kastells von Rißtissen ans Tageslicht beförderten Falschmünzerwerkstatt.

Landnahme und Handwerk der Römer

Die wirtschaftliche Leistungskraft des »Dekumatenlandes« sollte besonders während der Zeit der dichtesten Besiedelung in der zweiten Hälfte des 2. Jahrhunderts nicht gering veranschlagt werden. Um – wie auch in anderen Provinzen üblich – die stationierten römischen Truppen zu finanzieren und zu versorgen, Anfang des 2. Jahrhunderts etwa 20000 Mann in Obergermanien und ungefähr 10000 in Rätien, bedurfte es in erster Linie einer leistungsfähigen, Überschüsse produzierenden Landwirtschaft. Typische Erscheinungsform der agrarischen Landnahme der Römer waren die über das ganze nutzbare Land verstreuten Gutshöfe (Villae rusticae), von denen im heutigen Baden-Württemberg weit über 1000 derzeit nachweisbar sind. Die meisten Gutshöfe stellten Einzelgehöfte oder kleine Weiler dar, bevorzugten die Hanglage, Wassernähe und hofnahes Weideland für das Vieh. Der gewöhnlich ummauerte Gutshof vereinte Wohn-, Wirtschafts-, Handwerks- und das gern frequentierte Badegebäude. Der exakten römischen Landvermessung, mit ihren Schnittpunkten noch in unserer gegenwärtigen Siedlungsstruktur durchschimmernd, waren auch die nach bestimmten Normen vorgenommenen Landzuweisungen der Gutshöfe unterworfen. Römische Flurlimitationen strukturieren noch gegenwärtige Flureinteilungen.

Die römischen Landwirte bauten im Wechsel mit Brache oder in intensiver Fruchtfolge meist Wintergetreide, Weizen und Dinkel, das eigentliche römische Korn, an. Sie steigerten die Obstkultur und wollten vor allem nicht auf ihr »Nationalgetränk«, den Wein, verzichten. Fundzeugnisse, auch bildliche Darstellungen des Weingenusses in der Römerzeit sind zahlreich überliefert. Im Remstal, im mittleren Neckarraum, in Heidelberg und Ladenburg zum Vorschein gekommene Rebmesser belegen den römerzeitlichen Weinbau in wohl allen dafür geeigneten Lagen. Die Darstellung einer mythologisierten Weinlese wurde auf einer in Walheim ausgegrabenen Jupiter-Gigantensäule verewigt. Andere Funde lassen auf eine den natürlichen Gegebenheiten offenbar angepaßte Rinder- und Schweinehaltung schließen. Nahe Eichenwälder begünstigten die Mast von großen Mengen an geschätzten Schweinen, die als Schinken teilweise nach Italien ausgeführt wurden. In Beihingen (Kreis Ludwigsburg) weihte ein Mann für seine glückliche Heimkehr auf einem mit drei Pferden bespannten, vierrädrigen Wagen der Pferdegöttin Epona ein Relief und ließ ein der Göttin offenbar wohlgefälliges Schwein opfern. Eine permanente Nachfrage nach landwirtschaftlichen Erzeugnissen gab den römischen Gutsherren die Chance, den Landbau – angepaßt an den Markt – im Sinne der katonischen Agrarlehre als Erwerbswirtschaft mit nüchterner Rechenhaftigkeit zu betreiben. Die respektablen »Villenkomplexe« römischer Landwirte im Neckarland bestätigen auf ihre Weise, daß eine hohe »Rendite« den »Kapitaleinsatz«, zu dem offenbar auch Sklavenarbeit zählte, belohnte.

Unter Cäsar begann die von Augustus übernommene und sodann fortgesetzte Ansiedlung von Veteranen. In Cäsars Todesjahr wurden bereits in Augusta Raurica (heute Augst bei Basel) Veteranenkolonien angelegt. Solche Ansiedlungen ausgedienter Soldaten schoben sich wahrscheinlich bis in die unmittelbare Nähe des Limes vor.

Die Anwendung der Kolonatsgesetzgebung Kaiser Hadrians (117–138) gab offenbar auch zwischen Neckar und Bodensee Anstoß für eine neue Siedelbewegung auf freigegebenem kaiserlichem Domänenland. Damals entstanden auf kaiserlichen Domänen in Anlehnung an stadtartige Hauptorte Stammesbezirke mit Selbstverwaltung (civitates), beispielsweise Rottenburg, das germanische Ladenburg/Lopodunum, Pforzheim/Portus, Öhringen und das an überlieferten römerzeitlichen Schätzen reiche Wimpfen. Als Germanengefahr Anfang des 3. Jahrhunderts drohte, erhielten einige stadtartige Gewerbe- und Verkehrsorte (Rottenburg, Wimpfen schon um 200, Ladenburg, Heddernheim) eine schützende Ummauerung. Die zwei Meter dicke und sechs bis acht Meter hohe römische Stadtmauer von Rottenburg umfaßte ein dreimal größeres Gebiet als das mittelalterliche Rottenburg, ein eindrucksvoller Beleg für die Kraft römerzeitlicher Urbanisierung. Die Anstoßeffekte hierzu gingen wohl zumeist vom Militärbedarf aus, der Zufluß an Kaufkraft bedeutete und Handwerker, Handelsleute und die obligaten Wirte anzog. Bleietiketten, in Bregenz und Kempten gefunden, bezeugen, daß schon im 1. Jahrhundert n. Chr. das Militär seinen Massenbedarf an Kleidungsstücken an zugewanderte römische Bürger vergab, die mit einheimischen Sklaven oder keltischen Schneidern arbeiteten. Verwendete Stoffe stammten wahrscheinlich auch aus der einheimischen Erzeugung. In Arae Flaviae, dem römischen Rottweil, wurden bisher vier Töpferei-Bezirke, eine Kalkbrennerei, eine Steinmetzwerkstätte sowie dichtbebaute Häuserblöcke mit Werkstätten, in Wimpfen die Häuser von Steinmetzen, Töpfern und Bronzegießern entdeckt.

Von den Römern wurde die hohe Kunst des Steinbaus an Rhein und Neckar verpflanzt. Im römischen Rottenburg erbauten sie eine 7,16 km lange gemauerte Wasserleitung, die längste auf rechtsrheinischem Gebiet. Die berühmte, römerzeitliche Terra-sigillata-Töpferei (gestempelte Keramik), die aus tiefrotem Ton hart gebrannte Gefäße herstellte, wanderte von ihrem etruskischen Ursprungsort über Gallien an den Rhein bis ins Neckartal (Waiblingen). Aus der Vielzahl kleinerer Töpfereien ragten einige Großbetriebe heraus, die Gebrauchskeramik für ein weiteres Umland produzierten. Neben Steinbauweise und Fachwerk brachten die Römer den von ihnen souverän beherrschten Ziegel ins Land. Er prägte seit dem 2. Jahrhundert n. Chr. die römische Architektur. Das Ziegelmaterial trug häufig den Namen des Herstellers. Größere Ziegeleien wurden vom Militär unterhalten, kleinere fanden sich auf Gutshöfen (u. a. Rottweil, beim Gutshof Ludwigsburg-Hoheneck). Von der römerzeitlichen Baukonjunktur zeugen die unzähligen Kalköfen im Lande, in größerer Anzahl namentlich im Raum Ladenburg–Heidelberg in Betrieb gewesen, frühe Vorläufer der dortigen Zementwerke unserer Tage. Der mit Kies vermischte römische Mörtel erinnerte schon an Beton. Die Holzbauweise wurde keineswegs vernachlässigt. Häufig aber waren ursprüngliche Holzbauten später durch Ziegelgebäude abgelöst worden.

In Baden-Baden ist in einem seltenen Zeugnis die Stiftung eines Zunfthauses der Zimmerleute überliefert. Es fehlten nicht Metallgießereien (Heidenheim, Cannstatt, Ladenburg u. a.), die Raseneisenerz schmolzen, sowie ein qualifiziertes metallverarbeitendes Handwerk. Verbreitet waren die mit der Glasmacherpfeife hergestellten römischen Glaswaren, berühmt die niederrheinischen Importe. Wahrscheinlich gab es auch Glashütten am Oberrhein und im Neckarland. Bekannt waren den Römern bereits das Wasserschöpfwerk und mit Wasserrädern getriebene Getreidemühlen. Beispiele der hohen Kunst der antiken griechisch-römischen Mosaiktechnik (Würfeltechnik und opus vermiculatum) lieferten das berühmte Orpheus-Mosaik und das Sol-Mosaik in vornehmen Villen des römischen Rottweil. Noch heute lösen die von den Römern großzügig erbauten öffentlichen Bäder (Thermen) Staunen und Bewunderung aus. Die mit Hypokaustanlagen ausgestatteten Bäder, keine engen Schwitzstuben, bildeten einen Höhepunkt luxuriösen Lebens. Im römischen Rottweil sind bisher drei größere Bäder entdeckt worden. Vollständig freigelegt wurden die eine Grundfläche von fast 300 m² einnehmenden umfangreichen Reste der Thermen von Badenweiler, im 2./3. Jahrhundert entstanden. Noch größer ist das Römerbad in Heidenheim. Aquae/Baden-Baden galt schon im 1. Jahrhundert als weit bekanntes Heilbad. Römische Wertschätzung für die Mineralquellen des Landes (Bad Niedernau u. a.) kam in den zahlreich gefundenen Opfergaben an die Heilgötter zum Ausdruck.

Der Wirtschaftsaufschwung, in den Rom seine rechtsrheinischen Gebiete hineinzog, belebte nicht zuletzt den Nah- und Fernhandel. Die Marktanlagen in städtischen oder stadtähnlichen Siedlungen (Kempten, Ladenburg) ähnelten italischen Vorbildern. Der Fernhandel mit dem Mittelmeerraum scheint in den Händen der römischen Handelsgesellschaft der Alpenhändler (Negotiatores cisalpini et transalpini) gelegen zu haben. Sie importierten begehrte Erzeugnisse aus Italien, Südfrankreich und Spanien. Öl in Amphoren, Oliven, Datteln, in Honig konservierte Feigen und verschiedene andere Delikatessen zählten dazu. Die Rückfracht bestand wohl in der Hauptsache aus Produkten der heimischen Landwirtschaft. Auch nach dem Durchbruch der Alamannen durch den Limes in der zweiten Hälfte des 3. Jahrhunderts und der alamannischen Besetzung der römischen Provinz Germania superior bis an den Bodensee und Hochrhein hielt der Wirtschaftsverkehr zwischen Römern und den germanischen Eroberern an. Teilweise gelang es den Römern, ihnen Rindvieh, Schafe und beträchtliche Mengen Getreide als Tribut aufzuerlegen. Um 380 ist bezeugt, daß Alamannien zur Linderung einer Hungersnot nach Italien Getreide exportierte. Münzschatzfunde des 3./4. Jahrhunderts weisen darauf hin, daß römisches Kupfergeld in einiger Menge bei den Alamannen kursierte. Das Auftauchen von spätrömischer, aus den linksrheinischen Gebieten importierter Drehscheibenkeramik sowie von handgemachter, quarzgemagerter Keramik ist ein weiterer wichtiger Beleg für den frühen römisch-alamannischen Güterverkehr. Im 5. Jahrhundert intensivierte er sich sogar noch. Obwohl im Besitz eigener metallverarbeitender Werkstätten, besaßen Alamannen römische Gefäße als Tafelgeschirr, pflegten römisches Brettspiel und schätzten römische Luxusgüter. Alamannische Krieger trugen mit Vorliebe Gürtelschnallen aus römischen Werkstätten.

Adaptionsprozesse

Bei der Übernahme bzw. umgekehrt dem Verweigern von römischen Kulturelementen durch die Alamannen vom 3. bis 5. Jahrhundert haben wir es mit seltsamen, widerspruchsvollen Adaptionsprozessen zu tun, in denen sich überdies Materielles und Seelisches verschränkte. Zugleich mit der »Barbarisierung« des römischen Heeres im Lauf der Jahrhunderte, als der Mannschaftsbedarf des Militärs nicht mehr aus römischen Beständen gedeckt werden konnte, trat auch eine gewisse Romanisierung der kriegstüchtigen germanischen Söldner ein, eine Übernahme von Erscheinungen der spätantiken Zivilisation. Zur Verteidigung der Grenzen des römischen Imperiums wurden immer häufiger germanische Stämme in reichlichen Sold genommen und ihre Führer mit noch größeren Geschenkgeldern gewonnen. Erst durch die Römer gelangten die noch im Eisenzeitalter lebenden Alamannen in den Besitz von goldenen Schätzen, von Goldmünzen und edlem Schmuck, entwickelten aber etwa seit dem 4./5. Jahrhundert auch selber die Fähigkeit, Schmuck und Waffen aus edlem Material herzustellen. Alamannische Lernfähigkeit und Lernbereitschaft ermöglichten es, daß auch zahlreiche andere Elemente der römischen Wirtschaft fortlebten (Viehzucht, Obstbau, Weinkultur). Mit Nachdruck ist auf die römisch-alamannische Kontinuität im Dinkelbau zu verweisen. Die naheliegende Frage nach der Rolle im Lande verbliebener romanisierter oder keltischer Bevölkerungsteile beim Weitertragen römischer Kulturelemente ist nur schwer zu beantworten. Auch ihre wirtschaftlich-soziale Stellung in der Römerzeit läßt sich kaum fassen. Reiche alamannische Funde innerhalb der Mauerringe einiger römischer Kastelle und an anderen festen Plätzen lassen an diesen Orten (Heilbronn-Böckingen, Cannstatt, Ladenburg, Osterburken usw.) frühe alamannische Herrschaftsmittelpunkte oder Märkte vermuten. Andererseits sind die Zerstörung und der Verfall von städtischen und ländlichen Siedlungen, verursacht vom Alamanneneinfall und den römischen Rache- und Plünderfeldzügen, nicht zu übersehen. Der nachweisbare Exodus römischer Grundbesitzer und Gewerbetreibender ging voraus. Wahrscheinlich auch deshalb blieben römische Steinbauten wohl nur ausnahmsweise bei Alamannen im Gebrauch. Sie bevorzugten die Traditionen des altgermanischen Holzbaus. Ihre frühen Dorfsiedlungen bestanden aus Langhäusern, »Grubenhütten« mit Erdkellern und Speicherbauten.

Als sich die Alamannen im 3./4. Jahrhundert an Neckar, Rhein und Donau seßhaft machten, glich die damalige römische Welt längst nicht mehr der der frühen Kaiserzeit. Die römische Weltwirtschaft befand sich unter der Last des unaufhörlich angezogenen Steuerdrucks, einer permanent passiven Handelsbilanz, von Münzverschlechterung und Inflation in letztlich nicht mehr aufzuhaltendem Niedergang. Ein Hervorquellen von Naturalwirtschaft zeigte sich allerorten. Die agrarsozialen Endprodukte des römischen Wirtschaftszerfalls, die spätantiken, auf Selbstversorgung gerichteten Fronhöfe waren jedenfalls der frühalamannischen, auf personalen Bindungen und Abhängigkeiten beruhenden Reiterkolonisation weniger wesensfremd gewesen als die auf die Marktproduktion ausgerichteten Gutshöfe aus der Zeit Catos. Es hat im alamannischen Siedlungsraum, manchmal deutlicher, manchmal nur schwach sichtbar, eine Kontinuität zahlreicher römischer Fertigkeiten und wirtschaftlicher Errungenschaften gegeben, eine Kulturkonstanz oder gar ein Fortleben der Wirtschaftsordnung der römischen Kaiserzeit dagegen nicht. Der Krieg, die alles überragende Erscheinung im Leben der alamannischen Reitervölker und ihrer Reiterscharen, drängte zur Herausbildung eines Berufs- und Standeskriegertums, dem sich die Sozial- und Wirtschaftsordnung mehr und mehr unterzuordnen hatte.

Herr und Gefolgsmann: Die erste Feudalzeit

Völkerstürme

Jede historische Epoche hat gewissermaßen ihre eigene Achse, um die sich ihre Erscheinungen drehen, und der auch Wirtschaft und Gesellschaft zuzuordnen sind. Die lange Zeitspanne vom Ende der Pax Romana, vom Zusammenbruch des Weströmischen Reiches im 5. Jahrhundert bis Ende des 10. Jahrhunderts hier in Anlehnung an Marc Bloch als erste Phase der Feudalzeit begriffen, war in Mitteleuropa durch die Wucht äußerer Einwirkungen gekennzeichnet und nachhaltig beeinflußt worden. Große Völkerstürme, beginnend mit dem Hunneneinfall im 4. Jahrhundert und endend mit der Beseitigung der Ungarngefahr Mitte des 10. Jahrhunderts unter Kaiser Otto dem Großen, waren über Mitteleuropa, den südwestdeutschen Raum eingeschlossen, gebraust, hatten es bedrängt und bedeuteten Zerstörung, Gewalttätigkeit, Verödung und Chaos. Pestdurchzüge dezimierten die Menschen. Nur kurze Zeit bot der Ostgotenkönig Theoderich der Große (489–526) dem alamannischen Raum friedensichernden Schutz. 536 mußten sich die Alamannen insgesamt dem Expansionsdrang und damit der Oberhoheit der merowingischen Franken unterwerfen. Ihrer Königsherrschaft, die germanische und römische Elemente vermischte, lag nachweislich bereits das personale Gefolgschaftsprinzip zugrunde. In der Folge katastrophaler Überschwemmungen drang um die Mitte des 6. Jahrhunderts die todbringende Beulenpest an den Oberrhein vor und flackerte auch in folgenden Jahrzehnten wieder auf. Eine neuerliche Pestwelle wütete 742/743. Von 746 an mit dem blutig niedergeschlagenen Aufstand gegen die Karolinger war das alamannische Herzogtum für fast zwei Jahrhunderte erloschen. Unter den Angriffen von außen versank 910 das Karolingische Großreich. Nun aufgekommene heimische Gewalten erwiesen sich unfähig, sich wirksam gegen die besonders für das südliche Schwaben verheerenden Ungarneinfälle zur Wehr zu setzen. Im Schoß dieser verworrenen Zeitepoche, während der offenbar kurze Phasen des Aufstiegs mit noch längeren der Zerstörung und des auch durch Klimaveränderungen verursachten Niedergangs sich abwechselten, erwuchs der Feudalismus als neues wirtschaftliches und gesellschaftliches System.

Die Störungen im wirtschaftlichen und gesellschaftlichen Leben sowie die verschiedenen Wanderbewegungen hatten schwere Bevölkerungsverluste verursacht. Geschlagene Breschen füllten sich nur langsam auf. Die Bevölkerungsentwicklung nur annähernd zu berechnen, ist fast unmöglich. Auffällig bleibt trotzdem der starke Bevölkerungsschwund im 5./6. Jahrhundert. Wagt man mit Vorsicht zu empfehlende Schätzungen, dann wohnten innerhalb der heutigen Grenzen Baden-Württembergs um die Jahrtausendmitte unter Berücksichtigung späterer bekannter Bestattungsziffern schätzungsweise rund 60000 Menschen (Boelcke) bzw. 91000 (Müller-Wille), weniger jedenfalls als zu römischer Zeit, weit weniger als im 18. Jahrhundert, weniger auch als zur glanzvollen Stauferzeit im 12./13. Jahrhundert. Es gab keine Städte; das Land war noch überwiegend bewaldet. Weitläufig unbebaute Flächen, fast endloses Wald- und Wildland, dehnten sich zwischen den kleinen Inseln menschlicher Kulturtätigkeit. Erst im 7. Jahrhundert ist ein Rückgang des Waldes zu beobachten.

Die bisherigen frühgeschichtlichen Bevölkerungsberechnungen aufgrund der aufgedeckten Reihengräberbestattungen des 6./7. Jahrhunderts erlagen dem Trugschluß, grundsätzlich zu unterstellen, daß auf den ausgegrabenen Friedhöfen des 6. Jahrhunderts ebenso wie auf denen des 7. Jahrhunderts alle verstorbenen Bewohner einer Siedlung bestattet worden seien. Das war aber nicht der Fall. Dadurch verstiegen sich einige Forscher zu der irrigen Auffassung, daß sich vom 6. bis 7. Jahrhundert eine Bevölkerungsexplosion abgespielt habe, durch die sich die Einwohnerzahlen mindestens verzehnfacht hätten. Die Steigerungsrate ist zu hoch gegriffen, weil für das 6. Jahrhundert nicht die zahlenmäßig bedeutende bäuerliche Unterschicht der Un- oder Halbfreien berücksichtigt worden ist. Deren Friedhöfe wurden erst im 7. Jahrhundert faßbar, als im alamannischen Raum, offenbar im Sog fränkischer Einflüsse und als Folge sozialer Wandlungen, auch die Reihengräberbestattung der ärmeren, abhängigen Unterschichten üblich wurde. Die Ergebnisse der ganz allgemein in Südwestdeutschland während der zweiten Hälfte des 7. Jahrhunderts einsetzenden Phase des Landesausbaus könnten auch durch eine reichliche Verdoppelung oder Verdreifachung der Bevölkerung, bedingt durch Zuwanderung, gestiegene Geburtenraten und verminderte Sterblichkeit erzielt worden sein. Gegen Ende des 8. Jahrhunderts dürften auf größeren Markungen Siedlungen mit 200 und mehr Bewohnern keine Seltenheit gewesen sein. Vorherrschend blieb der Viculus, der Weiler und der Einödhof. Nach der Fundationsurkunde der Abtei Ottobeuren von 764 erstreckte sich deren Klostergrundherrschaft über nur 12 villae (Dörfer), aber über 120 viculi. Eine zeitweilig erreichte Grenzsicherung sowie das seit dem 7. Jahrhundert eingetretene Bevölkerungswachstum stellten die unerläßlichen Rahmenbedingungen für den deutlich erkennbaren Wirtschaftsaufschwung bis in die frühe Karolingerzeit dar.

Die Siedlungen

Etwa die Hälfte aller südwestdeutschen Siedlungen des Frühmittelalters sind sicher aus Einzelhöfen erwachsen, wie urkundlich nachzuweisen oder an den Ortsnamen zu erkennen ist und häufig durch ein eingehendes Studium der Flurkarte sehr wahrscheinlich gemacht werden kann. Neben das Gemeinschaftsbewußtsein traditioneller familiärer oder sonstiger vom Herkommen geprägter Bindungen trat das Streben nach Sonderung, nach rechtlicher Selbständigkeit vielfältig in Dorf und Flur in Erscheinung und befand sich offenbar mit den herrschenden Begriffen »Hausherrschaft« und Gefolgschaft im Einklang. Die Alamannen siedelten – ähnlich wie die Franken im Maingebiet – in Gruppensiedlungen, lockeren Gehöftegruppen, Weilern und Einzelgehöften und entbehrten wohl nie des das Recht des Nachbarn einschränkenden Zaunes. Um das giebelige Wohnhaus (casa) als Mittelpunkt gruppierten sich verschiedene Gebäude eigener Funktion, die eingetieften, als Vorrats- und Webräume dienenden Grubenhäuser und die Scheuer oder der Getreidespeicher (scuria). Obwohl bedeutende Tierknochenfunde das Gewicht der Viehzucht unterstreichen (Merdingen am Kaiserstuhl u. a.), sind zugehörige Stallgebäude bisher nicht entdeckt worden. Die Pfosten- und Ständerbauten sowie die Grubenhäuser, errichtet mit Bautechniken, die vornehmlich Holz, Reiser, Lehm, Ried oder Stroh und wenig Stein nur für den Herd und als Sockel verwandten, ferner Herde, Zäune und Brunnen, lebten in der seit der Merowingerzeit üblichen Bauweise zumeist bis ins hohe Mittelalter fort. Die Dachschindel (ascilis) ist um 840 im Lorcher Urbar belegt. Siedlungs- und teilweise Grabfunde gewähren uns auch einen recht vielseitigen Einblick in das Innere und die Ausstattung der Häuser, informieren über die Gegenstände des täglichen Gebrauchs. Merowingerzeitliche Grabfunde sind in Baden-Württemberg an 931 Fundorten mit 1401 Fundstellen gemacht worden. Außer den nicht erhaltenen Gefäßen aus Holz ist ein großer Bestand an Gefäßkeramik überliefert, bereichert um einige Glas- und Bronzegefäße. Es begegnen Scheren, Messer, Kämme, Eisenbeschläge, Feuerzeuge, Schüsseln, Spinn- und Webgerät, Feinwaagen und Probiersteine zum Wägen und zum Prüfen von Gold sowie mancherlei wohl nicht alltägliches Handwerksgerät. Vergängliches hölzernes Hausgerät wurde ausnahmsweise im alamannischen Reihengräberfeld von Oberflacht, Kreis Tuttlingen, geborgen. Kunstvoll gearbeitete Grabkammern, Totenbäume, Totenbetten, Sitzmöbel, Leuchter aus Holz u. a. m. zeugen von den handwerklichen Fertigkeiten der Alamannen und ihrem Lebensalltag. Solche dinglichen Relikte sagen uns leider nicht, wer sie besaß und wer nicht.
Die Größe einer alamannischen Hofsiedlung ergab sich wesentlich aus der Zahl der mit ihr verbundenen und von ihr abhängigen ingenui, mancipii und servi, der verschiedenen Schichten der Unfreien. 752 gehörten beispielsweise zu einem Hofgut (curtis) in

Oberteuringen (Bodenseekreis) 11 servientes casatae und zu einem Hof in Bermatingen-Ahausen (Bodenseekreis) insgesamt 15. Durch Hofhandwerker vermehrte sich noch die Zahl der Ansiedler. Ganz überwiegend trieben die Menschen Ackerbau und Viehzucht. Sie lebten in einer Agrargesellschaft auf niedrigem technischem Niveau. Felder und Gärten, Obstwiesen und Weinberge, deren Pflege schon in vorurkundlicher Zeit nachzuweisen (Breisgau) und seit dem 8. Jahrhundert in unzähligen Quellen belegt ist, lieferten nur einen Teil der Nahrung. Archäologische Funde bezeugen für die vorurkundliche Zeit den Anbau von Dinkel und Roggen, während der Gersten- und Haferbau anzunehmen ist. Auch Rüben, Bohnen, Erbsen, Linsen und Wikken wurden sicherlich gesät und geerntet. Auch Flachs wurde angebaut. Äpfel, Birnen, Zwetschgen, Kirschen, Hasel- und Walnüsse (ursprünglich »welsche Nuß«) waren in veredelten Sorten vorhanden, der Kürbis bekannt. Nach den Schriftzeugnissen des 8./9. Jahrhunderts stellten Dinkel, Roggen, weniger Weizen, Hafer, weniger Gerste, verschiedene Hülsenfrüchte, Hanf und Flachs die wichtigsten angebauten Nutzpflanzen dar. Bis ins 18. Jahrhundert hat sich an diesem Nutzartenverhältnis übrigens nur wenig verändert.

Über die frühalamannische Viehzucht bei wechselndem Vorherrschen von Schweine- und Rinderhaltung geben nicht nur die reichlich erhaltenen Tierknochenfunde Aufschluß. Vom »Rinderhandel« kündete bereits ein Befehl des Ostgotenkönigs Theoderich aus der Zeit um 507, in dem er den Bayern gebot, ihre kleineren, aber als Zugtiere geeigneten Rinder gegen die Artgenossen der Alamannen einzutauschen, die zwar größer und wertvoller, aber infolge des langen Viehtriebs erschöpft seien. Beide Völker würden bei dem Rindertausch ersehnte Vorteile erlangen. Auch der Pactus Alamannorum, das alamannische Volksrecht aus der zweiten Hälfte des 7. Jahrhunderts, erwähnt Herden von Schweinen, Zugvieh, Kühen und Schafen. Das Schwein, in Waldhagen gehalten, galt offenbar noch vor Rind, Schaf, Huhn und Wild als favorisierter Fleischlieferant. Als ältestes Produkt alamannischer Hausmetzgerei erscheint der mit Salz konservierte Schweineschinken (Grabbeigabe in Niederstotzingen), schon in römischer Zeit Exportgut. Das teure Pferd, bisweilen orientalischen Warmblütern ähnlich, beschlagen schon mit Hufeisen, war Symbol des herausragenden Reiterkriegers und noch nicht ins Joch der Ackerarbeit gepreßt. Als Zugvieh diente das Rind. Ein Hof von 30 Joch Acker, Wiese und Wald verfügte nach einer Beschreibung von 896 über vier Ochsen (boves), zwei Kühe und 20 Stück sonstiges Vieh. Das Weiderecht (einschließlich Winterweide) im Wald und auf unbebautem Land erlaubte gewöhnlich die Haltung eines größeren Viehbestandes als er den überlieferten Betriebsgrößen entsprach. Rinder waren vor das primitive Ackergerät zur Feldbestellung gespannt, zogen die Egge (erpices) und den schwereren Hakenpflug, aufgehängt auf einem zweirädrigen Vordergestell, der carrucca. Der keltisch-alamannische Pflug des

4. nachchristlichen Jahrhunderts war bereits mit eiserner Pflugschar (nicht mit Streichbrett) und einem ebenfalls eisernen Sech (cultellus) ausgerüstet. Rinder zogen den Ackerwagen. Es wird angenommen, daß in Südwestdeutschland zwischen dem 3. und 5. Jahrhundert aus dem Dreschsparren der rasch in anderen Landschaften übernommene Dreschflegel entwickelt worden ist. Er wäre – sofern sich diese Hypothese noch stärker absichern ließe – die erste bedeutende Erfindung, die Südwestdeutschland der europäischen Kultur beigesteuert hat. In der Antike drosch man das Getreide mit Walzen, Holzschaufeln, Holzbrettern oder ließ das Korn von Ochsen oder Eseln ausstampfen. Das Aufkommen des gegliederten Dreschflegels wird auf das Ende der ersten Feudalzeit datiert.

Dreifelderwirtschaft

Auch eine andere agrarische Innovation, seit dem Hohen Mittelalter Leitbild der nord- und westeuropäischen Landwirtschaft, erlebte ihre Erstgeburt im deutschen Südwesten, die zelgengebundene Dreifelderwirtschaft. Nach dem bisherigen Stand der Forschung werden ihre Anfänge ins 8. Jahrhundert verlegt. In dem eigentlich recht komplizierten System der zelgengebundenen Dreifelderwirtschaft – übrigens eine Begriffsprägung der wissenschaftlichen Literatur des 19. Jahrhunderts – war die Ackerflur in drei möglichst gleich große Flurkomplexe (Zelgen) aufgeteilt. Die erste Zelge wurde mit Winterfrucht (Dinkel, Roggen, weniger häufig Weizen) bestellt, die zweite im Frühjahr mit Sommerfrucht (Hafer, Gerste, Bohnen, Erbsen, Linsen, Wicken) und die dritte blieb als Brache liegen. Im zweiten Jahr wechselte dann das Wintergetreide auf die Brache, wurde auf die erste Zelge Sommerfrucht gesät und die zweite Zelge brachgelassen. Im dritten Jahr war die erste Zelge zur Brache bestimmt, die zweite trug Wintergetreide und die dritte Sommerfrucht. Im vierten Jahr begann der Zyklus dann wieder von vorn. Als einfach und leicht begreiflich kann man diese Nutzungsrotation auch deshalb nicht bezeichnen, weil die erforderlichen Zelgverbände auf einer oft in zahlreiche Parzellen zersplitterten Markung geschaffen werden mußten und die Einhaltung der Rotation mit einheitlichen Bestellungs- und Ernteterminen durchzusetzen und zu überwachen war. Die Häufigkeit der Zelgenerwähnung oder entsprechender Synonyma (aratura, plaga, campus, sicio, satio, ager) in den Urkunden des bis ins Neckarland begüterten Klosters St. Gallen läßt jedoch darauf schließen, daß die Zelgeneinteilung der Ackerflur im 8./9. Jahrhundert sicher eine schon weit verbreitete Institution darstellte. Allerdings ist nicht unbedingt erwiesen, daß diese Zelgen nicht nur als Pflugeinheit, sondern auch als Fruchtfolgeeinheit im Sinne der Dreifelderwirtschaft verstanden wurden. Der germanische Begriff Zelge war auch im Rahmen der

Zweifelderwirtschaft gebräuchlich. Eindeutig identifizierbar ist die Dreizelgenwirtschaft nur anhand weniger urkundlicher Zeugnisse des frühen Mittelalters. Der älteste Beleg ist der vielzitierte Traditionsvertrag von Weigheim (Stadt Villingen-Schwenningen), in dem sich der Tradent 763 verpflichtete, »in primum ver arata iurnalem unam et in mense iunio brachare alterum et in autumno ipsum arare et seminare«. Eine St. Galler Urkunde von 795 (Raum Bern) erwähnt die Ernte von Sommer- und Wintergetreide: »duas anzingas, unum autumnalem et alium estivalem illos segare et intus trahere«, eine andere von 884 ebenfalls das Pflügen im Frühjahr zur Sommerfrucht, das Ackern der Brache im Juni (Brachmonat) und das Ziehen der Herbstfurche zur Wintersaat. Regesten des Reichsklosters Lorsch, sich auf den fränkischen Raum beziehend, bezeugten im 11. Jahrhundert nur die Frühjahrs- und Herbstfurche: »in vere arare II iurnales et in estate debet bis arare II iurnales«. Wurde in diesem Falle auf die arbeitsintenive, der Bodenverbesserung dienende Schwarzbrache verzichtet und statt dessen der Grünbrache der Vorzug gegeben?

Um die Verbreitung der Dreifelderwirtschaft noch zuverlässiger abzustützen, läßt sich die überlieferte Gewichtung in Winter- und Sommerfrucht im Rahmen der bäuerlichen Abgabestrukturen heranziehen. In der Dreizelgenbrachwirtschaft, also bei gleichgewichtigem und gleichzeitigem Anbau von Winter- und Sommerfrucht, sind nur Abgabestrukturen von Brotkorn- und Hafergülten in etwa gleichem Umfang denkbar, solche Abgaberelationen demnach ein untrüglicher Hinweis auf das Vorhandensein einer Dreifelderwirtschaft. In nachweislich weit über 100 Dörfern und Weilern des alamannisch-fränkischen Siedlungsraumes zwischen Main und Zürcher See erhoben das Kloster St. Gallen und das Reichskloster Lorsch während des 8./9. Jahrhunderts von den Abgabepflichtigen Jahr um Jahr gewaltige Mengen Winter- und Sommergetreidegülten in annähernd ausgewogener Proportion. Statt Hafer nahmen die Benediktiner von St. Gallen aus 30 Dörfern über 700 sicla cerevisia (Eimer Haferbier), statt Brotkorn – damals wohl überwiegend Dinkel gemeint – auch zu lieferndes gebackenes Brot (panis) in natura. Diese Abgabenstrukturen machen deutlich, daß man im 8. Jahrhundert in Südwestdeutschland nicht erst mit zaghaften Anfängen der Dreifelderwirtschaft zu rechnen hat, sondern sie damals schon eine weitverbreitete, funktionierende Einrichtung darstellte. Ihre Entstehung und Ausweitung fielen daher sicher bereits in die merowingische Zeit und vollzogen sich möglicherweise schon zur späten Reihengräberzeit, als die Grundherrschaft in Südwestdeutschland ihren Siegeszug anzutreten begann.

Die Dreifelderwirtschaft bot mancherlei Vorteile und stellte insbesondere gegenüber vorangegangenen Anbauweisen einen Fortschritt dar. Im extensiven Zweifeldersystem blieb jährlich die Hälfte des Bodens ungenutzt. Das Ernterisiko wurde durch zweimalige Ernte im Jahr, durch das Gleichgewicht von Winter- und Sommergetreide verringert, die anfallende Arbeit mehr auf das Jahr verteilt. Erst die Dreifelderwirtschaft schuf durch den regelmäßigen Anbau von Hafer als Pferdefutter die entscheidende Voraussetzung für eine alsbald erfolgte Verstärkung der Pferdehaltung. Die Fruchtfolge der Römer beschränkte sich auf den wechselnden Anbau meist von Wintergetreide und Hülsenfrüchte. Das Aufkommen und die Ausbreitung der zelgengebundenen Dreifelderwirtschaft im frühen Mittelalter schlossen nicht aus, daß sich auch andere Nutzungssysteme erhielten, unter besonders günstigen Bedingungen beispielsweise ein intensiver Getreidedauerbau und in dorfnahen Bereichen freie Rotationen. In höheren Lagen des Schwarzwaldes, des Allgäus, der Alb sowie des Welzheimer und Mainhardter Waldes führten Dreifelder- und Feldgraswirtschaft einen jahrhundertelangen Kampf, wobei sich letztlich bei starken Niederschlagsmengen die Feldgraswirtschaft als überlegen erwies. Insgesamt behauptete sich in Baden und Württemberg die zelgengebundene Dreifelderbrachwirtschaft über ein Jahrtausend bis ins 19. Jahrhundert als vorherrschende agrarische Nutzungsweise.

Grundherrschaft

In Alamannien lassen sich Spuren von Urformen der Grundherrschaft und ihre Entstehung noch in Urkunden aus der Zeit der ersten Karolinger, im 8. Jahrhundert also, entdecken. Die nicht selten erwähnten mansus serviles, die Knechtshufen, erinnern noch an die Zeit, als die landbesitzenden alamannischen Herren zur Bewirtschaftung ihrer Landgüter über eine mehr oder weniger große Anzahl von landlosen Knechten oder Sklaven geboten. Sie und die sich von ihnen nur wenig unterscheidenden alamannischen Liten machten im Rahmen der frühalamannischen Gefolgschaftssiedlung, deren Signatur der mit der Endsilbe -ingen gebildete Ortsname war, wohl noch bis ins 6. Jahrhundert die Mehrzahl der Landbevölkerung aus. Durch die Landnahme der freien Oberschicht der waffenberechtigten Reiterkrieger, vereinzelt schon dem Adel zuzurechnen, in den Reihengräbern gewöhnlich mit ihrem zweischneidigen Langschwert, der Spatha, bestattet, entstanden die schon beschriebenen, verstreut liegenden Gehöftsiedlungen, mehr Gutshöfe, die weder grundherrliche noch sozial homogene freibäuerliche Dörfer darstellten. Um das Haus des Herrn scharten sich die Hütten der Sklaven, der unfreien, zur Fron verurteilten Knechte, kaum oder wenig Land und Vieh besitzend und im alamannischen Volksrecht des 5./6. Jahrhunderts noch mit einem Stück Vieh auf eine Stufe gestellt. Unter dem Einfluß der Kirche trat allmählich ihre wirtschaftlich-soziale Besserstellung ein. Nach der Lex Alamannorum, der Lantfridana aus der Zeit um 720, war erstmals die Brandstiftung an Gebäuden von Knechten zu sühnen. Aus der Lantfridana ist auch zu entnehmen, daß die Knechte der Kirche genau fixierte Leistungen zu erbringen hatten. Jährlich 15 Maß Haferbier, ein kleines Schwein im Wert von ¹/₃ solidus (Schilling) und zwei Brote – alles Abgaben wie später im Lorscher Codex nachzulesen – hatten sie der Grundherrschaft zu entrichten, dazu in der Woche drei Tage zu Hause und drei Tage auf Herrenland zu arbeiten. Für die frühalamannischen, bis in die Nachtzeit verrichteten Knechtsfronen ist die Bezeichnung chiltiwerk überliefert, von dem jedoch eine Urkunde von 817 dort genannte Hüfner ausdrücklich befreite (quod Alamani chwiltiwerch dicunt non faciant). Die »Vergrundholdung« der Unfreien (877: Et ubi sclavi habitant hubas serviles tres) unter fränkisch-christlicher Einwirkung brachte im 7./8. Jahrhundert den Prozeß der Entstehung der Grundherrschaft in Gang. Der gestiegene Bevölkerungsdruck und der daraus resultierende Zwang zur Rodung von vorhandenem Wildland, um den Nahrungsspielraum zu erweitern, gab wesentliche Anstöße dazu. Herrenland wurde an Abhängige gegen die Abgabe eines Teils der Bodenerträge und gegen Dienstleistungen ausgetan, darin lag der wirtschaftliche Wesenszug der Grundherrschaft. Knechts- und Hörigenhufen schoben sich seitdem neben und in das Herrenland, lagen mit ihm im Gemenge. Die Oberhoheit über seine Hintersassen und deren Land aber behielt der Herr. »Mann« eines anderen Mannes zu sein, darauf beruhte das Sozialgeflecht des Feudalismus.

Aus den Urkunden der karolingischen Epoche sind die Sklaven der Römerzeit und die Knechte des alamannischen Volksrechts fast verschwunden und tritt statt dessen unter dem lateinischen Begriff mancipia, übersetzt gewöhnlich als Hörige, eine offenbar einförmige Menge von Abhängigen, von Grundholden einer Grundherrschaft hervor. 790 verfügte beispielsweise ein Graf Raffold in Wiernsheim (Enzkreis) über 64 Mancipien, und 868 gehörten zu einem anderen Kraichgaudorf 3 hubas indominicas, 17 hubas serviles und 146 mancipia. Hinter dieser gleichmachenden Terminologie verschwanden wahrscheinlich auch die Minderfreien (minofliden oder barones) des Pactus Alamannorum oder die liberi, die »Volksfreien« der Lex, soweit sie sich einen Beschützer gesucht, deshalb ihm ihr freieigenes Landgut übergeben und es anschließend gewöhnlich als verliehenes Zinsgut wieder in Empfang genommen hatten. Die von Geburt her »Volksfreien«, einst zu den Kriegern zählend und überwiegend im Hufenbauerntum (mansi ingenuiles) der Karolingerzeit greifbar, begaben sich, weil häufig verarmt, unter der Last ihrer Pflichten oder im Wunsch, sich die himmlische Gnade nach dem Tode zu sichern, unter weltliche oder geistliche Schutzherrschaft und verzichteten damit auf Freiheit, Unabhängigkeit und Freieigen. Zwang, Gewalt und Erpressung durch die Mächtigen spielten als Geburtshelfer von grundherrlichen Abhängigkeitsverhältnissen nicht minder eine Rolle. Bäuerliche Freiheit (831: liberi populi) und bäuerliches Freieigen sind dadurch allerdings nicht völlig verschwunden. Es ver-

stummen nur weitgehend die historischen Quellen über die Überreste der Freiheit, da
die Schriftlichkeit sich in der Hauptsache mit der Grundherrschaft beschäftigte.
Spätestens seit der Karolingerzeit verteilte sich der ländliche Grundbesitz überwiegend unter der königlichen, der geistlichen und der weltlichen Grundherrschaft. In
Alamannien machten die Reste des merowingischen Königsgutes, das alamannische
Herzogsgut, Okkupationen großer Ödlandgebiete und eine lange Reihe konfiszierter
Güter das karolingische Hausgut aus. Als Königspfalzen sind Brumath (770), Schlett-
stadt (775), beide im Elsaß, sowie das einst herzoglich-alamannische Bodman am Bodensee (839), das fränkische Heilbronn (841) und Ulm (854) bezeugt. Auf den Königs-
höfen Colmar und Waiblingen hielt Karl III. 884 und 887 Reichsversammlungen ab.
Der im römischen Rottweil gelegene Königshof des 7. Jahrhunderts bildete 906 die
zeitweilige Zuflucht des letzten Karolingers. Königspfalzen und Königshöfe, eine
Vereinigung von Wohnanlage, Verwaltungssitz, Versorgungseinrichtung und Wirt-
schaftshof, waren auf die Bedürfnisse des frühmittelalterlichen Reisekönigtums zugeschnitten und bildeten gewöhnlich den Mittelpunkt größerer, aus einer Anzahl von
Höfen und Dörfern bestehender, keineswegs stets geschlossener Reichsgutkomplexe.
Das Land der königlichen Grundherrschaft, des fiscus regis (Krongut Herbrechtingen
774), befand sich häufig in Streulage mit dem anderer Grundherren. Große Stücke waren aus dem Fiskalgut durch Schenkungen an Kirchen und Klöster herausgebrochen.
Schon seit merowingischer Zeit übertrug die königliche Gewalt reiche Güter an
Grund und Boden aus dem Fiskalgut auch weltlichen Herren. Je mehr diese Kron-
güter als Lehen an Laien, an Vasallen, verliehen wurden, um so stärker entfaltete sich
das feudale Lehnswesen. Hauptpflicht des mit »Hand und Mund« belehnten Gefolgs-
mannes, dem vom Herrn Einkünfte aus Lehnsbesitz überlassen worden waren, war
die Kriegshilfe, der persönliche Dienst zu Pferde und in voller Rüstung. Unter den Bedingungen der Naturalwirtschaft entfiel eine Entlohnung in Geld und bedeutete daher
nur Herrschaft über Grund und Boden, Einkünfte, materielle Sicherung, manchmal
Reichtum und nicht zuletzt Machtausübung. Die Ausrüstung eines Reiterkriegers in
karolingischer Zeit war kostspielig und setzte Vermögen voraus, ganz abgesehen vom
zeitaufwendigen Erlernen des ritterlichen Zweikampfes. So gehörte offenbar jener
Don Quichotte ins Bild der Zeit, der 761 in Alamannien das väterliche Erbe und Eigen
samt einem Knecht der Kirche vermachte, um dafür ein Streitroß und eine Spatha einzutauschen. Weniger als vier bis fünf Hufen umfaßten die vom König an Vasallen gegebenen Lehen selten. Bei Gmünd wurden 839 einem Vasallen mehr als zehn Hufen
verliehen, im Lobdengau einem Getreuen 888 sechs Hufen und eine halbe Rheininsel
auf Lebenszeit geschenkt und im Thurgau 858 einem Vasallen sogar 104 Hufen mit 300
Hörigen außer dem Salland zu Lehen gegeben. Nur eine vorübergehende Erscheinung
blieben die unter den Karolingern im Rahmen der fränkischen Staatskolonisation an-

gesiedelten Königsfreien, die besondere Dienste meist zu Pferde mit dem Gespann allein dem König zu erbringen hatten. Mit dem Wechsel des Herrn gingen sie in die Schicht der grundhörigen Bauern über.

Besonders während der Karolingerzeit ist mit der Zunahme der Zahl der Klöster die geistliche Grundherrschaft durch Schenkungen von Königen und Privaten an Umfang stark angewachsen. Über 20 Klöster wurden im alamannischen Raum und seinem fränkischen Randsaum unter den Karolingern gegründet und erwuchsen durch die ihnen gemachten Schenkungen, die ihnen freilich nicht kontinuierlich zuflossen und häufig mit dem Vorbehalt der Rückübertragung (Prekarie), teilweise zu ausgedehnten Großgrundherrschaften (Lorsch, Fulda, St. Gallen, Weißenburg). Ihrem Ursprung entsprechend setzte sich namentlich die geistliche Grundherrschaft aus Streubesitz zusammen, mußte sich häufig mit mehreren anderen Grundherren am gleichen Orte den Grundbesitz teilen und gelangte auch bei zahlreichen Einzelstiftungen im gleichen Ort – z. B. 114 Schenkungen in Handschuhsheim bei Heidelberg für Lorsch – nicht unbedingt zu gewünschter Arrondierung. Es gilt als wirtschaftlich-soziales Verdienst der kirchlichen Grundherrschaft, daß sie den Großteil ihres im Eigenbau nicht zu bewirtschaftenden Streubesitzes wieder an landlose Freie und Unfreie übertrug, dadurch weite Schichten der Bevölkerung unmittelbar Anteil am Bodenertrag gewannen und sich damit ein sozial-kultureller Fortschritt einstellte. Die Kluft zwischen Arm und Reich wurde freilich nicht überwunden. Ein anderer sozialpolitischer Aspekt wurde ebenfalls von Dopsch herausgestellt, indem er mit Recht darauf hinwies, daß mit Hilfe von Übertragung und Rückübertragung Leibrentenverträge und eine Art von Alters- und Invalidenversicherungen geschlossen werden konnten. Die Einkünfte der geistlichen Grundherrschaft dienten nicht nur der kirchlichen Mehrung ihres Ansehens und dem Unterhalt ihrer Diener. Reiche Reichsklöster wie Lorsch mußten sogar den König und sein Gefolge aufnehmen und bewirten. Bestimmte Naturalien waren der Armenspeisung an der Klosterpforte regelmäßig vorbehalten. Finanziert werden mußten auch Bildung, Erziehung und Kultur, deren frühe Pflanzstätten sich in den damaligen Klöstern befanden.

Streulage und eine mannigfach abgestufte Besitzverteilung kennzeichneten ebenfalls den weltlichen Großgrundbesitz, der zudem seit der Merowingerzeit der Instabilität fortwährender Besitzverschiebungen unterlag. Im Wechselspiel von Erbschaft und Erbteilung, von Heirat und Schenkung, von Gunstbeweisen des Königs oder der Kirche und Konfiskationen und Bestrafungen, von Verkauf und widerrechtlichen Besitzergreifungen wurde der aristokratische Grundbesitz, sich aus Eigengut und Lehen zusammensetzend, dauernd aufgesplittert und wieder abgerundet. Man ist bereits im 8. Jahrhundert auf weit entlegenen Fernbesitz weltlicher und geistlicher Grundherrschaften gestoßen: Dabei ging es nicht allein um die Versorgung mit nicht überall an-

1   Getreideernte mit dem »Haberrechen« (Sense mit Bügel) in Hohenlohe (Mayer, 1770)

2   Zolleinnahme. Aus dem Zins-, Nutz- und Urbarbuch der Feste Rheinfelden des frühen 15. Jahrhunderts

3 Württembergische Waldbauern um 1930. Holzpflug mit Rinderanspannung
4 Beladen eines Erntewagens mit Getreidegarben in Württemberg um 1930

5 Arbeitsabläufe beim Getreidedrusch mit einem Dreschsatz der Firma Heinrich Lanz
um 1900
6 Lanz-Kombi-Lader SL 160 bei der Grünfutterbergung (1955)
7 Deutz-Fahr-Mähdrescher M 2680 bei der Getreideernte (1984)

8   Arbeiten im Weinberg, nach Sprenger (Stuttgart 1778)

9 Alter hölzerner Kel-
terbaum in der Kelter
von Birkenfeld-Gräfen-
hausen aus dem Jahre
1583

10 Moderne Keller-
wirtschaft: Edelstahl-
tanks in der Zentralkel-
lerei Badischer Winzer-
genossenschaften (ZBW)
in Breisach (1986). Ga-
rantie für einen scho-
nenden Ausbau be-
kömmlicher, sortentypi-
scher Weine aus Baden

11 Briefkopf eines privaten Weinguts am Kaiserstuhl um 1900
12 Erfolgreicher, seit 1966 verwendeter Werbespot für württembergische Genossenschafts-
weine

13 Preis-Taxordnung für den Ulmer Fischmarkt von 1624
14 Briefkopf der Fischzuchtanstalt Selzenhof bei Freiburg i. Br. um 1900

15 Altes Silberberg-
werk von Neubulach.
Segen-Gottes-Gang,
seit 1970 wieder
begehbar

16 Fahrlader beim
Leerfördern im Salz-
bergwerk Heilbronn in
den achtziger Jahren

zutreffenden besonderen Produkten wie Wein und Salz. Fleckenstein hat »vom fränkischen Ausgriff in den süddeutschen Raum« gesprochen und auf den Besitz fränkischer Großer im Neckarraum verwiesen. Fränkische Güterpolitik sollte offenbar fränkische Herrschaft in Alamannien befestigen.

Fronhöfe

Die wichtige Frage nach dem Verhältnis von herrschaftlichem Eigengut und bäuerlichem Zinsgut im Rahmen der königlichen, kirchlichen und aristokratischen Grundherrschaft läßt sich wegen der Dürftigkeit der überkommenen Nachrichten statistisch nicht beantworten. Große, straff organisierte Fronhofsorganisationen lassen sich auf rechtsrheinischem Königsgut (fiscus dominicus) vielleicht für Bodman und Ulm vermuten, die schriftliche Überlieferung aber bleibt stumm. Die Kirche betrieb bei dichter Besitzlage gutswirtschaftliche Eigenbetriebe, ohne deren planmäßige Erweiterung wohl angestrebt zu haben. Bei der Aristokratie wurden die Überschüsse aus der Eigenwirtschaft, aus ihrer terra salica, stets dann unentbehrlich, wenn die Leistungen der zinspflichtigen Bauern ihrer Grundherrschaft insgesamt zur Führung eines standesgemäßen Lebens nicht ausreichten. Dort wurden daher umfangreiche Frondienste von den Grundholden gefordert. In den kirchlichen Grundherrschaften hielten sich zumindest die Acker-, Wiesen- und Weinbergsfronen in karolingisch-ottonischer Zeit und späterhin in tragbaren, gesetzten Grenzen. Die Verpflichtung, nur wenige Joch oder Morgen (iurnales) des herrschaftlichen Ackers im Jahr zu pflügen, ist im 8./9. Jahrhundert ebenso zahlreich bezeugt wie einige Tage Frondienst zur Aussaat sowie zur Getreide- und Heuernte (seminare, secare, colligere, intusducere, in fernatione operare). Schwieriger ist die Last sonstiger Fronen (754: angaria, ubi obus est) zu beurteilen, weil hierzu ausgedehnte Bau-, Fuhr- und Botendienste sowie mancherlei sonderbar anmutendes Tagwerk zählen konnte. Beispielsweise hatten um 1100 40 Winzer von Steckborn Lauch (Porree) im Klostergarten der Reichenau zu pflanzen. Interpretiert man dieses Schriftdenkmal in größeren Dimensionen, dann läßt sich die noch heute übliche Vorliebe der Schwaben für den Lauch bis zu den mönchischen »Feinschmeckern« des 11. Jahrhunderts zurückverfolgen. Statt von den Nutzpflanzen im Gemüsegarten schrieb Walahfrid Strabo, Abt von Reichenau († 849), von den Heilkräutern im Würzgarten, in dem er selber Gärtner war.
Zur Beurteilung der Höhe der entrichteten bäuerlichen Naturalabgaben im Verhältnis zum erzielten Bruttoertrag des Bauerngutes bieten sich keine zuverlässigen Maßstäbe an. Anhand französischer Quellen läßt sich in Relation zur Aussaat ein Ertragsniveau von etwa 1:2 wahrscheinlich machen, wobei starke witterungsbedingte Schwankun-

gen um diesen Wert einzukalkulieren sind. Nach dem Lorscher Codex wurde plötzlich im letzten Jahrzehnt des 8. Jahrhunderts das Ackerzubehör (auch Wald) eines Gutes gewöhnlich in Hufen zusammengefaßt. Die Hufe (mansus) bezeichnete seitdem ein bestimmtes, im jeweiligen Einzelfall nur schwer rekonstruierbares Ackermaß, weil es nicht einheitlich für alle Grundherrschaften einer Region galt und es überdies erhebliche Größenunterschiede zwischen Herren-, Hörigen- und Knechtshufen gab. Die Größe einer Hufe konnte 15 bis 40 Morgen Ackerland umfassen, die einer Herrenhufe 60 Morgen und mehr. Dadurch werden die recht unterschiedlichen Abgabenbelastungen wenigstens teilweise verständlich. Nach den Lorscher Hubenlisten zinsten Knechtshufen zumeist kein Getreide, jedoch gewöhnlich einen Hammel, 15 Losurnen Haferbier, ein Huhn und 15 Eier (z. B. Mannheim). In Giengen/Brenz bestanden dagegen die Hufenabgaben aus brennae (?), Weizen, Hühnern, einem Schwein, einem teuren Schafbock (ältester schriftlicher Beleg der Albschäferei) und Pfennigzinsen. Große »Waldmarken« (864) und gemeinsame Waldweiden begünstigten die Viehhaltung. Bei Östringen-Odenheim (Lkr. Karlsruhe) wurde dem Kloster Lorsch ein Wald von einer Größe tradiert, um 1000 Schweine hineinzutreiben. Gleichzeitig schob sich auch im 8./9. Jahrhundert die Rodebewegung weiter in das Waldland vor, verwandelte Wald- in Ackerhufen, vergößerte vorhandenes Hufenland, schnitt gerodetes Land aus dem Wildland (773/74: bivangum vel haftunga), legte Obstbaumwiesen an und ließ den Weinbau weiter vordringen. Zwischen 10 und 30 Eimer Bier (cervisia), ein bis zwei Malter Korn (auch Kernen) oder 10 bis 40 Brote, ferner einen Frischling, statt dessen vereinzelt ein Schwein im Wert von einem Solidus, bekam das Kloster St. Gallen im 8. Jahrhundert jährlich je Hufe aus ihren Haferbier liefernden Dörfern. Die St. Galler Überlieferung erhellt zugleich die frühe Bedeutung der Bierbrauerei als bäuerliches Haus- und Nebengewerbe in den nicht Weinbau treibenden Gegenden Oberschwabens. Bier braute man in Donaueschingen bereits fünf Jahrhunderte bevor die Fürstenberger ihr Brauprivileg erhielten.

Produktvielfalt

Noch aufschlußreicher in wirtschaftsgeschichtlicher Hinsicht ist das auf 843 zurückdatierte Kellereiverzeichnis des 724 gegründeten Klosters Reichenau, das jedoch Zustände aus der Zeit zwischen 1050 und 1150 wiedergibt (Fälschung). Aus 11 bis 15 Dörfern bezog der Klosterkeller jährlich insgesamt 110 modius (Mutt/Scheffel) Hülsenfrüchte, 1300 Käse, 11 Ochsen, 7 Kühe und 13 Krüge mit Honig. Von den hier und dort im 8./9. Jahrhundert anzutreffenden Hühner- und Eierabgaben blieben offenbar die Reichenauer Klosterdörfer verschont, doch hatten sie nicht zu erwartende hohe gewerbliche Leistungen zu erbringen. Wenn man liest, daß sie 83 Haspen Hanf, 42 Haspen Garn und 40 Haspen Leinen u. a. Textilien zu liefern hatten, dann werden bereits umrißhaft die Anfänge des Leinengewerbes im Bodenseeraum mit seinen bäuerlichen Wurzeln sichtbar. Die Pflicht der Mägde, Leinen und Wolle zu verspinnen und zu weben, ist für verschiedene Orte urkundlich zu fassen und wohl weithin üblich gewesen. In Weilheim mußten die Mägde der Herrschaft jährlich einen einfachen Hemdenstoff oder sonstigen Stoff (camisile aut sarcile) von zehn Ellen Länge und vier Ellen Breite weben. Von den Webereien, die hauptsächlich entlang des Oberlaufs der Donau durch archäologische Funde nachgewiesen worden sind, wird angenommen, daß sie in merowingischer Zeit schon für den Markt produzierten. Da Dörfer der Reichenau (Deißlingen, Möhringen, Wangen, Tuttlingen, Impfingen u. a.) das Kloster ferner jährlich mit Hunderten von Schüsseln, Fässern, Häfen, Krügen und einigen kupfernen Kochkesseln (caldaria) von der Baar versorgten, ist davon auszugehen, daß die ländliche Gesellschaft schon arbeitsteilig organisiert, eine Trennung von Landwirtschaft und Handwerk (Hafner, Schmiede) vollzogen war. Schmuckhandwerker saßen schon in merowingischer Zeit an den Höfen privilegierter Optimatenfamilien. Seitdem sind heimische Produktionsstätten auch für die Metallbe- und -verarbeitung sowie Bauhandwerker und die Kenntnis des Mörtelbaus bei den Alamannen archäologisch nachzuweisen. Auf dem Runden Berg bei Urach lebte in der Merowingerzeit eine stark auf die Metallverarbeitung ausgerichtete Bevölkerungsgruppe, die uns Sicheln, Ahlen, Meißel, Nägel, eine Schöpfkelle u. a. m. hinterließ. In Gräbern von Rottenburg-Hailfingen sind eine sog. Hammeraxt und eine sog. Zimmermannsaxt gefunden worden, der gleiche Axttyp, der später nachweislich beim Schiffsbau verwendet wurde.

Mühlen

In den Jahrzehnten unmittelbar v. Chr. waren in Kleinasien die ersten wassergetriebenen Getreidemühlen gebaut worden. Die Wassermühle begleitete den Aufstieg des Feudalismus, steigerte im Verlaufe seiner Herrschaft die Produktivität und mobilisierte wirtschaftliches Wachstum. Die Mühle mit ihrem Muskelkraft ersetzenden mechanischen Antrieb könnte als technisches Symbol des Feudalzeitalters gelten. In der römischen Spätantike wurde auf gallisch-germanischem Boden von dieser Ausnutzung der Wasserkraft Gebrauch gemacht. Mit Einsetzen der urkundlichen Überlieferung im 8. Jahrhundert ist sie sogleich rechts des Rheins bezeugt. Das Mühleisen findet sich schon in der Lex Alamannorum von vor 720. Wassermühlen begegnen 732 im Odenwald, 773 in Staufen im Breisgau, 777 in Buchen. 762 überließ der Bischof von

Straßburg dem von ihm ausgestatteten Kloster Ettenheimmünster Mühlenrechte am
Rhein. Bereits im 9. Jahrhundert waren mehrere Mühlen an einem Ort keine Seltenheit
(877: Sachsenheim 2; Schriesheim 3).

Edelmetall, Salz

Nach neuesten spektralanalytischen Untersuchungen sind die alamannischen Gold-
gegenstände – vor allem die aus der Zeit des weit verbreiteten synkretistischen Chri-
stentums (bis etwa 700) stammenden Goldblattkreuze – im südwestdeutschen Raum
zum großen – vielleicht überwiegenden – Teil als aus Rheingold gefertigt anzusehen.
Einige wenige untersuchte Goldblattkreuze entsprachen materialmäßig oberitalieni-
schem Münzgold, wie es dort zur Prägung von $^1/_3$-solidi verwendet wurde. Soweit der
Goldbedarf dieser Zeit nicht durch die Ausbeutung des Rheingoldes – durch die fast
zwei Jahrtausende betriebene Rheingoldwäscherei – gedeckt wurde, sind Goldim-
porte aus dem Orient in Betracht zu ziehen. A. Hartmann und R. Wolf machten dabei
auch auf die Möglichkeit aufmerksam, daß das aus dem Oberrhein gewonnene Gold
zum Teil bis in die langobardischen Gebiete Oberitaliens gelangte. Die »Mappae clavi-
cula de efficiendo aura« des Klosters Reichenau von etwa 800 berichtet über Silber-,
Blei- und Eisengruben u. a. im Odenwald. Zu Anfang des 11. Jahrhunderts zinste ein
kleines Silberbergwerk bei Wiesloch dem Kloster Lorsch jährlich eine Mark Silber,
zumindest ein Beweis für funktionierenden Bergbau. Einen wohl bedeutenden Zweig
der damaligen Urproduktion stellte die Salzgewinnung in Salzpfannen dar. Zur Versorgung des Bodenseeraums mit Salz bedurfte es eines interregionalen Handels. Das
Kloster Reichenau bezog um 1100 aus Riedlingen an der Donau und Eigeltingen-
Honstetten jährlich 50 Doppel-Scheffel Salz. Eine halbe Salzpfanne in der villa Mar-
salla erhielt das Kloster Ettenheimmünster 762 zur Erstausstattung. Dem Kloster
Kempten erlaubte Kaiser Ludwig der Fromme 844 drei Schiffe Salz in Hall zu holen.
Über ein Jahrtausend bestimmte die Salzsiederei in Pfannen die Technologie der Salz-
gewinnung in Südwestdeutschland. Es entsprach der ausgeprägten Neigung des Frü-
hen und Hohen Mittelalters, sich möglichst aus eigenen Mitteln und Quellen zu ver-
sorgen. Deshalb erwarben Klöster und weltliche Herren, sofern in ihrer Gegend nicht
Salz gewonnen oder Wein gebaut wurde, an entfernten Produktionsorten Anrechte an
Salzsiedereien und noch häufiger an Weingütern. Auf diese Weise wurde die damalige
Wirtschaft von einem unendlich verzweigten und verflochtenen Netz zirkulierender
Güter durchzogen, ohne daß vom Handel im eigentlichen Sinne die Rede sein konnte.

Handel und Verkehr

Gesalzen oder frisch lieferten die Alamannen bereits um 500 Rheinlachs für die Hoftafel ihres Schutzherrn, des Ostgotenkönigs Theoderich im norditalienischen Ravenna. Fisch durfte während des christlichen Mittelalters namentlich zur Fastenzeit auf keiner anspruchsvollen Tafel fehlen. Er wurde bis ins Hohe Mittelalter überwiegend als Naturalabgabe bezogen, nicht auf freiem Markt. Nach genauen Anweisungen fischten die durch mancherlei Gnadenerweise bevorzugten Reichenauer Klosterfischer um 1100 mit Netzen im Bodensee und am Oberrhein. Üblich war auch der Fischfang mit Zweigen und durch Einrammen von Pfählen in den Fischgründen. Die große Masse der heute noch vorhandenen Pfähle bei Wangen und Sipplingen zeugen von den mittelalterlichen Methoden des Fischfangs im Bodensee. Das Insel-Kloster verfügte verständlicherweise über eigene Schiffe oder Kähne, größere und kleinere, hergestellt von Schiffsbauern im nahen Wollmatingen (Stadt Konstanz), Dettingen, Wangen u. a., die sicher nicht nur Schiffe für das Kloster zimmerten. Bodensee, Oberrhein, Donau, Main und Neckar waren in karolingisch-ottonischer Zeit sicher schon rege benützte Verkehrsadern. In Heilbronn beweist es die frühe Anlände am Königshof. In Ulm und Heilbronn (villa Haubach) waren Fischer- und Schiffersiedlungen dem Königsgutkomplex vorgelagert. Sipplingen besaß vielleicht eine ähnliche Funktion für Bodman. Warentransporte auf Flußläufen und Fährplätze begünstigten Flußsiedlungen.

Trotz der großen Bedeutung des Naturaltauschs von Hand zu Hand lassen sich in den »dunklen« Jahrhunderten des frühen Mittelalters deutliche Spuren des Handels und des Verkehrs im Rahmen einer begrenzten Geldwirtschaft entdecken. Die Rückbildung der entfalteten römischen Verkehrswirtschaft infolge des Mangels an Münzgeld in eine vorherrschende Naturalwirtschaft bei weitgehend agrarischer Lebens- und Denkweise ließ nicht den keineswegs nur dem Luxusgut vorbehaltenen Warenverkehr und die Geldströme versiegen. Der periodische Ortswechsel der Könige oder anderer Herren von Pfalz zu Pfalz bzw. von Hof zu Hof erfolgte nicht nur in der Absicht, erwartete große naturale Vorratsmengen leicht verfügbar zu haben, sondern diente nicht minder der politischen Präsenz. Zumindest die größeren Grundherrschaften, auch geistliche, erzielten Wirtschaftsüberschüsse und boten sie zum »Verkauf gegen Geld« auf nahen und ferneren Märkten an. St. Gallen brachte Überschüsse nach Radolfzell und Stein am Bodensee. Am örtlichen Verkauf waren sicher auch bäuerliche Produzenten beteiligt. Das Frankfurter Kornwucher-Kapitular Karls des Großen von 806, erlassen wegen Mißernten zur Abwendung der Hungersnot und aus der Sorge um die Ärmsten der Armen, bewies, daß es vielleicht sogar einen außerordentlich blühenden, gewinnträchtigen Handel mit agrarischen Überschüssen gab. Auch an das kanonische

Zinsverbot wird man erinnert, wenn das Kapitular von 806 definiert: »All die, die zur Zeit der Kornernte Korn und zur Zeit der Weinlese Wein kaufen, und dies nicht aus Notwendigkeit, sondern mit dem Hintergedanken der Bereicherung – indem sie beispielsweise einen Malter für zwei Denare kaufen und ihn aufbewahren, bis sie ihn für vier, sechs oder gar noch mehr Denare wieder verkaufen können –, machen sich eines Vergehens schuldig, das wir als unredlichen Gewinn bezeichnen.«

Handel sollte der Verbrauchsbefriedigung dienen. So waren auch die von Karl dem Großen gewährten Zollprivilegien zu verstehen, 831 beispielsweise erneut bestätigt durch Ludwig den Frommen für die links- und rechtsrheinisch begüterte Straßburger Kirche. Danach durften ihre Leute überall, in Städten, Flecken, Burgen, Fährorten und Häfen (einige Orte ausgenommen) zu Wasser und zu Lande mit Wagen und Saumtieren zollfrei Handel treiben. Ob die Fuhrfronen (angaria) der Bauern eine Rolle beim Marktverkehr gespielt haben, ist nicht zu belegen. Eher dürfte, wie schon Dopsch betonte, eine außerhalb der Grundherrschaften bestehende, freie Transportorganisation eine größere Rolle gespielt haben.

Die Verbote Karls des Großen gegen den Getreide- und Viehexport zeigen überdies, daß auch ein grenzüberschreitender Fernhandel existierte. Alle Vorstellungen von einer geschlossenen, sich selbst genügenden Wirtschaft sind Klischee. Der Handel mit Italien riß nicht ab, für den mit dem Osten erwuchs Prag zum wichtigen Markt. Die Erzeugnisse aus fernen Ländern verschwanden nicht und blieben weiterhin begehrt. Man importierte Gewürze, Öl und südliche Weine, seltene Tuche, kostbare Waffen, Schmuck und Salz. Die Mönche von St. Gallen erhielten zwar fünfmal am Tage Bier, aber Weine, gewürzt und gesüßt, neben dem Elsässer besonders der Bozener, waren früh beliebt. Das Kloster Reichenau bezog um 1100 jährlich zwölf Mutt Kastanien und fünf somas Öl »de Langobardia«, aus Oberitalien. In Hirsau und St. Gallen gab es um 1075 ausländische Fische sowie Feigen, Datteln, Oliven, Zitronen und Kastanien, die verschieden konserviert aus Italien eingeführt wurden.

Unentbehrlich waren beim Fernhandel die Geldwechsler. Wohl als Händler und Wechsler waren Juden schon im 9. Jahrhundert in einer Judensiedlung vor Heilbronn seßhaft. Marktrecht erhielt Heilbronn um 1050, einen nicht unbedeutenden Marktverkehr gab es sicher zuvor. Zwischen dem Münsterbezirk in Konstanz und dem bischöflichen Gutshof Stadelhofen erwuchs eine schon um 900 mit Marktrecht ausgestattete Kaufleutesiedlung. Der Wallfahrts- und Flußübergangsort Esslingen datiert sein Marktrecht seit Karl dem Großen. Wie man sieht, waren keineswegs alle Königspfalzen und Königshöfe prädestiniert, sich zu Zentralorten des überregionalen Handels zu entwickeln. Lange vor Heilbronn erhielten noch zu ottonischer Zeit den Rang privilegierter Märkte Wiesloch 965, Villingen 999, Weinheim 1000, Buchau um 1000 und Marbach am Neckar 1009.

Anfang des 11. Jahrhunderts zinste Wiesloch dem Kloster Lorsch für den Markt jährlich 20 Mark Silber, kein bedeutender Markt also, und dennoch durch die nahe Silbergrube und ihre Silberförderung ein begünstigter Standort. Münznot herrschte allgemein während der ersten Phase der Feudalepoche und drückte dem gesamten Wirtschaftsleben seinen Stempel, den der Naturalwirtschaft, auf. Die seit Ende des 6. Jahrhunderts (in Basel, Straßburg, Windisch, Zürich und Bodman) noch überwiegend aus Rheingold geprägten Goldmünzen flossen wegen der notorisch passiven Handelsbilanz rasch ab oder verwandelten sich in Schmuck. An die Stelle des nicht mehr zu haltenden Goldumlaufs setzte sich unter den Karolingern eine reine Silberwährung mit Pfennigmünzen durch (denarius argenteus, seit 780: 12 Pfennige = ein Schilling). In einem Kapitular von 805 befahl Karl der Große, daß Münzprägungen nur in Königspfalzen stattfinden sollten. Im Handel und Naturaltausch war Geld (Pfennige, Schillinge, Pfund) zwar allgemein als »Wertmesser«, als Preismaßstab anerkannt, aber der mangelnde Bargeldumlauf hemmte die Ausweitung des Marktverkehrs, so daß jeder auf Expansion gerichtete Markt danach strebte, über eine örtliche Prägestätte zu verfügen. Als dann seit den letzten Karolingern auch geistlichen Fürsten die Münzprägung gestattet wurde, kam es dennoch im rechtsrheinischen Alamannien nur zögernd zur Errichtung von Münzstätten. Bis Ende des 10. Jahrhunderts sind neben dem älteren Bodman nur die bischöfliche Münze in Konstanz und herzogliche Prägungen in Breisach und Esslingen im rechtsrheinischen Alamannien nachzuweisen. Die – zuletzt von Karl dem Kahlen 864 gebremste – Entwicklung ging dahin, an Orten mit regelmäßigem, relativ bedeutendem Geldverkehr Münzstätten einzurichten. Offenbar war in den rechtsrheinischen Landesteilen Alamanniens bis gegen Ende des 10. Jahrhunderts der Bedarf an Zahlungsmitteln gering und bestand nach ihnen keine ständige Nachfrage. Auch der Stadtbildungsprozeß war hier verkümmert, zurückgeblieben, während Straßburg 982 sogar eine eigene Vorstadt (suburbium) besaß.

Wirtschaftlicher Wandel
in der zweiten Feudalepoche
Das Hohe Mittelalter

Hochmittelalterliche Siedlungsbewegung

Auf die Zeit begrenzter, ja teilweise deutlich blockierter Expansionstendenzen in Wirtschaft und Gesellschaft während des 9./10. Jahrhunderts folgte erst im Verlaufe des 11. Jahrhunderts, hier und da jedoch mit deutlicher Verzögerung, ein neuer, sich bis Anfang des 14. Jahrhunderts verstärkender Aufstieg im südwestdeutschen Raum. Zählungen, die sich zwar nur auf einzelne Dörfer stützen können, lassen eine reichliche Verdreifachung der Bevölkerung vom 10. bis ins 13. Jahrhundert vermuten, herbeigeführt durch die Gunst verschiedener Faktoren, insbesondere friedlicherer Lebensumstände, die die Geburten bei gleichzeitigem Rückgang der Sterblichkeit erhöhten. Um 1200 dürften auf dem Boden des heutigen Baden-Württemberg 600000 bis 700000 Menschen gelebt haben. Vor dem Hintergrund dieses anhaltenden Bevölkerungswachstums erlebte Südwestdeutschland seit dem 11. Jahrhundert eine zweite große Phase des Landesausbaus, der die überkommene Landschaft wesentlich umgestaltete.

Der Pflug drang mehr und mehr in die Waldgebiete und Einöden vor; auf wilder Wurzel erwuchsen neue Dörfer. Die Rodungs- und Siedlungstätigkeit erfaßte sowohl die Altsiedellandschaften als auch die bisher fast unberührt gebliebenen großen Waldgebiete. Erst ins Hochmittelalter fiel die Erschließung des württembergischen Keuperberglandes, der Löwensteiner, Limpurger und Ellwanger Berge, unter Beteiligung der ansässigen weltlichen und geistlichen Herrschaften, der Herren von Limpurg, der Klöster Murrhardt, Comburg, Ellwangen u. a. Treibende, oft konkurrierende Kräfte beim Siedlungsausbau waren im Odenwald das Kloster Lorsch und seine Ministerialen, in nördlichen Schwarzwaldteilen die Calwer Grafen, die badischen Markgrafen, die Ebersteiner Herren und das Kloster Hirsau, im südöstlichen Schwarzwald die Hohenberger und Tübinger Grafen, im südlichen und mittleren Schwarzwald vornehmlich die Zähringer und von ihnen geschützte Reformklöster und in Oberschwaben vor allem die Welfen. Die Überlassung von großen königlichen Wildbann- und sonstigen

Waldflächen durch Ottonen und Salier bot hierfür häufig die rechtliche Voraussetzung. Dank des hochmittelalterlichen Rodungslands ließ sich der bisherige grundherrliche Streubesitz abrunden und vergrößern und das grundherrliche Einkommen mehren. Daß die rodenden Bauern und Mönche von den Forderungen ihrer Herren oder Oberen angestachelt wurden, muß nicht verwundern. Doch auch umgekehrt mußten dem Bauer für die schwere Arbeit der Urbarmachung Vorteile erwachsen, freiwillig oder unfreiwillig gewährt, damit er Produktivkräfte seines Haushalts entwickeln und investieren konnte.

Produktivitätsfortschritt

Enorme und neue Anforderungen stellte die Rodung von großen Gebirgswäldern besonders auf Sandsteinboden, setzte neues Arbeitsgerät voraus und verlangte die Umstellung auf neue Wirtschaftsmethoden, sofern sich der überlieferte Getreidebau auf den neugewonnenen Flächen als nicht geeignet erweisen sollte. Der zunehmende Bevölkerungsdruck konnte nur durch agrartechnische Neuerungen in eine erfolgreiche, die Hindernisse überwindende Siedlungsbewegung münden. Es ist anzunehmen, daß der im 11./12. Jahrhundert aufgekommene Beetpflug mit Schar und Streichbrett den Hakenpflug ablöste und durch das Wenden der Erdschollen eine wesentlich verbesserte Bodenbearbeitung und Unkrautbekämpfung ermöglichte. Fortschritte in der Eisenbearbeitung für militärische Zwecke, beim Schmieden von Ritterrüstungen, kamen der Entwicklung von neuem Ackergerät zugute. Der Pflug mit beweglichem Streichbrett und symmetrischer Pflugschar wird in das ausgehende 13. Jahrhundert datiert.

Wohl gleichzeitig mit neuen Pflug- und Wagenkonstruktionen begann der Einsatz des Pferdes als Zugtier in der Landwirtschaft und sein vermehrter Gebrauch im Transportwesen. Die häufige ausdrückliche Erwähnung von mit Pferden zu leistenden Diensten im Hohen Mittelalter (Weingartener Traditionen) deuten diesen Wandel an. Dazu bedurfte es eines neuartigen Bügel-Geschirrs, der Einführung des gepolsterten Kummets (aus dem Altslawischen entlehnt), das sich in Europa frühestens um 800 nachweisen läßt. Das Pferd erwies sich ausdauernder und schneller bei der Ackerarbeit als der Ochse und steigerte in Verbindung mit dem neuen Beetpflug die Produktivität in der Landwirtschaft, ohne jedoch die Ochsen generell bei der Ackerarbeit zu verdrängen. Eine Ausweitung der bäuerlichen Pferdehaltung setzte eine Verbilligung der teuren Anschaffungskosten eines Pferdes und einen vermehrten Haferanbau als Futtergrundlage jeder Pferdehaltung voraus. Nach einem Weistum über die Höfe in Rastatt aus dem Jahr 1300 mußte jeder der vier Hofbauern, der sein Gut selbständig bewirtschaftete, sechs bis sieben Stück Zugtiere halten, die dem Markgrafen nicht zu »verbeden« waren. Bedefreiheit genoß jeder Hofbauer auch für vier Kühe und sechs Schweine. Etwa in dieser Größenordnung wird man sich den Viehbesatz eines bäuerlichen Hofguts im Hohen Mittelalter vorzustellen haben, als der Bauer damit rechnete, von einem Korn Aussaat vier Körner zu ernten.

Nicht minder kam es auf eine Ertragssteigerung des in Mannsmahd bemessenen Wiesenlandes an, um durch ein höheres Heuaufkommen den vermehrten Viehbestand besser über den Winter bringen zu können. Die hierfür nützliche Wiesenbewässerung mit Hilfe von Stauwehren an Bächen kam im Hohen Mittelalter auf und ist seitdem für Südwestdeutschland in zahlreichen Urkunden und urbarialen Aufzeichnungen schriftlich fixiert, unten im Breisgau (1220: Tennbacher Hof; 1314: Matten »mit graben und mit hage«) ebenso wie im fränkischen Norden. Schwineköper führt die Freiburger »Stadtbächle« auf Wiesenbewässerungssysteme aus vorstädtischer Zeit zurück. Später waren die zur Wassernutzung Berechtigten in Runsgenossenschaften zusammengeschlossen. Von Rastatt bis Heidelberg gab es viele Orte umfassende Wiesenbewässerungssysteme, für die Ordnungen aus dem 15./16. Jahrhundert mit präzisen Bestimmungen überliefert sind.

Streit um die Nutzung von Wassergräben namentlich zwischen Bauern und Müllern gehörte trotzdem bis in die Neuzeit zur Tagesordnung. Obwohl erst 1744 eine herzoglich-württembergische Resolution die Wiesenbewässerung auf die Zeit vom Samstag bis Sonntag nachmittags begrenzen wollte, gaben die Gemeinden am Strudelbach dem Müller von Enzweihingen Grund zu neuer Klage, weil sie »balden Frühlingsanfang, den ganzen Sommer hindurch, ja sogar in der Herbstzeit noch durch übermachte Wässerung ihrer Wiesen, das Wasser immer benommen, in ihrer so betitulte Haupt- und Nebengräben, aus dem Mühlgraben oder Bach durch vorteilhafte angelegte Wehr, ein grabende große Quader, einschlagende Stotzen, Stellfallen und Bretter nicht nur, sondern zu teuerst auch aus dem Mühlbach durch weiteres auf ihre Wiesen einleitende Nebengräben benommen« hätten. Ein ertragreicher zweiter Heuschnitt, die Grummeternte, hing vielfach von der Wiesenbewässerung ab. Die Grummeternte war bereits im Hohen Mittelalter üblich. Die Fronpflicht eines zur Comburg gehörigen Hofes erstreckte sich beispielsweise auf drei Dienste mit neun Fahrten, von denen zwei im Heu und einer im Grummet (tempore graminis) zu leisten waren.

Die praktizierten Formen der agrarischen »Eroberungen« des Hohen Mittelalters waren verschieden und vielfältig. Technische Neuerungen hatten die Urbarmachung von Waldgebieten ermöglicht und erleichtert. Durch Trockenlegungen verschwanden noch heute zahlreich in der schwäbischen Flurnamenüberlieferung bezeugte Seen, Weiher und sonstige Feuchtgebiete und wurden schon im 12./13. Jahrhundert in die sich ausweitende Acker- und Wiesennutzung einbezogen. Jedes Jahr brachte neuen

Landgewinn. Planmäßig bemühten sich die Klöster um Verbesserungen in der Landwirtschaft, ihre Intensivierung und um Ertragssteigerung. Infolge der gestiegenen Stallviehhaltung fiel mehr Dung an, der zur Bodenverbesserung bald als unentbehrlich angesehen wurde. Sich Anfang des 14. Jahrhunderts häufende Belege über die Verpflichtung, regelmäßig bestimmte Mengen Dung auf die Felder, auch auf Weinberge zu bringen (1304 Freudental: 12 carretas fimi ad vineam; Tennenbacher Urbar 1317–41, Bergen: vineas tungen cum 100 asinis honeratis cum fime), lassen auf eine schon im Hohen Mittelalter übliche Düngung von Nutzflächen schließen.

Die Mönche von Eberbach scheinen die ersten gewesen zu sein, die an Abhängen terrassierte Weinberge anlegten. Das aktive Interesse der Klöster und der Staufer an der Rebpflege ist bekannt. Steinmauern mußten die Rebhänge abstützen (vine lapidice). Am Rande des Stuttgarter Talkessels und an zahlreichen Hängen des Neckartals ließ sich der Weinbau schon im 13. Jahrhundert nur durch Anlage von Terrassen vorantreiben. Dank der Fortschritte in der Agrarwirtschaft, der Steigerung der Produktion wuchs auch die Bevölkerung, die wiederum nach mehr Brot, Fleisch, Wein, Wolle, Leder und Kleidung verlangte. Auch Wohlstand zeigte sich hier und da bei gestiegenen Grundrenten. Die Ausdehnung von Weinbau und Weinhandel im 12. und 13. Jahrhundert ist als Zeichen eines gehobeneren Lebensstandards zu werten. Ein langfristiger Anstieg der Getreidepreise im 13. Jahrhundert (für Straßburg von etwa 1250 bis zu Anfang des 14. Jh.) kann als quellenmäßig gesichert angesehen werden.

Wandlungen der Agrarverfassung

Für die im Hochmittelalter eingetretenen Wandlungen in der Agrarverfassung sind sicherlich nicht allein der gewachsene Bevölkerungsdruck und die Fortschritte in der agraren Technik verantwortlich zu machen. In Rodungsgebieten des Hohen Mittelalters fehlten die von der Grundherrschaft bewirtschafteten Herrenhöfe fast völlig. Alles Land war dort an abgabepflichtige Bauern verliehen. Rodung, Neulandgewinn waren mit Vergünstigungen für die Neusiedler verbunden. Ihre Besserstellung blieb nicht ohne Rückwirkung auf die bäuerliche Situation im Altsiedelland. Freiwillig oder unfreiwillig reduzierten die Grundherren die Leistungsansprüche an ihre Mannen oder Hörigen (1168: homines). Alte Unfreiheit und Knechtschaft (1174: servus) verschwand nicht, sondern lebte unter neuem Namen fort, verlor aber manche Fessel. In den hochmittelalterlichen Urkunden über die Schenkung und den Verkauf von Eigenleuten (1162: quos hereditario possederant iure; 1300: tytula proprietatis; 1300 Reutlingen: Verkauf von drei leibeigenen Männern und drei leibeigenen Frauen für 9$^{1/2}$ Pfd. Heller) tritt uns die im Spätmittelalter weitverbreitete Leibeigenschaft entgegen.

Kennzeichen von Unfreiheit blieb in Südwestdeutschland die auf dem Herd ruhende
Last (1300: vulgo vocantur hertrecht), das Leibhuhn und die Leistung des Besthauptes
oder Sterbfalles (Tennenbacher Urbar 1317–41: iure hereditario in festo beati Martini
12 denarii et mortuarium, daz best hŏbet).

Nach den im Hirsauer Codex aufgezeichneten Traditionen begegnet uns im 11. Jahrhundert in den Altsiedeldörfern des nördlichen Württemberg neben dem zu Zinsrecht
(ius censualium) vergebenen bäuerlichen Hufenland das nur teilweise verhufte Salland
(terra salica) der zahlreichen Herrenhöfe, damals wohl noch überwiegend in Eigenbau
bewirtschaftet. Es waren »freie« Allodien (1284: vulgariter dicitur ain vriez aigen) und
Lehngüter, die mitunter den größeren Teil des Grundbesitzes eines Dorfes ausmachen
konnten, meist aber nur einen geringen Anteil dessen darstellten. Durch die Villika-
tion des Frühmittelalters bestand ein enger Zusammenhang zwischen Dominikal- und
abhängigem, dem Fronhof zugeordnetem Bauernland. Mit dem Bevölkerungswachstum und der Rodungsbewegung seit dem 12. Jahrhundert begannen sich jedoch die
überkommenen Villikationen aufzulösen und zu zergliedern. Die Grundherren gaben
allmählich ihre Eigenwirtschaft auf und ersetzten sie durch Pacht- oder Teilbau-
systeme. Hierbei spielten verschiedene Ursachen und Faktoren eine Rolle. Der zuerst
auf Rodeland übliche Teilbau, die Landvergabe gegen Ertragsanteile, wie bei den zuerst 1169 erwähnten, »landgärbig« verzeichneten Äckern üblich, wurde mehr und
mehr auf das Altland übernommen. Bereits im Hohen Mittelalter wurden dann Teil-
bauertragsanteile in fixe Naturalrenten verwandelt. An ihnen waren vor allem diejenigen interessiert, die nicht mehr auf dem Lande, sondern in der entfernten Stadt lebten.
Daher gingen von der Abwanderung des landsässigen Adels und später auch reicher
Bauern- oder Hofmeierfamilien in die Städte entscheidende Impulse zur Aufgabe von
eigenbewirtschaftetem Hofland aus. Umgekehrt hatten auch Städter, die später Landgüter erwarben, nicht das Verlangen, diese selber zu bewirtschaften. Der Fronhof des
Grundherrn (1297: curiam in Merckelingen dictam fronhof) verwandelte sich daher
letztlich in ein Substrat von Rentenberechtigungen, Kapitalanlage und billige Selbst-
versorgungsquelle zugleich, kaum mehr hinsichtlich ihrer Abgabeleistungen von bäuerlichen Zinsgütern zu unterscheiden. Im Konstanzer Urbar von 1302/03 spiegelte
sich diese Entwicklung bereits in ihrer Endstufe wider.

Bei geistlichen Grundherrschaften zeigte sich – den Fronhof vor den Klostermauern
gewöhnlich ausgenommen – das Bestreben, die Vererbung des Meieramtes (villicus)
und eine Entfremdung von Besitz zu verhindern sowie die nicht unerheblichen Amts-
einkünfte des Meiers zu beschneiden oder sich unmittelbar nutzbar zu machen. So bekam beispielsweise der Meier des Klosters St. Gallen im Jahre 1200 aus dem Dorf
Mundelfingen (Schwarzwald-Baar-Kreis) aus dem gesamten Zehntaufkommen von
55 Malter Weizen während zweier Jahre 35 Malter und im dritten 30 Malter. Nach

einer Aufzeichnung von 1265 waren seine Zehnteinnahmen inzwischen auf jährlich 14 Scheffel (modios) geschrumpft. Der St. Gallische Fronhof in Kirchdorf (Schwarzwald-Baar-Kreis) (17 Joch Acker, 12 Joch Ödland, Wiese u. a.) war im Jahr 1200 zu einem frühen Halbbaumodus vergeben, wobei der Abt dem Hofpächter die Hälfte der Aussaat stellte und die halbe Ernte beanspruchte, und der Hofpächter ferner dem Abt, Meier und Kellermeister jährlich drei Schweine, vier Viertel Haferbier und zwei Viertel Wein zu liefern hatte. Dem Hofpächter standen noch jährlich vier Tage Frondienst je Hufenbauern zur Verfügung. Mit der schrittweisen Umwandlung der Teilbaupacht im Hohen und Späten Mittelalter in fixe Natural- und Geldrenten und vor allem mit der Auflösung und Parzellierung von Eigenwirtschaften wurden dann Frondienste in natura entbehrlich und durch leichter aufzubringende Geldrenten (Pfenniggelder) ersetzt. Die laut Esslinger Urbar von 1304 erhobenen Snitphennige (anstelle des Kornschnitts) erinnern daran. 1297 befreite Markgraf Friedrich von Baden den Hof eines Gernsbacher Bürgers in der Stadt Steinbach (Baden-Baden) für geleistete Dienste von der Abgabe von Heu und Futter und von Frontagen. Der Abbau drückender Fronen gehörte zum Zuge der Zeit. Aus Mangel an Laienbrüdern mußten schließlich die Zisterzienser allmählich den Selbstbetrieb ihrer Grangien aufgeben.

Die grundherrlichen Eigenwirtschaften erfuhren auch durch die Ansiedlung unterbäuerlicher Schichten ihre Substanz verändernde Eingriffe. Durch Rodung und Zergliederungen von Herrenland entstanden neue Landgüter und Kleinbetriebe, die offenbar einer bisher landlosen Schicht überlassen wurden. Wie stark die Vergrundholdung ursprünglich landloser unterbäuerlicher Schichten um 1200 gediehen war, zeigten die vier Fronhofsverbände, Kelnhöfe von St. Gallen in der Baar (Kirchdorf, Löffingen, Vilsingen, Mundelfingen), zu denen 39½ bäuerliche Hufen und bereits 22 Schupposen (scupuze) gehörten. Schupposen, in anderen Gegenden auch Selden genannt (1286: seldan eidem feodo adiacentem), hinsichtlich ihres Landbesitzes nur Bruchteile einer Hufe umfassend, waren mit entsprechend niedrigeren Getreideabgaben belastet, aber ebenfalls zu vier Tagen Frondienst im Jahr angehalten. Gegenüber einem Landarbeiterdasein stellte die Seldner-Ansiedlung im Hohen Mittelalter ohne Zweifel einen wirtschaftlich-sozialen Fortschritt dar.

Vordringende Geldwirtschaft

Welche Gründe auch immer bei der Umbildung der grundherrschaftlichen Organisation eine Rolle spielten, den Hintergrund bildeten das Vordringen der Geldwirtschaft mit dem Aufkommen der Städte und der zunehmende Bedarf an Geldmitteln bei gleichzeitiger Scheu, größere Landgüter mit Lohnarbeit zu bewirtschaften. Soweit für den Marktverkauf weniger in Betracht kommend und zur Befriedigung des Eigenbedarfs nicht benötigt, begannen die Grundherren auch bäuerliche Naturalabgaben in Geldabgaben umzuwandeln und einzufordern. Zur Bezahlung der Geldabgaben wurde zwangsläufig die bäuerliche Wirtschaft wiederum stärker in die dem Geld verpflichtete Verkehrswirtschaft einbezogen. Eine bereits stark geldorientierte Einkommensstruktur zeigten 1216 die Einkünfte des Würzburger Bistums in Heilbronn. Es bezog von den Hufen 13 marcas, von den Fischenzen (piscationibus) 5 Pfd. Haller, von den Villikationen 20 marcas, an Pfenniggeldern von den Prekarien 30 marcas und 30 Karren (Fuder) Wein, vom Allod 15 Karren (Fuder) Wein sowie 150 Malter Weizen, Dinkel, Roggen und Hafer. Offenbar infolge der weiten Entfernung des Erhebungsortes vom Sitz der Grundherrschaft wurden verschiedene Küchengefälle, wie Gänse, Hühner, Eier, Schweineschultern, Schweinejungtiere usw., die ansonsten noch vielfach zu besonderen Festtagen im Spätmittelalter erbracht werden mußten, vom Bistum nicht mehr in natura erhoben. Unter den Präbenden (kirchliche Pfründe) des neugegründeten Stifts St. Johann zu Konstanz fanden sich demgegenüber 1276 noch 1000 Fische, »qui dicuntur gangfisch«, Dörrfisch also. Auf 18000 Gangfische und 7 Salmen (Rheinlachs) belief sich der Gesamtertrag des Urbars des Bistums Konstanz von 1302/03. Die wichtigsten Einnahmepositionen bestanden in 16 Mark Silber und 576 Pfd. 11 Schill. 4 Pf. in Geld, 3300 Mutt Getreide, 152 Schweine, 93^1/$_2$ Schafe, 1175 Hühner, 97^1/$_2$ Gänse und in 2^1/$_2$ Ochsen. Allgemein üblich war die Abgabe von teurem Pfeffer, gezinst von Kaufleuten und Händlern (83 Pfd. im Bistum Konstanz), ferner von Öl, Käse, Honig, Wachs und von Broten. Wie die frühmittelalterlichen Kirchenfürsten erhob der Bischof von Konstanz auch noch im ausgehenden Hochmittelalter Schüsseln, 150 an der Zahl, Zinsleistung eines grundherrlich abhängigen Handwerks. Seltener fand sich die Abgabe von Nüssen, von Senfkörnern im Breisgau oder von Birnen, Trockenbirnen wohl, am Bodensee und mit einem Hut zu pflückende Birnen für einen Weinberg in Eberdingen bei Vaihingen/Enz. Eine Abgabe von 10 Mutt Rüben (rapa) in Mengen (Tennenbacher Urbar) bestätigt das Vorkommen des Rübenbaus im Hochmittelalter. Wachszins empfingen vorrangig die Kirchen für ihre Beleuchtung, wofür die Zinsrodel der Kirche von Löffingen aus der Zeit um 1290 ein beispielhafter Beleg ist. Die völlige Abschaffung bzw. Umwandlung der Getreide- und Weinabgaben, der wichtigsten grundherrlichen Naturalrenten, stellte in Südwestdeutschland mehr eine seltene Ausnahme dar, ihre Festschreibung zu ewigen »festen« Gülten dagegen die Regel. Dadurch entging die südwestdeutsche Grundherrschaft zumindest in neuerer Zeit in diesem für sie wesentlichen Einkommensbereich den durch die ständige Geldentwertung verursachten realen Einkommensverlusten.

Handwerk

In den zwar noch nicht reichlich fließenden schriftlichen Quellen des Hohen Mittelalters trat ein weiteres neues wirtschaftliches Phänomen hervor, nämlich das Nebeneinander von bäuerlichem Hausgewerbe und städtischem Handwerk, handwerkliche Erscheinungsformen, die fortan bis ins 19. Jahrhundert zum hervorstechenden Wesenszug südwestdeutscher Gewerbelandschaften wurden. Insbesondere im Bodenseegebiet forderten die Grundherren nach wie vor im Hohen Mittelalter erhebliche Anteile der teilweise wohl schon marktorientierten bäuerlichen Gewerbeproduktion als Naturalabgabe, von den genannten vier Kelnhöfen St. Gallens auf der Baar sogar bis zu 12 Ellen Tuch je Hufe. Gleichzeitig erwuchs neben dem alten, St. Gallen gehörenden Dorf Löffingen eine von den Fürstenbergern gegründete Kleinstadt Löffingen mit Markt, Rathaus, Kaufhaus und, wie aus der erwähnten Zinsrodel der Kirche um 1290 ersichtlich, eigenem Handwerkerstand, Tuchmachern, Leinewebern (textor), Schmieden, alles zugleich Ackerbürger, vielleicht auch noch mit Relikten von Unfreiheit behaftet. Historisch gesehen reicht im südwestdeutschen Raum die Trennung von Haus- und Berufshandwerk bereits in die vorfeudale Zeit zurück. Als Berufshandwerker konnten auch die unfreien Fronhof- und Klosterhandwerker des frühen Mittelalters gelten, soweit sie spezifische Fachkenntnisse benötigten und von der Landarbeit freigestellt waren. Im 12. Jahrhundert gefälschte Privilegien der Abtei Reichenau erwähnten Schuhmacher, Kürschner und Walker. Seit den Stadtgründungen gelang es den Handwerkern, allmählich oder abrupt überkommene Hörigkeit und Unfreiheit abzustreifen und die wirtschaftlich freie Verfügung über ihre Arbeitsleistung zu erlangen, ohne sich freilich allerorten jeglicher Zinspflichtigkeit entziehen zu können. Erst das Hohe Mittelalter schuf daher als einschneidende wirtschaftliche Neuerung die mit der Stadtentstehung verknüpften rechtlichen Voraussetzungen für ein wirtschaftlich selbständiges Handwerk. In der alten ländlichen Pfarrei Buoch wurde die von Ende des 12. bis zum Anfang des 15. Jahrhunderts nachweisbare zentrale Töpferei Schwabens entdeckt, die sich durch frühe Verwendung von Glasuren auszeichnete.

Markt- und Stadtbildung

Aus dem Schoß des Feudalismus erhob sich im 12./13. Jahrhundert das Städtewesen, gefördert von der feudalen Welt, zu einer sie ergänzenden und bereichernden Lebensordnung mit bis dahin nicht gekannter Eigenständigkeit. Der zunächst allein von der agrarischen Welt getragene wirtschaftliche Aufschwung brachte die große Welle von Markt- und Stadtgründungen in salischer und staufischer Zeit in Bewegung. Nach

einer von Erich Maschke 1977 zusammengestellten Statistik gab es am Ende der Stauferzeit in Baden bereits 44 von 127 heute bestehenden Städten (= 34,6%) und in Württemberg 46 von 172 Städten (= 26,7%). Die Einbeziehung der privilegierten Märkte in
diese Statistik würde das Bild neugewonnener Handels- und Gewerbefreiheit noch erweitern. Maßgeblich beteiligt waren an den Stadt- und Marktgründungen und ihrer
Förderung die Könige, Fürstengeschlechter wie Zähringer und Welfen, Grafenhäuser
bis hin zu den Ministerialen. Oft kamen anfangs villa und civitas nebeneinander vor;
oft entbehren gewachsene und gegründete Städte der klaren Unterschiede. Nicht alle
Marktorte entwickelten sich zu Städten. Zur Gründung neuer Städte oder zum Ausbau bestehender Siedlungen regten wirtschaftliche, verkehrs- und territorialpolitische
sowie nicht zuletzt militärische Überlegungen an. Die Konzentration von Handel und
Handwerk in den Städten brachte den Stadtherrn mancherlei wirtschaftlich-finan-
zielle Vorteile. Der hochmittelalterliche Stadtbildungsprozeß ist jedoch als ein hoch-
komplexer, auf verschiedenen Ebenen Sonderrecht konstituierender, zeitlich sich oft
länger hinziehender Vorgang anzusehen. An der Ingangsetzung von Markt, Handel
und Handwerk – der hier interessierende wirtschaftsgeschichtliche Teilaspekt – waren
selbstverständlich nicht allein die Stadtherren beteiligt, sondern auch häufig deren Ministerialen mit ihren Gehilfen erforderlich, vor allem aber kam es auf vorhandene, mit
Handel und Handwerk verbundene Bewohner oder entsprechende Zuwanderer an,
die Tatkraft von entlaufenen Hörigen und Leibeigenen nicht ausgenommen. 1275 verlieh König Rudolf der Stadt Breisach ausdrücklich das Recht der Aufnahme von
Eigenleuten oder fremden Hörigen.

Für Ulm, seit Barbarossa vollausgebildete Stadt, ist kein Marktprivileg bekannt und
sind ältere Märkte anfangs außerhalb des Pfalzgebiets zu vermuten. Doch Lebensmittelmärkte dürften Ulms wirtschaftlichen Aufstieg nicht begründet haben. Dies war in
erster Linie den mit dem Fernhandel verbundenen zwei Hauptzweigen der Textil-
gewebefertigung, der Leineweberei und der Tuchmacherei zuzuschreiben. Erst das
Zusammenwirken von Fernhändlern und einer stark entwickelten heimischen gewerblichen Marktproduktion schufen wirtschaftliches Wachstum. Der zwischen 1250
bis 1288 öfter in Handelsgeschäften mit der Provence und Frankreich begegnende Ar-
manus de Ulmo (Hermann von Ulm) war wahrscheinlich ein Ulmer Händler. Als
1292 erstmals eine Urkunde zehn Zunftmeister in Ulm nannte, waren die drei Haupt-
berufe des Textilhandwerks unter ihnen vertreten.

Außer Konstanz gehörten zu den ältesten privilegierten Marktorten am Bodensee
Rorschach (944), Allensbach (998) und Radolfzell (1100). Allensbach war ein kaum
florierender Reichenauer Klostermarkt, auch nach der Erneuerung der Freiheiten
1075. Trotz seiner Funktion als Stapel- und Verladeplatz von Reichenauer Naturalein-
künften und als Anlegeplatz der Reichenau-Fähre war es der wirtschaftlichen Kon-

kurrenz von Konstanz nicht gewachsen. Das freiere Marktrecht sollte in Allensbach für die einheimischen und fremden Kaufleute, Handwerker und Gewerbetreibenden gelten, nicht aber für die hörigen, unter Hofrecht stehenden Dorfbewohner. Günstiger verlief die Entwicklung des 1100 gegründeten zweiten Reichenauer Marktes Radolfzell, dem in einer zweiten Entwicklungsstufe 1267 städtische Freiheiten verliehen wurden. Ähnliches galt für Tauberbischofsheim, für das Weinausfuhr schon 1124, Stadtrechte erst nach 1278 belegt sind. Gegen Ende des 12. Jahrhunderts setzte in der aus früher Handwerkersiedlung, Markt und Kaufleutesiedlung u. a. bestehenden Bischofsstadt Konstanz der bürgerliche Emanzipationsprozeß ein. Vorangegangen war eine in ihren Ausmaßen kaum annähernd rekonstruierbare wirtschaftliche Expansion, die auf einer Kooperation von Fernhandel und heimischem Gewerbe gedieh. Ausstrahlung und Glanz des Konstanzer Bischofssitzes sollen hierbei ebensowenig verkannt werden wie die Ausrichtung des Verkehrsnetzes von und nach Konstanz, inbegriffen den Fährbetrieb von Überlingen, Uhldingen und Meersburg. Ein Brief der Mönche von St. Gallen vom Anfang des 11. Jahrhunderts nannte bereits – etwas unrühmlich – sechs Konstanzer Kaufleute, in deren Hände ein Teil des entwendeten Klosterschatzes gelangt sein soll. Große Funde von Konstanzer Münzen seit der Mitte des 10. Jahrhunderts in slawischen und skandinavischen Gebieten deuten an, daß Konstanz im Sog der großen Handelsströmungen lag. Als unmittelbar nach 1200 Konstanzer in Genua auftraten und Konstanzer Leinwand im Mittelmeergebiet gehandelt wurde, war die Bischofsstadt sicherlich bereits ein weithin herausragender Gewerbe- und Fernhandelsplatz. In dieses Bild paßt auch das nachweislich breite Spektrum der in der Stadt ansässigen, von der Nachfrage begünstigten Handwerke bzw. Gewerbe, Marksteine des Aufkommens eines neuen sozialen Standes. Die Konstanzer Überlieferung bietet älteste deutsche Belege für den Stellmacher oder Wagenbauer (1243, carpantarius), den Schilder- oder Wappenmacher (1261, clipeator), den Goldschmied (1261, aurifex), der in Augsburg von 1276 und in Nürnberg von 1285 an erwähnt wird, und schließlich, nicht zu vergessen, die älteste, heute noch bestehende deutsche Apotheke (1264). Zahlreich waren sicher die Bier- und Weinschenken (tabernae) und die Verkaufsbänke von Bäckern, Metzgern und Schuhmachern sowie der Krämer (institores) vertreten.

Lebenselemente der Stadtwirtschaft

In den südwestdeutschen Städten des 13./14. Jahrhunderts standen die Verkaufsbänke gewöhnlich an den oft sehr langgestreckten, breiten Marktstraßen (Schwineköper), wo sie zunächst vorübergehend, dann dauernd in Lauben und Kaufhallen Aufnahme

fanden. Aus Freiburger Quellen erfahren wir, daß drei Lobiae vor 1220 schon bei
Gründung der Stadt eingerichtet worden seien. Für Rottweil sind 1285 Kornlauben
belegt, für Konstanz um 1250 Fleischbänke, 1269 die ältere Brotlaube und 1295 die
Metzig, das Schlachthaus. Im bischöflichen Meersburg, seit 1233 im Besitz eines Wo-
chenmarktprivilegs, sind die Lauben mit den Verkaufsbänken für Bäcker und Metzger
1302/03 vorhanden (lobium ubi venditur panis; scampua sub macello solvent). Wir
entdecken in Esslingen Fleischbänke unter den Lauben 1250, in Ravensburg Schuh-
bänke 1269 und in Offenburg Brotbänke »under der brotlobe« 1297, in Vaihingen/
Enz »sito sub lubio« 1304. Ende des 13. Jahrhunderts besaßen Schwäbisch Hall, Konstanz und andere Städte schon einen besonderen Fischmarkt (forum piscinum) und
Hall ein eigenes Kornhaus (domum, in qua frumentum vendi solet), Anfang städtischer Getreideversorgungspolitik. Den für den örtlichen Bedarf produzierenden Le-
bensmittelhandwerkern – 1331 zinsten zehn Esslinger Brotbänke dem dortigen Ka-
tharinen-Spital – bot die hochmittelalterliche Stadt ein auskömmliches Betätigungsfeld. Ähnliches galt von den damals wohl noch mit den Gerbern konkurrierenden
Schuhmachern, vielleicht auch von den Schneidern. Auf Schmiede stößt man in Stadt
und Land, gelegentlich auch auf Maurer und Zimmerleute. Das 12./13. Jahrhundert
brachte die Erschließung von Steinbrüchen mit Hartgestein, das in wachsenden Mengen für den Bau von Kirchen, Burgen, Stadtbefestigungen und für die ersten steiner-
nen Wohnhäuser mit Gewölbekellern benötigt wurde. Mit alten Tüchern wurden im
Frühmittelalter die Fenster der Kirchen geschlossen. Farbige, in Blei gefaßte Glasfen-
ster sind für die Reichenau bereits im 11. Jahrhundert, für andere Klöster und gar für
Burgen und Wohnhäuser sehr viel später bezeugt. Die älteste Nachricht über eine
Glashütte im Welzheimer Wald stammt aus dem Jahr 1278. Bei Säckingen sind Glashütten 1257, bei Walldürn 1275 bezeugt. Zahlreicher belegt sind dagegen Ziegelöfen
(so u. a. im Tennenbacher Urbar).
Daß in Frankfurt a. M. ein Sattler erstmals 1303 erwähnt wird und im kleinen württembergischen Waiblingen 1304, hängt mehr von den Zufällen der lückenhaften Überlieferung ab. Dem Barbier (rasor) begegnet man in den Quellen häufiger. Auch das
spätmittelalterliche Badeleben, verbreitet in Stadt und Dorf mit seinen lüsternen An-
züglichkeiten wurzelte in Traditionen des Hohen Mittelalters. Das sich an das ältere
Benediktinerkloster Wiesensteig »anlehnende« gleichnamige Städtchen besaß schon
1304 einen Bader (balneator). Baden-Baden, im Besitz von Stadtrecht seit dem
13. Jahrhundert, könnte schon Renommierbad gewesen sein. 1306 verlieh Markgraf
Rudolf von Baden seinem getreuen Diener Heinrich von Selbach das Bad und das Geld
aus dem Bade. Der alkalische Säuerling in Überkingen war im 12. Jahrhundert bekannt, ehe er im ausgehenden Mittelalter internationale Bedeutung erlangte.
Je mehr der Handel mit Bodenproduktion gedieh und Überschüsse in Form von Geld

in die Hände der sozialen Oberschichten flossen, um so stärker entwickelten sich diese zu einer zahlungskräftigen Konsumentengruppe, die durch ihren Baueifer hervortrat und zunehmend Luxusgüter und Modeprodukte nachfragte und daher den dauernden Kontakt zu den dafür zuständigen Spezialisten, zu Fernkaufleuten und Handwerkern, suchte. Wo sich ein besonders aktiver, über reiche Einkünfte verfügender herrschaftlicher Hof, Bischofssitz oder ein bedeutendes Kloster befanden, ständige Bautätigkeit sich entfaltete, dem Handel und Gewerbe wichtige Versorgungsfunktionen zufielen, waren im 11./12. Jahrhundert die wesentlichen ökonomischen Voraussetzungen für einen Aufschwung von Markt und Stadt gegeben. Es vertiefte sich die Arbeitsteilung zwischen Stadt und Land, verbreitete und verfeinerte sich die Palette des handwerklichen Angebots und zeigte sich Verkehrsreichtum und städtisches Wachstum. Zu den kommunikationserleichternden Einrichtungen gehörten namentlich der Markt mit seinen Freiheiten, die Münze, Zollprivilegien, Häfen und Brücken sowie überhaupt die Förderung des Verkehrsflusses zu Wasser und zu Lande. Die erfolgreiche Errichtung eines Marktes oder einer Stadt war im Mittelalter und ist noch heute ein sehr komplexer Vorgang, erschöpfte sich nicht in verbrieften rechtlichen Instrumenten, sondern bedurfte infrastruktureller Maßnahmen baulich-technischer und wirtschaftlicher Art. Jahr- und Wochenmarktprivilegien, entscheidende rechtliche Voraussetzungen für die Ausbildung des Städtewesens, gewährleisteten allein noch nicht das wirtschaftliche Gedeihen der Märkte, ihre wachsende Frequenz. Marktrecht und Marktfreiheiten sind überdies nicht mit Handelsfreiheit im modernen liberalen Sinne zu verwechseln. Recht schränkte hier die Freiheit personell ein. Das Marktrecht Isnys von 1290 besagte: nur der soll »enhain vail gut hau danne, der uf margtreht sitzet«. Zur institutionellen Einrichtung eines Marktes in Freiburg/Breisgau seit 1120 durch die Herzöge von Zähringen, durchaus nicht ein tonangebender »Paukenschlag« in der frühen deutschen Stadtgeschichte, wie man bisher meinte, gehörte die Anlage des Straßenmarktes, die Errichtung von Marktlauben, und der Bau einer Pfarrkirche für die Marktbewohner (Schwineköper). Für das Aufkommen einer Gewerbestadt waren innerstädtische »Bächle« und Gewerbekanäle unentbehrlich. Auch der Schutz durch Tore und Türme durfte nicht fehlen. Das starke Wachstum Freiburgs noch im Hohen Mittelalter wird jedoch primär mit dem Aufschwung und dem Silbersegen naher Bergbaureviere des Schwarzwaldes in Verbindung gebracht.

Eine eindeutige wirtschaftliche Monopolstellung besaß das im Mittelalter vom Stadtadel beherrschte Hall, das sich von der Salzproduktionsinsel im Kochertal aus entwickelte. Die hällische Salzsiederei setzte über Jahrhunderte eine zunehmende Zahl von Stadtbewohnern und unzählige Zulieferer, namentlich die unentbehrlichen Holzlieferanten, in Arbeit und Brot. Hall war Zielort der Salzhändler von weit und breit und vor allem der vielen adligen und bürgerlichen Salzpfannenbesitzer, auf die sich die

Produktion von 109 Pfannen und 17 Eimern (1306) verteilte. In den Händen des Königs waren nur noch fünf Pfannen und fünf Eimer verblieben. Neckarhafen, Fernhandel, Spedition, Weinbau und ein 1288 verliehener 21tägiger Jahrmarkt sicherten und begleiteten Heilbronns wirtschaftlichen Aufstieg im Hohen Mittelalter. Seit etwa 1277 entwickelte sich auf einer Insel vor der Stadtmauer und auf benachbarten Flußufern ein gewerbliches Zentrum mit Mühlen, Hammerwerken und Brennhütten.

Schon im 13. Jahrhundert gab es einen regen Schiffsverkehr auf Rhein, Main und Nekkar. 1275 verlieh König Rudolf der Stadt Breisach das Recht der Schiffahrt und des Handels auf dem Rhein mit Geleit und Zoll, das Grundruherecht (Strandrecht) bei »Rheinfälligen« und bestimmte, daß zwischen Breisach und Straßburg keine »Ladestat« (Anläger) bestehen durfte. Bis zu 2100 Pfd. Heller, vom Fuder Wein einen Schilling, durfte Markgraf Hermann von Baden an seinem Rheinzoll zu Meerfeldt ab 1333 für seine Kaiser Ludwig geleisteten Dienste erheben.

Eines portus, eines Hafens an der Enz (vielleicht nur einer Fähre), durfte sich 1304 auch die Stadt Vaihingen rühmen, damals ein Weinhandelsplatz und Herbergsort an der Fernhandelsstraße nach Frankfurt am Main, vielleicht auch Holzhandelsplatz wie Eberbach und Neckargemünd. Auf Bitten der Stadt Heilbronn kam zwischen Baden und Württemberg 1342 ein wegweisender Vertrag über die Öffnung von Würm, Nagold, Enz und Neckar für die Flößerei bis zur Stadtmauer von Heilbronn zustande. Über ein Dutzend Zollstellen, u. a. in Pforzheim, Vaihingen, Bissingen, Besigheim, wurden in diesem Zusammenhang mit der Maßgabe geschaffen, daß jeder Herr oder Ammann, denen man den Zoll gibt, an den Wehren Schutzbretter machen und das Wasser schiffbar erhalten soll und den Flößern und Kaufleuten, die Holz kaufen, auf dem Wasser und der Uferstraße Friede und Geleit zu sichern habe. Der Lage am Main und an der Tauber, dem dort erhobenen Mainzoll (1183), dem Geleitrecht auf dem Main, Weinbau und Weinhandel sowie der Tuchweberei verdankte Wertheim seinen seit dem 13. Jahrhundert anhaltenden wirtschaftlichen Aufstieg. Die Gunst der Verkehrslage der auf den Bodensee mündenden Königsstraße von Ulm nach Konstanz, der Handel mit Wein, Getreide und Salz sowie ein früh erstarktes Zunfthandwerk verhalfen Überlingen schon im Hochmittelalter zu Wohlhabenheit. Den Fährbetrieb von Überlingen nach Wallhausen beaufsichtigten die Grafen von Pfullendorf. Andere, an Flüssen liegende Städte suchten durch den Brückenbau, seit dem späten 11. Jahrhundert in Deutschland wieder aufgekommen, dem Verkehr und damit ihren wirtschaftlichen Interessen zu dienen. Die Rheinbrücken von Breisach, Basel und Konstanz, die Donaubrücken bei Ulm, die über den Neckar führende Pliensaubrücke vor Esslingen, die Kocherbrücke von Hall und viele mehr waren im 13. Jahrhundert erbaut worden und beschleunigten den Umland- und Durchgangsverkehr. Flüsse, Bäche und angelegte Seitenkanäle erleichterten nicht nur die Wasserversorgung der Städte und ihre

Entsorgung, sondern begünstigten das Entstehen von vielen städtischen Gewerbezentren und überhaupt die Ansiedlung von Gewerben, die Wasserkraft und Wassermengen benötigten. Das verfügbare Wasser bestimmte daher den Standort mittelalterlicher Gewerbestädte. Mit hydraulischer Energie gelang die Mechanisierung der mittelalterlichen Wirtschaft. Wasserkraft revolutionierte das Müllergewerbe, die Eisengewinnung und die Tuchherstellung. Sie trieb die Mühlwerke, die Getreidemühlen, Sägewerke (seit 1314), Schleifmühlen, Ölpressen, die Walken (seit 1296 am Rhein), Hammerschmieden und Papiermühlen (seit dem 14. Jahrhundert) an. Wasser benötigten die Gerber, die Papiermacher, die Bleicher. Unmittelbar am Wasser, in der Uferzone, wohnten die Schiffer und Fischer (Ulm u. a.).

Mittelalterlicher Welthandel

Eine erstaunliche Steigerung der Produktivität vor allem in der Textilwirtschaft, eine enorm gewachsene Nachfrage nach Textilien und kommerzielle Innovationen haben seit dem 11. Jahrhundert das wirtschaftliche Gesicht Europas und seine Stellung in der damaligen Weltwirtschaft entscheidend verändert. Die grundlegenden Umwälzungen in der Herstellung von Wolltuchen gingen etwa seit der Mitte des 11. Jahrhunderts von Flandern aus. Nach einer um 1070 in Nordfrankreich verfaßten Abhandlung mit dem Titel »Conflictus ovis et lini« (Streit zwischen Schaf und Leinen) kamen aus dem Rheinland und aus Schwaben schwarz und rot gefärbte Wolltücher, die allerbesten Qualitäten aber, grün, grau und tiefblau gefärbt, aus Flandern. Dort hatten sich entscheidende Neuerungen durchgesetzt. Der bisherige vertikale Webstuhl, ein Frauengerät, wurde durch einen horizontalen Trittwebstuhl für zwei Personen, ein Männergerät, verdrängt, das nicht nur breitere Tuche herstellte, sondern auch die Produktivität verdrei- bis verfünffachte. Verbesserungen beim Walken und Färben durch Arbeitsteilungen in der Textilfertigung trugen zusätzlich zur Herstellung neuer, hochwertiger Tuchqualitäten bei, die, als sie auf den Markt kamen, sich sogleich einer steigenden Nachfrage erfreuten. In Südwestdeutschland dürften der waagerechte Webstuhl für zwei Arbeiter, das Spinnrad und die Flachsbreche seit dem 13. Jahrhundert Verbreitung gefunden haben. Sie waren die technischen Geburtshelfer eines leistungsstarken Textilgewerbes. Gestützt hauptsächlich auf die heimische Wollproduktion hielt die große Masse der städtischen Tuchmacher im Raum zwischen Donau, Main und Mittelrhein an der Herstellung der billigeren, landläufigen Produkte für den einheimischen Verbrauch fest und stellte sich wohl nur vereinzelt der flandrischen Herausforderung. Die Ulmer Grautucher des 13./14. Jahrhunderts und die zu ihnen gehörenden, oft sehr vermögenden Wollhändler sind hierfür ein herausragendes Beispiel.

Ein Export kam wegen der beherrschenden Stellung der feinsten fremdländischen Wollstoffe wohl nur schwer in Gang. Wer um 1379 Grautuch in Bretten verzollte, bleibt im dunkeln.

Mit der qualitativen Überlegenheit eines anderen flandrischen Produkts, der feinsten Leinwand, sah sich die traditionelle Leineweberei südlich der Donau, in Oberschwaben, im Bodenseegebiet und im Breisgau konfrontiert. Auch hier vollzog sich eine Umorientierung. Die Anstöße zur Anpassung an die neuen Erscheinungen auf den immer aufnahmefähigeren internationalen Textilmärkten kamen hier unverkennbar vom Kaufmannsstand, vom weite Räume beherrschenden Handel, nicht vom Erzeuger. Ihren Ursprung hatte die »kommerzielle Revolution« des Mittelalters im Mittelmeerraum, in den oberitalienischen Handelsstädten, die sich durch die Vervielfachung des Mittelmeerhandels zu ungeahnter Größe und Geltung emporschwangen. Früh erwacht war auch das Interesse der hohen Politik am italienischen Markt. Kaiser Konrad II. (1024–1039) – er hatte die Reichsregierung an den Oberrhein verlagert – erörterte bei Gelegenheit seiner Kaiserkrönung mit König Knut von England Probleme der Handelsbeziehungen mit Italien. Damals steckte die wirtschaftliche Expansion im Mittelmeerraum in den Anfängen. In den folgenden Jahrhunderten intensivierten und vervielfachten sich die Handelskontakte zur nordafrikanischen Küste und zum Nahen Osten. Bereits um 1200 stellte schwäbische Leinwand, insbesondere die »Constantzes«, später oftmals nur als »tela de Alemania« bezeichnet, ein begehrtes, wenn auch dem flandrischen Linnen nicht gleichwertiges, vielleicht aber preisgünstigeres Handelsprodukt auf den bedeutenden Märkten in Oberitalien, Spanien und in Nordafrika (Ceuta, Alexandria u. a.) dar. In vier Messeorten der Champagne unterhielt die Stadt Konstanz seit 1289 für ihre Kaufleute eigene Häuser. Neben Venedig war seit Ende des 11. Jahrhunderts Genua zum wichtigsten Hafen und Wirtschaftsplatz Italiens emporgekommen. Das häufige Auftauchen von schwäbischen Kaufleuten und schwäbischer Leinwand in Genua im 13. Jahrhundert ist daher nicht zufällig. Wohl der größte Teil der produzierten Leinwand von Konstanz, Ravensburg, Biberach (1258 Bleiche), Isny (um 1250 Walke), Wangen, Leutkirch, Pfullendorf, Ulm usw. war für den Export bestimmt. Die großen Leinwandhändler, nicht nur Kaufleute, arbeiteten gleichzeitig als Unternehmer, die durch Verlegte produzieren ließen. In der Organisation der Massenausfuhr von Leinwand haben wir die älteste grenzüberschreitende unternehmerische Leistung und Großtat in der schwäbischen Wirtschaftsgeschichte zu erblicken. Durch seine Leinwand und seinen Weinbau trat Südwestdeutschland im 12./13. Jahrhundert als aktives Glied in die europäische Wirtschaftsgemeinschaft ein. Zu einem günstig ausbalancierten Außenhandel bestanden gute Chancen.

Münzwesen

Mit dem Aufschwung der Wirtschaft im Hohen Mittelalter konnte nicht ausbleiben, daß sich der Umfang der umlaufenden Zahlungsmittel beträchtlich erhöhte und zugleich die Zahl der Münzstätten vermehrte. Bis ins frühe 12. Jahrhundert waren – abgesehen vom königlichen Ulm, wo bis ins 15. Jahrhundert Pfennige nach Konstanzer Schlag geprägt wurden – nur einige geistliche Münzstätten im südwestdeutschen Raum tätig (so Konstanz, Radolfzell, Breisach/Basel, Straßburg, Marbach/Speyer, Lorsch). Etwa seit der Mitte des 12. Jahrhunderts entfalteten die Staufer als Könige und damit als oberste Münzherren im ganzen Reich eine fast übersteigerte Aktivität in Münzfragen. Alte königliche Münzstätten wurden wiederbelebt und häufig unter königlicher Beteiligung – namentlich in den Orten des Leinwandexports – neue gegründet. Leinwandstädte des Bodensees schlugen die meist zierlichen Bodenseebrakteaten. Bis zum Ende der Stauferzeit sind an 20 neue Münzstätten in Südwestdeutschland entstanden. Bei der herrschenden Münzzersplitterung blühte das Geschäft der Geldwechsler. Seit dem 12. Jahrhundert wuchs der Bedarf an Münzgeld ständig bei Herren, Bürgern und Bauern. Vor allem wer Geldsteuern einforderte, mußte auch dafür sorgen, daß sich Geld im Umlauf befand. Nach dem Reichssteuerverzeichnis von 1242 zahlte Hall mit 170 Mark Silber den höchsten Betrag im rechtsrheinischen Alamannien. Wangen und Buchhorn am Bodensee bildeten mit je 10 Mark die »Schlußlichter«.

Den durchgreifendsten Erfolg erzielte die Gründung der königlichen Münzstätte in Schwäbisch Hall, Ende des 12. Jahrhunderts eingeleitet, weitab von allen Silberbergwerken. Der Siegeslauf des Haller Pfennigs bei allgemein beschleunigtem Umlaufrhythmus, sein Einbruch in die benachbarten Umlaufbereiche anderer Pfennige beruhte letztlich auf seiner Unterwertigkeit als »levis moneta«, auf seiner für damalige Zeit ungewöhnlichen Acht-Lötigkeit, weil schlechtes Geld gutes verdrängte. Ende des 13. Jahrhunderts stieg der schwache Heller sogar zu einer überregionalen Leitwährung unter den territorialisierten Pfennigmünzen auf. Damals hatte zeitweilig eine Florentiner Gesellschaft die Haller Münze in Pacht. Unredliche Faktoren betrieben sie und wurden beschuldigt, ihre Prinzipale und die Teilhaber binnen weniger Jahre um 9213 Florentiner (fl) geschädigt zu haben, ein bemerkenswerter »Münzgewinn« und noch dazu in für Deutschland damals ungewöhnlichen Goldmünzen.

Was man an Edelmetall in Alamannien besaß oder förderte, floß wohl jahrhundertelang für die Reichtümer des Ostens (Pelze, Honig, Sklaven) und des Mittelmeerraumes (Gewürze, Seide, Gobelins, Schmuck u. a.) ab. Freilich wurde Silber in nicht unbedeutenden Mengen gewonnen: spätestens seit 1028 in Sulzburg (»sulzberc«), sicher um 1180 beim Dorfe Zähringen, bereits 1247 in Todtnauer Bergwerken, 1262 bei der schon bedeutenden Bergstadt Prinzbach unter der Feste Hohengeroldseck sowie bereits 1297 am Storen und in der Willnau (Münstertal und Schauinsland). An 1000 Bergleute schürften sicher um 1300 Silbererz in den Gruben des südlichen und mittleren Schwarzwaldes. Silber floß dort reichlich. Doch blieb Südwestdeutschland Silberwährungsgebiet mit umlaufenden kleinen Silbermünzen.

Von den Städten war das Geld auf das Land gekommen, weil die Pfennige und Heller die ländliche Umgebung zum Verkauf ihrer Nahrungsmittel und sonstigen Produkte an die Stadt geradezu herausforderten. Je menschenreicher die Stadt wurde, um so mehr war sie auf die Versorgung mit Nahrung und Rohstoff aus den umliegenden Dörfern angewiesen, und je ausschließlicher sie sich auf ihre spezifischen Funktionen, auf Handel und Handwerk, spezialisierte und das Ackerbürgerdasein abstreifte, um so tiefgreifender wurde die ländliche Welt vom Geldwesen und vom Handel erfaßt und durchdrungen. Als Motor im Geldkreislauf zwischen Stadt und Land wirkte letztlich der Kaufmann. Von ihm hing auch ab, inwieweit sich ein zunehmender Export neue Märkte erschloß und sich mit diesen Warenströmen die heimische Währung »veredelte«. Die Städte beseitigten die lästige häufige Verrufung und Erneuerung des Pfennigs und schufen den seit 1295 in Konstanz geschlagenen, gleichbleibenden »ewigen Pfennig«. Mit der Währungszerrüttung und territorialen Zersplitterung nach dem Ende der Staufer schien jedoch die Wiedergeburt einer Goldwährung vorerst in weite Ferne gerückt zu sein. Noch viel weniger vermochten die erfolgreichsten Handelsabenteuer, die Verdichtung von Handels- und Verkehrswegen den Raum zu einer Einheit zusammenzubinden, weil ihn Zölle, Privilegien und Bannrechte mehr und mehr zerrissen.

Die mittelalterliche Wirtschaft als unwandelbare Einheit zu begreifen, mißlang auch der mittelalterlichen Scholastik. Die katholische Theologie wollte die Wirtschaft erklären, ihren Sinn deuten, ihr Recht und Gerechtigkeit erweisen, ihre Grenzen mit den Maßstäben christlicher Gerechtigkeit bestimmen, doch erzwang die sich wandelnde Wirtschaft ihre Rechtfertigung durch neue Auslegungen der religiösen Grundlehren. Die Entdeckung der Preiserklärungsgründe gebührte dennoch bereits der Scholastik, die der Rolle des Bedarfs und des Prinzips von Angebot und Nachfrage. Der aus einem schwäbischen Grafengeschlecht stammende und an verschiedenen Orten Südwestdeutschlands lehrende Albertus Magnus (1193–1280) kommentierte: »Denn wenn der Verfertiger von Betten nicht an Quantität und Qualität so viel empfängt, als seinem Aufwand für dieselben entspricht, wird er in Zukunft kein Bett mehr machen; so wird das Gewerbe des Bettmachens zerstört werden. Ähnlich steht es mit den übrigen Gewerben.«

17 Brennender Holz-
meiler zur Herstellung
von Holzkohle im
oberen Enztal

18 Torfstechen bei
Saulgau um 1947

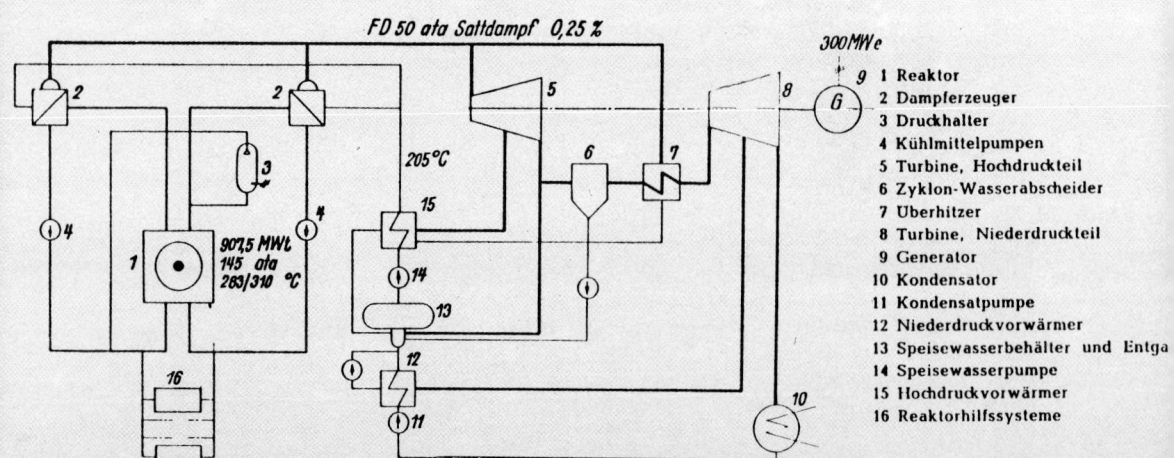

19 *Großkraftwerk Mannheim AG 1983. Steinkohlebefeuerter 475-MW-Heizkraft-werksblock*

20 *Systembild des 1968 in Betrieb genommenen Kernkraftwerks Obrig-heim am Neckar*

FD 50 ata Sattdampf 0,25 %

300 MWe

205 °C

907,5 MWt
145 ata
263/310 °C

1 Reaktor
2 Dampferzeuger
3 Druckhalter
4 Kühlmittelpumpen
5 Turbine, Hochdruckteil
6 Zyklon-Wasserabscheider
7 Überhitzer
8 Turbine, Niederdruckteil
9 Generator
10 Kondensator
11 Kondensatpumpe
12 Niederdruckvorwärmer
13 Speisewasserbehälter und Entga
14 Speisewasserpumpe
15 Hochdruckvorwärmer
16 Reaktorhilfssysteme

21   Alte und neue Trinkwasser-Fördertechnik im Pumpwerk Thiergarten/Hohenzollern.
Im Vordergrund die von einer Turbine angetriebenen Kolbenpumpen
22   Aufbereitungsanlage Sipplinger Berg der Bodensee-Wasserversorgung, in der ersten
Ausbaustufe 1958 in Betrieb gegangen

23   *Hautleimfabrik G. Conradt & Sohn mit Entsorgungsanlage (1976)*

Krisen und Spannungen im Herbst des Mittelalters

Pest

Im 14. Jahrhundert setzte ein schwerwiegender wirtschaftlicher Niedergang ein, der in erster Linie mit dem »Bevölkerungszusammenbruch« des gleichen Jahrhunderts in Zusammenhang gebracht wird. Er wurde im wesentlichen durch die Pest, den vom Floh der schwarzen Ratte übertragenen »Schwarzen Tod« von 1347/51 und die sich daran anschließenden Seuchenzüge hervorgerufen (Lütge). Sie verheerten Deutschland in lokal und regional unterschiedlicher Intensität, die Städte mehr als das flache Land, und flackerten in der zweiten Hälfte des 14. Jahrhunderts sowie in kleineren Ausmaßen bis über die Mitte des 15. Jahrhunderts hinaus wiederholt auf. Ein Massensterben so großen Umfangs hatte es bis dahin nicht gegeben. Zeitgenössische Chroniken berichten davon. Schon 1313 wurden angeblich in Speyer 9000 Menschen von der Pest umgebracht (peste extinguntur). »1349 in dem winter was der grosse tod ze Costencz« (Konstanz). Er wütete auch in Freiburg und in anderen Städten. Zehn Jahre danach wiederholte sich der Totentanz. Lesen wir weiter in der Konstanzer Chronik: 1414 – »ein gemeiner siechtag vom husten durch alle lant und sturbent vil lüte dar an«. 1420 – »was in allen landen, als man seyt, und ouch hie kumperlich ein gemeiner grosser sterbet von der pestelentz«. – »Anno 1426 was ein grosser sterbat in allen landen und der werot by drin jaren. Eodem anno was es gar wolfail, man gab 1 mut kernen (gegerbter Dinkel) umb 8 ß Pf., 1 fuder win umb 3 Pfd. Pf., aber gelt was aber gar tür.« Eine große Teuerung ging der tödlichen Verderbnis 1438 voraus (»und komment die lüt in gross arbait von hunger und dar nah kam do ain grosser sterbat«). Im folgenden Jahr fand in Konstanz ein Kreuzgang für »die pestilencii« statt. 1478 ängstigte eine andere große »plog«: »es wurden 72 gebüren besessen von dem bösen geist«.
Trotz des kollektiven Unterganges durch die Pest taten die Menschen ihrerseits noch viel zur wechselseitigen Vernichtung. Soziale Mißgunst und religiöser Haß ließen in den südwestdeutschen Städten grausame Judenmassaker aufflammen. In Kriegen wurde das Vernichtungswerk fortgesetzt. Als »Bilanz« des südwestdeutschen Städ-

tekrieges (1377–1389) gelten 1200 zerstörte Dörfer. Im Späten Mittelalter wurde das
Land von einem nicht abzubremsenden Wüstungsprozeß überzogen, der Dörfer,
Höfe und Fluren ganz und partiell, dauernd und temporär, veröden ließ. Das Wüst-
werden von Siedlungen stellte zwar während Mittelalter und Neuzeit einen siedlungs-
begleitenden Faktor dar, der Kulminationspunkt im Wüstungsgeschehen aber wurde
während des Späten Mittelalters erreicht.

Der Abgang von Orten, die im Übereifer des hochmittelalterlichen Landesausbaus auf
wenig ergiebigen Böden (Grenzertragsböden) angelegt worden waren, trug wohl
überwiegend krisenhaften Charakter. In Teilen des nördlichen und südlichen
Schwarzwaldes und in Österreichisch-Schwaben nördlich der Donau, Landschaften
mit den höchsten Wüstungsquotienten, gab es zahlreiche Orte, die nur zur Hälfte und
weniger besetzt waren. In der Markgrafschaft Hachberg (Ortenau) dürfte sich zwischen 1356 und 1414 die Bevölkerung um ein Drittel dezimiert haben. Die zahlreich
feststellbaren Wüstungsvorgänge und der mitunter beobachtete Abgang jedes zweiten
Ortes in verschiedenen Gegenden Südwestdeutschlands war freilich nicht allein dem
hohen Sterbefallüberschuß zuzuschreiben. Auch verschiedene Wanderungsbewegungen brachten Siedlungsverluste. Sie traten durch die Zusammensiedlung, durch die
schon während der ersten Feudalepoche zeitweilig bemerkbare Siedlungskonzentra-
tion, ein. Noch umfangreicher stellte sich der massenweise Zuzug von Landbevölkerung in die Städte, die nur auf diese Weise ihre schweren Bevölkerungsverluste auszugleichen vermochten. Und nicht zu vergessen die Depossedierten, die in statistischen
Quellen nicht mehr auftauchten, aber im 15. Jahrhundert zu Tausenden als gefürchtete
»Arme-Jaecken« oder Flagellanten durch das Land zogen.

Agrarkrise

Die Krisenerscheinungen des Späten Mittelalters, theoretisch seit langem diskutiert,
wurden sicher durch mögliche Zusammenhänge zwischen eingetretenen klimatischen
Verschlechterungen und der wirtschaftlichen Rezession verschärft. Die Ertragslage
der Landwirtschaft hing ohne Zweifel im Mittelalter weit mehr von günstigen Witte-
rungsbedingungen ab als die moderne. Sehr strenge Winter, heiße, aber auch kalte
Sommer – Schneefall sogar im Juni (1420) – häuften sich im 14. und teilweise im
15. Jahrhundert. Von Straßburg bis Köln war 1407 der Rhein zugefroren. »1465 do
was der Bodensee ueberfroren, das man von Bodmann gieng uff dem See bis gen Überlingen.« Die Zusammenhänge zwischen Mißernten, Teuerung, Hunger und dem großen Sterben sah schon der Konstanzer Chronist des 15. Jahrhunderts. Ungünstige kli-
matische Bedingungen senkten die Hektarproduktivität und ließen zugleich die Epi-

demien anschwellen. Die moderne »Klima-Theorie« hebt zur Erklärung der Krisenphänomene darauf ab.

Konjunkturtheoretiker wollen in der Agrarkrise des Spätmittelalters die Anfänge eines zyklischen Trends erblicken. Da der durch die Technologie vorgegebene optimale Punkt der Expansion erreicht war, mußten sich zwangsläufig Kontraktionserscheinungen einstellen. Eine dritte theoretische Position diagnostiziert die Krisenerscheinungen des Späten Mittelalters als Resultat eines säkularen Trends, der sich angeblich aus der verminderten wirtschaftlichen Ertragslage bei fehlender Motivation für den Einsatz technischer Fortschritte herleitete, verursacht durch die den Produzenten von den herrschenden Oberschichten aufgebürdeten, ständig wachsenden Abgabenlasten. Insbesondere der Anteil des Staates bzw. der Landesfürsten am sinkenden Produktionsnettoertrag stieg durch Steuerforderungen, Verschuldung und Münzverschlechterungen ständig an. War eine überdrehte Steuerschraube schon damals ein Schlüssel zum Verständnis von Rezession und Stagnation? Eine Verstärkung des feudalen Drucks ist nicht zu übersehen. Die Gesamteinnahmen der Grundherrschaften Baden, Hachberg, Hewen und Württemberg bestanden im 14. bzw. Anfang des 15. Jahrhunderts zu rund 50 Prozent aus fixierten Steuereinkünften. Der Druck des Fiskus sollte sich noch bis Anfang des 16. Jahrhunderts erheblich verschärfen, ohne daß eine Abwälzung der Steuer- und Zollasten auf den Endverbraucher agrarischer Erzeugnisse gelang. Geld war »teuer«, so schrieb der Konstanzer Chronist. Zieht man zur Deutung der Wüstungsvorgänge und sonstiger Krisensymptome die langfristige Preisentwicklung heran, dann bietet das Spätmittelalter im großen gesehen eine völlig neue Erscheinung, den Verfall der Agrarpreise bei stärkerem Absinken der Preise für Getreide als der für Fleisch und Viehprodukte. Davon ausgehend, und ältere monetäre Krisentheorien ablehnend, definierte W. Abel die Agrarkrisis des Spätmittelalters als »das langfristige Mißverhältnis zwischen den Erlösen und Kostenpreisen des Landbaus, den Rückgang der Bodenrenten und den Rückgang der landwirtschaftlichen Erzeugung, insbesondere des Getreidebaus«. Für den graduellen Getreidepreisverfall vom 14. Jahrhundert bis gegen Ende des 15. Jahrhunderts sind ohne Zweifel langanhaltende Veränderungen auf der Nachfrageseite verantwortlich zu machen. Offenbar ist es der Landwirtschaft im Verlaufe von rund anderthalb Jahrhunderten, trotz erheblich geschrumpfter Getreideanbauflächen auf Grenzertragsböden, bei vorherrschender Getreidemonokultur nicht gelungen, ihre Produktion dem durch den Bevölkerungsverlust verursachten Nachfrageschwund anzupassen, d. h. entsprechend zu vermindern. Das galt freilich nur bei relativ unelastischem Getreidebedarf für gute Ernten, die schlechte bzw. niedrige Preise erzielten. Bei den sich allzu häufig einstellenden Mißernten reichte das Marktangebot an Getreide gewöhnlich nicht aus, so daß Teuerung die Getreidepreise in die Höhe trieb. Den Rückgang an

verkauften Getreidemengen in den Mißerntejahren konnten jedoch Getreideanbieter
durch die Preissteigerungen leicht überkompensieren. Im Hungerjahr 1437 erzielte
die Grafschaft Hohenberg trotz des Rückgangs der verkauften Kornmenge auf rund
770 Malter die höchsten Umsatzerlöse. Damals ließ Graf Ludwig I. von Württemberg
die Nördlinger wissen, daß nur dem, der Eisen und Salz in sein Land bringe, die Kornausfuhr gestattet sei. In diesen Ver- und Geboten des Handels sowie in den Maßnahmen
gegen wucherische auswärtige Kornhändler, die bei Mißernten das Inlandsangebot
noch verteuerten, zeigten sich im 15. Jahrhundert die ersten Anfänge einer staatlichen,
das Land zudem als Wirtschaftseinheit begreifenden Handelspolitik des Territorial-
fürstentums. Wer dagegen in Teuerungsjahren keine Getreideüberschüsse besaß und
verkaufen konnte, der erlitt Umsatzschrumpfungen. Das betraf sicher die Masse der
südwestdeutschen Landwirte in den Realteilungsgebieten. Sie verarmten, sofern sich
ihnen nicht Umstellungsmöglichkeiten auf andere Produkte und Produktionen anboten.

Sonderkonjunkturen

In der Zeit des ärgsten Rückgangs des Getreidebaus erfuhren Viehhaltung und Sonderkulturen eine starke Ausdehnung und erlebten offenbar teilweise eine nachfrage-
bedingte »Sonderkonjunktur«. Zwangsläufig wurden wüst gewordene Äcker zur
Viehweide gemacht, wie 1383 in einem Konstanzer Urbar bezeugt. Die Herren von
Zimmern hatten im 15. Jahrhundert wüst gewordene Dörfer um Meßkirch für 1000
Gulden an die Bürger von Meßkirch verpfändet, die auf das Land ihr Vieh trieben. In
diesem Zusammenhang ist auch die Ausdehnung der Schafhaltung im 15. Jahrhundert
zu sehen, sind die 1442 in Württemberg vorhandenen 16 landesherrlichen Schafhöfe
zu erwähnen und wohl auch das von Graf Eberhard im Bart 1460 auf dem Einsiedel
angelegte Hofgestüt. Schwäbische Wolle galt als Wertbegriff und wurde im 15. Jahrhundert sogar in Norditalien verkauft. Der Fleischverbrauch profitierte von der elastischen Fleischnachfrage. Heute kaum noch vorstellbare Fleischmengen (nicht schieres
Fleisch), pro Kopf mehrere Pfund am Tage, sollen im Spätmittelalter von den Menschen vertilgt worden sein und werden mit den Einkommenszuwächsen städtischer
Verbraucherschichten in Verbindung gebracht. An authentischen Beispielen üppig-
ster Bewirtung, zu denen stets mehrere Fleisch- und Fischsorten in reichlicher Menge
gehörten, fehlt es für südwestdeutsche Städte nicht, sie für das ganze Land als typische
Zeiterscheinung zu verallgemeinern aber ist Vorsicht geboten. Vorsorglich hatte der
Rat von Konstanz während der Jahre des Konzils (1414–1418) Höchstpreise u. a. für
die wichtigsten Nahrungs- und Futtermittel beschlossen. Obwohl die durchschnittliche Besucherzahl auf 50000 geschätzt wurde, sind die Lebensmitteltaxen nicht über-

schritten worden, und gab es zudem ein reichliches Angebot an Fleisch, Wildbret, Vögeln, an Schweine-, Rind- und Lammfleisch, vom Rind das Pfund für drei Pfennig und vom Schwein für vier Pfennig. Der Preis blieb wohl vor allem deshalb niedrig, weil die Nachfrage nach Fleisch bei den Konzilsbesuchern keinesfalls die ihnen im statistischen Durchschnitt unterstellte, gewaltige, aber schwerlich zu beschaffende Menge von 5 Mio. kg Fleisch im Jahr (pro Kopf 100 kg) erreichte.

Mit dem Aufkommen der Städte stand schon im Hohen Mittelalter die mächtige Ausweitung von Weinbau und Weinhandel in engstem Zusammenhang. Diese Entwicklung setzte sich im Späten Mittelalter fort. Roter und weißer Wein, Edel- und Landwein, wurden gekeltert. Der arbeitsintensiven Rebkultur ließ man große Sorgfalt angedeihen, wobei man sich an den steilen Hängen der Hilfe von Eseln und Maultieren bediente (Tennenbacher Urbar). Ohne Düngung kam man nicht aus (Bergen: vineas tungen cum 100 asinis honeratis cum fimo). Adel, Geistlichkeit und Bürger traten fast gleichermaßen als Anbieter und Käufer, mit und ohne Privilegien, auf den Weinmärkten in Erscheinung. 1496 bat Graf Wolfgang von Öttingen Graf Eberhard von Württemberg, die 15 Wagen Wein, die er im Lande gekauft habe, zollfrei herauszulassen. Nach Stuttgart galt Schorndorf als zweite württembergische Weinstadt und war bis ins 16. Jahrhundert auch die zweitreichste Stadt in Württemberg.

Im 14. Jahrhundert besaß fast jeder wohlhabende Bürger Heilbronns seine eigene Kelter. Die Reichsstadt Esslingen erklärte 1486, daß »der Stadt Gewerb ganz auf dem Wein stehe«. Stuttgart behauptete den Rang der dritten Weinstadt des Reiches, Ulm seit dem 15. Jahrhundert den eines bedeutenden Weinumschlagplatzes. 1520/21 belief sich der Gefällertrag allein der herzoglich-württembergischen Kellereien und Vogteien auf fast 21 000 Hektoliter (hl) Wein, die damals etwa 21 000 Pfd. Heller erlösten. Das Kloster Salem verfügte über Weineinkünfte von manchmal gegen 3000 hl im Jahre. Weinerträge unterlagen freilich oft starken jährlichen Schwankungen. Neckar-, Franken- und Bodenseeweine, deren Handel sich meist in den Händen von Städtern und geistlichen Institutionen befand, schränkten in Schwaben, Bayern, Franken und Thüringen die Verbreitung des beliebten Elsässers als teuerster Weinsorte ein. Sein Export, wichtige Grundlage der Wirtschaftskraft des Elsaß, schob sich über alle benachbarten Weinlandschaften hinweg bis nach Böhmen, im Nordosten an die Oder und im Nordwesten in die Niederlande vor. Eine Art Sättigungsgrenze im Weinkonsum, in Basel pro Kopf und Jahr um 1500 etwa 75 bis 150 l betragend, ließ sich am Ende des Späten Mittelalters dennoch nicht erkennen. Inwieweit sich die Landwirtschaft in den Weinanbaugebieten durch die sehr witterungsabhängige und krankheitsanfällige Rebkultur dem Dilemma der Getreidepreise entziehen konnte, ist quantitativ noch nicht sichtbar gemacht worden und überhaupt sehr fraglich. Schließlich gibt die Hauptverbreitung des Bauernkriegs 1525 in Weinbaugebieten sehr zu bedenken.

Den Durst löschte auch der Schwaben »Nationalgetränk«, der »Moscht«, seit dem Mittelalter bekannt, freilich kein dem Wein Konkurrenz machendes Markterzeugnis, bestenfalls ihm schadend, wenn er dem Rebensaft beigemischt wurde. Die Weinpanscherei ist leider uralt. Ein Hans Heß aus Pfullingen wurde 1496 gerichtsnotorisch, weil er als Wirt in seinem Haus nicht nur hohe Spiele gestattete, sondern auch Wein nicht nach dem Maß ausschenkte und obendrein mit Birnenmost verfälschte. Nur ein Einzelfall?

Agrarhandel

Getreide, Wein und Vieh bildeten im Spätmittelalter die Hauptprodukte des südwestdeutschen Agrarhandels, an dem Landesherren, die grundbesitzende Aristokratie, Klöster, Städte und nicht zuletzt die bäuerlichen Untertanen entsprechend ihrer verfügbaren Marktüberschüsse teilhatten. Als ältestes bisher bekanntes Zeugnis für die unmittelbare Beteiligung des Hauses Württemberg am Getreideexport gilt ein 1315 von König Friedrich dem Schönen ausgestellter Schuldbrief, in dem Graf Eberhard (dem Erlauchten) bestätigt wird, daß ihm der König unter anderem für ein Roß und für Korn 480 Mark Silber Konstanzer Gewicht, eine damals bedeutende Summe, schuldig sei. Reichsstädte, die Schweiz, Vorderösterreich und Teile Badens rechneten im Spätmittelalter mit Getreidezufuhren aus dem württembergischen Raum. 1479 versicherten die Zürcher dem Grafen Eberhard im Bart, daß ihnen und den Eidgenossen der Kornmarkt der württembergischen Grafen sehr gelegen sei. Der Territorialherr war in Württemberg auch der bedeutendste Anbieter agrarischer Überschüsse. Etwa die Hälfte der aus dem Kammergut (1441/42: 38 Ämter, 1520: 45) eingegangenen Naturalien wurde von den Amtleuten veräußert. 1521 betrug das hoheitliche und grundherrliche Einkommen des »ordinari Camerguts« 57232 Gulden Bargeld und 43451 Gulden in Naturalien.

Württembergs Kornausfuhr lag in den Händen auswärtiger Händler, gegen deren wucherische, das Inlandsangebot in Mißerntejahren verteuernde Handelsmethoden sich spätestens seit Eberhard im Bart (1459–1496) die württembergische Marktpolitik richtete. Sie wollte eine Überschuldung der Bauern verhindern und eine preisgünstige, hinreichende Lebensmittelversorgung der wachsenden Bevölkerung gewährleisten. In diese Richtung zielte auch die Bestimmung der ersten württembergischen Landesordnung von 1495, daß die Amtleute »innerhalb zwei Meilen Wegs« an geeigneten Orten alle Wochen für die Abhaltung von Märkten sorgen und den Untertanen an anderen Orten den Getreideverkauf verbieten sollten. Mehr Markttransparenz herzustellen und die Marktbedingungen für die Masse der Nachfrager zu verbessern, war allgemein

ein Hauptanliegen der spätmittelalterlichen Marktpolitik. Die Seligsprechung der Armen im Lukas-Evangelium und der Wehruf über die Reichen war damals den Herrschenden geläufig.

Am Bodensee galt Überlingen, im Elsaß Straßburg als Zentrum eines schwungvollen Getreidehandels. Nach Konstanz kam Getreide über den Bodensee her. Die St.-Georgen-Ritterschaft, maßgeblich in die Getreidehandelspolitik im Bodenseeraum eingeschaltet, gab 1409 Konstanz die Zusicherung, die freie Kornzufuhr nicht zu behindern. Schweizer Kornhändler kauften Getreide in Oberschwaben und im Elsaß auf, genossen im Meersburger Grethhaus sogar bis 1771 Vorkaufsrechte. Ulm, auch bedeutender Getreideumschlagplatz, führte donauaufwärts bayerisches Getreide ein. Größere Adelsherrschaften und Klöster boten in Oberschwaben Getreideüberschüsse für den Marktverkauf an. Die Grafschaft Hohenberg verkaufte zwischen 1425–1450 jährlich zwischen 700 und 1048 Malter Getreide vor allem an Stadtbürger. Eine ähnlich hohe Marktquote ist bei der Deutschordenskommende Beuggen bei Rheinfelden festzustellen, 1414 mit einem Einkommen von 2642$^{1/2}$ fl zweitreichste der 15 Kommenden der Ballei Elsaß-Burgund. Die einen beachtlichen Eigenbau betreibende Kommende verkaufte ungefähr 68 Prozent ihrer Getreideeinkünfte auf benachbarten städtischen Märkten. In einer langen Liste summierten sich die Getreideeinkünfte des Klosters Salem, das 1489 über einen Vorrat an Getreide von über 1600 Maltern verfügte und einen Neuzugang von weiteren 3230 Maltern erzielte, insgesamt mehr als 1000 t, die wohl großenteils an Interessenten in Stadt und Land abgesetzt wurden. Wichtigste Einnahmequelle der Deutschordenskommende Altshausen war nach der Überlieferung von 1414 ebenfalls die Kornnutzung aus Korngülten, Zehnten, Landgarben, Pachtäckern und dem Eigenbau. Der Verkauf des Getreides und sonstiger Landesprodukte (auch Fische) brachte der Kommende den größten Teil ihrer Gelderlöse. Breisgauklöster verkauften ihr überschüssiges Getreide auf dem zuerst 1350 erwähnten Freiburger Kornmarkt, dessen Marktzwang sie allerdings nicht unterlagen. Die erste Freiburger das Bannrecht einschließende Ordnung des Getreidemarkts datiert aus dem Jahr 1425.

An tierischen Erzeugnissen wurden nach Ausweis der Zollordnungen des 14./15. Jahrhunderts Schmalz, Speck, Milchschmalz (Butter), Käse und Unschlitt (Talg, auch für Kerzenherstellung verwendet) überregional gehandelt. Karrenweise wurde Reutlinger (Rutelinger) Käse (Brettener Zollordnung von 1379) verfrachtet, offenbar das älteste nachweisbare Markenprodukt des Lebensmittelgroßhandels. Da nach der Vaihinger Zollordnung von etwa 1476 je 100 Pferde, Ochsen, Rinder, Schweine usw. als Zolleinheit galten, dann ist, reichlich fließende Zolleinnahmen vorausgesetzt, im 15. Jahrhundert mit einem Viehhandel von erheblichen Dimensionen zu rechnen. Ein eindrucksvolles Bild vom starken Viehbesatz in Stadt und Land vermittelt der unter

Bischof von Ranungen (1468–1478) erstellte Vermögenskataster für das Bistum
Speyer. Danach wurden in 2053 erfaßten Herdstätten (Besitzstätten) 1892 Pferde,
4350¹/₂ Stück Rindvieh, 5161 Schweine und 7162 Schafe gehalten. Die Proportionen in
der Nutzviehhaltung variierten. Nicht unbedeutend dürfte der Export von Pferden
aus dem Allgäu und Schwaben nach Norditalien gewesen sein. Schwäbische Wolle
fand das ganze Spätmittelalter über an den Standorten der norditalienischen Tuchfabrikation guten Absatz. Kaufleute aus Ulm, Rothenburg o. d. T., Gmünd, Hall,
Ravensburg, Biberach, Vaihingen (?) verkauften u. a. in Como und Umgebung.
Erste Beschränkungen des Viehhandels durch Erschwerung der Viehausfuhr erließ
das bevölkerungsstarke Freiburg sogar schon 1332. Permanenter Überfluß bei niedrigen Preisen kennzeichnete keineswegs generell die spätmittelalterlichen Lebensmittelmärkte. Die Sorge um die ausreichende Fleischversorgung Freiburgs veranlaßte offenbar den Rat 1425, die Klage der Metzgerzunft auf Abschaffung der »metzige« der Bäk-
ker, die mit Kleie Schweine fütterten, schlachteten und Fleisch, Kutteln und Würste
(»Brotwürste« und Leberwürste«) verkauften, abzuweisen und die Schweinehaltung
der Brotbäcker lediglich zahlenmäßig zu begrenzen. Als 1548 die Schweinehalter angewiesen wurden, ihre Schweineställe vor der Stadt zu erbauen, ging es in erster Linie
um den »Umweltschutz«: »damit man des gestanks in der Stadt abkomme«. Doch
man tat es »halbherzig«, denn zwei Bäckern wurden ihre Ställe in der Stadt belassen,
weil sie »auf den Bächen standen«. Schweinemästende Bäcker gab es auch in anderen
Städten.

Rückgang des herrschaftlichen Eigenbaus

Mit dem tendenziellen Fall der Agrarpreise im Spätmittelalter und den mitunter hohen
Einkommensverlusten, die Grundherren und Bauern erlitten, waren in der Landwirtschaft auf die jeweilige Marktsituation reagierende Strukturveränderungen und teilweise Verschiebungen im Nutzungsverhältnis eingetreten, wurde nach Möglichkeit
der Produktionsaufwand vermindert und blieben auch Rückwirkungen auf die Agrarverfassung und die sozialen Verhältnisse im Dorf nicht aus. Nach dem Verfall der Vil-
likationsverfassung während des Hohen Mittelalters sind im 14. Jahrhundert vielfach
nur noch rudimentäre Formen von Fronhofsverbänden zu erkennen und war die Ver-
rentung der Grundherrschaft weitgehend abgeschlossen, so daß die Hauptmasse des
grundherrlichen Besitzes gegen Geld- und Naturalabgaben verliehen war. Nach neuesten Berechnungen (Rösener) machten sie 15 Prozent der Gesamteinnahmen der
Markgrafen von Baden, 20 Prozent der der Markgrafen von Hachberg, 27 Prozent der
der Herren von Hewen und gar 41 Prozent der der Grafen von Württemberg aus.

Trotzdem war die Fläche des von den Grundherrschaften genutzten Eigenbaus nicht unbeträchtlich, 1414 in der Grundherrschaft der Markgrafen von Hachberg in der Ortenau 415½ Jauchert (ca. 200 ha), in der Hegau-Herrschaft der Herren von Hewen um 1400 etwa 350 Jauchert, in der Grundherrschaft der Markgrafen von Baden um Durlach 1404 etwa 1140 Morgen und um 1350 in der der Grafen von Württemberg in vier Ämtern um Stuttgart etwa 1330 Morgen. Die in Geld veranschlagten Erträge des Eigenbaus der vier Grundherrschaften stellten insgesamt rund sieben Prozent ihrer Gesamteinnahmen (gegenüber 30,5% der grundherrlichen Gülten) dar. Soweit im Laufe des 15. Jahrhunderts die Dörfer wieder volkreicher wurden, setzte sich von da an in Südwestdeutschland die Aufgabe und der Rückgang des herrschaftlichen Eigenbaus fort. Die Grafschaft Württemberg verlieh im Laufe des 14./15. Jahrhunderts sämtliche herrschaftlichen Getreidebauhöfe zu Teilbaurecht an Bauern. Auch Markgraf Bernhard von Baden reagierte auf den Anstieg der Lohnkosten bei fallenden Getreidepreisen mit der Reduzierung des Eigenbaus. Im württembergischen Raum gingen Grundherrschaften noch einen entscheidenden Schritt weiter. Der Parzellierung auch von geschlossenem Hofland – von Höfen, Hufen und Lehen –, durch andere Grundherren in anderen Regionen Südwestdeutschlands untersagt oder eingeschränkt, stand in Württemberg mit der Herausbildung des bäuerlichen Trägersystems in der Spätzeit des Grafen Eberhard V. (1459–1496) kein Hindernis mehr im Wege. Die »Trägerei«, die in den Dörfern des altwürttembergischen Realteilungsgebiets Volkreichtum und Gewerbefleiß begünstigte, glich einer Art Besitzreform, einer Bodenreform. Seitdem bestanden die einstigen Fron-, Meier- oder Herrenhöfe nur noch als Abgabeeinheit fort, verbürgte sich der »Träger« für die ordnungsgemäße Ablieferung der Gülten, während das Hofland an eine beliebige Zahl selbstwirtschaftender Bauern aufgeteilt war. Es wäre falsch, die württembergische Entwicklung für ganz Südwestdeutschland zu verallgemeinern. Nicht wenige grundherrliche Eigenbetriebe überdauerten sogar Mittelalter und Neuzeit und erhielten sich bis ins 19./20. Jahrhundert (Hohenheim, Neresheim u. a.). Die Eigenwirtschaften dienten hauptsächlich der sicheren Selbstversorgung der herrschaftlichen oder klösterlichen Haushalte und waren häufiger auf ritterschaftlichem Besitz und in Klostergrundherrschaften anzutreffen. Nicht selten zwang der Wüstungsprozeß im Späten Mittelalter die Grundherrschaften, in menschenarmen Räumen gewüstete Höfe zeitweilig wieder in eigene Regie zu übernehmen. 1489 wurden im Kloster Salem selbst 148 Stück Rindvieh, 42 Wagen- und Karrenrosse und 35 Fohlen gehalten. Die erhebliche Viehhaltung des Klosters erstreckte sich noch auf zwei weitere Höfe.

Frondienste und Leibeigenschaft

Zur Bewirtschaftung der Domänen, der Eigengüter, diente in aller Regel der schon aus
dem Hohen Mittelalter überlieferte mehrtägige Frondienst bäuerlicher Untertanen,
besonders von Eigenleuten, neben der Arbeit angedingter Knechte und Mägde sowie
der teuren Tagelöhner zu den Spitzenzeiten der Arbeitsbelastung. Üblich waren bis in
die Neuzeit Fuhr-, Bau-, Holz- und Weinbergfronen sowie Pflug- und verschiedene
Erntedienste. Die Forderung von Fronen verpflichtete auf der anderen Seite die
Grundherrschaften zur Beköstigung der Fröner bei der Arbeit. In der Dingrodel von
Kirchzarten von 1397 ist zu lesen: Wer ein »pfluog het, der sol ime ein iucherten erren,
und soll man dem, der den pfluog hebt, ze morgen einen gebütlotten weggen, zwei
eiger und ein schenkbecher vol rotes weines geben«. Aus Wecken, Wein und Eiern bestand also das Morgenvesper des Pflügers im Breisgau-Dorf. In anderen Gegenden
floß der Wein reichlicher. Für die Holzfronen ihrer Untertanen in Eberdingen bei Vai-
hingen/Enz hatten die Herren von Reischach seit alters her als Gegenleistung den
Holzhauern »dreyen ein laibbrot und den furleuten zu essen ein suppen oder mus und
ein gemüs, aber ein trunk dazu zu geben«, wobei dem Junker die Wahl des Jahrgangs
freistand. Auffallend großzügig verhielt sich Erasmus Schenk zu Erbach im Odenwald, als er 1483 seinen Leuten die folgende Beköstigung vorschrieb: »Alle Tagelöhner, die gedungen sind, sowie die Fronleute sollen gemeinlich, als auch die Knechte
und Mägde, jeden Tag erhalten zweimal Fleisch und Zukost und eine halbe Krause
Weines, ausgenommen die Fasttage, da sollen sie Fische haben oder sonst nahrhafte
Speisen.« Die zitierten Beköstigungen der Fröner vermitteln zugleich einen Einblick
in spätmittelalterliche Konsumgewohnheiten auf dem Lande.
Ihrem rechtlichen Ursprung nach konnten die im Spätmittelalter geforderten Frondienste aus verschiedenen Institutionen des Feudalismus herrühren. Sie wurzelten in
der Vogtei oder Gerichtsbarkeit, in der Grundherrschaft und in der noch weit verbreiteten Leibeigenschaft (Herdrecht). Häufig lassen sich grund-, gerichts- und leibherr-
liche Dienste nur schwer unterscheiden. Wo grundherrliche Eigenwirtschaften betrieben wurden, wie beispielsweise in der Deutschordenskommende Beuggen, auf
Klostergütern und auf dem Grundbesitz des ritterschaftlichen Adels, stellten die
mehrtägigen Frondienste im Jahr neben der allgemein üblichen Todfallgabe aus leib-
herrlichem Erbrecht, neben den Leibhennen, Leibsteuern und -schillingen die wohl
gravierendste wirtschaftliche Belastung für den Leibeigenen bis ins 16. Jahrhundert
dar. Schwerwiegendster rechtlicher Makel der Unfreiheit war die eingeschränkte Ehe-
freiheit der Leibeigenen. Die Wahrnehmung der sozialen Komponente der Leibherrschaft (Schutz, Schirm und Hilfe in der Not) hing sicher von der Person und der So-
zialauffassung des Leibherrn wesentlich ab. Das Hohe Mittelalter hatte Unfreiheit ge-

lockert, die Lasten gemildert, den Eigenleuten eine gewisse Freizügigkeit erlaubt und Freilassung ermöglicht. Unter den Einwohnern vieler, wahrscheinlich aller südwestdeutschen Städte fand sich eine beachtliche Zahl von Eigenleuten bzw. Leibeigenen im Mittelalter und bis in die Neuzeit hinein. »Stadtluft« machte nicht grundsätzlich frei. Endlos währte der Streit wegen der Rückforderung leibeigener Stadtbewohner durch ihre Leibherren oder von unfreien Gotteshausleuten der Kirche. Die Morgenröte der Freiheit leuchtete jedoch auch ihnen. 1490 entschied der Landvogt der vorderösterreichischen Regierung in Ensisheim, daß Hörige bzw. Leibeigene, wenn sie Jahr und Tag ungesucht von ihrem ehemaligen Herrn in der Stadt (Breisach) gesessen, als deren Bürger und daher als Freie zu betrachten seien.

Erst seit dem 14. Jahrhundert wird die ländliche Unfreiheit mit dem zunehmend in Urkunden bezeugten Verkauf von Eigenleuten in ihren quantitativen Proportionen einigermaßen faßbar. Eigenleute-Bücher setzen im 14. Jahrhundert ein. In der Urkundenüberlieferung Schwäbisch Halls häufen sich Hauptrechtserwähnungen und Verkäufe von Eigenleuten. Auch der Freikauf aus der Eigenschaft war möglich und wurde gesucht. 1399 sollte ein Weinberg zu Untermünckheim eines »Leibeigenen Abkaufung« sein. 82 Eigenleute verkaufte 1364 Frau Kathrin, Sichlings Witwe, in Cannstatt für 30 Pfd. Heller an die Grafen von Württemberg. Die Pfandbeschreibung der Markgrafschaft Hachberg von 1356 nennt die runde Zahl von 1000 markgräflichen Eigenleuten (nebst Angehörigen), die damals etwa ein Sechstel der Gesamtbevölkerung der Markgrafschaft ausmachten. Rechnet man die in ihr ansässigen Gotteshausleute hinzu, dann haftete reichlich einem Drittel der Bewohnerschaft die Leibeigenschaft (Bezeichnung des Spätmittelalters) an.

Ausgang des 14. Jahrhunderts setzte im Zuge der Agrarkrise und mit den sich mehrenden Schwierigkeiten bei der Rückforderung von Eigenleuten (Nachjagerecht) eine Intensivierung der Leibherrschaft bzw. eine Einschränkung oder Aufhebung der Freizügigkeit ein. Typisch hierfür war die 1372 von Kaiser Karl IV. den Herren von Fleckenstein ausgestellte Urkunde, daß niemand die Untertanen derselben zu »Pfahlbürgern« aufnehmen dürfe. 1566, 1578, 1591 und 1637 wurde sie bezeichnenderweise erneut bestätigt. Auch Sonderentwicklungen und Abweichungen vom Trend waren möglich. Die eigenartige Genossenschaft der Kornelier des Damenstifts Buchau (Oberschwaben), alles Gotteshausleute, die zinspflichtige erbliche Korneliergüter bewirtschafteten, war nicht vom Abbau ihrer hergebrachten Freizügigkeit betroffen. Nur eine Ausnahme? Allgemein bedeutete die rechtlich nivellierte Leibeigenschaft Mobilitätsverlust, dem zur Krisenbewältigung zunehmend auch freie oder freiere Hintersassen unterworfen wurden. Sie führte dazu, wie das Beispiel des Fürstbistums Speyer am Anfang des 16. Jahrhunderts zeigte, »daß die Bevölkerung des Hochstifts im Normalfall leibeigen war« (Schaab).

Der »Immobilisierung« durch Leibeigenschaft in ländlichen Räumen gingen seit der
Mitte des 14. Jahrhunderts vielfach von den Herrschaften geforderte Masseneide gegen Abwanderung voraus (H.-M. Maurer), schon 1344 in der Markgrafschaft Hachberg bezeugt, 1354 in Deutschordensdörfern des Breisgaus und seit 1348 in der badischen Stadt Pforzheim. 1382/1383 und 1396/97 schworen 2425 Personen den württembergischen Grafen, nicht aus ihrer Herrschaft wegzuziehen. Vereidigt wurden zur
Sicherung von »Stand und Warung« die Einwohner von Stadt und Land unter urkund-
lichem Festhalten der Namen. Da im Falle des Wegzugs Vermögensbeschlagnahme
drohte, besaß man gegenüber Vermögenden sicher eine nicht unwirksame Maßregel.
In Baden und Hohenlohe sind Schwörbriefe überhaupt nur für Städte erhalten, weil
offenbar die Abwanderung der Bürger kleiner Herrschaftsstädte in freiere Reichsstädte verhindert werden sollte.

Stadtentwicklung

Wenn auch der Anteil der Städte an der Gesamtbevölkerung im stark »verstädterten«
Südwestdeutschland am Ausgang des Mittelalters höchstens 20 Prozent betrug, die
Bevölkerung in den engen, unhygienischen Städten durch die Pestwellen besonders
hohe Verluste erlitt, so stieg dennoch im allgemeinen die Konsumkraft der Stadt. Der
Menschenzustrom vom Lande und aus Landstädten ließ ihre Bevölkerung wieder
wachsen. Aber der kollektive Tod verhalf auch zur Konzentration von individuellem
Reichtum, mit dem die Neigung zum Luxus zunahm. In dieser Kapitalanhäufung in
den Händen der Überlebenden des Massensterbens sah Sombart sogar einen kollektiven (volkswirtschaftlichen) »Glücksfall«.
Hinsichtlich ihres Bevölkerungsvolumens offenbarten die südwestdeutschen Städte
ein recht differenziertes Bild von Schrumpfung, Stillstand und Wachstum. Es gab
Städte, deren Einwohnerzahl wohl hauptsächlich infolge eines wirtschaftlichen Niedergangs im Spätmittelalter zurückging. Freiburg im Breisgau zum Beispiel, das seine
höchste Wirtschaftsblüte im 14. Jahrhundert erlebte, zählte 1385 ungefähr 9000 Einwohner, um 1500 dagegen um 6500. Ein Bevölkerungsrückgang ist in Schwarzwald-
städten zu beobachten. Heilbronn, 1399 etwa 5200 Einwohner, durchstand bis in die
zweite Hälfte des 15. Jahrhunderts eine wirtschaftliche Schwächephase und
schrumpfte bis 1477 auf knapp 4000 Bewohner. Die Einwohnerzahl der reichen Handelsstadt Überlingen am Bodensee, 1444 über 5000, entwickelte sich bis Anfang des
16. Jahrhunderts leicht rückläufig. Obwohl Konstanz an wirtschaftlicher Bedeutung
vergleichbare größere Mittelstädte bei weitem übertraf, kam es – wie übrigens Esslingen auch – über 6000 Einwohner nicht hinaus. Seit dem Ende des 14. Jahrhunderts ist

die Reichsstadt Leutkirch (Oberschwaben) kaum mehr gewachsen (1353 etwa 1500 Einwohner), während die abgelegene Reichsstadt Isny von 1353 bis um 1500 ihre Einwohnerzahl um mehr als ein Drittel vermehrte. Als Mittelpunkt weitreichender Fernhandelsbeziehungen und bedeutendes Zentrum des oberdeutschen Textilgewerbes wuchs Ulm im Mittelalter zur einzigen Großstadt auf dem Gebiet des heutigen Baden-Württemberg heran, hatte seine Bevölkerung zwischen 1300 und 1400 reichlich verdoppelt, zeigte dann im 15. Jahrhundert wohl nur geringes Wachstum und dürfte um 1500 weit über 15000 Einwohner gezählt haben. Dank Weinbau und Weinhandel erfuhr das kleine Schorndorf von 1400 bis 1525 (etwa 2500 Bewohner) eine Verdoppelung seiner Einwohnerzahl. Sie trat auch hinsichtlich Umfang und Bevölkerungszahl für die bedeutende oberschwäbische Handelsstadt Ravensburg schon zwischen 1270 und 1350 ein. Trotz starker Zuwanderung im 14. und 15. Jahrhundert lag die Einwohnerzahl um 1500 bei 4500 Menschen, allerdings deutlich mehr als in der nahen Reichsstadt Biberach, die auf etwa 3700 Bewohner geschätzt wurde. Begünstigt durch Weinbau, Weinhandel und die Konsumkraft der Residenz verdoppelte der städtische »Neuling« Stuttgart zwischen 1350 und 1500 seine Einwohnerzahl und schob sich seiner Größe nach auf das Niveau von Konstanz, Esslingen und Heilbronn.

Sozialschichtung

Aus den erhaltenen Steuerlisten greifbare Vermögensstrukturen lassen nur in Grenzen und mit Ausnahmen einheitliche Tendenzen erkennen. In der württembergischen Kleinstadt Schorndorf besaßen 1545 die 17 Reichsten, die bürgerlichen Honoratioren – darunter der Vermögendste mit 13000 Gulden – 38 Prozent des steuerbaren Gesamtvermögens der Stadt, obwohl sie nur 3,3 Prozent der 522, großenteils mit geringem Vermögen ausgestatteten Steuerzahler ausmachten. In den typischen Handwerkerstädten pendelten sich die Vermögensstrukturen auf einem ausgeglicheneren Niveau ein. In einer handeltreibenden Mittelstadt wie Überlingen stellte die reiche Oberschicht und die über 100 bis 500 Pfennige versteuernde Mittelschicht am Ende des Mittelalters die große Mehrheit der Eigentümer. In ähnlicher Weise bewegte sich die Sozialstruktur in Schwäbisch Hall trotz starker Vermögensdifferenzierung zwischen 1460 und 1545 zugunsten der erstarkenden Mittelschicht. In den Städten mit starkem Textilgewerbe und bedeutendem Fernhandel klaffte demgegenüber der soziale Gegensatz zwischen Reichtum und Armut deutlich auseinander. In Konstanz besaßen 1460 nur zwei Prozent der Bürger 39 Prozent des bürgerlichen Gesamtvermögens. In Ravensburg nahmen die soziale Spitzenschicht, die Steuerzahler mit mehr als 100 Gulden, zwischen 1473 und 1521 sogar von etwa sieben auf etwa zehn Prozent zu, die

Eigentümer der kleinen Vermögen aber ab. Mit Ausnahmen zeigte sich am Ende des Mittelalters in den Städten eine deutliche Tendenz zur Polarisierung der Sozialstruktur, weil sich der Anteil der Reichen wie der Armen vom 15. zum 16. Jahrhundert zu Lasten der Mittelschichten vermehrte (Maschke).

In den Reichsstädten zählte gewöhnlich das Patriziat, zusammengeschlossen in exklusiven Trink- und Herrenstuben, wie die »Stubengesellschaft« in Ulm, »Zur Katze« in Konstanz oder der Gesellschaft »Zum Esel« in Ravensburg, zu den Reichsten der Stadt. Vom Adel wurden die ritterlichen Lebensidealen nachstrebenden bürgerlichen Patrizier verspottet. Ein hitziger Briefwechsel wurde deshalb 1468 zwischen Ritter Bilgerin von Reischach und dem Teilhaber der Großen Ravensburger Handelsgesellschaft, Hans Besserer, aus exklusivem Ulmer Patriziergeschlecht, geführt. Hohnvoll riet der Adlige dem bürgerlichen »Aufsteiger«, er solle, statt seine Herkunft zu rechtfertigen, besser auf die Trinkstube gehen und dort nachforschen, wie der Pfeffer und ander Kaufmannsgut von Alexandria und Barcelona nach Venedig käme und wie Barchenttücher gehandelt würden!

Bei den Handwerkern überwogen die kleinen und mittleren Vermögen. Lohnempfänger, kleine Handwerker lebten am Rande des Existenzminimums, obwohl das Spätmittelalter als das »goldene« Zeitalter der Handwerker gilt (Abel). Die Disproportion zwischen den wachsenden städtischen Vermögen und dem sinkenden bäuerlichen Wohlstand lassen sich jedoch nicht übersehen. Nach den Türkensteuerlisten von 1544/45 lebten in den 65 Städten der 50 Ämter und vier Klosterämter des Herzogtums Württemberg 14556 Schatzungspflichtige (= 27,8 % der Gesamtzahl der Schatzungspflichtigen) und besaßen ein Steuervermögen von 3378705 Gulden (= 37,8 % des Gesamtvermögens), während die 37782 steuerpflichtigen Landbewohner (= 72,2 %) über 5552776 Gulden verfügten (= 62,2 % des Gesamtvermögens). Das Durchschnittsvermögen je Steuerzahler belief sich auf 171 Gulden, das des Städters aber auf 232 Gulden und das des Landbewohners auf nur 147 Gulden. Große Vermögen fanden sich zahlreich in Stuttgart und in den Weingärtnerdörfern um Untertürkheim. Die Zirkulation von Reichtümern begünstigte im Spätmittelalter die Städte, Reichs- wie landesherrliche Städte. Über den Mechanismus der immer einträglicher werdenden Steuersysteme strömte zirkulierendes Geld auch reichlich in die Kassen der Territorialfürsten und wurde von den Herrschern für Bauten, Prunk und Prestigehandlungen wieder unter die Leute gebracht. Ein gewisser Wetteifer zwischen den 25 Reichsstädten (Gebiet Baden-Württemberg) und den aufkommenden landesherrlichen Residenzstädten ist nicht zu übersehen.

Der schwäbisch-alamannische Fernhandel

Neben den Erzeugnissen seiner Landwirtschaft bildeten im Spätmittelalter Leinwand, Tuche, Barchent und einige Metallerzeugnisse, darunter auch Freiburger Silber, die Hauptprodukte des schwäbisch-alamannischen Fernhandels. Lange Zeit behauptete Konstanz seinen Rang als Marktführer der Leinenindustrie des Bodenseegebiets. Bereits aus dem Hochmittelalter stammten seine wichtigen gewerblichen Einrichtungen wie Walkmühlen, Färberei und Bleiche. Schon vor 1330 wurden in Ravensburg Regelungen für den Leinwandverkauf durch fremde Weber und den Garnmarkt getroffen. 1353 besuchten Ravensburger Kaufleute die Frankfurter Messe, wenig später sind sie auch in Italien nachzuweisen. Die erste Leinenweberordnung der bedeutenden Textilstadt Ulm von 1346 bestätigt das Vorhandensein von Leinwandschau und Landweberei. Mit dem Niedergang des Leinwandgewerbes in Konstanz nahm das von St. Gallen einen großen Aufschwung, gelangte in der zweiten Hälfte des 15. Jahrhunderts zu hoher Qualität und einem internationalen Namen und übernahm die einstige Konstanzer Führerrolle. Konstanz wurde schließlich auch von den Leinwandexportplätzen Isny, Wangen, Kempten u. a. überholt. Nach Aufhebung des Genueser Stapelrechts nahmen die oberschwäbischen Kaufleute den Leinwandhandel im Mittelmeerraum selber in die Hand, bevorzugten den billigen Seeweg nach den spanischen Häfen und konnten dadurch ihren Gewinn erheblich steigern. Das in anderen Landesteilen Alamanniens nachweisbare und recht zahlreich betriebene Leinengewerbe kam im Spätmittelalter kaum über den Status der Lohnweberei hinaus und befand sich obendrein – wie in Freiburg – in harter Konkurrenz mit den Weberzeugnissen der Klosterfrauen und der Landweber.

Im Verlauf der zweiten Hälfte des 14. Jahrhunderts trat der oberschwäbische Barchent, ein einseitig angerauhter baumwollener Stoff, als neues Handelsprodukt in Erscheinung und wurde spätestens seit 1379 (Brettener Zollordnung) in bald großen Mengen auf den Märkten nördlich der Alpen vertrieben. Barchent aus Augsburg, aus der schon 1389 bedeutenden Barchentmetropole Ulm, aus Ravensburg, das 1379 den Barchent-Verlag stadtrechtlich regelte, aus Biberach, Memmingen, Konstanz und anderen Orten verdrängte in verhältnismäßig kurzer Zeit die bisherige Vorherrschaft des importierten lombardischen Barchent. In einer zweiten »Gründungswelle« seit Anfang des 15. Jahrhunderts entwickelten sich u. a. Basel, St. Gallen, Esslingen, Kaufbeuren, Waldsee und Straßburg zu Barchent-Produktionsorten. Ein neues Produkt und seine Herstellung schufen für Handel und Gewerbe neue Aktionsräume. Das Zusammenwirken von Handel und Handwerk begründete den Erfolg. Die erforderliche Baumwolle wurde aus dem Orient nach Venedig, Mailand und Genua importiert und dort von den schwäbischen Kaufleuten erworben. Der Baumwollkauf des Johannes

Val von Ulm 1375 liefert das bisher früheste Indiz für das Vorhandensein der Bar-
chentweberei in Ulm. Bald darauf kauften Ulmer Kaufleute syrische Baumwolle vor
allem in Venedig. Biberacher Barchent ist 1386 in Prag bezeugt. Kaufleute von Biberach, 1350 auf der Frankfurter Messe vertreten, zogen im 15. Jahrhundert auch nach
Genf und Lyon und vor allem nach Venedig, nahmen Quartier im dortigen »Fondaco
dei Tedeschi« und kauften dort auch die Baumwolle.

Ravensburger Handelsgesellschaft

Vom Warenzug von und nach dem Mittelmeer lebten seit dem 14. Jahrhundert im alamannischen Raum viele mehr und weniger langlebige Familiengesellschaften. Die
weitaus größte unter ihnen war die Große Ravensburger Handelsgesellschaft, wie die
Geschichtswissenschaft des 19. Jahrhunderts sie nannte, oder die magna societas mer-
catorum altioris Alamanniae nach den zeitgenössischen Quellen. Obwohl mit dem
Untergang des letzten Staufers das alamannische Herzogtum als Institution verschwunden war und sich die Staatenkarte Südwestdeutschlands im Spätmittelalter in
das verwirrende Mosaik einer Vielzahl territorialer Gewalten aufgelöst hatte, existierte in der internationalen Handelsgeschichte nach wie vor der Begriff Alamannien.
Nicht Venedig, das von der Ravensburger Handelsgesellschaft bald gemieden wurde,
sondern Genua war neben Mailand ihr bevorzugter Handelsplatz in Italien. Hervorgegangen ist die Ravensburger Handelsgesellschaft aus dem Zusammengehen meh-
rerer im Fernhandel tätiger Familiengesellschaften seit 1380. Zuerst schlossen sich die
Humpis von Ravensburg mit den Möttili aus Buchhorn zusammen. Später kam der
Konstanzer Kaufmann Lütfried Muntprat hinzu. Die Fusion verbesserte die Konkur-
renzsituation der Kaufleute, ihre Absatz- und Einkaufsbedingungen, vergrößerte
ihren Markt, ermöglichte eine rationellere und effektivere Geschäftsführung und trug
zu einer Verteilung des Risikos bei. Die zeitweilig bis zu 90 Gesellschafter, auf deren
Solidität und Herkunft aus reichsstädtischer Kaufmannsfamilie besonderer Wert gelegt wurde, hafteten mit ihrer persönlichen Einlage, die pro Person aber kaum 15000
Gulden überstieg. Vom politisch stabilen Ravensburg aus, wo sich übrigens nur ein
kleines Warendepot befand, lenkte eine aus zwei bis drei »Regierern« und einigen Gesellen bestehende Geschäftsleitung die weiträumige kommerzielle Aktivität der Gesellschaft. In den für sie wichtigen Handelsstädten verfügte sie über insgesamt 13,
wenn auch nicht gleichzeitig unterhaltene Hauptniederlassungen oder Gelieger: Sara-
gossa, Valencia, Barcelona, Avignon, Lyon, Genf, Genua, Mailand, Venedig, Brügge,
Antwerpen, Nürnberg und Wien. Das Netz des Handels war noch weiter gespannt als
der Radius der Gelieger und erstreckte sich über eigene Vertreter bis ins südliche Spa-

nien und Italien, nach London, Ungarn und Krakau. Die Handelsgesellschaften von Ravensburg und St. Gallen hängten sich an den Polenhandel der Nürnberger an. Nach Polen gingen Leinen und Barchent aus Schwaben. Die Rückfracht bestand aus Lemberger und Kiewer Wachs, Pelzen und Scharlachrot. Produkte des Textilgewerbes vom Bodensee und aus Oberschwaben sowie heimisches Papier setzten die Ravensburger mit nicht minder gutem Gewinn in Italien, Spanien, in Österreich, in den Niederlanden und im nahen Nürnberg ab. Das agrarisch hochentwickelte Spanien lieferte Zucker, Seide, Wolle, Apfelsinen, Gewürze, Olivenöl, Farbstoffe u. a. m.

Viele Spezereien, die Gegenstände der sogenannten feinen Krämerei, wie Pfeffer, Ingwer, Lorbeeren, Feigen, Weinbeeren, Mandeln und Reis wurden laut Konstanzer Kaufhausordnung im 14. Jahrhundert nach Alamannien importiert. Eine spätere Kaufhausordnung erwähnt an südländischen Besonderheiten auch Muskatnüsse, Zibeben (große Rosinen), Kubeben (Pfeffersorte), Kardamannlins, Zuckerhüte, Barbara (gemeint war der Wurzelstock des Rhabarbers aus China) und die Farbe Zinnober. Von den Gewürzen wurde in der besseren schwäbischen Küche im Spätmittelalter wahrscheinlich kein sparsamer Gebrauch gemacht, wohl kaum weniger als heute (der Pro-Kopf-Verbrauch an Gewürzen stieg von 1975 bis 1983 von 471 auf knapp 700 Gramm). Nach den vorliegenden Handelsnachrichten nahm der Gewürz- und Zuckerhandel in den größeren Handelsstädten des alamannischen Raumes etwa seit der zweiten Hälfte des 15. Jahrhunderts einen rapiden Aufschwung. Das Geschäft mit den Gewürzen lohnte sich vor allem auch deshalb, weil sie – wie heute auch – an der Spitze der ertragsstarken Krämerwaren marschierten (heute Nettospanne etwa 30%). Betrug mit »ungerechter Spezerei und Würze«, also Gewürzverfälschungen, waren begreiflicherweise im Spätmittelalter häufig. Der Diebstahl von zwei Muskatnüssen und zwei Ingwerzehen, begangen 1486 an der Wirtsmagd zu Calmbach, wurde sogar gerichtsnotorisch.

Die Humpis-Gesellschaft (Ravensburger Handelsgesellschaft) betrieb nicht nur Ex- und Importgeschäfte von und nach Alamannien, sondern war in den Zwischenhandel fast aller bedeutenden europäischen Handelsplätze eingeschaltet. Sie expedierte Kupfer nach Italien, vermittelte den Kauf von Kermesschildlauspulver in Genf, handelte mit Blech, Draht, Eichhörnchenfellen und Schafhäuten, spedierte Seide, Alaun und südländische Spezereien nach dem Norden und machte schon vor 1500 mit ganzen Kisten gedruckter Bücher Geschäfte. Ihr Faktor in Genua kaufte sich 1447 sogar eine teure junge Sklavin für 150 Genueser Pfund. Weitgestreut, räumlich ausgedehnt und vielseitig, was die Gegenstände des Handels anbetraf, war die Tätigkeit des schwäbischen Kaufmanns im Spätmittelalter. Daß manches gegen den christlichen Moralkodex verstieß, war nicht auszuschließen, die Anrufung von Gerichten, um Recht zu erlangen, häufig. Die Große Ravensburger Gesellschaft blieb jedoch eine bloße Warenhandelsgesellschaft und hielt sich, um nicht das kanonische Zinsverbot zu überschreiten, von Bankgeschäften fern, änderte auch nicht ihre alten Methoden, als neue Handelswege neue Geschäfte eröffneten. Da nun der Betrieb sich nicht mehr lohnte, löste sich die Gesellschaft zu Anfang des 16. Jahrhunderts auf. Die »Regierer« hatten bereits Landgüter, sichere grundherrliche Einkünfte erworben.

Tuche, Papier, Glas

Mangels ausländischer Absatzwege für ihre Erzeugnisse machten sich die heimischen Wollenweber und die im 14. Jahrhundert aufgekommenen Tucher in Stadt und Land während des Spätmittelalters wechselseitig heftige Konkurrenz, über die viel Klage geführt wurde. Obendrein standen sie unter dem Druck auswärtiger Importe von feineren Geweben, denen man kaum mit gleichwertigen Qualitäten entgegentreten konnte. In Worms, Speyer, Rastatt bis hin nach Wertheim am Main wurde »rheinisches Tuch« produziert, das überall in Oberdeutschland erworben werden konnte. Den mittelrheinischen waren die schwäbischen Tuche preismäßig etwa gleichzustellen, die in Ulm, Reutlingen, Esslingen, Calw, Weil der Stadt, Horb, Villingen u. a. hergestellt wurden. Billigere Ware, sogenannte »Kotzen«, kam u. a. aus Ehingen. Nur wenig teurer waren die Nördlinger Loden, grobe, aber haltbare naturfarbene Tuche. Wie die Tuchkäufe des Klosters Salem am Ende des Spätmittelalters zeigten, behaupteten sich die Produkte der südwestdeutschen Tuchmacherei am Markt und erwiesen dadurch ihre Leistungsfähigkeit. Die mehr und weniger gründliche »Schau« der Tücher, ihre zünftlerische Qualitätskontrolle, hat auch im Tuchmachergewerbe wenige Tuchsorten von standardisierter Qualität entstehen lassen. Zu einem bedeutenden Exportartikel wie Leinwand und Barchent aber wurden sie nicht.

Papier, importiert aus Italien, begann im Hohen Mittelalter das seit Jahrhunderten gebräuchliche, aus Häuten gefertigte Pergament als Beschreibstoff zu verdrängen. Reisen nach Italien regten den Ravensburger Handelsherrn und Bürgermeister Conrat Witt an, 1393/94 eine in einer Ravensburger Vorstadt befindliche, wassergetriebene Getreidemühle in eine »Papiermühle« umzubauen. Es war die erste südwestdeutsche Papiermühle, an günstigem Produktionsort betrieben und schon seit 1395 vermutlich guten Absatz erzielend. Um 1440 gab es bereits fünf Ravensburger, an tüchtige Papiermacher verpachtete Papiermühlen, die die oberschwäbische Reichsstadt bis Anfang des 17. Jahrhunderts zum Hauptort der süddeutschen Papiererzeugung machten. Ravensburger Qualitätspapier, am Wasserzeichen zu erkennen, wurde bis nach Luxemburg, in die Schweiz und Österreich, in Kopenhagen, Leipzig und Polen verkauft. Die Erfindung des Buchdrucks durch Johannes Gutenberg 1445 verhalf der Papierherstellung, die recht komplizierte mechanisch-chemische Arbeitsprozesse vereinte, zu einer anhaltenden Sonderkonjunktur. Dennoch arbeiteten am Ende des Mittelalters in Südwestdeutschland nicht mehr als 15 Papiermühlen. Mangelte es an Kapital? Nur 40 rhein. Gulden betrug der Kaufpreis einer Ravensburger Papiermühle 1498.

Weniger sicher läßt sich die Situation der südwestdeutschen Glasmacher im Spätmittelalter beurteilen. 1215/16 versprach Arnold von Basel dem Heinrich Medicus, bis Allerheiligen nach Genua zur Herstellung von Spiegeln 400 Stück Glas von der besseren und schöneren Qualität zu liefern, die in Schwaben aufgetrieben werden kann. Im Spätmittelalter verdichten sich die Zeugnisse, die auch der Glasmacherei den Rang eines Exportgewerbes zuweisen könnten, nicht. Teure Gläser und kostbare Spiegel wurden sicherlich importiert. Gebrauchsglas für die nächste Umgebung stellten die etwa zwei Dutzend im Mittelalter nachweisbaren heimischen Glashütten her (in Baden 15 ins Mittelalter datierbare Hüttenplätze). Die erste sorgfältige archäologische Ausgrabung einer Glasmacherstätte des 15. Jahrhunderts im Nassachtal bei Uhingen brachte drei Öfen, Schürkanäle und zahlreiche Werkzeuge zum Vorschein. In der Hauptsache wurde grünliches »Waldglas« gefunden. Hergestellt wurden sowohl Hohlgläser (vielleicht auch »Krautstrünke«) und glatte Fenstergläser.

Metallgewerbe

Zur Deckung seines Bedarfs an Metallen war Südwestdeutschland im Spätmittelalter weitgehend auf Importe angewiesen. Der Handel mit Eisen und Stahl lief über die größeren Städte. In Ostschwaben kam die Eisengewinnung aus dem dort vorkommenden Bohnerz in der zweiten Hälfte des 14. Jahrhunderts auf, in Heidenheim an der Brenz und in Königsbronn 1365, in Itzelberg im 15. Jahrhundert, in Unter- und Oberkochen durch private Unternehmer seit 1518, die die im Braunen Jura vorkommenden Eisenerze abbauten. Auf Eisengewinnung und Eisenverarbeitung (Hammerwerke) orientiert, erwuchs seit dem Spätmittelalter allmählich im oberen Kochertal eine völlig neue Gewerbelandschaft. Das von den Zisterziensern gegründete Eisenwerk Königsbronn ist das älteste noch bestehende Eisenwerk Deutschlands. Älteren Ursprungs ist das Eisengewerbe am Hochrhein, seit 1494 im Laufenburger Bund der Hammerschmiede zusammengeschlossen. Anfang des 16. Jahrhunderts erreichte es mit 36 Eisenwerken und einer jährlichen Produktion und Verarbeitung von ca. 400 t Masseleisen seine größte Ausdehnung.

Mancherlei benötigte Eisenwaren wurden meist in Städten hergestellt und gehandelt. Ein verhältnismäßig rascher und langanhaltender Aufschwung bis zum Rang eines Exportgewerbes begünstigte die Sensenschmiede von Schwäbisch Gmünd, erstmals 1383

erwähnt, 1442 anläßlich der der Schmiedezunft verliehenen Ordnung mit zwölf Meistern in der Stadt vertreten, 1547 mit 28. Fast zwei Jahrhunderte nahm die Schmiedezunft unter den Gmünder Zünften den ersten Platz ein. Die Jahres-Sensenproduktion
der Reichsstadt (Zunftmeister und Verleger) erreichte 1547 mit 133025 Stück wohl
ihren absoluten Höhepunkt. 2700 Sensen jährlich durfte jeder Meister laut Schmiedeordnung von 1529 maximal herstellen. Ihr Geschäftserfolg war ihrer Spezialisierung,
ihrem Qualität verbürgenden ausgeprägten Markenbewußtsein (Einhorn als Markenzeichen) und ihrer Geschäftstüchtigkeit zuzuschreiben. Die Gmünder Sensenschmiede bieten das älteste historische Beispiel für die Massenherstellung von landwirtschaftlichem Arbeitsgerät.

Eine herausragende Sonderstellung unter den mittelalterlichen Metallhandwerkern
genossen die Kessler, auch als Kalt- oder Kupferschmiede bekannt, da ihr Schutz vom
Reich verlehnt wurde. Das ihm übertragene Lehen über die Kessler zwischen dem Hagenauer Forst, dem Hauenstein und dem Schwarzwald, »als der sne smilzet, waz der
dasuschen gesessen ist in den steten und off dem lande«, übertrug der Pfalzgraf 1401 in
andere Hände. Zunftartikel erhielten die Kupferschmiede der Pfalz 1461. Die Organisation der Sonderschutz und Sonderrecht genießenden Kesslerkreise erhielt sich in
Südwestdeutschland bis um 1800 (Hohenlohe u. a.). Die heutigen mittelständischen
Metallwarenfabriken Christian Wagner und Wilhelm Wagner in Esslingen gehören zu
den Nachfahren einer solchen uralten Kesslerfamilie, die sich auf den 1524 erwähnten
Nördlinger Kessler Peter Wagner zurückschreibt.

Kaufhäuser

Eine maßgebliche Rolle im Fernhandel und im lokalen Kleinhandel spielten die nicht
in allen Städten anzutreffenden spätmittelalterlichen Kaufhäuser – nicht zu verwechseln mit ihren modernen gleichnamigen Pendants –, eher vergleichbar mit orientalischen Basaren. Mit der Ausübung von Zollrechten und der erstrebten Einführung von
Stapel- und Feilbietungszwang für bestimmte Warengattungen nahm im Spätmittelalter die Bedeutung von Zoll- und Waaghäusern rasch zu. Auch wohlhabende Händler und Handwerkerzünfte drängten zum Bau von Spezialkaufhäusern, von überdeckten Märkten, dienten sie doch als beliebte Verkaufslokale, Lagerhäuser und überhaupt
der größeren Sicherheit des Handels. Wegen eines treppenähnlichen, zur Abstellung
von Waren bestimmten Gerüsts führte das südwestdeutsche Kaufhaus auch die Bezeichnung Greth. In manchen Städten gab es neben Rathaus, Waaghaus und Greth
noch besondere, bestimmten Gewerben vorbehaltene Kaufhäuser, auch Zunftkaufhäuser, so in Hall, Heilbronn, Gmünd, Ravensburg, Ulm, Freiburg. Der Kaufhausbau

setzte um die Mitte des 14. Jahrhunderts ein und machte teilweise ältere Verkaufslauben entbehrlich. Ein Nördlinger Kaufhaus ist 1336 erwähnt, der Bau des Straßburger Kaufhauses 1358 und der des Konstanzer gewaltigen Kaufhausbaus an der Stadtmauer zum See hin – für den Handel mit den »Walchen« – 1387. Ein Kaufhaus als Warenniederlage, Waage und Zollstätte wird in Freiburg 1378 genannt, das Ulmer Waag- und Lagerhaus, die Greth, als Mittelpunkt des Großhandels 1389. Schon vorher besaß Ulm ein Kornhaus und ein Gewandhaus (1357 erwähnt), das 1369 auch als Kaufhaus diente. 1370 wurde der Bau eines neuen Kauf- und Rathauses (mit Kaufladentrakt) begonnen, 1407/08 ein Kornhaus errichtet und dieses wiederum 1594 durch einen großen Neubau ersetzt. Dort fand übrigens noch um 1850 der größte Kornmarkt Württembergs statt. Am Marktplatz und in der Kramgasse standen von 1372 bis 1872 Kramläden. Die Bäcker verkauften ihr Brot bis ins 16. Jahrhundert im Brothaus und in Brotlauben (1378) und durften später zum Ladenverkauf in ihren Häusern übergehen. Alle Handelseinrichtungen standen unter der Obhut der mittelalterlichen Stadt, die an ihnen stets auch finanziell und lenkend beteiligt war. Zur Förderung des städtischen Handwerks richtete Ulm 1536 sogar ein Schuhhaus ein. Im kleineren Esslingen war das älteste, vielleicht um 1370 erbaute Kaufhaus noch mit dem Rat- und Waaghaus identisch. Daneben fungierte die große Pliensaubrücke als im Mittelalter nicht ganz seltene Krämerbrücke (1500), vergleichbar etwa mit der heute noch zu bewundernden, von Goldschmieden und Juweliergeschäften besetzten, unerreichten Ponte Vecchio in Florenz. Bis ins 17. Jahrhundert galt städtischer Baueifer den verschiedenen Handelshäusern und wurden bestehende erweitert und neue errichtet: Kaufhaus in Gernsbach 1471, die Greth in Ravensburg vor 1498, das dortige Lederhaus 1513/14 und die Brotlaube 1625, das schöne Grethhaus in Meersburg 1498, Greth und Salzstadel in Biberach 1513, die Greth (Grät) in Schwäbisch Gmünd, ein Fachwerkbau mit älteren Bauteilen 1536, das prächtige Freiburger Kaufhaus 1525–1532 mit einem als Stapelhalle dienenden Erdgeschoß, das Fleisch- und Gerichtshaus in Heilbronn 1598/1600. Das letzte reichsstädtische Kaufhaus entstand 1802 in Rottweil.

Messen und Märkte

Aus wenigen, gut florierenden Jahrmärkten gingen mit dem vermehrten Handelsverkehr seit Ende des 13. Jahrhunderts bedeutende Messen hervor. Zuerst erlangten die linksrheinischen Messen (Worms, Speyer, Hagenau, Straßburg) größere Bedeutung. Überregionale Anziehungskraft gewann rasch die Nördlinger Messe (seit 1336). Erstaunlich war die schon um 1400 feststellbare hohe Handelsbedeutung der Pfingst- und Verenamesse von Zurzach, einem Marktflecken am Hochrhein, Schnittpunkt wichtiger Wasserstraßen. Das Einzugsgebiet der Zurzacher Messen reichte bis in den Breisgau, nach Oberschwaben und Württemberg. Ende des 15. Jahrhunderts waren in Zurzach venezianische und piemontesische Kaufleute anzutreffen. Benachbarte Jahrmärkte, sogar die beiden Messen von Konstanz, konnten gegen Zurzach nie aufkommen. Auch die Ulmer Jahrmärkte (1781: 284 Verkaufsstände) und Messen (seit 1429 bzw. 1445), obwohl jahrhundertelang von Anziehungskraft für Fernhändler in weitem Umkreis, vermochten Nördlingen und Zurzach nicht zu überflügeln. Zum Mittelpunkt des Handels am mittleren Neckar entwickelte sich Heilbronn mit seinem 1288 privilegierten 21tägigen Michaelis-Jahrmarkt, dem 1333 ein zweiter und 1487 ein dritter Markt hinzugefügt wurde. Als alles überragendes Messenzentrum lockte seit dem 14. Jahrhundert Frankfurt am Main mit seiner Fasten- und Herbstmesse, auf die sich der Handel ganz Südwestdeutschlands orientierte. Auf der Frankfurter Messe, wichtiges Teilstück für den weiter reichenden Fernhandel, nahmen alle größeren schwäbischen Städte und darüber hinaus rund drei Dutzend kleinere »schwäbische« Städte von Mergentheim bis an den Bodensee mit ihren Kaufleuten teil. Auf Beziehungen zur norddeutschen Hanse deuteten die tonnenweisen billigen Heringslieferungen nach Schwaben zur Fastenzeit hin.

Der Wirtschaftsraum der mittelalterlichen Stadt – soweit nicht eine verkümmerte kleine Landstadt –, ihr Einzugs- und Einflußbereich also, beanspruchte das nahe Umland und stieß oft in das weitere Umland vor. Die städtische Wirtschaft übte je nach Stärke und Intensität im Umland bereichsbildende Funktionen aus und war mit anderen Zentren und Regionen durch den Fernhandel verbunden. Die Stadt als Zentralort bedurfte des Umlandes, des größeren Marktgebietes zur Versorgung ihrer Einwohnerschaft und als Absatzraum für ihre Produktion und galt zudem als Zielort verschiedener Wanderungsbewegungen (auch Handwerksgesellenwanderungen). Die Verbreitung städtischer Maße (Hohlmaße) außerhalb der Stadt liefert für die Ausdehnung des nahen Marktbereichs Anhaltspunkte. Das weitere Marktgebiet ließ sich oft über die Streuung der Einladungen zu den Jahrmärkten abstecken, so beispielsweise für Esslingen ein Umkreis von rund 50 km (H. Ammann).

Der Kundenkreis der Nahrungsmittelgewerbe, der Bäcker, Müller und Metzger, bezog sich zwar auf die Stadt selber, zur Sicherung ihrer Fleisch- und Getreideversorgung bedurfte jedoch die mittlere und größere Stadt, obwohl auch deren Bürger Land besaßen und Vieh hielten (in Ulm der Vollbürger bis zu drei Rindern und zwölf Schafen), stets der Zufuhr aus dem nächsten Umland und nicht selten aus weiter Ferne. Größere Mühlwerke brauchte deshalb jede Stadt (in Ulm 1356 fünf mehrrädrige Mühlen an der Blau).

Die Metzig konnte in den südwestdeutschen Städten sowohl Verkaufslokalität als auch Schlachthaus bedeuten. In Ulm wurden die Tiere seit 1349 in der Metzig an der

Donaufront der Stadtmauer (am Schiefen Metzgerturm) geschlachtet. Eine ältere, 1334 erwähnte Metzig war offenbar Verkaufsgebäude, jedoch nicht in der Nähe des Wassers gelegen. Ein neues Schlachthaus wurde nach 1503 an der Stadtmauer errichtet. Die selbstbewußten und offenbar geschäftstüchtigen Esslinger Metzger trieben Viehhandel, bevorzugt in der Fastenzeit, in weiten Teilen Schwabens und tief nach Bayern hinein. Stuttgart erhielt wohl Ende des 15. Jahrhunderts sein erstes Schlachthaus, abgelöst 1586 durch ein zweites, noch bis 1866 benütztes Schlachtgebäude, das über dem damals noch frei durch die Stadt fließenden Nesenbach erbaut worden war. Das Biberacher Alte Rathaus von 1432 war als neue »Mezg« gebaut worden. Dort befanden sich die Verkaufsräume der Metzger bis 1828.

Baukonjunktur

In erster Linie fixiert auf den »Markt« ihrer Stadt waren Handwerkergruppen wie die verschiedenen Bauhandwerker oder die Bekleidungsgewerbe. Städtischer Wohlstand sicherte ihnen die größten Aufträge. Gewaltige Summen wurden von den spätmittelalterlichen Städten für den äußeren militärischen Schutz, für Mauern, Tore und Türme, für die kirchliche Repräsentation, für großartige Kirchenbauten, für Verkaufsstätten und sonstige öffentliche Gebäude, für Markt und Rathausbauten und für die künstlerische Ausgestaltung der Stadt (Brunnen u. ä.) ausgegeben. Reiche Bürger, oft auch Mäzene, leisteten sich kostspielige Profanbauten. Bauhütten, Ziegelhütten und die verschiedensten Bauhandwerker (Steinmetze, Maurer, Zimmerleute, Ziegelmacher) erlebten eine Hochkonjunktur. Auf kirchlichem Gebiet sind das Freiburger und Ulmer Münster die hervorragendsten Beispiele städtischer Bautätigkeit in Südwestdeutschland. Gebaut wurde zum eigenen und der Stadt Ruhme. Der alemannische Fachwerkbau mit seinen klaren Konstruktionslinien und Wohnstuben mit Bohlenwänden ist sicher nicht erst im 14. Jahrhundert aufgekommen, wenngleich uns erst frühe Holzbauten aus dem 14./15. Jahrhundert überliefert und bekannt sind, so in der Reichsstadt Windsheim (1318–1449) und in Sindelfingen (1418–1420), nicht zu vergessen die Rathäuser in Esslingen (um 1430) und Tübingen (1435).

Technische Fortschritte

Bis gegen Ende des 18. Jahrhunderts war es üblich, die Baumstämme mit der Axt zu fällen, zu entästen, zu besäumen und zu spalten und mit der Quersäge zu zerteilen. Lang- oder Spaltsägen mit Kurbelantrieb schnitten in den wassergetriebenen Sägemühlen Balken zu Brettern, bis ins 16. Jahrhundert nur Nadelholz, weil für Hartholz noch ungeeignet. Für Kirchheim/Teck ist 1304 ein deutsches Sägewerk erstmals urkundlich erwähnt. 1380/90 sind die ersten Sägemühlen an Jagst und Kocher bezeugt, 1314 schon in Pfaffenweiler (Schwarzwald), bis 1500 im alemannischen Sprachraum 61 nachzuweisen, betrieben oder errichtet von kapitalstarken Waldbesitzern und von städtischen Müllern (Heilbronn 1441, Tonbach im Schwarzwald 1414). In die gleiche Zeit fällt das Aufkommen der Schleifmühlen der Messerschmiede (Stuttgart 1453; Nürtingen 1432). Im 14. Jahrhundert begann die Verwendung der Wasserkraft für das Ziehen von Stahldraht. Albrecht Dürers Aquarell einer süddeutschen Drahtziehmühle aus der Zeit um 1490 ist das älteste Bild-Zeugnis für die aufgekommene neue Technologie. Ende des 14. Jahrhunderts war die Eisengießerei entdeckt worden und in Freiburg bereits 1415 nachzuweisen. Die Fortschritte in der Bautechnik waren mannigfaltig. Bauen setzte ebenso Rechenkunst voraus wie das erfolgreiche Kaufmannsgeschäft. Dächer, mit »Platten« eingedeckt, gab es seit der Mitte des 15. Jahrhunderts, 1449 für das Konstanzer Kaufhaus bezeugt. Bis ins Hohe Mittelalter ging die wirtschaftliche Expansion von den ländlichen Gegenden aus. Von da an verschoben sich die Achsen des Fortschritts und ließen die Städte zu Zentren der Innovation werden.

Nicht allein an den örtlichen Markt und die städtische Versorgung dachten Gerber, Schuster, Sattler (1369: 13 Sattlerläden in Ulm) und Hafner, soweit sie mit ihren Erzeugnissen auch auswärtige Messen und Märkte besuchten, sowie manche metall- und holzverarbeitenden Handwerker wie Goldschmiede (Gmünd 1372, Ulm 1375 f.), Sensenschmiede, Blechschneider, Drahtzieher, Kupferschmiede, Kannegießer und Kübler. Letztere stellten den sehr umfangreichen Bedarf an Holzwaren, Kübel, Zuber, Schüsseln, Schindeln, Löffel usw. Kupferhämmer wurden wohl frühestens in der zweiten Hälfte des 15. Jahrhunderts in Betrieb genommen (Heilbronn 1470). Die Dreisam in Freiburg trieb im 15. Jahrhundert außer Mühlen, Wein- und Öltrotten, Schmiedhämmer und Walken, nicht zu vergessen die Granatschleifen der Borer und Balierer, »Abenteurer« wurden diese genannt, d. h. reisende Kaufleute. Sie zählten zeitweilig immerhin zu den reichsten und angesehensten Bürgern Freiburgs.

Für Konsumenten, die sie meist nicht kannten, arbeiteten die Leinen- und Barchentweber sowie viele Tuchmacher in den Städten. Beim Leinwand- und Barchentexport, gestützt auf Erzeugnisse höchster Qualität und vorfinanziert durch die Händler und Verleger, ließen sich »Spekulationsgewinne« erzielen. Produktivitätsfortschritte sekundierten dem Hochlauf der Textilgewerbe. Seit Ende des 14. Jahrhunderts wurde das Spinnrad mit Tretantrieb verwendet. Fortschritte in der Walkerei, Bleicherei und Färberei kamen hinzu. 1507 bestanden vor den Toren Ulms fünf Barchent- und zwei Leinwandbleichen. 1515 wurde mit Förderung des Rats eine erste Samtfabrik nach

Comer Vorbild eingerichtet. Der vielbeklagte, aber nie eingedämmte bürgerliche Luxus an Kleidung und Schmuck kam der Konjunktur namentlich in den textilbearbeitenden und -verarbeitenden Gewerben zugute, unterlag aber dem launischen Wechsel oder Diktat der Mode. Wer sich auf sie nicht rechtzeitig in seiner Produktion umstellte, gefährdete seine Existenz.

Wettbewerbsbeschränkungen

Dem Handel gebührte die Rolle des »Vorreiters«. Von ihm hing es ab, ob es gelang, den Fuß in neue Märkte zu setzen, die schwankende Nachfrage richtig zu erkunden, das Güterangebot entsprechend zu diversifizieren und Herrschaft über neue Märkte zu gewinnen. Statt – wie üblich – nach Italien Wolle zu bringen, verkaufte der Ulmer Diebold Rul 1457/58 Sensen am Lago Maggiore und bei Pallanza. Schon ein Beispiel kluger Markterkundung? In der eigenen Stadt und auf dem eigenen Markt bestand meist ein Gegensatz zwischen den Fernkaufleuten und dem Handwerk, das das vom Fernhandel herangeschaffte Warenangebot möglichst auf den Großhandel beschränkt wissen wollte. Handwerker und Krämer (die von den Fernhändlern zu unterscheidenden insistores) waren grundsätzlich und oft im Einvernehmen mit den ortsansässigen

---

Handwerksberufe im spätmittelalterlichen Schwaben (56)
Bader, Bäcker, Barbier, Barchentweber, Bleicher, Brauer, Buchbinder, Buchdrucker, Drechsler, Färber, Flaschner, Gerber, Glaser, Goldschmied, Hafner, Holzschnitzer, Hutmacher, Kübler, Küfer, Kürschner, Kupferschmied, Kupferstecher, Leinenweber, Maler, Maurer, Messerschmied, Metallgießer, Metzger, Müller, Papiermacher, Sattler, Schiffer, Schildermaler, Schlosser, Schmied, Schneider, Schreiner, Schuhmacher, Seiler, Sensenschmied, Spengler, Spinner, Steinmetz, Steinschleifer, Steinschneider, Täschner, Tuchmacher, Wachszieher, Wagner, Walker, Wollweber, Ziegler, Zimmermann, Zinngießer

---

Kaufleuten geschworene Feinde einer freien Handelstätigkeit fremder Kaufleute in ihrer Stadt. Im »Roten Buch« der Reichsstadt Ulm wurde Ende des 14. Jahrhunderts das Verbot des freien Markthandels von auswärtigen Händlern für »Korn, speceri, bowoll, barchat, saltz, isen« schriftlich fixiert. Die Einschränkung des Wettbewerbs auf den lokalen Märkten und ihre fortschreitende Reglementierung im Zuge der zunehmenden Macht der Zünfte vollzog sich in Etappen. Wo Zunfttendenzen zur Ausschaltung von Konkurrenten am weitesten durchdrangen, hat es der städtischen Wirtschaft des Spätmittelalters nicht zum Segen gereicht. In Zeiten der Konjunktur ließen sich die Gebote des überregionalen und internationalen Wettbewerbs leichter mit lokalen Wirtschaftsinteressen in Einklang bringen als in Zeiten der Rezession. Die Zunftkämpfe des Spätmittelalters brachten die wirtschaftlichen Spannungen bei krisenhaftem Hintergrund in den Städten zutage. Nur der »Export« half, Krisenerscheinungen in der städtischen Wirtschaft zu überwinden. Freiburgs Verlust seiner alten Fernhandelsbeziehungen im 15. Jahrhundert wird gewöhnlich mit dem Sieg der Zünfte in Verbindung gebracht (Röhrig). Mit den sich erschöpfenden nahen Silbervorkommen endete jedoch bereits die große Zeit der Freiburger Kaufleute. Sie verschwanden und hinterließen eine dem wirtschaftlichen Niedergang preisgegebene, immer menschenärmer werdende Stadt. Diesen Strudel wirtschaftlichen Abstiegs konnten die Zünfte, selber im Sog dauernder Schrumpfung, nicht mehr aufhalten.

Zünfte

Die ältesten deutschen Zünfte als gruppenmäßige Einbindung des einzelnen Handwerkers in eine genossenschaftliche Korporation fanden sich schon im Hohen Mittelalter. Der Name Zunft taucht erstmals 1226 in Basel auf. Die Zunftbildung in den Städten setzte im rechtsrheinischen Alamannien etwa um die Mitte des 14. Jahrhunderts ein und verdichtete sich, örtlich sehr differenziert, im wesentlichen bis Mitte des 16. Jahrhunderts. Die Zeitgleichheit zur spätmittelalterlichen Agrarkrise und mit der Landflucht war nicht rein zufällig. Solange die Märkte nicht »gesättigt« oder begrenzt waren, bestanden die wirtschaftsordnerischen Maßnahmen der Handwerkerzünfte in erster Linie in den löblichen Vorkehrungen für eine geordnete Berufsausbildung und Berufsausübung (Zulassung zum Handwerk und zur Handwerkslehre) sowie insbesondere in der Abwehr und im Ausschluß von »Störern« und Pfuschern. Der nächste Schritt offenbarte das anfangs zwar noch locker gehandhabte Streben nach Sicherheit und Abgrenzung eines klar faßbaren Nahrungsspielraums. Die Innungen entwikkelten sich zu wirtschaftlich-sozialen Interessenvertretungen mit zunehmendem politischem Gewicht in den Städten, mißtrauisch zumeist gegenüber individuellen Initiativen. Kreative Individualität wurde bestenfalls in den Bau- und Kunstgewerben anerkannt, bei denen am frühesten persönliche Namenszeichen auftauchen.
»Es sint hantwerck darumb erdacht, daß jedermann sein täglich brot damit gewin« meint die sogenannte Reformatio Sigismundi von 1438. Es ist die älteste Proklamation des Rechtes auf bezahlte Arbeit. Jeder Zunftgenosse desselben Handwerks sollte deshalb hinsichtlich des Einkaufs der Rohstoffe, der Arbeitszeit, der Zahl der Hilfskräfte, der Verkaufsstätte und nicht selten auch bezüglich Qualität und Umfang der Produktion möglichst gleiche Arbeits- und Marktbedingungen haben. Werbung zu betreiben

war in den Zünften verpönt. Allem Zunftrecht nivellierende Tendenzen hafteten an. Es waren aber Sollvorschriften, die nicht verhinderten, daß es arme und reiche Handwerker gab. Letzten Endes stand die Zunftgesetzgebung vor der kaum befriedigend lösbaren Aufgabe, angesichts der alsbaldigen Begrenztheit des städtischen Marktes ein begrenztes und oft sogar schrumpfendes Volumen an bezahlter Arbeit auf eine gewöhnlich zunehmende Zahl an Meistern und Gesellen aufteilen zu müssen. Endlose, böse Kämpfe um die Erhaltung des »Privilegs« auskömmlicher bezahlter Arbeit waren die Folge, Druck auf die Gesellen, Festsetzung der Höchstzahl der Meister, Durchsetzung von Bannrechten und Monopolen, Abschirmung gegenüber der Außenwelt, erbitterte Auseinandersetzungen um Fortschritte in der Arbeitsteilung und eine notwendige Neuverteilung des Angebots an bezahlter Arbeit, Erhöhung der Bürgerrechts- und Zunftrechtsgebühren. Von hier aus wird auch verständlich, daß Frauen, überwiegend Witwen, Mitglieder von Handwerkerzünften sein konnten, und daß viele junge Gesellen nur über die Ehe mit der älteren Meisterin die Chance hatten, zur Meisterstellung aufzusteigen. Das mit der drastischen Derbheit des Mittelalters vielbeschriebene Problem des »Bösen Weibes« hatte hier seinen Nährboden. Je mehr die städtische Wirtschaft ihr Wachstum einbüßte, stagnierte oder sich gar rückläufig entwickelte, gleichzeitig zunehmend Landbevölkerung in die Städte drängte, um so begreiflicher ist es, daß das Zunftwesen bis in Kleinigkeiten hinein geordnet wurde und sich andererseits wiederum das Bestreben zeigte, dieser Zwangsjacke des Reglements hier und da zu entschlüpfen. Gegen die Landweber (Gäuweber) brachte die Ulmer Weberzunft vor: »Unter den Gäuwebern sind allerhand Leute von unehelicher Geburt und wegen anderer Handlungen halb und halb in schlechtem Leumund, auch haben sie das Weberhandwerk nicht ordentlich gelernt. Sie behelfen sich mit anderem Handwerk und Feldbau, das gereiche den zünftigen Webern zum Verderben.«
In den südwestdeutschen Mittelstädten des ausgehenden Mittelalters lag die Zahl der Zünfte im Durchschnitt bei etwa einem Dutzend. In Freiburg waren es ab 1464 zwölf, übrigens neun weniger als zu Ende des 14. Jahrhunderts, als Freiburg noch über 9000 Einwohner zählte und fast die Grenze einer Großstadt erreicht hatte. Stadtgröße wie Anzahl der Gewerbetreibenden und der Zünfte standen – cum grano salis – in direkter Korrelation zueinander. In Rottweil waren die Gewerbe bis um 1300 in elf Zünften organisiert, in Esslingen ab 1331 in 13, in Ulm 1345 in 17, in Überlingen ab 1426 in sieben, in Konstanz bis 1431 in 20 Zünften. 1448 bestanden in Gmünd 13 Zünfte,

---

Zunftmeister in Freiburg/Breisgau 1491
Rebleute 245; Zimmerleute 113; Metzger 102; Schmiede 100; Küfer 81; Schneider 79; Krämer 76; Tucher 75; Maler 73; Schuhmacher 63; Bäcker 53; Gerber 40

wenig später nur acht und 1510 elf (darunter auch Fischer und Grempler). Breisach
hatte im Spätmittelalter neun Zünfte (darunter die Herrenzunft »zur Roten Kuppe«)
und Offenburg ebenfalls nur neun. Neben den zahlreichen Rebleute-Zünften gab es in
einzelnen kleineren Städten auch Bauernzünfte (Breisach, Pfullendorf u. a.).
In Mittelalter und Neuzeit waren in Zünften auch Erwerbszweige zusammengeschlossen, die heute nicht mehr zu den eigentlichen Handwerks- sondern teilweise zu
den Dienstleistungsberufen (Kärcher, Fuhrleute, Schiffer u. a.) zählen. Die Vereinigung zu einer Kooperation verhalf zu politischer Macht in der Stadt und zu Durchset-
zungsvermögen. Eine höchst heterogene Gruppierung bildete die Krämerzunft, der in
Esslingen nach 1331 außer den eigentlichen Krämern 14 weitere Berufe angehörten
und in Ulm 1470 sogar 19 verschiedene Erwerbszweige, darunter gewöhnlich die
Apotheker. Auch in anderen Zünften repräsentierte sich in kleineren und mittleren
Städten keineswegs stets eine homogene Berufsgruppe. Der Wimpfener Schneider-
zunft gehörten auch Kürschner, Seckler und Wirte an, einer sogenannten »Gemengt
Gesellschaft« in der gleichen Reichsstadt (1539) Maurer, Ziegler, Glaser, Scherer, Ba-
der, Dachdecker, Seiler, Maler, Tüncher und Hutmacher. Als strittig erwies sich oft
die Aufnahme von Zunftmeistern sog. »unehrlicher« Berufe, zu denen die Bader und
Müller u. a. gerechnet wurden.

Badstuben

In das Spätmittelalter fiel die Herausbildung von öffentlichen (ehehaften) und noch
mehr von privaten Badstuben in Stadt und Dorf. Das regelmäßige und zu besonderen
Anlässen (Maien- und Johannesbäder) verordnete Bad war aus dem spätmittelalterlichen Alltagsleben nicht wegzudenken. Schnitter bekamen nach der Ernte ein Bade-
geld (Mosbach, 1527), Handwerksgesellen Zeit zum Badbesuch. In kleinen Ortschaf-
ten (Bräunlingen) galt bereits der Samstag als Badetag; in Mineralbädern sollten Aus-
sätzige geheilt werden. Nach einer Heilbronner Hochzeitsordnung von 1492 mußten
alle Hochzeitsgäste einen Tag vor der Hochzeit ein Bad nehmen. Für öffentliche Bäder
(in den Quellen überliefert) verlieh (Ulm 1388) gewöhnlich gegen jährlichen Zins (in
Böblingen auch Gänse) der Landesherr oder zuweilen die Reichsstadt die Badstuben-
gerechtigkeit. Markgraf Christoph von Baden ließ eine unordentlich geführte Badstube in Iffezheim (bei Baden-Baden) sogar aufheben. Der württembergische Landesherr gewährte 1475 der Badstube in Winnenden gegen Zinserhöhung eine Monopolstellung. Die Bader hatten nicht nur die Aufgabe, das Schwitz- und Holzzuberbad zu
bereiten, sie besaßen mitunter auch das Recht, Seife herzustellen (Reutlingen), durften
rasieren und die Haare waschen, hier und dort schröpfen und zur Ader lassen und

mußten in Ulm die »Leichen besorgen«. Ob hierbei einiges »unredlich« zuging? Manche Bäder waren bis ins 15. Jahrhundert zugleich Frauenhäuser (Freudenhäuser). Das Wasser durfte aber keine Schad- und Schmutzstoffe enthalten. Floß es in Durlach unsauber ins Bad, mußte der Bader sogleich dem Bürgermeister Anzeige erstatten (1536).

Zunftordnungen

Die Verleihung der Zunftordnung war im allgemeinen mit dem Zeitpunkt der Zunftbildung nicht identisch. Den Zunftzwang gab es in Freiburg mit Unterbrechungen von 1338 an. Während die Zunftordnungen in größeren Reichsstädten häufig in das 14. Jahrhundert zurückreichten (Ulm: 1345 Müllerordnung, 1353 Ordnung der Schneider und Tuchscherer; Gmünd: 1386 Ordnung der armen Knechte aus den Badstuben; Wimpfen: 1387 Fischer), begann der Prozeß der obrigkeitlichen Bestätigung von Zunftordnungen, um nicht zuletzt obrigkeitliche Gewalt zu ihrer Durchsetzung in Anspruch nehmen zu können, in kleineren Reichsstädten und in den Territorien, wie beispielsweise in Württemberg, erst im 15. Jahrhundert. Bei der württembergischen Seilerordnung von 1419, der Hafnerordnung von 1430, der Hutmacherordnung von 1431, der Schmiedeordnung von 1432, der Ordnung der Nonnenmacher (Viehbeschneider) von 1447, der Ledergerber von 1454 oder der Ordnung der »Bruderschaft der Schneider und Tuchscherer« in Stuttgart 1484 handelte es sich allesamt um Erstverleihungen, in denen aber zugleich zu lesen ist, daß die betreffenden Meister wegen großer »gebresten« in ihrem Handwerk um landesherrlichen Schutz nachgesucht hätten, um ihren Nachteil abzuwenden. Aus der 1486 den Pforzheimer Tuchmachern von Markgraf Christoph von Baden gegebenen Ordnung sprach eine landesväterlich-patriarchalische Gesinnung. Teilweise gingen aus diesen Privilegierungen des Stadt- und Dorfhandwerks umfassende Landes- bzw. regionale Zünfte hervor. Die Ordnung der württembergischen Schmiede von 1432 bezog die Schmiede der Reichsstädte Esslingen, Wimpfen, Weil der Stadt sowie die der österreichischen Städte Rottenburg und Haigerloch mit ein. Trotz aller territorialen Zersplitterung in Südwestdeutschland kam es gerade im 15. Jahrhundert vielfach zur Bildung von überregionalen, von zwischenstädtischen und zwischenstaatlichen Handwerkerverbänden. Diese Vereinbarungen betrafen in erster Linie die einheitliche Regelung der Arbeitsverhältnisse der Gesellen und Knechte. Zu einer gesamtdeutschen Beteiligung brachten es schon 1459 die hin und her wandernden Steinmetze, die Schöpfer der großen öffentlichen Bauten, deren Ordnung von Wien über Passau und Esslingen bis nach Straßburg und Basel gelten sollte. Das Zunftrecht wurde ähnlich wie das Stadtrecht an die Meister gleicher Branchen benachbarter Städte weitergegeben. In Oberschwaben galten die Ulmer

Zunftrechte als beispielgebend. Im mittleren Neckarraum holte man sich häufig in
Esslingen Rechts- und Fachauskünfte. 1533 belehrten Bürgermeister und Rat der
Reichsstadt Esslingen beispielsweise die Gmünder über das Roggenbrot, das aus
einem Scheffel Roggenmehl und vier oder sechs Simri Kernen(-Mehl) zu mischen sei,
und fügten hinzu: »den solten die becken allein lauter rocken bachen, würde das brot
seer schwarz und könnde bei uns mit nichten verbraucht werden«. Noch heute scheint
übrigens das reine Roggenbrot dem schwäbischen Geschmack weniger zu munden,
Konsumgewohnheiten, die demnach uralt sind.

Münzprobleme und Kreditgeschäfte

Namentlich dem Handel und überhaupt der städtischen Wirtschaft kamen vom Ende
des 14. Jahrhunderts an, nach einer Periode rapider Münzverschlechterung, die andau-
ernden Bemühungen von Städten und Territorialfürsten zugute, durch Gründung von
Münzvereinen für ein größeres Gebiet eine gleichwertige und überall geltende Münze
zu schaffen. Der zwar kurzlebige Vertrag von Kirchheim/Teck von 1396, ein Heller-
Münzbund, stellte als Schutzmaßnahme gegen monetäre Zerrissenheit den Anfang
einer solchen »Währungsreform« dar. Im Heidelberger Münzvertrag von 1409 beschlossen Baden, die Pfalz und Speyer, gemeinsam gute, vollwertige Silberpfennige zu
prägen. In Pforzheim, der maßgeblichen Handelsstadt in der Markgrafschaft Baden,
befand sich die altbadische Pfennig-Münzstätte. Unter maßgeblicher Beteiligung der
Grafen von Württemberg und der Reichsstädte kam 1423 in Riedlingen ein das einstige staufische Schwaben umfassender Heller-Münzbund zustande, der zum Segen
für Schwaben über ein Jahrhundert Bestand hatte. Vereinsmünzen waren – wie auch in
Franken – Schillinge, Pfennige und Heller, die in drei Münzstätten, in Stuttgart, Ulm
und Konstanz geschlagen werden sollten. Im 1403 begründeten und bis 1533 bestehenden Rappenmünzbund (benannt nach der Rappenmünze) fiel Basel die führende Rolle zu. Angeschlossen waren ihm die Städte Freiburg im Breisgau, Colmar,
Breisach und die österreichische Landvogtei Oberelsaß. Um die Bedürfnisse des
Großverkehrs zu erfüllen, kursierten Barrengold sowie Florene (Florentiner) und
Gulden. Noch bis ins 15. Jahrhundert muß man von einer Art monetären Vorherrschaft der italienischen Städte sprechen. Italienische Geldhändler kamen mit ihren
Vorratssäcken auf Messen und Märkte und lieferten die Zahlungsmittel, die dem Handel fehlten. Die ersten Reichsgoldmünzen wurden im alamannischen Raum aufgrund
von Privilegien König Sigmunds seit 1418 in Nördlingen und seit 1429 in Basel geschlagen, dort 1434/35 sogar 126020 Stück. Im Leonberger Münzvertrag von 1475,
den die württembergischen Grafen mit Markgraf Karl I. von Baden schlossen, ging es

um die gemeinsame Tarifierung des Gulden. Wegen des Mangels an Silbermünzen wurde 1478 die Gemeinschaftsprägung vereinbart: »noch mer silberin müntz zu machen«. Mit der Schaffung des Schillings und Goldguldens waren zumindest von der monetären Seite Voraussetzungen für den Aufschwung des Wirtschaftsverkehrs und für einen beschleunigten Übergang zur Geldwirtschaft geschaffen. Territorialherren und Städte standen nun vor der schwierigen Aufgabe, das geeignete Münzgut in ausreichender Menge zu beschaffen. Auf die Blütezeit des Silberbergbaus im Schwarzwald während des 14. Jahrhunderts – 45 Poch- und Schmelzwerke zinsten 1352 der Abtei St. Blasien – folgte mit Ausnahmen (Todtnau, Schönau, Hausach) im 15. Jahrhundert sein Niedergang. Mangel an Edelmetall ließ dessen Preise bis etwa 1510 unaufhörlich steigen.

Auch im Wechselgeschäft erwuchsen den Städten neue, charakteristische Funktionen (Ulmer Wechslerordnung von 1423, neue Wechselordnung von Freiburg von 1500). Der Freiburger »Stadtwechsel« fungierte als Leihbank und Sparkasse und gab Darlehen für Einheimische (bis 200 fl) und für Fremde (bis 100 fl) bei einem Zinssatz von fünf Prozent pro Quartal. Lombarden und Kawertschen begegnete man seit dem Hohen Mittelalter an den bedeutenden Handelsplätzen als Geld- und Kreditgeber, 1282 in Konstanz, 1294 in Bregenz, 1304 in Freiburg im Breisgau, 1334 in Esslingen und 1433 in Überlingen u. a. 1311 wird erstmals eine »Wechselstube« in Freiburg erwähnt, im 14. Jahrhundert eine Lombardbank in Esslingen. Das gegen Faustpfand gewährte Lombarddarlehen ist aus der Geschäftspraxis der Lombarden hervorgegangen. Eine stattliche Anzahl italienischer und deutscher Bankiers zog es der Geschäfte wegen namentlich zum Konzil nach Konstanz. Wohl nicht ganz selten wurden Lombarden, wenn statthaft, auch im Warenhandel tätig, machten sich seßhaft und stiegen mitunter in das städtische Patriziat auf. Die Konstanzer Muntprat waren aus einer Kawertschenfamilie hervorgegangen und zu den führenden Persönlichkeiten des oberschwäbischen Fernhandels aufgerückt. Juden trieben Kredit-, Wechsel- und Warengeschäfte. Kurzfristige Darlehen waren trotz kanonischen Zinsverbots bei Juden und Christen gewöhnlich nur gegen hohe und nicht nur in Ausnahmen wucherische Zinsen zu haben. Oberschwäbische Fernhändler nahmen häufig Kredite bei ihren italienischen Lieferanten und bei italienischen Bankhäusern auf. Geld und Kredit gehörten zum Geschäft. Schon im 14. Jahrhundert war das gesamte Wirtschaftsleben in ein kompliziertes Netz von aktiven und passiven Kreditverflechtungen verwoben, das keinen Stand ausklammerte. Bauern liehen sich ansehnliche Summen von ihren adligen und geistlichen Grundherren. Meist diente der Gültverkauf der Kapitalbeschaffung. Städte waren oft gezwungenermaßen die Kreditgeber für Könige, Fürsten und Aristokratie. In erheblichem Umfang ist mit dem Aufkommen größerer, am Kreditgeschäft beteiligter bürgerlicher Vermögen seit Ende des 14. Jahrhunderts zu rechnen.

Die Kapitalkraft Speyers – Geistliche, Patrizier, Handwerker, Kaufleute und sonstige
Bürger – versorgten im späteren 14. und beginnenden 15. Jahrhundert die württembergischen Grafen, 14 schwäbische Reichsstädte und kleinere landesherrliche Städte
mit Krediten (Maschke). Die spätmittelalterliche Agrarkrise entpuppte sich zugleich
als Finanzkrise des Territorialstaats. Zwischen 1483 und 1486 schwankten die von der
Grafschaft Württemberg aufgenommenen Anleihen zwischen 25 000 und 35 200 fl. Allein der Zinsendienst verschlang in dieser Zeit die aufgenommenen Anleihen, ohne die
der Haushalt nicht auszugleichen war. Im krassen Gegensatz dazu wuchsen vielfach
die städtischen Vermögen. Neben den überragenden Geldplätzen Straßburg, Speyer
und Ulm sowie am Hochrhein und Bodensee fanden sich nördlich der Donau vermögende Kreditgeber auch in Pforzheim, Markgröningen, Leonberg, Weil der Stadt,
Herrenberg, Reutlingen, Vaihingen, Gmünd und in Blaubeuren.
Geforderte relativ hohe Zinssätze im 14. und bis ins 15. Jahrhundert hinein signalisierten Kapital- und Geldknappheit. Geld war teuer, wie in der Konstanzer Chronik zu
lesen. Nach den ausgestellten Gültbriefen des Freiburger Heiliggeistspitals schwankte
der Zinsfuß im 14. Jahrhundert zwischen 5 und 13,3 Prozent. Beim Rentenkauf gab es
keine Zinsschranke, weil die Gült nicht als Zins galt. 1365 emittierte die Stadt Freiburg
eine zehnprozentige Schuldverschreibung. Obwohl das »Rote Buch« der Stadt Ulm
jedem Bürger, »usgenommen der juden«, verbot, Geld gegen Zins zu leihen, borgte
die Stadt 1372 den in Zahlungsschwierigkeiten geratenen Grafen von Helfenstein
37 000 ungarische und böhmische Gulden gegen zwölf Prozent Zins. Anfang des
15. Jahrhunderts kamen nicht selten Gültverschreibungen zum Zinsfuß von 20 Prozent vor. Etwa seit der Mitte des 15. Jahrhunderts scheint sich das Kreditangebot
merklich vermehrt zu haben und mitunter gelang es, den Zinsfuß auf vier Prozent herunterzudrücken. Den Kawertschen erwuchs im Kreditgeschäft nun reichliche einheimische Konkurrenz. Stichprobenartige Erhebungen in württembergischen Ämtern
(Markgröningen, Böblingen) über die bäuerliche Kreditverschuldung um die Mitte
des 15. Jahrhunderts ergaben, daß hauptsächlich die Geistlichkeit in Stadt und Land,
Klöster, Chorherrenstifte und Altarpfründen den Bauern mit überwiegend Darlehen
zu fünf Prozent hilfreich unter die Arme griffen.

Verkehrswege, Zoll und Geleit

Weniger mühsam als die dunklen Kanäle des Kreditgeschäfts läßt sich der spätmittelalterliche Verkehrsfluß verfolgen, wenngleich die Forschung auch hier vor manchem
Rätsel steht. Auf vielen Wegen konnten die Kaufleute der Handels- und Gewerbestädte des Bodensees und Oberschwabens nach Norden, Süden oder nach Frankreich

gelangen. Der Bodenseeraum lag im Schnittpunkt zahlreicher älterer und neuer Straßenzüge. Unter den Paßstraßen nach dem Süden behielt die alte Römerstraße von Augsburg ins Etschtal das ganze Mittelalter hindurch im deutsch-italienischen Wirtschaftsverkehr ihre hervorragende Bedeutung. Nach Norden führte der Weg gewöhnlich über Ulm, dann die Geislinger Steige über die Alb bis an den Neckar. Die Neckarroute verlief über Cannstatt, Bietigheim nach Heilbronn, vorwiegend also durch württembergisches Territorium, entsprechend dem jeweiligen Verhältnis der Reichsstädte zu den württembergischen Grafen benutzbar oder besser zu meiden. Das galt auch für die Abzweigung von Cannstatt über Vaihingen/Enz und Bruchsal zum Stapelplatz Speyer. Von Konstanz führte eine Handelsstraße über Villingen durch das Kinzigtal und Offenburg nach Straßburg, die Hauptverbindung nach dem Elsaß und Frankreich. Über eine Abzweigung gelangte man von Hüfingen durch das Höllental über Freiburg und Breisach nach Burgund. Eine andere Handelsstraße nach Burgund passierte Basel und konnte dabei die gewöhnlich billigere Wasserfracht auf dem bis Schaffhausen schiffbaren Rhein ausnützen. Der Handel mit Avignon, Savoyen und Lyon lief durch das Rhonetal, das auch den Handelsweg nach Spanien markierte. Die schnellsten und bequemsten Verbindungen zwischen Oberdeutschland und Italien führten über das Churer Rheintal. Der Septimer, seit Ende des 14. Jahrhunderts auch der Lukmanier zählten zu den bevorzugten Pässen. Der Handel in die Lombardei nach Mailand und Genua drängte sich über die Graubündener Pässe, der nach Venedig lief zumeist über die Tiroler Pässe, den Brenner (Etsch), Reschen und Arlberg.

War die Sicherheit gegen räuberische Überfälle durch zuverlässigen Geleitschutz einigermaßen gewährleistet und der Fuhrlohn nicht durch außerordentliche Vorleistungen erhöht, dann hielten sich die Frachtkosten in tragbaren und verantwortbaren Größenordnungen. H. Schulte berechnete die Kosten (einschließlich Zoll) einer Kaufmannsreise nach Italien auf neun bis zehn Prozent »des reinen Warenpreises«. Je mehr sich seit dem Hochmittelalter die Zahl der Zollstellen vermehrte, die Hochgerichtsbezirke verkleinerten und mit der territorialen Zersplitterung auch an bisher unkontrollierten Straßen nicht nur Wege-, Brücken- und Durchgangszölle, sondern dem Charakter nach reine Finanzzölle erhoben wurden, um so drückender und lähmender mußte sich im allgemeinen die Zollbelastung für den Handel auswirken, sofern es nicht gelang, den Zoll auf Erzeuger oder Käufer abzuwälzen. Auch ein heute kaum noch überschaubares System von wechselseitigen Zollbefreiungen durchlöcherte immer wieder die Zollschranken. Selbst das anscheinende »Chaos« der zur Reichsunmittelbarkeit gelangten Städte, Grafen, Edelfreien, Ministerialen und Abteien, oft in wechselseitige Machtkämpfe verstrickt, bemühte sich durchaus, sich zu wechselseitigem wirtschaftlichem Vorteil ordnend und lenkend zu organisieren. Württemberg war viel zu eng und vielfältig mit dem Esslinger Markt verflochten, so daß es sich ihm

nicht verschließen konnte. 1477 vereinbarte Graf Ulrich mit der wirtschaftlich überge-
wichtigen Reichsstadt einen Zollvertrag, der Esslingens Lebensmittelversorgung von
allen Zöllen befreite. Der 1473 von der Neckarmühle zu Berg in die Stadt Cannstatt
verlegte württembergische Zoll, 1499 auf das vereinigte württembergische Territorium ausgedehnt, leitete zwar das Entstehen der territorialen Zollhoheit ein, da fortan
Zoll »in allen enden und orten« erhoben werden durfte, blieb aber zunächst ein mäßi-
ger Mengenzoll. Finanziell besonders gewinnbringend war der 1512 Herzog Ulrich
von Württemberg verliehene »Große Weinzoll« (5 Schillinge je Eimer), ohne daß sich
auch hier sogleich erkennbare Nachteile für die exportorientierte württembergische
Weinwirtschaft zeigten.

Inwieweit die ausgeübten, sehr begehrten Geleitrechte eine spürbare zusätzliche Belastung für den Handelsverkehr darstellten, ist bisher nicht untersucht worden. Die
Große Ravensburger Handelsgesellschaft traf über das zu stellende Geleit mit den zuständigen Geleitsherren Vereinbarungen. Die Strecke von Biberach nach Westen über
Buchau und Saulgau ging im 15. Jahrhundert im Geleit der Landvogtei. In Ostrach begann das gräflich Werdenbergische Geleit. Auf der Straße von Pfullendorf bis Schaffhausen am Hohentwiel vorbei gebührte das Geleit der Grafschaft Nellenburg, von
dort weiter bis zum Kaiserstuhl den Grafen von Sulz und dann den Eidgenossen. Auf
den Wegen von Ulm zur Frankfurter Messe übten bis Göppingen die Grafen von Helfenstein ohne jede Haftungsverpflichtung das Geleitrecht aus. Von Göppingen bis
Bruchsal gaben sich die Kaufleute schon im 14. Jahrhundert in die Obhut des württembergischen Geleits. Der Verlauf des Verkehrs zur Frankfurter Messe birgt indes
einige Rätsel, weil grundsätzlich nicht der kürzeste Weg bevorzugt wurde. Bis etwa
1450 zog sich der Messeverkehr durch Sinsheim und Wiesloch, obwohl 1428 in Sinsheim eine Kaufmannskarawane überfallen und 145 Kaufleute gefangengenommen
wurden. Ab 1450 ging der Messeverkehr auf der Reichsstraße über Bretten.

Angesichts der mannigfaltigen Gefahren, Hemmnisse und Schwierigkeiten des spätmittelalterlichen Landverkehrs könnte man vermuten, daß die Kaufleute trotz reichlich erhobener Flußzölle – um 1400 über 20 Rheinzölle zwischen Basel und Mainz –,
trotz Stapelzwängen, Schiffahrtsmonopolen, eingeführter Rangschiffahrt die Wasserstraßen Rhein, Neckar, Main und Donau (ab Ulm) zumindest wegen ihrer größeren
Sicherheit, vielleicht auch wegen des rascheren Transports bevorzugten. Neuere Forschungen scheinen dem zumindest für das 15. Jahrhundert zu widersprechen. Im
13. Jahrhundert erfolgte ein sprunghafter Anstieg der Schiffahrt am Oberrhein. Er erreichte seinen Höhepunkt – trotz der schädlichen Entwicklung des Rheinzollwesens –
mit dem Bau von stabileren Marktschiffen, die regelmäßig auf Bodensee, Main, Oberrhein und Neckar zu Märkten und Messen verkehrten. Vom Beginn des 15. Jahrhunderts an ging die Oberrheinschiffahrt zurück, obwohl der Handelsverkehr teilweise

einen weiteren Aufschwung nahm. Die heftig aufgebrochenen Konflikte um Anrechte und Anteile an der Rheinschiffahrt, die Konkurrenz unter den Schiffleutezünften von Straßburg, Basel und den mit Rheinschiffahrtsprivilegien ausgestatteten österreichischen Städten am Hochrhein, die Einschränkung des Wettbewerbs u. a. hatten offenbar den Niedergang der Schiffahrt am Oberrhein herbeigeführt und eine Rückverlagerung des Handelsverkehrs auf die beschwerlichere Landstraße bewirkt. Nach Breisacher Stadtrechnungen waren die Einnahmen aus dem über die Rheinbrücke verlaufenden West-Ost-Verkehr etwa drei- bis viermal so hoch wie die aus dem ebenfalls dort erhobenen Schiffszoll (Schwineköper). Zwei Schillinge Zoll durfte Breisach seit 1393 von jedem »Fardell«, so Rhein auf und ab durch die Brücken »geht«, erheben. Seit der Mitte des 15. Jahrhunderts entwickelten sich auch die Erträge der Pfälzer Wasserzölle rückläufig. Die Konstanzer Kaufhauseinnahmen, ein Indikator für den dortigen Bodenseeverkehr, erreichten 1429 ihren absoluten Höhepunkt. Ende des 15. Jahrhunderts florierte auf dem Rhein und seinen Nebenflüssen dagegen die Flößerei. Auf der Wiese wurde die Flößerei nach Basel betrieben. Straßburg bezog Holz aus dem gegenüberliegenden Schwarzwald. Seit 1488 war Gernsbach Sitz der bedeutenden Korporation der Murgschifferschaft (»rynflotzern«), die 1481 für die Dauer von sechs Jahren eine Herabsetzung des pfälzischen Rheinzolls erwirkt hatte. Die Flößerei bestimmte auch wesentlich das wirtschaftliche Leben der vielen Flößerorte am Neckar und seinen Seitenarmen. Die Pforzheimer Flößer, im Spätmittelalter zur Genossenschaft zusammengeschlossen und 1501 mit der Ordnung der Schifferschaft ausgestattet, befuhren die Würm und die Nagold, die Enz bis hinab nach Besigheim und von dort den Neckar bis Heilbronn, wie der Flößereivertrag von 1334 bestimmte. Im 15. Jahrhundert hatte Württemberg auch mit Österreich (Grafschaft Hohenberg) und Esslingen Neckar-Floß-Verträge geschlossen. Auf den Floßgewässern und in Verbindung mit der nicht sehr einträglichen Holzflößerei wurde ein allgemeiner Warenhandel betrieben. Der an der Heidelberger Neckarbrücke erhobene Neckarzoll, erneut tarifiert 1480, bot zugleich ein Abbild der wirtschaftlichen Leistungskraft des Neckarraumes. Verzollt wurden u. a. viel bearbeitetes Holz, auch Kübel mit Harz, Baustoffe (Ziegel, Kalk), viele Erzeugnisse der Landwirtschaft (Getreide, Wein, Malz, Erbsen, Knoblauch, Flachs, Hanf, Käse, Unschlitt, Speck, Butter), ferner Fische, Gerberlohe, Salz, nicht zu vergessen Tuche, Eisen und Sensensteine. Hier wie in der Zollrolle von Gengenbach von 1449 fanden sich die frühesten Belege des südwestdeutschen »Fahrzeugexports«. Wagenteile (Deichselbäume, Naben, Reifen, Felgen und Speichen) wurden ausgeführt, verzollt und offenbar dann am Bestimmungsort zusammengebaut. Die Idee, Fertigteile für den Zusammenbau durch den Empfänger zu expedieren, ist demnach uralt. Nicht unerwähnt darf in einer südwestdeutschen Wirtschaftsgeschichte das Sauerkraut bleiben. Die Zollrolle von Gengenbach von 1449 nennt es erstmals.

Krisensymptome

Einen freien Verkehr gab es nirgends auf dem Wasser oder dem Lande, wenngleich die Straßburger gern den Grundsatz zitierten, »daz der Rin fri sige und des riches strosse sige«. Am Ende des Mittelalters machten sich aber zunehmend in Wirtschaft, Handel und Verkehr die Zwänge eines Partikularismus kleinen Zuschnitts, der kleinräumigen Herrschaftsstruktur bemerkbar, die die Welt immer enger werden ließen und den Zug ins Große erstickten. Das erreichte Niveau der wirtschaftlichen Aktivitäten stieß mehr und mehr an Grenzen. Zwischen 1471 und 1480 sanken in Württemberg die Dinkel- und die Weinpreise auf ihr absolut tiefstes Niveau. Die Getreidepreise fielen nach mäßigem Auftrieb zwischen 1519 und 1525. Infolge der Auswirkungen der Agrarkrise, die auch wesentliche Teile der gewerblichen Wirtschaft im 15. Jahrhundert zu spüren bekamen, befanden sich wohl große Bevölkerungsgruppen in einer Krisensituation. Der Rückgang der grundherrlichen Renteneinkommen hatte eine Erhöhung der Lasten der Bauern bzw. eine Einschränkung ihrer Rechte zur Folge. Da der Territorialstaat durch diese Krise in Finanz- oder Liquiditätsschwierigkeiten kam, war er gezwungen, sich neue Einkünfte zu erschließen. Der Druck der öffentlichen Abgaben wuchs, ohne daß das niedrige Niveau der Nettoproduktion und der erwirtschafteten Erträge bei der Steuerbemessung entsprechend berücksichtigt wurden. Als profitabel erwies sich für den Fiskus bzw. die Münzherren auch die manipulierte Münzverschlechterung. Der fiskalische Zugriff vergrößerte so noch die krisenbedingten Einkommensverluste weiter Bevölkerungsteile. Die widersprüchliche ökonomische Situation am Ende des Mittelalters bereits als allgemeine Systemkrise des Feudalismus zu interpretieren, hieße allerdings die negativen Aspekte der Zeit zu überzeichnen. Der Bauernkrieg von 1525 war keine frühbürgerliche Revolution und wollte nicht Geburtshelfer einer bürgerlich-kapitalistischen Wirtschaftsordnung sein.

Modernität und Stagnation:
Reformation, Merkantilismus, Aufklärung

Bevölkerungswachstum und Bevölkerungsrückgang

Die die Wirtschaftsentwicklung stark beeinflussende Bevölkerungsbewegung dieses Zeitraums war durch Expansion im 16. Jahrhundert, eine einschneidende rezessive Zäsur im 17. und eine erneute, das 16. noch übertreffende Expansion im 18. Jahrhundert gekennzeichnet. Im 16. Jahrhundert nahm die Bevölkerung Südwestdeutschlands trotz der hohen Menschenverluste im Bauernkrieg plötzlich kräftig zu. Allerdings ist es nach wie vor schwierig, das Anwachsen in absoluten Zahlen zu verdeutlichen. Detailuntersuchungen lassen eine starke Zunahme lebendgeborener Kinder erkennen. In der Zimmerschen Chronik aus der Zeit um 1550 ist zu lesen, daß sich »bei unseren Zeiten das Volk in Schwaben, als auch gar noch in allen Landen heftig gemehrt und zugenommen« habe. Der Anstieg der Bevölkerung dürfte mehr das flache Land als die Städte betroffen haben. Soweit diese bedeutende Zentren des Gewerbes und des Handels waren, stieg die Bevölkerung auch im 16. Jahrhundert wie im Spätmittelalter weiter an, kam aber gegen Ende des Jahrhunderts, nach vorangegangenen Seuchendurchzügen mehr und mehr zum Erliegen. Die Einwohnerzahl Ulms erhöhte sich auf etwa 21000 (1500: 17000). Freiburg erreichte das Bevölkerungsvolumen des 14. Jahrhunderts. Zwischen 1525 und 1598 lag das jährliche Wachstum in Württemberg auf Amtsebene (Stadt und Land) bei 6,1 bis 7,8 von Tausend. Diese verhältnismäßig hohe Wachstumsrate flachte bis 1634 auf einen Jahresdurchschnitt von 5,5 von Tausend ab. Solche Geburtenhäufigkeit – sogar über dem deutschen Durchschnitt gelegen – erzeugte Bevölkerungsdruck, der zu einem starken Anwachsen unterbäuerlicher Schichten in den Dörfern und im Extrem zu Erscheinungsformen des Pauperismus führte.

Ab 1633/34 mit dem Auftauchen der schwedischen Kriegsscharen auf den südwestdeutschen Kriegsschauplätzen griff der Dreißigjährige Krieg mit aller Härte in das Leben der Menschen ein, hinterließ die Soldateska Hunger, Not und Zerstörung. Mit ihnen kamen Seuchen ins Land, voran die fürchterliche Pest. Ein am Rhein stationier-

ter bayerischer General schrieb 1637/38 nach München an seinen Kriegsherrn: Man
habe die Dörfer der Pfalz und Badens um Lebensmittel angreifen müssen »aus höchster Not und Armut, da man die Regimenter nicht zumal sterben und verderben lassen
wolle . . ., wobei sie also ausgesogen, daß nichts als verwüstete und abgerissene Häuser
aller dieser Orte mehr zu finden und die armen wenig vorhandenen Untertan diesen
Winter noch selbst Hungers sterben müssen«. Der kollektive Tod erhöhte die Sterbeziffern weit über die wenigen Neugeborenen. Rümelin berechnete die Bevölkerungs-
abnahme Württembergs von 1634 bis 1639 auf jährlich 15,4 Prozent. Die Bevölkerungsverluste, am höchsten wohl in der Kurpfalz auf rund 70 Prozent des Vorkriegs-
standes geschätzt, gestalteten sich regional und lokal recht unterschiedlich, abhängig
vom Intensitätsgrad der Kriegseinwirkungen. Am stärksten betroffen wurden Gebiete
an Durchgangsstraßen und Schauplätze von Kriegshandlungen. Waldgebiete und be-
festigte Städte erlitten weniger Einbußen. G. Franz schätzte, daß dem Krieg in
Deutschland etwa 40 Prozent der ländlichen und 33 Prozent der städtischen Bevölkerung zum Opfer fielen. Am Oberrhein und im württembergischen Raum übertrafen
die Verluste die Durchschnittszahlen. Isny und Freiburg verloren zwei Drittel ihrer
Bevölkerung, Biberach mehr als die Hälfte, Ravensburg etwa die Hälfte und Ulm ein
Drittel seiner Bewohnerschaft. Berücksichtigt man auch die zeitweilige Flucht der
Menschen, dann betrug nach glaubwürdigen Angaben die Gesamtbevölkerung Württembergs 1639 nur knapp ein Viertel und 1645 kaum 30 Prozent des Bestandes von
1634 (471000 : 139875). Ein Vergleich für den längeren Zeitraum von 1634 und 1655
ergab anhand der Bürgerzahlen für 64 württembergische Ämter einen durchschnittlichen Bevölkerungsrückgang von 57 Prozent, wobei die Werte der einzelnen Ämter
zwischen 31 und 77 Prozent lagen (v. Hippel).
Nach dem großen Massensterben während des Krieges nahmen zwar die Ehen und die
Kinderzahlen rasch zu, doch bedurfte es noch Jahrzehnte, bis die schweren Opfer an
Menschen in Südwestdeutschland wieder ausgeglichen waren. Die Bevölkerungsbewegung blieb im 17./18. Jahrhundert durch eine für agrarisch-traditionalistische Gesellschaft typische hohe Geburtenzahl und Sterblichkeitsrate gekennzeichnet. Ein
zeitweiliges leichtes Absinken der Sterblichkeitsziffer und gleichzeitige Zuwanderun-
gen brachten im ausgehenden 17. Jahrhundert verhältnismäßig hohe jährliche, späterhin nicht mehr erreichte Wachstumsraten von etwa zwei Prozent mit sich. Das gilt im
allgemeinen nicht für die größeren, in ihrem Verfassungszustand erstarrten oberschwäbischen Reichsstädte, deren langsames Bevölkerungswachstum, ohne den Vorkriegsstand zu erreichen, plötzlich im 18. Jahrhundert stoppte. Einige, wie Ulm, Biberach und Ravensburg, gerieten sogar in den Sog einer rückläufigen Bevölkerungsbewegung, auch das habsburgische Konstanz (1763: 3714 Einwohner). Für Esslingen
und Hall wird das Erreichen des Vorkriegsvolumens angenommen. Das wirtschaftlich

dynamische Heilbronn konnte seine Einwohnerzahl zwischen 1769 und 1788 um elf Prozent auf 6942 aufstocken. Freiburg blieb unter dem Vorkriegsniveau. Kleinere Städte verzeichneten hingegen eine mitunter beachtliche Zunahme. Ulms einstige Führungsposition als Großstadt ging im 18. Jahrhundert (1796: 11 468 Einwohner) an die aufstrebenden Residenzstädte, in erster Linie an das wirtschaftsstarke Mannheim, mit 25 100 Einwohnern (1775) weitaus größte Stadt Südwestdeutschlands, gefolgt von Stuttgart mit 19 510 Einwohnern (1795).

Einwohnerzahlen der ständischen Gruppen des Schwäbischen Kreises um 1700

4 geistliche Fürsten	162 000 Einwohner	12,3%
18 Prälaten	76 967 Einwohner	5,8%
13 weltliche Fürsten	586 882 Einwohner[+]	44,4%
28 Grafen und Herren	230 460 Einwohner	17,4%
31 Reichsstädte	247 650 Einwohner	18,7%
6 Sonstige	18 800 Einwohner	1,4%
100	1 322 759 Einwohner	100%

[+]davon Herzogtum Württemberg   ca. 320 000 Einwohner

Um 1700 lag die Bevölkerungszahl der vorderösterreichischen Lande mit 290000 Einwohnern wohl nur knapp unter der des im Vergleich zur Zeit um 1630 noch menschenarmen Herzogtums Württemberg. Namentlich zeitweilige Rückgänge der Sterblichkeit (unter 30%) sorgten im 18. Jahrhundert in Württemberg für erhebliche Wachstumsschübe (8–9% pro Jahr) und hoben die Bevölkerungszahl von 342800 im Jahre 1707 auf 637300 1796 (Steigerung = 85%). Wesentlich langsamer wuchs die Bevölkerung im katholischen Vorderösterreich, war bis 1776 auf 352633 und bis 1790 auf 460000 gestiegen. Einwohnerzählungen für die vorderösterreichische Herrschaft Triberg, die 1720 6076 und 1808 9136 Bewohner ermittelten (durchschnittliche jährliche Wachstumsrate 5,7%), unterstreichen die Aussage, daß in reformierten Territorien die Wachstumsraten der Bevölkerung die in katholischen Regionen überholten.

Dörfliche Sozialstruktur in der Fürstpropstei Ellwangen 1746
Ganzbauern, Hofbesitzer 599. Halb- und Viertelbauern 632. Lehner und Kleinsitzer 1212. Seldner 1597. Häusler 87. Prozentanteil der Seldner und Häusler 40,8

Die durch die Kriege des 17. Jahrhunderts verheerte Kurpfalz, 1664 nur etwa 70000 Menschen umfassend, zählte zu Jahresanfang 1775 275 300 Einwohner (Wachstumsrate 1774/75: 10,2‰). Auf 172 126 Bewohner bezifferte sich 1789 die rechtsrheinische Bevölkerung der beiden badischen Markgrafschaften (linksrheinisch 1777 rund 27 000). Fast alle Territorien Südwestdeutschlands mußten während des 18. Jahrhunderts Auswanderungsverluste hinnehmen. Diese haben aber im allgemeinen nur einen Bruchteil des Geborenenüberschusses absorbiert (in Württemberg höchstens 20%, v. Hippel). Ende des 18. Jahrhunderts schätzte Roeder die Bevölkerung des Schwäbischen Kreises (ohne Vorderösterreich und Kurpfalz) auf rund 2,2 Millionen Menschen und bestätigte den 1,2 Millionen Gläubigen der katholischen Konfession ein leichtes Übergewicht im konfessionellen Neben- und Gegeneinander des deutschen Südwestens.

Neue Wirtschaftsgesinnung

Während einer Epoche starker Bevölkerungsexpansion und -rückgangs, zugleich reichlich mit Glaubenskämpfen angefüllt, vollzog sich mühsam und schmerzensreich die Herausbildung der Vorformen der modernen Verkehrswirtschaft. Der gegen kirchliche Zwänge gerichtete Glaubenskonflikt, unmittelbar auch mit ökonomischen Vorgängen in Verbindung gebracht, hat zur Entwicklung der modernen Wirtschaft hemmende und fördernde Elemente beigesteuert. Zwei Jahrhunderte rang und kämpfte eine in Traditionen stark verwurzelte Gesellschaft und namentlich deren Elite um die rechte Glaubensform. Mit der Reformation zerfiel die einheitliche Theologie des Hochmittelalters in verschiedene Lebenskreise mit jeweils besonderer Dogmatik. Der Prozeß der Loslösung der Ökonomik aus dem beengenden Gehäuse von Theologie und Scholastik beschleunigte sich. Für die Länder der Reformation bedeutete die Beseitigung der katholischen Universalkirche und ihrer Alleinherrschaft den Fortfall der großen Gegenmacht zum Staate. Die Folge waren ein Machtzuwachs des Staates gegenüber den verschiedenen ständischen Kräften sowie eine Erweiterung und Konzentration der staatlichen bzw. landesherrlichen Funktionen. Intensivierung des Staatsgedankens in den Gebieten der lutherischen Staatskirche aber bedeutete Hinlenkung der Kräfte zum Staatsdienst (Württemberg und Baden-Durlach). Aus der Rolle einer zunächst patriarchalisch bewahrenden und fürsorgerisch tätigen Landesherrschaft wuchs der Staat in die des Trägers einer dynamischen Wirtschaftsentfaltung hinein. Die mit der Reformation erfolgte Säkularisation der Kirchengüter und Kirchenzehnten verband den reformierten Staat ohnehin sogleich stärker mit wirtschaftlich-sozialen Problemen. Initiiert vom Landesherrn und seinen Beamten begann der

Staat im Zeitalter des Merkantilismus-Kameralismus selbst durch öffentliche Unternehmungen wirtschaftliche Entwicklungsaufgaben durchzuführen.

Max Weber hat als erster religiöse Dogmatik und Wirtschaftsgesinnung zueinander in Beziehung gesetzt, den geistigen Brückenschlag zwischen protestantischer Ethik und dem Geist des Kapitalismus gewagt. Sofern bei gesteigerter Religiosität, wie im Zeitalter der Reformation und Gegenreformation zu beobachten, die Energie einer asketisch-religiösen Gesinnung auch dem Wirtschaftsleben zuströmte, entstand eine dynamische Arbeitsgesinnung, bei der Gottvertrauen und Arbeit zu den Grundsäulen der individuellen Lebenserfüllung wurden. Eine Kirche, die ora et labora predigte, konnte gegen Arbeitsamkeit und Regsamkeit in Gewerbe und Handel nicht feindlich auftreten. Die Identifizierung von geschäftlichem Erfolg und religiöser Erwähltheit war dem späteren, verweltlichten und verbürgerlichten Calvinismus bei Nachlassen seiner religiösen Energie eigen. Am Ende der jahrhundertelangen Glaubenskämpfe, der religiösen Geburtswehen der Moderne, stand in Südwestdeutschland nach dem Grundsatz cuius regio eius religio ein buntscheckiges, kleinkariertes Mosaik religiös relativ homogener politischer Herrschaftsgebilde, die sich in ihrer wirtschaftlichen Entfaltung aber mehr behinderten und bekämpften, anstatt sich wechselseitig zu unterstützen. Die religiöse Umwälzung versteifte noch die Rivalitäten und trug mit dazu bei, daß eine großräumige wirtschaftliche Kräftekonzentration ausblieb und man dem Entwicklungsvorsprung der Kernländer der »europäischen« Weltwirtschaft des 16. Jahrhunderts alsbald nur mühsam zu folgen vermochte. Südwestdeutschland geriet fast an die Peripherie der Weltwirtschaft der frühen Neuzeit und war nicht mehr durch seinen Fernhandel wie im Spätmittelalter ihr aktiver Mitgestalter. Das habsburgische Reich Kaiser Karls V., in dem die Sonne nicht unterging und zu dem auch der deutsche Südwesten gehörte, sollte imperiale Ziele erfüllen, verstand sich aber nicht als Kerngebiet einer modernen Weltwirtschaft (Wallerstein).

Aufschwung der Landwirtschaft

Je mehr die Bevölkerung im 16. Jahrhundert wieder zunahm, um so stärker machte der Landesausbau Fortschritte und nahm die Landwirtschaft bei ständigem Preisauftrieb neuen Aufschwung. Die gewachsene Bevölkerung stand unter dem Druck der Nahrungsbeschaffung, verwandelte Wald und Weiden in Ackerland und suchte nach Möglichkeiten zur Intensivierung der Nutzungen. »Wir befinden augenscheinlich«, so heißt es in der württembergischen Landesordnung von 1536, »daß die Wälder und Hölzer in merklichen großen Abgang kommen, welches die Viele der Menschen, die sich täglich mehren, allenthalben Wälder und Ehegarten umreuten und Baugüter dar-

aus machen, desgleichen auch das unordentliche Hauen und der Viehtrieb mit die geringsten Ursachen sint.« Wie die Zimmerische Chronik (um 1550) bestätigt, drang der
Landesausbau »auch in den rauhesten Wäldern und höchsten Gebirgen« vor.
Von den Expansionstendenzen wurde auch die Viehhaltung erfaßt. In Württemberg
dürfte sich die Rinderzucht um die Mitte des 16. Jahrhunderts auf etwa 140000 Stück
belaufen haben (bei etwa 55000 schatzungspflichtigen Untertanen), der Pferdebesatz,
nachweislich schon im 15. Jahrhundert auf Kosten der Ackerochsen stark aufgestockt,
auf mindestens 15000 Tiere. Zeitweiliger Getreidemangel veranlaßte die Regierung,
die Untertanen wiederholt anzuweisen, im Feldbau statt der Pferde, so viel wie möglich Zugochsen zu verwenden. Gegen das landesherrliche Ansinnen brachten die Bauern plausible Argumente vor. Aus Burgund und der Schweiz ließ Herzog Christoph
ertragreiche Rinderrassen einführen. Seinem Beispiel folgten andere süddeutsche Für-
stenhäuser. Rascheren Erfolg brachte das von Herzog Christoph angelegte Land-
gestüt.
Wiesen, Weiden und Wald reichten in dichtbesiedelten Landesteilen Württembergs
Mitte des 16. Jahrhunderts nicht mehr aus, um das Vieh den Sommer über darauf weiden zu lassen. Deshalb, und um mehr Dünger für den Weinbau zu bekommen, war
dort bereits die Sommerstallhaltung bei Rindern üblich und unumgänglich, übrigens
zwei Jahrhunderte bevor die Agrarreformer sie in der zweiten Hälfte des 18. Jahrhunderts als bahnbrechende Neuerung priesen. Wegen Wiesen- und Weidemangels wurde
in Dörfern des mittleren Neckarraumes bereits im 16. Jahrhundert die Rinderhaltung
durch Gemeindeordnungen begrenzt. In den flächenmäßig überwiegenden Gegenden
mit hohem Grünlandanteil (so in Hohenlohe) fand sich dagegen in Dorfordnungen
auch im 18. Jahrhundert keine Beschränkung der Rinderhaltung.
Eine erstaunliche Ausdehnung erfuhr der Weinbau im 15./16. Jahrhundert. Begünstigt durch die große Nachfrage nach Wein während dieser »Haupt-Zechperiode des
deutschen Volkes«, stimuliert auch durch die knappe Vervierfachung der Weinpreise
(Cannstatt) vom ersten bis letzten Jahrzehnt des 16. Jahrhunderts und die teilweise
subventionierte Neuanlage von Weinbergen, soll sich die Rebfläche Württembergs
zwischen 1514 und 1566 um fast 13500 Hektar (!) ausgeweitet haben (1630 insgesamt
etwa 25000 ha), bezog aber nun auch weniger günstige Lagen ein. In den idyllischen
Weinbaugegenden, an sanften Hügelfalten und auf steilen Terrassen, wo der Wein
wuchs, scheute man im 16. und beginnenden 17. Jahrhundert keine Mühen für die arbeitsintensive Rebpflege (etwa eine Arbeitskraft je Morgen). Weinbau vermehrte Beschäftigung und Einkommen. Man verstärkte die Düngung, achtete auf den Frucht-
wechsel und kultivierte edle Sorten (Muskateller, Walheimer, Traminer, Gutedel,
Riesling, Affentaler).
Vom Wein erhoben die Berechtigten, die Grund-, Zehnt- und Kelterherren, Weingül-

ten, Bodenwein, Teil- oder Landachtwein und Kelterwein. In keinem Weinort fehlte
die Kelter, das torcular in Mittellatein, oft eine mächtige, wegen ihres Krachens und
Knarrens sagenumwobene Weinpresse mit mehreren Bäumen. Gewöhnlich der 18.
Teil der auf der herrschaftlichen Kelter gepreßten »Trübeich« gebührte der Herrschaft. 570 Keltern zählte man 1623/24 im Herzogtum Württemberg. Als Ort mit den
meisten Torkeln – 1617 waren es etwa 60 – gilt in Baden-Württemberg Markdorf am
Bodensee, zur bischöflich-konstanzischen Landeshoheit gehörig. Auf 6862 Eimer
Wein (20586 hl) belief sich in dem guten Weinjahr 1520/21 der Gefällertrag der württembergischen Kellereien und Vogteien, auf nur 27247 Eimer (81741 hl) angeblich der
Gesamtertrag des württembergischen Weinbaus 1540 und auf 8707 Eimer (26121 hl)
der Naturalertrag der württembergischen Kammereinkünfte im zum Teil guten Weinjahr 1551. Seit 1601 sank der Weinpreis und flachte allmählich die Agrarkonjunktur
ab, so daß einkommensschwache Schichten mehr und mehr in eine wirtschaftlich-soziale Notsituation gerieten. Vor diesem Hintergrund wird der im Breisgauer Rappen-
krieg 1613–14 der habsburgischen Landesherrschaft verweigerte neue Rappen als Ungeld auf ausgeschenkten Wein verständlich.
Reben konkurrierten auch mit der seit Herzog Christoph stärker emporgekommenen
Obst- und Gemüsekultur. Statt der Rebanlagen war im 15. Jahrhundert am Rheinknie
bei Basel und später um Freiburg die Erzeugung von begehrtem Safran, im Mittelalter
und noch heute das teuerste Gewürz der Welt, emporgewachsen. Krokuskulturen
wurden angelegt, um aus den getrockneten Stempeln der Blüte den Safran zu gewinnen. Hier und da war der Anbau der Farbpflanzen Krapp und Indigo (Waid) anzutreffen. Die verbreitete Leinwand- und Barchentproduktion setzte einen nicht unbedeutenden heimischen Flachsbau voraus.
Gemessen an den Getreidepreisen, die im 16. Jahrhundert stärker als andere Preise
stiegen, hat sich in Deutschland während des 16. Jahrhunderts das Preisniveau – grob
vereinfacht – reichlich verdoppelt. Das galt auch für die schwäbische Hauptbrot-
frucht, den Kernen (geschälter Dinkel), dessen Preis im Württembergischen vom ersten bis letzten Jahrzehnt des 16. Jahrhunderts von 5,08 fl auf 11,93 fl (im 24 1/2 fl fuss)
anstieg. In der Preiskurve des 16. Jahrhunderts lösten sich Jahre mit starkem Preisauftrieb, Teuerungsjahre also, mit solchen schwacher Steigerung und fallender Preise ab.
Aus dem Gewirr jährlicher Preisschwankungen, durch schlechte Ernten, Wucher und
Spekulation verschärft, schält sich als charakteristisches Phänomen der Wirtschaft des
16. Jahrhunderts ein säkularer inflationärer Preisauftrieb heraus, die sogenannte
»Preisrevolution«. Verglichen mit gegenwärtigen hochschnellenden Preissteigerungs-
raten in der Weltwirtschaft glich sie nur einem leichten »Anlüpfen« des Preisspegels.
Der langfristige Preisauftrieb, von einem kräftigen Anstieg der Landgüterpreise zwar
begleitet, kam in erster Linie den Getreideproduzenten zugute, die mit steigenden

Realeinkommen und sicherer Rendite rechnen durften. Die »Unterbewertung« der Landarbeit im 14./15. Jahrhundert war nach dem Bauernkrieg, im Verlaufe des 16. Jahrhunderts einer merklichen Aufbesserung der bäuerlichen Einkommensverhältnisse gewichen. Chancen auch für eine bäuerliche Vermögensbildung, sofern sie sich vor allem mit abgabefreiem Freieigen verband, boten sich. In Kornwestheim nahm das bäuerliche Eigenland in der frühen Neuzeit um 15 Prozent der Markungsfläche von 1500 ha ein, eine quellenmäßig meist nur schwer zu fassende, aber keineswegs als Quantité négligeable zu betrachtende Größe, wenn es um die Beurteilung der Besitz- und Einkommensverhältnisse schwäbischer Bauern geht.

Namentlich bäuerliche Unternehmergestalten gelangten zu Wohlstand. Vielleicht markierte der schwäbische »Bauern-Millionär« Jerg Minner aus Kornwestheim, der zu seinem Tode 1599 seinen »lachenden« Erben ein unterhalb marktgängiger Wiederbeschaffungspreise gerichtlich taxiertes Vermögen von 69182 fl 44 Kreuzern hinterließ, nur die Spitze einer breiteren Schicht bäuerlichen Wohlstands. Stichprobenartige Untersuchungen in altwürttembergischen Dörfern erbrachten, daß sich das durchschnittliche bäuerliche Steuervermögen zwischen 1425 und 1525 nominell kaum verändert hat (selten mehr als 100 fl), real aber gesunken war. Mit der Agrarkonjunktur des 16. Jahrhunderts zeigten die bäuerlichen Steuervermögen eine bemerkenswerte Erhöhung bei zunehmender Ungleichheit der Vermögensverteilung. Versteuerten die reichsten württembergischen Bauern 1525 ein selbsteingeschätztes Vermögen von 300–500 fl, waren 1607 Steuervermögen von mehr als 5000 fl keine Seltenheit mehr. Von einer bäuerlichen Überschuldung, gemessen an den hohen Immobilienpreisen, konnte im Herzogtum Württemberg, dessen Weinbaugebiete damals übrigens zu den dichtestbesiedelten Landschaften Europas zählten, bis zum Dreißigjährigen Krieg nicht die Rede sein. Die meist in erb-, tausch- und kaufweise getätigten langfristigen Kredite dienten dem Haus- und Grunderwerb und konnten im allgemeinen nur für den anteilsmäßig höher verschuldeten Kleinbesitz zu einer gefährlich drückenden Last werden, wenn die Ernte ausfiel und es an Nebenerwerb mangelte.

Waldnutzungen – Reichtum und Raubbau

Einen insgesamt nicht unbedeutenden, im Einzelfall freilich sehr schwankenden Einkommensanteil lieferte Städten und Landbewohnern während Mittelalter und Neuzeit das vielfältige, wenngleich von der Herrschaft wohl zunehmend eingeschränkte Angebot an häufig für die Forste schädlichen Waldnutzungen und Weidegerechtigkeiten. Ihre Regelung wurde schon seit dem Hochmittelalter von den Herrschaften angestrebt, auch in dem Bewußtsein, daß Landwirtschaft und Waldnutzungen nicht voneinander zu trennen seien. Vom Mittelalter bis ins 19. Jahrhundert war der Wald für die anliegenden Gemeinden unentbehrlicher Wirtschaftsraum. Zu den »Schönbuchgenossen«, den Nutzungsberechtigten des landesherrlichen Forstes Schönbuch, zählten die Haushalte von 54 Dörfern und Kleinsiedlungen sowie der landesherrlichen Städte Tübingen, Waldenbuch, Grötzingen und die Reichsstadt Reutlingen. Den Genossen standen gegen jährliche Miete das Weidrecht für Großvieh, das Äckerich für Schweineherden und der Brennholzbezug im rechten »Hau« zu. Bau- und Werkholz waren gegen Sonderabgaben erhältlich. In den Gemeindewaldungen waren der nach Umfang bestimmte Brennholz- und der ebenfalls mengenmäßig festgelegte Bau- und Nutzholzbezug für die vollberechtigten Gemeindemitglieder kostenlos.

Der bäuerlichen und städtischen Holzversorgung standen an ökonomischer Bedeutung die Weide-, Mastungs- und Grasrechte sowie sonstigen Nutzungen nur wenig nach. Neben der uralten, Honig und Wachs liefernden Waldbienenzucht, in der Fürstenberger Jagdordnung von Anfang des 16. Jahrhunderts angesprochen, im 18. Jahrhundert durch das in der Ulmer Polizeiverordnung von 1721 verbotene »Aushauen« von Immen aus den Beutbäumen noch nachzuweisen, bildete die Schweinemast die älteste, bekanntlich bis ins frühe Mittelalter zurückreichende organisierte Nebennutzung des Waldes. Bis zur Verbreitung des Kartoffelbaus im 19. Jahrhundert bot der Schweineaufzucht und -mast der gewährte Schweine-Eintrieb in den Wald, der nicht selten strittige Schweine-Hag (oder »Äckerich«) bzw. das in neuerer Zeit von den Waldbesitzern gegen Geld verpachtete oder versteigerte Lesen (»Klauben«) von Eicheln und Bucheckern unter älteren Eichen- und Buchenbeständen die wichtigste Futtergrundlage.

Damit war die Palette an Waldnutzungen nicht erschöpft. Der zuvor badischen Stadt Bietigheim gelang es, anhand der Stadt-Annalen im 16. Jahrhundert wiederholt nachzuweisen, daß sie in dem ihr streitig gemachten »Forstwald« seit alters berechtigt sei zu grasen, dürres Holz zu schneiden, Eicheln und »Wildobz zu glauben«, Haselnuß zu brechen, Laub aufzurechen, den Weidgang mit dem gehörnten Vieh »darin zu gebrauchen«, auch Schweine in das Äckerich »einzuschlagen« und dieses alles ungehindert auszuüben, außer daß man sich des dreijährigen »Haus« (Schlag) mit dem Trieb des gehörnten Viehs zu enthalten habe. Auch das Recht des kleinen Weidwerks und des Vogelfangs konnten die Bietigheimer für sich geltend machen. Sie bildeten wohl mehr die Ausnahme von der damaligen Regel, nachdem den Bauern seit dem Spätmittelalter von den Herrschaften das Jagdrecht und viel freie Weide im allgemeinen entzogen und vergebens darüber in den Artikeln »der Bauernschaft in Schwaben« 1525 Klage geführt worden war. Schon zuvor, in der 1476 gedruckten sogenannten Reformatio Sigismundi klagte der Verfasser, daß die Bauern den Herrschaften von Holz und Feld Zins geben müßten; man den Bauern die Hölzer, die Tiere im Wald, den Vogel in der Luft verbanne. Bereits die Reutlinger Schönbuchgerechtigkeit von 1310 begrenzte die ungehinderte Waldnutzung. Die Rechte des speyerischen Waldvogtes im Bienwald von 1440 legitimierten die seit langem eingeschlagene herrschaftliche Forstpolitik, die auf eine Eindämmung bzw. Bemessung der Nutzungen (»20 swinrecht uff dem walde«) und ihre gleichzeitige finanzielle Verwertung hinauslief. Wagner u. a. mußten für die Holzentnahme und Gerber (»Lauwer«) für das Rindenschälen Geld zahlen. Je mehr Holz- und sonstige Waldnutzungen in eine steigende finanzielle Verwertbarkeit hineinwuchsen, sich insbesondere geeignet erwiesen, die herrschaftlichen Einnahmen aufzubessern, um so stärker suchten diese bäuerliche Nutzungsansprüche am Wald einzuschränken oder zumindest nur gegen Geldabgaben zu gestatten und konnten dabei oft ihr durchaus berechtigtes Bestreben geltend machen, daß der drohenden Verwüstung der Wälder durch ungehinderte Nutzungen ein Riegel vorgeschoben werden sollte.

Seit dem 16. Jahrhundert suchte man den Raubbau zu steuern, besonders wenn Holzmangel fühlbar wurde. Schon 1495 galt die Sorge der badischen Markgrafen den Eichen im Hardt. Die herrschaftlichen Eingriffe und zahlreich erlassene Forstordnungen konnten und wollten noch nicht alle forstschädlichen Nutzungen unterbinden, waren doch zu viele Nutzungsinteressen im Spiel. Es blieb bis ins 19. Jahrhundert üblich, sofern von der Herrschaft erlaubt, Äckerich zu verkaufen oder zu verpachten, gegen Geldabgaben das Vieh im herrschaftlichen Wald zu weiden, Laub und Streu zu rechen, Gras zu mähen und Wacholderbeeren abzuschlagen. Der Verkauf der Ernte von Wildobstbäumen brachte schon vor dem Dreißigjährigen Krieg nicht unbedeutende Geldsummen ein. Die kleine Schwarzwälder Kirsche wurde zu Most vergoren und daraus das beliebte Schwarzwälder Kirschwasser hergestellt. Von der Kirschen- und Zwetschgenbrennerei berichten die Quellen des 16./17. Jahrhunderts. Dem Endprodukt sprachen alle Stände zu. Die Haushaltsrechnungen der Freiherren von Reischach auf Riet und Nußdorf vermerkten zu Anfang des 18. Jahrhunderts wiederholt Ausgaben für »Schwartz Kirschen-Wasser«. Doch schonend ging man deshalb mit den Wildfruchtbäumen nicht um. Die Ulmer Polizeiordnung von 1721 bedrohte mit Geldstrafe, wer die Kirschen- und sonstigen Wildobstbäume »mit dem Abzerren und Zerhauen der Äst oder in ander Weg mutwilliger Weiß« verwüstet und verdirbt. Kaum unterbinden ließ sich das schädliche Laubabstreifen zur Viehfütterung. Breite Weidedriften und Mähwiesen lichteten schließlich die Wälder. Raubbau jeder Art verminderte und schädigte seit dem 16. Jahrhundert den Baumbestand. Von der Calwer Kompagnie wurden ganze Waldungen niedergehauen. Die geschätzte Eiche befand sich in stetem Rückgang. Jahrhunderte intensivster, die Holzbestände dezimierender Nutzungen zehrten an der schrumpfenden Substanz der Wälder. Hierzu zählten insbesondere die holzfressenden Gewerbe, die Glasmacherei, die Holzkohlenmeilerei

(Köhlerei) und die Eisenindustrie, deren Aufschwung andererseits vom Rohstoff Holz getragen wurde. Den Wald schädigten die schon im Spätmittelalter auf den Wäldern (Fichten) ruhenden Harzrechte (1335 für die Abtei Ellwangen bezeugt). Sie weiteten sich im 15./16. Jahrhundert im Ellwanger und Limpurger Gebiet sowie in Teilen des Schwarzwaldes trotz des bald kläglichen Anblicks harzgenutzter Bäume aus. Den Bewohnern von Baiersbronn ließ sich das alte Recht des Holzens und Harzens nicht nehmen, da sie »hier sonsten kein anderer Nahrung wisen noch haben«. 1692 wurden vom Baiersbronner Tal 739 Zentner Harz verkauft; vor 1544 jährlich über 200 Zentner nach Straßburg. Harz, ein Veredelungsprodukt, wurde u. a. bei der Tuchfärberei verwendet. 1544 wurde den Ulmer Tuchscherern vorgeschrieben, keine andere Farbe zu verwenden, »so alhier zu Ulm aus geleutertem Harz gepreut« worden sei. Seit dem Mittelalter besaß Oberkirch einen Namen als Stapelplatz für diverse Walderzeugnisse, in erster Linie für Harz, Schiffsteer und Holz. Auch in Rastatt, seit 1668 in Dixlanden (Stadt Karlsruhe), wurde damit Handel getrieben. Auf den Ulmer Märkten machten »offene Schreyer oder Historier«, um noch einen anderen Bereich der Waldnutzung anzudeuten, gute Geschäfte mit Kräutern, Öl und Wurzeln.

Die bei niedrigen Holzpreisen lohnende Aschebrennerei (auch Pottasche) lieferte leicht und billig zu transportierende Asche für die Herstellung von Seife und Glas. Unverzichtbar für die mittelalterliche und frühneuzeitliche Wirtschaft waren Kienruß- und Pechbrennerei, die angeblich nur abgängiges Holz verwenden sollten. Zahllose Teerschweler produzierten dringend benötigte Wagenschmiere, Kienöl, Pech, Holzessig und mancherlei Salben. In den Bittgesuchen auf Konzession der Teerbrennerei ist Ende des 18. Jahrhunderts wiederholt zu lesen, daß Salben-Brennerei den armen Mann ernähren könnte. Teerschweler im Murgtal brachten Ende des 18. Jahrhunderts mit einem Schmierofen jährlich ein Kapital von etwa 1260 fl in Umlauf (Jägerschmid). Der geplagte Wald lieferte ferner bis ins 19. Jahrhundert der in Südwestdeutschland weitverbreiteten Gerberei die durch kein anderes Produkt zu ersetzende Gerberrinde. Die noch heute in Villingen erhaltene »Rindenmühle«, von der Rotgerberzunft 1611 gekauft und eingerichtet, war bis 1860 in Betrieb. Die Rotgerber verwendeten ursprünglich vor allem die Eichenrinde. Mit Rückgang der Eichen wurden im 18. Jahrhundert jährlich von zigtausend Fichten Rinden im Lande geschält. Als sich die Forstverwaltungen sträubten, Eichen- und Fichtenholz beim Saftumstrom im Mai schlagen zu lassen und zum Lohschälen der Gerberei freizugeben, schärfte ein herzoglich-württembergisches Reskript ihnen 1737 ein, daß die »Eichen zu keiner anderen als zur Saftzeit, da man sie schälen kann, gefällt und die Rinden dann denen Rotgerbern zum Behuf des Handwerks« zu überlassen seien. Klagen der städtischen Gerberzünfte über Mangel an Rinden wollten dennoch nicht abreißen.

Auch die Fauna des Waldes war den Gewerben nützlich. Die Kürschnerei deckte nicht wenig ihres Rohfellbedarfs von rechtens und verbotenermaßen erlegtem Wild heimischer Wälder. 1581 kauften die Stuttgarter Kürschner Rauchwaren auf den Messen in Straßburg, Frankfurt und Nördlingen ein, Iltis, Wiesel, Fuchs und Marder aber lieferte das herzogliche Hofjagdamt.

Der Wald als ständig ausgebeuteter und reichlich ausgeschöpfter Lieferant von Futter- und Nahrungsmitteln (u. a. auch Beeren und Pilze), von Roh-, Werk- und Hilfsstoffen sowie von mancherlei pharmazeutischen und würzigen Kräutern und Früchten nahm den vielfach am Rande des physischen Existenzminimums lebenden Menschen der vorindustriellen Zeit Existenzsorgen und bot der Landwirtschaft und zahlreichen Gewerben unentbehrliche Produktionsvoraussetzungen für ihr Leben. Im Wald hatte einst die Natur ihren Tisch reichlich gedeckt, und die Menschen machten davon, ohne zu fragen, aus Not und um des »schnöden Mammons« willen ausgiebig, seit dem 16. Jahrhundert oft mehr Gebrauch, als die »schweigende« Natur ertrug. Vielerorts vermochte neuer Wald, vermochte der Nachwuchs, die Narben des langwährenden Raubbaus nicht mehr unsichtbar zu machen. Schwund an Laubbäumen, dann an Tannen setzte ein. Viel Wildobst verging. Der Fichtenanteil erhöhte sich, doch kränkelte er schon im 18. Jahrhundert, damals angeblich wegen des Harzens. Eine Notiz von 1803 urtcilte über den fürstenbergischen Forst Friedenweiler: »Es ist nicht zuviel gesagt, wenn ich behaupte, daß in gut bestandenen Distrikten von 20–30 Jauchert unter 100 Fichten nicht 10 stehen, die gesund sind. Die meisten sind hohl, die anderen von Spechten angegriffen oder siechen schon mit 9–10 Zoll im Durchschnitt.« Im Umgang mit dem Wald lud der Mensch – auch ohne zwingende Not – viel frevelhafte Schuld auf sich.

Agrarpreisdepression und Wiederaufbau

Während der letzten Jahre des Dreißigjährigen Krieges war der säkulare Aufschwung auf den Agrarmärkten jäh abgebrochen und wich einer anhaltenden Nachkriegsdepression. Der starke Nachfragerückgang infolge der Bevölkerungsverluste senkte das Niveau der Agrarpreise und verschlechterte – wie im Spätmittelalter – die Austauschrelationen für landwirtschaftliche Produkte. Geringer als zu erwarten, stellte sich nach dem Kriege in Stadt und Land der nominelle Verlust an Immobiliarvermögen. Dem allgemeinen Preissturz entging es freilich nicht. Nach der württembergischen Steuerrenovation von 1655 überdauerten 57 Prozent von den Gebäuden den Krieg und wurden 58 Prozent des Ackerlandes wieder bestellt. An Wohnraum und ausreichender Ernährung fehlte es demnach nicht. Offenbar erholte sich die Viehzucht rasch, so daß Fleisch verhältnismäßig billig zu bekommen war.

> *Durchschnittlicher Pro-Kopf-Verbrauch im Jahr an der Hoftafel von Kurfürst*
> *Karl Ludwig von der Pfalz (1649–1680)*
> 885 Pfd. Fleisch, 102 Pfd. Fische, 132 Stück Geflügel, 255 Eier, 125 Pfd. Schmalz
> und Butter, 2 Hasen, ½ Reh

Die Preise für Brotgetreide, zwischen eineinhalb und vier Gulden schwankend, sanken etwa auf das Niveau der ersten Hälfte des 16. Jahrhunderts. Die Pachten mußten sich den Preisen anpassen und niedrig gehalten werden. Überall wirkte sich beim Wiederaufbau der drückende Kapitalmangel bei hoher realer Pro-Kopf-Verschuldung hemmend aus. In der Pfalz verminderte sich das Schatzungskapital (Steuervermögen) von 18,8 Mio. Gulden im Jahr 1618 auf 3,8 Mio. 1659 und erreichte nicht die Verschuldung des Landes. Das versteuerte Gültkapital war zwischen 1629 und 1655 im Herzogtum Württemberg von rund 5,1 Mio. fl auf rund 1,2 Mio. fl gesunken. Die Pfälzer setzten nach dem Kriege vor allem ihre Hoffnungen darauf, durch den in Flor zu bringenden Weinbau, obwohl 1651 noch überwiegend brachliegend, höhere Renditen zu erzielen. In Württemberg hatte sich die Rebkultur wegen des Kapital-, Arbeitskräfte- und Absatzmangels bis 1655 auf ca. 40 Prozent der Vorkriegsfläche reduziert. Weniger von den Nachwirkungen des Krieges betroffene Landschaften, wie am Rheinknie gegenüber Basel, erbrachten bereits Ende der vierziger bzw. in den fünfziger Jahren des 17. Jahrhunderts ihren Grundherrschaften die Vorkriegsleistungen.

In der Pfalz, schon im 16. Jahrhundert erfahren mit hugenottischen Kolonisten, bestätigte sich erneut, daß durch die Ansiedlung von Glaubensflüchtlingen aus der Schweiz, Frankreich und sogar aus England dem Wiederaufbau der Landwirtschaft neuer Antrieb zuwuchs. Im streng lutherischen Württemberg faßte die Zuwanderung »von fremden Religions-Verwandten« in den 1650er Jahren nur zögernd Fuß. Die Masseneinwanderung österreichischer Exulanten, um 1690 abgeschlossen, floß in die Markgrafschaft Ansbach-Bayreuth, die Grafschaft Oettingen, nach Oberschwaben, auf die Ostalb und teilweise ins Neckarbecken. Ins Markgräfler Land, in den Breisgau und in die Ortenau strömte der Zuzug von Tausenden Schweizern (mit ihnen viele Savoyarden) und hielt auch während der französischen Raubkriege bis ins 18. Jahrhundert fast unvermindert an.

Kaum hatte sich die Landwirtschaft Südwestdeutschlands von den Auswirkungen des Dreißigjährigen Krieges mehr und weniger erholt, wurden die Aufschwungstendenzen von neuerlichen kriegerischen Verwüstungen und schweren Belastungen im Zusammenhang mit den französischen Kriegen überlagert und teilweise erstickt. Seit 1687 bewies auch Württemberg bei der Aufnahme der evangelischen Waldenser aus

Piemont Entgegenkommen. Eine 1698 eintreffende größere Gruppe von etwa 3000 Waldensern unter Führung ihres Pastors Arnaud wurde im entvölkerten und verwüsteten Nordwesten des württembergischen Territoriums seßhaft gemacht (Raum Maulbronn–Mühlacker). Hauptsächlich aus katholischen Territorien stammende Neuzuwanderer der Kurpfalz waren wesentlich am etwa um 1720 abgeschlossenen Wiederaufbau der Pfalz beteiligt. Gegen den Widerstand von Landesbewohnern nahm nun auch Baden-Durlach Hugenotten, Protestanten aus Savoyen und wallonische Familien auf, deren Arbeitsleistung der Wirtschaftskraft des Landes sehr zugute kam.

Während der neuerlichen Wiederaufbauperiode war die Agrarpreisbewegung weiterhin abwärts gerichtet. Ansätze, der Landwirtschaft mit innovatorischen Fortschritten aufzuhelfen, zeigten daher zunächst geringe, kaum meßbare Auswirkungen. Die vom Markgrafen von Baden-Baden 1699 nach böhmischem Muster eingerichteten Meiereien, Schäfereien und Melkereien ließen die neuen Zielsetzungen in der Agrarpolitik erkennen. Etwas später folgte diesem Beispiel durch noch umfassendere agrarmerkantilistische Gründertätigkeit der Speyerer Bischof Damian Hugo Graf von Schönborn (1719–1743). Auch ihm blieb der andauernde finanzielle Erfolg seiner Unternehmen versagt.

Goldene Jahre der Landwirtschaft: Handelsgewächse

Erst in der zweiten Hälfte des 18. Jahrhunderts waren im allgemeinen die Umstände für die Landwirtschaft und ihre vielfach kostspieligen Intensivierungsbestrebungen günstig. Setzt man die Mittelpreise des Roggens, berechnet in Silbergewichten, in einigen deutschen Orten und Landschaften, darunter in Straßburg und Baden, 1651–1700 gleich 100, so ergibt sich für das folgende halbe Jahrhundert 1701–1750 ein Mittelpreis von 102, also eine wenig spürbare Erhöhung. Um die Mitte des 18. Jahrhunderts aber begannen nun, hier früher, dort etwas später, mit dem Wachsen der Bevölkerung die Agrarpreise kräftig anzuziehen. Nach Abels Berechnungen erhöhten sich die Preise des führenden Brotgetreides in Zehnjahresdurchschnitten (1731–1740 = 100) in Deutschland (darunter Speyer) von 1731 bis 1801 um 210 v. H. und stiegen zudem stärker als die für gewerbliche Erzeugnisse und mehr auch als die Löhne. In diese für die Landwirtschaft günstige Aufwärtsbewegung, für sie neue goldene Jahre, fügte sich gleichermaßen die Entwicklung der Agrarmärkte am Oberrhein, in Württemberg und in Oberschwaben. Ob Landesherr, Grundherr oder Bauer, sie alle profitierten von der einmaligen Konstellation, daß die Agrarpreise sogar der nicht unerheblich gesteigerten agrarischen Mengenproduktion davonliefen. Vor diesem Hintergrund wird das positive Urteil des Berliner Buchhändlers und Reiseschriftstellers Nicolai von 1781 verständlicher: »Württemberg ist so fruchtbar, daß der Bauer leben kann, wenn er nur fünfeinhalb (Wochentage) gemählich arbeitet.«

Mit dem Bevölkerungswachstum verzahnten sich permanent wirksame ökonomisch-technische Umwälzungen oder kamen zum Tragen, die die Landwirtschaft nicht nur zur Vergrößerung der Kulturfläche (um angeblich 9000 Morgen in Baden) drängten. Die mit der Vereinödung in Oberschwaben vom 17. bis 19. Jahrhundert verbundene Arrondierung zersplitterter Parzellen und Gründung von Aussiedlerhöfen dienten dem rationalen Landbau. Schon unmittelbar nach dem Dreißigjährigen Krieg waren die pfälzischen Bauern wegen der niedrigen Getreidepreise dazu übergegangen, statt Getreide viel Hanf und Flachs einzusäen. Für die protestantischen Territorien am Oberrhein wurde die seit 1590 in der Welt führende holländische Landwirtschaft mit ihrer expansiven Intensivkultur (Flachs, Hanf, Hopfen, Gartengewächse) beispielgebend. Der sich ausweitende Anbau von Handelsgewächsen, Futterpflanzen und der aus Amerika gekommenen Kartoffeln veränderte das Gesicht der Landwirtschaft und grub ihr modernere Züge ein. Über die Besömmerung der Brache schritt der Übergang zur verbesserten Dreifelderwirtschaft langsam voran. Landwirtschaftliche Geräte erfuhren manche zweckmäßige Verbesserung. Herrschaftliche Mustergüter dienten als eine Art »Landesentwicklungshilfe«. Aus der Neuerungen zugewandten Empirie erhob sich das Bedürfnis nach Verwissenschaftlichung der Landwirtschaft. Freilich blieb die Landwirtschaft hinter den ihr nicht immer bekömmlichen theoretischen und agrarpolitischen Wunschvorstellungen zurück.

1661 rühmte man in der zweiten pfälzischen Residenz, in Mannheim, das sich anschickte, zur oberrheinischen Tabakhandelsmetropole aufzusteigen, die Vorteile des von den Holländern eingeführten Anbaus des schon um 1570 in der Pfalz bekannten Tabaks. Er gestaltete sich für Land und Leute um so profitabler, als sich das oft und vergebens verpönte Laster des Tabakrauchens, der Soldateska während des Dreißigjährigen Krieges vom Maule abgeschaut, auch am Oberrhein einnistete. Die baden-badische Regierung gestattete 1651 das Tabakrauchen, sofern der Arzt bescheinigte, daß es der Patient für seine Gesundheit brauche. Tabak wuchs vor allem auf für den Getreidebau weniger tauglichen Sand- und Kiesböden. In Baden-Durlach wurden unter dem Einfluß der Regierung leichte Grenzböden den neuen Handelsgewächsen erschlossen. Das Geschäft mit dem Tabak erlebte auch in der Grafschaft Hanau-Lichtenberg eine frühe Blütezeit. Das bedeutendste deutsche Tabakanbaugebiet des 19./20. Jahrhunderts verdankte sein Entstehen dem 18. Jahrhundert. Für Württemberg ist Tabakbau seit 1685 nachzuweisen. Vom nassauischen Lahr aus, einer protestantischen Enklave in katholischer Umrahmung, sorgten zunächst Kaufleute für die rasche Ausbreitung des Tabaks im Umfeld.

> *Kulturartenverhältnis in der Markgrafschaft Hachberg 1774*
> Getreide 39%; Brache 8,8%; Brach- und Stüpfelrüben 8,1%; Hanf 3,9%; Kartoffeln 2,8%; Leguminosen 1,7%; Klee 0,5%; Kraut 0,4%; Wiesen und Gärten 24,5%; Reben 9,2%

Der durch den Dreißigjährigen Krieg unterbrochene Siegeszug der in Südeuropa beheimateten Krapp-Pflanze, deren Wurzeln das geschätzte Türkischrot lieferten, erhielt im 18. Jahrhundert neue Dynamik, faßte zuerst – schon vor 1700 – in der Kurpfalz Fuß und griff von dort auf die badischen Lande über. Wieder waren es französische Kolonisten, auf den leichten Böden links und rechts des Rheins ansässig, die als Pioniere des Krappbaus mit ihrer Erfahrung vorangingen. Mitte des 18. Jahrhunderts galten Eppingen, Bretten, Heidelberg, Ladenburg, Schwetzingen, Grötzingen, Durlach, Mühlburg u. a. als Mittelpunkte der Krappkultur.

Der stärker aufgekommenen Bierbrauerei genügte nicht mehr das übliche Sammeln von wildem Hopfen in den Forsten. Hopfen wurde kultiviert, zuerst am Oberrhein, später am Bodensee. Aus Amerika importierter Mais wuchs um Mannheim, Heidelberg und Stuttgart. Von allen Landesherrschaften gingen innovatorische Anstöße auf dem Gebiet des Pflanzenbaus aus, wobei der Kartoffel, dem Klee und der Maulbeerkultur eine Art Favoritenrolle zukam.

Der Start der Seidenkultur und Seidenindustrie nach piemontesischem Vorbild, arbeitsintensiv und anscheinend gewinnträchtig, begann Ende des 16. Jahrhunderts. Einige Seidenhandelsrechnungen aus der Zeit von 1623 bis 1626 erinnern an in Stuttgart gehegte, nur mit Kosten verbundene Hoffnungen. Seit 1699 legten Waldenser in Cannstatt Maulbeerplantagen an. Mit großzügiger landesherrlicher Unterstützung erwuchsen noch größere Plantagen in Ludwigsburg. Doch die Fehlschläge der ersten Jahrhunderthälfte hielten die Landesherren in der zweiten Hälfte des 18. Jahrhunderts nicht davon ab, noch größere Summen in den »Seidenbau« zu stecken. Zu lautstark ertönte das emphatische Lob von Merkantilisten und Physiokraten über die Vorteile aus heimischer Seidenindustrie. Fast ein halbes Jahrhundert erfreuten sich die Maulbeerplantagen der Seidenbaucompagnie von Baden-Durlach der besonderen Fürsorge des Karlsruher Hofes. 1748 schlossen die Pfälzer mit der Durlacher Compagnie einen Liefervertrag. Nach ihrem Beispiel schuf Kurfürst Karl Theodor 1771 in der Kurpfalz eine Maulbeerplantagengesellschaft mit Heidelberg als Mittelpunkt. Ungeachtet aller Erbitterung der kurpfälzischen Bauern über die Ausweitung von Maulbeerkultur und Seidenraupenzucht gebot sie um 1790 über fast 315000 sehr kälteempfindliche Maulbeerbäume. Auch der Breisgauer Adel engagierte sich für die Maulbeerkultur. Erst die harte Realität der Napoleonischen Kriege machte alle Seidenträume, Lyon und das Rhonetal an den Oberrhein zu verpflanzen, plötzlich zunichte.

Wo von der Obrigkeit geförderte Sonderkulturen nicht vordrangen und Wein sich nicht kultivieren ließ, dominierten Flachs und Hanf unter den Handelsgewächsen. Württemberg, die Grafschaft Limpurg und Oberschwaben zählten zu traditionellen Flachsanbaugebieten. Im Oberrheintal verlagerte sich der Anbau von Faserpflanzen dank starker holländischer Nachfrage im 18. Jahrhundert mehr auf den Hanf, der teilweise eine überragende Stellung als Einkommensquelle einnahm (Ortenau, Hanauer Land u. a.).

Unter den die Landwirtschaft nachhaltig revolutionierenden Feldfrüchten des 18. Jahrhunderts ist in erster Linie die Kartoffel und ihr lohnender Anbau zu nennen, dessen rascherer Ausbreitung jedoch der Flurzwang sowie vielumstrittene Weide- und Zehntrechte im Wege standen. Im 17. Jahrhundert versuchten französische Glaubensflüchtlinge, die Kartoffel in der Pfalz heimisch zu machen. Seit den ersten Jahrzehnten des 18. Jahrhunderts ist sie in vielen Gegenden Südwestdeutschlands, in Hohenlohe etwa ab 1740, anzutreffen, zuerst häufig von der landarmen Bevölkerung angebaut. Die Kartoffel bewahrte vor einem weiteren Absinken der schwierig gewordenen Ernährungssituation. In der Ortenau erfreuten sich neben der Kartoffel das Welschkorn und die Saubohne einer steigenden Beliebtheit. Zunehmende Bevölkerungsdichte und anziehende Bodenpreise zwangen zu Abstrichen beim Getreidebau zugunsten der Handelsgewächse. Schon im 17. Jahrhundert konkurrierten in Intensivbauzonen am Oberrhein Anbau-Extreme miteinander; Felder in herkömmlicher Dreifelderrotation und freier Wechselwirtschaft fanden sich in nächster Nachbarschaft. In der Rheinebene besaß auch der dort vorgedrungene Obst- und Rebbau Anteil beim Zersprengen des beengenden Flurzwangs.

Von der Panscherei zum Qualitätsweinbau

Nicht nur der Kapitalmangel der Rebleute hatte unmittelbar nach dem Dreißigjährigen Krieg »das höchst nötig edle Kleinoth des Weinhandels«, wie sich eine Generalverordnung von Herzog Eberhard III. von Württemberg aus dem Jahr 1650 ausdrückte, verblassen lassen. Offenbar wegen des kriegsbedingten Verfalls der Geschäftsmoral mußte der Herzog »mit ungnädigem Mißfallen vernehmen, weßgestalten in diesem Unserem Herzogtumb Personen kein Schemen tragen, den Obstmost mit Wein zu vermischen, dadurch geschlacht zu machen und nachmals für pur lautern Wein zu verkaufen, zumalen durch solch gefährlich Vermischen des Weins das ganze Land leicht kann verschreit« werden. Der Weingärtnerkultur hafteten stets viel vorwissenschaftliche und magische Praktiken an. Wegen der Weinpanschereien – Ende des Jahrhunderts kam auch das berüchtigte »Schönen« mit Blei- und Silberglätte auf – waren die Neckar- gleichermaßen wie Rheinweine gründlich in Verruf geraten. Eine Verordnung Markgraf Karl Friedrichs von Baden wandte sich noch 1752 gegen alle Weinverfälschung u. a. mit Spießglas, »Silberglött und anderen Mineralien«, auch mit Zucker, Rosinen »und anderen dem menschlichen Leibe unschädlichen Dingen«. Ein Esslinger Küfer, an dessen verfälschten Weinen mehrere Menschen starben, wurde in Württemberg ergriffen und 1706 in Stuttgart mit dem Schwert hingerichtet. In den Niederlanden verdrängte der billigere Bordeaux die alteingeführten Pfälzer Weine. Der Konkurrenz des wohlfeileren Bieres war auch nicht mit dem Übergang vom Qualitäts- zum ertragreicheren Quantitätsbau von widerstandsfähigeren Sorten beizukommen.

Seit der Mitte des 18. Jahrhunderts nahm unter der Gunst kletternder Preise der Weinbau trotz schwankender Ertragslage einen neuen Aufschwung. Herzog Karl Eugen von Württemberg, der 1753 rückblickend in der Sprache seiner Vorfahren den Weinhandel »ein edles Kleinod seines angestammten Herzogtums« nannte, verstand es, durch verschiedene Fördermaßnahmen, Anleitungen zur vermehrten Pflege der Weingärten, durch Einführung besserer Rebsorten, Ausschreibung von Exportprämien, Einschränkung der Bierbrauerei in Weinbaugegenden, durch Zulassung ausländischer Weine im Oberland u. a. m. dem Wein wieder eine ihm gebührende Position in der württembergischen Wirtschaft zu verschaffen. Württemberg lieferte viel Beerwein, der der gegenwärtigen Trockenbeerenauslese entsprach. Als bedeutendste

Weinbauergebnisse in Baden und Württemberg 1785–1793							
Jahrgang	Baden Fuder	hl	mittl. Geldwert in Gulden	Morgen	Württemberg Eimer	hl	Geldwert in Gulden
1785	18936	284040	–	48951	64543	189111	906147
1786	11593	173895	–	48970	60454	177130	1056986
1787	16768	251520	1321780	49023	104640	306595	2733603
1788	25810	387150	1687656	49074	190809	559070	3169020
1789	–	–	–	49003	29541	86555	699571
1790	12862	192930	1249215	49276	70232	205780	1956915
1791	15847	237705	1529876	49407	21480	62936	714974
1792	10892	163380	1134617	49736	19962	58489	766942
1793	13467	202005	2086291	49787	44107	129234	2295581

Neuerung im Weinbau des ausgehenden 18. Jahrhunderts ist die zufällige Entdeckung der Spätlese anzusehen. Musterjahrgänge belehrten die Winzer über die Bedeutung der Edelfäule. Als Schöpfer des badischen Qualitätsweinbaus gilt Markgraf Karl Friedrich von Baden.

Mindestens 8000 ha waren im Tauberland und in Hohenlohe dem Weinbau vorbehalten. Die württembergische Rebfläche (1790 = 3,5% der landwirtschaftlichen Nutzfläche, ohne Wald) hatte sich von 1782 bis 1793 um 4,6 Prozent auf 16596 ha ausgedehnt. In der Kurpfalz nahmen 1775 die Weingärten (9243 ha) 4,6 Prozent der landwirtschaftlichen Nutzfläche ein. Noch höher kam der Anteil der Rebfläche in der Markgrafschaft Baden-Baden (15,7%; ohne Grünlandfläche). Nach der Statistik erbrachte der Weinbau Württembergs von 1782 bis 1793 im Jahresdurchschnitt bei einer im Vergleich zur Gegenwart minimalen Hektarproduktivität einen Ertrag von 250000 hl, der der beiden badischen Markgrafschaften 233475 hl (15565 Fuder). Nicht zufällig erreichte die Rebfläche Südwestdeutschlands während der ersten Jahre der Französischen Revolution ihre größte Ausdehnung seit Anfang des 17. Jahrhunderts (1982: 23548 ha). 1794 befand sich die Weinwirtschaft in erneutem Niedergang.

Ertrag je ha	
1782/83 Württemberg	23,8 hl
1982/83 Baden-Württemberg	145,5 hl

Fortschritte in der Viehhaltung

Für den in volkswirtschaftlichen Größenordnungen denkenden Kupferzeller Pfarrer Johann Friedrich Mayer (1719–1798) bestand zwischen Bevölkerungszunahme bei ausreichender Ernährung und dem Übergang zur Stallfütterung des Viehs – in Baden-Baden von der Regierung erzwungen – ein unlöslicher Zusammenhang. Ihn erläuterte er 1769 mit den Worten: »Der Getreidebau ist ohne Viehzucht nicht zu denken. Eine Wiese bringt das Vierfache der Hutweide, ein Kleeacker das Sechsfache einer Wiese an Futter. Durch die Menge des vortrefflichsten Kleefutters wird der Viehbestand erweitert, der Acker wird reicher gedüngt, der Getreidebau nimmt zu, mit ihm wächst die Bevölkerung der Staaten, Fabriken und Manufakturen bestehen, der Absatz der Waren wird wohlfeiler und erweitert, der Regent und der Untertan beglückter.« Der ebenso theoretisierende wie praxisnahe Pfarrer aus dem Hohenlohischen zählte mit seinen lobenswerten Schriften zur Agrikultur, seinen Empfehlungen zur Düngung der Felder mit Gips und Gülle, zum Anbau von Klee und Kartoffeln, zur Stallfütterung

usw. zu den bedeutenden Reformern der Landwirtschaft in der zweiten Hälfte des
18. Jahrhunderts. Weniger bekannt ist heute sein nicht minder schreibgewandter
württembergischer Kollege, J. Caspar Schiller, des großen Dichters Vater. Wer in der
Geschichte nach den geistigen Vätern der beruflichen Bildung und Weiterbildung
sucht, deren sich Baden-Württemberg mit Recht rühmt, sollte den Namen Caspar
Schiller nicht übersehen.

Verbesserungen an den Feldbausystemen, insbesondere der Futterkräuteranbau, kamen der Viehwirtschaft zugute und ermöglichten eine wiederum der Feldwirtschaft
nützliche Vergrößerung der Viehhaltung. Der württembergische Pferdebestand – vorwiegend das wertvolle württembergische Landpferd – 27091 Stück 1770, stieg bis 1782
auf rund 30000 an. 1791 erreichte die stark aufgestockte württembergische Rinderhaltung fast 400000 Stück, der zu geringe Schweinebesatz – auch typisch für Baden – nur
59000 Vieheinheiten. Der Schafbestand, 150000 Stück 1740 und 300000 Stück 1791,
konnte nie den Wollbedarf des Landes decken. Die junge Merinozucht – Stolz auch
anderer Territorien – nahm von den 37 Schäfereien des herzoglichen Kammerguts
(insgesamt 754 berechtigte Schäfereien) ihren Ausgang. Die absolut höchste Pferde-
und Ochsenhaltung in Südwestdeutschland leisteten sich die im Vergleich zu Württemberg bevölkerungsärmeren österreichischen Vorlande (1796: 33661 Pferde und
32797 Ochsen). Für die badischen Markgrafschaften, für Hohenlohe und andere
Landschaften läßt sich in den 1770er und 1780er Jahren ebenfalls eine erhebliche Zunahme der Viehhaltung statistisch belegen. Einige Gegenden bevorzugten das Pferd,
andere hielten am Zugochsen fest.

Viehbestand der Markgrafschaft Baden-Durlach

Jahres-ende	Pferde	Ochsen	sonstige Rinder	Schafe	Ziegen	Schweine	Esel
1772	6604	10437	24908	16526	1131	20945	262
1777	9007	10435	26429	22164	1295	24191	610
± %	+ 36,4	− 0,1	+ 6,1	+ 34,1	+ 14,5	+ 15,5	+ 132,8

Viehbestand der beiden badischen Markgrafschaften

	Pferde	%	Rinder	%	Schwei-ne	%	Schafe	%
1778	12611		40671		27104		26557	
1779	12933	(11)	42621	(36,4)	31501	(26,9)	29919	(25,6)
± %	+ 2,5		+ 4,8		+ 16,2		+12,7	

Der tüchtige Ludwigsburger Oberamtmann Kerner, Vater des Dichters Justinus Kerner, führte in seiner zeitgenössischen Untersuchung die Vermehrung des Rindviehs in Kornwestheim um 157 Stück (= 48%) binnen 14 Jahren allein auf den Kleebau zurück. Insgesamt gesehen hatte das vorteilhafte Zusammenwirken verschiedener Faktoren die Ausdehnung der Viehhaltung herbeigeführt. Die Besömmerung der Brache mit Futterkräutern und Kartoffeln lieferte der Stallhaltung die Futtergrundlage. Ihre entscheidenden Impulse bezog sie aus der durch eine vorteilhafte Preisentwicklung besonders lohnend gewordenen Rinder- und Ochsenmästung. In Hohenlohe erhöhte sich der Durchschnittspreis für Ochsen zwischen 1680 und 1785 von 22,5 fl auf 99,2 fl, also um 340,8 Prozent und lag weit über den Steigerungsraten für andere Viehgattungen.

Grundherrlich-bäuerliches Verhältnis: Fronen, Leibeigenschaft

Von der feudalistischen Agrarverfassung, überkommen aus dem Spätmittelalter und in ihren Grundzügen vom 16. Jahrhundert bis Mitte des 18. Jahrhunderts kaum verändert, gingen für die Modernisierung der Landwirtschaft eher hemmende Zwänge als förderliche Impulse aus. In der Folge des Bauernkriegs kam es zu einer Stabilisierung von rechtlichen Positionen im grundherrlich-bäuerlichen Verhältnis. Im Rahmen des rechtlich Möglichen fehlte es nicht an Versuchen und Beispielen, bäuerliche Leistungen zu erhöhen, wie auch umgekehrt an Bemühungen, die Belastungen abhängiger Bauern einzuschränken und zu begrenzen (Baden). Um den gesunkenen Realwert der grundherrlichen Geldzinsen zu kompensieren, nutzte das Heiliggeistspital zu Biberach an der Riß das besitzrechtliche Instrument des in Oberschwaben weitverbreiteten Fallehens, um bei Neuvergabe die Besitzwechselabgabe, das sog. Handlohn, kräftig, zwischen 1500/1509 und 1610/19 auf rund das Zwölffache, zu steigern. Das Handlohn konnte in hohenlohischen Ämtern im 18. Jahrhundert bei Erbzinsgütern bis zu zehn Prozent des taxierten Immobiliarvermögens ausmachen und stellte auch hier eine recht belastende Abgabe dar. Breisgauer Herrschaften wiesen Ende des 18. Jahrhunderts in glaubhafter Weise nach, daß die Fallgebühren bei Handänderung der Güter sogar zwei Drittel ihrer Einkommen ausmachten.

In Württemberg stoppte die Landesherrschaft im 16. Jahrhundert Tendenzen zum Ausbau grundherrlicher Eigenwirtschaften auf Kosten bäuerlicher Fronarbeit und unterband Entwicklungen, wie sie sich um die gleiche Zeit im Bereich der ostelbischen Gutsherrschaft anbahnten. 1555 verfügte Herzog Christoph wegen der Fronen, daß die Äcker der Herren von Reischach statt wie bisher mit Ackerfronen fortan auf deren eigene Kosten bebaut werden sollten. Nur Mist-, Wiesen-, Holz-, Wein-, Frucht- und drei Tage sonstige Fronen waren »gegen ziemlich Essen und Trinken« statthaft, aller weiterer Fronen die Bauern aber ledig. Die herzogliche Verfügung kam nicht einem Signal zur Abkehr von aller Fronwirtschaft gleich. Acker-, Weinbau-, Wiesen- und Erntefronen, Jagd-, Bau- und verschiedene Fuhrdienste waren bis ins 19. Jahrhundert in Südwestdeutschland weit verbreitet. Bei einem Stande von 1460 Handfrönern und 3064 Stück fronbarem Vieh (1781) beschäftigten die Herrschaftsfronen im Bistum Speyer 1778 insgesamt 22248 Personen und 22037 Stück Vieh, nicht einbezogen die mitunter belastenden Jagdfronen, die Schloßwachen und das Botenlaufen (Bühler). In Hohenlohe waren Fronen dem Rechte nach bis 1609 (quantitativ) unbegrenzt. Der sog. »Assecurationsrezess« vom gleichen Jahre brachte für Hohenlohe-Neuenstein die Einführung des Dienstgeldes bei begrenzten Naturalfronen. Dennoch behielten die geforderten Fronen noch einen beträchtlichen Umfang. In Hohenlohe-Waldenburg erfolgte zwischen 1704 und 1729 die teilweise Umwandlung unangemessener Fronen in ein Dienstgeld. Auch im österreichischen Breisgau waren die geforderten Fronen gering. Wenn Bauern darüber klagten, ging es um die Fuhrfronen und die Botengänge. Besitzer von Widumsgütern (den Pfarrern gewidmete Güter) waren im Deutschordensgebiet zum Botendienst »ein oder zwei Meilen« des Weges »mit reiten oder gehen« verpflichtet.

Die am Boden haftenden Fronen, meistens Fuhr- und Jagddienste und nicht selten eine willkürliche und schwere Last, wurden zumindest im 17. Jahrhundert von den pfälzischen Untertanen getragen, ohne gerichtliche Klage zu erheben. 1652 stellte Kurfürst Karl Ludwig seinen Untertanen anheim, die Fronen in ein Dienstgeld umwandeln zu können, nur wollten diese nichts geändert wissen, nicht neben der Schatzung eine zweite Geldabgabe tragen. Das gleiche Hindernis stellte sich in Baden-Baden der dringlichen Fronreform im 18. Jahrhundert entgegen. Auch in Baden-Durlach hafteten die Fronen (Acker-, Fuhr-, Jagddienste usw.) am Besitz. Die von Markgraf Karl Friedrich von Baden Ende des 18. Jahrhunderts unternommenen Anläufe, die Fronen, soweit nicht geschehen, in ein Geldäquivalent umzuwandeln, scheiterten wohl letztlich ebenfalls an der Geldarmut der Masse der Bauern. Diese und andere Widerstände überwand die von Kaiser Joseph II. 1784 in Vorderösterreich beauftragte Kommission, die im Laufe weniger Jahre in den Kameralherrschaften und auf den Privatgütern statt der Fronen – bis auf zwei halbe Tage Jagddienst und alle zwei Jahre einen Botengang je Untertan – eine jährliche Geldabgabe bzw. Getreidepauschale durchsetzte.

Im Widerspruch zur Bauernkriegsforderung nach Aufhebung der Leibeigenschaft maßen Territorial-, Gerichts- und Grundherren der Leibherrschaft vielfach bis um die Mitte des 18. Jahrhunderts ein unvermindertes Gewicht bei. Territorialherren begründeten mit dem Instrument der Leibeigenschaft eine Art von Staatsuntertanenschaft mit eingeschränkter Mobilität (Abzugs- und Freikaufgebühren). Den Markgrafen von Baden-Durlach gelang es, im Markgräfler Land fast die gesamten Bauern als »eigen« zu erfassen und über sie die Leibherrschaft auszuüben. In der Mehrzahl der Orte der altwürttembergischen Ämter machte »die Luft« in dem Sinne leibeigen, als dort eine zur Leistung von Abzugsgeld verpflichtende Lokalleibeigenschaft bestand. Die in Oberschwaben herrschende Realleibeigenschaft wurde durch Belehnung mit einem Hof begründet. 1597 verbot ein Erlaß Kaiser Rudolfs II. als Landesherr von Vorder-österreich die neue Leibeigenschaft konstituierende Mischheirat seiner männlichen Untertanen mit leibeigenen Frauen fremder Herrschaften. Die aus Mischehen hervor-gegangenen Kinder folgten der »schlechteren Hand«. Nach dem Dreißigjährigen Krieg grub die Kurpfalz wegen ihres großen Bevölkerungsverlustes ihren einst kaiser-lich privilegierten Anspruch aus, in eigenen und benachbarten Gebieten alle unehelich Geborenen und zugezogenen Leute ohne Herren zu »Wildfängen«, d. h. zu Leibeige-nen des Pfalzgrafen erklären zu können. Es kam bei der Jagd auf »Wildfänge« zu Aus-schreitungen, die viel Lärm im Reich und in der Pfalz und mehr Kosten als Nutzen verursachten.

Mit den kriegsbedingten Bevölkerungsfluktuationen während des 17. Jahrhunderts hat sich die Leibherrschaft aufgelockert und ließen sich Rechtsansprüche gegenüber Abgewanderten meist nur schwer und unter Kosten durchsetzen. Das Wort von der zweiten, verschärften Leibeigenschaft nach dem Dreißigjährigen Krieg schafft Vorur-teil und entspricht nicht der Wirklichkeit. Eine mehr und weniger sprudelnde Renten-quelle blieb die Leibeigenschaft für die Berechtigten allemal. In der Kurpfalz erbrachte der Abkaufsschilling der Leibeigenen vor 1668 jährlich kaum 500 Gulden. In der ho-henlohischen Grafschaft Öhringen wurden Anfang des 18. Jahrhunderts noch 1291 (Personal-)Leibeigene registriert. Der Ulmer Stadtkämmerer vereinnahmte im Rech-nungsjahr 1719/20 rund 997 Gulden von leibeigenen Personen, »Haubtrechten und Todtenfällen«. Statt des Hauptrechts bekamen die Freiherren von Reischach auf Riet, Eberdingen und Nußdorf von württembergischen »Lehnsleibeigenen« bis ins 18. Jahrhundert das »Gürtelgewand«, eine bisher nicht bekannte Abgabe aus der buntscheckigen, liberalen Vorstellungen abgekehrten Welt der Leibeigenschaft. Aller-orten häuften sich jedoch die Außenstände der abgewanderten Leibeigenen an Leib-schillingen, Leibhühnern usw. 1734 ist im Reischachschen Wirtschaftsbuch die Klage zu lesen: »Zerstreuet sich die Leibeigenschaft allzuweit auseinander«, wächst dem Leibherrn nicht geringer Schaden zu, »dar es der Mühe nicht einmal lohnet, die jähr-lich geringe Recognition an Geld oder Hühner einzufordern . . .« Die seit dem 16. Jahrhundert durch Loskauf verkümmerte Leibeigenschaft in der hohenlohischen Grafschaft Langenburg wurde wegen der Geringfügigkeit der Einnahmen 1765 aufge-geben, in der Grafschaft Öhringen erst 1803.

Nicht der wenig spektakuläre Hohenloher Schlußstrich, sondern die Aufhebung der Leibeigenschaft und die Befreiung vom Abzug in Baden 1783, ureigenstes Werk des Markgrafen Karl Friedrich, wurde weithin außerhalb der Grenzen des kleinen Territoriums gepriesen. Karl Friedrich von Baden wollte dem aufgeklärten Reformeifer Kaiser Josephs II. nicht nachstehen, der gegen den stürmischen Protest und hinhaltenden Widerstand der Stände ein Jahr zuvor in Vorderösterreich die Leibeigenschaft im Bestreben, völlige Freizügigkeit herzustellen, abgeschafft hatte. Der aufgeklärte Absolutismus Josephs II., gewaltsame Eingriffe nicht scheuend, brachte allerdings noch keine umfassende, juristisch unanfechtbare Ablösungsgesetzgebung zustande, so daß manches durch die Gegenbewegung nach des Kaisers Tod wieder ins Wanken geriet.

Merkantilismus-Kameralismus: Friedrich I. von Württemberg

Das 17./18. Jahrhundert, identisch weitgehend mit dem Barockzeitalter, mit der Epoche des Merkantilismus-Kameralismus und des landesherrlichen Absolutismus gilt in der Geschichtsschreibung als ein Zeitraum des Übergangs, seit Sombart auch als Zeitalter des Frühkapitalismus. Nicht nur im Verfassungs- und Kulturleben, sondern namentlich in der Wirtschaft sowie in den zeitgenössischen Reflexionen über sie zeigten sich oft mächtige Elemente, Ansätze, Bausteine der Transformation, die geeignet waren, bisherige ökonomische Strukturen und Wertvorstellungen aufzubrechen, neue Dynamik in den Wirtschaftsprozeß hineinzutragen und dadurch Weichenstellungen zu wirtschaftlichem Wachstum zu eröffnen. Europa hat im Zeitalter der Entdeckungen nach Amerika ausgegriffen und mit dem Edelmetallstrom aus der Neuen Welt die Expansion seiner Produktion und Prosperität finanziert. Eine neue frühkapitalistische Weltwirtschaft entstand, in der die Arbeitsteilung, Umstrukturierungen und das Kapital einen wesentlichen Bedeutungszuwachs erfuhren.
Zwei Merkmale kennzeichneten die an territorialstaatlichen Schattierungen reiche merkantilistische Wirtschaftspolitik in Südwestdeutschland und erhellen die Zustandsveränderung gegenüber der spätmittelalterlichen Wirtschaft:
1. Die Verlagerung der nicht mehr in das System der katholischen Theologie eingebauten wirtschaftspolitischen Initiative von den Städten auf die Territorien sowie die Schaffung hierfür zuständiger zentraler staatlicher Institutionen (Handelskollegien, Kommerzienräte, besondere Kommissionen).
2. Das Aufkommen einer dynamischen Grundauffassung von der Wirtschaft und Wirtschaftspolitik, die in erster Linie von der Ausdehnung des angeblich Reichtum schaffenden Marktes bzw. Handels ausging.
Der aus Speyer stammende Arzt Johann Joachim Becher (1635–1682), tätig am Hof in

Mainz, später in München und Wien, gilt durch seinen »politischen Diskurs von den eigentlichen Ursachen des Auf- und Abnehmens der Städte, Länder und Republiken« (Frankfurt/Main 1668, 8. Aufl. 1754) als der bedeutendste und meistbeachtete geistige Bahnbrecher des frühen deutschen Merkantilismus. Ausgehend von einer theokratischen Staatsauffassung stellten für ihn Staat und Wirtschaft eine Einheit dar und sollten eine »volkreiche, nahrhafte Gemein« sein. Die Vermehrung der mit ausreichender Nahrung versorgten Bevölkerung galt von Becher bis hin zu den Schriftstellern des Spätmerkantilismus und den mit ihrem Gedankengut verbundenen gekrönten Häuptern als wichtigstes Kriterium einer guten Wirtschaftspolitik. »Die gesamte Nahrung des Landes in immer florisantern Zustand zu setzen«, sei weitgehend Aufgabe der staatlichen Wirtschaftspolitik, schrieb Zincke im Vorwort zu Bechers Politischem Diskurs. Und an anderer Stelle gab Becher den Herrschern den Rat: Der Fürst müsse »seiner Untertanen Bereich und Begüterung mehr als die seinige selbst suchen«. In der Betonung dieser Fürstenpflicht äußerte sich die von den Frühmerkantilisten verfochtene »Wohlfahrtsidee«, und wurde überhaupt erstmals in neuerer Zeit das bis heute lebendige Ideal vom Wohlfahrtsstaat in die Welt gesetzt. Im Unterschied zur katholischen Scholastik des Mittelalters, die den erlaubten und unerlaubten Reichtum ethisch voneinander trennte, suchten die Merkantilisten nach den technisch tauglichsten Mitteln, den Reichtum jedweder Art zu mehren. Eine Epoche brach an, in der während rund drei Jahrhunderten für Wachstum und Reichtum Grenzen nicht gelten sollten. Dabei ging der Merkantilismus von der aufklärerischen Vorstellung vom unmündigen, sich des rechten Weges nicht bewußten, aber zum Guten lenkbaren Menschen aus. Eine Äußerung der badischen Hofkammer aus dem Jahre 1766 war für diese Geisteshaltung charakteristisch: ». . . unsere fürstliche Hofcammer ist die natürliche Vormünderin unserer Untertanen. Hier liegt ob, dieselben vom Irrtume ab und auf die rechte Bahn zu weisen, sie sofort auch gegen ihren Willen zu belehren, wie sie ihren eigenen Haushalt einrichten sollen.«
Dem Merkantilismus gebührte das Verdienst, erste Ansätze einer Theorie der wirtschaftlichen Entwicklung hervorgebracht und die bis heute unbestritten hervorragende Bedeutung des Staats als Prozeßregler und Impulsgeber beim wirtschaftlichen Wachstum erkannt zu haben. Der geldhungrige Territorialstaat der frühen Neuzeit, angewiesen auf eine in Geld besoldete Gefolgschaft (Beamte und Soldaten) im Unterschied zum naturalwirtschaftlich orientierten mittelalterlichen Lehensstaat, entzog sich nicht den Theorien und Einflüssen der seine Omnipotenz erhöhenden merkantilistischen »Wissenschaft«. Seit dem 17. Jahrhundert ist der Geist des Merkantilismus-Kameralismus und sein dem Staate dienendes Wirtschaftsverständnis allerorten in Herrscherkabinetten und Regierungskanzleien virulent. Wer merkantilistisch dachte, war en vogue. Herzog Friedrich I. von Württemberg (1593–1608), stark beeinflußt

von dem großen Bodin, dem Schöpfer der modernen Staatslehre, sowie der in Frankreich aufgekommenen merkantilistischen Ökonomik, erwies sich als herausragendster landesfürstlicher Verfechter des Merkantilismus-Kameralismus unter den südwestdeutschen Territorialherren des 16. Jahrhunderts. Fast zwei Jahrhunderte folgte von da an die Wirtschafts- und Finanzpolitik der württembergischen Herzöge mit mehr und weniger Nachdruck und Affront gegenüber den Ständen den Leitlinien des merkantilistischen Wirtschaftsverständnisses.

Kurfürst Karl Ludwig von der Pfalz (1649–1680) handelte als hervorragender, ideenreicher Schüler der holländischen und englischen Merkantilisten, deren Ansichten schon mehr auf die freie Entfaltung der wirtschaftlichen und insbesondere der kommerziellen Kräfte abhoben. In der Politik der katholischen Kurfürsten der Pfalz drängten sich zunächst stärker die populationistischen und fiskalpolitischen Züge des deutschen Kameralismus in den Vordergrund, um sich unter dem reformerischen Kurfürsten Karl Theodor (1742–1799) mit den »industrialistischen« Komponenten des französischen Merkantilismus (Colbertismus) zu paaren. In den beiden badischen Markgrafschaften kam der neue Wirtschaftsgeist durch Karl-Wilhelm von Baden-Durlach (1709–1730), gelegentlich mit dem »Soldatenkönig«, Friedrich Wilhelm I. von Preußen verglichen, und Markgraf Ludwig Wilhelm von Baden-Baden (1677–1707) sowie seiner Gemahlin, der Markgräfin Augusta-Sybilla, zum Durchbruch.

Physiokratismus und Aufklärung

Unter dem wissenschaftlich sehr interessierten Karl Friedrich von Baden (1738/46–1811), pietistisch gesonnen und unentwegt um das Wohl seines Landes bemüht, erlebten die badischen Markgrafen die Phase des aufgeklärten Absolutismus. Beraten von dem wichtigsten deutschen Physiokraten Johann August Schlettwein (1731–1802) und durch seinen brieflichen Verkehr mit den berühmtesten französischen Physiokraten (Mirabeau u. a.) suchte sich Karl Friedrich Klarheit über die Regierungsgrundsätze zu verschaffen, um sein Land im Sinne der »natürlichen Ordnung« der Physiokraten regieren zu können. (Physiokratismus = die volkswirtschaftliche Theorie, daß Boden und Landwirtschaft die alleinigen Quellen des Reichtums sind.) »Laissez faire et laissez passer – le monde va de lui-même«, wurde durch den Marquis de Mirabeau (1715–1789) zum Kernsatz des physiokratischen Katechismus und wenig später zur geistigen Wurzel des marktwirtschaftlichen Liberalismus. Mit den fast überstürzten, radikalen Staatsreformen unter Kaiser Joseph II. begann das Regiment des aufgeklärten Absolutismus, die Dimensionen einer Revolution von oben anzunehmen. In der Wirtschaftspolitik Josephs II. verband sich eine eigenartige Mischung von theresianischem Merkantilismus und physiokratischen Glaubensbekenntnissen, von merkantilistischer Bevormundung und physiokratischen Freiheitsbegriffen.

Im 18. Jahrhundert vermischten sich die verschiedenen geistigen Strömungen des Humanismus und der fortschritts- und vernunftgläubigen Aufklärung und trafen in den einzelnen Territorien Südwestdeutschlands auf verschiedene Voraussetzungen und eine unterschiedliche Aufnahmefähigkeit. In Württemberg war die Aufklärung pietistisch versetzt und erhielt umgekehrt der Pietismus rationalistische und den Naturwissenschaften zugewandte Züge. In der katholischen Welt faszinierte und provozierte der von naturrechtlichen und humanitären Denkweisen beeinflußte Josephinismus. Merkantilistischer Geist offenbarte sich, wo Landesherren und Staatsdiener, evangelische Kirchenobere und katholische Stiftskapitulare, Äbte und Patres die Rolle von Unternehmensgründern und Unternehmern übernahmen. An der oberen Jagst wurden die Erfolge der brandenburg-ansbachischen Manufakturpolitik greifbar, im Odenwald die des erzbischöflichen Kurmainz. Einen agrarmerkantilistischen Kurs steuerten die Bistümer Speyer und Würzburg unter den Bischöfen des Hauses von Schönborn.

Übereinstimmung herrschte in den merkantilistischen Traktaten und in den Staatsakten darüber, daß kein Fleckchen Boden unbebaut, kein Rohstoff ungenutzt bleiben dürfe, daß alle Rohstoffe im Lande zu verarbeiten seien, daß neue Produkte hergestellt, neue Produktionszweige mit fortschrittlicher Betriebsorganisation gegründet und die Handelsbilanz aktiviert werden sollten, daß Geld nicht gehortet werden dürfe, sondern im Lande zirkulieren müsse, daß die Bevölkerung wachsen solle, die Jugend zur Arbeit anzuhalten und auszubilden sei und gegebenenfalls ausländische Fachkräfte heranzuziehen seien. Erklärtes Ziel war es, die rückständigen deutschen Länder wirtschaftlich zumindest auf die Stufe zu heben, die ihre Nachbarstaaten, namentlich Frankreich, längst erreicht hatten.

Bergbau: Gold, Silber, Blei, Kobalt

Wegen der ausschlaggebenden Bedeutung des Geldbesitzes für die Staatskasse und zur Entwicklung der produktiven Kräfte empfahlen die Merkantilisten, nach Bergschätzen im eigenen Lande zu suchen und zugleich die Einfuhr von Edelmetallen und Rohstoffen zu begünstigen. Weder die Goldwäscherei im Rhein, genossenschaftlich betrieben und im 15. Jahrhundert wieder aufgelebt, noch der Silberbergbau erbrachten in merkantilistischer Zeit jedoch hinreichende Erträge, um den Bedarf südwestdeutscher

Territorien an Gold und Silber aus eigenen Vorkommen decken zu können. Währung, Geld und Preisniveau in Südwestdeutschland hingen über Jahrhunderte von den internationalen, in den Zeitläufen schwankenden Edelmetallzufuhren ab. Für die badischen Goldgulden wurden im 16. Jahrhundert Schnitt- und Rheingold verwendet. Von 1746 bis 1765 brachte die badische Rheingoldwäscherei, stark abhängig von den Strömungsverhältnissen des Rheins und häufig nicht mehr den Arbeitsaufwand lohnend, einen durchschnittlichen Jahresertrag von rund 1100 fl. Zwischen 1804 und 1834 wurden in ganz Baden nur etwas über drei Zentner Gold aus dem Rheinsand gewaschen. Volkswirtschaftlich war die Goldsuche nur bei Beschäftigungsmangel gerechtfertigt.

Mehr Bergsegen häufte sich zeitweilig aus den Silbergruben. Die badische Residenzstadt Sulzburg erlebte bis Anfang des 17. Jahrhunderts eine neue Blüte im Silberbergbau, dessen Wiederaufnahme im 18. Jahrhundert sich dort aber nur wenige Jahre um 1760 lohnte. Bei Badenweiler gestaltete sich der Betrieb in den fünf Stollen der Grube »Haus Baden« während des 18. Jahrhunderts einträglich. Auch im Freiamt arbeitete zwischen 1781 und 1801 eine Grube mit Gewinn. Reger Bergbaubetrieb herrschte im 16. Jahrhundert in den Haslacher und Hausacher Gruben (Fürstenberg). Im Wolfacher Gangrevier konnte zwischen 1767 und 1780 die höchste Ausbeute, eine Summe von 203617 fl verteilt werden, während die Grube in Freiburg von 1767 bis 1823 nur Erze (Silber, Blei) im Wert von 227296 fl förderte. Im Anfang des 17. Jahrhunderts erloschenen Todtnauer Revier, wo im 18. Jahrhundert österreichische Adlige und Schweizer Kaufleute alte Gruben öffnen ließen, endeten wohl alle Bergbauversuche per Saldo mit Verlust. Das Kloster St. Trudpert im Münstertal ließ dagegen 1719 Denkmünzen zur glücklichen Wiederaufnahme der Bergwerke prägen. Die Ausbeute der Bergwerke im Hofsgrund, alsbald unter Holzmangel leidend, enttäuschten Kapitalseigner und Bergleute vom 16. bis 18. Jahrhundert. Die Bilanz der Ausgaben und Einnahmen der Silber- und Bleibergwerke der Freiherren von Beroldingen im Breisgau schloß für die Jahre 1753/59 mit einem Verlust von 15236 fl. Es gab freilich auch einzelne Jahre, in denen gute Gewinne verbucht wurden.

Der Silberbergbau bei Bulach, der vom 13. Jahrhundert bis Anfang des 15. Jahrhunderts seine Glanzzeit erlebt hatte, enttäuschte im 16. Jahrhundert unter württembergischer Regie trotz der von Herzog Christoph getroffenen vielseitigen Fördermaßnahmen und lohnte auch nicht die neuen Anstrengungen unter dem bergbaufreudigen Herzog Friedrich. Mißerfolge begleiteten auch das 18. Jahrhundert.

Die landesfürstliche Bereitschaft, sich selber im Bergbau finanziell zu engagieren, um mit möglichen Erträgen die defizitären Staatsfinanzen aufbessern zu können, wurde in Württemberg zuerst bei Herzog Christoph erkennbar. Mindestens 7500 fl investierte der Herzog bis 1564 in den Kupfer- und Silberbergbau (Bulach, Dornstetten u. a.), nur

lohnte das erzarme Gestein nicht die Kosten. Ein Grundübel des Bergbaus in Südwestdeutschland blieb der Mangel an tüchtigen Fachleuten. Bis ins 16. Jahrhundert
orientierte man sich an österreichischen Vorbildern (auch im Bergrecht), danach in
evangelischen Territorien am sächsischen Bergrecht. Aus schlechten Erfahrungen aber
wollte man nicht lernen, weil man hoffte, gute zu machen. Hektische Bergbaubetrieb-
samkeit in Württemberg oder in der Kurpfalz während des 18. Jahrhunderts brachte
Scheinblüten hervor, in denen sich oft nur Launen der höfischen Gesellschaft wider-
spiegelten. Nach sachkundigen Berechnungen hatten die Kinzigtaler edlen Bergwerke
aus 31 Gruben von 1700–1857 ein Ausbringen von nur 2156956 fl, von denen auf Silber 1307053 und an zweiter Stelle 469966 fl auf Kobalterze entfielen. Von goldenen
Äpfeln auf silbernen Schalen ließ sich im Zusammenhang mit südwestdeutschem
Bergsegen nur träumen.

Eisenindustrie

Soweit sich industriell-gewerblicher Aufschwung im 16. und nach dem schwarzen
17. Jahrhundert entfaltete, durchsetzt freilich von Enttäuschungen, Stagnationsphasen und Rückschlägen, wurde er wesentlich – außerhalb von städtischer Zunftgebun-
denheit – von der Expansion der Eisenindustrie, der Papierherstellung, der Glasmacherei, einer neu organisierten Textilindustrie und in den »goldenen Jahrzehnten des
18. Jahrhunderts« auch von leistungsstarken Luxusgütermanufakturen getragen. Das
Wachsen des landwirtschaftlichen Sektors im 16. und 18. Jahrhundert hatte neues
Wachstum in anderen Sektoren und Branchen der Wirtschaft freigesetzt und vor allem
Basiskapital geschaffen, um Modernisierungen in der Landwirtschaft, die zeitweilige
Baukonjunktur und die zahlreichen Fortschritte in den verschiedensten Branchen zu
finanzieren. Wachstum hing ganz wesentlich von der Lösung des Problems der Kapitalbeschaffung, der Kapitalakkumulation ab. Dazu bedurfte es des Übergangs zu noch
zu erlernenden »kapitalistischen« Methoden, unter denen hier Gewinnmaximierung
mit dem Bestreben nach optimaler Reinvestition in die Produktion zu verstehen ist.
Mit Erfolg, am vereinnahmten Zins und Zehnt abzulesen, waren im 16. Jahrhundert
der Eisenerzabbau und der Betrieb der Eisenwerke gekrönt, die Herzog Ulrich von
Württemberg durch seine Heidenheimer Erwerbungen seinem Lande gewonnen
hatte. Die Spekulation auf die steigende Nachfrage nach Eisen ging auf. 1536 kam die
Herrschaft Heidenheim, schon damals ein bedeutendes schwäbisches Gewerbezen-
trum (Eisengewinnung, Leineweberei, Töpferei, Gerberei, seit 1530 Papiermacherei),
endgültig an Württemberg. Um die Eisenwerke, bisher an Ulmer Bürger verpachtet
oder deren Eigen, stärker in die württembergische Territorialwirtschaft einzubezie-

hen, kaufte sie Herzog Christoph und gründete zunächst mit drei altwürttembergischen Mitgewerken eine gemeinsame Gewerkschaft. Zwischen 1565 und 1569 produzierten die fünf württembergischen Eisenwerke an Brenz und Kocher (darunter das säkularisierte Werk Königsbronn, Ober- und Unterkochen und Mergelstetten) jährlich u. a. 3900–4800 Masseleisen und erzielten beachtliche Gewinne. Nach 1600 entwickelte sich Christophstal mit mehreren Hämmern und Drahtzug zum zweiten Zentrum der württembergischen metallverarbeitenden Industrie.

Kriegs- und Nachkriegskonjunkturen machten das Eisengeschäft im 17. Jahrhundert profitabel. Die württembergischen Werke gingen zum Glocken- und Kanonenguß über. In der benachbarten Fürstpropstei Ellwangen konzentrierte sich der Erzabbau aus einem 1635 eröffneten Stollen auf Wasseralfingen (1668 mit Hochofen) und die Eisenverarbeitung im modernen Schmiedewerk Unterkochen. Die seit Ende des 17. Jahrhunderts verpachteten württembergischen Brenztalwerke, denen unter Herzog Eberhard Ludwig der Zusammenbruch der Holzversorgung wegen des Ruins der Waldungen drohte, nahmen in der zweiten Hälfte des 18. Jahrhunderts unter dem erfinderischen Johann Georg Blezinger, einer hervorragenden Unternehmergestalt, mit über 100 Beschäftigten wegen der vermehrten Nachfrage nach Eisen einen ungeahnten Aufschwung (1763–1806: 32000 fl Jahrespacht). Zahlreiche technische Neuerungen fielen in diese Zeitspanne, die Herstellung von Frischeisen, Versuche mit der Stahlfabrikation und seit 1763 in Königsbronn die Emaillierung von Öfen und chemischen Apparaten. 1772 erbaute Blezinger als erster in Europa am Brenztopf ein gußeisernes Wassersammelbecken mit neun Fallen zum Betrieb der Eisenhämmer und Blasebälge.

Im Markgräfler Land hatte die badische Metallindustrie ihren frühen Standort. Gefördert vom Landesherrn entwickelte sich in Kandern, Hausen und Badenweiler eine zeitweilig blühende, häufig aber an Mangel an Kohle, Erz und Kapital leidende Eisenindustrie. Seit Markgraf Christoph (1475–1515) trat sie in der Herstellung von Kanonenkugeln (Stückkugeln) hervor, ähnlich wie damals das Königsbronner Werk unter Abt Melchior Ruoff. Erfolgreicher als die Anfang des 18. Jahrhunderts praktizierte Staatsregie, doch seit 1761 die Eisenpreiskonjunktur im Rücken, war ein Baseler Unternehmer, Pächter des Werkes Hausen von 1736 bis 1770. Er kompensierte den Nachteil des fehlenden Erzes am Standort (Erztransport zuerst mit Saumpferden aus Kandern) durch den billigen Holzbezug aus dem Wiesental und eine durchgängig nutzbare Wasserkraft. Durch sein Walzwerk blieb Hausen bis ins 20. Jahrhundert Standort der Eisenindustrie. In den 1780er Jahren arbeiteten die drei badischen Eisenwerke Kandern, Hausen und Oberweiler mit einem Reingewinn von fast 80000 Gulden. Auch das 1680 gegründete markgräfliche Eisenhammerwerk bei Pforzheim, angewiesen auf die Holzzufuhr aus württembergischen Forsten, rentierte sich erst nach seiner Privatisierung 1752. Von 1756 bis zu Beginn des 20. Jahrhunderts wurde es (seit

1850 Gießerei und Maschinenfabrik) von der Unternehmerfamilie Benckiser betrieben, ein Beweis mehr, daß die moderne Industrie unmittelbar an ihre protoindustriellen Vorläufer ansetzte.

Der südliche Schwarzwald und das dortige Schwarzwaldvorland bildeten wegen der Gunst der Erzvorkommen und des Holzreichtums bis ins 18. Jahrhundert das wichtigste Zentrum der südwestdeutschen Eisenhüttenindustrie bei damals überragendem Einfluß der Staehelin und Paravicini auf dem Eisenmarkt. Ein Ringen um Marktanteile am Ober- und Hochrhein war bereits im Gange. Man versuchte, das Aufkommen größerer Konkurrenten zu unterdrücken. Hammerwerke mit Alteisenverarbeitung (etwa 150 Zentner Jahresproduktion) konkurrierten mit Hüttenwerken. Um Kontingentierung von Produktion und Absatz bemühte sich der Laufenburger Hammerschmiedebund. Der Trend zur »Industrialisierung« durch den Bau von immer größeren Hammerwerken mit gesteigerter Kapazität hielt Ende des 17. Jahrhunderts Einzug und führte allmählich zum Untergang der zahlreichen kleinen Hammerschmieden um Säckingen. Den Rang des bedeutendsten Eisenexporteurs behaupteten die österreichischen Vorlande mit den Eisenwerken Kollnau bei Waldkirch und Schramberg, dem Schmelzwerk Harras (Heuberg), den Hütten- und Hammerwerken Wehr, Säckingen, Murg, Laufenburg, Albbruck, Kutterau, Tiefenstein sowie Zizenhausen und Bärental bei Stockach. Als Gründer traten bis ins 18. Jahrhundert selten private Unternehmer, sondern vornehmlich die grund- und waldbesitzende feudale Oberschicht, namentlich die Landesfürsten selber, in Erscheinung. Es galt, Erz- und Holzvorkommen vorteilhaft zu »versilbern«. Seit Anfang des 16. Jahrhunderts gruppierte sich die Eisenindustrie der Fürsten von Fürstenberg um das Eisenwerk Hammereisenbach und drei Schmelzhütten als Kernbetriebe (1523–1867). Aus Erträgen des Bergwerks von Hammereisenbach hatte der Handelsmann Michael Schwert das Eisenwerk Villingen im 16./17. Jahrhundert finanziert. Fürstenbergisch war auch das Eisenwerk Thiergarten (1671–1863). Eine seit 1663 nachzuweisende Pfannenschmiede, mit Arbeitern meist aus den österreichischen Niederlanden (Belgien) betrieben, entwickelte sich zum Kristallisationskern des von Fürst Meinrad II. von Hohenzollern-Sigmaringen im bohnerzreichen Lauchertbecken 1707 gegründete Hüttenwerk Laucherthal, ein noch heute erfolgreiches Unternehmen. Weitere Beispiele landesherrlicher Gründungen reihten sich an: das Eisenwerk Aufhausen (bis 1727) der Grafen von Öttingen, das 1662/63 in Ernsbach errichtete der Grafen von Hohenlohe, und das in Langenargen am Bodensee der Grafen von Montfort. Zur Eisenversorgung des Tuttlinger Raumes rief 1696 Herzog Ludwig Eugen das Hüttenwerk Ludwigstal ins Leben.

Die herzoglich-württembergischen Eisenwerke Königsbronn, Christophs- und Ludwigstal warfen von 1777 bis 1790 Nettoeinnahmen in Höhe von 433729 fl ab. Das Hüttenwerk Albbruck (seit 1681) erzielte Mitte des 18. Jahrhunderts in 21 Geschäftsjahren einen durchschnittlichen Jahresgewinn von 5769 fl. Seine Masselproduktion lag über Jahre bei 10000 Zentnern. Die Kameralrechnung des Eisenwerks Kutterau (St. Blasien), 29 Beschäftigte, ergab 1672 einen Überschuß von 10259 fl. Beim Hüttenwerk Gutenburg, in das 1661 bis 1664 die Abtei St. Blasien und Graf Johann Ludwig von Sulz 29021 fl investiert hatten, ergab der Saldenüberschuß aus verbuchten Einnahmen und Ausgaben 3776 Gulden im Jahr 1663 und 8405 Gulden 1665. Zu den auf längere Zeit weniger erfolgreichen Eisenwerken zählten die im straßburgischen Oberkirch und Lautenbach sowie die drei Eisenwerke der Markgrafen von Baden-Baden: Bühlertal (seit 1681), Gaggenau (nach 1680), Rotenfels (1725–1770). 1778 lieferte Bühlertal 3000 Zentner Masseleisen und rentierte sich damals gut. Gaggenau, das um diese Zeit jährlich 800–900 Zentner geschmiedetes Eisen allein im Oberamt Rastatt und in der Grafschaft Eberstein verkaufte, wurde von 1777 bis 1802 mit 53000 fl Verlust zu Lasten der Staatskasse betrieben. Sorgen quälten die Eisenwerke viele, aber sie gaben meist nicht auf. Positiv zu veranschlagen bleibt auch ihre Rolle als protoindustrielle Kristallisationskerne der nachfolgenden Industrialisierung (Gaggenau und Oberkirch).

Trotz zeitweiligem Mangel an Erz, Schmelzeisen und Holzkohlen waren die rund 30 südwestdeutschen Eisenhüttenwerke des ausgehenden 18. Jahrhunderts bei einer Jahresproduktion je Werk von 2000 bis 10000 Zentner Eisen imstande, den Bedarf des Landes an Eisen – im Unterschied zur Situation im Spätmittelalter – aus der eigenen Produktion zu decken und sich zusätzlich auswärtige Märkte zu erschließen. Noch zahlreichere Hammerwerke zwischen Main und Bodensee, Blechhämmer, Nagel- und Löffelschmieden, Drahtzüge (Albbruck seit 1681, Schopfheim seit 1759, Falkensteig, Heidenheim seit 1782), Geschirr- und Kettenschmieden bezeugten darüber hinaus das Gewicht, welches der heimischen Eisenverarbeitung im damaligen Wirtschaftsleben zukam. Auch sie dienten nicht mehr allein der Versorgung des nahen Umlandes, sondern waren in einen größeren Markt der schwankenden Nachfrage eingebunden. An Gewicht zugenommen hat gegenüber dem Spätmittelalter auch der Anteil der Militärproduktion (Kugel- und Kanonengießerei, Anfänge von Gewehrfabriken). Für den Nachschub an Schießpulver, 1334 erstmals aus »Geschützen« in Südwestdeutschland verschossen, sorgten die etwa 15 Pulvermühlen im Lande.

Papierfabrikation

Nach Erfindung des Buchdrucks, mit der ständigen Zunahme der Buchproduktion, im 18. Jahrhundert durch das Aufkommen des Zeitungswesens sowie das »Emporschnellen der Kurve der Schriftlichkeit« in Verwaltung, Wirtschaft und im privaten Bereich befand sich die Papiermacherei seit dem 16. Jahrhundert im fast ständig blasenden Aufwind der steigenden Nachfrage nach Papier. Wenn es nicht gerade an der Zufuhr des Lumpen-Rohstoffs haperte oder zeitweilig Überproduktion die Preise verdarb, hat sich das Papiergeschäft gelohnt. Nicht viel mehr als zehn Papiermühlen lassen sich am Ausgang des Späten Mittelalters in Südwestdeutschland nachweisen, drei Jahrhunderte später waren es knapp 90, davon in Württemberg 60 mit Schwerpunkt in Oberschwaben und an 30 in Baden (nur 7 in der einstigen Kurpfalz). Wegen des guten Geschäftsgangs arbeiteten bei Ravensburg seit 1569 sieben Papiermühlen. Die zunehmend vom Kaufmannskapital abhängige Papiermacherei stellte der Zahl der Erzeugungsstätten nach den stärksten nicht streng zünftlerisch gebundenen und auf die Anwendung von Maschinen angewiesenen Erwerbszweig Südwestdeutschlands während der frühen Neuzeit dar. Statt des Mühe und Zeit raubenden Glättens mit dem Stein gingen die Ravensburger Papierer im 17. Jahrhundert zum Stampfen über. Die bahnbrechendste Neuerung in der vierhundertjährigen Büttenpapierfabrikation bedeutete um 1720 die Einführung des »Holländers«, einer in Holland erfundenen Maschine für den raschen mechanischen Aufschluß der Lumpen. Weitere Neuerungen waren wassergetriebene Lumpenschneider, verbesserte Pressen und das Bleichen mit Chlorkalk. Errichtung, Kauf und Betrieb einer Papiermühle bedurften eines erheblichen, den eines üblichen Handwerksbetriebes übersteigenden Kapitaleinsatzes. Schon im 16. Jahrhundert stellten Papiermühlen ein Wertobjekt von 3000 bis 4000 Gulden dar. Die Kreditabhängigkeit von Kaufmannskapital wuchs. Dadurch gelang es der Ravensburger Kaufmannsfamilie Kutter, fünf von sechs Ravensburger Mühlen Mitte des 18. Jahrhunderts an sich zu bringen. 1797 zahlten Basler Interessenten für eine Papiermühle in Hofen bereits 30000 Gulden. Die beiden Lörracher Papiermühlen, bis 1745 eingegangen, produzierten Anfang des Jahrhunderts jährlich 500 Ballen Papier im Wert von 6000 fl und beschäftigten außer dem Meister acht Arbeiter. Die Produktion einer Papiermühle im 18. Jahrhundert konnte jährlich 1000–4000 Ries Papier (5250–21000 kg) betragen. Eine südwestdeutsche Papierproduktion von 500000 kg Ende des Jahrhunderts ist sicher nicht zu hoch gegriffen. Hohe Zollmauern und das Verlöschen der Wirtschaftsbeziehungen zu den linksrheinischen Gebieten hatten den Markt für die Papiermacher am Oberrhein immer enger geschnürt.

Glasherstellung

Auf heimischem Rohstoff (Sand, Holzkohle, Asche) basierte die schon im Mittelalter bedeutende, ihren Produktionsstandort infolge Waldverwüstung häufig wechselnde, nie in die Fesseln des Zunftwesens geschlagene Glasmacherei. Ihre Konjunktur vorwiegend im 16./17. Jahrhundert und teilweise im 18. Jahrhundert läßt sich am Hochschnellen der Zahl der Hüttengründungen ablesen, wobei die Gründungsinitiative wiederum gewöhnlich von den Waldbesitzern, meist von landesherrlicher Seite ausging. Auf badischem Gebiet sind von insgesamt 54 vom Mittelalter bis zur Gegenwart nachweisbaren Hütten 34 (= 63%) von etwa 1500 bis Ende des 18. Jahrhunderts entstanden (davon 8 im 18. Jahrhundert). Auf württembergischem Gebiet sind für diesen Zeitraum nicht ganz 30 Gründungen zu belegen. Auffallend war der starke Anteil der geistlichen Herrschaften und Klöster an den Neugründungen (Salem, St. Blasien, St. Peter, Gengenbach, Zwiefalten, Ellwangen, Isny, Gotteshaus Wald, Württembergischer Kirchenrat). Im 16./17. Jahrhundert stand das Kloster St. Blasien an der Spitze der Schwarzwälder Glaserzeugung (u. a. Sauerbrunnenflaschen). Die Hütte des Klosters St. Peter widmete sich früh der Glasveredelung. 1590 erbat sich Erzherzog Ferdinand II. von Tirol Glaskettenmacher aus der Herrschaft Meßkirch der Grafen von Zimmern. Die Glasmacherei brachte nicht wenige Arbeitsplätze. Von der Kronhütte im Welzheimer Wald – nach Schwarzwald und Mainhardter Wald traditioneller Standort der südwestdeutschen Glasfertigung – ist 1542 überliefert, es würden sich dort »gegen 150 Menschen ... allein von Glaswerk ernähren«. Nicht selten arbeiteten Hütten über den Dreißigjährigen Krieg hinweg. Die sicher respektable Jahresproduktion der kurzlebigen fürstenbergischen Hütte am Grassert betrug 1619 35800 Scheiben, 22068 Stück Milchglas, 25568 Trinkgläser, 4500 Wassergläser und 300 Flaschen. Bei der 1773 nach Gaggenau verlegten badischen Hütte vom Mittelberg fielen jährliche Kosten für den Aschen- und Pottascheneinkauf von 6000 bis 7000 fl an. Die von Anton Rinderschwender erfolgreich betriebene Hütte beschäftigte um 1790 60 Arbeiter. Je nach der Betriebsgröße lag im 18. Jahrhundert der jährliche Pachtzins einer Glashütte zwischen 25 und 600 Gulden. Auch die Glasmacherei als zunächst sehr arbeitsintensives Gewerbe wuchs zunehmend zu einem kapitalintensiven Industriezweig heran.

Zusammensetzung von Schwarzwaldglas 1773
Weißes Glas: 3 Teile weißer Sand, 12 Teile Kalk, 2 Teile Arsenik, einige Lot Braunstein
Grünes Glas: 3 Teile ausgebrannte Asche, 1 Teil Sand, einige Hände voll Kohlenstaub, etwas Salz

---

Geschäftliche Erfolge und Mißerfolge, sicher rational erklärbar, schienen oft ungleich verteilt. Der rege Absatz der »Äule«, der Hütte von St. Blasien wird auch im 18. Jahrhundert hervorgehoben (noch 1869 in Betrieb mit 36 Arbeitern). Die Gebrauchsglas von minderer Qualität herstellenden württembergischen Glashütten, namentlich die des Kirchenrats, erwiesen sich auf Dauer nicht einmal auf dem heimischen Markt als konkurrenzfähig. Als Regiebetriebe, nicht gestützt auf eine leistungsfähige Vermarktungsorganisation, hatten sie von 1701 bis 1783 einen der Staatskasse aufgebürdeten Verlust von rund 725000 Gulden »eingespielt«.

Blaufarbenwerke

Um blaue Farbe u. a. für die Glasherstellung und Tuchmacherei zu besitzen, wurden im 17./18. Jahrhundert im mittleren Schwarzwald drei Blaufarbenwerke gegründet, die vorhandene Kobalterze ausbeuteten. Die dem Handlungshaus Doertenbach gehörenden Kobaltfarbwerke in Wittichen (Fürstenberg), erbaut 1702 und im württembergischen Alpirsbach stellten für Jahrzehnte die bedeutendsten Unternehmen dieser entlegenen Gegend dar. An der »Calwer Gewerkschaft«, gegründet 1721, gehörten den Vettern Mose Doertenbach und Johann Georg Zahn 71 1/2 von insgesamt 132 Kuxen. Abt Benedikt Riescher, der seit 1743 das Benediktinerkloster Gengenbach regierte, ein unternehmender und um das Wohl seiner Untertanen besorgter Mann, gründete unter Beteiligung von Kaiser Franz I. in Nordrach (Stadt Wolfach) ebenfalls ein Blaufarbenwerk, das den Doertenbachs Konkurrenz machte.

Textilindustrie: Leinwand, Calwer Zeugweberei, Baumwollmanufakturen

Mit dem Merkantilismus begann auch ein neues, wenngleich an die frühkapitalistischen Organisationsformen des Gewerbes der Städte anknüpfendes Kapitel in der Geschichte der Textilindustrie. Ihre Fertigungskapazitäten lagen fortan jedoch überwiegend außerhalb der alten reichsstädtischen Zentren der Textilherstellung. Die an Initiativen reiche merkantilistische Wirtschaftspolitik von Herzog Friedrich I. von Württemberg (1593–1608) hatte beispielhaft die gewerbliche Produktionsbasis im Textilsektor verbreitert. Um den auf der Schwäbischen Alb gebauten Flachs im Lande zu verarbeiten und Leinwand nicht einführen zu müssen, machte er Urach zum Zentrum des württembergischen Leinengewerbes. Zu phantasievolle Berechnungen des Isaias Huldenreich, daß nicht weniger als 100000 damals in Bettel lebende Personen an der Flachsspinnerei fast zwei Mio. fl, die Weber über drei Mio. fl, die Handelsleute 604160 fl verdienen und für die herzogliche Kasse 80555 fl abfallen würden, bestärkten den Herzog in seinen wirtschaftlichen Bestrebungen. Er gründete 1598 in Urach eine vor Konkurrenz schützende, vier Ämter umfassende Leineweber-Zunft, erbaute die sog. Weberbleiche (Weberhäuser), verbot 1602 den Leinwandverkauf an die Ul-

mer Handelshäuser und alle Garnausfuhr. Mit 8000 Leinewebern im Jahr 1603 (2%
der Bevölkerung) schickte sich Württemberg an, den führenden Platz unter den Lein-
wandexportländern Deutschlands einzunehmen.
Die seit Ende des 16. Jahrhunderts ebenfalls mächtig aufgekommene verlagsmäßige
Zeugweberei (ungewalkte leichte Stoffe) in Calw und Umgebung, von Pforzheim aus
in den Schwarzwald vorgedrungen, bedurfte zunächst weniger der massiven herzoglichen Geburtshilfe. 1611 wurde erstmals in Württemberg in der Calwer Zeugmacherei ein geregeltes Verlagssystem eingeführt, erreichte damit die gewerbliche Neuorganisation von Kapital und Arbeit bis zum Dreißigjährigen Krieg ihren Höhepunkt und
entstand mit einer Produktion von ca. 70000 Stück die erste württembergische
Exportindustrie von europäischem Rang. Eifrig bemühte sich die Regierung unter
Herzog Eberhard III. (1633–1674), nach dem verlustreichen großen Krieg das Netz
merkantilistischer Schutzmaßnahmen zu verdichten, wobei binnenwirtschaftliche
Produktionsanreize oft zu kurz kamen. Beteiligt war Eberhard III. an der Wiedergeburt und Neuordnung der Calwer Zeug- und Färber-Handelscompagnie, an die die
Zeugmacher innerhalb eines Moderationsbezirks von etwa 60 Städten und Dörfern
gebunden wurden, beteiligt auch an der 1661 neu errichteten, mit einem Verkaufsmo-
nopol ausgestatteten Leinwandhandelscompagnie in Urach.
Die 1622 von Färbern und Kaufleuten begründete Calwer Gesellschaft, Betriebskapital 100000–200000 Gulden, mehr als 2000 Weber und Spinnerinnen (Andreae) durch
Arbeit an sich bindend, hatte sich mit der Zerstörung von Calw 1634 aufgelöst. Die in
Etappen wiederaufgebaute Verlagsorganisation, dem Namen nach anfangs Zunft,
ihrem Inhalt nach eine offene Handelsgesellschaft und alsbald »Färber- und Zeughandlungs-Compagnie« genannt, konnte dank ihrer erstarkten Kapitalkraft (ca.
140000 Einlagen und Darlehen), des beherrschten Geheimnisses der aufgekommenen
Schönfärberei und dank geschickten Vorgehens auf den Auslandsmärkten (u. a. Italien, Österreich, Ungarn, Polen) verhältnismäßig rasch die geschäftlichen Ergebnisse
der Vorkriegszeit wieder erreichen und übertreffen. Im fremde Konkurrenz ausschlie-
ßenden Calwer Moderationsbezirk waren ungefähr 700 bis 900 gebannte Zeugmacher
und eine noch größere Anzahl heimarbeitender Spinnerinnen, alle niedrig entlohnt
oder den diktierten Ankaufspreisen unterworfen, von der Compagnie abhängig. Die
Compagnie-Herren (1000–3000 fl Einlagen je Teilhaber) stammten aus etwa einem
Dutzend untereinander verwandter Familien, der eigentliche Kern der württembergischen Bourgeoisie. Sie erzielten im 18. Jahrhundert bei einer Verzinsung des
Handlungskapitals von rund 20 Prozent und Umsätzen zwischen 300000 und 500000
fl glänzende Geschäftserfolge, obwohl die Compagnie hinsichtlich der Qualität ihrer
Erzeugnisse keine führende Position in Deutschland einnahm. Mit einem Umsatz von
1,5 Mio. fl 1791 reihte sie sich kurz vor ihrem Ende unter die umsatzstärksten damali-

24 Holzflößerei auf der Enz, die
vom 14. Jahrhundert bis zum Beginn
des 20. Jahrhunderts betrieben wurde

25 Ein auf Rhein und Main verkehren-
des Marktschiff, das Fracht zur Frankfurter Messe brachte (Mangold, 1594)

26 Autofähre »Meersburg«, Baujahr 1979/80, die größte je auf dem Bodensee in Dienst gestellte Fähre, gebaut von der Bodan-Werft, Kressbronn. Mit zwei Motoren 8 V 396 der MTU Friedrichshafen

27 Auf dem Rhein verkehrender modernster Schubleichter (1976). Schubverband »Braunkohle I« mit vier Schubleichtern insgesamt ca. 10 000 t

28 Vierspännige Post vor Sulz am Neckar. Auf dem Fluß ein Floß
29 Von Pferden gezogener Möbelwagen einer Freiburger Spedition um 1930

30 Der Tenor Benjamino Gigli neben seinem Benz-Wagen (um 1923)

31 2000-Tonnen-Transporter der Firma Scheuerle, Pfedelbach/Hohenlohekreis (1982)

32 *Württembergischer Schnellzug um 1900*
33 *Mit einer elektrischen Lokomotive der Baureihe E 103 bespannter Trans-Europ-Expreß*
(TEE) »Rheingold« (1983)

34 Schuttbahn am Schloßplatz von Karlsruhe 1945

35 Straßenbahn in der Klettpassage in Stuttgart in den achtziger Jahren

Flugmaschine
Verfertiget von Berblinger in Ulm
Ansicht des Profils.

36 *Flugmaschine des Schneiders*
von Ulm, Ludwig Berblinger
(1811)

Anficht der Flæche.

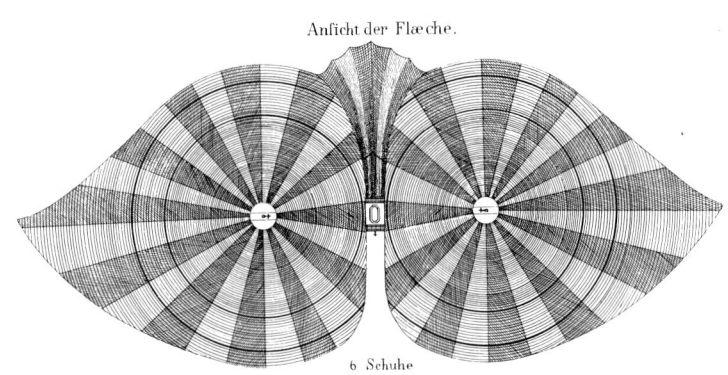

6 Schuhe

37 *Der Flugzeugkonstrukteur*
Ernst Heinkel aus Grunbach im
Remstal baute 1939 das erste
Raketen-Flugzeug, die He 178,
mit einem Walter-Strahltriebwerk

38 *Serienflugzeug Dornier 228 –*
100 über den Alpen (1982)

39   Anfahren zur Landung von Luftschiff »Graf Zeppelin« bei Friedrichshafen.
Darunter Dornier-Flugboot. Um 1930

gen deutschen Unternehmen. Die Tuchmacherei im badischen Pforzheim war im Schatten von Calw verblaßt. In Ulm arbeiteten 1782 nur 21 Marner, ein Tuchmacher und sieben Zeugmacher.

Schwieriger gestaltete sich der Wiederaufbau des angeschlagenen und stärker von Absatzkrisen betroffenen württembergischen Leinengewerbes, teilweise organisiert in Compagnien, getragen aber von der handwerklichen und kaufmännischen Tüchtigkeit einzelner sowie der verfügbaren – zu schwachen – Kapitalkraft. Die Uracher Compagnie gebot 1664 nur über ein Gesellschaftskapital von 27000 fl. Ihr Hauptabsatzgebiet blieben im 18. Jahrhundert die Messen in Bozen, Zurzach und Straßburg. Der Leineweberei in Blaubeuren, Münsingen und Laichingen mißlang der »Verschluß« der Ware »in weit entfernte Länder«, weil es ihnen am nötigen Kapital fehlte. Trotz der Zunahme insbesondere der Landweberei (1786: 560 Webermeister im Amt Urach; 700 Weber im Amt Heidenheim; etwa 200 Weber im Amt Blaubeuren; 233 Weber in Ulm) behauptete sich Ulm als Hochburg der Bleicherei (27000 Stück jährlich) und des Leinwandhandels (etwa 55000 Stück). Begehrte Schwabenleinwand wurde auch auf den Lindauer Großbleichen und im schweizerischen St. Gallen – dort 15128 Stück im Jahr 1760 – gebleicht. Obwohl Joh. Joachim Becher in seinem Politischen Diskurs beklagte, daß der Schlesier bei Wasser und Brot für die reichen Augsburger, Ulmer und Holländer spinne, die daraus den größten Gewinn haben, wurden die Ulmer Häuser von der Konkurrenz (darunter auch Biberach und Giengen) hart bedrängt. Vom österreichischen Günzburg aus spannten die italienischen Gesellschaften Rebay, Brentano-Cimaroli und Brentano-Monticelli den Ulmern einen Großteil der Leinwandkommissionen aus Italien und viele schwäbische Zulieferer aus, weil sie bessere Preise als die Uracher Compagnie zahlten. Von dem erheblichen württembergischen Leinwandexport in Höhe von jährlich etwa 750000 fl (1787/88: 38275 Stück) vermochten die württembergischen Compagnien nur den geringeren Teil in ihre Absatzwege zu schleusen. Allen pessimistischen Stimmen zum Trotz, die den Verfall des Ulmer Leinwandhandels beklagten, erwiesen sich die vier oder fünf steuerbegünstigten Ulmer Leinwandgroßhandelshäuser letztlich den württembergischen Compagnien überlegen. In den achtziger Jahren des 18. Jahrhunderts bewegte sich der Jahresumsatz der Uracher Compagnie bei 250000 fl (etwa 6000 Stück). Ersatz für die verfallende Heidenheimer Leinwandhandels-Compagnie, gegründet 1736, fand die württembergische Rentkammer in dem Ulmer Haus Friedrich Carl Heilbronner, das 1777 seinen Höchstauftrag mit 10257$^1/_2$ Stück an die Ulmer Bleiche vergab. Beachtenswert bleibt angesichts der Übermacht der Schweizer im schwäbischen Leinwand- und Garnhandel der Aufstieg der schon 1530 nachzuweisenden Blaubeurer Leinwandhandlung Lang, zugleich im Besitz der dortigen Bleiche, zu einem Jahresumsatz von etwa 100000 fl bis zur Jahrhundertwende.

Noch behaupteten Zeugmacherei und Leinengewerbe auf dem Markt den Vorrang, als sich bereits das Aufkommen neuer Konkurrenz in Gestalt billigerer Baumwollgewebe bemerkbar machte. Das erfolgreiche Beispiel augsburgischer und elsässischer Unternehmen vor Augen regte die Gründung von Baumwollmanufakturen etwa seit der Mitte des 18. Jahrhunderts in Südwestdeutschland an. Begünstigt durch reichliche Wasserkräfte, durch das Expansionsstreben des Schweizer Kapitals und die Merkantilpolitik des Landesherrn drängte im Markgräfler Land von Anbeginn die Entwicklung zur Gründung von »konzentrierten«, zentralisierten Manufakturen durch Vereinigung einer größeren Anzahl von Lohnarbeitern in einer unternehmereigenen Arbeitsstätte. Mit anfangs Schweizer Arbeitern errichtete 1753 ein Berner Bürger in Lörrach eine privilegierte Indiennefabrik (bedruckte Baumwollstoffe), die älteste Textilfabrik Badens, Ursprung der heutigen Manufaktur Koechlin, Baumgartner & Cie. AG. Das bis Mitte der 1780er florierende Unternehmen (etwa 300 Beschäftigte; Lohnsumme 1770–1784: 283850 fl), durch die merkantilistische Abschließungspolitik der Hauptabnehmer Holland und Rußland sowie durch die Konkurrenz billiger englischer Fabrikate in finanzielle Schwierigkeiten geraten, wurde kurze Zeit vom Staat weitergeführt und 1808 für 30500 fl von den Großindustriellen Merian in Basel und Koechlin in Mühlhausen übernommen. Im nahen Schopfheim nahm die 1757 errichtete Naturbleiche als Lohnbleiche für auswärtige Unternehmen einen von der Baumwollkonjunktur begünstigten Aufschwung (1775: 32628 Ellen Leinen und 346958 Ellen Baumwolle gebleicht).
Im vorderösterreichischen Konstanz angesiedelte Genfer und Lyoner Kolonien gründeten 1785/86 Kattun- und Musselinfabriken, darunter die Theyssersche Indiennefabrik. Aus ihr ging die heute noch bestehende Gabriel Herosé AG hervor. Im Jahre 1771 bestanden in Vorderösterreich zwölf überwiegend dezentrale Textilmanufakturen (Seide, Baumwolle, Wolle) mit zusammen 9104 Arbeitern und einem vom Fiskus erfaßten »Verdienst« von 144500 fl (Quartal). Einige von ihnen wurden zu Vorläufern der mechanischen Baumwollindustrie des 19. Jahrhunderts. Die ersten erfolgreichen Kattun- und Zitzfabriken Alt-Württembergs (Sulz, 1744 und Heidenheim, 1766) verdankten zwei namhaften heimischen Unternehmerfamilien ihre Entstehung, den Sulzer Meebolds und den Schüles aus Augsburg. J. H. Schüle führte in Württemberg den Kattundruck ein, Meebold die noch handbetriebene Baumwollspinnerei. Aus der Kombination von dezentralisiertem Verlag (Hausindustrie) mit der zentralisierten Manufaktur erwuchsen Unternehmen mit verhältnismäßig hohen Beschäftigungszahlen (bei Meebold in Sulz 1764: 1751 Beschäftigte). Aus der von Sulz nach Heidenheim verlegten Meeboldschen Baumwollweberei entwickelte sich im 19. Jahrhundert die renommierte Württembergische Cattun-Manufaktur (bis 1966).
Mit dem allmählichen Vordringen der Baumwolle kamen eine ganze Reihe gewöhn-

lich kurzlebiger baumwollverarbeitender Unternehmen empor (Bandfabriken, kombinierte Hanf-, Leinwand- und Kattunmanufakturen). Ob mit oder ohne Protektion war sich kein junger Unternehmer im 18. Jahrhundert angesichts der zahlreichen Widrigkeiten des sicheren Starts oder Aufstiegs gewiß. Als der 27jährige Johannes Kolb 1760 in einem vom Vater gekauften halben Haus am Markt in Kirchheim/Teck eine Handweberei eröffnete, war ihm zur Auflage gemacht, nur Produkte herzustellen, die in den drei vorhandenen herzoglich protegierten Baumwollwebereien (Sulz, Heidenheim, Cannstatt) nicht fabriziert wurden. Er hielt sich daran, rief aber den Aufstand der Weberzunft hervor, zumal er mehr Webstühle als erlaubt aufgestellt hatte (1766: 25). Es ging gut. Durch Aufnahme des Schwiegersohns K. F. Schüle als offenbar willkommenen Gesellschafter im Jahr 1800 in das schwache Unternehmen (Warenumsatz 6000 Taler, ein Viertel früherer Jahre) entstand die Firma »Kolb und Schüle«, die älteste noch bestehende württembergische Baumwollweberei, heute der größte Hersteller in Westeuropa für Bettwaren im Gewebebereich.

Unter den Manufakturgründungen der zweiten Hälfte des 18. Jahrhunderts überwogen allgemein die Unternehmen der Textilgewerbe (Wolle, Seide, Leinen, Baumwolle); für die Kurpfalz am Rhein waren es bei 42 Gründungen 25 Betriebe. In der kurfürstlichen Zitz- und Kottonfabrik in Heidelberg (1766–1784) steckte bei rund 200 Beschäftigten (1774) immerhin ein Betriebskapital (mit ausstehenden Zahlungen) von 130960 fl. Wegen Mangels an Kapital, an Absatz und unternehmerischer Erfahrung ging die Mehrzahl der meist kurzlebigen Manufakturen wieder ein. Von neun Manufakturgründungen in Lörrach überdauerte die Koechlinsche Indiennefabrik. Acht Betriebe der 42 kurpfälzischen Gründungen erreichten das 19. Jahrhundert. Von zwölf Gründungen in Ludwigsburg hinterließen zwei Spuren im 19. Jahrhundert. Neben Staatszuschüssen wurden den Manufakturen großzügig billige Gebäude und billiges Bauland eingeräumt, Monopole zugestanden, niedrige Rohstoffpreise in Aussicht gestellt, Zollfreiheit und Absatzgarantien gewährt. Im ausgehenden 18. Jahrhundert, als sich mehr und mehr marktwirtschaftliches Denken geltend machte, zeigten sich die Verwaltungen großzügigen Privilegierungen gegenüber allerdings eher ablehnend. Die herzoglich württembergische Verwaltung vertrat 1787 den Standpunkt, daß ein 1724 gewährtes Privileg »ein würklich schädliches Monopolium gewesen sey, und daß es auf diese Art und Weise um so weniger erneuert und confirmiert werden könne«. Als gute Vorschule für die nachfolgende Industrialisierung hatten die insgesamt 250 bis 300 südwestdeutschen Manufakturgründungen (einschließlich Eisenwerke, Glashütten und Papiermühlen) des 18. Jahrhunderts trotzdem ihr historisches Verdienst. Und dieses wird in keiner Weise geschmälert, wenn man weiß, daß dadurch über zehntausend neue Arbeitsplätze in der Hauptsache zu Lasten der Staatskasse geschaffen worden waren.

Fayence- und Porzellanmanufakturen

Die Idee, diejenigen Produkte im Lande selber herzustellen, die man bisher als Importware bezog, ist weder ungewöhnlich noch neu. Durch das gesamte Zeitalter des Merkantilismus zog sich in Südwestdeutschland dieses Bestreben, das Aufbäumen gegen einen übermächtigen Importdruck und zugleich ein Nachahmen ausländischer Vorbilder. Einen verheißungsvollen Anfang machte 1661 die in Hanau von niederländischen Glaubensflüchtlingen gegen die Delfter Konkurrenz gegründete und vom weitsichtigen Grafen Friedrich Casimir von Hanau privilegierte erste Fayence-Manufaktur auf deutschem Boden. Über ein Jahrhundert stand sie in Blüte, war vorbildlicher Anfang der deutschen feinkeramischen Industrie, insbesondere der über 30 Fayencemanufakturen Südwestdeutschlands im 18. Jahrhundert, und stellte gewissermaßen die zu durchschreitende Vorhalle dar, um wenig später ins Arkanum, ins Geheimnis der Porzellanherstellung zu gelangen. Auch unmittelbar an den Oberrhein wurde die »Porzellanbäckerei«, wie die Fayenceherstellung hieß, durch den unternehmerischen Wagemut einer vom Niederrhein eingewanderten Familie, den Hannongs, gebracht. Mit ihren Pionierleistungen haben sie sich in der Gewerbe- und Kunstgeschichte des Oberrheins ein bleibendes Denkmal gesetzt. Von den Hannongs gingen Impulse auf die Gründung und die Entwicklung der Porzellan- und Fayencemanufakturen am Oberrhein aus. Nachdem der aus der kurfürstlich mainzischen Porzellanmanufaktur Höchst entwichene Arkanist Christian von Löwenfink, von 1746 bis 1748 in Meißen tätig gewesen, das Geheimnis des Hartporzellans nach Straßburg zu Paul Hannong gebracht hatte, aber die Porzellanherstellung von der französischen Regierung mit Rücksicht auf die königliche Manufaktur Sèvres verboten worden war, gründete Hannong in der Kurpfalz 1755 die von Kurfürst Karl Theodor privilegierte und subventionierte Frankenthaler Porzellanfabrik. Während der Krise der sächsischen Manufaktur im Siebenjährigen Krieg ausgewanderte sächsische Porzellanmacher brachten das Arkanum ins markgräfliche Ansbach und nahmen dort 1757/58 die defizitäre, von Subventionen der öffentlichen Hand lebende Porzellanfabrikation auf. Meißener Arbeiter kamen auch nach Ludwigsburg und verhalfen der von Herzog Carl Eugen von Württemberg 1758 gegründeten und finanziell großzügig unterstützten Porzellanmanufaktur zu künstlerischer Blüte (1766: 154 Beschäftigte).
Während der Manufakturperiode wurden in der Fayence- und Porzellankunst nicht nur hervorragende, bleibende und noch heute vielbegehrte künstlerische Leistungen vollbracht, es entstanden Kostbarkeiten, in ihrer künstlerischen Aussage durchaus ebenbürtig den architektonischen und bildhauerischen Schöpfungen des Barock. Wichtiger sind im wirtschaftlichen Zusammenhang die namentlich mit den feinkeramischen Manufakturen aufgekommenen neuen Organisationsformen der Produktion

Die Fayence-Manufakturen Südwestdeutschlands des 17./18. Jahrhunderts und ihre Lebensdauer

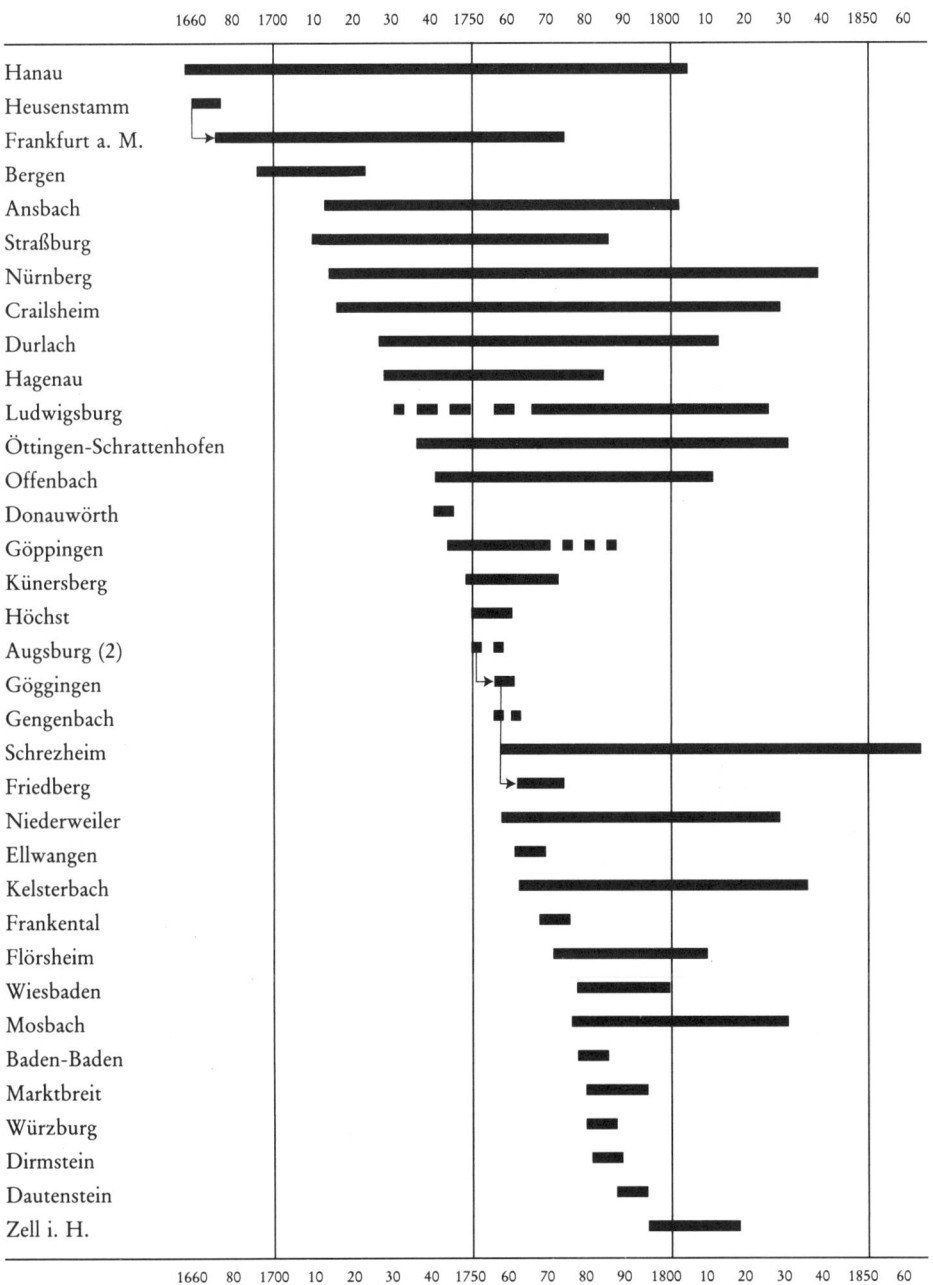

und des vorwiegend auf den Export gerichteten Absatzes. Der in den Manufakturen arbeitsteilig organisierte, technologisch komplizierte Produktionsprozeß war deutlich über die handwerkliche Werkstatt hinausgewachsen. Ohne die obligaten »Beamten« arbeiteten 1775 in der Frankenthaler Porzellanmanufaktur – der größten unter den südwestdeutschen – 203 Beschäftigte. Zwischen 1786 und 1792 betrug der jährliche Warenumsatz 12000 fl. Frühzeitig wurde in den feinkeramischen Unternehmen die Trennung von kaufmännischer und technischer Direktion verwirklicht und der Vertrieb als ein auf keinen Fall zu vernachlässigendes Terrain entdeckt. Auswärtige Warenlager und Niederlassungen wurden errichtet, der Ausverkauf älterer Lagerbestände organisiert. Soziologisch war interessant, »wie sich der Künstler, ohne Zweifel durch den Unternehmer, gerade auch durch den fürstlichen Unternehmer gefördert, in der Gemeinschaftsarbeit als für die Qualität der Erzeugnisse entscheidende Kraft durchzusetzen hatte« (A. Klein). Gebrauchsgüter fabrizierende Porzellan- und Fayencemanufakturen entdeckten wohl zuerst die wirtschaftliche Bedeutung der Produktgestaltung, also die Vermarktungsfaktoren Gebrauchstauglichkeit und Gestaltqualität.

Luxusgüter

Für Baden machte E. Gothein die Beobachtung: Trotz der Vorliebe Markgraf Karl Friedrichs »für Gewerbe, welche die einheimischen Rohstoffe verarbeiten, ist unter ihm besonders die Einführung von Luxusgüterindustrien geglückt, während seine Vorgänger zwar eine ausgesprochene Vorliebe hierfür gehegt hatten, aber doch nur zu geringen Erfolgen gelangt waren«. Hierin zeigte sich keine badische Besonderheit. Allgemein boten sich dem gedeihlichen Fortkommen der für den Merkantilismus typischen Luxusgüterindustrien in der zweiten Hälfte des 18. Jahrhunderts bessere Chancen als während der eher wirtschaftlich stagnierenden ersten Jahrhunderthälfte. In den landesherrlich privilegierten und geförderten Luxusgüterindustrien: Lederfabriken (Ludwigsburg 1724/87; Mosbach 1775; Hirsau 1766) und Tapetenmanufakturen (Karlsruhe, Heidelberg 1774–1799, Mannheim 1766), die Seidenstrumpf- und Seidenzeugwebereien sowie die eigenartige, von französischen Schweizern 1767 nach Pforzheim verpflanzte Bijouterie, Wurzel der zukunftsträchtigen Pforzheimer Schmuckwarenindustrie, erwachsen zunächst aus dem dortigen Waisenhaus. 1784 entstand im österreichischen Konstanz eine der Pforzheimer Fabrik ähnelnde kombinierte Uhren- und Bijouteriemanufaktur. Von Pforzheim wurde die Bijouterie nach Ludwigsburg verpflanzt. Auch in Rastatt bewies Markgraf Karl Friedrich durch die dort für den als Arbeitgeber ausgefallenen Hofstaat 1778 seßhaft gemachte Manufaktur für modische englische Stahlwaren, wie sehr bereits das 18. Jahrhundert zu einer Industrieansiedlungspolitik von säkularer Bedeutung fähig war. Auch die etwa 75 Schmuckkabinette der verselbständigten Pforzheimer Manufakturarbeiter stellten ein herausragendes Beispiel landesherrlicher Mittelstandspolitik des 18. Jahrhunderts dar. Der schon im 16. Jahrhundert faßbare Markt für feine Seidenwaren (1520: Seidenstik-ker in Stuttgart), mit der zunehmenden Nachfrage nach kostbaren Seidengarderoben während des Barockzeitalters stark gewachsen, gab offenbar zu größten, jedoch überzogenen geschäftlichen Hoffnungen Anlaß. Die nachweislich fast 40 Seidenmanufakturen, Seidenbandwirkereien und Florettspinnereien Südwestdeutschlands (1604 Stuttgart, 1725 Pforzheim, 1735 Cannstatt und Ludwigsburg, 1749 Durlach, 1752 und 1762 Heidelberg, 1758 Freiburg, 1761 Karlsruhe, 1764/65 Mannheim, 1770 Lörrach, 1771 Isny u. a.), allesamt einen erheblichen Aufwand an Staatszuschüsse nicht entbehrendem Kapital erfordernd, kämpften im 18. Jahrhundert, angewiesen auf Rohseidenimporte aus Italien und der Levante, mit Problemen der Rohstoffbeschaffung, mit Absatzstockungen und dem Mangel an fähigen Arbeitskräften. Daß Markgraf Karl Friedrich die ersten Strümpfe aus badischer Seide als Beinkleidung trug, machte Seide noch nicht zum vielbegehrten »Verkaufsschlager«. Die Rechnung, man könne sich die Transportkosten für Importseide selber verdienen, ging nicht auf. Allzusehr war das Seidengeschäft auch den wechselnden Launen der Mode unterworfen, denen sich jedoch zwei pfälzische Manufakturen, auf bedeutenden ausländischen Märkten Fuß fassend, mit erstaunlicher Flexibilität anzupassen wußten. Die Seidenstrumpf- und Seidenzeugmanufakturen von Rigal in Heidelberg (1752–1798), von 1771 an teilweise Aktiengesellschaft, stellten mit ihren fast 500 Beschäftigten (1786) den ersten industriellen Großbetrieb in der Geschichte Südwestdeutschlands dar, fast ein Wunderwerk in seiner Unternehmensorganisation, gewinnträchtig in den 1780er Jahren, damals insgesamt ein Wertobjekt von etwa 200000 fl.

Über das 18. Jahrhundert hinaus vermochte sich die hausindustrielle Seidenspinnerei und -zwirnerei, zuerst von Schweizer Häusern in der Baar und in Oberschwaben (Hohenzollern) eingeführt, zu behaupten. Verweben ließ der bedeutende Seidenfabrikant Joh. Jak. Thurneisen, der seit 1764 Villingen zum Mittelpunkt seiner hausindustriellen Florettspinnerei gemacht hatte, die Seidengarne in Basel. Namentlich die Mez, in denen sich calvinistischer Geschäftsgeist mit pietistischer Karitas verband, verstanden das Seidengeschäft gründlich. Wahrscheinlich ließ die Seidenmanufaktur von Mez in Kandern, später nach Freiburg verlegt, seit den 1770er Jahren auf dem Wald noch Seide spinnen. Verschiedene Garne fabriziert die MEZ AG, jetzt im Besitz schottischer Aktionäre, in Freiburg noch heute.

Vom Bekleidungsbedarf des Hofes, der Staatsdiener und besonders des Militärs (Monturwaren) hing meist das Schicksal der häufig mit landesherrlichen Finanzspritzen gegründeten Tuchmanufakturen und Wollwebereien ab. Die größte unter den acht pfälzischen Gründungen, die anfangs kurfürstliche Zeugmanufaktur in Frankenthal (1761–1802), gab bei einem Kapitalaufwand von 110000 fl (kurfürstliche Kasse und Teilhaber) um 1785 fast 1000 Menschen Arbeit. Bei der aus Staatsräson und Armenfürsorge im 18. Jahrhundert zeitweiligen Verbindung zwischen Waisenhaus, Strafanstalt und Manufaktur (Pforzheim 1718–1752; Ludwigsburg 1770–1824, Mannheim 1788–1795 u. a.) ergab sich bei bedingungsloser Ausbeutung von Insassen unvermeidlich ein die Institution in Frage stellender Ziel-Mittel-Konflikt. Betriebliche Kontinuität vom Manufaktur- zum Industriezeitalter ist bei Unternehmen der Tuchindustrie auffallend selten, die Schönlebersche Wollenfabrik in Bietigheim ein solches seltenes Beispiel, von 1824 an der privatisierte Nachfolger der staatlichen Tuchmanufaktur in Ludwigsburg.

Wie sehr sich Industrieprotektionismus und ein gleichzeitig rigoroser Fiskalismus wechselseitig ausschlossen, bewies die anfangs von den Landesherren künstlich hochgezüchtete Tabakindustrie. Unter der Herrschaft des gleichermaßen in Baden, der Kurpfalz und in Württemberg errichteten Tabakmonopols wucherten Korruption und leichtsinnige Finanzspekulationen. Erst die Abkehr vom Monopoldenken schuf Rahmenbedingungen für eine solide Entfaltung dieser Industrie (um 1780 rund 20 Unternehmen, jeweils höchstens 40 Beschäftigte), deren wichtigste Standorte – Mannheim, Leimen, Karlsruhe, Heilbronn, Ulm, Lahr – in protestantischen Territorien lagen. An Unternehmenskontinuitäten vom Manufaktur- zum Fabrikenzeitalter mangelte es nicht (Lahrer Tabakfabriken: Lotzbeck 1774–1925; Gebr. Hugo 1778–1859). Relativ kurzlebige Modeerscheinungen brachten die neben der handwerklichen Pudermacherei im Merkantilzeitalter aufgekommenen, die Nähe größerer städtischer Märkte bevorzugenden Stärke- und Puderfabriken (insgesamt 8) empor. Man könnte sie den Anfängen der modernen Kosmetikindustrie zuordnen. Puder fand vielseitige und reichliche Verwendung an Kopf und Körper in der eitlen barocken Lebenswelt, war höfischen Kreisen unentbehrlich und dem Militär verordnet. Die Perücken mit großem Lockenarrangement wurden sorgsam gepudert, als Haarpomade aber diente den sozialen Oberschichten (v. Reischachsche Hausrechnungen) Schweineschmalz, mit duftendem Rosenöl versetzt. Zur obligaten Zahnpflege gehörte im 18. Jahrhundert die bei Oberschichten nachweisliche Benutzung der Zahnbürste (Preis 4–8 Kreuzer) und des dazugehörigen Zahnpulvers (20 Kreuzer).

Brauereien

Außer in Heidenheim fanden sich im vorwiegend Wein zechenden Württemberg im 16. Jahrhundert nirgends Brauereien. Man trank, wenn es sein mußte, besonders Augsburger und Ulmer Bier und zahlte 1588 für letzteres pro Faß 10 fl in Tübingen. In Südwestdeutschland, typisches Wein- und Mostland, herrschte das an bestimmten Hausbesitz gebundene und zuweilen zünftlerisch organisierte und reglementierte Kleinbraugewerbe mit geringer Kapazität bis ins 19. Jahrhundert vor. An südwestdeutschen Bieren war außerhalb des Landes lange Zeit nur der braune, klare Mannheimer Gerstensaft bekannt. Nach dem Dreißigjährigen Krieg kamen in Mannheim erste größere Brauereien hoch. Von den 20 Bierbrauern stammten fast alle aus Holland. Bis 1679 läßt sich die namhafte Eichbaum-Brauerei in Mannheim, das heute größte badische Brauhaus, zurückdatieren. Bier wurde dort gebraut, wo kein Wein wuchs. Die Schloßbrauerei Schwendi bei Laupheim wurde 1683 gegründet. Für 3000 Gulden ließen sich die 17 Ulmer Brauereien (weitaus größte der städtische »Herrenkeller« und der »Gold-Ochse«) 1668 vom Rat privilegieren. Von 1771 bis 1781 betrug der jährliche Malzversud der Brauerei zum »Herrenkeller« 2680 Zentner. Als Wegbereiter des kommerziellen Braugewerbes auf der Baar kann die seit 1705 auf Gewinn brauende Fürstlich Fürstenbergische Brauerei in Donaueschingen gelten (1780: 10–11 Brauknechte). Man lernte, in die Brauerei zu investieren, erzielte steigende Erträge (1791/92: ca. 34000 fl), eine gute Kapitalverzinsung und erkannte die wahrzunehmenden Unternehmerfunktionen. Die großen, nicht minder langlebigen Verkaufsbrauereien in der Nachbarschaft reihten sich etwas später an: die Engelbrauerei in Tuttlingen, die Brauerei zum Pflug in Rottweil (1750), Grafenbräu in Bräunlingen (1770), Hirschbrauerei Wurmlingen (1782), die Rothaus-Brauerei der Benediktiner von St. Blasien (1792), die Bärenbrauerei Schwenningen (1793). Der Wirt auf dem Fährhaus zu Waldshut bat 1771 mit astreinen merkantilistischen Argumenten um die Genehmigung, Bier brauen zu dürfen, da »sehr vieles Geld, so sonsten nacher Donaueschingen, Löffingen, Ulm, Kempten, Lindau, Memmingen, Buxheim etc. in das Reich geschleppt wird, in dem Land bleiben wird«.

Nach der Ulmer Biersiederordnung von 1491 sollte zum Bier nichts anderes genommen werden als Wasser, Gerste, Malz und Hopfen. Später wurden auch Gewürzbiere gebraut. Die Ulmer Bierbrauer-Ordnung von 1739 überliefert eine schwäbische Variante des Reinheitsgebots. Danach sollten zum weißen und zum braunen Bier (teurer) nichts anderes als »allein Gersten, Malz, Hopfen, Salz, Heffen und Wasser« genommen werden. Um dem Bier »ein guten Geschmack, Geruch und Anmutigkeit zu machen«, war die Beigabe von »Wermut, Wachholder, Zimmet, Nägelin und dergleichen« gestattet.

Die erste, an ältere Anordnungen anknüpfende württembergische Bierordnung von
1644, erlassen für etwa 30 Kleinstbrauer, bestimmte, daß zum Brauen nur Gerste und
Weizen, oder mangels dessen auch Dinkel sowie Hopfen und Wasser bei mäßigem
Gebrauch von Wacholder, Kümmel und Salz verwendet werden dürfe, aber andere
Zusätze (Kräuter) und Verfälschungen verboten seien. Im Weinland Württemberg
kündigte sich billig zu befriedigender Bierdurst namentlich bei Fehlherbsten etwa seit
1600 an. Infolge schlechter Weinjahre und der dann teuren Weinversorgung gewann
das Bier breitere Schichten der Bevölkerung zu Konsumenten und vergrößerte von
den Gebieten jenseits der Weingrenze und den Randgebieten des Weinwuchses seinen
Markt, kurzfristig aufgehalten in seinem Vormarsch nur in guten Weinjahren und bei
schlechten Getreideernten. Im Verlaufe eines Jahrhunderts hat sich die Zahl der
Braustätten im Kampf gegen den Wein mehr als verfünffacht (1711: 175 Betriebe in 40
Ämtern). Langsamer faßte die Brauerei am weinreichen Oberrhein Fuß, in Renchen
durch Gründungen von 1729 und 1768, in Heidelberg durch die Brauerei »zum gulde-
nen Schaf«, deren Schildgerechtigkeit seit 1753 nachweisbar ist.

Handwerkerpolitik

Die neuen politischen Strukturen und veränderten wirtschaftlichen Gegebenheiten
seit dem 16. Jahrhundert blieben nicht ohne Einfluß auf die Situation des nicht mehr
auf die Städte beschränkten Handwerks. Vergebens klagten die württembergischen
Städte 1594: »Alles Gewerbe ziehe je länger je mehr in die Dörfer.« Zunft- und Handwerkerpolitik südwestdeutscher Territorialstaaten zielte bei zähem Widerstand der
selbstherrlich gewordenen Zünfte gegen ihre Abschließung nach außen, wollte Nachteile zünftlerischer Anbietermonopole ausschalten und der Verknöcherung der
Zünfte im Inneren entgegenwirken. Mitte des 16. Jahrhunderts setzte sich in Württemberg unter Herzog Christoph der Grundsatz durch, daß Handwerke ohne Bewil-
ligung der Herrschaft weder eigene Ordnungen noch eine eigene Gerichtsbarkeit auf-
richten dürften. Die Selbstverwaltung der Zünfte wurde im Interesse einheitlicher Regelungen, der Existenzsicherung der Handwerker und aus fiskalischen Absichten der
staatlichen Kontrolle unterworfen. Herzog Christophs Handwerkerpolitik war zugleich darauf gerichtet, neue Gewerbe notfalls gegen den Widerstand der Landschaft
ins Land zu ziehen. Mit Hilfe herbeigeholter Maurer und Steinmetze aus dem Allgäu
suchte er den Steinbau zu verbessern. In der »Neuen Bauordnung« von 1568 zwang er
die Städte, das Ziegeldach einzuführen und bestimmte für das ganze Land, das Unter-
geschoß der Häuser aus Stein zu errichten, eine seitdem bewährte Bauweise, an der in
Württemberg bis ins 20. Jahrhundert festgehalten wurde. 1555 erinnerte der Herzog

an ein in Worms von Herzog Wilhelm von Jülich gegebenes Versprechen, »uns einen ziegelbrenner, so auf einmal etlich schock ziegel brennen konde, zuzuschicken«. Symptomatisch für seine Handwerkerpolitik war die von ihm 1559 erstrebte Vereinheitlichung der württembergischen Kannengießerordnung mit der der Reichsstädte Gmünd, Reutlingen, Weil der Stadt, Wimpfen und Hall, um durch Einführung des reichsstädtischen Zinn-Blei-Mischungsverhältnisses (9:1) die Qualität der württembergischen Zinnerzeugnisse durch Verringerung des gesundheitsschädlichen Bleis zu verbessern und ihnen einen größeren Markt zu eröffnen. Erst im 16. Jahrhundert setzte in Südwestdeutschland, beeinflußt von Nürnberger oder Straßburger Vorbildern, der Aufstieg der sehr arbeitsaufwendigen, kunstvollen Zinngießerei ein mit Zentren in Esslingen und Ulm. Sie erreichte im 17./18. Jahrhundert ihren Höhepunkt (1638–1693 etwa 85 Zinngießer in Württemberg; 1739 ca. 30 Meister). Steingut, Fayence und Porzellan verdrängte seit Ende des 18. Jahrhunderts das beliebte Zinngeschirr mit seinen obligaten Meistermarken (vgl. Schmidt: Vaihinger Zinngießer). Das Verzinnen von Geschirr, im 15. Jahrhundert in Böhmen, Zinnlieferant Europas, erfunden, hatte sich im 17. Jahrhundert in Deutschland verbreitet. Noch heute wird das alte handwerkliche Feuerverzinnen fast unverändert in mittelständischen Unternehmen Baden-Württembergs betrieben. Die handwerkliche Tradition der Zinngießerei, der Industrialisierung trotz vermehrter Verarbeitung von Zinn zum Opfer gefallen, lebt heute in einigen Handwerksbetrieben am Bodensee und in Öhringen fort.

In Württemberg schlugen sich seit dem 16. Jahrhundert in wohl jeder Zunftordnung durch obrigkeitliche Einflußnahmen verschärfende und präzisierende Bestimmungen nieder. Aus 69 Punkten bestand die Ordnung der unter strenge Aufsicht gestellten Müller von 1627. Die Ordnung des Zimmerhandwerks von 1590 schrieb als Meisterstück vor: »... ein winkelgerechtes und dann ein schräges Haus mit zwei oder 3 Stökken zweifach geriegelt, mit wohl ausgestreckten, geschifften, eingesetzten und eingezapften Bügen, auch Hochlichten und Kropfbügen, einen verschwölten Dachstuhl, Dachstuhl mit einem Bruch, einen Walbau im Dachstuhl und eine Steige ins Visier zu stellen und aufzureißen«. Schiefe Fachwerkhäuser in unseren alten Städten fallen demnach nicht unter die Kategorie Pfusch am Bau. Drei bis fünf Jahre sollte sich die Lehrzeit und zwei Jahre die Wanderzeit laut Schlosserordnung belaufen. Die Bildhauer- und Malerordnung von 1623 verbot den Gipsern und Tünchern »die Malung der Uhrtafeln, Vergoldung derselben, der Zeiger und Zahlen, Vergoldung der Knöpfe mit Hahnen und Fahnen auf Häusern und Kirchen«. Bei den Küblern wurde laut Ordnung von 1604 bei nur zweijähriger Lehrzeit als Meisterstück ein dreieimeriger »Badzuber oder eine Bütte, eine Gölte, ein Fischlägel, ein Schenkfaß und ein Trichter« gefordert.

Schmuckhandwerk: Gmünd, Freiburg

Die Edelmetallschwemme des 16. Jahrhunderts brachte den Gold- und Silberschmieden neuen Aufschwung. Schon zu Anfang des Jahrhunderts arbeiteten sie in größerer Zahl in Ulm und Esslingen (Goldschmiedeordnung von 1520). Pforzheims Wurzeln als Goldstadt reichen in diese Zeit zurück. Freiburgs Goldschmiedekunst wurde gelobt. Ende des Jahrhunderts erhielten die Gold- und Silberschmiede von Gmünd ihre Ordnung. Handwerkszeug und Arbeitsmethoden haben sich von der Antike bis heute kaum verändert. Als dann im 17. Jahrhundert die Konjunktur zurückging, es an materiellen Hilfsquellen überall mangelte, zog plötzlich die große Zeit der Gmünder Goldschmiede herauf, bei weitem Vorrang der Anfertigung von Silberwaren (1695: 94 visitierte Werkstätten). Ihren Hauptumsatz machten die ideenreichen Gmünder Hersteller mit Hunderten von kleinen und billigen Massenartikeln, Schmuck, Kettchen, Ringen, Knöpfen, Haarnadeln für die breiten Mittel- und Unterschichten. Hier war vor allem durch Preisgabe starrer, aber nicht mehr zeitgemäßer Handwerkstraditionen leichter Gewinn zu erzielen. Obwohl die Bestimmungen auch bei kleinsten Stücken mindestens zwölflötiges Silber (1 Lot = 14,61 g) vorschrieben, hielten sich die Gmünder nicht daran, konnten im Preis nachlassen und offenbar die Konkurrenz zu deren großem Ärger unterbieten. Trotz der hohen Strafen, zu denen die Gmünder Schmuckschmiede immer wieder auswärts verurteilt worden waren, änderten sie nichts an ihrem nach Zunftmaßstäben notorisch schlechten Ruf und verkauften weiterhin ihre Silberwaren mit Feingehaltsunterschreitungen. Während der Schmuckwaren-Konjunktur um die Mitte des 18. Jahrhunderts diktierten sogar die Goldschmiede (1739 über 250) den Händlern die Preise: »... man zahlte ihnen ihre Waren, was sie verlangten, gut, bar und sehr teuer« (Debler).

Von einem anderen Schmuckhandwerk in und um Gmünd berichtete Sebastian Münster in seiner Cosmographia (1544): »Es ist zu unsern Zeiten ein gros gewerb do vo cristallinen, augsteinern, von brinen pater noster daraus jährlich etlich tausend Gulden erlöst werden.« Schon im 15. Jahrhundert verlieh Graf Ulrich V. von Württemberg verschiedene Augsteinbergwerke, in denen mineralisch aussehendes, polierfähiges Gagat, stark bituminöse Braunkohle, gewonnen wurde. Augsteindreher und Augsteinschneider in und um Gmünd stellten daraus Perlen, Kugeln für Rosenkränze, Kreuzchen und Knöpfe her. In diesem Zusammenhang entwickelten sich auch die Anfänge der bald bedeutenden Filigranarbeit in Gmünd. Hoher künstlerischer Wertschätzung erfreute sich an den Höfen die Ende des 16. Jahrhunderts wieder in Mode gekommene Elfenbeindrechslerei. Der Haller Leonhard Kern (1585/88–1662), 1617 in kurpfälzischen Diensten in Heidelberg, ab 1620 wieder in seiner Heimat, wurde zum Wegbereiter der Aktdarstellung in der europäischen Elfenbeinkunst des Barock.

Das Gewerbe der Breisgauer Steinschleifer, die »Borer und Balierer«, wie sie hießen, durch nahe, reiche Mineralschätze standortlich bedingt und angewiesen auf Wasserkraft zum Bohren, Schleifen und Polieren der Steine, hatte sich im 15./16. Jahrhundert rasch in und um Freiburg ausgebreitet und zeigte von der Mitte des 16. Jahrhunderts an unter dem Druck der Konkurrenz Abriegelungs- und Gleichschaltungstendenzen. Die Verschlechterung ihrer materiellen Lage verstärkte die Monopolstellung der Großhändler für Rohware. 1615 zählte die Freiburger Bruderschaft etwa 200 Meister und erzielte nach eigenen Angaben einen Jahresumsatz von 30000 fl (Lohnanteil am geschliffenen Granat 40%). Der im 17. Jahrhundert verfallenen Zunft gelang erst um die Mitte des 18. Jahrhunderts, gefördert durch Maßnahmen der österreichischen Regierung, in Freiburg und Waldkirch ein kurzer Wiederaufstieg zu einstiger Höhe. Doch ab 1780 war die Granatschleiferei an Dreisam und Elz durch das Vordringen von Granatimitaten aus gefärbten Glasflüssen und die billige böhmische Konkurrenz dem völligen Verfall preisgegeben. Bei dieser Gelegenheit verlautete erstmals von einer Regierung der in der südwestdeutschen Wirtschaftsgeschichte seitdem häufiger zu hörende wohlmeinende Rat, daß die vom wirtschaftlichen Untergang Betroffenen oder deren Kinder andere Berufe erlernen sollten.

Neue Handwerke – Uhrmacher

Nicht wenige, erst in der frühen Neuzeit aufgetauchte Gewerbe und Handwerke schienen die Zukunft für sich zu haben. Zu den erst im 18. Jahrhundert in der Residenzstadt Stuttgart seßhaft gewordenen Gewerben zählten die Bürstenbinder, Feilenhauer, die physikalische Geräte bauenden Mechaniker, die Perückenmacher, Siebmacher, Uhrmacher und die Zirkelschmiede. Am Ende des Ancien régime gab es in Südwestdeutschland rund 90 verschiedene zünftlerisch gebundene Gewerbe, mehr als im Herbst des Mittelalters, Resultat einer unaufhörlich fortgeschrittenen gesellschaftlichen Arbeitsteilung, der von der Wirtschaft aufgenommenen technischen Innovationen und der Anpassung an modischen Wandel.

Von der Mitte des 17. Jahrhunderts an wurden mit einiger Wahrscheinlichkeit die ersten Uhren im Schwarzwald hergestellt, Nachbauten böhmischer Fabrikate, ganz überwiegend noch bis ins ausgehende 18. Jahrhundert aus billigem Holz gefertigt. Mitte des Jahrhunderts löste die Pendeluhr, 1657 zuerst in Holland in Betrieb gesetzt, die alte Wagenuhr ab. Das Besondere der Schwarzwalduhr lag eigentlich in ihrem Design, typisch hierfür anfangs das quadratische mit einem Halbkreis betonte Uhrenschild, an allen vier Ecken mit Blumen bemalt und seit Mitte des 18. Jahrhunderts die an Variationen reiche Schwarzwälderfigurenuhr (1738: Kuckucksuhr!). Ein neues Gewerbe fing wachsenden Bevölkerungsdruck auf. 1796 wurde die Zahl der Schwarzwälder Uhrmachermeister auf rund 500 beziffert.

Den Ende des 16. Jahrhunderts in England erfundenen Strumpfwirkstuhl, brachten hugenottische Wirker im 17. Jahrhundert nach Süddeutschland. Seitdem waren namentlich für die Entwicklung der württembergischen Heimwirker (Strumpfwirkerordnung von 1750) die aus dem Westen importierten Wirkstühle entscheidend. An sie knüpfte ein neuer, bald bedeutender Erwerbszweig an.

Lebensmittelhandwerker

Unter den traditionell für den Nahmarkt produzierenden Handwerkern stellten Schuhmacher und Schneider gewöhnlich das stärkste Kontingent (1788 in Stuttgart zusammen 314), gefolgt von Metzgern und Bäckern (1788 in Stuttgart zusammen: 217). Häufig wurde eine Übersetzung der traditionellen Handwerke in den Städten beklagt, in Ulm nach 1635 die des Metzgerhandwerks.

Für Grundnahrungsmittel galt gewöhnlich eine, je nach Marktlage festgelegte Preistaxe. Die freiheitliche Handelsmetropole Mannheim hatte sich Mitte des 17. Jahrhunderts von der üblichen Preistarifierung entfernt und zum Vorteil des Verbrauchers das Beispiel eines gesunden Wettbewerbs geboten. Das Ergebnis war, daß das Pfund Fleisch bei »Juden-Metzgern« nur drei Kreuzer kostete und bei »Christen-Metzgern« vier Kreuzer. Das angebotene schmale Wurstsortiment der Metzger (Brat-, Leber- und Lammwurst) blieb im Mittelalter und in der Neuzeit fast gleich, die Nachfrage nach Eingeweiden groß. Auch in der schwäbischen Herrschaftsküche (Küchenausgaben der Grafen von Beroldingen) wurden Kuttelfleisch (Kuttelmarkt in Ulm), »Glinga«, Euter, Zungen, Ochsenmaul, Ohren und Füße verwendet. Beim Bein-Verkauf der Ulmer Metzger hatten die dortigen Beindrechsler 1652 den Vorrang vor ihren viel Beinschnitzerei exportierenden Mitbewerbern aus Heidenheim. Einfallsreich im Erfinden neuer Produkte erwiesen sich die Süß- oder Zuckerbäcker, die späteren Konditoren. Die schmackhaften Langenburger Wibele, das kleinste Gebäck der Welt, 1763 dem Zuckerbäcker Wibel erstmals gelungen, werden noch heute in der einstigen Hofkonditorei G. F. Bauer im hohenlohischen Langenburg nach altem Rezept hergestellt. Schwäbischen Krautkuchen bestrichen übrigens die Reichsstädter mit frischer Bratwurst. In neuerer Zeit wurde in den Reichsstädten das mittelalterliche Prinzip der zur besseren Kontrolle erfolgten Konzentration der Nahrungsmittelhandwerke auf dem Markt mehr und mehr durchbrochen, in Ulm zuerst der Ladenverkauf in den Bäckerhäusern erlaubt. Gmünder Kaufleute und Krämer unterhielten im 18. Jahrhundert öffentliche Läden.

Zunftstatistik – Zunftordnungen

Das württembergische Handwerk erzielte 1726 einen Umsatz von rund 1,6 Mio. Gulden. Nach der Zahl der Zünfte in 40 württembergischen Ämtern zu urteilen, präsentierten sich 1731 die Residenzstädte Stuttgart (40) und Ludwigsburg (39) als gewerbereichste Standorte mit dem differenziertesten gewerblichen Angebot. Fürstliche Hofhaltungen verbesserten dem Gewerbe die ökonomischen Chancen. Es folgten in der Zunftstatistik das durch sein Metall- und Textilhandwerk bedeutende Blaubeuren (36) sowie die Zentren von Exportgewerben, Balingen (25), Urach (19) und die Ämter Calw und Kirchheim/Teck (je 18). 29 Ämter benannten drei bis 15 Handwerkerzünfte. Als Amt ohne eigene Zunft erschien nur das Schwarzwaldamt Dornhan. In den ländlichen Räumen des Schwarzwaldes beeilte man sich nicht sonderlich in der eigenen Zunftbildung. Erst auf Geheiß und Druck der Obrigkeit (Fürstenberg u. a.) wurden Handwerker im 17./18. Jahrhundert von Land und Amt zu »alliierten« Zünften zusammengeschlossen, wobei mögliche ältere, historisch gewachsene Bindungen zu auswärtigen städtischen Zünften zerschnitten werden mußten. Erst 1701 erhielt die fürstenbergische Residenz Donaueschingen eine gemeinsame Zunft, bestehend aus 28 Handwerken mit 175 Mitgliedern (demgegenüber 1730 in Stuttgart 1604 Mitglieder aus 50 Gewerben). Überall machte sich die Ausdehnung des Handwerks in unterschiedlicher Stärke auf das flache Land geltend, verbesserte das dortige, nunmehr eingezünftete Handwerkerangebot und ermöglichte den unterbäuerlichen Schichten den Übergang zum Hausgewerbe als ständigen Beruf. 1717 gehörten der aus dem Mittelalter datierenden Elogius-Bruderschaft im ansbachischen Crailsheim, ganz überwiegend metallverarbeitende Handwerker, 24 Stadt- und 44 Landmeister an. Noch deutlicher wurde vom ländlichen Exporthandwerk der städtische Zunftmeister von seiner einst dominierenden Position verdrängt. Die Arbeitsteilung zwischen Stadt und Land ordnete sich neu. Der städtische »Handwerkerzwang« ließ sich nur mühsam aufrechterhalten (Rottweil).

Reichskonstitutionen haben, beginnend im 16. Jahrhundert, unter dem Druck der immer wiederkehrenden Anklagen gegen die unsoziale Schließung der Zünfte, gegen ihre die Produktivität fesselnde Machtstellung als Kollektivmonopole und die von ihnen in der Wirtschaftspraxis durchgesetzten gruppenegoistischen Ziele (Betriebsgleichheit) die Selbstverwaltung der Handwerker zerstört und den souverän gewordenen Territorialherren, ihre landesherrliche Gewalt stärkend, das Recht gegeben, eigene Zünfte in ihren Ländern einzurichten und ihnen in neuen Gewerbeordnungen entsprechendes Handwerksrecht zu setzen. Schon 1672 wurde auf dem Reichstag der Vorschlag gemacht, die Zünfte gänzlich aufzuheben. In Mannheim war unter Kurfürst Karl Ludwig die alle herkömmlichen Zunftverbindungen ausschließende Gewerbefreiheit verwirklicht. Metzger und Schuhmacher opponierten am heftigsten dagegen und waren auch die ersten, die in neuen Zunftordnungen (1721/24), als sich das Zunftwesen in Mannheim ab 1702 wieder einbürgerte, sich lästige Konkurrenz vom Halse schafften. Zum Grundgesetz des Handwerks im 18. Jahrhundert (W. Fischer) wurde der überlieferte Zunftnormen durchbrechende Reichstagsabschied von 1731 (Reichszunftordnung), dessen wichtigste Bestimmungen das Gesellenwesen betrafen. Württemberg, wo Mißstände der Zünfte nach einer Rundfrage der Regierung nicht zu beklagen waren und wo die Einfügung der Zünfte in den territorialen Verwaltungsorganismus bereits in der zweiten Hälfte des 16. Jahrhunderts gelungen war, ließ sich – wie andere südwestdeutsche Territorien – Zeit mit der auf die Reichszunftordnung gestützten Reform des Innungswesens. Eine revidierte Gewerbeordnung erging in Fürstenberg 1756, in Württemberg mit einheitlichen Statuten 1758 und in Baden mit der Generalzunftordnung von 1760.

Die Zwangsinnung und eine feste Berufsordnung für das Handwerk lagen im Interesse des aufgeklärten Staates im Rahmen seines übergeordneten Zieles nach Mehrung des Gesamtwohls, dem auch die Zünfte anzupassen und unterzuordnen waren. Die Anfänge staatlicher Mittelstandspolitik wurzelten indes schon im 16. Jahrhundert, als sich die patriarchalische Fürsorge für die Gesamtheit der Landeskinder als leitende Idee der landesfürstlichen Politik herausschälte. Die Kurpfalz und Württemberg machten mit Konzessionen und Begnadigungen für gewerbtüchtige Einwanderer den Anfang. Erlassene Kleiderordnungen (württembergische Landesordnungen von 1567, 1621 und 1735) begünstigten den Konsum inländischer Erzeugnisse. Einfuhrverbote und -beschränkungen für ausländische Produkte und umgekehrt Ausfuhrverbote für benötigte heimische Rohstoffe boten häufig unerläßliche Handhaben zur Stärkung des inländischen Gewerbepotentials.

Unter obrigkeitlichen Einflüssen wurden seit dem 16. Jahrhundert sowohl das mittelalterliche Schauwesen von der Fortbildung der Qualitätsprüfungen (Stempelung bei Goldschmieden, Zinngießern und bei Webwaren) bis hin zur Markierung der Exportfähigkeit der Produkte verstärkt, als auch die Lohn- und Preisnormierung durch Taxordnungen allmählich auf den gesamten »Warenkorb« ausgedehnt. Willkürlichen und wucherischen Preisbemessungen durch Zünfte und Handel sollte ein Riegel vorgeschoben werden. Bei der Knappheit der wichtigsten Waren und der Enge der Märkte konnte es leicht zum Nachteil der Konsumenten zur Störung des Gleichgewichts von Angebot und Nachfrage durch monopolartige Marktbeherrschungen kommen. Preisregelungen, bei denen weniger der Produzentenstandpunkt berücksichtigt wurde, ließen sich nur dann wirksam durchführen, wenn die betroffenen knappen Güter nicht leicht vom Markt abwandern konnten. Diese Wirtschaft tendierte grundsätzlich dahin, die Marktgesetze durch Monopole zu suspendieren.

Bezüglich des bald alle Handwerkserzeugnisse einbeziehenden Systems der Warenschauen bestimmte die württembergische Landesordnung von 1552: »Dieweil schier bei allen Handwerken, Handtierungen und Gewerben Gebrech und Mangel entsteht, also daß schier keine War ohne sonder Betrug gemacht, gearbeitet, verkauft wird, deshalb niemand ohne sondern Nachteil oder Schaden Kaufmannsgut kaufen kann«, sollten in allen Städten Schaumeister angeordnet und Betrug zur Bestrafung angezeigt werden. Solche Warenschauen waren schon in der 1425 erlassenen württembergischen Taxordnung intendiert und offenbar praktisch nicht wirksam geworden. Auch die beabsichtigte Preisfestsetzung nach kostendeckender »Billigkeit« blieb ein schwieriges Unterfangen, zumal wiederkehrende Teuerungsjahre alle Hoffnungen auf eine Preisbeherrschung zerrinnen ließen. Preis- und Lohnänderungen machten laufende Revisionen der Taxordnungen nötig (vierteljährliche Revision in Hohenzollern ab 1698). Im Endergebnis schützten Taxordnungen den Konsumenten nicht vor Überteuerung und erhielt er für Taxpreise wohl auch nie die bessere Ware.

Versorgungspolitik

Herzog Christoph von Württemberg rief die Versuche Eberhards im Bart wieder ins Leben, nach dem Vorbild der städtischen Getreideversorgungspolitik einfallende Teuerungen durch Anlagen von öffentlichen Fruchtkästen sowie durch die Zufuhr von auswärtigem Getreide zu bekämpfen. An die Haltung festgesetzter Getreidevorräte für Notzeiten mahnten bis Ende des 18. Jahrhunderts landesherrliche Verfügungen (Württemberg, Baden, Pfalz, Vorderösterreich). Zu den bevorrateten Grundnahrungsmitteln gehörte in den Reichsstädten das Schweineschmalz (»Schmalzhäusle« in Ulm). Von 1452 an griff der Rat von Gmünd in den Handel mit Fetten ein, weil die Grempler durch Hortungskäufe Preissteigerungen ausgelöst hatten. Schmalzkäufe überwiegend aus Nürnberg speisten den bis Mitte des 16. Jahrhunderts in den Stadtrechnungen belegten städtischen Handel mit Schmer. Zahllos sind die von südwestdeutschen Reichsstädten und Territorien ergangenen Verordnungen (Vieh- und Fruchtsperren), in denen wegen angeblich verursachter Teuerung fremden Handelsleuten oder Gewerbetreibenden der Aufkauf von Vieh, Getreide und anderen Rohprodukten zum Zwecke der Ausfuhr verboten wurde. Bei »Überfluß« war man darauf bedacht, daß er ins Ausland abfloß und Geld ins Land brachte.
In durchschnittlichen und guten Erntejahren nahm Südwestdeutschland wegen der Getreideüberschüsse Oberschwabens bis ins 18. Jahrhundert und trotz des hohen Getreidebedarfs der Reichsstädte seine traditionelle Rolle als wichtiges Getreideexportland wahr. Nach zeitgenössischen Aussagen besaß Überlingen am Bodensee 1644 den

größten Getreidemarkt Oberdeutschlands mit einem Umsatz an guten Markttagen bis zu 5000 Zentner Getreide. Große zollfreie Getreideverkäufe nach den Niederlanden und Oberdeutschland (Augsburg) hatten Kurfürst Karl Ludwig von der Pfalz veranlaßt, 1660 eine Amsterdamer Gesellschaft zu beauftragen, freie Getreidemärkte in der Pfalz und den Getreideexport des Landes zu organisieren. An einen gewinnbringenden Verkauf von pfälzischem Getreide auf dem holländischen Markt, zwar erörtert, war wegen der hohen Fracht- und Zollkosten auf dem Rhein nicht zu denken. Württemberg exportierte Ende des 18. Jahrhunderts etwa 2,5 Prozent seiner Getreideernte (1791 für 285000 fl). Baden-Durlach importierte Getreide.

Viehhandel

Schon im 16. Jahrhundert blühte der Viehhandel und verhalf nicht wenigen reichsstädtischen Metzgern zu respektablem Reichtum. Bei starker Nachfrage nach Fleisch fuhren Ulmer Metzger, ausgestattet mit städtischem Kredit, nach Ungarn, kauften dort Mastochsen und führten sie die Donau herauf. Die zweite Hälfte des 16. Jahrhunderts gilt als die goldene Zeit des ungarischen Ochsenhandels. Die Verbindungen Ulms nach Ungarn rissen nicht ab. Im 18. Jahrhundert kauften die Ulmer mehrmals im Jahre in Ungarn ansehnliche Herden von 100 bis 200 Ochsen ein. Die Schlachtgewichte damaliger Rinder lagen allerdings erheblich unter denen ihrer heutigen Artgenossen. Nach einer zuverlässigen Rechnungslegung von 1625 wog die Ausbeute an schierem Fleisch einer geschlachteten alten Schweizer Kuh nur 113 Pfd. (56,5 kg; Schlachtmenge 1981: 285 kg).

Bekannt sind aus dem 18. Jahrhundert die bäuerlichen Wohlstand begründenden, großen Mastviehexporte aus Hohenlohe und dem Taubergrund nach Württemberg, an den Oberrhein und bis nach Paris. 1780/81 exportierten Viehhändler aus Künzelsau und Kupferzell 19378 Ochsen und 8865 Schafe für 949741 Gulden. Kirchberger Viehhändler trieben ihr Vieh Woche für Woche nach Augsburg. Aus dem Crailsheimer Bezirk (Ansbach) gingen jährlich 12000 Stück Mastvieh hauptsächlich nach Frankreich. Die Markgrafschaft Baden lieferte 1788 allein 5000 Ochsen nach Straßburg. Vieh im Wert von 1,56 Mio. Livres wurde 1786 über die Kehler Rheinbrücke westwärts getrieben. Die zweite Hälfte des 18. Jahrhunderts wurde zur goldenen Zeit des südwestdeutschen Rinderhandels. Auch die Breisgauer Bauern profitierten vom schwunghaften Viehverkauf nach dem Elsaß, in die Schweiz und in die französische Hauptstadt. Pariser Metzger und Straßburger Kommissionäre bereisten das Land und steigerten die Preisgebote. Der Mastochsenpreis kletterte in zehn Jahren von 55 auf 77 fl. Einen beträchtlichen Handelsbilanzüberschuß errechnete sich die württembergische Regierung aus dem Viehexport ins Elsaß, nach Vorderösterreich, Fürstenberg, in die Reichsstädte und die Schweiz, 1788 bei Rindern insgesamt von 21196 Stück im Wert von 632015 fl. Der Schweinehandel aber, so wurde 1791 zu bedenken gegeben, habe »weit über eine Tonne Goldes inländischen Geldes aus dem Lande« gezogen (1787/88: 19775 Schweine). Viel Käse, Speck, Schmalz, Butter und Eier (etwa für 30000 fl) bezogen die Reichsstädte und Straßburg aus Württemberg, über 500 Zentner Butter und Schmalz die Ulmer allein aus Kirchheim/Teck.

Die Merzler, um eine Kuriosität anzumerken, handelten in den Reichsstädten mit Feldfrüchten, Mehl, Fetten, Lichtern, auch mit Karrensalbe und sogar mit Schnecken. In Fässern auf Flößen wurden sie von den Ulmer Merzlern vor allem nach Wien verschickt. Nach Ulm und in oberschwäbische Klöster lieferte Württemberg Jahr für Jahr für einige tausend Gulden Schnecken, gesammelt in Wald und Flur. Schneckenessen als Fastenspeise ist noch heute in Reichsstädten üblich (Rottweil).

Weinhandel

Wein wurde im Neckar- und Tauberland, am Main und am Oberrhein »für das vornehmste Landesprodukt gehalten, durch welches das meiste ausländische Geld ins Land hereingezogen werden« konnte. Esslingen, Heilbronn, Gmünd (1546/47 Weinhandel mit Sachsen) und vor allem der Umschlagplatz Ulm verdankten viel städtischen Wohlstand dem regionalen und überregionalen Weinverkauf und Weinhandel. Bis 1570 verschifften die Ulmer den Wein ausschließlich auf Flößen. So kamen 261 Faß Wein vom 16. Februar bis 25. April 1576 von Ulm nach Ingolstadt. Am 31. Mai 1606 wurden auf dem Ulmer Weinhof allein 795 Faß aus dem Württembergischen gezählt, die größtenteils in der Umgebung und donauabwärts abgesetzt wurden. In den Weinbauorten Esslingen, Heilbronn und Stuttgart lag der Weinhandel bis ins 17. Jahrhundert, wenn man vom Gelegenheitshandel von Geschlechtern und Ratsmitgliedern absieht, hauptsächlich in den Händen der Weinfuhrleute. Die Meister der Ulmer Schiffleutezunft, 1571 aus der Fischerzunft hervorgegangen, unterhielten fortan mit den »Ulmer Ordinari Schiffen« regelmäßigen Verkehr nach Wien. Wegen der Weinausfuhr wollte Herzog Christoph von Württemberg den oberen Neckar schiffbar machen. »Da der Neckarwein vor anderen Weinen, sonderlich an heissen Zeiten, anmutig und berühmt ist, so könnte derselbige (auf dem Neccar) und auch unter sich hinab in die Niederlande gebracht und verführt werden.« Jährlich 56000 Eimer Wein (170000 hl) sollen nach Schätzungen um 1555 Württembergs Zollstellen passiert haben. Herzog Friedrichs Handelspolitik erreichte, daß der württembergischen Weinausfuhr, traditionell nach Osten orientiert, die Remstal-Straße offengehalten wurde. Durch

den Erwerb der Ulmer Zölle in Heidenheim und Blaubeuren 1607 schuf er günstige
Rahmenbedingungen für die Ausdehnung des Wein- und Salzhandels mit Bayern.
Verheißungsvoll erschien noch der Saldo des bayerisch-württembergischen Salz- und
Weinhandels, der im Jahr 1700 mit einem Salzimport von 200000 fl und einem Wein-
export von 535000 fl abschloß. Doch anläßlich des nicht in Kraft getretenen bayerisch-
württembergischen Salz-Wein-Vertrages von 1737/38 war aus München zu hören:
»... in Bayern habe an den Neckar- und Wertheimer Weinen jedermann einen Ekel.«
Während der zweiten Hälfte des 18. Jahrhunderts konnte der württembergische
Weinexport bei verbesserten Qualitäten und gestiegenen Quantitäten wegen des gewachsenen Eigenkonsums seine einstige Bedeutung nicht mehr erlangen. Bei einem
Import von 4140 Eimern wurden nach einer Berechnung von 1791 insgesamt 8846
Eimer Wein (16007 hl) exportiert (Aktivsaldo 250000 fl), davon 29 Prozent in schwäbische Reichsstädte, darunter 854 Eimer nach Ulm, 14 Prozent in weltliche Herrschaften des Schwäbischen Kreises. Die Mainlinie überquerten nur zehn für Mecklenburg
bestimmte Eimer württembergischen Weins. Den größten Teil ihres Eigenbaus tranken die sich rasch vermehrenden Württemberger stets selber und darüber hinaus 1791
noch 1400 Eimer »Importwein« aus der Reichsstadt Esslingen und 1171 Eimer badisches Gewächs, das Baden-Durlach vertraglich lieferte. Reichlich zechten seit alters
auch Reichsstädter. Fast ein Drittel der Haushaltseinnahmen von Gmünd deckte im
16. Jahrhundert das Ungeld, die Getränkeabgabe. Für etwa 80000 Gulden wurden
dort Jahr für Jahr Wein, Bier und Met konsumiert.
Welthandel mit Wein trieben im 18. Jahrhundert die vermögenden Weinhändlerdyna-
stien im an Weinüberschüssen reichen Tauberland, allen voran die Buchler in Ger-
lachsheim (mit der Weinoase Beckstein). Sie hatten 1746 ein Steuervermögen von
150000 Gulden und Niederlassungen in Augsburg, Frankfurt und Amsterdam. Vom
Oberrhein war der einst glänzende Weinhandel schon im 16. Jahrhundert verschwunden, obwohl Wein stets zu den badischen und pfälzischen Exportgütern zählte. Neun-
undzwanzigmal mußten sich die Rhein-Schiffer im 18. Jahrhundert zwischen Basel
und Rotterdam gegen Gold die Durchfahrt erkaufen. Wie in Württemberg war auch in
Baden – weniger in der Pfalz – der Landesherr durch die anfallenden Naturaleinkünfte
der größte Weinverkäufer im Lande (1777 badischer Zehntertrag fast 5500 Ohm Wein
= 8250 hl). An dem Wohlstand der Reborte, der im 18. Jahrhundert ins Wein bauende
Markgräfler Land zog, partizipierten auch Tagelöhner, soweit sie es u. a. verstanden,
sich neue Absatzwege für den Wein zu erschließen.

Außenwirtschaft: Holzflößerei, Hollandhandel

Die sich im Zeitalter des Merkantilismus-Kameralismus auftürmenden Zollmauern erschwerten der südwestdeutschen Wirtschaft, sich in die neue Weltwirtschaft zu manövrieren. Wer im 16. Jahrhundert am internationalen Handelswachstum teilhaben wollte, mußte sich nach Antwerpen und Lissabon orientieren. Vom Ende des 16. Jahrhunderts mit der niederländischen Revolution an trat Amsterdam an die Stelle von Antwerpen als Welthandelsplatz bei gleichzeitigem Niedergang des norditalienischen Handels zum Nachteil auch der nach Italien orientierten oberdeutschen Handelsstädte. Das für Deutschland schwarze 17. Jahrhundert wurde Hollands goldenes Zeitalter. Holland übernahm die Hegemonie in der Weltwirtschaft, wurde zum Musterland moderner Agrikultur und führend in der industriellen Produktion. Im 16. Jahrhundert geriet zunächst die Pfalz in den Einflußbereich des niederländischen Wirtschaftsgeistes. Nach den Vorstellungen von Kurfürst Karl Ludwig sollte die wiederaufzubauende Stadt Mannheim durch die Gunst ihrer Lage am Rhein der Vorort Hollands sein, sich dem Musterland unterordnend. Die Rheinzölle und verschiedene Stapelrechte schoben sich jedoch wie unüberwindliche Sperriegel vor den Aufstieg des zudem kapitalarmen Mannheim zur Länder und Kontinente verbindenden Handelsstadt. Der Getreide- und Weinexport konnte ihn nicht durchbrechen. Karl Ludwig hatte als erster auch den Absatz von Holz nach Holland ins Auge gefaßt.

Bis ins 17. Jahrhundert beschränkte sich der gesamte Holzhandel auf dem Rhein, dem Neckar und ihren Nebenflüssen auf Bordwaren, schwache Bauhölzer und Scheitholz und ging kaum über Bingen hinaus. Die Holzflößerei auf der Wiese (Markgräfler Land) diente vom 16. bis 18. Jahrhundert hauptsächlich der Holzversorgung Basels. Auch Straßburg mit seinem übermächtigen Handelskapital und andere elsässische Städte deckten ihren großen Bedarf an Holz bis ins 18. Jahrhundert fast ausschließlich aus dem Schwarzwald (Kinzigtal, Offenburg u. a.). Im Widerspruch zu den Zunftstatuten der Murgschiffer von 1564, die den Armen das Brot sichern wollten, erwuchs aus einem wilden Konkurrenzkampf das staatlich geförderte Holzhandelsmonopol einer einzigen Firma, der des älteren Jakob Kast in Gernsbach mit Filiale in Straßburg. Die Kasts, denen die herrschaftliche Säge zu Rothenfels und der Holzschlag in den zugehörigen großen Waldungen vom badischen Markgrafen verliehen worden waren, befuhren um 1600 als einzige Großhändler den Oberrhein. Nach den erhaltenen Rechnungsbüchern machten sie im ersten Geschäftsjahr bei einem Holzumsatz von 34452 fl (Einkaufspreis 25094 fl) einen Reingewinn von 2785 fl = 8 Prozent, zehn Jahre danach von 9,5 Prozent. Im Vergleich zu der von Sée geschätzten Profitrate von 200 bis 300 Prozent im frühen überseeischen Kolonialhandel, eine keineswegs bedeutende Gewinnspanne, doch in Verbindung mit Zinseinnahmen aus Kreditgeschäften hinreichend, um 1615 ein Vermögen von mehr als 450000 fl zu hinterlassen. Der ältere Kast praktizierte bereits das noch heute übliche Abladen von Produktionsüberschüssen zu Billigpreisen (Brauereien!) außerhalb des kontraktmäßig gesicherten eigenen Absatzgebietes. Er lieferte das Holz nach dem fernen Neuss zu niedrigerem Preis als auf seine Nahmärkte.

Unter dem Einfluß der Holländer und durch ihre Nachfrage nach Schiffbauholz, dessen Hauptquelle nach wie vor das Baltikum blieb, setzte sich ab dem Dreißigjährigen Krieg allmählich eine Neuorientierung in der Forst- und Holzwirtschaft an Oberrhein und Neckar durch. Markgraf Wilhelm von Baden schloß den ersten Kontrakt mit einem holländischen Handelshaus über die Ausfuhr von kostbarem, bisher geschontem Eichenholz, das Skandinavien nicht liefern konnte. Die Versuche, durch Zollfreiheit dem pfälzischen Holzexport an die Rheinmündung aufzuhelfen, wurden nach der zweiten Zerstörung Mannheims nicht mehr aufgenommen. Erst mit dem unmittelbaren Holzkauf der Holländer im Schwarzwald, beginnend um die Jahrhundertwende, kam der Export von sog. Holländerholz in Gang, an der Kinzig zuerst 1699 nachgewiesen. Die Murgschifferschaft, die sich nicht auf den Langholzhandel umstellte und nur ihren Handel mit Schnittware weiterbetrieb, verlor ihre maßgebende Rolle im Holzgeschäft. Die anderen Schiffergenossenschaften bildeten sich trotz der in den dreißiger Jahren des 18. Jahrhunderts beginnenden Hausse der Holzpreise wegen des gewachsenen Geschäftsrisikos auf einem freien Markt und des erforderlichen größeren Kapitals zu Handelscompagnien mit jeweils etwa 600 Beschäftigten um. Auch Bau und Erhaltung von Floßwegen für Langholz gingen zu ihren Lasten.

In Württemberg wurde das erste Holländerholz aus Wildbader und Liebenzeller Forsten 1691 gefällt. Nach dem Vorbild des Zeughandels hatten sich in Calw im Holländer-Holzhandel, nicht eingeengt in Zunftschranken, während des 18. Jahrhunderts private Compagnien von wachsender Kapitalkraft herausgebildet. Die Gesellschaft »Vischer und Comp.«, 1755 Geschäftskapital 48000 fl, verflößte jährlich 2000–2500 Stämme Holländertannen. Die Holzflößerei war profitabel. Die vier Calwer Compagnien, in ihrer Geschäftätigkeit von vornherein zeitlich befristet, verteilten von 1755 bis 1809 Gewinne in Höhe von 1906276 fl. Sie hatten auch Flößer aus Pforzheim, Jahrzehnte fast ganz vom Geschäft ausgeschlossen, und ab 1769 aus Wolfach und Schiltach unter ihren Hut gebracht. Zu neuem Eigenleben erwachte die Pforzheimer Flößerei durch den 1747 gegründeten Neuen Flößer-Zunft-Verein (Geschäftskapital 26000 fl), der sich von 1763 bis 1788 zur Enz-Nagold-Murg-Compagnie (Fauler + Co.) ausweitete. In guten Jahren schüttete die Gesellschaft 20 Prozent Gewinn an ihre Mitglieder aus. Mastbäume brachten um 1780 auf dem Stamm 16 und in Holland 40–50 fl, eine Eiche an 600 fl. Ein informierter Zeitgenosse urteilte 1785 richtig, daß man in den Geschäftsführern (Aktionisten) der Compagnien Männer zu vermuten hat, »die die schwere Kunst verstünden, eigenes und herrschaftliches Interesse in ein System zu bringen«. Viel Sachverstand und Organisationsgabe bedurften auch der Zusammenbau und das Beladen von großen Hauptflößen mit Vorflößen unterhalb von Mainz. Sie glichen schwimmenden Dörfern mit einer Besatzung von 530 bis 550 Personen und erforderten einen Kapitalaufwand von 300000 fl.

Zu neuen Größenordnungen waren die Sägewerke fortgeschritten, die Klostersägen im Schwarzwald, die Herrschaftssägen und die genossenschaftlich betriebenen Bauernsägen (die Neumühle im Nagoldtal mit 25 Teilhabern). Von 1700 an entwickelten sie sich zu gewerbsmäßig betriebenen, marktwirtschaftlich orientierten zentralen Sägewerken. Der von vielen Impulsen beeinflußte Schwarzwälder Holzhandel war im ausgehenden 18. Jahrhundert allein am Hollandgeschäft mit annähernd einer Million Gulden beteiligt, sicher nicht ausreichend, um die defizitäre Handelsbilanz mit Holland auszugleichen, aber schon zu viel, um verheerende von besorgten Zeitgenossen beklagte Kahlschläge und Verwüstungen zu verhindern. Auf rund 280000 fl bezifferte sich der jährliche württembergische Holzexport vor 1790. Auch im Bereich des stark ausgedehnten Tabak-, Krapp- und Hanfbaus erreichte der holländische Handel weitgehend sein Ziel, die oberrheinischen Lande seiner kommerziellen Herrschaft zu unterwerfen. Vom 16. bis ins 19. Jahrhundert gehörte in großen Teilen der Ortenau und des Hanauer Landes der Bau und Verkauf von Hanf ins Ausland zu den hauptsächlichsten Nahrungsquellen. Hanf zählte zeitweilig ebenfalls zu den bedeutenden badischen für Holland bestimmten Exportwaren. Für die rechtsrheinischen Hanauer war Straßburg der einzige Markt. Als 1661 die Grafen von Hanau-Lichtenberg den Durchgangszoll auf Hanf erhöhten, protestierten die Straßburger Kaufleute und behaupteten, sie hätten in den vergangenen Jahren jeweils 5000 Zentner Hanf aus den Bezirken Achern und Bühl eingeführt. Der Handel mit landwirtschaftlichen Produkten und teilweise ihre Weiterverarbeitung machten Lahr wohlhabend. Schneider und Lotzbeck begannen 1767 ihre Geschäfte mit Segeltuch. Lahrer Tabake gingen über den Hollandhandel in alle Welt. Hanf der österreichischen Vorlande fand in der Schweizer Leinenindustrie seinen bedeutendsten Abnehmer.

Hauptsächlich am Widerstand der Bewohner von Alt-Freistett und benachbarter Territorien scheiterte die merkantilistische »Retortenstadt« Neufreistett, 1739 von dem Straßburger Eisenhändler und Bankherrn David Kückh und seiner Handelscompagnie als Handelsplatz und Hafen für Kolonialwaren und zur Holzverflößung gegründet. 1774 ging das Kückhsche Vermögen in Konkurs. Den Hausierhandel versuchten vornehmlich die Reichsritter in ihre Dörfer zu ziehen. Die Grafen von Montfort errichteten in Langenargen am Bodensee 1713 ein Kommerzium, begünstigten den Fernhandel und verbesserten den Schiffsverkehr, doch vergebens, weil alles den Reichsstädten Lindau und Ravensburg widerstrebte.

Trägercompagnien

Ein neuer Beruf im Handelsbereich entstand im 16./17. Jahrhundert durch die »Träger«, offenbar eine spezialisierte Fortbildung der älteren Hausierer. Träger machten heimische Produkte zu Massenartikeln und Fernhandelsgütern. Umherziehende, auf eigene Rechnung arbeitende Papierträger, die mit Papier heimischer Papiermühlen hausierten, waren zuerst anzutreffen. Wenig später tauchten die Glasträger des Schwarzwaldes auf, die sich im 18. Jahrhundert nach Handelsbezirken straff organisierten, 1740 in die Compagnie der Pfälzer-Träger, der Elsaß-Träger, der Württemberger Träger, der Schwaben-Träger und der Schweizer Träger. Um den Absatz anzukurbeln, bedienten sich anfangs die Uhrmacher des Schwarzwaldes der Glasträger- und Strohhutcompagnien. Den Weltmarkt erschlossen der Schwarzwälder Uhr die nach dem Glasträgermuster nachgebildeten genossenschaftlichen Uhrenhandelscompagnien. Uhrenträger vermittelten zwischen Zeitgeschmack und Käuferwünschen, exportierten ständig verfeinerte Produkte in verändertem Design und importierten Materialien, Werkzeuge und neue Ideen. Von den meist nicht unvermögenden Uhrenträgern, die bald die Preise diktierten, sind die durch Vagantenansiedlung in reichsritterschaftlichen Dörfern hervorgegangenen Fremdhausierer, eine andere Variante des weit gestreuten ambulanten Gewerbes, zu unterscheiden.

Zur Waren- und Dienstleistungsbilanz

Hauptgrundlage des südwestdeutschen »Aktivhandels« bildeten bis gegen Ende des 18. Jahrhunderts bei einem jährlichen Gesamtvolumen von grob geschätzt über 20 Mio. fl (Württemberg 1791: 4,9 Mio.) die Produkte von Land- und Forstwirtschaft. Traditionell wichtigster Handelspartner war und blieb die Schweiz. Im 18. Jahrhundert wurde wie im 16. bei steigenden Agrarpreisen und Lebensmittelverknappungen wiederum vom Instrument der Fruchtausfuhrsperren zum Nachteil der Handelsbilanz reichlich Gebrauch gemacht. 1731 »resolvierte« deshalb Eberhard Ludwig von Württemberg aus »landesväterlicher Fürsorge«, den Fruchthandel mit der Schweiz »wieder in florisantem Stand zu stellen«. Seit Beginn des 18. Jahrhunderts hatten die privilegierten Bodenseemärkte Buchhorn, Überlingen, Konstanz und Radolfzell stark an Bedeutung eingebüßt, da die Bauern aus Württemberg und Fürstenberg dazu übergingen, ihr Getreide selber in die Schweiz zu transportieren und es auf den neuen Märkten Uhldingen, Bodman und Sernatingen abzusetzen. Noch enger gestaltete sich der von Zöllen nicht behinderte Handel der badischen Oberlande mit der Schweiz und ihrem starken Nachfragesog, so daß in Lörrach die Getreidepreise fast doppelt so hoch waren wie im Raum Karlsruhe. Ende des Jahrhunderts erzielte Württemberg nach Abzug der Einfuhr gegenüber der Schweiz angeblich einen Handelsbilanzüberschuß von rund einer Million Gulden und lehnte daher 1793 einen bayerischen Vorschlag ab, wegen der Verteuerung der Verpflegung der Kreistruppen gemeinsam mit dem Schwäbischen Kreis eine »Schlachtviehsperre« gegen die Schweiz anzulegen, zumal der »beträchtliche Verkauf des Rindviehs nach Frankreich stille stehe«.

In Territorien mit starker Gewerbedichte und bedeutender gewerblicher Produktion erhöhten sich die vom primären Sektor erzielten Ausfuhrüberschüsse im ausgehenden 18. Jahrhundert um die mitunter – in guten Jahren – fast gleich großen des sekundären Sektors (in Württemberg 1791: rund 2,5 Mio. Gulden). Textilien, Leder, Eisen und Eisenwaren rangierten an der Spitze der württembergischen gewerblichen Exportgüter. Ähnlich waren der badische und teilweise der kurpfälzische Export strukturiert. Mit Stolz verwies man auf die Ausfuhr von Porzellan und Fayencen.

Die Erfolge des gewerblichen und agrarischen Exports, wesentlich von den Leistungen des Fernhandels abhängig, wurden erneut im 18. Jahrhundert zur entscheidenden Schubkraft wirtschaftlichen Wachstums. Württemberg profitierte besonders vom hohen Exportanteil am Umsatz der Calwer Compagnie, der erheblich über dem der englischen Wollindustrie zur gleichen Zeit lag. Neben den Calwern zählten die Uracher Compagnie und die Ulmer Handelshäuser zu den rührigsten südwestdeutschen Italienexporteuren. Nach dem Dreißigjährigen Krieg hatte sich in Ulm nur das Leinwandgewerbe, erstaunlich rasch erholt. In Veroneser Quellen werden 1721/23 13 Ulmer Italienhändler und 1738/39 acht namhaft gemacht. Die Barrieren im Frankreichhandel zu unterlaufen, gründeten tüchtige oberschwäbische Leinwandhändler gemeinsam mit Schweizern Firmen, um auf der Lyoner Messe dann in den Genuß der den Schweizern in Frankreich gewährten Handelsprivilegien zu kommen. Viel Schwabenleinwand – auch aus Schlesien stammende »Schwabenleinwand« – ging unter Schweizer Markenzeichen nach Amsterdam und Spanien. Nicht zufällig war der Leinwandhändler J. L. von Eberz aus Isny auch Breslauer Handelsherr. Handelserfolge hingen auch davon ab, inwieweit es gelang, Zollschranken durchlässiger zu machen, Zollvergünstigungen, Privilegien für Handel und Spedition zu erwirken.

Ulmer Häuser besorgten um 1785 den Speditionshandel auf kaiserliche Rechnung aus den Niederlanden nach Wien. Drei bis sechs Schiffe gingen auf der Donau um 1785 von Ulm in die Kaiserstadt. An dem 1783/84 privilegierten und zollbegünstigten Rhein-Neckar-Donau-Speditionshandel waren Handelshäuser aus Stuttgart (Reinhardt) und Heilbronn (Gsell) maßgeblich beteiligt, die Verbindungen zwischen Westeuropa und dem Schwarzmeerhandel herstellen wollten. Der wohl erfolgreichste Unternehmer Heilbronns im 18. Jahrhundert, Georg Friedrich Rund (1701–1786) investierte sein aus Spedition und Handel auf Rhein und Neckar mit Frankreich und Holland verdientes Vermögen vor allem in eine alsbald bedeutende Ölmühle. Die Grenzen zwischen Kaufmann und Unternehmer waren fließend.

An dem etwa seit der Mitte des 18. Jahrhunderts wachsenden Welthandel war Südwestdeutschland bis zu der 1794 verhängten Rheinsperre nicht ganz unbeteiligt. Das in die Verlage und Unternehmen vorgedrungene Kapital hatte die Produktion gesteigert, wenngleich die angewandten technischen Fortschritte noch nicht revolutionierend auf Produktivität und Märkte wirkten. Zollmauern, Handelsverbote, gewerbliche Bannrechte und das rückständige Verkehrswesen stemmten sich der Expansion der Märkte entgegen und unterbanden den freien Fluß des Warenverkehrs. Seit der Zollordnung von 1605 umgab Württemberg ein merkantilistisches Schutzzollsystem. Eine hohe Dichte von Landzollstätten – in der Pfalz 236 im Jahr 1665 – traf jede noch so kurze Warenbewegung, um aus ihr fiskalischen Nutzen zu schlagen. Zollerhöhungen in Vorderösterreich Anfang des 18. Jahrhunderts schadeten Handel und Verkehr empfindlich. Statt der Marktschiffahrt blühte auf dem Bodensee eine nicht zu unterbindende »Wincklschiffahrt«. In höchster Not wurde die heruntergekommene Reichsstadt Buchhorn (später Friedrichshafen) Stapelplatz im bayerischen Salzhandel mit der Schweiz und mußte deshalb erst für 35 000 Gulden ihre Hafenanlagen instandsetzen. In Mannheims Großhandel und Schiffahrt wechselten im 18. Jahrhundert Glanzzeiten mit Niedergangsphasen. Großhändler waren gleichzeitig Bankiers und Schiffseigner (1675: 3–4; 1753: 14; 1786: 29). Als Lebensader Mannheims erwies sich Handel und Spedition auf der Neckarroute, die jedoch 1784 Mannheimer Kaufleuten verboten wurde. Das kostspielige und zeitaufwendige Risiko der Rheinschiffahrt wurde gescheut. Sechs Wochen dauerte eine Fahrt auf dem Rhein von Mainz bis Straßburg wegen der verwahrlosten und verbauten Fahrwasser. Die Kosten für das Schleppen von drei nur etwa sieben Meter langen kurpfälzischen Prunkjachten rheinaufwärts mit Pferden von Düsseldorf bis Mannheim wurden bei benötigten 18 Tagen mit 817 Reichstalern veranschlagt. Auf dem Gebiet des Verkehrs hat das 18. Jahrhundert lediglich durch den beginnenden Chausseebau innovatorische Leistungen für das 19./20. Jahrhundert erbracht.

Auch die Ansätze einer Dienstleistungsbilanz werden in den staatswirtschaftlichen Rechenkünsten des Spätmerkantilismus erkennbar. Wenn Fremde ins Land kommen, dann verursache ihr Dasein »eine mehrere Consumtion der Lebensmittel«, so daß die heimischen Gewerbe und Gastwirte Gewinn ziehen, lehrte 1768 Schillers Vater, Caspar Schiller. Mit 10 000 Gulden wurden die Ausgaben ausländischer Kurgäste für Württembergs acht Bäder und Sauerbrunnen (Teinach, Wildbad, Liebenzell, Göppingen, Boll, Cannstatt, Stuttgart, Rietenau) in der Bilanz von 1791 aktiviert. Größtes Lob spendete bereits Ende des 16. Jahrhunderts schwäbischen Gasthöfen ein erfahrener französischer Gast, der Sieur de Montaigne. Der Ort Hub, erstmals 1407 erwähnt,

genoß bis ins 19. Jahrhundert großes Ansehen. Viele ausländische Badegäste kamen
bis ins 17. Jahrhundert in die Renchtalbäder. Ihre Sauerbrunnen wurden im 17. Jahrhundert in Flaschen so viel versandt, daß zeitweilig offenbar die Besucher ausblieben.
Reges Bade- und geistiges Leben herrschte übrigens in Ettenheimmünster. Im 18.
Jahrhundert wurde das Kaffeehaus gesellschaftsfähig und eröffneten Restaurants ne-
ben alten Herbergen und Wirtshäusern. Die Küche als Prestigeobjekt wurde entdeckt.
Auf die Aktivseite der Dienstleistungsbilanz addierten sich ferner die Frachteinnah-
men und sonstigen Transporterlöse auf ausländische Rechnung zu Wasser und zu
Lande und die der schwäbischen Hausindustrie von den Schweizern jährlich gezahlten
Arbeitsverdienste. Den Untertanen der württembergischen Ämter Tuttlingen, Balin-
gen und Ebingen kamen um 1790 dadurch an 100000 fl zugute.
Notwendige Importe an Salz, Baumwolle, Schweinen, Öl, Farbhölzern, an Metallen,
Kolonial- bzw. Krämerwaren und an Edelmetallen schlugen auf der Passivseite der
südwestdeutschen Handelsbilanz mitunter recht erheblich zu Buche. Sogar unter dem
Warenangebot eines Krämers aus dem kleinen Städtlein Wildberg am Schwarzwald-
rand fehlten 1661 neben der Vielzahl an Bekleidungsgegenständen nicht Gewürze und
sonstige Kolonialwaren wie: 4 Pfd. Reis, 5 Pfd. Ingwer, Pfeffer, Rosinen, Nelken,
Zucker und Zuckerwerk, Muskatnuß, Muskatblüte, Safran und Koriander. Außer-
dem waren mehr als 23 Pfd. Tabak vorrätig. Kolonialwaren und Luxusgüter durften
auch im 17./18. Jahrhundert mit Sonderkonjunkturen rechnen, mehr noch als zuvor,
obwohl aus dem ausgehenden 18. Jahrhundert vom oberbadischen Bauern überliefert
wird, daß »Kartoffeln mit Butter und Salz seine Hauptnahrung und Wein sein Haupt-
getränk waren«. Straßburgs Kaufleute vermittelten französische Luxusgüter und
Kolonialwaren in die rechtsrheinischen Territorien. Der Hausierhandel half dabei.
Enttäuscht spottete der Reichsmerkantilist Becher über die frankomanen Deutschen,
die da meinten, »französische Scheren und Zangen schneiden besser die Nägel und rei-
ßen die Haare aus als unsere; ihrer Weiber Aufsätze, Garnitur, Bänder, Ketten, Perlen,
Schuhe, Strümpfe, endlich gar die Hemden seyen besser, wann sie die französische
Luft ein wenig parfümiert hat; die französischen Perüquen schicken sich besser auf die
teutschen Köpfe als der Teutschen Haare selbsten, und das teutsche Geld lasse sich
nicht anders als mit französischen Karten verspielen und anders als in französische
Beutel und Kästlein aufheben«. Luxuskonsum ist Geltungskonsum. Er unterlag nicht
dem Gesetz vom abnehmenden Grenznutzen, sondern suchte sich zur Erhöhung vom
bürgerlichen und adligen Selbstbewußtsein aufkommende neue, teure Produkte zu
adaptieren. Die Oberschichten bewiesen im Zeitalter des Merkantilismus zuerst ihr
wachsendes Vergnügen am Geltungskonsum, an Mode und Garderobe, Schmuck und
Festlichkeiten. Der steigende Anteil des Geltungskonsums am Gesamtkonsum entwickelte sich zu einer zu kalkulierenden volkswirtschaftlichen Größe.

Ein Loch riß in die Handelsbilanz auch das Salzgeschäft. Allen unternommenen Such-
aktionen nach abbaufähigen Salzvorkommen zum Trotz blieb Südwestdeutschland
bis ins 19. Jahrhundert, ausgenommen wenige, kleine Inseln der Eigenversorgung
(Schwäbisch Hall; Kurpfalz mit den Salinen in Dürkheim und seit 1762 Mosbach; seit
1748 Saline Bruchsal/Speyer; Clemenshall im Deutschordensgebiet u. a.), von teurer
auswärtiger, zumeist monopolisierter Salzeinfuhr abhängig. Salz, heute kein Gegen-
stand der Diskussion, erhitzte vor allem dann die Gemüter, wenn es – wie zeitweilig
unter Herzog Karl Eugen von Württemberg – für gewinnträchtige Finanzoperationen
herhalten mußte. Vorderösterreich wurde über ein Netz von »Salzcontrahenten« mit
Hall-Inntaler Salz, Baden-Durlach meist mit nahem lothringischem Salz versorgt. Zur
»Besalzung« Württembergs diente hauptsächlich das zeitweilig zwar sistierte oder
gestörte Wein-Salz-Kommerzium mit Bayern. Das Salz-Wein-Geschäft, ein Markt
mit wechselnder Größe, in das zeitweilig auch Hohenzollern, Fürstenberg, Teile
Oberschwabens und Badens über die Salz abgebenden Gemeinden einbezogen waren,
lag in den Händen des Handelshauses Notter und Comp., ebenfalls eine höchst einträgliche Calwer Gesellschaft. Von 1772 bis 1797 warf sie 443100 fl ab (im Jahresdurchschnitt 17000 fl) und machte den Hofkammerrat Notter († 1802) durch sein Vermögen von 750000 fl offenbar zum reichsten Mann im damaligen Altwürttemberg.
Für die Zeit vor 1800 ließ sich bisher in Südwestdeutschland nur ein einziger Gulden-
Millionär entdecken.
Ein anderes Calwer Handelshaus, die Firma Zahn und Comp., gleichfalls mit den reichen Calwer Familien verklammert (50000 fl Gesellschaftskapital), betrieb damals ein
gutgehendes Geschäft mit Kolonial- und Farbwaren sowie mit Metallen. Aus ihr ging
nach um 1780 vollzogener Trennung des nachmaligen Bankhauses Doertenbach u. Cie
die heute noch bestehende, angesehene Stuttgarter Handelsfirma Zahn-Nopper hervor.

Kredit- und Bankgeschäfte

Seit dem 16. Jahrhundert drängte die Entwicklung auf eine enge Verbindung zwischen
Handels-, Kredit- und Bankgeschäften. Der Förderung des Korn- und Weinhandels
diente vornehmlich die von Markgraf Georg Friedrich von Baden-Durlach und den
Landständen 1604 errichtete, sich auf dem Fonds der Waisengelder gründende staatliche Wechselbank, die erste Staatsbank auf südwestdeutschem Boden. Sie verzinste
Einlagen mit fünf Prozent und gab Personalkredite zu acht Prozent. Das reichsstädtische Handwerk, in den städtischen Verfassungskämpfen der Reformationszeit politisch entmündigt, befand sich grundsätzlich im Schlepptau des Handels, nicht selten

von großen, auf auswärtige Faktoreien stützende Handelshäusern, die mit einem Geschäftskapital um 100000 fl arbeiteten. Sieben ausländische Faktoreien waren Ende des 18. Jahrhunderts in Gmünd tätig. Im Auf und Ab der Silberkonjunkturen, die in erster Linie den Handel reich machten, spiegelten sich Hoffnungen und Enttäuschungen der Gmünder Schmuckhersteller. Als der Handel ihre Produkte nicht exportierte, verließen in den vierziger und achtziger Jahren des 18. Jahrhunderts etwa 100 Silber- und Goldschmiede mit ihren Familien die Stadt und machten sich in Wien seßhaft. Nach dem Dreißigjährigen Krieg kamen häufig nur städtische Kaufleute (aus Basel, Heilbronn u. a.) als Kreditgeber für Bürger und Bauer in Betracht. Über das Schmuck- und Edelsteingeschäft stiegen die aus Esslingen stammenden Gebrüder Palm Ende des 17. Jahrhunderts zu Wiener Hofbankiers auf. Aus echter Biberacher Handwerkstradition kam Johann Adam Liebert, der sich einige Jahrzehnte später als Juwelier in Augsburg niederließ und es auch als Hoflieferant zu großem Vermögen brachte. Sein Sohn, Benedikt Adam von Liebert, ein zwar scheuer, aber firmengründender Bankier, konnte die hohen Verluste der Heidenheimer Leinwandhandlungs-Compagnie und der dortigen Kattunmanufaktur unangefochten verkraften. Im Bankhaus J. A. Krebs in Freiburg, gegründet 1721, älteste noch bestehende deutsche Privatbank, entwickelten sich die Anfänge des Geldgeschäfts im 18. Jahrhundert aus dem Warenhandel. Er gab Anlaß zu Geldtransaktionen, dagegen äußerst selten zu Wechselgeschäften. Den geschäftstüchtigen Bürgern des nassauischen Städtchens Lahr wurde im 18. Jahrhundert von bösen Nachbarn nachgesagt, daß sie sich »in Rücksicht auf Wucher vor vielen Juden auszeichnen« würden. Die Untertanen der badischen Herrschaft Mahlberg waren ihnen angeblich 40000–60000 Gulden schuldig. Die großen Mannheimer Bankhäuser D. H. Schmaltz und Mayer Elias Seligmann finanzierten 1790 die pfälzischen Staatsanleihen. Die an der Spitze der Ulmer Leinwandexporteure stehende Heilbronnersche Handlung erweiterte sich in der zweiten Hälfte des 18. Jahrhunderts um das Bankgeschäft. Ulms Rolle im Bank- und Wechselgeschäft blieb angesichts der überragenden Stellung Augsburgs als Bankplatz gering.

Angesichts der insgesamt knappen Kapitalressourcen kam die wachsende Staatsverschuldung einer sich fortschleppenden, schweren Erblast gleich. Das seit dem Spätmittelalter überschuldete württembergische Staatswesen unternahm unzählige Anstrengungen, die Wirtschaft des Landes zu modernisieren und ertragreicher zu gestalten und steigerte ständig die Staatseinkünfte, ohne daß es der klaffenden Haushaltsdefizite Herr wurde. Zu den Schuldnern des steinreichen Kornwestheimer Bauern und Geldverleihers Jerg Minner zählten die Herzöge Ulrich, Ludwig und Friedrich von Württemberg. Bis zu seinem Tode 1599 hatte Minner ein Gültkapital von insgesamt 38388 fl, gestückelt in 183 Gültbriefe (Rentenbriefe), zu fünf Prozent Zins verliehen. Zu seinen Schuldnern zählten fast ausschließlich Bauern und Handwerker, kleine

Leute also, als würden die Kreditmärkte einer schichtenspezifischen Teilung unterlie-
gen. Städte suchten sich bei anderen Städten Kredite zu beschaffen. Vom 15. bis
18. Jahrhundert waren Bern und Basel Gläubiger von Waldshut. Dem hohen Kredit-
begehren der badischen Markgrafen kam im 16. Jahrhundert die auf das Holz der
markgräflichen Wälder reflektierende Stadt Basel wohlwollend entgegen. Die Habs-
burger zapften gern die Kapitalkraft ihrer vorderösterreichischen Städte an. Für städtische Bürger übernahmen die Stadtkassen im 16. Jahrhundert vielfach die Rolle von
Leihbanken und Sparkassen. Diese Leihkassenfunktion läßt sich für Breisach bis 1634
verfolgen, zuletzt durch ein als »Spezialhypothek« ausgewiesenes Darlehen über 300
fl. Vom 16. bis ins 18. Jahrhundert hatten sich auch Stiftungsgelder und verschiedene
»Heiligenfonds« als Reservoir für Notstands- und landwirtschaftliche Kredite halbwegs bewährt, wenngleich durch sie die Wucherplage besonders in naturalwirtschaft-
lichen Formen nicht auszuschließen war.

Staatsverschuldung

Das Fiasko der Staatsfinanzen und der Staatsverschuldung war mit dem Dreißigjährigen Krieg einem neuen Höhepunkt zugesteuert. Letzten Endes aber liefen alle nach
dem Kriege ergriffenen und volkswirtschaftlich gerechtfertigten Maßnahmen zur Lösung der Schuldenproblematik, beginnend mit dem vom Reichstag beschlossenen
zehnjährigen Schuldenmoratorium, darauf hinaus, die Schuldner, soweit möglich und
sozial verantwortbar, auf Kosten der Gläubiger zu entlasten. Es dürfte wohl keinen
südwestdeutschen Landesherrn gegeben haben, der seine Gläubiger nur annähernd
befriedigt hätte. In Württemberg wurden 1652 die Schulden der Landschaft einseitig
auf die Hälfte herabgesetzt. Der pfälzische Kurfürst konnte sich durch drastische
Reduktion der Forderungen des Großteils seiner Schulden entziehen. Nach diesem
harten Schnitt in die Gläubiger-Schuldner-Beziehungen und erneuten Kapitalverlu-
sten infolge der Eroberungskriege Ludwigs XIV. war es verständlich, daß es fast eines
Jahrhunderts bedurfte, bis in Südwestdeutschland wieder ein leistungsfähiger Kredit-
markt mit einem mit der Vorkriegszeit vergleichbaren Kapitalvolumen herangereift
war. Im württembergischen Steuerkataster von 1726 wurden für Stadt und Land Gülten und zinstragendes Kapital lediglich auf 479709 fl beziffert, kaum vorstellbar niedrig.
Seit der Mitte des 17. Jahrhunderts gesellte sich zur Finanzmisere der Territorialstaaten die notorische Geld- und Kapitalnot schwäbischer Reichsstädte, eine Folge ihres
wirtschaftlichen Niederganges. Häufig blieben sie ihren Gläubigern bei Dominieren
des Privatkredits Zins und Tilgung schuldig. Die Reichsstadt Ulm drückte 1719/20

eine Kapitalschuld von rund zwei Millionen Gulden, jährlich zu verzinsen mit 104 851 fl. Beinahe ein Zehntel der von der Standesorganisation der Reichsritterschaft der Kantone Neckar-Schwarzwald und Kocher zwischen 1648 und 1803 vergebenen Kredite (247 966 fl) sicherten sich die Reichsstädte (Kollmer).

Der Finanzierung gähnend leerer Stadtkassen widmete sich schon seit dem ausgehenden 17. Jahrhundert die einst den »Pfeffersäcken« nicht wohlgesonnene Adelsfamilie von Reischach, die bis um die Mitte des 18. Jahrhunderts zu den ganz wenigen äußerst kapitalkräftigen südwestdeutschen Ritterfamilien gehörte. Bei seinem Tode hinterließ Georg Wilhelm Reichsfreiherr von Reischach (1673–1724) auf Nußdorf, Eberdingen, Heimerdingen und Riet, württembergischer Geheimer Rat, ein bis auf zwei Ausnahmen gegen fünf Prozent Zins verliehenes Kreditkapital in Höhe von 79 485 fl, gestückelt in nur 31 Schuldbriefe. Ein Gültkapital von 36 000 fl (= 45%) hatten sich elf Reichsstädte (Ulm, Esslingen, Giengen, Nördlingen, Heilbronn, Reutlingen, Gmünd, Dinkelsbühl, Weil der Stadt, Aalen und Memmingen) auf dem Wasserschloß Riet beschafft, das damals im Kreditgeschäft offenbar zu den besten Adressen zählte. Bereits der sehr vermögende Georg Heinrich von Reischach (1632–1698), Vater von Georg Wilhelm, 1689 württembergischer Kriegsratspräsident, betrieb das Kreditgeschäft. Aus Kreditzinsen, Staatsbesoldungen, Grundrenten und Gewinnanteilen aus dem Eisenbergwerk Hammerau bei Salzburg (spätere Maximilianshütte) setzte sich sein bedeutendes Einkommen zusammen. Zu den namhaften Kreditnehmern der v. Reischach zählten u. a. auch die Württembergische Landschaft (6500 fl), der Schwäbische Kreis (16 000 fl), einige Kaufleute und – nicht zu vergessen – die Calwer Zeughandlungs-Compagnie (2000 fl), von der bisher nur bekannt war, daß sie selber Kredite gewährte, um den Landesherren aus finanziellen Kalamitäten zu helfen. Das hohe Risiko, den Landesfürsten, in deren Diensten sie standen, Kredite einzuräumen, scheuten die Reischachs offensichtlich, obwohl mit der herzoglichen Maitresse, der Gräfin Würben, befreundet. Reiche Erbschaften und Heiratsgüter, eine glückliche Hand in Geldgeschäften und viel unternehmerischer Sinn bei der Verwaltung seiner vier grundherrlichen Landgüter (seit 1711 auch im Besitz des zollfreien Commerciums für landwirtschaftliche Erzeugnisse) sowie ein sparsamer Lebenswandel verhalfen dem Freiherrn Georg Wilhelm von Reischach in wirtschaftlich schlechten Zeiten zu einem Vermögen von rund 200 000 Gulden, dem Sohn 1725 zu Jahreseinkünften einschließlich zurückgezahlter Kredite von fast 25 000 Gulden. Es war Grundsatz der Reischachschen Geschäftspolitik, für größere eingekommene Geldbeträge sogleich als »Hauptgut« Zins zu »erkaufen«.

Als unzuverlässige Schuldner erwiesen sich die meisten südwestdeutschen Potentaten, insbesondere Württembergs Herzöge. Adel und kapitalkräftiges Bürgertum mißtrauten dem herzoglichen Kreditverlangen. Die 1704 gegründete württembergische Hofbank, erst Depositur einer staatlichen Lotterie, 1708 erweitert um eine Girobank (Leihbank), stieß mehr auf Ablehnung als auf Nachfrage und stellte ihren Betrieb wieder ein. Die Herzöge mußten sich im Ausland um Kredit bemühen und bedienten sich dabei der Hoffaktoren, im Barockzeitalter an nahezu allen Höfen die unentbehrlichen Helfer der Staatsfinanz. Die Tragödie des württembergischen Oberhoffaktors J. Süß Oppenheimer 1738 ist bekannt. Hohe Darlehen gewährten auch der Reichsritterschaft die Juden, darunter die Oppenheimer zu Öttingen, der Hoffaktor Levi zu Hechingen, die Seligmann aus Mannheim, der Hoffaktor Samuel zu Hochberg und die Bankiersfamilie Kaulla im hohenzollerischen Hechingen. Über die spätere württembergische Hofbank gewannen die Kaullas fast zwei Jahrhunderte maßgeblichen Einfluß. Karlsruhe bot ein Beispiel klassischer Verbindung zwischen Residenz und einheimischem Hofjudentum, das schließlich vom Haus Rothschild überspielt wurde.

Die Schuldenlast von Baden-Baden war zu hoch, so daß sie 1771 bei der Vereinigung des Landes mit Baden-Durlach von Markgraf Karl Friedrich nicht in vollem Umfang übernommen werden konnte. Wenig später bemühte sich der Markgraf, seiner Zeit weit vorauseilend, in Frankfurt am Main und Bern um Kapital, das er als Meliorationskredit zu vier Prozent Zins seinen bäuerlichen Untertanen zur Verfügung stellen wollte. Die angebotenen Geldbeihilfen stießen auf wenig Gegenliebe, weil die Mängel in der Landwirtschaft nicht derart waren, »daß sie mit Geld Aufnahme geheilet werden können« (Bezirk Badenweiler). Besonders willkommen waren am Wiener Kaiserhof die jahrzehntelang von den oberschwäbischen Klöstern gewährten hohen Kredite. In den Truhen der Abteien und Gotteshäuser fand sich meist reichlich Geld, mit dem dann im Laufe des 18. Jahrhunderts, nachdem die Türkengefahr gebannt war, die zahlreichen herrlichen Barockbauten finanziert wurden. Reichlich Kredit war dafür ebenso vonnöten wie für die millionenschweren Residenzen der weltlichen Landesfürsten. 1759 war das Benediktinerkloster St. Blasien mit 341000 fl in der Schweiz verschuldet und hatte dort die Grenzen seiner Kreditwürdigkeit erreicht.

Billiges und teueres Geld

Kreditmärkte und Kreditströme unterlagen ebenso wie die Konjunkturen und Depressionen der frühen Neuzeit, in die sie eingebunden waren, starken monetären Einflüssen. Das Verhältnis von umlaufender Geldmenge und vorhandener Gütermenge hielt sich nicht in einer konstanten Größenordnung, sondern erfuhr kurz- und längerfristige Veränderungen, die sich in den Güter- und Goldpreisen niederschlugen. Viel Geld verbilligte das Geld und senkte die Zinssätze (Tiefststand 4%). Bis gegen Ende des 16. Jahrhunderts sank der Geldwert. Die gestiegene Ausbeute der europäischen Silberproduktion etwa ab 1510 und das nach Europa geflossene amerikanische Silber (seit 1560) führten bei gleichzeitig vermehrter Umlaufgeschwindigkeit des Geldes zu einem Anstieg der Preise. Die Wirtschaftsaktivität wurde stimuliert und der Prozeß der Kapitalakkumulation begünstigt. In dieser neuen Periode der Silberwährung erfaßte die südwestdeutschen Münzstätten eine verstärkte Prägetätigkeit.

Die Währungsgeographie des Südwestens blieb trotz aller Reichsmünzordnungen zersplittert und zerklüftet. Vom Bodensee bis nach Ulm (»Ulmer Geld regiert die Welt«), Aalen und nach Niederbaden reichte das aus dem Riedlinger Vertrag hervorgegangene schwäbische Münzgebiet. Die Pfalz gehörte zum kurrheinischen Münzkreis. Der mittelbadische Raum von Baden-Baden bis in die Ortenau war dem Straßburger Münzsprengel zuzuordnen. Der südliche Breisgau (Oberrheinkreis) unterlag bis ins 19. Jahrhundert den münzpolitischen Einflüssen der Schweiz. Im nördlichen Breisgau und im südlichen Schwarzwald teilte sich Österreich mit dem erneuerten Rappenmünzbund die Herrschaft über das Münz- und Geldwesen. Der Geldumlauf beschränkte sich freilich nie auf die wenigen südwestdeutschen Prägungen, sondern war mit vielen, mitunter auch dominierenden ausländischen Sorten durchsetzt. Nach dem Sieg der Gulden-Kreuzer-Währung in Süddeutschland durch die Reichsmünzordnung von 1559 verfügten zwar die südwestdeutschen Münzkreise über eine den Handelsverkehr begünstigende, allgemeingültige Außenwährung, behielten aber vorerst in ihrer Binnenwirtschaft die alten Münzen und Recheneinheiten bei. Den größten Münznutzen warfen die den Münzständen erlaubten Scheidemünzenprägungen in geringerem Schrot und Korn. Solche spekulativ geprägten Kleinmünzen überschwemmten alsbald die Märkte, brachten die Inflation ins Rollen und lähmten zeitweilig Handel und Verkehr.

Auf das Stocken der überseeischen Edelmetallzufuhren um 1600 folgte, zuerst in Spanien, Frankreich und den Niederlanden, die anfangs vernichtend wirkende monetäre Kupferinflation, die die Edelmetallwerte der Münze bis zum Verschwinden sinken ließ. Es war die Zeit der Kipper und Wipper, der Münzschieber, von 1621 bis 1623, die Zeit der großen Kriegsvorbereitungen, in der zum Schaden des gemeinen Mannes massenhaft schlechtestes Geld, Kriegsgeld, geprägt wurde, die Fürsten und sonstigen Münzherren, die Durlacher Markgrafen ebenso wie die württembergischen Herzöge, zum eigenen Vorteil lebhaften Anteil daran hatten und die Gewinnsucht der Münzer triumphierte. Diese erste Währungskrise in der Geschichte Südwestdeutschlands wurde durch Münzedikte Württembergs, Vorderösterreichs, Straßburgs, Badens u. a. vom Sommer bis Herbst 1623 überwunden, die das inflationäre Kippergeld auf den Kurs guter Münzen reduzierte. Das Geld wurde teurer. Etwa ein Jahrzehnt nach der Münzkrise trafen die Wirtschaft die verheerenden Folgen einer neuen säkularen Rezessionsphase, die sich zeitlich bis etwa 1750 spannte. Beim langfristigen Abschwung, verschärft durch den drastischen Bevölkerungsrückgang, übernahmen die Lebensmittelpreise wieder die Führung. »Frucht und Wein ist um des kaum erhörten großen Geldmangels willen in höchster Wohlfailin«, berichtet eine württembergische Quelle. Vom Dreißigjährigen Krieg bis ans Ende des Ancien régime litt der expandierende Wirtschaftsverkehr in Südwestdeutschland am Mangel an guten Grobmünzen und einem bedrohlichen Anschwellen schlechtester, meist importierter Scheidemünzen, die gewöhnlich im Zusammenhang mit Kriegen wellenartig auftauchten, zuletzt im Siebenjährigen Krieg. Schwierigkeiten bei der Edelmetallbeschaffung, auf die jüdische Geldhändler spezialisiert waren, verzögerten den Wiederbeginn südwestdeutscher Prägungen (in Heidelberg seit 1656, in Bruchsal seit 1665). Baden-Baden kam nicht über Anfänge einer Dukaten- bzw. Guldenprägung 1674 und 1704 hinaus. Von 1634 bis 1680 verzichtete Baden-Durlach auf eigene Ausmünzungen. Württembergs Münzausstoß blieb bis Ende des 17. Jahrhunderts gering. Der alten Versuchung, sich an der Münze eigennützig zu bereichern, erlagen Dynasten und Münzfaktoren im 17./18. Jahrhundert. Gewinnträchtig produzierte die Montfortische Münze in Langenargen von 1726 bis 1732 schlechte Kleinmünzen. Besonders krasse Formen hatte die Ausmünzung minderwertiger Sorten in Württemberg unter dem Finanzdirektor J. Süß Oppenheimer angenommen. Solange sich die Silberpreise verteuerten und im Ausland höhere Edelmetallpreise gezahlt wurden, stellten gesetzliche Ausprägungen ein Zuschußgeschäft und das Münzwesen für den Münzherrn keine sich rentierende Einnahmequelle mehr dar. Dem Wirtschaftsverkehr förderlich war der nach langen Verhandlungen 1761 zustande gekommene Augsburger Münzabschied durch Beitritt der südwestdeutschen Münzkreise zum bayerisch-österreichischen Münzvertrag. Im »Konventionstaler« (12 Taler = 24 Gulden) entstand endlich eine gute, konvertible, bis 1873 gültige Konventionswährung bei Zweiteilung des deutschen Währungsgebiets. Bis 1765 wurden die nicht konventionsmäßigen Münzen abgewertet, doch lohnten die hohen Silberpreise an kleinen südwestdeutschen Münzstätten die Prägung von Konventionsgeld nicht mehr. 1779 verließ das letzte reguläre Konventionsgeld die Durlacher Münze. Die württembergischen Emissionen verringerten sich und wurden 1818 eingestellt. Um den Anforderungen des gestiegenen Güterverkehrs durch eine entsprechende Geldmengenvermehrung Rechnung zu tragen, gingen Ulm, Fürstenberg, Baden, Speyer, Löwenstein u. a. Mitte des 18. Jahrhunderts zur Kupferprägung über. Wegen des schlechten Gangs der Silbermünzung ließ Kurfürst Karl Theodor von der Pfalz 1763 die ersten aus Rheingold vermünzten Rheingolddukaten prägen und kamen 1765 die ersten badischen Rheingolddukaten heraus, die sicher auch patriotischen Stolz weckten. Zur wichtigsten Handelsmünze Südwestdeutschlands avancierte inzwischen der überbewertete französische Louis d'argent in seiner am meisten verbreiteten lorbeerbekränzten Prägung als »Laubtaler«, der allerdings in der zweiten Hälfte des 18. Jahrhunderts mit dem von Österreich für seinen niederländischen Besitz geprägten Brabanter- oder Kronentaler zu konkurrieren hatte und teilweise von ihm verdrängt wurde. Im Protokoll der Handelsinnung Biberach/Riß ist 1807 zu lesen: »Der Handelsstand soll sich der Annahme von einigen hundert Gulden Württemberger Silber verstehen, deren Herbeischaffung gedachter Herr Oberamtmann gegen französische Laubtaler oder Brabanter Taler besorgen wolle, wodurch sodann dem entstandenen Mangel an kleiner Scheidemünze abgeholfen, die Kupferkreuzer entbehrlich gemacht und ihrem Schicksal überlassen werden.«

Obwohl die südwestdeutschen Ausmünzungen im 18. Jahrhundert in ihren Münzkreisen den Geldmengenbedarf nicht halbwegs zu decken vermochten, herrschte etwa von 1740 an kein Mangel an Geld, sondern es wurde vielmehr trotz des Anstiegs der Produktion, trotz ständiger Gütermengenmehrung – ähnlich wie im 16. Jahrhundert – immer billiger. Baron von Gemmingen, Generaldirektor eines Ritterschaftskantons, urteilte in einem Gutachten von 1791 richtig, wenn er schrieb, daß »seit 100 Jahren durch täglich sich mehrende Masse des Goldes und Metalle, der Wert aller Dinge, besonders der liegenden Güter zum Erstaunen gestiegen« sei. Das im 18. Jahrhundert nach England über Portugal geflossene brasilianische Gold (bis 1760 ca. 25 Mio. Pfd. St.) hatte den Anstoß zu einer neuen säkularen Konjunkturphase in Europa gegeben. Edelmetallvermehrung setzte in Verbindung mit Bevölkerungswachstum wirtschaftliche Expansion frei, eine neue inflationäre Hausse-Phase, die bis ans Ende der napoleonischen Epoche reichte. Südwestdeutschland war in sie auch durch seine großenteils über Außenmärkte gesteuerte Geldversorgung eingebunden und verdankte ihr letzten Endes – verglichen mit der ersten Hälfte des 18. Jahrhunderts – einen relativ hohen Beschäftigungsstand und einen vielfach zahlungskräftigen Bauernstand. Nach einer zuverlässigen Statistik der Kurpfalz waren am 1. Januar 1775 nur 3,8 Prozent der Gesamtbevölkerung nicht in der Lage, sich zu ernähren und daher auf Armenfürsorge angewiesen.

Das liberale Reformzeitalter

Napoleonisches Revirement – relative Überbevölkerung

Während der napoleonischen Epoche überstürzten sich die politischen und militärischen Ereignisse. Das zum Anachronismus gewordene Heilige Römische Reich Deutscher Nation konnte sich gegenüber der militärischen Überlegenheit der siegreichen französischen Revolutionsarmeen nicht mehr behaupten. Mit dem Frieden von Lunéville, am 9. Februar 1801, begann – da alles Land links des Rheins unter französische Herrschaft kam – die große Flurbereinigung auf der buntscheckigen Territorienkarte Südwestdeutschlands, Teilschauplatz eines ganz Mitteleuropa umfassenden Länderschachers. Unter russischem Schutzschild gelang es Baden und Württemberg, sich eine im Reichsdeputationshauptschluß von 1803 bekräftigte, vielfache »Entschädigung« für geringen Verlust am linken Rheinufer zu sichern. Nochmals erheblich vergrößert gingen beide Staaten als Bundesgenossen Napoleons aus dem Preßburger Frieden von 1805 hervor. Daran schloß sich mit Billigung Napoleons eine weitere Stufe territorialer Flurbereinigung an. Am Ende dieser gewaltsamen Prozesse von Ein- und Angliederungen und der beseitigten heterogenen Vielfalt des Ancien régime wurde die südwestdeutsche Staatenkarte nur noch von zwei deutschen Mittelstaaten beherrscht, von Baden, inzwischen Großherzogtum, 15070 km² groß und von Württemberg, ein zum Königreich »beförderter« Flächenstaat mit 19500 km². Als souveräne Inseln der Kleinstaaterei überdauerten lediglich die Fürstentümer Hohenzollern-Hechingen und Hohenzollern-Sigmaringen (1155 km²) das napoleonische Revirement. 1850 gingen sie im großen hohenzollerischen Preußen auf.

Am Ende der napoleonischen Epoche war Südwestdeutschland auch wegen des großen Aderlasses in den europäischen Kriegen mit 2,35 Mio. Einwohnern kaum menschenreicher als während der wirtschaftlichen Blütezeit des ausgehenden Ancien régime. Als Folge einer relativ hohen Geburtenrate bei sich mindernder Sterblichkeit hatte sich – ungeachtet der erheblichen Wanderungsverluste (in Württemberg 1818–1846 fast ein Fünftel des Geborenenüberschusses) – die Bevölkerung der beiden

> *Bevölkerungsstatistik: Gesamtbevölkerung Südwestdeutschlands (in 1 000)*
> 1834 = 2 878 523
>
> | Baden | Württemberg | Hohenzollern |
> |---|---|---|
> | 1810 : 974 | 1812 : 1 379 | 1806 : 48 |
> | 1834 : 1 230 | 1834 : 1 590 | 1834 : 57 |
> | 1849 : 1 362 | 1849 : 1 744 | 1852 : 65 |

südwestdeutschen Mittelstaaten von 1818 bis 1846 kontinuierlich – in Baden stärker als in Württemberg – vermehrt (etwa um 1,1%). Ein Rückgang der Geburtenrate und hohe Auswanderungsziffern führten zwischen 1847 und 1855 (3 Mio. Bewohner) zu einer negativen Bevölkerungsbewegung. Der Druck einer relativen Überbevölkerung hatte den Nahrungsspielraum zu eng werden lassen. Mit rd. 81 Bewohnern je Quadratkilometer besaßen Baden und Württemberg 1834 eine hohe, in den folgenden Jahrzehnten noch weiter gestiegene Bevölkerungsdichte, weit über der Bevölkerungsverdichtung im deutschen Durchschnitt gelegen (65 Bewohner) und unter den wirtschaftlich-sozialen Verhältnissen des Vormärz, den gegebenen Bedingungen der Unterentwicklung, bereits als kritischer Grenzwert für die Bevölkerungsentwicklung anzusehen.

Pauperismus

Stärker als im vorangegangenen 18. Jahrhundert drängte sich während der ersten Hälfte des 19. Jahrhunderts eine Krisenanfälligkeit bei Fehlernten auf. Betroffen wurden in erster Linie Gemeinden und Bevölkerungsschichten, die schon in normalen Erntejahren unterversorgt und auf Nebenerwerb unbedingt angewiesen waren. Die spektakulärsten Krisen- und Hungerjahre erlebte Südwestdeutschland 1816/17 und 1846/47. Nach jahrelangem Mißwuchs waren die Lebensmittelmärkte bis zum Herbst 1816 fast leergefegt und kletterten die Lebensmittelpreise um 200 bis 500 Prozent, unerschwinglich für die »minderbemittelten Schichten«. Die Hungersnot trieb die Sterblichkeit in die Höhe und an 40000 Bürger von Baden und Württemberg in die Emigration. Dennoch mehrte sich Pauperismus im Lande. Eine württembergische Statistik von 1831 über die ärmsten Orte des Königreichs und ihr »Bettelwesen« erfaßte 29 notorische »Armenweiler« in 14 Oberämtern mit 3591 Familien, von denen 1613 (= 45%) vom Hausierhandel, von öffentlichem Unterhalt und vom Bettel, Kinderbettel eingeschlossen, leben mußten. Überwiegend aus wirtschaftlich-sozialen Gründen waren von 1813 bis 1871 aus dem Königreich Württemberg insgesamt wenigstens 400000 Menschen ausgewandert (v. Hippel), fast 4200 im Jahresdurchschnitt, der Hauptschub zwischen 1850 und 1854 als kumulatives Sozialverhalten auf eine seit 1847 anhaltende Krisenphase. In einen Großteil württembergischer Gemeinden floß 1854 Armenunterstützung. Baden verlor durch die vorwiegend nach Übersee gerichtete Auswanderung zwischen 1850 bis 1854 über 59000 Menschen (Württemberg: fast

---

Ulmer Rezept für Armen-Blutwurst von 1817
Für 200 Portionen Würste, jede zu 1 Pfd.: Blut von allerhand Schlachtvieh 60 Maß, vermischt mit Wasser 50 Maß. An Gewürzen: Pfeffer 8 Lot, Ingwer 4 Lot, Fenchel 4 Lot, Koriander 8 Lot, Zwiebeln für 12 Kreuzer

---

62000). Mit Staatsmitteln wurde die Auswanderung in den ärmsten Gemeinden des Landes (vorwiegend Mittelrheinkreis) gefördert. Massenauswanderung von überschüssiger landwirtschaftlicher und handwerklicher Bevölkerung galt als Heilmittel, um Bevölkerung und Nahrungsspielraum an der Schwelle zur Industrialisierung wieder in ein »wirtschaftliches Gleichgewicht« zu bringen. Die badische Auswanderungs- und Agrarpolitik folgte Friedrich Lists Rat, daß die Auswanderung ein Instrument zur Verbesserung der Agrarstruktur sei.

»Revolution von oben«

Ständig wachsende, härtere Belastungen wurden der Bevölkerung der beiden südwestdeutschen Mittelstaaten schon seit der napoleonischen Zeit aufgebürdet, so daß die neue arrondierte Herrschaft der Freunde und Bundesgenossen Napoleons, die in wenigen Jahren zusammengerafften Gebiete unterschiedlichster historischer Tradition und Struktur zu einer inneren Einheit zusammenzufassen ihre vordringliche Aufgabe sahen, bei der Mehrheit der Bevölkerung unpopulär war und auf Ablehnung stieß. Im Bündnis mit Napoleon, obwohl Repräsentant der Französischen Revolution, intensivierte sich sogar die absolutistische Staatsidee zu neuem Triumph. Als Antwort auf die Französische »Revolution von unten« hatte sich auf der rechten Seite des Rheins der aufgeklärte Absolutismus teilweise zur »Revolution von oben« gesteigert, manche Vergangenheitsrelikte abgelöst und neue Formen im wirtschaftlich-sozialen Leben angestrebt. Karl Friedrich von Baden, Markgraf und schließlich Großherzog, hatte sich und seinen Mitarbeitern durch eingeleitete Reformen erhebliches Verdienst um die Modernisierung seines Landes erworben. Der physiokratischen Ideenwelt von der zu verwirklichenden »natürlichen Ordnung« war auch Württembergs erster König, Friedrich I., verhaftet. König Wilhelm I. von Württemberg, sein Nachfolger, hielt liberale Reformen in der Landwirtschaft und im Gewerbeleben grundsätzlich für richtig. Dennoch bestand zunächst in Baden und Württemberg die alte Wirtschafts- und Sozialordnung fast unverändert fort. Alte Lasten und Ungerechtigkeiten wurden beibehalten. Die Leitbilder der Französischen Revolution oder des Liberalismus wurden nicht sogleich in Postulate der südwestdeutschen Wirtschafts- oder Reformpolitik umgesetzt.

Erst in jahrzehntelang währenden Prozessen, markiert von einer Fülle oft nur zögernd eingeleiteter Reformakte, wurde die Wirtschaft aus ihren überkommenen feudal-ständischen Bindungen und Fesseln befreit. Zur Entfaltung einer liberalen Verkehrswirtschaft bedurfte es der Freisetzung der Gesellschafts- und Wirtschaftskräfte. Das bedeutete Proklamation der bürgerlichen Freiheitsrechte, Freisetzung der Bauern von der feudalen Grundherrschaft, Bauernbefreiung, Aufhebung der Zünfte, Herstellung von Handels- und Gewerbefreiheit sowie von frei verfügbarem Eigentum. Für die Langwierigkeit des systemverändernden Reformwerks gab es vielerlei Gründe, ganz abgesehen davon, daß grundlegende, nicht sogleich neue Mängel zutagefördernde Wirtschaftsreformen im Laufe der Geschichte nur selten ohne lange Vorlaufzeit auf Anhieb gelangen. Die Orientierung auf die neuen liberalen Ordnungsprinzipien und ihre Anwendung auf eine konkrete Wirtschaftswirklichkeit wie auch umgekehrt deren Anpassung an die neuen Vorstellungen von Freiheit bereitete mancherlei Schwierigkeiten. Die Interessen der vom Reformwerk betroffenen Kräfte und Gruppen, oft in ihren Ansichten und Zielen auseinandergehend und nicht selten konträr gegenüberstehend, mußten berücksichtigt, ihre »Nahrung« erhalten und ihre Rechte gebührend entschädigt werden. Widersinnig mußte erscheinen, daß ausgerechnet der Absolutismus mit seinen Mitteln, bisher Hort der alten Ordnung, Geburtshelfer des Liberalismus sein sollte. Träger der Bauernbefreiung waren auch in Südwestdeutschland der Staat und die ihn jeweils formenden und beeinflussenden reformwilligen adligen und bürgerlichen Kräfte und Schichten. Als Wortführer liberaler Ideen traten um 1800 Bauern nicht in Erscheinung.

Agrarreform

Während Altbaden die Leibeigenschaft schon 1783 entschädigungslos annulliert hatte, in den von Frankreich okkupierten westrheinischen Gebieten (auch in der Pfalz) nach dem Muster der Französischen Revolution die feudalherrlichen Rechte nach und nach ohne Entschädigung verschwanden, wurde in Württemberg der lange, auch aus fiskalischen Gründen verzögerte erste Schritt zur Aufhebung der Leibeigenschaft 1817 unternommen. Befreit wurden jedoch nur die Staat, Gemeinden und Korporationen leistungspflichtigen Leibeigenen von jeder Last. Auch die durch königliches Edikt von 1817 verkündete Umwandlung der bäuerlichen Erblehen in volles Eigentum und der Fallehen in Erbzinsgüter war auf dem Besitz des grundherrlichen Adels, insbesondere auf den Territorien einstiger regierender Häuser, nicht durchsetzbar. Das Pendel der Politik schlug zur konservativen Seite aus. Erst die Juli-Revolution von 1830 brachte etwas Bewegung in das auch wegen der allgemeinen Wirtschaftsdepression versandete Getriebe des agrarischen Reformwerks, das auf dem empfohlenen Wege wechselseitiger Auseinandersetzungen zwischen Grundherren und Bauern nicht vorankam. Noch lastete der riesige Berg von aus dem Mittelalter überkommenen Grundlasten auf der bäuerlichen Landwirtschaft. Der wunde Punkt aller Agrarreform war das Problem der Entschädigung der Berechtigten.

1833 wurden in Baden die bedeutsamen Zehnten zur Ablösung freigegeben, zu kapitalisieren zum Zwanzigfachen des mittleren jährlichen Einnahmebetrages: für die badischen Bauern, obwohl zu einem Fünftel von der Staatskasse bezuschußt, Hauptursache jahrzehntelanger Verschuldung. Erst staatliche Finanzhilfe ermöglichte die Ablösung der Leibeigenschaftsabgaben in Neubaden und ab 1831 die Fronablösung. Nach dem badischen Vorbild ließ sich die Bauernbefreiung in Württemberg durch Gesetze von 1836 vorantreiben, die die Aufhebung der Beeden, Fronen und der Abgaben der »Privat-Leibeigenen« Neuwürttembergs betrafen. Fast drei Millionen Gulden mußte die Staatskasse für voreilige Entschädigungszahlungen im Rahmen dieser drei Gesetze aufwenden. Standhaft aber weigerte sich der grundherrliche Adel in Baden und Württemberg, am Beispiel anderer deutscher Staaten sich aufrichtend, in die vollständige Ablösung der feudalen Grundlasten, insbesondere des Lehnsverhältnisses, einzuwilligen. Noch verfügten vor allem die Mediatisierten, die zu Standesherren degradierten einstigen Landesherren, über eine politisch und juristisch einflußreiche Lobby, die den Regierungen in Karlsruhe und Stuttgart eine Schonung der standesherrlichen Interessen nahezulegen verstand. Seit den 1780er Jahren, fast sieben Jahrzehnte lang, rang der absolutistische, bzw. frühliberale Staat, zunächst von aufgeklärten, dann von liberalen Ideen geleitet, um die Bauernemanzipation mit den Kräften der feudalistischen Tradition und Restauration, ohne daß ein beiderseits sowie den Bauernstand befriedigendes Ergebnis erzielt werden konnte. »Die Zehentablösungen sind keine Wohltat, sondern ein Verderben, weil die Pflichtigen dabei zugrunde gehen«, wurde in der Zweiten Badischen Kammer geklagt. Die bäuerliche Erbitterung über die bestehenden Reste des Feudalsystems wuchs um so mehr.

Erst die Stürme der Revolution von 1848 legten den restaurativen Kräften die Erkenntnis nahe, daß weiteres Verzögern der Agrarreform sinnlos und gefährlich sei.

Unter dem Eindruck der fortschreitenden Radikalisierung wurde am 10. April 1848 in Baden das Gesetz zur Abschaffung der Feudallasten verkündet – vier Tage später beeilte sich der württembergische Landtag, die vollständige Beseitigung der verbliebenen grundherrlichen Lasten zu beschließen. Für die Kapitalisierung der Besitzwechselabgaben wurde nur noch der zwölffache Jahresertrag, bei Gülten, Zinsen u. ä. der sechzehnfache Jahresertrag angesetzt. Ein Vorteil für die Bauern. Nach gleichen Modalitäten wurde Ende August 1848 die Ablösung der Teilgebühren sowie der Gülten und Zinse im Fürstentum Hohenzollern-Sigmaringen eingeleitet, die Zehntleistung aber – wie in Württemberg – beibehalten. Im Juni 1849 wurde sie in Württemberg zum sechzehnfachen jährlichen Reinertrag und zahlbar in 25 zu vier Prozent verzinslichen Jahresraten Gesetz. Die württembergischen Bauern wurden dadurch besser gestellt als im Jahre 1833 die badischen. Seit der Revolution von 1848/49 hatten sich die Ablösungsbedingungen für die Bauern verbessert, verglichen vor allem mit den bauernfeindlichen Modalitäten der Reform im fernen Preußen. Den gesetzlich entscheidenden Schlußstrich unter die Agrarreform zog in Württemberg das von der Kammer der Standesherren hinausgezögerte, mit den vorangegangenen Gesetzen ausdrücklich verkoppelte sog. »Komplexlastengesetz« von 1865, das den Berechtigten weiteren Kapitalgewinn aus der Ablösung von Leistungen für öffentliche Zwecke sicherte. Hinausgezögert wegen divergierender Meinungen im württembergischen Landtag wurde auch das erst 1873 verabschiedete, zur Unterbindung der Waldschäden längst fällig gewesene Gesetz zur Ablösung der Waldweide-, Waldgräserei- und Waldstreurechte. Die liberale Agrarreform kam, gemessen an der Zeitspanne staatlicher Gesetzesakte, einem Jahrhundertwerk gleich, ohne allerdings je als solches gelobt zu werden. Der württembergische Innenminister von Linden akzentuierte im Jahre 1854: »Zu behaupten, daß die Ablösungsgesetze gerecht seien, hieße, dem gesunden Menschenverstand ins Gesicht schlagen.« Die Agrarreform hatte, unter der Fahne bürgerlicher Freiheit, eine gewaltige Umwälzung der Besitz- und Eigentumsverhältnisse auf dem Lande herbeigeführt, die Betriebe in die gelobte Freiheit der Bewirtschaftung entlassen, ohne sie als leistungsfähige Partner in die launenhafte Marktwirtschaft zu integrieren. Bei voller Kapitalentschädigung der unhaltbar gewordenen Feudalrechte hätten die Berechtigten in Württemberg eine Zahlung von insgesamt 128,7 Mio. fl erwarten können, bekamen aber bis Ende Dezember 1874 knapp 61,3 Mio. fl, mußten also einen recht erheblichen Ablösungsverlust in Kauf nehmen. In Baden belief sich allein das Zehntablösungskapital bis 1857 auf mehr als 40,5 Mio. fl, von denen 7,9 Mio. fl der Staat übernahm. Die letzten Zehnten wurden 1893 abgelöst. Wie nie zuvor wurde aus der Wirtschaft Südwestdeutschlands ein gewaltiges Kapital mobilisiert, das große volkswirtschaftliche Chancen eröffnete, zumal dessen Reinvestition den schmerzlichen Übergang von der Agrar- zur Industriegesellschaft beträchtlich verkürzt hätte.

Statt dessen lassen sich größere, durch das Ablösungskapital gezündete volkswirtschaftliche Effekte nur schwer fassen, während auf der anderen Seite die Einkommensmöglichkeiten der ohnehin wettbewerbsbenachteiligten klein- und mittelbäuerlichen Landwirtschaft Südwestdeutschlands durch die zu zahlenden Ablösungssummen empfindlich eingeengt wurden. Letzte Reste der Ablösungsschuld lösten sich allzu spät, erst in der Inflation 1922/23 in Luft auf. Als nachahmenswertes Modell sei heutigen Entwicklungsländern die deutsche Agrarreform des 19. Jahrhunderts keineswegs anzuraten.

Agrardepression

Schon gegen Ende der napoleonischen Epoche häuften sich die Klagen, daß der Landbau »ein brotloses Gewerbe« sei. Völlig überraschend für die Sachverständigen fielen die Getreidepreise seit 1819 nach sehr ergiebigen Ernten überaus stark und anhaltend. Auf den südwestdeutschen Bauern lastete eine neue Agrarkrise. Vergantungen häuften sich. Die Güterpreise wurden in den Sturz der Agrarpreise mit hinabgezogen. Einst vorhandener bäuerlicher Wohlstand war dahingeschmolzen. Der Stadtschultheiß von Besigheim klagte 1826 am Tiefstand der Krise: »Wohin man die Blicke wendet, nichts als Not und Druck unter unerträglichen Lasten, nichts als Darben, nur um den Ansprüchen der Gläubiger, den Forderungen des Staates, Oberamtes und des Ortes Genüge zu leisten.« Die wohl nur vom Bevölkerungswachstum getragenen Preisauftriebstendenzen seit Ende der zwanziger Jahre des 19. Jahrhunderts blieben, wenn man von den durch Mißernten verursachten Teuerungspreisen absieht, schwach und erreichten bis Mitte der fünfziger Jahre nicht das Niveau der Wende vom 18. zum 19. Jahrhundert. Kaufkraftmangel wirkte auftriebshemmend. Friedrich List berichtete 1844 am Vorabend einer neuen Wirtschaftskrise von den kleinen Leuten aus Südwestdeutschland, daß ihre Speise »aus Kartoffeln ohne Salz, einer Suppe mit Schwarzbrot, zur höchsten Notdurft geschmälzt, Haferbrei, hier und da schwarze Klösse . . .« bestehe. Mächtig war die Zahl der Vergantungen in Südwestdeutschland von 1846/47 an in der Landwirtschaft sowie in Handwerk und Gewerbe angeschwollen. Aus dem Breisgau wurde berichtet: »Die Erfahrung zeigt, daß das Grundeigentum seit 1847, vor allem aber seit 1850, im Durchschnitt um 50–75% seines früheren Wertes gefallen, daß Kreditlosigkeit allgemein in einigen Gemeinden unbedingt ist.« Die Krise im Handelsgewächsbau zwischen 1846 und 1853 traf wohl Baden besonders hart, die Tabakanbauer ausgenommen. Wegen der gesunkenen Erträge schrumpfte vor allem der Weinbau (in 8 badischen Ämtern am Oberrhein um 16,5 Prozent zwischen 1844 und 1853). In den Tabakanbaugebieten (Mittel- und Unterrheinkreis) wuchs dagegen die Tabakfläche von 1844 bis 1853 um 45 Prozent und der Ertragswert sogar um 290 Prozent (768 760 auf 2 231 710 fl).

Besitzzersplitterung

In ihrer Beschäftigungsstruktur und hinsichtlich ihres Inlandsprodukts waren Baden und Württemberg trotz mancher markanter regionaler Unterschiede während der ersten Hälfte des 19. Jahrhunderts von dem wirtschaftlichen Übergewicht ihrer Landwirtschaft geprägt. Sie war in Kleinbetriebe »atomisiert«. Etwa 90 Prozent der rund 360000 Familien Württembergs hatten 1857 Besitz von Grund und Boden. Zu den Vollerwerbslandwirten (nach damaligen Maßstäben) zählte aber kaum ein Drittel von ihnen, und von denen besaß noch dazu der geringere Teil Betriebe von mehr als 30 Morgen (9,5 ha; vorwiegend im südlichen Oberschwaben). Im Großherzogtum verfügten zur gleichen Zeit rund zehn Prozent der landwirtschaftlichen Haushaltungen über mehr als 20 Morgen Land (vorwiegend im Bodenseegebiet, Schwarzwald und Kraichgau), während zwei Drittel der Haushaltungen mit Landbesitz – ähnlich wie in Württemberg – auf Verdienst in anderen Wirtschaftszweigen angewiesen waren. Bevölkerungswachstum und Freiteilbarkeit hatten im Laufe von Jahrhunderten eine klein- und mittelbäuerlich strukturierte Landwirtschaft hervorgebracht, deren Entwicklungspotential aus eigener Kraft äußerst gering war.

Ertragsentwicklung

Die Erträge der Landwirtschaft waren nach wie vor niedrig, da man hauptsächlich dem System der überlieferten Dreifelderwirtschaft bis in die vierziger Jahre verhaftet blieb, beim Übergewicht des Getreidebaus verharrte und nur langsam zur Fruchtwechselwirtschaft fortschritt. Neue Ackergeräte fanden sehr zögernd Eingang. Die besseren Böden in der Rheinebene verschafften den badischen Bauern gewisse Standortvorteile. Der konjunkturempfindliche Anbau von Obst, Wein und Handelsgewächsen schuf neue »Grenzbetriebe« ohne Überlebensgewähr. Das Schwergewicht des Hanfbaus lag im Mittel- und Oberrheinkreis, das des Tabakbaus im Unterrheinkreis. Der Weinbau dominierte im Oberrheinkreis, der Hopfenbau am Bodensee und im nördlichen Baden, der Zichorienanbau um Lahr. Trotz mancher Rückschläge befand sich der in gute Rentabilität hineingewachsene Tabakanbau in kräftiger Aufwärtsbewegung, begünstigt von der Preisentwicklung, steigendem Tabakkonsum und seit 1850 einsetzenden Rohertragssteigerungen. 1847 hob König Wilhelm I. das Ver-

Der badische Handelsgewächsbau 1855
Insgesamt 48554 ha, davon 18305 ha Wein (= 37,8%), 7742 ha Hanf (= 15,9%),
7241 ha Tabak (= 14,9%), 3456 ha Zuckerrüben (= 7,1%), 1081 ha Lein
(= 2,2%), 750 ha Hopfen (= 1,5%), 1593 ha Mohn (= 3,3%), 7377 ha Raps
(= 15,2%), 1009 ha Zichorie (= 2,1%)

bot des Tabakrauchens auf den Straßen und öffentlichen Plätzen der Residenzstadt
Stuttgart auf, die Schloßhöfe ausgenommen. Seit Anfang des 19. Jahrhunderts ange-
pflanzte Wälder von Obstbäumen machten die Ortenau zum weitaus bedeutendsten
Obstbaugebiet Südwestdeutschlands. Allgemein ausgedehnt wurde der Kartoffelanbau, aber durch die ab 1845 aufgetretene Kartoffelkrankheit – wie auch in Württemberg – wieder zurückgenommen.
Die Erfolge der staatlichen Fördermaßnahmen, in deren Rahmen auch der Aufbau
eines landwirtschaftlichen Vereinswesens (Württemberg seit 1817, Baden seit 1819),
des landwirtschaftlichen Bildungswesens (Gründung des landwirtschaftlichen Insti-
tuts Hohenheim 1818) und der Ausbau eines Systems leistungsanreizender Prämiierungen (landwirtschaftliche Feste) gehörten, schlugen sich weniger beim Pflanzenbau als vielmehr in der gelungenen, wenn auch unter den deutschen Durchschnitten
gelegenen Ausweitung der Nutzviehbestände nieder. Dank der Steigerung des Rind-
viehbesatzes von 1816 bis 1852 um 39 Prozent (584900 auf 811100 Einheiten) hielt die
kleinbäuerliche württembergische Landwirtschaft mit der Gesamtentwicklung im
Reich Schritt. Im niedrigen Schweinebesatz (1816: 113400; 1852: 143500) bewies sie
ihre Rückständigkeit, auch gegenüber Baden. Die verkäuflichen Erträge des Pflanzenbaus entsprachen in der württembergischen Landwirtschaft um 1840 in ihrer Größenordnung etwa denen der Tierproduktion (schätzungsweise je 20 Mio. Gulden). Die
Liebe König Wilhelms I. von Württemberg, des *rex agricolarum*, für die Landwirt-

Nutzviehbestand in 1000 (je 100 Einwohner)				
	Baden		Württemberg	
	1816	1855	1813	1852
Pferde	71,0	68,6 (5,2)	89,9	95,0 (5,5)
Rindvieh	414,3	582,4 (44,4)	584,9	811,1 (46,8)
Schafe	179,9	162,6 (12,4)	420,0	458,5 (43,5)
Schweine	–	245,4 (18,7)	113,4	143,5 (8,2)

schaft ist oft angesprochen worden und vielleicht heute wieder Schulwissen. Man sollte hinzufügen, daß seine Fürsorge zugleich und in erster Linie Menschen galt, deren niedriges Pro-Kopf-Jahresnettoeinkommen im Landesdurchschnitt etwa dem Werte einer guten frischmelkenden Kuh entsprach.

Krise im Weinbau

Im Weinbau (um 1800 etwa 50000 ha in Baden und Württemberg) wurde die seit dem ausgehenden 18. Jahrhundert beobachtete rückläufige Entwicklung auch dank energischer Förderung durch den Staat und Interessenverbände zunächst gestoppt und eine Aufwärtsbewegung eingeleitet. Die krisenhafte Entwicklung der Wirtschaft ab 1847 führte aber wiederum zur Abnahme der Rebfläche (Württemberg im Jahre 1813: 18448 ha; 1827: 19411 ha; 1840: 20119 ha; 1860: 17507 ha – Baden im Jahre 1813: 26640 ha; 1830: 24503 ha; 1856:18305 ha) und in Verbindung mit den Fehlherbsten der Jahrhundertmitte zu einem säkularen Tiefstand in der Rebkultur. Der badische Weinbau (unter 4% der landwirtschaftlichen Nutzfläche) zog sich während der ersten Hälfte des 19. Jahrhunderts von der Ebene wieder in die Berghänge zurück. Zu stark hatten sich die Reben einst an ungünstigen Standorten ausgedehnt. Der Tauberwein verlor seine auswärtigen Märkte. Fehlende Absatzgebiete und Mangel an leistungsfähigen Vermarktungsorganisationen hatten Anteil am Schrumpfen des südwestdeutschen Weinbaus. Damals entstanden die ersten Weinhandlungen in den größeren städtischen Konsumzentren, neue Handelsunternehmen, die den uralten Fuhrmannshandel mit Wein ablösten. E. Laiblin & Cie. Nachf., gegründet 1846 in Stuttgart, dürfte die älteste unter den noch bestehenden Weinhandlungen Baden-Württembergs sein. Einst befanden sich die besten Weinfirmen in jüdischen Händen.

Kessler-Sekt

In die behagliche Beschaulichkeit der südwestdeutschen Weinkultur platzte dank unternehmerischer Initiative eine für Deutschland völlige Novität, der Sekt. 1826 gründete Georg Christian Kessler (1787–1842), ein mehrfacher Pionier der frühen industriellen Entwicklung – zuvor geschäftstüchtiger Prokurist der berühmten Champagner-Kellerei Veuve Clicquot, Ponsardin & Cie. in Reims – die erste deutsche Sektfabrik in Esslingen. Der im Schwäbischen häufig anzutreffende, eigenartige »Nachgründungseffekt« von Unternehmen sorgte dafür, daß rasch weitere Kellereien dieser Art sogar in nächster Nähe entstanden. Noch ein anderes Phänomen der modernen

Industriegeschichte bekam Kessler sogleich zu spüren und mußte sich mit ihm ausein-
andersetzen, mit der Werbekraft eines zum Inbegriff des Prestigekonsums gewordenen Markenprodukts und der entsprechenden Preispolitik seiner Hersteller. Die französischen Champagner-Produzenten hatten seit Beginn des 19. Jahrhunderts einen
Markenartikel mit gewisser Monopolstellung, den Champagner, auf dem deutschen
Markt plaziert und konnten nicht nur den eigenen Verkaufspreis festlegen, sondern
dabei auch von einem als angemessen erachteten relativ hohen Konsumentenendpreis
ausgehen. »Ich will Champagner Wein, Und recht moussierend muß er sein!« ließ
Goethe einen zechlustigen Gesellen in Auerbachs Keller sagen. Kessler mußte sich
sein »Marktsegment« wesentlich unterhalb der exklusiven Marktdomäne des Cham-
pagners suchen und verlangte für seine Flasche gut gelagerten Sekt (1 fl 18 Kr. – 1 fl 24
Kr.) nicht einmal den halben Preis der französischen Konkurrenz, obwohl ihr an Qualität nicht nachstehend. Im Jahre 1833 füllte Kessler 57000 Sektflaschen ab und durfte
mit gutem Absatz auch in England und Rußland rechnen. Kessler-Sekt, für den edelste
Traubensorten bester Weingegenden verwendet wurden, wußte sich gegenüber der
oft in ihrer Qualität überschätzten starken Konkurrenz zu behaupten. 1835 trat Carl
Weiss, der eine gediegene Kaufmannslehre in einer einstigen Calwer Compagnie
absolviert hatte, als Gesellschafter in die Firma ein. 1842 wurden 140000 Flaschen
erzeugt. In den Händen der Familie Weiss liegt die Leitung des Unternehmens seit
150 Jahren.

Städtischer Wirtschaftsgeist

Als die stolzen schwäbisch-fränkischen Reichsstädte 1802/03 ihre Souveränität ein-
büßten, nistete in ihnen nicht nur erschreckende Rückständigkeit, sondern regten sich
auch viele geschäftliche Hoffnungen und ein tätiger Wirtschaftsgeist. Esslingen war
hierfür ein treffliches Beispiel. Verzweifelt wehrte sich Ulm während der Kriegs- und
Handelskriegswirren gegen den Niedergang seines Leinwandhandels. 1805 ließen die
Großhandlungen Heilbronner und Strauß 6285 Leinwandstücke bleichen. Im Jahre
1807 ging Ulmer Leinwand über Cadiz–Lissabon ins spanisch-portugiesische Kolo-
nialgebiet. Die wenig ansehnliche Reichsstadt Aalen, die viel wollenes Zeug in die
Schweiz lieferte, gefiel aber dem zur Erkundung gesandten bayerischen Major von Ri-
baupierre im Jahre 1802 gar nicht: »Der reichste Mann in der Stadt besitzt nur 30000
Gulden.« Das gewerbefreundliche Heilbronn, die einzige nichtverschuldete Reichs-
stadt, mit seinen vielen weltläufigen Leuten und etwa 60 Handlungshäusern trieb
Handel auf Rhein und Neckar. Die Schwiegersöhne des erfolgreichen Kaufmanns
G. F. Rund gründeten 1801 in Heilbronn die erste chemische Fabrik Württembergs,

eine zunächst Malerfarbe erzeugende Bleiweißfabrik in Verbindung mit einer heute noch bestehenden Essigfabrik. Von Heilbronner Handwerkerfamilien wird überliefert, daß es bei ihnen zweimal in der Woche Fleisch gab, jedoch fanden sich auch Familien, die den Bratenwender täglich benützten. Charakteristisch für Rottweils Sozialstruktur war eine verhältnismäßig stark ausgeprägte Mittelschicht, in der die zünftigen Handwerke dominierten (Weisser). Schwäbisch Hall behagte der dank des Salzes erlangte respektable Mittelstand. Der württembergische Staat kaufte den Siederfamilien ihre Erbrechte gegen eine ewige, heute noch ausbezahlte Rente ab, als würde die Salzquelle noch nach altem Recht ausgebeutet werden. 1831 entstand in Hall der erste Gewerbeverein des Landes außerhalb von Stuttgart.

Über die Gold- und Silberschmiede von Schwäbisch Gmünd – etwa 700 – berichtete der oben zitierte bayerische Major im Jahre 1802: »Es gebricht ihnen an den benötigten Kapitalien, um selbst ihre Ware im Großen in das Ausland zu spedieren. Es bleibt ihnen nichts übrig, als ein nachteiliger Tauschhandel in der Nachbarschaft oder für einige sehr reiche Gmünder Handelsleute zu arbeiten. Diese ziehen den Nutzen des Kunstfleißes an sich: sie spedieren ins Reich, nach Holland und Frankreich, das meiste aber nach Italien.« Eingeschnürt in die Fesseln des Zunftgeistes und fasziniert von handwerklicher Kleinkunst fürchteten die Gmünder Schmuckhandwerker, daß Maschinen ihnen ihre Arbeit wegnehmen könnten und waren daher technischen Neuerungen abhold. Zu sehr fehlte es den Handwerkern auch an Kapital, um sich aus der Abhängigkeit der Handelshäuser zu lösen, selber den Absatz zu organisieren und möglicherweise zu verpönten fabrikmäßigen Produktionsformen fortzuschreiten. Die Gmünder Bijouterieherstellung blieb während der ersten Hälfte des 19. Jahrhunderts auch da dem Kleinbetrieb verhaftet, wo sich zaghafte Ansätze einer fabrikmäßigen Fertigung durch Pressen von Schmuck als billige Massenware zeigten. Nikolaus Ott holte als erster 1820 moderne Technik nach Gmünd, ohne rasche Nachahmung zu finden. Mehr als 1200 Personen waren im Jahre 1841 in Gmünd »an dem guten oder schlechten Gang« der handwerklichen Schmuckherstellung beteiligt.

Die Kraftentfaltung der Schmuckindustrie im badischen Pforzheim dagegen ließ sich nach Einführung der Gewerbefreiheit 1776 weder durch politische noch wirtschaftliche Erschütterungen aufhalten. Von 1815 bis 1845 stieg die Anzahl der Betriebe von zehn mit 273 Arbeitern auf 17 mit 1048 Arbeitern. Bis 1848/49 herrschte der Großbetrieb vor, finanziert von den reichen, ins industrielle Unternehmertum hineingewachsenen Flößergeschlechtern. Selbst übertriebenem Luxus abhold, verstanden sie es, nicht zuletzt durch ihre Kapitalstärke, den Pforzheimer Schmuckwaren ein sich auch durch Badens Anschluß an den Zollverein ständig vergrößerndes Absatzgebiet zu sichern, das schon in den dreißiger Jahren bis nach Amerika und Indien reichte. Die Schmuckindustrie brachte mehr und mehr Prosperität nach Pforzheim, als wäre man im Besitz eines Goldesels. In den vierziger Jahren belief sich der Wert der verarbeiteten Rohstoffe (meist Münzmetall) auf 721900 Gulden, die einem Warenumsatz von weit über einer Millionen Gulden entsprachen.

An Isnys blühende Wirtschaft des ausgehenden 18. Jahrhunderts, an die der Neubau des Waag-, Salz- und Tuchhauses von 1780 erinnert, knüpfte die von Kaufleuten getragene lebhafte Wirtschaftsaktivität des frühen 19. Jahrhunderts unmittelbar an. Dort hatten sich 1806 zwei wagemutige Unternehmergestalten, Christian Ulrich Springer und Leonhard Schlegel, zusammengetan, wodurch »ihre Handlung zu einer der größten in Isny emporsteigt. Diese Handlung hat nun einen Fonds von 150000 Gulden, was können da nicht für Geschäfte gemacht werden!« so schwärmte der Ravensburger Kaufmann Gradmann. Springer und Schlegel investierten u. a. in die Baumwoll-, Leinen- und Seidenindustrie und beschäftigten um 1832 in ihren fünf inzwischen wieder auf eigene Rechnung arbeitenden Betrieben an 500 Arbeiter. Isnys Unternehmungsgeist war keine Ausnahme. Die alte Reichsstadt Reutlingen erschien einem französischen Emigranten, dem Grafen von Serre, um 1802 als eine Stadt, »die ganz aus Arbeitern, Fabrikanten und Kaufleuten besteht«.

Auch im 19. Jahrhundert waren die Grenzen zwischen kaufmännischem und industriellem Unternehmertum fließend. Großhandel und Banken verfügten 1829 in Baden mit 1,6 Mio. fl Betriebskapital über die größte private Kapitalballung. Der Handel war in der ersten Hälfte des 19. Jahrhunderts die wesentliche Kapitalquelle, aus der die Industrie Südwestdeutschlands finanziert wurde. J. G. v. Süßkind begann seine Wechselhandlung 1806 mit einem Kapital von 100000 fl. Bis Ende 1825 hatte er nach eigener Zusammenstellung 2774580 fl Gewinn erzielt. Seit 1820 kaufte er verschiedene Herrschaften in Württemberg für bares Geld (darunter die ausgebaute Brauerei Schwendi) und bezifferte schließlich in seinem Testament von 1846 sein Vermögen auf 2,7 Mio. fl, offenbar das größte, welches um die Mitte des 19. Jahrhunderts ein einzelner Mann in Südwestdeutschland besaß. Der Wert des St. Blasischen Besitzes des unternehmungsfreudigen Krappfabrikanten, Hofbankiers, Kriegskommissars und großherzoglichen Salzadmoniteurs Seligmann, des späteren Freiherrn von Eichthal, wurde in den Konkursakten 1852 auf 1,5 Mio. fl geschätzt.

Das natürliche Bindeglied zwischen Unternehmer- und Handwerkertum blieb namentlich im textilen Bereich der noch bedeutende Verlag. Die Erzeugung der Kaufmanns-Unternehmer war betont marktorientiert. Sich mit Weitblick und Wagemut immer von neuem Absatzmöglichkeiten zu eröffnen, bildete jedoch nur ein Mittel zum Zweck. Letztlich mußte die sichere Kapitalrendite »stimmen«. Im Jahre 1813 assoziierte sich der erwähnte Ravensburger Kaufmann Gradmann mit einem Tettnanger Essigfabrikanten und kommentierte in seinem Tagebuch: »Er bot mir die Hälfte des Gewinns an, und wir schlossen miteinander ab, daß ich 20% vom einlegenden Kapital und 15% von der Umsatzsumme beziehe, er hat die Unkosten aber allein zu tragen. Auf diese Art trifft es ihm etwas mehr Profit als mir, aber ich habe mehr Sicherheit.« Eine gewiß gute Rendite! Der Vollständigkeit halber sei hinzugefügt, daß sich die geschäftlichen Erwartungen nicht erfüllten, der Kaufmann getäuscht worden war. Sensationelle Aufstiege von Handwerkern zu industriellen Unternehmern blieben während der ersten Hälfte des 19. Jahrhunderts in Südwestdeutschland eine völlige Ausnahme. Hervorragende Zeugen des Übergangs von der Handwerker-Werkstätte zur mechanisierten Fabrik wie die aus Vaihingen/Enz stammenden Oberkampf, die 1810 in Jouy ein Textilunternehmen mit ungefähr 1000 fest angestellten Arbeitern regierten, eine der größten Fabriken Frankreichs, gab es damals nicht rechts des Rheins. Der Sohn eines simplen Färbers, Christoph Philipp Oberkampf, wurde in Frankreich als Held der Industrie gefeiert, »der Glück um sich verbreitete und sein Vaterland bereicherte, indem er selbst reich wurde«. Das erinnert an Balzac und ist der Lebenswelt eines Hölderlin weit entrückt.

Probleme der Gewerbefreiheit

Wegen des Widerstandes des Zunfthandwerks, ein nach wie vor gewichtiges Sozialgebilde, gingen die Regierungen in Karlsruhe und Stuttgart nur mit äußerster Vorsicht an die Einführung der Gewerbefreiheit. Die zersetzende Wirkung einer unbeschränkt freien Konkurrenz für den Handwerkerstand wurde befürchtet. Baden lockerte im Zusammenhang mit den Konstitutionsedikten II und VI von 1807 und 1808 nur den Zunftzwang und gewährte dem konzessionierten Groß- und Kleingewerbe mehr Freiheiten. Die 1828 zustande gekommene württembergische Gewerbeordnung beseitigte den Zwang für Fabrikbetriebe und für 13 zünftige Gewerbe (darunter Schiffer und Frachtfahrer), behielt aber die Zünftigkeit für 44 Gewerbe in zwar stark beschränktem Grade (persönliche Befähigung, Gemeindebürgerrecht) bei. Zu einer sich aushöhlenden Schale verkam der Zunftzwang, während die aufgehobenen Bannrechte mit dem sich belebenden Wettbewerb Marktverschiebungen ermöglichten. Volle Gewerbefreiheit stellte auch die Revision von 1836 nicht her. Am Zunftwesen und der Erhaltung des mittelständischen Handwerks schieden sich sogar die liberalen Geister, obwohl sie alle das Postulat einer freien und gleichen Bürgergesellschaft vertraten. Auch im liberalen Lager mehrten sich die prominenten Stimmen, daß das Handwerk nicht durch die freie Konkurrenz zugrunde gerichtet werden dürfe. Im Jahre 1844 gebrauchte der liberale Staatswissenschaftler Robert v. Mohl die Formel: Das Handwerk bedarf der Zünfte, die Industrie der Gewerbefreiheit. Erst im Verlaufe der fünfziger Jahre vollzogen die südwestdeutschen Liberalen den Bruch mit dem Zunftgeist des al-

ten Handwerks bzw. dessen Konkurrenzangst. Skepsis an den Segnungen der Gewerbefreiheit verflüchtigte sich. Doch erst der 1861 vorliegende Entwurf der Allgemeinen
Deutschen Gewerbeordnung zwang die beiden zögernden südwestdeutschen Staaten
zum Handeln. Die volle Gewerbefreiheit wurde in Württemberg mit der Gewerbeordnung vom 12. Februar 1861 und in Baden durch Gesetz vom 15. Oktober 1862 gewährt. Auch die Emanzipation der Juden hatte sich verzögert, sie wurde in Baden 1862
und in Württemberg 1864 vollendet.

Das Handwerk und seine Angehörigen bildeten als Kern der eigentlichen bürgerlichen
Gesellschaft den Großteil der Stadtbevölkerung namentlich in frühindustrieller Zeit.
Auf 23,5 Prozent belief sich 1834 der ständig wachsende Anteil der Stadtbevölkerung
(968205) in Baden, Württemberg und Hohenzollern. Mehr als 20000 Einwohner zählten in Baden im Jahre 1834 aber nur zwei Städte (Mannheim 20500; Karlsruhe 20100)
und in Württemberg allein Stuttgart (35000). Mit Abstand folgten in der Größenordnung zwischen 15000 und 10000 weitere fünf Städte (Ulm, Freiburg, Heidelberg,
Reutlingen, Heilbronn). Der Bevölkerungszuwachs Badens und Württembergs während der ersten Hälfte des 19. Jahrhunderts wurde weniger von der Landwirtschaft absorbiert, sondern führte in erster Linie zu einer starken Zunahme des gewerblichen
Sektors und damit der Stadtbevölkerung.

Auf 43 Prozent aller Erwerbstätigen hatte sich in Baden bis 1843 die Gesamtzahl der
im Handwerk Beschäftigten erhöht. Gegenüber 1829 war die Zahl der im Kleingewerbe Beschäftigten um 25 Prozent gewachsen, die der in der Landwirtschaft Beschäftigten nur um knapp 8 Prozent. Das Handwerk, mit deutlichem Übergewicht der Zahl
der selbständigen Meister, stellte 1843 um 80 Prozent der im sekundären Sektor Beschäftigten Badens und Württembergs. Nach der badischen Finanzstatistik von 1844,
die nur 5,1 Prozent der 60560 Handwerksmeister von 28 Gewerben mit ihrem Betriebskapital zur Steuer veranlagte, stand das Bekleidungshandwerk (Schuhmacher,
Schneider, Färber, Leineweber, Putzmacher) mit insgesamt 27958 Meistern (=
22,5%) und Nahrung und Genuß (Bäcker, Fleischer, Küfer) mit 7447 Meistern (=
12,3%) an der Spitze. Nach der württembergischen Handwerkerstatistik – mit der badischen nicht vergleichbar, da sie die handwerkliche Leineweberei nicht erfaßt – ist
zwischen 1835 und 1852 trotz des krisenhaften Wirtschaftsverlaufs ein Beschäftigungszuwachs in 33 Handwerksberufen um 10,7 Prozent (auf 111325) bei einem
leichten Rückgang der Zahl der Meister, hauptsächlich bei Bäckern, Fleischern, Mau-
rern und Zimmerern, um 2,3 Prozent festzustellen. Die schwere Agrar- und Handelskrise der vierziger Jahre hatte ohne Zweifel die wirtschaftliche Situation des Handwerks verschlechtert, die Nachfrage nach Handwerksleistungen – auch wegen des Be-
völkerungsrückgangs – reduziert, Handwerker zur Betriebsaufgabe und zur Auswanderung getrieben, zum Abbau von Überbesetzungen mit Meistern beigetragen, aber

die überragende Bedeutung des Handwerks insgesamt nicht gemindert. Eher dürfte bei zu beobachtender Konzentration der Betriebe eine gewisse, wenn auch nach Branchen zu differenzierende Konsolidierung der Handwerkswirtschaft eingetreten sein. Einzelne Branchen hatten durch neue Produkte die Gunst einer Sonderkonjunktur für sich (Putzmacher, Uhrmacher u. a.). Mit voller Härte wurden die handwerkliche Weberei und Spinnerei von dem Konkurrenzdruck und Vormarsch der fabrikmäßigen Produktionsweisen getroffen und war dem sich abzeichnenden und nicht aufzuhaltenden Untergang geweiht. Am Scheidewege stand die handwerkliche Papiermacherei. Die herkömmliche Eisenindustrie geriet in eine Strukturkrise.

Bergbau

An Erzlagerstätten war und ist Südwestdeutschland nicht arm, nur erwies sich ihre Abbauwürdigkeit immer wieder als ein schwieriges, kaum in den Griff zu bekommendes Kostenproblem. Anfang des 19. Jahrhunderts erfaßte Baden eine neue Bergbaueuphorie. Das 1809 teilweise rezipierte französische Handelsrecht erlaubte auch Bergbauunternehmen, sich in die vorteilhafte Rechtsform der beschränkt haftbaren Aktiengesellschaft zu kleiden. Unternehmer, die Gruben neu eröffneten oder alte Gruben wieder in Betrieb nahmen, erhielten zudem staatliche Zuschüsse.
Der »Badische General-Bergwerksverein«, 1834 hervorgegangen aus der Verschmelzung der Gesellschaft »Neu Glück und Neue Hoffnung Gottes« (Revier St. Blasien und Münstertal) und des Kinzigtäler Bergwerkvereins war über Erwarten erfolgreich. Zwischen 1835 und 1847 schüttete er ansehnliche Dividenden aus (um 1838: 346 Arbeiter). Mit Rückgang der Erträge kam es durch britische Kapitalhilfe 1852 zur Gründung eines deutsch-englischen Bergwerkvereins (Grand Duchy of Baden Charters native silver and silver-leadmines) als Nachfolgeunternehmen, das auf eine jährliche Bleierzeugung von rund 150 Tonnen kam. Wegen fallender Bleipreise mußte die Gesellschaft aufgeben und löste sich 1865 auf. Eine weitere Bergbauaktiengesellschaft mit englischem Kapital arbeitete von 1847 bis 1857 auf standesherrlich fürstenbergischem Gebiet.
Lohnend blieb in Baden und Württemberg, solange der Massengütertransport auf weite Entfernungen unterentwickelt war, der Abbau der bedeutenden Eisenerzvorkommen im Schwarzwald, auf der Alb und an ihren Rändern (Wiesental). Der manganhaltige Neuenbürger Brauneisenstein, im Stollenbau gewonnen (von 1804–1865: 520 t im Jahresdurchschnitt), eignete sich vorzüglich bereits mit vorindustriellen Verfahren zur Stahlherstellung. Im Tagebau wurde überwiegend das Sammeln und Graben der armen Bohnerze betrieben, die in der Hauptsache die badischen und württem-

bergischen Hüttenwerke versorgten. Die Fördermengen der zweitgrößten württembergischen Lagerstätte, das Aalener Vorkommen, stiegen bis 1845 fast kontinuierlich
an (1840–1844 im Jahresdurchschnitt 4373 t). Das mit Abstand wichtigste Vorkommen für die Entwicklung der württembergischen Eisenindustrie im 19. Jahrhundert
war das von Wasseralfingen (im Jahre 1842: 10949 t Fördermenge und 177 Arbeiter),
wo schon Anfang des Jahrhunderts der Erzabbau mit Karren auf Eisenschienen erfolgte. Im Revolutionsjahr 1849 erreichte die württembergische Eisenerzförderung
einen Höchststand von 22365 Tonnen (426 Arbeiter), der im Jahre 1854 noch übertroffen wurde. Bis zur Jahrhundertmitte versorgten sich die württembergischen und
die badischen Eisenwerke weitgehend selber mit dem benötigten Eisen.

Eisenmarkt – Hüttenwerke

Grundsätzlich verfocht die badische Regierung von 1813 an liberale Freihandelsideen,
die sie aber nicht davon abhielten, 1822 das in Zell gelegene Hammerwerk des Schweizer Handelshauses Leonhard Paravicini für 17600 fl anzukaufen, um dessen Konkurrenz im Kohlenkauf und Eisenabsatz auszuschalten. Die in staatlicher Regie betriebenen badischen Eisenwerke rentierten sich damals mit acht Prozent. Obwohl in der
zweiten badischen Kammer seit Jahren der Standpunkt verfochten wurde, daß der
Staat der kostspieligste Administrator sei, stieß im Jahre 1833 ein Gesetzentwurf über
den Verkauf der Werke in der Kammer auf Ablehnung. Aller Liberalismus wäre nicht
liberal, wenn er nicht liberale Ausnahmen anerkennen würde. Das größte unter den
badischen Eisenwerken, Hausen, lieferte jährlich 25000–30000 Zentner Eisen, verkaufte den größten Teil der Produktion in die Schweiz und erfreute sich bis Februar
1837 einer günstigen Konjunktur. Dann begann es, die Auswirkungen des Zollvereins
zu spüren und kämpfte mit sinkendem Absatz. Trotz des starken Anstiegs der Koh-
lenpreise konnte das Werk Hausen die Produktionskosten reduzieren. Doch der
Preisnachlaß mußte erheblich sein, um sich das Schweizer Absatzgebiet gegenüber der
billigen Konkurrenz des britischen Eisens erhalten zu können. Die Renditen der badischen Eisenwerke schrumpften (Hausen im Jahre 1849: 4,76%; Kandern 3,69%; die
anderen oberländischen Werke 1%). So wurde immer klarer, daß sich die Staatswerke
auf die Dauer in der Schweiz gegenüber der überlegenen Konkurrenz von England,
Frankreich und Belgien auch bei größten Preisabschlägen und im Inland wegen der
Frachtkostenverbilligungen gegen die erfolgreichen niederrheinischen Werke nicht
behaupten konnten. In den fünfziger Jahren waren 1300 Arbeiter, zu viele, in den
staatlichen Eisenwerken (5 Hochöfen, 1 Puddelofen, 3 Kupolöfen, 5 Walzwerke) be-

schäftigt und wurden 5253 Tonnen Roheisen erzeugt. Die Produktion mußte reduziert werden, da »nach dem gegenwärtigen Stand der Verhältnisse der ärarischen Hüttenwerke und bei der Aussichtslosigkeit einer dauernden Besserung nichts anderes übrig bleibe, als den Staatshüttenbetrieb allmählich aufzugeben« (1862). 1865 wurde die Eisenverhüttung im Wiesental eingestellt, 1866 in Zizenhausen (bei Stockach).

Als Ferdinand Steinbeis 1830 als Oberhüttenverwalter in fürstlich fürstenbergische Dienste trat, befanden sich die drei fürstenbergischen Eisenwerke (Hammereisenbach, Bachzimmern, Kriegertal) in einer strukturellen Schwächephase und wurden von nachbarlicher und auswärtiger Konkurrenz hart bedrängt. Steinbeis' gelungene Modernisierung der Werke, die mit dem Ankauf der zwei benachbarten Konkurrenzbetriebe begann, bewirkte in achtjähriger Ausbauzeit, daß die Belegschaft von 50 auf 500 Köpfe wuchs, die Produktion von Roheisen von 400 auf 2500 Tonnen, die von Stabeisen von 300 auf 1250 Tonnen stieg und sich das Grundkapital von 240000 auf 1,5 Mio. Gulden erhöhte (2 Hochöfen, 2 Puddelöfen, 2 Schweißöfen, 1 Walzwerk). Den jährlichen Reingewinn von ungefähr 60000 Gulden (Kapitalrendite 4%) kann man allerdings nicht als »glänzend« klassifizieren. Trotz ungünstiger geographischer Lage verhalf der Schutzzoll während eines reichlichen Jahrzehnts den fürstenbergischen Eisenwerken zu wirtschaftlicher Prosperität. Ab 1858/59 rutschten sie bei stetig sinkenden Eisenpreisen in die Verlustzone. »Die Konkurrenz jener Hütten auszuhalten, die mit Steinkohle produzieren, ist für uns, die wir mit Holz und Holzkohle erzeugen, bei dem gegenwärtigen Stand der Technik eine positive Unmöglichkeit«, urteilte resignierend die Hüttenverwaltung Hammereisenbach 1860. Im Jahre 1862 wurde die fürstenbergische Eisenindustrie stillgelegt. Damit erlosch ein jahrhundertealter Industriezweig.

Wie die auf sieben Hochöfen verteilte Produktion der staatlichen württembergischen Hüttenwerke (1851: 799 Arbeiter; jährlicher Durchschnittszuwachs der Hochofenerzeugung 1810/50: 3,79%), so wies auch ihr Absatz, seit 1794 nicht mehr Staatsmonopol, trotz ungünstiger Gesamtkonjunktur während der ersten Hälfte des 19. Jahrhunderts einen deutlich positiven Trend auf (Roh- und Gußeisen jährlicher Durchschnittszuwachs rd. 5%). Die Gesamtproduktion stieg von 1811 bis 1851 von 5822 auf 12195 Tonnen. Auch die württembergischen Werke hatten mit sinkenden Preisen zu kämpfen und konnten dennoch ihre Umsatzerlöse steigern (im linearen Trend jährliches Wachstum um 1,31%; im Jahre 1811 = 1,4 Mio. M.; 1851 = 2,0 Mio. M.). Bei jährlich sehr schwankender Gewinnsituation, aber überwiegend guter Geschäftslage dürfte die staatliche württembergische Eisenindustrie von 1810 bis 1850 eine zufriedenstellende durchschnittliche Kapitalrendite von 6,63 Prozent erwirtschaftet haben (Plumpe). Getragen wurde die Aufwärtsentwicklung von technischen, kostensenkenden Innovationen (rationellere Energieverwendung u. a.), durch neue Produkte (komplizierte Gußstücke, Hartgußwalzen in Königsbronn, Sensenfabrikation u. a.) sowie von dem sich gleichzeitig ausweitenden Binnenmarkt.

Sehr billige Erze und eine auf der Höhe von Wissenschaft und Technik stehende Betriebsleitung hatten den württembergischen Staatswerken um die Mitte des 19. Jahrhunderts mit einer angemessenen Rendite auch Überlebenschancen gesichert. Mit dem Ende der Ära der Holzkohlenroheisenproduktion durch den Aufbau der Koksroheisenindustrie an Rhein und Ruhr begannen die württembergischen Staatswerke von den sechziger Jahren zunächst die weniger leistungsfähigen Hochöfen stillzulegen. Das Erlöschen der Hochöfen in Friedrichsthal und Pforzheim – hauptsächlich wegen Mangel an Erzen und Kohlen – beendete den Eisenerzbergbau im Revier Neuenbürg, das zwischen 1720 und 1866 fast 100000 Tonnen Erz geliefert hatte.

Bis in die zweite Hälfte des 19. Jahrhunderts nutzte die südwestdeutsche Metallurgie die technischen Vorteile der allerdings keine Massenproduktion zulassenden Holzkohlenfeuerung. Weniger die niedrig gebliebenen Preise für Holzkohle, sondern in erster Linie aufgetretene Versorgungsengpässe bereiteten den Werken zunächst Schwierigkeiten. Holzkohle als Brennstoff haftete ferner der entscheidende Nachteil an, daß sie für die industrielle Massenproduktion von Stahl im Rahmen des aufkommenden Puddelverfahrens (seit 1784 in England patentiert) wegen der zu niedrigen Heiztemperatur nicht in Betracht kam. Die Steinkohle ließ sich nicht ersetzen, wie die Praxis der badisch-württembergischen Hüttenwerke Mitte des 19. Jahrhunderts bewies. Baden und Württemberg verfügten über keine abbaufähigen Steinkohlenlager, so daß sich für seine Eisenindustrie gegenüber allen anderen auf oder in unmittelbarer Nähe von Steinkohlengruben erhebliche, wenn auch mit dem Eisenbahntransport verminderte Nachteile ergaben.

Salz

Nach 1790 erreichte die Förderung des Steinkohlenbergbaus im badischen Revier Umweg den höchsten Stand (im Jahre 1792 mit 17 Bergleuten 222,25 t). Ab 1802 wurde die Grube als Staatsbetrieb weitergeführt und 1824 eingestellt. Im Jahre 1848 vertrat das badische Finanzministerium den Standpunkt: man sei »zu der Überzeugung gekommen, daß im Großherzogtum keine bauwürdigen Kohlen erbohrt werden können und daher weitere Bohrversuche nicht mehr für ratsam erachtet werden«. Die seit 1837 in Berghaupten bei Offenburg Steinkohle fördernde Bergbaugesellschaft, finanziert von der Darmstädter Kreditbank, mußte Anfang der sechziger Jahre liquidiert werden. Ohne eigene Schätze »schwarzen Goldes« mußte Südwestdeutschland seine moderne Industrie aufbauen, eine Herausforderung, die bekanntlich bewältigt wurde.

Demgegenüber fiel volkswirtschaftlich weniger ins Gewicht, daß sich Südwestdeutschland während der ersten Hälfte des 19. Jahrhunderts per Saldo aus jahrhundertealter Abhängigkeit von Salzimporten zu lösen vermochte. Seit 1823 mit Inbetriebnahme der Saline Wilhelmshall bei Rottweil und durch günstig ausgefallene Bohrungen in Friedrichshall und in der einst dem Deutschen Orden gehörenden Saline Clemenshall bei Offenau erfuhr die monopolisierte württembergische Salzproduktion
(ferner Sulz, Schwäbisch Hall, Weißbach) eine solche Steigerung, daß Württemberg
seinen und der beiden hohenzollerischen Fürstentümer Eigenbedarf an nach wie vor
fiskalisch ausgebeutetem Salz voll zu decken vermochte. Der bergmännische Abbau
des neuentdeckten Steinsalzbergwerks Wilhelmsglück bei Schwäbisch Hall, der erste
Mitteleuropas, verwandelte Württemberg in ein Salzexportland und führte allmählich
zum Erliegen der Haller Saline (1924). In den Handel mit billigem Salz schaltete sich
auch die einstige Reichsstadt Wimpfen (hessische Exklave) ein, nachdem die Saline
Ludwigshall, die eine sehr langwierige, kostspielige, dramatische Höhepunkte nicht
entbehrende Vorgeschichte hat, im Jahre 1817 durch den Verkauf an einen jungen
Haller Salinenfachmann erstmals in die Rentabilität hineingewachsen war. Die 1823
gegründete badische Staatssaline Bad Dürrheim – im selben Jahr wie die Ludwigssaline in Bad Rappenau – stand, gemessen an ihrem Betriebskapital von 295 200 fl, damals an der Spitze der badischen Fabrikindustrie. Ihr Kapital war so hoch wie das aller
damaligen badischen Textilfabriken zusammengenommen.

Textilindustrie

Im allgemeinen begann die Geschichte der Fabrikindustrie in Europa mit der Technisierung der Textilwirtschaft, an deren Anfang die Erfindung der wassergetriebenen
mechanischen Spinnmaschine durch den Engländer Richard Arkwright 1769 und die
des mechanischen Webstuhls durch den Engländer Edmund Cartwright 1786 stand.
Beide Maschinen multiplizierten den Ausstoß der Textilproduktion im Vergleich zum
herkömmlichen Handbetrieb. Eine Arbeitskraft konnte mit der Spinnmaschine Anfang des 19. Jahrhunderts ebensoviel Garn produzieren wie 18 bis 20 Handspinner zusammengenommen. Der Schnellschuß verdoppelte mindestens die Gewebeproduktion. Der Siegeszug der beiden Maschinen, obwohl als Teufelswerk verschrien, war
vorauszusehen, erfolgte aber nicht von heute auf morgen.
Mit einer nicht unerheblichen zeitlichen Phasenverschiebung gegenüber England verschaffte sich in Südwestdeutschland die maschinelle Textilproduktion Eingang. 1810
war es dem württembergischen Kaufmann Carl Bockshammer gelungen, eine der englischen Spinnmaschinen, deren Ausfuhr aus England damals mit hohen Strafen be

droht war, auf abenteuerlichen Wegen ins Land zu bringen, um zusammen mit ihren nachgebauten Schwestern in Stuttgart-Berg am Neckar die erste wassergetriebene mechanische Baumwollspinnerei Württembergs zu gründen. Die erste nachweisbare Spinnmaschine in Baden befand sich im säkularisierten Kloster St. Blasien, im Jahre 1809 von einem Schweizer Mechaniker nach englischen Vorbildern konstruiert, eine bereits verbesserte »Mule-Jenny«. In verhältnismäßig rascher Folge entstanden von da an in Baden und Württemberg, begünstigt durch die vor britischer textiler Übermacht abschirmende napoleonische Kontinentalsperre, zahlreiche Maschinenspinnereien. 1816 wurde in St. Blasien, der damals größten Maschinenspinnerei Südwestdeutschlands, auf 27000 Drosselspindeln Baumwolle versponnen. Nur noch mit Mühe aber konnten sich die etwa 15 mechanischen Baumwollspinnereien Südwestdeutschlands ab 1817 über Wasser halten, als die scharfe Brise der britischen Konkurrenz ihnen voll ins Gesicht blies. Nicht wenige »fallierten«.

Zu österreichischer Zeit hatte sich die Vogtei Zell i. W. durch die dort beachtlich expandierte Textilhausindustrie zu einem typischen vorindustriellen Gewerbegebiet verdichtet. Trotz niedriger Löhne und zeitweilig erzielter sechsstelliger Umsätze mit Baumwollerzeugnissen war aber schon während der napoleonischen Kontinentalsperre der Niedergang der dortigen Verlagsunternehmen abzusehen und ließ sich danach nicht mehr aufhalten. Im Wiesental schrumpften sie zu kümmerlichen Resten, ohne daß die Fabrikindustrie die Beschäftigungslücke sogleich schloß. »Die Kenntnisse der Handwerksmeister sind zu minimal, und für qualifizierte Arbeiter muß man sich auswärts umsehen«, klagte im Jahre 1804 das Oberamt Rötteln in einem Bericht. Von der kurzen Gunst der Konjunktur in der Textilbranche während des ersten Jahrzehnts des 19. Jahrhunderts künden noch die Geschäftsbücher der aufstrebenden Baumwollweberei von Kolb & Schüle in Kirchheim/Teck. Von 1801 bis 1808 wurde den Gesellschaftern auf ein durchschnittliches Geschäftskapital von 29351 fl ein durchschnittlicher Jahresgewinn von 14,7 Prozent ausgezahlt. Goldene Berge verdiente man nicht, aber mehr als im kritischen folgenden Jahrzehnt. Nur von 1804 bis 1811 war die Cotton- und Siamoisen-Fabrik J. G. Ruess & Comp. in Betrieb. Sie erlag wie zahlreiche andere Unternehmen (Kattun- und Manchesterfabriken in Crailsheim; Zitzfabrik in Heidenheim; Manchesterfabrik in Ravensburg u. a.) in der Hauptsache an den versperrten Absatzwegen. Bis um die Mitte der dreißiger Jahre des 19. Jahrhunderts hatten im allgemeinen Hausgewerbe, Verlagsunternehmen und die frühe Fabrikindustrie in allen Textilzweigen eine schwere Durststrecke zu überwinden, wobei es als Ausnahme auch erfolgreiche Unternehmer gab. Die Baumwollweberei des hervorragenden Gottlieb Meebold in Heidenheim, erst 1822 gegründet, steigerte von 1823 bis 1830 ihre Gewebeproduktion um 684 Prozent (2156:14748 Stück). Dem Beispiel der Günzburger Gesellschaft der Gebrüder v. Rebay folgend, gründeten sechs

Industriebranchen in Baden und Württemberg 1829			
	Baden	Württemberg	Insgesamt
Leinwandmanufakturen	–	21	21
Baumwollspinnereien	6	7	13
Baumwollwebereien	13	15	28
Wollspinnereien	–	13	13
Tuchmanufakturen	3	15	18
Stoff-Druckereien	1	(1)	1
Chemische Fabriken	11	21	32
Papierfabriken	10	58	68

Ulmer Kaufleute mit königlicher Hilfe im Jahre 1824 unter dem Namen Hocheisen & Comp. die Ulmer Leinwand-Manufaktur auf Aktienbasis (20000 fl), um anstelle der versperrten Leinwandausfuhr nach Italien, die nach Amerika in Gang zu bringen. Die Erwartungen erfüllten sich hier nicht. Die Gesellschaft löste sich bald wieder auf. Der Veteran unter den Textilgroßunternehmen, die Indiennedruckerei Köchlin in Lörrach, gestützt durch des Staates Hilfe und Schutz, setzte zur gleichen Zeit auf technische Neuerungen, gliederte sich Filialbetriebe an, rüstete Baumwolltücher im Wert von 800000 fl aus (Betriebskapital 1827: 81400 fl) und errang durch ihren Absatz bis Amerika und Rußland Weltruf. Das Bedrucken von Baumwolltüchern verkürzte sich durch den aufgekommenen, aber hohe Investitionskosten verschlingenden Walzendruck von ursprünglich vier bis sechs Stunden auf zwei bis drei Minuten. Die württembergischen Unternehmer scheuten sich jahrzehntelang vor den Kosten des Textildrucks.

Kattunrevolution

Die Außenwirtschaftsstatistik läßt die Konturen der Revolution in der Textilwirtschaft deutlicher erkennen. Württemberg konnte seinen traditionellen, wenn auch gegenüber dem 18. Jahrhundert verminderten Leinwandexport trotz Rückschlägen mengenmäßig zwischen 1812 und 1826 unter großen Anstrengungen zwar noch von 11500 auf 14160 Zentner erhöhen, dann aber den Rückgang nicht mehr abbremsen. Gleichzeitig stieg fast von Jahr zu Jahr der Import von Flachs und Hanf, von Baumwolle bis 1828 um 78 Prozent, von Baumwollgarn um 686 Prozent und von Baumwollerzeugnissen um 34 Prozent, alles bezogen auf den Jahresdurchschnitt

1812–1815. Unaufhaltsam war der Vormarsch der Baumwolle und eröffnete der mechanischen Baumwollspinnerei große Chancen. Aber wurden sie genutzt? Reichlich 200000 Pfd. Baumwollgarn benötigte Württemberg im Jahresdurchschnitt 1812–1815, 3,5 Mio. Pfd. 1847. Die Mehreinfuhr an Rohbaumwolle betrug 1828 über 7000 Zentner, die an Baumwollgarn und Baumwollwaren jeweils etwa 3500 Zentner. Badens Mehreinfuhr an Rohbaumwolle lag in den folgenden Jahren bei 6000 Zentnern, die an Baumwollwaren bei 7000 Zentnern. Man sprach um 1830 – übertrieben – von einer Art Spinnerei-Boom. In Württemberg brachte er zwischen 1827 und 1833 vier Neugründungen hervor, erste Großbetriebe – nach damaligen Verhältnissen – mit zusammen rund 7000 Spindeln (Calw, Herbrechtingen, Hall). Trotzdem verarbeiteten die württembergischen Maschinenspinnereien bis gegen Ende der vierziger Jahre kaum die Hälfte der importierten Rohbaumwolle und waren schon gar nicht imstande, der Flutwelle eingeführter Baumwollgarne Paroli zu bieten. Eine Mio. Pfd. Baumwollgarn erzeugte Württemberg, nur knapp ein Drittel des Bedarfs. Die Klagen, daß die Maschinen Handarbeitsplätze vernichteten, waren trotzdem berechtigt.

Während in Württemberg im ersten Jahrzehnt nach dem Anschluß an den deutschen Zollverein Neugründungen von Maschinenspinnereien bezeichnenderweise ausblieben, erlebte die Baumwollindustrie Badens – beginnend mit den gegen die Schweizer Textilimporte gerichteten Zollmaßnahmen – in den dreißiger Jahren einen neuen Aufschwung. Um sich den größeren Markt des deutschen Zollgebiets zu sichern, setzte eine Welle von kapitalkräftigen schweizerischen Filialgründungen im badischen Grenzgebiet ein. Noch bevor die badischen Zollschranken am 1. Januar 1836 fielen, leitete Franz Anton Buhl aus bedeutender badisch-pfälzischer Unternehmerfamilie sein langgehegtes Projekt ein, durch Gründung eines Textilgroßunternehmens der englischen Konkurrenz Widerpart zu leisten. Bereits 1836 erfolgte die von Buhl umsichtig vorbereitete Grundsteinlegung der Spinnerei und Weberei Ettlingen, angelegt als vertikales Großunternehmen mit 26000 Spindeln und 750 Webstühlen. Das Aktienkapital von 1,2 Mio. Gulden, emittiert von dem befreundeten Bankhaus S. von Haber & Söhne, Karlsruhe, wurde binnen einem Monat von 181 Kapitalbesitzern gezeichnet. Bis 1841, als wegen zu niedriger Zollsätze englische Garne die Märkte der Vereinslande überschwemmten, zeigte die Umsatzkurve des jungen Unternehmens einen steilen Aufwärtstrend (1839/40 Umsatz 780726 fl; Umsatzrendite 11,3%). Durch Verluste und die den Reingewinn fast aufzehrenden zu hoch zu verzinsenden Bankkredite (1,8 Mio. fl, durchschnittlich zu 8,9% zu verzinsen) geriet das Unternehmen (1847: 1893 Beschäftigte) in die Bredouille, die zur Krise auswuchs als Ende 1847 das Bankhaus Haber und Frankfurter Privatbanken ihre Kredite zurückziehen mußten. Eine staatliche Zinsgarantie (3$\frac{1}{2}$% auf ein Kapital von 1,8 Mio. fl), 1850 gewährt auf 15 Jahre, wandte nicht nur die Katastrophe ab, sondern ermöglichte dem Unter-

		Baumwollfabriken Badens
1844 :	93	Gesamtzahl der Beschäftigten 6929, davon außerhalb der Fabrik 2055; Steuerkapital: 2485285 fl
1858 :	151	Gesamtzahl der Beschäftigten 11970, davon außerhalb der Fabrik 1855; Steuerkapital: 5929744 fl

nehmen den weiteren Aufstieg in den umsatzstarken und gewinnträchtigen fünfziger Jahren (Umsatz im Jahre 1846: 1 Mio. fl; 1857: 1,9 Mio; Umsatzrendite 12,8%). Während des Baumwollbooms der vierziger und fünfziger Jahre eilte die badische Baumwollindustrie (1850: 110 Fabriken mit 6,5 Mio. Warenproduktion) an ihren Standorten am Hochrhein, im Wiesental, im Markgräfler Land und in Ettlingen der sich ebenfalls beschleunigenden Entwicklung im württembergischen Nachbarland voraus (1852: 89 Fabriken). In Baden schlugen unverkennbar die Vorteile des eingeflossenen ausländischen Kapitals und Know-hows zu Buche. Köchlin in Lörrach konnte 1837 durch Steigerung seiner Jahresproduktion auf etwa eine Mio. fl diese fast verdoppeln (1701 Beschäftigte). Das hinderte die namhafte elsässische Firma Dollfuß, Mieg & Co. nicht daran, im Jahre 1850 in Rötteln eine weitere erfolgreiche mechanische Kattundruckerei zu gründen. Von Anbeginn auf die Aufstellung immer der neuesten Maschinen Wert legend, machte die Spinnerei des Baseler Handelshauses Sarasin & Häussler in Haagen seit 1835 mit Erfolg den importierten englischen Baumwollgarnen Konkurrenz. Im Jahre 1846 wurden dort die ersten Selfaktor-Spinnmaschinen aus Manchester aufgestellt, 1847 dann eine erste Drossel und jährlich für etwa 500000 fl Garn produziert (1852: 500 Arbeiter). Andere Schweizer Gründungen legten Wert auf den vertikalen Verbund von Spinnerei und Weberei, so die Fabriken in Steinen und Maulburg, 1836/43 von Wilhelm Geigy-Lichtenhahn aus Basel ins Leben gerufen, und die Neugründungen in Schönau (von Iselin) seit 1837 und Zell, alles noch großherzoglich konzessionierte Unternehmen.

Verhältnismäßig spät und recht langsam eroberte sich der mechanische Webstuhl Südwestdeutschland, weil er die Installierung kostspieliger Zurichtmaschinen voraussetzte. Ermuntert durch den guten Absatz an Baumwollstoffen, namentlich nach Bayern, reiste Gottlieb Meebold, einer der Wegbereiter der bedeutenden Württembergischen Cattun-Manufaktur in Heidenheim, im Jahre 1825 nach England, um 20 mechanische Webstühle zu bestellen, die ersten, die in Südwestdeutschland arbeiteten. Vom

Mühlhauser Gebiet aus kam um diese Zeit der mechanische Webstuhl nach Südbaden, ohne den alten Handwebstuhl über Nacht aufs Altenteil abzuschieben. Bei Köchlin hatte sich in den sechziger Jahren der mechanische Webstuhl durchgesetzt. Für den Baumwollverarbeiter Kolb & Schüle in Kirchheim/Teck war die Einführung von Schnellschützen und die Anbringung von Regulatoren an die veralteten Webstühle in den dreißiger Jahren eine Existenzfrage, da nur diese Verbesserungen gleichmäßige Warenqualitäten garantierten. Der Ausbau von Kolb & Schüle zum Großbetrieb vollzog sich zugleich durch Verbreiterung der Produktpalette (über 700 Muster) und Erweiterung des Absatzgebiets. Die Diversifizierung gelang durch die aufgekommene Jacquard-Weberei, die in Württemberg eingeführt zu haben in erster Linie das Verdienst von Kolb & Schüle war. In Frankreich hatte sich die Jacquard-Maschine zur Herstellung gemusterter Stoffe unter Napoleon durchgesetzt. Jacquards »Karte«, die das »Programm« für den Webstuhl enthält, ist übrigens Vorläufer der Lochkarten der Hollerithmaschinen des 20. Jahrhunderts. Die Produktionsfortschritte erhöhten bei Kolb & Schüle die Zahl der Beschäftigten bis 1852 auf rund 750 (ohne Heimarbeiter). Für das Jahr 1860 ist ein Umsatz von 751 446 fl überliefert. Württembergs Statistik erfaßte 1852 in den 77 fabrikmäßig betriebenen Baumwollwebereien mit insgesamt 8499 Beschäftigten nur 673 Kraftstühle, aber 5954 Handstühle sowie weitere 6051 Handstühle in Handwerksbetrieben (5954 Beschäftigte). Noch stellte – was gern übersehen wird – die handwerkliche Baumwollweberei ein aus der Not geborenes expandierendes Gewerbe dar.

Der statistische Vergleich bestätigt, daß während der Frühindustrialisierung mit der Baumwollverarbeitung und ihren rund 25000 Beschäftigten in Industrie und Handwerk und einem geschätzten Warenproduktionswert von über 15 Mio. Gulden (1850) ein neuer gewichtiger und der zugleich führende Wirtschaftszweig herangewachsen war. Er ließ die traditionellen Textilbranchen zwar hinter sich, ohne aber die Konkurrenz auf dem Binnenmarkt ausschalten zu können. Wenn man über die Geschichte der Frühindustrialisierung in Südwestdeutschland berichtet, sie untersucht und statistisch durchleuchtet, muß in erster Linie vom Siegeszug der Baumwolle gesprochen werden und nicht von Dampfmaschinen, Kohle oder Eisen. Die Industrialisierung, unter der in erster Linie Wachstum der Produktion durch Steigerung der Produktivität und zunehmenden Einsatz von Sachkapital zu verstehen ist, nahm in der Konsumgütersphäre ihren Anfang. Das im Vergleich zu Leinen und Wolltuchen billigere Baumwollprodukt hatte nicht nur im Substitutionswettbewerb mit den anderen Textilerzeugnissen die besseren Chancen, sondern sorgte selber auch für die konsumfördernde Ausweitung der Textilmärkte. Der steile Anstieg des Pro-Kopf-Textilverbrauchs (Meterverbrauch) in Deutschland während der ersten Hälfte des 19. Jahrhunderts um das Zwanzigfache war allein der Baumwolle zuzuschreiben.

Schwierigkeiten der Wollindustrie

Die große Tradition der »Calwer Compagnie« mit der weltbekannten Marke »CC« versetzte Württembergs Wollfabrikation kaum in bessere Startlöcher beim Vormarsch ins Industriezeitalter. An die Stelle der aufgelösten Compagnie traten kleinere Compagnien von einstigen Teilhabern (Zahn, Wagner, Schill u. a.), die mit der herkömmlichen, auch fabrikmäßig betriebenen Wollzeugmacherei nur so lange erfolgreich blieben, wie der italienische Markt ihnen nicht verschlossen war. Auch die in Württemberg schwach entwickelte Tuchfabrikation machte sich während der napoleonischen Kontinentalsperre übertriebene Hoffnungen. In Calw gründete 1806 ein Kaufmann – zeitgleich mit der Gründung einer Wollspinnerei und -weberei im nahen badischen Frauenalb – die erste private Tuchfabrik in Württemberg, andere folgten, mußten aber bis 1817 allesamt vor der überlegenen ausländischen Konkurrenz kapitulieren. Es mangelte an Erfahrung, Kapital und an geeigneten Vorprodukten. Erst der Einzug der modernen Technik in die Wollverarbeitung ab 1816, die Errichtung von mechanischen Streichgarnspinnereien (1816 Hirsau, Liebenzell; 1817 Calw; 1820 Göppingen) ließen eine neue Etappe in der Geschichte der Wollverarbeitung beginnen. Die ersten Maschinen wurden aus den Cockerillschen Werkstätten bei Lüttich bezogen. Bis 1832 entstanden in Württemberg, stimuliert von den Vorteilen der Zollunion mit Bayern, 17 mechanische, die alte Handkämmerei zwar nicht gänzlich vernichtende Wollspinnereien, darunter die erste württembergische Kammgarnspinnerei, 1824 vom genialen Georg Christian Kessler mit ausländischen Maschinen auf das richtige Gleis gestellt. Neben der Sektkellerei betrieb Kessler mit Erfolg zwei Spinnereien und eine Tuchfabrik in Esslingen. Die gleichmäßigen Garne der Maschinenspinnerei ermöglichten Fortschritte in der Tuchproduktion und den Aufstieg der sich nur langsam und mühsam aus dem handwerklichen Rahmen lösenden Tuchfabrikation. Noch um 1850 glich der mechanische Webstuhl einer Rarität.

Seit dem Beitritt zum deutschen Zollverein war der kurze Aufschwung der württembergischen Tuchweberei vorüber. Der schwere Kampf mit den marktbeherrschenden preußischen und sächsischen Konkurrenten endete trotz großer Gegenanstrengungen mit der Niederlage der kapitalschwachen württembergischen Tuchfabrikation. Mit Hilfe von nicht leicht zu beschaffenden Krediten bemühten sich Merkel & Wolf in Esslingen, die Merinoweberei in Württemberg einzuführen. Doch 1835 stellten sie die Tuchfabrikation ein, nachdem man schon zuvor wegen mangelnder Rentabilität einen Artikel nach dem anderen aufgegeben hatte. Der Unternehmer Merkel schrieb: »Daß ein so schwieriges Geschäft viel Arbeit, Kummer und Sorgen macht, läßt sich denken. Es hat mein ganzes Wesen verändert.« In der Beschränkung auf die von Kessler übernommene Kammgarnspinnerei und ihren Ausbau (im Jahre 1830: 840 Spindeln; 1845:

1600 Spindeln und 150 Arbeiter; 1850: 2500 Spindeln und 230 Arbeiter) lag hier die meisterliche Tat. Nach den Gründungen von mechanischen Wollspinnereien zu urteilen, in Württemberg von 1833 bis 1853 insgesamt 41 mit durchschnittlich nur 360 Spindeln je Betrieb, vermochte sich offenbar die vorsichtig kalkulierende Streichgarnspinnerei, vorwiegend Lohnspinnerei, sofern von billiger Wasserkraft angetrieben, oberhalb der Rentabilitätsschwelle zu bewegen. Der Mehrzahl der Betriebe genügten nur wenige Feinspinnmaschinen, deren Spindelzahl sich im Laufe der Zeit von 60 auf 900 steigerte. Fast ein ideales Gerät, um Unternehmer zu werden. Die Frage der Kapitalbeschaffung verband sich bei den zahlreichen mittelständischen Unternehmern gewöhnlich mit der Heirat.

In Baden spielten die Wollspinnerei und Tuchweberei (im Jahre 1849: 13 Betriebe mit 395 Arbeitern) eine geringere Rolle, boten sich aber erfolgreiche Beispiele an. Den größeren Markt nicht scheuend, sondern ihn suchend, gründeten Baseler Unternehmer in Brombach 1835 eine Wollweberei, die in den vierziger Jahren, ausgestattet mit starker Wasserkraft und die Kostendegression des vertikalen Aufbaus ausnützend (Spinnerei, Weberei, Bleiche, Druckerei), sogar stark expandierte und den Produktionswert auf 100000 fl steigerte (1849: 222 Beschäftigte). Eine Art Ableger des Brombacher Unternehmens war die 1838 in Lörrach gegründete Tuchfabrik (1852: 109 Beschäftigte).

Ohne die durch die Regierung verbesserten Rahmenbedingungen wäre die Wollverarbeitung in Württemberg wahrscheinlich von der Konkurrenz nahezu erdrückt worden. Das Credo der Handelsfreiheit wurde zum Glück nie als Freibrief zur Massenvernichtung von Unternehmen und Arbeitsplätzen verstanden. Hervorhebung verdienen die Förderung der Schafzucht und ihre Veredelung (im Jahre 1840: 676659 Schafe; 1858: 814760), die Belebung der zeitweilig sieben heimischen Wollmärkte und der Aufbau von Tuchmessen (Stuttgart, Ulm). Die weitaus größte Bedeutung kam dem auch für ausländische Einkäufer attraktiven Wollmarkt in Kirchheim/Teck zu, Höchstumsatz im Jahre 1858: 222936 Zentner Wolle. Dennoch steigerte sich die Einfuhr ausländischer Wollsorten, war Wien als Hauptmarkt für grobe Balkanwolle schon um 1830 gefragt. Die 1835 errichtete Tuchmesse verhalf erstmals der Landeshauptstadt Stuttgart zum begehrten von ihr bis 1879 gehaltenen Rang einer Messestadt. Das Messegeschäft ging jahrzehntelang nicht schlecht. Bei der störenden, sich nicht wiederholenden Fabrikantenklage vom 5. Mai 1848 muß der Krisennotstand im Hintergrund gesehen werden: »Der größte Teil der Käufer sind israelitische Wollwarenhändler, an welche wir selten anders als mit Verlust verkaufen können, und die uns bei den elenden Preisen noch Gold, weit über den Cours aufdringen, sodaß wir in doppelten Schaden kommen.« Meist über 200, häufig über 300 Verkäufer, überwiegend Tuchmacher und Tuchfabrikanten aus dem mittleren Neckarraum boten auf den Messen 10000 bis etwas über 20000 Stück Tücher feil, von denen gewöhnlich die reichliche Hälfte verkauft wurde und davon die knappe Hälfte an ausländische Großhändler: an Bayern, Badener, Schweizer, Hessen, Hohenzollern. Den Messen in Frankfurt und Leipzig den Rang ablaufen, das konnte Stuttgart nicht. Wichtig war vor allem, daß die zunächst hartnäckig an hergebrachter Ware und Produktionsweise festhaltenden Tuchfabrikanten aufgrund der Messenachfrage dazu übergingen, fassonierte Stoffe und weichere Tuche herzustellen. Die Anfänge von gemusterter Ware und bunten Stoffen fielen in die Zeit der Stuttgarter Messe.

Leineweberei

Bis in die ersten Jahrzehnte des 19. Jahrhunderts stellte in Baden und Württemberg die traditionelle Leinwandweberei in Verbindung mit der hausindustriellen Flachsspinnerei, einst der Ruhm Schwabens, den wichtigsten, beschäftigungsstärksten Gewerbezweig dar (Baden im Jahre 1844: 15786 Leineweber). Der Produktionswert der württembergischen Leinwandherstellung überstieg um 1815 neun Millionen Gulden, von denen ca. 1,4 Mio. fl als Exporterlös einkamen. Fallende Leinwandpreise, die um ein Viertel bis ein Drittel nachgaben, verschlechterten sowohl die ohnehin geringen Verdienstmöglichkeiten der armen Weber und Hausspinner als auch Württembergs Exportchancen. Darüber informiert, dekretierte König Wilhelm I. am 14. April 1823: »Unter den Fabrikations- und Handels-Artikeln, welche die Aufmerksamkeit und Vorsorge der Regierung vorzüglich in Anspruch nehmen, erscheint die Leinwand mit allen sich darauf beziehenden Erzeugnissen und Arbeiten als eine der bedeutenderen, und dieser Zweig verdient um so mehr die ernstliche Beachtung, als der Verkehr darin so sehr gesunken ist.« Der aussichtslose Kampf um den nicht aufzuhaltenden Verfall der schwäbischen Leineweberei begann. Um sie auf eine mit England, Frankreich, Westfalen und Schlesien vergleichbare Höhe zu bringen, wurden seitens der Regierung in den folgenden Jahren Maßnahmen hauptsächlich in vier Richtungen unternommen: Mit Staatshilfe wurden die Maschinenspinnerei eingeführt, die Bleicherei und Appretur modernisiert und die Qualität des Flachsbaus sowie die Flachszubereitung verbessert.

Statistik der Leineweberei (ohne Nebenerwerb) in Württemberg					
	1829	1835	1852	1861	1882
Weber (u. Gehilfen)	27804	24441	14332	8335	5391

Nach mißglückten Versuchen, die »schönere, gleichere und haltbarere Garne« lie-
fernde Maschinenspinnerei 1827 in Heilbronn und 1831 in Biberach zu importieren,
ergriff die Regierung während der Absatzkrise von 1837 wegen der Abhängigkeit von
englischen Maschinengarnen und aufmerksam gemacht auf eine im badischen Emmendingen arbeitende Flachs- und Hanfspinnmaschine selber Initiativen, um die Maschinenspinnerei, komplizierter und teurer als die Baumwollspinnerei, seßhaft zu
machen. Offenbar angelockt durch ein Staatsdarlehen von 150000 fl errichtete das angesehene Zürcher Handelshaus Escher, Wyss & Co zusammen mit der befreundeten
elsässischen Firma Schlumberger & Co im Jahre 1841 in Urach eine Aktiengesellschaft
(Kapital: 400000 fl) für den Betrieb einer mechanischen Flachsspinnerei. Von 1842 an
mit etwa 50 PS Wasserkraft in Betrieb, produzierte das Unternehmen vorwiegend aus
Importflachs feinste Garnqualitäten mit Preisvorteilen gegenüber englischen Garnen
auf modernsten Spinnereimaschinen (im Jahre 1846: 4208 Spindeln und 279 Arbeiter).
Zur Nachahmung reizte das kostspielige Unternehmen kaum, noch verspürte Escher
selber »Lust«, sein Geschäft angesichts der vielbeklagten niedrigen Eingangszölle für
Leinwanderzeugnisse und des unzulänglichen Aufkommens an einheimischem Flachs
weiter auszudehnen.

Der gesamte deutsche Zollverein wurde um 1840 von englischem Leingarn geradezu
überschwemmt, das auch der Handspinnerei keine Chance mehr ließ. Um 100 kg ge-
hechelten Flachs mit der Hand zu verspinnen, rechnete man 300 Arbeitstage. Wer
wollte da noch die Handspinnerei propagieren! Das 1826 eingeführte Doppelspinnrad
empfand man als Fortschritt, es bot aber nicht die Lösung. Bei den niedrigen Preisen
für Rohflachs scheute zudem der württembergische Landwirt den Arbeitsaufwand
und die Kosten des Flachsbaus und produzierte meist mangelhafte, für die Maschinenspinnerei ungeeignete Qualitäten. Im Unterschied zur gepflückten Baumwolle mußte
der sorgfältig geerntete Flachs durch Riffeln, Rösten, Brechen, Schwingen, Hecheln
usw. aufgearbeitet werden, ehe aus den Stengeln eine spinnfähige Faser herauskam.
Trotz aller Maßnahmen der Anbauförderung, trotz Herbeischaffung ausländischen
Saatguts und Einführung der Wasserröste konnte der südwestdeutsche Flachs gegen
die billige ausländische Konkurrenz und schon gar nicht gegen die wohlfeile Baumwolle ankommen. Das württembergische Innenministerium kam zu dieser, von der
Landwirtschaft zu verschmerzenden Erkenntnis im Jahre 1850. Der Flachsbau war bis
dahin auf etwa 0,9 Prozent der Ackerfläche geschrumpft.

Vergebens bemühten sich auch die heimischen Leineweber, ein Verzweiflungskampf
gleichsam, auf ihren noch bis Mitte des 19. Jahrhunderts gebräuchlichen antiquierten
hölzernen Handwebstühlen gute Leistungen zu vollbringen. Ihr größter Feind, die
Baumwollgewebe, verurteilte sie zur Erfolglosigkeit. Ein Stuttgarter Händler urteilte
im Jahre 1849 richtig am fast lähmenden Tiefpunkt des Leinengewerbes: »Das Darnie-

40 Berg-, Eisen- und Schmelzwerk der Fürstabtei Ellwangen bei Wasseralfingen
im Jahre 1790
41 Handschmiede im Werk Untertürkheim der Daimler Motorengesellschaft um 1905

42 *Montagehalle in der Maschinenfabrik Esslingen (1960). Lok-Rahmen am Kran*
43 *Mit Blechen und Profilen von Alusingen wurde die Fassade des Internationalen Congress-Centrums in Berlin am Funkturm verkleidet (1979)*

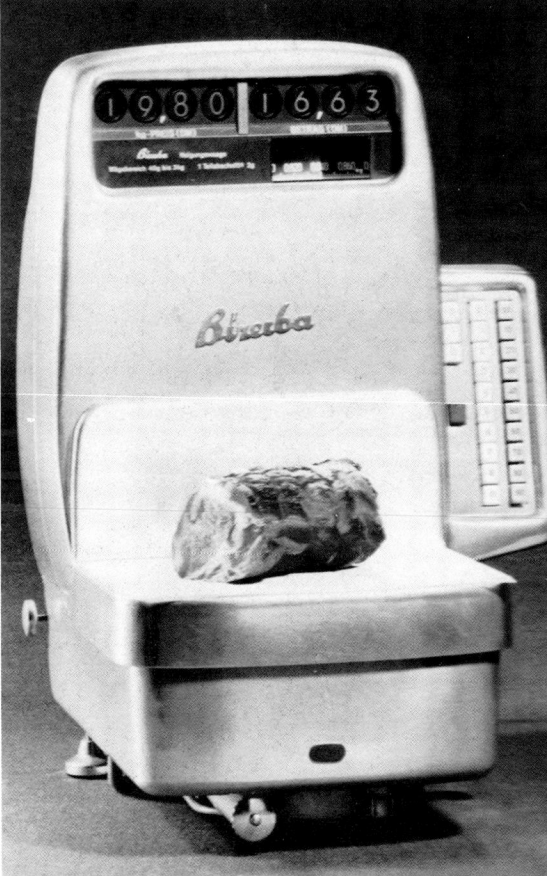

44　Bodenläufer-Zug kurz nach 1880, Spurweite 67 mm, der Firma Rock & Graner,
Fabrik für Metallspielzeug in Biberach
45　Neigungswaage des Philipp Matthäus Hahn, Onstmettingen 1764–1770.
Daneben Porträt Hahns
46　Selbsttätige preisrechnende Neigungswaage mit Ziffernanzeige (Bizerba OP-electronic)
setzte seit 1968 neue Maßstäbe

47 Produktpalette der Maschinenfabrik G. Kuhn, Stuttgart-Berg,
um 1880

48 Granulier-Teller der Eisenwerke
Wöhr, Aalen-Unterkochen (1967)

49/50   *Kampfpanzer Leopard 1 und 2 mit Motor MB 838 Ca M der MTU Friedrichshafen (1986)*

51 *Drehbank mit Antrieb 1771 von Boehringer, Göppingen*
52 *Hammergerüst mit drei wassergetriebenen Schwanzhämmern in der 1804 gegründeten*
Hammerschmiede Gröningen

53 Bearbeitung von Zylinderbohrungen aus dem Jahr 1958. Gebr. Heller, Nürtingen
54 Die neuesten CNC-Drehautomaten der Index-Werke, Esslingen (1984)

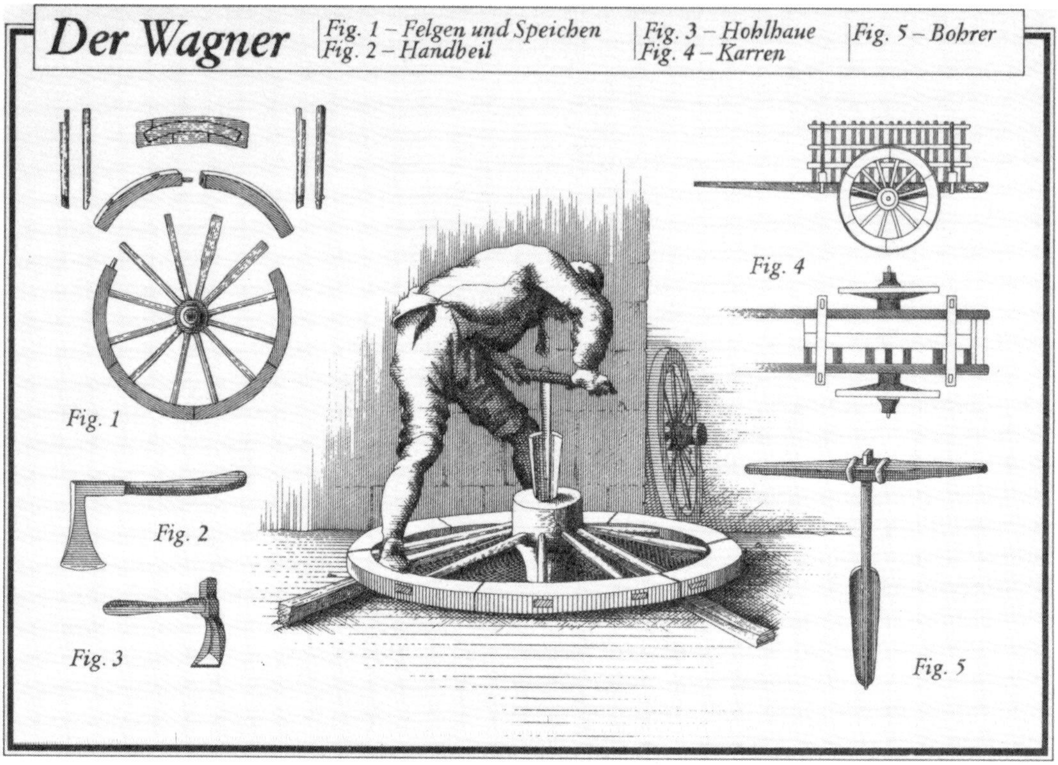

Der Wagner | Fig. 1 – Felgen und Speichen | Fig. 3 – Hohlhaue | Fig. 5 – Bohrer
Fig. 2 – Handbeil | Fig. 4 – Karren

Fig. 1
Fig. 2
Fig. 3
Fig. 4
Fig. 5

55 Handwerksarbeit eines Wagners (19. Jh.)
56 Werkstatt eines Pfeifenmachers in Ulm um 1810

57 Pressen-Linie für Autokarosserien der Firma Schuler, Göppingen (1983)
58 Akten- und Behälterförderanlage in einem Funkhaus. Systemlösung der Translift
Gesellschaft für Hebe- und Förderanlagen GmbH in Grenzach-Wyhlen (1982)

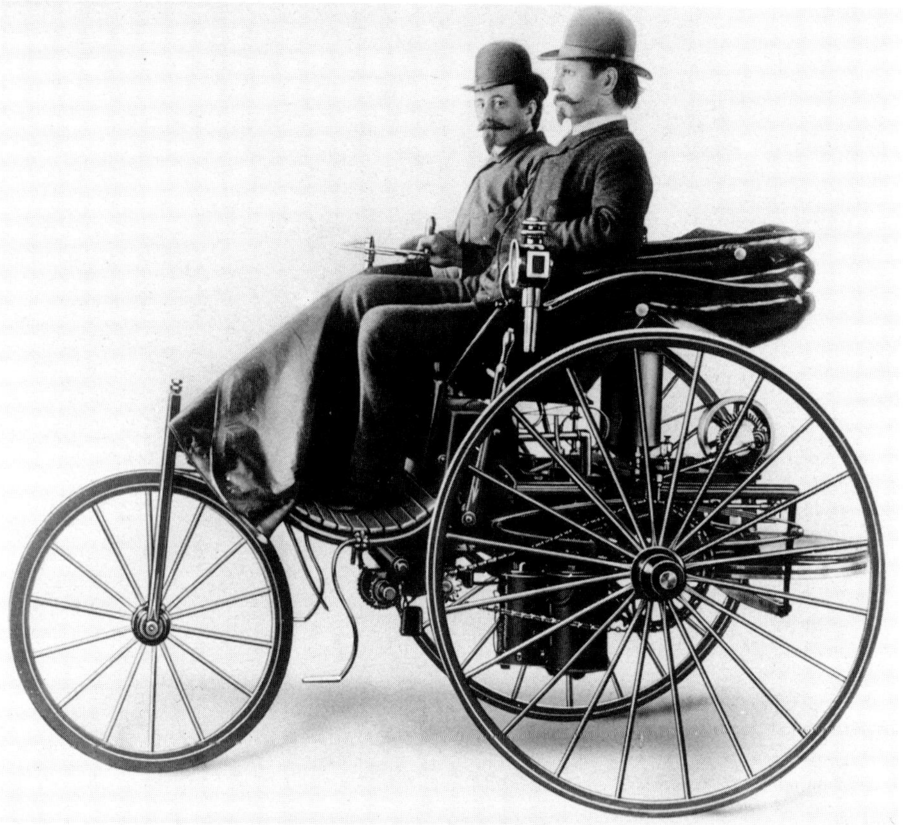

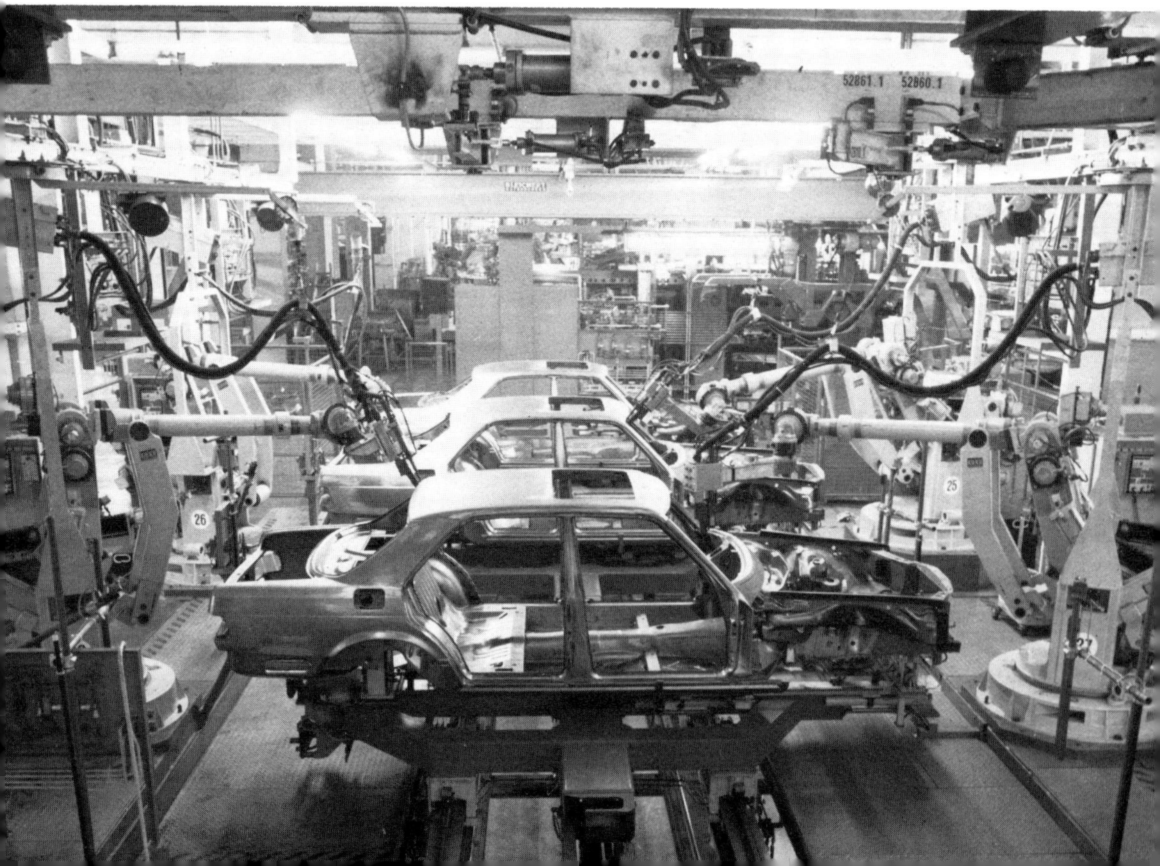
52861.1
52860.1
26
25

61   NSU-»Blauwal« beim Solitude-Rennen 1954
62   Einer der ältesten Wohnwagen-Anhänger, Wolf-Hirth-Konstruktion aus der Vorkriegszeit. Hier verbessertes Baumuster 1946: »Tramp«
Linke Seite:
59   Carl Benz, Mannheim, in seinem dreirädrigen Motorwagen (1887)
60   Daimler Benz AG, Werk Sindelfingen. Moderne rechnergesteuerte Produktionstechniken im Karosseriebau (um 1980)

63 Fertigungsstraße des 1978 auf den Markt gebrachten Porsche 928 in Stuttgart-Zuffenhausen
64 Konferenzraum mit Thronsessel des Neoplan-Clubliners (Auwärter-Bus, Stuttgart)
für den saudi-arabischen König (1979)

derliegen der Leinenindustrie Württembergs schreibt sich nicht erst seit Gründung des Zollvereins her, sondern dieser Gewerbezweig hat schon früher in solchem Maße abgenommen, daß ganze Distrikte auf die Fabrikation anderer Artikel übergegangen sind.« Mehr als 40000 beschäftigungslose Leineweber in Baden und Württemberg, d. h. mehr als 15 Prozent der in den Gewerben Beschäftigten, waren die Opfer der durch eine Handelskrise verschärften gewerblichen Strukturkrise an der Schwelle zum industriellen Zeitalter, Opfer des »Wegrationalisierens« von Arbeitsplätzen durch Maschinen und neue Produkte.

Die größeren Leinwand erzeugenden und Leinwandhandel treibenden Unternehmen in Württemberg stellten nach wie vor ganz überwiegend Verlage dar (im Jahre 1832: 34), die aber vielfach, um das Risiko zu mindern, auch Baumwolle verarbeiteten. Pommer & Co (seit 1690) und Georg F. Lenz (seit 1770) führten nach dem Ende der Uracher Leinwandhandelscompagnie den dortigen Leinwandhandel vorwiegend nach Italien weiter und machten 1830 einen Umsatz von 140000 bis 150000 fl. Pommer ging 1847 in Konkurs. Zum bedeutendsten Leinwandhandelshaus Württembergs war das stark im Frankreichgeschäft engagierte Blaubeurer Haus A. F. Lang aufgestiegen, bei einem Umsatz von über 500000 fl in den dreißiger Jahren. Schon 1844/45 war er auf etwa ein Viertel dessen gesunken. Ende der fünfziger Jahre führte Lang den mechanischen Webstuhl in der württembergischen Leinenweberei ein.

Niederschmetternd war auch das harte Urteil über den rückständigen Zustand der in offiziellem Auftrag untersuchten württembergischen Verkaufsbleichen (im Jahre 1833: 30). Reinweiße, tadellose Qualitätsleinwand, die sich strahlend den Weltmarkt erobern könnte, war von diesen Bleichen nicht zu erlangen. Durch den Schlendrian der nur handwerksmäßigen Bleicher, »die blindlings nachahmen, was ihnen vorgemacht worden und wozu sie abgerichtet sind, ohne darüber nachzudenken«, wurde das Leinen unachtsam und mit zu heftig ätzenden Säuren und Laugen behandelt und zu mürbem Gewebe. Schnellstens drei bis vier Monate, gewöhnlich fünf Monate, dauerte damals die Leinenbleiche (Rasenbleiche). Erst in der zweiten Hälfte des 19. Jahrhunderts gelang es durch das Eingreifen von Steinbeis, nicht nur das gesunkene Renommee der württembergischen Bleichen zu heben, sondern sogar Württemberg zur Schule der süddeutschen Bleichen zu machen. Die in Baden um 1850 gebräuchliche chemische Bleiche (Wacker, Ettlingen) verkürzte den Bleichprozeß je Baumwolltuch von ursprünglich zwei bis drei Monaten auf vier bis sechs Tage. Als Appretur diente Kartoffelstärke.

Papierindustrie

Der definitive Übergang vom Manufaktur- zum Industriezeitalter vollzog sich in der
Papierherstellung Baden-Württembergs im Jahre 1825 mit Anlaufen der ersten Papiermaschine in der umgebauten Öl- und Tabakmühle der Gebrüder von Rauch in
Heilbronn. Die Maschine für endloses Papier, eine Erfindung des Franzosen Robert
von 1798, wurde unmittelbar vom ersten britischen Hersteller für Langsiebmaschi-
nen, von Bryan Donkin & Co bezogen und von englischen Arbeitern aufgestellt. Bei
Investitionen von rund 360 000 fl und einem Jahresgewinn von 45 000 fl (im Jahre 1829:
über 100 Beschäftigte) lohnte sich offenbar die maschinelle Papiermacherei. In Ettlingen, seit etwa 1450 Standort der ältesten badischen Papiermühle, wird nicht nur heute
noch Papier hergestellt. Dort befand sich auch die Geburtsstätte der maschinellen Papierherstellung in Baden. In der 1791 von Franz Albert Buhl ersteigerten Ettlinger Papiermühle, einst wegen ihrer schlechten Papierfabrikation von Goethe verspottet,
wurde 1828 die das Gewerbe revolutionierende Papiermaschine aufgestellt und löste
sogleich bei den um ihren Arbeitsplatz bangenden Arbeitern eine kleine Maschinen-
empörung aus. Geliefert wurde sie von der renommierten elsässischen Maschinenfabrik Risler frères & Dixon aus Cernay. Die Maschine, erst 1866 durch ein neueres
Modell ersetzt, erzeugte mit drei Mann Bedienung die gleiche Papiermenge wie zwölf
Handbütten. Die Maschinenfabrikation zeigte bald Wirkung.
»Im Oktober scheint das Papiergeschäft ganz ins Stocken zu geraten«, klagte der Ravensburger Kaufmann Gradmann im Jahre 1838, inzwischen Mitbesitzer einer schwäbischen Papiermühle. »Die Bestellungen bleiben aus, alles infolge der durch die endlosen Fabriken erzeugten Vorräte, und ich werde nun bald die zweite Bütt müssen stehen lassen . . . Was ist nun durch die endlosen Maschinen gewonnen? Es wird dadurch
mehr Papier erzeugt, als man nötig hat, und die Handmühlen müssen mit den anderen
zugrunde gehen.« Das »tintenkleksende Säkulum« hatte zwar noch nicht seinen vollen
Papierbedarf entfaltet, aber den handwerklichen Papiermachern schlug dennoch die
Stunde des Todes, der sich allerdings Zeit ließ. Im Jahre 1830 nahm Gustav Schäuffelen
in Heilbronn die erste von einem Deutschen gebaute Papiermaschine, Kosten nur
10 000 fl, in Betrieb. Bis 1833 stellten sich acht württembergische Papiermühlen (von
54) auf die Herstellung von Maschinenpapier um. Johann Sutter in Höfen nahm 1834
eine französische Papiermaschine in Betrieb und erzielte anfangs eine Monatsproduktion von 6000 kg Papier (etwa Jahresproduktion einer kleinen Papiermühle im 18.
Jahrhundert) und nach zehn Jahren rund 12 000 kg. Auch in Baden produzierte die
große Mehrzahl der Papiermühlen bis um die Mitte des 19. Jahrhunderts das Papier in
der Handbütte. Ihr Sterben wegen des fehlenden Kapitals zur Anschaffung von Maschinen setzte seit der Krise von 1847/48 ein. Bei Franz Ignaz Koehler in Oberkirch,

		Badische Papierfabriken	
Jahr	Zahl	Gesamtzahl der Beschäftigten	Gesamtsteuerkapital (in Gulden)
1844	34	753	931495
1857	23	695	992425

der die schwierige Zeit durch guten Absatz von »Tabakpapieren« überdauerte, lief die neugebaute Papiermaschine 1865 an.

Mangel an Hadern (Textilabfälle) stand bis ins 19. Jahrhundert der raschen Ausdehnung der Papierfabrikation im Wege. Um ihre zu schmale Rohstoffgrundlage durch Verwendung von Pflanzenfasern (Zellulose) zu erweitern, erfand Friedrich Gottlob Keller das im Jahre 1845 patentierte Verfahren des Holzschliffs. Es wurde 1846 vom Papierfabrikanten Heinrich Voelter in Giengen erworben und zur technischen Reife gebracht. Voelter stellte mit seinen Holzschleifmaschinen erstmals Holzpapier in fabrikmäßigem Maßstab her. Der Wald hatte einen Nutznießer mehr, ohne daß er bereits der älteren, ihn überfordernden Nutzung mit und ohne Axt ledig war. Schon in den dreißiger Jahren eröffnete das aufkommende Vollgatter, das die alten Hochgänge ablöste und erstmals Bauholz in beliebigen Längen und Stärken schnitt, eine neue, bis in unsere Gegenwart reichende Epoche der Sägeindustrie.

Anfänge des Maschinenbaus – Lokomotivfabriken

In engstem Zusammenhang mit der Ausdehnung des Maschinenbetriebs in der Textil- und Papierindustrie, den Vorreitern der Industrialisierung, in Südwestdeutschland, standen das Aufkommen von mechanischen Werkstätten und die Anfänge der Maschinenfabrikation. Die erste Maschinenfabrik Deutschlands, ein zunächst kaum Nachahmung findendes Vorbild, entstand, unterstützt von der badischen Regierung und aus der richtigen Voraussicht des künftigen Investitionsgüterbedarfs, 1809 im säkularisierten Kloster St. Blasien. Die Abhängigkeit Südwestdeutschlands vom technischen Know-how des fortgeschrittenen Auslandes ließ sich nicht von heute auf morgen überwinden. Ohne Scheu vor dem Bekenntnis des eigenen technischen Unvermögens bestätigte der Rechenschaftsbericht an die Gesellschaft für Beförderung der Gewerbe in Württemberg 1831: Die Fabriken des Landes seien »mit ihren Bedürfnissen an Maschinen bis jetzt größtenteils an das Ausland oder auf die Selbstverfertigung verwiesen. Wer eine Woll-, Baumwoll- oder Leinenspinnerei errichten, wer sich künstlichere Tuchrauh- oder Schermaschinen anschaffen wollte, . . . sah sich genötigt, sich an die Maschinenfabrikanten im Elsaß oder in Aachen, Lüttich, Verviers . . . zu wenden, um entweder alle Maschinen deren er bedurfte oder wenigstens einen Satz von jeder Gattung zu beschreiben, wenn er es unternehmen sollte, die leichter nachzuahmenden im Inland durch einzelne Mechaniker und Schlosser verfertigen zu lassen.« Nur durch Wissensimporte, intensivierte Lernprozesse, Studienaufenthalte im Ausland und Nachbauten ließ sich der technische Vorsprung der damaligen Industrieländer abbauen und war auch einholbar. Dampf- und Textilmaschinen leiteten die technische Revolution ein und kennzeichneten das noch von einer leicht überschaubaren (Newtonschen) Mechanik bestimmte Niveau der Technik. Zur Vorhut der technischen Revolution im Lande erwuchsen die in unmittelbarer Nachbarschaft der Betriebe der Textil- und Papierindustrie während der ersten Hälfte des 19. Jahrhunderts zahlreich entstandenen handwerklichen Schlossereien und mechanischen Werkstätten, ausgerichtet auf den anfallenden Reparatur- und Zulieferbedarf und vom Wagnis des Nachbaus ausländischer Maschinen herausgefordert. Die Handwerksbetriebe bildeten die eigentlichen historischen Wurzeln der für Baden-Württemberg typischen Werkzeug- und Maschinenindustrie, insbesondere der des mittleren Neckarraumes. Die Anfänge von Boehringer in Göppingen (heute zur Schweizer Oerlikon-Gruppe gehörig) lagen um 1835, als in einer mechanischen Werkstatt anfallende Reparaturen für Webereien und Spinnereien ausgeführt wurden. Voith in Heidenheim baute 1837 in einer Schleifmühle an der Brenz seine erste Papiermaschine, ein Nachbau. Die Firma Schuler, heute ebenfalls ein Weltunternehmen, sieht ihren Ursprung in einer im Jahre 1839 von Louis Schuler in Göppingen erworbenen Schlosserwerkstatt. Nicht wenige der damals in den mechanischen Werkstätten konstruierten Maschinen enttäuschten, doch zäher Überlebenswille kennzeichnete die Mechaniker, ließ sie erstaunlich flexibel auf lokale Nachfrage reagieren und trieb sie ständig zur Suche nach neuen Technologien.

Vom Aufkommen eigentlicher Maschinenfabriken kann erst – verspätet im Vergleich zu entwickelteren Ländern – in den vierziger Jahren gesprochen werden. Mit dem in Südwestdeutschland 1842 gelungenen Bau der ersten süddeutschen Lokomotive, der »Badenia«, begann die Expansion der Ende 1836 als mechanische Werkstatt gegründeten Maschinenfabrik von E. Keßler in Karlsruhe. Keßler baute, entsprechend dem in Deutschland damals praktizierten Brauch, zunächst mit Hilfe eines englischen Ingenieurs englische Lokomotiven fast originalgetreu nach. Bis einschließlich 1847 stellte das Unternehmen 108 vorwiegend für den Export bestimmte Lokomotiven her (durchschnittlicher Wert der Lokomotive = 25000 fl), steigerte den Umsatz auf 1,5 Mio. fl, erhöhte die Anzahl der Arbeiter auf 880 und das Betriebsvermögen (Aktiva) auf rund 1,7 Mio. fl (im Jahre 1847: Kapitalrendite 10,3 %). Mit Einstellung der Zahlungen des Karlsruher Bankhauses S. von Haber & Söhne war dem Unternehmen die bisherige Hauptquelle der Betriebsmittelbeschaffung versperrt. Die zur Befriedigung der Gläubiger im Jahre 1848 notwendig gewordene Umwandlung der Keßlerschen Maschinenfabrik in eine Aktiengesellschaft (Grundkapital 1,5 Mio. fl) unter dem Namen »Maschinenfabrik Carlsruhe« ging nach erlittenen Umsatzeinbußen und Verlusten 1851 in Liquidation, wurde von der badischen Regierung erworben und mit Staatsmitteln als Aktiengesellschaft (Maschinenbaugesellschaft Carlsruhe, Grundkapital 450000 fl) neu gegründet. Aufträge der badischen Staatsbahn ab 1854 normalisierten vorerst die Geschäftslage.

Die bis 1844 zurückreichenden, ehrgeizigen Pläne zur Errichtung einer württembergischen Lokomotivfabrik, ebenfalls dem aufkommenden Eisenbahnbau zu danken, nahmen 1846 mit dem an Emil v. Keßler, Karlsruhe, ergangenen Regierungsauftrag, eine Maschinenfabrik im schon industriereichen, standortgünstigen Esslingen zu errichten und der noch im gleichen Jahr erfolgten Grundsteinlegung, konkrete Gestalt an. Ohne kostenlose Überlassung von Terrain und Wasserkraft und einem Staatsdarlehen in Höhe von 200000 fl wäre freilich die Gründung der Maschinenfabrik als Aktiengesellschaft (Kapital: 300000 fl) gewiß nicht zustande gekommen. Im März 1847 begann die Produktion auf überwiegend im nichtdeutschen Ausland beschafften Maschinen bei gutem Auftragspolster mit 502 Beschäftigten. Nach anfänglichen, durch die Wirtschaftsdepression bedingten Hemmnissen (Jahresdurchschnittsumsatz 1848–1852: 498000 fl) setzte für das Unternehmen 1852/53 eine glänzende Absatz- und Rentabilitätsentwicklung ein. Die erwirtschaftete Umsatzrendite stieg von 1848 von drei auf 12,8 Prozent im Jahre 1852. Bis dahin wurden u. a. 27 Lokomotiven (davon 22 für Württemberg) und 260 Wagen (davon 225 für Württemberg) hergestellt. Der Staatsauftrag sicherte den Start des Unternehmens.

Mit der wachsenden Nachfrage nach Eisenbahnbedarf, nach Turbinen und Dampfmaschinen erhielt die südwestdeutsche Maschinenfabrikation in den vierziger Jahren die Chance, sich über den begrenzten Rahmen mechanischer Werkstätten zu erheben und zu umsatzstarken Großbetrieben zu entwickeln. Repräsentiert wurde die maschinenbauende Industrie Südwestdeutschlands bis Mitte des 19. Jahrhunderts in erster Linie durch die vom Eisenbahnbau belebten Maschinenfabriken in Karlsruhe und Esslingen. Die anderen wenigen maschinenbauenden Unternehmen (Maschinenfabrik Immendingen der Fürsten von Fürstenberg seit 1835; Krauss in Ulm, Getreidemühlen; Eberhardt & Vogt, Stuttgart; Koch in Berg bei Stuttgart, seit 1852 Maschinenfabrik Kuhn; u. a.) waren dem Niveau handwerklicher Werkstätten noch nicht entwachsen. Das galt mit einigen Ausnahmen (Sensenfabrik Neuenbürg und Friedrichsthal) auch für die sonstigen metallverarbeitenden Betriebe, insbesondere für die

Drahtziehereien und Gießereien sowie für die Hersteller von landwirtschaftlichem und sonstigem Gerät (Löffelschmiede von Triberg). In den zwanziger Jahren des 19. Jahrhunderts begann Philipp Jakob Wieland in Ulm mit dem Aufbau eines Messingwerks (ca. 50 Beschäftigte) und nahm im Jahre 1828 erstmals in Württemberg eine »englische« Drehbank in Betrieb. Hinter Aufstieg und Fall des ersten deutschen Papiermaschinenfabrikanten, des Heilbronner Mechanikers Johann Jakob Widmann (die Fabrik bestand von 1829 bis 1849), verbirgt sich noch manches Rätsel. Über 50 Papiermaschinen verkaufte er im In- und Ausland, um als armer, vergrämter Mann nach Nordamerika auszuwandern (Schmolz).

Blechwaren

Zu zukunftsträchtigen Unternehmen entwickelten sich schon während der ersten Hälfte des 19. Jahrhunderts in Württemberg die aus der Flaschnerei erwachsene und mit der Hausindustrie verflochtene Fabrikation von Metallkurzwaren. Im Jahre 1848 zählte die Blechwarenfabrik von C. G. Rau in Göppingen 120–150 und die von Carl Deffner in Esslingen 200 Beschäftigte. Deffner hatte in Deutschland neue, in Frankreich und England erkundete Verfahren der Oberflächenveredelung von Metallen (Lackierung) und der Verformung von Blechen eingeführt. 1844 schrieb er an seine Söhne in London: »Daß es in England nicht so leicht geht, sich zu orientieren und etwas zu profitieren, wie in Frankreich, das kenne ich aus eigener Erfahrung nur zu gut.« Kein anderes südwestdeutsches Unternehmen ließe sich für die erste Hälfte des 19. Jahrhunderts benennen, dessen Aufstieg zum Großbetrieb so eng und ausschließlich mit Exporterfolgen verknüpft war. Von einer Jahresproduktion von 160000 fl in den Jahren 1847/48 wurden 57,5 Prozent im deutschen Zollverein und 42,5 Prozent im europäischen Ausland und in Übersee verkauft. Eine andere Novität mit Zukunft kündigte sich im lackierten Blechspielzeug an. 1837 beschäftigte die Kinderspielwarenfabrik Rock & Graner in Biberach über 100 Personen und produzierte mit »Geschmack, Erfindung und Kunstfertigkeit« verschiedenes Blechspielzeug, das 1851 auf der Londoner Weltausstellung bei jungen und älteren Engländern viel Freude und Aufsehen erregte. Der Grundstein für den großartigen Aufstieg der berühmten württembergischen Blechspielzeughersteller war damit gelegt.
Auf der phantasievollen mechanischen Spielerei bereits des 18. Jahrhunderts wurzelte vielfach der Aufstieg wesentlicher Zweige der südwestdeutschen feinmechanischen Industrie des 19. Jahrhunderts. Zu den Mechanikern von Ruf gehörte der württembergische Pfarrer Philipp Matthäus Hahn (1739–1790), der astronomische Instrumente, Waagen und die erste brauchbare Rechenmaschine baute, Ausgangsstation späterer

Konstruktionen. Einen weiteren feinmechanischen Entwicklungsstrang tradierte die Uhrenfabrikation. Die große Zeit der handwerklichen Schwarzwälder Uhrmacherei – konzentriert um Furtwangen sowie um Lenzkirch und Neustadt – reichte bis in die vierziger Jahre des 19. Jahrhunderts. Sie lieferte billige, robuste Pendeluhren, aus billigen Rohstoffen (Holz) hergestellt. Nach der badischen Statistik liefen 86 Prozent des Uhrenexports von 1829 bis 1832 über die französische und hessische Grenze. Obwohl man um 1830 die messinggespindelte Uhr, ein Jahrzehnt später die Massivuhr und von 1852 an den gezahnten Volltrieb aus Stahl baute, der technische Fortschritt demnach seinen Einzug hielt, wurden bis weit in die zweite Hälfte des 19. Jahrhunderts alte, bewährte Holzuhren »gebastelt«. Die rationellere Organisation der Produktionsabläufe durch Spezialisierung in die Berufe der Gestellmacher, Schildermacher, Ziffernblättler, Tonfedermacher usw. steigerte die Produktivität, bedeutete aber nicht Abschied von liebgewordenen herkömmlichen Produktionsweisen. Trotz überlegener ausländischer Konkurrenz wurden im Jahre 1846 sogar 600000 Schwarzwälder Uhren hergestellt (Meitzen). 1568 Meister und 2566 Gesellen erfaßte die badische Statistik im Jahre 1847 (1843: 1419 Meister). Das Maschinenzeitalter riß sie in seine schwerwiegende Strukturkrise. Es nahm seinen Anfang jenseits des Ozeans bei den amerikanischen Pendeluhrmachern, meist aus Uhrmacherfamilien aus dem Schwarzwald stammend, aber nicht abhängig von Packern und Zwischenhändlern, bereits während der ersten Hälfte des 19. Jahrhunderts. Da zeitweilig auf zwei Schwarzwälder Uhrmacher ein auf größtmöglichen Handelsgewinn bedachter Uhrenhändler kam, blieb an den Fingern der Uhrmacher kein Kapital hängen, mit dem der technische Fortschritt hätte finanziert werden können. »Die Uhrmacherei in Württemberg«, so lautete das niederschmetternde Urteil eines Stuttgarter Uhrmachers 1847, »ist in Folge der im Ausland entstandenen Fabriken so danieder gehalten, daß sie sich mit wenigen Ausnahmen fast allein noch auf Reparatur beschränkt.«

Rübenzuckerfabriken

Während in den Tabakfabriken (Baden 1829/1844: 27; Württemberg 1832: 15) und den Zichorienfabriken (1823/32: 9) das Manufakturerbe des 18. Jahrhunderts fortlebte und sich bis 1847 meist gut rentierte, erblickte mit den in den dreißiger Jahren des 19. Jahrhunderts gegründeten Rübenzuckerfabriken ein wiederum neuer, alsbald bedeutender Industriezweig das Licht der Welt. Damals kam es schlagartig im deutschen Zollverein zu etwa 150 auf den Rübenzucker spekulierenden Fabrikgründungen. Verbesserte Fabrikationsverfahren, die die Zuckerausbeute auf fünf Prozent hoben, sowie der hohe Eingangszoll für Importzucker, verschoben die Rübenzuckerproduktion erstmals in die Zone der Gewinnträchtigkeit. Die 1836 von der »Badischen Gesellschaft für Zuckerfabrikation«, einer Aktiengesellschaft mit einer Mio. fl Kapital, errichtete Rübenzuckerfabrik Waghäusel (mit Stockach), stellte über Jahrzehnte das kapitalintensivste Unternehmen Südwestdeutschlands dar (Passiva 1847: 2,7 Mio. fl). Im Fabrikbetrieb, angelegt zur Verarbeitung von einer Million Zentner Rüben (einschließlich Filialen und Raffinerien), wurden während der Saison rund um die Uhr 1072 Personen bei einer Jahresproduktion im Wert von 961 523 fl beschäftigt. Dazu kam der enorme Transportbedarf (Rüben, Zucker, Torf, Kohle) sowie die Beschäftigung von 148 Gemeinden mit dem Rübenanbau. Durch den Konkurs des Bankhauses S. v. Haber, das der Fabrik in der Hoffnung auf reichen Ertrag erhebliche Betriebsmittel verschafft hatte, geriet die Zuckerfabrik infolge einer errechneten Überschuldung von 560 000 fl im Jahre 1847 in Schwierigkeiten. Ein noch 1848 geschlossener Vergleich mit den Gläubigern durch Ausgabe von Partialobligationen in Höhe von 2,1 Mio. fl und mittels einer dem Betriebskapital entnommenen Barzahlung über 400 000 fl sicherte den Fortbestand mit sogar günstigem Erfolg.

Die seit 1837 bestehende Württembergische Gesellschaft für Zuckerfabrikation (Aktienkapital 750 000 fl, Zuckerfabriken Altshausen und Züttlingen), finanziert seit 1840 mit einem laufenden Kredit bis zu 300 000 fl durch die mit S. v. Haber verbundene Frankfurter Privatbank Friedr. Gontard & Söhne, mußte Ende 1847 die Zahlungen einstellen, ging aber 1848 in Liquidation (Gläubigerforderung: 336 100 fl). Im Kern waren die erwähnten Pionierunternehmen der Rübenzuckerindustrie lebensfähig, wie auch die Folgezeit bewies. Vor allem der Zwang, sich fehlende Betriebsmittel auf den teuersten und unsichersten Wegen suchen zu müssen, stürzte sie in die Illiquidität, woran der Staat nicht ganz ohne Schuld war. Weder in Württemberg noch in Baden gab es eine zur Industriefinanzierung geeignete, solide Kreditanstalt.

Rahmenbedingungen der frühen Industrie

Um die vom Staat zu verantwortenden Rahmenbedingungen für die frühe Industrie in Südwestdeutschland stand es nicht gut, weil Unkenntnis und Unentschlossenheit weit verbreitet waren. Auf die Anregungen Friedrich Lists, das gewerbliche Leben durch Fabrikgründungen zu fördern, antwortete der württembergische Finanzminister Weckherlin: » . . . gerade die Fabrik sei die schwerste Gefahr, denn sie erziehe den Menschen entweder zum Bettler oder zum Aufrührer.« Weckherlin pries 1823 das mittelständische Wirtschaftsideal der Romantik: »Württemberg glänzt nicht durch einzelne große Fabrikinstitute, aber ganz Württemberg ist eine Fabrik, eine Manufaktur, wo wir hinblicken in die Hütten des Landmanns oder die volkreichen Straßen der

Städter, überall finden wir fleißige Handwerker, kunstgeübte Manufakturisten, sinnende Kaufleute.« Auch sein badischer Kollege, Finanzminister v. Böckh, idealisierte 1834 die Tradition: »Ich bin kein großer Freund ausgedehnter Fabrikanstalten, sie sind weder für das physische Wohlsein noch für die Moralität ersprieslich ... Ich liebe mehr den hausmäßigen Betrieb ... wie er bei der Leinwandfabrikation bei uns schon besteht.«

Wo sich damals in Baden und Württemberg unternehmerischer Wille regte, stieß er häufig auf Unverständnis oder kapitalfremde, ja fabrikfeindliche Kräfte. Zum Wortführer romantischer Sozialkritik machte sich auch der badische katholische Abgeordnete Franz Josef Ritter von Buß mit der Forderung nach »Bewahrung der Natur eines ackerbauenden Staates«. Dem frühen Fabrikwesen hallte kein einhelliges, emphatisches Lob entgegen; eher machten sich ihm gegenüber ängstliches Unbehagen und Skepsis breit. »Das überhandnehmende Maschinenwesen quält und ängstigt mich, es wälzt sich heran wie ein Gewitter, langsam, langsam; aber es hat seine Richtung genommen, es wird kommen und treffen«, schrieb Goethe im Jahre 1829 weitsichtig an der Schwelle zum Industriezeitalter. Vor diesem Hintergrund wird verständlich, daß Moritz von Mohls klare, treffende wirtschaftspolitische Zielvorgabe von 1828: »Württemberg muß mehr als bisher und vielseitiger als bisher ein fabricierender Staat werden«, zunächst nicht einmal die Ohren der Regierenden erreichte. Aber unaufhörlich wuchs aus kleinbäuerlichen und handwerklichen Bevölkerungsreservoirs eine sich ständig vergrößernde städtische und dörfliche Armut heran und ließ die Disproportionalität zwischen Arbeitsnachfrage und Arbeitsangebot immer stärker auseinanderklaffen. Mit dem Finger auf das soziale Elend in den südwestdeutschen Realteilungsgebieten deutend, schrieb Friedrich List: »Hier gibt es große Dorfschaften, wo die gesamte Einwohnerschaft nur in der Auswanderung mit Kind und Gesind ihre Rettung zu finden glaubt.« Um der relativen Überbevölkerung, dem Vormarsch des Hungers Herr zu werden, gab es keine Alternative zur Industrialisierung (in Gewerbe und Landwirtschaft). Die Industrie erzeuge eine große Gütermenge, hebe den Wohlstand der Nation, verbillige die Waren und erhöhe durch steigenden Absatz »die Behaglichkeit des Volkes bis in die niederen Stände hinab«, urteilte wenig später Franz Josef Ritter von Buß.

Doch allzu langsam regte sich industrielles Wachstum in Südwestdeutschland und machte, auch wegen des ausländischen Importdrucks, mehr Arbeitskräfte brotlos, als es neue Arbeitsplätze in Fabriken bereitstellte: Im Jahre 1829 gab es in Baden 3085 Arbeiter, in Württemberg waren es 1832 rund 3500 (ohne Hausindustrie), zu wenig, um der schmerzhaften Erfahrung der zunehmenden Proletarisierung in frühindustrieller Zeit Einhalt zu gebieten. Mannigfaltige greifbare Standortungunst hätte in ihrer negativen Wirkung durch vom Staat einzuleitende Verbesserungen der Rahmenbedingun-

gen für die zu schützende Industrie zumindest gemildert oder abgeschwächt werden
können, um den heimischen Industrialisierungsprozeß zu beschleunigen. Gewährte
Zoll- und Steuernachlässe genügten nicht. Im Kern kam es darauf an, die durchschnittliche jährliche Investitionsquote wesentlich über das prozentuale Bevölkerungswachstum zu steigern. Dazu bedurfte es nicht nur der Einführung technischer Innovationen, sondern der produktiven Ausnützung der Erfindungen durch den Kapitalstock des Landes, der von den Kapitaleigentümern den industriellen Unternehmern
bereitzustellen war. Statt dessen beklagte der Rechenschaftsbericht der württembergischen Gewerbeförderungs-Gesellschaft 1834, »daß es selbst soliden Männern, die bereits mit Erfolg ein Gewerbe gegründet haben und sich über die Vorteile eines ausge-
dehnteren Betriebes ausweisen können, so schwer wird, von Kapitalisten Anlehen zu
erhalten«. Während der Frühindustrialisierung rissen die Klagen der Unternehmer
über herrschenden Kapitalmangel nicht ab. Zu dünn war das Kapitalrinnsal, das die
weder einheitlichen noch vollkommenen Kreditmärkte in die frühe Industrie ab-
zweigten, zu hoch erwiesen sich oft die Zinssätze, unerfüllbar waren geforderte hypothekarische Sicherheiten, und zu unerfahren auf dem neuen Terrain der risikoreichen
Industriefinanzierung zeigten sich die Bankiers. Langfristig hohe Renditen konnte die
junge Industrie nicht garantieren. Zwischen 1840 und 1847 ging immerhin fast jeder
neunte württembergische Fabrikant in Konkurs. Meist scheiterten sie an einer kurzfristigen Liquiditätskrise, die zu überbrücken sich kein öffentliches oder privates Leih-
kapital fand.

Industriefinanzierung

Im Jahre 1846 verzeichnete das Stuttgarter Adreßbuch nur zwei Namen, die sich als
»Banquier« im Hauptberuf auswiesen. Das weitaus bedeutendste Bankinstitut am
Platze war die königliche Hofbank, 1802 gegründet. Sie gewährte zwar der Wirtschaft
manche dankbar quittierte Unterstützung, konnte oder wollte aber bei einem Grundkapital von 600000 fl keine langfristige, beträchtliche Summen festlegende Industriefinanzierung bei geringen Sicherheiten aus eigener Kraft betreiben. König Wilhelm genehmigte andererseits 1836 der Hofbank die Anlage von 50000 fl in Aktien für den
Eisenbahnbau von Wien nach Ungarn. Von 1838 an erlitt der Württembergische Kre-
ditverein in Stuttgart (Kapital 4 Mio. Gulden) durch Ganten jährlich laufende Verluste
von 2000 fl bis 5500 fl. Er war an der Industriefinanzierung beteiligt. Schon gar nicht
kam hierfür die 1833 von Kaufleuten gegründete und anfangs überraschend erfolgreiche Allgemeine Rentenanstalt zu Stuttgart in Betracht (im Jahre 1838 Deckungsstock
1 Mio. fl). Menschliche Irrtümer und menschliche Schuld (auch beim Beleihungsge-

schäft), die Anwendung gänzlich ungeeigneter, für die Versicherungsgesellschaft ungünstiger Sterbetafeln aus dem 18. Jahrhundert in der Hauptsache, brachten das Unternehmen Mitte des Jahrhunderts an den Rand des Ruins. Bei dieser ersten Krise der modernen Rentenversicherung stellte sich bereits das Problem, daß die zu hohen Auszahlungsbeträge die Höhe der Einlagen überschritten.

Badische Privatbanken (im Jahre 1829: 6 Privatbanken mit 182 800 fl Betriebskapital), zumeist aus dem Warengeschäft erwachsen und obwohl wenig kapitalkräftig, hatten sich während der ersten Hälfte des 19. Jahrhunderts teilweise stark für die Förderung der industriellen Entwicklung engagiert, in Freiburg besonders Christian Adam Mez (seit 1802), von Karlsruhe aus das noch aus der Hofbankierzeit stammende Bankhaus S. v. Haber, im Pfälzer Raum das dominierende Bankhaus Ladenburg, Mannheim (seit 1785). Die Abhängigkeit der badischen Wirtschaft von Augsburger, Basler, Frankfurter und Straßburger Bankhäusern blieb bestehen und wurde als Fessel empfunden. Um den erwarteten wirtschaftlichen Aufstieg durch eine entsprechende inländische Kapitalbereitstellung abzusichern, erbat schon 1841 eine sich »Badischer Industrieverein« nennende Gruppe von der badischen Regierung die Genehmigung zur Gründung einer Bank mit 10 Mio. Gulden Kapital. Die Wiener Nationalbank und die Bayerische Hypotheken- und Wechselbank dienten als Vorbild. Auch weitere, in den folgenden Jahren vorgetragene ähnliche Projekte stießen jedoch trotz der in der Drei-Fabriken-Frage 1847/48 gemachten schlechten Erfahrungen jahrzehntelang auf ebenso unschlüssige wie von hämischem Konkurrenzneid aufgestachelte Ablehnung. Mit einem für die Industriefinanzierung unzureichenden Kreditsystem gingen bezeichnenderweise beide südwestdeutsche Staaten ins Industriezeitalter.

Als Konsequenz für die unzureichenden Mittel zur Industriefinanzierung sahen sich Interessengruppen und Regierung in Württemberg, anknüpfend an spätmerkantilistische Vorstellungen von Gewerbepolitik veranlaßt, staatliche Mittel zur Förderung der konzessionierten Industrie einzusetzen und Entwicklungspolitik zu treiben. Als finanziell förderungswürdig galt grundsätzlich bis 1848 »die Gründung und Unterstützung neuer Industriezweige oder die Einführung wesentlicher technischer Fortschritte in bestehenden inländischen Industriezweigen«. Nach einer Anlaufzeit mit geringer finanzieller Gewerbeförderung von im Jahresdurchschnitt 7000 fl wurde von Ende 1830 bis 1847 der Industrie, deren Realkapital ungefähr auf 6 Mio. fl geschätzt wurde, aus der Staatskasse und der Privatschatulle des Monarchen ein Investitionskapital von über einer Million Gulden in Form von Staatsdarlehen, Warenkrediten, Prämien, Geschenken, Grundstücken, Maschinen und Wasserkräften überlassen, sicher kein »lächerlicher Pappenstiel«, auch gemessen an der Höhe des Staatshaushalts von 10 Mio. Gulden. Ob ein noch höherer staatlicher Kapitaleinsatz den industriellen Wachstumsprozeß unter den gegebenen Umständen des allgemeinen Preisverfalls

(Textilien, Eisen, Papier u. a.) nachhaltiger und mit mehr Beschäftigungseffekten in
Gang gesetzt hätte, bleibt sehr fraglich.

Eine mit dem württembergischen protektionistischen Modell vergleichbare gezielte
Industrieförderung ist für Baden nicht nachzuweisen. Für die eigentliche Fabrikindustrie gab die Karlsruher Regierung seit dem Ende der napoleonischen Ära so gut
wie nichts aus. Während der Drei-Fabriken-Frage 1848 unterstrich das badische Finanzministerium seine wirtschaftsliberale Grundüberzeugung, »daß es dem Staate
nicht zustehe, dem Bürger Capital für sein Gewerbe zu beschaffen«, vertrat aber auch
die Ansicht, daß die damalige kritische Lage der Wirtschaft mit Hilfe von Kreditkassen nicht zu ändern sei. Der badische Liberalismus, Verfechter der marktwirtschaftlichen Selbststeuerung, lehnte grundsätzlich ebenfalls die Unterstützung in Schwierigkeiten geratener Fabriken aus Staatsmitteln ab. Vor der zweiten Kammer erklärte der
Liberale Karl Mathy am 22. Januar 1848, die Gefahren des Sozialstaats andeutend:
»Werde der Grundsatz einer Staatshilfe für mißlungene Unternehmungen anerkannt
und ein erster Schritt der Anwendung getan, so seien die Nachteile größer als die Verluste bei den gefallenen Anstalten. Der Staat müsse dann jeder Arbeit, dem Landmann
und dem städtischen Proletarier, Ertrag und Auskommen verbürgen, die Lehren von
Laboeuf und Cabet verwirklichen.« Letzten Endes konnte Baden seine Abstinenz gegenüber jeglicher Industriesubventionierung nur deshalb durchhalten, weil unaufhörlich ausländisches Unternehmenskapital und Know-how ins Land flossen und die Industrialisierung vorantrieben, Vorteile, die den anderen süddeutschen Staaten weit
weniger zugute kamen.

Sparkassen, Leihkassen

Als Einrichtungen mit sozialem Auftrag, dem Wohle der sozial schwachen Unterschichten, namentlich ihrer Alterssicherung dienend, verstanden sich von Anbeginn
die öffentlichen Sparkassen (schon 1697 von Daniel Defoe in England angeregt) und
ihre Vorläufer, die Waisenkassen und die zum Schutz vor Wucherern errichteten, jedoch in Stuttgart als Beschleuniger der Armut verrufenen Pfand- und Leihhäuser
(1809: Mannheim, 1810: Freiburg, 1812: Karlsruhe). Die älteste Waisenkasse Südwestdeutschlands gründete 1749 Abt Anselm II. in Salem. 1767 eiferte ihm Fürstabt
Martin II. Gerbert von St. Blasien nach und im Jahre 1784 der Fürst von Fürstenberg
mit der in Heiligenberg konstituierten Waisenkasse, 1834 zur Sparkasse erweitert.
Vorbildlich hatte sich schon im ausgehenden 18. Jahrhundert das Sparkassenwesen in
Norddeutschland entwickelt und beeinflußte – teilweise über fortgeschrittene englische Gründungen – den Aufbau ähnlicher Einrichtungen in Süddeutschland. Im

Herzogtum Oldenburg lernte die junge russische Großfürstin Katharina, in erster Ehe mit Prinz Georg von Oldenburg verheiratet, die erste deutsche Landes-Sparkasse, die 1786 als Staatsanstalt ins Leben gerufene oldenburgische »Ersparungscasse« kennen. Als Katharina ab 1817, nunmehrige Königin von Württemberg, ihren Sparkassenplan im Rahmen der Zentralleitung des württembergischen Wohltätigkeitsvereins zu verwirklichen strebte, verwies sie ausdrücklich auf die Staatliche Sparkasse zu Oldenburg und die englischen Sparkassen. Die Königin wurde zur Stifterin der 1818 eröffneten, für die ärmeren Volksklassen bestimmten »Württembergischen Spar-Casse in Stuttgart« (Landessparkasse). Erstaunlich positiv gestaltete sich die Einnahmeentwicklung der von höchster Stelle protegierten Stuttgarter Sparkasse, während die Einlagen der schon 1816 eröffneten »Ersparniskasse« in Karlsruhe, der aus sinnvollen Überlegungen das dortige Leihhaus angegliedert wurde, trotz energischer Sparappelle nur auf einen sehr mäßigen Sparwillen in den angesprochenen ärmeren Volksschichten schließen ließen. Ebenso wie in der Geschäftsentwicklung der Stuttgarter Sparkasse mit ihrer weit größeren Einlegerzahl und Agenturen im Land spiegelte sich in der der beiden Karlsruher Institute das Schwanken der Lebenshaltungskosten für die ärmeren Bevölkerungsschichten wider. Teuerungsjahre ließen regelmäßig das Geschäftsvolumen des Leihhauses beträchtlich anwachsen und verminderten zugleich die Einlagen der Sparkasse. Während der Revolutionsjahre 1848/49 wurden im Leihhaus die bis Ende des 19. Jahrhunderts wertmäßig höchsten Versteigerungen durchgeführt und schrumpfte der Einlagenbestand der Sparkasse gegenüber 1846 um 29 Prozent. Bei der Landessparkasse in Stuttgart erreichten die Rückzahlungen 1848 den Betrag von 1523000 fl und überstiegen die Abgänge die Zugänge um 822000 fl. Die schweren Krisenjahre wurden von den Sparkassen überstanden. Es hat sich auch nicht bestätigt, was böse Moralisten gern behaupten, daß die große Zunahme der Leihhausgeschäfte eine Folge gestiegener Vergnügungssucht (Fasching) der Karlsruher gewesen sei.

Einlagenbestände der Sparkassen in fl			
	1819	1830	1843	je Einleger
Landessparkasse Stuttgart	85101	834870	2409609	≈140
Städt. Spar- und Pfandleihkasse Karlsruhe	2009	130565	332333	151

Ebenso vordringlich wie die Ausrichtung des Kreditwesens auf industrielle und soziale Belange war die Organisation des Agrarkredits für die klein- und mittelbäuerliche Landwirtschaft Südwestdeutschlands. Gezwungen zur Reform und Modernisierung und zugleich um ihre Existenzerhaltung kämpfend, wuchs der Bedarf der Landwirtschaft an Notstands- und Betriebskrediten ständig. Kreditgeber waren bis Anfang des 19. Jahrhunderts fast ausnahmslos private Kapitalbesitzer aus Stadt und Land. Der seitdem gesunkene Wert der landwirtschaftlichen Grundstücke machte die Kreditbeschaffung nicht leichter. Kommunen waren außerstande, wie bisher Vorschüsse zu geben. Dem Wucher in verschiedener Gestalt konnte der geldbedürftige Landwirt kaum entrinnen. Der Anstieg der Konkurse in Württemberg von 1822 bis 1828 um 65 Prozent war ein Spiegelbild der allgemeinen Agrardepression. Die Spekulation »mit dem Stellvieh«, der Viehwucher, erstreckte sich 1821 angeblich über den größeren Teil des Landes. 1823 befahl daraufhin König Wilhelm I., »daß alle zweckdienlichen Einleitungen getroffen werden sollen, um gedachte Landleute durch Errichtung örtlicher Hilfs- und Leihkassen in den Stand zu setzen, durch den Ankauf eigenen Viehes den vollen Genuß des aus der Viehzucht hervorgehenden Gewinns sich zu verschaffen«. Die in den folgenden Jahrzehnten errichteten Viehleihkassen (seit 1850 in Baden), noch um die Jahrhundertmitte als nützliche Einrichtungen anerkannt, bildeten die älteste, längst vergessene Generation öffentlicher Kreditkassen in den Dörfern, waren also die Vorläufer der späteren Raiffeisenkassen.

Wegen allgemeiner Geldknappheit und Kapitalarmut auf dem Lande und in den Landstädten kam die von der württembergischen Regierung 1823 angeregte Gründung von »Hilfs- und Leihkassen« in den Amtskörperschaften und Gemeinden nur schleppend voran. Während der zwanziger Jahre des 19. Jahrhunderts entstanden lediglich in vier Städten Oberschwabens Sparkassen (Ravensburg, Wangen, Tettnang, Leutkirch), in den dreißiger Jahren nur zwei (Spaichingen, Freudenstadt) und im folgenden Jahrzehnt neun bei insgesamt 64 Oberamtsbezirken. Erst eine entsprechende Empfehlung des Innenministeriums von 1851 löste eine Gründungswelle von Oberamtssparkassen aus. Der Zusammenbruch vieler privater Leih- und Sparkassen 1848/49, seit den zwanziger Jahren zumeist aus spekulativem Gewinnstreben gegründet, verschaffte der öffentlichen Sparkasse neuen Zulauf. Die von der badischen Regierung im Jahre 1827 empfohlene Ausdehnung von städtischen Sparkassen und Bezirkssparkassen stieß bei den Kreisdirektorien zunächst auf Ablehnung. Eine neuerliche Verfügung von 1832 regte zumindest die Gründung von fünf sich nicht durch sonderliche Aktivität auszeichnenden städtischen Sparkassen an (Pforzheim, Oppenau, Rastatt, Offenburg, Lahr). Auswärtige waren als Einleger dort nicht zugelassen. Kredite an Landwirte und Gewerbetreibende gewährten die Sparkassen, ohnehin zur sicheren Kapitalanlage verpflichtet, kaum. Das bei sinkenden Grundstückspreisen unsicher gewordene Hypothekengeschäft (»Güterzieler«) suchten sie wohl nur ausnahmsweise. Anfang 1853 belief sich der Vermögensstand der badischen Sparkassen auf rund 4681000 fl und der der württembergischen Landessparkasse auf 2309000 fl.

Versicherungswesen

Weit mehr als die Sparkassen weckte eine andere »Kapitalsammelstelle«, die Mobiliar-Feuerversicherung, das allgemeine Interesse in Baden und Württemberg. Erst nach einer dogmatischen Lockerung setzte sich nach vergeblichen privaten Anläufen von der zweiten Hälfte des 18. Jahrhunderts an langsam das Versicherungsprinzip im katholischen und evangelischen Südwestdeutschland durch. Sachversicherungen (Gebäudeversicherungen) in Gestalt öffentlicher Brandkassen machten den Anfang (im Jahre 1758: Brandversicherung in Baden-Durlach; 1760: Breisgauische Feuersozietät; 1766: staatliche Gebäudeversicherung in Baden-Baden; 1773: Gebäude-Brandversicherung in Württemberg). Der Aufbau von öffentlichen Hagel- und Viehversicherungen stieß dagegen auf manche Vorbehalte. Die Lebensversicherung faßte durch staatliches Vorgehen zuerst im evangelischen Raum, in Württemberg und Baden-Durlach Fuß. Noch 1839 wurden in Baden durch Dampfkesselexplosionen verursachte Schäden von der Versicherungsentschädigung mit der Begründung, es handle sich um ein Naturereignis, ausgenommen.

Für private Versicherungsgesellschaften fehlte es bis ins 19. Jahrhundert an Initiative. Auf dem Boden Englands und Frankreichs begannen sie sich zu entwickeln und erwiesen sich durch ihren rational durchdachten Geschäftsbetrieb, verbunden mit der Lebendigkeit privatwirtschaftlicher Initiative, den territorialen Hilfskassen überlegen. Das Fehlen von Mobiliar-Feuerversicherungen in Südwestdeutschland fiel den ausländischen Versicherungen schnell auf, die sogleich auf den Markt drängten und umfangreiche Versicherungsbestände erwerben konnten. Ab 1815 arbeitete in Württemberg die Londoner »Phoenix« (in Baden seit 1808) und ab 1820 die französische »Compagnie du Phénix«. Besonders erfolgreich war um diese Zeit in Baden eine französische Gesellschaft, die »Compagnie Royale d'Assurance contre l'Incendie«. Ihre Agenten betrieben geschickte Kundenwerbung, ja können als die ersten Manager von privatwirtschaftlicher Massenwerbung in Südwestdeutschland gelten. An die Häuser der Versicherten hängte die französische Gesellschaft – äußerst werbewirksam – ihre Firmenschilder. Ein anderes Erfolgsrezept lag im Abschluß von Überversicherungen mit gewährten zu hohen Entschädigungen. Auch gar nicht vorhandene Gegenstände wurden versichert. Das Direktorium des badischen Neckarkreises berichtete im Jahre 1827: Angesichts der zu »zahlenden geringen Prämie läßt sich der Eigentümer leicht zu der Deklaration eines höheren Werts seiner Mobilien durch den Gedanken verleiten, daß, wenn je bei ihm ein Brand ausbrechen sollte, er dadurch keinen Schaden, sondern eher noch einen Vorteil erhalte«. Der bald sich regende Verdacht, daß die Versicherungen die »geborenen Begünstiger« von Brandstiftungen seien, erhärtete sich in Baden und Württemberg. Man sah »müßig und bewundernd« zu, wie das Feuer vernichtete, um danach bemittelter als zuvor zu sein. Auch die Gebäudeversicherungen hatten in den vierziger Jahren »warme Sanierungen« in bis dahin unbekannten Ausmaßen auszuzahlen. Der rote Hahn flog von Dach zu Dach (Oberamt Neresheim). Die mit Hilfe einer Staatsbürgschaft in Höhe von 50000 fl 1828 in Stuttgart gegründete, erste einheimische Privat-Feuerversicherungs-Gesellschaft, empfohlen von der Regierung und rasch im Lande Resonanz findend, vermochte bis Mitte des Jahrhunderts die Ausgaben wegen des Verlustes durch die große Zahl an Brandschäden nicht aus den laufenden Einnahmen zu decken. Die »Feuerverluste« stiegen in Württemberg in zehn Jahren um 225 Prozent, von 2,8 Mio. fl in den Jahren 1831/40 auf 6,3 Mio. fl von 1841 bis 1850. In Baden kletterte 1849 die Brandentschädigung mit fast 750000 Gulden auf eine nie zuvor gekannte Höhe. Trieb der wirtschaftliche Notstand zur »Brandsanierung«? Zeitgenössische Untersuchungen machten gewinnsüchtige Spekulation dafür verantwortlich und »die zunehmende Verwilderung der Jugend«, die »sehr überhandnehmende Gewohnheit des Zigarrenrauchens« und den mißtrauisch beobachteten, sich einbürgernden Gebrauch von chemischen Zündhölzern mitverantwortlich. Die Versicherungen fielen damals als Darlehensgeber aus.

Kapitalbildung

Aufgrund des Kapitalsteueraufkommens wurde das in Württemberg erfaßte Kapitalvermögen im Jahre 1819 auf 123,7 Mio. fl und 1841 auf 179,3 Mio. fl beziffert. Demnach belief sich die langfristige Geldkapitalbildung im Jahresdurchschnitt dieser Zeitspanne auf maximal 2,5 Mio. fl (= 1,4% des Volkseinkommens von 180 Mio. fl), ein verhältnismäßig geringer Betrag, der zur Fremdkapitalfinanzierung verfügbar gewesen wäre, keineswegs aber rechtfertigt, von Kapitalüberfluß zu sprechen. Der Kapitalbildungsprozeß verlief real in den sich häufenden Krisenjahren eher negativ als positiv. Der Großteil des in Jahrzehnten angesammelten Kapitals war in höher verzinslichen Wertpapieren angelegt, ein nicht unbedeutender Teil den durch Unterpfänder gesicherten Anleihen (Hypotheken) vorbehalten (1840/41 Saldo der aufgenommenen und getilgten Anleihen: 2,7 Mio. fl). Hält man daneben die Steigerung des Gesamtwerts der brandversicherten Gebäude mit Anlagen (im Jahre 1827: 168,2 Mio. fl und 1852: 422,9 Mio. fl), so ergibt sich ein – der Netto-Investition angenäherter – durchschnittlicher jährlicher Vermögenszuwachs von 10,3 Mio. fl, der demnach ganz überwiegend aus Eigenkapitalmitteln finanziert wurde. Eine nach allem Dargelegten vorauszusetzende Netto-Investitionsrate von sechs bis sieben Prozent, zwar deutlich über dem Bevölkerungswachstum gelegen, macht verständlich, warum das wirtschaftliche Wachstum in frühindustrieller Zeit bei offensichtlich unzureichender produktiver Einführung technischer Neuerungen in den Kapitalstock gering blieb und den Übergang zur Industriegesellschaft nicht herbeiführen konnte. In Baden belief sich der Anstieg des Haussteuerkapitals im Jahresdurchschnitt 1813–1836 nur auf 826000 Gulden.

Probleme der Geldversorgung

Einen wichtigen Maßstab für den niedrigen »Volkswohlstand«, die stagnierende Einkommensentwicklung (36-Kreuzer-Tagesverdienst des »statistischen« Arbeiters in Baden bis in die fünfziger Jahre) und die monetären Grenzen des Sparens bietet das umlaufende Geldvolumen. Die sehr knappe und mitunter stockende Geldmengenversorgung bei hohen Edelmetallpreisen bremste die säkulare Senkung des Geldwerts und damit den Preisanstieg. Nach den Jahren 1815/20 sank der Preisindex rapide ab und hielt sich nach kurzfristigem Auftrieb um 1835 weiterhin auf niedrigem Niveau. Ein enger Zusammenhang mit den säkularen Schwierigkeiten bei der Münzmetallbeschaffung ist nicht zu übersehen. Nach den Napoleonischen Kriegen überschwemmte zunächst viel minderwertiges Kleinsilbergeld und Falschgeld das ausgesogene Land, ohne daß die staatlichen Münzen in der Lage gewesen wären, den Umlauf der Fremdmünzen zu beschränken. Die Ausmünzung geschah ohne Prägeplan ausschließlich nach den vorhandenen, zu geringen Metallvorräten. Gleiches galt für die Rheingoldmünzen, die ausnahmslos aus Rheingold geprägt wurden. Auch badisches Bergsilber wurde vermünzt; der als Erfinder der Mostwaage berühmt gewordene Pforzheimer Kontrollmechanikus Öchsle war daran beteiligt. Wegen der teuren Silberpreise wurden in den zwanziger Jahren die südwestdeutschen Ausmünzungen (seit 1826 in Karlsruhe) wohl absichtlich auf einem Tiefstand gehalten. Die Kursverluste sämtlicher Staatspapiere im Herbst 1836 wurden auf plötzlich fühlbaren Geldmangel zurückgeführt, welcher angeblich von der Londoner Börse ausgegangen war.
Vor dem Hintergrund des Abschlusses des deutschen Zollvereins wurde es notwendig, dem durch die angezeigte »Verrufung« von Münzen entstandenen erneuten Mangel an Münzgeld durch geeignete Maßnahmen baldigst abzuhelfen. Das war das Ziel der 1837 in München vereinbarten süddeutschen Münzkonvention. In Anlehnung an westeuropäische Statistiken wurde die Qualität an Zirkulationsmitteln pro Kopf auf 20–25 fl angesetzt, so daß für die rund acht Millionen Einwohner Süddeutschlands

eine Umlaufmenge von etwa 160 Mio. Gulden erforderlich war. Der tatsächliche Vorrat betrug 144 Mio. ausgeprägte Kronentaler. Auch die Neuausmünzungen blieben
fortan ein Verlustgeschäft. Sie wesentlich zu erhöhen, zeigte man keine Eile, auch
nachdem der Dresdner Münzvertrag von 1838 eine Abstimmung mit dem talerrech-
nenden norddeutschen Währungsgebiet gebracht hatte. Der insgesamt enttäuschende
Verlauf des Handelsverkehrs mit den norddeutschen Zollvereinsstaaten spornte sicher
nicht zu besonderer Aktivität an.

Außenhandel

Nach den bis in die zwanziger Jahre des 19. Jahrhunderts reichenden Außenhandels-
statistiken Badens und Württembergs veränderten sich mengenmäßig Ein- und Ausfuhr wenig und waren in ihrer wertmäßigen Warenbilanz fast ausgeglichen. Wertmäßig setzte Baden in den Jahren 1820/21 im Außenhandel 41,5 Mio. fl um, davon entfielen 21,4 Mio. auf die Einfuhr und 20,1 Mio. Gulden auf die Ausfuhr (Defizit: 1,3
Mio. fl). Der außenwirtschaftliche Warenumsatz Württembergs belief sich im Jahresdurchschnitt von 1811 bis 1821 auf nur 32,9 Mio. fl, von denen 16,55 Mio. fl auf die
Ausfuhr kamen und 16,40 Mio. fl auf die Einfuhr (Überschuß: 0,15 Mio. fl). Die
Hauptprodukte der badischen Mehrausfuhr (nach Abzug der Einfuhr) bildeten Handelsgewächse, Getreide und Holz (insgesamt fast 6 Mio. fl), die der badischen Einfuhr
– in wertmäßig fast gleicher Größenordnung – Textilien, Kolonialwaren, chemische
Produkte und Metalle. Ein traditionell sehr reger wechselseitiger Warenverkehr verband Baden und Württemberg, der in der Zoll-Statistik mit leichtem Überschuß für
Württemberg abschloß, wenn man aber die wohl bedeutenden Umsätze des zollfreien,
staatliche Verbalnoten provozierenden Schleich- und Schwarzhandels nach Württemberg dazunimmt, den Badenern wohl mehr Vorteile brachte. Die Außenhandelsstruk-
tur Württembergs (Jahresdurchschnitt von 1811 bis 1821) zeichnete sich dadurch aus,
daß die Hauptprodukte der Mehrausfuhr: Vieh, Wolle, Getreide und Holz (etwa 4,2
Mio. fl) den großen Einfuhrbedarf an Handelsgewächsen, Wein, tierischen Produkten, Kolonialwaren, Baumwolle und sonstigen Naturprodukten wertmäßig nicht auszugleichen vermochten. Den wenn auch bescheidenen Handelsbilanzüberschuß erzielten gewerbliche Exportgüter, unter denen Woll- und Leinenwaren, Leder und
Baumwollgarn die wichtigsten Plätze einnahmen (Mehrausfuhr 3,3 Mio. fl). Nach wie
vor ging das von Süddeutschland exportierte Vieh in der Hauptsache nach Frankreich,
jährlich auf 6 Mio. fl berechnet, »eine Summe, womit der Preis der vielen Artikel, welche wir aus jenem Land zu beziehen gewohnt sind, wenn nicht ganz, doch großen
Teils, aufgewogen wurde« (badischer Kommissionsbericht von 1822). Die Geogra-

phie der südwestdeutschen Güterströme verband in erster Linie Baden, Württemberg, die nördliche Schweiz, das Elsaß und die bayerische Pfalz miteinander. Selbst schutzzöllnerische Isolation konnte diesen historisch gewachsenen, eng verflochtenen und sich gegenseitig ergänzenden Wirtschaftsraum nicht völlig voneinander trennen. Die Abschnürung von seinen ober- und niederrheinischen Märkten durch französische und preußische Zölle lastete freilich schwer auf der geschrumpften badischen Außenwirtschaft. Von Württembergs Export gingen im Jahre 1828 nur 5–6 Prozent in den preußischen Zollverein.

Trotz schwer zu lösender Einzelprobleme zielten die seit 1812 von Baden und Württemberg mit der weitgehend freihändlerisch eingestellten Schweiz geführten Handelsvertragsverhandlungen auf die Herstellung der wechselseitigen Meistbegünstigung. Auf den 1826 zwischen Württemberg und der Schweiz abgeschlossenen Handelsvertrag hin blockierte München den Württembergern den bayerischen Markt durch erhöhte Schutzzölle. Stuttgart gab den bayerischen Schutzzolltendenzen nach und erreichte zum Vorteil seines Gewerbexports, daß im Jahre 1829 die Zolleinheit zwischen Bayern, Württemberg und Hohenzollern hergestellt wurde. Während sich die Überschüsse der württembergischen Warenverkehrsbilanz bis 1828 wegen der verminderten Einfuhr hauptsächlich infolge des verringerten Konsums erhöhten, kam ihnen von 1828 bis 1841 der durchschnittliche jährliche Anstieg des Exports um 1,1 Prozent vor allem wegen des geöffneten bayerischen Marktes zugute. Württembergs schicksalsschwerer Beitritt zum Deutschen Zollverein unter preußischer Hegemonie 1833/34 integrierte eine wenig wettbewerbsfähige, krisenanfällige Wirtschaft in einen größeren Markt, der zumindest in den beiden ersten Jahrzehnten der Zollunion, überschattet von der Handelskrise 1847, gehegte Erwartungen eher enttäuschte. Gleiches galt für Baden, das über ein Jahrzehnt in bedrohlicher Isolierung den Vereinigungsbestrebungen abseits gegenüberstand, den gemeinsamen süddeutschen Markt fürchtete und erst mit preußischer Vermittlung in die Vereinspolitik eingefädelt wurde. Im Jahre 1835 gab der badische Landtag mit 40 gegen 22 Stimmen seine Zustimmung zum Beitritt.

Verkehr: Schiffahrt, Eisenbahn

Vielfältig waren die Bemühungen und Anstrengungen um den Ausbau und die Verbesserung bestehender und neuer Verkehrssysteme, ohne daß dadurch schon während der ersten Hälfte des 19. Jahrhunderts die Außenwirtschaft nachhaltig belebt und das gehemmte Wirtschaftswachstum stärkere Impulse erhielt. Am Ende der napoleonischen Ära lag der oberrheinische Schiffsverkehr fast völlig darnieder. Noch verlief die

Achse des Transithandels in west-östlicher Richtung. Er bevorzugte die Straße (im
Jahre 1830 Staatsstraßen in Baden: 2300 km; in Württemberg: 2200 km). Auch die
sprunghaft seit 1815 die südwestdeutschen Märkte überflutenden englischen Waren
profitierten vom ausgebauten Straßennetz. Wie von alters her brachte die Salzdurch-
fuhr nach der Schweiz viel Geld nach Wangen und Leutkirch. Das einst Montfortische
Tettnang war schon 1816 stark am Speditions-, Kommissions- und Warenhandel über
Friedrichshafen beteiligt, der neuen aufstrebenden Hafenstadt, 1811 erwachsen aus
der alten Reichsstadt Buchhorn und von König Friedrich I. von Württemberg als ein
Mittelpunkt des Bodenseehandels ausersehen. Klagen über mangelnden Gewinn beim
Zwischenhandel, bei Transit und Spedition waren in Baden und Württemberg nur im
Zusammenhang mit der Schiffahrt zu hören. Nach sachkundigem »Zugeständnis« ak-
tivierten Spedition, Transit und Kommission die württembergische Zahlungsbilanz
im Jahresdurchschnitt 1811/21 um fast 1,5 Mio. Gulden. Für Baden dürfte die Dienstleistungsbilanz noch positiver ausgefallen sein.
Neue, belebende Kräfte regten sich von den zwanziger Jahren an auf den Wasserstraßen. Die Zahl der Schiffseigner und der Fahrzeuge (vorwiegend mit einem Lade-
gewicht von 15 bis 750 t) an Oberrhein und Neckar vermehrte sich deutlich. Anlan-
dungen von Ruhrkohle nahmen zu. Die Eichen- und Tannenholzflößerei vom Oberrhein und Main verstärkte sich. Das Zeitalter der Dampfschiffahrt hielt knapp ein
Jahrzehnt nach norddeutschen Dampfbooterfolgen mit erster technischer Vorhut und
gegen den Widerstand der Schiffergilden seinen Einzug. Auf dem Bodensee ging nach
der ersten Dampfbootprobefahrt von 1818 Württemberg voran. Als Pionier der
Dampfschiffahrt, damals eine bahnbrechende Zukunftstechnologie, wirkte der namhafte Verleger Johann Frhr. v. Cotta. Die »Betriebsgesellschaft für Bodenseeschiff-
fahrt«, an der als Hauptaktionäre der württembergische Staat, der König und Cotta
beteiligt waren, stellte 1824 das mit französischer Hilfe gebaute und mit einer englischen Dampfmaschine ausgestattete Dampfschiff »Wilhelm« in Friedrichshafen in
Dienst. Viermal wöchentlich verkehrte der einzylindrige »Wilhelm«, bedient von einem englischen Maschinisten, bis 1848 zwischen Friedrichshafen und Rorschach. Von
1824 bis 1829 lief auch Cottas kleineres, aber etwas schnelleres Dampfboot »Max Joseph« von Friedrichshafen aus Lindau an. Auch am Aufbau der badischen Dampfschiffahrt am Oberrhein, im Jahre 1825 vom Großherzog als Aktiengesellschaft (Kapital 250000 fl) genehmigt, war Cotta maßgeblich beteiligt. Mit der Probefahrt des
Dampfers »Ludwig« im Jahre 1827 bis zum Hafen Schröck (Leopoldshafen) begann
die Dampfschiffahrt auf dem Oberrhein. Erst mit dem Dampfschiff kam überhaupt
die die Antriebsenergie revolutionierende Dampfmaschine nach Südwestdeutschland.
Im Jahre 1838 eröffnete die Lindauer Dampfboot-Aktiengesellschaft in Verbindung
mit der Konstanzer Dampfschiffahrtsgesellschaft (Kapital: 150000 fl) mit dem ersten

eisernen Dampfschiff des »schwäbischen Meers« den Seeverkehr (1848: insgesamt 8 Dampfschiffe). Mit französischen Booten begann 1841 die regelmäßige Dampfschiffahrt auf dem Neckar. Bis dahin wurden die Schiffe flußaufwärts von Pferden gezogen, ab 1821 durch den Neckarkanal, vorbei an Heilbronn, bis Cannstatt. Noch vor Abschluß der schwierigen Rheinkorrektionsbauten, aber den langerwarteten Abschluß der Rheinschiffahrtsakte vor Augen, die 1831 allen Stapelzwang beseitigte und den Rhein zur frei befahrbaren Wasserstraße erklärte (Mannheim, Heilbronn, Cannstatt seitdem Freihäfen), begannen die Mannheimer mit dem risikoreichen Bau eines großzügigen, keineswegs allseits Zustimmung findenden Rheinhafens, 1840 dann mit Stolz vollendet und bewundert. Drei Jahre später nahm die »Mannheimer Dampfschleppschiffahrtsgesellschaft« mit eigenem Schleppdampfer den regelmäßigen Liniendienst auf der Strecke Mannheim–Rotterdam/Amsterdam und zurück auf. Noch aber lasteten die Rheinzölle auf dem Schiffsverkehr.

Nicht das Dampfschiff sondern die badische Eisenbahn machte Mannheim zum überragenden Handels- und Stapelplatz des Rhein- und Neckarverkehrs. Nachdem sie den Landgüterverkehr eröffnet hatte, stieg von 1844 bis 1845 Mannheims Bergverkehr über die holländische Grenze plötzlich um 321 Prozent (auf 435029 Zentner), bis 1847 der Gesamtumschlag des Hafens sogar auf 3740402 Zentner, die erst 1854 übertroffen wurden. Der Güterverkehr per Schiff oberhalb von Mannheim hörte fast völlig auf. Insgesamt gesehen hielt sich bis um die Mitte des 19. Jahrhunderts der Einfluß des neuen, mit Verspätung bereitgestellten Verkehrsmittels Eisenbahn auf das Wirtschaftsleben und auf die Steigerung des Güterverkehrs in verhältnismäßig engen, von der geringen Betriebslänge her gegebenen Grenzen. Seit der Eröffnung der ersten badischen Staatseisenbahnstrecke Mannheim–Heidelberg im Jahre 1849 schritt der Eisenbahnbau zügig voran, und bis zum Ausbruch der Revolution 1848 im Rheintal war eine Streckenlänge von rund 275 km fertig, dem von Mannheim anvisierten Basel sich aus der Ferne nähernd. Die württembergische Staatsbahn eröffnete erst 1845 ihren Betrieb mit der Teilstrecke Cannstatt–Untertürkheim, verfügte 1848 über eine Betriebslänge von rund 122 km und hatte den wichtigen Schienenstrang zwischen der Landeshauptstadt und Heilbronn vollendet. Die unabhängig voneinander geplanten Eisenbahnsysteme Badens und Württembergs, mit anfangs unterschiedlicher Spurweite, waren von Anbeginn auf die Nordsüdlinie als Hauptverkehrsachse ausgerichtet. Im Jahre 1850 schloß Württemberg im Wettlauf nach dem Süden sein Schienenband von Heilbronn bis Friedrichshafen am Bodensee, und 1855 erreichte die badische Hauptbahn Basel.

Zwischen dem Niedergang des Straßenverkehrs und dem Aufkommen des Schienengüterverkehrs, begünstigt seit 1829 auch durch die Zollunion mit Bayern, erlebte die württembergische Neckarschiffahrt – nicht dagegen die verfallende Donauschiffahrt von Ulm aus – eine einmalige Glanzperiode, in der ihr die wichtige Funktion zufiel, eine Lücke im gegebenen Verkehrsangebot befristet zu schließen. Bis 1847 steigerte sich der mit Mannheim kaum vergleichbare Heilbronn–Cannstatter Frachtverkehr auf 600000 Zentner Bergfahrt (1828/29: 101000 Zentner) und 350000 Zentner Talfahrt (1828/29: 143000 Zentner). Per Schiff wurden auch die aus Philadelphia gekommenen ersten sechs in Württemberg in Betrieb gestellten Lokomotiven nach Cannstatt transportiert, gewissermaßen die Vorboten des Niedergangs der Neckarschiffahrt.

Wachstumsbilanz

Zieht man Bilanz über vier Jahrzehnte frühindustrieller Entwicklung in Südwestdeutschland, so wäre es übertrieben zu behaupten, daß die Wirtschaft trotz großartiger innovatorischer Leistungen und trotz der Anstrengungen des Staates um die Verbesserung der wirtschaftlichen Rahmenbedingungen das anzustrebende Ziel erreicht hätte, den wirtschaftlichen Aufstieg herbeizuführen und ein stetiges Wirtschaftswachstum einzuleiten. Der führenden Branche im modernen Fabriksystem, der Baumwollindustrie, war es nicht gelungen, die bedeutsame, Sekundäreffekte auslösende Substitution der im Ausland hergestellten Baumwollwaren auf dem Inlandsmarkt zu kompensieren. Der Eisenbahnbau, historisch vorrangiger Faktor im wirtschaftlichen Aufstieg des 19. Jahrhunderts, steckte noch in den Kinderschuhen. Vervierfachung der Zahl der Fabrikarbeiter zwischen 1829 und 1850 ließ das große Übergewicht an handwerklichen Arbeitsplätzen nicht schmelzen. Von den 339 Fabriken Badens im Jahre 1850 besaßen zudem nur 46 von ihnen Maschinen. Nach einer zeitgenössischen Einkommensrechnung, die freilich nicht letzte Feinmessung bietet, stammten im Jahre 1840 immerhin 52,4 Prozent des württembergischen Volkseinkommens aus dem primären Sektor (Land-, Forstwirtschaft usw.), 30,4 Prozent aus dem Handwerk und kaum 4 Prozent aus dem industriell-gewerblichen Bereich. Es war die Einkommensstruktur eines noch armen Agrarlandes mit begrenzten, sich schlecht rentierenden Ressourcen, dem der Sprung ins Industriezeitalter, das Wunder der Industrialisierung zu vollbringen noch bevorstand. Aus der Sicht der ökonomischen Theorie stellte sich der südwestdeutschen Wirtschaft in diesem Zusammenhang die schwierige Aufgabe, die Investitionsquote wesentlich über das um die Jahrhundertmitte erreichte Niveau steigern zu müssen. Aber war man dazu aus eigener Kraft überhaupt imstande?

Wege zur Hochindustrialisierung

Bevölkerungsgeschichte

Der Spannungszustand zwischen Bevölkerungswachstum und den unzureichend verfügbaren wirtschaftlichen Produktivkräften, verschärft durch die Wirtschaftskrise von 1847 bis 1854, ließ sich auch nicht unter den Verhältnissen der folgenden Jahrzehnte, mit Krieg und teilweise mit wirtschaftlicher Prosperität angefüllt, aufheben. Wirtschaftlich schlechte Zeiten hemmten das Bevölkerungswachstum, senkten die Zahl der Eheschließungen, verleiteten zur Geburtenbeschränkung, bewirkten einen Bevölkerungsrückgang in den ländlichen Gemeinden und ließen den Auswandererstrom anschwellen. Von 1855 bis 1875 lag die jahresdurchschnittliche Bevölkerungszunahme (Baden 0,68%; Württemberg 0,57%) deutlich unter den wesentlich höheren Werten der ersten Jahrhunderthälfte. Hohe Auswanderungsverluste – in den Jahren 1850 bis 1855 waren es in Baden 62444 Personen, 136740 Personen in Württemberg von 1851 bis 1860 – entschärften etwas das durch Erwerbsmangel bedingte wirtschaftlich-soziale Elend.

Riehl charakterisierte das Gros der Emigranten – keineswegs die Ärmsten der Armen – als handwerkende Bauern und verbaute Handwerker. Nachteilige demographische Strukturverschiebungen waren nicht nur die Folge der Auswanderung. Der Ver-

Bevölkerungsstatistik (in 1000)			
	Baden	Württemberg	Hohenzollern	Insgesamt
1855	1315	1680	65	3060
1875	1507	1881	66	3454
1890	1658	2037	66	3761
1900	1868	2169	67	4104
1910	2143	2438	72	4653

lust an »human capital« war sicher nicht unwillkommen, ja teilweise beabsichtigt, weniger dagegen der gleichzeitige unvermeidliche Kapitalabfluß, der sich in Baden von 1850 bis 1855 auf immerhin 9,1 Mio. fl summierte. Ausländische Kapitalzuflüsse konnten ihn nicht kompensieren. Die These, daß verminderter Bevölkerungsdruck wirtschaftliches Wachstum erleichtert, ist verbreitet, erklärt aber nicht den plötzlichen wirtschaftlichen Aufschwung von der Mitte der fünfziger Jahre des 19. Jahrhunderts an, schon gar nicht den zunehmenden Entwicklungsrückstand relativ dünn besiedelter agrarischer Räume. Die Auswanderung verminderte zumindest die gewerblich-industrielle Reservearmee und die versteckte Arbeitslosigkeit in der Landwirtschaft und erhöhte die Wertschätzung der verfügbaren, fachlich qualifizierten Arbeitskräfte, denen von der Industrie beklagte ansteigende Löhne zugute kamen. In erster Linie die Auswanderung während der zweiten Hälfte des 19. Jahrhunderts gab den Anstoß, daß sich die beiden südwestdeutschen Staaten zu Hochlohnländern entwickelten und die Wettbewerbsfähigkeit der aufkommenden Industrie von Anbeginn mit einer spürbaren Hypothek belastet war. Dagegen scheinen die sehr starke Bevölkerungsvermehrung in den gewerbereichen Realteilungsgebieten Badens und Württembergs (Nordbaden und mittlerer Neckarraum) – vor allem in den Städten – und die hohen Wanderungsverluste in den von der Landwirtschaft und teilweise von der Hausindustrie geprägten Räumen (Jagstkreis, Oberschwaben, Schwarzwald) zu sprechen.

In den Jahrzehnten nach der Gründerkrise von 1873/74 tendierte die jahresdurchschnittliche, in Baden stets etwas stärkere Bevölkerungszunahme noch unter das Niveau des vorangegangenen Zeitraums, obwohl ab Mitte der siebziger Jahre ein rapider Rückgang der Wanderungsverluste in den dichter industrialisierten Bezirken eintrat. Der säkulare Trend der Verlagerung von Bevölkerung von der Landwirtschaft in den gewerblichen Sektor und vom Lande in die Stadt setzte sich unterdessen in erhöhtem Maße fort und verstärkte sich zwischen 1895 und 1914. In diesem Zeitabschnitt erlebte Südwestdeutschland insgesamt, bedingt durch gesunkene Säuglingssterblichkeit und einen hohen Geburtenüberschuß – in Verbindung mit Wanderungsgewinnen bzw. geringen Wanderungsverlusten – ein Bevölkerungswachstum (Anstieg um fast 1,1 Mio.) wie nie zuvor. Südwestdeutschland zählte im Jahre 1810 rund 1,5 Mio. Einwohner, über 3 Mio. waren es im Jahre 1855. Die Fünf-Millionen-Marke rückte nun näher. Die badischen Landeskommissariate Karlsruhe und Mannheim sowie der mittlere Neckarraum verzeichneten enorme Wachstumsraten, während südliche Teile Württembergs und der agrarisch strukturierte Jagstkreis teilweise starke Abwanderungsverluste erlitten. In die sich wirtschaftlich entfaltenden Großstädte drängten sich die Menschen. Mannheims Einwohnerzahl (im Jahre 1910 waren es 217229) wuchs seit 1871 fast um das Vierfache, die Stuttgarts (1910: 356724 Einwohner) und die Karlsruhes (1910: 158856 Einwohner) konnten sich knapp verdreifachen. Eine fortgeschrittene

Industrialisierung und durch sie erschlossene Verdienstmöglichkeiten prägten die Dynamik der Bevölkerungsentwicklung und der Binnenwanderung, ständig neue Verschiebungen in der räumlichen Bevölkerungsverteilung hervorbringend. Für das Jahrzehnt vor Ausbruch des Ersten Weltkriegs enthüllte die statistische Interpretation der Bevölkerungsentwicklung eine erneute Trendwende, ein starkes Absinken der Geburten bei gleichzeitigem Anstieg der durchschnittlichen Lebensdauer der Menschen. Aus der veränderten Produktionsweise der Gesellschaft ergab sich ein neues »Populationsgesetz«, das sich deutlich von der Bevölkerungsbewegung in der traditionalistischen Agrargesellschaft der vorindustriellen Zeit unterschied, die durch eine fast gleichermaßen relativ hohe Geburten- und Sterberate gekennzeichnet gewesen war.

Edelmetallzuflüsse und Agrarkonjunktur

Nicht jedoch von der Bevölkerungsentwicklung, von Schwankungen der Geburten- und Sterbeziffern oder den sich verschiebenden Wanderungssalden gingen die bewegenden Kräfte der Wirtschaft seit der Mitte des 19. Jahrhunderts aus. Die Bedingungen der Weltwirtschaft, auf die sich mehrende Kriege und ihre inflationären Tendenzen nicht ohne Einfluß blieben, hatten sich gegenüber den vorangegangenen Jahrzehnten völlig verändert. Der Geldwert sank. Der augenfälligste Unterschied lag wohl im Verhalten der Agrarpreise, ihrem allgemein scharfen Anstieg seit 1853/54 und dem nachfolgenden, bald stärkeren Anziehen der Löhne. In der Preisgeschichte zeichnete sich ein Entwicklungsbruch ab. Ähnlich wie in vorangegangenen Preisrevolutionen verdankte die Landwirtschaft erneute »goldene Jahrzehnte« der belebenden Wirkung nach Europa eingeflossener erheblicher Mengen an edlen Metallen (im Werte von etwa 5 Mrd. Francs). Vor allem kalifornisches und australisches Gold gelangte im Rahmen des Welthandels in großen Quantitäten über England auf den europäischen Kontinent. Der mächtige Zauber von fünf Milliarden plötzlicher Mehrnachfrage wirkte sich aus und steigerte mit manchen zeitlichen Verschiebungen die Preise und Löhne auf den europäischen Märkten. Neuer Unternehmungsgeist erwachte im gleichen Maße, wie sich wachsende effektive Nachfrage oder steigende Kauflust regte. Für Agrarprodukte erzielte höhere Erlöse machten die sich immer besser rentierende Landwirtschaft bis um 1870 zu einem Antriebsbereich für Rationalisierungs- und Expansionsprozesse, die auch die industrielle Entwicklung befruchteten.

Die Gelderträge der landwirtschaftlichen Bodennutzung in Württemberg hatten sich nach sachkundigen Schätzungen bis 1856/62 gegenüber der Zeit um 1820 fast verdoppelt (ca. 137,5 Mio. Gulden gegenüber 72 Mio.). Der jährliche Erntewert der landwirtschaftlichen Bodennutzung in Baden lag wegen der besseren Bodenverhältnisse in der

Rheinebene zwischen 1865 und 1869 bei 150 Mio. Gulden. In den Jahren 1861/66 erzielte die Hohenheimer Gutswirtschaft, ein Musterbetrieb, einen durchschnittlichen
Weizenertrag von 12,8 dz/ha und konnte den Doppelzentner im Durchschnitt zu
10,30 Mark (M.) verkaufen. Der erlöste Durchschnittspreis belief sich in den Jahren
1868/73 auf 11,54 M., obwohl der Hektarertrag inzwischen auf 21,68 dz gestiegen
war. Die Einkommenssituation der Landwirtschaft hatte sich greifbar verbessert.
Im Vordergrund der agrarischen Rationalisierungsbemühungen stand die Reform der
althergebrachten Dreifelder-Brachwirtschaft sowie teilweise älterer Feldbausysteme
(Feldgraswirtschaft und Reutbergwirtschaft im Schwarzwald; Hackwaldbau im
Odenwald). Die schon im 18. Jahrhundert eingeleitete Abkehr von der reinen Brache
setzte sich im Interesse der Ausdehnung des Handelsgewächs- und Futteranbaus auf
breiter Front fort. Bis 1870 war die Brache in der Rheinebene fast völlig verschwunden, hatte sich insgesamt im Großherzogtum auf 8,7 Prozent der Ackerfläche reduziert (1881: 4,3% = 26460 ha; in Württemberg 1895: 5,6%). Ende des 19. Jahrhunderts dominierte die verbesserte Dreifelderwirtschaft unter den gebräuchlichen An-
bausystemen.
Etwas mehr als die Hälfte des Ackerlandes, das ungefähr 65 Prozent der landwirtschaftlichen Nutzfläche (in 1000 ha Baden 1881: 838; Württemberg 1884: 1256) ausmachte, beanspruchte der Getreidebau, voran der Hafer. Beliebt war nach wie vor der
uralte, widerstandskräftige Spelz (Dinkel, Korn, Veesen), nicht zuletzt wegen seiner
ausgezeichneten Backfähigkeit (in Württemberg 1914 noch knapp 135000 ha angebaut). Die Gewinnung von Grünkern erhielt sich bis heute als eine Eigentümlichkeit
des fränkischen Baulandes. Durch den Aufschwung der Brauereien lohnte sich in günstigen Jahren der Anbau von Gerste für Brauzwecke. Der anspruchslose Hafer behauptete sich durch seine Körner und sein Stroh als unentbehrliche Futterfrucht.
Noch produzierte die Landwirtschaft den Großteil ihres Bedarfs an Antriebsenergie
selber. Nach dem Getreide rückte die ertragreiche Kartoffel zum wichtigsten Acker-
gewächs auf und beanspruchte zunehmend mehr Fläche (um 1900 etwa 15% des
Ackerlandes).

Durchschnittliche Hektarerträge in dz					
	Roggen		Weizen		
	1780	1820	1866/75	1878/82	1910/14
Baden			10,8	11,6	17,4
Württemberg	7¹/₂	8	12,0	13,1	16,5

Handelsgewächsbau: Ölfrüchte, Hopfen, Zichorie

Mehr als die württembergische Landwirtschaft und die anderer deutscher Staaten widmete sich die badische Landwirtschaft dem für sie seit jeher charakteristischen, aber risikoreicheren Handelsgewächsbau. In den sechziger Jahren dominierten noch die traditionellen Gespinstpflanzen, Hanf und Flachs (1865 etwa 11050 ha), deren Anbau jedoch infolge der besseren und billigeren Produkte der ausländischen Konkurrenz in den letzten Jahrzehnten des 19. Jahrhunderts unaufhaltsam zurückging (Baden 1905: 759 ha; Württemberg 1895: 4311 ha; Rückgang gegenüber 1854: um 70%). Gleiches galt für die sehr beträchtliche Abnahme der Ölfrüchte Raps und Mohn (1865: 7500 ha; 1905: 1887 ha), weil es vorteilhafter war, billige überseeische Fette und Öle einzuführen und Öl für Brenn- und Leuchtzwecke durch Petroleum, Leuchtgas und Elektrizität zu ersetzen. Bis in die achtziger Jahre hatte der erst seit der Jahrhundertmitte verbreitete Hopfenbau mit wachsendem Bierdurst ungemein stark zugenommen. Württemberg (Tettnang, Rottenburg-Herrenberg) produzierte nach Bayern den meisten Hopfen im Deutschen Reich (1895: 5858 ha; Anstieg gegenüber 1854: 670%), gefolgt von Elsaß-Lothringen und Baden (1881: 2530 ha). Der sehr arbeits- und kapitalintensive, zudem in seinen Erträgen enttäuschend schwankende, in Württemberg subventionierte Hopfenbau (Stangen- und Drahtanlagen) wurde wegen der Ende des 19. Jahrhunderts rapide gesunkenen Weltmarktpreise für Hopfen und infolge der vervollkommneten, weniger Hopfen benötigenden Brautechniken (Kühlhäuser) in vielen Gegenden wieder aufgegeben.

Eine langsame Abnahme erfuhr der bis 1884 ausgedehnte und teilweise mit der Zuckerrübe konkurrierende Zichorienanbau (1884 in Baden: 2840 ha), hauptsächlich in der Umgebung der die geröstete Zichorienwurzel verarbeitenden Zichorienfabriken in Lahr, Freiburg, Heilbronn und Ludwigsburg betrieben und mit viel und schwerer Handarbeit verbunden. Die heimische Landwirtschaft verhalf so einem neuen Industriezweig, der Kaffeemittelindustrie (1869 insgesamt 5 Unternehmen), zu immer größerer Ausdehnung. Der zu teuere Bohnenkaffee bedurfte der Substitution. Zwei kg davon wurden pro Kopf und Jahr unmittelbar vor Kriegsausbruch 1914 in Deutschland verbraucht, fast drei kg vom sog. »deutschen Kaffee«, dem Zichorien-, Rüben-, Malz- und Gerstenkaffee und sonstigen koffeinfreien Surrogaten. Ihnen verdankte Heinrich Franck Söhne, 1828 in Vaihingen/Enz gegründet, im Jahre 1869 nach Ludwigsburg verlegt, bis zu Beginn des 20. Jahrhunderts den Aufstieg zur Weltfirma (14 Filialbetriebe im In- und Ausland). Im Jahre 1889 verarbeiteten ca. 1500 Beschäftigte (ohne Saisonarbeiter) die bekannte Ludwigsburger Zichorie sowie Roggen und Gerste zu rund 100000 Zentnern Franck-Kaffee. Ab 1906 verschärfte Kathreiner von Karlsruhe-Rheinhafen aus das letztlich auf ein Patt hinauslaufende Duell zwischen

Zichorienkaffee und dem mit intensiver Reklame unter die Leute gebrachten Malz-
kaffee.

Tabak – Zigarrenindustrie

Zum unbestrittenen Favoriten im badischen Handelsgewächsbau avancierte nach
manchen unvermeidlichen Enttäuschungen der Tabak. Die starke Nachfrage nach
Pfälzer Zigarren ließ Anfang der fünfziger Jahre die Tabakpreise rasch in die Höhe
schnellen und reizte zur Ausdehnung des Tabakbaus (1857: 26689 Morgen). Der
Schock der Weltwirtschaftskrise von 1857/58 war rasch überwunden (Produktionswert im Jahre 1856: 4,6 Mio. fl; im Jahre 1861: 2 Mio. fl). Im Jahre 1802 war bereits in
Mannheim, gegründet von Freiherr Ludwig von Bilderbeck, die erste deutsche Zigarrenfabrik entstanden. Die Zigarrenherstellung, aus Amerika übernommen und erst
seit Anfang des 19. Jahrhunderts in Europa eingebürgert, revolutionierte die herkömmliche Tabakindustrie, deren Schwergewicht sich auf die manuell fabrizierte Zigarre verlegte. Allein in Mannheim gab es Mitte der fünfziger Jahre 17 Zigarrenexpor-
teure, die sich um des Geschäftserfolges wegen auch nicht scheuten, die Verpackung
der Havanna-Zigarren nachzuahmen. Kein Industriezweig Südwestdeutschlands
zeichnete sich in den Jahrzehnten seit der Jahrhundertmitte und späterhin durch solche expansive Kraft aus wie die Tabakindustrie. Von 1850 bis 1861 erhöhte sich die
Zahl der badischen Fabriken von 28 auf 172 und wuchs die Zahl der Beschäftigten um
333 Prozent auf 3592 (1907: 37468 Beschäftigte; in Württemberg 1861: 49 Fabriken
mit 1407 Arbeitern). 1869 stellten die 75 Tabak- und Zigarrenfabriken (5204 Arbeiter
in Betrieben mit mehr als 20 Beschäftigten und Dampfmaschine) nach der Baumwollindustrie den bedeutendsten Industriezweig Badens dar. Weitaus an der Spitze stand
P. J. Landfried, 1810 gegründet, mit 831 Arbeitern in Heidelberg, Rauenberg und
Dielheim. Wegen der billigen Arbeitskräfte suchte die Zigarrenindustrie ihren Standort auf dem Lande. Rasch war die Krise von 1857/58 in einen Tabakboom umgeschlagen. Im Herbst 1862 wurde aus Mannheim berichtet: »Täglich ziehen lange Tabakfuh-
ren in die Magazine. Die Bankiers in Mannheim zahlten in 6 Wochen allein mehr als
1¹/₂ Million fl bar an Tabakproduzenten. Für feine Streichtabake werden bis zu 35 fl
pro Zentner gezahlt« (Durchschnittspreis 1855–1857: 11 fl). Ein hoher Schutzzoll für
Rohtabak, für den eine starke Lobby von Tabakpflanzern und Tabakfabrikanten unentwegt stritt, sicherte die Vorteile einer anhaltend hausgemachten Tabakkonjunktur.
Die oberbadische Tabakmetropole Lahr holte auf. Dort eröffnete 1840 die erste oberbadische Zigarrenfabrik und im Jahre 1882 die Badische Tabakmanufaktur Roth-
Händle, die älteste, noch heute bestehende südwestdeutsche Zigarettenfabrik.

Vom Schwanken der Tabakpreise (um 1900 bis 100 M. je dz) hingen Ausdehnung und Zurücknahme der Anbaufläche im Wandel der Zeiten wesentlich ab (höchste badische Anbaufläche im Jahre 1898: 9026 ha). Eindringende amerikanische Tabake und höhere Ansprüche der Raucher zwangen die Tabakpflanzer, bessere Qualitäten zu erzeugen. Der von den Fabriken organisierte Vertragstabakanbau (ähnlich bei Zichorie und Zuckerrübe) diente der vermehrten Qualitätskultur. Pfeifengut oder gar Kautabak (Rollendeck) wurden weniger verlangt, der hellfarbige, feinrippige Zigarrentabak seit Beginn des 20. Jahrhunderts fast ausschließlich (Erntewert 6–9 Mio. Mark). Im Jahre 1907 erbrachten im Amt Kehl 4583 ha Getreide eine Ernte im Wert von 1345300 M. (je ha 293,54 M.), 842 ha Tabak aber eine Ernte im Wert von 1017750 M. (je ha 1208,72 M.). Im Zeichen der prallen Zigarre, mit der angeblich das Rauchen »Poesie« wurde, schwang sich Badens Tabakfabrikation bis Anfang des 20. Jahrhunderts zum beschäftigungsstärksten Industriezweig des Landes empor (im Jahre 1907: 37468 Beschäftigte). Dabei stand die Zigarettenindustrie schon seit 1860 (Gründung der A. Batschari, Zigarettenfabrik AG in Baden-Baden) in den Startlöchern und wartete auf ihre große Chance.

Rübenzucker

Ein anderer bedeutender Industriezweig, die Rübenzuckerindustrie, verdankte ebenfalls ihren Aufstieg wesentlich den aus dem Zusammenwirken von Industrie und Agrarwirtschaft hervorgebrachten wechselseitigen, dem Markt angepaßten Fortschritten. Eine starke Lobby war nicht minder dienlich. Hinter einer hohen Zollmauer, die den Inlandmarkt vom billigen überseeischen Rohzucker abschirmte, vollzog sich in kaum vorstellbarer Weise der Aufschwung der die Modernisierung der Landwirtschaft beschleunigenden Rübenzuckergewinnung. Die erhobene Materialsteuer (Rübensteuer), die der tatsächlich erzielten Zuckerausbeute stets hinterherhinkte und daher die Gewinnsituation der Unternehmen durch erzielte »Steuerprämien« verbesserte, stachelte zusätzlich zu Produktivitätsfortschritten an. Zur Erhöhung der Zuckerausbeute (in den Jahren 1840/41: 5,88%; 1850/51: 7,25%; 1886/87: 11,87%) wurden unaufhörlich Samenzucht und Rübenkultivierung, Ausbeutetechnologie und Betriebsorganisation verbessert. In den fünfziger Jahren erlebte die saisonal beschäftigte Rübenzuckerindustrie, der nun Fremdkapital leichter zufloß, eine zweite Ausbau- und Gründungsphase. Die sanierte Riesenfabrik Waghäusel erfreute im Jahre 1856 die Aktionäre mit einer Dividende von 25 Prozent. In Württemberg – im Jahre 1861: fünf Rübenzuckerfabriken mit 1544 Arbeitern – nahmen die Zuckerfabriken Altshausen und Züttlingen wieder den Betrieb auf. Rasch nacheinander erfolgte die

Gründung der Stuttgarter Zuckerfabrik (1851–1971; Grundkapital im Jahre 1868: 1,32 Mio. M.), der Zuckerfabrik Heilbronn (1853–1971; Aktienkapital im Jahre 1855: 750 000 fl) und unter erheblicher Beteiligung des Stuttgarter Bankiers Doertenbach die der bei Torfvorkommen gelegenen Zuckerfabrik Böblingen (1856–1906; Aktienkapital 800 000 fl).

Um auf dem erstmals seit 1864 übersättigten Binnenmarkt bei ständig wachsenden Zuckerbergen konkurrenzfähig bleiben zu können, waren zur Einführung moderner, sich besser rentierender Produktionsverfahren von Zeit zu Zeit enorme Investitionen erforderlich, die verlustreiche Jahre – bei Waghäusel im Jahre 1869: 80 000 fl – nicht ausschlossen. Sie wurden verkraftet. Um die Kapazität auszunützen, mußte Waghäusel damals – wie heute – fremden Rohzucker zur Raffinierung ankaufen. Durch die im Jahre 1869 vom Fiskus heraufgesetzte Steuerrückvergütung für Exportzucker, eine versteckte, sich bald zunehmend lohnende Exportsubventionierung, öffnete sich dem südwestdeutschen Zucker der Weltmarkt, und es begann dort der ungleiche Kampf zwischen Rüben- und Rohrzucker um Marktanteile. Im Inland behandelte eine verbraucherfeindliche Zoll- und Steuerpolitik den Zucker als Luxusgut, machte ihn teuer und verhinderte so, daß bei einem zurückgestauten Pro-Kopf-Zuckerverbrauch von nur 7,9 kg im Jahresdurchschnitt 1888/89 und von 13,6 kg im Jahre 1900/01 (heute bei 35 kg) der Zucker zu einem erschwinglichen Massenkonsumgut wurde. Von den achtziger Jahren an veränderte sich in Baden die Zuckerrübenanbaufläche (bei 1200 ha) kaum, während sie sich in Württemberg bis 1912 auf 4271 ha ausdehnte. Auch wegen der weiter gestiegenen Zuckerausbeute hatte sich die Ertragslage der Unternehmen zumindest bis 1903, bis zum Abbau der Exportsubventionen im Rahmen der Brüsseler Zuckerkonvention, nicht verschlechtert.

An die Rübenzuckerindustrie schloß sich die Gründung der zuckerverarbeitenden Industrie an, nämlich einige Dutzend Zuckerwaren-, Schokoladen-, Marmeladen- und Konservenfabriken. Mit der Fabrikation von Süßwaren begann 1857 in Stuttgart die Firma Staengel & Ziller, die sich rasch erweiterte, ab 1904 den Firmennamen »Eszet – Kakao- und Schokoladenfabrik« führte und als Hersteller der »Tafel-Schokolade Seiner Majestät des Königs von Württemberg« warb. Die Zuckerfabrik Georg Ehrbar in Mannheim entstand 1863, wenig später die Schokoladenfabrik Wilbader in Aalen (1866–1960). Aus der handwerklichen Konditorei erwuchs auch das Drei-Tannen-Werk, Waiblingen 1889, das Kaiser's Brustkaramellen bekannt machte.

Pralinenmasse der Firma Eszet um 1880
Vanille-Chocolade Nr. 17: 15 Pfd. Cacao, 2 Pfd. Vanille-Cacao, 28 Pfd. Zucker, 1/2–1 Pfd. Cacaobutter, 1/2 Caffeelöffel Balsam Perec

Zu dem agrarnahen, mit der Landwirtschaft oft eng verbundenen Nahrungs- und Genußmittelgewerbe zählten ferner Tausende von Getreide- und Ölmühlen (erste Dampfmühle in Mannheim 1883), die noch zahlreicheren, aber in ihrer Kapazität vom Kartoffelanbau begrenzten Brennereien und Destillieranstalten, die Kartoffelmehlhersteller und die bedeutenden Nudelfabrikanten mit Nudelmaschine, seit 1874 Birkel in Schorndorf/Endersbach, seit 1884 in Weinheim 3 Glocken als erste badische Dampfteigwarenfabrik. In Mannheim war seit 1841 die Obstbrennerei Herm. Löb-Stern auf den Export von Schwarzwälder Kirsch- und Zwetschgenwasser spezialisiert. Der künftige Stern am »Himmel« der Obstbrände, der Schladerer, seit 1844 in der »Kreuz-Post« in Staufen, bot seinen Gästen selbstgebrannte »Chriesiwässerli« an.

Revolution im Brauwesen

Rohstofflieferant für etwa 4000 handwerklich betriebene Bierbrauereien (1861) war die Landwirtschaft. Im 19. Jahrhundert wurde Bier als Getränk immer beliebter und mehrte sich entsprechend bis in die siebziger Jahre die Zahl der Brauereien, in Württemberg bis 1861/71 um 47 Prozent gegenüber 1828/33 (Anstieg auf 2776 Brauereien). Noch stärker steigerte sich der Malzverbrauch (um 415%) und der Pro-Kopf-Bierverbrauch, der von 45 Liter im Jahre 1828 auf kaum glaubliche 197,8 Liter im Jahre 1897 (um 435%) anzog. Jeder Württemberger konsumierte 1859/60 im statistischen Durchschnitt 125 Flaschen Bier. Dabei war damals die Bierbrauerei wegen Fehlens einer brauchbaren Dauerkühlung ein recht primitives Gewerbe, als Saisonarbeit auf die Monate Oktober bis April beschränkt. Robert Leicht (Schwabenbräu), der 1878 in Vaihingen vor Stuttgart mit der Brauerei begann, weil er meinte, es mit ihr weiter zu bringen als mit Filder-Krautköpf', produzierte im ersten Jahr rund 15000 Hektoliter, schaffte sie in den Eiskeller und wartete auf Kundschaft.
Die technische Revolution erfaßte das Brauwesen in den achtziger Jahren, um es in erster Linie durch die von Carl von Linde im Jahre 1874 erfundene Ammoniak-Kompressions-Kältemaschine, die künstliche Eismaschine, tiefgreifend zu verändern. Die Brauerei konnte sich nun vom saisonalen Kleinbetrieb – die fürstlich fürstenbergische Brauerei in Donaueschingen war 1869 mit 40 Arbeitern die größte badische Brauerei – zum Großbetrieb entfalten, dem das einfache Sudwerk mit Bottich und Pfanne nicht mehr genügte. Neue naturwissenschaftliche Erkenntnisse sorgten für die wissenschaftliche Beherrschung der Mälzerei und der Gärungsvorgänge. Die Dampfbraupfanne, um die Jahrhundertwende bei Ziemann in Ludwigsburg zuerst konstruiert, trat ihren Siegeszug um die Welt an. Den ursprünglich einfachen Hopfenseiher entwickelten Techniker im Laufe von Jahrzehnten zu einem höchst anspruchsvollen Ge-

rät. Ähnlich wie in der Rübenzuckerindustrie stachelte die erhobene Rohstoffsteuer
zur möglichst ergiebigen Rohstoffausnutzung bei sinkender Hopfen- und Malzver-
wendung an, zwang zur Anschaffung kostspieliger Technologien, insbesondere von
Eismaschinen, und zu optimaler Ausnutzung des Anlagevermögens.
Die vielen kleinen Brauer, die sich gegen diese vermeintlich »unnützen« Neuerungen
sträubten oder denen das Kapital dafür fehlte, wurden rasch mit ihren Produkten von
den billigeren Bieren der Mittel- und Großbrauer verdrängt. Die Gründungszeit der
großen Aktienbrauereien zog herauf, die sich über Wertpapiere das erforderliche
Kapital beschafften und je nach Bedarf aufstockten. Um fast zwei Drittel reduzierte
sich auch unter dem Druck von Steuermehrbelastungen bis 1913 die Zahl der gewerblichen Brauereien (in Württemberg auf 912). Beim großen Brauereisterben blieben im
einst braufreudigen Karlsruhe von 27 Braustätten (1850) 15 auf der Strecke. Seit 1908
gestiegene Lebenshaltungskosten senkten den Bierumsatz, verschärften den Wettbewerb und drängten zur gemeinsamen Interessenwahrung der Brauer in dezentralisierten Verbänden. Neue Produkte verhinderten Umsatz- und Ertragseinbrüche. Schon
1869 gingen 10000 Hektoliter Fürstenberg-Bier per Eisenbahn nach Paris. Im Jahre
1900 erfreute der Donaueschinger Braumeister Kaiser Wilhelm II. mit dem ersten Pilsener Bier deutscher Art (heute Fürstenberg Pilsener). Wilhelm II. ernannte das neue
Bier, ein großer Wurf, spontan zum »Tafelgetränk Seiner Majestät des Kaisers«. Moninger in Karlsruhe (seit 1856), im Jahre 1897/98 über die 100000-hl-Grenze hinausgekommen, brachte 1904 bei einem zu 95 Prozent vom dunklen Bier beherrschten Bier-
markt ein mildbitteres, helles Bier, nach Wiener Art, das sog. »Kaiserbier« (heute Ex-
porthell) heraus und hatte auch vollen Erfolg.
In der Stadt mit dem stärksten Bierdurst, in der Garnisonsstadt Ulm (1894 pro Kopf:
421,3 l), wurde die Ulmer Brauerei-Gesellschaft AG (1905: Aktienkapital 2 Mio. M.)
durch Aufkauf von acht kleineren Betrieben zur größten Brauerei mit einem Absatz
von 100000 Hektoliter 1908/09.

Wein

Den kapitalarmen Winzern, wohl nur selten auf Rosen gebettet und ohne Verständnis
für das Gesetz von Angebot und Nachfrage, bescherte das heraufgezogene Industriezeitalter schwere Belastungen, vom wachsenden Bier- und Obstmostgenuß abgesehen. Die niedrige Rentabilität des Weinbaus, um die sich die Geißel eingeschleppter
Rebschädlinge (»falscher Mehltau«, Reblaus seit 1913 in Baden) am wenigsten scherte,
zog einen kontinuierlichen Rückgang des Reblandes und der Betriebe nach sich (Baden 1905: 17712 ha im Ertrag befindliche Fläche; Württemberg: 16773 ha). Nach ba-

dischen Rentabilitätsberechnungen ließen sich um 1900 am Bodensee im Durchschnitt erst bei einem Ertrage von 30 Hektoliter pro Hektar die Produktionskosten decken, im Neckar-, Main- und Taubertal selten erreicht. Die dem Niedergang des Weinbaus entgegensteuernden Maßnahmen waren zahlreich, vermochten aber seinen Rückgang nur zu verlangsamen. Weinbauvereine (seit 1868 die Weinbauschule in Weinsberg) stellten sich in den Dienst von Verbesserungsbestrebungen.

In Baden wurden 1872 vier Weinmärkte, darunter die heute noch bestehenden in Offenburg und Müllheim errichtet. Der Förderung des Weinabsatzes dienten die Gründungen von Winzergenossenschaften, deren erste im badischen Hagnau am Bodensee im Jahre 1881 von dem Pfarrer und Schriftsteller Dr. Hansjakob mühsam auf die Beine gestellt wurde. Dem Beispiel folgten zögernd als »Meßweinlieferanten« weitere Winzergenossenschaften (Meersburg 1884, Immenstaad 1897, Bühlertal 1906, Schliengen 1908, Affental 1909). Anfangs brauchten sie – um zu überleben – in Fehlherbsten öfters Staatsunterstützung. In Württemberg wurde zunächst auf örtlicher Vereinsbasis (Weingärtnervereine im Jahre 1854: Asperg, 1855: Neckarsulm, 1858: Fellbach) die gemeinsame Weinverwertung organisiert. Die Gründung von eigentlichen Winzergenossenschaften setzte 1899 ein (Ingelfingen, Markelsheim).

Die starke Zunahme der Betriebe des »Beherbergungs- und Erquickungsgewerbes« im 19. Jahrhundert war offenbar dem Weinkonsum – zu sparsam im Vergleich zum Bierdurst – wenig von Nutzen. Der 1864 in Stuttgart gegründete Spar- und Konsumverein (heute coop), der hauptsächlich Backwaren und Wein umsetzte, wurde in Weinbaugegenden als Weinkäufer um so freudiger begrüßt. Im Jahre 1908 konsumierten seine 26972 lohnabhängigen Mitglieder 923744 Liter Wein, demnach 34 Liter je Mitglied und Jahr. Damals kostete der leichte Markgräfler (Gutedel) die Flasche kaum 70 Pfennige, doch württembergische Weinkenner tranken vorzugsweise Württemberger, herbe Tropfen, Rot- und Schillerweine selbstverständlich, die im Jahre 1909 84 Prozent des gesamten württembergischen Weinertrags ausmachten. Die Württemberger tranken – im Unterschied zu den Badenern – stets mehr Wein als im Lande produziert wurde und zahlten dafür (gern) einen höheren Preis je Liter als in anderen deutschen Weinbaugebieten üblich. Der hohe Ladenpreis erklärte sich aus dem niedrigen Ertrag (1908 in Württemberg je ha 822 M.; in Baden 1111 M.), den niedrigsten in Deutschland, mit dem sich der württembergische Wengerter zufrieden geben mußte. Wegen des begrenzten Angebots bei starker Nachfrage waren auch die badischen Seeweine, verglichen mit anderen badischen Lagen, relativ teuer.

Hektarerträge

Von der epochemachenden Wirkung der sich in erster Linie mit dem Namen Justus
von Liebig verbindenden naturwissenschaftlichen Revolution war im Rahmen der
landwirtschaftlichen Bodennutzung Badens und Württembergs von etwa 1870 bis ins
letzte Jahrzehnt des Jahrhunderts nur wenig zu spüren. Der leichte Anstieg der Hektarerträge und einige schon erwähnte Verschiebungen in den Anbaustrukturen signalisierten noch keine grundumstürzenden Änderungen. Die Marktpreisgestaltung für
landwirtschaftliche Bodenerzeugnisse war unter dem Druck billiger ausländischer
Getreideimporte auch nach dem Übergang zur Schutzzollpolitik 1879 zu unsicher
und wenig kostendeckend, so daß sich eine Intensivierung des Pflanzenbaus weder
lohnte, noch Mittel dafür verfügbar waren. Die Einkünfte aus dem Pflanzenbau, in
Württemberg mehr als in Baden von dem zu Schleuderpreisen zu verkaufenden Getreide abhängig, stagnierten. Der in Baden 1868 erzielte hohe Erntewert der landwirtschaftlichen Bodennutzung von 268,1 Mio. Mark wurde in den folgenden drei Jahrzehnten nicht mehr erreicht. In den Jahren 1865–95 betrug er im Durchschnitt 237,2
Mio. Mark bei einem durchschnittlichen Hektarertrag von 283 Mark. Der entsprechende durchschnittliche Erntewert der Jahre 1878–1880 in Württemberg belief sich
auf 283,2 Mio. Mark bei einem etwas unter dem badischen Niveau liegenden Hektarertrag von 256,5 Mark (mit Obst-, Wein- und Gartenbau). Zwischen 1886 und 1891
erwirtschaftete die Hohenheimer Gutswirtschaft unter dem Diktat billiger ausländischer Weizenimporte (dz: 11,16 Mark) den seit 1860 geringsten Reinertrag.
Erneute »goldene« Jahre mit erheblichen kulturtechnischen Fortschritten zogen für
die Landwirtschaft erst von der Jahrhundertwende an herauf. Der Geldwert der Ernte
in Württemberg stieg im Durchschnitt der Jahre 1905–1912 auf 480 Mio. Mark
(69,5 % gegenüber 1878/80), wobei der Weinbau 8,6 Mio. Mark beisteuerte (Baden
Durchschnitt 1902/05: 20 Mio. M.)

		Viehbestände				
		Baden			Württemberg	
	1867	1900	1913	1865	1900	1913
Pferde	74821	71692	69323	101825	106591	110023
Rinder	607825	651754	684508	974917	1021452	1123903
Schweine	339568	497923	581024	263504	514121	583672

Viehwirtschaft

Unter dem Druck der schlechten Getreidekonjunktur hatte sich die südwestdeutsche Landwirtschaft von den sechziger Jahren an in steigendem Maße der Viehzucht zugewendet, wobei die Rindvieh- und Schweineproduktion in den Vordergrund traten. Schon 1873 (Rindviehdichte in Württemberg je 100 Einwohner: 50,3; in Baden: 43,5) berichtete die Landwirtschaftliche Zentralstelle dem königlichen Kabinett von dem blühenden württembergischen Aktivhandel mit Rind- und Schafvieh, besonders nach Frankreich, England und zur Versorgung der rheinischen Fabrikstädte, vor dem Hintergrund des allgemein gestiegenen Pro-Kopf-Fleischverbrauchs (1832: 6,6 kg; 1879: 11,5 kg). Wörtlich heißt es: »In dieser Konjunktur erblicken aber die Landwirte einen ihren Betrieben besonders günstigen und förderlichen Umstand, da hierdurch die früher bloß der Düngererzeugung wegen betriebene Viehhaltung sich zu einem rentablen Zweig umgestaltete und neben dem erhöhten Reingewinn aus der Viehzucht selbst durch erweiterten Futterbau und vermehrte Düngererzeugung zugleich die günstigste Rückwirkung auf die Produktionskraft der Güter und auf die Steigerung des Bodenertrags ausübt.« Seitdem galt die bis ins 20. Jahrhundert intensivierte staatliche Landwirtschaftsförderung in Württemberg und Baden besonders der Viehzucht (Zuchtgenossenschaften, Höhenfleckvieh, Zuchtviehabsatz, Prämiierungen u. a.). Von allen Nutztierarten vermehrte sich in Baden und Württemberg am stärksten das allesfressende Schwein. Seine Bestände erfuhren eine reichliche Verdreifachung. Die Selbstversorgung mit Schweinefleisch, in den Industriestädten die wichtigste Fleischnahrung, wurde dennoch in Südwestdeutschland nicht erreicht. Billige ausländische Wollimporte zugunsten der heimischen Textilindustrie und die schwindende Nachfrage nach Merino-Feinwolle begleiteten den kontinuierlichen Niedergang der Schafzucht (1913 Württemberg: 228021 Stück; Baden: 41305). Der Hohenheimer Direktor Vossler erklärte 1891 vor der Abgeordnetenkammer, »die Schäferei sei nicht mehr als rentabel zu bezeichnen«.

Zwar hörte die seit der Römerzeit nachweisbare schwäbische Mehrausfuhr an Getreide etwa ab 1884 gänzlich auf, so daß Württemberg ebenso wie Baden auf Importe von Brot- und Futtergetreide mehr und mehr angewiesen war, doch ermöglichte der Aufschwung der Rinderhaltung ungeachtet des gestiegenen Pro-Kopf-Fleischverbrauchs (im Jahre 1913: 42,33 kg) eine bis dahin nie beobachtete Steigerung der jährlichen Schlachtviehexporte. Allein auf dem Schienenstrang wurden zwischen 1897 und 1900 fast 222000 Rinder aus Württemberg ausgeführt. Ein Hauptabnehmer württembergischen Viehs waren die neuen Schlachthöfe und Schlachtviehmärkte der nordbadischen Großstädte. Im Jahre 1903 kamen 36 Prozent des Großviehauftriebs in Mannheim aus Württemberg, die Schlachtschweine aber hauptsächlich aus Norddeutschland. Nur 4080 Stück Großvieh wurden in Mannheim um 1850 geschlachtet, 1901 dagegen – inzwischen zur Stadt mit 264000 Einwohnern herangewachsen – 16866 Stück.

Neben den kommunalen Schlachthöfen, um 1900 teilweise schon Großzentren der Rohstoffumformung und des Rohstoffhandels, sollten im Bereich der Viehproduktion nicht die entstandenen größeren Milchverwertungsbetriebe, die Zentrifugenmolkereien, in privater oder genossenschaftlicher Rechtsform, übersehen werden, beispielsweise die 1905 gegründete Stuttgarter Milchzentrale GmbH, Vorläuferin der Südmilch AG oder die »Vereinigten Käsereien im württembergischen Allgäu« (1907: Produktionswert 377 Mio. M.). In der ersten Hälfte des 19. Jahrhunderts begannen Sennereien im bayerischen Allgäu mit Erfolg Emmentaler-Alpenkäse nachzuahmen. Fast unaufhörlich stieg schon im 19. Jahrhundert der durchschnittliche Jahresmilchertrag der Kuh von rund 1200 auf 1940 Liter (in Hohenheim 1881/82 schon 3264 l), damit zugleich der Pro-Kopf-Milchverbrauch (etwa 170 l), ohne daß der Milchpreis allerdings sank (Literpreis in Stuttgart im Jahre 1907: 20 Pf). Der Milchtopf lief noch nicht über, obwohl Württembergs Kühe um 1907 jährlich 9 Mio. Hektoliter Milch erzeugten, Wert über 120 Mio. Mark, von denen übrigens ein Großteil in den »Geldstrumpf« der Bäuerinnen floß. Die einzige großartige agrartechnische Neuerung deutschen Ursprungs im 19. Jahrhundert, die Milchzentrifuge (heute wieder interessant geworden), fand keineswegs freudige Aufnahme. Ein württembergischer Abgeordneter brachte 1899 warnend den Genuß von Zentrifugenmilch mit der Kindersterblichkeit in Beziehung. Wußte er noch nicht von der unter den Rinderbeständen grassierenden Tuberkulose? Das Radolfzeller Milchwerk war die erste deutsche Großmolkerei, die ab 1956 (!) nur tuberkulosefreie Milch annahm.

Knorr und Maggi

Wer das sich seit Ende des 19. Jahrhunderts verändernde gesamte Konsumverhalten der Menschen meinte, an alten Gewohnheiten festpflocken zu können, kämpfte gegen Mühlenflügel an. Neue Produkte auf den Nahrungsmittelmärkten wurden bemerkenswert rasch vom Verbraucher akzeptiert. Aus einem 1838 in Heilbronn gegründeten Lebensmittelgeschäft ging die Carl Heinrich Knorr AG hervor (im Jahre 1889: ca. 300 Arbeiter), die sich ursprünglich die rationelle Gemüsekonservierung zum Ziel gesetzt hatte (Suppentafeln). Knorrs Suppenwürfel (1886) und die beliebte Erbswurst wurden über die deutschen Grenzen hinaus bekannte Markenartikel. Auch die Julius Maggi & Co KG aus Zürich, die aus zollpolitischen Gründen im badischen Singen einen modernen Fabrikationsbetrieb ausgebaut hatte, nahm eine von Absatzkrisen nie

unterbrochene Entwicklung (1902: 200 Beschäftigte; 1914: 1866 Beschäftigte). Der
Hauptabsatzmarkt der Maggi-Produkte (Suppen- und Fleischbrühwürfel seit 1910;
Suppenwürze) war die Arbeiterbevölkerung in den Industriegebieten. Knorr und
Maggi waren die herausragendsten unter den Konservenfabriken.

Fragt man nach den wichtigsten Rohstofflieferanten der gewerblich-industriellen
Wirtschaft Südwestdeutschlands zu Beginn des 20. Jahrhunderts, so sind in erster
Linie die heimische Landwirtschaft mit ihrer gesteigerten Pflanzenproduktion, ihrem
vermehrten Viehbestand sowie die erhöhten Schlachtgewichte und Nutzleistungen
der Tiere zu nennen. Die Landwirtschaft schuf Werte, die bei weitem den Wert der importierten industriellen Rohstoffe übertrafen. Von 1840 bis 1912 war der geschätzte
Gesamtwert des württembergischen Viehbestandes von etwa 68 Mio. auf 508,6 Mio.
Mark gestiegen. Die badische Viehwirtschaft stieß zuerst an die Grenzen der inländischen Futterproduktion vor.

Holzboom

Vorrangige Bedeutung als heimischer Rohstoffproduzent kamen nicht minder den um
1800 noch niedrig bewerteten Forsten und ihren seit der Mitte des 19. Jahrhunderts
wegen der vergrößerten Nachfrage ständig im Preis gestiegenen Waldprodukten zu,
hauptsächlich der jährlichen Holzproduktion. Es war ein großer Vorteil für die beiden
südwestdeutschen Staaten, daß sie in die »industrielle Revolution« mit einem sehr umfangreichen, im 19. Jahrhundert noch zugenommenen Waldbesitz mit massenreichen
Fichtenwäldern eintraten (im Jahre 1905 Bewaldungsziffer von Baden 38%, von
Württemberg 31%). Die breite Holzbasis bot der heimischen Wirtschaft hinreichend
Brenn- und Werkstoffe, lieferte finanzielle Überschüsse und gewährleistete eine aktive Holzhandelsbilanz. 70 Prozent des von Mannheim verflößten Holzes, vorwiegend badischen und württembergischen Ursprungs, gingen über die Grenze nach
Holland und England. Bis Anfang des 20. Jahrhunderts hatte sich in der südwestdeutschen Forstwirtschaftspolitik, die im 19. Jahrhundert erst merkantilistischen, dann
waldschonenden Prinzipien der Klassik gefolgt war, die liberale Reinertragslehre
durchgesetzt. Der Holzboom hatte den Sieg der Fichte begünstigt und bedauerlicher-
weise das Laubholz hinter das Nadelholz zurücktreten lassen. Der Vergleich der
Durchschnittsergebnisse von 1890 bis 1912 ergibt für Württembergs Staatsforsten
einen Anstieg der jährlichen Holznutzung von 877600 Festmeter (fm) auf 1 142 300 fm
(um 30%), der des Bruttoholzertrages aber von 10,9 auf 19,9 Mio. Mark (um 82%).
Auf 28,7 Mio. Mark, mit Nebennutzungen 29,5 Mio. Mark, wurde 1904 der jährliche
Wert der gesamten badischen Holzproduktion berechnet (2,8 Mio. fm; entsprechend

in Württemberg 1913: 46 Mio. M.), der Reinertrag auf 36 Mark pro Hektar. Durch
Ausnutzung von Reservefonds steigerte die württembergische Forstverwaltung, um
an der Holzhausse (18,20 M. je fm) noch mehr teilzuhaben, bis 1912 den Reinertrag je
Hektar auf 58,3 Mark und marschierte kurze Zeit an der Spitze sämtlicher größerer
deutscher Forstverwaltungen.
Baden und Württemberg blieben ihres Waldreichtums wegen und infolge der langsamen Entwicklung ihrer holzverarbeitenden Industrie bis ins 20. Jahrhundert holzex-
portierende Länder (Schnittholz). Der Export von Stammholz ging ständig zurück.
Vor dem Ersten Weltkrieg zeigte sich, daß durch den beträchtlichen Mehrverbrauch
der florierenden Säge- und sonstigen holzverarbeitenden Industrie Württembergs die
bisherige Mehrausfuhr an Rundholz auf Neckar und Rhein in eine Mehreinfuhr umgeschlagen war (im Jahre 1911: 19000 fm). Obwohl die Sägewerke bedeutende Mehr-
leistungen vollbrachten, wurden diese vom heimischen Markt offensichtlich glatt aufgenommen. Straßen und Eisenbahn hatten die Produkte der Sägerei, bis Ende des
19. Jahrhunderts hauptsächlich von den im Nebenbetrieb unterhaltenen Bauernsägen
repräsentiert und von mehreren Höfen bewirtschaftet, den Nachfragezentren näher-
gebracht. Der Konkurrenzdruck russischer und schwedischer Hölzer zwang zur
Holzverarbeitung. Im Murg- und Kinzigtal vermehrten sich die Sägewerke rasch.
Bauernsägen, den Wind der Konjunktur nutzend, bauten nun – soweit kapitalkräftig
genug – ihre wassergetriebenen Mühlwerke aus, ersetzten das Einblatt-Gatter des alten Hochgangs mit etwa 600 fm Jahresschnittleistung durch das Vollgatter, das in einem Durchgang den Holzstamm in Bretter zerschnitt, Jahresleistung bis zu 10000 fm
Rundholz. Viele alte Bauernsägen gingen ein, manche hielten sich bis in unsere Tage
über Wasser, die meisten wichen den das Rundholz gut bezahlenden gewerblichen Sägewerken. Die heutigen Holzwerke Klenk in Oberrot (Kr. Schwäbisch Hall), ein gutes Beispiel für den Aufstieg eines modernen schwäbischen Großbetriebes der Sägeindustrie, sind aus einer von Landwirten gemeinsam betriebenen Bauernsäge hervorgegangen, Betriebsbeginn 1904, erste Einnahme ein Waggon Bauholz für 676,67 Mark.
Obwohl der Brennholzverbrauch zurückging, befand sich die Holzwirtschaft durch
Industrialisierung und wachsende Bautätigkeit im Aufwind eines ständigen Nachfra-
gesogs. Im Unterschied zum rohstofforientierten Standort der Sägewerke suchte die
Möbelindustrie mit ihrer noch handwerklichen Fertigung mehr die Verbrauchernähe,
wuchs vor allem aus dem Schreinerwerk der größeren Städte hervor und war schon seit
den sechziger Jahren stark in Stuttgart (auch Pianofabriken), Mannheim und Freiburg
(dort erste deutsche Furnierfabrik Ludwig Jäger GmbH seit 1843) vertreten.

Glas: Tritschler – Glasfabriken

Auf der Verwertung heimischer Rohstoffvorkommen gründeten sich die an Bedeutung gewachsenen Salinen Badens und Württembergs, die württembergischen Eisenhüttenwerke, die staatlichen Torfwerke in Schussenried (seit 1879), die modernisierten Glashütten, die Steingutfabriken (1861 in Württemberg: 4; 1869 in Baden: 13 mit 1425 Beschäftigten), der weitverbreitete, unverzichtbare Abbau von Natursteinen, die vielen Gips- und Kalkbrennereien, die Dampf- und Maschinenziegeleien, die aufgekommene Zementindustrie und nicht zu vergessen die zahlreichen ewig fließenden Heilbrunnen mit ihren stillen und sprudelnden auf Flaschen abgezogenen Wässern. Die im waldreichen Mittelgebirgsraum aus dem 18. Jahrhundert überkommene Glasherstellung (1861 in Württemberg: 7 Glashütten mit 425 Beschäftigten; 1867 in Baden: 6 mit 250 Beschäftigten) konnte sich bei niedrigen Holzpreisen bis in die zweite Hälfte des 19. Jahrhunderts behaupten, erwies sich aber auf die Dauer der Konkurrenz kapitalstarker Großbetriebe nicht gewachsen.

Um 1860 war noch die Handelsorganisation der Glasträger-Compagnien intakt, die inzwischen ihr Handelssortiment beträchtlich erweitert hatten, auch mit Zigarren, englischen Eisenwaren, Glasdiamanten, Neusilber-Bestecken und Porzellan handelten. Die Teilhaber, denen die einzelnen Niederlassungen unterstellt waren, wurden zu Bürgerrecht seßhaft und bauten an ihrem Wohnsitz teilweise bedeutende Handelsunternehmen auf. Die Handelsniederlassung der »Württemberger Träger«, der Tritschler & Cie., existiert noch heute am Marktplatz in Stuttgart und ist nach wie vor die erste Adresse für feine Glaserzeugnisse und Porzellane (30 Mio. DM Jahresumsatz, über 200 Beschäftigte). Zwei sich in die Trägerzeit zurückschreibende Familien verfügen über das Stammkapital der traditionsreichen Firma, die auch insofern das Außergewöhnliche repräsentiert, als sie bisher nicht mit Fremdkapital arbeitete.

Im Industriezeitalter verlor Südwestdeutschland für die Glasindustrie seine einst attraktiven Standorteigenschaften, obwohl es an mutigem Unternehmungsgeist nicht mangelte. Der ehemalige badische Finanzminister Amand Goegg gründete 1864 mit einem Aktienkapital von 300000 fl eine Glasfabrik in Offenburg. Hervorhebung verdienen die Flachglashütte auf dem Waldhof bei Mannheim, die Hohlglashütte in Wolfach, die chemisch-technisches Glas herstellende Hütte in Wertheim und die Champagnerflaschenfabrik Achern. Ein Mitbesitzer der später eingegangenen württembergischen Glashütte Buhlbach gründete mit seiner Abfindung von 200000 Mark im Jahre 1885 in Achern an der Rheintaleisenbahn das heute größte Hohlglaswerk Süddeutschlands. Die mit 150 Arbeitern eröffnete Hütte, ein bei reinem Mundblasverfahren zunächst recht verlustreiches Unternehmen, sicherte sich erst durch die Umstellung auf halbautomatische Verfahren (Severin-Flaschenmaschine) von 1899 an seine Zukunft in der Nachbarschaft des Weinbaus (Produktion 1904/05: 1,493 Mio. Champagnerflaschen und 5,588 Mio. leichte Flaschen). Eine großartige Entwicklung nahm von Anbeginn die erste deutsche Spiegelfabrik, im Jahre 1852 auf dem Waldhof bei Mannheim von der französischen Spiegelmanufakturen AG gegründet. Um 1864 erzeugten 600 Arbeiter unter Einsatz von acht Dampfmaschinen 60000 qm gegossenes Spiegelglas pro Jahr. Verschwunden sind Töpfereien sowie Porzellan- und Fayence- manufakturen, doch lebte ihr Erbe teilweise in den erfolgreichen Majolikafabriken fort.

Zement

Kalk- und Tonvorkommen prädestinierten Südwestdeutschland zum Standort der Zementindustrie. 1838 begann der Ulmer Apotheker Dr. Gustav Leube mit der Her- stellung von Romanzement, dem sehr bald der Ulmer Festungs- und sodann der Eisenbahnbau eine günstige Konjunktur verschaffte. Auf dem Höhepunkt der Ulmer Romanzementindustrie wurde 1872 in Blaubeuren die auf Verwendung von Wasser- und Dampfkraft angelegte Zementfabrik Gebr. Spohn mit einer Jahreskapazität von 4000 Tonnen errichtet und im Zuge des unaufhaltsamen Vordringens des hochwerti- gen, aber komplizierter herzustellenden Portlandzements (nur der Farbe wegen nach der Halbinsel Portland benannt) im Jahre 1875 auf dessen Erzeugung umgestellt. Zwei Jahre zuvor gründete J. Schifferdecker das an den Standortfaktoren Rohstoff und Wasserenergie orientierte, gutgehende Zementwerk Heidelberg (zuvor Mannheim), 1889 AG und seit 1895 mit neuem Werk bei den Steinbrüchen in Leimen (1899: 1035 Arbeiter). Seine führende Stellung verdankte das Unternehmen der hervorragenden technischen Leitung. Naturvorkommen in Verbindung mit entsprechenden, immer komplizierter, teurer und leistungsfähiger gewordenen Maschinen zauberten riesige Berge paketiertes Zementpulver herbei, aber nicht den kontinuierlich aufnahmefähi- gen Markt, den sich zu sichern es offenbar mehr Kämpfe und Kartellabsprachen be- durfte als in anderen Industriezweigen. Dabei begann schon in der zweiten Hälfte des 19. Jahrhunderts der »Fortsetzungsroman« des Betons, der vom »béton armé«, vom mit Eisen armierten Beton, durch Zufall von dem Franzosen Monier erfunden worden war. Das biegsame Korsett machte den Beton für die höhere Baukunst tauglich und ließ Betonbauten zum Ruhm ihrer Erbauer ins Gigantomanische wachsen. Die Ironie der Geschichte aber wollte es, daß die Interessenvertretung der deutschen Betonfabri- kanten der neuen Monier-Bauweise bis ins 20. Jahrhundert mit großem Mißtrauen be- gegneten. Avantgardist des Eisenbetons wurde im südwestdeutschen Raum um 1900 der Straßburger Bauunternehmer Eduard Züblin (seit 1904 Niederlassung in Kehl und seit 1911 in Stuttgart).

Verwertung heimischer Ressourcen

Obwohl Südwestdeutschland wegen mangelnder Rohstoffvorkommen und sonstiger natürlicher Standortungunst auf für die Industrialisierung teilweise wichtige Schlüsselindustrien verzichten mußte und andere Industrien aus den gleichen Gründen unwesentlich vertreten waren (Erzbergbau, Kohlebergbau, Herstellung von Stahl und Eisen, Blechwalzwerke, Schiffsbau, Porzellanfabrikation, Glasherstellung), so darf dennoch die Bedeutung der gelungenen industriell-gewerblichen Verwertung der vorhandenen Ressourcen für den fortschreitenden Industrialisierungsprozeß nicht unterschätzt werden. Mindestens die Hälfte aller gewerblichen Arbeitsplätze in Baden und Württemberg standen 1907 in unmittelbarer Beziehung mit den im Lande erzeugten Rohstoffen. Von der Rübenzuckerindustrie weiß man, daß ein dortiger Arbeitsplatz um 1900 einen mindestens vierfachen Stellenwert besaß, daß ein dort Beschäftigter insgesamt reichlich vier Arbeitsplätze in der Landwirtschaft, in dem auf den Bedarf der Zuckerindustrie und der rübenerzeugenden Landwirtschaft spezialisierten Maschinenbau, in der Kunstdüngerindustrie, im Bergbau, in den Raffinerien, den zuckerverarbeitenden Branchen sowie in Handel und Verkehr nach sich zog. Ähnliche Stellenwertberechnungen von Arbeitsplätzen ließen sich für die anderen agrarnahen Industriezweige anstellen. So wird verständlich, daß die Nahrungs- und Genußmittelindustrien in den sechziger Jahren den Vorsprung der Textilindustrie an Beschäftigten in Baden und Württemberg aufgeholt hatten, diese noch Jahrzehnte übertrafen und ihre erste Position erst im Verlauf des 20. Jahrhunderts, in Württemberg früher, in Baden später, an die Metallindustrie bzw. den Maschinenbau abgaben.

Landmaschinenindustrie

Von der Landwirtschaft und der agrarnahen Industrie gingen von den fünfziger Jahren des 19. Jahrhunderts an auch wesentliche Nachfrageimpulse aus, die fortdauernd den Maschinenbau und die Metallverarbeitung anregten. In den sechziger Jahren berichteten die württembergischen Kammern von der im Steigen begriffenen Zahl der Neugründungen in der Metallindustrie und der besonderen Rührigkeit in dieser Branche, deren Hauptartikel über Jahre hinweg Mühlwerke, Werkzeuge und Maschinen für den Ackerbau waren, »worin fortwährend ein großer Begehr stattfindet, obgleich die englischen und amerikanischen Maschinen starke Konkurrenz machen« (1864). Selbstbewußt, aber auch die Grenzen seiner Wettbewerbsfähigkeit erkennend, schrieb 1869 ein württembergischer Maschinenfabrikant an seine Kammer: »Die auswärtige Konkurrenz fürchten wir, was Leistungsfähigkeit im engeren Sinne betrifft, nicht;

denn wenn uns jene auch darin voraus ist, daß sie über eine größere Zahl geschulter Arbeiter und über ein näheres, daher billigeres Rohmaterial verfügt, so holen wir sie durch bessere und solidere Arbeit wieder ein. Dagegen sind wir bei massigen Arbeiten, wo die Frachten mit eine Rolle spielen, gegen den Rhein im Nachteil . . .«

Im Ulmer Raum spezialisierten sich zu jener Zeit gleich drei ursprünglich handwerkliche Betriebe auf den Landmaschinenbau. Die bald weltbekannte Firma Gebr. Eberhardt (1854–1980) leistete im Pflugbau nach dem deutschen Marktführer Sack in Leipzig Hervorragendes. Im Jahre 1904 wurde bei Eberhardt der 700000. Pflug fertiggestellt, Jahresproduktion mit 250 PS Motorenkraft und 290 Beschäftigten etwa 85000 Pflüge. Die Firma Joh. Eckhardt & Sohn (seit 1854) baute hauptsächlich Maschinen für die bäuerliche Hofwirtschaft. H. Hummel & Söhne in Ehrenstein (seit 1862) wandte sich besonders dem Bau von Dreschmaschinen, später von Motordreschmaschinen zu. Die angelsächsischen Vorbilder beeinflußten die Landmaschinenindustrie entscheidend. Am Rande von Mannheim eröffnete 1859 der Kaufmann Heinrich Lanz eine kleine mechanische Reparaturwerkstatt (2 Arbeiter) für angelsächsische Maschinen. 1867 baute er Patent-Futterschneider, Schrotmühlen, Handdreschmaschinen und Göpel, anfangs finanziert mit eigenen Ersparnissen und der Mitgift seiner Frau in Höhe von 10000 Gulden. Seit Ende des 19. Jahrhunderts war Lanz in Mannheim (Beschäftigte 1909: 4335) bei fast traumhaften Umsatzsteigerungen die bedeutendste Landmaschinenfabrik des europäischen Kontinents (Umsatz 1880: 1,6 Mio. M.; 1900: 12,7 Mio. M.; 1913: 38,2 Mio. M.). Über 100000 Dreschmaschinen und Lokomobile verließen das Mannheimer Werk. Herausragendes vollbrachten auch andere Landmaschinenfabrikanten. Johann Georg Fahr in Gottmadingen begann in einer kleinen Schmiede 1870 mit dem Bau von Häckselmaschinen (um 1900 etwa 300 Beschäftigte; seit 1905 AG), wurde bekannt durch seine Pflüge und Gabelheuwender und kam zu legendärem Ruf durch den ersten Getreide-Flügelmäher deutscher Produktion (1909). Ventzki (Graudenz) übernahm eine ältere Eggenfabrik in Göppingen und baute seit 1907 in Eislingen Kultivatoren und Eggen. Finanziert von einem Stuttgarter Handelshaus erlebte die Sensenfabrik Neuenbürg (1803–1955, ab 1852 Sensenfabrik Haueisen & Sohn) ab 1865 als bedeutendste Fabrik ihrer Art in Deutschland ihre große Zeit. Jährlich bis zu 595000 Sensen und Sicheln stellte das Unternehmen her und setzte den Großteil davon im Ausland ab. Der neue Sensenhammer im nahen Stahlwerk Friedrichsthal schmiedete damals im Jahresdurchschnitt 100000 Sensen, Sicheln und Strohmesser. In der Landmaschinenbranche hatten auch deshalb kleinere Produzenten eine Chance, weil in jeder Gegend die Nachfrage nach anders gestalteten Geräten bestand. In der badischen Pfalz waren nur linkswendende Beetpflüge, in anderen Gegenden nur rechtswendende in Gebrauch. Eine weltweit einheitliche Ackerhacke ist auch heute nicht durchsetzbar.

Bis Mitte des 19. Jahrhunderts war der landwirtschaftliche Betrieb auf die betriebs-eigene menschliche und tierische Arbeitskraft angewiesen. Mit der Einführung der Dampflokomobile und des Dampfpfluges in der Landwirtschaft (zuerst um Waghäu-sel), wobei dem Ulmer Ingenieur Max Eyth (1836–1906), Gründer der Deutschen Landwirtschafts-Gesellschaft, großes Verdienst zukam, begann die technische Revo-lution in der Agrarwirtschaft. Die in den Landwirtschaftsbetrieb eindringende Land-technik bewirkte, daß trotz ständig steigender Erträge bei Tier- und Pflanzenproduk-tion immer weniger menschliche Arbeitskraft erforderlich war und Teile der landwirt-schaftlichen Bevölkerung zunehmend in andere Berufe abwandern konnten. Um 1860 war zur Ernte von einem Hektar Weizen (10 dz Ertrag) mit Sense, Dreschflegel und Handwindfege noch ein menschlicher Arbeitsbedarf von 200 Arbeitsstunden nötig, im Jahre 1900 durch Einsatz eines Getreidemähers, einer Lokomobile mit Dreschma-schine und Strohpresse, nur noch 59 Stunden (17 dz Ertrag). In keinem Erwerbszweig nahm die Freisetzung von entbehrlicher menschlicher Arbeitskraft durch die pro-duktivitätssteigernde Maschinenverwendung seit Ende des 19. Jahrhunderts bis heute so gewaltige Ausmaße an wie in der Landwirtschaft.

Hohe Arbeitslöhne und Mangel an landwirtschaftlichen Arbeitskräften zwangen die Landwirte, teure Handarbeit durch Maschinen jeder Art zu ersetzen, wobei allerdings der vorherrschende Klein- und Mittelbesitz jede unnötige Belastung der schmalen Er-träge mit hohen Anschaffungskosten für Maschinen und Geräte möglichst vermied. »Das paßt nicht für unseren kleinen Betrieb, dazu sind unsere Grundstücke zu klein«, war jahrzehntelang abwehrend von Landwirten zu hören, wenn die Rede auf die An-schaffung neuer Maschinen kam. Ihr Siegesmarsch durch Fluren und Auen, zeitweilig beschleunigt, zu anderen Zeiten gebremst, fand dennoch statt. Schon um 1900 waren in kleineren Betrieben Grasmäher und Heurechen (von Kaltenbach in Lörrach) weit verbreitet. Fahr machte mit seinem Grasmäher »Alemannia« amerikanischen Maschi-nen erfolgreich Konkurrenz. In Baden wurde die gemeinsame Benützung teurer Ma-schinen genossenschaftlich organisiert (darunter Dampfdreschmaschinen und Getrei-demäher). Bis um 1900 bevorzugte jedoch der kleinbäuerliche Betrieb bei der Getrei-deernte die Sichel, um Ernteverluste möglichst gering zu halten. Erst nach 1900 stürmte die Modernisierung der Landwirtschaft mit Riesenschritten voran, verviel-fachte sich rasch der Maschineneinsatz, steigerte sich der Kunstdüngerverbrauch (in Württemberg im Jahre 1900 je ha: 0,68 kg Kali; 1913: 3,58 kg) und wurde das, was man »grüne Revolution« nennen könnte, zusehends Wirklichkeit. Während einer erneuten Phase gestiegenen Wohlstandes in der Landwirtschaft hatte sich zugleich der Indu-strialisierungs- und Verstädterungsprozeß beschleunigt, so daß sich die verein-fachende Hypothese leicht anfechten läßt, die Industrialisierung sei erst durch das Engerschnallen des Leibriemens des Bauern finanziert worden.

Glückliche Besitzstruktur?

An dem typischen Bild des der Zahl nach vorherrschenden bäuerlichen Klein- und Kleinstbesitzes – infolge Bevölkerungswachstum und vorgedrungener Erbteilungssitte – änderte der säkulare Zeitumbruch nichts. Damals sah man sogar die durchschnittliche Nutzfläche je Betrieb in Baden von 3,15 ha (im Jahre 1905) als eine »gewiß glückliche Besitzverteilung« an. In Württemberg machten 1895 die Parzellen- und Nebenbetriebe bis zu zwei Hektar 51 Prozent (156 828) und im Jahre 1907 sogar 53,3 Prozent aller Landwirtschaftsbetriebe (insgesamt 314 829) aus. Auch in Baden befanden sich die Vollerwerbsbetriebe beträchtlich in der Minderzahl, stellte die Betriebsgröße mit 2–20 ha nur 44,5 Prozent aller Wirtschaften (insgesamt 236 157) aus. Doch der Fortschritt und die Einbeziehung in die Marktwirtschaft forderten auch vom Landwirt ihren Preis, der nicht nur mit einem beunruhigenden Schwund an Sicherheit und Geborgenheit bezahlt werden mußte. Die Landwirtschaft verlor im Industriezeitalter die ihr von den Klassikern der Nationalökonomie zugewiesene Funktion eines Lohnweisers und Preisregulators in der Volkswirtschaft. Die Gewerbe übernahmen die Führung. Neue volkswirtschaftliche Regulationsmechanismen griffen. Die Einkommensdisparität zwischen den in der Landwirtschaft und in der Industrie Beschäftigten wuchs, die Massenabwanderung aus dem Agrarsektor, der absolute und relative Rückgang seiner Beschäftigten waren die zwangsläufige Folge. Nach der Berufszählung von 1882 machten die 942 924 in der württembergischen Land- und Forstwirtschaft Beschäftigten noch 48,2 Prozent der Gesamtbevölkerung (Baden: 50%), im Jahre 1895 noch 933 576 entsprechend Berufstätigen 45,1 Prozent (Baden: 43%) und 1907 nunmehr 882 421 in der Urproduktion Tätige 39,6 Prozent (Baden: 38%) der inzwischen stark gestiegenen Gesamtbevölkerung aus. Die Statistik verdeutlicht, daß Südwestdeutschland zu Beginn des 20. Jahrhunderts noch weitgehend als Agrarland anzusprechen war. Wenn per definitionem als Agrarland gar alle Staaten zu gelten haben, in denen mehr als 40 Prozent der Beschäftigten (nicht der Gesamtbevölkerung) in Landwirtschaft, Gärtnerei und Forstwirtschaft tätig sind, dann büßte Südwestdeutschland diesen Charakter erst während der »goldenen zwanziger Jahre« ein.

Ausbau der Textilindustrie

Den Vorsprung, den die Textilwirtschaft, hauptsächlich die Baumwollindustrie als Motor der Industrialisierung hinsichtlich Beschäftigung und Umsatzvolumen bis zur Mitte des 19. Jahrhunderts innehatte (1850 in Baden: 110 Baumwollfabriken mit 7726 Beschäftigten und Warenproduktion von 6,5 Mio. fl; in Württemberg 1852: 89 Baum-

wollfabriken), baute sie fast ein Jahrzehnt kräftig aus (in Württemberg 1861: 129
Baumwollfabriken mit 8076 Beschäftigten; in Baden 1858: 151 Baumwollfabriken mit
11970 Beschäftigten). Auch die handwerksmäßige Baumwollweberei nahm zu. Mit
den Schwierigkeiten bei der Beschaffung von Rohbaumwolle während des amerikanischen Bürgerkriegs in den sechziger Jahren häuften sich aber durch Rohstoffverteu-
erung und Absatzstockungen die Probleme in der Textilwirtschaft, im handwerklichen wie industriellen Bereich. Das größte südwestdeutsche Textilunternehmen, die
Ettlinger Spinnerei und Weberei, hatte bei guter Ertragslage ihren Umsatz von 1850

Beschäftigte nach Gewerbezählungen 1861–1907			
Baden			
1861	1875	1895	1907
Insgesamt:			
182289	238409	361256	522946
= 100	= 131	= 198	= 287
darunter:			
Ind. d. Steine u. Erden	8798	16194	22591
Metallverarbeitung	17046	19898	31484	51194
Maschinen-, Instrumenten- u. Apparatebau	9905	14680	24137	44055
Textilindustrie	35619	27686	29303	37495
Holz- u. Schnitzindustrie	15746	20764	21541	32505
Papier und Leder	5259	7962	16422	20457
Nahrungs- u. Genußmittel	21646	33463	57201	71845[+]
Bekleidung u. Reinigung	25824	39455	44845	47292
Baugewerbe		21608		65672
Handelsgewerbe		21149	39464	59310
Verkehrsgewerbe	29032	3243		11300
Gastwirtschaft u. Beherbergung		11434	24160	33611

[+] 1861 ohne Direktions- und Aufsichtspersonal

| *Beschäftigte nach Gewerbezählungen 1861–1907* | | | |
| *Württemberg* | | | |
	1861	1875	1895	1907
Insgesamt:	268890 = 100	288048 = 107	392532 = 146	519295 = 193
darunter: Ind. d. Steine u. Erden	8151[+])	8575	15196	19431
Metallverarbeitung	19595	22262	31445	42938
Maschinen-, Instrumenten- u. Apparatebau	10875	17305	29355	55222
Textilindustrie	39681	39479	39968	52422
Holz- u. Schnitzindustrie	20625	26006	30537	36853
Papier und Leder	26149	10467	16003	21057
Nahrungs- u. Genußmittel	32299	35843	40354	47447
Bekleidung u. Reinigung	22677	50150	62743	62157
Baugewerbe	28455			59340
Handelsgewerbe		22348	39097	54610
Verkehrsgewerbe	32675	3119		7852
Gastwirtschaft u. Beherbergung		15534	25879	31788

[+]) 1861 ohne Direktions- und Aufsichtspersonal

bis 1857 um 39 Prozent (von 1,4 Mio. auf 1,9 Mio. fl) gesteigert. Die Wirtschaftskrise der sechziger Jahre ließ bei anfangs hochgeschnellten, dann gefallenen Preisen die Umsätze von 1862 an absinken (Umsatz von 1861 in Höhe von rd. 3,8 Mio. M. erst im Jahre 1895 wieder erreicht), brachte für wenige Jahre Verluste und führte zum dauernden Abbau der hohen Beschäftigung. Es war seitdem das konsequent verfolgte und erreichte Ziel der Unternehmenspolitik, möglichst ohne Vermehrung der Personalkosten durch dauernde, produktivitätssteigernde Verbesserungen des Maschinenbestandes – 1868 wurden die Spinnmaschinen zu Selfaktoren umgebaut – die Gewebe- und Garnproduktion unaufhörlich zu steigern. Die so angekurbelte Mengenkonjunktur verhalf bei sinkenden Preisen und Gewinnen zur Behauptung der durchschnittlichen Umsatzhöhe zwischen 1868 und 1894.

Eine im Prinzip davon nicht wesentlich abweichende Umsatzentwicklung bei schweren Umsatzeinbrüchen zwischen 1868 und 1873 läßt sich für die von Hermann Rothschild und Robert Meebold geleitete renommierte Württembergische Cattun-Manufaktur in Heidenheim bis in die sechziger Jahre verfolgen (Umsatz 1862/63: 672780 M.; 1882/83: 634851 M.). Sie stellte Massenware, Kattune, die Stoffe des »kleinen Mannes« her. Ähnliche Betriebsdaten könnten für weitere Unternehmen aneinandergereiht werden. Sie machen deutlich, daß der Baumwollschock im Zusammenhang mit dem amerikanischen Bürgerkrieg die Textilwirtschaft in eine erste Krise stürzte und die Unternehmen – um zu überleben – nicht nur zu gravierenden Betriebseinschränkungen, sondern zu einem tiefgreifenden Modernisierungs- und Rationalisierungsschub zwang. Kolb & Schüle erbaute 1863 ein neues Fabrikgebäude und stattete es mit modernsten Webstühlen aus. Bei Leuze in Unterlenningen stand seit 1863 ebenfalls die Modernisierung im Vordergrund, zumal die Umstellung auf minderwertige Baumwollsorten den Ersatz der alten Maschinen durch verbesserte neue gebot. Durch Maschineninvestitionen und Rationalisierungen konnte in den größeren Betrieben bei gleichbleibender Kapazität die Zahl der Beschäftigten reduziert werden, während gleichzeitig durch die Verringerung der Zahl der Betriebe die Tendenz zur Erhöhung der durchschnittlichen Arbeiterzahl pro Betrieb statistisch stärker zum Vorschein kam (pro Baumwollfabrik in Baden 1849: 73 Arbeiter; 1861: 110; 1869: 330). Badische Spitzenbetriebe der Baumwollspinnerei und -weberei, teilweise noch heute Unternehmen von europäischem Rang: in Arlen (Rielasingen-Worblingen), Volkertshausen und Ettlingen, die Lauffenmühle in Waldshut-Tiengen, Sarasin & Heussler in Haagen (Lörrach), Wilhelm Geigy & Cie. in Steinen, Iselin & Cie. in Schönau und Albert Köchlin in Zell am Harmersbach beschäftigten 1869 zwischen 400 und 1100 Arbeiter, darunter – wie zeitüblich – ein Großteil Frauen. Bis in die sechziger Jahre hatten sich Baden (1861: 296300 Feinspindeln) und Württemberg (1861: 235843 Feinspindeln) durch die Mechanisierung ihrer Baumwollindustrie in Deutschland einen gewissen Vorsprung verschafft, den jedoch Württemberg nach der im Krisenjahr 1875 erhobenen Statistik nicht zu halten vermochte. Im Index der Fortschrittlichkeit der Produktionsstruktur von Regionen des Deutschen Reiches rangierte Süddeutschland 1882 sogar nur einen Platz vor dem Schlußlicht, den fünf agrarischen Ostprovinzen Preußens. Nach dem warmen Regen einer kurzen, von billigem Geld ausgelösten und zu erneuten Investitionen reizenden »Gewinnexplosion« 1871/72 in vielen Betrieben der Baumwollbranche (besonders bei der Spinnerei und Weberei Ettlingen zu fassen) ge-

riet die Textilwirtschaft – Ausnahmen gehören zur Regel – in eine mehrjährige Stok-
kungsphase bei sich verschlechternden Preis-Kosten-Relationen. Seit 1873 drängten
neben der kolossalen englischen Einfuhr die Produkte der 2250000 Spindeln und
50000 Webstühle des Elsaß zusätzlich auf den südwestdeutschen Markt. Die ohnehin
personell übersetzte heimische Textilwirtschaft stand vor allem auch angesichts der
stagnierenden Nachfrage des Großteils der Verbraucher (Landbevölkerung) und wegen der dauernd schwankenden Baumwollpreise unter erheblichem Preisdruck. Hinter der Fassade dieser Stockungsphase lösten sich gewissermaßen durch marktwirtschaftliche Steuerung die Probleme der lange verschleppten Strukturkrise in der Textilwirtschaft. Rund 18000 Arbeitsplätze (wahrscheinlich mehr) verschwanden per
saldo aus der Textilwirtschaft Badens und Württembergs zwischen 1861 und 1882. Betroffen war hauptsächlich die handwerkliche Weberei, voran die Leineweberei. Einbußen erlitt teilweise die Baumwollindustrie. »Die ausländische Concurrenz drückt
gleich einem Alb auf unsere Baumwollindustrie und ruft ängstliche Befürchtungen
hervor«, resignierte 1874 ein Sachkenner. Im Jahr darauf kamen in der Baumwollweberei Württembergs 2,9 Kraftstühle pro Kopf der Bevölkerung, in der Badens 4,5 (in
Sachsen ebenso), in der Englands aber 12,6 Kraftstühle.

Etwa von der Mitte der achtziger Jahre an verbesserte sich die Lage der württembergischen Baumwollindustrie kontinuierlich, gestützt auf erhöhte Schutzzölle und begleitet von einer regen Investitionstätigkeit. Die Baumwollspinnerei und -weberei in Esslingen, 1856 mit einem Aktienkapital von 1 Mio. fl gegründet und seitdem mit 20000
Spindeln (1899: 47924) und 450 Webstühlen größtes württembergisches Unternehmen seiner Branche, modernisierte von 1883 an ihre Webstühle, die nun eine 20 Prozent höhere Leistung brachten, und nahm neue Selfaktoren in Betrieb. 1905 wurden
sie durch Schuß-Ringdrosseln ersetzt, 1906/07 die günstigsten Geschäftsergebnisse
seit Beginn der Produktion erzielt. Durch Erhöhung des Aktienkapitals (1883: 2,24
Mio. M.) und Anleihen finanzierte in den achtziger und neunziger Jahren die Württembergische Cattun-Manufaktur in Heidenheim die Modernisierung und Erweiterung des Unternehmens, dessen Umsatz 1883/84 erstmals eine Million Mark und im
Kampf gegen die billige Berliner Ware 1889/90 bereits zwei Millionen Mark überschritt (1905: 1200 Beschäftigte). Die Spinnerei und Weberei Ettlingen begann ab 1890
die Gunst der Konjunktur durch Erweiterungsinvestitionen zu nützen (1908: 1640
Webstühle und 48126 Spindeln) und steigerte den Umsatz von 2,7 Mio. Mark auf fast
6,7 Mio. Mark im Spitzenjahr 1907. Eine gewisse Marktsättigung wegen verteuerter
Lebenshaltungskosten prägte von da an Produktions- und Umsatzverlauf in der mit
erneuten Rohstoffverteuerungen kämpfenden Baumwollindustrie. 1843 wurden in
Deutschland 470 Gramm Baumwolle je Einwohner verbraucht, vor dem Ersten Weltkrieg waren es sieben Kilo. Um 1900 überragte der Wert der Jahresproduktion der

süddeutschen Baumwollspinnerei bei einem jährlichen Baumwollbedarf von 125 bis 150 Mio. Kilogramm den der norddeutschen Baumwollspinnerei. Insgesamt arbeitete die süddeutsche Textilindustrie im Unterschied zur sächsischen und rheinischen mehr für den inländischen Markt.

Wollverarbeiter

Während sich in Baden die Wollverarbeitung bereits von den fünfziger Jahren an kaum veränderte (1850: 13 kleine Fabriken mit 404 Arbeitern; 1869: 12 Fabriken mit 407 Arbeitern), erhöhte zur gleichen Zeit in Württemberg die maschinelle Wollspinnerei ihre Produktion, wobei Wasserkraft und die Anschaffung produktiverer Maschinen zunehmend den Menschen ersetzten (1861: 74 Wollspinnereien und 96 Tuchfabriken mit 4351 Arbeitern). Auf rund 7,8 Mio. fl wurde der Produktionswert der Erzeugnisse der noch sehr rückständigen Wollweberei (Tuch, Buckskins, wollene Decken, Flanelle, halbwollene Zeuge) damals beziffert. Die in ihrer Produktionsleistung zurückgebliebene württembergische Kammgarnspinnerei (Schachenmayr in Salach; Merkel & Wolf in Esslingen; Gebr. Müller in Winnenden, J. F. Adolff in Backnang) konnte den Vorsprung des Auslands verringern. Ein profilierter Personenkreis aus dem Stuttgarter Wirtschaftsleben gründete 1856 mit einem Aktienkapital von einer Million fl (75% davon im Streubesitz) die Kammgarnspinnerei Bietigheim (anfangs 6000 Spindeln; 1866: 17240), das damals größte Unternehmen seiner Art in Südwestdeutschland. Unter der richtigen Devise, möglichst die feinsten Garne herzustellen, nahm das Unternehmen bis in die siebziger Jahre eine günstige Entwicklung und konnte dann der verschärften Konkurrenz auch mit Hilfe eines angekauften Wollwerkes bei Worms standhalten. Im Jahre 1885 überstieg der Gesamtumsatz von 6,5 Mio. Mark den von 1860 um fast das Zehnfache. Die Reorganisation des Unternehmens ab 1886 fiel in eine Zeit erschwerter in- und ausländischer Absatzverhältnisse für die stark übersetzte deutsche Kammgarnindustrie. Ein Katastrophenjahr erlebten Spinnereien und Webereien 1900, als plötzlich durch einen radikalen Wechsel der Damenmode der Damenrock nicht mehr zehn Meter Stoff, sondern nur noch drei bis vier Meter benötigte. Die Webgarne »sanken unter die Preise von Abfällen«, Massen von Arbeitskräften wurden entlassen. Mühsam arbeitete sich die Wollindustrie bis 1912 wieder in die Gewinnzone vor (Kammgarnspinnerei Bietigheim 1912: 28920 Spindeln). Der ewig dynamische Prozeß der Modernisierung der Unternehmen stachelte den Streichgarnspinner Eugen Adolff in Backnang (einer von 43 in Württemberg) an, die »neueste und beste Spinnerei Süddeutschlands« zu besitzen. Als erster schaffte er sich Selfaktoren an. Adolff, stolz über das Erreichte: »Durch Aufstellung von Maschinen aus England, den ersten dieser Art bisher in Deutschland, bin ich in der Lage, fortan jeder soliden Konkurrenz die Spitze bieten zu können, indem ich sehr schöne egale Garne fabriziere.« Von 140000 Mark im Jahre 1884 stieg sein Umsatz sprunghaft bis 1886 auf 236000 Mark. Anfang der neunziger Jahre mußte die Herstellung halbwollener Strumpfgarne der veränderten Mode geopfert werden. Wenig später surrten 9600 Spindeln bei Adolff, 1905: 24680 Spindeln für Baumwollgarne. Woher Adolff in Backnang diese unbändige Expansionskraft nahm, um sich im Laufe von Jahrzehnten zum bedeutendsten Streichgarnproduzenten Westeuropas vorzuschieben, ist noch ein Geheimnis.

Jahrzehntelang beherrschte die deutsche Wollindustrie den Inlandsmarkt und machte sich heftige, preisdrückende Konkurrenz. Abhängig von feiner, billiger Auslandswolle lehnte sie die angeregte Einführung eines Wollzolls entschieden ab. Dieser »muss politisch als eine sehr unkluge Handlung angesehen werden«, verlauteten die einflußreichen Gebrüder Zoeppritz 1886 in einer eigens von ihnen in Heidenheim herausgegebenen Druckschrift.

Textilausrüster

Ungeachtet der wirtschaftlichen Stockungen der siebziger Jahre konnten Bleichereien, Färbereien und Druckereien ihre Beschäftigtenzahl mehr oder minder erhöhen, ein Trend, der sich bis zu Beginn des 20. Jahrhunderts verlängerte. Die 1871 verlustreich angelaufene Erzeugung der Bleicherei und Färberei Uhingen (Stuttgart) stieg fast geradlinig von 708000 Produktmeter auf über 13 Mio. Meter im Jahre 1890 (1880: 9,3 Mio. m). Eine erwirtschaftete Kapitalrendite, bezogen auf das Aktienkapital (1870: 385715 M.; 1890: 600000) und unter Berücksichtigung von zwei Verlustjahren, von 6,5 Prozent im Durchschnitt war respektabel. Neuinvestitionen im Jahre 1896 in Höhe von 483336 Mark bei gleichzeitiger Aufstockung des Aktienkapitals auf 950000 Mark hoben die Produktion auf 22,3 Mio. Produktmeter (seitdem bis 1913 im Jahresdurchschnitt 22,6 Mio. Produktmeter). Die durchschnittliche Kapitalrendite hob sich, der Gunst der Konjunktur entsprechend, auf 8 Prozent (nur 1902/03 unter 3%).

Der Aufstieg der privaten Bleicherei stand im seltsamen Kontrast zum Niedergang der seit 1851 vom Staat bewirtschafteten Bleiche im Kloster Weißenau bei Ravensburg, von der andererseits wichtige Impulse zur Modernisierung des württembergischen Bleichwesens und zur Veredelung von Baumwollwaren ausgegangen waren. Der Aufschwung des Unternehmens hielt bis 1873 an. Dann kränkelte es wie andere Teile der Textilindustrie, wurde auf Beschluß der Ständeversammlung wegen Unrentabilität als Staatsbetrieb aufgegeben und 1888 an eine (auch heute) sehr leistungsfähige mechanische Baumwollfeinweberei, die Firma Steiger & Deschler GmbH, Ulm-Söflingen (seit

1868; um 1908 etwa 500 Beschäftigte und 1,5 Mio. M. Stammkapital), verpachtet. Die Bleicherei, Färberei und Appreturanstalt in Weißenau erwarb sich nun einen so hervorragenden Ruf, daß sie von ihr veredelte Stickwaren mit dem Prädikat »Made in Switzerland« auszeichnen durfte. Württemberg brachte es, Baden nacheifernd, zu einer hervorragenden Stellung im internationalen Textilveredelungsverkehr, obwohl der der Druckindustrie mit Österreich der Zollgesetzgebung 1882 zum Opfer fiel. Ab 1892 ergab der württembergisch-schweizerische Textilveredelungsverkehr einen positiven Saldenüberschuß zugunsten Württembergs (1895: 47 Veredelungsbetriebe mit 20222 Beschäftigten).

In der Färberei wirkte die Erfindung der synthetischen Farbstoffe revolutionär, in den siebziger Jahren stark leuchtende Farben (Teerfarbstoffe), ein Jahrzehnt später die echteren direkten oder substantiven Farbstoffe (Azofarbstoffe), nach wieder einem Jahrzehnt eine weitere Steigerung der Echtheit durch die Alizarinfarbstoffe und zu Beginn des 20. Jahrhunderts die teuren, aber hervorragend echten sog. Indanthrenfarben. Mit Einführung der neuen Farbstoffe verknüpfte sich beispielhaft der Aufstieg der ursprünglichen Handweberei und Stückfärberei C. F. Ploucquet in Heidenheim (seit 1806) zur Fabrik, spezialisiert auf im Maschinenbetrieb hergestellte Berufskleidung. Die gelungene Indigo-Synthese ließ ein neues Zeitalter der Chemie und der Textilwirtschaft anbrechen.

Seide

In der Seidenfabrikation schien die führende Position Südwestdeutschlands (insbesondere Badens) während des 19. Jahrhunderts wohl nie gefährdet. In Baden nahm sie nach der Jahrhundertmitte einen der Baumwollindustrie ähnlichen starken Aufschwung. Zwischen 1850 und 1869 hatte sich die Zahl der Seidenfabriken reichlich verdoppelt (1850: 11; 1869: 23). Die Zahl der beschäftigten Arbeiter vermehrte sich bei durchschnittlich gestiegener Arbeiterzahl je Fabrik um 267 Prozent (1869: 3517). An der Spitze hielt sich die traditionsreiche, aus dem 18. Jahrhundert stammende Firma Mez, Freiburg, mit 1189 Arbeitern in neun, den Arbeitskräften nachgewanderten weitgestreuten Betrieben, zeitweilig größte Seidenfabrik Deutschlands. Ihre besondere Stellung verdankte die Firma vor allem der überragenden unternehmerischen Leistung von Karl Mez (1808–1877). Er organisierte nicht nur den weltweiten Absatz der Produkte über Alleinvertreter, sondern baute von den vierziger Jahren an ebenso zielstrebig den Rohstoffbezug aus dem Orient auf, statt der bisher eingekauften, mangelhaften italienischen Seiden. Die anderen Großen der südbadischen Seidenindustrie waren Schweizer Unternehmen, Bally & Söhne sowie Kern & Sohn in Säckingen und

der Florettspinner Marcus Bölger in Zell. Schweizer Unternehmern verdankte die
württembergische Seidenweberei, bis ins 20. Jahrhundert durch viele handwerkliche
Kleinbetriebe vertreten, ihren Übergang zum mechanischen Großbetrieb in ständiger
Konkurrenz zu Krefeld. Den Anfang machte 1860 die bedeutende Mechanische Seidenstoffweberei in Waiblingen. Andere namhafte Unternehmen folgten, zuletzt, gegründet 1901, die Mechanische Seidenstoffweberei Reutlingen. Auf stabilem Fundament entwickelte sich die fabrikmäßige Seidenzwirnerei, wohl zuerst auf deutschem
Boden in Isny bei C. U. Springer (gegründet 1804) nachgewiesen und sich seit 1846 in
der Gründung alsbald sehr leistungsfähiger Fabrikbetriebe fortsetzend. Zu bekannten
Markenbegriffen wurden Amann & Söhne im württembergischen Bönnigheim, seit
1854 – heute noch im Besitz der Amann-Erben –, Gütermann & Cie im badischen
Gutach (seit 1864) und die Zwirnerei Ackermann in Heilbronn, gegründet 1868. Die
württembergische Spindelzahl nahm – gemessen an der Spindelzahl – bis zum Zweiten
Weltkrieg den ersten Platz im Deutschen Reich ein.

Als Karl Mez daranging, sogenannte »Bundesfabriken« zu errichten, in denen – der
Zeit weit vorauseilend – die Stammarbeiter Miteigentum und Mitbestimmung hatten,
erlitt er Schiffbruch. Die von ihrem Produktsortiment interessante, 1857 in Emmendingen gegründete Aktiengesellschaft für mechanische Hanf- und Jutespinnerei
(1869: 180 Arbeiter) mußte mit großen Verlusten bald aufgeben. Zur einzig bedeutenden Jutespinnerei und -weberei entwickelte sich von 1886 an die Gebr. Spohn GmbH,
zuerst in Ravensburg, ab 1904/06 wegen der günstigeren Verkehrsanbindung an den
schiffbaren Neckar nach Neckarsulm verlegt. Weltbekannt als Hersteller von Segel-
tuchen und Zelten wurde die 1874 in Konstanz am Bodensee gegründete L. Stromeyer
& Co., nicht minder die AG für Seilindustrie vorm. Ferdinand Wolff in Mannheim-
Rheinau (1902: 4 Mio. M. Aktienkapital).

Maschenware

Nach der Jahrhundertmitte begann der unvorstellbare Aufstieg der in Deutschland
bald führenden württembergischen Maschenwarenindustrie (Wirk- und Strickwaren), durch die ein neues Industrialisierungspotential in die Wirtschaft getragen
wurde, das fast unaufhörlich neue Arbeitsplätze produzierte und zum größten und
wichtigsten Zweig der württembergischen Textilindustrie heranwuchs. Der älteren
handwerklichen Strumpfwirkerei in Württemberg (1861: 830 Meister und Gehilfen)
wäre wohl kaum aus eigener Kraft der Sprung ins Industriezeitalter gelungen, als sich
in den dreißiger Jahren des 19. Jahrhunderts die entscheidende Wende zum mechanischen Betrieb mit der zunehmenden Verwendung von Baumwoll- statt bisher Woll-

garn und dem Aufkommen des für die Trikotagenherstellung geeigneten Rundwirkstuhls abzeichnete. Staatliche Hilfsmaßnahmen erwiesen sich als unerläßlich, um den
Vorsprung der anderen Textilländer einzuholen. Auf Betreiben Wilhelm Bengers, der
1844 das zu Weltruhm gekommene Stuttgarter Haus Benger als Handwerksbetrieb
gegründet hatte, wurde das Staatsinteresse auf die Beschaffung des in London 1851
ausgestellten Zirkularwirkstuhls des Franzosen Fouquet gelenkt. Gegen Gewährung
einer Subvention von 10000 Gulden gelang es 1852, den Rundstuhlbauer Fouquet aus
Troyes zu veranlassen, eine Fabrik für Rundmaschinenbau in Stuttgart zu errichten.
Der Kauf der ersten 50 Fouquet-Stühle (Preis rd. 520 fl je Stück) wurde zudem mit
50 fl aus der Staatskasse prämiiert. Ein befreundeter Kaufmann lieh Benger die restlichen 470 Gulden zur Anschaffung eines ersten modernen Rundwirkstuhls. Fünf davon arbeiteten bei Benger im Jahre 1856. Die handwerkliche Einzelfertigung von Maschenware glitt langsam in die fabrikatorische Massenproduktion über, zu der die Einführung von Trikotagen bei der württembergischen Armee von der Nachfrageseite
her einen weiteren Anstoß gab. Über ein Dutzend zwischen 1856 und 1869 gegründete
Fabrikbetriebe der Trikotindustrie (Raum Balingen – Ebingen – Stuttgart) unterwarfen sich dem Regime der neuen Masche (u. a. H. Moos, Buchau, seit 1858; R. Müller,
später Mattes & Lutz, Besigheim, seit 1864).
Die öffentliche Diskussion um die von dem Stuttgarter Professor Jäger propagierte
Verwendung von wollener Maschenware und die von dem Arzt Dr. Lahmann gepriesene baumwollene Mako-Unterkleidung förderte nach 1871 ungemein sowohl die
Strickwaren- als auch die Trikotagenindustrie. Eine stark zunehmende Nachfrage und
bedeutende technische Fortschritte (Einführung der Näh- und Strickmaschine) reizten bei gleichzeitig zahlreichen Neugründungen von Firmen zu einer beträchtlichen
Produktionsausweitung, die in den achtziger Jahren jedoch zu einer bedrohlichen
Überproduktion hochschwappte. Der anhaltende Preissturz für Fertigware riß manche Fabrik in den Konkurs. In den neunziger Jahren bemühten sich die Unternehmen,
ihre Organisationsstruktur zu optimieren, wurde in eine neue Maschinengeneration
investiert und die Produktion auf feinere Waren und Spezialartikel (Kinderartikel
u. a.) ausgerichtet. 1913 beschäftigte R. Vollmoeller in Vaihingen/F. (seit 1881), die
größte Trikotfabrik Württembergs, etwa 3000 und Benger etwa 1500 Arbeiter. An der
Spitze der vor allem im Reutlinger Raum ansässigen Strickwarenindustrie marschierte
Wilhelm Bleyle aus Feldkirch, der 1889 in Stuttgart mit acht Beschäftigten anfing und
sich bis zum Ausbruch des Ersten Weltkriegs zum größten Strickwarenhersteller
Europas emporschwang (1913: 1400 Arbeiter). Die Rundstrickmaschine lieferte das
Ausgangsmaterial, die Strickstoffbahnen für die konfektionierten Textilien, erschwinglich für möglichst breite Käuferschichten. Auf dem allgemeinen Enthusias-
mus für das Maritime schwammen die Umsatzerfolge des von Bleyle schon 1890 im

Kinderprogramm herausgebrachten Matrosenanzugs. »Bleyle-Anzüge«, fast Status-Symbole, waren ein halbes Jahrhundert weltbekannt.

Mieder

Bereits 1848 wurde in Württemberg die aus der Not der Baumwollweberei geborene Korsettweberei nach französischem Vorbild eingeführt, anfangs mit geringem Erfolg. Doch namentlich mit dem von Anbeginn starken Export der bis in die achtziger Jahre kunstvoll in Form gewebten, dann genähten und in beheizten Kupferformen modellierten Korsetts, luxuriöse Triumphstücke damenhafter Unterkleidung, wuchs die Bedeutung dieses Industriezweiges (in Württemberg 1860: 800 Stühle). Die heutigen Susa-Werke in Heubach wurden 1859 mit 30 Webstühlen gegründet, die Felina GmbH in Mannheim 1885 (1907: 331 weibliche und 21 männliche Arbeitskräfte). Um Exportchancen wahrzunehmen, begann die Korsettfabrik Gross & Co. in Bruchsal 1866 sogleich mit 200 Webstühlen, ebenso vielen Webern und 240 Hilfsarbeiterinnen. Die Firma Ottenheimer stellte von 1871 bis 1889 insgesamt 8 639 000 gewebte Korsetts her, die fast ausnahmslos nach Amerika gingen. Die Umstellung von Hand- zum Maschinenbetrieb fand in der damals schon im Niedergang begriffenen Korsettindustrie (1907 in Württemberg 66 Betriebe mit 2691 Beschäftigten) gegen Ende des 19. Jahrhunderts statt.

Laut Statistik von 1907 stellte die gesamte Trikotwarenindustrie mit 15 149 Beschäftigten weit vor der Baumwollweberei (9775) und der Baumwollspinnerei (8795) den bedeutendsten Zweig der württembergischen Textilindustrie dar. Schon in den fünfziger Jahren hatte die klassische Baumwollindustrie in Südwestdeutschland ihre Rolle als Motor der Industrialisierung eingebüßt. Branchen der exportorientierten Qualitäts- und Feinindustrie übernahmen ihre Funktion. Nach einer offiziellen Erhebung von 1898 exportierten 69 erfaßte Unternehmen der württembergischen Textilindustrie mit 21 051 Beschäftigten (das war etwa die Hälfte der Beschäftigten der Textilindustrie) Waren im Wert von über 7,1 Mio. Mark allein nach Übersee und bezogen selber Rohstoffe von dort jährlich im Wert von 12,2 Mio. Mark. Zu Beginn des 20. Jahrhunderts gab es in New York und Chikago Spezialgeschäfte ausschließlich für württembergische Trikotwaren und fehlten dort in Damengeschäften nicht die »oeilletierten« (rückenverschnürten) Korsetts aus Südwestdeutschland. Mit neun handbetriebenen Rundstühlen errichtete der junge Schweizer Unternehmer Jacques Schiesser im badischen Radolfzell 1876 eine Fabrik für Tricot-Weberei und Färberei. Ende des Jahrhunderts beschäftigte er 1000 Mitarbeiter an mehr als 120 elektrisch betriebenen Rundstühlen und 700 Nähmaschinen, produzierte täglich 12000 Stück Fertigware, darunter neue Produkte und Erfindungen (Knüpftrikot, Abhärtungswäsche u. a. m.) und war mit seinen Erzeugnissen besonders auf orientalischen und asiatischen Märkten präsent.

Metallindustrie als Wachstumsbranche: Bijouterie

Spätestens 1895, als in Baden nach wie vor das Nahrungs- und Genußmittelgewerbe unter den Gewerbegruppen die meiste Beschäftigung auf sich zog und in Württemberg die fabrikarme Gruppe Bekleidung und Reinigung am beschäftigungsstärksten war, begannen sich die Metallverarbeitung sowie der Maschinen-, Instrumenten- und Apparatebau sowohl in Baden (Beschäftigungsanstieg bis 1907 um 71 %) wie auch in Württemberg (um 61 %) als die zukunftsträchtigen Wachstumsbranchen zu erkennen zu geben. Fast 77000 neue Arbeitsplätze waren in diesen Industriegruppen zwischen 1895 und 1907 geschaffen worden, im Jahresdurchschnitt also 6415, dagegen nur 3374 Arbeitsplätze im Jahresdurchschnitt 1882–1895. Der große Beschäftigungszuwachs in der badischen Metallverarbeitung war in erster Linie der enormen Kraftentfaltung und stürmischen Expansion der Pforzheimer Bijouterie zuzuschreiben, ein Zahlenrausch der Prosperität gleichsam: Im Jahre 1845 waren es 17 Betriebe mit 1048 Arbeitern, 1858: 42 Betriebe mit 2716 Arbeitern, 1869 unter fortschreitender Spezialisierung: 93 Betriebe (mit mehr als 20 Beschäftigten) mit 5998 Arbeitern und 1885: 661 Betriebe mit 7069 Arbeitern. Im Jahre 1914 boten sich in der Bijouterieindustrie des Einpendelzentrums Pforzheim mit »nur« 75000 Einwohnern mehr als 30000 Arbeitsplätze an. 1864 machte die Pforzheimer Bijouterie, obwohl reiner Luxusgüterproduzent, einen Warenumsatz von etwa 14 Mio. Mark, 1885 von 29 Mio. Mark und 1910 von über 200 Mio. Mark. Das aufgekommene Kreditwesen erleichterte seit den fünfziger Jahren das Entstehen zahlreicher, bald vorherrschender Klein- und Mittelbetriebe (mit 136 Arbeitern betrieb 1869 Johann Hiller die größte Bijouteriefabrik), und der Ausbau der Eisenbahnen eine vorteilhafte Neustrukturierung der Absatzorganisation, in der der Großhändler und Exporteur die Vermarktungschancen wahrzunehmen hatte. Der von Wien im Mai 1873 ausgegangene Börsenkrach riß jedoch die Pforzheimer Bijouterie in eine schwere Krise der Beschäftigungslosigkeit, von der sie sich erst wieder in den achtziger Jahren erholte. Einen neuen Wachstumsstoß brachte die bald großbetriebliche Verarbeitung von ausgezeichnetem »Amerikaner-Doublé«. Die württembergischen Bijouterie-Standorte, Gmünd und Heilbronn, blieben hinter dem glänzenden Aufstieg Pforzheims zurück, wenngleich auch hier mit dem industriellen Aufschwung seit der Jahrhundertmitte die Zahl der Neugründungen und Umbildungen von Gesellschafts- in Einzelfirmen erheblich war und neue Technologien auf-

genommen wurden (1895: 5000 Arbeiter). Die nach Heilbronn als Handelsleute zugewanderten Bruckmann betrieben schon 1800 das führende Unternehmen der Silber-
warenfabrikation. 1864 begann Bruckmann und Söhne mit der maschinellen Herstellung versilberter Bestecke (1889: 400 Beschäftigte). 50 Mio. Mark hatten die Bruckmann nach ihren Angaben von 1805 bis 1905 umgesetzt. Die Silber- und Metallwarenfabrik Erhard & Söhne in Gmünd, gegründet 1843 mit Hilfe von Handelskapital, ver-
wertete als eine der ersten deutschen Fabriken von 1857 an die Galvanoplastik. Auf
Betreiben der badischen Regierung wurde im Jahr zuvor in Karlsruhe eine Filiale der
Pariser Silberwarenfabrik Christofle angesiedelt (1861: 140 Arbeiter; 1869: 84 Arbeiter), die zuerst nach dem neuartigen galvanoplastischen Verfahren Tafelgerät versil-
berte. Weltruf erlangte das Silberwarenwerk von Gustav Kühn, das der zugewanderte
Wiener Johann Kühn 1860 in Gmünd als Goldwarenfabrik gründete. In etwa 140 Betrieben der Schmuckfertigung (Mehrzahl Handwerksbetriebe) wurden 1870 in
Gmünd rund 2000 Arbeiter beschäftigt. Den künstlerischen Gehalt in den damaligen
Gmünder Industrieerzeugnissen aber wird man vergebens suchen. Während der anschließenden Renaissance-Bewegung brachte Gmünd (Gustav Hauber, seit 1870;
Hermann Bauer, seit 1868; Julius Erhard, seit 1844) gute Gewerbekunst hervor, die
freilich, um verkauft zu werden – zu zwei Dritteln im Ausland – alle Schwankungen
des modischen Geschmacks fortan mitmachen mußte, vom Pariser Königsstil bis hin
zu den Linienmustern des heute wieder geschätzten Jugendstils. Nach einem Konsu-
latsbericht aus Havanna (Kuba) von 1866 setzte dort allein Ott & Co. aus Gmünd
jährlich für etwa 200000 fl Goldwaren ab. Mit der Fabrikation von silbernem Tafelgeschirr schoben sich die Gmünder Silberwarenhersteller in für sie gefährliche Marktbereiche vor, für die die 1880 als Aktiengesellschaft gegründete Württembergische Metallwarenfabrik in Geislingen die preisgünstigeren Angebote produzierte. Sie war aus
der Fusion der unter Kapitalmangel leidenden Metallwarenfabrik Straub & Schweizer
in Geislingen (seit 1853) und einer ursprünglich Stuttgarter Metallwarenfabrik hervorgegangen, beides Hersteller von versilbertem Gebrauchs- und Schmuckgerät. Die von
1888 an fabrizierten versilberten Bestecke aus Geislingen erfreuten sich rasch wachsender Beliebtheit. Mit neuem Marketing, Läden in allen Teilen der Erde, sicherte sich
die Geislinger Fabrik (1870–1890 im Jahresdurchschnitt, ohne Filialen, 810 Beschäftigte; 1891–1910 im Jahresdurchschnitt 2500 Beschäftigte) den Absatz für ihre großbetriebliche Massenproduktion.

Instrumentenmacher

Einen anderen Zweig der Metallverarbeitung stellten die aus der Tradition der frühen
Neuzeit erwachsenen Tuttlinger Messerschmiede dar, neben dem dortigen Schuhge-

werbe bis in die zweite Hälfte des 19. Jahrhunderts der bedeutendste Gewerbezweig in der württembergischen Oberamtsstadt (1839: 66 Meister; im Jahre 1874: 164 Meister und 112 Gehilfen). Unter dem Druck der billiger produzierenden Solinger Konkurrenz war das Tuttlinger Messerschmiedehandwerk vom ausgehenden 19. Jahrhundert an zu unaufhaltsamem Niedergang verurteilt und bis 1914 bedeutungslos geworden. Im Schoße des untergehenden alten wurde jedoch ein zukunftsträchtiges neues Gewerbe geboren, das des Instrumentenmachens für die Chirurgie. Als deren Urahn und Pionierunternehmer gilt der auslandserfahrene Tuttlinger Messerschmied Gottfried Jetter, der mit einem kleinen Handwerksbetrieb 1867 anfing und nach zehn Jahren, begünstigt durch Heeresaufträge 1870/71, bereits eine mit Hilfsmaschinen mechanisierte Fabrik besaß (1878: 120 Beschäftigte; 1914: 1400 Beschäftigte), ein in Deutschland einmaliges Unternehmen (seit 1895 AG für Feinmechanik vormals Jetter & Scherer). Neben diesem Großbetrieb und weniger in Gefahr, von ihm erdrückt zu werden, behaupteten sich in der Instrumentenbranche durch die starke Spezialisierung auf bestimmte Instrumente – auf Zahninstrumente, Ohren, Nasen- oder Kehlkopfinstrumente usw. – über ein Dutzend leistungsfähiger kleinerer Unternehmer und handwerklicher Instrumentenmacher in Tuttlingen und Umgebung.

Blechwaren

Auch eine weitere württembergische Besonderheit, die Blechwarenfabrikanten (1895: 2700 Arbeiter) in Esslingen und Göppingen und die Metalltuchhersteller in Reutlingen machten im Zeitalter der Hochindustrialisierung durch ihre Geschäfts- und Exporterfolge auf sich aufmerksam. Württemberg wurde zur Heimat des Blechspielzeugs. Von etwa 1813 bis 1904 stellte Rock & Graner in Biberach vielbewundertes und begehrtes Blechspielzeug her, zuletzt verblüffend ähnliche, originalgetreue Miniatureisenbahnen wie Märklin in Göppingen (seit 1859). Das damals »Schönste« an fein lackierten Metallspielwaren – Puppenmöbel, Soldaten, Wägelchen, schwimmfähige Schiffe – kam Ende des 19. Jahrhunderts nach dem Urteil von Eugen Märklin von Ludwig Lutz aus Ellwangen (1846–1891; Jahresumsatz mit 15 Arbeitern 90000 M.). Märklin erwarb das Geschäft von Lutz wegen der Verkaufserfolge des noch nach veralteten Methoden und großenteils überlebten Mustern hergestellten Spielzeugs. Auf der peinlich genauen Nachahmung der technischen Verkehrsmittel des Industriezeitalters und ihrer Umsetzung in Kinderspielzeug gründete sich der Weltruf der Gebr. Märklin & Cie. in Göppingen als auch die Beliebtheit der Erzeugnisse der Puppenküchenhersteller F. & R. Fischer (Göppingen) und C. F. Dietrich (Ludwigsburg). 38 befragte Metallwaren-Unternehmen Württembergs mit 10343 Beschäftigten ex-

portierten 1898 Waren im Wert von 4,506 Mio. Mark nach Übersee und bezogen von
dort Güter im Wert von nur 2,577 Mio. Mark.

Uhrenindustrie

Für die Exportstärke der Metallverarbeitung, die mit weit weniger Kapital als die Textilindustrie höhere Einkommen als diese erzielte, sorgte nicht zuletzt die traditionsreiche Schwarzwälder Uhrenindustrie. Mit Bildungsinvestitionen (Gründung von
Gewerbeschulen der Uhrmacherschule in Furtwangen 1850–1864, von Interessenvertretungen, Einführung des Beratungswesens, Vermittlung von besserem Werkzeug
u. a.) bemühte sich der Staat, den Notstand der Uhrmacherei um die Jahrhundertmitte
zu überwinden und die Uhrenfertigung auf das höhere Niveau des im Ausland erreichten technischen Fortschritts zu heben. Württembergische Uhrenfabriken (Bürck
u. Mauthe in Schwenningen) wurden aus der Staatskasse subventioniert. Doch als sich
in den fünfziger Jahren Exporterfolge wieder einstellten, ließen sich die badischen und
württembergischen Uhrmachermeister im Schwarzwald (insgesamt etwa 2000) gern
über den Ernst ihrer Lage hinwegtäuschen. Im Jahre 1857 wurden im badischen
Schwarzwald etwa 700000 Uhren hergestellt, um die gleiche Zeit im württembergischen Schwarzwald 42000–45000 Stück. Allzu langsam fand die fabrikmäßige Produktion in den entlegenen Schwarzwaldorten Eingang und ließ sich die Abhängigkeit
von den Spediteuren lockern. Bezeichnenderweise gab es in Baden 1869 erst sieben
Uhrenfabriken mit mehr als 20 Arbeitern (insgesamt 534 Arbeiter). Die weitaus größten unter ihnen waren die 1851 gegründete »AG für Uhrenfabrikation« in Lenzkirch
(175 Arbeiter und Jahresproduktion von 7000–8000 Uhren) und das Neustädter Unternehmen der elsässischen Uhrenfabrikanten Fürderer, Jägler & Co. (194 Arbeiter).
Im Durchschnitt machte die Lenzkircher Fabrik zwischen 1885 und 1910 mit 376 Arbeitern einen Jahresumsatz von 644000 Mark (Umsatzrendite 1,7%).
Die Uhrenfabriken der Gebrüder Junghans in Schramberg beschäftigten 1868 72 Arbeiter und produzierten wöchentlich 360 Uhren. Noch gab es im Schwarzwald keine
Massenuhrfertigung, noch wurde das risikobehaftete Wagnis der Fabrikgründung,
angewiesen nur auf eigenes Geld und das der Verwandten, gescheut. Aus oft alten
Schwarzwälder Sippen, aus Uhrmacher- und sonstigen Handwerkerfamilien oder solchen, die vom Uhrenhandel, von der Uhrenpackerei und von sonstigem Handel lebten, sind die Fabrikgründer seit den achtziger Jahren hervorgegangen. Meist begannen
sie selber als kleine Handwerker oder Händler, ehe sie den Aufstieg zum Unternehmer
wagten. Sechs badische und zwei württembergische Uhrenfabriken des heutigen
Kammerbezirks Schwarzwald-Baar-Heuberg schrieben ihren Ursprung in die Zeit

Württembergischer Gewerbesteuerkataster 1876 (Betriebe mit mehr als 700 M. Gewerbeeinkommen)			
Branche	Zahl der Betriebe	Betriebs- kapital (M.)	Geschätztes Gewerbe- einkommen (M.)
Metallverarbeitung	4 423	24 139 300	11 096 997
Maschinen und Instrumentenbau	1 528	17 026 400	5 716 345
Chemische Industrie	426	9 932 500	2 639 467
Textilindustrie	1 939	50 332 300	11 998 692
Nahrungs- und Genußmittel	9 767	85 206 700	28 862 463

vor 1850 zurück, so die Wehrle-Uhrenfabrik in Schönwald, seit 1815 (seit 1890 vor allem Weckerfabrik), die Uhrenfabrik Schlenker & Kienzle in Schwenningen, seit 1822 (Fabrik seit 1883; 1908: 1700 Arbeiter), und die Uhrenfabrik Friedrich Mauthe in Schwenningen, 1844–1976 (seit 1881 Fabrik; 1908: 1150 Arbeiter).

Als die Gründerkrise abflaute, während der die Uhrmacher »so gut wie nichts« verdienten, stellte Junghans seinen ersten, zunächst als Nürnberger Spielzeug verlachten Wecker vor. Er begründete den Weltruf der Junghans-Werke und galt über ein halbes Jahrhundert als Junghans-Standard-Wecker. Der Wettbewerb ging nun um den Wecker. »Der Sieg war eine Frage des größeren Kapitals, der gefälligeren Modelle, der höheren Qualität, der schärferen Kalkulation und der besseren Verkaufsorganisation« (Junghans). Die Umstellung auf billige Uhrenfabrikation nach amerikanischem System und mit amerikanischen Maschinen begann. Dem Beispiel von Junghans folgten der Schwager Paul Landenberger (seit 1884 »Hamburg-Amerikanische Uhrenfabrik«), dann Philipp Haas & Söhne (1867–1929) im badischen St. Georgen. Von da an überstürzten sich fast die Firmengründungen bis 1914 in den Kammerbezirken Villingen und Rottweil, mindestens 75 sind statistisch faßbar (darunter Hanhart in Schwenningen und Gutenbach seit 1882, Peter-Uhren Rottweil seit 1876, Jahresuhrenfabrik August Schatz & Söhne Triberg seit 1881). Im Schatten der Großen gediehen weiterhin Mittel- und Kleinbetriebe, die sich auf die Fertigung von besonderen Uhren oder auf Zulieferfunktionen spezialisierten.

Die ehrgeizigen gleichzeitigen württembergischen und badischen Pläne, die fabrikmäßige Produktion von Zylinder-Taschenuhren anzuregen und im großen Maßstab aufzuziehen, erbrachten nach anfangs gedeihlichen Fortschritten und trotz staatlicher

Subventionen nicht den gewünschten Erfolg. Die erste bei Junghans 1886–1890 gebaute Taschenuhr stand mit der Genauigkeit auf dem Kriegsfuß und war zur schweren
Zwiebel geraten. Ein mit Hilfe eines Schweizer Uhrmachermeisters unternommener
zweiter Anlauf zeitigte kein mit ausländischen Taschenuhren konkurrenzfähiges Produkt. Erst durch die zeitweilige Fusion von Junghans und Haller, zwei ungleiche Partner mit unterschiedlichen expansiven Auffassungen, zur Firma »Vereinigte Uhrenfabriken Gebrüder Junghans und Thomas Haller AG« (1900–1903), Schramberg, kam
Junghans wieder in unmittelbaren Kontakt mit der Herstellung wohlfeiler Taschenuhren, deren fabrikmäßige Großherstellung bei Junghans im folgenden Jahrzehnt anlief. Der sich seit 1890 verschärfende Wettbewerb unter den Herstellern von Uhren
»amerikanischer Bauart«, der zuerst in einem Chaos von Preisunterbietungen, dann in
versuchten Fusionsbestrebungen der »großen Fünf« (Junghans, Mauthe, Kienzle,
Landenberger, Haller) mündete, konnte sich Junghans unmittelbar vor dem Ersten
Weltkrieg durch einen bedeutenden, wenngleich gefährlichen technischen Vorsprung
entziehen, durch die ersten in Deutschland herausgebrachten nachtleuchtenden Taschenuhren und Taschenwecker (Radium-Zifferblätter). Im Jahre 1904 stellte Junghans als größte Uhrenfabrik der Welt (über 3000 Beschäftigte) 4,2 Mio. Uhren her und
machte damit – heute kaum vorstellbar – nur 12 Mio. Mark Umsatz. Die USA waren
1913 vor Rußland die Hauptabnehmer der aus dem Schwarzwald exportierten Ta-
schen- und Großuhren. Mit Hilfe der amerikanisch rationalisierten Großfabriken
überflügelte die württembergische Uhrenproduktion (1907: 5369 Arbeiter) das jahrhundertelange Übergewicht der badischen Uhrenherstellung (1907: 3258 Arbeiter).

Apparate, Waffen, Munition

Die Uhrenproduktion zog bereits vor 1914 andere Betriebe der Metallverarbeitung
und des Apparatebaus nach sich, ließ sich doch aus dem durch die Uhrenindustrie angereicherten hohen technischen Wissen und Können leicht Nutzen ziehen. Es entstanden die ersten Betriebe der elektrotechnischen, der Phono- und Fahrzeugzulieferin-
dustrie. Aus der Uhrmacherei kamen die Gebrüder Steidinger in St. Georgen, die 1897
ihr Geschäft mit dem Grammophon ankurbelten. Unter dem Firmennamen »Perpetuum-Ebner« fertigte Christian Steidinger ab 1911 Laufwerke für Berliner Grammo-
phonproduzenten. Die Wernersche Uhrenfabrik in Villingen, der seit 1928 die
Kienzle Apparate GmbH nachfolgte, stieß in den neuartigen Taxameterbau vor.
Aus der kleinen staatlichen Gewehrfabrik in Oberndorf, gegründet 1811 – die älteste
noch heute bestehende Waffenfabrik Deutschlands, württembergisches Gegenstück
zur badischen Gewehrschmiede in St. Blasien –, erwuchs unter dem Namen Mauser-

Werke ab 1874, damals unter Beteiligung der Württembergischen Vereinsbank mit einer Million Mark, einer der größten deutschen Infanteriewaffenhersteller. Die Gebrüder Mauser hatten ein dem französischen Chassepot aus dem Krieg 1870/71 überlegenes Hinterlader-Gewehr entwickelt. Auf von Bayern, Württemberg und Preußen erteilte Großaufträge für Gewehre folgten solche von Serbien (120000 Gewehre). Infolge der finanziell schwierigen Lage des Unternehmens, das seit 1878 ohne Reingewinn arbeitete, wurde es 1884 auf Drängen der Vereinsbank, der auch die kaufmännische Leitung bis 1887 oblag, in eine KG auf Aktien umgewandelt (Grundkapital 5 Mio. M., davon 2 Mio. M. ausgegeben). Im Zusammenhang mit einem an Mauser und Loewe ergangenen türkischen Großauftrag über 550000 Gewehre und Karabiner verkaufte die Vereinsbank ihr Aktienpaket von zwei Millionen Mark an die Firma Loewe & Co., einen einflußreichen Konzern, der 1869 in Berlin mit dem Bau von Nähmaschinen begonnen hatte und schon bald ins gewinnträchtige Rüstungsgeschäft, dann in die Elektrizitätswirtschaft und schließlich in den Maschinenbau einstieg. Auch die badische Waffenschmiede gelangte an den Loewe-Konzern. Wilhelm Lorenz, ein bedeutender Erfinder, seit 1878 Inhaber der Karlsruher Metallpatronenfabrik (gegründet 1872), verkaufte 1889 für den von ihm geforderten hohen Preis von fünf Millionen Mark – die höchste Summe, die bis dahin für ein südwestdeutsches Industriewerk gezahlt wurde – sein Unternehmen an Ludwig Loewe & Cie. Die Deutsche Metallpatronenfabrik Karlsruhe, die Munition und Munitionsmaschinen lieferte (1880 im Wert von 1,32 Mio. M.), wurde als Aktiengesellschaft mit einem Kapital von sechs Millionen Mark, zu zwei Dritteln von Max v. Duttenhofer, Direktor der Köln-Rottweiler Pulverfabriken und zu einem Drittel von Loewe übernommen. Im Rahmen des Loewe-Konzerns weitergeführt, wurde sie 1896 mit den anderen von Loewe erworbenen Waffenfabriken zu den Deutschen Waffen- und Munitionsfabriken Berlin-Karlsruhe zusammengefaßt, damals nach Krupp größter deutscher Rüstungskonzern (1900: 2270 Beschäftigte). Im gleichen Jahr hatte Mauser die begehrte Selbstladepistole Kaliber 7,63 mm herausgebracht (bis 1908: 70000 Stück verkauft), zwei Jahre später das in der deutschen Armee eingeführte und noch im Zweiten Weltkrieg benutzte »Gewehr 98«. Aufschlußreich und typisch für schwäbischen Besitzerstolz waren die Sozialverhältnisse der Mauser-Arbeiter, im Jahre 1907 insgesamt 2770. Davon besaßen die 706 Hauseigentümer 1012 Hektar Grund und Boden sowie 1086 Stück Rindvieh und 618 Schweine. Die schwäbisch-alemannische Schollenkleberei, oft verpönt, half allemal, Risiko abzusichern.

Gießereien

Als wichtigster Rohstofflieferant für die metallverarbeitende Industrie fungierten die
ständig mit Rauch, Dampf und Hitze kämpfenden Metallgießereien, die zahlreichen,
teilweise recht alten Gelb- und Rotgießereien (Kupfer, Messing, Bronze) sowie die in
größerer Zahl erst im 19. Jahrhundert entstandenen Eisen- und Stahlgießereien, in
Württemberg zwischen 1839 und 1913 insgesamt 45 (von 49), von denen 36 mit Maschinenfabriken verbunden waren, also gemischte Betriebe darstellten. Kundengießereien befanden sich in der Minderzahl. Die zunehmende Nachfrage der gußverbrau-
chenden Industrie zog die Entstehung leistungsfähiger Gießereien nach sich (Produk-
tionsanstieg der württembergischen Eisen- und Metallgießereien von 1871–1906 um
603 % von 9200 t auf 55450 t). Nordbaden entwickelte sich durch seinen Maschinenbau zu einem Zentrum des Eisengusses, während die standortproblematische Gießerei
im Kohlen- und Metallverbrauch sparsamen Württemberg weit unter dem Reichsdurchschnitt lag (1907 Baden: 83 Eisengießereien mit 7018 Arbeitern; Württemberg:
55 Eisengießereien mit 4099 Arbeitern). Bis in die fünfziger Jahre des 19. Jahrhunderts
deckten die württembergischen Staatswerke weitgehend den Bedarf des Landes an
Gußeisen und gußeisernen Konstruktionsteilen. Obwohl Wasseralfingen mit Abstand die weitaus größte Gießerei in Württemberg blieb, ließ sich der stark angestie-
gene industrielle Bedarf an Gußeisen nur mit Hilfe der ausgeweiteten Produktion der
Privatgießereien (in der Hauptsache Nebenbetriebe) befriedigen.
Seit Einführung des Schutzzolls für Eisen im Jahre 1879 (1 M. je 100 kg) lohnte sich für
die maschinenbauenden Großbetriebe um so mehr der Unterhalt einer eigenen Eisengießerei, der kostensparende Verbund, da die Preise für Grauguß fast kontinuierlich
bis 1907 anzogen. Die von der Eisengießerei H. Th. Hopff in Ulm (seit 1864) erzielten
Erlöse je 100 kg Grauguß-Artikel beliefen sich im Geschäftsjahr 1884/85 auf 18,95
Mark und im Jahr 1907 auf 29,03 Mark (1905: etwa 90 Arbeiter). Bei Gießereien mit
eigener Maschinenfabrik wurden die Gußerzeugnisse, die anfangs viel zur Unternehmensfinanzierung beitrugen, zunehmend für den eigenen Maschinenbau verwendet,
so daß die Aufträge auf fremde Rechnung anteilmäßig zurückgingen. Das galt beispielsweise für die Firma A. Stotz AG, die 1860 als kleine Tempergießerei für Maschi-
nenteile in Stuttgart begann, sich bald auf diesem Gebiet große Bedeutung erwarb und
1908 einen modernen Großbetrieb in Kornwestheim errichtete. Über zwei Jahrzehnte
bis 1894/95 lag der Umsatz von Stotz unter 500000 Mark, kletterte 1899/1900 über die
Millionengrenze und erreichte 1912/13 fast 2,5 Mio. Mark, wobei den Hauptumsatz
nun die Maschinenfabrik machte. Die Eisengießerei Streicher, 1871 in Cannstatt gegründet, begann mit Kunstguß, verlegte sich dann auf den Kundenguß, gliederte sich
1900, als der Nachbar Kuhn wankte, eine moderne Kesselschmiede an und erschloß

sich seitdem auch im Bau- und Kanalisationsguß ein bedeutendes Marktsegment. Bis in die neunziger Jahre brachte der Eisenguß auf fremde Rechnung den Hauptumsatz der 1855 gegründeten Badischen Maschinenfabrik Durlach (Sebold) und sicherte dem Unternehmen (550000 Mark Aktienkapital) 1890/91 eine Kapitalrendite von 14 Prozent.

Der heute führende Hersteller von Tempergußfittings in Westeuropa ist das Werk Singen der Georg Fischer AG Schaffhausen, 1895 gegründet. Bereits 1899 bot das Unternehmen 1692 Fitting-Sorten an und war bis 1905 auf 1400 Mitarbeiter angewachsen. Aus der ursprünglichen Kombination von Drahtzug, Hütten-, Hammer-, Walz- und Schmelzwerk ging 1851 die erste Kettenfabrik Südwestdeutschlands, das Eisen- und Drahtwerk Erlau (Aktienkapital 1870: 250000 fl), hervor.

Die in der Firmenkontinuität bis ins 16./17. Jahrhundert zurückreichende Glockengießerei (in Villingen seit 1570; Heinrich Kurtz in Reutlingen seit 1690) erschloß sich teilweise schon im 18. Jahrhundert neue Produktbereiche, stellte neben Kunstguß häusliches Gebrauchsgerät her und wuchs zunehmend in die Produktion von hochwertigen Halbfabrikaten für Industrie und Technik hinein. Die Kurtzschen Feuerspritzen genossen seit dem 18. Jahrhundert den besten Ruf. Zum leistungsfähigsten deutschen Messingverarbeiter entwickelte sich die in den Aufschwung der Elektroindustrie einbezogene, rasch expandierte Firma Wieland & Cie., Ulm (1911: 1700 Beschäftigte; 1887: 320). Die andauernde Ausweitung des Marktes für Nichteisen-Metalle bedeutete eine ständige Herausforderung an die Unternehmen und wurde als solche von ihnen angenommen. Man lernte, mit stark schwankenden Rohstoffpreisen zu kalkulieren. Auch die Rotgußmaschinenteile herstellenden Gießereien (Metallwerk Richard Ammer, Reutlingen u. a.) sowie die zunächst Armaturen für Brauereien, Brennereien, Papierfabriken, Wasserleitungen usw. produzierenden Gelbgießereien tendierten mit der Zeit dazu, sich selber als Maschinenbauer zu betätigen. Die Zulieferer entwickelten den Ehrgeiz und die Fähigkeit, Hersteller von Endprodukten zu sein. Kreidler's Metallwerke, Stuttgart-Zuffenhausen, die späteren Zweiradhersteller (gegr. 1903; von 1906–1982 in Zuffenhausen), stiegen nach anfänglich unrentabler Fabrikation von Feindrähten aus Buntmetall auf die Herstellung von Elektrolytkupferdrähten und Messingstangen für Elektrizitätswerke bzw. für die Automobilindustrie und Uhrenhersteller um. Mit dem Automobilzylinderguß begann zuerst die Maschinenfabrik Esslingen. »Kolben-Schmidt« in Neckarsulm baute vor dem Ersten Weltkrieg in seinem damaligen »Ölfeuerungswerk« Industrieöfen und goß nebenbei Metallstücke. Das insgesamt eigenartige, wirtschaftlich vernünftige »Conubium« zwischen Metallgießereien und Maschinenfabriken entpuppte sich in seinem fruchtbaren, ständig Neues hervorbringenden Wechselverhältnis als ein den Industrialisierungsprozeß wesentlich beschleunigendes und bereicherndes Element.

Umfrage über Überseehandel 1898			
	Befragte Unternehmen	Beschäftigte	Übersee-Ausfuhr in Mio M.	Übersee-Einfuhr in Mio M.
Württemberg:	225	58446	28,623	20,195
Baden:	183	46588	34,717	96,611
Textilind. (Württ.):	69	21051	7,110	12,237
Textilind. (Baden):	20	6273	1,351	7,668
Maschinen- und Instrumentenbau (Württ.):	50	13837	9,042	1,228
Metallverarbeitung (Württ.):	38	10343	4,506	2,577
Nahrungs- und Genußm. (Württ.):	9	2725	0,761	0,993
Nahrungs- und Genußm. (Baden):	27	6916	1,271	13,077

Eisenbahnindustrie

Die wichtigsten Impulse für die Entwicklung der südwestdeutschen Eisenindustrie kamen im dritten Viertel des 19. Jahrhunderts von der Nachfrageseite her und gingen in erster Linie vom Eisenbahnbau aus. Zu den Wachstumsindustrien dieses Zeitraums zählten daher die mit Hilfe von »Rekordinvestitionen« durch entscheidende Neuerungen (Puddel-, Walzverfahren u. a.) modernisierten württembergischen Hüttenwerke, die ihre Blütezeit erlebten. Eine reichliche Verdoppelung erfuhren sowohl die Zahl der Arbeiter der Hüttenwerke als auch das Gesamtkapital des Unternehmens (1874: 9,36 Mio. Mark). Noch höher war der Umsatzzuwachs (Jahresmittel 1870/74: 5,5 Mio. Mark). Trotz eines wechselhaften Konjunkturverlaufs nahm die Eisenproduktion insbesondere durch die Herstellung von Eisenbahnschienen und überhaupt durch die Vervielfachung der Schmiedeeisenproduktion kräftig zu und erreichte bei ausgezeichneter Ertragslage mit über 30000 Tonnen (Umsatz: 7,6 Mio. Mark) im Jahre 1872/73 ihren höchsten Wert im Verlaufe des 19. Jahrhunderts. In den Jahrzehnten nach dem Gründerboom befanden sich die von der Privatwirtschaft zunehmend wegen ihres Staatsmonopols attackierten Hüttenwerke in einer schwierigen Anpassungs- und Überlebensphase. Die großen deutschen und ausländischen Roheisen- und Stahlhersteller waren Wasseralfingen technisch überlegen und preiswerter. Die Hüt-

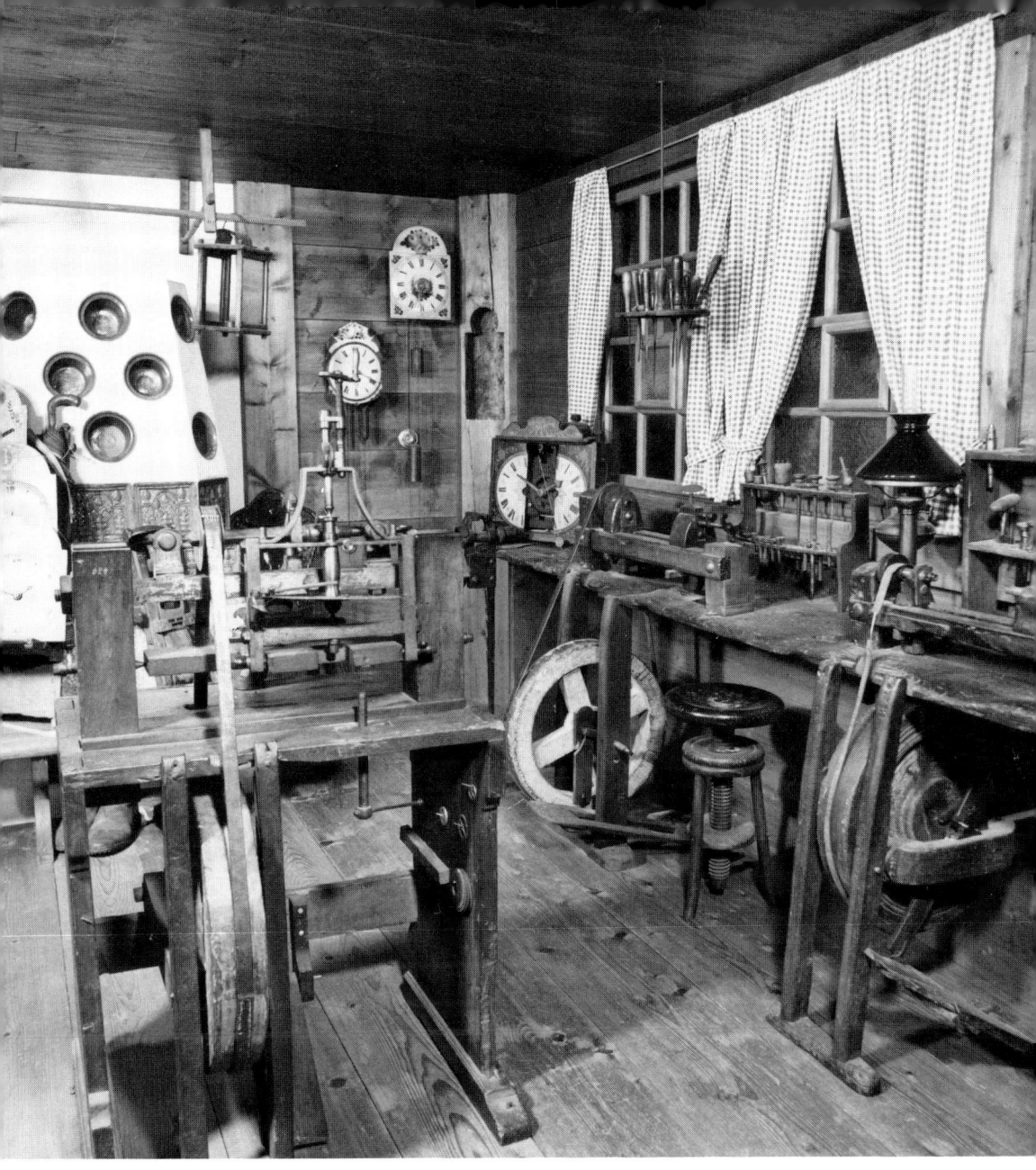

65   Uhrmacherwerkstatt des 18./19. Jahrhunderts im Uhrenmuseum Furtwangen
mit Originalwerkzeugen aus dem Gaisdobel bei Gütenbach

66 *Elektronische, kontaktlose transistorgesteuerte Junghans-Armbanduhr J 100 (1961)*

67 *Steuer- und Schaltgeräte der kurvenlosen Revolverdrehautomaten von Boley, Esslingen (1970)*

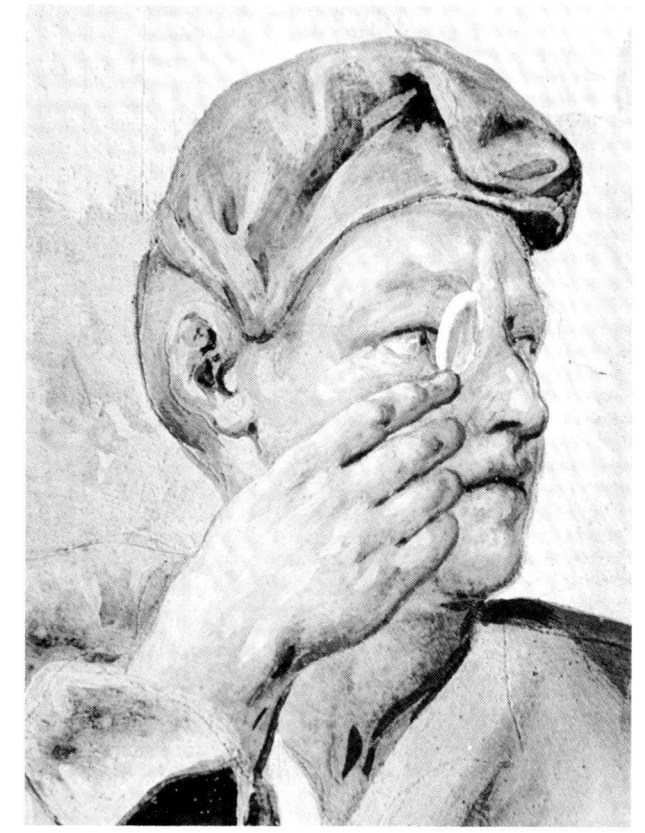

68 Pharisäer mit Monokel. Ausschnitt aus einer der von Martin Knoller 1770–1775 gemalten Fresken in der Abteikirche Neresheim

69 3,5-m-Spiegelteleskop von Zeiss in der Werkshalle in Oberkochen. Dieses 420 t schwere Instrument ist inzwischen in seinem Kuppelgebäude auf dem Calar Alto in Südspanien aufgestellt.

74 Spielzeugfiguren von Hausser-Elastan, Ludwigs-burg, aus der Vorkriegszeit. Darunter Hitlerfigur

75 Spielzeug-Elefant aus der Filztier-Produktion von Margarete Steiff, Giengen

76 »Fischertechnik«. Bau-kasten im Computer-Zeitalter

77 Schmuck des Früh-
mittelalters. Goldene
Scheibenfibel des
6. Jahrhunderts.
Weingarten

78 Demonstration am
fünfsitzigen Gold-
schmiedebrett aus dem
19. Jahrhundert im Hei-
matmuseum Pforzheim

79 Elfenbein-Schnitzerei »Diana mit Wind-
spiel« von Leonhard Kern, Schwäbisch Hall
(um 1680)

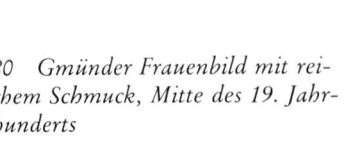

80 Gmünder Frauenbild mit rei-
chem Schmuck, Mitte des 19. Jahrhunderts

tenwerke kämpften gegen sinkende Preise, schrumpfenden Absatz und eine sich verschlechternde Ertragslage. Nur ein Hochofen blieb in Betrieb. Drastische Reduzierungen der Anlageinvestitionen waren selbstverständlich. Die Märkte für Schmiedeeisen wurden enger und härter umkämpft. Die rapid rückläufige inländische Eisenbahnnachfrage war außerstande, noch Wachstum hervorzubringen. Zwischen 1861 und 1875 wurde in Württemberg eine Eisenbahnbetriebslänge von 953,4 km ausgebaut, im folgenden Zeitraum bis 1890 nicht einmal die Hälfte (455,3 km). Als solides Fundament der Produktion erwies sich – wie bereits in den Jahrzehnten zuvor – wegen der Vorteile der Marktnähe der weniger unter Preisdruck geratene Eisenguß, einschließlich Kunstguß (Wachstumsrate 4,2% p. a.). Er machte ab 1890 etwa zwei Drittel des Gesamtabsatzes der württembergischen Hüttenwerke aus und verhinderte, daß sich die dramatischen Verluste der Jahre der Gründerkrise wiederholten (1903: 1118 Arbeiter).

Die notwendige Umsteuerung der eingeschränkten Produktion auf den arbeitsorientierten Metallguß nahm um 1890 (nach Ausblasen des Hochofens im Jahre 1879) das Fürstlich Hohenzollernsche Hüttenwerk Laucherthal vor – dort auch Guß hochwertiger Spezialbronzen und etwa 1900 Inbetriebnahme des ersten Warmwalzwerkes –, neben Wasseralfingen das einzige nicht an der Strukturkrise des 19. Jahrhunderts gescheiterte Hüttenwerk Südwestdeutschlands. Neu aufgekommene Metallwerke suchten die Transportkosten niedrig zu halten und bevorzugten als Standort die Nähe des Rheinauhafens von Mannheim, 1896 erbaut, neuer Umschlagplatz für Kohle und Eisen. Größere und kleinere Werke (darunter die AG für Feld- und Kleinbahnen Orenstein & Koppel) wurden dort seßhaft. Die Nachfrage der Mannheimer Maschinenindustrie und die damalige Hochkonjunktur mit ausgesprochener »Roheisen- und Halbzeugnot« reizte 1899 zur Gründung des Stahlwerks Mannheim-Rheinau, das auf der Grundlage von Schrott nach dem modernen Siemens-Martin-Verfahren Stahl erzeugte. In der Rezession – wenige Jahre später – entging das Werk (1900: 214 Beschäftigte; 1914: 424 Beschäftigte) durch Kapitalzusammenlegung der totalen finanziellen Katastrophe.

Eisenbahnaufträge halfen den beiden südwestdeutschen Lokomotivfabriken in den fünfziger Jahren aus der Talsohle der Depression und sorgten für einen neuen Aufschwung mit bemerkenswerten Produktionssteigerungen, in Karlsruhe Aufträge der badischen Staatsbahn, in Esslingen ausländische Aufträge für »Albloks«, die zur Überwindung der Geislinger Steige entwickelt worden waren. Bei der Maschinenfabrik Esslingen (1000 Arbeiter) hielt die gute Beschäftigung bei einem durchschnittlichen Jahresumsatz von 1,6 Mio. fl bis 1859 an, bei der Maschinenbaugesellschaft Karlsruhe (1856: 1200 Arbeiter) nur bis 1856. Eine Stagnations- bzw. rückläufige Phase folgte Anfang der sechziger Jahre. Ein erneuter Umschwung ließ von 1862/63 bis 1866 in Karlsruhe die Umsätze und Gewinne steigen (932 Arbeiter; 1,6 Mio. fl Produktionswert). Die Maschinenfabrik Esslingen erlebte von 1866 bis 1874 bei steigenden Umsätzen und hervorragenden Gewinnen die längste und glücklichste Prosperitätsphase, die das Unternehmen je gekannt hat. Die gewaltig gestiegene Eisenbahnnachfrage, überwiegend deutsche Bestellungen bei gleichzeitig hohem ausländischem Auftragspolster, hatten einen sich nicht mehr wiederholenden Geschäftsboom hervorgerufen. 762 Lokomotiven wurden im Jahrzehnt von 1866 bis 1875 in Esslingen gebaut, 437 davon (74%) für deutsche Eisenbahnen, darunter die ersten Schnellzuglokomotiven mit ihren großen Treibrädern für die württembergischen Staatsbahnen. In den folgenden Jahrzehnten wurden bei drastischem Rückgang der deutschen Bestellungen jeweils nur noch über 500 Lokomotiven in Esslingen ausgeliefert. Schon 1874, als die Umsatzrendite auf 6,7 Prozent fiel (1873: Umsatz 3,6 Mio. fl), war der vom Eisenbahnboom hochgerissene Optimismus gebrochen. Die Unternehmensleitung fuhr in allen Bereichen auf Sparkurs und schätzte sich bei dem krisenhaften Rückgang der Produktion glücklich, wenn sie sich durch größere Exportaufträge noch über Wasser halten konnte (1880: Umsatz 1 Mio. fl; Umsatzrendite 2,3%). Nur der Lokomotivexport verzögerte den Absturz der Maschinenfabrik Esslingen in die existenzbedrohende Krise. Die von den Regierungen den Maschinenfabriken in Esslingen und Karlsruhe gewährten Absatzmonopole sicherten den stark ausgebauten Unternehmen einen ihre Kapazität nicht halbwegs auslastenden Auftragsbestand. Zwischen 1876 und 1887 lieferte die Maschinenfabrik Esslingen (Jahreskapazität maximal 100 Loks) insgesamt nur 29 Lokomotiven an die württembergische Staatsbahn ab. Spätestens seit 1874 gingen von der inländischen Eisenbahnnachfrage auf die südwestdeutsche Eisenbahnindustrie keine Wachstumsimpulse mehr aus. Das Überwiegen des Bahnbetriebsbedarfs reichte bestenfalls dazu aus, kurzfristig konjunkturausgleichende Effekte zu erzielen. In Esslingen fiel reichlich spät der Entschluß, sich durch Unternehmenserweiterung und Diversifikation der Produktion aus dem Abgrund herauszumanövrieren.

Bis Anfang der achtziger Jahre schrumpfte der Produktionswert der Karlsruher Maschinenbaugesellschaft auf etwa 1,1 Mio. Mark und die Zahl der Arbeiter auf ca. 400. Hart betroffen wurde von der Gründerkrise die badische Eisenbahnindustrie, der bis in die sechziger Jahre durch die Nachfrage der badischen Staatsbahn eine verhältnismäßig gute Geschäftsentwicklung garantiert gewesen war (1867: Produktion von 350 Eisenbahnwagen bei Schmieder & Mayer, Karlsruhe). Ausschließlich der Eisenbahnnachfrage verdankte die Deutsche Eisenbahnsignalwerke AG in Bruchsal (seit 1869) ihre Entstehung. Die kleinere Waggonfabrik von H. Fuchs in Heidelberg (gegründet 1853; im Jahre 1869: 86 Arbeiter) vermochte erst zu Beginn des 20. Jahrhunderts ihre Umsatzwerte über zwei Millionen Mark zu steigern bei gleichzeitig vorgenommenen

Kapitalerhöhungen. Die Gebrüder Benkiser in Pforzheim und Brötzingen behaupteten sich bis 1868 (430 Arbeiter) als größtes Eisenwerk Badens. Als sensationell empfundene, nach neuartiger Gitterkonstruktion errichtete Stahlbrücken für Eisenbahnen und für den Straßenverkehr sicherten mehr als der Eisenguß Umsätze und Erträge (Umsatz 1868: 750000 fl). Von den achtziger Jahren an blieb der Firma in der Hauptsache die Gußwarenherstellung, die den Niedergang des Unternehmens auch nach dessen Neuorganisation und Modernisierung nicht aufhalten konnte. Die Besitznachfolger verlegten sich vor allem auf den Maschinenbau.

Maschinenbau

Spätestens seit der Mitte des 19. Jahrhunderts trat als hervorstechender Grundzug des neuen technisch-industriellen Zeitalters deutlicher in Erscheinung, daß die Kraft- und Arbeitsmaschinen an Zahl ständig zunahmen und ihre Hauptaufgabe immer vollkommener erfüllten, die Menschen von schwerer Arbeit und sich wiederholenden Bewegungen zu entlasten und ihnen teilweise Handreichungen und Hilfsgriffe abzunehmen. Technischer Erfindergeist erhöhte fortan ständig die Selbsttätigkeit der sukzessiv in alle menschlichen Arbeitsbereiche eindringenden Maschine. Die Produktivität der Arbeit stieg märchenhaft, denn – so klagte Ruskin: »Ihr macht die Finger der Arbeiter zu Feilen und ihre Glieder zu Treibriemen.« Maschinen wollten bedient und gelenkt sein. So zeigte sich, daß die Produktivität der zu Wunderwerken menschlichen Geistes gewordenen Maschinen nur dort zu voller Geltung kam, wo sie von hochqualifizierten Arbeitern bedient wurden. Eine herausragende Schlüsselfunktion bei der wissenschaftlichen Grundlegung des Maschinenbaus nahm Ferdinand Redtenbacher (1809–1863) ein, seit 1841 Lehrstuhlinhaber für Mechanik und Maschinenlehre am Polytechnikum Karlsruhe. Es wurde zum entscheidenden Wesenszug der »ersten und zweiten industriellen Revolution«, daß sie bei aller Freisetzung menschlicher Arbeit durch Maschinen letzten Endes durch immer mehr Maschinen immer mehr Menschen in den Produktionsprozeß einbezog. Die Maschine wurde zum Schicksal vieler Menschen.

Die nicht ganz unproblematische Gewerbeaufnahme des Deutschen Zollvereins von 1861 erfaßte in Baden 33 Fabriken für Maschinenbau (Metallproduktion) mit nur 502 Beschäftigten (?), in Württemberg 38 mit 1793 Beschäftigten, alles Zahlen eines bescheidenen Anfangs, hinter denen sich in der Mehrzahl nur wenig über den handwerklichen Rahmen, ihre Ursprungsverhältnisse, hinausgewachsene Reparaturwerkstätten und Maschinenschlossereien verbargen. Das sollte sich binnen weniger Jahrzehnte ändern. Die Binnennachfrage nach Maschinen, zunächst in der Verkehrs- sowie in der

Land- und Ernährungswirtschaft, verstärkte sich von den fünfziger Jahren unaufhörlich, weckte neuen Unternehmungsgeist und regte zu Firmengründungen und Betriebserweiterungen an. Der Drang nach Neugründungen ließ gewöhnlich keine Riesenanlagen entstehen, betonte der Stuttgarter Kammerbericht von 1864, sondern
brachte viele kleinere, ins Maschinenfach übergreifende Betriebe mit 30–50 Arbeitern
hervor. Das Phänomen der Geburt eines neuen Industriezweiges wurde sichtbar und
von den württembergischen Kammern richtig erkannt, denn diese mechanischen
Werkstätten bildeten bereits »ein bedeutendes Element der württembergischen Gesamtindustrie teils durch die große Zahl der Unternehmungen, teils durch die Menge
und Verschiedenartigkeit ihrer Erzeugnisse, teils durch den Einfluß, welchen sie mehr
und mehr durch Beschaffung der produktivsten Werkzeuge auf Landwirtschaft und
Gewerbe ausüben, teils durch die ungemeine Rührigkeit, mit welcher sie sich zu höheren Leistungen und zur steten Erweiterung ihres Wirkungskreises oft bei beschränkten Kapitalmitteln« emporarbeiteten. Dieses Lob war berechtigt.
Die bedeutenden, vor 1870 gegründeten Unternehmen für den Bau von Eisenbahnan-
lagen und Landmaschinen wurden bereits vorgestellt. Eine andere wichtige Gruppe
von Maschinenfabriken spezialisierte sich frühzeitig auf den Bau von Mühlenanlagen,
Wasserrädern und Wasserturbinen, so Anton Linck in Oberkirch ab 1840, M. Müller
in Cannstatt ab 1844, D. Straub in Geislingen ab 1855/56, Escher-Wyss & Co. in Ravensburg ab 1857, Mahle & Bausch in Cannstatt ab 1860, Hildt & Mezger in Cannstatt
ab 1863, J. M. Voith in Heidenheim ab 1870. Erwähnung verdienen die damals entstandenen nicht wenigen Pumpenfabriken, u. a. Klotz in Stuttgart ab 1862 und vor allem die von dem Schlosser Gotthard Allweiler, Erfinder der Hand-Flügelpumpe, 1860
in Singen gegründete, sich rasch vergrößernde Pumpenfabrik (seit 1876 in Radolfzell),
die seit 1881 ihre ständig verbesserten Erzeugnisse bereits exportierte und etwa seit
Beginn des 20. Jahrhunderts im Pumpenbereich noch heute unbestrittene Weltgeltung
besitzt. Recht schwierig verlief die notwendige Diversifizierung bei der 1835 gegründeten Fürstlich Fürstenbergischen Maschinenfabrik in Immendingen, die ursprünglich auf die Herstellung von Hüttenwerksanlagen ausgerichtet war und einen
Schrumpfungsprozeß nicht vermeiden konnte. Feuerlöschgeräte und -maschinen produzierten Carl Metz in Heidelberg seit 1842 und Conrad Dietrich Magirus in Ulm seit
1864 (seit 1877 in eigener Fabrik). Der Ulmer Feuerwehrkommandant baute Feuer-
wehrleitern, ab 1892 Drehleitern, auf Fahrgestelle, die von 1903 an durch Dampfmaschinen mit Petroleumfeuerung angetrieben wurden (1913: 821 Beschäftigte).
Wegweisend im Bau von Textilmaschinen waren die Rundstuhlhersteller C. d'Ambly
& Fouquet seit 1852 und Stücklen & Terrot seit 1862, beide in Cannstatt, die Nähmaschinenfabrik Karlsruhe vorm. Haid & Neu AG in Karlsruhe seit 1860 (1869: 62
Arbeiter), der Hersteller von Kettenstichstrickmaschinen Heinrich Schatz in Wein-

garten seit 1866 (bis 1873: 1000 Strickmaschinen gebaut) und die Maschinenfabrik Christian Grözinger (später Arbach) in Reutlingen seit 1866. Der Aufstieg der Rundwirkmaschinenfabriken von Fouquet, Terrot (1882: ca. 200 Arbeiter) und von R. Stahl (seit 1876 in Cannstatt) war aufs engste mit dem der württembergischen Trikotindustrie verknüpft. In den fünfziger Jahren kamen die ersten amerikanischen Nähmaschinen nach Südwestdeutschland und wurden ab 1862 von Haid & Neu industriell nachgebaut. Die genialen Erfindungen des Durlacher Mechanikers und Nähmaschinenfabrikanten Max Gritzner (brillenloser Umlaufgreifer, Kapsellüfter, umlaufender Fadenregler, Fadennachzieher, Vorspannung usw.) stellten die konstruktiven Voraussetzungen für den Bau der heutigen Schnellnäher dar. 1899 war die Maschinenfabrik Gritzner AG, Durlach, mit 2159 Arbeitern das größte Unternehmen Badens. Der Nähmaschine folgte die von dem Amerikaner Lamb 1866 erfundene Strickmaschine. Der Strickmaschinenhersteller Schatz in Weingarten (seit 1874 AG mit 700000 M. Kapital) nahm 1874 die bis heute (seit 1982 Maschinenfabrik Müller-Weingarten AG) fortgeführte Produktion von Blechbearbeitungsmaschinen auf und machte 1913 mit 710 Beschäftigten einen Umsatz von 3,3 Mio. Mark. Die Nadeln für Wirk-, Näh- und Strickmaschinen lieferte der Nadler Theodor Groz aus Ebingen, der ab 1864 seine Werkstätte als Nadelfabrik bezeichnete. Die Erfindung der Spitzennadelpresse in den achtziger Jahren leitete in der Nadelindustrie das Maschinenzeitalter ein und setzte sich der Wettlauf zwischen Produktion (1892: 12,8 Mio. Spitzennadeln) und Absatz in Bewegung. 550 Beschäftigte hatte Groz im Jahre 1902, von denen 370 in der noch mit hohem Arbeitsaufwand verbundenen Zungennadelfertigung tätig waren.

Den Bau von Papiermaschinen nahmen seit 1856 die Maschinenfabrik zum Bruderhaus in Reutlingen, wenig später Escher-Wyss & Co. in Ravensburg und seit 1881 J. M. Voith in Heidenheim (1903: 1005 Arbeiter) auf. Die 1861 als einfache Schlosserei gegründete spätere Maschinenfabrik Geiger & Hesser in Cannstatt (seit 1911 Aktiengesellschaft) begann ihren Aufstieg mit dem Bau der ersten Falzmaschine für Briefumschläge in Deutschland, der sich mit dem automatischer Verpackungsmaschinen für Nahrungs- und Genußmittel fortsetzte. Hesser steigerte von 1895 bis 1901 seinen Umsatz um 435 Prozent, die Hälfte davon kam aus dem Auslandsgeschäft. In der Entwicklung von Holzbearbeitungsmaschinen gingen die auch heute führenden Gebr. Linck in Oberkirch (seit 1840; seit 1866 Maschinenfabrik und Eisengießerei) voran, mit Abstand gefolgt von Krumrein & Katz, Stuttgart (seit 1870), Pflüger & Kölle in Esslingen ab 1890 und A. Aldinger in Obertürkheim ab 1895. Im Jahre 1900 stellte Kaelble in Backnang die erste selbstfahrende Sägemaschine her. Die Bilanzen der Sebold-Werke in Durlach, die mit Metallguß und dem Bau von Gießereimaschinen begannen (1890: 157 Beschäftigte; 1908: 710), boten ein anschauliches Beispiel für eine gelungene Anpassung des Unternehmens an die damals expandierenden Maschinen-

markt. An den bereits gewinnträchtigen und gesteigerten Bau von Gießerei- und
Zündholzmaschinen (Umsatz 1885/86: 172000 M.; 1913/14: 2,2 Mio. M.) wurde 1893
der von Filterpressen, 1897 von Zerkleinerungsmaschinen und 1898 von Gerbereimaschinen (Großgerbfässern) angesetzt (Umsatz 1913/14: weitere knapp 2,2 Mio. Mark;
Gesamtumsatz 4,6 Mio. Mark; durchschnittliche jährliche Steigerung gegenüber
1885/86: 8,3%). Die Expansion des niemals mit Verlust arbeitenden Unternehmens
wurde durch Aufstockung des Aktienkapitals (1906/07 von 550000 M. auf 1 Mio. M.;
1911/12 auf 1,5 Mio. M. und 1913/14 auf 2 Mio. M.), durch Obligationen und private
Kredite finanziert, soweit Fremdmittel erforderlich waren. Trotz der schlechten Konjunktur um die Jahrhundertwende erwirtschaftete das Unternehmen zwischen 1890
und 1906 eine durchschnittliche Kapitalrendite (bezogen auf das Aktienkapital) von
16%. Dabei wurden im Absatz steckende Produkte nicht einmal rechtzeitig aus dem
Programm genommen.

Mit dem Einzug des Maschinenzeitalters in die Nahrungsgüterindustrie verbindet sich
die Firma Werner & Pfleiderer, während der Gründerkrise 1879 mit der Absicht, eine
patentierte Knetmaschine zu fertigen, zunächst in Cannstatt ins Leben gerufen. Das
sich in Deutschland glänzend entwickelnde Geschäft mit den Knetmaschinen – nicht
so anfangs in England – wurde bis 1891 durch Einführung einiger neuer, unter kostspieligen Anstrengungen ermöglichter Spezialitäten (Dampfbackofen u. a.) erweitert
und der Umsatz entsprechend gesteigert. Die Erkenntnis, daß der Bau von vervollkommneten Spezialmaschinen absatzsteigernd wirkte, wurde bei Werner & Pfleiderer
zur Richtschnur der Geschäftspolitik. Bald konnten englische Maschinen für die Formung und Portionierung von Teig durch eigene Konstruktionen ersetzt werden. Zwischen 1909 und 1914 belief sich bei Werner & Pfleiderer der durchschnittliche Jahres-
eingang an Aufträgen auf 6,1 Mio. Mark (Höhepunkt 1911/12), von denen über
40 Prozent aus dem Ausland kamen.

Die Unternehmen Südwestdeutschlands, die zum Antrieb ihrer Arbeitsmaschinen
nicht über ausreichende Wasserkraft verfügten, mußten während der »ersten industriellen Revolution« mit Dampf arbeiten, sich kostspielige Dampfmaschinen anschaffen.
Zahlreiche südwestdeutsche Maschinenfabriken in Karlsruhe, Pforzheim, Stuttgart,
Heilbronn, Ravensburg usw. beteiligten sich seit Mitte des 19. Jahrhunderts am Bau
von stationären Dampfmaschinen. Der weitaus bedeutendste unter den Dampf-
maschinenherstellern, Produzent großer Stückzahlen für das In- und Ausland, war
Gotthilf Kuhn (1819–1890), erfinderischer Gründer der gleichnamigen Maschinen-
& Kesselfabrik Eisen- & Gelbgießerei im Stuttgarter Vorort Berg. Finanziert mit laufenden Darlehen des Stuttgarter Industriellen Carl Jobst begann das Unternehmen
1852 mit 30 Arbeitern, erzielte aber seine größten geschäftlichen Erfolge erst nach
1870. In den schwierigen achtziger Jahren konnte Kuhn im Unterschied zur Maschi-

nenfabrik Esslingen bei Umsätzen zwischen 1,6 und 2 Mio. Mark und Gewinnen zwischen 140000 und 230000 Mark zufrieden sein (1890: rd. 800 Beschäftigte). Im Jahre 1885 ließ Kuhn, der rastlos nach neuen Produkten suchte, die Fachwelt mit der Konstruktion einer Dampfbrauerei-Anlage aufhorchen. Bis 1894 stellte das sich fast unaufhörlich ausdehnende, vom Dampfmaschinenboom getragene Unternehmen ca. 2350 Dampfmaschinen und ca. 2150 Dampfkessel neben vielen anderen Maschinen und Anlagen her. Die ab 1898 in die Verlustzone geratene Firma, inzwischen vorgestoßen in den Dampfmaschinenbau für die Elektrizitätserzeugung, mußte während der Abschwungsphase in den Jahren 1901/02, vor erhebliche Absatz- und Finanzierungsprobleme gestellt, aufgeben und wurde mit einer Hypothekenverbindlichkeit von 2,5 Mio. Mark von der Maschinenfabrik Esslingen übernommen. Der offenbar unter dem Druck von Banken zustande gekommene Erwerb der Kuhn GmbH, ausgerechnet mit dem sich abzeichnenden Ende der Dampfmaschinenkonjunktur vor Augen, stellte für die Maschinenfabrik Esslingen eine sehr verlustreiche Fehlentscheidung dar.

Werkzeugmaschinen

Das eigentliche Herzstück des Maschinenbaus, meist dem Blickfeld der großen Masse entrückt und zurückgezogen in kleinsten bis größten Werkstätten, stellte seit Beginn des Maschinenzeitalters der industrielle Wert- und Präzisionsarbeit leistende Werkzeugmaschinenbau dar. Werkzeugmaschinen sind keine Maschinen, auf denen Werkzeuge hergestellt werden, sondern von Maschinenkraft angetriebene Werkzeuge. Sie wurden immer stärker im Verarbeitungs- und Fertigungsprozeß überall dort eingesetzt, wo die durch menschliche Arbeitskraft betätigten alten Handwerkzeuge trotz weitgehender Verfeinerung und Mechanisierung versagen mußten, sei es wegen der Größe des Werkstücks oder des zu brechenden Widerstandes des Werkstoffs. Werkzeugmaschinen wurden in zwei Hauptgruppen eingeteilt: in solche, die der »spanlosen Verformung« dienten (Drahtzüge, Pressen, Walzwerke) und in die Maschinen »mit spanabhebender Einwirkung« (Drehbänke, Fräsmaschinen, Schleifmaschinen, Bohrmaschinen). Als eigentliche »Seele« der spanabhebenden Werkzeugmaschine galt das Schneidewerkzeug, das durch die Erfindung des Schnellstahls durch den Amerikaner Taylor um 1900 – ein durch stahlhärtende Zusätze veredelter, hochleistungsfähiger Werkzeugstahl – neue Dimensionen in der spanabhebenden Bearbeitung eröffnete. Mit einem Schlage konnte die Schnittgeschwindigkeit der Schneidstähle von bis dahin höchstens neun Meter in der Minute auf nunmehr 20–24 Meter erhöht werden. Dadurch wurde gleichzeitig der Anstoß zur schnelleren Entwicklung von Schwerwerkzeugmaschinen gegeben. Die spanabhebende Maschine gewann nun gegenüber den Pressen zunehmend an Terrain.

In den kleinen, nur über wenig Kapital verfügenden mechanischen Werkstätten wurzelten zumeist die Anfänge des südwestdeutschen Werkzeugmaschinenbaus. Diese sollten auch nicht mit den Werkzeugfabriken, die handwerkliches Werkzeug herstellten, verwechselt werden, so etwa mit der Esslinger Feilenhauerei des Friedrich Dick, gegründet 1778 (seit 1875 Fabrik), oder mit dem damals größten württembergischen Werkzeughersteller, der Fa. Jos. Steiner & Söhne in Laupheim, gegründet 1859. Gustav Boley in Esslingen baute ab 1875 Werkzeugmaschinen für Uhrmacher, u. a. eine 1885 patentierte kostensparende Revolverdrehbank nach Konstruktionsprinzipien, die sich noch heute bewähren. Die Werkzeugmaschinenfabriken in der Hochburg der Uhrmacherei sind älter, J. G. Weisser Söhne in St. Georgen (seit 1856) oder Jos. Koepfer & Söhne in Furtwangen (seit 1867). Auf dem Textilmaschinenmarkt, von der englischen Konkurrenz fast erdrückt, begann Boehringer in Göppingen in den sechziger Jahren mit dem Werkzeugmaschinenbau und spezialisierte sich alsbald auf Drehbänke und Hobelmaschinen, was sich auszahlte. Langsam wurden die Gewinnchancen im Pressenbau erkannt. Die Schnellpressenfabrik AG, Heidelberg, datierte ihre Anfänge ins Jahr 1850. Nachdem Schuler in Göppingen 1852 die Herstellung von Blechbearbeitungsmaschinen aufgenommen hatte, überstürzten sich zwischen 1874 und 1895 fast die Neukonstruktionen und Patentierungen im Pressenbereich, gipfelnd in der Fertigung der hydraulischen Ziehpresse mit zwei ineinander gefügten Kolben. Die Pressenfabrik Fritz Müller in Esslingen, seit 1863 aus einer Schlosserwerkstatt erwachsen, stieß in die damals neue Hochdruckhydraulik vor. Die Müllersche Fabrik verließen Flanschen-, Schmiede-, Präge-, Obst- und Brikettpressen und 1893 erstmals hydraulische Tiefziehpressen. Die Erfindung der universellen Räderfräsmaschine mit Differentialgetriebe – von Robert Pfauter 1897 zum Patent angemeldet – war Grundlage für die Entwicklung des Walzfräsverfahrens und später für den Aufstieg der Maschinenfabrik Pfauter in Ludwigsburg. Die 1894 in Nürtingen gegründete Firma Heller nahm im Jahre 1900 die Fertigung von Kaltkreissägen auf und unterstrich bald Deutschlands führende Stellung in diesen Maschinen mit dem Bau von wahren Giganten, von Maschinen bis zu drei Meter Blattdurchmesser. Am Rande von Reutlingen begann 1888 die Firma Burkhardt & Weber u. a. mit dem Bau von Kleinwerkzeugmaschinen wie Oszilliersägen. In einem Neubau wurde 1908 die Herstellung von Großwerkzeugmaschinen bis zu 25 Tonnen Gewicht aufgenommen.

Schon vor der Jahrhundertwende wurden zahlreiche genial konstruierte Werkzeugmaschinen, Automaten und sonstige Spezialmaschinen gebaut, die von amerikanischen Maschinen unabhängig machten und letzten Endes der Auto- und Luftfahrtindustrie den Weg bereiteten. Von 1898 bis 1903 finanzierte der Uhrenindustrielle Erhard Junghans das Stuttgarter Ingenieurbüro des durch seine Konstruktionen automatischer Maschinen bekannt gewordenen Carl Albert Hirth, einer der großen schwäbischen Erfinder. Wenig später arbeitete Hirth mit Emil Lilienfein in den Fortuna-Werken zusammen und präsentierte zur Bestürzung der Fachwelt 1906 das Hirth-Minimeter, das Maßunterschiede bis zu 0,0005 mm bestimmte, wichtige Voraussetzung für die Serien- und Massenfertigung von Präzisionsteilen. Das My (μ), das Tausendstelmillimeter, wurde zuerst in der Uhrenindustrie zur Selbstverständlichkeit. Je mehr es aber in der Massenfertigung um die Beherrschung des Tausendstelmillimeters ging, um so komplizierter wurde sie. Angeregt durch in Paris bewunderte amerikanische Automaten leitete Hermann Hahn vor Ausbruch des Ersten Weltkriegs in den von ihm gegründeten Index-Werken in Esslingen eine neue Epoche im württembergischen Maschinenbau ein, die Fertigung von völlig neuen Drehautomaten.

Konjunktureinbrüche: Maschinenfabrik Esslingen

Den raschen Aufschwung der Metallverarbeitung und des Maschinenbaus in Südwestdeutschland – schon in den achtziger Jahren und verstärkt ab 1895 – hätten selbst die klügsten Wirtschaftsprognostiker zwei Jahrzehnte zuvor nicht voraussagen können. Namentlich Württemberg lag an der Peripherie des deutschen Verkehrs- und Wirtschaftslebens. Die industrielle Entwicklung beider südwestdeutschen Staaten war mit verhältnismäßig hohen Transportkosten für ihre Rohstoff- und Energieversorgung belastet. Die ab 1873 hereingebrochene Gründerkrise kam teilweise einer Katastrophe gleich mit Massenkonkursen und Massenarbeitslosigkeit im Gefolge. Bis 1879 glichen die württembergischen Kammerberichte über die Wirtschaftslage der Metallindustrie eher Krankenberichten: »Fast überall, wohin man blickt, wiederholen sich auch diesmal wieder die Klagen entweder über Geschäftsstille und Mangel an Arbeit oder – auch da, wo Arbeit und Absatz nicht mangelten – über geringe Erträge der Arbeit, veranlaßt durch verminderte Konsumtionsfähigkeit, unsolide Konkurrenz, Mißverhältnis zwischen den Preisen der Rohmaterialien und der Produkte daraus.« Während dieser Depressionsphase erfuhr die Zahl insbesondere der kleineren Betriebe der jungen Maschinen- und Instrumentenindustrie in Baden bei gleichbleibender Gesamtbeschäftigung (Zunahme der Arbeitsplätze im Maschinen- und Apparatebau: 2142) einen erheblichen Rückgang (insgesamt 768) – nur von der Textilindustrie noch übertroffen –, so daß sich eine Konzentrationsbewegung zugunsten der mittleren und größeren Betriebskategorien vollzog. Eine einschneidende etwa zehnjährige Rationalisierungsphase durchlief ab 1873/74 auch die württembergische Maschinenindustrie, nur verlor der eigentliche Maschinen- und Apparatebau auch Beschäftigte (in Baden 1882

je Hauptbetrieb 3,4 Arbeiter; in Württemberg: 2,7), fiel hinter Baden zurück und
konnte den badischen Vorsprung auch in den folgenden Aufschwungsphasen trotz
einer über dem Reichsdurchschnitt liegenden prozentualen Beschäftigtenzunahme
nicht aufholen. Standortungunst schränkte die Wettbewerbsfähigkeit der württembergischen Unternehmen spürbar ein, obwohl es seit 1882 nicht an Gründungseifer
und Investitionsbereitschaft fehlte und der Maschinen- und Apparatebau Badens und
Württembergs am industriellen Aufschwung von 1882 bis 1895 mitbeteiligt war, wenn
auch nicht an führender Position. Dabei riß die Klage über das konjunkturelle Wech-
selbad von Umsatzrückgängen und kurzen Geschäftsbelebungen nicht ab. Kaum entdeckte man vielversprechende Aufhellungen am Konjunkturhimmel, da verdunkelte
er sich schon wieder. Die Eisenbahnnachfrage enttäuschte, Dampfmaschinen hatten
noch Konjunktur.
Zwischen 1881 und 1888 durchstand die Esslinger Maschinenfabrik die Durststrecke
ihrer ertragsärmsten Zeit während des 19. Jahrhunderts. Bei etwa gleichem Preisstand
lag der Umsatz am Ende nicht höher als am Beginn. Durch die Angliederung der nicht
mehr existenzfähigen Maschinenfabrik und Eisengießerei der Gebrüder Decker in
Cannstatt (gegründet 1853) zu einem Kaufwert von etwa zwei Millionen Mark im
Jahre 1882 war die Krise der Maschinenfabrik Esslingen nicht überwunden. Auch die
1884 unter ihrer Beteiligung gegründete Elektrotechnische Fabrik in Cannstatt, um
durch Diversifizierung Risiken zu mindern, führte zunächst auf verlustreiche Um-
wege, ehe sich Erfolg einstellte. Seit 1888 begannen wieder heftige Umsatzauf-
schwünge, doch hält man neben den Umsatz des Prosperitätsjahres 1875 mit 6,1 Mio.
Mark den des Jahres 1912 mit 6,3 Mio. Mark, dann konnte von Wachstum nicht die
Rede sein. Die Umsatzsteigerung gelang über die extensive kapitalbedürftige Pro-
duktdiversifizierung (Steigerung des Konzernumsatzes von 1891–1912 um 114%),
fiel aber bei einem Jahresdurchschnitt von 5,4 Prozent schmächtig aus und war zudem
wenig rentabel. Trotz tendenziell gesunkener Umsatzrendite (1901–1912 im Stamm-
wert: 5,4% p. a.), mit der nicht nachhaltig gewachsenen Lohnproduktivität und noch
mehr mit den gestiegenen Gemein- und Transportkosten in Verbindung zu bringen,
lag der Eigenkapitalanteil der Maschinenfabrik bei 50 Prozent (ähnlich bei der Maschinenbaugesellschaft Karlsruhe; im Jahre 1910 Umsatz: 2,5 Mio. M.). In engem Zusammenhang mit der geringen Ertragskraft des Unternehmens stand sicher die für den
Konzern durchgehend sehr niedrige Investitionsquote zwischen zwei und vier Prozent (bezogen auf den Umsatz) und damit die eingeschränkt wettbewerbsfähige Produktion auf einem veralteten Maschinenpark. Ihr Zurückbleiben hinter dem Wachstum der Produktion der metallverarbeitenden Industrie in Deutschland ab 1898 muß
daher nicht verwundern. Das Beispiel der Esslinger Maschinenfabrik – ähnlich bei
Decker und Kuhn – könnte manche Entwicklungsrückstände im württembergischen

	Beschäftigte im Gewerbe auf 1000 der Bevölkerung (Gewerbesatz)											
	Baden				Württemberg				Reich			
	1875	1882	1895	1907	1875	1882	1895	1907	1875	1882	1895	1907
insgesamt	158,4	157,2	210,0	254,2	153,4	149,2	189,0	220,8	151,4	160,8	196,4	231,4

Industrialisierungsprozeß verständlich machen, weil es die Zusammenhänge zwischen Ertragskraft des Unternehmens, Investitionsquote, Wettbewerbsfähigkeit und Unternehmenswachstum erhellt, darf aber keineswegs verallgemeinert werden.

Zweite industrielle Revolution: Elektrizität

Etwa mit dem Jahre 1895 begann die Zeit eines großen Entwicklungsrausches in Deutschland und der Welt, angestoßen von den Fortschritten auf dem Gebiet der Elektrotechnik und der wachsenden Nachfrage nach den Erzeugnissen der Elektroindustrie. Eine neue Technikeuphorie pflanzte sich bis in entlegene agrarische Gebiete Württembergs fort. Die »zweite industrielle Revolution« nahm ihren Anfang; Lichtmaschinen, Dynamos, Elektromotoren, Telefone, Glühbirnen, Starkstromleitungen waren die greifbaren Wegbegleiter ihres Siegeszuges. Zwei Firmen von Weltruf, die AEG und die schweizerische Maschinenfabrik Oerlikon, bauten 1891 die erste Hochspannungsleitung für Drehstrom von der Elektrizität erzeugenden Turbine in Lauffen am Neckar bis nach Frankfurt am Main und bewiesen die erfolgreiche Kraftübertragung – Auftakt zur Errichtung von Kraftwerken und Länder durchziehenden Hochspannungsnetzen. Doch am Boom der von den norddeutschen Konzernen beherrschten Elektrizitätswirtschaft hatte die südwestdeutsche Industrie zunächst weniger Anteil. Mit dem Bau von elektrischen Maschinen beschäftigten sich in Württemberg nur zwei Unternehmen, die zum Konzern der Maschinenfabrik Esslingen gehörende Elektrotechnische Fabrik Cannstatt (seit 1884) und die Pionierarbeit leistende Firma C. und E. Fein, Stuttgart, die 1867 mit der Herstellung von Schwachstromapparaten begann und den Bau von Elektrowerkzeugen bereits vor dem Ersten Weltkrieg zu ihrer Spezialität machte. 1881 begann sich Stuttgart elektrisch zu beleuchten, ab 1888 erzeugte erstmals in Süddeutschland ein Wasserkraftwerk (mit unterschlächtigem Wasserrad, in Cannstatt) Elektrizität.

Im benachbarten Großherzogtum fing die Wirtschaftsgeschichte der Elektrizität mit dem gebürtigen Mannheimer Carl Schacherer an, der von 1866 an Telegrafendraht und später Elektrokabel herstellte. Sein Unternehmen in Mannheim, seit 1881 eine der ersten deutschen Städte mit Ortsfernsprechnetz, ging in den mit Schweizer Kapital 1898 gegründeten Süddeutschen Kabelwerken Mannheim (2 Mio. M. Grundkapital), auf. Spekulative Preisschwankungen auf dem Kupferweltmarkt, erhöhte Lohn- und Gemeinkosten drückten aber seit 1901 die Wettbewerbspreise in die Nähe der Selbstkosten des Unternehmens, das erst nach der Fusion mit dem Heddernheimer Kupferwerk und dem Sinken der Rohstoffpreise von 1908 an ins große Geschäft kam. Nach jahrelangen, harten Konkurrenzkämpfen gelang es 1898 der schweizerischen Firma Brown, Boveri & Co., sich in Mannheim mit der Verpflichtung anzusiedeln, »eine Fabrik für Ausführung elektrischer Unternehmungen und Anlagen« mit einem Kapital von mindestens einer Million Mark zu errichten und darin dauernd mindestens 500 Arbeiter zu beschäftigen (um 1900: etwa 400 Beschäftigte). Von Mannheim gingen seitdem dauernde Impulse zur Elektrifizierung von Baden und Württemberg aus. Der Brownsche Turbogenerator wurde zum Vorbild für die Erbauer von Turbogeneratoren in Europa und Übersee. Die Erfindung des Roebelstabes folgte. Im Jahre 1914 lieferte das BBC-Werk in Mannheim-Käfertal, seit 1900 selbständige Aktiengesellschaft mit sechs Millionen Mark Anfangskapital, die damals größte Turbine der Welt mit einer Generatorleistung von 20000 Kilowatt aus. Der andere große südwestdeutsche Mitbewerber auf dem Turbinenmarkt, Voith in Heidenheim, baute ab 1903 an seinem spektakulärsten Erfolg, an den heute noch laufenden zwölf Turbinen mit je 12000 PS für die Niagarafälle. Im Jahrzehnt zuvor scheuten hingegen noch viele schwäbische Maschinenbauer das Risiko des Auslandsgeschäfts. Als Friedrich Voith (1840–1913) mit einigen schwäbischen Industriellen den Entschluß faßte, 1893 zur Weltausstellung nach Chikago zu fahren, war das nach Schilderung seines Sohnes »ein ernstes Unternehmen. Es fing damit an, daß sich in seinem Zimmer . . . die Prokuristen der Firma und ein Notar einfanden, in deren Gegenwart er feierlich bei Kerzenschein sein Testament unterzeichnete.«

Kraftfahrzeugindustrie: Daimler, Benz, NSU, Bosch, Kässbohrer

Bahnbrechend wirkte die südwestdeutsche Industrie vor allem anderen durch die von ihr ausgegangene Motorisierung des privaten Verkehrs, mit der unser gesamtes Leben eine mit der Elektrifizierung vergleichbare Umgestaltung erfuhr. Obwohl keine 150 km voneinander entfernt, bauten völlig unabhängig voneinander, noch mit Hammer, Zange und Feile nach Tradition der Handwerksbetriebe in den achtziger Jahren zwei

geniale Konstrukteure an der Erfindung von Motorfahrzeugen: Gottlieb Daimler (1834–1900) in einer Werkstätte am Rande des Kurparks in Cannstatt und Karl Benz (1844–1929) in der 1883 mit 100000 Mark Aktienkapital gegründeten Benz & Cie., Rheinische Gasmotorenfabrik, Mannheim. Noch im gleichen Jahr wurde Daimlers Glührohrzündung (Prinzip des Kolbenzylinders) patentiert, zwar noch ein Behelf bis zur gesteuerten Magnetzündung, doch war damit die erste Ausführung des schnell-laufenden, kleinen und leichten Benzinmotors fertig. Mit Hilfe Wilhelm Maybachs (1846–1929) wurde der Motor in die Grundform des Fahrzeugmotors gebracht und von Daimler zunächst in das Zweirad eingebaut (1885 wurde das Motorrad paten-tiert), dann auch in ein Boot und in einen Kutschwagen. Benz hatte sich von Anbeginn dem Bau des Kraftwagens gewidmet und, wie das ihm im Januar 1886 erteilte Patent zum Ausdruck brachte, Motor und Fahrgestell als konstruktive Einheit aufgefaßt und damit den Ausgangspunkt für weitere erfolgreiche Bauarten gefunden. Zur Massen-herstellung eignete sich zunächst weder der Benz- noch der Daimler-Versuchswagen. Der unruhige Daimler selber zögerte die serienmäßige Auswertung seiner Erfindun-gen immer wieder hinaus und wandte sich lieber weiteren Neukonstruktionen zu. 1888 experimentierte er u. a. mit Gasmotoren für den Straßenbahnantrieb. Ein Ver-suchswagen lief auf der Bahnlinie Unterboihingen–Kirchheim. Doch Daimlers Geld-geber wurden ungeduldig, wollten eine gewinnbringende Produktion aufziehen. Nach langwierigen Verhandlungen kam es 1890 zur Gründung der Daimler-Motoren-Gesellschaft in Cannstatt (600000 M. Kapital), von deren 1000-Mark-Aktien Daimler 200 Stück erhielt, 180 der Karlsruher Fabrikant und erfolgreiche Erfinder Wilhelm Lorenz, 150 der millionenschwere Rottweiler Pulverfabrikant Max Duttenhofer zeichnete und 50 Kilian Steiner von der Württembergischen Vereinsbank übernahm. Dennoch stand im Schaffen von Daimler und Maybach die Konstruktion im Vorder-grund, die bemerkenswerte Erfolge zeitigte, u. a. den Lastwagen und den hervor-ragenden Phoenix-Motor, der vor allem in Frankreich (Peugeot) große Anerkennung fand. Später behauptete der stellvertretende Aufsichtsratsvorsitzende Lorenz, der seit 1890 in Ettlingen eine Maschinenfabrik betrieb und Außerordentliches auf dem Ge-biet der Zahnradfräsmaschinen leistete, von sich: »Der Daimler hat zwar das Auto er-funden, aber ich habe es zum Laufen gebracht!«
Solange Daimler den Aufsichtsratsvorsitz in Cannstatt führte, blieb die Motoren-Ge-sellschaft ein überschaubares mittleres Unternehmen (1898: 261 Beschäftigte). Bis 1895 wurden 1000 Verbrennungsmotoren hergestellt. In dieser Zeit hatte Benz in Mannheim den Übergang vom Drei- zum Vierrad-Fahrzeug vollzogen und schickte sich mit dem zuerst aufgenommenen Serienbau in der Automobiltechnik an, sein Un-ternehmen zur größten Automobilfabrik in der Welt auszubauen. Im Jahre 1910 glie-derte es sich die Süddeutsche Automobilfabrik in Gaggenau ein. Bis 1899 lieferte Benz

2000 Wagen aus und erreichte eine Jahresproduktion von 570 Wagen. Der weiterer
Hochzüchtung des Motors stand er ablehnend gegenüber. Der Bienenwaben-Kühler
von Maybach – seit 1895 technischer Direktor der Daimler-Motoren-Gesellschaft –
und Boschs die Glührohrzündung verdrängende Magnetzündung kamen diesem Verlangen entgegen. Erst nach Daimlers Tod, unter dem Aufsichtsratsvorsitz von Wilhelm Lorenz, setzte der Siegeszug der Daimler-Fahrzeuge mit dem Bau der ersten modernen Automobile nach Mercedes-Bauart (seit 1901) ein und wurde nun im neuen
Werk Untertürkheim die Zahl der Mitarbeiter auf über 2000 erhöht (1913: 3552 Beschäftigte; 1914: 11,6 Mio. M. Aktienkapital). Ungefähr 1200 Fahrzeuge wurden 1905
hergestellt und 1866 im Jahre 1913, ohne daß Daimlers eigenes Prinzip, daß in seinem
Werk nur »der beste Motor« gebaut werden dürfe, geopfert wurde. Der Umsatz der
Daimler-Motoren-Gesellschaft stieg von 1,6 Mio. um 1900 auf 55 Mio. Mark im Jahr
1913. Von Elektro- und Automobilindustrie gingen nun fast gleichermaßen die entscheidenden Wachstumsimpulse aus. Schon 1904 vermerkte der Stuttgarter Kammerbericht mit Stolz: »Die Daimler-Motorenfabrik Untertürkheim, die im Berichtsjahr
durch Neubauten erheblich erweitert wurde, ist nun zu einem der bedeutendsten Betriebe des Kontinents herangewachsen . . . Sie exportiert nach allen Ländern, hauptsächlich aber nach Frankreich, England und Nordamerika.« Insgesamt 11370 Automobile wurden damals im deutschen Kaiserreich produziert. Die Geschichte des von
Anbeginn ebenso verteufelten wie verherrlichten Kraftwagens nahm ihren Lauf, dik-
tiert von der Eigengesetzlichkeit steigender Kraftkonzentration und wachsender
Geschwindigkeit.
Um das Kraftfahrzeug kreiste seitdem nie mehr erlahmender Erfindergeist, der sich in
ständig neuen Produktionen kristallisierte. Automobilrennen heizten das Konstruk-
tionsfieber an, machten Werbung und begründeten Weltruf. Seit 1900 baute die Nek-
karsulmer Strickmaschinenfabrik – von 1873 bis 1880 in Neufra bei Riedlingen, 1886
auf die Fahrradproduktion umgestellt (1889: 200 Stück) – Motorräder, Rohrrahmen,
Zweiräder mit 1,25 PS. Ähnlichkeiten mit der hölzernen Laufmaschine des badischen
Forstmeisters Karl Friedrich Freiherr von Drais von 1818 oder mit den Hochsitzen
späterer Tretkurbelräder, schon Drahtspeichenräder, gab es nicht mehr. Ein Fahrrad
mit Hinterradantrieb konstruierte 1863 zuerst ein Stuttgarter Turnlehrer (!). Schneller
machte Zwei- und Vierräder erst der Luftreifen von Dunlop (1888). Mit 124 km/h holten im Jahre 1909 NSU-Motorräder, damals Marktführer in Deutschland, den Weltrekord. 3000 Motorräder produzierte NSU im Jahre 1911 und stieg zudem 1908 in den
Automobilbau ein (Aktienkapital 1912: 3,2 Mio. M.). Die Geburt von Spezialfahrzeu-
gen für besondere Zwecke ließ auch nicht lange auf sich warten. 1895 krachte der erste
Benz-Omnibus über das Kopfsteinpflaster. Von 1909 bis 1919 hielt der Blitzen-Benz,
ein Rennwagen mit 200 PS und einer Geschwindigkeit von 228 km/h, den Geschwin-

digkeits-Weltrekord. 1906 brachte Kaelble in Backnang, dessen Geschichte 1884 als mechanische Werkstätte begann, die erste Zugmaschine heraus. Eberhardt in Ulm baute 1910 den ersten Traktorpflug.

Die Automobilindustrie zog weitere Industrien nach sich, namentlich die immer größer gewordene Heerschar der Zulieferer und der im Dienste von Motor und Fahrzeug stehenden Zubehörproduzenten. Das Werk von Robert Bosch (1861–1942) ist hier zuerst zu nennen, beginnend 1886 mit der Eröffnung einer feinmechanischen Werkstatt in Stuttgart. Nach den Erfolgen mit der Niederspannungs-Magnetzündung gelang 1902 dem Bosch-Mitarbeiter Gottlieb Honold der große Wurf mit der Hochspannungs-Magnetzündung, die für Jahrzehnte das Zündungsproblem im Otto-Motor löste. 1905 waren 50000, 1906 bereits 100000 Bosch-Magnetzünder auf dem Markt, Ende 1908 insgesamt 250000. Das Auslandsgeschäft überkompensierte zeitweilig Rückgänge auf dem Binnenmarkt. Bis zum Ausbruch des Ersten Weltkriegs war, Teile Afrikas und Asiens ausgenommen, der ganze motorisierte Erdball mit Verkaufsvorposten des Hauses Bosch besetzt, das die Bedürfnisse der neuen technisch-industriellen Welt auffing und in Produkte von hoher industrieller Qualität umsetzte. Investitionen bahnten der Expansion den Weg, der 1910 nach Feuerbach vor die Tore Stuttgarts führte. In das dortige sog. Presswerk verlegte Bosch einen Teil seiner Fabrikation und ist heute noch dort präsent, dicht gedrängt neben zahlreichen anderen, nicht viel jüngeren Unternehmen, die teilweise ebenfalls an den durch die Motorisierung des Straßenverkehrs entstandenen neuen Märkten partizipierten. Über 4500 Beschäftigte hatte Bosch 1913. Der Umsatz stieg gewaltig von 295000 im Jahr 1900 auf 26,8 Mio. Mark im Jahr 1913 (um 9084%).

Es wurde neuerdings vom Feuerbacher Modell der Industrialisierung gesprochen. Kennzeichnend dafür ist der rasche Wandel einer dörflich-bäuerlichen Siedlung ohne nennenswerte gewerbliche Tradition zur Industriestadt mit beachtlichem Einpendlerüberschuß in erster Linie durch den Zuzug und die Ansiedlung auswärtiger Industrie. Von den 45 Industriebetrieben des noch dörflichen Feuerbach im Jahre 1899 waren nachweislich 33 aus Betriebsverlegungen hinter den von Stuttgart trennenden Prag-Sattel hervorgegangen, weil städtische Expansion, ungünstige Terrainverhältnisse, sich verteuernde Bodenpreise und höhere Lohnkosten in Stuttgart und Cannstatt die Expansion wachsender Industrien behinderte. Die Fahrzeugindustrie in Ulm wuchs demgegenüber aus älteren Traditionen hervor, aus dem Wagen- bzw. Kutschenbauhandwerk. In der 1893 gegründeten »Wagenfabrik« von Karl Kässbohrer wurden anfangs ein Luxus- und Geschäftswagen für den Pferdezug alsbald auch fabrikmäßig hergestellt, ehe 1907 der erste Kässbohrer-Automobilaufbau entstand, ein in einen »Gesellschaftswagen« verwandelbarer Lastwagen, auf das Fahrgestell eines Saurer-Lastwagens gesetzt. Das Automobil hatte das neue Gewerbe der Karosseriebauer hervorgebracht, ein noch heute wichtiger, nicht zu entbehrender Wirtschaftszweig. 1911 stellte die »Erste Ulmer Karosseriefabrik Karl Kässbohrer der staunenden Öffentlichkeit ihren ersten Linienbus vor: geschlossener Holzaufbau, Holzräder mit Vollgummi-Bereifung, Karbid-Lampen, 30 PS.

Luftfahrtindustrie: Luftschiffe

Nach Feuerbach erlebte in Württemberg etwa ab 1900 Friedrichshafen am Bodensee in anderthalb Jahrzehnten einen ähnlich rasanten Aufstieg zur Industriestadt, zur Stadt der Zeppeline. Im Jahre 1900 erhob sich das erste Zeppelin-Luftschiff, LZ 1, von einem schwimmenden Floß auf dem Bodensee bei Manzell über eine jubelnde Menge. Der langjährige Traum des legendären Grafen Ferdinand von Zeppelin (1838–1917) vom starren lenkbaren Luftschiff, das in dem französischen torpedoförmigen Lenkballon seinen Vorfahren hatte, war Wirklichkeit geworden. Der Bau war durch Mittel des Grafen, Beteiligungen führender Industrieller und von Mitgliedern des württembergischen Königshauses, insgesamt durch ein Kapital von 800000 Mark finanziert worden. Zur Lösung der schwierigen Finanzierungs- und Konstruktionsprobleme erwies sich aber letzten Endes die 1908 als nationale Tragödie empfundene völlige Zerstörung von LZ 4 während eines Gewittersturms in Echterdingen (neben dem heutigen Flughafen) als ein seltener Glücksfall. Nach Bekanntwerden des Unglücks fühlten sich die Deutschen in den Rausch eines nationalen Opferwillens versetzt, der durch spontane Sammlungen binnen kurzer Zeit den hohen Betrag von über sechs Millionen Mark erbrachte. Die Mittel zur Fortführung des Zeppelinbaus, seit 1908 unter der Firma Luftschiffbau Zeppelin GmbH, waren nun vorhanden. Eine Volksspende, verwaltet von der Zeppelinstiftung, half eine Zukunftsindustrie aus dem Boden zu stampfen, ein einmaliges Beispiel in der deutschen Industriegeschichte. Um der technischen Schwierigkeiten im Zeppelinbau Herr zu werden, wurden für Teilgebiete selbständige Unternehmungen oder Abteilungen ins Leben gerufen, Keimzellen bahnbrechender technischer Leistungen, wie wir heute wissen. Wilhelm Maybach verließ die Daimler-Motoren-Gesellschaft und gründete mit dem Grafen Zeppelin 1909 die Luftfahrzeuge-Motorenbau GmbH (heute MTU) und steigerte die Leistung der Motoren von 16 auf 260 PS. Etwa ein Dutzend mit der Luftschiffbau Zeppelin GmbH verbundene Unternehmen, Produktions- und Betriebsgesellschaften, Wohlfahrtseinrichtungen und Versorgungsbetriebe wurden bis 1915 gegründet. Ab 1912 baute die Flugzeugbau Friedrichshafen GmbH (Seemoos) die ersten Flugzeuge am Bodensee. Aus ihr und der Abteilung des Claudius Dornier der Luftschiffbau Zeppelin GmbH, die Anfang 1914 Vorarbeiten für ein Stahlluftschiff aufnahm und wenig später ein mehrmotoriges riesiges Metall-Flugzeug entwickelte, ging 1922/23 die Dornier Metallbauten GmbH hervor, die Anfänge der weltbekannten Dornier-Werke. Bis Ende des 19. Jahrhunderts war es praktisch noch unmöglich, hochwertige Zahnräder von absoluter Genauigkeit in Evolventenverzahnung herzustellen. Der Luftschiffbau brauchte sie für die Motorengetriebe. Sie zu entwickeln und herzustellen, wurde 1915 die Zahnradfabrik GmbH Friedrichshafen geschaffen, ein weiteres auf seinem Gebiet bis zum heutigen Tage bahnbrechendes Unternehmen. Der Luftschiffbau am Bodensee sowie die Flugzeugproduktion profitierten zwar von der militärischen Nachfrage, wurden aber nicht nur – wie die von Schütte-Lanz in Rheinau seit 1910 gebauten Luftschiffe – unter dem Gesichtspunkt der kriegerischen Verwendung betrieben. Erinnert sei an die Fahrten der zivilen Verkehrszeppeline, beginnend mit LZ 10 »Schwaben« 1911/12. Für die Entwicklung der Lastwagenindustrie war die beträchtliche Subventionierung der Anschaffung und des Betriebs von zivilen Lastkraftwagen, die im Bedarfsfall dem Heer zur Verfügung zu stellen waren, von erheblicher Bedeutung.

Mehr als Rübenzucker- oder Eisenbahnindustrie der vorangegangenen Jahrzehnte wurden von 1900 an Kraftfahrzeug- und Luftfahrtindustrie in hohem Maße als Anstoßindustrie für neue Industriegründungen wirksam, Daimler als Entwicklungspol im Stuttgarter Raum, Benz im Raum Mannheim-Gaggenau, die NSU-Werke im Raum Neckarsulm-Heilbronn und die Zeppelin-Werke am Bodensee. Luftfahrtindustrie, Maschinen- und Apparatebau gehörten zu den wichtigsten Verbrauchern von Aluminium und stahlharten Aluminiumlegierungen (Duraluminium) und zogen daher die erst junge, mit Entdeckung der elektrolytischen Aluminiumgewinnung (1887) entstandene Aluminiumindustrie ins Land. Die bedeutende italienische Familie Giulini, die zuerst in Mannheim, dann in Ludwigshafen eine chemische Fabrik betrieb, ging frühzeitig – konkurrierend mit der starken Schweizer Aluminiumindustrie – zur Tonerde- und Aluminiumproduktion über und errichtete auf ausdrücklichen Wunsch des Grafen Zeppelin das Aluminiumwalzwerk in Wutöschingen. Die schweizerische Aluminiumindustrie in Neuhausen und die Chemische Fabrik Griesheim-Elektron sicherten nicht nur die Finanzierung der die Rheingefälle ausnützenden Kraftübertragungswerke Rheinfelden AG, sondern beanspruchten die Hälfte der Wasserkraft der Turbinen für ihre Industrieanlagen. Im Jahre 1897 eröffnet, blieb die Aluminiumbarren erzeugende Filiale Rheinfelden der Aluminiumindustrie AG in Neuhausen bis zum Ersten Weltkrieg die einzige Aluminiumfabrik auf deutschem Boden. Schweizer Kapital unter der Firma Dr. Lauber, Neher & Co. gründete 1912 die Aluminium-Walzwerke in Singen, ursprünglich eine Feinwalzerei zur Herstellung von Aluminium-Folien. Im badischen Rheinfelden und Singen wiederholte sich das Feuerbacher Industrialisierungsmodell.

Revolution in der Chemie

Obwohl die chemische Industrie viele historische, meist an im Inland gewonnene anorganische und organische Substanzen anknüpfende Vorläufer hatte (Fabriken für Alaun, Vitriol, Pottasche, Bleizucker, Blaufarben, Stärke, Krapp, Wachs, Siegellack, Pulvermühlen usw.), fiel der Aufschwung der modernen chemischen Großindustrie, teilweise finanziert aus dem älteren Drogenhandel, erst in die zweite Hälfte des 19. Jahrhunderts in Verbindung mit dem Aufkommen neuer Substanzen und Verfahren, der Herstellung von Schwefelsäure, Soda, Düngemitteln und künstlichen Farbstoffen. Im verkehrsgünstigen und wassernahen Mannheimer Raum stand die Wiege der chemischen Großindustrie Südwestdeutschlands, und Mannheim blieb ihr bevorzugter Standort (Waldhof, Rheinau). Die Anfänge der Mannheimer »Chemie«, wirtschaftlich oft in schwieriger Lage, standen – den Conte Dottore Giorgio Giulini (1858–1954), der ein Schüler des Heidelberger Chemikers Bunsen war, ausgenommen – unter dem Einfluß des weltberühmten Justus von Liebig (1803–1873) und seiner die Gründung von Düngemittelfabriken anregenden, später revidierten Mineralstofftheorie. Sie beruhte auf der Hypothese, daß die Pflanze aus unorganischen Elementen die Bestandteile des Pflanzenleibes erzeuge. Daß falsche Theorien die Wirtschaft beleben können, ist nicht ungewöhnlich. Die Drogenfirma Maggi-Graselli-Giulini gründete auf dem »Grohof« bei Mannheim eine erste Fabrik für künstliche Düngemittel, von 1836/37 von Paolo Giulini auch zur Schwefelsäure- und Sodafabrik erweitert. Der unter den Schwefelsäure-Fabriken in Mannheim, Heilbronn und Neuschloß (Hessen) ausgetragene Konkurrenzkampf endete 1854 mit deren Fusion zum mächtigen Verein Chemischer Fabriken, Mannheim (1869: 390 Arbeiter). Um die gleiche Zeit hatte der Liebig-Schüler Clemm-Lennig jenseits des Neckars die erste und größte süddeutsche Düngerfabrik gegründet (1869: 140 Arbeiter).

Das Kapital von Handel und Banken drängte vor allem ins gewinnbringende Geschäft mit der Soda, in großen Mengen von der Textil- und Glasindustrie benötigt und zunächst im Leblanc-Verfahren aus Kochsalz und Schwefelsäure gewonnen. Sodafabriken zahlten – ähnlich wie Rübenzuckerfabriken – nach der Jahrhundertmitte 30–40 Prozent Dividende. Kapitalstarke Mannheimer Handelsbürger (Rudolf Haas) gründeten deshalb 1872 die Chemische Fabrik Rheinau (1,2 Mio. M. Aktienkapital). Die Rechnung ging nur für wenige Jahre auf. Das vom Belgier Solvay erfundene, weitaus rentablere Verfahren der Sodaherstellung mit Hilfe des in Gasanstalten angefallenen Ammoniaks führte zu einer Sodaschwemme und drückte den Preis je Tonne Soda von 200 Mark im Jahre 1878 auf 80 Mark im Jahre 1886. Seit 1879 produzierte die Sodafabrik Wyhlen am Hochrhein als Filiale der Solvay & Cie., Brüssel. Auf das Solvay-Verfahren stellte sich auch die Schwefelsäurefabrik Heilbronn um. Mannheims Sodaindustrie steckte in einer schweren Krise. 1887 wurde das Rheinauer Unternehmen nach dem Konkurs an die Chemische Fabrik Rhenia, Aachen, veräußert, ausgenommen die Chemikalienabteilung, die in eine AG für chemische Industrie umgewandelt wurde (1892: 2 Mio. M. Aktienkapital).

Billige Soda verhalf der Seifenindustrie, die die bisher handwerkliche Seifenherstellung verdrängte, zum Aufschwung, durch schrankenlosen Wettbewerb übrigens bald in ähnlicher Situation wie die Sodaindustrie. Eine Wachstumsbranche blieb sie bei steigendem Seifenverbrauch dennoch (1907 in Württemberg 171 Betriebe mit 881 Beschäftigten; in Baden 77 Betriebe mit 529 Beschäftigten). Das Feinste für die Toilette bot die 1857 in der Residenzstadt Karlsruhe gegründete Parfümerie- und Toilettenseifenfabrik von F. Wolff & Sohn, weltbekannt unter der Marke »Kaloderma« (1880: 30 Arbeiter). Auf die Massenproduktion und den Massenabsatz von Seife setzte die 1899 unter Beteiligung des Kölner Schokoladenfabrikanten Stollwerck gegründete Zweigniederlassung der Sunlight-Seifenfabrik (Joint Stock Company Lever Brothers Ltd., Port Sunlight bei Liverpool) in Rheinau, damals größte Seifenfabrik Deutschlands. Mit riesigem Reklameaufwand, der Verluste einschloß, eroberte sich das Unternehmen für die »Sunlicht-Seife«, den ersten Markenartikel des deutschen Konsumgütermarktes, einen Kundenkreis von angeblich 25 Mio. Abnehmern. Auf den unermüdlichen Anreger von Industrien, König Wilhelm I. von Württemberg, gingen die erste württembergische Seifenfabrik in Esslingen und die Stearinkerzenfabrik des Talg- und Seifensieders Münzing in Heilbronn zurück. Seit Ende der fünfziger Jahre entwickelte sich allmählich Stuttgart zum Zentrum der württembergischen Seifenfabrikation (Gebr. Rau). Nicht der Wettbewerb, sondern der größtmögliche Marktnutzen wurde gesucht, als 1887 drei führende Unternehmen zu den Vereinigten Seifenfabriken GmbH Stuttgart fusionierten. Bei marktbeherrschender Stellung ließen sich glänzende Geschäfte machen, so daß es auch nicht an Zeit mangelte, sich auf den unvermeidlichen Schlagabtausch mit Sunlight in Mannheim hinreichend vorzubereiten.

In Württemberg erkor die »Chemie« in Gestalt von sechs namhaften Firmen für einige Zeit das wiederholt erwähnte bürgerstolze Feuerbach zu ihrem bevorzugten Standort. Der 1828 aufgenommenen Produktion von Chinin (1910: rd. 60000 kg), eine lange Zeit sehr teure Arznei und einziges Heilmittel gegen die teuflische Malaria, verdankte die finanzstarke Firma Friedrich Jobst (1808–1925) ihren Aufstieg (1887 vereinigt mit der Chemischen Fabrik C. Zimmer, Frankfurt/Main). Jobst war seit 1879 an Chinarinden-Plantagen auf Java beteiligt. Im internationalen Indigogeschäft, bis in die sechziger Jahre des 19. Jahrhunderts von der Londoner Geschäftswelt beherrscht, konnte das ursprüngliche Handelshaus und der spätere Farbstoffhersteller Feuerlein (1798–1925) Fuß fassen. Mit der Herstellung von Chemikalien hauptsächlich für die Farbstoffproduktion begann die Firma Hauff (seit 1870 in Feuerbach) und erschloß

sich nach 1900 den fündigen Chemikalienmarkt für den seitdem unaufhörlich gewachsenen Fotobedarf. Ebenfalls eine »Goldader« entdeckte der Lackhersteller Christian
Lechler (seit 1858). Sie ließ sich »ausbeuten«, weil sich die Firma durch Herstellung
von entsprechenden Qualitäts- und Spezialprodukten den sich ausweitenden und
wandelnden Bedürfnissen der Lackier- und Anstrichtechnik (Autolacke) anzupassen
wußte. Die Verarbeitung von Harzen zu Lacken und Firnissen blühte vor allem in
Mannheim und nach wie vor im badischen Schwarzwald. Dort wurden um 1880 noch
jährlich ungefähr 1,5 Mio. kg Rohharz verarbeitet.

Weil Stuttgarts Verkehrslage ungünstig war, siedelte die Stuttgarter Chininfabrik von
Christian Boehringer, seit 1859 im Handelsregister, im Jahre 1872 nach Mannheim in
eine alte »Zinkhütte« um und sparte schon im ersten Betriebsjahr 6000 Gulden an
Frachtkosten für Kohle ein. 1882 fand sie mit einer zweiten, im Interesse der Abwasserbeseitigung vorgenommenen Betriebsverlagerung nach Waldhof einen weitflächigen Standort, an dem das Unternehmen binnen kurzer Zeit zur größten Chininfabrik
der Welt expandierte. Nach dem Tode des Schwagers Ernst Boehringer übernahm ab
1892 ein Engelhorn – ein weiterer großer Name der Mannheimer Chemie – die Leitung der Firma, deren Weg revolutionäre Forschungserfolge krönten (1902 Coffein
synthetisiert; 1906 erstes Strophantinpräparat). Der Mannheimer Juwelier Friedrich
Engelhorn (1821–1902), eine Unternehmergestalt par excellence und engagierter Organisator der chemischen Industrie, Leiter der badischen Gesellschaft für Gasbeleuchtung, brachte das bunte Pfauenrad der Teerfarbenchemie an den Oberrhein. 1861 begann er mit Gleichgesinnten in Mannheim die Fabrikation von Fuchsin und Anilin,
1869 folgte überraschend schnell erstmals in Deutschland die von Alizarin, die künstliche Herstellung des roten Krappfarbstoffs. Die badische Landwirtschaft konnte das
Ende des Krappanbaus verschmerzen. Mit der Alizarinherstellung, eine komplizierte
Technik, eilte die Badische Anilin- und Sodafabrik (BASF) um Nasenlängen den anderen Teerfarbenkonkurrenten voraus. Engelhorn hatte zur Verbreiterung der Produktionsbasis die Fusion mit dem damals größten Unternehmen der Chemieindustrie,
dem sich überschätzenden Verein Chemischer Fabriken, angestrebt, bekam aber die
kalte Schulter zu spüren und ging daraufhin auf das andere Ufer des Rheins, nach Ludwigshafen, gründete dort 1864 die BASF und blies mit Erfolg zur Farbenjagd.

Zündhölzer mit noch leicht explodierendem Kopf stellte im Schwäbischen um 1833
zuerst der Ludwigsburger Drogenhändler Kammerer her. Die Sicherheitszündhölzer,
eine deutsche Erfindung von 1848, griffen zwei Jahrzehnte später die Schweden auf
und bauten damit schließlich einen weltbeherrschenden Zündholzkonzern auf. Den
Anlauf auf das gleiche Ziel unternahm im Jahre 1900 von Mannheim-Rheinau aus der
amerikanische Trust Diamond Match Company, der mit Hilfe einer neuartigen Zündholzkomplettmaschine und einer Tagesproduktion von 60 Mio. Stück Billigzündhöl-

zern die deutschen Zündholzhersteller das Fürchten lehren wollte. Die Technologie indes, mit hiesigem Holz gespeist, funktionierte nicht. Diamond Match mußte das Handtuch werfen und nach großen Verlusten Ende 1903 die Anlagen zum Spottpreis an die Deutschen Zündholzfabriken AG verkaufen.

Der friedfertige Schwabe Christian Friedrich Schönborn (1799–1868) aus Metzingen hatte zwar die gefährliche Schießbaumwolle (Nitrozellulose) erfunden, doch blieb bis ins letzte Viertel des 19. Jahrhunderts das alte Schwarzpulver unbestritten Herr des Marktes. Es war die große Zeit, während der ein Rottweiler Apothekerssohn, der Erfinder-Unternehmer Max Duttenhofer (1843–1903), basierend auf dem Schwarzpulver, dann mit der Produktion des in 16 Staaten zum Patent angemeldeten rauchschwachen Pulvers (R. C. P.) ein gewaltiges industrielles Imperium zimmerte und selber zum einflußreichen, in vielen Aufsichtsräten vertretenen Industrieführer aufstieg. Der Aufkauf von süddeutschen Pulvermühlen, die Beseitigung der Konkurrenz, Gründung neuer Fabriken im In- und Ausland (Rußland, England, Holland, Japan u. a.), Fusionen, Beteiligungen, Kapitalerhöhungen sowie gewaltige Produktionssteigerungen markierten sichtbar seine Wegstrecke, die immer wieder – weniger sichtbar – zu den Militärmächten der Zeit führte. Kein anderes Unternehmen Südwestdeutschlands kann daher besser daran erinnern, daß die Wege zur Hochindustrialisierung mit dem Zeitalter weltweiter imperialistischer Konfrontationen verschränkt waren. Die politische Entwicklung arbeitete für Duttenhofer. Während die Masse der Unternehmen in der Gründerkrise ums Überleben kämpfte, zahlte Duttenhofers Rottweiler Pulverfabrik eine Dividende von 30 Prozent aus. 1872 machte die Bilanzsumme rund 105 000 Gulden aus, 1913 – nunmehr Vereinigte Köln-Rottweiler Pulverfabriken AG – etwa 50 Mio. Mark. Kaum ein anderes in Südwestdeutschland domizilierendes Unternehmen erreichte vor dem Ersten Weltkrieg diese Größenordnung.

Auch die Geburt der Industrie der Kunststoffe ist bereits ins vorige Jahrhundert zu datieren. Linoleum aller Art stellten seit 1895 die Linoleumfabrik Maximiliansau bei Karlsruhe und die 1899 von Stuttgart nach Bietigheim verlegten Linoleum-Werke Nairn AG (Aktienkapital 1,2 Mio. M.) her. Das Bietigheimer Unternehmen benötigte dazu die geballte Kraft von drei Dampfmaschinen mit zusammen 4300 PS. Mit dem heraufziehenden Zeitalter der Kunstseide auf Nitrozellulose-Basis rechnete man schon vor dem Ersten Weltkrieg in Mannheim.

Auf der Grundlage des in Amerika erfundenen Celluloids entstand 1873 in Mannheim die Rheinische Gummi- und Celluloid-Fabrik, seit 1885 zu den namhaftesten Celluloid-Herstellern der Welt zählend (1898: 1000 Mitarbeiter; 1914: 6000). Nach der Preßblasmethode wurde 1886 die Puppenfabrikation (später Marke: Schildkröt) aufgenommen.

Papierindustrie

Für den einem Rausch von Zahlen gleichenden Aufstieg von Großunternehmen bot die Industriegeschichte Mannheims mehrfach die überzeugendsten Beispiele. Das gilt auch für die Papierindustrie, durch die der Name Waldhof und sein Zellstoff in die Welt getragen wurde. Zellstoff nahm der Papiermacherei die Rohstoffnot. Für den Chemiker Dr. Carl Clemm und den Kaufmann Carl Haas, zwei in Unternehmungsgründungen erfahrene Männer, stand 1884 bei Gründung der Zellstoffabrik Waldhof (Aktienkapital 750 000 M.) von vornherein fest, daß es darauf ankomme, eine rationelle Großproduktion für Zellstoff nach dem Ritter-Kellner-Verfahren aufzuziehen, um dem Unternehmen einen großen Vorsprung zu verschaffen. Er wurde mit Hilfe enormer Investitionen zur Senkung der Selbstkosten, durch Betriebserweiterungen (1899: 1716 Arbeiter), Fusionen (seit 1898 russische Tochtergesellschaft in Pernau; 1907 Verschmelzung mit der Zellstoffabrik Tilsit), durch Waldkäufe im In- und Ausland gehalten und mittels hoher Gewinnrückstellungen sowie von der Hausbank, dem Bankhaus Ladenburg, beschaffte Mittel, Anleihebegebungen und Kapitalerhöhungen (1888: 3 Mio. M.; 1912: 32 Mio. M.) finanziert.

In der Nachbarschaft des Werkes wurde 1907 eine neue Fabrik mit vier großen Voith-Papiermaschinen zur Herstellung einfacher Zellstoffpackpapiere errichtet. Von ständig günstigen Preis- und Absatzverhältnissen auf dem Zellstoffmarkt konnte schon wegen der Konkurrenz der nordischen Länder nicht die Rede sein. 1909 wurden die Preise auch deshalb teilweise beträchtlich herabgesetzt, weil Neugründungen und Anlagenvergrößerungen der Konkurrenz verhindert werden sollten. Ernstlich gefährdet war die Expansion der Waldhof AG bei einer durchschnittlichen jährlichen Umsatzsteigerung zwischen 1904 und 1913 von rund 19 Prozent und einer erwirtschafteten Kapitalrendite zwischen 29 Prozent und 15 Prozent nicht (Umsatz 1913: 26,7 Mio. M.). In kleineren Größenordnungen arbeiteten die weiteren acht in Baden zwischen 1879 und 1886 gegründeten Zellulosefabriken sowie die württembergischen Hersteller, darunter die von dem Schweizer Ingenieur Alfons Simonius 1881 in Wangen errichtete Zellstoffabrik (1894: AG mit 1,2 Mio. M. Kapital), mit der 1899 die seit 1613 bezeugte Papiermühle in Unterkochen verbunden war. Erst in den siebziger Jahren fand in der Papierindustrie der jahrzehntelange, schwierige Umstellungsprozeß vom Hand- zum Maschinenbetrieb seinen Abschluß. Die Zollvereinsstatistik von 1861 erfaßte für Baden 31 Papierfabriken, von denen 19 mit 26 Papiermaschinen arbeiteten, 29 sich aber noch keine kostspielige Maschine leisten konnten. Der Papierfabrikant Carl Scheufelen in Oberlenningen hatte an der bis Anfang der siebziger Jahre gestiegenen Nachfrage nach braunem Packpapier (auch »Dütenpapieren«) und Pappdeckeln – wie viele andere Papiermacher – gut verdient und sich 1876 von dem Ersparten die erste Langsiebmaschine für endloses Papier kaufen können. Von 1870 bis 1873 war viel Kapital in lohnende Papierfabrikation geflossen. Die Papierfabrik Baienfurt AG (heute Feldmühle) an der Wolfegger Aach war 1871/72 mit großzügigen, leistungsfähigen Betriebsanlagen erstellt worden. Der Investitionsboom hatte eine Überschußproduktion zur Folge. Die Preise fielen, die Branche geriet in eine Krise, in der die meisten Handpapierhersteller und manches größere Etablissement auf der Strecke blieben. 1877 gab es in Württemberg noch 27 teilweise sehr beschäftigungsstarke Papierfabriken mit 36 Maschinen und nur drei handwerkliche Papiermacher. Das lange Sterben der kleingebliebenen Ravensburger Papiermacherei endete 1876 mit der Stilllegung der letzten Ravensburger Papiermühle, Ende einer 480 Jahre alten Papierfabrikation. Mit der Ausdehnung des Maschinenbetriebs in der Papierherstellung war vielfach eine Vergrößerung der Betriebe und eine Vermehrung der Beschäftigung verbunden. Das umsatzstärkste Unternehmen der Branche vor Bohnenberger in Niefern, F. Flinsch in Freiburg und August Koehler in Oberkirch blieben in Baden die international renommierten Gebrüder Buhl in Ettlingen (1869: 198 Arbeiter) mit einem Papierausstoß – Qualitäts- und Spezialpapiere – im Jahre 1884 von 300 Tonnen (?) und 2000 Tonnen im Jahre 1912. Koehler in Oberkirch gelang es, die großen Investitionen der siebziger Jahre dank einer starken Nachfrage nach Tabakpapieren und durch die Aufnahme von luftgetrockneten und tierisch geleimten Büttenpapieren und Büttenkartons in eine allmähliche, aber stetige Produktionssteigerung umzusetzen (1880: 254 Tonnen Papierproduktion mit 26 Beschäftigten; 1900: 743 Tonnen mit 119 Beschäftigten). Die Erschließung neuer Märkte – auch im Ausland – kam hinzu, so daß mit Inbetriebnahme der zweiten Papiermaschine die Produktion 1912 auf 2160 Tonnen angehoben werden konnte.

Ähnlich wie bei Buhl und Koehler in Baden war der Aufstieg namhafter württembergischer Papierfabriken eng mit der Herstellung von Spezialpapieren verknüpft und ließ sich offenbar auf anderen Wegen unter den gegebenen Kostenstrukturen nicht verwirklichen. Nach Aufstellung der pausenlos produzierenden Langsiebmaschine machte Scheufelen in Oberlenningen »weiße mittelfeine und feine Druck- und Schreibpapiere« zu seiner Spezialität. Bis zum Verlust seines Liefervertrages mit der Deutschen Verlagsanstalt, Stuttgart, verkaufte er 70 Prozent der Produktion an diese. Mit der 1892 aufgenommenen Herstellung von neuem englischem »art paper« (Kunstdruckpapier) erschloß sich Scheufelen einen neuen, rasch expandierenden Produktbereich, den hochwertiger Spezialpapiere. Die Umstellung erforderte erhebliche Investitionen. Ab 1895 firmierte Scheufelen (etwa 175 Beschäftigte) als »Erste deutsche Kunstdruck-Papierfabrik«. Nicht weit entfernt, in Eislingen/Fils, verschaffte sich die dortige, aus einer alten Papiermühle hervorgegangene Papierfabrik, 1838/39 von den Gebrüdern Schwarz und dem Kaufmann Dunker in Göppingen gegründet, durch

Spezialisierung auf die Seidenpapierherstellung, auf ganz dünne Papiere und ihre stetige Verbesserung einen guten Ruf und sicherte ihr gutes wirtschaftliches Gedeihen. In der Herstellung von Spezialpapieren lag überhaupt das Geheimnis des Fortkommens der südwestdeutschen Papierindustrie im Industriezeitalter.

An die Papierherstellung setzten zahlreiche Papierverarbeiter an, die immer größere Mengen Papier verbrauchten. Die wachsende Zahl an Druckereien sei in erster Linie genannt. Mannheims Tapetenfabrikation blieb traditionell führend. Dazu kamen Unternehmen wie die 1860 gegründete Papierumschlag- und Papierausstattungsfabrik E. Lemppenau, 1860 in Stuttgart gegründet, deren Fabrikation mit einer aus Frankreich zollfrei eingeführten Grundausstattung von Maschinen begann. Später lieferte die Maschinenfabrik Hesser in Cannstatt die Falzmaschinen. Die Papiermaschinen hatten die Welt des Papiers endlos gemacht. Sie bedurfte der Ordnung. Seit langem sind die Büroordnungsmittel der Firma Leitz weltweit ein Begriff, 1871 von Louis Leitz als kleine Werkstätte mit zwei Arbeitern gegründet. Als er 1893 die heute noch millionenfach bewährte Hebelmechanik erfunden und diese in einem Buchband eingenietet hatte, so daß man Briefe an jeder beliebigen Stelle einreihen und entnehmen konnte, begann der große Aufstieg des heute nach wie vor im Familienbesitz befindlichen Unternehmens (seit 1898 in Feuerbach).

Leder

Hinter allem statistisch faßbaren Aufstieg versteckten sich auch bei der traditionellen südwestdeutschen Gerberei und ihrer Einbeziehung ins Industriezeitalter schwere Rückschläge und ernste Krisen. Fließendes Wasser und Eichenrinde aus dem Odenwald gab es in der alten Gerberstadt Weinheim reichlich, als dort eine der ersten badischen Lederfabriken ins Leben gerufen wurde. In Konkurs gegangen, übernahm sie 1849 der Teilhaber Carl Freudenberg (1819–1898). Unter ihm wurde der Betrieb – seit 1874 unter dem Namen Carl Freudenberg, noch heute Familienbetrieb – ein Weltunternehmen, das schon in den sechziger Jahren (über 400 Arbeiter) seine Waren in Europa und im Orient absetzte. Erst war das teuere Lackleder unter Aufgabe der Sohlenledergerbung das Hauptgeschäft. Ende der neunziger Jahre kam das Boxkalf auf. 1900 führte Freudenberg als erstes Unternehmen in Europa die Chromgerbung für Bekleidung und Oberleder ein (1910: 2500 Beschäftigte). Im Herbst 1849 fing der Gerber Carl Friedrich Roser sein Geschäft in Stuttgart an. Der Sohn Max, der pietistischen Herrnhuter Brüdergemeine verbunden, verwirklichte nach längerer Bildungsreise zu Gerbereien des Auslands, insbesondere nach Frankreich und England, den Trieb des Vaters, vorwärts zu kommen, immer bessere Waren zu erzeugen und sich technische Fortschritte zunutze zu machen. Die Reiseerfahrungen gaben dem Geschäft neuen Aufschwung. Als einer der ersten in Deutschland brachte C. F. Roser feines Sattlerleder nach »englischer« Zurichtung auf den Markt. Die 1872/73 in Feuerbach errichtete moderne und fortan ständig modernisierte Lederfabrik mit ihren Dampfmaschinen, die eine Lohmühle, Walkfässer, Ventilatoren für Trockenräume, Spaltmaschinen (seit 1882) und sonstige Lederbearbeitungsmaschinen antrieben, wurde zum Symbol Roserschen Aufstiegs. Er ließe sich auch an verarbeiteten Rindshäuten messen – im Jahre 1884: 3000 Stück; 1904: 18224 Stück. 1914 zählte das Unternehmen 206 Beschäftigte und verarbeitete täglich 200 Häute. Wenn Roser genannt wird, muß auch die verdienstvolle Lederfabrik Hüni & Cie., gegründet 1859, erwähnt werden, im 19. Jahrhundert einziger Industriebetrieb in Friedrichshafen. In der südwestdeutschen Gerberei waren es nach 1870 die Dampfmaschinen, die die Großbetriebe der handwerklichen Konkurrenz überlegen machten und sie zum Aufgeben zwangen. Trotz Dampfmaschinen befand sich die alte Backnanger Gerberei (1871: 102 Rotgerber, 553 Gesellen und Lehrlinge) um 1899 in einer schweren Krise, die mit der Einführung neuer Gerbmethoden, dem Übergang verschiedener Firmen zur mineralischen Chromgerbung an die Stelle der jahrhundertealten Lohgerbung überwunden wurde (Fritz Häuser seit 1902). Die Kaess, heute noch führend in Backnang unter denen, die vom Leder ziehen, blieben der für starke Ledersorten bestimmten vegetabilischen Gerbung treu und produzierten braune Oberleder sowie Sohlenleder höchster Qualität.

Um ihre gestiegene Eigenerzeugung an Leder abzusetzen, hatten die württembergischen Gerber bereits vor der Einführung der Gewerbefreiheit das Aufkommen der handwerklichen Exportschuhmacherei (Tuttlingen, Balingen, Ebingen, Schwenningen, Trossingen) initiiert und in diesem Zusammenhang das Verlagswesen (Exportgesellschaften) favorisiert. In diesem Rahmen wurde die Schuhmacherei als bäuerlicher Nebenberuf übrigens noch bis ins 20. Jahrhundert betrieben. Erst die verkündete Gewerbefreiheit machte 1862 von zünftigen Fesseln ledig und den Weg für die Gründung der ersten mechanischen Schuhfabriken frei: in Württemberg die Stiefeletten- und Schäftefabrik in Hall (10 Arbeiter und 3 Nähmaschinen), in Baden die Lederfabrik Krafft in Fahrnau (Stadt Schopfheim), die ihre Produktion um die fabrikmäßige Schuhherstellung erweiterte. Älter war in Baden die transportorientierte Gummischuhindustrie in Mannheim, verkörpert seit 1850 durch die Firma Poisnel & Co., eine Filiale der amerikanischen Firma Hutchinson in Paris (1869: 139 Arbeiter).

Großaufträge der Armeen für Militärstiefel und in Nordamerika erfundene Maschinen – die Nähmaschine, die von Mackay 1858 erfundene Sohlennähmaschine und danach die Steppstichsohlennähmaschine – drängten zur Anlage von größeren konzentrierten Produktionsstätten für Schuhe (seit 1863/64 in Tuttlingen). Anfang des 20. Jahrhunderts war die Technologie so weit vervollkommnet, daß der Schuh von

Anfang bis Ende durch von Menschen zu bedienende Maschinen hergestellt werden konnte. Der Anteil guter (fußgerechter) Schuhleistenhersteller sollte dabei nicht übersehen werden. Der Massenabsatz, zugleich Ferment virulenter Konzentrationsbewegungen, mußte das Mißverhältnis zwischen Kosten, namentlich hohen Lederpreisen und Schuhpreisen ausgleichen. Gleichzeitig war ein neues Vertrauensverhältnis zwischen dem Industrieerzeugnis und seinen anonymen Käufern zu schaffen, das den seit Jahrhunderten üblichen Vertrauenskauf zwischen dem handwerklichen Schuhmacher und seinem Kunden ablöste. Diese Aufgabe hatte das Markenzeichen zu erfüllen, seit Ende des 19. Jahrhunderts allgegenwärtiges »Feldzeichen« in den Werbekampagnen der fabrikmäßigen Schuhhersteller, seit 1904 der Salamander in der Werbung der Jakob Sigle & Cie. in Kornwestheim. Den Klagen der Handschuster gegen die Fabriken und ihrem Verschwinden vom Markt stand auf der anderen Seite der Aufstieg weniger handwerklicher Schuhmacher zu Fabrikherren gegenüber. Die erfolgreiche Geschäftsverbindung und Zusammenarbeit des Schuhmachermeisters Jakob Sigle (1861–1935) mit dem jüdischen Lederkaufmann Max Levi (1868–1925) im damaligen Bauerndorf Kornwestheim als Gründer der zeitweilig größten Schuhfabrik Westeuropas ist hierfür ein herausragendes Beispiel. Wegen Kapitalmangel stellte Sigle anfangs »Läpples-Schuhe« (Hausschuhe) her, ehe durch Levi ab 1891 Kapital in die Jakob Sigle & Cie. floß (1891 Bilanzkapital: 36850 M.; 1916: 10,5 Mio. M. Aktienkapital) und die Mechanisierung der Arbeitsvorgänge nach amerikanischem Vorbild (auch Einsatz von Mietmaschinen) vorantrieb und die Produktion steigerte. Nach dem Goodyear-Weltsystem wurde – wie noch heute üblich – die äußere Sohle mit der Brandsohle mit einem an dieser befestigten Lederstreifen, dem Schuhrahmen, zusammengenäht, der den Schuh elastisch, haltbarer und wasserdicht machte. Der Aufstieg des Sigle-Unternehmens war ungewöhnlich steil. Die Zahl der Mitarbeiter schnellte von 40 im Jahre 1891 auf über 3200 vor dem Ersten Weltkrieg empor, die Tagesproduktion auf 7000 Paar Schuhe, die mit Hilfe eines eigenen Vermarktungsnetzes, durch das günstige Angebot eines Herrenstiefels zum Endpreis von 12,50 M. (Durchschnitt 1903: 20 M.) und manche verführerische Werbung (»Leicht und kurz berockt trippelt die Frau von heute durch die Straßen . . .«) verkauft wurden.

Bekleidung

Im Bereich des lederverarbeitenden und des Bekleidungsgewerbes hatte sich der Prozeß der Verdrängung selbständiger handwerklicher Existenzen durch moderne Technologien wesentlich später, erst etwa ab 1895 stärker geltend gemacht als in anderen Branchen. Namhafter Vorreiter der Industrialisierung in der Bekleidungsbranche war die Ulmer Hutfabrik Mayser (seit 1800), schon nach 1839 auf Dampfmaschine und Arbeitsmaschinen umgerüstet, wenngleich die Mehrzahl der Arbeitsvorgänge nach wie vor manuell verrichtet werden mußte. Nach 1871 konnte Mayser mit Stillegung der exportstarken französischen Hutindustrie in der Umgebung von Paris einen größeren deutschen Marktanteil gewinnen und expandierte stärker (1886: 600 Beschäftigte und Jahresproduktion von 250000 Hüten; Kapitalrendite 6%). Der häufige Modewechsel – vom Zweispitz zum Tschako, dann zum runden Hut und zum Zylinder bis hin zu den weichen Filzhüten – machte die Hutproduktion zu einem verlustreichen Risikogeschäft, so daß zwischen 1896 und 1907 das Unternehmen nur noch durch Kapitalherabsetzung von 900000 auf 250000 Mark saniert werden konnte.

Je mehr die Zahl der Betriebe mit über 200 Beschäftigten wuchs, um so höher stellte sich grundsätzlich der Abgang von Kleinbetrieben. Von ihm wurde am stärksten unter allen Branchen zwischen 1895 und 1907 das mit geringer Rendite arbeitende Bekleidungsgewerbe betroffen, in Württemberg mit einem Verlust von 10609 Betrieben bei gleichzeitiger Einsparung von Arbeitskräften. Innerhalb des größeren Zeitraums von 1882 bis 1907 erlitt unter dem Druck einer kräftigen Konzentrationsbewegung die Textilindustrie unter allen anderen Branchen den größten zahlenmäßigen Verlust an Betrieben. Die Entwicklung in der Textilindustrie folgte aber insofern dem allgemeinen Trend, als sich die Zahl der Betriebe in Industrie und Kleingewerbe in scharfer Kurve von 1882 bis 1907 reduzierte (in Württemberg von 119818 auf 91471), aber im gleichen Zeitraum die Zahl der in diesen Betrieben beschäftigten Personen beträchtlich vermehrte (in 1000: Württemberg von 295,2 auf 519,3 = 76%; in Baden von 248,5 auf 524,2 = 111%). Die »erste und zweite industrielle Revolution« hatten mithin durch die ihnen immanente Grundtendenz zur Betriebskonzentration eine schwerwiegende soziale Umschichtung zur Folge, die massenweise Freisetzung von selbständiger Arbeit in Landwirtschaft und Gewerbe, das Absterben kleiner Existenzen im primären und sekundären Sektor bei gleichzeitiger gewaltiger Zunahme lohnabhängiger Arbeitsplätze.

Der tertiäre Sektor: Fremdenverkehr

Von dieser grundlegenden Umwälzung wurden trotz aller Konzentrationstendenzen die Bereiche Handel und Verkehr, wurde der tertiäre Sektor damals ausgespart. Hier stiegen zwischen 1882 und 1907 sowohl die Zahl der Betriebe (in Württemberg von 23515 auf 42611 = 181%) als auch die der Beschäftigten. Für die Ausdehnung des Dienstleistungssektors, der Geldinstitute und Handelsbetriebe, der Verkehrsunternehmen und – nicht zu übersehen – für die Zunahme von insgesamt 38422 Arbeitsplät-

zen im Bereich Gastwirtschaft und Beherbergung gab es viele allgemeine und spezifische Gründe. Der Bedeutungszuwachs des Fremdenverkehrs durch verbesserte Verkehrsmittel und gestiegenen Volkswohlstand sowie die Attraktivität der südwestdeutschen Heilbäder (1846: in Württemberg 84; in Baden 37) stellten keine in der Wirt-
schaftsstatistik zu vernachlässigende Größe dar.

Zum Hauptmagnet des Fremdenverkehrs entwickelte sich das Weltbad Baden-Baden,
etwa von 1790 an geheime und ab 1801 von der Regierung gezwungenermaßen gedul-
dete Metropole des Glücksspiels, die nach der badischen Fremdenverkehrsstatistik
den Großteil der Fremdenmeldungen für sich verbuchte. Dem französischen Spielbankpächter Jacques Benazet sowie seinem Sohn Eduard (seit 1848) verdankte Baden-
Baden seine Glanzzeit, den Aufstieg zum Weltbad, in dem sich die Hocharistokratie
Europas tummelte. Die Spielbankpächter erbauten aus eigenen Mitteln die Festsäle
des Kurhauses, das kleine Theater und die Pferde-Rennbahn von Iffezheim. Aus der
vom Staat kassierten Pachtsumme für die Spielbank sowie aus außerordentlichen Beträgen der Pächter (1871/72: insgesamt 700000 Gulden) wurden die Staatlichen Anstalten Baden-Badens, die Einrichtungen von Badenweiler, der Renchtalbäder, Straßen usw. finanziert. Mit der Schließung der Spielbank am 31. Oktober 1872, ein
Schock für Stadt und Spieler, befand sich Baden-Baden in der schwierigen Lage, ein
Luxusbad ohne reichlich fließenden Geldsegen zu sein. Gegen Ende des Jahrhunderts
gewann es ein neues Image als Kur- und Wohnstadt begüterter In- und Ausländer, begann ein neues Kapitel im Buch der Stadt.

Aufschwung im Handwerk

Mit dem Ende der Agrarkrise in der Mitte des 19. Jahrhunderts erlebte dank der gestiegenen Konsumtionskraft der Landbevölkerung und des industriellen Aufschwungs
auch allgemein das Handwerk, besonders das städtische, seine erste Prosperitätsphase
im heraufgezogenen Industriezeitalter. Kapitalkräftigeren Handwerkern bot sich die
Chance, für einen erweiterten Markt zu produzieren. Umstrukturierungen bahnten
sich an. Aus Produktionsassoziationen von Handwerkern entstanden Wagenfabriken
in Hall, Reutlingen und Dettingen/Teck. Das Handwerk wurde von Konzentrationsbewegungen erfaßt, die mit Einführung der Gewerbefreiheit 1862/63 von einer neuen,
wenn auch nicht lang anhaltenden Verselbständigungstendenz namentlich in städtischen Ballungs- und Wachstumsräumen überlagert wurde. In Baden stieg in den meisten Gewerben die Zahl der Selbständigen von 1861 bis 1864 sogar zwischen 20 und
40 Prozent an. Trotz aller Industrialisierung verstärkte sich bis in die Konjunktur der
Gründerjahre das mittelständisch-kleingewerbliche Element in der Wirtschaft Badens

und Württembergs, dominierender in Württemberg wegen des schwächeren Industrialisierungsgrades. In beiden Staaten existierten noch im Jahr 1875 – ohne die problematische Hausindustrie – insgesamt fast 250000 gewerbliche Allein- und Kleinbetriebe (bis 5 Beschäftigte), ein enormes Wirtschaftspotential, das sich durch Strukturschwäche, aber auch Wachstumskraft auszeichnete. Nach 1875 gerieten sie in die Baisse der Gründerkrise, in den Sog einer »niedergehenden Bewegung«, während der sich in fast allen Handwerkszweigen die Zahl der Betriebe verminderte, aber gleichzeitig in den meisten Betrieben die Anzahl der Gehilfen vermehrte, so daß offensichtlich in dem veränderten ökonomischen Umfeld im großen und ganzen eine Konsolidierung des Handwerks eintrat. Von einer tödlichen Dauerkrise des gewerblichen Mittelstandes, bedingt durch die Polarisation mit Kapital und Industrie, zu sprechen, ist auch deshalb nicht gerechtfertigt, weil seine Selbstbehauptung in zwar sich wandelnden Größenordnungen und Spezialisierungen auch in den folgenden Jahrzehnten der Industrialisierung evident war. In Württemberg stellten 1895 die Kleinbetriebe fast die Hälfte aller Gewerbeunternehmen. Ihre Zahl sank bis 1907 auf ein Drittel, während die der Großbetriebe (ab 21 Beschäftigte) um die gleiche Punktzahl stieg und die der Mittelbetriebe (6 – 20 Beschäftigte) konstant blieb. Das Vordringen der Fabrik war keineswegs identisch mit einer dauernden Verdrängung oder gar am Ende mit einer totalen Vernichtung der Handwerksbetriebe. Um 1900 erlosch zwar in Ulm die dort über tausendjährige handwerkliche Leineweberei. Der nicht zu bremsende Prozeß der Verlagerung von Handwerksberufen in die Fabrik (Textil, Leder, Papier u. a.) war aber begleitet von entgegengesetzten Prozessen der Arbeitsteilung und Zunahme von Betrieben und Beschäftigung in einer Reihe von Handwerkszweigen, die meist der Industrie nahelagen (Installateure, Glaser, Tapezierer usw.), teilweise Neubildungen darstellten oder wichtige, kaum substituierbare Versorgungsfunktionen in einem wachsenden Bevölkerungsreservoir (Lebensmittelhandwerker, Friseure usw.) wahrzunehmen hatten. Bereits um die Jahrhundertwende ließ sich erkennen, daß die Industrie in Verbindung mit dem technischen Fortschritt selber für das Entstehen von vielen neuen, selbständigen Handwerksberufen den Anstoß gab und sie nicht entbehren konnte. Neuen Industriezweigen folgten entsprechende Handwerker, den industriellen Landmaschinenbauern vom Typ Lanz oder Fahr um 1900 die ersten Landmaschinenhandwerker, den Automobilfabriken die Kraftfahrzeugschlosser. Die Industrie brauchte ein Handwerk, das mit ihrem Entwicklungstempo Schritt hielt und die anfallenden Instandsetzungsaufgaben richtig erkannte und ausfüllte. Mit der außerordentlichen Intensivierung der handwerklichen Funktionen hielten spätestens seit Beginn des 20. Jahrhunderts auch Maschinen und Antriebsmotore in die Handwerksbetriebe ihren Einzug. Mit Hilfe von Offenburger Handwerksbetrieben nahm der Erfinder Friedrich August Haselwander schon 1886 den Bau von Dynamomaschinen auf. Von

117473 gewerblichen Kleinbetrieben (bis 5 Beschäftigte) waren 1907 in Württemberg bereits 6055 Motorenbetriebe (das waren 56% aller Motorenbetriebe). Moderne Technik sowie die Einbeziehung von Handelsgeschäften änderten Gesicht und Struktur der Handwerksbetriebe.

Im 20. Jahrhundert aufgekommene neue Handwerksberufe
in Südwestdeutschland

Beton- und Stahlbetonbauer; Terrazzohersteller; Büromaschinenmechaniker; Chemigraph; Elektro- und Fernmeldemechaniker; Elektroinstallateur; Elektromaschinenbauer; Feinmechaniker; Feinoptiker; Formstecher; Gas- und Wasserinstallateur; Karosseriebauer; Kraftfahrzeugmechaniker; Kältemechaniker; Kraftfahrzeugelektriker; Landmaschinenmechaniker; Lichtreklamehersteller; Linoleumleger (Fußbodenleger); Maschinenschlosser; Modellbauer; Nähmaschinen-Mechaniker; Photograph; Platten- und Fliesenleger; Radio- und Fernsehtechniker; Rolladen- und Jalousiebauer; Schweißer; Steinholzleger; Textilausrüster; Vulkaniseur; Werkzeugmacher; Zahntechniker; Zentralheizungsbauer; Zweiradmechaniker; Zylinder- und Kurbelwellenschleifer. (34)

Die Leistungsfähigkeit von Handwerk und Industrie, die ihre Fachkräfte ohne Ausnahme kostenlos aus dem Handwerk bezog, hing von der Leistungshöhe der Facharbeiterschaft, von der menschlichen Qualitätsbasis ab. Der Gefahr ungelernter Arbeitermassen mußte ein Riegel vorgeschoben werden. Hierbei hatten die Regierungen nach manchen schmerzlich kompromittierenden Mißerfolgen des deutschen Industrieexports nach 1870 (»Made in Germany«) entscheidend eingegriffen und entsprechend den Forderungen der Handwerker für die geordnete Berufsausbildung (Lehrlingswesen) die organisatorischen Voraussetzungen durch die Reichsgewerbeordnung von 1881 und die sie ergänzenden Gewerbenovellen geschaffen. Dem in Abkehr vom alten Zunftgeist belebten Innungsgedanken stand das Handwerk in Baden und Württemberg, wo bereits die organisierte Selbsthilfe auf freiwilliger Basis seit längerer Zeit möglich war (Gewerbevereine), anfangs noch mit Zurückhaltung gegenüber. Mit der Gewerbenovelle von 1897, auch als Handwerkerschutzgesetz oder Handwerkergesetz bekannt geworden (seitdem gesetzlicher Schutz des Meistertitels), hatten Reichstag und Regierungen die Forderung des Handwerks nach Zwangsinnungen und überhaupt auf Schaffung einer neuzeitlichen Handwerksorganisation erfüllt. Seit 1899 bestehen in Südwestdeutschland zur Wahrnehmung der gemeinsamen Interessen des Handwerks und als mittelbare Organe der Staatsverwaltung Handwerkskammern, die neben die älteren Industrie- und Handelskammern traten (in Württemberg vier Handelskammern seit 1855; in Baden Handelskammern seit 1826/27). Über seine legitime Selbstverwaltungsorganisation gewann das Handwerk auch einen stärkeren Anteil an der staatlichen Gewerbeförderung.

Gewerbeförderung

Klassisches Land der angesprochenen staatlichen Gewerbeförderung in Deutschland und Europa war das alte Königreich Württemberg, ein gutes Erbe, das noch heute lebendig ist und sorgfältig gepflegt wird. Die Förderung des Gewerbes (Handwerk und Industrie), den Leitsätzen des krassen Konkurrenzliberalismus widersprechend und jüngst wiederum als Neomerkantilismus diffamiert (Klein), erwies sich neben dem Schutzzoll (Protektionismus) als wichtigstes wirtschaftspolitisches Maßnahmebündel des Staates mit unterschiedlichem Interventions- und Wirkungsgrad, um in einem wirtschaftlich rückständigen, zudem mit mannigfaltigen Standortnachteilen belasteten Raum die produktiven Kräfte zu entfalten und das Sozialprodukt zu optimieren. Als fakultatives positives Angebot von Entwicklungshilfe an die Produzenten diente die Gewerbeförderung durch Verbesserung von Qualifikation, Produktion und Vertrieb letzten Endes strukturellen und sozialen Zielen. Die Gewerbeförderung konnte schon allein infolge ihrer begrenzten finanziellen Größenordnung (in Württemberg im Jahre 1848: 85500 M.; 1890: 135350 M.) weder Motor der Wirtschaftsentwicklung geschweige der industriellen Revolution sein, aber schwierige Lern-, Entwicklungs- und Anpassungsprozesse in der Wirtschaft punktuell und global beschleunigen und erleichtern.

Ihren Anfang nahm die systematische staatliche Gewerbeförderung in Württemberg nach einer mehr dem Gießkannenprinzip gefolgten Vorgeschichte von fast zwei Dezennien mit der von König Wilhelm I. von Württemberg 1848 ins Leben gerufenen Zentralstelle für Gewerbe und Handel. Als »Vater der neuzeitlichen Gewerbeförderung« ging der zunächst den protektionistischen Ideen seines Landsmannes Friedrich List verpflichtete Ferdinand Steinbeis (1807–1893) in die Geschichte ein, seit 1848 in der Zentralstelle leitend tätig und von 1863 bis 1880 ihr Präsident, ein genialer Beamter, der mehr für die Gewerbe tat, als es unbedingt seine Pflicht gewesen wäre. Die breite Angebotspalette der staatlichen Gewerbeförderung des 19. Jahrhunderts umfaßte die kostenlose Beschaffung von modernen Maschinen und Werkzeugen aus dem Ausland, die Gewährung von Zollnachlässen auf das von dort importierte Gerät, sie bestand ferner in finanziellen Beihilfen bei Unternehmensgründungen, Maschinenanschaffungen und Studienreisen, in der Förderung des Exports, des sehr wichtigen

Ausstellungswesens und des Ausbaus des nie zu vernachlässigenden gewerblichen
Unterrichtswesens, eines unbedingt mit der Praxis verbundenen fakultativen Fortbil-
dungswesens sowie in dem große Kosten verursachenden Aufbau einer permanenten
Ausstellung von Webereimustern, Werkzeugen usw. (Musterlager, Bau des Landes-
gewerbemuseums). Ab den sechziger Jahren verlagerte sich der Schwerpunkt der Tätigkeit der Zentralstelle mehr auf die qualitative Verbesserung des Produktionsfaktors
Arbeit, eine Entwicklungsrichtung, an die die Handwerkergesetzgebung des Reiches
dann in den achtziger Jahren anknüpfte. Der Staatsaufwand zur Förderung von Gewerbe und Handel belief sich von 1877 bis 1911 auf über 17 Mio. Mark, von denen der
größte Teil dem Fach- und gewerblichen Schulwesen zugute kam.
Baden, obwohl auf dem Gebiet des gewerblichen Schulwesens gegenüber Württemberg weit vorausgeeilt und in seiner Wirtschaftsentwicklung fortgeschrittener, errichtete – vom württembergischen Förderkonzept beeinflußt – 1860 als umfassendes
Handels-, Landwirtschafts- und Verkehrsministerium ein – zwar nur kurzlebiges –
Handelsministerium (1881 wieder aufgelöst). Zu seiner Kompetenz gehörten das gewerbliche Schulwesen und insbesondere die Förderung der Notstandsgewerbe (Holzwaren, Bürstenmacherei, Bergbau) im Schwarzwald, die mit sehr unterschiedlichem
Erfolg bis ins 20. Jahrhundert subventioniert wurden. Nach dem Vorbild des Stuttgarter Musterlagers und angeregt von dem eifrigen Fürsprecher der badischen Wirtschaftsförderung, Staatsrat Rudolph Dietz, wurde in Karlsruhe 1865 eine Gewerbe-
halle eröffnet, durch Ausstellungen und Beratungtätigkeit der Fortbildung und Qua-
litätsförderung – besonders für das Handwerk – von Vorteil. Im Jahre 1905 wurde sie
mit erweitertem Aufgabenbereich zum Landesgewerbeamt umgebildet. Vorrang im
badischen Handelsministerium hatten der Wasser- und Straßenbau sowie der Eisenbahnbau als wichtigste Voraussetzung für die wirtschaftliche Entwicklung des Landes.

Interdependenzen im Verkehr

Von dem Eisenbahnpionier Friedrich List, der auch auf dem Hohenasperg über die
Vorzüge von Schienenbahnen, insbesondere für Württemberg, nachdachte, stammte
die grundlegende Erkenntnis, daß eine »Wechselwirkung zwischen Manufakturkraft
und dem Nationaltransportsystem bestehe, daß die eine ohne das andere nirgends zu
hoher Vollkommenheit gelangen könne«. Zwischen dem Produktions- und dem Verkehrsvolumen einer Volkswirtschaft bestanden seit jeher Abhängigkeiten; der Verkehr konnte direkt und indirekt den Anstieg der Produktion bedingen und diese umgekehrt das Transportvolumen vermehren. Der vom technischen Fortschritt in Gang

gebrachte Industrialisierungsprozeß hätte sich ohne die Anreize des Gestaltungsfaktors Verkehrsmittel und ihr wechselseitiges »Hochschaukeln« nie in diesem Maße in Südwestdeutschland durchsetzen können. Dabei ist es allerdings unmöglich, in dem Prozeß gegenseitiger sehr komplexer Stimulierung dem industriellen Wachstum, dem Lebensstandard, der Kapitalbildung, dem Bevölkerungszuwachs, dem Eisenbahnbau, dem Eisenbahnbetrieb oder zeitweilig der Schiffahrt die jeweils größte Schubkraft zuzuschreiben. Alle diese Faktoren erzeugten Dynamik.

Bis ins Zeitalter der Frühindustrialisierung waren die Preise der Achsfrachten – im südwestdeutschen Handelsverkehr von vorrangiger Bedeutung – wegen der verbesserten Wege und der Fortschritte im Chausseebau etwa um die Hälfte gesunken und betrugen vor Aufkommen der Eisenbahnen ungefähr 30 Pf–40 Pf je t/km. Auf ungefähr die Hälfte davon dürften sich damals die Schiffsfrachten belaufen haben. Der Sieg der Eisenbahnen im Güterverkehr ab den sechziger Jahren mit Ausbau des europäischen Eisenbahnnetzes erfolgte zu einem für die Binnenschiffahrt problematischen Frachttarif von 13 Pf–14 Pf je t/km. Die Rheinschiffahrt, insbesondere die Mannheimer Dampfschleppschiffahrtsgesellschaft, reagierte entsprechend und vergrößerte die Ladefähigkeit je Schleppkahn (um 1883 ca. 1000 t; 1912: bis 3600 t). Überragendes Binnenzentrum der Rhein- und überhaupt der südwestdeutschen Flußschiffahrt war und blieb Mannheim, das mit seinem 1875 vollendeten staatlichen Mühlauhafen und dem 1896 erbauten Industriehafen Rheinau GmbH bis 1914 den Rang des größten europäischen Binnenhafens einnahm. Der gesamte Mannheimer Hafenverkehr – Gesamtumschlag ohne Flößerei – steigerte sich in ungeahntem Aufschwung von 123 160 Tonnen im Jahre 1850 auf 241 887 Tonnen im Jahre 1860, über 1,5 Mio. Tonnen 1883 und auf 7,4 Mio. Tonnen im Jahre 1913. In Mannheim endete im 19. Jahrhundert die Großschiffahrt auf dem Rhein, den die noch heute geltende Rheinschiffahrtsakte von 1868 zum fortgesetzten Freihafen erklärte, frei für die Schiffahrt aller Nationen, frei von Abgaben und frei auch für die Dampfschiffahrt. Die meisten Kohlen – beinahe Jahr für Jahr mehr –, die vom Niederrhein aus rheinaufwärts gingen, wurden in Mannheim gelöscht. Geringe Kohlentransporte umgingen Mannheim und setzten die Bergfahrt dank der durch die Rheinkorrektion Tullas möglich gewordene Schiffahrt zu den badischen Häfen Kehl, Maxau (Karlsruhe) und Leopoldshafen (seit 1833) fort. Der Umschlag der gesamten Oberrheinhäfen ohne Mannheim betrug 1913 etwa 6,9 Mio. Tonnen. Die Rheinschiffahrt rentierte sich. Der preußische Staat schob sich mit seinem Rheinschiffahrtskonzern, zu dem die Mannheimer Dampfschleppschiffahrtsgesellschaft gehörte, bis Mannheim vor. Bayern folgte 1912 mit dem Erwerb der Hauptbeteiligung an der Rhenania-Gruppe, der Mannheimer Gründung der Gebrüder Hecht von 1908. Um im Konkurrenzkampf mit den anderen den badischen Staatsbahnen Frachtenzubringer zu sichern, erwarb der badische Staat unter Vermittlung der

Rheinischen Kreditbank Mehrheitsaktienpakete der beiden maßgebenden Mannheimer Schiffahrtsgesellschaften. Familienstreitigkeiten unter den ursprünglichen Besitzern Gutjahr und Fendel machten dies möglich.

Der Zu- und Abfuhr der Mannheimer Umschlaggüter dienten neben den zahlreichen Eisenbahnlinien die von der Eisenbahn schwer bedrängte, schwerfällige Neckarschiffahrt nach Heilbronn und noch bis Ende der siebziger Jahre bis Cannstatt. Schon 1858 sah sich der württembergische Staat genötigt, gegen Auszahlung von 50 Prozent des Nennwertes der Aktien der Neckardampfschiffahrt zu übernehmen, um ihr einen leichten Tod zu gewähren, obwohl 1866 noch 190 000 Tonnen Güter auf Tal- und 82 000 Tonnen auf Bergfahrt (mit Treidelpferden) bewegt worden waren. Einen Wiederaufstieg erfuhr die Güterverfrachtung auf dem den Schiffsverkehr oft behindernden Neckar durch die mit staatlicher Zinsgarantie ins Werk gesetzte Kettenschleppschiffahrt AG, Heilbronn (1878–1935), die mit ihren an einer auf dem Flußbett versenkten Kette sich fortbewegenden Dampfern (Höchstzahl: 7) im Jahre 1879 insgesamt 95 590 Tonnen auf Holzschiffen unter 100 Tonnen und 1896 die Höchstleistung von 156 743 Tonnen transportierte. Bis zu 90 Prozent der Bergfracht, hauptsächlich Kohle, gingen nach Heilbronn. Die Eisenbahn hielt die Schleppfrachttarife an der untersten Grenze. Schon 1850 hatte die Ulmer Donaudampfschiffahrtsgesellschaft vor der Schiene kapituliert, doch gingen 1895 noch neun Zillen von Ulm ab, darunter vier nach Wien und eine nach Budapest.

Bis 1885 senkte die Eisenbahn ihre Frachtguttarife auf 4 Pf–5 Pf (ohne Abfertigungsgebühr) und machte dadurch für einige Zeit gegenüber der Binnenschiffahrt das attraktivere Angebot. Die Frachttarife gingen weiter herunter, zumal für die Eisenbahnen die Selbstkosten den Grenzpunkt darstellten. Über Ausnahmetarife verbilligten sie ihre Frachtsätze, ab 1898 Baden den Kohletarif zugunsten des Umschlags von 100 km ab auf 1,7 Pf je t/km (ohne Abfertigungsgebühr), um dadurch den »schwer bedrohten Umschlag in den badischen Rheinhäfen die Aufnahme des Wettbewerbs gegen den direkten Eisenbahnversand ab Zeche mit Aussicht auf Erfolg zu ermöglichen«. Württemberg nahm keine Rücksicht auf den badischen Hafenumschlag und ermäßigte den Rohstofftarif auf 1,4 Pf je t/km jedoch erst von 350 km an. Die enorme Senkung der Frachttarife mit Hilfe der europäischen Eisenbahnen und des wiederum von ihnen angestoßenen Chausseebaus (1887 Staatsstraßen in Baden: 3079 km; 1888 in Württemberg: 2691 km) während der zweiten Hälfte des 19. Jahrhunderts reduzierte die Beschaffungs- und Absatzkosten, verlängerte die Bezugs- und Absatzweiten der Industrie und verbilligte Produktion und Konsum. Der Kauf größerer Gütermengen wurde möglich, andererseits den kostenungünstigen Produktionen der Absatzraum genommen. Am stärksten schlug die Transportverbilligung bei den geringwertigen Massengütern durch (Kohle, Rohstoffe, Halbfabrikate), während der Transportkostenanteil bei hochwertigen Produkten gewöhnlich gering blieb. Unternehmer, die sich von der Differentialrententheorie des Johann Heinrich v. Thünen beeinflußt, um so höhere Renten bzw. Reingewinne ausrechneten, je mehr der Transportkostenanteil im Produktpreis dank der Eisenbahn sank, wurden jedoch von der Praxis enttäuscht und eines Besseren belehrt. Die Transportkostenschrumpfung verbesserte in erster Linie die Gewinnchancen der rentabelsten Unternehmen durch die Möglichkeiten der Absatzerweiterung. Wenig rentable Unternehmen, deren bisheriger Markt dem Eisenbahnnetz angeschlossen wurde, mußten erleben, daß sie trotz erheblicher Frachtkostenersparnis überhaupt keinen Reingewinn mehr erwirtschafteten. Durch die Eröffnung der badischen Schwarzwaldstrecke Kappel–Bonndorf konnte die Uhrenfabrik Lenzkirch ihre Frachtkosten zwischen 1906 und 1910 um 33 Prozent (= 5528 M.) reduzieren, gleichzeitig aber verminderte sich die Umsatzrendite von 3,9 auf 1,7 Prozent. Die Verbilligung und Verbesserung der Transportsysteme, sofern nicht einer versteckten Subventionierung dienend, setzten die Gesetze der Konjunktur und der Wettbewerbsfähigkeit der Unternehmen nicht außer Kraft, sondern wurden im Gegenteil noch spürbarer wirksam. Der Wettbewerb wurde angeheizt. Für die beachtliche Reingewinnsteigerung der badischen Staatsbrauerei Rothaus (Durchschnitt 1890–1904: 28653 M.; 1907–1910:49500 M.) war die Produktionskostensenkung durch verbesserte Technologien entscheidend. Auto und Bahn halfen, das Absatzgebiet für die vermehrte Produktion (1910: 23300 hl) zu erweitern. Der billige Verkehr vergrößerte den Markt.

Freiburger Marktpreise am 11. Oktober 1884			
1 kg Halbweißbrot	M –,50	1/2 kg frische Butter	M 1,–
1/2 kg Kalbfleisch	M –,60	1/2 kg Weißfische	M –,40
1/2 kg Schweinefleisch	M –,66	1 altes Huhn	M –,80
1/2 kg Ochsenlummel	M –,70	4 Eier	M –,32
1/2 kg Seife 1. Sorte	M –,43	1 Liter Milch	M –,18

Je mehr Produktionsorte durch die Eisenbahn rasch, billig und zuverlässig mit den Verbrauchszentren verbunden und je mehr Güter überhaupt transportfähig gemacht wurden, um so mehr Güter wurden transportiert. Die von den württembergischen Eisenbahnen transportierte Gütermenge stieg von 154194 Tonnen im Jahre 1851 (250 km Betriebslänge) auf 10,9 Mio. Tonnen im Jahre 1908 (1981 km Betriebslänge; dazu 265,9 km Privatbahnen). Baden verfügte nach Sachsen über die größte Bahnlänge je 100 km² Staatsgebiet (1906: 15,2 km; Reichsdurchschnitt 10,7 km). Auf den badischen Staatsbahnen (1739,5 km Betriebslänge; dazu 561,4 km Privatbahnen) rollten damals über 17 Mio. Tonnen Fracht, so daß summa summarum die südwestdeutschen Eisenbahnen damals den größten Teil der Wirtschaftsgüter beförderten. Überwiegend aus den Einkünften des Güterverkehrs bestanden auch ihre Betriebseinnahmen. Bis Anfang der siebziger Jahre reichte die Phase des zügigen Ausbaus des dem größeren Verkehr dienenden badischen und württembergischen Eisenbahnnetzes, dessen Betriebslänge nun jeweils 1000 km überstieg. Auch wegen der konjunkturellen Abflachung der folgenden Jahrzehnte mit all ihren Folgen begegnete man fortan neuen Bahnbauunternehmungen, sofern es sich nicht um Transitstrecken handelte, eher mit gebotener Vorsicht und Zurückhaltung. So sehr grundsätzlich die Notwendigkeit anerkannt wurde, zur Verbesserung der Infrastruktur mehr Orte durch Nebenbahnen an die Hauptstrecken anzuschließen, so war andererseits die sinkende Rentabilität der kostspieligen Bahnen offensichtlich. Je mehr Kapital in Nebenstrecken mit teurer Betriebsführung investiert wurde, um so weniger bestand Aussicht, die Eisenbahnen als gewinnbringende, die hohe Eisenbahnschuld verzinsende Unternehmen führen zu können.

Auf 705 Mio. Mark wurde Ende 1906 das Anlagekapital der badischen Staatsbahnen beziffert, auf 645 Mio. Mark die dafür aufgenommenen »Eisenbahnanleihen«. Das Anlagekapital der württembergischen Staatsbahnen erhöhte sich bis 1913 auf 873,5 Mio. Mark, die Eisenbahnschuld auf 618,8 Mio. In den bis dahin 70 Betriebsjahren erwirtschaftete die württembergische Staatsbahn nur während der kurzen Spanne von 1854 bis 1867 eine gute Verzinsung von 4,16 bis 6,39 Prozent. Ohne die Zuschüsse aus der Staatskasse wäre die erforderliche Verzinsung der Eisenbahnschuld meist nicht gewährleistet gewesen. Das Wasser für die Lokomotiven hatten die Bahnhofsgemeinden kostenlos zu stellen. Auch die badische Staatsbahn konnte den von 1880 bis 1906 gezahlten Staatszuschuß in Höhe von 60 Mio. Mark als Deckungsmittel nicht entbehren. Durch ihre wenig gute Finanzlage wurden die Leistungen der Staatsbahnen und ihre fundamentale Schlüsselstellung im Industrialisierungsprozeß bis zu Beginn des 20. Jahrhunderts keineswegs gemindert. Die Eisenbahnen als wichtigste Grundlageninvestition im 19. Jahrhundert hätten ihre Funktion, die Güterströme optimal zu verbilligen, zu beschleunigen und zu intensivieren, wohl kaum erfüllt, wenn sie ihre Anlageinvestitionen in höherem Maße aus Betriebsüberschüssen hätten finanzieren müssen. Schließlich hing die Wettbewerbsfähigkeit der südwestdeutschen Industrie auch am »seidenen Faden« der billigen Gütertarife.

Straßenbahnen

In städtischen Ballungsräumen ergriffen die Kommunen in Verbindung mit privaten Unternehmen die Initiative, um auf dem Schienenwege die Personen- und Güterbeförderung zu verbessern. Nach Berlin und Hamburg feierte das provinzielle Stuttgart trotz einiger Verzögerung 1868 die Inbetriebnahme einer schmalspurigen Pferdeeisenbahn als neue Attraktion. Mit gemächlich rollenden Gefährten dieser Art begann auch der Nahverkehr in Mannheim-Ludwigshafen (seit 1876) und in Heidelberg. Seit den siebziger Jahren fauchten wegen ihrer Rauchentwicklung nicht sonderlich geschätzte Dampfstraßenbahnen durch die Städte, von Karlsruhe nach Durlach (seit 1876), von Mannheim nach Feudenheim, auf den Fildern (seit 1884), zwischen Ravensburg und Weingarten (seit 1888) und in Lahr (seit 1889). Über 14 Jahre nach Zulassung der ersten elektrischen Straßenbahn im öffentlichen Verkehr durch den Berliner Vorort Lichterfelde brach in Südwestdeutschland das Zeitalter der elektrischen Straßenbahn an, zuerst 1895 mit der Eröffnungsfahrt der elektrischen Stuttgarter Straßenbahn. In dem durch den Festungsgürtel lange Zeit an der Expansion behinderten Ulm verkehrte von 1897 an eine elektrische Straßenbahn, in Mannheim erst seit 1900, in Freiburg i. B. und in Heilbronn seit 1901, in Feuerbach und in Baden-Baden seit 1909. Einige Städte befriedigten ihren Ehrgeiz, eine eigene Straßenbahnlinie zu besitzen, obwohl schon mit dem Omnibus konkurrierend, nach dem Ersten Weltkrieg (Pforzheim 1911/26–1968; Esslingen 1938–1978). Die meergrün-weiße, bis auf die Filder verkehrende große Esslinger Straßenbahn – ein stabiler »Bauernschnellzug«, der »reinste Guckkasten« – galt im Schwabenland als schönste ihrer Art. Die Straßenbahn erfüllte vielerlei Funktionen. Vorrangig diente sie dem täglichen Berufsverkehr, ließ sich gut auch als Instrument großstädtischer Eingemeindungspolitik gebrauchen und verhinderte eine allzu einseitige Wertsteigerung innerstädtischer Grundstücke, indem sie die Besiedlung des Umlandes, die Stadt–Land-Wanderung, förderte. Eine Freiburger Straßenbahnvorlage von 1907 betonte weitsichtig: Die Straßenbahn »darf aber auch als eine der hervorragendsten hygienischen Maßregeln insofern bezeichnet werden, als sie aufs wirksamste die Bestrebungen unterstützt, das enge, ungesunde Zusammenwohnen im Innern der Stadt zu verhindern und die Menschen ohne Nachteil für ihre wirtschaftliche Existenz in Gemarkungsteilen wohnen lassen, in welchen ihnen und ihren Familien ohne allzugroße Opfer die Wohltat von Luft und Licht gespendet werden kann«.

Bodenseeflotte

Das Vorrücken der Eisenbahnen bis an den Bodensee hatte auch der dort reger gewordenen Schiffahrt neue Impulse verliehen, nicht nur daß Eigentum und Betrieb der Verluste einfahrenden Dampfer von den Staatsbahnverwaltungen übernommen wurden. Neue Landungsanlagen wurden auf Staatskosten erbaut. Um unwirtschaftlichen Wettbewerb auf dem See zu vermeiden, einigten sich die Anrainerstaaten über einen Gemeinschaftsdienst. Im Unterschied zur Flußschiffahrt brachte am Bodensee die durch den Fremdenverkehr gestiegene Personenbeförderung (vor dem Ersten Weltkrieg jährlich fast eine Million Personen) die größten Einnahmen (Steigerung württembergischerseits von 1891 bis 1913 um 254% auf 341466 M.). Jeweils sieben bis acht Personenschiffe zählte die badische und württembergische Bodenseeflotte, im Jahre 1913/14 romantische, schon elektrisch beleuchtete Dickschiffe von teilweise respektablem Alter darunter, auf badischer Seite die »Mainau«, 1858 in Dienst gestellt und der stattliche Salondampfer »Kaiser Wilhelm« für nahezu 1000 Passagiere, 1871 gebaut, während die Württemberger mit bis 1890 zurückreichendem Schiffspark aufwarteten. Ihr Flaggschiff »Hohentwiel« (Baujahr 1913, Kosten 380000 M.) konnte 600 Passagiere aufnehmen. Der Güterverkehr am See bewegte sich in bescheidenen Grenzen, wenn man nicht gerade in der hohen Anzahl beförderter Hunde (1908 auf badischen Schiffen: 3437 Stück) etwas Bemerkenswertes erblickt. Die lange Zeit die Mannheimer quälende Befürchtung, der Rhein könnte als Wasserstraße bis zum Bodensee ausgebaut werden und dadurch Mannheims Spitzenstellung als Rheinhafen empfindlich geschmälert werden, war jedenfalls unbegründet.

Ende der Flößerei

Während die Flößerei auf dem Oberrhein bis Kehl seit Errichtung von sieben Schiffsbrücken in den siebziger Jahren fast aufhörte, hatte sie von Mannheim abwärts in den folgenden Jahrzehnten noch zugenommen und bewegte sich um 1880 bei 200000 Tonnen. Die von der Murg, Enz, Nagold und auf dem Neckar teilweise oberhalb von Horb und vom Holzhafen Heilbronn angekommenen Flöße wurden in Mannheim zu Rheinflößen bis zu 63 m Breite zusammengebaut. Zurückgegangen war schon seit den siebziger Jahren wegen der verbesserten Holzabfuhr, der Rücksichtnahme auf die errichteten Brücken und Wasserwerksanlagen sowie wegen der Aufgabe der alten primitiven Stauvorrichtungen die einst umfangreiche Kinzigflößerei, ein Trend, der zuerst die badische Flößerei zunehmend erfaßte. Das von der badischen Regierung 1912 ausgesprochene Verbot der Flößerei zog den Schlußstrich unter dieses mindestens 600

Jahre alte Kapitel südwestdeutscher Wald- und Holzgeschichte. Ein letztes Floß von der Nagold, geführt vom Sägewerksbesitzer Theurer aus Nagold, »verirrte« sich 1921 auf dem Rhein bis Mainz und wurde dort von den französischen Besatzungssoldaten beschlagnahmt. Mit dem Verbot der Enzflößerei 1923 endete die württembergische Flößereigeschichte.

Antriebsaggregate

Wer die Fortschritte der Industrialisierung in Süddeutschland oder in den Alpenländern an norddeutschen Maßstäben messen will, für den wird die Wettbewerbsfähigkeit der süddeutschen Industrie – auch das heutige Süd-Nordgefälle – ein Rätsel bleiben. Täglich 69 Pf (ohne Anschaffungskosten) kostete nach Berechnungen der Spinnerei und Weberei Ettlingen aus dem Jahre 1878 die Inanspruchnahme von einer PS Dampfkraft. Wer sie nicht benötigte und statt dessen auf billigere, die 69 Pfennige einsparende Wasserkraft zurückgreifen konnte, der gab als Unternehmer in Südwestdeutschland grundsätzlich letzterer den Vorzug. Wasserkräfte trieben in der Hauptsache die Fabriken in Südwestdeutschland auf ihrem Wege zur Hochindustrialisierung an. Nach einer Erhebung von 1861 verfügten 3333 Betriebe in Württemberg über ein Energiepotential von 40307,75 PS, von denen 37443 PS (= 93%) aus Wasserwerken stammten. Bis in die neunziger Jahre blieb zumindest in Württemberg die Wasserkraft wichtigste Antriebsenergie (1895: ca. 47%; 1907: 25% mit 68666 PS). Nur etwa von 1903 bis 1914 besaß die Dampfmaschine und damit die Dampfkraft (1907: 133957 PS) die Vorherrschaft unter den motorischen Triebkräften der württembergischen Wirtschaft, ein bemerkenswert kurzes Intermezzo, währenddessen zudem bereits die Elektrizität gebieterisch ihre Nachfolge zur Geltung brachte.

Antriebsaggregate in der württembergischen Wirtschaft			
Antriebskraft	1882	1895	1907
Elektrizität	–	168	4860
Wasser	3596	3915	3546
Dampf	819	1884	2373
Benzin, Äther	–	221	1525
Leuchtgas	–	–	620
Generatorgas	187	650	436
Petroleum	–	136	80
Sonstige (Druck-, Heißluft, Spiritus, Wind)	–	12	51

Auch für die Anfänge der badischen Hochindustrialisierung ist die Dampfmaschine in ihrer Rolle als entscheidende Antriebskraft zu »entthronen«. Nach der Fabrikenerhebung (mehr als 20 Arbeiter) von 1869 wurde die Industrie mit Hilfe von 5403 Wasserrädern (im Durchschnitt 7 PS = 37821 PS) und 244 Turbinen (= 5494 PS) zu knapp 87 Prozent von der Wasserenergie angetrieben. Bis ins 20. Jahrhundert hatte die Textilindustrie – besonders Spinnereien – den höchsten Energiebedarf zu decken. Im Interesse ihrer Wettbewerbsfähigkeit waren sie weitgehend auf die Nutzung von Wasserkräften eingestellt und hielten die Dampfmaschine mit geringer Leistung, wenn nötig, zur Unterstützung der Wasserkraft bei niederem Wasserstand in Reserve. Durch ihre 200–400 PS Wasserenergie besaßen die großen Baumwollspinnereien gegenüber anderen Produktionsstandorten entscheidende Kostenvorteile (Baumwollspinnerei Esslingen 400 PS; Haagen 370 PS; Atzenbach 300 PS; Ettlingen 365 PS; Laufen 250 PS; St. Blasien 300 PS). Die gleichzeitig installierte Dampfkraft – 1868 in Württemberg 578 Maschinen mit 5615 PS; 1869 in Baden 489 Maschinen mit 6462 PS – wurde insgesamt nicht täglich genützt. Von Industriestandorten wie Karlsruhe, Mannheim oder Stuttgart und besonders gelagerten Unternehmen abgesehen, war die Dampfmaschine – 1875 in Baden 13662 PS; in Württemberg 11151 PS – mehr in die Wartestellung einer Einsatzreserve versetzt. Man sparte motorische PS. Wer Steinkohle, die damals durch die Frachtkosten um 100 bis 150 Prozent über dem Zechenpreis lag, verfeuerte, lief leicht Gefahr, daß er die Rentabilität seines Unternehmens durch den Schornstein jagte. Namentlich Württembergs relativ geringe Kohleneinfuhr bis Ende des 19. Jahrhunderts (1834: 550 t; 1875: 443300 t; 1885: 663300 t) war symptomatisch für den sparsamen Umgang der Unternehmen mit dem »schwarzen Gold«. Die Verhandlungen zwischen den industriellen Verbänden und dem Kohlensyndikat, das einen Verkäufermarkt beherrschte, um die Zufuhr billiger Kohle – 1909 um die Ermäßigung von zwölf Mark pro Waggon – rissen selten ab. Von 1890 bis 1899 kostete die Tonne Steinkohle 8,14 Mark im Durchschnitt, im folgenden Jahrzehnt ein Viertel mehr, so daß unter Umständen britische Kohle billiger als Saar- oder Ruhrkohle zu stehen kam.

Elektrizitätswirtschaft

Die Industrie benötigte Kohle nicht allein für den Dampfmaschinenbetrieb. Dampfkessel wurden angeschafft, um die Fabriken während der kalten Jahreszeit zu beheizen und Gaswerke gebaut, um sie bei Mehrschichtenbetrieb zu beleuchten. Häufig noch vor den großstädtischen Kommunen unterhielten Großunternehmen, meist der Textilbranche, für Beleuchtungszwecke eigene Gaswerke (in Württemberg bis 1876: min-

destens 22) und verwendeten Saarkohle oder Paraffinöl als Ausgangsmaterial. Das
älteste württembergische Gaswerk befand sich ab 1841 in der Mechanischen Flachsspinnerei in Urach. Die erste Gasfabrik Stuttgarts, die damals 310 Öllaternen beleuchtete, vergaste von 1845 an Kohle (Heilbronn seit 1852; Ulm seit 1857; Ludwigsburg
seit 1858; Tübingen seit 1862; Reutlingen seit 1874).

Der sprunghafte Anstieg des Kohlenverbrauchs bei frachtverbilligten, wirtschaftlichen Preisen zwischen 1898 und 1913, in Baden um 180 Prozent (auf 2,7 Mio. t, davon der größte Teil im Schiff-Eisenbahn-Umschlag) und in Württemberg um 190 Prozent (auf knapp 2,5 Mio. t, überwiegend im Direktversand), ist in unmittelbaren Zusammenhang mit dem industriellen Aufschwung ab 1895 zu bringen, der die Industrieproduktion der beiden südwestdeutschen Staaten – am Kohlenverbrauch abzulesen – um mehr als 50 Prozent bis 1913 erhöhte. Eine erneute Umschichtung im Energieverbrauch vollzog sich im Hintergrund. Durch den Ausbau der anfangs von der
Privatinitiative getragenen Elektrizitätsversorgung während der neunziger Jahren mit
Hilfe der Dampfkraft erfuhren Dampfmaschinen-PS und Kohlenverbrauch eine gewaltige Steigerung. Etwa zwei Drittel der installierten Elektrizitätsleistung beruhten
vor dem Ersten Weltkrieg in Württemberg/Hohenzollern auf der Kohle, während in
Baden mit seinen Großwasserkraftwerken der »Kampf« zwischen Wasser- und
Dampfkraft um die Elektrizitätserzeugung mehr zugunsten des »weißen Goldes« ausfiel. Billige Wasserkräfte hatten zunächst zur Anlage vieler kleiner Elektrizitätswerke
gelockt, ehe die Großkonzerne der Elektroindustrie (AEG, Siemens) die sich der
Starkstromtechnik eröffnenden Chancen (elektrischer Straßenbahnbau) wahrnahmen
und viele Kommunen ihr hinhaltendes Zögern gegenüber der Elektrizität aufgaben.
Gegen den Bau von die Landschaft verändernden Wasserkraftwerken erhob sich
schon damals lauter Protest. Erst ein größerer, namentlich gewerblicher Abnehmerkreis reduzierte die anfangs sehr hohen Strompreise auf ein wirtschaftlich halbwegs
vertretbares Niveau.

Der Übergang zur Kraftübertragung nach 1900 band die Elektrizitätserzeuger nicht
mehr an die Verbrauchsstandorte, so daß sich die Versorgung größerer Gebiete von
Überlandzentralen aus entwickeln konnte (1893 erstes Überlandwerk auf reiner Was-
serkraftbasis in Thalerschachen an der Argen). Im Großherzogtum übernahmen neben Kommunalunternehmen (Heidelberg 1900; Freiburg 1901; Karlsruhe 1903) weitgehend Privatunternehmen die Versorgung des Landes (Kraftübertragungswerke
Rheinfelden 1894; Kraftwerk Laufenburg 1912; Überlandzentralen Lahr und Achern;
BBC-Werk Mannheim 1898). Im südlichen Württemberg half der genossenschaftliche
Zusammenschluß bei der »Verstromung« ländlicher Regionen (Alb-Elektrizitätswerk
Geislingen mbH 1909, u. a.), sofern nicht öffentlich-rechtliche Bezirks- und Zweck-
verbände die Elektrizitätsversorgung organisierten (seit 1909 oberschwäbische Elek-

trizitätswerke). Im Ballungsgebiet des mittleren Neckarraumes schoben sich neben das Elektrizitätswerk Stuttgart (seit 1895; seit 1902 städtisch) die kapitalmäßig zur AEG-Gruppe gehörenden Neckarwerke AG, Esslingen (seit 1905) und das zur Ausnutzung der Wasserkraft des Neckars 1909 errichtete Elektrizitätswerk Beihingen-Pleidelsheim AG (2,5 Mio. M. Aktienkapital), aus dem 1913 das von der AEG-Gruppe majorisierte Kraftwerk-Altwürttemberg AG wurde, alles institutionelle Marksteine der nunmehr mit Macht »verstromten« Wirtschaft. Die Urerscheinung Elektrizität, im 18. Jahrhundert bestaunte Spielerei, im 19. Jahrhundert zur Elektrotechnik materialisiert, wurde für die elektrifizierte Wirtschaft des 20. Jahrhunderts zu ihrem universal verwendeten und wichtigsten Energieträger. Sie stieß das Tor in bisher nichtgeahntes technisches und wirtschaftliches Neuland auf. Die Elektrochemie, die Informations-, Meß- und die Steuerungstechnik waren die zunächst meist weniger sichtbaren Kinder des Elektrizitätszeitalters.

Kapitalmarkt: Banken

Die Finanzierung der Großunternehmen der Elektrizitätswirtschaft – auch keine von krisenfreiem Wachstum verwöhnte Branche – bereitete nach 1900 bemerkenswerterweise weniger Probleme als etwa ein halbes Jahrhundert zuvor die von Eisenbahnen, von neuen Wasser- und Dampfkräften, ja selbst die von modernen Maschinen. War der unterentwickelte südwestdeutsche Kapitalmarkt, Mitte des 19. Jahrhunderts in schwerer Krise steckend, inzwischen leistungsfähiger und funktionstüchtiger geworden? Bankengeschichte ist ein etwas verzwicktes Kapitel. Mit parlamentarischem und außerparlamentarischem Feldgeschrei wurde in Baden seit der Revolution von 1848/49 gegen auswärtige Finanzmächte gezetert, ohne daß über Jahrzehnte Grundlegendes geschah, um sich aus ihrer Abhängigkeit zu lösen. Der nach dem Beispiel der Pariser Société Génerale du Crédit Mobilier zur Wirtschaftsfinanzierung gegründeten Darmstädter Bank wurde zwar 1856 die Konzession zur Errichtung einer Filiale in Mannheim verweigert, um so mehr aber blieb die Abhängigkeit der badischen Geschäftswelt von den Bankiers in Frankfurt, Darmstadt, Basel, Zürich, Schaffhausen, Augsburg usw. bestehen. In Stuttgart, wo das alte Bankhaus Doertenbach & Co. und die Hofbank und in Heilbronn, wo Rümelin & Co. Hauptstütze des Industriekredits waren, lagen die Verhältnisse etwas besser. Kapitalbeschaffung auf auswärtigen Märkten war mit höheren Kosten und schlechteren Konditionen verknüpft. Trotzdem stand man der Errichtung einer eigenen Notenbank (Zettelbank) am Oberrhein und am Neckar bis Mitte der sechziger Jahre ablehnend gegenüber. Das entsprechende Gesuch eines so prominenten Bankiers wie David Hansemann wurde 1856 in Karlsruhe mit der Begründung abgewiesen: »Eine Bank, welche das Land mit Zetteln versorget, ist für das Großherzogtum Baden zur Zeit durchaus kein Bedürfnis, da es mit Wertzeichen, welche als Geld umlaufen, zur Genüge versehen ist.« Nicht anders in Württemberg! »Herr Moriz Mohl ist, wenn irgendwo von einer Bank die Rede ist, jedesmal in seinem Herzen entbrannt und eilt auf's Schlachtfeld«, war 1857 im Staatsanzeiger von Württemberg zu lesen. Moriz Mohl kämpfte mit antipreußischem Zorn gegen Modernität und war damals in Württemberg ein einflußreicher Mann. An Vorschlägen zur Errichtung einer badischen Landesbank fehlte es nicht. Bankengründungskomitees produzierten Entwürfe in Karlsruhe und Mannheim, Interessenten zweier Lager. Eifersüchteleien zwischen den Handelskammern und die gemeinsame Ablehnung staatlicher Einmischung ließen die Gründung nicht vorankommen, obwohl sich bis 1861 die Zahl der Notenbanken in den Staaten des Zollvereins bereits auf 29 vermehrt hatte. 1869 brachte eine Anfrage der Mannheimer Handelskammer die Angelegenheit wieder in Gang. Im Januar 1870 stimmte der badische Landtag dem vorgelegten Gesetz über die Gründung der Badischen Bank als Notenbank in Mannheim zu. Zu den

---

Wichtige Bankgründungen in Baden und Württemberg 1850–1914

1855 Bankhaus Pflaum & Cie., Stuttgart, 1866 von der Darmstädter Bank kommanditiert (Württembergische Bankanstalt)

1856 Bankhaus Koester & Co., Mannheim, 1894 AG unter Beteiligung der Deutschen Bank, seit 1896 Oberrheinische Bank

1867 Württembergische Hypothekenbank, Stuttgart

1869 Württembergische Vereinsbank, Stuttgart, 1870 Mitbegründer der Deutschen Bank, Berlin

1870 Badische Bank (Notenbank), Mannheim

1870 Rheinische Creditbank, Mannheim

1871 Rheinische Hypothekenbank, Mannheim

1871 Württembergische Notenbank, Stuttgart

1876 Reichsbankhauptstellen in Karlsruhe und Stuttgart

1899 Württembergische Landesbank, Stuttgart, 1910 Filiale der Dresdner Bank

1899 Filiale der Dresdner Bank, Mannheim

1905 Umgründung des Bankhauses W. H. Ladenburg & Söhne in AG unter dem Namen Süddeutsche Disconto-Gesellschaft

1906 Umwandlung des Bankhauses Stahl & Federer, Stuttgart, in AG unter Beteiligung der Diskonto-Gesellschaft, Berlin

1909 Umstellung von Doertenbach & Cie., Stuttgart, in GmbH unter Beteiligung der Vereinsbank, Hofbank und Bankanstalt

Gründern gehörten David Hansemann und M. A. v. Rothschild & Söhne, Frankfurt/ Main. Losgelöst von staatlicher Bevormundung folgte wenige Monate später die Gründung der Rheinischen Creditbank und der Rheinischen Hypothekenbank, die Konzentration neuer badischer Kapitalkraft in der aufblühenden Handels- und Industriestadt im Rhein-Neckar-Dreieck unterstreichend.

»Geld ist zur Genüge vorhanden, um den soliden Kaufmann mit Kredit zu stützen, und unsere Kapitalisten kaufen fortdauernd sehr viele Wertpapiere, was der beste Beleg des Wohlstandes in unserem Land ist«, berichtete die kgl. Hofbank in Stuttgart am 22. Juli 1864 dem Monarchen. Vor diesem Hintergrund eines offenbar flüssigen Geld- und Kapitalmarktes ließ sich auch in Württemberg die Bankenfrage leicht zerreden und verschleppen. Erst als Frankfurt 1866 preußisch geworden war, hielt man in Stuttgart die Emanzipation von dem gewohnten Wechsel- und Geldplatz am Main für dringend geboten. Die 1867 landesherrlich genehmigte Vereinsbank wurde Anfang 1869 als erste württembergische Aktienbank eröffnet (Aktienkapital: 800000 fl; 1881: 18 Mio. M.; 1912: 40 Mio. M.). Seit 1869 bestand zwischen ihr und der Deutschen Bank, Berlin, eine wechselseitige Verbindung, offenbar die deutsche Einheit vorwegnehmend. Im gleichen Jahr tätigten die Frankfurter Rothschilds die letzte Anleihe für Württemberg. Endlich, 1871, entstand auf Aktienbasis die Württembergische Notenbank, als letzte von einem deutschen Einzelstaat konzessionierte Notenbank.

Die am meisten üblichen Instrumente der bankmäßigen Kapitalbeschaffung für die Industrie waren der Kontokorrentkredit, für kurzfristige Gelder an erster Stelle der Wechsel, ferner die Kreation von Bankakzepten sowie das Effektenemissions- und Effektenkommissionsgeschäft, vorwiegend die Aktienemission. Gemeinsam mit der Hofbank, der Allgemeinen Stuttgarter Rentenanstalt und Stuttgarter Privatbanken überwand die Vereinsbank durch Ausdehnung des Kontokorrent- und Wechselkredits die Gründerkrise (Kontokorrentumsatz 1869: 31,6 Mio. fl; 1872: 160 Mio. fl; 1875: 362,3 Mio. fl; Wechselumsatz 1869: 13,3 Mio. fl; 1872: 41 Mio. fl; 1875: 110,3 Mio. fl). In rasch aufeinanderfolgenden Gründungen hatte sich zwischen 1867 und 1871 die badische und württembergische Wirtschaft die für ihre weitere Expansion notwendigen, vermehrt Industrie- und Hypothekenkredite bereitstellenden Bankinstitute geschaffen. Von da an begann die durch Konzentrationsbewegungen gekennzeichnete Bankentwicklung sogar der industriellen Entfaltung vorauszueilen, wobei treibende Impulse zunehmend von den in die badische und württembergische Wirtschaft drängenden vier Berliner Großbanken ausgingen. Rivalisierende Bankkonzerne und ihre Kommanditen bestimmten fortan das Gesicht der Mannheimer und Stuttgarter Banken und ihre Geschäftspolitik. Die Expansion über kommanditorische Beteiligung – auch auf das Land – verminderte das Risiko. Für die kgl. Hofbank gestaltete sich jedoch die häufige Gewährung von nicht durch Bürgschaft gesicherte Darlehen auf königliche Anweisung recht verlustreich. Industriellenfrauen baten sogar Königin Olga um die Verlängerung fälliger Darlehen. Bis zu seinem Untergang hielt die Hofbank dem Frankfurter Haus Rothschild die Freundschaft. Umgewandelt in eine GmbH im Jahre 1910 mit einem Stammkapital von 10 Mio. Mark geriet sie ins Schlepptau der Vereinsbank, die 5625000 Mark einzahlte.

In den publizierten Bilanzen der Aktienbanken spiegelten sich die gesteigerte Kapitalbildung der Industrie und die beim Handel rotierenden großen Kapitalmassen wider. Die Summe der Aktiven (Anlagen) der Mannheimer Kreditaktienbanken stieg von 11,8 Mio. Mark ultimo 1871 auf 79,9 Mio. Mark im Jahre 1895 und schnellte dann auf 458,6 Mio. Mark bis 1908 hoch. Der Umsatz der Rheinischen Creditbank, schon in den achtziger Jahren bei zwei Milliarden Mark liegend, weitete sich auf rd. 7 Mrd. jährlich von 1901 bis 1905 und auf 18 – 21 Mrd. in den Jahren 1909–1914 aus. Die wesentlich weniger gewachsenen Gewinne wurden in der Hauptsache beim Kontokorrentumsatz und danach im Wechselgeschäft erzielt. Der Kontokorrentumsatz von fünf Stuttgarter Banken, darunter die Vereinsbank, belief sich 1908 auf insgesamt 7,9 Mrd. Mark. Es ist sicher auch mit als ein Erfolg der Mannheimer Kreditbanken anzusehen, daß im Jahre 1899 die 64 Mannheimer Aktiengesellschaften, die Hälfte aller im Großherzogtum ansässigen Aktiengesellschaften, mit ihrem Grundkapital von 227,2 Mio. Mark rd. zwei Drittel des damals in Baden vorhandenen Aktienkapitals in ihren Händen vereinigten.

Genossenschaftsbanken

Für die Masse der Unternehmen kam schon wegen ihrer Größenordnung eine Finanzierung durch Effektenemission niemals in Betracht. Statistische Untersuchungen für die Zeit der Hochindustrialisierung kamen zu dem Ergebnis, daß die Unternehmer dieser Epoche ihrer sozialen Herkunft nach zu etwa 70 Prozent dem Kleinbürgertum bzw. dem Mittelstand entstammten und nur ein relativ geringer Prozentsatz den vermögenden Oberschichten (Besitzbürgertum, höhere Beamtenschaft, Adel). Namentlich in Südwestdeutschland, wo Riesenunternehmen in der verschwindenden Minderzahl waren, stellte das bodenständige Handwerk das wichtigste Reservoir des unternehmerischen Nachwuchses dar. Der Typ des Handwerker-Unternehmers, bescheiden, pietistisch, sparsam, emsig, der Tüftler, Bastler, Schaffer oder Brettlesbohrer, der die Muße wie die Todsünde fürchtete, war damals vorherrschend. Für den fast allerorten anzutreffenden Ausbau solcher Handwerksbetriebe zu Industrieunternehmen standen als finanzieller Grundstock am Anfang häufig nur eigene, durch Heirat aufgestockte Ersparnisse und/oder Verwandtendarlehen sowie auf vorhandenen Grundbe-

sitz aufgenommene Hypothekengelder zur Verfügung. Um das Kreditbedürfnis des
Handwerks und Kleingewerbes zu befriedigen, waren in Württemberg gemäß Mini-
sterialverfügung von 1847 angeregte Darlehnskassenvereine, Vorschußkassen von
Gewerbevereinen, Leihkassen usw. auch auf Aktienbasis (Ulm, Heilbronn u. a.) errichtet worden, die anfangs, meist als Almosenanstalten verwaltet, kaum die Erwartungen erfüllten. Das galt auch für die der Nächstenliebe dienenden Vereinskassen des
Reutlinger Philantropen und pietistischen Theologen Gustav Werner. Die Lösung
brachte erst die – wenn auch sehr langsame – Umsetzung des von dem mutigen Schul-
ze-Delitzsch unbeirrt verfochtenen Prinzips der solidarischen Haftbarkeit der Ver-
einsmitglieder in die Praxis. Auf dieser Grundlage entstand 1856 die Handwerkerbank
in Stuttgart als erste württembergische Kreditgenossenschaft (1857 Ulm, 1858 Hall,
1861 Reutlingen; 1897 insgesamt 107). Der Ausbau des gewerblichen Kreditwesens in
Baden und Württemberg war wesentlich den verdienstvollen Aktivitäten der Gewerbevereine zuzuschreiben. Gewerbebanken, mitunter in die Form von Aktiengesellschaften gekleidet, und Kreditgenossenschaften, allmählich zu wahren Volksbanken
geworden, waren ihre Töchter (1882 in Baden insgesamt 116). Der Genossenschafts-
gedanke fand in Baden etwas stärkeren Rückhalt als in Württemberg. Der Kredit
wurde zu niedrigem Zins gegen Vorschußwechsel, Schuldschein, Hypotheken sowie
im Diskont- und Kontokorrentgeschäft gewährt (in Württemberg Anstieg von
1885–1907 um 268 % auf 351 Mio. M.). Unter den wenigen mit der Liquidation be-
endeten Mißerfolgen, meist auf mangelnde Kreditkontrolle und schwäbische Vertrau-
ensseligkeit der Genossenschafts-Bankiers zurückzuführen, ragte der Verlust von 2,5
Mio. Mark der 1882 in Konkurs gegangenen Stuttgarter Volksbank heraus, die leicht-
fertig die Verluste einer Eisengießerei, einer Musikinstrumentenfabrik und die eines
an einen zu niedrigen Kostenvoranschlag (Landesbibliothek) gebundenen Bauunter-
nehmers finanzierte.

Recht lehrreiche, aber mit Vorsicht zu verwertende Zahlen lieferte die für sämtliche
Gemeinden in Baden seit 1883 erfaßte Zu- und Abnahme der hypothekarischen Belastung. Danach erreichte die liegenschaftliche Verschuldung – 1903: 2059,8 Mio. M. –
im Durchschnitt keine beunruhigende Höhe. Bezeichnend war der hohe Kreditbedarf
von Handel, Gewerbe und Verkehr, denen im Jahre 1903 mindestens 62,5 Prozent der
eingetragenen Hypothekenschuld zugeschrieben wurde (Vollerwerbslandwirte nur
21,8 %). Wenn man mit großer Vorsicht das Gesamtvermögen der badischen Landwirte für 1894 auf 2105,4 Mio. Mark berechnet, dann war dieses bei den Vollerwerbslandwirten mit einer Schuld von 17,7 Prozent belastet. Die kleineren Betriebe waren
im allgemeinen je Hektar höher verschuldet als die größeren. Hypothekarische Ein-
tragungen bieten aber ein unvollständiges Bild von der tatsächlichen Verschuldung, da
durch das Genossenschaftswesen der Personalkredit in der Landwirtschaft eine zu-

nehmende Bedeutung erhielt. Auf 600–700 Mio. Mark wurde 1895 die sehr komplex verursachte Gesamtverschuldung – Hypotheken und unversicherte Schulden – der württembergischen Landwirtschaft berechnet. Die bei den Raiffeisenkassen 1913 in Anspruch genommenen Kredite – hauptsächlich Investitionskredite – machten ca. 112,5 Mio. Mark aus.

Nur sehr langsam hatte die insgesamt konservative Landbevölkerung ihr Mißtrauen gegenüber den landwirtschaftlichen Kreditgenossenschaften abgebaut und deren überzeugenden Vorteile erkannt, zu sehr zerstritten waren die führenden Köpfe des Genossenschaftswesens. Ein landwirtschaftlicher Wanderlehrer gründete 1872 in Eggenstein die erste Kreditgenossenschaft in Baden (1878: 5; 1905: 355 Vereine). In die lebhaften Diskussionen um das Für und Wider von Darlehenskassen-Vereinen fiel 1880 der Vortrag von Friedrich Wilhelm Raiffeisen in Stuttgart und fand Widerhall. Im gleichen Jahre entstanden in Württemberg die ersten Kreditgenossenschaften, darunter die älteste, die heutige Volksbank Löwenstein eG, Kreis Heilbronn (1913: 1261 Darlehenskassen). Durch den Einstieg ins Waren-Einkaufs- und Absatzgeschäft von den achtziger Jahren an verbreitete sich das Leistungsangebot der Genossenschaften, paßte sich den praktischen Bedürfnissen der Landwirtschaft an und nahm Einfluß auf die Preise und die Qualitätsverbesserung.

Obwohl Württemberg das erste Land war, das einen Personalkredit durch die gemeinnützigen Sparkassen, Oberamts- und Gemeindesparkassen, gewährte, kamen sie, da in erster Linie auch aus Sicherheitsgründen Finanzierungsreservoir der öffentlichen Hand, als Darlehensgeber für die Privatwirtschaft kaum in Betracht. Bei einem Einlagenbestand der württembergischen Sparkassen Ende 1914 von 688 Mio. Mark waren 602 Mio. in Hypotheken und Darlehen an öffentliche Körperschaften angelegt. Die Sparkraft der Bevölkerung, der sozial Schwächeren, war noch bis in die siebziger Jahre gering, in Württemberg erstaunlich schwach. Württembergs 44 Sparkassen, einige private darunter und bis 1878 in einer kritischen Stagnationsphase, verfügten 1862/63 nur über einen »Aktivbestand« (Einlagen) von rd. 8,5 Mio. Gulden (= 14,5 Mio. M.), während die 78 badischen Gemeinde- und Bezirkssparkassen ein Einlagenguthaben von 29,6 Mio. Mark verwalteten, sehr aufschlußreiche Zahlen, wenn man sie auch in den wirtschaftlich-sozialen Kontext stellt. Badisches Spitzeninstitut war die Städtische Spar- und Pfandleihkasse Karlsruhe mit knapp 1,1 Mio. Gulden Einlagen (je Einleger 228 Gulden). In Württemberg verbuchte die Oberamtssparkasse Ulm den höchsten »Aktivbestand« von 805 187 fl. Die Aktiva von zwei Dritteln der württembergischen Sparkassen machten übrigens weniger als 300 000 fl aus, in Horb sogar nur 2347 fl. Neben der Stadtsparkasse Karlsruhe erschien die Oberamtssparkasse Stuttgart noch als Winzling (Aktivbestand: 339 925 fl). Eine eigene Städtische Sparkasse besaß Stuttgart erst seit 1884. Den »Wettlauf« um die höheren Spareinlagen gewannen offenbar die

Badener, obwohl weniger zahlreich als die Württemberger (1882: 155,7 Mio. M. Einlagen; 1908: 709 Mio. M.; Württemberg Ende 1891: 137 Mio. M.; 1908: 401,2 Mio. M.; Ende 1914: 688 Mio. M.). Der Sicherheitsaspekt schob auch bei den badischen Sparkassen die Kapitalanlage in Hypotheken und öffentlichen Wertpapieren (1908 = 84,4%) in den Vordergrund. Um so mehr verdient Beachtung, daß bis in die achtziger Jahre der Geschäftsverkehr des Karlsruher Leihhauses jenen der Karlsruher Ersparnisse weit übertraf, das Kreditbedürfnis bis dahin demnach größer war als das Sparvermögen. Auf 19099 Darlehensgewährungen im Jahre 1880 kamen insgesamt nur 13233 Rückzahlungsposten im Sparverkehr.

Der 1835 eröffneten kommunalständischen Spar- und Leihkasse für die kleinen Hohenzollernschen Lande, alsbald mehr Kreditinstitut mit bankmäßigem Betrieb, reichten die Spareinlagen zu keiner Zeit aus, um der Anstalt die nötigen Betriebsmittel, namentlich zur Deckung der Kreditnachfrage, zu verschaffen. Sie nahm daher in großem Umfange Jahr für Jahr Anleihen gegen verzinsliche Kassenscheine auf, pflegte seit 1888 uneingeschränkt den Hypotheken- und Personalkredit und gab Barvorschüsse vorzugsweise an Handel- und Gewerbetreibende auch gegen verbürgte Wechsel (Solawechsel). Im Unterschied zu den in strenger Zucht gehaltenen preußischen und sonstigen Sparkassen und obwohl nur über relativ geringe Spareinlagen verfügend (1905: 4,5 Mio. M.), vermochte sich die allen Belastungsproben widerstandene hohenzollerische Spar- und Leihkasse durch ihr freiheitliches Statut von 1888 zuerst in Südwestdeutschland zu einer Bank »des kleinen Bürgers und Bauern« zu entwickeln.

Leihhaus-Streit

Wer kein zu beleihendes Grundeigentum und keine geldverleihenden Bekannten besaß, der schaffte gewöhnlich Fahrnis ins öffentliche Pfandhaus, um in Notfällen finanzielle Mittel verfügbar zu haben. In allen deutschen Staaten bewährte sich die Einrichtung der Pfandhäuser als Kreditorganisation für sozial Schwache. Württemberg aber meinte, sie entbehren zu müssen. In einer nachdenklichen Zuschrift war am 11. November 1868 in der Schwäbischen Chronik zu lesen: »Es ist eine Eigentümlichkeit unserer lieben Schwaben und ganz besonders unserer Residenz, daß so manche Einrichtung zur Erleichterung des Verkehrs und des wirtschaftlichen Lebens, welche anderwärts längst bestehen, wenn sie hier gegründet werden wollen, die ganze Stadt gegen sich in Aufregung bringen und schließlich entweder gar nicht, oder nur mit der größten Not zustande kommen. Wer erinnert sich nicht der Schwierigkeiten, welche die eben erst erwähnte Pferdeeisenbahn bis zu ihrem Beginn und seitdem zu überwinden hatte, obwohl die Unternehmer seit Jahren im Besitze der Regierungskonzession

81 *Bleiweißschlemmerei der Firma*
Rund, Heilbronn (um 1925)

82 *Werbung für Kaloderma-Seife.*
F. Wolff & Sohn, Karlsruhe (1930)

Der schaffenden Frau

bleibt manchmal wenig Zeit,
ihre Schönheit zu pflegen, und
doch möchte - und muß - gerade
sie auch äußerlich ihre Jugend
und Spannkraft erhalten . . .

Wenn sie Kaloderma-Seife benutzt, gibt sie ihrer Haut die beste
Pflege in gedrängtester Form!

Der tiefdringende, mit hautnährenden Oelen gesättigte Schaum
dieser Seife löst alles Unreine aus
Poren und Geweben, glättet die
Haut, macht sie jung und ge-
schmeidig.

Kaloderma-Seife Stück RM –.70
Aufgebaut aus hautnährenden Oelen,
Glyzerin und Honig.

KALODERMA
SEIFE
F. WOLFF & SOHN / KARLSRUHE

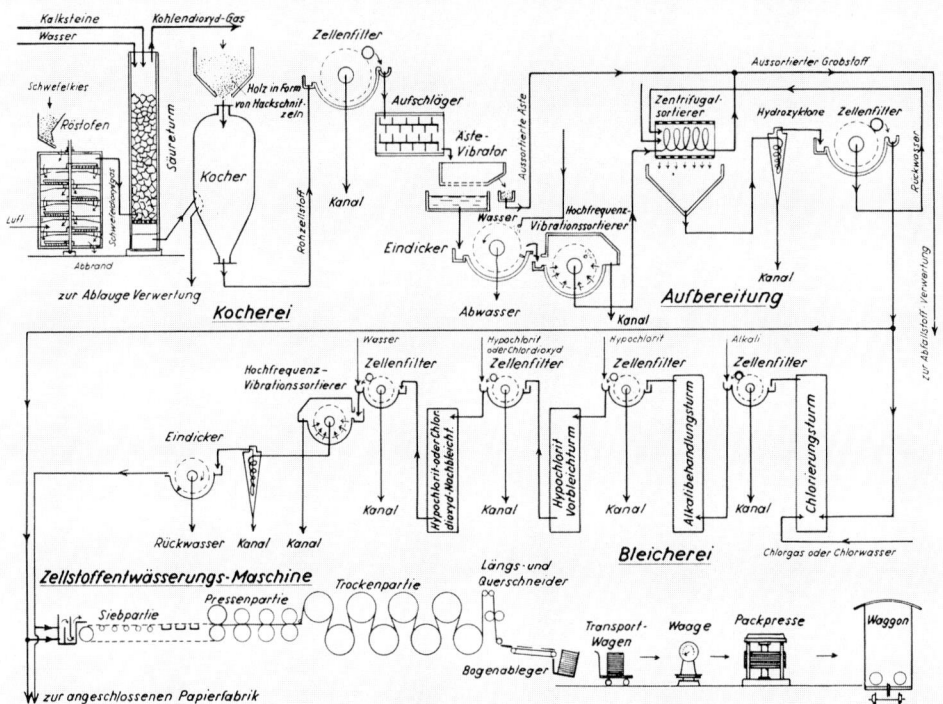

83   Schematische Darstellung der Zellstoffherstellung. Waldhof/Mannheim (1959)
84   Einblick in den Werkzeugbau der Firma Kirsammer Kunststoffpreßwerk, Plochingen, in dem qualifizierte Preß- und Spritzwerkzeuge für sämtliche Branchen der Industrie gefertigt werden

Rechte Seite:
85   Offizin aus der ehemaligen Apotheke des Klosters Schwarzach um 1750.
Auf dem Rezepturtisch französische Standwaage von ca. 1840
86   Maschinelle Herstellung von Dragées (Dragierung) bei der Firma Boehringer, Mannheim

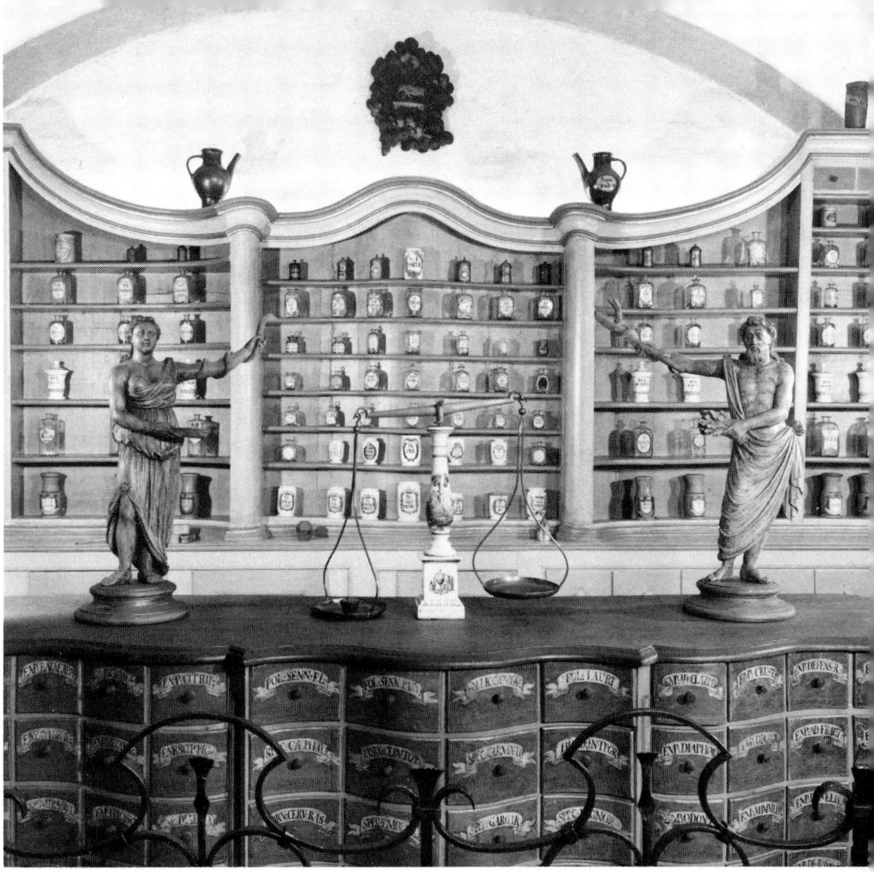

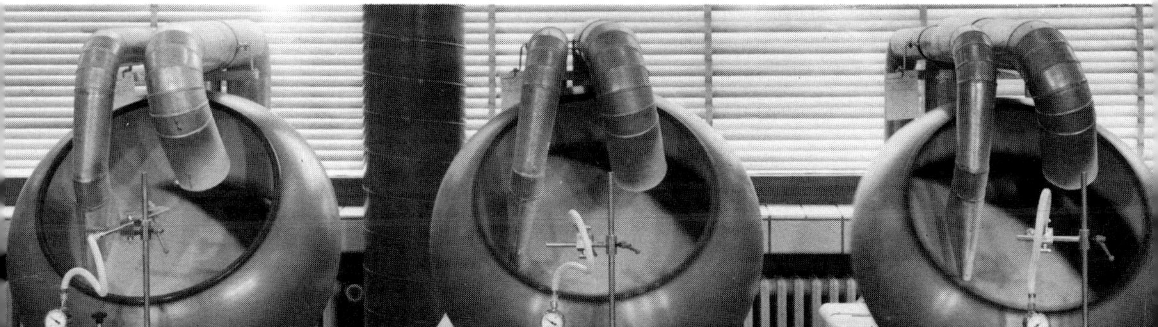

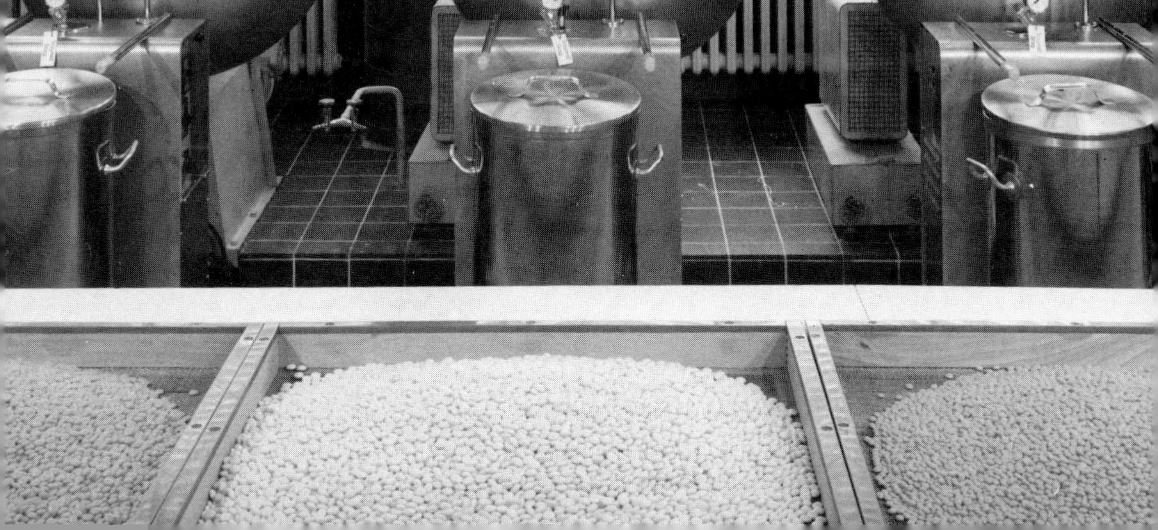

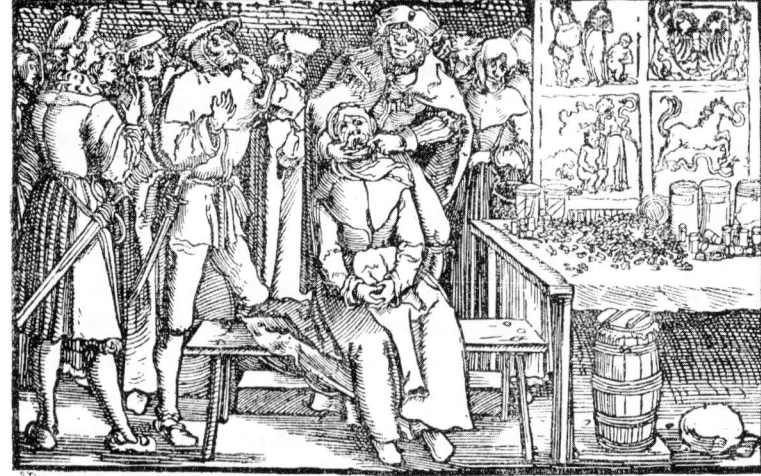

87 *Zahnextraktion im 16. Jahrhundert*

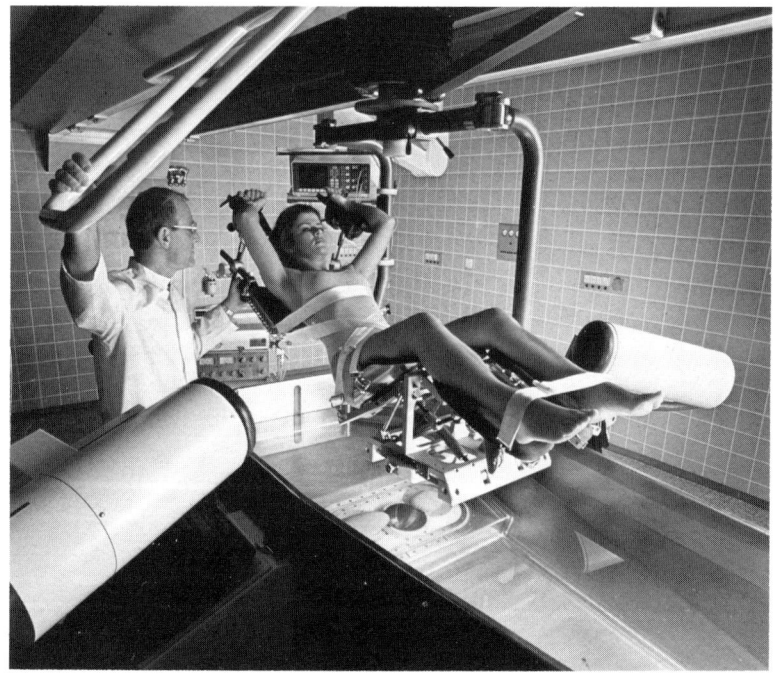

88 *Von Dornier, Friedrichshafen, entwickelter Nierensteinlithotrypter (1980/81)*

89 *Bauarten von Robotern: links Vertikalarm, rechts Schwenkarm (Bosch, Stuttgart)*

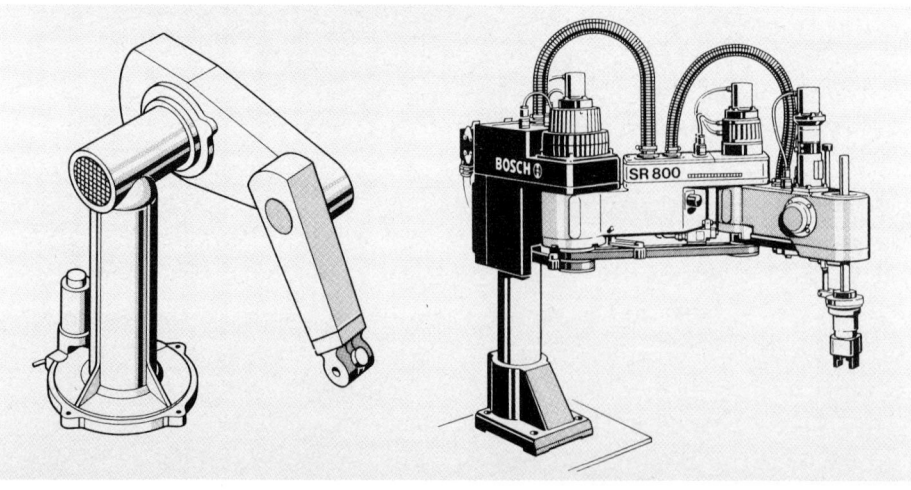

90 Verarbeitung des Glases am Werkofen um 1685

91 Glasbläser der nach 1945 in Wertheim/Main angesiedelten thüringischen Glasindustrie

92   Rüsselbecher des 6. Jahrhunderts.
Weingarten
93   Krautstrunk-Gefäß von 1500 aus
Süddeutschland

94   Spinettspielerin der Ludwigsburger Porzellan-Manufaktur (1765/66)

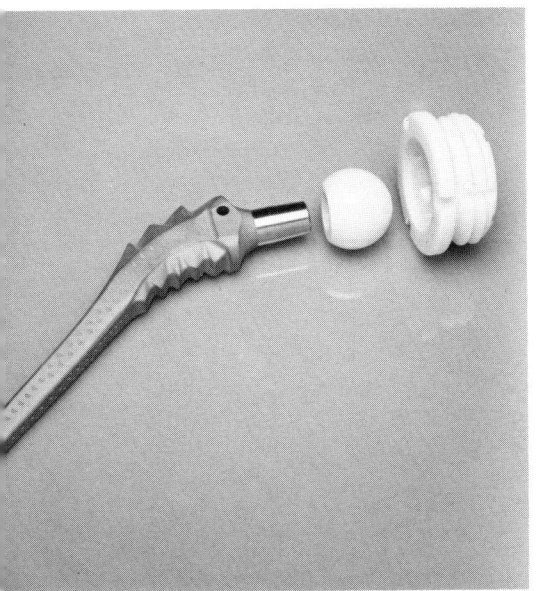
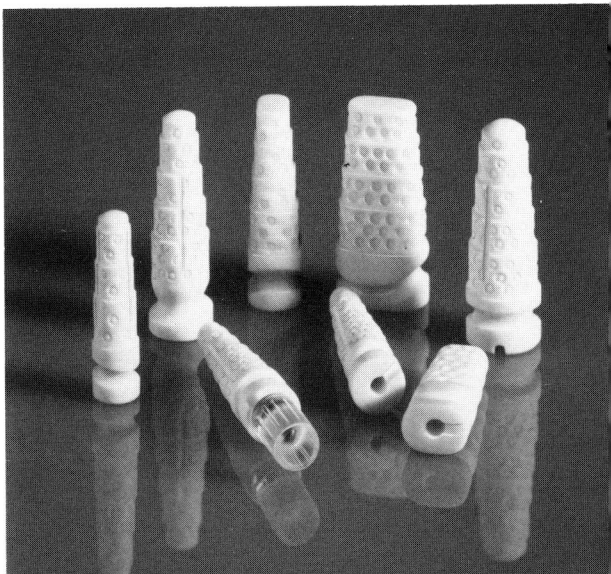

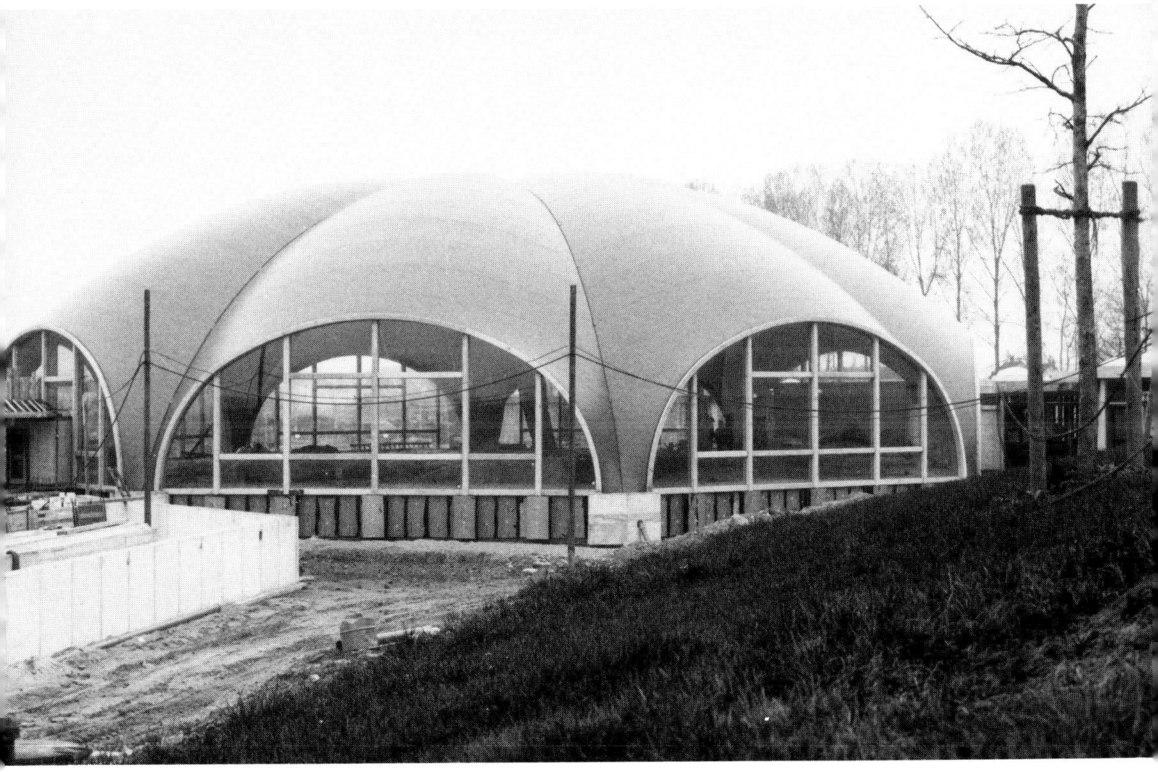

95/96   Beispiele moderner Bio-Keramik aus Friedrichsfeld/Mannheim: Hüft-Total-
endoprothese, Zahnimplantate

97   Tragluft-Hallenkonstruktion des Schwimmbades der Stadt Kuppenheim (1986).
Mehrschalige Konstruktion aus ®Trevira hochfest und ®Hostaflon ET-Folie

Der Tischler

Fig. 1 – Schlicht-Hobel Fig. 3 – Stichsäge Fig. 5 – Laubsäge Fig. 7 – Winkelmaß
Fig. 2 – Bobrer Fig. 4 – Stechbeitel Fig. 6 – Leierbobrer

Fig. 1

Fig. 2

Fig. 5

Fig. 6

Fig. 7

Fig. 3 *Fig. 4*

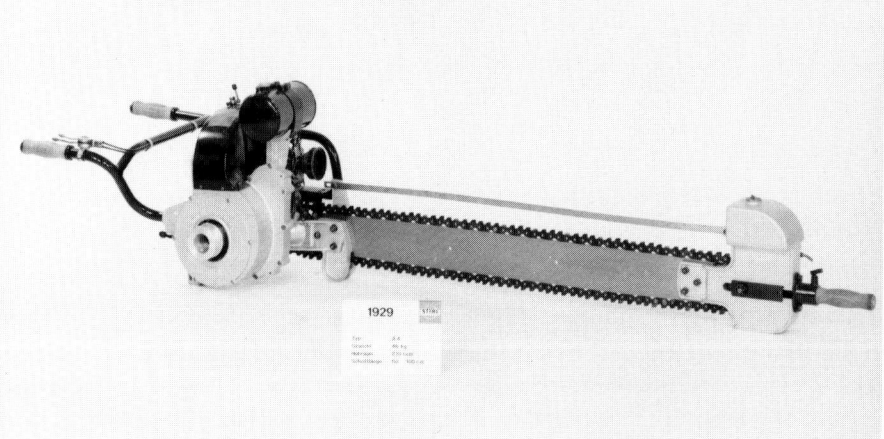

1929

101 Ausschnitt aus einer Bearbeitungsstraße eines Sägewerks mit Hochleistungsvollgatter der Firma Linck, Oberkirch (1983)

102 Piano-Bau: individuelles Aufpassen der Flügel-Gußplatte per Hand, wie seit ca. 120 Jahren unverändert üblich

Linke Seite:
98 Der Tischler/Schreiner (19. Jh.)
99 Der zweite von Andreas Stihl entwickelte Benzinmotorsägetyp von 1929, von zwei Mann zu bedienen
100 Die modernste Stihl-Motorsäge der Baureihe 028 (1984)

Der Tuchscherer.
Die Kleidung such' im Geist, die ewig nicht zerreist.

103　Arbeitsabläufe beim
Tuchscherer (18./19. Jh.)

104　Webstuhl der »Zeugles-
weber« aus dem 19. Jahrhundert. Miedermuseum der
Stadt Heubach

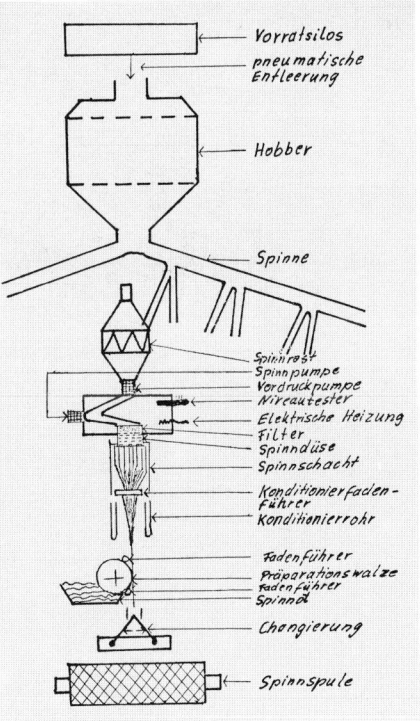

105 *Spinnstube mit Tanzenden aus dem Biedermeier*
106 *Konzentrierte Strickkapazität im großen, klimatisierten Rundstricksaal der Firma Schiesser, Radolfzell (1980)*
107 *Schematische Darstellung des Spinnprozesses bei Chemiefasern, Rhodia AG Freiburg und Rottweil (um 1970)*

108 *Kurfürst Karl Ludwig von der Pfalz (1646)*

109 *Herrenmode von Boss, Metzingen (1984)*

110 Verfertigung von Strohhüten in Baden 1823
111 Zugeschnittenes und genähtes Corsett mit Handstickerei um 1885
112 BH, Tanga-Slip und Hemdchen. Modelle von Felina, Mannheim, 1985

113   Modernste Greifer-Webmaschinen, die die alten Schützenwebstühle ersetzen,
im Werk Volkertshausen der ARLEN Spinnweberei (1984)
114   Römischer Lederschuh aus einem Kastell-Brunnen in Welzheim

115 Schuhmachertisch
mit Werkzeug. Museum
Peterskirche Vaihingen

116 Produktionsablauf
in den Sioux-Schuh-
fabriken Peter Sapper,
Walheim (1986)

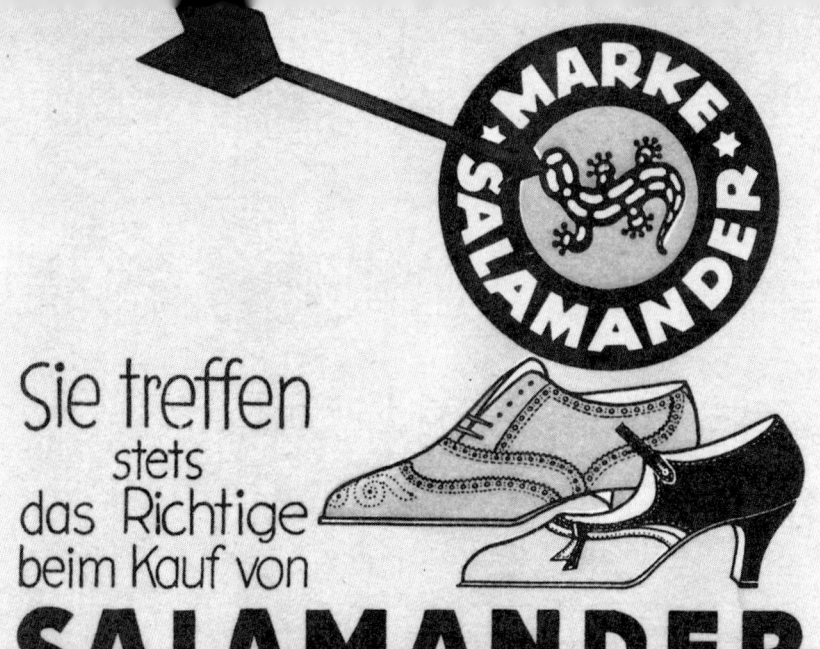

MARKE
SALAMANDER
Sie treffen
stets
das Richtige
beim Kauf von
SALAMANDER
ALLEINVERKAUF:

117 Werbung für Salamander-Schuhe, Kornwestheim (1928)

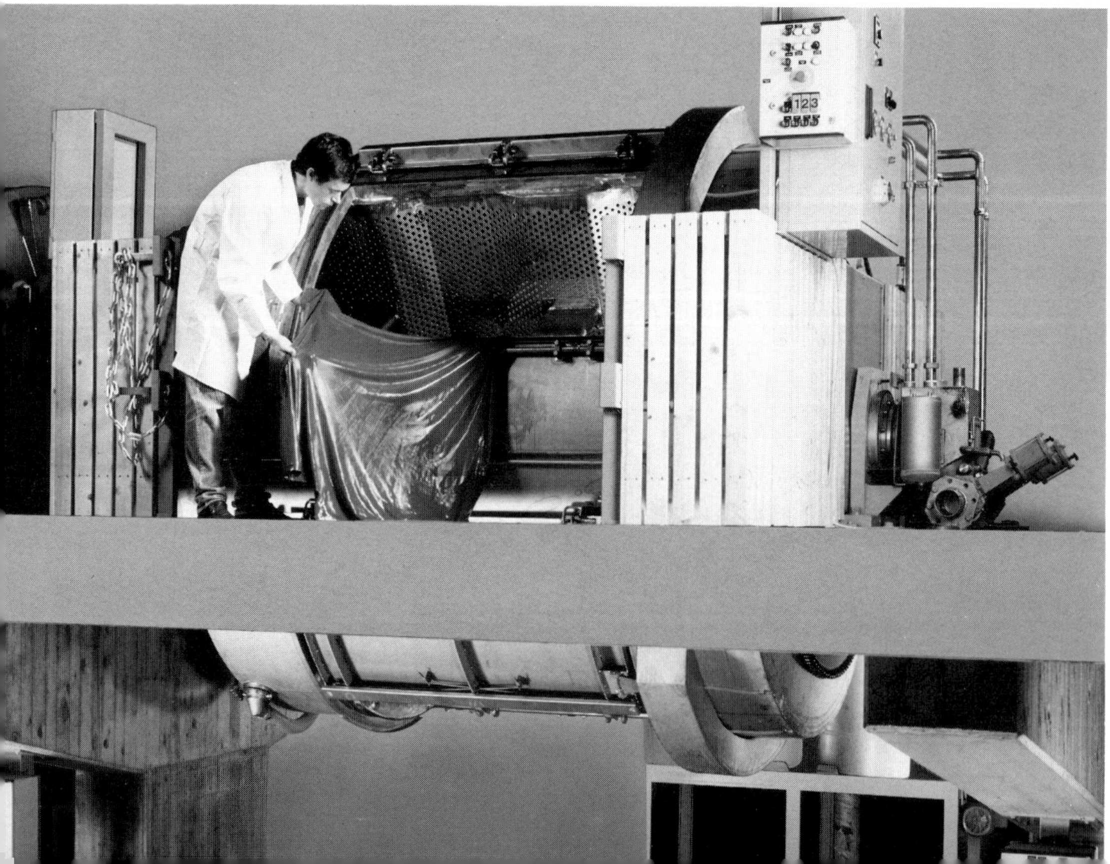
123

118 Moderne Faßgerbung bei der Lederfabrik C. F. Roser GmbH, Stuttgart (1986)

sind? Wer gedenkt nicht der Anstände, welche der Errichtung einer großen Gewerbe-
halle, die längst von Stadt und Regierung als Bedürfnis anerkannt ist, stets in dem Au-
genblick entgegentraten, wenn es sich um die Ausführung handelt? Zu diesen gewiß
nicht mustergültigen Vorgängen soll, wie es scheint, ein dritter hinzukommen.« Er
kam hinzu. Seit Jahrzehnten wurden in Stuttgart alle Anträge auf Errichtung von
Leihanstalten auf Faustpfänder kategorisch abgelehnt, Sparsamkeit und Almosen als
einzige, moralisch vertretbare Mittel angesehen, um den Armen zu helfen. Gegen die
»Pest öffentlicher Leihhäuser« wetterte Moriz Mohl in einer Schrift 1866 ungeachtet
der etwa 100 Winkelleiher in Württemberg, die 30 bis 120 Prozent Zins forderten. Als
der junge nationalliberale Landtagsabgeordnete Eduard Pfeiffer, Bank- und Wirt-
schaftsfachmann, Organisator der deutschen Konsumgenossenschaftsbewegung, seit
1869 Vorstand der bedeutenden Vereinsbank, aus altruistischem Sozialengagement
1868 die Gründung eines öffentlichen Leihhauses in Stuttgart als Aktiengesellschaft
propagierte, antwortete Mohl unverzüglich mit heftiger Polemik: Es gebe »gar keine
gemeinschädlichere, entsittlichendere und ökonomisch verderblichere Einrichtung als
öffentliche Leihhäuser«. Das Leihhausprojekt stieß auf Ablehnung. Dennoch gründete Pfeiffer die Stuttgarter Pfandleihanstalt 1872 in Form einer seit 1870 nicht mehr
genehmigungspflichtigen Aktiengesellschaft, »um dem verpestenden Einfluß der
Winkel-Leihhäuser kräftig entgegenzuarbeiten«. Die »Pfandleihanstalt Gerber-
straße« hat sich nahezu ein halbes Jahrhundert, bis ins Inflationsjahr 1922, bewährt.

Versicherungswirtschaft

Mit der gesetzlichen Neuordnung der Versicherungswirtschaft während der fünfziger
Jahre des 18. Jahrhunderts in Württemberg, der drastischen Verminderung der Zahl
der Versicherer und mit der Abnahme der Brandhäufigkeit trat eine wirtschaftliche
Gesundung der Versicherungen ein, erkennbar auch an gezahlten Dividenden von 30
bis 40 Prozent. Beim großen Stadtbrand von Isny 1864 hatte die private Württembergische Feuerversicherung für den Verlust an Mobilien, die zwar erheblich unter- und
unversichert waren, immerhin 59300 Gulden zu tragen und schüttete trotzdem 1865
wieder eine Dividende von 30 Prozent aus. Unter den privaten Mobiliar-Feuerversi-
cherern, bis 1899 auf 32 Gesellschaften angewachsen, bei insgesamt 130 Versicherungsgesellschaften, behielt die »Württembergische« im Lande die ihr nie zu bestrei-
tende Spitzenposition. Sie verwaltete im gleichen Jahr 36 Prozent des gesamten Versi-
cherungskapitals der Mobiliar-Feuerversicherungen in Höhe von 2,9 Mrd. Mark
(1852: 5,4 Mio. M.) und partizipierte entsprechend an der Gesamtprämieneinnahme
von 3,1 Mio. Mark. Das Kapital der Versicherungen wurde in Pfandbriefen, Staats-

und Kommunalanleihen angelegt. Wachsender Volkswohlstand erhöhte fast von Jahr
zu Jahr das Spar- und Versicherungskapital und machte es zu einem Abbild der eingetretenen Sozialproduktsteigerungen. Dabei könnte man leicht übersehen, daß der
Aufbau einer Versicherungsgesellschaft oft große Mittel verschlang, wie es schon die
erste Hälfte des 19. Jahrhunderts gelehrt hatte. Während der zweiten Jahrhunderthälfte waren es namentlich die Mannheimer Versicherer, die sich mit billigen Prämien-
sätzen ein bedeutendes Geschäft aufbauen wollten, deshalb auch als »Mannheimer System« angekreidet.
Die Vermehrung des Sachgüterbestandes der Wirtschaft (ohne Grund und Boden und
Mobiliarvermögen) wurde vor allem im Anstieg des badischen Gebäude-Versiche-
rungsanschlags als Ausdruck der allgemeinen Wohlstandsmehrung greifbar. Danach
waren in den beiden Jahrzehnten vor Ausbruch des Ersten Weltkriegs die bis dahin
höchsten Zuwachsraten (bestehend aus Wertsteigerung und Investition) in der südwestdeutschen Wirtschaftsgeschichte erzielt worden. Das Gebäudekapital der damaligen Volkswirtschaft wuchs stärker als ihr Maschinenkapital. Die vorliegenden zeitgenössischen Volksvermögensschätzungen für Württemberg – im Jahre 1863: 4646
Mio. Mark und 1909: 16342 Mio. Mark – ergaben für den Zeitraum von 1863 bis 1883
einen (nicht wertbereinigten) Zuwachs im Jahresdurchschnitt von 4,6 Prozent und für
den Gesamtzeitraum von 5,5 Prozent.

Jahr	Badischer Gebäude-Versicherungsanschlag	
	Versicherungssumme in M.	Anstieg gegenüber Vorerhebung im Jahresdurchschnitt %
1852	586 842 437	–
1872	981 731 347	3,3
1892	1 884 470 150	4,6
1912	4 394 685 400	6,6

Investitionen

Die Höhe der volkswirtschaftlichen Investitionsrate läßt sich mit Hilfe des jährlichen
Zuwachses des Kapitalstocks (Gebäude und Maschinen) in Relation zum jährlichen
Volkseinkommen – in Württemberg 1863: 540 Mio. Mark und 1913: 1747 Mio. Mark
– berechnen. Allein bezogen auf den statistisch faßbaren, auch durch hohe Eigenlei-

stungen vermehrten Gebäudekapitalstock lag sie in Württemberg zwischen 1863 und
1883 nominal bei zehn Prozent und sank zwischen 1883 und 1909 auf im Schnitt sieben
Prozent. Zuzüglich der vorgenommenen Maschineninvestitionen, die ungefähr mit
einem Drittel bis zur Hälfte des Gebäudekapitals in Anschlag zu bringen waren,
dürfte sowohl in der Phase des wirtschaftlichen Aufstiegs bis etwa 1883 als auch im anschließenden Stadium der wirtschaftlichen Reife (Rostow), als sich die wirtschaftliche
Basis um die Werkzeugmaschinenindustrie, die Chemie sowie um die Automobil-
und Elektroindustrie verbreitert hatte, die durchschnittliche reale Investitionsrate
mehr und weniger über zehn Prozent gelegen haben, die badische noch um ein bis
zwei Prozent darüber. Die wenigen Zahlen dürften genügen, um zu beweisen, daß Industrialisierung, ein wenn auch fluktuierendes Wirtschaftswachstum (1904–1913 in
Württemberg im Durchschnitt etwa 3,5%), steigende Pro-Kopf-Einkommen und
eine zunehmende Anzahl von Arbeitsplätzen nur durch relativ hohe, den jährlichen
Volkseinkommenszuwachs weit übersteigende Investitionen erkauft werden konnten.

Umfang und Anstieg der Investitionen waren abhängig vom Kapitalbildungsprozeß
innerhalb der Wirtschaft, der sich mit der Steigerung der Zirkulationsmittel und der
inflationären Geldentwertung von den fünfziger Jahren an außerordentlich beschleunigte. Auf rund 50 Mio. Gulden – darunter drei Millionen württembergisches Papiergeld – wurden die Umlaufmittel in Württemberg 1863 geschätzt gegenüber 36 Mio. im
Jahre 1837. Andere Schätzungen gingen für die sechziger Jahre von einem umlaufenden Geldvolumen von mehr als 60 Mio. Gulden aus (etwa 10% des Volkseinkommens), von denen ein Drittel aus fremdem Papiergeld bestand. Nach wie vor bildete in
den südwestdeutschen Staaten Silber die Währungsgrundlage und der Gulden zu 60
Kreuzern die Landeshauptmünze. Auch lief nach wie vor viel Währung der Nachbarstaaten um. Je mehr sich Kapital in Württemberg bildete, um so stärker wuchs sowohl
das inländische Gebäudekapital als auch – angelockt durch höhere Zinssätze – der Kapitalexport (Forderungsüberschuß im Jahre 1863: 171 Mio. M.; 1909: 1110 Mio. M.).
Voraussetzung hierfür war das seit Ende der fünfziger Jahre kräftige Wachstum des
Kapitalvermögens (1861: 576,8 Mio. M.; 1875: 1343,5 Mio. M.). Ein Zins- und
Renditegefälle gegenüber dem Ausland ließ Württemberg – von Ausnahmen abgesehen – im Unterschied zu Baden nicht zu einem starken Magneten des Kapitalimports
werden. Württemberg mußte seine Investitionen in der Hauptsache aus dem eigenen
Kapital bestreiten und leistete obendrein noch Kapitalhilfe an das Ausland. Schon
1856 beteiligte sich die kgl. Hofbank mit größeren Beträgen an Schweizer Kreditban-
ken (darunter der Banque Credit Suisse–Allemande). Im Jahre 1864 berichtete die
Hofbank dem Monarchen: »Die Geschäfte der Hofbank nehmen einen erwünschten
Fortgang, das Diskontieren von Wechseln nimmt große Summen in Anspruch, ebenso

haben wir fortwährend einen bedeutenden Bedarf in fremden Devisen, London, Paris, Amsterdam und gleichzeitig zeigt sich auch wieder einige Kauflust für Wertpapiere, wobei auch amerikanische Bonds genannt werden dürfen.«

Soweit das aus der Agrarreform stammende enorme Ablösungskapital nicht zu dringender Schuldentilgung benötigt wurde und frei verfügbar war, wurde es von den entschädigten Grundherren außer im Grunderwerb vielfach in gutverzinslichen Wertpapierbeständen, häufig in ausländischen, angelegt: Haus Thurn und Taxis 1861/62 über 15 Mio. fl; Haus Oettingen-Wallerstein 1869: 2,5 Mio. fl; Haus Berlichingen 1870 mindestens 240000 fl. Die Verwendung von Ablösungskapitalien für industrielle Gründungen blieb auf Ausnahmefälle beschränkt (Winkel). Beteiligungen des entschädigten grundherrlichen Adels an Aktiengesellschaften kamen häufiger vor, machten aber Ablösungskapital nicht zu einem vorrangigen Finanzreservoir. Prinz Felix von Hohenlohe-Oehringen, der 180 Aktien der 1856 gegründeten Württembergischen Cattun-Manufaktur AG in Heidenheim übernommen hatte, war ihr erster Präsident. Ohne die maßgebliche Hilfe von Banken- und Kaufmannskapital ließ sich im allgemeinen seit der Mitte des 19. Jahrhunderts die Errichtung kapitalkräftiger Unternehmen nicht mehr ins Werk setzen. Die Gründung der Württembergischen Cattun-Manufaktur wäre 1856 ohne Kapital der Frankfurter Rothschilds und ohne Darmstädter Bank nicht zustande gekommen. Im Rhein-Neckar-Raum war in Verbindung mit Bankhäusern (Ladenburg) Handelskapital verschiedener Regionen in ganz hervorragender Weise an der Neugründung von zahlreichen Industrieunternehmen beteiligt. Für Baden kann die Bedeutung des bis 1914 ins Land geflossenen ausländischen Handels- und Industriekapitals als Triebkraft des industriellen Wachstums nicht hoch genug eingeschätzt werden. Über 30 ausländischen Unternehmern mit ausreichend nachgewiesenem Kapital, darunter fast 20 Schweizern und zehn Franzosen, genehmigte der Großherzog zwischen 1847 und 1860 die Errichtung von größeren Unternehmen in Baden. Unter den Firmengründern fanden sich bedeutende Namen wie Bally, Merian, Rousseau, Raucourt, Christofle, Passavant, Köchlin, Hüny und Hutchinson. Des Segens zahlreicher Gründungen von Tochterfirmen durch ferne ausländische Muttergesellschaften wurde Württemberg weit weniger teilhaftig. Die älteste, noch bestehende Tochter einer nordamerikanischen Firma in Württemberg ist die 1901 in Stuttgart gegründete Maschinenfabrik Union Spezial (Kapital: 400000 M.; 58 Mitarbeiter; 307000 M. Umsatz). Der Nähmaschinenhersteller (Kettenstichmaschinen), übrigens der einzige heute in Baden-Württemberg, wurde offenbar durch das vorhandene qualifizierte Arbeitskräftepotential angelockt. Die Ansiedlung kapitalstarker, erfolgreicher schweizerischer Unternehmen hielt in Baden fast bis zum Ausbruch des Ersten Weltkriegs an; erwähnt sei nur die nach Erlaß der erhöhten Zolltarife unter Reichskanzler von Bülow in Waldshut seßhaft gewordene Schweizer

Seidenindustrie und die Aluminiumindustrie am Hochrhein. Nicht wenige badische Unternehmensgründer kamen auch aus Württemberg, dessen Kapitalexport darüber hinaus immer wieder manche Nachfragelücke auf dem badischen Kapitalmarkt schloß. Im Unterschied zum wachstumsstärkeren Baden wurde aus Württemberg bei geringerer Kapitalnachfrage bzw. Kapitalanlagemöglichkeit mehr Kapital exportiert, als ins Land importiert wurde. Die die Unternehmensrendite schmälernden Standortnachteile Württembergs reizten die Industriellen weniger zur Investition und erklärten damit auch den etwas schwächeren Industrialisierungsgrad des Landes (pro Einwohner), verglichen mit Baden. Ein höherer Bestand an ausländischen Zahlungsmitteln im Lande erhöhte andererseits im Rahmen der Kapitalverkehrsbilanz Badens Forderungen an das Ausland und ließ offenbar zugleich die Banknotenzirkulation schwächer ansteigen als in Württemberg (Notenumlauf der Badischen Bank 1883: 12,4 Mio. M.; 27. 4. 1914: 24,6 Mio. M.; der Württ. Notenbank am 30. 11. 1897: 24 Mio. M.).

Export

Beide südwestdeutschen Mittelstaaten hatten im Verlauf der Hochindustrialisierung ihr Sozialprodukt (nicht das je Kopf-Realeinkommen, 1911/13: über 700 M.) zwischen 1883 und 1913 reichlich verdoppelt und im gleichen Zuge den Geldwert der Güter erhöht, die gegen Auslandserzeugnisse oder Forderungen gegen das Ausland (einschließlich deutsche Bundesstaaten) eingetauscht wurden. In beiden Staaten vollzog sich in diesem Zeitraum der endgültige Umschwung von Agrar-Gewerbeexportländern zu Industrieexportländern mit mehr und weniger ausgeglichener Handelsbilanz. Dabei bedurfte namentlich die württembergische Industrie manches für sie vorteilhaften Anstoßes des Staates, um ihr die Außenmärkte zu eröffnen. Das Sorgenkind Export wurde subventioniert. Jahrzehntelange positive Erfahrungen mit inländischen, der besseren Kommunikation dienenden Gewerbeausstellungen veranlaßten Steinbeis, darauf zu drängen, daß württembergische Aussteller auf internationalen Industrieausstellungen vertreten und die Hauptkosten dafür von der Staatskasse zu tragen waren. Nach Steinbeis hatte schon die Weltausstellung im Londoner Kristallpalast im Jahre 1851 durch ihre Anregungen »den jährlichen Arbeitserwerb Württembergs in Millionen gesteigert«. Württemberg war in London 1851 mit zehn Ausstellern, in München 1854 mit 428, in Paris 1855 mit 204 und in London 1863 mit 143 in der Presse gelobten und mit Medaillen vielfach ausgezeichneten Ausstellern (Baden: 108) vertreten. Kämpfe mit dem preußischen Beauftragten um die besten Ausstellungsplätze waren ebenso selbstverständlich wie das damalige Opponieren der süddeutschen Staaten gegen den Zollverein mit Preußen an der Spitze. Doch er entsprach den wirtschaftlichen Interessen des Südens. Die Stuttgarter Kammer schrieb damals mahnend: »Und doch sind wir alles, was wir geworden sind, durch den Zollverein geworden, dessen Konkurrenz unsere Anstrengungen verdoppelte, zugleich aber auch unserer Tätigkeit höhere Ziele steckte.« 1879/80 registrierten die Kammern das teilweise gespaltene Echo der südwestdeutschen Metallindustrie auf die angeblich ihren Export hemmende Schutzzollgesetzgebung Bismarcks. Infolge der vorhandenen starken Konkurrenz war seit der zweiten Hälfte des 19. Jahrhunderts der Einsatz von Instrumenten des protektionistischen Modells der Industrialisierung unerläßlich.

Der württembergischen Außenhandelsförderung diente das schon erwähnte »Musterlager« mit seinen an Umfang gewachsenen, eine vollständige Übersicht über die industrielle Produktion des Landes bietenden Ausstellungen und seiner Filiale in Hamburg. Sonderausstellungen im Ausland informierten zusätzlich und gezielt über den Leistungsstand der württembergischen Industrie. 1872 organisierte Steinbeis die erste polytechnische Ausstellung Württembergs in Moskau (54 Privataussteller). Außenwirtschaftlicher Information diente anfangs auch das 1911 eröffnete Stuttgarter Linden-Museum. Die auf Vorschlag von Steinbeis mit Staatsbeteiligung von 30000 fl und mit einem Gesamtkapital von 144000 fl im Jahre 1853 als AG gegründete »Württembergische Handelsgesellschaft in Stuttgart« half bis 1870 – auch als Lehrmeisterin – bei der Ankurbelung des Industriewarenexports. Unterstützt vom Großherzog und auf Anregung der Handelskammer Karlsruhe bemühte sich Baden zwischen 1886 und 1891 um den Aufbau eines Exportmusterlagers, von dem man sich ähnlich günstige Erfolge wie in Württemberg versprach. Die bereits exportstarke badische Industrie zeigte dafür jedoch kein oder ein bald nachlassendes Interesse. Börsen traten auch an die Stelle von Märkten.

In der badischen und württembergischen Gewerbestatistik von 1907 erwiesen sich vor allem diejenigen Industriezweige als Exportindustrien, deren Beschäftigtenanteil weit über dem Reichsdurchschnittsatz dieser Branchen, bezogen auf die jeweilige Industriebevölkerung, stand. Hierzu zählte damals ein großes Bündel an weiterverarbeitenden, keineswegs sich generell durch Spitzenumsätze auszeichnenden Spezialindustrien, wie die an erster Stelle zu nennende Herstellung von Musikinstrumenten in Württemberg, die bedeutende, teilweise führende Harmonika- und Pianofortefabrikation sowie der Orgelbau. Über 200 Jahre baut die Firma Walcker (seit 1974 in Murrhardt) Orgeln, ein mittelständischer Betrieb (1820: 118 Beschäftigte; 1984: 75) – um das älteste, noch bestehende Unternehmen dieser Branche zu nennen. Durch wichtige Neuerungen erschloß sich die Firma schon im 19. Jahrhundert einen bis nach Übersee reichenden lebensnotwendigen Auslandsmarkt. Er nahm von den 5861 seit 1820 bis heute hergestellten Orgeln ca. 35 Prozent auf. Neuerdings sind Walckers Pfeifenorgeln in buddhistischen Tempeln Ostasiens zu hören. In Spezialprodukten der weiterverarbeitenden Industrie lag vornehmlich die Exportstärke der südwestdeutschen Industrie seit dem ausgehenden 19. Jahrhundert. Zahlreiche Unternehmen aus über 20 zumeist genannten Branchen wären in diesem Zusammenhang zu erwähnen, Qualitäts- und Feinindustrien, die sich nur durch die qualitative Beschaffenheit ihrer hochwertigen Artikel in der scharfen Konkurrenz des In- und Auslandes bewährten. Zur Beurteilung der Leistungen solcher Feinindustrien, die sich nicht einfach durch Kapitalbeschaffung über Nacht aus dem Boden stampfen ließen, sollte freilich ihr Beschäftigtenstand nicht als alleiniger Maßstab dienen. Im Unterschied zu vielen heutigen Entwicklungsländern, die dem Teufelskreis agrarischer Subsistenzproduktion nicht zu entrinnen vermögen, finanzierten Baden und Württemberg seit dem ausgehenden 19. Jahrhundert ihre industrielle Expansion und ihren gestiegenen Wohlstand zunehmend aus den Exporterlösen und bezahlten damit auch ihre langsam gewachsenen Agrarimporte.

Industrie, Eisenbahnen und Dampfschiffe hatten erneut die Handelsbahnen verlagert, Südwestdeutschland aus peripherer Position gerissen und den Bewegungen von Gütern und Geld auch südlich des Mains riesige Dimensionen verliehen. Im unwiderstehlichen Takt stürmte die Wirtschaft mit Hilfe der gewaltigen Kraft von Maschinen vorwärts, entwickelte sich wie nie zuvor zu einem beherrschenden, Wohlstand mehrenden Prinzip, ohne daß sich zu Beginn des 20. Jahrhunderts ein Ziel oder Höhepunkt ausmachen ließ. Nach dem tieferen Sinn dieses industriellen perpetuum mobile, den nicht mehr zu dämpfenden Maschinen, dem »Durchrauschen des Papiergeldes«, dem »Anschwellen der Schulden, um Schulden zu bezahlen«, ist seit Goethe oft gefragt worden. Der Mensch sei zum Sklaven der Maschine und des Geldes geworden, antwortete Oswald Spengler. Mit wirtschaftlicher Unzufriedenheit und Unbehagen gegenüber der Industrie ließen sich neue Spiele der politischen Entwicklung stets eröffnen. Die Kraft der Maschine und des Marktes seien dazu da, den Wert des menschlichen Lebens zu erhöhen, war von anderer Seite zu hören. Ob deshalb vielleicht die meisten Menschen nicht danach fragten, warum sie genug Geld verdienten, um unzählige Güter und Dienstleistungen kaufen zu können?

Krisen und Konjunkturen
in der Epoche der Weltkriege

Im 19. und bis ins 20. Jahrhundert hinein erlebte Südwestdeutschland einen langen Zeitraum mit stetigem, wenn auch fluktuierendem, wirtschaftlichem Aufstieg, während dem die entfaltete Wirtschaft zunehmend die Fähigkeit entwickelte, die moderne Technik auf alle Bereiche ihrer wirtschaftlichen Aktivitäten auszudehnen. Nach dem Amerikaner Rostow hat eine Wirtschaft das »Stadium der Reife« erreicht, wenn sie die technischen und unternehmerischen Fähigkeiten besitzt, »zwar nicht alles, aber das zu produzieren, wofür sie sich entscheidet«. Das war in Südwestdeutschland um 1910 der Fall. Der Prozeß der Entwicklung zur Reife bezeichnete die Endphase des langen Weges zur Hochindustrialisierung, der die traditionalistische Wirtschaft und Gesellschaft grundlegend verwandelte, sie modernisierte, völlig neue Strukturen schuf und in sie zugleich die Keime für neue Gefahren legte. Die in der wohlindustrialisierten Gesellschaft des frühen 20. Jahrhunderts lebenden Menschen, zumeist in fortschrittsgläubiger Aufbruchsstimmung und durchdrungen von der gelungenen »Europäisierung der Erde«, standen – wie nie zuvor – vor der Wahl, sich zu überlegen und zu entscheiden, für welche Zwecke sie die Ressourcen der reifen, höhere Einkommen gewährleistenden Wirtschaft verwenden sollten. Es gab die Möglichkeit, durch weitere Maximierung der Produktion den Konsum in Richtung Massenkonsum auszudehnen. Eine weitere Alternative konnte der Einsatz der Mittel für den Wohlfahrtsstaat sein, der die Einkommen für soziale Ziele und zur Erhöhung der sozialen Sicherheit umverteilte. Die dritte einzuschlagende Entwicklungsrichtung, das Bereitstellen größerer Mittel für die Militär-, Außen- und Expansionspolitik wurde schließlich unter den gegebenen geographischen, politischen und sozialen Bedingungskonstellationen »gewählt«, als würde in dem, was Jaspers »Dämonie der Technik« genannt hat, die wahre Faszination liegen.

Am gefahrvollen Konvergenzpunkt von Imperialismus und entfalteter »zweiter industrieller Revolution«, Inbegriff des totalen Maschinenzeitalters, begann mit den dreidimensionalen Materialschlachten des Ersten Weltkriegs für Europa und insbesondere für Deutschland eine tragische Krisenepoche, die eigentlich erst 1948/49, nach über drei Jahrzehnten, ihren Endpunkt erreichte. Auf die Herrschaft des gewaltsamen Räderwerks der Kriegswirtschaft folgte die Leidensgeschichte der Demilitarisierung mit einer phantastischen Hyperinflation, neuer Enteignung und Verarmung. Der kurzen wirtschaftlichen Aufschwungsperiode von 1926 bis 1929, mehr eine Scheinblüte als wirkliche Erholung, fehlte die entsprechend gestiegene Nachfrage. Bankenkrise und Börsenkrach leiteten einen wirtschaftlichen Kollaps ein, der seit 1929 mit der Weltwirtschafts- und Weltagrarkrise in einem katastrophalen, von neuem Protektionismus noch beschleunigten Preisverfall mündete. Im wirtschaftslähmenden Schrumpfungssog der Depression sank die deutsche Industrieproduktion bis 1932 unter 60 Prozent des Standes von 1928. Arbeitslosigkeit brachte massenhafte Verelendung hervor. Durch Abkoppeln vom Weltmarkt unter neuen Heilsanschauungen, ergriffene Arbeitsbeschaffungsmaßnahmen, verstärkte öffentliche Investitionen, die letztlich der Kriegsvorbereitung dienten, gelang es ab 1933, die Arbeitslosigkeit abzubauen. Fast nahtlos ging dann die Hochkonjunktur mit Vollbeschäftigung des Jahres 1938 schon im folgenden Jahr in die Kriegskonjunktur, in die Bewirtschaftung des Mangels, über. Der fast sechs Jahre dauernde Zweite Weltkrieg mit seiner wechselseitig gesteigerten Massenvernichtung, hat auf deutscher Seite bis zur Lähmung der eigenen Wirtschaft geführt, endete zwar mit dem Untergang des totalitären Hitler-Reiches, aber wegen der Konfrontation der Verbündeten ohne echte Entscheidung. Nach dem Krieg erhielt die deutsche wirtschaftliche Wiederherstellung bei den alliierten Siegern einen untergeordneten Stellenwert, und daher waren die Deutschen bis Mitte 1948 verurteilt, weiterhin mit einer schon mehr als zehn Jahre zurückgestauten Inflation und mit unterhalb des physischen Existenzminimums liegenden Lebensmittelrationen leben zu müssen. Aus der Not und dem Leid der Kriegskatastrophen waren sie ins Nachkriegselend gestoßen worden.

Bevölkerungsentwicklung

Die schweren Kriegs- und Nachkriegsjahre überschatteten die Bevölkerungsentwicklung vom Beginn des Ersten Weltkriegs bis nach dem Zweiten Weltkrieg. In keinem Jahr dieses Zeitraums erreichte in Baden und Württemberg die Geburtenziffer (je 1000 Einwohner) mehr die Höhe der Jahre 1911/13. Zum tendenziellen Absinken der Geburtenrate, nur durch einen stärkeren Geburtennachschub 1920/21 und Ende der dreißiger Jahre etwas unterbrochen, kam der schmerzliche Verlust an Menschen durch die Kriege, in Baden im Ersten Weltkrieg etwa 63000, in Württemberg 72000 Militärpersonen, im Zweiten Weltkrieg in Südwestdeutschland insgesamt 315000 Kriegs- und Ziviltote, also in zwei Kriegen knapp eine halbe Million Menschen, darunter einige Tausend getötete Juden, alles Verluste, die in Verbindung mit einem zeitweilig starken Anstieg der Sterblichkeit in den Städten dem allgemeinen Trend zum Sinken der Sterbeziffer zuwiderliefen. Vorwiegend um wirtschaftlicher Not zu entrinnen, wanderten zwischen 1921 und 1933 rund 42000 Badener und über 52000 Württemberger nach Übersee aus. Um so bemerkenswerter ist, daß der Geborenenüberschuß bei seit 1919 rückläufiger Sterblichkeit nicht nur die Verluste bis 1933 ausglich, sondern auch weiteres Wachstum ermöglichte. Es wurde in Württemberg von 1933 bis 1939 noch durch einen enormen Zuwanderungsgewinn von 77080 »reingeschmeckten« Personen erhöht, ein seit dem 17. Jahrhundert völlig neues Ereignis in der württembergischen Bevölkerungsgeschichte, Folge der industriellen Expansion. Über 700000 landfremde Personen im Lande Württemberg-Baden, Evakuierte, Flüchtlinge und Deportierte, verdeckten dann in der Zählung vom Oktober 1946 die schweren kriegsbedingten Menschenverluste, so daß sich die Statistik, ohnehin nichts vom damaligen Elend verratend, keine Kriegsnarben anmerken ließ. Ihr zufolge hat sich die Bevölkerung Südwestdeutschlands von 1914 bis 1946 um über eine Million Menschen vermehrt. Stadt und Land hatten am Zuwachs Anteil, Industrieregionen den stärksten. Bei nur geringfügiger Zunahme der Anzahl der Städte seit 1910 entfielen 1939 auf die Städte, nunmehr platzende Behälter, 53 Prozent der Gesamtbevölkerung. Das unaufhaltsame Vordringen städtischer Ballung in das stadtnahe Umland ist in dieser Zahl nicht enthalten.

Bevölkerungsentwicklung in Baden, Württemberg und Hohenzollern 1914–1946				
Zeitpunkt der Zählung	Baden	Württemberg	Hohenzollern	Insgesamt
1914	2 234 300	2 531 000	71 300	4 836 600
1925 16. Juni	2 312 462	2 580 235	71 840	4 964 537
1933 16. Juni	2 412 951	2 696 324	72 991	5 182 266
1939 17. Mai	2 504 696	2 897 994	73 706	5 476 396
1946 29. Okt.	2 573 546	3 204 476	76 038	5 854 060

Kriegswirtschaft 1914–1918

Im Unterschied zur militärischen Kriegseuphorie legte sich der Kriegsausbruch im August 1914 mit seinen zahlreich die Wirtschaft hemmenden Eingriffen meist läh-

mend auf die ohnehin nicht forsche private Unternehmungslust. Unsicherheit
herrschte; eine Zäsur wurde spürbar. Ähnlich wie im Jahre 1870/71, da der Krieg
plötzlich »kam«, stockte der Geschäftsverkehr, standen in den Fabriken viele Räder
still und wurde Belegschaft arbeitslos. Die Arbeiterzahl des berühmten Textilaus-
rüsters Köchlin, Baumgartner & Cie. in Lörrach schrumpfte von 965 vor dem Krieg
auf 155 am 14. 9. 1914, um 84 Prozent also binnen weniger Wochen. Es war nicht die
Ausnahme. Friedenswirtschaft und Kriegswirtschaft sind nicht miteinander gleichzu-
setzen. Das galt insbesondere seit dem Ersten Weltkrieg, mit dem sich die Beziehungen zwischen Kriegführung und Wirtschaft grundlegend wandelten. Der moderne
Krieg beraubte, je länger er dauerte, die ihm »verpflichtete«, in ihn integrierte Wirtschaft ihrer primär auf die Ausdehnung der zivilen Investitions- und Konsummög-
lichkeiten orientierten friedenswirtschaftlichen Funktion und zwang ihr mehr und
mehr, staatliche Machtvollkommenheiten dabei ausnutzend, eine den Gesetzen des
modernen Massen- und Materialkrieges unterworfene Zweckbestimmung auf. Den
Staat bzw. die Militärmacht maximal mit militärischen Machtmitteln im weitesten
Sinne des Wortes auszustatten und laufend zu versorgen, wurde zum letzten Endes
bestimmenden Prinzip der Kriegswirtschaft. Doch bei Kriegsausbruch 1914 wurden
auf keiner Seite die wirtschaftlichen Konsequenzen eines längeren Krieges bereits vor-
ausgesehen. Es fehlte deshalb an geeigneten Vorkehrungen. Alle industriellen Branchen und wohl auch alle Unternehmen – die Hersteller von Kriegsgerät (u.a. Mauser-
Werke, Oberndorf) inbegriffen – mußten in den ersten Kriegswochen Produktions-
rückgänge bzw. Stillegungen in Kauf nehmen, wurden also vom sogenannten »Kriegs-
stoß« betroffen (»Pforzheimer Krise«), ehe es ihnen in hektischer Betriebsamkeit nach
Monaten mehr oder weniger gelang, sich Heeresaufträge zu beschaffen und gegebenenfalls auf die branchenfremde Kriegsproduktion umzustellen. Die metallverarbeitende und Maschinenbauindustrie hatten dabei häufig kostenintensive Umstellungs-
und Anpassungsschwierigkeiten zu überwinden, denen man in den ersten Kriegswochen noch durch abwartende Haltung zu entgehen hoffte. Die auf Kundenguß (Armaturen) spezialisierte Gelbgießerei Erhard in Heidenheim (seit 1871) war das erste süddeutsche Unternehmen, das schon 1914 den gesamten Betrieb auf Munitionsherstel-
lung umstellte und entsprechend erweiterte. Auch die Ablehnung reiner Waffen- und
Munitionsfabrikation seitens der Unternehmen mit der Begründung, daß dafür neue,
bis Kriegsende nicht mehr abzuschreibende Maschinen anzuschaffen seien, war nicht
ungewöhnlich und zwang die Militärbehörden zu Entgegenkommen. Die mit Konzessionen erkaufte Umstellung der anfangs widerstrebenden Württembergischen Me-
tallwaren-Manufaktur auf die Fertigung von neu entwickelten eisernen Infanterie-
geschoßpatronen (statt Messing) stellt nur ein Beispiel von vielen dar. Es kennzeichnete das Verhalten der privaten Industrie während des Ersten und Zweiten Weltkriegs,

daß sie sich zumeist sowohl einer schlagartigen, totalen Umstellung auf die Rüstungsproduktion als auch der »Militarisierung« der Betriebe widersetzte. Am längsten dauerte die kriegswirtschaftliche Anpassungskrise in Pforzheim und Gmünd, am kürze-
sten für solche Unternehmen die bisherige Erzeugnisse weiterproduzierten.

Die kriegswirtschaftliche Mobilisierung erfolgte in drei zeitlich aufeinanderfolgenden
Phasen und setzte allgemein eine enge Kooperation zwischen Staat (Militär) und Privatwirtschaft voraus. In die durch unplanmäßiges Vorgehen gekennzeichnete Anlauf-
phase fiel der Aufbau von wichtigen, für das Reichsgebiet zuständigen, privatwirt-
schaftlich organisierten Kriegsrohstoff- bzw. Kriegsgesellschaften (1914: Kammwoll
AG, Kriegschemikalien AG; Kriegsleder AG; Kriegsmetall AG; Kriegswoll AG), die
zwar staatlich überwacht wurden, aber die Rohstoffverteilung über Freigabescheine
zugunsten der kriegswichtigen Großunternehmen steuerten. Im Frühsommer 1915
setzte die zweite Phase der deutschen Kriegswirtschaft ein. Sie bedeutete den Beginn
der Zwangswirtschaft und konsolidierte die effiziente Rohstoffverteilung im Interesse
der Steigerung der kriegswichtigen Produktion. Infolge des Ausfalls der überseeischen
Nahrungsgüterzufuhren durch die feindliche Blockade und der verminderten landwirtschaftlichen Erzeugung wurde 1916 die Lebensmittelrationierung in Deutschland
eingeführt. Die totale Umstellung auf den Krieg im Interesse einer erheblichen Steigerung der Rüstungsproduktion erfolgte durch das sog. »Hindenburgprogramm«, mit
dem im Herbst 1916 die dritte und letzte Phase der deutschen Kriegswirtschaft anlief.
Stillegungen kriegsunwichtiger gewerblicher Betriebe stellten in diesem Zusammenhang ein Novum in der bisher marktwirtschaftlichen Wirtschaftsordnung dar.

Rüstungsbetrieben brachte das Hindenburgprogramm einen starken Auftragsschub.
Es stieß zugleich einen Expansions- und Konzentrationsprozeß in der metallverarbeitenden und Maschinenbauindustrie an (1914: in Württemberg 337 Betriebe mit 81 400
Beschäftigten; 1917: 366 Betriebe mit 103 765 Beschäftigten). Zu den Aufträgen der
württembergischen Beschaffungsstellen für württembergische Betriebe (vom März
1916 bis Juli 1918 insgesamt 1,7 Mrd. M.; monatlicher Höchststand im März 1918:
161,2 Mio. M.) kamen die im Rahmen des »Hindenburgprogramms« von Berlin aus
auf die Bundesstaaten verteilten Heeresaufträge. Im ersten Quartal 1917 entfielen bei
einem Gesamtvolumen von rund 6,4 Mrd. Mark aufgrund eines Bevölkerungsschlüs-
sels auf Baden 226 Mio. Mark und auf Württemberg rund 300 Mio., so daß die beiden
südwestdeutschen Staaten, deren Wirtschaftsvertreter sich in Berlin bei den zuständigen Stellen für die heimische Industrie um Heeresaufträge und Rohstofflieferungen
verwendeten, kaum Grund hatten, Benachteiligung zu argwöhnen. Die Konzentra-
tions- und Expansionsimpulse dieser Aufträge ergaben sich aus ihrer Aufschlüsselung
auf nur wenige Schwerpunktbetriebe, die sich die »fetten Brocken« sicherten. 79 Prozent des badischen Auftragsvolumens flossen von Januar bis Ende Mai 1917 in nur

fünf Unternehmen, 29 Prozent davon in die Deutschen Waffen- und Munitionsfabriken Karlsruhe (davon über 40% für Geschosse), fast 21 Prozent zu Benz & Co. Mannheim, 13 Prozent zu Heinrich Lanz Mannheim (davon 41% für Luftschiffe) und über 18 Prozent an zwei Mannheimer Treib- und Sprengmittelhersteller, an Bopp & Reuther und an die Strebelwerke. Bis Ende 1917 wurde die Munitionserzeugung in den Werken Karlsruhe und Grötzingen der Deutschen Waffen- und Munitionsfabriken im höchsten Maße gesteigert, dann aber auch wegen Rohstoffmangels nicht unwesentlich gebremst.

Die 1915 großzügig erweiterten Mauser-Werke in Oberndorf erreichten wegen großer Reservebestände der Heeresleitung schon zu Beginn des Jahres 1917 in der Gewehrherstellung mengenmäßig den Höhepunkt der täglichen Leistung. Der letzte große, das »Schlachtenglück« nicht wendende Kriegsauftrag, die Fertigung des Tankgewehrs, brachte den Mauser-Werken im Sommer 1918 noch einmal ein Ansteigen um 500 Arbeiter und den Höchststand von 8750 Beschäftigten (1913: 2500 Beschäftigte). Bei den Daimler-Werken, erweitert um das neue Werk in Sindelfingen, stand im Kriege die Flugmotorenherstellung im Vordergrund (in Sindelfingen auch Flugzeugbau). Das Werk Untertürkheim, das seine Beschäftigung vom 31. 7. 1914 bis 31. 12. 1918 um 339 Prozent steigerte (zuletzt 12764 Mitarbeiter, erst 1961 überschritten), produzierte von 1915 bis einschließlich 1918 insgesamt 2239 Pkw- und 19336 Flugmotoren. Ende 1918 stammte fast die Hälfte aller deutschen Marineflugzeuge und gut ein Drittel aller Heeresgroßflugzeuge aus Theodor Kobers Flugzeugbau Friedrichshafen GmbH (1918: ca. 3000 Mitarbeiter). Ab 1916 flogen die ersten riesigen Dornier-Flugboote. In Kooperation mit neuen Werften bauten die Zeppelin-Werke während des Ersten Weltkriegs 88 Luftschiffe hauptsächlich für die Seekriegsführung (davon 46 im Krieg zerstört und 11 an den Feindbund ausgeliefert). Die Blinddärme von etwa 700000 Rindern wurden anfangs für die Ballonhaut eines Luftschiffs aufeinandergeklebt. Am Rüstungsboom hatten auch neben den im Krieg neugegründeten chemischen Fabriken, die Kalkstickstoffabrik der Schweizer Lonza-Werke in Waldshut, die Karbidfabrik Wyhlen, die von der AEG abhängige, Salpetersäure herstellende Elektro-Nitrum AG in Rhina usw. vor allem die ausgebauten, traditionellen Chemie- und Sprengstoffproduzenten gehörigen Anteil. Die Bilanzsumme der Köln-Rottweiler Pulverfabriken kletterte bei allerdings zu berücksichtigender hoher Inflationsrate von etwa 50 Mio. im Jahr 1913 auf 177 Mio. Mark 1918.

Unbehagen und Kritik in der Öffentlichkeit erregte zunehmend die nominell gute Gewinnsituation der Kriegsindustrien, die ausgerechnet 1917/18 ihre höchsten Dividenden ausschütteten, als sich die Ernährungslage seit dem katastrophalen Kohlrübenwinter 1916/17 so sehr verschlechtert hatte, daß sich der Normalverbraucher mit einer täglichen Hungerration von 1000 Kalorien begnügen mußte. Die von WMF-Geislin-

gen und Mauser-Oberndorf gezahlten Dividenden stiegen bis auf 20 Prozent, der
NSU auf 25 Prozent, von Benz-Mannheim auf 20 Prozent und 10 Prozent Superdivi-
dende, von Daimler schon im Jahre 1916 auf 31 Prozent, der Köln-Rottweiler Pulverfabriken auf 35 Prozent. Die Deutschen Waffen- und Munitionsfabriken Karlsruhe
wiesen bei einem Aktienkapital von 30 Mio. Mark im Jahre 1917 einen Reingewinn
von 43 Prozent und die Waggonfabrik Fuchs, Heidelberg (3 Mio. M. Aktienkapital)
1917/18 ebenfalls von 43 Prozent aus. Bei Kriegsausbruch 1914 befand sich die hoch-
verschuldete, auf Gedeih und Verderb vom Wohlwollen ihrer Banken abhängige Maschinenfabrik Esslingen in ungünstiger Umsatz- und Ertragssituation. Gegen Ende
des Krieges kommentierte die sozialdemokratische Schwäbische Tagwacht (25. 4.
1918): »Wie so manchem Betrieb ist auch der Maschinenfabrik Esslingen die Kriegszeit zu einer finanziellen Erholung und Kräftigung geworden, wie sie unter normalen
Verhältnissen niemals denkbar gewesen wäre.« Nach glänzenden Geschäften mit dem
Kriege, aber bestrebt, möglichst wenig Gewinn zu deklarieren, stand die Maschinenfabrik Esslingen 1918 schuldenfrei da. Kriegsbedingte Mangelerscheinungen auf den
Faktormärkten und dadurch verursachter permanenter Inflations- und Lohndruck
hatten das Preisgefüge ins Wanken gebracht und machten die mit den Unternehmen
kontrahierenden Heeresverwaltungen zu großen Preiszugeständnissen bereit. Reingewinne von 20 bis 30 Prozent des Umsatzes ließen sich unter diesen Umständen
durchaus erwirtschaften.

Der einseitig die eisenverarbeitende und Maschinenbau-Industrie, insbesondere die
reine Waffenindustrie (1914 in Württemberg ein Unternehmen; 1917: 96) begünstigende kriegswirtschaftliche Rüstungsboom hinterließ in anderen, primär dem zivilen
Konsum dienenden Gewerbebereichen infolge von Rohstoffverknappungen teilweise
verheerende Kahlschläge. Nach der württembergischen Statistik hatte sich rein rech-
nerisch die Zahl der Gewerbebetriebe vom Juli 1914 bis August 1917 um 19841 reduziert. 22259 Betriebe, zu 90 Prozent Handwerksbetriebe, wurden als »ruhend« erfaßt,
2418 entstanden im Kriege neu. Starke Rückschläge mußte die Textilindustrie in Kauf
nehmen. In Württemberg hatte sich in dieser Branche die Zahl der Unternehmen mit
mehr als 50 Beschäftigten um knapp ein Drittel (= 82) reduziert. Ende 1916 wurden
von den insgesamt 20 badischen Baumwollspinnereien nur die beiden größten (Steinen
und Zell/Wiesental) zur Weiterarbeit bestimmt. Wachsende Bedeutung gewann unter
diesen Umständen für die Textilindustrie die seit dem Frühjahr 1916 in Baden begonnene, technologisch nicht einfach zu bewältigende Umstellung auf die Verarbeitung
von Papierstoffen, von Textilsurrogaten also. Nur die Papiergarnerzeugung und -ver-
arbeitung bewahrte viele Textilbetriebe vor der Stillegung. Mangelzustände, gepaart
mit Importersatzgütern, gehörten zum typischen Erscheinungsbild der Kriegswirtschaft.

Raubbau und Wiederaufbau in der Agrarwirtschaft

In einen Zustand zunehmenden Raubbaus wurde die Landwirtschaft durch die Anforderungen der Kriegswirtschaft gedrängt. Mangel an Dünge- und Futtermitteln, an Arbeitskräften, Zugvieh und landwirtschaftlichem Gerät führte zu einem allmählichen Absinken der Roherträge, zum Rückgang der Viehhaltung sowie zur Ausdehnung der Brache und des Grünlandes. Eine verfehlte, zu niedrig angesetzte Höchstpreispolitik nahm der Landwirtschaft den materiellen Leistungsanreiz, den auf die Dauer auch nicht Fleiß und Verantwortungsbewußtsein wettzumachen vermochten. Nicht mehr vorzunehmende, überfällige Investitionen und Instandhaltungen sowie verringerte Ausgaben für Betriebsmittel erhöhten die Einkommen der Landwirte. Diese Mehreinnahmen stellten aber Scheingewinne, eine kriegsbedingte Verflüssigung von Betriebskapital dar, das teilweise der Entschuldung diente, meist aber wegen fehlender Anlagemöglichkeiten der Sparkapitalbildung zufloß. Stärker als in der Industriewirtschaft hat der Krieg im Agrarbereich auch radikale, die Marktwirtschaft aufhebende, jedoch im Ersten Weltkrieg noch nicht realisierte Gedankengänge hervorgebracht. Dazu gehörte die seitdem virulente Idee des Produktionszwanges bis hin zur Verhängung von Arbeitsverpflichtungen in der Landwirtschaft und zur Festsetzung von Anbau- und Ablieferungskontingenten.

Die Novemberrevolution 1918, das Ende des Weltkrieges, der Monarchie (Thronverzicht von Großherzog Friedrich II. von Baden am 22. 11. 1918, von König Wilhelm II. von Württemberg am 30. 11. 1918) und das des Ständestaats sowie die Machtübernahme durch republikanische Regierungen hatten die Wirtschaftspolitik, die Lösung der anstehenden vielzähligen Wirtschaftsprobleme nicht leichter gemacht. Der zu bewältigende Übergang zur Friedenswirtschaft beschwor eine »Demobilmachungskrise« herauf, die durch ihre zunächst vielfältigen Mangelerscheinungen, die anhaltende und sogar sich steigernde Kriegsinflation und durch die fortdauernden Elemente der Zwangswirtschaft noch weitgehend dem Milieu der Kriegswirtschaft verhaftet war. Zwang wurde ergriffen, um die entlassenen Kriegsteilnehmer in den Wirtschaftsprozeß wieder einzugliedern, obwohl es der Industrie an nötigen Auftragspolstern fehlte. Um Arbeit zu schaffen, wurden Kriegsaufträge verlängert und öffentliche Notstandsarbeiten ausgeschrieben. Bis 1921 dauerte die wirtschaftliche Demobilmachung. Als Zwang wurde auch empfunden, daß französische Truppen Kehl von 1918 bis 1930 besetzt hielten, sein Rheinhafen unter französische Direktion kam und daß der größte Teil Badens zu entmilitarisiertem Gebiet erklärt wurde. Erst nach Unterzeichnung des Versailler Vertrages, im Juni 1919, der die Wirtschaftskrise noch verschärfte, hoben die Alliierten die gegen Deutschland verhängte Hungerblockade auf. Mit der Rückgliederung von Elsaß-Lothringen nach Frankreich wurde die wechselseitig verflochtene Wirtschaft am Oberrhein vielfach auseinandergerissen, und geriet Baden in eine für seine weitere Wirtschaftsentwicklung nachteilige Grenzlandposition. Bis Anfang 1923 befand sich die Landwirtschaft im Griff der rentabilitätsfeindlichen Zwangswirtschaft, ein schweres Opfer, das ihr zugunsten der Wiederbelebung der Industriewirtschaft auferlegt wurde.

Im Reichsdurchschnitt lagen nach Sering von 1914 bis 1918 die Bodenerträge aller Getreidearten einschließlich der Kartoffel, in Getreidewerten ausgedrückt, um ein Viertel unter denen der Jahre 1909 bis 1913. Die ohnehin stets unter den Reichsdurchschnitten angesiedelten südwestdeutschen Hektarerträge sanken als Folge des Raubbaus vor allem seit Kriegsende von Jahr zu Jahr ab. Von diesem Trend waren die Spitzenerträge des Mustergutes Hohenheim nicht ausgenommen. 1910/14 hatten die durchschnittlichen Weizen-Hektarerträge 26,1 dz erreicht, stiegen 1915/19 sogar auf

Hektarerträge in dz

Zeit	Baden			Württemberg		
	Weizen	Hafer	Kartoffeln	Weizen	Hafer	Kartoffeln
1910/14	17,4	17,5	93,7	16,5	15,3	93,0
1926/30	16,2	15,0	116,5	14,1	12,8	99,5
1936/39	20,4	18,1	169,4	20,1	18,3	139,1
1939/43	19,2	18,5	145,5	18,2	17,2	126,0
1948	18,3[+)]	15,3	185,5	17,0	13,4	164,0

[+)] 1948 nur Nordbaden

Entwicklung der Viehbestände

Zeit	Baden			Württemberg		
	Pferde	Rinder	Schweine	Pferde	Rinder	Schweine
1912	69 458	648 069	476 291	116 115	1 068 612	482 221
1917	36 319	662 804	321 880	71 173	1 138 696	323 261
1925	68 194	621 267	412 533	97 168	980 918	300 297
1933	62 831	655 780	570 158	103 565	1 105 937	672 379
1939	44 512	642 181	561 520	81 689	1 103 243	738 760
1943	43 507	640 101	441 031	81 429	1 091 331	571 469
1950	50 300	575 100	447 100	91 600	1 012 000	739 800

35,7 dz und fielen dann 1920/24 auf 30 und 1925/29 auf 29,5 dz. Der Wiederaufbau der während der Zwangswirtschaft abgesunkenen agrarischen Produktionsleistung, verständliches Hauptziel der Ernährungs- und Agrarpolitik, verlief, da dazu erhöhte Kunstdüngergaben und Humuszufuhren erforderlich waren, überaus schleppend. Erst Mitte der dreißiger Jahre gelang in Baden und Württemberg die Wiederherstellung der Vorkriegs-Getreideerträge. Beide Weltkriege haben mit ihrem »Schweinemorden« die badische Viehwirtschaft (1914: 716933 Rinder; 591922 Schweine) stark zurückgeworfen. Die Wiederaufstockung der Viehbestände auf das Niveau von 1913/14 wurde in Baden während der ersten Hälfte des 20. Jahrhunderts nicht erreicht. In Württemberg überschritt die Schweinehaltung seit 1926/27 den Vorkriegsumfang.

Zu den Inflationsgewinnlern zählte die Landwirtschaft im allgemeinen nicht. Vergebens beschwor ein namhafter Agrarwissenschaftler wie Friedrich Aereboe von Hohenheim aus die Landwirte, sich mit billigem Geld in eine gewinnbringende Inflationsspekulation zu stürzen und vor allem die erlittenen Substanzverluste namentlich am Kapitalstock rückgängig zu machen. Unter dem Druck ihrer schwachen Marktposition hielten Klein- und Mittelbauern am gewohnten Sparen fest. Der bekannte Entschuldungseffekt der Inflation hatte dann insofern eine zweischneidige Wirkung, als er zwar verschuldete Betriebe von einer oft drückenden Last befreite, aber auf der anderen Seite den besseren Wirten das angesammelte Spar- und Investitionskapital »konfiszierte«. Zur Zeit der Währungsstabilisierung 1923/24 war die Masse der Landwirtschaftsbetriebe weitgehend der Betriebsmittel und zu liquidierender Reserven beraubt und unfähig, aus eigener Kraft die volle Funktionalität des Betriebes wiederherzustellen. Der »Marsch« der Landwirte auf die Kreditinstitute begann. Bis 1927 war die Kreditsumme der württembergischen Genossenschaftskassen auf über 104 Mio. RM angestiegen. Von der Steigerung des Geldwerts der Ernte (1924 = 490,3 Mio. RM; 1927 = 518 Mio. RM) wurde die Schuldenlawine nicht aufgehalten. Mit der Liberalisierung der Innen- und Außenmärkte klaffte die Preisschere zwischen Agrarpreisen sowie Industriepreisen und Löhnen weiter auseinander. Die Preisentwicklung gestaltete sich ab 1925 zur Fieberkurve der südwestdeutschen Landwirtschaft. Billige französische Agrarimporte vor und nach 1925 hatten Vorteile für den badischen Verbraucher, aber existenzgefährdende Nachteile für die badischen Bauern. Der lukrative Handelsgewächsbau mußte eingeschränkt werden (1925 in Baden: 7311 ha). Er wurde weiter reduziert, als der Anstieg der Futtermittelpreise von 1927 an bei gleichzeitigem Sinken der Viehpreise dem Bauern die Veredelung zum Verlustgeschäft zu machen drohte und er daher den eigenen Futteranbau ausdehnte. Ungeachtet dessen setzte sich namentlich in Baden der Rückgang der Viehbestände von der Weltwirtschaftskrise in einem durch die nationalsozialistischen »Erzeugungsschlachten« kaum gebrochenen

1927 kamen auf je 1000 ha landwirtschaftliche Fläche:			
	Pferde	Rinder	Schweine
Deutsches Reich	133	628	792
Preußen	144	554	869
Baden	88	793	663
Württemberg	92	894	475

Trend bis 1947/48 fort. Württemberg behauptete zwar seine Spitzenposition in der Rinderhaltung im Deutschen Reich, der Rinderbesatz je 1000 Einwohner sank jedoch unaufhörlich seit Anfang des 19. Jahrhunderts. Dennoch gab es in Württemberg eine Rindermehrausfuhr. Ausfälle der Kartoffelernten hielten traditionell die zwar vermehrten südwestdeutschen Schweinebestände auf unterdurchschnittlichem Niveau.

Rentabilitätsprobleme

Je mehr die Stuttgarter Landesproduktenbörse auf den württembergischen Getreidemarkt Einfluß gewann und ausländische Importe den Getreidepreis drückten, um so stärker schränkten die württembergischen Landwirte die Anbaufläche für Getreide, Hülsenfrüchte und Hackfrüchte ein (über 100000 ha) und dehnten das Grünland aus. Um 1925 deckte die württembergische Landwirtschaft nur zu etwa 40 Prozent den Brotgetreidebedarf des Landes (ähnlich in Baden). Die Umstellung auf die Futtermittelerzeugung zahlte sich indes nicht aus. Alle Bemühungen, die Kombination der Produktionsfaktoren mehr auf die Ertragslage abzustimmen, steigerten kaum noch die zu niedrige Kapitalverzinsung in der Landwirtschaft. Konnte bei den Betrieben unter 20 Hektar – mehr als zwei Drittel aller Betriebe – überhaupt von einer Kapitalverzinsung die Rede sein?

Lebensmittelpreise in Heilbronn im Januar 1924 (Bruchsal Januar 1933)			
1 Pfd. Rindfleisch	70 Pf (76)	1 Pfd. Hackfleisch	1 M
1 Pfd. Schweinefleisch	95 Pf (75)	1 kg Versorgungsbrot	25 Pf
1 Liter Vollmilch	28 Pf (26)		

Die bei 105 württembergischen Betrieben erfaßte Verschuldungsentwicklung ergab für 1924 eine Schuldlast von 74,40 RM je Hektar und 1927 von 283,90 RM. Die durchschnittliche Verschuldung je Hektar im Januar 1928 von 206 RM war relativ gering, aber sie kletterte in steiler Kurve weiter. In Baden belief sie sich im Jahre 1928 im Durchschnitt auf 675 RM je Hektar, in Betrieben unter zwei Hektar sogar auf 1605 RM. Der durchschnittliche Preisindex für landwirtschaftliche Erzeugnisse (1913 = 100) lag 1924/26 bei 117,0–120,5, stieg 1926/28 um einige Punkte und rutschte dann in der Weltagrarkrise auf 102–109 ab. Je nach Marktlage wies der Milcherlös je Liter 1930/31 eine Bandbreite von 11 bis 21 Pf auf. Im Jahre 1932 erzielte die badische und württembergische Landwirtschaft den schlechtesten Abschluß seit Menschengedenken. Die Not der kleinbäuerlichen Bevölkerung in Wald- und Gebirgsgegenden war so groß, daß im Jahre 1933 in 318 Gemeinden insgesamt 656000 kg verbilligtes Roggenmehl verteilt wurden. Landwirtschaftlicher Kleinbesitz war nicht Bedingung für industrielle Krisenfestigkeit.

Nach Hitlers Machtübernahme sollte das Gesetz zur Sicherung der Preise für inländisches Getreide vom 26. 9. 1933 durch Festlegung von Erzeugerfestpreisen dem Landwirt stabile, von Weltmarkt und Ernteausfall, von Angebot und Nachfrage unabhängige, auskömmliche Preise gewährleisten und damit der Landwirtschaft helfen, sich zu sanieren. Durch Abkoppeln der Wirtschaft vom Weltmarkt mit Hilfe von Einfuhrkontingentierung und Devisenbewirtschaftung wurde eine Erzeugerschutzpolitik betrieben, in deren Verlauf sich ohne stärkere Preiserhöhung die Einkommenssituation der südwestdeutschen Landwirtschaft unterhalb des Einkommensniveaus von 1927 besserte (Bruttoeinkommen der württembergischen Land- und Forstwirtschaft im Jahre 1936: 363 Mio. RM). Zu dieser Entwicklung trug das die Kreditbeschaffung der modernen Landwirtschaft behindernde nationalsozialistische Reichserbhofgesetz sicher nichts bei, um so mehr aber die gegen die Blut- und Boden-Ideologie gerichtete Abwanderung von Arbeitskräften aus der Landwirtschaft, die Landflucht, der gesteigerte Kunstdüngereinsatz, die fortgeschrittene Rationalisierung, die Motorisierung und Elektrifizierung und die Einführung ertragreicherer Sorten. In den letzten Jahren vor dem Zweiten Weltkrieg erreichten die Hektarerträge der südwestdeutschen Landwirtschaft bei gesunkener Rentabilität eine bis dahin nicht gekannte Höhe. Neuer, noch perfekter funktionierender Zwangswirtschaft wurde die Landwirtschaft ab 1939 unterworfen, mit dem Ablieferungssoll als wichtigstem Instrument. Das ernährungswirtschaftliche Fiasko des Ersten Weltkriegs wiederholte sich im Zweiten Weltkrieg nicht auf deutschem Boden. Die »Kriegserzeugungsschlachten« der Landwirtschaft während des Zweiten Weltkriegs mit den beiden neuralgischen Schwerpunkten, der Fett- und Eiweißversorgung, konnten wegen der eingeschränkten Deckung des Zuliefer- und Arbeitskräftebedarfs der Agrarwirtschaft den Rückgang der Erträge nicht aufhalten, ihr rapides Absinken aber trat erst 1945 ein. Ernteberichterstatter schätzten in Württemberg-Baden 1947 die Hektarerträge für Brotgetreide auf 15,2 dz und für Kartoffeln auf 114,8 dz. Der langsame Wiederaufbau der Vorkriegserträge bereits unter den Bedingungen der Zwangswirtschaft konnte zunächst nur durch einen vermehrten Einsatz des Pferdes als Zugkraft erfolgen, so daß sich die Wiederauffüllung der anderen, teilweise dezimierten Viehbestände verzögerte, die badische Landwirtschaft Ende 1950 sogar noch weit vom Vorkriegsstand entfernt war.

An der Höhe der Schuldenlast der südwestdeutschen Landwirtschaft (in Württemberg Ende 1927: 300 Mio. RM) hat sich während der Hitler-Zeit wenig geändert. Als die Landwirte von Kriegsausbruch an reichlich über flüssige Mittel verfügten, war die Ablösung alter Hypothekenschuld wegen des Vorrangs der Kriegsfinanzierung unerwünscht, so daß die Guthabenbildung bei weitem die Schuldentilgung überbot. Wie im Ersten Weltkrieg, so erzielten die Landwirte auch im Zweiten Weltkrieg bedeutende Geldüberschüsse, die nicht auf einer echten Rentabilitätssteigerung beruhten, sondern zu großem Teil auf die Umwandlung von Sachwerten, auf Substanzverzehr zurückzuführen waren und daher nur Scheingewinne darstellten. Daran änderten auch nichts die im Krieg etwas angehobenen Erzeugerpreise.

Stadt- und Landflucht

Nachteilig für die Rentabilitätsentwicklung der kleinstrukturierten südwestdeutschen Landwirtschaft wirkte sich im allgemeinen ihr Arbeitskräfteüberbesatz aus, der eine optimale Kombination der Produktionsfaktoren erschwerte. Krisenzeiten und Mangel an industriellen Arbeitsplätzen, auch Wohnungsnot verstärkten die versteckte Arbeitslosigkeit auf dem Lande. Die Landwirtschaft übte deshalb bis zur Mitte unseres Jahrhunderts eine nicht zu unterschätzende sozialfürsorgerische Funktion aus. Die Kehrseite dessen war die große Zahl der vom wirtschaftlichen Standpunkt nicht voll ausgelasteten Erwerbstätigen, namentlich in der klein- und mittelbäuerlichen Landwirtschaft und die der sich unendlich vermehrenden Zu- und Nebenerwerbsbetriebe. In der südwestdeutschen Landwirtschaft kam die höchste Zahl an Beschäftigten auf je 100 ha (Baden 1925: 47; Reichsdurchschnitt 31). Besonders in Württemberg machte sich deshalb und wegen der damit korrelierenden niedrigen Produktivität der Agrarwirtschaft die geschrumpfte Bedeutung der Landwirtschaft im gewandelten Bedingungssystem der fortschreitenden Industriegesellschaft nur mit zeitlicher Verzögerung geltend. Im Unterschied zu dem im tertiären Sektor stärker entwickelten Baden war in Württemberg 1925 der Gleichstand der Beschäftigtenzahlen in Landwirtschaft und Gewerbe noch nicht erreicht, per definitionem das Gehäuse des Agrarlandes nicht

Die hauptberuflich Erwerbstätigen nach Sektoren in % aller Erwerbstätigen								
	Baden				Württemberg			
	1895	1907	1925	1939	1895	1907	1925	1939
I (Landwirtsch. etc.)	43	38	34	23	49	46	43	24
II (Gewerbe etc.)	33	35	36	41	36	39	41	45
III (Handel etc.)	15	17	22	27	10	11	12	23
(Berufslose nicht berücksichtigt)								

durchbrochen. Die Zahl der landwirtschaftlichen Berufszugehörigen in der württembergischen Land- und Forstwirtschaft hatte bis 1933 ihren historischen Höchststand mit 746 510 Personen bereits überschritten (Baden: 604 500). Durch die in der Statistik ausgewiesenen Landwirtschaftsbetriebe im Jahre 1933 (66,2% unter 2 ha) mit insgesamt 446 800 Betriebseinheiten (1925: 309 114; Baden 254 938) konnte die offizielle Arbeitslosenquote in Württemberg kräftig unter das Reichsniveau gedrückt werden. Nach der Weltwirtschaftskrise setzte sogleich die schon zuvor in Gang gekommene Massenabwanderung aus der Landwirtschaft wieder ein, von der Einkommensdisparität, vom Lohngefälle zwischen Industrie und Landwirtschaft gleichsam wie durch einen Magnet angezogen. Rund 147 000 Erwerbstätige kehrten in Baden, Württemberg und Hohenzollern zwischen 1925 und 1939 der Landwirtschaft den Rücken, erinnerten sich aber spätestens ab 1945 wiederum gern ihrer »agrarischen« Herkunft. Für das Wehrkreiskommando Stuttgart zeigte sich bereits eine ernste Lage, weil im Sommer 1938 fast 13 000 Unteroffiziere und Mannschaften mit mehr als 125 000 Arbeitstagen von der Truppe der Landwirtschaft zu Hilfsarbeiten zur Verfügung gestellt werden mußten. Die massenweise Freisetzung von Menschen aus der Landwirtschaft bewahrheitete auf längere Sicht aber nicht die vielgehegte Befürchtung, daß es um die Landwirtschaft um so schlechter bestellt sei, je weniger Bauern man zählte. Von Erfolgen bei der Neuansiedlung von Bauernfamilien in den zwanziger und dreißiger Jahren konnte daher auch kaum berichtet werden. Noch im Januar 1938 betonte zwar der badische Finanz- und Wirtschaftsminister: »Im Zuge der Neubildung deutschen Bauerntums ist für Baden eine zweckentsprechende Förderung der Anliegersiedlung von besonderer Bedeutung«, mußte aber dann feststellen, daß die Badische Landessiedlung nicht die Kreditbedingungen der Deutschen Siedlungsbank erfülle und daher keine Kredite zum Ankauf von reichlich angebotenem Siedelland erhalte. Mehrere Standesherren in Baden hatten ihren ganzen landwirtschaftlichen Grundbesitz oder größere Teile desselben – darunter der Fürst von Fürstenberg ca. 1500 ha – zur Verwendung zu Siedlungszwecken angeboten.

Tiefstand des Weinbaus

Unaufhaltsam schritt auch in den Weinbergen die Güterzersplitterung seit dem Ersten Weltkrieg voran. Eine Weingärtnersfrau urteilte über die Grundstücksgröße bildhaft: »Früher sind's wenigstens noch Schürzen gewesen, jetzt sind's nur noch Schurzbändel, gerade so lang und so schmal.« Weitgehende Betriebszersplitterung, technische Rückständigkeit, Weinbergzerstörungen, Reblausverseuchungen und erzeugerfeindliche Niedrigpreise boten mehr Anreiz zur Aufgabe des Weinbaus als zu Produktivitätssteigerungen. Besonders schwere Arbeit erforderte der heute noch in Relikten übliche Terrassenweinbau. Nach jedem Unwetter mußte das abgespülte Erdreich mit einem »Butten« wieder auf die Terrassen geschleppt werden. Kein Wunder, daß die Rebfläche unaufhörlich abnahm, von 1900 bis 1936 um fast 43 Prozent (auf 23 829 ha). Bei Kriegsausbruch 1939 war die in Ertrag stehende Rebfläche in Baden, fast zu 80 Prozent Weißweine, auf 9960 ha, die Württembergs, rund 80 Prozent Rot- und Gemischtweine, auf 10 036 ha geschrumpft. Schwere Einkommensverluste während der Kriegsjahre (allein durch Ernteausfälle 1940–1942: 60,5 Mio. RM) überstrapazierten die Kräfte des Weinbaus (Herrmann). In den Kriegs- und Nachkriegsjahren lohnten die Weinberge bei Durchschnittserträgen von 4,6 (1940) – 30 hl je Hektar nicht die aufgewendete Mühe. 1950 stand in Baden und Württemberg eine Fläche von 12 387 ha in Ertrag, Tiefststand des Weinbaus seit Jahrhunderten.
Wenn die aufgegebenen Rebflächen nicht zu trocken waren, konnten sie auf den Garten-Feldbau oder den Obstbau umgestellt werden. Die sonnenreichen Weinländer Baden und Württemberg nutzten in der Tat sehr eindrucksvoll die sich ihnen bietende Chance, sich zur bedeutendsten deutschen Obstbau-Region zu entwickeln und verdoppelten von 1900 bis 1939 nahezu ihre Obstbaumbestände. Im Jahre 1900 zählte man im mostfreudigen Württemberg 8,2 Mio. Obstbäume, 1933: 13,7 Mio. (über 80% Kernobst) und 1939 einen Gesamtbestand von 15 Mio. Bäumen (Baden: 10,2 Mio. Obstbäume). Im Krieg dienten Wein und Obst, der Bewirtschaftung unterworfen, der Ernährung. Doch die Obstbaumbesitzer waren am wenigsten bereit, das ihnen auferlegte Abgabesoll zu erfüllen. Im Unterschied zum Wein hatte die Kriegs- und Nachkriegszeit die Freude an eigenen Obstbaumbeständen nicht vergällt. Der Schwabe braucht »seinen« Most. Marktorientiert war die Kirschbaumkultur am Kaiserstuhl und am Bodensee, die mit dem Brennereigewerbe verbundene Zwetschgenkultur im badischen Mittelland und die ausgedehnte Kernobstkultur am Bodensee. Die schon 1910 gegründete Firma Dr. Wilhelm Hambrecht & Cie., Gengenbach, war die erste badische Süßmostkelterei. Der allgemeine Aufschwung des Süßmostgewerbes kam erst in den dreißiger Jahren.

Zuckerwirtschaft

Im Gegensatz zur zweiten Hälfte des 19. Jahrhunderts lassen sich seit dem Ersten Weltkrieg Wachstumsimpulse der agrarnahen Industrie, die die landwirtschaftliche positiv beeinflußten oder umgekehrt von der Landwirtschaft auf die agrarnahe Industrie ausstrahlten, nur in bescheidenem Umfange entdecken. Kunsthonigfabriken mit enorm hohem Umsatzanteil je Beschäftigtem von über 50000 RM waren ein Produkt der Notzeit. Die volkswirtschaftliche Stellung der auch den Wein versüßenden Rübenzuckerwirtschaft, zunehmend Lieferant eines wichtigen Nahrungsmittels, schien nach dem Ersten Weltkrieg bei weltweiter Zuckerschwemme und unzureichendem Zollschutz sogar ernstlich gefährdet. 25 Prozent Dividende und eine Gratisaktie von 1200 Mark hatte 1917 die gewinninflationäre Kriegswirtschaft den Aktionären der Stuttgarter Zuckerfabrik beschert. 1933/34 schütteten die zehn Werke der »Südzukker«, deren Aktienkapital sich noch bis 1940 zu nahezu einem Drittel in italienischen Händen befand (Dr. Leonardo Montesi im Vorstand, fünf Italiener im Aufsichtsrat), achtbare 4,5 Prozent Dividende aus. Über zehn Prozent Dividende kam das Unternehmen nie hinaus. Während der Hochinflation 1922/23, die die Neigung der Landwirte, Zuckerrüben anzubauen, stark gemindert hatte, und während der zurückgestauten Inflation 1944 bis 1948 mit behördlich befohlener Steigerung des Rübenanbaus schrieb die süddeutsche Zuckerindustrie rote Zahlen.

Die hohe Zuckersteuer der Kaiserzeit hatte den Zucker in das »Getto« des Luxusgutes verwiesen, aus dem ihn auch nicht die Arbeitermassen der Novemberrevolution befreiten. Nur die industrielle Lobby kämpfte im Interesse eines höheren Zuckerverbrauchs und der Rentabilität der Unternehmen jahrzehntelang meist vergebens um die Verbilligung des Zuckers. Im Streben nach Rentabilität setzte sich auch in der Nachkriegszeit die Betriebskonzentration fort, da der technische Fortschritt die Grenze der optimalen Verarbeitungsfähigkeit je Betrieb weiter hinausschob, ein Prozeß, der bis zum heutigen Tage anhält. In der Nachkriegszeit kam die Unternehmenskonzentration, die Konzernbildung in der Zuckerindustrie, als wichtige Rahmenbedingung zur Verbesserung der Betriebsverhältnisse hinzu. Aus einer zunächst gebildeten Interessengemeinschaft süddeutscher Zuckerfabriken ging im Jahre 1926 durch vertikale Fusion von Raffinerien und Rohzuckerfabriken (Frankenthal, Waghäusel, Stuttgart, Heilbronn und Offstein) die das süddeutsche Erzeugungsgebiet beherrschende Süddeutsche Zucker AG (Grundkapital 30 Mio. RM) mit Sitz in Mannheim hervor, damals der straffste und einheitlichste Zusammenschluß in der deutschen Zuckerindustrie. Vor allem die überraschende Senkung der Zuckersteuer von 21 RM je Doppelzentner auf 10,50 RM und die beträchtliche Verbilligung der Zuckerpreise verhalf ihr zu einigen guten Aufschwungsjahren und dem Verbraucher zu höherem Nutzen.

Höchst unangenehm waren daher Verbraucher, Industrie und rübenbauende Landwirtschaft in Südwestdeutschland von der durch die Regierung Brüning im Juni 1931
wieder auf 21 RM erhöhten Zuckersteuer berührt, die sogleich den bereits krisenbedingt gesunkenen Zuckerverbrauch weiter herabdrückte und zur scharfen Drosselung
des Rübenanbaus zwang. Um so mehr mußte die inzwischen stärker zollgeschützte
Zuckerindustrie, um den ruinösen Inlandswettbewerb zu stoppen, die mit Hilfe der
Regierung verwirklichte Kontingentierung der Zuckererzeugung (Grunderzeugungs-
rechte der Fabriken) akzeptieren. Dabei blieb es bis Kriegsende. Obwohl die »Erzeugungsschlachten« des Reichsnährstandes auf eine Ausdehnung des Zuckerrübenan-
baus abzielten – 1933 in Baden und Württemberg: 9691 ha; 1939: 11 130 ha; 1950:
12 662 ha –, die Fabriken für den Kriegsfall auf Vorrat produzieren mußten und der
noch relativ niedrige Zuckerverbrauch pro Kopf stieg (1932: 20,2 kg; 1937: 24 kg), waren die Kapazitäten der südwestdeutschen Zuckerfabriken bis in die Kriegszeit nicht
voll ausgelastet. Seit 1941, nach zehnjähriger Pause, verarbeitete das Werk Züttlingen
(Stadt Möckmühl) wieder Rüben zu Zucker und hat das Werk Gernsheim die Futtermittelerzeugung wieder aufgenommen. Über ein Jahrhundert, bis 1956, blieb übrigens
Rübenzucker ein Objekt kräftiger fiskalischer Ausbeutung (zeitweilig sogar 40 DM je
dz).

Badische Defizite: Tabakindustrie, Brauereien

Zwischen dem Elsaß und insbesondere dem mittleren Baden hatte sich bis 1914 ein
zwar nicht einfach überschaubares, aber für beide Seiten wohl vorteilhaftes, facetten-
reiches System wechselseitiger Arbeitsteilung herausgebildet, das mit der Verlegung
der Reichsgrenze an den Rhein und namentlich durch die mit tarifären und nichttarifä-
ren Handelshemmnissen errichteten Schutzwälle auseinandergerissen wurde. Das
Ende der Zollfreiheit 1925, der kurz darauf geschlossene deutsch-französische Handelsvertrag, französische Einfuhrverbote und dann der Übergang zum Kontingents-
verkehr ab 1932 verstopften fast völlig die Absatzwege auf das jenseitige Rheinufer.
Das badische Exportgewerbe nahm durch den Verlust des elsässischen Marktes wohl
nicht weniger nachhaltigen Schaden wie die Agrar- und Ernährungswirtschaft und mit
ihr die Nahrungs- und Genußmittelindustrie Badens durch das Ausbleiben der billigen agrarischen Importe aus dem Elsaß (Futtermittel, Schweine, Gemüse, Braugerste,
Rohtabak, Hopfen u. a.). Man würde freilich die Verhältnisse grob vereinfachen,
wollte man die Schwierigkeiten der badischen Wirtschaft seit Ende des Ersten Weltkrieges allein mit der badischen Randexistenz in Verbindung bringen, nur darin den
Kern des Übels sehen. Eine badische Denkschrift vermittelte durch geschickte Daten-

auswahl den Eindruck, als hätte in der Depression im April 1926 das Grenzland am Oberrhein die höchste Erwerbslosenziffer aufzuweisen gehabt (in 11 beliebigen Bezirken 36,6 Hauptunterstützungsempfänger je 1000 Einwohner). Mannheim wies mit 56,5 Unterstützungsempfängern je 1000 Einwohner die höchste Erwerbslosigkeit aus – Stuttgart die niedrigste mit 16,6. Doch andere deutsche Gebiete und Städte litten damals nicht minder unter hoher Arbeitslosigkeit, die Rheinpfalz unter einer Quote von 54,7, Berlin von 46,6, Gelsenkirchen von 55,5, Sachsen und Hessen von je 46,1. Mit der württembergischen Wirtschaftsentwicklung nicht Schritt halten zu können, blieb jedoch stets hinreichender Grund für badische Klage. Verluste an Märkten mußte die gesamte deutsche Industrie verkraften.

Der versperrte Zugang zum elsässischen Rohtabak-Einkaufsmarkt und der Rückgang des badischen Tabakbaus schon vor dem Kriege hatten 1928/29 die Misere der die mittelbadische Industrielandschaft prägenden Tabakindustrie und der mit ihr verbundenen Industrien nicht primär heraufbeschworen. Die Ursache lag hier, soweit nicht konjunkturellen Ursprungs, mehr in der versäumten Anpassung an sich verändernde Konsumgewohnheiten. Der Trend im Tabakkonsum ging seit über einem Jahrzehnt zu den feineren Importtabaken hin, verstärkt durch die zur beherrschenden Mode gewordenen Zigarette. Statt sich auf diese umzustellen, produzierte man in Baden an schon wegen der höheren Frachten kostennachteiligem Standort weiterhin hauptsächlich Zigarren. Im Wettbewerb mit der Zigarrenindustrie der deutschen Nordseehäfen blieben viele badische Unternehmen, einst vom Blattwerk vor der eigenen Haustür begünstigt, auf der Strecke. Sie waren technisch veraltet und unfähig, die Zinsen für die Rationalisierungskredite zu erwirtschaften (darunter die Gebrüder Lotzbeck), wie die Handelskammer Lahr 1929 berichtete. Eine fast schon beängstigende Fülle von 67 Zigarrenfabriken (die größte in Herbolzheim) und zwölf Rauchtabakfabriken, unter diesen an der Spitze mit 230 Arbeitern die Badische Tabakmanufaktur Rothhändle, Lahr, ballte sich im Lahrer Kammerbezirk zusammen (mit insgesamt 12099 von rund 24000 Fabrikarbeitern und 9 Mio. RM Steuerkapital), 1925/26 offenbar sich noch bester Zeiten für die kräftige badische Zigarre sicher. Noch sah man in Mannheim und Lahr nicht den Höhepunkt der Zigarrenindustrie erreicht. Unter den Betriebsneugründungen in Baden zwischen 1919 und 1926 stand die Tabakindustrie mit 141 Unternehmen an zweiter Stelle unter den Industriebranchen. Exportverluste hoffte man damals noch durch eine intensivere Bearbeitung des Binnenmarktes wettzumachen. Der Tiefstand des badischen Tabakbaus 1926/27 war 1931 erneuter Expansion gewichen. Damals machte Badens Tabakanbaufläche 50,2 Prozent der gesamten mit Tabak bepflanzten Fläche des Deutschen Reiches aus.

Absatzmärkte verloren auch die badischen Brauereien und Mälzereien, deren Wettbewerbsfähigkeit vor dem Kriege von der billigen, aber qualitativ besonders brauchba-

ren Braugerste des Elsaß profitierte. Der teure Rohstoffbezug aus östlichen Produktionsräumen erhöhte die Kosten und wirkte ebenso wie die hohe Bierbesteuerung beschleunigend auf die Konzentration im Brauwesen. Etwa zwei Drittel der südwestdeutschen Brauereien (in Baden 1913: 453; 1936: 195) sind trotz mancher Neugründung in der Zeit vom Ersten bis in den Zweiten Weltkrieg hinein von der Bildfläche
verschwunden. Leistungsstarke Großbrauereien kauften mittlere und kleinere Privat-
und Aktienbrauereien der näheren und ferneren Umgebung auf. Die sehr expansive
Stuttgarter Hofbräu AG erwarb 1925/26 die Brauerei Marquardt in Tübingen,
1926/27 die Brauerei »Zur Sonne« in Kirchheim/Teck und 1930/31 sämtliche Anteile
der elsässischen Brauerei Kochendorf. Der Stuttgarter Konkurrent, die Wulle AG, in
der schon vor dem Kriege vier Brauereien der nächsten Nachbarschaft aufgegangen
waren, übernahm 1929 die gräflich Rechberg'sche Brauerei in Weißenstein. Von 1930
bis 1933 mußte die Wulle AG Verluste von über einer Mio. RM verkraften. Der krisenbedingte Kaufkraftschwund der Bevölkerung hatte zu starken Umsatzeinbußen
bei den Brauereien geführt. Nach der ergiebigen Weinernte 1931 war Wein billiger als
Bier zu haben. Die einstmals insgesamt 51 recht phantasievoll benannten Brauereien
Ulms reduzierten sich bis Ende des Zweiten Weltkriegs auf fünf Unternehmen (Ulmer
Brauerei-Gesellschaft AG; Brauerei Gold-Ochsen AG; Brauerei »Drei Kannen«,
Brauerei »zum goldenen Bären«; Ulmer Weizenbierbrauerei zum Eichhorn). Von den
einst 27 Brauereien Schwäbisch Gmünds überlebte nur die Engelbrauerei. Dennoch
widerstand eine große Zahl lokaler Kleinbrauereien mit weniger als 20 Beschäftigten
dem Konzentrationssog und Wettbewerbsdruck. Im Jahre 1938 überragte der Umsatz
der Fürstl. Fürstenbergischen Brauerei in Höhe von 6,15 Mio. RM (168 Beschäftigte;
Umsatzanteil 36644 RM) den von fast zwei Dutzend Kleinbrauereien der Nachbarschaft. Wenn man vielleicht von einzelnen Hochburgen gleichmäßig starken Bierdur-
stes absieht, so lag im Reichsdurchschnitt der einkommenselastische Bierkonsum in
den dreißiger Jahren deutlich unter dem der Zeit um 1900 (1932 Pro-Kopf-Konsum:
51 l; 1937: 63 l; Rückgang der Bierproduktion in Baden 1928–1936 um 41% auf 1,48
Mio. hl; 1913: 3,3 Mio. hl). Das seit dem Zweiten Weltkrieg gebraute Dünnbier mit einem Stammwürzegehalt bis 0,3 Prozent führte nicht mehr den anspruchsvollen Namen Bier, sondern wurde richtiger als Ersatzgetränk bezeichnet. Auch das damalige
Molkebier erinnerte an den Tiefpunkt des Braugewerbes.

Milch

Ob sich zwischen der Nachfrageelastizität des Biers und der Milch wechselseitige Abhängigkeiten feststellen lassen, ist bisher nicht untersucht worden! Jedenfalls überstieg

in gewissen Zeiträumen der ersten Hälfte des 20. Jahrhunderts der Pro-Kopf-Milchverbrauch (1932: 105 l; 1937: 112 l) deutlich den Bierkonsum, während im dritten Viertel des 20. Jahrhunderts der rückläufige Milchverbrauch unter den ständig zulegenden Bierverbrauch sank. Die Brauereien machten in der Weltwirtschaftskrise hohe Verluste; die Württembergische Milchverwertung AG kam ohne größere Verluste über diese kritische Zeitspanne und wies danach relativ konstante Gewinne aus (Zahnenbenz). In Baden und Württemberg bot die Futtergrundlage gute Voraussetzungen zur Ausdehnung der Milchwirtschaft. Je kleiner der Betrieb, um so bedeutender war die Milchviehhaltung je Nutzfläche. Die durchschnittliche Milchleistung je Kuh und Jahr konnte dank verschiedener Fördermaßnahmen auf 2000 kg gesteigert werden, fiel aber im Zweiten Weltkrieg und in den Nachkriegsjahren jäh ab (1947/48 in Württemberg-Baden: 1166 kg). Über die Hälfte der Kühe wurden damals als Arbeitstiere verwendet. Baden war vorzugsweise Frischmilchland. In Württemberg floß der größere Teil des Milchaufkommens der Butter- und Käseherstellung zu. Zur Verarbeitung der nicht frisch abgesetzten, überschüssigen Milch gewann seit dem Ersten Weltkrieg die genossenschaftliche Milchverwertung eine löblich hervorzuhebende Bedeutung (in Württemberg 1924: 434 Milchverwertungsgenossenschaften; 1932: 604; 1945: 1649). Schon Mitte der zwanziger Jahre kam es im Interesse der Regulierung von Angebot und Nachfrage auf den teilweise überschwemmten Milchmärkten zuerst in Baden zur Gründung von überörtlichen Milchzentralen (1931: 17). Gründungsmitglied der 1925 gebildeten oberbadischen Milchzentralgenossenschaft Radolfzell war kein geringerer als der »Grandseigneur der deutschen Landwirtschaft«, Robert Graf Douglas (Langenstein). Nach Überwindung vieler Hemmnisse erfolgte mit Hilfe staatlicher Kreditspritzen und Zinsverbilligungszuschüssen ab 1927 und verstärkt seit 1931 der Aufbau von größeren Molkereien und Butterwerken mit bestimmtem Einzugsgebiet, Grundmuster der großenteils noch heute bestehenden Milchwerke. Die größte genossenschaftliche Bezirksmolkerei war die für das württembergische Bodenseegebiet zuständige »Omira Oberland Milchverwertung GmbH«, Ravensburg. Um ihre tägliche Kapazität von 10000 Liter Rahm auszulasten, bedurfte es bereits einer rationalen Logistik, die sich die moderne Technik zunutze machte. Zwischen bestimmten Haltepunkten, an die die Milch gebracht wurde, verkehrte ein Rahmsammelauto, das aber nur den Rahm mitnahm und die an Ort und Stelle (entrahmte) Magermilch zurückließ. Den »Vereinigten Käsereien des württembergischen Allgäu«, Haupterzeugnis noch heute der Emmentaler, gelang es, zum größten Hartkäseproduzenten und -verkäufer in Deutschland aufzurücken. Hier war der unermüdliche, verdienstreiche Oskar Farny tätig, seit 1919 Vorstandsvorsitzender der Vereinigten Käsereien. Die aus dem Verkauf von Milch und Molkereiprodukten trotz gesunkener Milchpreise erzielte Umsatzsteigerung der württembergischen Milchverwertungsgenossenschaften –

1925: 19,6 Mio. RM, 1931: 36,6 Mio. RM – unterstrich die unternehmerische Leistung der Genossenschaften. Im Unterschied zur Milch wurde die gestiegene Fleischproduktion im allgemeinen, wenn auch zeitweilig bei rückläufigen Preisen, von den Märkten infolge des ständig zugenommenen Fleischverbrauchs glatt und ohne große genossenschaftliche Hilfe aufgenommen. Im Jahre 1938 erreichten die Schlachtungen in Südwestdeutschland einen historischen Höchststand, in Baden mit 1163 348 Stück Vieh, in Württemberg mit 1269 619 Stück.

Landtechnik

Den entscheidenden Beitrag zur Abwanderung eines Teils des Stammes der landwirtschaftlichen Bevölkerung in andere Berufsgruppen leisteten Landtechnik und Landmaschinenindustrie, nur konnten die einkommensschwächeren klein- und mittelbäuerlichen Betriebe Südwestdeutschlands von deren maschinellen Angeboten in nur begrenztem Umfang Gebrauch machen. Zeitgenössische Berichte von einer angeblich umfangreichen Maschinenverwendung in der badischen und württembergischen Landwirtschaft seit Beginn des 20. Jahrhunderts waren übertrieben. Der Einsatz betriebseigener Maschinen in der Außenwirtschaft und beim Drusch war bei Betrieben unter fünf Hektar bis nach dem Zweiten Weltkrieg unbedeutend. An den mittelständischen Betrieben von 5 bis 20 ha, häufig auf Nebenerwerb angewiesen, und sogar an den großbäuerlichen Betrieben ging die Motorisierung bis in die dreißiger Jahre fast spurlos vorüber. Wenn 1931 auf 4681 Landwirtschaftsbetriebe Badens zwischen 20 und 100 Hektar nur 1225 Dreschmaschinen, 2432 Mähmaschinen aller Art und 657 Drillmaschinen kamen, kann von einer guten Maschinenausstattung nicht die Rede sein. Die stärkere Verwendung von Maschinen setzte damals zudem in aller Regel eine vermehrte Pferdehaltung voraus. Nur die 70 Großbetriebe Badens über 100 ha verfügten bei entsprechender Haltung von 10 bis 20 Pferden über jeweils mindestens ein bis

Verwendung wichtiger Maschinen (Griesmeier) (Zahl der betriebseigenen Maschinen in 1000)	Baden			Württemberg		
	1907	1925	1949	1907	1925	1949
Dreschmaschinen	14,8	26,4	22,2	26,1	66,9	55,4
Mähmaschinen	6,9	21,3	54,0	14,6	51,8	96,4
Sämaschinen	0,6	3,2	8,7	1,6	13,3	29,4

zwei Dreschmaschinen, Gras- und Getreidemähmaschinen mit Binder oder Selbstableger und Drillmaschinen. Die im Vergleich zu Württemberg wesentlich geringere Maschinenverwendung in Baden änderte nichts an der Tatsache, daß auch Württemberg, bedingt durch die Betriebsgrößenstruktur und relativ niedrige Erträge, zu den deutschen Ländern mit geringer Maschinenverwendung zählte. Im Jahre 1933 besaßen von den Betrieben mit zwei Hektar und mehr 52,1 Prozent Dreschmaschinen, 39,7 Prozent Getreidemähmaschinen, 16,8 Prozent Sämaschinen, 1,9 Prozent Schlepper mit mehr als 16 PS, 3,3 Prozent Kleinschlepper und Bodenfräsen mit weniger als 16 PS, aber 74,6 Prozent einen Elektromotor. Erst mit ihm begann die langsame Modernisierung der bäuerlichen Hofwirtschaft. Von einer achtköpfigen badischen Landwirtsfamilie mit nur einem Eimer zum Melken und zum Schweinefüttern berichtete 1944 der SS-Sicherheitsdienst. Bereits 1938 bot die Technik die Voraussetzungen, bei einer Arbeitskette von Getreidebinder, Lanz-Bulldog, Dreschmaschine und Strohpresse den Arbeitskrafteinsatz je Hektar Weizenernte (23 dz) auf elf Stunden abzusenken, das waren fast 82 Prozent weniger als um 1900 bei Verwendung einer Lokomobile. Der Einsatz des Schleppers u. a. mit dem luftbereiften Ackerwagen nicht nur als universale Zugmaschine, sondern auch als »fahrende Kraftzentrale«, um den Gebrauch der menschlichen Arbeitskraft zu minimieren und die tierische Gespannkraft völlig abzubauen, war vor dem Zweiten Weltkrieg nur wenigen deutschen Spitzenbetrieben möglich.

Nach dem Ersten Weltkrieg wurde in Deutschland der begonnene Bau von Motorpflügen aufgegeben und die weitere Entwicklung durch den vielseitig verwendbaren Schlepper bestimmt. Die Firma Lanz in Mannheim (Umsatz in Mio. im Jahre 1913: 38,2; 1925: rd. 40; 1938: 93,4; 1946: 18,3) machte sich zum Schrittmacher der Motorisierung der Landwirtschaft. Mit dem 12-PS-Bulldog von 1921, Ahnherr der Lanz-Schlepper, setzte sich der billigste Rohöle verbrennende Glühkopfmotor zunächst durch. Bereits 1925 bauten – mehr auf die südwestdeutschen Agrarverhältnisse zugeschnitten – die Gebrüder Kramer im badischen Gutmadingen (Stadt Geisingen) den ersten Kleinschlepper mit Seitenmähwerk, angetrieben mit einem 3,5-PS-Zweitakt-Benzinmotor in Serie. Er war vorbildlich in seiner vielseitig angelegten Verwendbarkeit (spätere Bezeichnung: »Allesschaffer«). Ehe bei Lanz die Produktion der zukunftsträchtigen Bulldogs in Gang kam, steckte die noch mit dem Bau von Lokomobilen und Dreschmaschinen vollbeschäftigte Firma – ähnlich wie andere Mannheimer Großunternehmen – 1924 im Zusammenhang mit der allgemeinen Stabilisierungskrise und weil ihr die sichere Kreditbasis fehlte in einer gefährlichen Liquiditätsklemme. Die Entlassung von 6000 Beschäftigten war bereits angekündigt. Vieles erinnerte an die badische Drei-Fabriken-Krise von 1848/49. Der Kreditbedarf der Firma, die monatelang die erst nach der Ernte bezahlenden Landwirte, ihre Kunden, kreditierte,

drohte auf 12,5 Mio. RM anzusteigen. In letzter Minute gelang im August 1924 durch
eine von der Deutschen Bank und Rheinischen Kreditbank geführte Bankgruppe und
nach vorausgegangener Konzernbildung zwischen Lanz und der sehr gewinnträchtigen R. Wolf AG, Magdeburg, die Kreditbeschaffung, wobei die Deutsche Bank die
Bürgschaftsgarantie für einen Drei-Millionen-Goldmark-Kredit des Reichspostfiskus
übernahm. 1928 kam mit dem 35-PS-Lanz-Bulldog der Prototyp der Reihe heraus, die
bis 1950 in den Größen von 20 bis 55 PS gebaut wurde und zuerst in Deutschland luft-
bereit und mit 6-Gang-Getriebe ausgerüstet war. Über 100000 Schlepper, davon nur
wenige in Südwestdeutschland, verkaufte Lanz bis in die ersten Jahre des Zweiten
Weltkrieges, noch genügend Marktbereiche anderen Herstellern und Konstrukteuren
überlassend.
Auf dem Gebiet von Kleinschleppern (10–16 PS) entfaltete sich besonders in Südwestdeutschland mancherlei Aktivität, vom Krieg alsbald überschattet. Im Sommer 1939
liefen die angeblich erfolgversprechenden Versuche des Dr.-Ing. Ferdinand Porsche in
Zusammenarbeit mit Professor Meuth vom Württembergischen Landesgewerbeamt
mit einem durch Holzgas angetriebenen Kleintraktor, der mit Holzabfällen in Betrieb
gesetzt werden konnte. Sein Anschaffungspreis sollte auf 800 RM heruntergedrückt
werden. Das Projekt wurde zurückgestellt, Ende 1942 dagegen von Hitler wegen des
Mangels an Flüssigtreibstoffen die Umstellung der Landwirtschaft auf Generator-
Schlepper befohlen. Im gleichen Jahr ging bei Fahr in Gottmadingen (Stadt Stockach)
(1939: 3300 Beschäftigte; 27 Mio. RM Umsatz) der erste holzgasgetriebene Traktor in
Serienproduktion. In der Landwirtschaft stießen die leistungsschwachen Generator-
Schlepper auf Ablehnung.
Bis zu 1300 Beschäftigte zählte die Firma Gebrüder Eberhardt, Ulm, in den Jahren vor
dem Zweiten Weltkrieg und stellte über 200000 Pflüge jährlich her, die mit dem Fa-
briksignet des »Ebers« bis nach Asien, Afrika und Südamerika geliefert wurden. Im
Krieg häuften sich die Klagen der Landwirtschaft über die schlechte Belieferung mit
Gerät. Einem badischen Dorf mit ca. 380 Landwirtschaftsbetrieben wurden 1939
50 Sensen, 1943 nur 15 zugeteilt.
Drei neue, sehr komplexe *industrielle Führungssektoren*, entstanden schon vor dem
Ersten Weltkrieg, setzten danach, teilweise vom Kriegsbedarf gefördert, ihre Aufwärtsbewegung in dem konjunkturellen Wechselfieber der Zwischenkriegszeit fort:
die Industrie der Vergasermotoren, die Elektrizitätswirtschaft und die Chemie. Von
ihnen gingen entscheidende, weit ausgreifende Impulse des wirtschaftlichen Wachstums und der Modernisierung aus. Die Automobilrevolution war tiefgreifend und
grundumstürzend; sie reichte letzten Endes bis zum menschlichen Wohnverhalten,
veränderte die Fluchtmethoden von Bankräubern und war am Waldsterben beteiligt.
Sie begünstigte den Exodus der Stadtbevölkerung ins grüne Umland, erleichterte die

Beschäftigte in Industrie und Handwerk (einschl. Bergbau) in 1000							
	Baden				Württemberg			
	1907	1925	1933	1939	1907	1925	1933	1939
Insgesamt:	522,5	495,5	363,9	553,6	519,3	602,4	523,6	765,6
davon:								
Metallverarbeitung	51,2	54,1	34,4	51,1	42,9	47,4	38,6	67,3
Maschinen-, Apparate- u. Fahrzeugbau	31,1	44,2	26,4	73,2	40,1	44,9	47,8	121,9
Elektrotechnik und feinmechan. Industrie	11,3	25,6	17,3	34,7	15,1	52,0	34,4	73,9
Chemische Industrie		13,6	10,1	16,9		10,1	7,4	9,1
Textilindustrie	37,5	43,4	30,9	47,8	52,4	82,1	80,3	100,9
Bekleidungsgewerbe	37,4	42,9	30,9	33,9	52,4	77,1	65,1	75,0
Nahrungs- u. Genußmittelgewerbe	71,8	84,9	85,3	95,9	47,4	58,6	66	72,3
Holz- u. Schnitzstoffgewerbe	32,5	43,7	28	41,4	36,9	59,2	45,8	56,4
Papier- u. Vervielfältigungsgewerbe		27,2	21,9	25,8		28,9	24,3	29,8

tägliche Pendelwanderung zwischen Wohnort und Arbeitsplatz, machte den gesamten Güterverkehr flexibler und effizienter, entwickelte neue Formen des öffentlichen Personenverkehrs und motorisierte das individuelle Freizeitvergnügen. Das ökonomisch Wichtigste aber bei all dem ist, daß die Fahrzeugindustrie selber – nachhaltiger als die Eisenbahnindustrie – eine Fülle von ständig gewachsener Nachfrage schuf, welche zu einem Hauptfaktor des Ausstoßes vieler industrieller Zweige der zahlreichen Kraftfahrzeugzulieferer wurde (Maschinenbau, Stahlindustrie, Metallverarbeitung, Elektrotechnik, Treibstoff, Gummi, Sicherheitsglas, Lacke, Leder usw.). Die Kraftfahrzeugindustrie wirkte wie eine unbändige Entwicklungskraft, die immer mehr Beschäftigung und Wachstum hervorbrachte. Um 392 Prozent stieg zwischen 1907 und 1939 die Beschäftigung im Maschinen- und Fahrzeugbau Württembergs (um 235% in Baden), seine Führungsrolle neben der Elektrotechnik und Feinmechanik (Steigerung um 490%) verdeutlichend. Andere Industriezweige konnten mit ihnen nicht Schritt halten, wohl aber fast alle von den neuen Führungssektoren mehr oder weniger, direkt oder indirekt (Bauwirtschaft u. a.) profitieren. Der industrielle Entwicklungsrückstand Badens gegenüber Württemberg in diesen vier Branchen – Nettoproduktionswert im Jahre 1936: 214,6 Mio. RM; Württemberg: 474,8 Mio. RM – machte das industrielle Übergewicht Württembergs verständlich. Stärkeres Wachstum konnte von traditionellen Branchen allein nicht mehr getragen werden.

Kraftfahrzeugindustrie

Dem Siegeszug des Autos ging der des Motorrads als privates Massenverkehrsmittel voraus. Am 1. Juli 1937 wurden in Baden 41101 Pkw und 50430 Motorräder und in Württemberg 52118 Pkw und 64227 Motorräder gezählt (bis 200 ccm seit 1933 von Führerschein und Steuern befreit). Motorräder bauten damals in Südwestdeutschland die NSU-Werke AG in Neckarsulm (seit 1901), die Standard-Fahrzeugfabrik GmbH Ludwigsburg (seit 1927), der U. T.-Motorradbau Vaihingen (Enz) (seit 1922) und die von Ulrich Maisch 1926 als Fahrradfabrik in Pfäffingen bei Tübingen errichteten Maico-Werke GmbH (seit 1934). Erstaunlich gut umsteuerte NSU die gefährlichen Klippen der Zeit bis nach dem Zweiten Weltkrieg. Entscheidend war letztlich wohl die Qualität der NSU-Maschinen. Von 1919 bis 1925 erlebten die NSU-Werke bei großer Motorrad-Nachfrage eine kaum erwartete Expansionsphase mit befriedigenden bis hervorragenden Umsätzen, angeblich guter, gefestigter Finanzlage, erheblichen Erweiterungs- und Modernisierungsinvestitionen und einer bis 1925 auf 4520 Arbeitskräfte gestiegenen Gesamtbelegschaft (= 34% der Beschäftigten im Kraftfahrzeugbau Württembergs). Während der geschäftsstockenden Depression von 1926, die für das Unternehmen Umsatzrückgang, starke Preisabschläge, Betriebseinschränkungen und notwendigen Abbau hoher und kurzfristiger Bankverpflichtungen gegenüber der Heilbronner Hausbank, der Deutschen Bank (Rümelin) bedeutete, zwang der neue Mehrheitsaktionär von NSU, Jakob Schapiro, Berlin, ein Finanzspekulant, das Unternehmen in einen verhängnisvollen Fusionsvertrag mit der Scherbera AG Berlin (Karosseriewerk). Seitdem erwirtschaftete das Unternehmen unter seinen »Berliner Dirigenten« Millionenverluste, die letztlich mit der Sanierung der Gesellschaft nach Verkauf des Berliner Besitzes 1928/29 über die vorgenommene Aktienzusammenlegung zumeist auf die süddeutschen Kleinaktionäre abgewälzt wurden. Unmittelbar vor Ausbruch der Weltwirtschaftskrise hatte NSU wieder Tritt gefaßt, erzielte hauptsächlich aus dem Motorradgeschäft einen Jahresumsatz von insgesamt etwa 36 Mio. RM (Aktienkapital 1928: 10 Mio. RM; 1929: 2,5 Mio. RM), hatte inzwischen die Motorrad-Fabrikation sogar auf Fließarbeit umgestellt und plante die Einführung eines billigen, brauchbaren »Volks-Motorrades«. Der Marktabgrenzung diente die 1929 zwischen NSU und den Wanderer-Werken in Chemnitz, den beiden ältesten deutschen Motorradherstellern, geschlossene Produktions- und Vertriebsvereinbarung. Mit Gewinn wurde der Original-NSU-Motorwagen 7 (34 PS) von der Automobil AG Heilbronn hergestellt und vertrieben. Doch unerbittlich erfaßte die Weltwirtschaftskrise die Kraftfahrzeugindustrie (1927 insgesamt 244 Kraftfahrzeugfabriken in Deutschland, 1930: 118). Bei NSU ließ sie von 1930 bis einschließlich 1932 das verlustreiche Motorradgeschäft wertmäßig Jahr für Jahr um 30–40 Prozent zusammenbrechen. Je höher die Arbeitslosigkeit stieg, um so weniger Motorradkäufer gab es. Im Frühjahr 1932 wurde die Produktion von Automobilteilen eingestellt. Der wichtigste Abnehmer, die NSU-Automobil AG Heilbronn, seit 1929 eine Tochter der Fiat SA Turin, schrieb noch 1934 rote Zahlen. Das Heilbronner Werk baute in den dreißiger Jahren FiatWagen mit NSU-Marke, darunter ab 1936 den bekannten Topolino-Roadster. NSU entdeckte in der tiefsten Krise eine Marktnische, einen Markt mit Zukunft, baute seit 1931 Fahrräder mit Hilfsmotor (Mofa) und erzielte dadurch 1932 im Fahrradgeschäft bei stark gesenkten Preisen eine außerordentliche Absatzsteigerung. Seit 1930 versuchte das Unternehmen, eine Stammbelegschaft von rund 2000 Köpfen, wenn auch bei verkürzter Arbeitszeit, über die schwierige Zeit zu bringen. Es gelang. Schon 1933 kam das krisengeschüttelte Motorradgeschäft überraschend in Schwung. Alle Geschäftserwartungen überstieg die von 1933 bis 1939 unaufhörlich in die Höhe gegangene Absatzkurve für Motor- und Fahrräder. Das 100-ccm-Mofa (Quick) war 1937 zum Kleinstkraftrad weiterentwickelt worden. 714 bis ins Jahr 1935 von NSU-Rädern errungene nationale und internationale Rekorde und Auszeichnungen ließen NSU-Fabrikate auch zu einem Exportschlager werden. Der Geschäftsbericht von 1939 stellte lakonisch fest: »Obwohl unsere betrieblichen Anlagen voll ausgenutzt wurden, war es nicht möglich, der stark gestiegenen Nachfrage nach unseren Erzeugnissen zu genügen.« Im Zweiten Weltkrieg bauten die Neckarsulmer in Verbindung mit den Fahrzeugwerken Weißwasser das schwere Kettenkrad mit Opel-Olympia-Motor für die Wehrmacht, an 9000 Fahrzeuge zwischen 1941 und 1945. Nach mehrmonatigem Stillstand lief der Betrieb im August 1945 mit Reparaturarbeiten für amerikanische Fahrzeuge wieder an. Schon 1947 mangelte es nicht an »angemessener« Rentabilität. Welche Firma konnte damals wie NSU auf Exportaufträge über ca. drei Millionen Dollar aus elf europäischen und neun überseeischen Ländern verweisen: Für den Stolz der Neckarsulmer auf »ihr« NSU-Werk lieferte dessen Geschichte reichlich Grund.

Auf den gewichtigen, rüstungsbedingten Wachstumsschub der Daimler-Motoren-Gesellschaft während des Ersten Weltkriegs (1917: 32 Mio. M. Aktienkapital; rund 21000 Beschäftigte in den Werken Untertürkheim und Sindelfingen im Nov. 1918) folgte unter dem Zwang zur Konversion, zum Übergang zur Friedenswirtschaft, ein großer, schmerzlicher Schrumpfungsprozeß, der die Gesamtbelegschaft der genannten beiden Werke bis Ende 1920 um mehr als zwei Drittel verminderte. Angelaufene Ausweichproduktionen waren in Untertürkheim die Serienfertigung von Schreibmaschinen und im Werk Sindelfingen die Herstellung von Holzmöbeln sowie seit 1920 die vorwiegend handwerkliche Karosseriefertigung. Der Vorstand der Daimler AG sah in seinen Geschäftsberichten 1923 und 1924 vor allem die negativen Aspekte der Absatzflaute und wartete auf einen wirtschafts- und finanzpolitischen Kurswechsel der Reichsregierung. Hohe Schutzzölle hinderten die damals annähernd 80 deutschen Automobilfabrikate nicht an einem selbstmörderischen Konkurrenzkampf. Obwohl Deutschland die Einfuhrzölle für Kraftfahrzeuge 1926 stark abbaute und die Preise für Personenwagen seitdem unaufhaltsam Jahr für Jahr bis 1932 fielen – einmalig in der Preisgeschichte des Automobils –, erlebte die Daimler-Benz AG bis 1929 eine leichte Aufwindphase. Die ab 1924 vorbereitete Fusion mit Benz & Cie. in Mannheim zur Daimler-Benz AG (36,4 Mio. RM Aktienkapital) kam 1926 zustande, als erste Etappe der erhofften Gesundung der beiden führenden Unternehmen der deutschen Automobilindustrie angesehen. Benz (Aktienkapital 5 Mio. RM) befand sich trotz hoher Umsätze und einem Exportanteil in die USA von 20 bis 25 Prozent – ähnlich wie die Mannheimer Automobilfabrik Rabag-Bugatti – seit einiger Zeit durch hohe Steuerschulden in Liquiditätsschwierigkeiten. Daimler erging es nicht besser. Über den genialen Großaktionär Camillo Castiglioni wurde 1926 auch eine Interessengemeinschaft zwischen BMW und Daimler-Benz eingefädelt. Schon 1923 liefen bei Benz die ersten Diesel-Lastwagen im Versuch. Seit 1926 verblieb in Mannheim neben dem Motorenbau im wesentlichen die Karosseriefertigung und die Erzeugung von Grauguß. Die ersten Großpressen zur Herstellung von Karosserieteilen formten seit 1928 das Autoblech.

Daimler-Benz baute damals die luxuriösen Modelle »Stuttgart« und »Mannheim«, Spitzenleistungen der deutschen Automobilkunst. Noch im Krisenjahr 1929 verzeichnete die Firma bei gesunkener Belegschaftszahl den bis dahin erreichten Höchstausstoß von 5842 Pkw. In der Weltwirtschaftskrise traf der Vorstand Entscheidungen, die sich als falsch herausstellten. Bis 1931 rutschte die Produktion auf den Tiefstand von 2782 Pkw ab. Betriebseinschränkungen und Arbeitermassenentlassungen ließen sich nicht umgehen. Aber waren ausgewiesene Verluste von 20,8 Mio. RM, von über 40 Prozent des Stammkapitals, von 1930 bis 1932 notwendig? Die Substanz des Unternehmens wurde auch durch die 1932 getätigten Investitionen von über vier Millionen RM und die gleichzeitige, die Aufnahmefähigkeit des Marktes verkennende Verdoppelung der Pkw-Produktion angegriffen. Tatsächlich trat ein weiterer Umsatzrückgang auf 65 Mio. RM ein (1929 Umsatz: 130 Mio. RM; 1933: 100 Mio. RM). Nach außen sichtbare Innovationen waren bei Daimler-Benz während der Krise die 1931 ins Programm genommene, damals vielbestaunte Schwingachse und der seit 1933 seriengefertigte Heckmotor für einen billigen viersitzigen Kleinwagen Typ 130. Erst die äußerst motorisierungsfreundliche Politik der Hitler-Regierung lenkte den Unternehmenskurs in Untertürkheim wieder auf Expansion. Bis 1938 hob sich der Umsatz auf 396 Mio. RM und stieg die 60 Wochenstunden arbeitende Belegschaft im Werk Untertürkheim auf 8669 Personen (erst 1954 übertroffen). Für gute Absatzzahlen sorgten zwischen 1936 und 1955 der laufend verbesserte, ausgereifte Typ 170 und seine Varianten, kein Avantgarde-Auto, aber erschwingliche Mercedes-Benz-Qualität in Rahmenkonstruktion für 3000–4000 RM. Offenbar unbeirrt vom Kriegsausbruch im September 1939 und vom Protest militärischer Stellen stellte Daimler-Benz nicht sogleich auf ein Kriegsprogramm um und belieferte wegen der langen Lieferfristen noch bis 1940 mit Vorrang die Privatkundschaft (im Oktober 1939 = 65% der ausgelieferten Pkw). 1944 verließ ein einziger Pkw-Motor das Werk Untertürkheim, wohl letztes Friedenssymbol inmitten der Kriegsmaschinerie. Im September 1944 zerstörten Bombardements die Werkhallen von Untertürkheim zu 70 und die in Sindelfingen zu rund 80 Prozent. Dennoch wurden 1946 214 Lieferwagen vom Typ 170 gebaut und 1947 1045 zwangsbewirtschaftete Nachkriegs-170 V in Vorkriegsversion, obwohl bis 1939 bereits neue Prototypen entwickelt waren. Bis Juni 1948 addierten sich unterdessen die Verluste von Daimler-Benz auf 67 Mio. RM. Sie wären nur zu vermeiden gewesen, wenn der 170 V statt zum Höchstpreis von 6200 RM für über 120000 RM auf dem Schwarzmarkt verkauft worden wäre, wie von Weiterverkäufern erzielt.

Auch die Entwicklung der Maybach-Werke in Friedrichshafen zeigte, daß Unternehmen des industriellen Führungssektors nicht ein unbeschwerter, gradliniger Aufstieg in die Wiege gelegt wurde. Bei der von Karl Maybach (1879–1960) geleiteten Motorenbau GmbH, gegründet 1909 in Bissingen/Enz, 1912 als Tochter der Luftschiffbau Zeppelin GmbH« nach Friedrichshafen verlegt, 1918 in »Maybach-Motorenbau GmbH« umbenannt, stand bis Ende des Ersten Weltkriegs die Produktion von Flugmotoren, von PS-starken Hochleistungsmotoren im Vordergrund. Fast 500 Luftschiffe und an 2000 Flugzeugmotoren, darunter ein 260-PS-Motor, lieferte das Unternehmen (Nov. 1918: 3601 Beschäftigte). Die Umsätze waren von 1,4 Mio. Mark im Jahre 1914 auf 51,9 Mio. Mark im Jahre 1918 hochgeschnellt. Das Stammkapital wurde mit 20 Prozent Dividende verzinst. Von 1921 bis 1927 kämpfte das Unternehmen mit Verlusten bei Verkaufsumsätzen von 3,4 Mio. RM im Jahre 1924 und 6,5 Mio. RM 1927, ein High-Tech-Unternehmen mit Bilanzen ohne Glanz. Um unter dem Verbot des deutschen Luftschiff- und Flugzeugmotorenbaus nach Kriegsende zu überleben, faßte Maybach den mutigen Entschluß, seine geschrumpfte Firma (1920: 847 Beschäftigte) auf die Entwicklung schnellaufender Dieselmotoren für Schienenfahrzeuge und

den Bau von Ottomotoren für Nutzfahrzeuge und Schiffe umzupolen. Die beherrschende Dampflokomotive der Eisenbahn durch einen wirtschaftlicheren Dieseltriebwagen zu ersetzen, schwebte Maybach schon 1919 vor. Er beschritt neue Wege bei der
Konstruktion von schnellaufenden Dieselmotoren mit entsprechenden Getrieben und
konnte der Fachwelt bereits im Herbst 1924 den ersten, von der Reichsbahn erworbenen EVA-Maybach-Triebwagen auf der Eisenbahnausstellung in Seddin bei Berlin
vorführen. Wegen der noch nicht überzeugenden, zu schwachen Motorenleistungen
wurden bis 1932 insgesamt nur einige Dutzend Maybach-Anlagen von der Deutschen
Reichsbahngesellschaft und den Bahnen in Dänemark, Schweden, Holland, Belgien
und Spanien geordert. Ein Großauftrag kam nicht. Das Eisenbahngeschäft, ohnehin
mit hohen Entwicklungskosten belastet, blieb bis dahin auch deshalb verlustreich,
weil wegen aufgetretener technischer Schwierigkeiten bei den frühen Rohölmotoren
erhebliche Garantiekosten sowie Mehrkosten für Konstruktionsänderungen anfielen,
die einen entsprechend negativen Niederschlag in der Bilanz fanden.
Die geschäftlichen Hoffnungen des Unternehmens verknüpften sich von Anbeginn
mehr mit den Automobilmotoren. 1000 von der niederländischen Automobil- und
Flugzeugfabrik Trompenburg im Jahre 1920 bestellte Maybach-W2-Motoren (70 PS)
für das namhafte Auto »Spyker« sowie der von diesem Fahrzeug übertroffene Dauer-
fahrt-Rekord von Rolls Royce schienen daher einem warmen Regen gleichzukom-
men. Doch die Trompenburger Fabrik ging 1921 in Konkurs. Auch der Kraftfahr-
zeug-Motorenbau trug sich nicht allein, obwohl sein Angebot von Maybach um
Kraftrad-, Boots- und ab 1925 um Omnibusmotoren erweitert wurde. Unter großen
Schwierigkeiten wurde schon 1921 die Fertigung von Automobilen (Chassis mit Motor) aufgenommen. Den Karosseriebau überließ man anfangs Hauskarossieren in Ravensburg, Berlin und Dresden. Der schaltungslose Maybach W (Wagen) 3 sollte nach
der Währungsstabilisierung 1924 (943 Beschäftigte) in einer monatlichen Stückzahl
von 20 Fahrzeugen hergestellt werden. Der Markt enttäuschte. Während der Inflationszeit und des Warenhungers der Deutschen fanden die damals mangelhaften deutschen Automobile reißenden Absatz, obwohl sie teilweise nicht einmal den Vor-
kriegsstandard von 1914 erreichten. Erst der Import der weit überlegenen amerikanischen Automobile öffnete dem deutschen Käufer die Augen und zwang die deutschen
Produzenten zu höheren Leistungen. Von diesen Vorgaben mußte auch Karl Maybach ausgehen. Um die entdeckte Nachfrage nach ausgesprochenen Reiseautomobilen
zu befriedigen, beeilte sich Maybach schon 1926, den leistungsstärkeren Reisewagen
Typ W 5 (100–120 PS) herauszubringen, ohne daß sich jedoch die mißliche Geschäftslage änderte. Aufgetauchte Kinderkrankheiten zwangen zum Ausverkauf des W 5 (ca.
300 Fahrzeuge) und zum Bau eines neuen Modells. Billige Automobile in Großserie
zu fertigen, so weit war man damals in Deutschland nicht. Noch galt das Auto nicht als

tägliches Beförderungsmittel für breite Bevölkerungsschichten, sondern war Luxusgut für eine dünne Käuferschicht. Für sie konstruierten viele, vorwiegend mittelständische Automobilfabriken schnelle, luxuriöse Wagen, ohne den Markt zu analysieren und ohne eine hinreichende Kapitaldecke zu besitzen. Auch Maybach ging dieses Risiko ein. Ende 1929 war bereits der berühmte 12-Zylinder-Wagen »Maybach 12« verkaufsfertig, ein Fahrzeug von anerkannter, bewunderter Qualität, mit vervollkommnetem Schnellganggetriebe und erstmals mit einem geschlossenen Kühlkreislauf. Die teuren, sogleich auch vom Ausland nachgefragten 12-Zylinder-Wagen (1931: 63 Stück abgeliefert) konnten den unvermeidlichen Umsatzeinbruch während der Weltwirtschaftskrise dämpfen (Umsatz im Jahre 1929: 6,2 Mio. RM; 1932: 5,3 Mio. RM). Von den dreißiger Jahren an leuchtete der Name Maybach wie der von Rolls Royce am Autohimmel. Ein von der französischen Firma Carosserie LeCoq glänzend restaurierter Maybach »Zeppelin« in zweitüriger Cabriolet-Version (200 PS, Spitzengeschwindigkeit 170 km/h), einst 50000 RM teures Flaggschiff der Maybachwagen, bildete neben einem riesigen weißen 16-Zylinder-Cadillac die fast unbezahlbare Hauptattraktion der vorjährigen Pariser Retromobile. Prinz Bernhard der Niederlande fuhr einst ein »Zeppelin«-Sportcabriolet.

Erst das Jahr 1933 verhalf mit einem Großauftrag der Deutschen Reichsbahngesellschaft über 78 Triebwagenanlagen mit 210 PS (ca. 3,6 Mio. RM) zu neuer Umsatzsteigerung und leitete eine lebhafte Aufwärtsentwicklung des Unternehmens ein. Dieseltriebwagen, bald zusammengekuppelt auch mit anderen Wageneinheiten, setzten sich bei der Reichsbahn vollends durch, nachdem zuerst die Niederlande 1933/34 insgesamt 35 dreiteilige Schnelltriebwagen, ausgerüstet mit zwei 410 PS starken Maybach-Go5-Motoren in den Dienst gestellt hatten. Eingebaut in die im Windkanal getesteten dieselelektrischen Stromlinienzüge begann ein neues Kapitel im europäischen Eisenbahnzeitalter. Der vielbestaunte, mit Maybach-Motoren angetriebene »Fliegende Hamburger« erreichte auf der Strecke Berlin-Hamburg die Geschwindigkeit von 160 km/h. Unter Verwendung von Abgasturboaufladung steigerte Maybach bis 1940 die Leistung der Triebwagenmotoren auf 650 PS, MAN bereits 1935 auf 1400 PS bei geringerer Drehzahl. Zu den in größeren Stückzahlen, den meistverkauften Maybach-Fahrzeugen, entwickelten sich die von 1935 bis 1941 herausgebrachten Typen SW 35, SW 38 und SW 42, alles respektable Sechszylinder-Autos mit 140 PS, zuletzt wegen des ständig schlechter gewordenen Benzins auf 4,2 Liter Hubraum ausgebohrt. 192 Fahrzeuge dieses Typs wurden im Jahre 1937 verkauft. Gegenüber 1932 hatte sich der Umsatz der Firma damals (22,5 Mio. RM) um 423 Prozent und die Beschäftigung in ungefähr der gleichen Größenordnung erhöht.

Auch der Krieg warf seine Schatten voraus. Für die deutsche Wehrmacht: Für Halbkettenfahrzeuge, Sturmgeschütze, Panzer – bis hin zu »Tiger«, »Panther« und »Königstiger« – und für Schnellboote, entwickelte und baute Maybach, anknüpfend an die Motoren der SW-Typen, während der Aufrüstung und im Kriege (1943: 5700 Beschäftigte) insgesamt 140000 Ottomotoren mit sechs und zwölf Zylindern im Leistungsbereich zwischen 100 bis 700 PS sowie etwa 30000 Spezialgetriebe. Als Antriebsaggregate dienten der deutschen Panzerwaffe fast ausnahmslos die Maybach-Benzinmotoren der Baumuster HL 108, HL 120, HL 210 und der problematische HL 230 (23 l Hubraum). Hitlers jahrelanges Drängen auf Einführung eines luftgekühlten Dieselmotors für Panzerkampfwagen, dem sowjetischen T 34 ähnlich, war vergebens gewesen. Nach dem Krieg hielt sich die verbliebene Belegschaft des zu mehr als zwei Dritteln zerstörten Friedrichshafener Werks einige Jahre mit Reparatur und Instandhaltung französischer Militärfahrzeuge über Wasser. In der Seine-Stadt Vernon konstruierte ein Entwicklungsteam unter Karl Maybach im Auftrag des französischen Verteidigungsministeriums unterdessen u. a. einen 1000 PS starken 12-Zylinder-Panzermotor.

Um Möglichkeiten und Grenzen von Familienbetrieben in der Automobilindustrie zu studieren, bot der Industriestandort Ulm zwei überzeugende Beispiele aus dem Fahrzeug- und Karosseriebau: das plötzliche Ende der namhaften Magirus-Werke als Familienunternehmen und die bis heute staunenswürdige Kässbohrer-Geschichte. Nachdem Magirus (1913 AG mit 2 Mio. M. Aktienkapital) schon während des Ersten Weltkrieges an der Heeresmotorisierung beteiligt war, dehnte sich nach dem Kriege der Kraftwagenbau – seit 1919 auch Omnibusbau – allmählich zum Kernstück des Unternehmens aus. Neben 76 Feuerwehrgeräten wurden im Geschäftsjahr 1929 477 Fahrgestelle, Lastkraftwagen, Omnibusse (mit 100-PS-Maybachmotor) u. a. hergestellt und ein Umsatz von 18,1 Mio. RM erzielt, letzte Glanzpunkte eines inzwischen führungsschwachen Familienunternehmens. Trotz Steigerung der vielseitigen Produktion bis 1931 bei gleichzeitigem Personalabbau (1928: 1070 Beschäftigte; 1931: 508) erlitt das Unternehmen im Krisensog von 1929 bis 1931 einen Umsatzschwund von 54 Prozent (1931 Umsatz: 8,35 Mio. RM). Bis Ende 1931 hatten sich die Verluste auf 2,6 Mio. RM erhöht. Die Gläubiger, namentlich die Banken, drängten auf Sanierung des lediglich von einer kurzfristigen Illiquidität betroffenen Unternehmens, dramatisierten die Lage und verstanden es, unter Hinweis auf die sonst drohende, auch für die Stadt nachteilige Liquidation, deren Mithilfe zu mobilisieren. In einem recht ungewöhnlichen Kaufvertrag erwarb die Stadt Ulm Ende 1932 das beschäftigungslose, 1935 schon wieder von der Firma zurückerworbene Magirus-Werk II in Söflingen zu einem Gesamtkaufpreis von 600000 RM. Um jedoch der Magirus AG diesen Betrag auszahlen zu können, mußte die Stadt selbst eine Briefgrundschuld zugunsten der Berliner Handelsgesellschaft und der Golddiskontbank eingehen. Schließlich wurde das von 5 Mio. RM auf 352360 RM zusammengelegte Aktienkapital auf 1,25 Mio. RM neu festgesetzt und die Erhöhung vor allem von Banken übernommen. Der Familie Magirus, entmündigt nunmehr, verblieb etwa ein Viertel des Aktienkapitals, dessen Mehrheit obendrein aus der Hand der Banken 1935 an den Trossinger Industriellen und späteren Wirtschaftskammer-Präsidenten Fritz Kiehn kam. Obwohl sich das Unternehmen angesichts der Geschäftsbelebung seit 1933/34 (Umsatz im Jahre 1934: 10,7 Mio. RM, 1938: 88,8 Mio. RM) überraschend schnell erholte, durch neue Produkte (u. a. vielartige Kommunalfahrzeuge) neue Märkte gewann, setzte Kiehn als »alleinvertretungsberechtigtes« Vorstandsmitglied 1936 die Angliederung an ein kapitalkräftiges Maschinenbauunternehmen, die Fusion mit der Humboldt-Deutz-Motoren AG durch. Suchte er auch den persönlichen Gewinn? War es notwendig, die innovative Kraft eines Familienunternehmens zu opfern und es zum Treibgut in den Händen größerer Konzerne zu machen? Fragen! Um im Jahr 1943 während des verheerenden Bombenkriegs auf deutsche Städte für rund 46 Mio. RM Feuerwehrgerät zu produzieren, bedurfte Magirus nicht unbedingt des Größeren.

Über den Bau von Pferdekutschen und Sportlimousinen als Vorschule vollzog sich der Aufstieg der Firma Otto Kässbohrer während der zwanziger Jahre zum Spezialunternehmen für Omnibuskarosserien. Bis 1932 verzehnfachte sie die Belegschaft gegenüber dem Stand von 1922, kam auf knapp 200 Mitarbeiter, die während der Krise um ihren Arbeitsplatz nicht bangen mußten. Kässbohrer entwickelte 1922 die ersten Versionen eines Omnibus-Anhängers, baute seit Mitte der zwanziger Jahre klotzige Omnibusse auf alle gängigen Lastwagen-Fahrgestelle, kleine Aussichtsbusse auf schwere Pkw für Kurgäste und schuf 1928 für ein Lancia-Fahr- und Triebwerk einen Sportwagen aus Aluminium, die erste selbsttragende Kässbohrer-Karosserie. Zum Karosseriebau brauchte man einen begabten, erfahrenen Karossier, der formvollendetes Design im Zeitgeschmack mit vielen praktischen und wirtschaftlichen Details zu verbinden wußte und zugleich optimal den Leistungen und Funktionen des Fahrzeugs entsprach. Geschärft durch jahrelange Erfahrung im Karosseriebau beschlossen die Kässbohrers 1928, sich nur auf Omnibusse, Lastwagenaufbauten und Anhänger zu spezialisieren, eine Selbstbescheidung, aber – wie sich zeigte – sichere Basis für das erfolgreiche Fortkommen. Neue konstruktive Ideen gaben dem Geschäft in den dreißiger Jahren Auftrieb. Schon 1929 führte Kässbohrer die Leichtbauweise ein. Sein Sattelzug wurde 1931 patentiert. Höhere Geschwindigkeiten und die Eröffnung der Autobahnen verlangten nach komfortablen Reisebussen mit aerodynamischen Stromlinienkarosserien. Mit Ablösung der alten Holzgerippe durch geschweißte Ganzstahlkonstruktionen verschwanden die kantigen Busaufbauten. Bis Juli 1939 hatte die Firma Kässbohrer – inzwischen bei einer Monatsproduktion von etwa 30 Bussen um 1000 Mitarbeiter zählend – ihren Umsatz im Anhänger- und Omnibuskarosseriebau nach Übersee nahezu verdoppelt. Der Krieg unterbrach Verheißungsvolles und setzte an seine Stelle die Mangelwirtschaft primitiver Ersatz- und Notlösungen, Gas- und abenteuerliche Generatorfahrzeuge, Busse aus Holz und Hartfaserplatten, primitive Feldwagen für Pferdebespannung. Ende 1945 war das weitgehend zerstörte Werk vollends zum Fabrikationsprogramm seiner Gründerjahre zurückgekehrt: Handwagen, Schäferkarren, Ackerwagen mit Deichselbaum. Doch diese Episode wurde zum unmittelbaren, nicht gewollten Vorspiel für eine neue Epoche des Bus-Baus, die des selbsttragenden Omnibusses.

Durch erstaunliche Innovationskraft zeichnete sich auch die Firma Carl Kaelble, ein Familienunternehmen in Backnang, aus, das sich auf die Produktion von Bau- und Sonderfahrzeugen spezialisierte. Die erste Dieselmotor-Straßenwalze (1924) und die erste Dieselzugmaschine (1925) der Welt stammten aus Backnang. 1939 baute Kaelble die erste schwere Planierraupe in Europa (130 PS). In den dreißiger Jahren erwarb die Firma die Lokomotiven- und Maschinenfabrik Gmeinder & Co. im nahen badischen Mosbach, die bereits 1921 die erste Lokomotive mit Dieselantrieb in Deutschland herausgebracht hatte, alles Meilensteine in der Wirtschafts- und Technikgeschichte der zweiten industriellen Revolution, gestaltet von Familienunternehmen, von Mittelbetrieben.

Luftfahrtindustrie: Dornier, Zeppelin, Hirth, Klemm

Kurz bevor der verlorene Erste Weltkrieg eine andere industrielle Führungsbranche, den Flugzeugbau, in Deutschland nicht mehr möglich machte, waren am Bodensee die wegweisenden Elemente des späteren Metallflugzeugbaus aller Länder gefunden worden. Das von Claude Dornier (1884–1969) gebaute Jagdflugzeug D I besaß freitragende Flügel mit tragender Haut. Um dem Bauverbot auf deutschem Boden zu entgehen, wich Dornier ins Ausland aus, gründete mit italienischer Beteiligung 1921 die »Construzioni Meccaniche Aeronautiche Societa Anonima« in Arina di Pisa und nahm auf der dortigen stillgelegten Schiffswerft die Produktion der Wal-Flugboote auf, im zivilen Bereich das erfolgreichste Dornier-Wasserflugzeug. Einschließlich Lizenzbauten wurden über 300 Flugzeuge dieses Typs (Erstflug 1924) hergestellt. Populär wurde Claude Dornier als Flugzeugbauer durch sein Riesenflugboot DX, ein zwölfmotoriger Eindecker mit dem Komfort eines Luxusdampfers, gefeiert als Wunderwerk deutscher Technik. Zum Bau des Ungetüms wurde 1926 im schweizerischen Altenrhein am Bodensee die damals modernste Flugzeugfabrik Europas errichtet. Im Hintergrund stand bei diesen Projekten der Staat, das Reichsfinanzministerium und namentlich das Reichsverkehrsministerium, über das nach außen hin die getarnte Luftwaffenrüstung lief. Im Jahre 1932, als während der Weltwirtschaftskrise wegen

> *Rüstungsbetriebe der Luftwaffe, Stand November 1937*
> Badisch-pfälzische Flugzeugreparaturwerft GmbH, Karlsruhe
> Deutsche Lufthansa AG, Werkstätten Böblingen
> Dornier-Werke Allmannsweiler, Manzell, Ravensburg, Löwenthal bei Tettnang, Langenargen
> Hirth-Motoren GmbH, Stuttgart-Zuffenhausen
> Leichtflugzeugbau Klemm GmbH, Böblingen
> Luftschiffbau Zeppelin, Friedrichshafen

staatlicher Finanznot die Gelder für die geheimen Flugzeughersteller knapper flossen, die Beschäftigung bei Dornier den Tiefstand von 562 Mitarbeitern erreichte, errang Claude Dornier seinen wohl größten geschäftlichen Erfolg. Zu günstigem Preis erwarb er aus Eigenmitteln und den Einnahmen aus Patentbeteiligungen die Dornier-Metallbauten GmbH (seit 1937: Dornier-Werke GmbH Friedrichshafen) und wurde alleiniger Gesellschafter.

Die sich ab 1933 (1144 Mitarbeiter) schlagartig bessernde Geschäftslage im Zuge der militärischen Aufrüstung verhalf dem Unternehmen zu kontinuierlicher Expansion bis zur Höchstzahl von 23 121 Mitarbeitern im Jahre 1942. Fast 40 verschiedene Flugzeugtypen (ohne Versuchskonstruktionen) baute Dornier zwischen 1933 und 1943. Bis August 1939 führten Dornier-Flugboote den planmäßigen Transatlantikdienst durch. Mit dem zweimotorigen Kampfflugzeug D 23 war die deutsche Fliegertruppe Mitte der dreißiger Jahre ausgerüstet. Zur flugtechnischen Sensation wurde 1937 beim 4. Internationalen Flugmeeting in Zürich das vorgeführte Muster der Do 17, das durch seine schlanke aerodynamische Form – Beiname »Fliegender Bleistift« – schneller als die teilnehmenden Jagdeinsitzer war (356 km/h). Die Do 17 ging zunächst als Fernaufklärer (275 Stück) und sodann als Kampfflugzeug (Bomber) in Serie. Die insgesamt 1366 gebauten Do 17 nahmen sich jedoch gegenüber den 15000 gefertigten Ju 88 von Junkers recht bescheiden aus. Zur Vergrößerung von Reichweite und Bombenladung wurden die Do 217-Typen entwickelt. Eine konstruktive Glanzleistung stellte der zweimotorige Jagdbomber Do 335 mit Zugluft- und mit Druckluftschraube dar. Erstflug im Oktober 1943. Mit den erflogenen 780 km/h (zwei Daimler-Benz-DB-603-E-Motoren zu je 1800 PS) gilt er noch heute als schnellstes Serienflugzeug (25 Stück) mit Kolbenantrieb der Welt. Ab Juni 1944 drängte Hitler wiederholt, daß Entwicklung und Fertigung der Do 335 vorzuziehen seien und zeigte sich noch am 22. März 1945 ungehalten darüber, »daß die 335 aus dem Programm gestrichen wird«. Bei Kriegsausgang waren die Werke des 1947/48 liquidierten Dornier-Konzerns fast vollständig zerstört. Es war aber nicht das Ende des Unternehmens.

Der Erste Weltkrieg unterbrach bis 1926 auch die friedliche Weiterentwicklung der eher kriegsuntauglichen Zeppeline. Eingestellt wurde 1920 auf Weisung der interalliierten Luftfahrtkommission der regelmäßige, gut frequentierte tägliche Luftschiffverkehr zwischen Friedrichshafen und Berlin. Nach erfolgreicher Überführung des für die US-Navy gebauten Reparations-Luftschiffs LZ 126, angetrieben erstmalig mit wassergekühlten Reihenstandmotoren der Maybach-Motoren-GmbH, im Jahre 1924 auf den amerikanischen Marinelufthafen Lakehurst, erhielt der Gedanke an einen transatlantischen Luftschiffverkehr starken Auftrieb. LZ 127 »Graf Zeppelin«, erbaut mit Hilfe der 2,5 Mio. RM der »Zeppelin-Eckener-Spende« in Stromlinienform mit einem Körpergerippe aus Duralumin, angetrieben von fünf Maybach-Motoren mit zusammen 2750 PS, erschien von 1928 an durch seine 590 Fahrten über Ozeane und Kontinente sogar als bequemes und ideales Luftverkehrsmittel für weiteste Strecken. Doch die ungeklärte Brandkatastrophe des mit gefährlichem Wasserstoffgas gefüllten LZ 129 »Hindenburg« im Jahre 1937 in Lakehurst beendete alle Hoffnungen auf eine große Zukunft des Passagier-Luftverkehrs mit Lenkballonen. Den Hauptgrund hierfür nannte der verdienstvolle Luftschiffpionier Dr. Hugo Eckener in seinen 1949 erschienenen Erinnerungen: »Die Zeit der Zeppeline ist vorbei, Schnelligkeit ist heute Trumpf.« Dennoch wurde die Luftschiffbau Zeppelin GmbH in Friedrichshafen nicht beschäftigungslos. Im damals einzigen Windkanal des europäischen Kontinents wurden die Stromlinienformen von Rekordautomobilen und von Schnelltriebwagenzügen entwickelt. Sonderkonstruktionen aus Leichtmetall bildeten ein weiteres Arbeitsfeld. Am 22. Juni 1943 vernichtete jedoch ein Bombenangriff der Royal Air Force, der gegen die dortige Radargeräteproduktion (»Würzburg-Gerät«) gerichtet war, die Fertigungsanlagen der Luftschiffbau Zeppelin GmbH, die kurz zuvor für die Serienfertigung von V-2-Raketen vorgesehen waren.

Den Großraum Stuttgart machten zwei Luftfahrtpioniere vorübergehend zum Standort von Luftfahrtindustrie, der Heilbronner Hellmuth Hirth (1886–1938), ein genialer Motorenbauer, der in seiner 1924 gegründeten Motorenbaufirma in Zuffenhausen bewährte luftgekühlte Flugmotoren fertigte, und Dr. Hanns Klemm (1885–1961) in Böblingen (1939: etwa 800 Mitarbeiter), der seit 1926 durch ihre Rekordflüge aufsehenerregende und zudem äußerst preiswerte Sportflugzeuge herstellte. Einen neuen Klassenrekord errang eine Klemm »Kl 35« mit 8350 m Höhe, ausgestattet mit einem Hirth-Motor (HM 506 A-6-Zylinder, 160 PS).

Zulieferer: Bosch, Mahle, Behr, Zahnradfabrik, SWF

Die vom Valutamarkt abhängige Inflationskonjunktur nach dem Ersten Weltkrieg, eine Scheinblüte zwar, reizte nicht wenige Unternehmen zu wirtschaftlicher Aktivität. Bis 1924 wurden den Unternehmen Kredite von den Banken äußerst günstig angeboten. Schwierig war es, die Stabilisierungskrise 1924/25 zu überstehen. Rascher als die Autoindustrie erholten sich die Kraftfahrzeugzulieferer. Bosch hatte durch starke Produkt-Diversifikation, durch Investitionen (1922 Bau des Isolitwerkes in Feuerbach) und durch Erschließung verlorener und neuer Absatzmärkte im Jahre 1925 etwa wieder den Vorkriegsumsatz erreicht (1925: 72,8 Mio. RM) und beschäftigte mehr Arbeitnehmer als in der Vorkriegszeit (1925: 11953). Schon 1924 besaß Bosch auch mehr Auslandsvertretungen als 1914 (21 : 13). Neuerungen bei der Elektrifizierung des Kraftfahrzeugs überstürzten sich fast. Dabei kostete 1914 die gesamte elektrische Ausstattung eines Autos 820 Mark und 1933 nur 240 RM. Im Jahre 1927 gelangte die Einspritzpumpe, die Boschpumpe, für den Dieselmotor zur Fabrikationsreife. Während der Weltwirtschaftskrise verstärkte sich das zähe Ringen um Innovation und Absatz. Marktanalysen und Bedarfsschätzungen halfen bei Bosch, die Entwicklung neuer Produkte voranzutreiben. Seit Ende des 19. Jahrhunderts schob sich zwischen Werkzeug und Werkzeugmaschine das Elektrowerkzeug, der »Motor in der Hand«, wie ein Slogan von Bosch lautete. Zum erstenmal erschien 1931 Bosch mit Elektrowerkzeugen auf der Leipziger Frühjahrsmesse. Schon 1929 beteiligte sich die Firma Bosch, die seit 1932 Radioteile herstellte, an der Gründung der Fernseh-AG. 1932 übernahm Bosch die Haushaltgeräte-Fabrik der in Konkurs gegangenen Junkers-Werke, der Bosch-Kühlschrank war 1933 marktreif. Im gleichen Jahr erwarb man das Aktienkapital der Ideal-Werke Berlin-Hohenschönhausen (später Blaupunkt), so daß Bosch von der konjunkturellen Entwicklung der Kraftfahrzeugindustrie nicht mehr einseitig abhängig war. Trotz Umsatzrückgang (1929: 85,2 Mio. RM; 1932: 48,4 Mio. RM) und des 1931 ausgewiesenen Verlustes befand sich Bosch während der Weltwirtschaftskrise nie in einer existenzbedrohenden Situation. Den Tiefstand von 1930 hatte die Belegschaftsstärke bis 1933 (9792) weit hinter sich gelassen. Mit Robert Bosch (1861–1942) stand ein genialer Techniker und zugleich Kaufmann und Unternehmensorganisator jahrzehntelang an der Spitze des Unternehmens.

Stark gewachsene Umsätze und eine entsprechend gesteigerte Beschäftigung kennzeichneten von 1933 bis 1944 den Geschäftsboom ebenso im Fahrzeugbau wie in der Elektroindustrie, während sich die Umsatzrenditen etwa seit 1937 im allgemeinen rückläufig entwickelten. Bei Bosch erreichten im Kriegswirtschaftsjahr 1943 Umsatz – 368,8 Mio. RM – und Belegschaft – 31997 Beschäftigte – den Höchststand. Die Umsatzrendite belief sich auf ein Prozent (gegenüber 1935: 4%). In einer Rede in Feuer-

bach am 12. Juli 1943 bekannte Direktor Walz (1883–1974), seit 1924 im Bosch-Vorstand: »Ohne Aufrüstung und ohne Krieg hätten wir uns nach allem Ermessen bis
jetzt zwar etwas weniger stürmisch, dagegen aber besser und gesünder entwickelt.«
Das durchschnittliche Umsatzwachstum pro Jahr betrug von 1934 bis 1943 21 Prozent, der entsprechende Beschäftigungszuwachs nur knapp 13 Prozent. Die Rü-
stungs- und Kriegswirtschaft brachte mithin deutliche Rationalisierungseffekte hervor (Umsatz je Beschäftigten 1935: 7095 RM; 1943: 11527 RM; 1947: 4763 RM). Dieses Ergebnis erscheint auch deshalb bemerkenswert, weil der aufoktroyierte verstärkte Rüstungsausstoß bei Bosch durch Produktionsverlagerungen und um problematische Investitionen zu vermeiden, nach dem Prinzip der »elastischen Ausweitung«
durch Schaffung »verlängerter Werkbänke«, mit Hilfe der Betriebe von Subunterneh-
mern also, bewältigt wurde. Nicht minder erstaunlich ist, daß trotz Kriegszerstörungen, Rohstoffknappheit und Leistungsabfall der Arbeitskräfte noch während der
Zwangswirtschaft im Jahre 1947 bei einem Belegschaftsrückgang gegenüber 1943 um
62 Prozent und einer noch drastischeren Umsatzschrumpfung um 85 Prozent ein Gewinn erzielt wurde. Eine sichere Gewähr für das Überleben gab es dadurch noch
nicht.

Bei den ersten schnellaufenden Benzinmotoren war die Zündung, so erinnerte sich
Carl Benz, das »Problem der Probleme«. Bereits vor dem Ersten Weltkrieg galt der
vollkommen funktionierende Kolben als wichtigstes Werkstück des Verbrennungs-
motors. Wesentliche Beiträge zur Verbesserung der Motorensicherheit gingen von
dem schon erwähnten Hellmuth Hirth und den Brüdern Hermann und Ernst Mahle
aus, die freilich viel Lehrgeld zahlen mußten. In den zwanziger Jahren wurden von
Hirth in der Firma Elektrometall GmbH (zuerst: Leichtmetalle Hellmuth Hirth), an
der die Chemische Fabrik Griesheim-Elektron beteiligt war, zusammen mit den Brüdern Mahle in Cannstatt Kolben gebaut, später Flugzeugbremsräder, Luft- und Ölfil-
ter usw. Die nicht laufruhigen Kolben (1925: 100000 Stück) aus »Elektron« (einer Ma-
gnesium-Aluminium-Legierung) vermochten sich aber kaum gegenüber den ge-
räuschärmeren, schweren Graugußkolben, wie in amerikanischen Autos gebräuchlich, durchzusetzen. Während der Verkauf von Elektronkolben von 1926 an im Ab-
nehmen begriffen war, schoben sich zwei weitere südwestdeutsche Kolbenfabriken
zunehmend ins Kolbengeschäft hinein, die Firma Schweizer & Fehrenbach in Baden-
Baden, die stärker nachgefragte »Alusil«-Kolben (eine Aluminium-Silizium-Legie-
rung) und die Firma Karl Schmidt, Neckarsulm, die ab 1922 Hirth-Aluminium-Kup-
fer-Kolben auf den Markt brachten. Elektron, ab 1926/27 von den Geschäftsführern
Ernst und Hermann Mahle geleitet, übernahm nach Abwägen der Vor- und Nachteile
der auf dem Markt befindlichen Kolbenkonstruktionen und ihrer Legierungen die
Fertigung des in Lizenz erworbenen amerikanischen Invar-Kolbens, des damals tech-

nisch besten Kolbens, und suchte zugleich die Zusammenarbeit mit den Wettbewerbern. Nachdem Schweizer & Fehrenbach in der Firma Karl Schmidt GmbH, 1925 im Besitz der Metall-Gesellschaft Frankfurt a. M., aufgegangen war, blieb diese von 1927 bis 1932 die einzige südwestdeutsche Kolbengießerei. Elektron in Cannstatt spezialisierte sich zunächst auf die Verbesserung und Steigerung der Kolben-Fabrikation. Schwierigkeiten gab es reichlich. Erfindungen, darunter die des Ringträgerkolbens 1929, überwanden sie und hoben den Absatz im gleichen Jahr auf fast 500000 Stück. Hohe Außenstände 1931/32 lagen jedoch nicht im Sinne der Gesellschafter. Elektron GmbH, seit 1927 ein Zuschußbetrieb der IG Farben und deshalb von der Stillegung bedroht, wurde daraufhin 1932 (über 200 Beschäftigte) als sich selbst tragendes Unternehmen von den Gebrüdern Mahle erworben (seit 1938 Mahle KG). Präzisionsarbeit vervielfachte vor dem Hintergrund der Expansion der Verbrennungsmotoren nach 1933 die Produktion (1938: über 10 Mio. Kolben), verdoppelte die Lebensdauer des Kolbens und senkte dessen Preis auf ein Viertel. Bei Kriegsausbruch 1939 waren 98 Prozent der deutschen Automobile mit dem epochemachenden Leichtmetallkolben aus Aluminium-Kupfer- sowie aus Aluminium-Silizium-Legierungen ausgerüstet und davon zu etwa 90 Prozent mit Kolben von Mahle (1938: 2000 Beschäftigte; 1944: 6300) und von Karl Schmidt. Eine weitere stürmische technische Entwicklung stieß Mahle mit der erstmalig auf der Welt gelungenen Herstellung von Druckgußteilen aus Magnesium an. Schon 1939 wurden im neuen Werk Fellbach 700 Tonnen Magnesium-Druckguß erzeugt. Die Druckgießerei von Magnesium- und Aluminiumteilen (seit 1937 bei Kienle & Spiess, Sachsenheim) erweiterte auch die Produktionsmöglichkeiten der Elektroindustrie.

Zur Abkühlung der durch die Motorwärme erhitzten Kühlflüssigkeit diente der Fahrtwind, der den am Bug des Automobils plazierten Kühler, lange Zeit Visitenkarte des Autos, durchströmte. Wie die Autoindustrie, so standen auch die Kühlerfabriken in den zwanziger Jahren, unter ihnen an vorrangiger Stelle die »Süddeutsche Kühlerfabrik Julius Fr. Behr« (seit 1905; in Feuerbach seit 1911), zu deren ersten Kunden die Neckarsulmer Fahrzeugwerke AG zählten, vor dem schweren wirtschaftlichen Problem, auf rentable Stückzahlen zu kommen. Behr hatte Normal-Elemente-Kühler, Lamellen-, Würfel-, Rippenrohr-, Spitz- und Flachkühler mit und ohne vernickelter Verkleidung gebaut, die verschiedensten Fahrzeuge damit ausgestattet, nahm vorsorglich die bald absatzträchtige Produktion von Stahltüren auf und kam 1927 auf einen Umsatz von rund 1,264 Mio. RM. Im Krisenjahr 1930 erhielt die Firma nach vorangegangenen erheblichen Investitionen den ersten Großserienauftrag, die Lieferung von täglich 90 Ford-Kühlern. Der Aufwind, den die Automobilindustrie seit 1933 auch durch die Herausforderung erfaßte, Autos mit höheren Durchschnittsgeschwindigkeiten zu bauen, sowie der forcierte Aufbau der Luftfahrtindustrie fand sogleich in

Behrs sich rasch erhöhenden Bilanzen seinen Reflex. Mit 358 Mitarbeitern wurde 1934 ein Umsatz von 2,381 Mio. RM erzielt (Umsatz pro Kopf = 6651 RM), im Jahre 1936 4,4 Mio. RM mit 450 Beschäftigten (Umsatz pro Kopf = 9778) und 1938 7,8 Mio. RM mit über 1000 Mitarbeitern. Technische Neuerungen, die optimale Abstimmung von Gebläse und Kühler, der Großserienbau von Aluminium-Kühlern seit 1940 u. a. m. begleiteten die sich bis 1944 (über 2200 Beschäftigte) fortsetzende Expansion des Unternehmens. Im Zweiten Weltkrieg ging die Zahl der hergestellten Autokühler (1942: 57000) zurück, während die Fertigung von Flugzeugkühlern bis 1942 auf 42000 Stück gesteigert werden mußte. Die Kühler der insgesamt 15456 Kriegsflugzeuge, die 1942 für die deutsche Luftwaffe gebaut wurden, kamen demnach wohl ausnahmslos von Behr aus Feuerbach.

Mit Zündkerzen von Bosch oder von der Firma BERU, Ludwigsburg, die 1931 die erste zweipolige Glühkerze entwickelte, mit Scheinwerfern (Luna-Werke Stuttgart), Signalhörnern, Anlassern, Batterien (Accumulatorfabrik Berga GmbH Rastatt), mit Einspritzpumpen, Kolben, Filtern und Kühlern (Längerer & Reich) erschöpften sich keineswegs die Leistungen der Kraftfahrzeug-Zulieferindustrie. Fabriken spezialisierten sich auf die Herstellung von Autoarmaturen. Die Dörflingersche Achsen- und Federnfabrik Obrigheim befaßte sich mit den Fahrgestellen der Automobile. Alle schnellaufenden Maschinen und Fahrzeuge brauchten Kugel- bzw. Walzlager, Schrauben, Zahnräder und Getriebe. Cannstatt war bereits 1929 ein Hauptproduktionsort der Vereinigten Kugellagerfabriken Schweinfurt geworden, tägliche Kugellagerfertigung bei Kriegsausbruch 1939: 48000 Stück. 1932/33 verlegte die New Yorker Firma Boyce Moto Meter, Fabrik für Kühlwasserthermometer, ihre 1922 in Frankfurt a. M. eröffnete Produktions- und Vertriebsstelle nach Stuttgart. Als im Jahre 1932 während der die Bauwirtschaft drosselnden Weltwirtschaftskrise Daimler-Benz bei der Esslinger Glasdachfabrik J. Eberspächer (gegr. 1865), die seit Jahrzehnten kittlose Glasdachkonstruktionen baute, anfragte, ob sie sich für die Herstellung von Abgas-Schalldämpfern interessieren würde, ging man in Esslingen gern darauf ein. Nach 1933 entwickelte sich Eberspächer zum Zulieferer der meisten deutschen Automobilfabriken. Als Produzent von Auto-Stoßstangen wurde die Eugen Klein KG, 1921 gegründet von dem gleichnamigen Esslinger Mechanikermeister, bekannt. Veit in Cannstatt baute Tachometer. Die ideenreiche Autotachometerfabrik Kienzle Apparate GmbH Villingen, seit 1928, übernahm die erloschene Werner'sche Uhrenfabrik, knüpfte an deren neuartigen Taxameterbau zunächst an und machte 1938 mit 414 Beschäftigten einen Umsatz von drei Millionen RM. Karlsruhe wurde deutscher Firmensitz der berühmten Michelin Reifenwerke. Auch die Spezial-Werkzeugfabrik (SWF), gegründet 1923 in Feuerbach und 1942/43 nach Bietigheim verlegt, verdankte ihren Aufstieg zum Großunternehmen dem Automobil, beginnend 1926 mit der Herstellung von elektrischen Fahrtrichtungsanzeigern (Winkern) und 1927 mit der von elektrischen Scheibenwischeranlagen. Als SWF im Jahr 1952 die Fertigstellung ihres dreimillionsten Scheibenwischers feierte, erinnerte der technische Direktor des Werkes »an die königliche Abstammung« dieses Geräts. Die Wischer gingen »letzten Endes auf die vier ersten Scheibenreiniger-Patente zurück, die es überhaupt gibt und die als einzige in ihrer Gruppe in den Jahren 1908 bis 1913 vom Deutschen Patentamt erteilt wurden. Erfinder und gleichzeitig Anmelder ist kein Geringerer als Heinrich Prinz von Preußen.« Die Herstellung des ersten deutschen Automobilgeschwindigkeitsmessers nahm 1906 Schlenker-Grusen in Schwenningen auf.

Am Ende des Ersten Weltkriegs wurden in der 1915 von Ferdinand Graf von Zeppelin und seinen Mitarbeitern in Friedrichshafen gegründeten Zahnradfabrik (260 Mitarbeiter) nicht nur Luftschiff- und Flugzeuggetriebe, sondern auch Automobilgetriebe montiert. Binnen zwei Jahrzehnten entwickelte sich die Zahnradfabrik (seit 1921 AG) zum führenden Unternehmen im europäischen Getriebebau, nachdem zunächst das zu fortschrittlich konstruierte »Soden-Getriebe« nicht den wirtschaftlichen Erfolg gebracht hatte. Er stellte sich 1926 mit dem der Automobilindustrie angebotenen, in großen Stückzahlen gelieferten ZF-Einheitsgetriebe mit drei oder vier Gängen ein. Die nächsten technischen Entwicklungsstufen waren der Bau des laufruhigen ZF-Aphongetriebes und von Allsynchrongetrieben. Als die Ausdehnung der Produktion die Errichtung neuer Fertigungsstätten notwendig machte, wurde der Zahnradfabrik Friedrichshafen als Standort eines Zweigwerks das damalige wirtschaftliche Notstandsgebiet Schwäbisch Gmünd im Rahmen eines Förderprogramms der Reichsregierung zugewiesen. Der Betrieb nahm 1937 die Produktion von Zahnrädern und Getrieben für Flugzeuge auf. Im Rahmen des gleichen finanziellen Förderprogramms des Reiches ließ sich 1936 die Firma Schenk-Filterbau, ein Leichtmetallwerk, in Gmünd nieder und wurde 1938 die Glühlampenfabrik Südlicht GmbH dort angesiedelt.

In Baden war demgegenüber die Entwicklung von neuen Industrien der Kraftfahrzeug- und Luftfahrtindustrie zuerst durch die Entmilitarisierung eines 50 km breiten Gebietsstreifens rechts des Rheins und später durch den Bau des Westwalles stark gehemmt, wenn nicht unterbunden worden. Mit Betrieben der Automobilzulieferer wanderten auch badische Metallarbeiter (von Oktober 1935 bis April 1939: 4750) nach Württemberg ab. Teile von Rüstungsbetrieben wurden nach Berlin-Wittenau verlegt. Durch die verstärkte Vergabe von Millionenaufträgen der Deutschen Reichsbahn und der Luftwaffe in die entmilitarisierte Zone konnte der Enwicklungsrückstand Badens nicht verringert werden. In einem Schreiben vom 21. April 1939 an Reichswirtschaftsminister Funk klagte Gauleiter Wagner: »Die Schaffung von Schutzbereichen und bestimmten Zonen, die Bestimmungen über R- und Kl-Betriebe und die Westbauten bringen für die wirtschaftliche Entwicklung so viele Hemmungen mit sich, daß ich als

Gauleiter und Reichsstatthalter nicht ohne Sorge diese Entwicklung verfolge.« Und er schloß, offenbar auf die Franzosenkriege um 1700 anspielend, mit dem Appell: »Das Grenzland darf aber nicht Glacis werden.« Im April 1939 galten in Baden 580 Betriebe als kriegs- und lebensnotwendig, in Württemberg dagegen über 1500. In der rund 280 Firmen umfassenden Liste der Wehrmachtslieferanten des Wehrkreises V (Südwestdeutschland) von 1939 wurden bezeichnenderweise nur drei im Oberrheintal zwischen Durlach und Lörrach ansässige Betriebe genannt (Baierle Eisenkonstruktionen Freiburg/Br.; Hanf Union AG Schopfheim; Chemische Fabrik Hoffmann La Roche & Co. Grenzach).

Elektroindustrie und ihre wichtigsten Standorte

Die eben erwähnte Firmenliste von 1939, die übrigens eine Fülle von Herstellern recht ziviler Gebrauchs- und Verbrauchsgüter aufführte (wie F. Marquardt Kgl. Hofsattler Ludwigsburg; Parkettfabrik Ravensburg; Vereinigte Peitschenfabriken GmbH Isny; Bürstenfabrik Jos Faller Todtnau), ist auch insofern – überraschend aus heutiger Sicht – recht aufschlußreich, als in ihr nur rund ein halbes Dutzend Firmen der zwischen den beiden Weltkriegen stark expandierten Elektroindustrie – darunter AEG Cannstatt, Siedle & Söhne Furtwangen – als Wehrmachtslieferanten namhaft gemacht wurden. 60779 Beschäftigte zählte 1939 das gesamte Elektrogewerbe in Baden und Württemberg. Eine statistische Erhebung von Ende 1943 erfaßte im Wehrkreis V 43 Firmen der Elektroindustrie bzw. auf elektrotechnische Fertigungen umgestellte Unternehmungen (ohne AEG, BBC mit ca. 12500 Beschäftigten und ohne die Elektrizitätswerke) mit mehr als 100 Beschäftigten. Ihre Belegschaft belief sich auf insgesamt rund 13650 Personen, von denen 8942 auf badische Unternehmen kamen. Der genau bezifferte Umsatz von 41 Firmen machte insgesamt fast 196 Mio. RM aus (Umsatz je Beschäftigten: 14400 RM). Zu Zentren der Elektroindustrie hatten sich der Großraum Stuttgart (Bosch; C. & E. Fein; Georgi; Mauz & Pfeiffer u. a.), Mannheim (BBC; Südkabel GmbH; Rheinische Elektrizitäts-AG; Isolation AG; Frankl & Kirchner u. a.) und der mittlere Schwarzwald entwickelt.

Nachdem schon vor dem Ersten Weltkrieg das Problem der Stromerzeugung und -verteilung gelöst worden war, nahm die Elektroindustrie die vielseitigen Möglichkeiten und Probleme der Stromanwendung in Angriff. Der elektrische Strom verhalf den Menschen zunächst zu drei Vorteilen: zu Licht, Antriebskraft und zur Nachrichtenübertragung (Kommunikation). Die elektronische Datenverarbeitung folgte als weitere epochemachende Neuerung nach über einem halben Jahrhundert. Elektrizität, die umweltfreundlichste Energie, drang in alle Zweige der Wirtschaft und des persönlichen Lebens der modernen Menschen ein. Das durch Fingerdruck aufleuchtende Licht, das schrillende Telefon, der tickende Telegraf, das informierende und unterhaltende Radio, der Fernseher und das einst vielbesuchte Kino (in Stuttgart seit 1907) wurden ebenso selbstverständlich wie die vielfältige Anwendung der Elektrizität als Antriebskraft in Fabriken, Handwerksbetrieben, in der Land- und Forstwirtschaft, im Verkehr und – nicht zu vergessen – in den privaten Haushalten. Die Medizin bediente sich alsbald der Elektrizität für die Diagnose und Therapie, für Massage, Chirurgie und zum lästigen Bohren im Zahnbein. Der neuen elektrotechnischen Industrie eröffnete sich daher ein unendlich weites, nicht übersehbares, wachstumskräftiges Tätigkeitsfeld. Grenzen für die sich ständig vermehrende Fülle von kleinen und gewaltigen, stabilen oder rasch defekten elektrischen Geräten, Maschinen und Apparaten sind noch heute nicht zu erkennen. Es gab nur wenige Fabrikationszweige der elektrotechnischen Industrie, die nicht in dem in Präzisionsarbeit erfahrenen südwestdeutschen Raum seßhaft wurden. Die Kabelhersteller oder die Produzenten von Glühlampen, die von Elektromotoren und Dynamos, sie alle fehlten nicht. Führend war die Brown, Boveri & Cie. (BBC), die, aufbauend auf dem 1911 erfundenen, Stromwärmeverluste minimierenden »Roebelstab« große Turbogeneratoren baute, 1925 die größte Kältemaschine der Welt, 1928 für Zschornewitz die damals stärkste Einwellenturbine und 1929 für Ryburg-Schwörstadt die mächtigsten Wasserkraftgeneratoren Europas. Im württembergischen Heidenheim hatte Voith 1922 die erste Kaplan-Turbine montiert, die letzte von den drei entwickelten und in der ganzen Welt produzierten Turbinenarten. Mit Turbinen und Papiermaschinen verschaffte sich Voith (1929: rd. 3700 Beschäftigte) Weltgeltung.

Radio- und Phonoindustrie: WEGA, Schaub, Saba

Die Technik erfand das neue Kommunikationsmittel Rundfunk und steigerte mit ihm das Tempo technischer Innovation unentwegt. Unter Beteiligung des Württembergischen Staatsministeriums wurde 1924 die Süddeutsche Rundfunk AG Stuttgart gegründet und begann noch im gleichen Jahr mit ihren regelmäßigen, von schwachen Ätherwellen transportierten Darbietungen. Nicht wenige Unternehmen unterwarfen sich der Ägide des technisch ständig vervollkommneten Radios. Saba in Villingen, Schaub-Lorenz in Pforzheim, die Württembergische Radio-GmbH in Stuttgart ragten hervor. Grundlegende Entwicklungen im Rundfunkbau sicherten den Erfolg der Württembergischen Radio GmbH (Produktname WEGA), 1923 gegründet, als es im gesamten Deutschen Reich nur 467 angemeldete Rundfunkteilnehmer gab. Nach der revolutionären Erfindung der »Einknopf-Ein- und Ausschaltung« brachte WEGA (1943: 334 Beschäftigte und 3,5 Mio. RM Umsatz) schon 1931 den »Volksempfänger«

auf den Markt, dessen Name dann von Reichspropagandaminister Goebbels für das
deutsche Einheitsradio beschlagnahmt wurde. Als Inbegriff von Qualität und Pionierarbeit galt die von dem Erfinder Georg von Schaub in Berlin gegründete und Mitte
1934 nach Pforzheim verlegte G. Schaub Apparatebau-Gesellschaft mbH. Schaub
hatte in der Weltwirtschaftskrise täglich 250 sehr leistungsfähige Superhet-Empfänger
mit Kurzwellenteil gefertigt und war einem günstigen Ansiedlungsangebot der Stadt
Pforzheim gefolgt, die damit neue, konjunkturell möglichst unabhängige Arbeitsplätze schaffen wollte. 1936 übernahm die Stadt kurzfristig die gesamten Geschäftsanteile. 1940 wurden sie an die in der Nachrichten-, Signal- und Rundfunktechnik führende C. Lorenz AG Berlin verkauft. Schaub war im Krieg vorzugsweise mit Rü-
stungsfertigungen belegt (1943: 1171 Beschäftigte und 10,5 Mio. RM Umsatz).
Infolge der Absatzkrise der Schwarzwälder Uhrenindustrie seit Ende des 19. Jahrhunderts wich das aus der Uhrenfabrikation hervorgegangene Unternehmen des August
Schwer († 1912) in Villingen schon vor dem Ersten Weltkrieg auf die Herstellung kleinerer Metallwaren aus (1920 auch Fahrradglocken). Das Ende der Inflationskonjunktur und ihres Warenhungers voraussehend, gliederte der Sohn, Hermann Schwer
(1877–1936), ein zupackender Unternehmensorganisator, im November 1922 seiner
Firma, der Schwarzwälder Apparate-Bau-Anstalt (Saba), eine schwachstromtechni-
sche Abteilung als ersten Einstieg in eine neue Produktionssparte an. Der Radiobau
begann mit der Produktion von Kopfhörern und 1926 – ähnlich wie zwei Jahrzehnte
später Grundig in Nürnberg – von Radio-Baukästen, alles Wegmarken zum angestrebten Superhet. Von da an überstürzten sich fast die von Saba herausgebrachten
Neuerungen im Radio- und Phonobereich. Bis 1938 wurden eine Million Rundfunkempfänger gefertigt. Eine neue, leistungsfähige Scharfabstimmung der Wellenbereiche
stand vor der Realisierung. Die Schwenninger Radiohersteller weit hinter sich lassend,
entwickelte sich Saba zum größten Unternehmen im Kammerbezirk Villingen mit einem Umsatz von 17,4 Mio. RM im Jahre 1938 (1943: 17,3 Mio. RM und 1251 Beschäftigte; 1946–48: 440 im Durchschnitt). Der Rundfunk tat durch seine Live- und Schall-
plattenmusik der älteren Sprechapparate-, der Phonoindustrie des Schwarzwaldes
nicht – wie anfangs befürchtet – Abbruch, sondern gab ihr kräftigen Auftrieb. Der
elektrische Phonoantrieb, von dem Cannstatter Albert Ebner 1919 konstruiert, bestimmte die Entwicklung der beiden Phonounternehmen in St. Georgen von der Mitte
der zwanziger Jahre wesentlich. Dual Steidinger machte das willkommene Koffer-
grammophon, eine französische Erfindung, produktionsreif. Perpetuum-Ebner
brachte es 1938 auf einen Umsatz von 1,7 Mio. und 1944 von 6,3 Mio. RM, Dual Gebrüder Steidinger von 2,1 bzw. 3,6 Mio. RM. Aufrüstung und Krieg hoben den Umsatz, hatten aber den stürmischen Siegeszug des Radios und der mit ihm verbundenen
Tonmöbel zurückgestaut bzw. völlig abgestoppt.

Auch die Radio- und Phonoindustrie gruppierte um sich – ähnlich der allmählich aufgekommenen Haushaltsgeräteindustrie – zahlreiche Zulieferbetriebe, die Gehäuse-
und Kondensatorenhersteller (Frako, Tenningen), die Kunstharzpressereien (Single,
Plochingen), Relais- und Sicherungsproduzenten u. a. m., oder gab zu gesonderten
Fertigungen den Anstoß. In der Stabilisierungskrise machte sich Richard Hirschmann
in Esslingen selbständig und setzte dabei seine nicht enttäuschten Hoffnungen vor allem auf den von ihm erfundenen, patentrechtlich geschützten Bananenstecker, den
nur aus zwei Einzelteilen bestehenden Stecker. Finanziert von ihm nahm Hirschmann
1930 die industrielle Fertigung auf und begann am Ende der Weltwirtschaftskrise mit
dem Antennenbau. Im Jahre 1939 (120 Beschäftigte) zeigte Hirschmann auf der Funk-
ausstellung in Berlin die erste Autoantenne. Als Einmannbetrieb begann 1928 die
Papst-Motoren-KG in St. Georgen mit dem Bau von Elektromotoren für Grammo-
phone. Zu den Unternehmen mit Zukunft gehörte in der »Hochburg des Magnetis-
mus«, in Villingen, der Magnetapparatebau des erfindungsreichen Wilhelm Binder,
zwar seit 1911 Unternehmer, aber erst mit dem Ankauf einer stillgelegten Fabrik auch
Fabrikbesitzer. Das Unternehmen faßte erstaunlich rasch auf dem europäischen
Markt Fuß. 1938 machte es mit über 200 Beschäftigten einen Umsatz von fast zwei
Millionen RM (1943: 314 Beschäftigte und 3,1 Mio. RM Umsatz).

Elektrische Motoren

Mit dem elektrischen Bügeleisen begann die Elektrifizierung der Arbeit in den privaten Haushalten. Mauz & Pfeiffer (Progress) brachten 1934 den ersten Handstaub-
sauger heraus. Auf dem Gebiet der elektrischen Kleinwärmevorrichtungen eröffneten
sich namentlich südwestdeutschen Familienbetrieben große Produktionsmöglichkeiten (Beurer GmbH, Ulm u. a.). Im Jahre 1919 in Tailfingen (Albstadt) entstanden,
zählte der Kleinmotoren- und Haushaltsgerätehersteller Bauknecht – seit 1933 mit
Stammhaus in Stuttgart – neben der vergleichbaren, mit elektrischen Kleinmotoren
hervorgetretenen Himmelwerk AG Tübingen schon vor Kriegsausbruch 1939 zu
den Großunternehmen der südwestdeutschen Elektroindustrie (1943 in Welzheim
1000 Beschäftigte und 8,4 Mio. RM Umsatz). Die im Jahre 1929 von der AEG zum zu
hohen Kaufpreis von 2,5 Mio. RM übernommene elektrische Abteilung der Maschinenfabrik Esslingen in Cannstatt hatte sich bis Ende der dreißiger Jahre durch die von
ihr hergestellten Elektrowerkzeuge, mittleren Transformatoren und sonstigen Spezialmaschinen sowie durch ihre Anpassungsfähigkeit an Sonderwünsche einen guten
Ruf geschaffen. Auf zukunftsträchtigem Neuland bewegten sich die mit Nachdruck
zu erwähnenden Produzenten von elektromedizinischen und sonstigen unter Strom

zu setzenden wissenschaftlichen Apparate (u. a. F. Hellige & Co., Freiburg, seit 1895; Reiniger, Gebbert & Schall AG, Stuttgart). Offenbar wenig beeinflußt von der Weltwirtschaftskrise setzte die schon international renommierte Firma Hellige ihre Expansion fort und brachte zusammen mit der Freiburger Firma Phymed 1931 den ersten tragbaren Verstärker-Elektrokardiograph auf den Markt, ein schnell von Kliniken aufgenommenes, noch batteriebetriebenes Gerät. Die Tore zum elektrotechnischen Zeitalter waren durch vielseitige, breitgefächerte industrielle Innovationen während der ersten Hälfte des 20. Jahrhunderts zwar immer mehr aufgestoßen worden, ließen sich aber noch weiter öffnen.

Obwohl die Zahl der gewerblichen Motorenbetriebe von 1907 bis 1939 fast ständig zunahm, in Baden um 352 Prozent und in Württemberg um 391 Prozent, die eingesetzte PS-Leistung in diesem Zeitraum in Baden um 335 Prozent und in Württemberg noch kräftiger um 445 Prozent stieg, alles eindrucksvolle Kennziffern der fortgeschrittenen Maschinisierung und Industrialisierung, verfügten dennoch nur rund 26 Prozent aller Gewerbebetriebe, das Handwerk inbegriffen, über eigene, ganz überwiegend elektrifizierte motorische Antriebe. Welche Rückständigkeit aus heutiger Sicht, wenngleich nicht übersehen werden darf, daß die Motorisierung des Gewerbes in Baden und Württemberg insbesondere 1939 deutlich über dem Reichsdurchschnitt lag. Auch eine andere Besonderheit des südwestdeutschen Industrialisierungsprozesses fand in der Motorisierungsstatistik durch die weit unter dem Reichsdurchschnitt angesiedelte Motorenleistung je Betrieb ihren Niederschlag. PS-protzender Großmaschinen wie die norddeutsche Schwerindustrie bedurfte man in Südwestdeutschland eben nicht, statt dessen um so mehr im Rahmen der Bedürfnisse der Veredelungs- und Feinverarbeitungsindustrie zahlreicher elektrischer Kleinmotoren von im Durchschnitt nur 20 bis 30 PS.

Gewerbliche Motorenstatistik						
Land	Jahr	Motoren-betriebe	Anteil %	PS insgesamt	∅ PS je Betrieb	Anteil der Elektrizität an der Leistung %
Baden	1907	10 383	7,50	317 517	30,58	23,04
	1939	36 574	26,12	1 063 219	29,07	82,57
Württem-berg	1907	12 744	7,49	282 821	22,19	19,09
	1939	49 800	26,14	1 257 931	25,26	81,90
Deutsches Reich	1907	270 975	6,73	10 362 584	38,24	20,25
	1939	803 954	21,64	37 014 613	46,04	76,66

Elektrizitätswirtschaft

Zu den verschiedenen Faktoren, die die Motorisierung der Betriebe positiv bzw. negativ beeinflußten, gehörten die Leistungen der heimischen Elektrizitätswirtschaft. Die Absatzsteigerung der württembergischen Elektrizitätswirtschaft betrug nach Angaben der Stuttgarter Handelskammer von 1905 bis 1923 im jährlichen Mittel elf Millionen Kilowatt in der Stunde (kWh), von 1924 bis 1929 jährlich im Mittel 78 Mio. kWh. Im Jahre 1930 trat ein Absatzrückgang ein, auf den dann zwischen 1933 und 1944 eine kräftige Bedarfssteigerung folgte. Im Jahre 1932 belief sich der Stromverbrauch des Landes auf 607 Mio. kWh, von denen 56 Prozent (340 Mio. kWh) aus den Wasserkräften des Landes und rund 15 Prozent aus den Wärmekraftwerken stammten, während 29 Prozent (180 Mio. kWh) durch Fremdbezug – aus Bayern, Baden, Österreich u. a. – zu beschaffen waren. Der Sozialisierung der Elektrizitätswirtschaft, aufgeworfen durch Reichsgesetz vom 31. Dezember 1919, weitestgehend widerstrebend, behauptete sich in Württemberg im Unterschied zu Baden eine recht zersplitterte Elektrizitätswirtschaft (übertrieben: »Elektrizitätsbalkan« des Deutschen Reiches). An der Versorgung des Landes waren zwar im Jahre 1932 in der Hauptsache 16 Elektrizitätswerke beteiligt, von denen jedoch – den Konzentrationstendenzen der Zeit entsprechend – allein drei Großwerke, nämlich die Technischen Werke Stuttgart, die Neckarwerke AG Esslingen und die Oberschwäbischen Elektrizitätswerke Biberach (seit 1927 Nutzung der dritten Iller-Stufe), zusammen über 70 Prozent der Gesamtversorgung erbrachten. Die im Jahre 1935 in Württemberg erzeugte Elektrizität von 781,8 Mio. kW (Baden 1758 Mio. kW) stammte zu 59 Prozent aus der Wasserkraft (Baden zu 78 Prozent).

Die vor allem durch neue Wasserkraftwerke (Donau-Pumpspeicherwerk bei Fridingen 1923; kleinere Niederdruckwerke) gesteigerte Leistungsfähigkeit der württembergischen Elektrizitätswirtschaft gewann wesentlich durch die etwa seit dem Ersten Weltkrieg herausgebildete, kostensparende Verbundwirtschaft an Effizienz. Leitungsnetze der 1918 gegründeten Württembergischen Landeselektrizitätsgesellschaft sowie der 1923 ins Leben gerufenen Württembergischen Sammelschienen AG, 1934 zur Elektrizitätsversorgung Württemberg zusammengeschlossen, transportierten den Strom der vereinigten Überlandwerke, sorgten für die Verwertung überschüssiger Wasserkräfte, ersparten Kapazitätserweiterungen und gewährleisteten den Fremdstrombezug, den Anschluß an benachbarte Wasserkräfte und an die Dampfkräfte am Niederrhein (RWE). Durch Ausnutzung der Wasserkräfte für billigen Nachtstrom, der Konkurrenzverhältnisse innerhalb der Elektrizitätserzeugung und des Stromtransports sowie durch gesenkte Selbstkosten konnte auf die Strompreisgestaltung nivellierend und verbilligend eingewirkt werden. Die württembergischen Strompreise

(Lichtpreis ab 30 Pf pro kWh) lagen zum Vorteil der industriellen Großabnehmer (Industrietarife), des privaten Kleinverbrauchs und insgesamt der württembergischen Industrialisierung erheblich unter denen der Stromüberschüsse erzeugenden Nachbarn, unter denen Badens und Bayerns. Gestützt auf das Energiewirtschaftsgesetz von 1935 wurden im Jahre 1939 im Rahmen der dem Generalbevollmächtigten für die Energiewirtschaft gestellten Aufgabe, die Leistungsfähigkeit der Energiewirtschaft zu steigern, die aus kommunalen Betrieben hervorgegangene Elektrizitätsversorgung Württemberg, die Oberschwäbischen Elektrizitätswerke, einige Zweckverbände und das Überlandwerk Jagstkreis zur Energieversorgung Schwaben AG (EVS) zusammengefaßt, die über zwei Drittel Württembergs mit Strom versorgte (Absatz 1947: 1097 Mio. kWh). Am zuletzt 60 Mio. RM betragenden Grundkapital der EVS waren das Land Württemberg und das Deutsche Reich (zu 5,25%) beteiligt.

Baden verwies stets mit Stolz – von den Bedenken kritischer Stimmen abgesehen – auf seine staatseigene Elektrizitätsversorgung und -verteilung. Im Juli 1921 wurde die rein staatliche Badische Elektrizitätsversorgung (später Badenwerk) in Form einer AG mit einem Kapital von 18 Mio. Mark (1944: 30 Mio. RM) gegründet. Zu ihr gehörten u. a. das Murgwerk, das 1923 in Betrieb genommene Großkraftwerk Mannheim (26% des Aktienkapitals von 6 Mio. RM), das 1928 gegründete Schluchseewerk (zu 37%) und die von Laufenburg an der Schweizer Grenze bis nach Mannheim das Land überziehende Landessammelschiene (Absatz des Badenwerks 1948: 802 Mio. kWh). Im Ausbau der Elektrizitätswirtschaft, auch im Hinblick auf die erwartete Elektrifizierung der Eisenbahnen, sah der badische Staat zeitweilig das wichtigste Instrument zur Strukturverbesserung. Der einstige badische Staatspräsident Köhler erinnerte in seinen Memoiren daran: »Welche Perspektiven für die Industrien, die jetzt weit weg von den großen Rohstoffzentren liegen, künftig aber neben billigem Strom auch günstige frachtliche Bedingungen haben würden!« Trotz der hemmenden Doppelfurche von zehn Kriegsjahren erschlossen sich Baden und die Schweiz während der ersten Hälfte des 20. Jahrhunderts in grandioser Ausbauleistung die Rheinwasserkräfte zur Stromgewinnung. Die Kraftwerke Augst-Wyhlen (1912), Rheinfelden (1898), Ryburg-Schwörstadt (1930–31), Albbruck-Dogern (1934), Laufenburg (1914), Eglisau (1920) und Reckingen (1942) verfügten am Ende des Zweiten Weltkriegs über ein mittleres Arbeitsvermögen von insgesamt 2640 Mio. kWh, an denen die Schweiz mit 1268 kWh teilnahm. Die Stromabgabe der Kraftübertragungswerke Rheinfelden, in ihrem Verlauf typisch und atypisch, stieg von 1924 bis 1928 im jährlichen Durchschnitt um 15 Prozent von 164 auf 262 Mio. kWh, sank dann bis 1932 auf den krisenbedingten Tiefstand von 194 Mio. kWh, steigerte sich bis 1939 auf 311 Mio. kWh (+19% gegenüber 1928) und erreichte 1945 noch den Spitzenwert von 286 Mio. kWh.

Chemische Industrie: Zellulose, Kunststoffe, Kunstharze

Im Unterschied zu anderen bekannten Standorten der Großkonzerne der Chemie waren zwischen den beiden Weltkriegen von der weniger arbeitsintensiven chemischen und der mit ihr verwandten Industrie in Baden (1936 Nettoproduktionswert: 106,1 Mio. RM) und Württemberg (Nettoproduktionswert: 66,8 Mio. RM) insgesamt weniger starke volkswirtschaftliche Wachstumsimpulse ausgegangen, obwohl das Reich der Kunststoffe, der synthetischen Hochpolymere, seinen Anfang nahm. Teilweise hatten Autarkiebestrebungen zur Suche nach Ersatzstoffen gezwungen, doch wurde zugleich erkennbar, daß die stürmische Entwicklung der Technik, insbesondere des Fahrzeugbaus und der Elektrotechnik, ihr unersättlicher Bedarf unablässig nach neuen Werkstoffen verlangte, um nicht nur in der Natur vorhandene Werkstoffe zu ersetzen, sondern sie möglichst zu verbessern und sie in ihrer Anwendung noch zu übertreffen. In den zwanziger Jahren erfolgte zunächst der wissenschaftliche Ausbau der makromolekularen Chemie. Etwa seit der Weltwirtschaftskrise verbreitete sich ständig die anwendungstechnische Bearbeitung der neuen Produkte, des synthetischen Kautschuks, der neuen Lackrohstoffe (Kunstharze), der Plastikmaterialien, neuer Leime, der elastischen Schäume, der Kunstfaser und von Kunstleder. Soweit Kohle die Grundlage der neuen Produkte bildete, kam Südwestdeutschland, das der Schätze »schwarzen Goldes« entbehrte, als Produktionsstandort von vornherein nicht in Betracht. Grundstoff vieler neuer Erzeugnisse aber war die in der Natur reichlich vorhandene Zellulose, enthalten in den Nitrozelluloselacken, in Kunststoffen, in der Kupferseide und in der Kunstwolle. Die gepreßten synthetischen Harze (Bakelite, Pheno- und Aminoplaste) eroberten sich teilweise Gebiete, die bisher Metallen vorbehalten waren.

Der Gedanke, »künstliche Baumwolle« herzustellen, kam von der im Kriege riesige Zellstoffmengen verarbeitenden Pulverindustrie (Köln–Rottweil), die sich 1921 die aus Zellstoff entwickelte Spinnfaser Vistra patentieren ließ. Ihren Siegeszug trat die nach dem Viskose-, Kupfer- oder Azetatverfahren hergestellte Zellwolle unter dem Dach der IG Farben bzw. der marktbeherrschenden Zellwollvereinigung seit der Mitte der dreißiger Jahre an. Die Kunstfaserproduktion beschäftigte 1938 in der von der IG-Farben übernommenen einstigen Pulverfabrik Rottweil eine Belegschaft von fast 2000 Arbeitnehmern und kam auf einen Umsatz von 27,8 Mio. RM. Auf einer englischen Erfindung von 1892 beruhte das Verfahren, aus Zellstoff Kunstseide, Viskoseseide, herzustellen, die bald den größten Anteil in der Kunstseidenerzeugung einnahm. Die Viskoseseidefabrik Bräunlingen der Mez AG Freiburg, mehrheitlich im Besitz des schottischen Konzerns J. P. Coats Ltd. Paisley (Glasgow), arbeitete auf dieser Basis. Schon im Jahre 1927 wurde in Freiburg i. Br. die Deutsche Acetatkunstseiden AG Rhodiaceta gegründet. Sie erzeugte anfangs Acetat-Fäden aus Baumwoll-Linters (Samenhärchen) und später meistens aus Fichtenzellstoffen (Acetylzellulose). Im Jahre 1936, in ihrem ersten Betriebsjahr, machte die Lonzana AG für Acetatprodukte in Säckingen, dem Lonza-Konzern in Basel gehörend, mit 247 Beschäftigten einen Umsatz von 2,535 Mio. RM (Lohnkostenanteil nur 10,6%).

Um sich von überseeischen Rohstoffimporten unabhängig zu machen und Devisen einzusparen, genügten Hans Kehrl, dem Mobilisator der Kunstfasergewinnung im Dritten Reich, die Kapazitäten der Alterzeuger nicht. »In schnellen Verhandlungen mit der regionalen Textilindustrie« wurden nicht nur neue Chemiefaserwerke, sondern auch neue Zellstoffwerke mit Kochern, Bleichen und Eindampfungsanlagen »auf der grünen Wiese aus dem Boden gestampft«. Für jedes Kilo Zellwolle benötigte man etwa die vierfache Menge an Zellstoff und Chemikalien. Eine ausreichende Wasserversorgung und Abwasserbeseitigung (Laugenabfluß) mußte am Standort der Sulfitzellstoffwerke gewährleistet sein. In der Zellstoffindustrie, die in den Chemiefaserwerken einen neuen Kunden mit anderen Ansprüchen als die Papierindustrie gewann, setzte eine jahrzehntelange Entwicklungsarbeit ein, um den Zellulosegehalt im Zellstoff anzureichern und den Anteil anderer Holzbestandteile herabzudrücken. Im Großbetrieb wurde in Waldhof aus vergorener Ablauge nicht nur Alkohol erzeugt. Bei der entwickelten und alsbald aufgenommenen Zellstoffherstellung aus Buchenholz fielen außer einem Edelzellstoff Zuckerarten an. Sie wurden zur Züchtung von Wuchshefen verwendet, die als Nähr- und Futtermittel dienten. Ligninabfälle fanden als Hilfsgerbstoffe Verwendung.

Obwohl sich 23 württembergische und 13 badische Spinnereien bereits finanziell an der Gründung der Zellstoff AG im bayerischen Kelheim beteiligt hatten, erging am 14. Januar 1937 von der Reutlinger Industrie- und Handelskammer eine erneute Aufforderung an die württembergische Textilindustrie zur Gründung einer weiteren Zellwoll-Fabrik: »Wir halten es auf die Dauer für volkswirtschaftlich unverantwortlich, Riesenmengen an Zellwolle als einem Massenbedarfsartikel auf Kosten des deutschen Volkes von Hirschberg in Schlesien, von sächsischen und thüringischen Fabriken oder auch von Kelheim zu beziehen, d. h. in Deutschland spazieren zu fahren.« Nur zögernd gingen die württembergischen Industriellen darauf ein, wenngleich noch im gleichen Jahre mit einem Aktienkapital von 3,4 Mio. RM – von dem 1,6 Mio. RM die Kelheim AG stellen mußte – die Schwäbische Zellstoff AG in Ehingen gegründet wurde. Der Betrieb sollte auf Buchenholzgrundlage nach dem Sulfitverfahren arbeiten, die Lauge nicht in den Neckar, sondern in die Donau abfließen. Erst 1940, nach vorangegangener Kapitalerhöhung auf sechs Millionen RM, konnte die zunächst verlustreiche Produktion aufgenommen werden.

In beiden Weltkriegen stellte die Waldhof AG und die 1945 demontierte Trickzellstoff

119 Papierfabrik
von Rauch, Heilbronn
(1850)

120 Hadernsortierung
in der Papierfabrik
Scheufelen, Oberlennin-
gen (ca. 1934–1936)

121 China-Tapete der Markgräfin
von Baden im Schloß Favorite bei
Rastatt um 1720

122 Maschinelle Tapetenherstel-
lung in der Rheinischen Papier-
Manufaktur (Leimdruckverfahren
seit 1892)

123 Gutenberg-Werkstatt, Rekonstruktion im Gutenberg-Museum

124 Modell des ersten deutschen Fernmeldesatelliten (1986), für dessen Entwicklung und Bau ANT Nachrichtentechnik und MBB/ERNO das Konsortium R-DFS mit Sitz in Backnang gebildet haben

125 Der von der Radiofabrik WEGA,
Stuttgart, 1931 herausgebrachte »Volksempfänger«

126 Trichter-Grammophon von 1910 der
Firma Perpetuum Ebner, St. Georgen

127 Der Stuttgarter Fernsehturm (217 m
hoch), Vorbild weiterer derartiger Türme
in der Welt, erbaut 1955/56

GmbH Kehl (1926: 490 Arbeiter), die größten badischen Zellstoff-Produzenten, auch Sprengstoff her. Mit Hilfe von hohen Darlehen aus England modernisierte die Zellstoff-Fabrik Mannheim, die Verluste von fast 100 Mio. Goldmark durch den Ersten Weltkrieg erlitten hatte, in den zwanziger Jahren ihre Anlagen und setzte den vertikalen und horizontalen Konzernaufbau durch Angliederung gleichartiger Betriebe fort. Durch Übernahme der Simonius'schen Zellulosefabriken kamen u. a. die Werke Unterkochen und Wangen zu Waldhof. Mit einem Arbeitskraftaufwand von 18402 Beschäftigten produzierte Waldhof im Jahre 1938 (33,25 Mio. RM Aktienkapital) 581000 Tonnen Zellstoff und 295000 Tonnen Papier und erzielte einen Umsatz von 194,5 Mio. RM mit guter Umsatzrendite.

Erhebliche Schwierigkeiten bereitete in den dreißiger Jahren sowohl die marktmäßige Einschleusung der im Vergleich zu den Naturfasern teureren Zellwolle in die Textilverarbeitung als auch die technische Umstellung der Unternehmen auf die Verspinnung von Chemiefasern, soweit in diesem Zusammenhang überhaupt noch von Spinnen gesprochen werden kann. In Denkendorf entstand deshalb auf Staatskosten 1937 eine Zellwoll-Lehrspinnerei. Trotz aller staatlichen Förderung sind den Deutschen die schweren, kratzenden Zellwolltextilien aus der Zeit des Zweiten Weltkriegs noch in schlechter Erinnerung. Lag es nur daran, daß der Zellwolle unbedenklich Reißspinnstoffe als Füllgut beigemischt wurden?

Als die Zellulosefasern das Feld zu beherrschen schienen, erwuchs ihnen schon neue Konkurrenz in den vollsynthetischen Fasern, deren Zeitalter in den vierziger Jahren anbrach. Perlon (Polyamid-Faser) wurde gleichzeitig bei Du Pont in Amerika und 1938 von dem Stuttgarter Paul Schlack, Chemiker bei der Aceta in Berlin-Lichtenberg, erfunden. Für die erste vollsynthetische Faser, die Pe-Ce-Faser (Polyvinyl-Chlorid), Sensation der Leipziger Frühjahrsmesse 1939, erbaute man in Rheinfelden eine eigene Anlage. Ein geeignetes Lösungsmittel für das Trockenspinnverfahren von Dralon (Polyacrylnitril) wurde 1942 patentiert.

Zum Wegbereiter neuartiger chemischer Produkte machte sich Freudenberg in Weinheim (1939: rund 4100 Beschäftigte), um mit neuen Ideen die Grenzen des rohstoffabhängigen Gerbereibetriebes zu überspringen. Häute und Leder bildeten die Ausgangsbasis. Aus der traditionellen, zu eng gewordenen Gerberei wurde bei Freudenberg, angestoßen von der damaligen Krise des Unternehmens, Anfang der dreißiger Jahre eine neue, absatzsichere Produktpalette entwickelt, die von Kollagen bis zu den Anfängen der Kunststoffverarbeitung reichte. Damals wurden bei Freudenberg die Weichen für die Zukunft gestellt. Rinderhäute als Vorprodukte dienten von 1932 an zur Herstellung von eßbaren Wursthüllen, einer veredelten Hautfaserpaste, und wurden in der 1933 gegründeten Freudenberg-Tochter, der Firma Becker & Co. Weinheim, zu den bekannten, mit den Zellophandärmen konkurrierenden Naturin-Därmen verarbeitet. Als Recycling-Prozeß für Gerbereiabfälle bot sich bis dahin nur die ebenfalls mit der Gerberei verbundene, uralte Hautleimverarbeitung, die auf dem Extrahieren des Glutins beruhende Leimkocherei an. Die älteste noch bestehende deutsche Hautleimfabrik, die Firma G. Conradt & Sohn, begann 1842 am Mühlkanal in Vaihingen/Enz mit der zunächst auf die Sommermonate beschränkten Produktion von damals noch luftgetrocknetem Leim. In einem aufgegebenen Lederwerk in Vaihingen, 1931 von Conradt übernommen, produzierte die Firma an günstigem Standort 1938 mit etwa 70 Beschäftigten 1600 Tonnen Hautleim. Bis 1931 wurde der Hautleim zu rund drei Vierteln von der noch nicht auf synthetische Klebmittel (Kauritleim seit 1931) umgestellten holzverarbeitenden Industrie abgenommen. Ein weiteres Recycling-Produkt aus Gerbereiabfällen entwickelte Freudenberg 1935 mit den Robus-Erzeugnissen, in Tafeln und Rollen angebotene Schuhsohlen- und Bodenleder (Lederfaserwerkstoff).

Weltweit bekannt ist heute beim Maschinen- und Fahrzeugbau das SIMRIT-Programm von Freudenberg, das 1929 mit der Herstellung von Lederdichtungen und bald darauf mit Lederdichtmanschetten (Simmerring) seinen Siegeszug antrat. Von 1936 an wurde Synthesekautschuk sowohl für die Dichtungsringe eingesetzt als auch zu Sohlenledersatz, damals schwere, schwarze Gummisohlen (Nora), verarbeitet. Ständig verfeinerte Produkte aus Synthesekautschuk bildeten von da an einen Hauptbestandteil im Produktionsprogramm der Freudenberg-Gruppe. Vor dem Zweiten Weltkrieg begann auch in Weinheim der Einstieg in die revolutionäre Vliesstofftechnologie, durch die aus Einzelfasern in einem einzigen Arbeitsprozeß ohne den klassischen Umweg über Spinnerei und Weberei ein textiles Flächengebilde, der Vliesstoff (Einlagestoffe) erzeugt wird. Seit den dreißiger Jahren mehrten sich die Unternehmen, die von der chemischen Industrie angebotene Kunststoffe verarbeiteten. Die Firma Netter & Eisig in Göppingen/Eislingen stellte schon in den zwanziger Jahren Kunstleder auf Nitrobasis her.

Zellulose und Kunstharze veränderten auch die herkömmliche Lackfabrikation, ersetzten Naturharze, Leinöl, Schellack, Manila-Kopal und die daraus gefertigten, den gestiegenen Ansprüchen nicht mehr gewachsenen Spritlacke. Im Jahre 1933 wurde das erste deutsche Auto, ein Adler Junior Sport, zum Teil mit einem Einbrennlack lackiert. Der Lack, die Produkte anderer Hersteller überrundend, stammte von der Firma Christian Lechler & Sohn Feuerbach (Marke: Lesonal; etwa 100 Beschäftigte), die durch den erfolgreichen Einstieg in die neuen Automobil-Serienlacke den Grundstein zum Aufstieg in die Spitzenklasse der Lackfabrikanten legte. Durch ihren weltweiten Export waren auch die anderen mit Feuerbach verbundenen Farben- und Lackfabrikanten international bekannt geworden: Kast & Ehinger (Druckfarben), G. Siegle & Co. (Lack- und Mineralfarben) und Dr. Eugen Schaal (Öl- und Spritzlacke). Die beiden Stuttgarter Farbengroßhändler Knosp und Gustav Siegle (1840 bis 1905) leiteten von Stuttgart aus beim Entstehen der BASF deren gesamten kaufmännischen Apparat. Badisches Zentrum der modernen Lackindustrie war Mannheim-Heidelberg (Anilit, Badenol, Bittrich, C. F. Heyde).

Nur wenige andere Industriezweige basierten damals in ihrem wirtschaftlichen Erfolg so sehr auf den Ergebnissen jahrelanger, intensiver wissenschaftlicher Forschungsarbeit wie große Teile der chemischen Industrie. Das gilt insbesondere für die stark expandierte Kunststoff-Chemie, eigentlich für alle Hersteller hochwertiger Endprodukte, nicht dagegen für die Produzenten von Grundchemikalien. Kapitalstarken Großbetrieben fiel es verständlicherweise leichter, die Forschungsarbeit zu finanzieren. Um so beachtenswerter sind daher innovatorische Klein- und Mittelbetriebe, die sich am Markt behaupteten. Auf den Bereich der Bautenschutz-Chemie hatte sich die marktführende Firma Paul Lechler Stammheim (seit 1879) spezialisiert, ab 1883 das bekannte Holzschutzmittel Karbolineum produziert und ab 1900 auch erste zu neuen Markterfolgen führende Dichtungssortimente (Zylinderkopfdichtungen für Vergasermotoren) herausgebracht. 1919 folgte das unentbehrliche Bautenschutzmittel Inertol, bis heute Ausgangsprodukt der Lechler-Chemie. Durch Einführung neuer Produktgruppen seit 1927, der Spachtelmassen, überstand die Firma die Weltwirtschaftskrise ohne nennenswerte Entlassungen. In der südwestdeutschen Fotochemie (Pala-Fotowerk Heilbronn u. a.) war J. Hauff & Co. Feuerbach jahrzehntelang der wohl einzige Hersteller von einiger Bedeutung. Hauff-Platten und Hauff-Filme nahmen international einen führenden Platz ein. Zur Verbreiterung der Kapitalbasis und des Fabrikationsprogramms fusionierte Hauff 1929 mit den Hamburger Leonarwerken. Typisch für die Größenstruktur der chemischen-pharmazeutischen Industrie war in Württemberg der Mittelbetrieb. In Unternehmen mit 20 und mehr Beschäftigten arbeiteten im Jahre 1939 75,8 Prozent des Beschäftigungspotentials. Anders in der stärker entwickelten, vom Großbetrieb beherrschten badischen Chemie. Dort kamen auf die Betriebe mit 200 und mehr Beschäftigten 72,5 Prozent der Beschäftigung. Herausragendster Standort der chemischen Industrie Südwestdeutschlands mit 130 Betrieben und einem Beschäftigtenanteil von fast 25 Prozent (Baden und Württemberg) war und blieb Mannheim, wohl vor allem wegen der sich dort bietenden verschiedenen Transportkostenvorteile. Neben Grundchemikalien (Kalichemie AG; Th. Goldschmidt AG u. a.) wurden chemische Massengüter (Kunstdünger, Teerprodukte, Kraft- und Schmierstoffe usw.) und zu einem hohen Anteil spezielle hochwertige Endprodukte (Kunststoffe, Arzneimittel, Farben usw.) produziert. Die Deutsche Bergin AG (bis 1932 Kohle- und Erdölchemie) Mannheim/Heidelberg beschäftigte sich mit der Kohleverflüssigung und ab 1936 mit der gelungenen Holzverzuckerung, der Holzhydrolyse, nach dem Bergiusverfahren.

Seifenindustrie

Ihrem Ziel, den deutschen Seifenmarkt von Mannheim aus zu beherrschen, kam die Sunlight (Sunlicht) AG nach dem Ersten Weltkrieg zwar näher, erlitt aber 1924 Millionenverluste. In der Folgezeit kaufte der britische Leverkonzern etwa ein halbes Dutzend Seifenfabriken auf, darunter 1936 das Werk Untertürkheim der in den zwanziger Jahren überaus erfolgreichen, jedoch in der Weltwirtschaftskrise 1931 gescheiterten Vereinigten Seifenfabriken GmbH Stuttgart. Es wurde stillgelegt. Während sich auf dem deutschen Markt die scharfe Konkurrenz zwischen Sunlicht/Unilever und Henkel (Persil usw.) auch um das Geschäft mit nunmehr seifenlosen Waschpulvern bis zum Zweiten Weltkrieg fortsetzte, die Vereinigten Seifenfabriken aber als Anbieter verschwunden waren, vermochten andere Seifenfabriken ihre Marktposition auszuweiten. Unter Ernst Flammer hatten sich die Krämer & Flammer Seifenwerke GmbH Heilbronn (seit 1870) in die Spitzengruppe der deutschen Seifenhersteller hineingeschoben. Das Metzinger Seifenwerk Bazlen (seit 1857), ähnlich erfolgreich wie Flammer im Recycling durch die Fettrückgewinnung, rückte zur zweitgrößten Seifenfabrik in Württemberg auf. Die Seifenindustrie erwirtschaftete höchste Umsatzanteile je Beschäftigten, über 23 000 RM im Jahre 1938 die Seifenfabrik Horb der bekannten Blendax-Werke (25 Beschäftigte; 576 000 RM Umsatz). Als Spitzenbetrieb der Seifen- und Körperpflegemittelbranche behauptete sich unangefochten die verbrauchsorientierte Karlsruher Parfümerie- und Toiletteseifenfabrik F. Wolff & Sohn GmbH (1938: Kapital 4 Mio. RM und etwa 850 Beschäftigte). Der Umsatz der kleineren Seifenfabrik Bechtold & Förster in Weinheim erreichte im gleichen Jahr (Kapital: 455 000 RM) bei etwa 93 Beschäftigten 1,87 Mio. RM (Lohnkostenanteil nur 12,3 %). Hier und da gab es noch die alte Seifensiederei.

Salz

In der Reihenfolge der bevorzugten städtischen Standorte der chemischen Industrie in Südwestdeutschland stand an vierter Stelle nach Mannheim mit 3214 Beschäftigten, Stuttgart (210 Betriebe mit 2289 Beschäftigten) und Karlsruhe (77 Betriebe) das in der chemischen Produktion traditionsreiche Heilbronn (1939: 65 Betriebe mit 1832 Beschäftigten). Von der günstigen Lage an der Verkehrsstraße des Neckarkanals, vom Neckarhafen, vom überlieferten Erfahrungsschatz und von den erschlossenen Salzvorkommen profitierten die transportkosten- und rohstofforientierte chemische Industrie Heilbronns, die Sodafabrik der Kalichemie AG Berlin, die Löwenwerke AG, die Steigerwald AG, Brüggemann, Koepf & Söhne, die die Speiseölindustrie vertretende Firma Hagenbucher & Co., gegründet 1771, ältestes reichsstädtisches Industrieunternehmen u. a. m. Die 1883 gegründete Salzwerk Heilbronn AG (5,6 Mio. RM Aktienkapital), mehrheitlich im Besitz der Stadt Heilbronn und zu 24,6 Prozent in dem des Landes Württemberg, galt lange Zeit durch ihre Hüttensalzanlage und die mit ihr durch Mehrheitsbeteiligung verbundene Glashütte (400000 RM Grundkapital) als das sich am besten rentierende salzproduzierende Unternehmen Südwestdeutschlands. Auch die von Marktabsprachen profitierenden Salinen, die Vereinigten Badischen Staatssalinen Dürrheim-Rappenau AG (Absatz 1927: 21070 t; Umsatz 1938: 1,7 Mio. RM) sowie die württembergischen Staatssalinen (Absatz 1927: 16959 t), Friedrichshall im Norden und Wilhelmshall für den südlichen Landesteil (Siedesalzumsatz 1938: 658000 RM), konnten sich trotz geringerem Absatz als vor dem Kriege über mangelnde Rentabilität im allgemeinen nicht beklagen. Nach der Zwangskartellierung des Salzabsatzes durch das Reichswirtschaftsministerium 1934 und der damit verknüpften Quotenzuteilung für jedes Werk waren diese einer »angemessenen« Verdienstspanne sicher, obwohl die Preise niedrig gehalten wurden und veraltete, schadhafte Anlagen allzu lange in Betrieb blieben. Friedrichshall, die letzte als behördlicher Regiebetrieb verwaltete Saline in Deutschland (doch mit Gewinnbeteiligung der Direktoren) ersetzte erst 1928/29 die alten Flachpfannen zur Siedesalzerzeugung durch vier Unterkesselpfannen nach Schweizer Vorbild und konnte dadurch die Salzerzeugung von etwa 800 kg je Mann und Schicht auf über 3000 kg steigern. Mehr und mehr hatte jedoch auch Friedrichshall seine Produktion auf den Steinsalzabsatz verlagert.

Bis zum Ersten Weltkrieg war der Speisesalzbedarf der Bevölkerung so gut wie ausschließlich mit Siedesalz der Salinen gedeckt worden. Mit der Kohlenknappheit während des Krieges und unmittelbar danach kamen die von der Kohle so gut wie unabhängigen Steinsalzwerke (Heilbronn Absatz 1927: 14691 t) zum Zuge, die billiges, gemahlenes Steinsalz anboten. Ihnen blieb auch in der Zwischenkriegszeit die Nachfrage treu –1936 knapp ein Viertel des Marktaufkommens –, so daß die Salinen zwar einen Nachfrageeinbruch wegstecken mußten, doch bewahrte sie die Beliebtheit des Siedesalzes beim größeren Teil der Verbraucherschaft vor Verlusten. Erst der Kohlemangel im Zweiten Weltkrieg erzwang die völlige Umkehr des Salzkonsums zugunsten des Steinsalzes (Marktanteil 1947: 53,6%).

Als jahrzehntelang florierende Zukunftsinvestition erwies sich die von der Saline Ludwigshalle AG in der damals hessischen Exklave Wimpfen 1921/22 aufgebaute chemische Abteilung, die sich auf die Produktion von überwiegend in der Aluminiumindustrie benötigten Fluorverbindungen konzentrierte. Das seit der zweiten Hälfte des 19. Jahrhunderts unter preußischer Staatsregie bewirtschaftete kleine Salzwerk im hohenzollerischen Stetten (bei Haigerloch), Produzent von überwiegend in die Nachbarländer »exportiertem« denaturiertem Siede- und Steinsalz (1876: 702 t), wurde 1924 von der Dr. Alexander Wacker Gesellschaft für elektrochemische Industrie GmbH, die heutige Wacker-Chemie München, gepachtet, um ihren Steinsalzbedarf für die Chloralkali-Elektrolysen ihres Werkes in Burghausen/Obb. zu decken. Von 1930 bis 1939 betrug die Steinsalzförderung – bis 1932 noch mit Hilfe von Gruben- pferden – im Jahresdurchschnitt 33720 Tonnen.

Der Hauptsitz der südwestdeutschen Grundchemikalienherstellung befand sich in der Nähe der Elektrizitätswerke am Hochrhein, in den badischen Kreisen Waldshut, Säckingen und Lörrach (52 Betriebe mit 3574 Beschäftigten), fast alles größere Be- triebe, häufig mit beherrschender ausländischer Kapitalbeteiligung: Elektro-Nitrum AG Laufenburg, Elektrochemische Fabriken Weil (Lonza, 10 Mio. RM Kapital, 1200 Beschäftigte), Deutsche Solvay Werke AG Wyhlen u. a. Am Hochrhein lagen etwa zwei Drittel der südwestdeutschen Stickstoffindustrie und die gesamte Industrie der Teerfarbstoffe (J. R. Geigy AG Grenzach).

Ölschiefer

Wo Salz vorkommt, findet sich häufig Öl, besagt eine alte geologische Erfahrung. Erst in jüngster Zeit wurde sie durch erfolgreiche Bohrungen auch am Beispiel Südwest- deutschlands – wenngleich noch nicht in der Nähe der großen Salzstöcke im nörd- lichen Neckarraum – bestätigt. Bekannt sind zwar seit Jahrhunderten die schwäbi- schen Ölschiefervorkommen, aber davon wurde bisher keiner reich. Bei Bad Boll soll nach der Überlieferung Ölschiefer im 17. Jahrhundert jahrelang geschwelt haben. Auf primitive Art wurde später württembergischer Ölschiefer, der im Durchschnitt vier bis fünf Prozent Öl enthält und einen Heizwert von 950 bis 1100 WE/kg besitzt, zur Ölgewinnung verwendet und aus der gewonnenen Schlacke Bausteine hergestellt. Auf eine effektive Verwertung der angefallenen Nebenprodukte kam es an, wie die Erfah- rungen aus den vierziger Jahren zeigten. Wegen des Treibstoffmangels wurden grö- ßere, nach verschiedenen Verfahren arbeitende, meist meilerartige Anlagen im Alb- gebiet von der Deutschen Ölschiefer-Forschungs-Gesellschaft mbH (Frommern) und von der SS (Schörzingen) errichtet, die eine Ölausbeute von zwei bis vier Prozent er- brachten und damit in keinem Fall die Selbstkosten deckten. Dabei wurden u. a. beim Ausbau des Ölschieferwerks Frommern und beim forcierten Schieferabbau 1944/45 aus Mangel an anderen Arbeitskräften für die Schwerstarbeit ungeeignete KZ-Häft- linge eingesetzt, von Speers Generalplaner Hans Kehrl gegen die Einwände des Reichsamts für Wirtschaftsausbau zugewiesen (Projekt »Wüste«). Reichsführer SS Himmler äußerte Ende 1943 sogar die unrealistische Vorstellung, daß sich die SS mit der Ölschieferausbeutung in bezug auf Treibstoffe unabhängig machen könne. Höchstens einige Hundert Tonnen Rohöl erzeugten die Versuchsanlagen im Monat. Nach dem Kriege wurden sie, obwohl arbeitsintensive Zuschußunternehmungen, weiterbetrieben und konnte 1948 bei einem Durchsatz von über 20000 Tonnen Schiefer ihre Monatsproduktion auf 450 Tonnen Rohöl gesteigert werden. Dennoch kann man nicht sicher sein, daß dieses Kapitel Ölgeschichte endgültig abgeschlossen ist.

Mineralöl

Im Zuge der Automobilrevolution wurde Südwestdeutschland, Bohrgesellschaften damals noch nicht anlockend, im steigenden Umfang von Mineralölzufuhren abhängig. Von militärischen oder kriegerischen Kalkülen nicht geleitet, erfolgte die Mineralölversorgung des südwestdeutschen Raumes, beklagt von den militärischen Stellen besonders vor Kriegsausbruch 1939, in der Hauptsache über die Rheinhäfen, zunächst über Mannheim, in den dreißiger Jahren auch stärker über Karlsruhe und Kehl und die dortige Kraftstoffindustrie. Der billige Wasserweg wurde für den Transport des Mineralöls ausgenutzt. In den Häfen, gegebener Standort der großen Tanklager der bedeutendsten Mineralölhandelsgesellschaften und später auch der großen Raffinerien, wurde es umgeschlagen und von dort per Eisenbahn den Verbrauchern zugeleitet. Sowohl das raffinierte Erzeugnis als auch das Rohöl wurden befördert. Offenbar mehr markt- als transportkostenorientiert wurden einzelne, gewöhnlich nicht gern gesehene Mineralölverarbeiter, anfangs Klein- und Mittelbetriebe, im württembergischen »Hinterland« seßhaft (Produktionswert der württembergischen Kraftstoffindustrie 1936 nur 3,1 Mio. RM) oder bemühten sich zumindest darum. Fast geschlossen widersetzten sich 1921/22 die Bewohner von Bissingen mit Erfolg dem Weiterbetrieb einer dortigen Erdöldestillationsanlage, mit der die zum DEA-Konzern gehörige Aktiengesellschaft für Petroleum-Industrie Berlin mexikanisches Rohöl verarbeiten wollte. Auch die Zusicherung der Firma fruchtete nicht, die weitere Veredelung des Öls werde in anderen Konzernwerken, darunter in der DEA-Raffinerie Mannheim-Rheinau, erfolgen. Im Jahre 1923 wurde die Anlage in Bissingen abgebaut und an den Niederrhein verlegt. Zu den bedeutenden deutschen Raffinerien zählte jedoch die Südöl, Mineralölraffinerie Stuttgart, Werk Eislingen (Zeller & Gmelin, seit 1866). Uralte Produktionen wurden auch unter dem Dach einer Firma um neue Produkte ergänzt (Zapf & Lang GmbH, Harzdestillation, Pechsiederei, Fabrik von Wagenfett, Maschinen- und Schmieröl).

Konzerne

Um sich vor allem vor Preisdruck zu schützen, suchten die Unternehmen den Zusammenschluß zu straffen Konzernen wie auch zu loseren Kartellen und Syndikaten. Mehr als in anderen Industriezweigen waren die südwestdeutschen Großbetriebe der chemischen Industrie in kapitalstarke Konzerne eingebunden, die überdies ihren Sitz meist außerhalb des Landes, nicht selten im Ausland hatten. Zur großbetrieblichen Kapitalbeschaffung erwies sich offenbar die heimische Kapitaldecke als unzureichend. Ähnlich wie in der badischen Textilindustrie des 19. Jahrhunderts zu beobachten war, wurde der Aufbau und Ausbau der chemischen Industrie Südwestdeutschlands nach dem Ersten Weltkrieg wesentlich von eingeflossenem Auslandskapital und den Berliner Großbanken finanziert. Nach Kriegsende 1945 wurden allein in Baden 172 Unternehmen – darunter 63 Industriewerke und 41 Textilfabriken – erfaßt, die sich vor dem Kriege in schweizerischem Besitz befunden hatten und in die nach zeitgenössischen Schätzungen nicht weniger als 1,5 Mrd. Schweizer Franken investiert waren. In erster Linie monopolistischer Zwecke wegen engagierte sich in Südwestdeutschland britisches Kapital, Englands größtes Industrieunternehmen, die Lever Brothers Ltd. (Sunlicht) sowie Großbritanniens größtes Textilunternehmen, zugleich die größte Garnfabrik der Welt, J. & P. Coats Ltd. (Mez AG Freiburg) oder der Londoner de Trey-Konzern. Um die Herstellung des Zündholzmonopols ging es dem schwedischen Zündholzkonzern Kreuger (Svenska Tändsticks Aktiebolaget Stockholm), dessen äußerst rationell arbeitenden vier deutschen Werken, darunter Mannheim-Rheinau, nach dem Zündwarenmonopolgesetz von 1930 ein pauschaler Anteil von 55 Prozent an der deutschen Produktion eingeräumt worden war (155 Hölzer pro Kopf der Bevölkerung). Großaktionär der Deutschen Michelin-Pneumatik Karlsruhe war Michelin & Cie. Clermont-Ferrand. Marktbeherrschende Zielsetzungen bei gleichzeitiger Verbreiterung der Kapitalbasis verfolgten auch die deutschen Zusammenschlüsse der chemischen Industrie (IG-Farben, Kali-Chemie, Goldschmidt usw.). Auf württembergischem Boden kam es 1926 zur Fusion von fünf deutschen Linoleumfabriken – darunter der Bietigheimer »Germania« (1000 Beschäftigte) – zur Deutschen Linoleum-Werke AG (Aktienkapital 1933: 20 Mio. RM) mit Sitz in Bietigheim (seit 1931 auch Hauptproduktionsort). Um Interessengegensätze auf dem europäischen Markt auszuschließen, errichteten die deutschen, schwedischen und schweizerischen Linoleum-Hersteller 1928 eine gemeinsame Holding-Gesellschaft unter der Firma »Continentale Linoleum Union« mit Sitz in Zürich. Eine der ersten deutschen Beteiligungs- und Holdinggesellschaften mit internationaler monopolistischer Stellung war bereits 1902 unter der Firma Holzverkohlungsindustrie Aktiengesellschaft in Konstanz mit einem Anfangskapital von sieben Millionen Mark von der Darmstädter Bank, der

Österreichischen Kreditanstalt und der Deutschen Gold- und Silberscheideanstalt ins Leben gerufen worden. Der Schwerpunkt der Gesellschaft (1921: 25% Dividende, 1922: 90 Mio. M. Kapital) lag in den ehemals österreichischen Ländern. 584 Unternehmen Badens waren 1930 konzerngebunden, aber nur 43 gehörten zu Konzernen mit dem Sitz in Baden.

Maschinenbau

Ein Drittel bis zur Hälfte des 1936 ermittelten gewerblich-industriellen Nettoproduktionswertes von insgesamt 2380,4 Mio. RM – in Baden etwas weniger, in Württemberg mehr – ging auf Konto des Wirtschaftswachstums, herbeigeführt etwa seit dem Ersten Weltkrieg durch die Beschäftigung schaffenden industriellen Führungsbranchen und durch die von ihnen realisierten technischen Fortschritte. Wie wir heute wissen, waren die Wachstumsmöglichkeiten der »zweiten industriellen Revolution« damals keineswegs erschöpft. Noch steckte die Selbsttätigkeit der Maschine in den Anfängen. Noch hatte sich in Deutschland und Europa nicht eine mit den Verhältnissen in den USA vergleichbare Massenkaufkraft entfaltet, die dazu drängte, rascher Formen und Elemente einer kontinuierlichen, standardisierten Produktion zu entwickeln. Die Maschine war noch weit entfernt, alles zu tun, aber in ihrer ständig vollkommeneren Gestaltung unentbehrlich, um wissenschaftlich-technische Neuerungen zu verwirklichen. Der Werkzeugmaschine kam hierbei die entscheidende Schlüsselstellung zu, zwar den Blicken der Öffentlichkeit entrückt, entwickelt und gebaut in kleinen und großen Werkstätten, doch in ihrer Bedeutung nur von denen erkannt, die von Berufs wegen mit ihren Leistungen rechnen mußten. Ohne die Werkzeugmaschinen wäre der Bau von Dampfmaschinen, Diesel- und Elektromotoren, von Autos und Flugzeugen nicht denkbar und ohne ihre verfeinerte Präzisionsarbeit und unentwegt gesteigerte Leistungsfähigkeit die bedeutendsten technischen Neuerungen günstigenfalls handwerklich gefertigte Einzelausführungen, Museumsstücke von Pioniertaten, geblieben. Der industrielle Fortschritt und Leistungsstand eines Landes war daher stets meßbar, ablesbar an der Bedeutung seines Maschinenbaus. 46287 Beschäftigte zählte im Jahre 1907 der Maschinen- und Apparatebau in Baden und Württemberg, 136538 waren es im Jahre 1939 (ohne Fahrzeugbau), eindrucksvolle Belege für die Expansion des technischen Fortschritts. Die Leistungssteigerung im Maschinenbau (Steigerung der Stückzahl je Zeiteinheit bei meist verringerter Gewichtsmenge) spielte entscheidend in die Lohnfrage und das Wohlstandsproblem hinüber, weil sie gewöhnlich mit erhöhten Durchschnittslöhnen bei gleichzeitiger Senkung der Lohnstückkosten verbunden war und noch heute ist. Hier liegen die Wurzeln unseres Wohlstandes.

Werkzeugmaschinen

Mit einem Nettoproduktionswert von 209,8 Mio. RM lag der Maschinenbau Württembergs (Baden: 123,4 Mio. RM) im Jahre 1936 an zweiter Position unter 30 erfaßten
Industriegruppen nach der Textilindustrie. Auch durch seinen Anteil von acht Prozent in der Reichsproduktionsstatistik unterstrich er seine führende Stellung. Zum
württembergischen Export steuerte der Maschinenbau 1936 den höchsten Anteil mit
58,2 Mio. RM bei (Baden: 26,3 Mio. RM). Eine sich überschlagende Inlandsnachfrage
nach Maschinen verband sich mit der sich ebenfalls seit 1933 multiplizierenden Auslandsnachfrage. Den größten Anteil am deutschen wie am württembergischen Export
hatten bis 1938 Maschinen, und den wiederum größten Anteil daran die Weltruf genie
ßenden deutschen Werkzeugmaschinen inne (Drehbänke, Bohr-, Fräs-, Schleifmaschinen, Sägen, Pressen, Schneidemaschinen usw.). Im Vormarsch war besonders das
Kalt- und Warmpressen im Gesenk, wodurch bisher gegossene Stücke rascher und
gleichmäßiger hergestellt wurden. Durch die Erfindung des sogenannten »Hartmetalls« und seine Verwendung als Schneidwerkzeug kam eine neue, der beträchtlich
gesteigerten Schnittgeschwindigkeit angepaßte Maschinengeneration auf. Auch der
Einbau von Antriebsmotoren verlangte neue Lösungen. Auf der Leipziger Frühjahrsmesse 1923 brachte die Firma Boehringer, Göppingen, als erste eine Drehbank mit angeflanschtem Gleichstromreguliermotor und 1924 mit angeflanschtem Drehstrommotor heraus. Seit 1920 wurden die von Teßkys konstruierten »Index-O-Hochleistungsautomaten«, Konkurrenz zu den amerikanischen Einspindelautomaten, in gro
ßer Zahl von den Index-Werken Esslingen auf den Markt gebracht. Nicht aufzuhalten
war auch der Siegeszug von Teßkys nachfolgenden Index-Revolverautomaten auf
dem Weltmarkt. Burkhardt & Weber in Reutlingen, gegründet 1888, entwickelte in
den zwanziger Jahren den Bohrautomaten aus der normalen Säulenbohrmaschine. Im
Jahre 1938 baute Traub in Reichenbach seinen ersten kurvengesteuerten Einspindel-
Drehautomaten, der noch heute im Programm ist. Die 1923 in Stuttgart gegründete
Maschinenfabrik Trumpf (heute Ditzingen) wurde mit der 1934 herausgebrachten
Elektrohandschere erfolgreich. Neue Konstruktionen und Produkte holten den Riesenvorsprung der amerikanischen Industrie ein. Boley in Esslingen entwickelte eine
Feinstdrehmaschine für Diamant- und Hartmetallwerkzeuge. Heller in Nürtingen
baute hydraulische Automaten.
In die Schleifmaschinenfertigung waren schon vor dem Ersten Weltkrieg die Fortuna-
Werke Cannstatt eingestiegen. Durch die von ihnen entwickelte erste hydraulische
Rundschleifmaschine europäischer Herkunft, eine auf der Leipziger Messe 1926/27
vorgeführte, aufsehenerregende Konstruktion, überwand die Firma (Beschäftigte
1929: 486, 1932: 298; 1943: 1258) den Tiefpunkt ihrer wirtschaftlichen Tätigkeit wäh-

rend der Deflationskrise. Während der Weltwirtschaftskrise wirkte sich für Fortuna günstig aus, »daß der Betrieb von Anfang an nicht nur Maschinen für die Produktionsgüterindustrien, sondern auch für Verbrauchsgüterindustrien herstellt, die unter der Krise weniger zu leiden haben«. Die Früchte des Exports hielten Fortuna, verglichen mit anderen Unternehmen, häufig gut über Wasser (Exportanteile 1926: 39,4%; 1932: 75,1%; 1934: 25%). Boehringer in Göppingen (Beschäftigte jeweils im April 1931: 910; 1932: 426) partizipierte nach 1930/31 – wie Voith in Heidenheim – am Millionensegen der sowjetischen Großaufträge. Doch 1931 war Moskaus Zahlungsfähigkeit erschöpft. Hitlers Einverständnis zur Verlängerung des deutsch-sowjetischen Handelsvertrages belebte einige Jahre vor dem Hintergrund der katastrophalen Arbeitsmarktlage in Deutschland wieder das kreditierte »Russen-Geschäft«. Einige Werkzeugmaschinenbauer befanden sich während der Weltwirtschaftskrise am Rande des Ruins. Bei Burkhardt & Weber sank 1932 die Zahl der Beschäftigten auf fünf Mitarbeiter.

Riesenbetriebe gab es nicht unter den badischen und württembergischen Werkzeugmaschinenherstellern. Es war der selbständige Mittelstand, der sich an den traditionellen Stammplätzen handwerklicher Präzisionsarbeit kräftig entfaltete und immer wieder neu durch eigene Konstruktionen seine Existenzberechtigung bewies. Von den gegenwärtig 30 Unternehmen des mittleren Neckarraumes, die CNC- und NC-Werkzeugmaschinen produzieren, sind zwei Drittel aus kapitalarmen mechanischen Werkstätten und Kleinbetrieben hervorgegangen, die ihre Gründung ins 19. Jahrhundert bzw. in die erste Hälfte des 20. Jahrhunderts zurückschreiben. Man probierte und baute, was der Tag erforderte und der Kunde wünschte und dachte anfangs wenig an Serienfertigung, Normung und Typisierung. Nicht selten wirkten gemachte Erfahrungen im amerikanischen Werkzeugmaschinenbau als langlebiger Lehrmeister. Der Sondermaschinenbau schob sich meist in den Vordergrund. Auch Louis Weber, der seit 1920 die Firma Burkhardt & Weber leitete, verlegte sich auf die verschiedensten Sondermaschinen und übernahm dabei schon Ende der zwanziger Jahre die Methode des Baukastenprinzips.

Badische Maschinenfabriken, Werner & Pfleiderer, Sebold-Werke, Maschinenfabrik Esslingen

Auf die Werkzeugmaschinen folgten nach Umsatz und Menge die Produktion von Maschinen für Land- und Bauwirtschaft, für Papierfabriken und Druckereien, für Holzbearbeiter, für die Nahrungsmittel- und die verschiedenen Zweige der Bekleidungsindustrie. 456 Gewerbebetriebe mit fünf und mehr Beschäftigten und insgesamt

44583 Beschäftigten zählte der badische Maschinen-, Apparate- und Fahrzeugbau im September 1936, nach wie vor übertroffen vom Nahrungs- und Genußmittelgewerbe. In Württemberg vermehrte sich die entsprechende Zahl der Betriebe zwischen 1932 und 1938 von 522 auf 859 und steigerte sich in steiler Aufwärtsbewegung die Zahl der Beschäftigten von 36244 auf 111558 (= + 208%). Damit verlor in Württemberg die Textilindustrie endgültig ihre Führungsposition. Die größten badischen Maschinenbauer mit 500 und mehr Arbeitnehmern (Stand 1929 und entsprechendes Aktienkapital in RM) waren: Pumpenfabrik Allweiler AG Radolfzell (2,4 Mio.), die Sebold & Neff AG Durlach (3,221 Mio.), Brown, Boveri & Cie. AG Mannheim (25 Mio.), die Eisenwerke Gaggenau AG, Fuchs Waggonfabrik AG Heidelberg (2 Mio.), Junker & Ruh AG Karlsruhe, Lanz AG Mannheim (12 Mio.), Fahr AG Gottmadingen (2,4 Mio.), Motorenwerke Mannheim AG vorm. Benz (54,4 Mio.), Maschinenbaugesellschaft Karlsruhe AG (2,782 Mio.), Maschinenfabrik Gritzner AG Durlach (6,305 Mio.), Nähmaschinenfabrik Karlsruhe vorm. Haid & Neu AG (3 Mio.) und die Joseph Vögele AG Mannheim (3,726 Mio.).
Zur Spitzengruppe der württembergischen Maschinenhersteller zählte auch Werner & Pfleiderer in Stuttgart. Das Unternehmen geriet ab 1924/25 durch Finanzierung von Entwicklungen, die mehr Kraft verbrauchten, als ihre Verwertung einbrachten (Tiefstand des Verkaufsumsatzes 1926: 11,1 Mio. RM; 38,8% Exportanteil) in finanzielle Bedrängnis. Ein zusätzlicher Geldgeber für das in eine Kommanditgesellschaft umgegründete Unternehmen wurde jedoch gefunden. Das 1929 in seinem Fortbestand gesicherte Unternehmen (Verkaufsumsatz: 16,8 Mio. RM; Exportanteil 39,5%; 1350 Beschäftigte) konnte zwar während der Wirtschaftskrise seinen Exportanteil auf fast 50 Prozent steigern, aber das gleichzeitige rapide Absinken des Umsatzes um 66 Prozent nicht aufhalten (erneuter Tiefstand 1934: 4,8 Mio. RM; Exportanteil 31,2%; 550 Beschäftigte). Die Umsatzsteigerungen der Folgezeit – im Jahresdurchschnitt 1934–1941: 17,3 Prozent (Höchststand 1941: 17,4 Mio. RM) – waren hauptsächlich der gestiegenen Binnennachfrage (Exportanteil 1941: 10,7%) sowie der Erschließung neuer Anwendungsgebiete für die Backkneter (Dispersionskneter u. a.) und der Einführung neuer Back- und Trockenöfen mit erhöhtem Wirkungsgrad zuzuschreiben.
Ein sicher nicht häufiges Beispiel für die gelungene Umstellung des Unternehmens von den Scheinblüten der hektischen, letzten Endes in Milliarden, Billionen und Trillionen Papiermark rechnenden Inflationskonjunktur auf die nüchterne Realität der Stabilisierungsrezession bot die Badische Maschinenfabrik Durlach (Sebold-Werke). Seit dem Währungsschnitt entledigte sich das Unternehmen fast schlagartig aller ungesunden Aufblähungen der Inflationskonjunktur. Das 16 Mio. Papiermark umfassende Aktienkapital schrumpfte in der Goldmark-Eröffnungsbilanz vom Juli 1924 auf

3221000 RM. Die gezahlten hohen Dividenden der Nachkriegszeit (1921/22: 30% und 6% V. A.), keineswegs mit dem gesunkenen realen Output im Einklang stehend (Verkaufsumsatz 1920/21: 3,9 Mio. Goldmark; 1921/22: 2,56 Mio.), fielen in den folgenden Jahren auf noch bemerkenswerte acht bis zwölf Prozent (und 6% V. A.), hinter denen sich bis 1929 eine gute Reingewinnentwicklung verbarg. Vor allem wurde der Beschäftigtenstand zwischen 1923 und 1926 um 54 Prozent (auf 559) reduziert und möglichst der schwankenden Umsatzentwicklung (Steigerung des Verkaufsumsatzes im Jahresdurchschnitt 1923–1929 noch 12,8%) angepaßt. Nur erweitert um Sandstrahlgebläse, bewältigten die Sebold-Werke die schwierigen zwanziger Jahre mit einer insgesamt verkürzten Produktpalette der Vorkriegszeit (Zündholzmaschinen, Gießereimaschinen, Gerbereimaschinen, Eisenguß), auf der Gießereimaschinen den wichtigsten Umsatzträger darstellten (1928/29: 40%). Die Zündholzmaschinenproduktion veranlaßte den schwedischen Zündholzkonzern Svenska Tändsticks AB, die Sebold-Werke 1929 seiner Machinery Division (Arenco) einzugliedern.

Keine Schwierigkeiten bereitete der Maschinenfabrik Esslingen, dem größten Maschinenbauunternehmen Württembergs, die Umstellung auf die Friedensproduktion, zumal die von den Siegermächten geforderte Abgabe von Eisenbahnmaterial den Betrieb wieder schneller in Gang brachte als andere Fertigungen. Zur Lösung der Rohstofffrage erfolgte 1920 die Angliederung der Maschinenfabrik an die Gutehoffnungshütte unter Paul Reusch (1868–1956), wobei die Selbständigkeit der Maschinenfabrik gewahrt bleiben sollte. Zu dem vertraglich übernommenen Anteil von 50 Prozent der Maschinenfabrik erwarb die Gutehoffnungshütte in den nächsten Jahren weitere Aktien auf dem freien Markt (1929 Anteil von 56,9%) und erlangte dadurch den maßgebenden Einfluß auf das Esslinger Unternehmen. Das vielseitige Produktionsprogramm hatte die Maschinenfabrik schon während der Inflation in Schwierigkeiten gebracht, die sich während der Stabilisierungskrise fortsetzten. Permanente Verlustquellen stellten das Cannstatter Elektrowerk bis 1929 und der Lokomotivbau, nicht mehr die ihm von der württembergischen Staatsbahn eingeräumte Sonderstellung genießend, dar. Nur durch durchgreifende Rationalisierungen in engem Zusammenhang mit Fabrikations-Bereinigungen innerhalb des weitgespannten Gutehoffnungshüttekonzerns ließ sich noch vor der Weltwirtschaftskrise die Ertragsfähigkeit des Unternehmens wiederherstellen. Da die Reserven nicht ausreichten, war man von 1925 an genötigt, in verstärktem Maße Fremdmittel aufzunehmen. Der Umsatz, 1912/13 17,1 Mio. Mark, nur 1926 krisenbedingt auf 17,3 Mio. RM abgesunken, schwankte in den zwanziger Jahren zwischen 25 und 29 Mio. RM. Im Jahre 1929 (Umsatz 26,2 Mio. RM und 3224 Beschäftigte) bestand das Produktionsprogramm der Esslinger Maschinenfabrik aus dem Lokomotiv- und Waggonbau mit Eisenbahnsicherungswesen, dem Maschinenbau mit Abteilungen Kompressoren-, Pumpen- und Kühlmaschinenbau, dem Kessel-, Brücken- und Hochbau, der Elektrokarrenfertigung und der Eisen- und Metallgießerei. Durch die Weltwirtschaftskrise erlitt das Unternehmen erhebliche Verluste (1931 Umsatzrückgang auf 11,5 Mio. RM). Bestellungen der Reichsbahn und der Aufstieg der Automobilindustrie setzten sich sodann in einen ununterbrochenen Anstieg von Umsatz und Erträge zwischen 1933/34 und 1938/39 um.

Finanzierungsprobleme in und außerhalb von Konzernen

Absatz- und Finanzierungsprobleme hatten in den zwanziger Jahren in der badischen Metallindustrie zu einer für südwestdeutsche Verhältnisse recht ungewöhnlichen Konzernbildung geführt. Unter Führung der Schiele & Bruchsaler AG Hornberg kam ein Metallindustriekonzern zustande, dem 1925 insgesamt elf mittlere Firmen angehörten: Uhrenfabrik vorm. L. Furtwängler Söhne AG, Furtwangen (Kapital: 1,2 Mio. RM), Oberrheinische Metallwerke Mannheim (700000 RM), Albert Obermoser Elektrische Motorenwerke, Bruchsal (300000 RM), Metallhütte Bär & Co., Rastatt (150000 RM), Lahrer Maschinenfabrik, Lahr (300000 RM), Metallindustrie Schiele & Bruchsaler AG, Hornberg (500000 RM), Aktiengesellschaft für Feinmechanik und Apparatebau, Furtwangen (250000 RM), Schwarzwälder Apparatebauanstalt August Schwer & Söhne (500000 RM), das erst 1921 gegründete Kaltwalzwerk Villingen (250000 RM), Turbo Maschinenbau AG Überlingen (400000 RM) sowie ein Berliner Telefon- und Telegrafenbauunternehmen. Teilweise waren die Mitgliedsfirmen auch Bestandteil des 1920 gegründeten, über 50 Chemie- und Metallfirmen umfassenden Sichelkonzerns, einer Beteiligungs- und Kontrollgesellschaft großen Stils mit Holdinggesellschaft in Luzern und eigener Konzernbank, der Frankfurter Westbank AG. Durch Ausbau der Westbank festigten sich die Beziehungen zwischen dem Sichelkonzern und dem Schiele & Bruchsaler Industriekonzern, ohne daß dessen Kapitalbedarf gedeckt werden konnte. Bis Ende 1925 wurden dem Industriekonzern Kredite von insgesamt 4,9 Mio. RM von der Reichspostverwaltung eingeräumt und »durch das Land Baden sichergestellt«, die ihn vor Lanz und Benz zum größten Kreditnehmer der Reichspost im badischen Grenzland machten.

Zum großen Siemens-Schuckert-Konzern gehörte die Rheinische Schuckert-Gesellschaft für elektrische Industrie, ursprünglich ein Installationsunternehmen, ab 1917 Rheinische Elektrizitäts-Aktiengesellschaft Mannheim (Aktienkapital 1919: 16 Mio. M.; 1924: 14,044 Mio. RM), heute Rheinelektra. Sie entwickelte sich rasch zu einer Beteiligungs- und Holdinggesellschaft mit zahlreichen, weitgestreuten, gewinnberechtigten Beteiligungen auch außerhalb der Elektrizitätswirtschaft. Grundstücke und Einrichtungen der jahrelang ertraglosen P. Hoffmann & Städten, Eisengießerei und Maschinenfabrik GmbH, Mannheim, verkaufte sie 1929 an die Firma Joseph Vögele, Mannheim. Gut beschäftigt war dagegen damals und späterhin die Stierlen AG Rastatt, heute Tochter der Rheinelektra. Die Stierlen-Werke bauten Kühlanlagen für gewerbliche Zwecke, Schnellwaagen und Geschirrspülmaschinen in den dreißiger Jahren und schütteten 1937 zehn Prozent Dividende aus.

Mittelständische Unternehmen verschlossen sich gewöhnlich der näheren Einblicke in ihre oft dramatische Finanzierungsgeschichte. Wie bewältigte der erfolgreiche Stuttgarter Aufzughersteller R. Stahl die Weltwirtschaftskrise, die bis 1932 den Jahresumsatz der Firma unter 400000 RM sinken ließ? Aus der Rundwirkmaschinenfertigung war die Firma Stahl (seit 1876) hervorgegangen, hatte 1897 ihren letzten Großauftrag für Rundwirkmaschinen, einen chinesischen Auftrag, erfüllt und war noch im gleichen Jahr auf die Konstruktion von elektrischen Lastenaufzügen (seit 1902 erstmals mit Druckknopfsteuerung) umgestiegen. In den zwanziger Jahren entwickelte sich die Firma glänzend, erlangte eine führende Position im Bau von Paternoster- und Stützkettenaufzügen. Etwa 3000 Schlangenaufzüge wurden hergestellt. Dann folgte die Abfahrt mit dem Fahrstuhl in die Krise.

Erst 1926 hatte Andreas Stihl als Zweimannbetrieb begonnen, brachte 1929 die erste motorbetriebene Baumfäll- und Ablängkettensäge heraus und exportierte sie schon 1930 in die USA. Wer finanzierte ihn? Für die Maschinenfabrik Gebrüder Rieger in Aalen, 1876 als Schlosserei begonnen, bedeuteten Haushaltsmaschinen – zuerst eine Wäschemangel – die Stützen einer steil aufsteigenden Entwicklungskurve. Nach dem Kriege war für Rieger nur noch ein Konkurrent vorhanden, das Alexanderwerk A. von der Nahmer, Remscheid. Rieger ging mit ihm eine Interessengemeinschaft ein. 1930 wurden die Riegerwerke stillgelegt.

Spangenberg in Mannheim (seit 1871) baute Maschinen für die Herstellung feiner, hochwertiger Nitrolacke für Kfz-Karosserien. Im Jahre 1937 begannen langwierige Patentprozesse gleich mit mehreren Konkurrenzfirmen. »Es sind dramatische Auseinandersetzungen, die mehr als einmal den Bestand des Unternehmens in Frage stellen« (Spangenberg). Die Firma überlebte.

Rüstungsproduzenten: Näh- und Verpackungsmaschinen, Rechenmaschinen

Besonders bei reinen Rüstungsfabriken erwies sich nach dem Ersten Weltkrieg die erzwungene Umstellung auf die Friedensproduktion als kostspielig und schmerzensreich. Auch Teildemontagen fanden statt. Die Waffenfabrik Mauser, seit 1922 Mauser-Werke AG, zu Kriegsende bei Banken hochverschuldet, ließ bis 1929 jede Arbeit an Kriegswaffen ruhen, entwickelte aber die erlaubten Handelswaffen (Kleinkaliber, Jagdgewehre, Pistole 7,63 mm) weiter und suchte zugleich laufend nach Ersatzpro-

duktionen, Substitutionen für das ausgefallene Waffengeschäft. Weder das herausgebrachte Einspurauto – von einer anderen Oberndorfer Firma in verbesserter Konstruktion zwar einige Jahre weitergebaut – noch der Absatz des gefertigten Vierrad-
automobils, dessen Produktion 1927 in der Krise der Autoindustrie aufgegeben
wurde, entsprachen den gehegten Erwartungen. Am befriedigendsten erwies sich der
neu aufgenommene Bau von Meßwerkzeugen. In der Hoffnung, gegen die eingeführten Wettbewerber auf dem Markt hochzukommen, wurde mit der viel Handarbeit erfordernden Herstellung von Industrienähmaschinen (Kettenstichmaschinen) begonnen. Verkaufserfolge stellten sich erst 1933 ein. Der stärkste Konkurrent, die Union
Special GmbH, europäische Tochter der Union Special Ltd., Wilmington/USA, saß
im nicht fernen Stuttgart und machte 1930 mit 150 Mitarbeitern einen glänzenden
Umsatz von 2,15 Mio. RM.

Auch für den wagemutigen Vorstoß in technisches Neuland, den Bau von Rechenmaschinen, kam offenbar die Anregung aus der Nachbarschaft, wenn nicht unterstellt
werden soll, daß sich die Geschäftsführung in Oberndorf unmittelbar von der bewunderten Multiplikationsmaschine des Pfarrer-Mechanikus Philipp Matthäus Hahn
(1739–1790) inspirieren ließ. Infolge der Krise der Uhrenindustrie gewann in der erfindungsreichen Uhrenfabrik Bäuerle im nahen St. Georgen (gegründet 1864) schon
seit 1900 der Bau von komplizierten feinmechanischen Instrumenten, von Zähl- und
Registrierwerken an Bedeutung. Mit Badenia-Rechenmaschinen trat die Firma vor
dem Ersten Weltkrieg hervor. Durch erhebliche Umsatzeinbußen in der Depression
Mitte der zwanziger Jahre schien der Bestand des Unternehmens jedoch gefährdet
(1925: 370 Beschäftigte; 1938: 523 und 2,3 Mio. RM Umsatz). Markgraf Berthold von
Baden half bei der Zuführung von neuem Kapital und damit zur Finanzierung des
1929 gebauten ersten Badenia-Automaten mit automatischer Multiplikation und Division, auf den seit 1935 Maschinen mit automatischem Wagenrücklauf und anschlie-
ßender Zählwerklöschung folgten. Nachdem die Industrie gelernt hatte, Tausende
Einzelteile auf engstem Raum zusammenzudrängen, hielt moderne Technik in Gestalt
von Schreib- und Rechenmaschinen allmählich in den Büros, Kontoren und Buchhal-
tungen ihren Einzug. Die Elektrifizierung der Feinmechanik war der vorauszuse-
hende nächste Schritt. 1929 begann sich Mauser in das neue Arbeitsfeld der Rechenmaschinen vorzutasten. Auch hierbei stellte sich der wirtschaftliche Erfolg erst nach
1933 ein, besonders nach Erwerb der nach Oberndorf verlegten Cordt-Universal-Re-
chenmaschinenfabrik, Glashütte. Im Jahre 1938 baute Mauser die einzige deutsche
Buchungsrechenmaschine, die Rechenfaktoren und Ergebnis selbsttätig zu Papier
brachte. Man wäre in das von viel Irrationalem verschleierte Geheimnis der südwestdeutschen Industrialisierung ungenügend eingedrungen, wollte man annehmen, daß
zwei potente Rechenautomatenhersteller wie Mauser (Württemberg) und Bäuerle

(Baden) das Aufkommen neuer, starker Konkurrenz in nächster Nähe ausschließen würden. Das Gegenteil war der Fall. Das Thaleswerk in Rastatt baute Rechenmaschinen. Auch Kienzle in Villingen nahm sich dieses Arbeitsgebietes an und stellte in den fünfziger Jahren Buchungsautomaten her, die zu den besten in der Bundesrepublik zählten.

Ohne das Aktienkapital (10 Mio. RM) zu erhöhen und Fremdmittel in Anspruch zu nehmen, beschäftigten die Mauser-Werke durch die sog. Ersatz- und Überbrückungsproduktionen und bei einem Exportanteil von über 60 Prozent des Gesamtumsatzes zwischen 1919 und 1929 im Schnitt etwa 2500 Mitarbeiter, bezeichnenderweise weit mehr als zu Zeiten der reinen Waffenproduktion zwischen 1890 und 1913, eigentlich eine erfolgreiche Bilanz friedlicher, wenn auch als unerträglich empfundener Wiederaufbauarbeit. Die Weltwirtschaftskrise stellte schließlich diesen Aufschwung wieder in Frage. Die Zahl der Beschäftigten ging auf einige Hundert zurück. Die Geschäftsleitung zog die Schließung der Werke ernsthaft in Erwägung. Dazu bestand ab 1933 kein Grund mehr. Die Flak 30 und das MG 34 entstammten der im Krieg von den Bomben verschonten Oberndorfer Fabrik (1936: 7000; 1944: 12000 Beschäftigte). Als nach dem sechsten Krieg seit ihrem Bestehen die Maschinen demontiert waren, wurden die Mauser-Werke von den Franzosen teilweise in die Luft gesprengt.

An Fehlschlägen reicher als in Oberndorf stellte sich die »Konversion« für die seit Ende Dezember 1918 stillstehenden Werke (Karlsruhe, Grötzingen und anderswo) der Deutschen Waffen- und Munitionsfabriken dar, seit 1922 unter verändertem, friedlichem Namen Berlin-Karlsruher Industrie-Werke AG firmierend (seit 1931 Hauptverwaltung in Karlsruhe nach Stillegung des Berliner Werks). Auch bei einer bis an die Grenzen des Möglichen ausgebauten Produktion von Jagd-, Polizei- und Sportwaffenmunition sowie von Munitionsmaschinen ließ sich die Leistungskraft des überkommenen Produktionspotentials in Karlsruhe und Grötzingen nur zu einem Bruchteil ausnutzen und war die Erhaltung des Unternehmens nicht gewährleistet. Bei den deshalb aufgenommenen Ersatzproduktionen mußten jedoch die Berlin-Karlsruher Industriewerke die bittere Erfahrung machen, daß alle Versuche, in die Märkte älterer, bestehender, erfahrener und gewöhnlich kostengünstiger produzierender Hersteller einzudringen, scheiterten. Unter großen Kosten wurde 1922 die Herstellung von Haushaltsnähmaschinen, ausgerechnet in der Hochburg der Nähmaschine, begonnen, obwohl damals 18 deutsche Unternehmen – drei der führenden sogar vor der eigenen Haustür in Karlsruhe (Gritzner AG, Haid & Neu AG, Junker & Ruh AG) – sich den Markt streitig machten. Die nicht die Selbstkosten deckende Fertigung wurde 1928 stillgelegt. Aufgegeben wurde wieder die Produktion von Aluminiumgeschirr, von Milchkannen, von Bestecken, von Fahrradrahmen, die von Schreibmaschinen, von Webstühlen und von Druckknöpfen, durch den Reißverschluß schon in den zwanziger Jahren entmachtet. Doch der bei Unternehmensleitung und Belegschaft vorhandene zähe Selbsterhaltungswille setzte zugleich Neuland erschließende Kreativitäten frei und führte zu Diversifikationen, die sogar auf längere Dauer wirtschaftlich erfolgreich waren (Präzisions-Press- und -Ziehteile, Federungskörper, Spinnspulen, Stahlflachen u. a.). In einen zukunftsträchtigen, seitdem über ein halbes Jahrhundert sich durch steigende Umsätze auszeichnenden Markt stießen die Berlin-Karlsruher Industriewerke im Jahre 1929 vor, als sie sämtliche Anteile der Berliner Firma Maschinen für Massenverpackung GmbH erwarben, deren Anlagen nach Karlsruhe verlegten und dort unter Schwierigkeiten eine moderne Fertigung aufzogen. Die Verpackung von Konsumgütern, Genuß- und Arzneimitteln, von Kosmetikartikeln und verschiedenen Gebrauchsgegenständen nahm in der modernen Industriegesellschaft einen ungeahnten Aufschwung. Ein riesiger Park von Verpackungsmaschinen war hierfür bereitzustellen und notwendig, angepaßt den sehr verschiedenen Packstoffen (Papier, Kartonage, Metall, neue Werkstoffe), der Eigenart des Gutes und den besonderen Wünschen der Besteller. Von den Markterfolgen des auf kundenspezifische Problemlösungen zugeschnittenen Maschinenangebots ist noch in gegenwärtigen IWKA-Geschäftsberichten zu lesen.

Hesser in Cannstatt, der württembergische Konkurrent, schon 1911 mit der ersten vollautomatischen Paketiermaschine hervorgetreten, konnte die Rückschläge der Weltwirtschaftskrise zwar durch ständige Neu- und Weiterentwicklungen in ungefährlichem Rahmen halten, aber nach 1933 nur mühsam größeren Schaden für das Unternehmen abwenden, da ein Anflug von Maschinenstürmergeist nach Hitlers Machtübernahme Verpackungsmaschinen stillegen und zur Handverpackung, um Arbeitslosigkeit abzubauen, zurückkehren wollte.

Die seit 1924 keine Dividenden zahlenden Industrie-Werke überstanden die Weltwirtschaftskrise letzten Endes u. a. durch Vermögensverkäufe und Mobilisierung brachliegender Vorräte. Dadurch wurden Mittel für die neuen Betriebszweige und den Rückkauf von 12,5 Mio. RM Aktien (nom.) beschafft und konnte 1932 das Grundkapital auf 17,5 Mio. RM herabgesetzt werden. Rüstungspolitik war hierbei sicher nicht im Spiel. Ab 1927 befanden sich die Industriewerke auf der geheimen Liste der Notprogrammfabriken der Reichswehr und waren in die Quandt-Rhode-Gruppe einbezogen. Günther Quandt wurde 1928 zum Aufsichtsratsvorsitzenden gewählt. Als mit Hitlers Aufrüstung die ersten größeren Munitionsbestellungen ergingen, konnten allerdings die Industriewerke »überraschend schnell mit der Massenerzeugung einsetzen«. Rüstungsproduzenten vermochten sich seit jeher leichter auf den Krieg als auf den Frieden einzustellen. Sprunghaft erhöhten sich von 1937 bis 1941 die ausgewiesenen Roherträge der Deutschen Waffen- und Munitionsfabriken um 258 Prozent (von 31,73 Mio. auf 81,88 Mio. RM).

Probleme der Uhren- und Schmuckwarenhersteller

An zeitgenössischen, tiefgründigen Reflektionen über die unbefriedigende Geschäftsentwicklung der Schwarzwälder Uhrenindustrie seit dem Ersten Weltkrieg – etwa 250
Firmen – mangelte es nicht. Hemmend wirkten danach auf sie sowohl die allgemein in
der Wirtschaft beklagten Ursachen, zu hohe Steuern, Frachten, Soziallasten usw. und
die die Exportmärkte abriegelnden Zollmauern des Auslandes als auch – speziell für
die Uhrenindustrie geltend – das von den Uhrenfabriken vielfach beibehaltene, überkommene, unrationelle System, in einer Fabrik möglichst eine umfassende Kollektion
von vielen Arten von Uhren herzustellen. Der Glanz der großen Tradition machte vor
Neuerungen häufig blind. Anstatt die Fabrikation zu spezialisieren, auf wenige Produkte zu beschränken und die »Fließarbeit« in der Schwarzwälder Uhrenindustrie
auszudehnen, wurde immer wieder die Bildung von letztlich kurzlebigen Interessen-
gemeinschaften und Fusionen angestrebt, um die Preisbildung zu beeinflussen. Billiger als vor dem Kriege waren die Uhren nicht. Die südwestdeutsche Uhrenfabrikation
wurde wie seit Jahrhunderten von der Feinmechanik beherrscht, wenngleich schon in
den zwanziger Jahren in Deutschland und in der Schweiz die ersten funktionstüchti-
gen elektronischen Kleinuhren (Armbanduhren) entwickelt worden waren und damit
Zukunftsperspektiven aufleuchteten. Pionierleistungen vollbrachte die Schwarzwälder Uhrenindustrie bei der Fertigung von preisgünstigen Großuhren vom Wecker an
aufwärts, die auch vielen Mittelbetrieben Chancen einräumte. Überraschend viele Firmenneugründungen der Uhrenindustrie von Ende des Ersten Weltkriegs bis in die
Weltwirtschaftskrise hinein setzten darauf. Auch lohnte sich das nach harten Bemühungen erschlossene Exportgeschäft. 70–75 Prozent der Produktion der Uhrenindustrie des Rottweiler Kammerbezirks (15000 Beschäftigte) wurden 1925/26 exportiert. Neun Millionen RM brachte Junghans im Jahre 1927 der Export (1938: 7 Mio.
RM). In der Technologie kam es in erster Linie darauf an, das Uhrwerk gegen äußere
Einflüsse widerstandsfähiger zu machen, seine Ganggenauigkeit zu verbessern, aber
nicht künstlerisch oder technisch hochwertige Einzelstücke herzustellen. Selbst die
Verwendung von Edelhölzern für Gehäuse in der Lenzkircher Uhrenfabrik (geschlossen in der Krise) galt als ungewöhnliche Neuerung.

Als man die Rationalisierungsratschläge der amerikanische Vorbilder anpreisenden
Zeitgenossen befolgte, schlitterte die deutsche Uhrenindustrie bis 1928 (Produktion
19 Mio. Uhren, davon 80% in Südwestdeutschland) in eine dem Preisverfall der Weltwirtschaftskrise vorausgegangene Mengenkonjunktur, in der sich die Beschäftigung
bereits reduzierte, der Ausstoß aber noch stieg. Von der Krise wurde die badische Uhrenindustrie härter betroffen als die württembergische. Die knapp 8000 Beschäftigten
in den 76 badischen Fabriken mit 20 und mehr Beschäftigten (1925) schrumpften vor

und in der Krise um mehr als die Hälfte (1933: 40 Fabriken mit 3562 Arbeitern). Nun
erst verstärkte sich allgemein bei Klein- und Mittelbetrieben die Tendenz zur Innovation, wurden zielbewußt neue feinmechanische Fertigungen angestrebt und neue Fa-
brikationsstätten errichtet. Marktlücken wurden gesucht und verstärkt Sonderpro-
dukte der Zeitmeßtechnik gefertigt. Dem Bau von Zählapparaten widmete sich seit
den zwanziger Jahren die Firma J. Hengstler in Aldingen, die seit 1846 Tonfedern für
Großuhren herstellte und verdankte ihnen ihren Aufstieg (1938: 185 Beschäftigte und
1,2 Mio. RM Umsatz). Die Großbetriebe bewiesen weniger Flexibilität, aber mehr
Überlebensfähigkeit. Zu den Überlebenden zählten auch die reichlich ein Dutzend
Kuckucks- und Jockelesuhren-Hersteller des Schwarzwaldes. Das romantische Triberg war mit neun Betrieben ihre Hochburg. Über eine Million RM setzten sie 1938
um, je Beschäftigten im Durchschnitt fast 8200 RM, mehr als bei der großen Uhrenindustrie üblich.

Rätsel gibt vor allem die langsame Umstellung auf die Fertigung von Armbanduhren
auf, schon seit dem Ersten Weltkrieg bei Soldaten – damals noch nicht als Schmuck-
stück – besonders stark gefragt. Im Pforzheimer Raum begann die Fertigung von
Schmuck- und anderen Kleinuhren mit Schweizer Rohwerken. Auch lieferten die expandierenden Pforzheimer Uhren- und Gehäusefabriken (1922: 30 Betriebe) viele
Uhrengehäuse für Taschen- und Armbanduhren, die von schweizerischen Fabriken
mit Uhrwerken eigener Produktion versehen und von ihnen exportiert wurden. Von
der Zulieferung größerer Mengen von Anker- und Zylindergängen aus der Schweiz
und Frankreich für technische Uhren war auch die Schwarzwälder Uhrenindustrie vor
und nach dem Kriege abhängig. Warum gelang es der Schwarzwälder Uhrenindustrie
nicht, mit dem führenden Know-how der schweizerischen Hersteller gleichzuziehen?
1924/25 produzierte Junghans zu 68,8 Prozent Groß- und 31,2 Prozent Kleinuhren
(Taschenuhren). Die ersten, kaum stoßgesicherten Armbanduhren der zwanziger
Jahre waren Taschenuhren mit Lederarmband. Erstmals im Junghans-Katalog von
1927 erschien der Typ der kleinen Damenankeruhr, wenngleich noch nicht in gewünschter Perfektion. Die militärische Aufrüstung vom Ende der dreißiger Jahre an
überdeckte technologische Probleme, erzwang aber Vereinheitlichung und Rationalisierung, die zunächst Kriegswichtigem zugute kam. 155 von 314 erfaßten Betrieben
des Kammerbezirks Villingen steigerten insgesamt ihren Umsatz von 102 Mio. RM im
Jahre 1938 auf 171 Mio. RM 1944, also um 67 Prozent, während sich die Zahl der Beschäftigten nur etwa um 60 Prozent vermehrte.

Etwa seit der Währungsstabilisierung 1923/24 ging die erst junge Pforzheimer Uhrenindustrie dazu über, statt importierter Uhrenrohwerke Einzelteile einzuführen, sie zu
remontieren und zu damals stark nachgefragten goldenen Herrenarmbanduhren zu
verarbeiten. Im Jahre 1928 setzten die etwa 35 Pforzheimer Fabriken mit 20 und mehr

Die größten Schwarzwälder Uhrenfabriken 1938	Beschäftigte	Umsatz in Mio. RM	Grund- bzw. Stammkapital in Mio. DM 1985
Gebrüder Junghans AG Schramberg; seit 1956 Aktienmehrheit bei Diehl GmbH Nürnberg	8450	34,57	20,0
Kienzle GmbH Schwenningen; seit 1971 Kapitalmehrheit bei A. Kreidler	2958	13,9	7,3
Mauthe GmbH Schwenningen; 1976 Konkurs	1476	7,5	–
Kaiser Villingen; 1975 Konkurs	547	4,1	–
Müller-Schlenker KG Schwenningen; seit 1879 in Familienbesitz	688	3,3	–
Jahresuhren-Fabrik A. Schatz Triberg; seit 1881 in Familienbesitz	407	2	2,68
Peter-Uhren GmbH Rottweil; seit 1876 in Familienbesitz	ca. 380	1,6	4,0

Arbeitern (1928: 90; 1936: 37) teure Qualitätsuhren mit Schweizer Uhrwerksteilen – vorwiegend Zylinder – im Wert von 12 bis 14 Mio. RM um, riefen aber nun die Schweizer Konkurrenz auf den Plan, die den Export von Schablonen nach Menge und Preis begrenzte. Daraufhin entschloß man sich in Pforzheim ab 1932, mit Hilfe schweizerischer Fachkräfte und aus der Schweiz gelieferter Spezialmaschinen selber kopierte Schweizer Uhrenrohwerke herzustellen, mußte aber wichtige Fournituren (Unruh) nach wie vor aus der Schweiz beziehen. Abhängig von der Schweizer Zulieferung entwickelte sich Pforzheim bis 1939 (etwa 80 Fabriken mit 9000 Beschäftigten) zum Zentrum der deutschen Armbanduhrenindustrie, das damals einen Umsatz von rund 40 Mio. RM machte bei einem Exportanteil von ca. 16 Mio. RM.
Erhöhte Geldflüssigkeit und Konsumhunger hatten auch der Schmuckwarenindustrie unmittelbar nach dem Ersten Weltkrieg zu einer unerwartet guten Konjunktur verholfen, die auf dem Inlandsmarkt zündete und, bedingt durch den deutschen Währungsverfall, den Export nach sich zog. Die bekannte Gmünder Silberwarenfabrik

Gebrüder Kühn setzte im Jahre 1919 6,5 Mio. und 1920 14,2 Mio. Mark um, davon jeweils rund die Hälfte im Export. Während der Hyperinflation stockte das Exportgeschäft, um nach der Währungsstabilisierung nur mühsam anzulaufen, von dem wenig
aufnahmefähigen Inlandsmarkt nicht flankiert. Nur allzu kurz machte sich auch die
Hausse der »Goldenen Zwanziger Jahre« geltend, die bereits die Bijouterie in eine
gnadenlose Peripetie stieß, einen dann bis 1933/34 anhaltenden Niedergang, gezwungen, Zehntausende Arbeitskräfte zu entlassen. Es war nicht der einzige von ihr erlit-
tene, schwere Schicksalsschlag. Vom Frühjahr 1940 an erfolgte mit Hilfe des aus
Pforzheim stammenden Reichsministers Todt die Umstellung der »kriegsunwichti-
gen« Pforzheimer Schmuck- und Uhrenindustrie auf die Herstellung von Zeitzündern
für Flakgranaten. Der Krieg zog die Menschen in seinen Bannkreis. 17600 Pforzheimer fanden bei einem Brandbombenangriff am 23. Februar 1945 einen grauenhaften
Flammentod. 80 Prozent der Gebäude der Stadt wurden vernichtet.

Badische Schmuckwarenfabriken mit 20 und mehr Arbeitern
1925   293 Betriebe mit 21810 Arbeitern
1929   250 Betriebe mit 18644 Arbeitern
1933   130 Betriebe mit 10191 Arbeitern
1936   151 Betriebe mit 13216 Arbeitern

In dem vom Bombenterror verschonten Schwäbisch Gmünd überdauerten die vielen
Werkstätten der Schmuckwarenhersteller (1914: 6000 Beschäftigte; 1928: 3110; 1948:
2860) in Kellern, kleinen Anbauten und auf Hinterhöfen, verstreut über das Stadtge-
biet, die NS-Zeit und den Krieg, meist Eisen und Blech verarbeitend, oft der technischen Primitivität des 19. Jahrhunderts noch verhaftet. Befragt nach den Unterschie-
den zwischen Fabrik- und Handwerkerarbeit in der Bijouterie, antwortete die Pforzheimer Handelskammer 1892: »Der Preisunterschied zwischen einem in einer sog. Bijouteriefabrik hergestellten und einem Privat-Goldschmied gemachten Stücke entsteht nur dadurch, daß im ersteren Falle eine größere Anzahl desselben Musters oder
einzelner Teile desselben auf einmal angefertigt werden.« In der Kleinsilberfabrik
des Josef Pauser in Gmünds Milchgäßle 10, hervorgegangen aus der in der Weltwirtschaftskrise übernommenen Firma Ott, war ein funktionierendes Manufaktur-
ensemble der Jahrhundertwende sogar bis 1983 in Betrieb, weil es der sparsame
Eigensinn des uralt gewordenen Besitzers so wollte. Ab Juni 1945 verkauften die Gebrüder Kühn nach nur zweimonatiger kriegsbedingter Betriebsstille wieder eiserne
und silberne Erzeugnisse. Gemessen am Silberverbrauch, auf das Gramm genau überliefert – 1272, 491 kg vom Februar bis November 1946 und 2443,390 kg vom Februar

bis 12. Dezember 1947 –, schien das Geschäft mit dem Schmuck schon vor der Währungsreform zu florieren. Was wurde verkauft und auf welchen Märkten?

Feinmechanik, Optik, Instrumentenbau

Im traditionellen südwestdeutschen Waagenbau (Neigungs-, Feder-, Hänge-, Balken- und Brückenwaagen), den zwei mathematische Genies des 18. Jahrhunderts, der Kornwestheimer Mechanikus Philipp Matthäus Hahn und der Gengenbacher Friedrich Alois Quintenz nachwirkend beeinflußten, kam es bis in neueste Zeit, bis zur Einbeziehung der Elektronik, nicht zu umwälzenden Fortschritten. Neigungswaagen, 1763 von Philipp Matthäus Hahn konstruiert, wurden in Deutschland im eichpflichtigen Verkehr erst 1922 zugelassen, weil der Versailler Vertrag es so vorschrieb. Der technische Verbund der oberschaligen Waage mit der selbstanzeigenden Neigungswaage ließ kurz darauf die altbekannte und bewährte Neigungs-Ladentischwaage entstehen. Der erfolgreiche Wilhelm Kraut in Balingen gehörte zu den ersten Herstellern. Schon 1926 begannen die Balinger Bizerba-Werke in einer Flucht nach vorn, der Neigungswaage ein elektrisch druckendes Preisrechenwerk anzuschließen, eine einzigartige, zukunftsorientierte Neuerung, die aber der damals praktikablen Technik zu weit vorauspreschte. Von Onstmettingen, wo einst der geniale Philipp Matthäus Hahn tätig war, gingen entscheidende Impulse für den Aufstieg der feinmechanischen Industrie der Südwestalb (Präzisionswaagen, Meß- und Feinwerkzeuge) aus, der Waagenfabriken Aug. Sauter GmbH sowie Kern & Söhne in Ebingen, Joh. Boß sowie G. Haigis AG in Onstmettingen und der Bizerba-Werke Wilhelm Kraut GmbH in Balingen. Feinmechanische Präzisionsarbeit zog den Aufbau von Produktionen für Präzisionswerkzeuge nach sich.

Auf dem Spezialgebiet der Feinmechanik und Optik waren bei der Herstellung von Fotoapparaten und deren Zubehör die Leistungen des Kodak-Dr. Nagel-Werks, der Contessa-Nettel-Werke, beide in Stuttgart, sowie der Alfred Gauthier GmbH in Calmbach herausragend. Hochwertige Barometer lieferte die Firma G. Lufft, Stuttgart, seit 1881, fast in die ganze Welt. Thermometer, Hygrometer, Höhen- und Klimamesser gehören ferner zum Produktprogramm des heute etwa 100 Mitarbeiter zählenden eingeführten Unternehmens. Um sich selbständig zu machen, gründete 1928 das Vorstandsmitglied der Zeiss-Ikon AG (Dresden), Dr. August Nagel, die gleichnamige Fabrik für Feinmechanik (1928: 100 Beschäftigte; 1929 über 200) und produzierte von der Technik und vom Design her weltweit nachgefragte hochwertige Kameras. Seinem auch während der Weltwirtschaftskrise stark expandierenden Unternehmen, obwohl die Foto-Industrie ansonsten von der Krise in aller Wucht getroffen worden war, wurden durch Veräußerung an den amerikanischen Kodak-Konzern im Jahre 1932 die erforderlichen Finanzmittel zugeführt, wobei die Leitung des Werks in den Händen von Dr. Nagel blieb. Verschlüsse für die Kameras gab es bis nach 1900 in Deutschland nicht. Sie wurden aus den USA von einer dort von zwei ausgewanderten Deutschen (Bausch und Lomb) errichteten Firma bezogen. Den schweren amerikanischen Verschlüssen ein ebenbürtiges oder besseres Erzeugnis entgegenzustellen, setzte sich der Pforzheimer Mechaniker Alfred Gauthier in seinem nach 1900 rasch aufgestiegenen Calmbacher Werk (1913: 320 Beschäftigte; 1929 und 1939: rd. 1100), der wohl ersten deutschen, auf den Verschlußbau spezialisierten Fabrik, zum Ziel. Auf seinen konstruktiven Ideen beruhte der Erfolg und der Aufschwung der Verschlußfertigung des Unternehmens, nur im Zweiten Weltkrieg unterbrochen. Der Verschlußbau erforderte die Fertigung von entsprechenden Werkzeugmaschinen im gleichen Hause. Schon wenige Jahre nach dem Zweiten Weltkrieg brachte Gauthier mit Prontor-SV den ersten deutschen Verschluß mit Vollsynchronisierung heraus. Im gleichen Jahr erschien auch die Konkurrenz, das etwa gleichaltrige Deckel-Werk in München, mit einem Höhepunkt in der präzisen Verschlußtechnik, dem Synchro-Compur. Der erfinderische Mechanikermeister Friedrich Deckel aus Jungingen (Hohenzollern), ein »vifes Bürschle«, das bei Bosch & Speidel, Werkstätten für Optik und Feinmechanik in Jungingen in die Lehre gegangen war, gründete die Friedrich Deckel AG, heute 60 Mio. DM Stammkapital.

Bedingt durch die Uhrenindustrie und die ebenfalls alteingesessene Fertigung von Musik- und chirurgischen Instrumenten stellte die Industriegruppe Feinmechanik und Optik nicht nur nach dem Maschinenbau und der Metallwarenindustrie die wichtigste südwestdeutsche Exportindustrie dar (1936 Ausfuhr Württembergs: 37,1 Mio. RM; Badens: 11,5 Mio. RM). Mit einem Anteil von 16,1 Prozent der gesamten Reichsproduktion im Jahre 1936 entfiel sogar eine überdurchschnittliche Quote (Nettoproduktionswert: 59,2 Mio. RM) auf die entsprechende Industriegruppe Württembergs und Hohenzollerns. Das Pionierunternehmen des Tuttlinger Instrumentenbaus, die AG für Feinmechanik vorm. Jetter & Scheerer, blieb auch das größte unter den etwa 20 auf dem medizinischen Instrumentenbau sich gründenden Unternehmen in und um Tuttlingen (u. a. Schweickhardt, Storz, Ueth & Haug, Hipp & Schreiber, Jetter-Wetzel, Bayha, Reichle & Co.; 1926 insgesamt 2500 Arbeiter). 7,2 Mio RM Umsatz, davon 45 Prozent im Export, machten Jetter & Scheerer im Jahre 1938 mit 906 Beschäftigten. Der erfolgreiche Großbetrieb schreckte schwäbische Mentalität nicht vor Neugründungen von Unternehmen im Tuttlinger Raum ab. Von 1920 bis 1922 kamen 22 Betriebe der Chirurgiemechanik hinzu, wobei allen bewußt war, daß ihre Existenz wesentlich vom Florieren des Exportgeschäfts, zeitweilig über 60 Prozent, abhängen würde. Acht Tuttlinger Fabriken schlossen sich deshalb bereits 1923, mitten in der

Hyperinflation, zur Exportförderung in einer gemeinsamen Verkaufszentrale zusammen.

Eine Weltindustrie entwickelte sich auch im nahen, ungünstig gelegenen, jedoch dicht besiedelten Trossingen. Mehrere einheimische, sich anfangs teilweise aus Überschüssen der Landwirtschaft finanzierenden »Bläslesmacher«, Harmonikafabrikanten, machten sich dort im vorigen Jahrhundert wechselseitig Konkurrenz, bis schließlich vor dem Ersten Weltkrieg nur noch zwei Großbetriebe, Koch und Hohner, miteinander wetteiferten. Die Erschließung des amerikanischen Marktes für die millionenfach produzierten Mundharmonikas machte die Matthias Hohner AG (seit 1909; heute 14 Mio. DM Aktienkapital) zu Beginn des 20. Jahrhunderts zur Weltfirma. Mit 4203 Beschäftigten erzielte sie im Jahre 1938 in offenbar sehr arbeitsintensiver Fertigung einen Umsatz von fast 18 Mio. RM bei einem Exportanteil von fast 50 Prozent (1926 noch ca. 90 Prozent).

Andere Hersteller von Qualitätsprodukten in der Musikinstrumentenindustrie, keine Massenerzeugnisse, blieben trotz weitreichender Exportgeschäfte Unternehmen von mittelständischem Zuschnitt. Das galt ebenso für die vielbewunderte Orgelfabrikation (Walcker, Weigle, Link, Mack) wie für die namhaften Pianofortefabriken, die des Erlangers J. S. Schiedmayer & Söhne Stuttgart, seit 1809, Fertigungsbilanz 1880 bis 1979: 126 664 Pianos der A-Klasse, die Firma Kaim in Kirchheim/T. und für Carl Sauter, Spaichingen, seit 1846. Auch die Musikinstrumentenindustrie bedurfte besonderer Zulieferer. Louis Renner in Stuttgart, seit 1882, setzte in der höchst komplizierten Klaviermechanik die Qualitätsmaßstäbe. Seine aus mehr als 6000 Einzelteilen bestehende Flügel- und Pianomechanik, weltweit exportiert, ist bis heute unübertroffen. Was die Herstellung mechanischer Musikinstrumente anbetraf, die von Dreh- und Konzertorgeln mit auf Lochkarten gespeicherter Musik, war bis in die dreißiger Jahre Waldkirch im Schwarzwald einer der renommiertesten Orte in Europa.

Reine und gemischte Eisengießereien

Zwischen der eisenerzeugenden und der eisenverarbeitenden Industrie liegt das vielgestaltige Arbeitsfeld der sehr konjunkturempfindlichen Eisengießereien, ursprünglich auch in Südwestdeutschland zumeist ein wesentlicher Betriebsbestandteil der großen Hüttenwerke. Bedeutendster südwestdeutscher Gußeisenproduzent waren bis ins 20. Jahrhundert die staatlichen Württembergischen Hüttenwerke mit Wasseralfingen als wichtigstem Werkkomplex, im Jahre 1920 insgesamt auf zehn bis zwölf Mio. Goldmark bewertet. Infolge der verminderten Ertragsfähigkeit des Unternehmens durch Verlust des Monopols in der Eisenbahnbelieferung nach Übergang der würt-

tembergischen Staatsbahnen auf das Reich entschloß sich die württembergische
Staatsregierung Ende 1920, das bisherige kameralistische Betriebssystem der Hüttenwerke durch eine nach privatwirtschaftlichen Grundsätzen arbeitende kaufmännische
Verwaltung zu ersetzen. Zugleich mußte zur Sicherung des Rohstoff- und Halbzeug-
bedarfs Anschluß an ein Großunternehmen gesucht werden. Wirtschaftliche Überlegungen waren letztlich entscheidend, daß der Konzern der Gutehoffnungshütte unter dem mit Württemberg verbundenen Paul Reusch – sein Vater hatte hervorragenden Anteil am Ausbau der Württembergischen Hüttenwerke – mit dem Staatsbetrieb
eine naheliegende Verbindung einging. Im April 1921 nahmen die so entstandenen
Schwäbischen Hüttenwerke GmbH mit einem je zur Hälfte vom württembergischen
Staat und von der Gutehoffnungshütte übernommenen Stammkapital von zehn Mio.
Mark (1924 = 1 Mio. RM) ihre Geschäftätigkeit auf. Der Staat verpachtete vertraglich an die neue Gesellschaft die staatlichen Hüttenwerke sowie dazugehörige Erzgru-
ben und Erzfelder, auch sonstige Schürf- und Mutrechte, auf 30 Jahre, mit der Möglichkeit der Pachtverlängerung zu festem Pachtzins und zu einem gleitenden Zuschlag
in Höhe von 25 Prozent des von den Schwäbischen Hüttenwerken erzielten Gewinns.
Es war ein recht außergewöhnlicher, nicht alltäglicher Vertrag, zwischen Staat und
Privatkonzern geschlossen, eigentlich mehr zugunsten der das Risiko tragenden Gutehoffnungshütte. Sie hatte auch den Aufsichtsratsvorsitz inne, während dem jeweiligen
württembergischen Finanzminister der stellvertretende Aufsichtsratsvorsitz gebührte.
Entsprechend dem Inhalt der vertraglichen Schlußerklärung begann bereits während
der Inflation unter dem Einfluß der Gutehoffnungshütte die technische Erneuerung
und Umgestaltung der Hüttenwerke. Um nach der Währungsstabilisierung wettbewerbsfähig zu bleiben, wurde wegen der an Sättigungsgrenzen gestoßenen
Schweißeisenproduktion die Erzeugung von Flußeisen – Schwabenstahl genannt – für
Weichstähle in größerem Umfang aufgenommen (1928 mtl. 700 t Flußeisen und 115 t
Schweißeisen). Ausgebaut wurde die Herstellung von Hartgußwalzen für die Papier-
industrie in Königsbronn – seit den zwanziger Jahren an der Spitze der deutschen
Hartgußwalzen-Industrie – sowie der größere Bedeutung gewinnende hochwertige
Automobilguß in Ludwigstal. Das Werk Friedrichstal erzeugte nach wie vor haupt-
sächlich handgeschmiedete Achsen, Sensen und Schaufeln, die Wilhelmshütte kleine
Maschinen für den bäuerlichen Klein- und Mittelbetrieb sowie Maschinen- und Han-
delsguß. Andere neu aufgenommene Produktionszweige brachten keinen oder wenig
Erfolg und wurden wieder aufgegeben, so die Böblinger Werft AG 1926, die 1923/24
wieder angeblasene Roheisenerzeugung im Hochofen Ende 1925, der Landmaschinenbau sowie die Versuchsarbeiten mit Motoren, Traktoren und Kleinautos, für deren
Finanzierung sich keine Interessenten fanden. Dennoch haben sich die Umsätze der

Schwäbischen Hüttenwerke (Anfang 1929: 1750 Beschäftigte) bis zur Weltwirtschaftskrise stetig entwickelt (in Mio. M/RM 1912/13: 7,2; 1924/25: 7,6; 1927/28:
11,6) und erfuhren nach dem schweren Einbruch der Weltwirtschaftskrise 1933 (4,3
Mio. RM) zunächst eine leichte Aufbesserung durch die gelieferten Königsbronner
Walzen für den »Russenauftrag« von Voith/Heidenheim sowie infolge der guten Beschäftigung der Gießerei Wilhelmshütte durch Aufträge der Zahnradfabrik und der
Maybach-Werke Friedrichshafen. Vor allem Rüstungsnachfrage drückte den Umsatz
schließlich bis 1943/44 auf den Höchststand von 21,8 Mio. RM (Steigerung gegenüber
1932/33: 501%). Kriegsverluste hielten sich in Grenzen. Schon 1947/48 (Umsatz: 8,1
Mio. RM) arbeiteten die Schwäbischen Hüttenwerke mit knapp 1500 Beschäftigten
wieder mit Gewinn.
Einen beispielhaft lehrreichen Einblick in die als Zulieferer der Investitionsgüter-
industrie starke Konjunkturabhängigkeit und schwankende Gewinnsituation der
Gießereiindustrie gewährt die überlieferte Betriebsstatistik der Ulmer Eisengießerei
Herm. Th. Hopff GmbH (Stammkapital bis 1930: 300000 RM; 1931–1948: 240000
RM), wenngleich nach dem Stande von 1929 nur einer von 115 südwestdeutschen Gie-
ßereibetrieben (61 in Baden und 1 in Hohenzollern). Die höchsten Gewinne, in denen
freilich viel Scheingewinne enthalten waren, wurden infolge der gezahlten hohen
Preise für Eisenguß (Grauguß) während der beiden Weltkriege verbucht (1942: 42%
des Stammkapitals), obwohl die durchschnittliche Mengenproduktion der Kriegszeit
deutlich hinter der der unmittelbaren Vorkriegsjahre zurückblieb (1914–1918:
– 37,2% gegenüber 1912; 1940–1943: – 22% gegenüber 1938). Als typisch für die allgemein rezessive Wirtschaftsentwicklung zwischen den beiden Weltkriegen könnte
der von 1925 bis 1936 anhaltende, sukzessive Preisverfall für Gußeisen gelten (Preisunterschied: – 32,5%). Erst 1943 überstieg der Durchschnittserlös je Kilogramm Guß
bei Hopff den von 1925, in der langen Preisreihe eigentlich als Anfang einer Preis-
wende anzusehen, die schrittweise zur keineswegs gewinnträchtigen Preishausse des
Wiederaufbaubooms hinführte. Verluste, die zugleich das Betriebsvermögen schmä-
lerten, erlitt Hopff infolge drastischer Umsatzrückgänge nur während der Weltwirt-

Gießereistatistik

Jahr	Baden		Württemberg			Hopff, Ulm
	Zahl	Produktion t	Zahl	Produktion t	Absatz RM	Produktion t
1929	61	147 765	64	84 000	33,4 Mio.	1911 = 100
1932	55	45 088	60	35 000	11,3 Mio.	761 = 39,8
1936	57	158 588	–	–	–	3228 = 168,8

schaftskrise 1930–1933 und der Zwangswirtschaft 1945–1947. Die von 1933 bis 1944 erwirtschaftete durchschnittliche jährliche Kapitalrendite (bezogen auf das Stammkapital) von 25 Prozent könnte als Beleg für die eingetretene Kostensenkung wie für die Unternehmensfreundlichkeit der nationalsozialistischen Wirtschaftspolitik gelten. In Beziehung gesetzt zum tatsächlichen Betriebsvermögen, ergab sich eine recht respektable Rendite von 13,7 Prozent, nur bis 1938 übrigens mit einer Umsatzsteigerung (im Jahresdurchschnitt 26,7%) verbunden.

Vorrangig folgten die vom Beginn der industriellen Revolution bis Mitte des 20. Jahrhunderts zahlenmäßig beträchtlich zugenommenen südwestdeutschen Eisengießereien einem örtlich bzw. regional vorhandenen Bedarf nach Eisenguß. In Baden konzentrierten sich die Eisengießereien (durchschnittliche Betriebsgröße im Jahre 1936: 120 Beschäftigte) in den Industriezentren am nördlichen Oberrhein; in Württemberg fügten sie sich in die Industrieachse von Ludwigsburg bis Geislingen/Steige, entlang von Neckar und Fils. Reine Kundengießereien waren in der Minderzahl. Bewährt hat sich nach wie vor die Anlehnung der Gießereien an andere eisenverarbeitende Betriebe, insbesondere an Maschinenfabriken, da beim Spezialmaschinenbau (auch Automobilbau) mit seinen vielen Neukonstruktionen und dauernden Modelländerungen ein hoher Bedarf an Maschinenguß zu befriedigen war. Damals wurde das flüssige Eisen der Schmelzöfen noch in Sandformen gegossen und dann das erhaltene Gußstück von Gußputzern bearbeitet. In den gemischten Betrieben stand Kundenguß gewöhnlich an zweiter Stelle. Die Badische Maschinenfabrik Durlach (vormals Sebold-Werke), bahnbrechend auch in der Entwicklung von Gießereimaschinen, erzeugte in ihrer Gießerei von 1919 bis 1929 für 5,5 Mio. Gold- bzw. Reichsmark Guß für eigene Rechnung und für nur 1,5 Mio. für fremde Rechnung. Gußeisen eigener Produktion verarbeitete in großem Umfang das Strebelwerk Mannheim (seit 1900), die größte deutsche Spezialfabrik für gußeiserne Heizkessel und Heizkörper. Die klassische Konstruktion des gußeisernen, aus O-förmigen Gliedern bestehenden Heizkessels war eine Erfindung des genialen Josef Strebel vom Ende des vergangenen Jahrhunderts.

Bei der namhaften Stotz AG Stuttgart/Kornwestheim, ab 1926 auch am Rußlandgeschäft beteiligt, wurde ein großer Teil der modernisierten Temper- und Graugießerei in der eigenen Maschinenfabrik verbraucht, die verschiedene Förder- und Bandaufbereitungsanlagen sowie Sandstrahlgebläse für Gießereien herstellte (Umsätze in Mio. M/RM 1913/14: 2,2; 1920/21: 36,6; 1928: 5,5; 1932: 1,8; 1938: 5,8; 1941: 7,2). Zwischen 1928 und 1933 (1932: 585 Beschäftigte) schrumpfte der Umsatz im Jahresmittel um 21 Prozent und stieg in der Folgezeit bis zum nicht durch direkten Kriegsbedarf bedingten Höchststand im Jahre 1941 (über 800 Beschäftigte) um entsprechende 21,4 Prozent. Von 1934 an erzeugte Stotz in Lizenz Meehanite-Eisen, den gemäß der

Erfindung des Amerikaners A. F. Meehan geimpften Grauguß, ein stark gefragtes, besonders dichtes Material für höchste Druckbeanspruchung. Die Eisengießerei M. Streicher Cannstatt, die sich 1920 in Asperg eine Stahlgießerei angliederte, damals die einzige in Württemberg, bemühte sich stets, das Risiko einseitiger Abhängigkeit von der Marktnachfrage nach Kundenguß zu mindern. Im Bau- und Kanalisationsguß verschaffte sie sich eine führende Stellung. Die angeschlossene Kesselschmiede erleichterte das Überleben während der Weltwirtschaftskrise dank der notwendigen Ersatzinvestitionen der bisherigen Kunden (1932: 37 fertiggestellte Dampfkessel gegenüber 93 im Jahre 1928). Erst im Jahre 1922 gliederte sich die Maschinenfabrik Karl Händle & Söhne Mühlacker (1924: 140 Mitarbeiter; 1938: 264), 1870 aus einer Schlosserei hervorgegangen und seit Ende des Jahrhunderts auf Maschinen für die keramische Industrie spezialisiert, eine eigene Gießerei an, um sich – wie viele Unternehmen zuvor – von der Zulieferung von Gußteilen unabhängig zu machen. Wo sich auch immer das Entstehen der südwestdeutschen Gießereiindustrie näher verfolgen läßt, die überwiegende Zahl der Betriebe war verbrauchsorientiert, auf eine Transportkosten sparende Zulieferfunktion für den hochwertigen Spezialmaschinenbau fixiert. Billige Massenwaren erster Schmelzung wurden in den Gießereien kaum erzeugt, da es auch den Lohnkostenfaktor schon damals in Rechnung zu stellen galt.

Metallwaren: Industriestandorte Mittlerer Neckarraum und Nordbaden

Im Rahmen der südwestdeutschen Metallindustrie (Metallgewinnung, Maschinen-, Apparate-Fahrzeugbau, Metallwaren, Elektrotechnik) nahm die zumeist aus alten Traditionen hervorgewachsene Herstellung von Eisen-, Stahl- und Metallwaren der Zahl der Betriebe nach den ersten und hinsichtlich der Zahl der Beschäftigten nach dem Maschinenbau den zweiten Platz ein (in Baden seit Mitte der dreißiger Jahre). Auch die Metallwarenherstellung erwies sich als sehr krisenanfällig. Fischer in Göppingen – 1914 rund 500 Beschäftigte und 1933 nur 60 – verlor in der Weltwirtschaftskrise rund 60 Prozent des Kapitals. Typisch für die Unternehmensstruktur waren die Kleinfabriken. Zu den herausragenden Ausnahmen zählte die weltbekannte Württembergische Metallwarenfabrik Geislingen (1924 rd. 5000 Beschäftigte; 1938: rd. 6000) – nicht zu verwechseln mit der Württembergischen Metallwarenmanufaktur Adolf Knecht Cannstatt. In der Zwischenkriegszeit brachte WMF rostfreie Chrom-Nickel-Erzeugnisse und widerstandsfähige Silitkochgeschirre auf den Markt. Anfang 1939 mußten bereits Patronenhülsen aus Messing gefertigt werden.

Betriebe der Metallwarenherstellung mit 5 und mehr Beschäftigten
Baden (1936):   872 mit 31257 Beschäftigten (je Betrieb: 36)
Württemberg (1938):   875 mit 41084 Beschäftigten (je Betrieb: 47)

Neben Göppingen waren Esslingen und Ludwigsburg bevorzugte Standorte der vielseitigen württembergischen Metallwarenindustrie. Die Firma F. W. Quist (1866 bis 1981), seit 1872 unter den Namen »Aktien-Plaque-Fabrik« (1924: 250 Arbeiter; Höchstumsatz in der Zwischenkriegszeit 1936: 2,3 Mio. RM), schob sich mit ihren Neusilbererzeugnissen und Exporterfolgen an dem einst auf dem Gebiet der lackierten Blechwaren bahnbrechenden Deffnerschen Unternehmen – 1924 nur 105 Beschäftigte – vorbei. Die Esslinger Flaschner J. Dilger und A. Keck spezialisierten sich auf die fabrikmäßige Blechemballagenproduktion. Die Erzeugung von Kupfer- und Aluminiumwaren für Küche und Haushalt wurde zur Domäne der zeitweilig drei Wagner-Betriebe (1924 insgesamt 85 Arbeiter), die allesamt ihren Ursprung auf alte, handwerksmäßige Kupferschmieden zurückschreiben. Im Jahresdurchschnitt 1924 bis 1930 machten die drei zu einer GmbH vereinten, innovativen Unternehmen einen Umsatz von 1,44 Mio. RM, erlitten 1932 einen Umsatzrückgang auf 0,8 Mio. RM, vermochten aber seit 1935/36 (etwa 250 Beschäftigte) zu neuen Umsatzrekorden vorzustoßen (Höchststand 1941: 6,4 Mio. RM). Die seit 1932/33 in der Firmenleitung gewöhnlich länger diskutierte Aufnahme neuer Artikel, darunter Elektrogeschirre, Speiseträger sowie Geräte für die Milchwirtschaft, die Süßmostbereitung und für Fleischereien, trug entscheidend dazu bei. Noch heute verweist die Metallwarenfabrik Christian Wagner mit Stolz auf die von ihr ausgerüsteten Großküchen der Zeppelin-Luftschiffe, der Hapag-Lloyd-Luxusliner und der Mitropa-Speisewagen. Hinzu kam damals zunehmend Militärisches, angefangen 1935/36 mit Gasmaskenbehältern und Pulvertonnen und endend 1943/44 mit Einzelteilen für die Kontinentalrakete V 2. Auf Küchengeschirr aus rostfreiem Edelstahl oder Aluminium setzten schon vor dem Zweiten Weltkrieg nicht wenige Firmen (Ritter Aluminium GmbH Esslingen u. a.). Der Metallindustrie zuzurechnen sind auch die zahlreichen Werkzeugfabriken (Steiner, Laupheim; Jos. Albrecht, Esslingen; Backfisch & Co., Eberbach; Freymann & Co., Weinheim; Fuchs, Stuttgart; Hertner, Ebingen; Hommel, Mannheim; Lupp, Tuttlingen; Saacke, Pforzheim; Heß, Gerhausen u. a.), in Esslingen vor allem die erfolgreiche Stahlwaren- und Werkzeugfabrik Friedrich Dick, der einzige aus dem reichsstädtischen Zunfthandwerk, aus einer alten Feilenhauerei erwachsene Esslinger Großbetrieb und 1925 mit 1030 Arbeitern größte Firma des Remscheider Feilenbundes.

In den nur langsam zum Maschinenbetrieb übergegangenen und deshalb noch viel auf Handarbeit angewiesenen Kupferschmieden spielte ab Anfang unseres Jahrhunderts die Drückbank eine Hauptrolle. Mit ihr wurden Gefäße schöner, leichter und billiger hergestellt als mit Hammerarbeit. An einer Fließbandeinrichtung wurde in der Metallwarenfabrik F. & R. Fischer Göppingen (1874–1959/66) seit dem Sommer 1938 gearbeitet. Als sich bei Fischer Friedens- und Rüstungsproduktion miteinander verschränkten, als Badeöfen, Kinderherde, Haushaltswaren neben Kochgeschirren und Wehrmachtskanistern (1941 Tagesleistung 1800 Stück) produziert wurden, stieg die Produktivität sprunghaft (1929–1933: 120 Beschäftigte, Umsatzanteil je Beschäftigten 4850,– RM; 1939–1943: 360 Beschäftigte, Umsatzanteil 10565,– RM). Auf originalgetreu nachgeahmte Puppenküchenartikel aus verschiedensten Metallen hatte sich auch die Württembergische Metallspielwarenfabrik C. F. Dietrich, Ludwigsburg (um 1820–1932), spezialisiert. Insgesamt 15 mittelständische Industriebetriebe der Blech- und Metallwarenbranche waren in den zwanziger Jahren in der württembergischen Garnisonstadt seßhaft und nur ausnahmsweise als Militärlieferanten tätig.

Ende 1938 teilten die Ostertag-Werke, Vereinigte Geldschrankfabriken in Aalen, den Wehrmachtsdienststellen mit, »daß die Beibehaltung der 60-Stunden-Woche auf die Dauer nicht tragbar« sei. Die Ostertag-Werke mußten Panzertüren für die Westwallbefestigungen fertigen. Auch die verschiedensten Drahtziehereien (Ulm, Aalen, Mannheim, Eberbach) waren damals schon mit Heeresaufträgen belegt. Ab 1925 waren die deutschen Drahtwerke im Drahtverband kartelliert und in ihren Entwicklungsmöglichkeiten eingeengt. Das Eisen- und Drahtwerk Erlau in Aalen (seit 1795), im Jahre 1906 zur maschinellen Herstellung mit ersten elektrischen Ketten-Schweißmaschinen übergegangen, erweiterte 1926 das Produktionsprogramm mit Auto-Schneeketten, kurz zuvor von der Kettenfabrik Rieger & Dietz, Unterkochen, als umsatzträchtig entdeckt.

In der offiziellen Statistik wurden die Metallhalbzeugproduzenten, obwohl häufig zugleich Endhersteller, der Metallgewinnung zugerechnet (1936 in Baden 68 Betriebe mit 9318 Beschäftigten; 1938 in Württemberg 61 Betriebe mit 5204 Beschäftigten). Zu den Halbzeugherstellern zählten Walzwerke, Gesenkschmieden (Feuerbacher in Heidenheim; Gesenkschmiede und Hammerwerk Aalen u. a.) und Präzisionsziehereien und -drehereien. Noch waren nicht wenige Hammerwerke aus vorindustrieller Zeit in Betrieb (Jos. Braun, Rot an der Rot, u. a.). Das Eisen- und Hammerwerk GmbH Teningen (seit 1771) arbeitet noch heute (2,5 Mio. DM Stammkapital). Das Mannheimer Hammerwerk war zugleich Ankerfabrik; die Süddeutschen Hammerwerke Edelfingen firmierten als Gabelfabrik. Aus der Konkursmasse eines Karlsruher Kaufmanns erwarb der erfolgreiche Louis Goerger das einst markgräflich-badische Hammerwerk Gaggenau (1869: 42 Arbeiter). Nach manchem Eigentümerwechsel gingen daraus die heutigen Gaggenau-Werke Haus- und Lufttechnik GmbH hervor (Stammkapital 16 Mio. DM). Eisenherde baute man in Gaggenau seit Ende des 19. Jahrhunderts. Seit den dreißiger Jahren konzentrierte sich das Unternehmen auf die Fertigung von Küchengeräten für den privaten und gewerblichen Bedarf. Die kleine württembergische Werftindustrie wurde repräsentiert durch die Schiffswerft Neckarsulm, zugleich Hammerwerk und Kesselschmiede, und die erst 1919 von einem vom Schiffbau begeisterten Mannheimer Kaufmann gegründete Bodan-Werft in Kressbronn am Bodensee (anfangs 10 Beschäftigte), die den Bau von Fahrgast- und Fährschiffen aufnahm.

NE-Metalle

Fortschritte in der Feuerungstechnik ließen in den traditionellen Gelbgießereien (u. a. Metallwerk Richard Ammer Reutlingen; Joh. Erhard, Heidenheim; Scherer & Cie., Feuerbach; Messingwerk Schwarzwald, Villingen; Wieland-Werke, Ulm – 1929: 1834 Beschäftigte) neue Legierungen emporkommen. Mehr und mehr drangen fortan die Nichteisenmetalle in bisher dem Eisen vorbehaltene Bereiche vor. Der Einführung des den aufwendigen Guß substituierenden, von der AEG damals entwickelten Warmpreßverfahrens verdankten die 1911 gegründeten Hansa-Metallwerke AG Stuttgart-Möhringen (noch heute im Familienbesitz; 7,888 Mio. DM Grundkapital) ihren beispielhaften, fast unaufhaltsamen Aufstieg (1924: ca. 150 Beschäftigte; 1975: ca. 900; 1985: ca. 1200). Gefertigt wurden und werden Metallformstücke aus allen preßbaren Metallen hauptsächlich für Sanitärarmaturen. Die erfolgreichste Neuerung der letzten Jahre war der von der Konkurrenz rasch »nacherfundene« Hebelmischer. Der prozentuale Umsatzzuwachs im Jahresdurchschnitt von 15 Prozent seit 1979 (Umsatz 1984: 167,2 Mio. DM; Exportanteil ca. 20%) unterstreicht den Erfolg eines Familienunternehmens, das seine Technologie und seine Produkte nun schon über drei Generationen dem Markt anzupassen vermochte.

Auch für Kreidler standen einst die Zeichen gut. Kreidler's Metall- und Drahtwerke Stuttgart-Zuffenhausen, ebenfalls ein Halbzeughersteller, boten in ihrer kaum gebremsten Expansion zwischen 1924 (223 Beschäftigte) und 1939 (rd. 1400) ebenfalls ein getreues Abbild von dem nicht aufzuhaltenden Siegeszug der NE-Metalle. Die ursprüngliche Produktpalette (Kupfer- und Messingdrähte und Messingstangen) wurde 1926–1930 um Messingblech, ab 1930/33 um Drähte, Stangen und Profile aus Aluminium und Aluminiumlegierungen, ab 1936 um eigene Zinklegierungen und ab 1938 um Gesenkpreßteile aus NE-Metallen erweitert. Im gleichen Zuge wurden die Fertigungen rationalisiert, modernisiert (1927 Elektrogießerei), auf ständige Qualitätssicherung ausgerichtet und namentlich durch den Aufbau des Zweigwerks Kornwestheim (Gießerei, Preß- und Walzwerk) bedeutende Investitionen vorgenommen. Anfang der vierziger Jahre wurde in zwei Werken »mit einer installierten Leistung von 6000 PS pro Jahr Metallhalbzeug im Werte von mehr als 23 Millionen Reichsmark hergestellt«. Andere Verarbeiter von NE-Metallen machten sich deren zunehmende Wertschätzung als Gebrauchsgegenstände zunutze oder pflegten nach wie vor den kostbaren Kunstguß (Bronzeguß). Die von der Fürstlich Hohenzollernschen Hüttenverwaltung Laucherthal gelieferte »Zoller-Edelbronze« galt als Qualitätsbegriff. Hervorragendes im Kunstguß bot die Gmünder Silber- und Metallwarenfabrik Erhard & Söhne (seit 1843), bekannter jedoch durch ein profanes Produkt, den ihr 1938 patentierten Schleuderaschbecher, der schon vor dem Zweiten Weltkrieg auf den Markt gekommen war.

Von allen NE-Metallen erfuhr das leichte Aluminium, das »Silber aus Lehm«, den steilsten Verbrauchsanstieg. Die billigen Wasserkräfte am Hochrhein hatten Südwestdeutschland vor dem Ersten Weltkrieg zur Wiege der deutschen Aluminiumindustrie gemacht. Nach dem Kriege verlor sie wieder an Boden, erlebte aber mit dem gestiegenen Rüstungsbedarf ab Mitte der dreißiger Jahre einen neuen Aufschwung. Die Metallwerke Schwarzwald AG in Villingen (seit 1911; heute Tochter der Wieland-Werke AG Ulm) produzierten 1938 für 3,4 Mio. RM NE-Metall-Halbzeug. Die schweizerische Aluminium-Industrie Neuhausen war beteiligt an der Aluminium-Hütte Rheinfelden (1930: 4000 t Jahreskapazität), an dem Aluminium-Walzwerk Singen (1924: über 1000 Mitarbeiter), Pionierunternehmen in der Großfertigung von Aluminiumfolie, und an der im Zweiten Weltkrieg stark ausgebauten Aluminium-Gießerei Villingen (Umsatz 1938: 1,7 Mio. RM; 1944: 5 Mio. RM). Nachfahren der Guilinis (darunter die Freiherren von Salmuth) betrieben das Aluminium-Walzwerk Wutöschingen. Wagemutig gründeten der 25jährige Emil Tscheulin und sein Schwager, Wilhelm Ingold, im Jahre 1913 in Teningen das Aluminium-Walzwerk Tscheulin GmbH. Ende der zwanziger Jahre exportierten sie Verpackungs- und Kondensator-Folien in alle Welt. Im neuen Schmelz- und Bandwalzwerk Teningen begann schon 1929/30 die Veredelung von Folien sowie die Produktion von Tuben und Flaschenkapseln aus Aluminium. Zahnpasta-Tuben kamen schon vor dem Ersten Weltkrieg auf (AG für Metallindustrie vorm. Gustav Richter Tubenfabrik Karlsruhe).

Textilveredelung: Wangen, Uhingen

Unter Textilveredelung oder »Ausrüsten« ist allgemein alle mechanische, physikalische und chemische Bearbeitung von Textilgut zu begreifen, die diesem Farbe, Schönheit, Griff, Glanz, Echtheit und Eignung für den Gebrauch geben. Erst der wichtige,

uralte Produktionszweig der Textilveredelung verwandelte unansehnliche Rohge-
webe durch Entschlichten, Bleichen, Merzerisieren, Färben, Bedrucken und Appre-
tieren in hochwertige Verkaufsware. Textilveredelung ist die der Mode, Technik und
Chemie unterworfene »Industrie der Zauberer«, freilich keine Sache der Magie. In
einer Art Trockenrasur (Sengen und Scheren) werden die Flusen vom Textilgut entfernt, das dann durch ein Bad auch von den Schlichtemitteln des Webprozesses befreit
wird. Danach folgt das Bleichen und das seit urlanger Zeit von den Menschen geübte
Färben, im Technikzeitalter in Haspelkufen, auf dem Jigger, im Stern oder auf einer
modernen Continue-Anlage. Neueren Ursprungs ist auch der Farbdruck in der Ma-
schinen- oder Film-Druckerei (auch Spritz-Druckerei). Glanz verleiht der Baumwolle
die Merzerisation, die Behandlung mit konzentrierter Natronlauge. Erneute Bäder in
Hilfsstoffen, Kunstharzen oder sonstiger Chemie, die kondensiert oder polymerisiert,
sowie der nachfolgende feste Druck von Maschinen (Kalander, Mangeln, Pressen u. a.)
zaubern schließlich die Appretur hervor, den elastischen Griff und den schönen Fall
der Fertigwaren. Neuartige Veredelungsverfahren erforderten teure, technische Anlagen, die sich meist nur konkurrenzfähige Großbetriebe leisten konnten. Für die vordringende synthetische Faser stellten sich diese Aufgaben vielfach neu.
Als wichtigstes Problem der seit 1924 aufgebauten Ausrüstungsanstalt Wangen Allgäu, zur Baumwollspinnerei AG Erlangen gehörend, war die Umstellung auf moderne
faserschonende Bleichereimethoden und -anlagen zu lösen. Für den neuen Betrieb, ein
Beispielbetrieb, sollte das alte Sprichwort »Gut gebeucht (gekocht) ist halb gebleicht«
nicht mehr gelten. Die sich steigender Beliebtheit erfreuenden, qualitativ hochwertigen Erzeugnisse des Wangener Unternehmens wurden mit neuen Sauerstoff-Bleich-
mitteln unter Einschränkung der Beuche und Chlorbleiche behandelt. Infolge der lebhaften Nachfrage der Erlanger bzw. Wangener Waren stieg die Tagesleistung der Ausrüstungsanstalt von 1924 bis 1934 von 6700 auf 102900 laufende Meter und die Zahl
der Belegschaftsmitglieder von etwa 40 auf 507. Nach kurzer, von der Weltwirtschaftskrise verursachter Pause wurde die Wangener Ausrüstungsanstalt mit großem
Kapitalaufwand zu einem hochmodernen, der internationalen Konkurrenz gewachsenen Betrieb mit Seng-, Merzerisier-, Trockenspann- und Warenkontrollmaschinen
u. v. m. weiter ausgebaut, Ausdruck sowohl der ständigen, noch heute nicht erschöpften Neuentwicklungen an Textilveredelungsverfahren als auch der großen Nachfrage
nach den verschönten Textilprodukten. »Bei der Werksbesichtigung konnte festge-
stellt werden«, lobte eine amerikanische Wirtschaftskommission nach einem Besuch
im September 1945, offenbar nicht zum Vorteil Wangens, »daß der durch die Merzeri-
sierung erzielte Glanz von solcher Art war, daß man geneigt war anzunehmen, es
handle sich um Waren, die mit merzerisierten Garnen hergestellt sind. Wir haben in
den Vereinigten Staaten nichts gesehen, was der Qualität der Merzerisation dieses

Werkes gleichkam.« Der unübertroffene Effekt war durch eine unersetzbare Ketten-Merzerisier-Maschine sächsischer Herkunft erzielt worden, die zu demontieren sich die sachkundigen, hauptsächlich aus dem Elsaß stammenden Monteure der französischen Besatzungsmacht dann im Frühsommer 1946 um so weniger abhalten ließen. Der Einstieg der Baumwollspinnerei AG Erlangen ins von ihr offenbar glänzend bewältigte Ausrüstungsgeschäft stand auch im Zusammenhang mit den grundsätzlich guten Gewinnchancen, die sich ihm vom Ersten Weltkrieg bis Mitte der zwanziger Jahre boten. Nie zuvor und niemals danach schüttete beispielsweise die Bleicherei Uhingen, bedeutendster selbständiger Veredelungsbetrieb in Württemberg, so hohe Dividenden aus wie zwischen 1915 und 1928 und erzielte so hohe prozentuale Reingewinne auf das Aktienkapital; 1925 sogar noch 14,92 Prozent. Doch seitdem war die Produktionskurve fast ständig abwärts gerichtet und entfernte sich immer mehr vom Höchststand des Jahres 1915 (über 25 Mio. Produktmeter). Das fast dramatisch anmutende Absinken der Produktionsleistung ab 1935 bzw. 1937 unter die Verlustjahre der Weltwirtschaftskrise, die eine Reduzierung des Aktienkapitals von 1,21 Mio. auf 810000 RM erzwungen hatte, auf 14,5 Mio. Produktmeter hing sowohl mit dem allgemeinen Beschäftigungsrückgang in der den Naturrohstoff entbehrenden Textilindustrie wie auch mit dem im Oktober 1939 ergangenen Bleich-Verbot für baum- und zellwollene sowie für Kunstseide-Spinnstoffe zusammen. Für den teilweisen Niedergang der Textilwirtschaft während der Zwangs- und Kriegswirtschaft des Dritten Reiches könnten die Produktionszahlen der Bleicherei Uhingen fast beispielhaft sein (1934: 302 Arbeiter; 1944: 103 und eine Produktionsleistung von 5,6 Mio. Produktmetern). Die Spitzenstellung der Textilveredelung in Baden repräsentierten Großbetriebe wie die Manufaktur Koechlin, Baumgartner & Cie. AG Lörrach, die Färberei und Appretur Schusterinsel GmbH Weil (Zürich) und die Färberei Schetty GmbH Weil. Andererseits tendierte die Entwicklung zur Angliederung der Veredelungsbetriebe an die großen Spinnereien und Webereien (Württembergische Cattun-Manufaktur; Plouquet; Gminder; Mechanische Buntweberei Brennet; Trikotfabriken J. Schießer AG). Die Buntweberei Sulz – Spinnerei, Weberei, Zwirnerei und Bleicherei mit eigener Wasserkraft – machte im Jahre 1938 mit 460 Beschäftigten einen Umsatz von 3,6 Mio. RM (Umsatzanteil: 7826 RM).

Textilindustrie: Württembergische Cattun-Manufaktur, Spinnereien

Die wieder umsatzstarke badische Textilindustrie umfaßte im Jahre 1925 192 Fabrikbetriebe (mit 20 und mehr Arbeitern) und zusammen 38310 Arbeiter. Fast schien der historische Tiefstand am Ende des Ersten Weltkriegs vergessen. Ein launischer

Konjunkturverlauf während der »goldenen zwanziger Jahre« reizte noch bis 1929,
Produktion, Umsatz und Beschäftigung auszudehnen (187 Betriebe mit 39222 Arbeitern). Rekordumsätze von 16,5 Mio. RM wie im Jahr 1925 und 11,1 Mio. wie 1927
machte die Spinnerei und Weberei Ettlingen nie zuvor in Friedenszeiten. Konzentra-
tionsprozesse verbesserten die Ertragslage der badischen Textilindustrie. Über 619400
Spindeln und 19880 Webstühle verfügte die badische Baumwollindustrie im Jahre
1925. Jeweils rund zehn Prozent davon befanden sich im Ettlinger Werk (Beschäftigungshöchststand 1927: fast 2000 Arbeiter). Württembergs 58 Baumwollspinnereien
und -zwirnereien geboten im Jahre 1928 über 1123000 Spinn- und 78000 Zwirnspin-
deln.

Lebhafte Expansionskraft entwickelte während der Aufschwungsjahre der Weimarer
Zeit insgesamt die württembergische Textilwirtschaft, die dadurch ihre führende Position als beschäftigungs- und umsatzstärkste unter den württembergischen Industriebranchen kräftig auszubauen vermochte. Die spürbare Überlegenheit besonders der
amerikanischen Textiltechnik veranlaßte Textilunternehmer seit der Inflationszeit,
zunächst der allgemeinen Jagd nach Sachwerten folgend, ihre technische Apparatur zu
modernisieren. Die Anzahl der Webstühle und Spindeln wurde vermehrt. In der
Württembergischen Baumwollspinnerei und -weberei Esslingen begann 1924 die Au-
tomatenweberei. Adolff in Backnang (Aktienkapital 1928: 4 Mio. RM) nahm zwischen 1928 und 1930 zwei neue Dreizylinderspinnereien in Betrieb. Ihren englischen
Maschinen mußten die ältesten Krempelsätze und Selfaktoren weichen. Allgemein
dienten die zwanziger Jahre der Betriebsoptimierung, der Rationalisierung des Ar-
beitseinsatzes und Maßnahmen zur maximalen Ausnutzung des Maschinenkapitals.
Nur so gelang es, in Verbindung mit Qualitätsverbesserungen den schon vor dem Ersten Weltkrieg geglückten Anschluß an den Weltmarkt zu verbreitern. Neben ersten
Textilhäusern Berlins (Camnitzer & Cie., Rudolph Herzog, N. Israel) belieferte die
Württembergische Cattun-Manufaktur Heidenheim nahezu alle Länder Europas und
begann in Übersee Fuß zu fassen (Ägypten, Südafrika, New York u. a.). Der von 1924
bis 1931 erzielte durchschnittliche prozentuale Reingewinn der WCM auf das Aktienkapital (2,5 Mio. RM) von immerhin 11,1 Prozent gab zu Klagen wohl kaum Anlaß.
Die grundsätzlich hohe Eigenkapitaldecke der damaligen württembergischen Textilindustrie (über 60%) bot letzten Endes eine sichere Grundlage für die relativ gute Rentabilität der Betriebe. Noch 1930 konnte die württembergische Trikotagenindustrie
(1928 Umsatz der 232 Betriebe: rund 129,7 Mio. RM) ihren Kapitalbedarf zu rund
80 Prozent aus dem Gewinn der Unternehmungen decken. Stand die hohe Arbeits-
intensität damit im Zusammenhang? Eine namhafte Trikotagenfabrik wie Wilhelm
Sax & Co. Tuttlingen (seit 1903) machte 1938 mit 254 Beschäftigten einen Umsatz von
923000 RM, nur 3634 RM je Beschäftigten.

Problematisch und teilweise existenzbedrohend erwies sich der von 1929 an mit Ausbruch der Weltwirtschaftskrise immer schleppendere Zahlungseingang. Trotz des eingetretenen Preissturzes wurden die Produzenten überdies zur Einräumung erheblicher Kundenkredite gezwungen. Der Warenbruttoerlös der Württembergischen Cattun-Manufaktur in den zwei Geschäftsjahren 1931/32 und 1932/33 von insgesamt 9,4 Mio. RM bestand zu 75 Prozent (= 7 Mio. RM) aus Debitoren-Soll, aus Forderungen an Kunden aufgrund von Warenlieferungen und Leistungen. Unternehmen, die vor der Weltwirtschaftskrise einer hektischen Rationalisierungspsychose verfallen waren, deshalb viel Fremdmittel aufgenommen hatten und dann ihre Belastung noch mit hohen Kundenkrediten steigern mußten, fielen leicht der Krise zum Opfer. Die schon sprichwörtlich gewordene Krisenfestigkeit württembergischer Unternehmen beruhte wesentlich auf der schon zur Tradition gewordenen Abneigung gegenüber voreiliger Kapitalinvestition und spekulativer Kreditaufnahme. Ungeachtet dessen erlitt der Süddeutsche Spinnweber-Verband, dem die Gabriel Herosé AG Konstanz angegliedert war, in der Krise empfindliche Rückschläge. Die Firma C. A. Leuze Unterlenningen (seit 1861), die im Wettlauf mit amerikanischen Garnqualitäten und Maschinenauslastungen 1925/26 in Donzdorf eine hochmoderne Spinnerei und Cordzwirnerei gebaut hatte, überstand die Krise bis 1932 »ohne weitere Verluste«.

Um 27 Fabrikbetriebe mit 20 und mehr Arbeitern hatte sich die badische Textilindustrie zwischen 1919 und 1925 vermehrt; 57 Betriebe dieser Größenordnung, insgesamt 323 Textilbetriebe, wurden während der Weltwirtschaftskrise 1929 bis 1933 liquidiert. Um mehr als 12500 Arbeitsplätze, darunter rund 500 der Ettlinger Spinnerei, schrumpften die badischen Textilfabriken (über 20 Arbeiter), ein gewaltiger Aderlaß, der sich nur mühsam in den dreißiger Jahren ausgleichen ließ. Auffallend ist auch, daß bei den im Durchschnitt kleineren württembergischen Betrieben der Beschäftigungszuwachs nach den zwar weniger gravierenden Krisenverlusten infolge des sich seit 1936 einstellenden Arbeitermangels und wegen der Schwierigkeiten in der Rohstoffversorgung hinter dem vieler anderer Branchen prozentual zurückblieb. Die dünne Rohstoffdecke führte zudem zur Aufrechterhaltung der 1933/34 für die Textilwirtschaft erlassenen Sperrvorschriften, also der Verbote zur Erweiterung der damals unzureichend ausgelasteten Produktionskapazitäten. Von den zehn Millionen auf Baumwolle laufenden Spindeln im Deutschen Reich entfielen damals auf Württemberg 1,052 Mio., d. h. 10,5 Prozent, von den 224000 deutschen Baumwollwebstühlen 23353, d. h. 9,6 Prozent. Das damals größte Werk der württembergischen Baumwollindustrie, die Ulrich Gminder GmbH Reutlingen (1802–1964) und ihre Zweigbetriebe, insgesamt über 2500 Beschäftigte, verfügte über rund 90000 Spindeln und mehr als 3000 Webstühle. Vom Jahre 1941 an liefen bei C. A. Leuze hochwertige Kunstseiden-Cordzwirne und u. a. Cordschnüre für Fallschirme aus den Maschinen.

Eine Wiederbelebung erfuhr in der Hitlerzeit die Verwertung heimischer pflanzlicher Spinnfasern wie Hanf und Flachs, deren Anbau mit Nachdruck gefördert wurde. Die Kolb & Schüle AG hatte schon 1918 die Uracher Leinenspinnerei GmbH (1838–1965) übernommen und gliederte sich 1921 auch die wegen ihrer hochwertigen Leinenqualitäten bekannte, 1832 gegründete Leinenweberei Gg. Langheinrich im hessischen Schlitz an, noch heute Produktionsschwerpunkt für klassische Gewebeartikel. Die Konkurrenz war in der altrenommierten Württembergischen Leinenindustrie AG Blaubeuren (1882–1974/75) zugegen, die Umsatz und Webproduktion im Kriege noch bedeutend – von 1,3 Mio. RM im Jahre 1939 auf 1,8 Mio. RM 1942 – steigerte. Die älteste und pflanzliche Textilfaser, wegen ihrer Unverwüstlichkeit geschätzt und in China neben der Seide über Jahrtausende bevorzugt, die Ramie-Faser (China-Gras), wurde Ende der zwanziger Jahre neben Kunstseidenabfällen von der Ersten Deutschen Ramiegesellschaft AG, Emmendingen (mehr als 1000 Beschäftigte) versponnen.

Für die einzige bedeutende, energisch expandierende württembergische Streichgarnspinnerei (Baumwolle), Adolff in Backnang (Aktienkapital 1927: 1,152 Mio. RM; 1942: 8 Mio. RM), deren hochmoderne Dreizylinder-Spinnmaschinen auch im Krisenjahr 1932 Tag und Nacht ratterten, begann 1929 mit der Beteiligung an der Besigheimer Trikotweberei Mattes & Lutz AG ein sich in den dreißiger Jahren fortsetzender Prozeß der horizontalen und vertikalen Ausweitung zur Adolff-Gruppe mit verschiedenen Tochterwerken (Textilwerke Ebersbach, Spinnerei Illertissen u. a.). In der Kammgarnspinnerei (Wolle) hatten sich einige wenige württembergische Großbetriebe durchgesetzt, die durch die mottensichere »Nomotta«-Wolle schon damals weit bekannte Schachenmayr, Mann & Cie. Salach (1936: rd. 2500 Beschäftigte), seit 1849 Kammgarnspinnerei, die Merkel & Kienlin GmbH Esslingen (1936: rd. 1300 Beschäftigte) und die seit 1922 mit Schachenmayr, Mann & Cie. verbundene Kammgarnspinnerei Bietigheim AG (1856–1982) mit einigen Hundert Beschäftigten. Zufriedenstellend bezeichnete die Bietigheimer Spinnweberei bis Ende der zwanziger Jahre ihre

Betriebe der Textilindustrie mit 5 und mehr Beschäftigten		Betriebe	Beschäftigte	je Betrieb	Nettoproduktionswert 1936
Württemberg	1932	644	71 561	111	–
	1938	724	86 778	120	275,5 Mio. RM
Baden	1936	211	38 861	184	123,4 Mio. RM

Geschäftsergebnisse (1943 Aktiva: 4,462 Mio. RM). In den dreißiger Jahren erhielt die Wollindustrie durch den außerordentlich großen Bedarf an Uniformen für die Wehrmacht und die NSDAP mit ihren vielen Gliederungen einen beträchtlichen Auftrieb.

Textile Spezialitäten: Wolldecken, Steiff-Tiere, Maschenware, Konfektion

Bedeutende Sonderzweige der württembergischen Wollindustrie stellten die schon aus dem 19. Jahrhundert überkommene Wolldecken- sowie die Giengener Filzfabrikation dar. In Mergelstetten bei Heidenheim befand sich der Sitz des größten Unternehmens der Wolldeckenherstellung, der Gebrüder Zoeppritz AG, 1828 gegründet. Mit neuem Fabrikationsprogramm – darunter Kamelhaarstoffen – expandierte die Firma in den zwanziger Jahren allzu stark (1928: 1800 Beschäftigte). Angewiesen auf Kapitalhilfe entstand sie unter Beteiligung der Württembergischen Bank (Notenbank) 1929 neu und entwickelte sich von da an in etwas reduziertem Umfang (1936 rund 1100 Beschäftigte). Im Jahre 1938, als schon Militäraufträge hereinkamen, schüttete Zoeppritz sechs Prozent Dividende aus. Erst 1984 hat die nunmehr Baden-Württembergische Bank nach längeren Bemühungen ihren Anteil von 96,7 Prozent aus dem Decken- und Teppichbodenhersteller Zoeppritz (10 Mio. DM Grundkapital; 1948: 8,976 Mio DM – Eröffnungsbilanz) wieder in Privathand verkauft (Umsatz der Zoeppritz AG 1983: rd. 70 Mio. DM).

Dem schwäbischen Brauch, den Nachtschlaf statt unter einem Federbett unter einer Wolldecke zu suchen, wollte auch die Wolldeckenfabrik Weil der Stadt AG genügen, Ende des 19. Jahrhunderts gewissermaßen als später Nachfahr der erst 1836 aufgelösten Zeughandlungscompagnie der ehemaligen Reichsstadt Weil der Stadt gegründet, 1936 etwa 200 Beschäftigte (Umsatz gegenwärtig bei 33 Mio. DM). Am derzeitigen Aktienkapital von 2,8 Mio. DM halten die Calwer Decken- und Tuchfabriken AG Calw mehr als die Sperrminorität. Auf die Produktion von Wolldecken wurde in Calw seit 1862 gesetzt.

Die Zähigkeit, mit welcher sich die Wollindustrie des nördlichen Schwarzwaldes über Jahrhunderte hinweg, ständig von neuen Herausforderungen und Aufgaben konfrontiert, erfolgreich behauptete, gehört zu den bewundernswerten, wenn auch meist übersehenen Kapiteln der württembergischen Wirtschaftsgeschichte. Der Name der Calwer Compagnie mit ihrem weltbekannten Markenzeichen, den zwei ineinander geschlungenen C, ist bis heute mit den Qualitätsprodukten der Calwer Decken- und Tuchfabriken (Umsatz 1983: 66,3 Mio. DM) präsent. An die Stelle der aufgelösten Compagnie waren Anfang des 19. Jahrhunderts kleinere Teilhabergesellschaften getreten, die sich Ende des Jahrhunderts zur Kommanditgesellschaft Vereinigte Deckenfabriken Calw, Zoeppritz, Wagner & Co. zusammenschlossen und diese 1905 bei gutem Geschäft mit der Schweiz in eine AG umwandelten (1910 rund 3 Mio. M. Aktiva). Das verdienstvolle Haus Doertenbach war damals maßgeblich beteiligt, auch die Nagolder Familie Sannwald, heute mehrheitsbeteiligt am Unternehmen. Im Geschäftsbericht von 1924 heißt es: »Da es uns jedoch gelungen war, bei steigender Wollkonjunktur vorteilhafte Einkäufe zu tätigen und größere Exportaufträge zu nutzbringenden Preisen abzuschließen, so wurden uns in den kritischen Sommermonaten keine wesentlichen Schwierigkeiten bereitet.« Günstige Geschäftsergebnisse in der Calwer Wollindustrie zu erzielen, hing nicht nur von der auf Exportgunst angewiesenen Umsatzentwicklung ab. Auch auf die »glücklichen Umstände« spekulativer Komponenten kam es an, auf den gezahlten Preis für die »exotische Locke«, also den ausnutzenden Konjunkturverlauf auf dem Wollmarkt. Von dem die gute Gewinnsituation kaum beeinträchtigenden Umsatzrückgang 1926 abgesehen, gestalteten sich Absatz und Gewinnausschüttung der Calwer Fabriken bis zu den von der Weltwirtschaftskrise erzwungenen Betriebseinschränkungen Ende 1930 befriedigend bis gut (1930: 4,9 Mio. RM Aktiva). Dem nächsten Nachbarn, der Schwarzwälder Tuchfabrik Rohrdorf AG, 1922 aus einer bis 1837 zurückzuverfolgenden Teilhabergesellschaft entstanden, verhalfen vorwiegend gemusterte Kammgarnstoffe zwischen 1926 und 1928 zu einem befriedigenden Geschäft. 1933 übernahm Karl Sannwald die Aktienmehrheit. Heute betreiben die Calwer Decken- und Tuchfabriken im Rohrdorfer Werk die Pelzstrickerei. Vor allem das durch internationale Handelshemmnisse stark gedrosselte Exportgeschäft führte bei den Calwer Fabriken 1931/32 zu wert- und mengenmäßigen Umsatzrückgängen. Da Betriebseinschränkungen nicht eine entsprechende, auch von zusätzlichen öffentlichen Abgaben verhinderte Kostensenkung bewirkten, ergab sich zumindest 1931 ein Verlust, nicht mehr dagegen für 1932. Seit dem Sommer 1933 belebte sich unter veränderten Rahmenbedingungen das nunmehr von der angelaufenen Binnenkonjunktur getragene Geschäft. Ein zunehmender Einsatz der Zellwolle kennzeichnete seit 1939 den störungsfreien Übergang zur viele Mehrkosten verursachenden Kriegswirtschaft. Die Zellwolle blieb jedoch noch bis in die sechziger Jahre Bestandteil der Decken, bis sie vom Verbraucher nicht mehr akzeptiert und schließlich von der Acrylfaser verdrängt wurde.

Der »Knopf im Ohr« ist das Markenzeichen einer einzigartigen, 1880 aus kleinsten Anfängen entstandenen und mit Filz- bzw. seit 1903 mit Plüschtieren als Kinderspielzeug zu Weltruf gelangten Firma, der Giengener Margarete Steiff GmbH (heute 10 Mio. DM Stammkapital). Auf einem Festmahl in New York des amerikanischen Präsidenten Theodore (Teddy) Roosevelt kam der kleine, von Kindern heißgeliebte Teddy-Bär zu seinem Namen. Zu den Milliarden »Steiff-Tieren«, die bereits die Welt »bevölkern«, kommen zur Zeit jährlich ca. zwei Millionen hinzu, mit hohen Lohnkosten von etwa 825 Beschäftigten gefertigt, davon 530 in den zwei Werken in und bei Giengen (Beschäftigungshochstand 1960/61: ca. 2000 Arbeitnehmer einschließlich Heimarbeiter). Vor allem angelsächsische Märkte hoben den Umsatz im Jahre 1984 auf 51,3 Mio. DM, verglichen mit vorangegangenen Jahren ein Rekordumsatz (1976: 32,1 Mio. DM; 1979: 29,5 Mio. DM). Dabei drängen bereits um 100 weltweite Plüschtierhersteller auf die westlichen Märkte, mehr als sich Plüschtierarten zur Zeit erfassen lassen. Ganz und gar feindlich gesonnen war ihnen der Zweite Weltkrieg.

Eine nach wie vor beherrschende Stellung nahm während der Zwischenkriegszeit die württembergische Maschenwarenindustrie (1933: 1570 Betriebe mit 94026 Arbeitern) sowohl innerhalb der Textilindustrie Württembergs als in der Maschenwarenbranche im ganzen übrigen Reich ein (1927 Produktionswert insgesamt rd. 630 Mio. RM). Eine Erhebung für 1928 bezifferte die Jahreserzeugung an Wirk- und Strickwaren in Württemberg und Hohenzollern auf runde 234 Mio. RM (= 37 %). Von der Mode und vom Sportbedarf her kamen nach dem Ersten Weltkrieg hauptsächlich die Impulse, die zu einer starken geschäftlichen Neubelebung in den vielen großen und kleineren, vielfach mit der Heimarbeit verknüpften Wirk- und Strickereibetrieben zwischen Ebingen und Reutlingen sowie in und um Stuttgart führten. In Baden rechneten 1929 die Korsettfabrik Eugen und Hermann Herbst KG Mannheim, die Bunt- und Gummizugweberei Hüssy & Künzli AG Murg und die Trikotfabrik J. Schießer AG Radolfzell (Beschäftigte 1914: 1250; 1932: 480), von denen jeder mehr als 500 Arbeitnehmer beschäftigte, zu den Großen der Branche. Artikel wie Sweater, Jumper, Pullover und Jersey-Kleider wurden damals kreiert und verdrängten die alte, biedere Strickjacke. Neue Produkte milderten ab 1930 auch krisenbedingte Umsatzverluste.

Die Vereinigten Trikotfabriken AG Rob. Vollmoeller Vaihingen/F. (1881–1974), nach Bleyle der größte südwestdeutsche Maschenwarenhersteller (1936: rd. 1500 Beschäftigte), glich den in der Krise verlorenen Exportumsatz durch selber entworfene oder in Lizenz produzierte Markenartikel aus. Die zuerst von der amerikanischen Firma Jantzen entwickelten elastischen Badeanzüge wurden übernommen. Die Bilanzsumme der Bleyle GmbH Stuttgart (mit Filialen 1936 rd. 6000 Beschäftigte), weltbekannt durch die Bleyle-Anzüge, erfuhr zwischen 1924 und 1928 einen steilen Anstieg um 477 Prozent (von 7,3 auf 34,8 Mio. RM), spiegelte empfindliche Einbußen während der Krise wider und stabilisierte sich seit Mitte der dreißiger Jahre bei Warenerlösen um 25 Mio. RM (Umsatzanteil je Beschäftigten bei 4000 RM). Kriegs- und Nachkriegszeit forderten sodann empfindliche Umsatzschrumpfungen. Das Stuttgarter Bekleidungsunternehmen Benger konnte die Umsatzverluste auf dem Binnenmarkt 1930 bis 1932 durch den Export etwas verringern, wohl mehr die Ausnahme von der Regel.

Konfektionierte, nach Serienmaßen zugeschnittene Uniformen, Unterwäsche, Män-

Betriebe des Bekleidungsgewerbes mit 5 und mehr Beschäftigten[+)]		Betriebe	Beschäf-tigte	im Durch-schnitt	Netto-produktions-wert 1936
Württemberg	1932	534	26 973	50,5	–
	1938	679	37 359	55,0	36,0 Mio. RM
Baden	1936	324	9 976	30,8	–

[+)] einschl. Schuhmacherei und Schuhindustrie

tel, Berufskleidung und Herrenoberbekleidung entwickelten sich zuerst zu Betätigungsfeldern der noch jungen Bekleidungsindustrie, deren Produkte vordringliche Spezialmaschinen verbilligten. Mit dem Schrumpfen der Leineweberei sattelten die Laichinger auf die Wäscheindustrie, die Weiß- und Buntnäherei um, mit der sich Fabrik- und viel Heimarbeit verschränkten. Die unvermeidliche Kittelschürze trat ihren Siegeszug an. War es die Frau, deren »drittes Seelenorgan« nach Jean Paul das Kleid sei, die zuerst die jahrzehntelange Abschätzigkeit auch gegenüber »konfektionierter« Gesellschafts- und Freizeitkleidung abstreifte? Die Konfektion folgte bekanntlich rasch den modischen Launen. Das auf Vorrat gefertigte Industrieprodukt kam den Preisvorstellungen der Nachfrager mehr entgegen. Auch lernte die Konfektion, auf den Wunsch nach individueller Kleidung einzugehen. Getreu der Devise: »Durch gute frische Waren in gediegener Auswahl und Preiswürdigkeit, verbunden mit aufmerksamer, entgegenkommender Bedienung sich das Vertrauen der Kundschaft zu gewinnen und zu erhalten«, meisterte das Haus Breuninger seinen steilen Aufstieg zu Stuttgarts (und Süddeutschlands) größtem Unternehmen des Textileinzelhandels. Der Beschäftigtenzuwachs: 1881: 3 Beschäftigte; 1910: 530; 1930: 1335; 1939: 1976 Beschäftigte, war zugleich Ausdruck des zeitweilig zwar zögernden Vormarschs der Konfektion. Unter den großen Textilkaufhäusern Badens (M. Hirschland & Co., Mannheim; die Gebrüder Rothschild in Mannheim und Heidelberg) widmete sich Fischer-Riegel in Mannheim ausnahmslos der Damen- und Kinderkonfektion. Dennoch dominierte in der Bekleidungsbranche bis Mitte des 20. Jahrhunderts der handwerkliche Kleinbetrieb. 65,212 Mio. RM setzten im Jahre 1935 die 7711 zur Steuer veranlagten badischen Betriebe um, durchschnittlich 8457,– RM je Betrieb, recht wenig. Ein Großhersteller wie die Kleider- und Wäschefabrik Th. Zimmermann in Königsfeld (gegr. 1869; Umsatz 1938: 3,5 Mio. RM; Beschäftigte 600) kam auf einen Umsatzanteil je Beschäftigten von fast 6000 RM.

Leder- und Schuhindustrie

Den einst ausgedehnten, Gerberlohe liefernden Eichenwäldern (Eichenschälwald) der Löwensteiner Berge und der Rinderhaltung dieser Region verdankte die berühmte Gerberei an der Murr, in Backnang, Murrhardt und Sulzbach ihren Ursprung. Ende des 19. Jahrhunderts hatte sie die Konkurrenz im Raum Reutlingen–Metzingen überrundet. Noch nach dem Ersten Weltkrieg beschäftigten sich Waldbauern trotz der zugenommenen Bedeutung ausländischer Gerbstoffe mit dem Schälen von Rinden, um daraus Eichenlohe zum vegetabilischen Gerben der Häute zu gewinnen. Die teurere (mineralische) Chromgerbung für Oberleder hatte die Unternehmungslust nicht nur der Backnanger Gerber dennoch entfacht. Aus Kalkutta, dem wichtigsten Markt für Oberlederhäute, aus Buenos Aires, China, Rangoon und Java bezogen sie schon vor dem Ersten Weltkrieg ihren Rohstoff. Umfangreiche Heereslieferungen in Lohgerbung gaben den Lederfabriken während der ersten Phase des Ersten Weltkriegs Auftrieb, zu dem nach dem Kriege seit der Scheinblüte der Inflation der Export verhalf. Die umspringenden Winde der Konjunktur ließen jedoch die Rohstoff- und Lederpreise schwanken und in der Weltwirtschaftskrise stark abfallen. Um 37 Prozent schrumpfte der Wert der Erzeugung der rund 160 württembergischen Lederfabriken zwischen 1930 und 1932 (= 64,8 Mio. RM). Kreditmangel zwang sie zu »Hungerkuren«, zum Abstoppen des Einkaufs, um die Eigenkapitalbasis zu stabilisieren. Die im Auslandsgeschäft erfahrene Fritz-Häuser-AG Backnang (heute GmbH mit 6 Mio. DM Stammkapital) nahm nach dem ersten Kriege den Export von chromgegerbtem Oberleder aus indischen, südamerikanischen und deutschen Häuten und Fellen wieder auf. Die erste hochmoderne Lederfabrik an der Murr baute Fritz Schweizer (Firma Louis Schweizer, Lederfabriken, seit 1867) in Murrhardt im Anschluß an eine Gerbstoff-Extraktfabrik für Eichen- und Kastanienholz und produzierte dort seit 1920 eichenloh-grubengegerbte Kernstücke. Die in der Zwischenkriegszeit zu den leistungsfähigsten deutschen Lederfabriken gehörenden Louis Schweizer-Unternehmen Backnang-Murrhardt (1925: 163 Beschäftigte; 1935: 412) bewältigten bemerkenswert gut die schwierige unternehmerische Aufgabe, trotz einer sich zwischen Höhen und Tiefen bewegenden Umsatzkurve ertragreich zu bleiben. Der jährliche Durchschnittsumsatz von 1925 bis 1944 betrug 7,4 Mio. RM. Unter 6 Mio. RM sank der Verkaufsumsatz 1925, 1926 und 1932, über 10 Mio. RM stieg er nur 1937. Von der chemischen Industrie auf den Markt gebrachte, teilweise billigere, synthetische Gerbstoffe – heute unentbehrlich für die vegetabilische Gerbung – verkürzten die Zeit des Gerbprozesses. Das nachgefragte vielseitige Lederangebot beließ einer beachtlichen, wenn auch reduzierten Zahl sich meist spezialisierender mittlerer und kleinerer Lederfabriken ein nutzbringendes Betätigungsfeld. Das Handwerk ging zurück.

Die viel Aufmerksamkeit erfordernde Herstellung von vegetabilisch gegerbtem Bodenleder tat sich als neuer Produktionszweig auf (Fritz Häuser). Die Lederwerke GmbH Backnang (Kaess) nahmen in einer neuen großen Fabrik 1925 die Erzeugung von Schnittvache-Croupons auf. Andere Lederfabriken spezialisierten sich auf die Herstellung von Narbenledersorten, von Spaltleder, auf vegetabilisch gegerbte Oberleder, auf Bekleidungsleder, Luxusleder usw. Roser in Feuerbach (1924: 360 Beschäftigte; 1934: 684) fabrizierte herkömmliches Treibriemenleder und ging vorsichtig zur Herstellung von Leder für Autopolster, Sitzmöbel und Koffer über. Sogleich nach der Krise brachte ein guter Geschäftsgang Vollbeschäftigung in der südwestdeutschen Lederindustrie (einschließlich Schuhindustrie) mit sich. Der schon vor dem Ersten Weltkrieg hohe württembergische Anteil von etwa zehn Prozent an der deutschen Lederproduktion dürfte aufgrund der Nettoproduktionsstatistik von 1936 (= Anteil von 15,3%) noch gestiegen sein. Wichtigster Standort der badischen Lederindustrie war nach Weinheim die Ortenau mit Lahr im Mittelpunkt, im Jahre 1926 insgesamt neun Lederfabriken mit über 500 Beschäftigten. Die ältesten und größten unter ihnen waren die Lahrer Wäldlin-Unternehmen (seit 1794).

Zeiten der Not, der Zwangswirtschaft und des »Heißhungers« nach Lederwaren, in denen der Verbraucher gewöhnlich hinter dem Lederfabrikanten »herzulaufen« pflegte, wechselten in der Zwischenkriegszeit mit solchen Zeitspannen, die den Produzenten die Pflege von Absatz und Markt und das Eingehen auf Konsumentenwünsche besonders nahelegten. Da die Schuhindustrie den größten Teil der Lederproduktion aufnahm, mußten namentlich zu ihr gute Fäden geknüpft werden. Verflechtungen zwischen Leder- und Schuhindustrie wurden häufiger und verstärkten sich. Freudenberg/Weinheim beteiligte sich maßgeblich an der Elefanten-Schuhgruppe in Kleve, heute Deutschlands größte Kinder- und Jugendschuhfabrik, und bei der Schuhfabrik Conrad Tack in Magdeburg (heute Handelsunternehmen in Offenbach). Die Carl Kaess GmbH Backnang (heute 5 Mio. DM Stammkapital), Hersteller von Zahm- und Wildvache-Leder, erwarb in den dreißiger Jahren die Mercedes-Schuhfabriken in Stuttgart-Bad Cannstatt und Balingen (bis 1934 Haueisen & Co.) sowie die Schuhfabrik W. Spieß GmbH (heute Fellbach; 2 Mio. DM Stammkapital).

Die Salamander AG errang ihre besondere Stellung auf den In- und Auslandsmärkten durch das Festhalten an einer Preispolitik, die einem möglichst großen Käuferkreis hochqualifizierte Erzeugnisse zu mäßigen Preisen anzubieten sich zum Grundsatz machte. Der langjährige Salamander-Generaldirektor, Dr. Dr. Alex Haffner, bezeichnete eine Art betriebswirtschaftliches magisches Viereck als Richtschnur seiner Geschäftspolitik: »die beste Ware am billigsten verkaufen, am meisten Lohn zahlen und den höchsten Gewinn erzielen«. Das Salamander-System zeitigte eindrucksvolle Erfolge. Während der Zeit zwischen den beiden Weltkriegen erfuhr die Produktionskurve des Kornwestheimer Schuhriesen eine steile Aufwärtsentwicklung, der auch die Weltwirtschaftskrise keinen Abbruch tat: 1913: 2,16 Mio. Paar Schuhe; 1919: 1,12; 1927: 3,54; 1930: 4,12; 1939: 5,42 Mio. Paar, etwa 60 Prozent davon für Damen, den Rest für die Herren. 3700 Beschäftigte wurden vor Beginn des Ersten Weltkrieges gezählt, 6400 im Jahre 1936, trotz der eingetretenen Modernisierung und Rationalisierung der Produktion. Gab es noch einen Vorsprung in der amerikanischen Schuhindustrie? In Europa kämpften Auslands-Konzerne gegen die mit dem Einheitspreissystem aufgebaute Salamander-Vormacht, vor allem die ein Mehrfaches wie Salamander produzierenden Gebrüder Th. und A. Bata in Zlin, Tschechoslowakei. Im Jahre 1930 fusionierten die zur Sigle-Gruppe gehörenden Unternehmen (Schuhfabriken Kornwestheim; Schuhvertriebsgesellschaft Berlin; A. Lehne in Türkheim bei Augsburg) und hoben das Aktienkapital auf 32 Mio. RM, je zur Hälfte auf die Levi-Rothschild- und die Sigle-Gruppe entfallend. Die Eingliederung des von Max Levi aufgebauten, verschuldeten Mara-Konzerns mit der Schuhfabrik Faurndau unterblieb damals. Glänzend bewährt hatte sich die von Max Levi organisierte Vertriebsorganisation, im Jahre 1939 1882 Alleinverkäufer und 126 firmeneigene Verkaufsfilialen, die im Wettbewerb mit den Handelsketten der anderen großen, ebenfalls dem Konzentrationstrend in der Schuhindustrie unterworfenen Schuhfabriken standen. Kleinere Hersteller mit höherem Umsatzanteil je Beschäftigten blieben am Markt.

Das alte Schuhmacherhandwerk in Verbindung mit der Gerberei hatte Tuttlingen noch vor Spaichingen zur südwürttembergischen Leder- und Schuhmetropole gemacht. Von 1790 bis 1933 wurden dort unter Beteiligung namentlich der Familien Renz, Teufel und Binder mehr als 20 Schuhfabriken und zwölf weitere Lederwarenfabriken gegründet, vielleicht noch mehr, da hierbei die vor 1945 erloschenen Firmen nicht erfaßt wurden. Die Schuhfabrik Rieker Tuttlingen (seit 1873), bekannt als Sportschuhhersteller, entwickelte sich zum größten Unternehmen (1938: Umsatz 12,8 Mio. RM und 1771 Beschäftigte; Umsatzanteil 7246 RM). Etwa 40 Mio. RM setzten damals die Schuhfabriken im Kammerbezirk Rottweil um, in der Mehrzahl Betriebe mit weniger als 100 Beschäftigten.

Etwa von der Jahrhundertwende bis unmittelbar vor Ausbruch des Zweiten Weltkriegs erlebte Südwestdeutschland, kaum bemerkt von der Öffentlichkeit, eine Gründungswelle von Schuhfabriken, kleinere und größere, insgesamt über hundert Unternehmen, die sich das Überleben meist selber schwermachten. Badens größte Schuhfabrik, S. Weil & Söhne, hatte 1929 in Rastatt ihren Sitz. Die Beschäftigtenzahl in den württembergischen Schuhfabriken (1932: 115; Baden: 20) schmolz während der Weltwirtschaftskrise um elf Prozent (Baden: 35 %), der Produktionswert um 40 Prozent (1932 = 76,6 Mio. RM), in Baden fast um die Hälfte (1932 = 4,6 Mio. RM). Die Krise forderte ihre Opfer. Unter dem Druck der nationalsozialistischen »Arisierungs«-

Betriebe der Lederindustrie mit 5 und mehr Beschäftigten				
		Betriebe	Beschäftigte	Beschäftigte je Betrieb	Netto-produktions-wert 1936 in Mio. RM mit Schuh-industrie
Württemberg	1932	116	5800	50	–
	1938	159	9235	58	99,1
Baden (und Linoleum)	1936	52	6117	118	24,5

politik verkauften jüdische Familien ihren bedeutenden Aktienbesitz, die Levi und Rothschild ihre Salamanderaktien an die Sigle. 1951 erhielten die Erben 37,5 Prozent der Aktien der Salamander AG zurück. Das Aktienkapital der Lederfabrik Sihler & Cie. AG, Zuffenhausen (Nennbetrag 3 Mio. RM), ebenfalls den Familien Levi/ Rothschild gehörend, wurde 1937 von der Salamander AG, von den Backnanger Lederfabriken Fritz Häuser und Louis Schweizer und von der C. F. Roser AG, Stuttgart-Feuerbach, erworben. Fabrikgebäude wechselten die Besitzer und häufig auch die Branche. Die in Liquidation geratene Schuhfabrik von G. Herrlinger & Sohn Bietigheim bot Raum für die Schokoladenfabrik G. Buck & Cie. AG. Triumphator blieb allemal der »konfektionierte«, nicht immer über einen Leisten geschlagene Schuh, dessen Karriere zuweilen ärztliche Beratung förderte (1924: Salamander-»Fußarzt«). Der Schuh kam auch in der Gummiindustrie vor, von der Firmen mit altbewährtem Ruf namentlich in Mannheim ihren großstädtisch orientierten Hauptsitz hatten. Die der Hutchinson SA, Paris, gehörende, 1850 gegründete Hutchinson Gummiwarenfabrik GmbH, Mannheim (1985 Stammkapital: 2,5 Mio. DM; 1929: über 1000 Beschäftigte; 1985: 430), stellte bis Anfang der siebziger Jahre des 19. Jahrhunderts Gummischuhe her. Zwei weitere Großbetriebe verbanden die Gummiwarenfabrikation mit anderen Produktionen: die Mannheimer Gummi-, Guttapercha- und Asbest-Fabrik AG (1864–1934; 1929: über 500 Beschäftigte) und die Rheinische Gummi- und Zelluloidfabrik AG (seit 1873; 1928: 4,006 Mio. RM Aktienkapital), mit über 4000 Beschäftigten das längere Zeit größte Unternehmen in der oberrheinischen Handelsmetropole. Die Puppen-, Kamm- und Weichgummiabteilung machte in der Zwischenkriegszeit den Hauptumsatz. Auf Gummi-Wäsche bzw. -Stoffe waren zwei weitere Unternehmen spezialisiert (u. a. Rode & Schwalenberg GmbH seit 1896). Als Rohstoff dienten der Gummiindustrie der aus Übersee eingeführte Naturkautschuk – im überwiegenden Teil der Gummiartikel zusammen mit Ruß als Füllstoff verarbeitet – und seit Mitte der dreißiger Jahre der im Rahmen der Autarkiebestrebungen des NS-Staates in Großanlagen erzeugte Synthese-Kautschuk, das den Eigenschaften des Kautschuk allmählich angepaßte Buna. Guttapercha benutzte schon Werner von Siemens zur Isolierung von Kabeln. Die Gummibranche, anfangs mehr Luxusindustrie, dann auch Bekleidungs- und Spielzeughersteller, während der Weltwirtschaftskrise ebenfalls in den Sog des Preissturzes geraten, gewann im Zuge der »zweiten industriellen Revolution« durch den zunehmenden Gummibedarf der Technik, insbesondere der Motorisierung des Straßen- und Luftverkehrs, einen immer größeren Markt (Reifenindustrie) mit am Horizont der Mitte des 20. Jahrhunderts noch nicht auszumachenden Wachstumsgrenzen.

Papier, Pappe, Verpackung

Auch für das Papier, nicht nur allzu geduldige Unterlage für Hand- und Maschinengeschriebenes und unentbehrliches Verpackungsmaterial, eröffnete die technisch-industrielle Revolution zunehmend mehr Verwendungsmöglichkeiten, wenngleich hier und da auch auf seine Dienste verzichtet wurde. Die deutsche Statistik des Ersten Weltkrieges erfaßte bereits 35 Hauptpapier- und 14 Pappearten. Unersättlich schien der Verbrauch an Massen- bis Edelpapieren der verschiedenen Print-Medien, die Werbeanimation inbegriffen; Papiernachfrager waren auch die Bau- und Baustoff-, die Textil- und Lederwaren-, die Elektro- und die Automobilindustrie. Immer mehr Spezialpapiere kamen auf. Anfangs mit Druckmaschinen, später mit fototechnischen und chemischen Verfahren, wurden bei den Gebr. Ditzel GmbH in Bammental bei Heidelberg (1985: 13,2 Mio. DM Stammkapital), gegründet 1868, heute eine der größten deutschen Tapetenfabriken, die schönsten Tapetenmuster auf das Papier gezaubert. Auf Kunstdruckpapier, für das Scheufelen in Oberlenningen (1914: 402 Arbeiter; 1930 über 1100 Beschäftigte; 1939: rund 1300) Wegbereiter war, bannten Fotografie, Chemigraphie und Druckkunst das vollendete Bild. Zellstoffgarn und Papierschnur stammten von der Papierindustrie. Aus Papier bestanden Laternen und Scherzartikel, von Papierverarbeitern gefertigt. In Büros durften keine Kopier- und Buchungspapiere fehlen, in Brieftaschen und Geldbörsen möglichst nicht das Banknotenpapier. Auf der ersten, aus dem Jahre 1866 stammenden Papiermaschine wurde bei Scheufelen Ende 1915 die Produktion von Zellstoffwatte für Verbandszwecke begonnen. Die ganz auf dünne Papiere (darunter Papierservietten des Schwansortiments) umgestellte

Papierfabrik Fleischer in Eislingen/Fils exportierte im Jahre 1926 fast 50 Prozent ihrer
Produktion. Um den Ausfall nicht mehr verwendeter Tabakpapiere auszugleichen,
nahm die in der Zwischenkriegszeit maschinell stark ausgebaute Papierfabrik August
Koehler AG Oberkirch (Papierproduktion in t 1923: 2960; 1930: 7120; 1940: 10863)
auf der Suche nach immer neuen Spezialitäten u. a. imitiertes Japanpapier und vor allem in Holland und England gut verkauftes Büttenpapier ins Programm. 1939 stellte
die Papierfabrik Salach (1985: 5 Mio. DM Stammkapital) als Spezialität Vulkanfiber,
einen gefragten Leder- und Kautschukersatz, aus Zellstoff und Textilabfällen in einem
Monatsausstoß von 100 Tonnen her. Fritz Kien in Trossingen (Efka-Werk, seit 1924)
verdiente am Zigarettenpapier gut, kam 1938 mit 276 Beschäftigten auf einen Umsatz
von 4,7 Mio. RM (Umsatzanteil je Beschäftigten über 17000 RM) .
Während der letzten Jahrzehnte des 19. Jahrhunderts waren die südwestdeutschen
Pappenfabriken aufgekommen, Albert Köhler in Gengenbach 1873 als Handpappen-
fabrik (1926: 200 Arbeiter und 303300 RM Steuerkapital; 1985: 1,25 Mio. Stammkapital; 125 Beschäftigte; Umsatz ca. 17 Mio. DM), um die gleiche Zeit die württembergische Holzstoff- und Holzpappenindustrie (Gemmrigheim u. a.). Das Tor für
einen wichtigen Zweig der im Industriezeitalter zukunftsträchtigen Verpackungsindustrie wurde aufgestoßen. Der damals in den USA erfundene Leichtbau in der Verpackungstechnik, die Wellpappe, hielt Anfang des 20. Jahrhunderts in Südwestdeutschland ihren Einzug. Da es unwirtschaftlich war, die voluminöse Wellpappe auf
große Entfernungen zu transportieren, erwuchsen die Wellpappenfabriken an marktorientierten Standorten, 1912 die Wellpappenfabrik Werner Seyfert in Göppingen,
seit 1932 in Reichenbach und 1920 als erstes badisches Werk seiner Art die Badische
Wellpapierfabrik Klingele & Holfelder in Wiesloch, eine Gründung von Kaufleuten
(Eröffnungsbilanz 90000 M. Aktiva), seit 1936 mit württembergischem Zweigwerk in
Geradstetten. Die Nachfrage nach Wellpappe, im Klingele-Papierwerk seit 1922 zugleich auf einer Beklebemaschine doppelseitig beklebt, weitete sich trotz der damals
marktbeherrschenden Stellung der Holzkistenindustrie und der Holzwollefabrika-
tion so stark und kontinuierlich aus, daß Klingele auch während der Weltwirtschaftskrise expandierte. Gleichsam eine Lawine von Verpackungsmaterial überrollte die industrielle Wohlstandsgesellschaft auf ihren vielschichtigen Vermarktungskanälen seit
der Mitte des 20. Jahrhunderts. In der Bundesrepublik Deutschland stieg der Pro-
Kopf-Verbrauch an Verpackungsmaterial von 3,4 kg im Jahre 1953 auf 12,6 kg 1963
und 21,7 kg im Jahre 1969 (= 638%). Albert Köhler in Gengenbach hatte von Anbeginn nach vielen zu überwindenden Schwierigkeiten die Fabrikation der gelben Stroh-
pappen – bis nach dem Zweiten Weltkrieg noch auf einer Handpappenmaschine – ausgebaut, rationalisiert und mechanisiert – 1947 wegen Strohmangels auch Schilf und
Rinden verarbeitet, mußte sie aber, weil zu teuer, 1969 aufgeben. Die Reinigung des

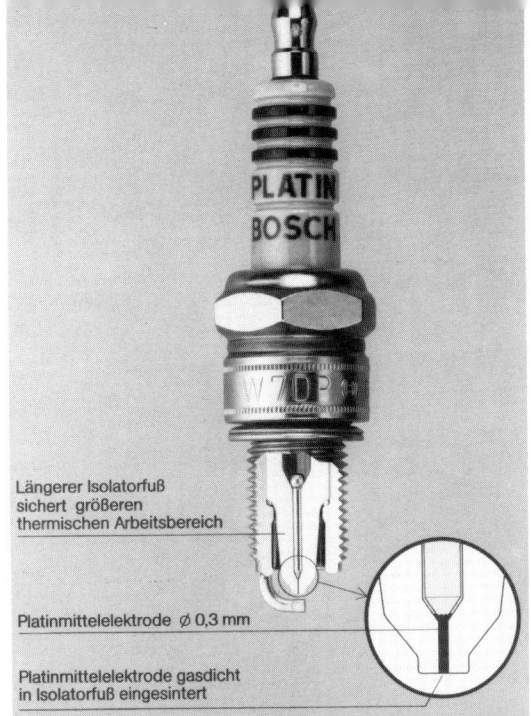

Längerer Isolatorfuß
sichert größeren
thermischen Arbeitsbereich

Platinmittelelektrode ⌀ 0,3 mm

Platinmittelelektrode gasdicht
in Isolatorfuß eingesintert

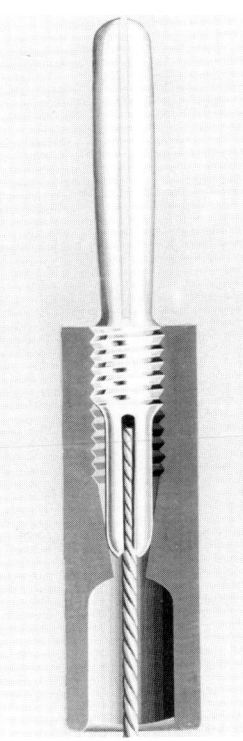

128 Erster Bosch Niederspannungs-Magnetzünder für Verbrennungsmotoren (1887)
129 Modernste Platin-Zündkerze von Bosch (1985)
130 Erster Bananen-Stecker von Hirschmann, Esslingen (1929)
131 Volumenvergleich verschiedener Kabeltypen. Im linken Rohr das dünne Glasfaser-
kabel. SEL, Stuttgart

132 Herdanfertigung am Montageband bei der Firma Neff, Bretten

133 Öffentliches SEL-Bildschirmtext-Terminal (1986)

134   *Transformator der 380 kV-Hochspannungsleitung zwischen Rommerskirchen bei Köln
und Hoheneck/Ludwigsburg, der 1958 ausgeliefert wurde*

135 *Schreibstube des Hüttenverwalters von Wasseralfingen um 1830*
nach Konrad Weitbrecht
136 *Modernes Großraumbüro. Firma Kiefer, Stuttgart-Feuerbach*

Strohabwassers war nicht zu bewältigen. Nunmehr basierend auf dem Altpapier-Recycling, hat sie sich zu der führenden süddeutschen Firma auf dem Gebiet der Buchbinderpappen – graue Maschinenpappe – entwickelt (60–70% Umsatzanteil), auf einem nicht minder hart umkämpften Teilmarkt des Pappengeschäfts.

Ende des 19. Jahrhunderts waren die ersten Wellpappe-Kartonagen und Wellpappe-Faltkisten von amerikanischen Firmen entwickelt worden. Die Nachfrage nach diesem Frachtkosten verbilligenden Verpackungsmaterial seitens der weltweit exportierenden feinmechanischen Industrie der Region Schwarzwald-Baar-Heuberg wurde zum Geburtshelfer der dortigen Kartonagenindustrie. Mit etwa 40 Beschäftigten begann 1925 die Firma Josef Straub Söhne in Bräunlingen (1985: 2,55 Mio. DM Stammkapital) – heute der größte Hersteller der Region – die Fertigung von Wellpappe-Kartonagen, brachte es 1938 mit 55 Beschäftigten auf einen Umsatz von 641 000 RM (11 654 RM je Beschäftigten), erreichte 1959 mit 200 Mitarbeitern und modernsten Fertigungseinrichtungen eine Tageskapazität von 40 bis 50 Tonnen und bringt es heute mit 280 Beschäftigten unter Einsatz von vollautomatischen, schnellaufenden Maschinen auf einen Umsatz von rund 56 Mio. DM (Tageskapazität 160 t; Umsatzanteil je Beschäftigten 200 000 DM). Andere, benachbarte Herstellerfirmen waren in den Vorkriegsjahren größer; die Michael Birk KG, Tuttlingen, die mit vier Filialen und 476 Beschäftigten damals einen relativ niedrigen Jahresumsatz von höchstens zwei Millionen RM erzielte, war die umsatzstärkste unter den insgesamt sechs Kartonagenfabriken der Region. Bilanzdaten der August Faller KG, Waldkirch-Breisgau (seit 1882; Stammkapital 1985: 1,71 Mio. DM), ein seit langem namhaftes Unternehmen der Branche, ermöglichen ebenfalls den vergleichenden Brückenschlag zu den veränderten Relationen der Gegenwart. Im Jahre 1981 wurde bei Faller von ca. 200 Beschäftigten in den Unternehmensbereichen Etiketten, System-Verpackungen, Faltschachteln, Verpackungen für Lebensmittel u. a. ein Bruttoumsatz von rund 28 Mio. DM erzielt, mithin 140 000 DM je Beschäftigten.

Papierindustrie (Betriebe mit 5 und mehr Beschäftigten)		Betriebe	Beschäftigte	Ø je Betrieb	Netto-produktionswert 1936 in Mio. RM
Württemberg	1932	434	20412	47,2	(mit Vervielfältigung)
	1938	466	25674	55,0	16,6
Baden	1936	142	13013	91,6	45,4

So sehr sich die südwestdeutsche Papierindustrie neue, auch verarbeitende Fertigungszweige erschloß, weitere Spezialerzeugnisse ins Produktionsprogramm nahm und im Export Terrain gewonnen wurde, die insgesamt die Umsätze steigerten, ihren 1929 erklommenen hohen Beschäftigungsstand (über 41 000) überschritt sie infolge der Produktionsschrumpfung durch Krise und Mangelwirtschaft erst Ende der fünfziger Jahre. Das weitere Anwachsen der Beschäftigungszahlen in den Betrieben, die sich auf der Gewinnseite in dem unaufhaltsamen, in Baden am stärksten fortgeschrittenen Konzentrationsprozeß befanden, war damit nicht ausgeschlossen. Die Papiermaschinen, mehr und mehr mit elektrischem Einzelantrieb versehen, wurden größer und leistungsfähiger. Je größer ihre Arbeitsbreite war, um so mehr ließ sich die Papiererzeugung steigern. Streichmaschinen begannen, doppelseitig zu arbeiten. An die Stelle der um 1806 in Schwaben erfundenen Harzverleimung des Papiers war längst der Tierleim getreten. Scheufelen entdeckte, daß die Verwendung von Kasein als Bindemittel die Qualität des Strichs gegenüber Tierleim wesentlich steigerte und verbilligte. Um mehr als 40 Prozent war bei Scheufelen der Papierabsatz von 1926 bis 1929 gestiegen. Kräftige Umsatzsteigerungen, hinter denen besonders im Badischen handfeste Exporterfolge standen, hatten den Beschäftigungshöchststand in der Papierindustrie 1929/30 ermöglicht. Die Krise reduzierte sodann die Beschäftigung in den badischen Papierfabriken (mit 20 und mehr Arbeitern) um 28 Prozent (auf 9654 Arbeiter). Ihr Übergewicht gegenüber der württembergischen Papier- und Holzstoffindustrie behaupteten die Badener dennoch und trotz der ihnen nach 1933 wegen der Grenzlage auferlegten Einschränkungen in ihrer industriellen Entfaltung. Seit Ende des 19. Jahrhunderts, mit Aufkommen der Holzzellstoffabriken (Zell i. W., Hubacker, Gernsbach, Kehl, Obertsrot, Waldhof, Maxau, Neustadt/Schw.), hatte sich das Schwergewicht der südwestdeutschen Papier-, Pappen-, Zell- und Holzstoffproduktion an den Oberrhein und seine Nebenflüsse verlagert und Württemberg seine seit Ende des Mittelalters traditionelle Vorrangstellung auf diesem Sektor an Baden abgetreten.

Holzindustrie – Bauwirtschaft – Hypotheken

Wohl kaum ein anderer Industriezweig hatte seit jeher mit so vielen Problemen und Risiken zu kämpfen gehabt wie die heimische Holzverarbeitung, zu der die Sägewerke, die Fabrikanten von Kisten und Zigarrenkisten, die Leisten-, Rahmen- und Möbelfabriken, die Faß- und Korbwarenhersteller, die Borstenverarbeiter, die Furnierwerke, die Holzwagenbauer und die Zündholzindustrie zählten. Mit wenigen Ausnahmen (die großen Säge- und Hobelwerke, Zündholzindustrie) produzierten die meist kapitalarmen Holzverarbeiter für einen begrenzten lokalen Markt, konnten selten die Vorteile der Fertigung großer Serien für sich nutzen, waren generell abhängig von stark schwankenden Rohstoffpreisen, mußten einen durch jahrelange Holzlagerung verlängerten Produktionsprozeß verkraften, hatten infolge ihrer kleinen Betriebsstruktur nur wenig Anteil am revolutionierenden maschinentechnischen Fortschritt und erwiesen sich als überaus konjunkturanfällig. Auf die jeweilige konjunkturelle »Wetterlage« reagierte die Holzindustrie – dem Baugewerbe ähnlich – dem Ziehharmonikaeffekt gemäß, entließ kurzfristig relativ viele Arbeitskräfte oder stellte viele wieder ein. Von der Weltwirtschaftskrise wurde die stark überbesetzte Holzindustrie hinsichtlich ihres Arbeitsplatzverlustes am härtesten unter allen Industriebranchen betroffen. Bis 1933 verschwanden 47 Prozent der Arbeitsplätze in den badischen Fabriken mit 20 und mehr Arbeitern. Auch Standortvorteile schlugen ins Gegenteil um.

Begünstigt durch die Holzflößerei bis zu Beginn des 20. Jahrhunderts, durch eine vorteilhafte Wasserlage und die Großrheinschiffahrt hatte sich Mannheim zum Zentrum des Holzhandels und der Holzbearbeitung in Deutschlands waldreichstem Land, in Baden, entwickelt (u. a. Holzwerke Schütte-Lanz seit 1909; Jean Elz, Leiternfabrik, seit 1844; Karl Schweyer AG, Säge-, Möbel- u. Parkettwerk, seit 1903). Infolge des nach dem Ersten Weltkrieg veränderten Bahn-Frachttarifs für Stammholz, der die Sägewerke wieder an die Rohstoffbasis, in die Wälder, drängte, sowie wegen hoher Lohn- und Sozialkosten büßten Mannheim und Umgebung mehr und mehr ihre Standortvorteile ein, konnten sich aber hauptsächlich durch zunehmenden Absatz von Qualitätserzeugnissen (Sperrholz, Furniere, Hartplatten u. a.) als bedeutendster Standort der badischen Holzindustrie vor dem Raum Rastatt und Südschwarzwald behaupten. Mehrere Sägewerke an einem Ort waren nicht ungewöhnlich; in Wolterdingen waren es vier, Gesamtumsatz 1938 2,2 Mio. RM, Umsatzanteil je Beschäftigten über 20000 RM.

Holzindustrie (Betriebe mit 5 und mehr Beschäftigten)		Betriebe	Beschäftigte	∅ je Betrieb	Netto-produktionswert 1936 in Mio. RM
Württemberg	1932	887	17268	19,5	–
	1938	1429	36528	25,6	83,6
Baden	1936	786	19793	25,2	–

Vor dem Ersten Weltkrieg verlief die Baukonjunktur in der Regel entgegengesetzt zur sonstigen Konjunkturbewegung, gewissermaßen antizyklisch. Bei lebhafter Konjunktur mied das Kapital gewöhnlich die weniger einträgliche Hypothek. Drohte dagegen die industrielle Konjunktur umzukippen, sich ein Abschwung abzuzeichnen, drängte es eiligst in die langfristige, sichere Hypothekaranlage, zuerst in den Wohnungsbau der Industriezentren. Nach dem durch die Hyperinflation bedingten harten Währungsschnitt von 1923 herrschte allgemein Kapitalmangel, waren daher die Banken auch in der Folgezeit nur in sehr begrenztem Umfang imstande, Hypothekendarlehen zu gewähren und verlor daher die Hypothek weitgehend ihre wohltuende konjunkturell ausgleichende Funktion. Bei der führenden Hypothekenbank Südwestdeutschlands, der Rheinischen Hypothekenbank in Mannheim, überschritt zwar die Zahl der Hypothekenschuldner im Jahre 1927 geringfügig die von 1913 (über 10000 und 598,8 Mio. M Hypothekendarlehen), das Darlehenskapital dagegen machte 24 Prozent des Standes des letzten Vorkriegsjahres aus und erreichte auch in den dreißiger Jahren diesen nicht. Zum durchweg festgehaltenen Zinsfuß von 8,5 Prozent wurde es für die Württembergische Hypothekenbank 1928 immer schwieriger, flüssige Mittel in Hypotheken unterzubringen (Hypothekenhöchststand in Württemberg 1928: 351,7 Mio. RM). Dennoch ist bei vielen Bankinstituten zumindest bis 1931 eine leichte Zunahme des Bestandes an gewährten Hypothekendarlehen erkennbar. Die der badischen Landwirtschaft von den Kreditgenossenschaften gewährte Kreditsumme bewegte sich von 1929/30 bis 1935 rückläufig, was auf einen Verzicht auf längerfristige Investitionen in diesem noch bedeutenden Sektor der Wirtschaft schließen läßt.

In der Bautätigkeit spiegelte sich weitgehend das niedrige Niveau des Hypothekengeschäfts wider. Dem außerordentlich geringen Reinzugang an Wohnungen im Jahre 1919 folgte während der Inflation bis 1922 eine kräftige Steigerung des Wohnungsbaus. Dann trat wegen Kapitalmangels ein starker Rückgang ein, den nur der Einsatz öffentlicher Mittel an noch steilerem Absinken hinderte. Erst 1927 zündete die Neubaukonjunktur und hielt bis etwa 1930 an (Wohnungszugang in Baden: 47795; in Württemberg: 51574) mit entsprechenden günstigen Auswirkungen auf die meist krankenden Baugewerbe und ihre Zulieferer. Von 1927/28 an bekamen auch Hunderte kleiner Sägewerke mit gewöhnlich kaum mehr als zwei bis drei Dutzend Beschäftigten und selten mehr als 50000 RM Steuerkapital den umschlagenden Wind der Konjunktur zu spüren. Ihr Umsatz wuchs, sie arbeiteten wieder mit Gewinn und investierten, Klenk in Oberrot ersetzte das Pferdefuhrwerk durch einen gemieteten Lastkraftwagen und kaufte neue Maschinen. Schon im Februar 1930 schlug für die sich wechselseitig unterbietende Holzindustrie der konjunkturelle Rückenwind um, begann der Bauholzpreis ab Sägewerk zu purzeln, sackte bald unaufhaltsam fast ins Bodenlose, bis Anfang 1932 um mehr als die Hälfte. Weder bei den Baukosten noch den

Baugewerbe (Betriebe mit 5 und mehr Beschäftigten)

		Betriebe	Beschäftigte	∅ je Betrieb
Württemberg	1929	1534	33509	22
	1932	879	14938	17
	1938	1851	48577	26
Baden	1936	1370	28094	20,5

anderen Baustoffpreisen, höchstens knapp um ein Drittel gefallen, setzte sich der für die geschrumpften Unternehmen ruinöse Preissturz fort. Anregend auf die Bautätigkeit wirkte er kaum, zumal auch die öffentlichen Mittel für den Wohnungsbau ab 1931 beträchtlich gekürzt wurden (Wohnungszugang Baden 1931–1934: 25336; Württemberg: 42925). Züblin, inzwischen mit Sitz in Stuttgart, hatte die Reichsmarkeröffnungsbilanz auf 750000 RM festgesetzt, später das Kapital auf eine volle Million erhöht und mußte in der Weltwirtschaftskrise die gesetzlichen Mittel mit 2:1 vermindern, was noch »zum guten Ton« gehörte. Andere fingen wieder mit weniger an. Grün & Bilfinger in Mannheim überstand die Krise ohne Abstriche vom Aktienkapital (4,41 Mio. RM).

Während der Rüstungs- und Baukonjunktur der dreißiger Jahre, als die Beschäftigung in der Bauwirtschaft durch die überstürzt in Angriff genommenen öffentlichen Bauvorhaben enorm zunahm, blieb der private Wohnungsbau hinter dem Höchststand von 1927 bis 1930 und damit hinter dem Bedarf zurück. Umsätze (und Gewinne) machte die Bauindustrie trotzdem, das der Fürstenbergischen Standesherrschaft gehörende Basaltwerk in Immendingen im Jahre 1938 (207 Beschäftigte) über eine Million RM, das von ihr erst 1920 gegründete Säge- und Hobelwerk Hüfingen 3,9 Mio. RM. Die Rheinische Hoch- und Tiefbau AG, Mannheim, berichtete im Jahre 1937, daß sie mit größeren Erdbewegungen und Betonarbeiten für die Reichsautobahn gut beschäftigt sei. Andere Bauunternehmen zogen Kasernen hoch, wieder andere mußten ab 1938 den »Westwall« errichten. Den langen, schwierigen Weg, aus dem Baustoff Stahlbeton gute Rohre herzustellen, beschritt Züblin weiter, vollbrachte die technische Glanzleistung des Baus des Neckar-Dükers von Heilbronn, bewältigte dann nach 1933 eine Fülle von Brückenbauwerken beim Autobahnbau und begann am Kriegsende 1943/44 die zum Glück nie fertiggestellte Torpedoabschußbasis der Marine im Bodensee bei Friedrichshafen. Das »Schwäbische Meer« wollte sie offenbar nicht. Fichtenstämme von 28 Metern in den Grund gerammt, schwammen am anderen Morgen wieder an der Wasseroberfläche.

Im Schlepptau der Baukonjunktur befand sich die spezialisierte Möbelindustrie, die nach Zahl der Betriebe und Umfang der Beschäftigung die größte Untergruppe der Holzindustrie darstellte (1936 Betriebe mit 5 und mehr Beschäftigten in Baden: 345 und 7398 Beschäftigte, je Betrieb 21,5; Württemberg 1935: 732 Betriebe mit 13488 Beschäftigten, je Betrieb 18,4). Möbelfabriken mit mehr als 100 Beschäftigten bildeten in der Zwischenkriegszeit die Ausnahme, Jahresumsätze von weniger als 500000 RM dagegen die Regel. Infolge des Vorherrschens der Handarbeit erreichte der Umsatzanteil je Beschäftigten kaum die Hälfte des der Sägewerke, selten 7500 RM. Auch hinter diesen Zahlen verbargen sich oft dramatische Vorgänge, häufig das Bemühen tüchtiger Handwerksmeister, in die genormte industrielle Serienfertigung vorzustoßen. Der sichtlich nach dem schwäbischen »Schneeballeffekt« erfolgte Aufstieg von Schreinereien zu Industriebetrieben im Marbacher Raum, obwohl alsbald erbittert miteinander konkurrierend, ist hierfür ein Beleg, der von vier Sitzmöbel-, Tisch- und Möbelfabriken im wirtschaftlich zurückgebliebenen Marbach a. Neckar sowie von vier Stuhl- und Sitzmöbelfabriken im benachbarten Steinheim a. d. Murr. Gelegentlich erwachten jahrelang als völlig verschuldet geltende Möbelfabriken plötzlich zu neuem Leben. Viele Möbelfabriken verschwanden – spätestens im Kriege – spurlos von der Bildfläche. Zwischen 1923 und 1925 kämpfte die Hohenloher Schulmöbelfabrik Schaffitzel KG (seit 1879) mit Warenerlösen, die unter den Kosten lagen. Danach kamen einige gute, gewinnbringende Jahre (1927 Umsatz: 647598 RM) und in der Krise die rettende Idee, die zuerst in Deutschland eingeleitete Fertigung von Schul-Stahlrohrmöbeln. Kriegsbedingte Billigproduktionen erhöhten den Output wert- und mengenmäßig während des Krieges. Beispielsweise steigerten sechs Schwarzwälder Möbelfabriken von 1936 bis 1944 ihren Umsatz um fast 60 Prozent und den Umsatz je Beschäftigten von 5800 auf 8270 RM. Mannheimer Holzverarbeiter, die Schütte-Lanz Holzwerke AG und die Karl Schweyer AG, entdeckten den Segelflugzeugbau als neuen Produktionszweig.

In der Bürstenmacherei, in und um das badische Schwarzwaldstädtchen Todtnau heimisch, übernahm es bereits die Maschine, den Borstenbüschel in den vorbereiteten Holzgriff zu stanzen. Auf mühsamer, geschickter Handarbeit basierte dagegen die einst florierende mittelbadische Korbwarenindustrie, namentlich die oft auch aus der Staatskasse unterstützte Spankorbflechterei, noch Anfang der zwanziger Jahre der damals notleidenden Gemeinde Kniebis als Sozialtherapie empfohlen. Ende der dreißiger Jahre widmeten sich immerhin noch über tausend flinke Hände dem aussterbenden Gewerbe der Herstellung von Geflecht aus Holz, Stroh, Rohr, Binsen, Weiden u. a. Die Frankfurter Zeitung vom 21. Januar 1929 meinte am Niedergang auch französische Mitschuld zu erkennen: Die im Hanauer Land »ansässige Korbwarenindustrie, von der ein hoher Prozentsatz der Bevölkerung gelebt und die etwa zwei Drittel ihrer Produktion im Elsaß untergebracht hatte, ist katastrophal zurückgegangen«.

Nahrungs- und Genußmittelindustrie

Von Ende des 19. Jahrhunderts bis zum Zweiten Weltkrieg stellte sich in Baden das Nahrungs- und Genußmittelgewerbe durch die Tabakindustrie als der Produktionszweig mit dem größten Beschäftigtenpotential und, faßbar 1935, mit dem weitaus höchsten Gesamtumsatz (882 Mio. RM) dar. Im Rechnungsjahr 1934/35 waren in der badischen Tabakindustrie 44 874 Menschen, im gleichen Zeitraum in der Württembergs lediglich 7903 Personen beschäftigt. Unmittelbar vor der Weltwirtschaftskrise, im Jahre 1929, war die Beschäftigung in der badischen Tabakindustrie an ihrem historischen Höchststand angekommen. Von da an zeigte sie bei kurvenreichen Auf- und Abschwüngen im längerfristigen Trend eine rückläufige Tendenz. Mit fast unbeirrbarer Zähigkeit hielten die badischen und württembergischen Tabakverarbeiter an der überlieferten Zigarrenherstellung fest, obwohl die spätestens seit dem Ersten Weltkrieg in Deutschland zur beherrschenden Mode gewordene, kleine, rasch den Rauchtod sterbende Zigarette der kraftvollen Zigarre ebenbürtig wurde und in mancher Hinsicht den Rang ablief. Klagen der Interessenverbände über die vordringende Zigarette, die Umstellung auf Überseetabake und den harten Wettbewerb mit der norddeutschen Zigarrenindustrie, an den Nordseehäfen frachtkostengünstiger gelegen, machten sich von der Mitte der zwanziger Jahre unüberhörbar geltend. Durch die scharfe Brise des Wettbewerbs, in der Krise mehr einem Verzweiflungskampf gleichend, gerieten weniger die Zigaretten, um so mehr aber alle anderen Tabakerzeugnisse unter Preisdruck und mußten auch viele alteingeführte Tabakfabriken, schon bis 1929 nicht mehr imstande, die Zinsen für die Rationalisierungskredite zu erwirtschaften, das Handtuch werfen: 149 badische Tabakfabriken (mit 20 und mehr Arbeitern) bereits zwischen 1925 und 1929, 183 per Saldo zwischen 1929 und 1933.
Dennoch litt die Nahrungs- und Genußmittelindustrie, die Tabakbranche inbegriffen, generell weit weniger unter den geschäftslähmenden Auswirkungen der Weltwirtschafts- und Weltagrarkrise als andere Gewerbezweige. Von Einschränkungen im Konsum wurden Grundlebensmittel weniger betroffen, blieben grundsätzlich Nahrungsmittel infolge der relativ einkommensunelastischen Nachfrage verschont. Der höhere Beschäftigtenstand im Jahre 1933 gegenüber dem von 1925 (anstelle des heranzuziehenden von 1929) könnte sogar leicht den falschen Eindruck erwecken, als sei die Krise spurlos an der Nahrungs- und Genußmittelindustrie vorübergegangen. Im Januar 1933 wurden 10 077 gelernte Arbeitskräfte der Nahrungs- und Genußmittelgewerbe Badens und nur 2792 der Württembergs als arbeitslos registriert, Mindestzahlen allerdings. Auch der wert- und mengenmäßige Umsatz lieferte Krisensymptome. Danach kam die badische Zigarettenindustrie, in die inzwischen Maschinen zum Schneiden, Füllen und Verpacken vorgedrungen waren, noch am besten über die

Krise. Von Anbeginn drängte die Zigarettenherstellung mehr zur großbetrieblichen Produktion. Badens größte Zigarettenfabrik, Batschari, beschäftigte 1929 über 500 Personen. In Stuttgart produzierte Württembergs größte Zigarettenfabrik, die Waldorf-Astoria AG (gegr. 1906) 1925 mit über 800 Beschäftigten, gestützt auf erfahrene ausländische Zigarettenmacher, Türken, Griechen, Rumänen usw., ihre als »Behagenspender, Frohsinnförderer und Geselligkeitsvermittler« gepriesene Qualitätsware. Der Umsatz eines kleineren Zigarrenmachers, der Firma Carl Heidinger in Dinglingen/Baden, sackte von 281 135 RM im Jahre 1929 auf 126 584 RM 1932 (um 55 %) ab. Die Mehrzahl der badischen Tabakfabriken, im Durchschnitt weniger als 60 Beschäftigte und weniger als 100 000 RM Steuerkapital, kam etwas glimpflicher davon. Zollerhöhungen für eingeführte und dadurch verteuerte Rohtabake erschwerten die Lage der Zigarrenindustrie in der Krise zusätzlich. Die Zigarrenfabrik Joh. Ludw. Reiner Heilbronn (1815–1940) brachte feinste, preiswerte Havannazigarren heraus, weil letztlich nur die billigen Sorten gingen. Auch die Schweizerstumpen (Burger Söhne, Emmendingen, 1985: 3,6 Mio. DM Kommanditkapital; König, Leipferdingen) machten der Zigarre den Markt streitig. Als Spitzenbetrieb der badischen Tabakindustrie galt noch P. J. Landfried, Rauch-, Kautabak- und Zigarrenfabriken, Heidelberg (mehr als 500 Beschäftigte). Im Jahre 1936 waren Heidelberg und Umgebung (69 Betriebe mit 7767 Arbeitern), der Amtsbezirk Bruchsal (87 Betriebe mit 8326 Arbeitern) sowie die Bezirke Lahr (75 Betriebe mit 7070 Arbeitern) und Emmendingen (49 Betriebe mit 4153 Arbeitern), die traditionell nach wie vor von der Tabakindustrie (Fabriken) geprägten Standorte. Nach Hitlers Machtübernahme mußten zur Beseitigung der Arbeitslosigkeit die vielfach erst kurz zuvor angeschafften neuen Zigarrenwickelmaschinen ohne Rücksicht auf die unbefriedigenden Erlöse der Tabakindustrie verschrottet werden. Letztes Beispiel von Maschinenstürmerei in der deutschen Industriegeschichte! Dennoch weitete sich von 1933 an die Zigarrenproduktion wieder aus. Die Tabakfabrik Reiner in Heilbronn (1938: 826 Beschäftigte) vergrößerte sich um die arisierte Zigarrenfabrik Gebrüder Weil in Graben. Mit 129 Beschäftigten kam Gustav

Produktionsstatistik für Baden

	Zigarren Mio. Stück	Zigaretten Mio. Stück	Bier Mio. hl	ordentliche Schlachtungen			
				Rinder	Kälber	Schweine	Hunde
1926	1 749,5	1 028,0	2,084	154 382	192 114	353 541	52
1929	1 974,4	548,1	2,459	178 297	210 019	467 708	68
1932	1 253,6	1 015,3	1,159	162 695	220 989	462 540	116
1934	2 026,7	1 240,5	1,395	172 242	231 234	434 640	84

König, Schweizerstumpenfabriken Leipferdingen (seit 1914), im Jahre 1938 auf einen Umsatz von 599450 RM. Der Trend zur Zigarette und der Rückgang des Pro-Kopf-Zigarrenverbrauchs (1937: 129 Stück; 1957: 90) hielt an und zehrte an der Größe des Zigarrenmarkts, wenn auch für viele Zigarrenhersteller – von den vierziger Jahren abgesehen – noch nicht gravierend (jährlicher Durchschnittsumsatz der Zigarrenfabrik F. Krämer, Seelbach, 1930–1939: 1,1 Mio. RM; 1940–1949: 0,7 Mio. RM/DM).

Die großindustrielle Produktion repräsentierten in der Nahrungsmittelbranche: die Großmühlenindustrie, voran die Aktienmühlen in Mannheim (Aktienkapital 1929 in Mio. RM: Pfälzische Mühlenwerke, 5; Ludwigshafener Walzmühle, 4,6; Hefftsche Kunstmühle, 2,6; Rheinmühlenwerke, 2), die dortigen Ölfabriken, die Zuckerfabriken, einige Schokoladen- und Süßwarenfabriken (Stuttgart, Karlsruhe, Lörrach, Mannheim, Tuttlingen u. a.), Nährmittel- bzw. Teigwarenwerke in Heilbronn, Karlsruhe, Singen a. H., Weinheim usw., einige Großkäsereien im Allgäu, die bekannten Kaffee-Ersatzfabriken in Ludwigsburg, Mannheim, Karlsruhe, seit 1943 vereinigt zur Franck & Kathreiner GmbH, der größten deutschen Kaffeemittelfirma mit Sitz in Ludwigsburg, und nicht zu vergessen die vielen namhaften Brauereien. Kleinfabriken starben deshalb nicht aus. Die Eierteigwarenfabrik Anton Peter in Spaichingen (seit 1853) importierte damals noch Eier und Eierprodukte aus China und brachte es mit 13 Beschäftigten 1938 auf einen Umsatz von 150000 RM. Nur ein Beispiel von vielen kleinen Lebensmittelherstellern.

Butter, Rindertalg, Schweineschmalz und heimische Pflanzenöle, kleinbetrieblich hergestellt, bildeten bis Ende des 19. Jahrhunderts die in Südwestdeutschland verbrauchten Speisefette, als gegen den heftigen Widerstand der Landwirtschaft die Margarine, eine nach einem französischen Patent – anfangs aus Rindertalg – produzierte billige »Kunstbutter« auf den Markt kam. In Südwestdeutschland wurde die Margarine-Produktion zuerst in Ulm aufgenommen. Vor dem Zweiten Weltkrieg hielt sich der deutsche Butter- und Margarineverbrauch mit knapp zehn Kilogramm je Kopf und pro Jahr etwa die Waage (dazu kam ein Schweinefettverbrauch von etwa 8 kg). Schon vor dem Ersten Weltkrieg faßten zwei bedeutende holländische Konzerne, Jürgens und van den Bergh, auf dem deutschen Margarinemarkt Fuß und drängten zugleich in die den europäischen Markt beherrschende deutsche Ölmühlenindustrie, die außerordentliche Bedeutung der Ölfrüchte für die Margarineproduktion erkennend. Seit 1914 dominierte mit Auswertung der erfundenen Ölhärtung die Pflanzenmargarine. Zum deutschen Jürgens-Konzern, Hamburg, gehörten 1920 u. a. die aus der Ölfabrik des Friedrich Kollmar in Besigheim (seit 1848) durch Fusion 1895 hervorgegangenen Bremen-Besigheimer Ölfabriken und der durch Zusammenschluß von sechs Ölmühlen entstandene Verein Deutscher Ölfabriken in Mannheim (1929: Grundkapital 6,8 Mio. RM), damals größter deutscher Ölmühlenkonzern. Zur van-den-

Bergh-Gruppe gehörten die Bissinger Oelwerke und die Estol AG, Mannheim. Schärfste, beide Gruppen schwächende Konkurrenzkämpfe gingen dem Zusammenschluß der beiden Konzerne zu einer Interessengemeinschaft, zur Margarineverkaufs-Union (Unie-Konzern) im Jahre 1927 voraus. Rationalisierungen und technische Verbesserungen verstärkten den Konzentrationsprozeß innerhalb der Margarine-Union, der schließlich im Jahre 1930 durch die Fusion mit dem finanziell angeschlagenen, in der Seifenindustrie (Sunlight) und im Margarinehandel engagierten englischen Lever-Konzern noch in den Schatten gestellt wurde. Der neue Unilever-Konzern beherrschte zwar den deutschen Margarinemarkt zu etwa drei Vierteln, wurde aber vom NS-Staat von 1933 an in seiner Unternehmenspolitik stark beengt (ab September 1939 nur noch Einheitsmargarine) und entging mit knapper Not der geforderten Integration in die Zwangsorganisation des »Reichsnährstandes«.
Ähnlich wie Margarine wurden auch die bekannten südwestdeutschen Suppenwürfel und -würzen von Knorr in Heilbronn – mit Zweigwerken in der Schweiz, in Österreich, Italien und Frankreich – und die der von Kempttal bei Zürich kontrollierten Maggi-Fabrik in Singen a. H. (1921: 1491 Beschäftigte; 1939: 2400; Aktienkapital mit Berliner Gesellschaft 1918: 4 Mio. M) hauptsächlich bei der Arbeiterbevölkerung in den Industriegebieten abgesetzt. Täglich 20000 Ein-Liter-Maggi-Flaschen wurden 1935 in Singen abgefüllt. 1947 ging der Maggi-Konzern im schweizerischen Nestlé-Konzern in Cham auf, schon vor dem Ersten Weltkrieg das größte internationale Industrie-Imperium der Schweiz, damals bereits international bekannt durch die Produkte Kindermehl, kondensierte Milch und die begehrte Milchschokolade (aus Milch und Kakao). In den neuen Markt für Massenkonsumgüter war auch die sich seit der Nachkriegsinflation ausdehnende Schokoladen- und Süßwarenindustrie hineingewachsen (1936 in Baden 17 Betriebe mit 1363 Beschäftigten; in Württemberg 1935: 23 Betriebe mit 1599 Beschäftigten). Infolge der bei der Stuttgarter Süßwarenfabrik Staengel & Ziller (Eszet) vorangetriebenen marktgerechten Straffung des Produktionsprogrammes wurden von 1919 an statt ursprünglich über 500 Artikeln nur zwei Sorten Schokolade sowie Kakaopulver hergestellt, ohne daß die gewöhnlich danach zu erwartenden ertragsmindernden Umsatzeinbrüche die Unternehmensentwicklung hemmten. Bereits 1924, im schweren Jahr der Markstabilisierung, erweiterte Eszet seinen Untertürkheimer Betrieb. Ganz einstellen mußte die Firma ihre Schokoladenherstellung kriegsbedingt im November 1942, nachdem schon von 1939 an begrenzte Rohstoffzuteilungen sinkende Umsätze erzwungen hatten (Umsatz 1939: 4,2 Mio. RM; Gewinn: 510000 RM). Die 1922 gegründete Schokinag, Mannheim, verdankte den Konstellationen der Nachkriegsinflation ihre Entstehung. Der Triumph der Milchschokolade, ein relativ billiges Erzeugnis, füllte Auftragsbücher. Die von Alfred Ritter sen. 1912 in Stuttgart-Bad Cannstatt ins Leben gerufene Süßwarenfabrik

Nahrungs- und Genußmittelindustrie (Betriebe mit 5 und mehr Beschäftigten)		Betriebe	Beschäf-tigte	Ø je Betrieb	Netto-produktions-wert 1936 in Mio. RM
Württemberg	1932	666	19828	29,7	–
	1938	941	26403	28,0	114,0
Baden	1936	1610	63239	39,2	194,2

(Stückartikel) übersiedelte nach erheblicher Ausweitung 1930 nach Waldenbuch bei Stuttgart und schuf dort Anfang der dreißiger Jahre die heute zum führenden Markenartikel gewordene quadratische Sportschokolade. Auf einen Umsatz von 890000 RM kamen 1938 bei der Kakao- und Schokoladenfabrik Chr. Storz Tuttlingen (seit 1884) 49 Beschäftigte, um Größenrelationen anzudeuten.

Zu den außerordentlichen Gewinnern in der Nahrungsmittelbranche gehörten die auf neuen Produkten bzw. Herstellungsverfahren basierenden, anfangs mehr kleinbetriebliche Süßmosterei sowie die Obst- und Gemüsekonservenindustrie, in der Statistik noch mit den Herstellern des weniger rühmlichen Kunsthonigs erfaßt (1936 in Baden 15 Betriebe mit 1043 Beschäftigten; in Württemberg 21 Betriebe mit 699 Beschäftigten). Der Süßmost, nach dem von Schmitthenner Mitte der zwanziger Jahre erfundenen Kaltverfahren zur Entkeimung von Fruchtsäften hergestellt, entwickelte sich zum Volksgetränk. An Zentren des Obst- und Gemüsebaus blühte in Klein- und Mittelbetrieben die Industrie des Blechdosen-Obstes und -Gemüses auf, ältere Konservierungsmethoden (Dörren, Einmachessig) teilweise verdrängend und offenbar kaum gehemmt von der Weltwirtschaftskrise (Erzeugung von Gemüse- und Obstkonserven in Baden 1931: 1,1 Mio. Dosen; 1932: 1,6 Mio.; in Württemberg 1932: 0,6 Mio. Dosen). Der 1876 gegründeten Weinessigfabrik Hengstenberg in Esslingen gelang 1932 die Erfindung des in Dosen haltbar gemachten Sauerkrauts, das unter der Marke Mildessa zum großen Verkaufserfolg wurde. Einkochgläser und -töpfe für das »Einwecken« durch die sparsame, auf den eigenen Wintervorrat bedachte Hausfrau brachte die Firma J. Weck & Co. in Öflingen/Baden auf den Markt (heute Weck Glaswerk, Bonn-Duisdorf).

Mehr als die Tabakindustrie und die Brauereien sahen sich im 20. Jahrhundert die nur durch eine schwache Lobby vertretene Branntwein- sowie die Essigindustrie mit einer Wirtschaftspolitik in steuerlichem Gewand konfrontiert, die sie wohl häufiger zu ihrem Opfer machte und selten oder ausnahmsweise mit dem Glück des Geförderten beschenkte. Den traditionellen Obstbrennern des Schwarzwaldes gegenüber, viele Tausende, war freilich Rücksichtnahme geboten, zumal der hauseigene Obstbrand nur verschwindend wenige Prozente der badischen Weingeistdestillation ausmachte. Doch durch seine 27950 Brennereien (Württemberg: 8746 – Rechnungsjahr 1934/35) wurde Baden zu dem an Spritbrennereien reichsten Lande Deutschlands (54,5% aller Brennereien), ohne sich zugleich des höchsten Pro-Kopf-Branntweinkonsums rühmen zu können oder gar zu wollen. Im Gegenteil! Die Weinländer Baden und Württemberg, mit 5,6% an der gesamten deutschen Branntweinerzeugung vertreten (1934/35), steuerten dem deutschen Pro-Kopf-Trinkbranntwein-Verbrauch (1912: 2,8; 1937: 1,12; 1957: 1,6 Liter) grundsätzlich weniger als den statistischen Durchschnitt bei.

Südwestdeutschlands Spirituosenindustrie war vielerlei Ursprungs. Um sein altes Brennrecht kommerziell nutzen zu können, mußte Alfred Schladerer in Staufen 1924 den Antrag stellen, es zu erhöhen. Mit schwäbischen Remstalweinen haben dagegen die Weinbrände von Jacobi, 1880 in Stuttgart als Fabrik und Handlung von bzw. mit Likören und Branntwein-Spirituosen gegründet – heute in Weinstadt –, nichts zu tun. Seit 1880 destillierte Jacobi französische Weine aus der Charente und dem Armagnac. Auch waren es keine Männer frommer Denkart und Lebensführung, sondern aus dem Weltkrieg heimgekehrte Krieger, die – mönchische Kräuterextraktion bewußt nachahmend – seit 1921 im einst staufischen Klosterhof der längst säkularisierten Benediktinerabtei Lorch Liköre destillierten, den »Edlen von Lorch«, und 1923 gar schon ca. 140000 Flaschen des »Edelprodukts« verkauften. Chemiesprit – ein jüngeres Destillat – lieferten Zellstofffabriken im folgenden Jahrzehnt an die Spirituosenfabriken, die ihn ihrerseits dem menschlichen Kreislauf zuführten. Aus Sprit oder anderem Alkoholischen wurde durch biologische Gärung der bis Ende des 19. Jahrhunderts auf dem Markt angebotene Essig hergestellt (der Speise-, Wein-, Obst- und Einmachessig). Dann kam die billige, synthetische Herstellung von Essigsäure aus Kalziumkarbid u. a. dazu und drohte, die altüberlieferte, kleinbetriebliche Gärungsessigindustrie zu ruinieren. Eine Marktverteilung sollte den Ruin abwenden. Essig und Senf allein verhalfen bei Bescheidung auf lokale Absatzräume jedoch kaum zu Unternehmenswachstum, vielleicht nicht einmal zum Existenzerhalt. Südwestdeutschlands älteste, noch bestehende chemische Fabrik, die Firma Rund in Heilbronn, verbuchte für den Zeitraum von 1928/29 bis 1939/40 einen durchschnittlichen Jahresumsatz aus dem »Essigversand« von 81655 RM. Rund machte damals seinen Umsatz mit Essig, Senf, Bleiweiß und Farben, Kauffmann in Ebersbach/Fils (seit 1834) außer mit Essig und Denkendorfer Klostersenf auch mit Spirituosen, Schokolade und Kunsthonig. Bei Hengstenberg in Esslingen und J. Louis Haas in Mannheim (gegründet 1775 – heute vereinigt mit den Nadler-Werken) wuchsen aus dem Essiggeschäft verschiedene Senfsorten, Gurken- und Essigkonserven zu tragenden Säulen des Umsatzes heran. Auf den viel Abwechslung bietenden Essigaufguß kam es also an, wie schon Mörike sagte: »Merke noch! die Senfkukumern werden auch in Ewigkeit weder schimmeln noch verlummern, wenn man sie so zubereit't.«

Handwerk

Entgegen marxistischen Untergangsprognosen hatte sich der zahlenmäßige Bestand der Handwerkswirtschaft mit bemerkenswerter Widerstandskraft gegenüber Kriegsfolgen, Nachkriegsverlusten und dem lähmenden Tiefstand der Weltwirtschaftskrise behauptet und den Anforderungen auch der fortschreitenden Industriegesellschaft anzupassen vermocht. Zugänge durch Betriebsneugründungen glichen eingetretene Verluste wieder aus. Handwerk eröffnete die Chance zu qualifizierter Selbständigkeit. Übersetzungen von Handwerkszweigen, Überalterung und teilweiser Nachwuchsmangel wurden in der Statistik weniger faßbar. Das Handwerk war im Bereich der individualisierten, lokalisierten Arbeit, vor allem auf dem wachsenden Feld der Reparatur, Überwachung und Pflege moderner Technik unentbehrlich. Die Übergänge vom Handwerker- zum Industriebetrieb blieben fließend und vollzogen sich unter vielfältigen Konstellationen. Hohe fachliche Qualität war in jedem Falle Voraussetzung. Neben dem Berufskönnen, das verbindende geistige Bollwerk des ganzen Berufszweiges, war das organisatorische Talent des Handwerkers gefordert, das sich nicht zuletzt auch in den schweren Nachkriegsjahren bewährte.
Bis 1926/27 erreichten die Handwerksbetriebe wieder annähernd den zahlenmäßigen Stand der Vorkriegszeit (Baden 1929: 59 145; Württemberg 1931: 90 787 Betriebe), erfuhren jedoch – weil Notventil, um der Arbeitslosigkeit zu entrinnen – bereits mit der Weltwirtschaftskrise und in den ersten Jahren der Hitler-Herrschaft einen kräftigen Zugang und damit offenbar eine teilweise Übersetzung (1937 Baden: 70 375; Württemberg: 95 896 Betriebe). Innerhalb der Struktur des damaligen Handwerks fiel noch das zahlenmäßige Übergewicht des Bekleidungsgewerbes mit den Damenschneiderinnen, Schuhmachern und Herrenschneidern an der Spitze auf, während andere einst bedeutende handwerkliche Berufszweige, das Textilhandwerk, die Schmiede und Metallgießer, Wachszieher und Seifensieder, die Gerber, Papiermacher und Musikinstrumentenmacher, verdrängt von preiswerten industriellen Fertigungen, ihr Handwerk an den Nagel hängen oder weitgehend aufgeben mußten. Doch der technische Fortschritt und seine industrielle Verwertung brachten ständig neue, viel nachgefragte Handwerksberufe hervor, steigerten die Nachfrage nach Handwerksarbeit und machten die Abgänge an altem Handwerk wieder wett. An 30 neue Handwerksberufe, Ele-

Struktur des Handwerks (Betriebe)

	Baden (1929)		Württemberg (1934)	
Bauhandwerk	11 047	18,7	22 120	23,2
Metallhandwerk	9 269	15,7	14 096	14,8
Holzhandwerk	8 483	14,3	15 514	16,3
Nahrungsmittelhandwerk	9 688	16,4	13 943	14,6
Bekleidungs- und Reinigungshandwerk	19 557	33,0	26 968	28,3
Papier- und Vervielfältigungshandwerk	1 101	1,9	1 577	1,6
Sonstige Handwerke	–	–	1 118	1,2
Insgesamt:	59 145	= 100	95 336	= 100

mente eines breiten handwerklichen Erneuerungsprozesses, tauchten in den neu eingeführten Handwerksrollen auf und bezogen sich vor allem auf die innovativen Kernzentren des industriellen Fortschritts, auf den Kraftfahrzeugbau, die Radio- und Elektrotechnik und das Baugewerbe (hier vor allem die Beton- und Stahlbetonbauer, die Isolierer, Fußbodenleger und Zentralheizungsbauer, vgl. oben S. 286).
Entsprechend der sozialen Eigenart Badens und Württembergs lag der Prozentsatz der Selbständigen sowohl in der Landwirtschaft als auch im Gewerbe höher als im deutschen Durchschnitt. Die überlieferte bäuerlich-kleinstädtische Struktur Südwestdeutschlands bot eine erklärende Ursache für die stärkere Verbreitung des Handwerks hierfür, die besondere Eigenart der südwestdeutschen Industrie, die seit jeher dem Handwerk Entfaltungsmöglichkeiten (Heimarbeit) bot, eine weitere. Andererseits waren die Handwerksbetriebe im Durchschnitt kleiner dimensioniert als im Reichsgebiet (Baden 1925: 2,6 Beschäftigte; Württemberg 1928: 2,5). Auch verband sich mit dem Handwerk in stärkerem Maße der landwirtschaftliche Nebenerwerb und kam in Württemberg häufiger die gleichzeitige Führung eines Ladengeschäfts vor, was wesentlich dazu beitrug, den Anteil des württembergischen Einzelhandels zu verkleinern. Im Jahre 1935 belief sich in Württemberg der Anteil des Handwerks am Gesamtumsatz der Wirtschaft auf 16,6 Prozent, der des Handels auf 26,6, in Baden der des Handwerks nur 13,6 Prozent und des Handels aber auf 35,2 (Reichsdurchschnitt 13,6% bzw. 37,4%). Ob dem badischen Einzelhandel von der Staatsregierung beantragte Mittel für Dekorationskurse in der Krise genützt hätten? Die Hitler-Bewegung versprach ihm mehr.

Eine andere Eigentümlichkeit der südwestdeutschen Wirtschaft, ihr höchster Motorisierungsgrad bei im Durchschnitt geringer genutzter Leistung, ergab sich ebenfalls wesentlich aus den Besonderheiten seiner kleinbetrieblichen Handwerksstruktur, nicht nur aus seiner Industriestruktur, wie bisher fälschlicherweise behauptet. In den Betrieben bis zu fünf Beschäftigten, vorwiegend des Nahrungsmittel-, Holz- und Bekleidungsgewerbes, war die große Mehrzahl der Antriebsmotoren, Gehilfen sparende Elektromotoren mit relativ geringer Leistung, installiert. Ein produktionstechnisch spürbarer Vorteil stellte sich für Handwerksbetriebe bereits ein, als die Dampfkraft von einem riesigen Elektromotor abgelöst wurde, der über eine lange Welle und Transmissionen die Arbeitsmaschinen antrieb. Ungeahnte Rationalisierungsmöglichkeiten und Produktivitätssteigerungen eröffneten die Verbindung jeder einzelnen Maschine mit einem Elektromotor. Der Verwirklichung dieser Pioniertat widmeten sich in Südwestdeutschland in der Zwischenkriegszeit gleich viele Elektromaschinenbauer. Beim Himmelwerk in Tübingen sprengte der anfängliche »Blechmotor« – damals noch mit Stahlblechmantel verkleidet – schon nach dem Ersten Weltkrieg »Produktion und Kasse«. Im Himmelwerk wurde die Herstellung von Holzbearbeitungsmaschinen vorangetrieben. Seit 1925 spezialisierte sich die 1899 gegründete Maschinenfabrik Fellbach (Mafell) auf transportable elektrische Holzbearbeitungsmaschinen und vollbrachte Pionierleistungen mit der ersten Stemm-Maschine für Zimmerleute und Europas erster Handkreissäge. Frankl & Kirchner in Mannheim/Schwetzingen (seit 1886; 1941: 550 Beschäftigte) konzentrierte sich auf die Elektrifizierung der Nähmaschine. Mit der Motorisierung des Handwerks war somit zugleich der Aufstieg vieler Industriebetriebe verbunden, so daß die Handwerksnachfrage zur bedeutenden Schubkraft von industriellem Wachstum wurde.

Motorenbetriebe 1939	Zahl	Anteil %	Gesamt-leistung PS	Ø Betrieb
Baden	36 574	26,12	1 063 219	29,07
Württemberg	49 800	26,14	1 257 931	25,26
Deutsches Reich	803 954	21,64	37 014 613	46,04

Der Nationalsozialismus hatte wesentlich vom Handwerk in der Krisensituation der Weimarer Zeit aufgestellte Forderungen aufgegriffen, um die notleidende Handwerkerschaft auf seine Seite zu ziehen, ohne sie nach Hitlers Machtübernahme zu erfüllen. Der Einzelhandel wurde mit der rassistischen Propaganda gegen die zur Großstadt ge-

hörenden, aber auszuschaltenden Warenhäuser u. a. gelockt. Letzten Endes bereicherte sich der Staat am Boykott und der nachfolgenden »Arisierung« der in jüdi-
schem Besitz befindlichen Warenhäuser (u. a. Hermann Tietz, Stuttgart und Karlsruhe; Gebr. Rothschild, Heidelberg und Mannheim; Geschwister Knosp, Karlsruhe,
Pforzheim, Freiburg). In der Großstadt erfüllte das Kaufhaus Funktionen, die in Dorf
und Kleinstadt Gemischtwarengeschäfte wahrnahmen. Druck auf die Gewinnspannen, Preiserhöhungen bei Rohstoffen und Industrieerzeugnissen, der verkündete allgemeine Preisstopp, Preisunterbietungen bei nur langsam gestiegener effektiver Kaufkraft verschlechterten insgesamt die Situation der kleinen Handwerksbetriebe, wie
auch im Organ des Landeshandwerksmeisters und der Württembergischen Handwerkskammern noch im August 1936 beklagt. 1937/38 verspürte das Handwerk eine
kurze Aufwärtsentwicklung, von der Rüstungskonjunktur und der nachfolgenden
Kriegswirtschaft, verbunden mit zahllosen Geschäftsstillegungen aber wieder zunichte gemacht. Vor allem der Organisations- und Improvisationsgabe des Handwerks, der Nahrungsmittel- und Bauhandwerker, der Schneider und Schuster, der
Kraftfahrzeugmechaniker und Landschmiedemeister, war es nach Kriegsende 1945
wesentlich zuzuschreiben, daß die Versorgung, die Produktion und damit das Leben
wieder in Gang kamen.

Fremdenverkehr – Ende und Neuanfang?

Für den zeitweiligen Niedergang des Fremdenverkehrs, der »weißen Industrie« im
deutschen Südwesten, eines wichtigen Wirtschaftszweiges, ließen sich seit Ende des
Ersten Weltkriegs viele Gründe verantwortlich machen, die Anwesenheit von Besat-
zungstruppen, der Währungsverfall, die Weltwirtschaftskrise, die NS-Herrschaft, das
Ausbleiben einer mondänen, begüterten Oberschicht, Benachteiligungen in der Ver-
kehrsstruktur, das Auftauchen ärmerer erholungsbedürftiger Bevölkerungsschichten
in den Fremdenverkehrszentren u. a. m. Beim Reichskanzler beklagte die badische
Staatsregierung 1926, daß in Baden-Baden und Badenweiler ein großes Hotel nach
dem anderen »von Krankenkassen, Erholungsheimen und karitativen Anstalten« an-
gekauft wurde und dadurch der Charakter der Badeorte sehr leide. Gab es einen anderen Ausweg als die verstärkte Entsendung von Versorgungsberechtigten und Sozial-
versicherten in die Bäder? Die in der Hitlerzeit aufgenommenen KdF-Urlauber
– 1936: 65000 – fielen kaum ins Gewicht. Das Erholungsbedürfnis der Menschen war
andererseits ständig im Steigen begriffen, schon vor den Kriegen und noch mehr danach. Am Aufschwung des Fremdenverkehrs war stets der Staat im positiven und negativen Sinne beteiligt.

Das wechselvolle Schicksal Baden-Badens – einst von Dostojewski, der dort den »Spieler« schrieb, »Roulettenburg« genannt und dann Ende des 19. Jahrhunderts im Ruf, eine Kurstadt und bevorzugte Wohnstadt begüterter In- und Ausländer zu sein – wird man sicher nicht als exemplarisch für die südwestdeutsche Fremdenverkehrssituation interpretieren können, obwohl herausragendster badischer Kurort unter 17 Heilbädern (6 Thermal-, 5 Stahl-, 4 Sole- und 2 Schwefelbäder). Welche Kurstadt aber mußte zweimal binnen einem Menschenalter schwere Besatzungslasten tragen! Baden-Baden mit seinen heißen Thermen wollte einst als »Hauptstadt Europas im Sommer« das gleiche Publikum anlocken wie Biarritz, Nizza oder San Remo, statt dessen deklassierte die Nachkriegsinflation die ansässigen Wohlhabenden zu Kleinrentnern, angewiesen zudem auf Unterhalt aus dem Wohlfahrtsaufwand der Stadt und außerstande, den Bettenpark im noblen Brenner-Hotel (1929 Grundkapital: 2 Mio. RM) auszubuchen. Überbürdet mit Aufwendungen für Sozialrentner und Erwerbslose, war die Stadtkasse 1931 nicht einmal mehr so liquide, den städtischen Beamten die Besoldung auszuzahlen. Monatelang mußten diese sich, fast an die Besoldungspraxis der Markgrafen von Baden-Baden erinnernd, mit städtisch verbürgten Personalkrediten über Wasser halten, die ihnen ihre Banken oder sonstigen Kassen einräumten. Von den 2,8 Millionen registrierten sommerlichen Fremdübernachtungen in Baden im Jahre 1932 entfielen knapp elf Prozent auf Baden-Baden, von den 5,6 Millionen des Jahres 1937 12,3 Prozent. Von Oktober 1933 bis August 1944 besaß Baden-Baden als einziger Badeort des Deutschen Reiches eine Spielbankkonzession und rollte dort gemächlich wie in Monte Carlo die Kugel, im Jahre 1935 aufmerksam beobachtet von 73 Croupiers. Dem Höhenflug zum Weltbad war nun das Hakenkreuzbanner hinderlich (Ausländerübernachtungen im Sommer in Baden 1932: 402661; 1937: 607252). Das Aufblühen Heidelbergs als Fremdenstadt sollte bei alledem nicht übersehen werden.

Württembergs Fremdenverkehrswirtschaft (3–4 Mio. Fremdübernachtungen im Sommer Mitte der dreißiger Jahre) war seit jeher weniger ausgebaut als die Badens, die Heilkraft seiner Moorvorkommen, der Mineralbrunnen, die man »ganz umsonst« trinken konnte, oder des bitteren, den Fremden gern offerierten Sprudels von Mergentheim offenbar weniger attraktiv. Was die Bäderstadt Stuttgart auszeichnete, war ihre grünbehügelte, kostbare landschaftliche Umrahmung. Stuttgarter finden kein Ende, wenn sie anfangen, Stuttgart zu loben. Durch fast elf Millionen Fremdübernachtungen flossen 1938 mindestens 350 Millionen RM nach Südwestdeutschland.

Veränderungen im Verkehrssystem

Die wirtschaftlichen und politischen Veränderungen während der Zwischenkriegszeit wirkten unmittelbar in den Verkehrsbereich hinein, beeinflußten die Verkehrsströme und vor allem das vom wirtschaftlichen Wachstum sowie von saisonalen und konjunkturellen Schwankungen abhängige Verkehrsvolumen. Badens Verkehrsrückgang in den zwanziger Jahren stand, weil vor allem am Binnenverkehr abzulesen, in erster Linie im Zusammenhang mit den damaligen Wachstumsstockungen der badischen Industrie und weniger mit Abstrichen, die das Primat der badischen Wirtschaft, insbesondere das Mannheims, als Trägerin des südwestdeutschen Großhandels hinnehmen mußte. Die von der Weltwirtschaftskrise schwer getroffene südwestdeutsche Wirtschaft, am rapide abgesunkenen Güterverkehr abzulesen, erholte sich am Oberrhein bezeichnenderweise nur sehr langsam (in den dreißiger Jahren, weil dort die rüstungswirtschaftlichen Konjunkturspritzen weitgehend ausblieben). Statt dessen stieg die Transportleistung des hauptsächlich für württembergische Zielorte bestimmten, auf die Schiene verlagerten Durchgangsverkehrs gewaltig.

Fühlbar für Baden waren auch die zwischen den Verkehrsträgern eingetretenen Verschiebungen in den Wettbewerbsverhältnissen, die Mannheim von der Reichsbahn entzogenen, weil Rotterdam und Antwerpen begünstigenden Umschlagtarife der Vorkriegszeit zugunsten der deutschen Seehäfen (Staffeltarif, Seehafenausnahmetarif, Auslobung Hamburg u. a.). Mannheim erhob vergebens Klage gegen den das Erbe der badischen Staatsbahn mißachtenden Sündenbock Deutsche Reichsbahngesellschaft, da seine Hafenanlagen angeblich durch sie zu einem »wirtschafts- und verkehrstechnischen Friedhof« gemacht worden seien. Die Kampftarife der Reichsbahn gegen die Rheinmündungshäfen, Ausdruck der zunehmenden nationalwirtschaftlichen Abschließung, verursachten Mannheims zeitweilige Frachtverluste von über einem Drittel im Vergleich zu 1913 freilich nicht allein. Anteil daran hatten auch die Schwächezu-

Eisenbahngüterverkehr in Tonnen			
	Baden insgesamt	davon Durchfuhr	Württemberg insgesamt
1913	22 164 833	600 000	13 914 000
1925	20 766 959	349 501	16 189 139
1929	24 432 636	721 824	17 610 000
1932	17 225 328	3 364 475	10 398 000
1936	27 191 390	8 220 087	19 212 000

stände der badischen Wirtschaft, das Grenzlandsyndrom, der sich langsam bis nach Basel bergauf vorkämpfende Rheinverkehr, die auflebende Konkurrenz der anderen Oberrheinhäfen und der Abbau partikularistischer Versatzstücke in der Eisenbahntarifpolitik. Lebensnerv blieb der Oberrhein für die Wirtschaft seiner Anrainer und der Rhein selbst die größte und leistungsfähigste Verkehrsader Europas.

Karlsruhe, das auf industriellem Gebiet Verluste erlitt, gewann durch das Vordringen der Rheinschiffahrt im Hafenverkehr und Handel (Brikettfabrik). Durch die günstigen Auswirkungen der Oberrheinregulierung erfuhr auch der Kehler Hafenverkehr eine starke Zunahme. Im Jahre 1937 war die erste direkte Schiffsverbindung London–Basel hergestellt. Dank der Oberrheinregulierung zwischen Straßburg/Kehl–Istein legte am 29. Juni 1939 in St. Johann-Rheinhafen/Basel das Rheinschiff »Mannheim 205« an, beladen mit 1800 t Kohle (= Eisenbahnzug mit 180 Wagen), die größte Menge, die auf einem Schiff seit Bestehen der Rheinschiffahrt befördert wurde. Einen weiteren technischen Meilenstein in der Rheinschiffahrt stellte der 1932 vom Rhenania-Rheinschiffahrts-Konzern (Bayerische Rheinschiffahrtsgruppe) zunächst versuchsweise aufgenommene Verkehr mit Gütermotorschiffen dar, um Kaufmannsgüter rascher zu befördern als mit der langsamen Schleppschiffahrt. Im Jahre 1938 zählten die über 30 Gütermotorschiffe der Rhenania (mit »Neptun«), in der Hauptsache mit einer Ladefähigkeit von 700 t und 350/450 PS erbaut, zu den schnellsten und besten auf dem Rhein verkehrenden Güterbooten.

Statt der alten, kettenrasselnden Schleppschiffahrt versahen auf den von 1925 bis 1935 sukzessive ausgebauten Neckarstrecken von Mannheim bis Heilbronn als weiterer Schritt in die Modernität erstmals dampf- bzw. dieselgetriebene Schraubenboote den Schleppdienst. Während der Verkehrsschwierigkeiten des Ersten Weltkrieges hatte im Zusammenhang mit der Gründung des Südwestdeutschen Kanalvereins und den ventilierten Gedanken, das deutsche Binnenwasserstraßennetz zu vergrößern, auch die Idee der Schiffbarmachung des Neckars bis Plochingen, gefördert überdies mit einer 20-Millionen-Mark-Spende von Robert Bosch, neuen Auftrieb erhalten. In dem jahrelang ausgefochtenen öffentlichen Streit um das uralte Projekt der Rhein-Main-Donau-Verbindung und des württembergischen Plans eines Rhein-Neckar-Donau-Kanals obsiegte schließlich die von der württembergischen Wirtschaft favorisierte Neckar-Kanalisierung. Mit zinsverbilligten öffentlichen Darlehen für Notstandsarbeiten sowie auf dem Kapitalmarkt aufgenommenen Anleihen finanzierte die Neckar AG, Stuttgart, den Ausbau der Schiffahrtsstraße. Einnahmeüberschüsse aus den an den Staustufen fertiggestellten Kraftwerken dienten der Deckung von Verbindlichkeiten. Noch im Kriege entschloß sich die württembergische Regierung, um den Landverkehr zu entlasten, dem bayerischen und badischen Beispiel folgend, eine eigene württembergische Schiffahrtsgesellschaft als gemischtwirtschaftliches Unternehmen zu gründen. An der daraufhin 1918 konstituierten Reederei Schwaben (Gründungskapital eine Mio. M.) beteiligte sich der württembergische Fiskus mit 40 Prozent, die wegen des Steinsalzabsatzes von billiger Wasserfracht abhängige Salzwerk AG Heilbronn mit 34 Prozent und durch Vermittlung von Paul Reusch von der Gutehoffnungshütte, zugleich vertraulicher Berater der württembergischen Regierung in Wirtschaftsfragen, die Franz Haniel & Co. GmbH, die Werksreederei des Gutehoffnungskonzerns, mit 26 Prozent. Das Hauptabsatzgebiet des von der Reederei spedierten und auf eigenen Rheinschiffen transportierten Heilbronner Salzes, in dessen Verkaufspreis etwa 50 Prozent Frachtkosten steckten, lag am Niederrhein. Auch diese Schiffahrtsgesellschaft durchlief Höhen und Tiefen. Solange die Neckarschiffahrt wegen der niedrigen Wasserführung des Flusses in den Sommermonaten ein Risiko darstellte, entwickelte sich die Salzspedition der Schwaben-Reeder recht gut, die Eröffnung des Neckarkanals bis Heilbronn und die Einweihung des dortigen Hafens im Jahre 1935 aber brachte sie zunächst in Schwierigkeiten. Jetzt schoben sich auch die Lastkähne der Rheinreedereien in gemächlichem Tempo bis nach Heilbronn vor und unterboten – ebenso wie die subventionierten kleinen Binnenschiffer – die Frachtsätze der Reederei Schwaben, da Salz als Talgut zur begehrten Rückfracht für Kohlenschiffe vom Niederrhein avancierte. Erst die Rüstungskonjunktur, der Einstieg der Reederei Schwaben in den Stückgutverkehr mit vier Motorschiffen und schließlich die kriegsbedingte Verknappung an Transportraum sorgten für eine günstige Aufwärtsentwicklung der beiden württembergischen Schiffahrtsgesellschaften, der monopolisierten »AG Schleppschiffahrt auf dem Neckar«, statt mit Kettenschleppern nunmehr mit Schraubenschleppbooten auf dem Neckar (1945: 9) Flagge zeigend und der ebenfalls über eine eigene Binnenflotte (1945: 11 Einheiten) verfügenden Reederei Schwaben. Von 1937 bis 1972 bildeten die Schleppschiffahrt AG mit der Reederei Schwaben – bis diese die Geschäftsanteile der um das Überleben der Neckarschiffahrt verdienstvollen Kettenschlepper AG erwarb – eine Personalunion in der Geschäftsführung. Kohle auf der Bergfahrt und Salz auf der Talfahrt waren nach wie vor die überragenden Schiffsfrachten auf dem Neckar, nur erfuhr die umgeschlagene Menge binnen weniger Jahre ab 1935 eine gewaltige Steigerung (1939: über eine Mio. t; 1933: 86409 t), wobei die Nutznießer der Neckarschiffahrt zu 96 Prozent die Hafenplätze Heilbronn und Jagstfeld waren, ohne im Genuß von Ausnahmetarifen zu sein.

Die verschiffte Tonnage auf dem von der Eisenbahn umgürteten Bodensee ließ sich in den dreißiger Jahren nicht mehr an der Elle der Rhein-, Neckar- und Mainschiffahrt messen. An gelöschter (süddt.: ausgeladener) Fracht stand Friedrichshafen an der Spitze (1935: 73895 t), gefolgt von Konstanz (1935: 27372 t). In Mannheim befürchtete man schon den geplanten Ausbau des Rheins bis zum Bodensee. Dort litt in erster Linie Konstanz nach dem Ersten Weltkrieg unter der weniger durchlässig gewordenen

Grenze zur nachbarlichen Schweiz und dem damit verbundenen Verlust seiner seit Jahrhunderten willkommenen Hauptkunden. Um sich ein neues »wirtschaftliches Hinterland« zu schaffen, entschlossen sich die Konstanzer, mit eigener Flottille in See zu stechen und mit Hilfe von Fährschiffen ein kaufkräftiges Publikum vom jenseitigen Ufer, vorbei am alten Konzilsgebäude, hinter ihre Stadtmauern zu locken. Seit 1928 verkehrte das erste, von der Stadt im Eigenbetrieb unterhaltene Auto-Fährschiff »Konstanz« im Einstundentakt zwischen den ehemaligen Bischofsstädten Konstanz und Meersburg. 1930 wurde ein zweites und 1939 ein drittes Konstanzer Fährschiff in Dienst gestellt, alle erbaut von der damals rasch expandierenden Bodan-Werft in Kreßbronn. Lohnte wirklich der hohe Aufwand? Im Jahre 1922 machten 2356 Schiffe an der Konstanzer Hafenmole fest, 1935 nur 670. Mit der »Radolfzell« lief 1926 das erste deutsche Motorschiff am Bodensee vom Stapel, das Ende der Dampfschiffahrt ankündigend. Das letzte Dampfschiff der Bodenseeflotten der einstigen süddeutschen Ländereisenbahnen, seit 1920 der Reichsbahn einverleibt und 1952 von der Deutschen Bundesbahn übernommen, ging 1966 in Pension, noch zu früh, wenn es nach heutigem Nostalgie-Bedürfnis geht. Muß der museale Opfergang der noch auf dem Bodensee dümpelnden, ehrwürdigen württembergischen »Hohentwiel« sein?

Im Verkehr innerhalb der beiden süddeutschen Länder verbuchte seit dem Ersten Weltkrieg in Konkurrenz und Ergänzung zur Schiene und zur Wasserstraße das Auto zunehmend Marktanteile für sich, bewies besonders in dicht besiedelten Räumen und im Güternahverkehr seine Konkurrenzfähigkeit. Fast in geometrischer Steigerung wuchs der Lastkraftwagenbestand, 1937 in Württemberg 1411 Fahrzeuge, in Baden 9424 (Steigerung gegenüber 1924: 430%). Dazu sind noch die damals im Massengutverkehr weit verbreiteten Schlepper (Trecker), einige Tausend, zu rechnen. Ungeachtet der Motorisierung des Straßenverkehrs wurden hier und da die Pferdefuhrwerke im gewerblichen Güterverkehr (als Bahnspedition in Echterdingen bei Stuttgart bis 1983) sogar in steigendem Maße beansprucht. Der Anstieg der Pferdehaltung beispielsweise in Schwäbisch Gmünd und seinen Gemeinden von 940 Stück im Jahre 1883 auf 1729 Stück im Jahre 1939 ist wohl in der Hauptsache mit erhöhten Fuhrleistungen in Verbindung zu bringen. Freiburgs Postillione kutschierten zuletzt 1926 zur Paketzustellung mit dem Pferdegespann durch die Stadt.

Auf die anbrechende Motorisierungswelle im Straßenverkehr reagierten indes Länder und Kommunen nicht mit einem zügigen Straßenausbau, sondern, da vielfach von hohem Schuldendruck geplagt, mit auffallender, aber offenbar erzwungener Zurückhaltung. Die historisch gewachsenen engmaschigen Straßennetze mit kurvenreicher, verwinkelter Streckenführung waren für die Motorisierung um großzügig angelegte Trassen zu ergänzen, der Ortsverkehr innerhalb der Gemeinden zu beschleunigen und Ortsumgehungen zu planen. Die Automobilrevolution zwang zum Straßenbau, nur

---

Elektrische Straßenbahnen in Südwestdeutschland im Jahre 1937
Baden: Freiburg/Breisgau; Karlsruhe; Heidelberg Stadt- und Vorortlinien;
Mannheim mit Vororten; Walldorf-Wiesloch; Baden-Baden; Pforzheim;
Schwetzingen-Ketsch.
Württemberg: Stuttgart mit Vorortlinien; Ulm; Heilbronn; Esslingen mit Fil-
dervororten.

---

wurde ihr das Auseinanderklaffen zwischen zunehmendem Kraftwagenverkehr und
dem Zurückbleiben des Straßenbaus gewissermaßen als Geburtsfehler in die Wiege
gelegt. In den zwanziger Jahren war jedoch die HAFRABA als größte Hauptverkehrsachse von Skandinavien nach Italien zumindest gedanklich konzipiert und als
deren Teilstück die Autobahn Hamburg–Frankfurt–Basel vorgesehen. Der mit viel
Propagandaaufwand Ende 1933 im Hitler-Staat begonnene und von der Reichsbahn
finanzierte Bau der Reichsautobahn, seit 1935 auf Teilstrecken zwischen Darmstadt
und Mannheim in Betrieb, noch bis Ulm weitergeführt und kurz vor Baden-Baden
eingestellt (insgesamt 290), 1939 abgebrochen zugunsten der Kriegswirtschaft, setzte
reale Maßstäbe für ein der Automobilrevolution des 20. Jahrhunderts angepaßtes
Fernstraßennetz.
Die zweite große Verkehrsrevolution des 20. Jahrhunderts, ein vielfach abenteuer-
liches Geschehen, spielte sich in den Lüften ab, beginnend 1919 zunächst mit dem regelmäßigen und von der Entente kurz darauf verbotenen Zeppelin-Luftschiffverkehr
zwischen Friedrichshafen und Berlin (103 Fahrten mit 2450 Passagieren), 1928 mit
dem bewunderten Luftschiff »Graf Zeppelin« nach Übersee wieder aufgenommen
(31700 in Zeppelin-Luftschiffen beförderte Fahrgäste von 1900 bis 1938). Damals
sprangen die Menschen am Bodensee noch aus den Betten, wenn sie am frühen Morgen das kilometerweit vernehmbare Surren der Zeppelin-Propeller hörten. In der
deutschen Luftfahrtgeschichte gab es viele Zäsuren. Namentlich in Deutschland wurden Luftfahrtpioniere und Flugzeugtechniker von der Politik immer wieder gebremst.
Auch stand man in der Zwischenkriegszeit den Zukunftsaussichten des kostspieligen
zivilen Luftverkehrs noch mit viel Skepsis gegenüber, konnte sich nicht vorstellen, daß
sich das kleine Flugzeug zur ernstzunehmenden Konkurrenz zu Bahn, Schiff und
Automobil im Reise-, Post- und Güterverkehr entwickeln würde. Dabei wollte man
dennoch sein. Um die Verkehrsbelange der Stadt Stuttgart und des Landes Württemberg schon bei der in den ersten Anfängen stehenden zivilen Luftfahrt wahrzunehmen, hatte das württembergische Wirtschaftsministerium im November 1924 unter
Mitwirkung der damals schon drängenden Industrie- und Handelskammern sowie der

Stadt Stuttgart die Luftverkehr Württemberg AG (Luwag) mit einer Million RM Kapital ins Leben gerufen (1936 in Flughafen Württemberg AG umbenannt). Vom holprigen Rasen des Cannstatter Wasens (Stadt Stuttgart) aus betrieb der Schorndorfer Paul Strähle mit seinem Doppeldecker (heute Automobilmuseum Schloß Langenburg) während der Inflationsjahre den ersten »Linienverkehr« Stuttgart–Friedrichshafen–Konstanz. Ende April 1925 begann der Flugverkehr auf dem Landesflughafen Böblingen, werktäglich und nur während der guten Jahreszeit. Mit etwas Luftpost und einigen Passagieren – höchstens sechs – wurden Zürich, Berlin, Hamburg u. a. mit Dornier-Merkur-Maschinen, Höchstgeschwindigkeit etwa 190 km/h, angeflogen. Viel bestaunt wurde – seit 1929 – in der Welt zwar das Riesenflugboot Do X vom Bodensee, die Zeit für Großflugzeuge solchen Ausmaßes war aber damals noch nicht reif, ganz abgesehen von den ihnen – noch heute – gefährlich werdenden extremen Witterungs- und Windverhältnissen.

In der noch sehr windigen und hoffnungslos überbesetzten Verkehrsfliegerei nach dem Ersten Weltkrieg waren zahlreiche von der »Pleite« bedrohte Verkehrsgesellschaften und einige wagemutige Flugunternehmer, Weltkriegsflieger, tätig. Gleichzeitig fing der Luftsport an. Um unheilvolle Zersplitterung zu beseitigen, kam unter dem Druck der Reichsregierung 1926 die Gründung der Deutschen Lufthansa AG zustande. Auch sie ließ sich nur durch öffentliche Subventionen am Leben erhalten. Vom Miniaturformat des Luftreiseverkehrs in seiner Pionierzeit zeugte noch die badische Flughafenstatistik von 1930 bis 1936 (Flughäfen: Baden-Baden, Freiburg, Karlsruhe, Mannheim-Heidelberg, Konstanz). Je gelandetes Flugzeug entstiegen nur ein bis zwei (1,46) registrierte Fluggäste. Auf insgesamt 19398 gelandete Flugzeuge kamen von 1930 bis 1936 28326 Passagiere. In Böblingen schien die aus der Staats- und der Stuttgarter Stadtkasse subventionierte Gemeinde der mutigen Flugbegeisterten etwas größer gewesen zu sein, entfielen 1925 auf 1416 Flüge 4097 Fluggäste und 1935 auf 6679 Flüge 28832 Passagiere. Auch Post und Fracht wurden transportiert. Je zur Hälfte brachten das Land Württemberg und die Stadt Stuttgart während der ersten zehn Jahre der jungen Verkehrsluftfahrt die »stolze Morgengabe« von 1,355 Mio. RM allein für den Flughafenbetrieb und den Zubringerdienst auf. Weitere, erheblichere Kosten entstanden für die Neuanlage des Landesflughafens auf den Markungen der Fildergemeinden Leinfelden-Echterdingen, Filderstadt-Bernhausen und Stuttgart-Plieningen, wiederum nur eine Schönwetter-Landebahn für kleinmotorige Flugapparate, anstelle des 1936 an das Deutsche Reich verkauften Flughafens Böblingen. Fast 3,5 Mio. RM legte die Stadt Stuttgart für eine 165 ha große, in über 600 Parzellen aufgeteilte, hochwertige Ackerfläche, zudem ein Nebelgebiet, von 1937 bis 1939 auf den Tisch, weniger als nötig, da ein Allwetterflughafen mit Starts bei Nacht und Nebel damals nicht geplant war. Ab 1935 lief über Stuttgart die Transozeanstrecke der Lufthansa nach Südamerika. Die Schweizerische Luftverkehrsgesellschaft flog bis August 1944 Stuttgart-Echterdingen an. Noch bis Ende Oktober 1944 hielt die Lufthansa auf ihrer 1930 eingerichteten Route nach der iberischen Halbinsel den Betrieb mit »unregelmäßigem Kurs« aufrecht. Eine erneute Zäsur in der deutschen Luftfahrtgeschichte zeichnete sich wieder ab. Das Luftfahrzeug könnte eines der ersten Träger für die Wiederherstellung des Weltfriedens sein, wurde auf der internationalen Luftverkehrskonferenz im November 1944 in Chikago zum Ausdruck gebracht, Deutschland aber sollte von dieser Luftfahrt ausgeschlossen bleiben.

Geld und Kredit

Für die Verfechter der deutschen Einheit glichen die aller Verreichlichung (Reichsbahn, Reichspost, Reichswehr) trotzenden Banknoten der verbliebenen vier »Privatnotenbanken«, der Länderbanken in Dresden, Karlsruhe, München und Stuttgart, seit langem einem zu beseitigenden Dorn im Fleische des deutschen Nationalstaats. Der Verkehr mit deren Zahlungsmitteln, eigenen Banknoten, von der Badischen Bank (Aktienkapital 1924/25: 8,3 Mio. RM) oder der Württembergischen Bank (Aktienkapital 7 Mio. RM) emittiert, war allerdings mit mancherlei Unzuträglichkeiten, Beschwernissen und Verzögerungen verbunden. Wegen der Ablösung dieses Notenausgaberechts verhandelte die zuständige Reichsbank, wenn auch nicht mit Nachdruck, seit etwa 1928. Von der rechtlich möglichen Ablösung des Notenausgaberechts der Länderbanken unter Einhaltung einer einjährigen Kündigungsfrist machte die nationalsozialistische Regierung sogleich Gebrauch und ließ sich auch nicht auf von Stuttgart angemeldete Entschädigungsansprüche ein. Das Gesetz zur Änderung des Privatnotenbankgesetzes vom 18. Dezember 1933 bestimmte: »Die Befugnis zur Notenausgabe erlischt mit dem 31. Dezember 1935, ohne daß daraus ein Anspruch auf Entschädigung entsteht.« Faktisch durch einen Federstrich endete 1935 der noch viele Rätsel bergende, fast tausendjährige monetäre Partikularismus Südwestdeutschlands.

Notenumlauf in Mio. M. bzw. RM / Jahresende					
	1913	1926	1929	1932	1934 Deckung in Gold/Devisen 1934
Badische Bank	17,8	25,7	19,6	25,3	20,1 43,9 %
Württembergische Bank	22,5	26,9	27,0	23,2	26,1 41,2 %

Zwischen der monetären Basis und den gleichzeitigen güterwirtschaftlichen Vorgängen bestanden stets enge quantitative Beziehungen. Entsprechend der geringeren Wirtschaftskraft Badens war dessen Notenumlauf auch kleiner als der in Württemberg. Aber welche Aktivitäten verbargen sich 1932 hinter der veränderten Geldpolitik der Badischen Notenbank, die gegen alle ergriffenen deflatorischen Prinzipien auf dem Tiefstand der Krise die Geldmenge, das Geldvolumen beträchtlich erhöhte und daher die Notendeckung auf 35 Prozent absenken mußte. Wollte man in Karlsruhe nach Keynes' Theorie durch monetäre Impulse die gesamtwirtschaftliche Aktivität beleben? Im Sturm der Bankenkrise des Jahres 1931 erwies sich die württembergische Notenbank durch Aufrechterhaltung einer kostspieligen Liquidität als sicher fundiert und allen Anforderungen der Kundschaft – auch in schlimmsten Tagen – voll gewachsen.

Probleme bereitete den damaligen Bankenreformern auch die künftige Verwendung der ihrer Notenausgabe beraubten Staatsbanken. In Stuttgart wollte man den schon beschrittenen Weg fortsetzen und die Württembergische Bank ohne Beteiligung privaten Kapitals zur regionalen Wirtschaftsbank ausbauen. Dagegen wandte sich in ultimativer Weise – im Widerspruch auch zu den Buchstaben des Parteiprogramms der NSDAP – Reichsbankpräsident Hjalmar Schacht. Geplant war im damals braunen Stuttgarter Staatsministerium, das Aktienkapital der Württembergischen Bank von 7 auf 19 Mio. RM vorwiegend mit Hilfe von Mitteln der Girozentrale und der kapitalkräftigen württembergischen Sparkassen zu erhöhen. Eine Stärkung der Potenz der landeseigenen Staatsbanken, die leicht zu willfährigen Instrumenten für abstruse Finanzierungsoperationen von braunen Landesfürsten oder Gauleitern gemacht werden konnten, widersprach der zentralistischen Banken- und Kreditpolitik Schachts und letztlich auch den Absichten Hitlers. Dem Druck aus Berlin, die Staatsbanken teilweise in private Hände überzuleiten, widersetzte man sich jedoch erfolgreich in Karlsruhe und Stuttgart. Die Badische Bank wurde ab 1936 als regionale Kreditbank (Bilanzsumme 1939: 91 Mio. RM) mit deutlicher Rückenstärkung durch das Land Baden weitergeführt und konnte durch den Erwerb von Privatbanken (u. a. Straus & Co., Karlsruhe, Schmittbank und Bankverein in Pforzheim) ihr Filialnetz (insgesamt 7) erweitern, 1940 auch durch drei Filialen im Elsaß. Andererseits kam die Württembergische Notenbank, seit 1936 als private Kreditbank unter dem Namen Württembergische Bank firmierend, nicht mehr maßgeblich ins Geschäft (Bilanzsumme 1927: 110,7 Mio. RM; 1939: 80,5 Mio. RM). Abgeblockt wurden aus Berlin auch die Bestrebungen zur Gründung von Filialen sowie die Fusion mit der Württembergischen Landwirtschaftsbank GmbH. Letzten Endes aber legte sich über sie und alle anderen Kapitalsammelstellen der Zwang, als reibungslos und geräuschlos arbeitende Instrumente der Rüstungs- und Kriegsfinanzierung funktionieren zu müssen. Auch

Bankwesen in Württemberg 1932			
Banken, Sparkassen, Genossenschaften	Beschäftigte	Kredite, Ausleihungen	Bilanzsumme
1790	3914	1152,4 Mio. RM	1505,6 Mio. RM

die bedeutenden Gold- und Devisenbestände der beiden südwestdeutschen Notenbanken fielen ihr zum Opfer.

Nach dem Ersten Weltkrieg setzte sich der Expansions- und Fusionsprozeß im priva-
ten Bankgewerbe, die Eingliederung von Regional- und Privatbanken durch die
Großbanken fort, um während der Weltwirtschaftskrise seinem Höhepunkt zuzu-
streben. Kapitalmangel erzwang eine Straffung der finanziellen Kräfte und engere
Verbindungen zwischen Banken und Industrie. 1922 erfolgte die Vereinigung der
Darmstädter Bank (seit 1907 in Baden) mit der Nationalbank zur Danatbank. Nachdem das in der Industriefinanzierung sehr aktive Institut 1931 wegen Verlusten fast in
Höhe seines Aktienkapitals und bedrängt von Auslandsgläubigern seine Schalter geschlossen hatte, wurde es im Rahmen der Bankensanierung durch Verordnung der
Reichsregierung, 1932 mit der ebenfalls sanierten neuen Dresdner Bank faktisch zur
Staatsbank geworden, fusioniert (vgl. oben S. 299). Bis 1929 war die Dresdner Bank
von Mannheim aus an Städteanleihen und Wertpapierbegebungen für bedeutende In-
dustriefirmen (Benz; Daimler-Benz; Brown Boveri; Erste Deutsche Ramie-Gesell-
schaft; Deutsche Rhodiaceta) beteiligt. Auch in Stuttgart hatte sich die Dresdner Bank
der Industriefinanzierung gewidmet. Die mit Schwerpunkt in Berlin und Mittel-
deutschland, jedoch auch für die südwestdeutsche Zuckerindustrie engagierte Com-
merz- und Privatbank, seit 1919 mit Niederlassung in Stuttgart und seit 1921 in Baden,
bedurfte ebenfalls zu ihrer Sanierung der Hilfe des Reiches. Unter den großen Aktienbanken vermochte die mächtige Deutsche Bank ihren ohnehin ausgedehnten Besitz-
stand in Südwestdeutschland am stärksten zu erweitern. Bereits 1916 vollzog die
Württembergische Bankanstalt (vorm. Pflaum & Cie., Stuttgart; 10 Mio. M. Aktienkapital) ihren völligen Anschluß an die kapitalstärkere Württembergische Vereinsbank und damit an die Gruppe der Deutschen Bank unter Rücktritt der Darmstädter
Bank. Zur Gruppe der Deutschen Bank gehörte damit auch die Hofbank (10 Mio. M.
Stammkapital), die seit 1918 als Zweigabteilung der Württembergischen Bankanstalt
fortbestand. Die größtenteils im Besitz der Deutschen Bank befindliche Württembergische Vereinsbank wurde mit dem Tode ihres Präsidenten, Alfred von Kaulla, vor

Abschluß des Geschäftsjahres 1924 durch Aktienumtausch, gegen den Widerstand von Kleinaktionären, eingegliedert. Unter den Großbanken war die in ihrem Erfolg geschrumpfte Disconto-Gesellschaft langsam auf den letzten Platz zurückgefallen. In dieser der Disconto gefahrvollen Situation kam 1929 die überraschende 1:1-Fusion mit der Deutschen Bank zustande, in der im gleichen Zusammenhang die am Oberrhein führende, vorsichtig operierende Rheinische Creditbank (1928: 39 Filialen; 35,5 Mrd. RM Umsatz) und die auf Liquidität bedachte Süddeutsche Disconto-Gesellschaft AG, Mannheim (1928: 21 Filialen; 18,2 Mrd. RM Umsatz) einbezogen wurde. Die seit dem Ersten Weltkrieg stark expandierte Süddeutsche Disconto-Gesellschaft, seit 1927 im Edelmetallhandel aus der Sowjetunion führend und seit langem stark am großen Rentengeschäft beteiligt, hatte den Vorsprung der Rheinischen Creditbank stark vermindert. In Stuttgart gehörte das Bankhaus Stahl & Federer (12 Mio. M. Aktienkapital) zur Erbmasse der Disconto. Zuflucht hinter den Toren der in der Krise ohne Reichshilfe scharf sanierten Deutsche Bank-Disconto-Gesellschaft AG (seit 1937 nur noch: Deutsche Bank) nahm noch 1932 das alte, verdienstvolle Stuttgarter Bankhaus Doertenbach & Cie.

In der Weltwirtschaftskrise hatte sich der Abstand der Deutschen Bank als weitaus größter Filialbank in Südwestdeutschland zu den anderen beiden verbliebenen Großbanken verlängert, aber die Konzentration war bei allen Banken durch die Rezession ausgehöhlt worden, bedeutete nicht mehr Geschäftsausweitung. Die Bilanzziffern schrumpften. Im Bankensystem, während der zwanziger Jahre zwar noch durch Gründung verschiedener Fachbanken erweitert (1923 Landesgewerbebank für Südwestdeutschland; 1921 Badische Beamtenbank; 1923 Einzelhandelsbank Baden, 1925 Badensche Industriebank u. a.), erlahmten wichtige Mechanismen und Quellen der Industriefinanzierung. Bereits während der zwanziger Jahre wurde erkennbar, daß – ähnlich wie vor der Jahrhundertwende – die Entwicklung des Bankkapitals hinter dem industriellen Kapitalbedarf immer mehr zurückzubleiben drohte. Um namentlich die Realkreditversorgung der nicht emissionsfähigen mittleren und kleineren Industrie zu organisieren, war es in Südwestdeutschland zur Gründung von verschiedenen Spezialbanken gekommen, nur fehlte ihnen die für eine umfangreiche Kreditgewährung nötige Kapitalbasis. Auch die der gewerblichen Kreditgenossenschaften, seit der zweiten Hälfte des 19. Jahrhunderts wichtigste Kreditquelle des gewerblichen Mittelstandes, hatte durch die Inflation einschneidende und in der Folgezeit nicht wettgemachte Verluste erlitten. Die Rezession forderte weiteren Tribut. Gegenüber dem Stand von 1913 war die Bilanzsumme der gewerblichen Kreditgenossenschaften Badens bis 1932 um fast 46 Prozent geschrumpft (219 Mio. M. gegenüber 128,9 Mio. RM). Insgesamt 114 gewerbliche Genossenschaftsbanken Württembergs hatten 1913 in laufender Rechnung etwa 452 Mio. M. Kredite gewährt, im Jahre 1932 (106 Genos-

Entwicklung der Spareinlagen bei öffentlichen Sparkassen (in Mio. RM)				
	1927	1930	1933	1937
Baden	258,9	544,2	537,8	661,9
Württemberg	229,1	472,3	622,2	892,0

senschaften) – obwohl nach wie vor größter gewerblicher Kreditgeber vor Großbanken und Spezialbanken sowie den damals 24 Privatbankiers – dagegen kaum 186 Mio. RM.

Trotz scharfer Zäsuren – in erster Linie durch den inflationsbedingten Verlust des Sparkapitals – behaupteten sich die Sparkassen in Baden und Württemberg während der ersten Hälfte des 20. Jahrhunderts als weitaus kapitalkräftigste Kreditinstitute (Aktiva der 66 württembergischen Sparkassen im Jahre 1932: 734,7 Mio. RM gegenüber nur 378,4 Mio. RM aller Banken und 392,2 Mio. RM der Kreditgenossenschaften). Von der Mitte des 19. Jahrhunderts bis in die Weltwirtschaftskrise hinein wurde in Baden ein weitaus größeres Sparkapital angesammelt als in Württemberg, obwohl den Württembergern der ausgeprägteste Sparsinn nachgesagt wird. Das Sparvolumen erwies sich als eine Variable des Volkswohlstandes. Erst mit der Weltwirtschaftskrise überrundete die Sparwilligkeit und Sparfähigkeit in Württemberg die Sparleistung der Badener. Im Jahre 1933 entfiel in Baden pro Kopf der Bevölkerung ein Sparbetrag von 223 RM (1905: rund 300 M.) und in Württemberg von 231 RM. Die höheren Einkommen und die höhere Erwerbsquote in Württemberg ließen seitdem den im Vergleich zum Reich überdurchschittlichen Zustrom neuer Sparmittel anschwellen und vergrößerten den Abstand zur Spartätigkeit in Baden beträchtlich.

Obwohl bis in die Hitlerzeit hinein unter den langfristigen Ausleihungen aller Bankengruppen die konventionellen Hypothekarkredite und Kommunaldarlehen mit Abstand dominierten, kam seit der Stabilisierung dem langfristigen Industriekredit mit und ohne hypothekarischer Absicherung, gewährt vor allem von Kreditgenossenschaften, Sparkassen und Spezialbanken, ein zunehmendes Gewicht zu. Die 1925 vom Reich Württemberg für Mittelstandskredite zur Verfügung gestellte Summe von 1,5 Millionen RM wurde ausschließlich den Sparkassen zugeleitet, die seitdem zum Mißfallen der Volksbanken stärker in den Personalkredit eindrangen. Von 1928 bis 1935 wurden in Württemberg im Jahresdurchschnitt knapp 130 Millionen RM hypothekarische Darlehen für Industrie und Handel eingetragen, das waren rund 65 Prozent aller aufgenommenen Hypotheken. Seit 1929 bewegte sich das Hypothekengeschäft rückläufig. 1931 kam zudem der Pfandbriefabsatz zum Erliegen. Die Tätigkeit der stets

Reingewinne ausweisenden Württembergischen Hypothekenbank (1928: 9 Mio. RM Grundkapital) beschränkte sich im Krisenjahr 1932 in der Hauptsache »auf die Beitreibung der Hypothekenzinsen«. Bei vielen Zwangsversteigerungen von städtischen Grundstücken fand sich damals bezeichnenderweise niemand, »der bereit wäre, auch nur die nach normalen Beleihungsgrundsätzen gegebene erste Hypothek herauszubieten«.

Der Übelstand des Zurückbleibens des Bankkapitals hinter dem industriellen Großkapital fand besonders in den Bilanzen der Großbanken seinen Niederschlag, ohne daß immer der richtige Ausweg beschritten wurde, um ihn zu beseitigen. Infolge des Kapitalmangels war die Gefahr allzu groß, daß der von den Großbanken gepflegte kurzfristige Industriekredit in übermäßigem Umfang zur Finanzierung von Investitionen herangezogen oder auch die Sanierung von verschuldeten Unternehmen flüchtig vorgenommen wurde. Allzu lange verzögerte sich die Fusion der beiden stark verschuldeten südwestdeutschen Automobilfabriken, der Benz & Cie. AG und der Daimler Motoren AG, von denen Jacob Schapiro in Berlin beherrschende Aktienpakete besaß. Als dann unter vielen finanziellen Opfern die schmerzensreiche Vereinigung 1926 zustande kam, war das Ergebnis angesichts der damaligen Pro-Kopf-Umsatzleistung von Daimler-Benz von etwa 4000 RM zunächst wenig ermutigend. Doch ohne die Opfer und jahrelangen Bemühungen der Deutschen Bank »wären Daimler wie Benz zugrunde gegangen« (100 Jahre Deutsche Bank). Kurz darauf finanzierten Groß- und Regionalbanken fast ausnahmslos unter Führung der Deutschen Bank mit über 200 Millionen RM die sog. »Russengeschäfte«, die Lieferungen der Industrie an die Sowjetunion. Seit 1931, mit der Bankenkrise, aber ging es primär um das Überleben der Großbanken und waren ausgreifende Transaktionen infolge des Aderlasses nicht mehr möglich. In der Hitler-Zeit kam die Abneigung von Partei und Staat gegen Groß- und Privatbanken hinzu, die spätestens in der kriegsbedingten Schließungsaktion von Kreditinstituten Existenzberechtigung als überflüssig in Frage stellte. In Tübingen sollte nur deshalb eine Ausnahme gemacht werden, weil die Deutsche Bank »das älteste Kreditinstitut am Platze« sei und für die Kontenführung (mehr als 3500 Konten) der ausländischen Studierenden nicht zu entbehren.

Während der Binnen- und Kriegskonjunktur des Hitler-Staates wurde dem Bankier vollends die geschäftliche Freiheit genommen, die Richtung der Investitionsströme vorgeschrieben und jedes Kreditinstitut mehr oder weniger zur Durchlaufstation bei der vorrangigen Staatsfinanzierung gemacht. Der Staat verhängte Emissionssperren für Aktien und Pfandbriefe, schränkte das Hypothekengeschäft ein und veranlaßte im Zuge der »geräuschlosen« Kriegsfinanzierung alle Kapitalsammelstellen – einschließlich Hypothekenbanken, Kreditgenossenschaften, Sparkassen und Versicherungen –, daß ihre Anlagen in der Hauptsache aus Reichspapieren sowie aus Obligationen für

Vierjahresplan-Industrien, aus Staatsschulden also, bestanden. Schon 1939 stellten in den Jahresbilanzen der südwestdeutschen Sparkassen Reichsanleihen und Reichsschatzanweisungen den größten Aktivposten dar. Pionierleistungen der Versicherungen im Rahmen der heimischen Wirtschaftsförderung wie beispielsweise der Zeppelin-Luftfahrt wurden nicht mehr geduldet. Schwäbische Versicherungsgesellschaften hatten das große Versicherungsrisiko der Arktisfahrt des Luftschiffs »Graf Zeppelin« auf sich genommen und durch diese wirtschaftliche Rückendeckung erst ermöglicht.

Inflation

Im Unterschied zur Hyperinflation bis Ende 1923, während der aus Mangel an Geldnoten über 100 Gemeinden und zahlreiche Industrieunternehmen Notgeld (Baden-Dollar u. a.) ausgaben, um Löhne und Gehälter auszahlen zu können (Daimler: 50-Mrd.-Mark-Scheine mit dem Motto: »Wer sie hat, ist gut gestellt«), herrschte während der »zurückgestauten« Inflation des NS-Staates bei gestoppten Löhnen und Preisen Geldflüssigkeit, die infolge der Güterknappheit im Kriege und in der Nachkriegszeit zur Geldschwemme ausuferte. Inflationen, gewöhnlich das Resultat des krassen Auseinanderklaffens von Nachfrage und Angebot auf den Gütermärkten, bedeuteten Geldentwertung und machten den Geldbesitzer und Sparer zum Verlierer, den Sachwertbesitzer aber zum Gewinner. Die Geldflüssigkeit ab Ende der dreißiger Jahre mündete mangels anderer Verwendungsmöglichkeiten zunächst in einer starken, letztlich der Kriegsfinanzierung dienenden Erhöhung der Sparguthaben. In den letzten Kriegsjahren, als sich allgemein die Zweifel an der Markstabilität verstärkten, in Sparerkreisen sich Angst vor der Entwertung oder Beschlagnahme der Sparguthaben (namentlich in Baden) verbreitete, mehr Bargeld für Notfälle gehortet, die Flucht in die Sachwerte angetreten wurde und der Schwarzhandel zunahm, flachte der Sparwille der Bevölkerung deutlich ab. Aus der Geringschätzung des Papiergeldes erwuchs eine eigenartige, verbreitete Affinität für das Münzgeld, nicht nur für die alsbald eingezogenen Silber-, Nickel- und Kupferstücke. Wegen der Bargeldhortung ließ sich der Münzgeldbedarf bald vielerorts nicht mehr decken. Im Februar 1944 berichtete der Sicherheitsdienst der SS, daß selbst die Reichsbankstelle Stuttgart nicht mehr imstande sei, die Anforderungen an 50-Rpf-Aluminium-Stücken zu befriedigen. Aus der gleichen Quelle war im Januar 1944 zu erfahren, daß Tabakwaren als »neues Geld« galten, für das in Stadt und Land viel zu bekommen war. Wiederum war die desolate Geldordnung Südwestdeutschlands auf einem historischen Tiefstand angelangt, um den bevorstehenden kriegsbedingten Kollaps der Wirtschaft anzukündigen.

Volkseinkommensentwicklung und Konjunkturverlauf

Trotz der verschiedenen Vorbehalte gegen die nicht alle wirtschaftlichen Wertschöpfungen einbeziehenden schwierigen Volkseinkommensberechnungen gewähren uns deren Daten zumindest eine ungefähre Übersicht über die Wirtschafts- und Wohlstandsentwicklung in den beiden südwestdeutschen Ländern während der Zwischenkriegszeit. Etwa mit dem Ersten Weltkrieg büßte Baden sein wirtschaftliches Übergewicht in Südwestdeutschland ein und wurde von der sich intensivierenden Wirtschaftskraft Württembergs überrundet, wie in gleicher Weise aus der Statistik der gewerblichen Beschäftigung abzulesen (S. 335). Bis zur Weltwirtschaftskrise verfügten beide Länder, bedingt durch das noch starke Gewicht der kleinbetrieblichen Agrar- und Handwerkswirtschaft, über ein leicht niedrigeres nominales Pro-Kopf-Einkommen als im Reichsmittel. Werden die Einkommenszahlen über den Reichsindex der Lebenshaltungskosten (1913/14 = 100; 1926 = 142; 1928 = 152; 1932 = 120; 1936 = 125) auf die Vorkriegskaufkraft umgerechnet, dann war Baden bis 1926 kaum über den Vorkriegsstand hinausgekommen, brachte es aber zwischen 1926 und 1928 zu einem realen Wachstum von knapp elf Prozent. Am Oberrhein verzögerte sich der Wirtschaftsaufschwung nach der Währungsstabilisierung (militärische Besetzung) und der Krise von 1925/26 (Höchststand der Arbeitslosigkeit über 3%, in Württemberg unter 2%), so daß Badens Wirtschaft eigentlich erst 1927, im ersten Normaljahr der deutschen Wirtschaft nach dem Kriege, an dem Konjunkturhoch im Reich voll teilnahm. Hauptproblemfeld blieb mit der höchsten prozentualen Arbeitslosigkeit der Karlsruher Industrieraum mit seinen vor dem Kriege von Staatsaufträgen (Eisenbahn, Heer) lebenden Maschinen- und Metallfabriken und den hauptsächlich auf den hart umkämpften Binnenmarkt verwiesenen Nähmaschinenherstellern.

Volkseinkommen in jeweiliger Kaufkraft / Mio. M. bzw. RM						
	1913	1926	1928	1932	1936	1939
Baden	1 569	2 246	2 664	1 637	2 258	ca. 3 000
Württemberg	1 684	2 551	3 083	2 149	3 069	ca. 4 300
Pro-Kopf-Volkseinkommen in M. bzw. RM						
Baden	710	965	1 135	683	917	ca. 1 200
Württemberg	672	983	1 183	807	1 106	ca. 1 486
Reich	766	997	1 185	696	963	ca. 1 311

Württembergs Wirtschaftsleistung war bis 1926 gegenüber 1913 real um fast sieben Prozent gewachsen, obwohl das Land 1919/20 eine lähmende Energiekrise erlebte und 1922/23 ein einschneidender Rückgang im Energieverbrauch eingetreten war. Weniger von der Kohle abhängige Industriebranchen hatten in der Hauptsache bis 1925 die Expansion der gewerblich-industriellen Tätigkeit bei zeitweiliger Vollbeschäftigung vorangetrieben (S. 356). Zwischen 1926 und 1929 hob sodann ein realer Wachstumsschub von annähernd 13 Prozent die württembergische Wirtschaft auf ein Pro-Kopf-Einkommen fast in die Höhe des deutschen Durchschnitts. Der seit der Marktstabilisierung beklagte Geld- und Kreditmangel war 1926/27 einer überraschenden Geldflüssigkeit gewichen, die die Wirtschaftstätigkeit aufblühen ließ.

Bereits 1928 standen sich aber Realkreditinstitute und Industrie wieder in scharfer Konkurrenz auf dem südwestdeutschen Kapitalmarkt gegenüber, trieben die Zinssätze in die Höhe, verteuerten das knappe Geld, das die Rentabilität der Unternehmen gefährdete. Weltweit errichtete nationale Handelshemmnisse beschleunigten ab 1929 den Absturz in die Krise, durch sinkende Zinssätze und den Zusammenbruch der Rohstoff- und Agrarmärkte nun nicht mehr aufzuhalten. Bis 1932 schrumpfte Badens Pro-Kopf-Einkommen real und nominal weit unter den Stand von 1913, Ausdruck eines gewaltigen wirtschaftlichen Rückschlages und unübersehbarer Verarmung. Das Pro-Kopf-Volkseinkommen in Württemberg sank real nicht unter das 1913 innegehabte Niveau und koppelte sich insofern auch von der deutschen Durchschnittsentwicklung ab. Erstmals in der Geschichte des Industriezeitalters übertraf es deutlich den deutschen Durchschnitt und behauptete überdies bis heute seinen Vorsprung. Wie schon bei Rezessionen vor dem Ersten Weltkrieg zu beobachten, machte sich der Ausbruch der Krise 1929/30 in Württemberg (und Hohenzollern) später fühlbar als im übrigen Deutschland, Baden eingeschlossen. Auch blieb die Erwerbslosigkeit in Württemberg während des Krisentiefstandes im Jahre 1932 mit nur 4,3 Prozent gemeldeten Erwerbslosen (Baden über 7%; Reichsdurchschnitt 8,6%) erstaunlich niedrig. Nach dem Agrarland Ostpreußen wurde der Landesarbeitsamtsbezirk Südwestdeutschland insgesamt von der niedrigsten Arbeitslosigkeit betroffen. Die Gunst ver-

Gemeldete Arbeitslose					
	1929	1930	1931	1932	1933
Baden	71 366	99 813	145 407	174 688	158 340
Württemberg und Hohenzollern	38 015	62 108	99 286	119 412	97 764

schiedener Konstellationen spielte hierbei eine Rolle. Durch die in Südwestdeutschland häufige Verbindung der Arbeitnehmer mit landwirtschaftlichen Nebenerwerbsquellen war namentlich in Württemberg die »unsichtbare«, nicht unterstützungsberechtigte Arbeitslosigkeit größer als im Reich. In der Arbeitslosenstatistik wurde auch nicht die Kurzarbeit erfaßt (1932 Württemberg: 34408), die in der württembergischen Industrie zur Erhaltung des betriebsverbundenen Facharbeiterstammes weit verbreitet war (1932: 12,5 Kurzarbeiter je 100 Einwohner; im Reich 4,0). Hierin zeigte sich bereits ein Symptom der vielbehaupteten Krisenfestigkeit der württembergischen Industrie. Wer notfalls mit Kurzarbeit sein Unternehmen, durch eine von der Krise gelähmte, fast der Vereisung nahe Volkswirtschaft steuerte, mußte liquide sein und erwartete, daß sich die Marktsituation seines Unternehmens alsbald wieder bessern würde. Die stark vertretene Verbrauchsgüterindustrie zeigte sich weniger krisenempfindlich als die Investitionsgüterindustrie. Das galt ebenfalls für Baden, vor allem für südbadische Bezirke, wo es wenige Großbetriebe gab, noch weitgehend mit dem Handwerk verbundene Klein- und Mittelbetriebe vorherrschten und vorwiegend Verbrauchsgüter hergestellt wurden. Demgegenüber lag die Arbeitslosenquote am Hauptstandort der Groß- und Investitionsgüterindustrie, im Raum Mannheim–Weinheim, noch im März 1933 zwischen 20 und 25 Prozent. Die Durchschnittsgröße der württembergischen Unternehmen war kleiner als in Baden und im Reichsdurchschnitt, und sie arbeiteten auch aus diesem Grunde mit erheblich mehr Eigenkapital (38,7% Anteil des Reinvermögens am Rohvermögen) als im deutschen Durchschnitt (28,8%). Sie konnten auch eher mit hilfreichen Kreditspritzen der württembergischen Kreditinstitute rechnen, die während der Krise den Anforderungen ihrer Bankkunden durch Aufrechterhaltung einer kostspieligen Liquidität entgegenkamen. An guten Warenwechseln mangelte es überall. Mittelständische Unternehmen erwiesen sich in der Krise offenbar auch flexibler, entdeckten leichter sich auftuende Marktnischen. Das Wiesel, so sagt man heute, ist beweglicher als der Elefant.

Krisenüberwindungen

Um Krisensymptome zu bekämpfen bzw. die Überwindung der Krise zu beschleunigen, verstärkten sich seit der Weltwirtschaftskrise die vom Reich, von den Ländern und von den Kommunen ergriffenen, teilweise in der Stabilisierungskrise 1925/26 erprobten Maßnahmen der Industriesubventionierung. Anfangs stand hierbei – wie bei allen Notstandsarbeiten – die Bekämpfung der Arbeitslosigkeit bzw. die Erhaltung von Arbeitsplätzen im Vordergrund. Im Rahmen der nationalsozialistischen Autarkiepolitik verzahnte sich die beabsichtigte Erschließung neuer Roh- und Hilfsstoffe mit dem beschäftigungspolitischen Aspekt. Zur Entlastung des Arbeitsmarktes wurden umstrittene Einstellungsprämien im Rahmen des Wirtschaftsprogramms der Regierung Papen seit 1932 gezahlt, Mittel der Arbeitslosenversicherung eingesetzt, Arbeitgeber von der Beitragspflicht zur Arbeitslosenversicherung befreit, wurden Preissubventionen, verbilligte Kredite und verlorene Zuschüsse als Notstandssubventionen gewährt. Einer wohl häufig übertriebenen Subventionspolitik befleißigten sich die Kommunen, die sich nicht nur tatkräftig an der Sanierung angeschlagener Unternehmen beteiligten, sondern auch einen mitunter wenig fairen Wettstreit um die Ansiedlung neuer Industrieunternehmen untereinander ausfochten. Grundstücke und Aktien wurden von der öffentlichen Hand (auch von den Staatsbanken) teilweise zu überhöhten Preisen erworben, zinsfreie bzw. zinsverbilligte öffentliche Kredite gewährt, Bürgschaften übernommen. Die Sanierung der Magirus-Werke gelang offenbar nur unter Beteiligung der Stadt Ulm, die der Fuchs-Waggon-AG mit Hilfe eines 200000-RM-Kredits der Stadt Heidelberg. Ein Darlehen aus dem Reichshaushalt erhielt die anläßlich der Liquidierung des Sachleistungsvertrages mit der rumänischen Staatsbahn notleidend gewordene Josef Vögele AG, Mannheim.

Die Jahrzehnte des Wirtschaftsprotektionismus erweckten kurzfristig den schon vergessenen südwestdeutschen Bergbau, sogar die Rheingoldwäscherei, zu neuem Leben. Am Kaiserstuhl kam der Niob-Bergbau in Gang. In den Krisenjahren um 1930 erlebte der Blei-Zink-Erzbergbau im Schwarzwald bei vom Reich garantierten festen Metallpreisen wieder Auftrieb, der sich im Zweiten Weltkrieg verstärkte und bis in die Nachkriegszeit fortsetzte. Nach hohen Investitionen von rund 39 Mio. M./RM, an denen das Land Baden mit erheblichen Mitteln – darunter über eine Schweizer-Franken-Anleihe von 1926 – beteiligt war, nahmen im Jahre 1928 die südbadischen Kalibergwerke in Müllheim-Buggingen die Förderung auf. Die Kapitalmehrheit an den beiden Gewerkschaften Baden und Markgräfler gehörte mit je 566 Kuxen (= 57%) seit 1933 dem Burbach-Kalikonzern/Magdeburg (Preußag), der Rest mit je 434 Kuxen dem Lande Baden. Unter den 200 deutschen Kalibergwerken entfiel die damals vergebene höchste Förderquote von drei Prozent auf Buggingen, das nach verlustreichen Anlaufjahren von 1936 bis 1944 Gewinne in Höhe von 0,65 Mio. RM im Jahresdurchschnitt erzielte. Nach dem Krieg wurden die Gruben einige Jahre unter französischer Regie betrieben.

Im Jahre 1938 nahmen die Gruben »Kahlenberg« und »Schönberg« bei Freiburg/Breisgau die Eisenerzförderung auf. Dem letztlich auf die Kriegswirtschaft ausgerichteten wirtschaftspolitischen Autarkiestreben des NS-Staates entsprang die bedeutendste, anfangs allein von den Saarhüttenwerken finanzierte Neugründung, ein Vierjahresplan-Unternehmen, die Doggererz-Aktiengesellschaft im badischen Blumberg, 1938 über 1000 Beschäftigte und 4,6 Millionen RM Umsatz, aber wegen der abgebauten armen Eisenerze unwirtschaftlich: Im März 1942 gab Rüstungsminister Speer Hitler davon Kenntnis, »daß im Einverständnis mit Reichsmarschall Göring der Doggererzbau in Südbaden eingestellt wird, da durch das gewonnene Minette-Gebiet überflüssig«. Die Ausbeutung der württembergischen Doggererze (Aalen und Geislingen) war den Schwäbischen Hüttenwerken übertragen, die nach dem Kriege noch die Grube Karl/Staufenstollen in Geislingen/Steige (Eisengehalt 30–35%) betrieben, ohne aber wieder eine Verhüttung im eigenen Lande zu erreichen. Die mit Unterstützung des württembergischen Landesgewerbeamts angestrebte wirtschaftliche Edelstahlgewinnung aus heimischem Erz in kleinen Anlagen als Zulieferer für die hochwertige Feinerzeugungsindustrie blieb Wunschdenken.

Auf der Suche nach neuen Energiequellen wurden die schon erwähnten Ölschieferlager ausgebeutet, die Anlage von Windkraftanlagen angestrebt und neue Verfahren zur wirtschaftlichen Torfbrikettherstellung erprobt. Die geringe Rentabilität des alten württembergischen Torfwerks in Schussenried, wo in schwerster Arbeit Handstich- und seit 1879 auch Maschinentorf gewonnen wurde (1920: 2,9 Mio. M. Vermögensbestand; durchschnittlich 250 Arbeiter; 9350 t Torfausbeute), schreckte interessierte badische Stellen von der Torfgewinnung in den etwa 130 damals erfaßten badischen Torflagern eher ab. Nach dem Zweiten Weltkrieg entbehrten die Erlöse aus den staatlichen Torfwerken Württembergs (von Briketts, Brenntorf, Streutorf, Torfmull) nicht der ständigen, nur beschäftigungspolitisch noch zu rechtfertigenden Staatszuschüsse. Die Krise machte Fusionen häufig dringend notwendig, »gute« und weniger »gute«. Die Nadelfabrik Groz in Albstadt-Ebingen, die in den zwanziger Jahren automatisiert hatte (1928: 1600 Arbeiter), verschmolz 1937 mit ihrem wichtigsten deutschen Konkurrenten, mit Ernst Beckert in Chemnitz. Unter dem Stichwort Krisenüberwindung sind auch die mehrere Hundert Firmenneugründungen der Zeit von 1929 bis 1933 zu erwähnen (in den Kammerbezirken Rottweil und Villingen etwa 90), die in der zeitgenössischen Statistik weniger vollständig erfaßt wurden als die rund 4500 Konkurse von Erwerbsunternehmen während des gleichen Zeitraums. Von 1932 bis 1938 stieg die Zahl der gewerbeaufsichtspflichtigen Betriebe mit fünf und mehr Beschäftigten in Württemberg um 3847.

Als die Arbeitslosigkeit Ende Januar 1933 mit 183582 registrierten Erwerbslosen in Baden und 133604 in Württemberg den Höchststand verzeichnete, berichtete der Vorstand der Badischen Bank am 27. Januar 1933, unmittelbar vor Hitlers Machtübernahme, dem Aufsichtsrat von einem heraufgezogenen Optimismus: »Obgleich die Besserung in dem erhofften Ausmaß noch nicht eingetreten ist, so kann doch die erfreuliche Feststellung gemacht werden, daß überall die Bereitschaft besteht, von dem bisherigen Wirtschaftspessimismus zu einer günstigen Beurteilung der Zukunft überzugehen.« Offenbar hatte schon die reformerische Wirtschaftspolitik der beiden letz-

ten Weimarer Kabinette schmerzstillend gewirkt und in Wirtschaftskreisen neue
Hoffnungen aufkeimen lassen. Der Erfolg jeder Wirtschaftspolitik hing seit jeher in
wesentlichem Maße von der gelungenen Vertrauensbildung ab. Auch Hitler kam es
während der ersten Monate seiner Reichskanzlerschaft vor der Öffentlichkeit mehr
darauf an, seinen »unbändigen« Willen zum Handeln zu bekunden, Optimismus zu
wecken und legte damit zweifelsohne wichtigste psychologische Grundlagen für den
kommenden Aufschwung. Die Initialzündung mit gleichzeitig breiter Sekundärwir-
kung ging 1933 von der Bauwirtschaft und der Verkehrsmittelindustrie aus, von Aufträgen der Reichsbahn, der Reichspost, des Luftfahrtministeriums, von der seit dem
1. April 1933 der Kfz-Steuer entledigten privaten Automobilnachfrage und dem im
Herbst 1933 begonnenen, mit Wechseln finanzierten, Bau der Autobahn. Bereits im
März 1933 meldete die Bosch AG Vollbeschäftigung. Von Anbeginn verlagerte sich
bei nach wie vor zurückhaltender Investitionsneigung der Unternehmer die Investi-
tionsinitiative auf den Staat. Als sich 1935 der Abbau der Arbeitslosigkeit verlangsamte, war es ab 1936 wiederum die vermehrte Staatsnachfrage, in erster Linie der befohlene Rüstungshochlauf, der die konjunkturelle Belebung antrieb. Durch Devisenzwangswirtschaft und Außenhandelssteuerung von weltwirtschaftlichen Einflüssen
abgeschottet, schlingerte die mit Staatsaufträgen bald überlastete Binnenkonjunktur
einer Überhitzung zu, wenngleich immer wieder gehemmt durch außenwirtschaftliche Versorgungsschwierigkeiten und bürokratische Kontingentierungen. Der Geschäftsführer einer großen südwestdeutschen Textilfabrik berechnete, daß das zur
Ausführung eines Exportauftrages benötigte Schreibpapier die beachtliche Länge von
55 Meter erreichen würde. In dieser primär auf dem Produktionsgütersektor wirken-
den Konjunkturmechanik des Hitler-Staates kam die Konsumgüterwirtschaft jahrelang zu kurz und blieb die Erzeugung hinter der Expansion der Produktionsgüterindustrie zurück. Daß sich über die gesamte Industrie ein Füllhorn von Gewinnen
gleichmäßig ausschüttete, davon konnte schon deshalb nicht die Rede sein. Die Jahresbilanzen von badischen Aktiengesellschaften wiesen für 1935/36 bei 189 Firmen Gewinne in Höhe von insgesamt 34,4 Millionen RM aus, für 126 Unternehmen dagegen
Verluste von über 17 Millionen RM. Die höchsten Verluste von fast 6,5 Millionen RM
erlitten Aktiengesellschaften der Textilindustrie. Das war systembedingt.
Der Abbau der langjährigen, verharschten Arbeitslosigkeit in Südwestdeutschland erfolgte, obwohl Baden wegen der Grenznähe nicht zu den auserwählten Standorten der
Rüstungswirtschaft und der Vierjahresplanindustrien gehörte, relativ rasch und offenbar auch reibungsloser als in den meisten anderen deutschen Wirtschaftsregionen.
Auch die Gewalt außerökonomischer, die Statistik »entlastender« Maßnahmen (Ju-
denverfolgung; Einweisung in Konzentrationslager; Einziehungen zur Wehrmacht
und zum Arbeitsdienst) half dabei mit. Ende Januar 1939 betrug die Gesamtzahl der

registrierten Arbeitslosen im Landesarbeitsamtsbezirk Südwestdeutschland 7728 (wie im Jahre 1959), von denen 6409 in Baden seßhaft waren. Um die krisengeschüttelte Wirtschaft in eine schon übergeschwappte Hochkonjunktur mit Überbeschäftigung zu versetzen, bedurfte es in Württemberg unter den Konstellationen des NS-Staates eines Zeitraums von fünf bis sechs Jahren und eines realen Wirtschaftswachstums von mehr als zwölf Prozent im Jahresdurchschnitt. Bis 1939 hatte sich die Zahl der Beschäftigten dort auf 1 111 898 vermehrt, in dem von der »Windhose« der Rüstungskonjunktur weniger berührten Baden bei einem realen Durchschnittswachstum von weniger als zehn Prozent auf 874653. Württembergs weitere Industrialisierung versetzte in erster Linie den Investitionsgüterbereich für einige Jahre in einen Fortschrittssog, nicht nur in der Zunahme der Großbetriebe greifbar, auch in der Nettoproduktionsleistung der Industrie (1936 je Kopf der Bevölkerung in Württemberg: 663,6 RM; in Baden 514,4 RM). Etwa ein Viertel des Produktionswertes von ganz Württemberg brachte allein die geballte Wirtschaftskraft der Stadt Stuttgart mit einer Nettoproduktionsleistung von rund 437 Mio. RM auf. Fast ein Drittel der badischen Produktionsleistung konzentrierte sich im Bezirk Mannheim.

Permanenter Notstand

Bis in den Krieg hinein zählte der westliche, grenznahe Teil des Landes Baden zu den wirtschaftlichen Notstandsgebieten des Reiches. Im Krieg und danach herrschte überall Mangel. Zwar wurden im Laufe der dreißiger Jahre Millionenaufträge der Reichsbahn und der Luftwaffe nach Baden vergeben, ohne daß sich der wirtschaftliche Entwicklungsrückstand des Landes verringerte. Verglichen mit Baden besaß Württemberg Anfang 1939 fast das Dreifache an »kriegswichtigen« Betrieben, die eine bevorzugte Behandlung bei der Zuteilung von Rohstoffen und der Freistellung von Arbeitskräften genossen. Die Hafenanlagen von Kehl, Breisach und Weil am Rhein waren ebenfalls aus militärischen Gründen nur eingeschränkt benutzbar. Über solche und andere Benachteiligungen Badens gegenüber Württemberg führte der badische Reichsstatthalter wiederholt und meist vergebens Klage. 1938/39 begannen sich in der Wirtschaft bereits die Grenzen zwischen Frieden und Krieg zu verwischen.
Gegenüber den Jahren der Weltwirtschaftskrise war bis 1938 in Baden und Württemberg eine beträchtliche reale, letztlich aber zu teuer erkaufte und allzu rasch wieder zerronnene Wohlstandsmehrung eingetreten, abzulesen am Pro-Kopf-Volkseinkommen und an der Konsumstatistik. Nur noch auf Kosten der Menschen und zu Lasten des überbeanspruchten, teilweise veralteten Maschinenparks – von Voith in Heidenheim ausdrücklich beklagt – ließ sich seitdem die Leistungsfähigkeit von Betrieben

und Arbeitnehmerschaft noch steigern. Nicht allein in den Mauser-Werken wurde die 60-Stunden-Woche zur Regelarbeitszeit. Die Ostertag-Werke, Vereinigte Geldschrankfabriken in Aalen, die Panzertüren für die Westwallbefestigungen bauten, ließen Ende Dezember 1938 das zuständige Rüstungskommando wissen, »daß die Beibehaltung der 60-Stunden-Woche auf die Dauer nicht tragbar sei«. Es kam nach einigen Jahren im Kriege noch schlimmer, als Rüstungsminister Speer im März 1944 für die Luftfahrtindustrie die 72-Stunden-Woche verordnete, obwohl die Arbeiter seit Jahren körperlich ausgepumpt waren und das weitere Absinken der Arbeitsleistungen zu befürchten stand. Gleichsam eine Revolution hatten 30 schwerarbeitende Frauen der Eisengießerei in der Maschinenfabrik Esslingen angezettelt, denen keine Schwerarbeiterzulage gewährt worden war und die sich daraufhin außerstande erklärten, »ihre Arbeit weiter zu verrichten«. Mangel an Arbeitskräften und die Auspowerung der vorhandenen, zunehmende Schwierigkeiten bei der Roh- und Hilfsstoffzulieferung, Engpässe bei der zivilen Versorgung und Wohnraumverknappungen – frühzeitig in dem von Menschen übergequollenen Friedrichshafen spürbar – kennzeichneten die wirtschaftliche Situation schon vor Kriegsausbruch. Sie verschärften sich im Kriege trotz der über dem physischen Existenzminimum gehaltenen Lebensmittelrationierung und eskalierten während des lähmenden Zyklus von Luftkriegsterror, Verkehrsunterbrechungen, ausgebliebenen Kohlenzufuhren und industriellen Produktionseinbrüchen in den beiden letzten Kriegsjahren, die den totalen wirtschaftlichen Zusammenbruch einleiteten. Als die Firma Lanz im Jahre 1943 ihre französischen Fremdarbeiter nach Frankreich beurlaubte, kehrten etwa 90 Prozent nicht mehr zurück.

In den Wirtschaftsberichten des Wehrkreiskommandos Stuttgart wurde schon im Mai 1939 darauf aufmerksam gemacht, daß sich die Fleischversorgung »durch den Mangel an Frischfleisch« verschlechtere. Im Juli 1939 wurde die beginnende Hamsterei der Hausfrauen erwähnt, weil Eier, Kaffee und Margarine knapp wurden. Bereits vor dem Kriege mußten viele Betriebe, die gewohnt waren, Friedfertiges zu produzieren, auf Kriegerisches umstellen. WMF fertigte schon im März 1939 Patronenhülsen aus Messing, der Ulmer Textilhersteller Steiger & Deschler im Mai Ballonstoffe. Mehr und mehr Produktionskapazität zog der Krieg an sich und legte andere, die er nicht brauchte, still. Märklin in Göppingen, berühmter Hersteller von begehrten Spielzeugeisenbahnen, wurde im Oktober 1939 für die Fertigung von MG-Behältern, Patronenkästen oder von Trommeln für Feldkabel vorgesehen. Beim Nachbarn Boehringer konzentrierte sich später der Zusammenbau der schweren Pak. Bis in die entlegensten, vom Bombenkrieg verschonten Schwarzwaldgemeinden drang allmählich kriegerische Produktion vor, nistete sich ein und konnte dort noch 1943/44 gesteigert werden. Siedle in Furtwangen baute Kopffernhörer und Feldfernsprecher. Das Solidschuhwerk in Tuttlingen wurde zum Bekleidungswerk der Waffen-SS Dachau umfunktioniert. Statt ihrer bewährten Schlepper (Umsatz 1938: 4,6 Mio. RM) mußte die Maschinenfabrik Kramer in Gutmadingen Panzergetriebe und 15,5-cm-Granaten herstellen (Umsatz 1944: 5,6 Mio. RM). Holzwarenfabrikanten sollten den nie zu sättigenden Bedarf an Baracken befriedigen. Für die Militärs aller Waffengattungen erschien die südwestdeutsche feinmechanische Industrie als idealer Zulieferer von Zünderteilen, Zeitzündern, Bordzündern, von Einschaltwerken für Seeminen u. a. m. Einen Wachstumsstoß erfuhr die Elektroindustrie. 52 südwestdeutsche Unternehmen mit mehr als 100 Beschäftigten erwirtschafteten 1943 insgesamt einen Umsatz von über einer halben Milliarde RM.

Mit der deutschen Winterkatastrophe 1941/42 in Rußland hatte eine neue, von den Zwängen eines gigantischen Massen- und Materialkrieges bestimmte Phase kriegswirtschaftlicher Mobilmachung begonnen, die der vielen Mangelerscheinungen Herr zu werden versuchte und schließlich eine Zeit noch größeren Mangels heraufbeschwor. Erfolge wurden bei der industriellen Kriegsproduktion durch Rationalisierungen, Typenbereinigungen und Normungen erzielt. Doch Konsumgüterindustrie und Handwerk wurden trotz des immer mehr zunehmenden Mangels an Waren des täglichen Bedarfs weiter eingeschränkt und die Arbeitskräfte in die Rüstungsindustrie überführt. Nach einem Vortrag bei Hitler verbot Rüstungsminister Speer im Februar 1942 »die Friedensplanungen und Entwicklungen bei allen Firmen«. Der ohnehin seit Jahren gehemmte industriell-technische Fortschritt wurde, soweit er nicht augenscheinlich dem Kriege diente, auf unbestimmte Zeit suspendiert. Ganze Produktionsbereiche (Uhrenerzeugung, Teile der Bauwirtschaft u. a. m.) wurden funktionslos. Statt Glas dienten nach Bombenangriffen Strohpappe und Ölpapier in den geschädigten Städten als Fensterscheibenersatz. Klagen über Mangel an Haushaltsartikeln rissen nicht ab. Ein Dorfbürgermeister vom württembergischen Oberland gab im Januar 1944 zu Protokoll: »Viele sagen, wenn ich keine Schuhe bekomme, dann höre ich auf zu arbeiten.« Nur wenig und obendrein schlechte Seife wurde zur Körperhygiene ausgegeben. Späher der SS machten Anfang 1943 aktenkundig, daß in Stuttgart zugeteilte bessere »Schwimmseife«, die etwa 27 Gramm wiegen sollte, mitunter nur 15 Gramm wog und die gewichtsreduzierten Rif-Stücke u. a. von der Seifenfabrik K. & F., Krämer & Flammer, Heilbronn und der Seifenfabrik W. R. & Co., Möhringen/Stuttgart stammte. Anläßlich ihres Informationsbesuches in Stuttgart im November 1944 hörten die Vertreter des Reichswirtschaftsministeriums vielerlei große Klagen. Wenn nicht wesentlich mehr Arbeitskleidung zugeteilt werden würde, »werden in Kürze 20–30% der Leute nicht mehr arbeitsfähig sein«. Rüstungsbetriebe könnten auch deshalb nicht mehr weiterarbeiten, weil Schreibmaschinen fehlten. Verkehrsschwierigkeiten verhinderten, daß nach den schweren Bombenangriffen vom Juli 1944 dem größten Teil der 280000 bombengeschädigten Stuttgarter eine Notausstattung an Hausrat und Spinnstoffen zugeteilt werden konnte.

Während des Winters 1944/45 näherte sich die stark geschwächte Wirtschaftsmaschinerie an Oberrhein und Neckar dem Stillstand und wurden im Strom der Obdachlosen und Evakuierten die Elendsbilder des kriegsbedingten Pauperismus Allgegenwart. Die Elektrizitätsversorgung fiel zeitweilig aus, Stromsperren häuften sich. Im Februar 1945 sollten Webereien und Spinnereien nur wegen der Fertigung von Verbandsmull mit Kohlen versorgt werden. Von März 1944 bis März 1945 erlebte Südwestdeutschland die härteste Schreckensphase des Luftkrieges. 67500 t Bomben (= 77% der Gesamtbombenlast) wurden abgeworfen. Durch den Zusammenbruch des Verkehrs und der Energieversorgung im Frühjahr 1945 wurde das moderne Industriesystem seines wichtigsten Lebensnervs beraubt und kam zum Erliegen. Das Land zerfiel in lokale Versorgungsgebiete. Schon Wochen vor der Eroberung durch die Amerikaner wurden die in der ältesten geheimen Heeresfabrik Südwestdeutschlands, den Collis Metallwerken GmbH, Westhausen bei Ellwangen, unterirdisch hergestellte Artilleriekartuschen nicht mehr abtransportiert. Kein Einzelfall. Von den deutschen Truppen auf ihrem Rückzug gesprengte Brücken sperrten 1945 die gesamte Neckarschiffahrt und teilweise den Eisenbahn- und Straßenverkehr.

Ohne gerufen zu werden, kamen Arbeiter zuerst aus den Ruinen und regten noch vor dem definitiven Kriegsende meist vergebliche Initiativen für den Wiederaufbau an. Das erdrückende Erbe des verlorenen Krieges, gewaltige Kriegsschäden, hohe Besatzungslasten, die verhängnisvolle inflationäre Geldschwemme, der rapide Niedergang aller produktiven Leistung senkten das Sozialprodukt in Südwestdeutschland auf das Elendsniveau ab, etwa auf ein Viertel des Volkseinkommens von dem des Jahres 1936. Da zur Selbstversorgung außerstande, fehlte es mehr denn je an Verbrauchsgütern, Nahrungsmitteln, an Rohstoffen und Betriebsmitteln. Unterernährung führte zu allgemeiner Erschöpfung. Als Arbeitern in Freiburg/Breisgau im Winter 1945/46 Bestrafung angedroht wurde, falls sie nicht regelmäßig einer Arbeit nachkommen würden, war die Antwort zu hören: »Man möge das ruhig tun, es sei ihnen egal, was man mit ihnen mache – mehr wie langsam verhungern könnten sie doch nicht.« »Schwarz« wurde der größte Teil des Marktes und schwarz wurde auch die Zukunft gesehen. Im Frühjahr 1948 zeichnete der Seismograph der Stuttgarter Erdbebenwarte ein schwaches Nachbeben auf. Es rührte von der Sprengung der V-Waffen-Fabrik im Kinzigtal bei Haslach durch ein französisches Kommando her, von der Allgemeinheit kaum zur Kenntnis genommen.

137 »Turmbau zu Babel«. Zürcher Miniatur vom Hochbau um 1350
138 Wiederaufbau in Ulm 1949
139 Moderner Brückenbau der Firma Züblin, Stuttgart

140 Eines der ältesten erhaltenen Bürger-
häuser Südwestdeutschlands, das »Schober-
haus« in Pfullendorf von 1317 und 1536

141 Das in Rekordzeit erstellbare Schwörer
WärmeGewinnHaus mit kontrollierter Woh-
nungslüftung und Wärmerückgewinnung (seit
1983)

142 Renaissance-Bau des hugenottischen Handelsherrn Charles Bélier von 1592 in Heidelberg (Haus zum Ritter)

143 Weißenhofsiedlung in Stuttgart, erbaut 1927 von den damals international führenden Architekten. Im Vordergrund links das Haus des Architekten Hans Scharoun

144   *Skyline des neuen Möglingen 1980. Im Hintergrund die Feste Hohenasperg*

145   Straßenbau in Breisach 1932: Aufbringen einer Mastix-Vergußdecke
146   Vollmechanisierter Einbau einer Asphaltdecke auf der BAB 8 Stuttgart–Ulm,
1975/76. Die verwendete Maschine der Firma Waggershauser Straßenbau GmbH & Co.,
Kirchheim, der »Schwarzdeckenfertiger« (Baujahr 1974), entspricht der neuesten Einbau-
technik.

147   Moderne Verkehrsbauten: Luftbild der Rheinbrücke Mannheim-Ludwigshafen

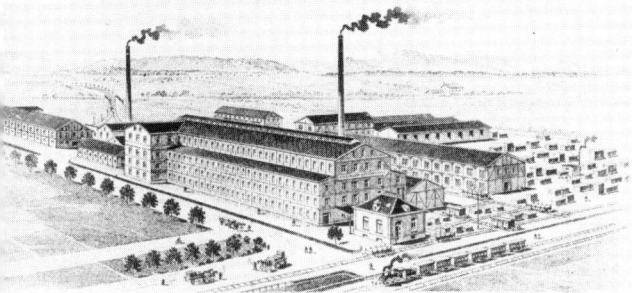

148 Briefkopf der Erzinger Ziegelwerke (1909)
149 Tunnelofen für Dachziegelbrand der Baustoffwerke Mühlacker, Mühlacker (1975)

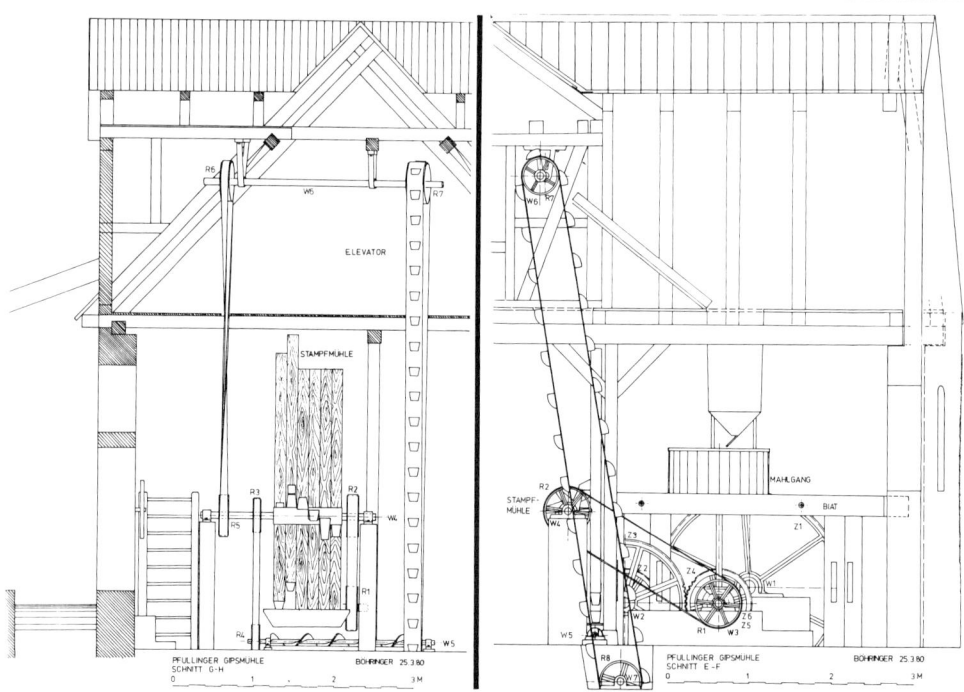

150 Portland Zementwerk Dotternhausen (1984)
151 Schematische Zeichnung der aus dem 19. Jahrhundert stammenden Gipsmühle
in Pfullingen

Wiederaufbauboom

Bevölkerungsbewegungen

Das Kriegs- und Nachkriegsgeschehen hatte die Bevölkerung teilweise drastisch vermindert (kriegsbedingter Menschenverlust) und zugleich sprunghaft vermehrt (Zuwanderung überwiegend von Heimatvertriebenen, bis Ende Oktober 1946 über 700000 in Württemberg-Baden), es hatte umgeschichtet und unaufhörliche Fluktuationen in Bewegung gesetzt. Vielfach beschlich die Menschen der Eindruck, als seien zu viele da, obwohl viele nicht da waren und nie wieder kamen. Dennoch wurde bezüglich der Anzahl der Eheschließungen (bezogen auf 1000 Bewohner) von 1946 bis 1951 ein seitdem in der Bevölkerungsgeschichte Südwestdeutschlands nicht mehr eingestellter Rekord erzielt, wenngleich andererseits die Geburtenhäufigkeit weit hinter den üblichen statistischen Erwartungen zurückblieb. Zu einem wahren Boom von Eheschließungen kam es dann wieder zwischen 1959 und 1964, damals vom allgemeinen Optimismus des erlebten Wirtschaftswunders getragen, um nun hinsichtlich ihrer starken Fruchtbarkeit alle Erwartungen zu übertreffen und schon wenig später sogar die Bildungspolitiker zu verwirren. Drei Höchstwerte zeigte die Zahl der Lebendgeborenen in den Jahren 1963, 1964 und 1965 an. Dann sank aus vielerlei Gründen der Menschen Lust an der Vermehrung. Um einen Geborenenüberschuß von rund einer Million Menschen vermehrte sich die Bevölkerung Südwestdeutschlands zwischen 1946 und 1966, um weit mehr wuchs sie durch die Zuwanderung.

Einwanderungsland war Württemberg schon seit den dreißiger Jahren und wurde Baden, gewollt und ungewollt, nach dem Zweiten Weltkrieg, als zuerst gegen den Willen der französischen Besatzungsmacht Heimatvertriebene seßhaft wurden und Armut vermehrten. Nach Gründung der Bundesrepublik Deutschland 1949 wurde der Strom der Heimatvertriebenen sowie der Flüchtlinge aus der sowjetischen Besatzungszone (DDR) auch in die französische Besatzungszone geschleust. Noch vor Nordrhein-Westfalen verzeichnete Baden-Württemberg bis 1961 den höchsten Wanderungsgewinn (21%), was der Wirtschaft des Landes deutlich zum Vorteil gereichte, obwohl anfangs demgegenüber Skepsis überwog. Bis zum Rezessionsjahr 1967 zog Südwest-

Bevölkerungsentwicklung				
Zeitpunkt	Baden	Württemberg	Hohenzollern	insgesamt
1946 29. Oktober	2 573 546	3 204 476	76 038	5 854 060
1950 13. September	2 806 446	3 537 740	86 039	6 430 225
1961 6. Juni	3 223 179	4 336 862	99 113	7 659 154
1970 27. Mai	3 777 702	5 003 804	113 542	8 895 048

deutschland durch seine stark expandierende Industrie mehr Menschen an als fort-
zogen. Mit Beginn der sechziger Jahre verbreitete sich der Zustrom von ausländischen Arbeitskräften.

Verständlicherweise verteilte sich die Zuwanderung nicht gleichmäßig über das ganze
Land. In den Nachkriegsjahren bevorzugte sie die durch Kriegszerstörungen kaum
beeinträchtigten Räume, im Zuge des Wiederaufbaus und des Industrieausbaus
drängte sie in die Ballungsgebiete, wo Arbeitskräfte ständig gefragt waren, allerdings
nicht so sehr in die Großstädte, jedoch in deren nächstes Umfeld. Die neue Siedlungsbewegung erfaßte vor allem den mittleren Neckarraum und machte aus ihm seit Ende
der fünfziger Jahre allmählich einen zersiedelten Ballungsraum. Industrielles Wachstum bestimmte, wo die Bevölkerung am stärksten wuchs – am Hochrhein, am Bodensee und im Großraum Stuttgart – und wo sich Strukturschwäche dauernd und
schmerzlich forterbte, im mainfränkischen Nordosten, im südöstlichen, dem Bodensee vorgelagerten Hügelland und im südwestlichen Schwarzwaldraum mit Gemeinden, die 1970 weniger Einwohner zählten als 1871. Um 3,4 Millionen Menschen hat
sich die Bevölkerung Südwestdeutschlands von 1939 bis 1970 vermehrt, im Jahresdurchschnitt um zwei Prozent, um ebenso viele Menschen, wie insgesamt 1875 hier
wohnten.

Verlängertes Elend der Zwangswirtschaft

Gewöhnlich pflegte Bevölkerungswachstum im modernen Industriesystem eine Produktionssteigerung auszulösen. In den ersten Nachkriegsjahren wollte sie sich nicht
einstellen, fehlten doch die komplementären Produktionsfaktoren wegen der zerrüt-
teten Währungsverhältnisse, des Rohstoff- und Energiemangels, der teilweisen Zerstörung und Demontage des industriellen Produktionsapparates und infolge der vielen Verkehrsschwierigkeiten. In der Währungs- und Preispolitik überschattete die

Vergangenheit die deutsche Nachkriegsgegenwart mit ihrer von den Besatzungsmächten aufrecht erhaltenen Zwangswirtschaft. Das Zuviel an Geld und liquiden Geldansprüchen – gehamstertes Münzgeld ausgenommen – befand sich in krassem Gegensatz zu dem vorhandenen, zudem im Preis nach wie vor gestoppten, minimalen Güterangebot, im Widerspruch vor allem zu den unterhalb des physischen Existenzminimums liegenden Lebensmittelrationen (tägliche Durchschnittsration eines Normalverbrauchers Ende 1946 in der amerikanischen Besatzungszone: 1564 Kalorien; in der französischen Besatzungszone 1209 Kalorien). Hunger, Unterernährung und Zahlungsmittelüberfluß stellten bis zur Währungsreform im Juni 1948 die zentralen, allgegenwärtigen, das Leben beherrschenden Probleme dar. Der »Kampf um das Überleben« veränderte moralische Wertmaßstäbe und verwischte soziale Unterschiede, offenbarte die Hilflosigkeit des eingesetzten deutschen Behördenapparats, machte Schwarzmärkte zu einer ständigen Einrichtung und polarisierte das Stadt-Land-Verhältnis.

Es wäre falsch – wie häufig geschehen – die Ursachen des Hungers der überforderten Landwirtschaft anzulasten. Ihr erheblicher Leistungsrückgang im Pflanzenbau um fast ein Drittel und in der Viehwirtschaft teilweise um beinahe zwei Drittel (Gesamtfleischanfall in Württemberg-Baden 1938: 159902 t; 1946: 59866 t) hing vor allem mit dem kriegsbedingten Rückgang in der Nutzviehhaltung, knappem Saatgut, den großen Ausfällen an Dünger und dem permanenten Mangel an Kraftfutter zusammen. Scheinarbeitsverhältnisse in der Landwirtschaft erhöhten ihre Überbesetzung mit Ar-

Leistungen und Erzeugung der Landwirtschaft von Baden-Württemberg				
	1939	1946/48	1950	1960
Rindvieh insgesamt in 1 000	1 745,4	–	1 631,1	1 823,5
Schweine insgesamt in 1 000	1 300,2	–	1 219,3	1 724,0
Milcherzeugung je Kuh kg	2 010	1 316	2 077 (1951)	2 934
Gesamtschlachtmenge in 1 000 t	ca. 260	ca. 90	216,0	402,5
Getreideerzeugung dt/ha	19,5	14,7	22,0 (1949/51)	31,2
Kartoffelerzeugung dt/ha	150,0	129,5	190,6 (1949/51)	230,7

beitskräften, während beispielsweise Bosch in Stuttgart bereits seit Mitte 1946 einen merklichen »Mangel an Arbeiterinnen und Maschinenarbeitern« beklagte.

Noch gravierender als in der Landwirtschaft gestaltete sich der Produktionsrückgang in der Industriewirtschaft. Anfang 1948 hätte die Industrieproduktion der drei westlichen Besatzungszonen gerade gereicht, um jedem Mann alle fünf Jahre einen Anzug, alle vier Jahre ein Paar Schuhe und alle zwei Jahre ein Wasserglas zuzuteilen. Die Deutschen waren weiterhin verurteilt, von der »Substanz« zu zehren, sofern noch vorhanden. Vom beibehaltenen Stopp-Preissystem, das Unwirtschaftlichkeit organisierte, gingen weder in der Agrar- noch in der Industriewirtschaft Leistungsanreize aus. Eine Selbstfinanzierung der Betriebe in diesem Rahmen war kaum möglich. Nicht wenige wieder in Gang gebrachte Wirtschaftsunternehmen gerieten in Liquiditätsschwierigkeiten. Wiederaufbau und Zwangswirtschaft bedurften daher dringend der staatlichen Subventionierung. Im amerikanisch besetzten Württemberg-Baden (Nordwürttemberg/Nordbaden) half seit 1946 der Staat in begrenztem Umfang mit Darlehen, Bürgschaften und verlorenen Zuschüssen in Schwierigkeiten geratenen, förderungswürdigen Unternehmen, nur Tropfen auf einen heißen Stein. Staatsmittel erhielt die aus der Tschechoslowakei vertriebene berühmte Gablonzer Glasindustrie, von der einzelne Betriebe in Schwäbisch Gmünd und Karlsruhe angesiedelt wurden. Staatsdarlehen aus Stuttgart wollten u. a. einem Motorenwerk und am Flüchtlingsmöbelbeschaffungsprogramm beteiligten Möbelfabriken auf die Beine helfen. Andere mittelständische Unternehmen wurden erst durch gewährte Staatsbürgschaften kreditwürdig. Ankurbelungskredite flossen in die Neckarschiffahrt. Darlehen aus deutschen Quellen machten indes die hohen Forderungen der Unternehmen an den Reichsfiskus und die Besatzungsmächte nicht wett. Insgesamt wurde das Problem der Unternehmensfinanzierung in der Zwangswirtschaft ab 1945 unter dem Diktat der alliierten Siegermächte nicht gelöst.

Darüber hinaus hatten Kriegszerstörungen, Requisitionen und Demontagen das Produktionspotential der gewerblichen Wirtschaft enorm geschwächt, ein Industrieland gewaltsam in den Zustand der Armut gestoßen, wie es anfangs Absicht der alliierten Politik war. Ein ungewöhnliches Ausmaß erreichten Industriezerstörungen und -demontagen in der französischen Besatzungszone (Südbaden und Südwürttemberg/Hohenzollern), von den Franzosen zumeist mit den deutschen Eingriffen in Frankreich seit 1941 gerechtfertigt. Die Maschinenentnahmen – in Südwürttemberg 1945/46 rund 20000 bei 1400 Industrie- und Handwerksbetrieben – wogen schwerer als der Abtransport von Rohstoffen und Fertigwaren. Bosch addierte den Verlust an Zerstörungen und Beschlagnahmen bis 30. Juni 1946 auf zusammen etwa 4000 Werkzeugmaschinen. »Der Mangel an Maschinen im Stammwerk«, so stellte der Geschäftsbericht für die Zeit vom 1. Januar 1945 bis 30. Juni 1946 fest, »verstärkt durch Sperrung unserer Anlagen in der französischen Zone und die Unmöglichkeit von Neuanschaffungen, bereitet uns ernste Sorge«. Zu den Kapazitätsverlusten der Industrie gesellten sich die aus akutem Mangel an Kohle und Energie erzwungenen Perioden winterlicher Lähmung, ferner die wegen der Ernährungskrise stark abgefallene Leistungsfähigkeit der Arbeitnehmer und die fehlende Rohstoffzulieferung, alles Krisensymptome, die die verbliebene Industriewirtschaft daran hinderten, die allgemeine Resignation verbreitende Lethargie zu überwinden. Nach längerem Stillstand begann mit Eintritt der wärmeren Jahreszeit im Frühjahr 1947 die ungeölte Wirtschaftsmaschinerie unter ächzenden Mißtönen wieder anzulaufen. Ende April 1947 erreichte in Württemberg-Baden nach den Kammerberichten die durchschnittliche industrielle Erzeugung kaum ein Drittel des Standes von 1936, nur in einigen Betrieben der Nahrungsmittelindustrie ein etwas höheres Niveau. Ausgangs des Jahres verbuchte die Statistik per Saldo nur eine geringe Steigerung, wobei der Nahrungsmittelindustrie eine gewisse Vorreiterfunktion zukam.

Jeglicher Aufschwung stieß immer wieder an Grenzen, an die Engpässe des Transportaufkommens, die der Rohstoffversorgung, an die Barrieren der bürokratischen Bewirtschaftung, alliierte Produktionsverbote und die des deutschen Ausschlusses vom wenn auch begrenzten internationalen »Gastmahl«, genannt Weltwirtschaft. Wer überleben und produzieren wollte, mußte in dem verwirrenden Dickicht von vier Märkten mit unterschiedlichen Währungen bzw. Währungsersatz eindringen und dort präsent sein, auf den preisgestoppten, rationierten Märkten, den grauen Märkten der Kompensation, dem von den Behörden verteufelten, unentbehrlichen Schwarzmarkt und mit Hilfe der alliierten Handelsbüros (JEIA und OFICOMEX) auf den Außenmärkten mit nicht minder großer Nachfrage. Alle vier Märkte, selber Abbild der inkarnierten Unproduktivität, genügten nicht, damit die südwestdeutsche Wirt-

---

Industrieller Produktionsindex für Baden und Württemberg
(ohne Bau) – 1936 = 100

arbeitstägliche Monatsdurchschnitte		Investitionsgüter	Verbrauchsgüter	Nahrungs- und Genußmittel	Gesamte Industrie ohne Elektrizität und Gas
1947		32,4	33,9	58,4	38,7
1948	I. Halbj.	38,4	43,4	61,4	49,1
1948	II. Halbj.	60,3	59,3	72,1	66,1
1950	I. Halbj.	105,9	103,1	77,7	102,5

schaft dem permanenten Mangel entrinnen konnte. Der Ausgleich des Ungleichge-
wichts zwischen der immensen Kaufnachfrage und dem mageren Güterangebot kam
nicht zustande. Als die westlichen Alliierten im Juni 1948 den Westdeutschen die
Währungsreform verordneten, waren diese erbärmlich gekleidet, unterernährt und
lebten zusammengepfercht in engen, primitiven Wohnungen. Das »Wirtschaftswunder«, wie es dann ablief, war nicht vorstellbar.

Soziale Marktwirtschaft

Hatte der – in Südwestdeutschland allerdings zu keiner Zeit lupenrein verwirklichte –
Wirtschaftsliberalismus den Staat aus den wirtschaftlichen Angelegenheiten, insbesondere aus dem Wettbewerbsprozeß, zu eliminieren versucht, so bemühte sich der
von Konkurrenzideologie ernüchterte, sozialpolitisch temperierte Neoliberalismus,
aufgekommen seit der zweiten Hälfte des 19. Jahrhunderts zugleich mit dem admini-
strativ-interventionistischen Neomerkantilismus, Freihandel und Sozialpolitik miteinander zu verbinden und betonte die Interaktion des Staates mit den gesellschaftlichen Gruppen. Dieser damals mit dem Namen Friedrich Naumann verbundene
Neoliberalismus überdauerte letztlich als geistiger Wegbereiter einer freiheitlichen
Wirtschaftsordnung die starken Gegenbewegungen anderer wirtschaftlicher Ord-
nungskonzepte während der Epoche der beiden Weltkriege, die verwaltungswirt-
schaftlichen Experimente während der Kriege, die unter dem Begriff Gemeinwirtschaft belebten Sozialisierungstendenzen seit 1918 und die nach dem schweren Schock
der katastrophalen Weltwirtschaftskrise von autoritären bzw. totalitären Staaten erstrebte binnenwirtschaftliche Konjunkturautonomie mit inflationärer Kreditexpan-
sion innerhalb einer verblockten Weltwirtschaft. Schon Mitte der zwanziger Jahre signalisierte der unabhängige Liberale J. M. Keynes das Ende des »Laissez-faire«, das
bis Ausbruch des Ersten Weltkriegs einen expansiven Welthandel, sprunghaftes industrielles Wachstum und steigenden Wohlstand der Industrienationen hervorgebracht
hatte. Keynes' Konjunkturlehre, obwohl von den Neoliberalen heftig attackiert,
stellte im Grunde »eine soziale Spätfrucht des Liberalismus« dar (Salin) und suchte wie
die neoliberale Bewegung der Zwischenkriegszeit einer Rückkehr zur liberalen Überlieferung den Weg zu ebnen.
Unter dem abschreckenden Erlebnis totalitärer Staatssysteme formierte sich seit den
dreißiger Jahren der Neoliberalismus deutschsprachiger Nationalökonomie (W. Euk-
ken, W. Röpke, F. A. v. Hayek, A. Rüstow, A. Müller-Armack u. a.), der »Ordoliberalismus«, bekannter unter dem Namen »Freiburger Schule«. Ihr theoretischer Niederschlag bot wieder ein relativ geschlossenes, von Kompromissen gereinigtes wettbe-

werbswirtschaftliches Gegenbild zu den strikt abgelehnten, namentlich von Eucken in seiner Morphologie der Marktformen herausgearbeiteten, zentralverwaltungswirtschaftlichen Ordnungsformen, besonders kollektivistischer und staatsmonopolistisch-sozialistischer Prägung. In Abkehr von der Harmonieautomatik des klassischen Wirtschaftsliberalismus, doch gestützt auf die liberale Überzeugung von der »Produktivität von Freiheit, Eigentum und Wettbewerb«, zielte das Kernanliegen der »Freiburger Schule« auf die bewußt geschaffene Ausgestaltung einer offenen, rechtsstaatlich geordneten Gesellschaft und einer dazugehörigen freiheitlichen und an soziale, insbesondere wettbewerbliche Regeln gebundenen Marktwirtschaft ab. Der demokratisch legitimierten Staatsmacht wurde die permanente Funktion aufgebürdet, die vollkommene Konkurrenz im Interesse der Leistungsfähigkeit des gesamten Produktionsapparates, der gerechten Verteilung des Volkseinkommens und der geforderten Simultaneität von Wirtschafts- und Sozialpolitik herbeizuführen sowie vom Wettbewerb nicht kontrollierte Machtkonzentration zu unterbinden. Unter Betonung des zentralen Kriteriums der Marktkonformität im Sinne einer idealen Marktwirtschaft setzte das ordoliberale Programm ein hohes Maß an sozialer Verantwortung bei den handelnden Gruppen voraus und stellte insofern nicht nur einen Reflex auf die durchgängig kartellierte Zwangswirtschaft und das von ihr verschüttete Marktdenken eine Renaissance des Wettbewerbsprinzips dar, sondern zugleich die Rückbesinnung auf eine ethische, sozialgerechte Wirtschaft.

Der Ordoliberalismus lieferte nach dem Zweiten Weltkrieg die geistigen und praktischen Grundlagen für die soziale Marktwirtschaft. Sie wurde von Ludwig Erhard und Alfred Müller-Armack begründet, von ihnen seit den fünfziger Jahren schrittweise mit großem Erfolg in der Bundesrepublik Deutschland verwirklicht und führte auf deutschem Boden durch Freisetzung von wirtschaftlichem Wachstum zu einer historisch einmaligen Steigerung des Wohlstands. Die mit der sozialen Marktwirtschaft verwirklichte Politik des Respekts vor den Leistungen des Marktes als Motor des technischen und wirtschaftlich-sozialen Fortschritts sollte im Sinne von Müller-Armack zugleich mit der sozialen Gerechtigkeit verwoben sein, »das Prinzip der Freiheit auf dem Markte mit dem des sozialen Ausgleichs« verbinden. Der Staat sollte für entsprechende Bedingungen, vor allem für eine geeignete Rahmenordnung sorgen, Strukturänderungen durch Anpassungshilfen fördern, Aufstiegsmöglichkeiten erleichtern und soziale Sicherheit gewährleisten. Hierbei erfuhr der Ordogedanke des Katholizismus und die Brüderlichkeitsidee des Protestantismus eine neuzeitliche Wiederbelebung, nur wurde die christliche Verteidigungsgerechtigkeit der vorindustriellen, fast wachstumsneutralen Gesellschaft in die industriewirtschaftliche Leistungsgerechtigkeit der modernen Wachstumsgesellschaften transponiert. Nach dem Zweiten Weltkrieg befand sich die soziale Marktwirtschaft in einer »Minoritätenposition« und mußte sich erst »gegen die Brandung der übermächtigen Zeitströmungen« behaupten. Strittig war damals – und ist heute wieder – die konkrete Anwendung und Durchsetzung der Prinzipien der sozialen Marktwirtschaft, weil in erster Linie ein Konzept für eine funktionsfähige Marktwirtschaft einen hohen sozialpolitischen Anspruch einlösen soll. Letzten Endes stellt sich die Frage, wie sozial Marktwirtschaft sein kann, ständig neu.

Liberalisierung der Märkte

Vorbereitet waren die Deutschen in vieler Hinsicht durch lange Währungsdiskussionen auf die einschneidende Währungsreform, die, von den Amerikanern als Operation »Bird Dog« geplant, durch Oktroi der Besatzungsmächte überraschend durchgesetzt wurde und am Freitag, dem 18. Juni 1948 mit der Verkündung von zwei Militärgesetzen ihren Lauf nahm. Am folgenden Sonntag erhielt jeder Bewohner der Westzonen bei seiner Lebensmittelkartenausgabestelle ein Kopfgeld von 40 DM ausbezahlt, zwei Monate danach 20 Mark, sehr wenig, dachte man. Eine Woche später verkündete ein weiteres Militärgesetz die Höhe des Geldschnitts, den Umtausch von Altgeld und Bankguthaben im Verhältnis von 100 Reichsmark zu 6,50 Deutsche Mark. An die Stelle der eingezogenen Reichsmarkscheine trat ein Minimum an umlaufenden neuen Banknoten. Noch drastischer schrumpften mit der Währungsreform die im Krieg aufgeblähten Spareinlagen bei Nichtbanken auf einen bescheidenen Restbetrag. Die oft schmerzlich empfundene Währungsumstellung, die die Deutschen der »Westzonen« von der die Wirtschaft lähmenden Papiergeldinflation, vom staatlich mißbrauchten Geld, schlagartig befreite und ihnen über Nacht – auch infolge der vorangegangenen Warenhortungen – volle Schaufenster bescherte, verlief ziemlich kompliziert und letztlich, da es auch galt, ihr anhaftende soziale Härten und Mängel zu mildern oder zu beseitigen, recht langwierig. Der Geldschnitt schuf neue Ungerechtigkeiten. Ebenso war es eine Illusion, aus dem wirtschaftlichen Desaster der Nachkriegsjahre eine gerechte Verteilung aufzubauen.
Eigentlich wurde mit der Währungsreform nur eine – zwar abgewirtschaftete – Papierwährung gegen eine andere Papierwährung umgetauscht, von der man lediglich hoffte, daß sie sich durch Stabilität auszeichnen würde. Es wäre daher falsch, allein dem Währungsschnitt die in der Folgezeit gelungene Volkseinkommenssteigerung und Wohlstandsmehrung in den westdeutschen Ländern zuzuschreiben. Er hatte nur die inflationären Lavamassen weggeräumt und dadurch eine reformerische Neuordnung der Wirtschaft ermöglicht. Diese einmalige Chance zur Durchsetzung einer neuen Wirtschaftspolitik nutzte Ludwig Erhard, damals Direktor der bizonalen Verwaltung für Wirtschaft in Frankfurt/Main, als er mit außerordentlichem Wagemut seit

dem Sommer 1948, trotz des Unverständnisses und der Kritik aus den Reihen von CDU, CSU und SPD, die Niederlegung der Zwangswirtschaft in die Tat umsetzte. In dieser Frühzeit zählten der christliche Gewerkschaftsführer Theodor Blank und auf der Unternehmerseite der Generaldirektor der Salamander AG in Kornwestheim, Dr. Alex Haffner, zu den wichtigsten Bundesgenossen Erhards. Vor dem Wirtschaftsrat erklärte Haffner für die CDU: »Wir haben das Vertrauen zu dem neuen Direktor der Verwaltung für Wirtschaft, daß er diese Wiederherstellung der Marktwirtschaft, des Wettbewerbs, die allein die Produktion steigern kann, schnell und radikal durchführt.« Die Marktwirtschaft war die Alternative zu propagierten planwirtschaftlichen Experimenten. Mit dem »Gesetz über Leitsätze für die Bewirtschaftung und Preispolitik nach der Geldreform« vom 24. Juni 1948 wurde die erfolgreiche neoliberale Wirtschaftsreform Ludwig Erhards eingeleitet.

Der Abbau der überkommenen Befehlswirtschaft geschah nicht in kurzer Zeit mit wenigen Federstrichen, sondern gelang nur schrittweise, behutsam, im gleichen Zuge mit der allmählich gestiegenen Produktivkraft der Wirtschaft. Fast ein Jahrzehnt brauchte die Staatsmacht seit den Anfängen der Devisenzwangswirtschaft im Jahre 1932, um die Geld- und Gütermärkte sowie die arbeitenden Menschen einer drakonischen Zwangswirtschaft zu unterwerfen, genau zwei Jahrzehnte, um sie aus diesen Fesseln wieder zu befreien. 36 Jahre standen die Banken gewissermaßen unter staatlicher Kuratel. Es galt, einen gleichgewichtigen Wirtschaftskreislauf in Gang zu bringen, der der intervenierenden Hand entbehren konnte. Die Konstrukteure der Geldreform konnten sich nicht der Balance zwischen neuer Geldmenge und vorhandenem Güterangebot sicher sein. In der Schule des freien Marktes mußten Erfahrungen gesammelt werden. Jahrzehntelange Entwöhnung von der Marktfreiheit schuf viel Verwirrung auf dem Wege zu ihr bei den seit Jahren zu Bittstellern degradierten Kunden und den unter dem Diktat sicherer Kartellpreise aufgewachsenen Unternehmern. Anfangs waren die Preise nur teilweise freigegeben und zu einem gewichtigen Teil noch gebunden als unterbietbare Höchstpreise für die gewerbliche Wirtschaft sowie als nach oben und unten nicht überschreitbare Festpreise für landwirtschaftliche Produkte. Milch und Honig flossen nicht sogleich in paradiesischer Fülle auf freien Märkten. Dem Zucker wurde Ende Februar 1950 die Zwangsjacke der Rationierung abgestreift. Seife, Rasierklingen, Zündhölzer und Schuhcreme wurden bis April 1949 bewirtschaftet, Vergaserkraftstoff bis März 1951. Nur einzelne Waren sanken nach der Geldreform unter den Preisstand von 1938; viele Preise lagen weit darüber, erhöhten sich sogar um das Drei- und Vierfache. Neues Geld – neue Preise!

Nach Beseitigung des rationierten Konsumgütermarktes lebte noch reichlich anderer Zwang kürzer und länger in der Wirtschaft fort; die alsbald gefallenen alliierten Vorbehaltsrechte für verschiedene wirtschaftliche Betätigungen (Luftverkehr, Flugzeug-

Gebrauchsgüterpreise in Württemberg-Hohenzollern
(Landesdurchschnitte)

Warengattung	Mengen-einheit	1938 RM	1947 zulässig RM	1947 schwarz RM	Sept. 1948 DM
Männer-Straßenschuhe	1 Paar	11,60	18,50	300,–	30,28
Frauen-Straßenschuhe	1 Paar	9,78	12,50	500,–	25,60
Männer-Anzug	1 Stück	56,72	120,–	1000,–	85,70
Frauen-Kleid	1 Stück	17,32	60,–	500,–	91,30

bau u. a.), der rationierte Wohnungsmarkt, die permanenten Schutzmaßnahmen für Landwirtschaft, Kohle und Stahl, einige Kartelle und der staatlich bewirtschaftete, bürokratisierte Kapitalverkehr und Außenhandel. Im Jahre 1958 wurde offiziell die Konvertibilität der DM verkündet. Lange Zeit hielten sich zentrale finanzielle Kontrollen, wie sie Geld, Kredit, Zins, Zoll und Steuer ermöglichten. Erst 1968 erfolgte die Freigabe des Bankwesens. Mit dem Abbau des Staatseinflusses sollte vollendete, aber nicht ungezügelte Marktfreiheit hergestellt werden, die einzudämmen der Bekämpfung privater Marktmacht und der Öffnung der deutschen Märkte für die ausländische Konkurrenz bedurfte. Ludwig Erhard, der in der Ära Adenauer die Richtlinien der Wirtschaftspolitik schrieb, bemühte sich – im Gegensatz zum unsozialen Wirtschaftsliberalismus des 19. Jahrhunderts – in der sozialen Marktwirtschaft durch wirtschaftspolitische Maßnahmen die nachteiligen Auswirkungen des Marktes auf ein Minimum zu begrenzen, um den einzelnen die Chance offenzuhalten. Daß Richtiges und Gutes auch verwässert wurde und hohe wirtschaftliche Wachstumsraten nicht die Vernachlässigung sozialer Belange ausschlossen, konnte selbst Ludwig Erhard nicht verhindern. Der Wettbewerbspreis sollte fortan den Konsum »rationieren«, daß er auch die Arbeit zum Nachteil der Arbeitnehmer rationieren könnte, wurde damals noch nicht erörtert.

Phasen der Konjunktur und des Wachstums

In den ersten Monaten nach der Währungsreform waren die Preise nicht wegen der Löhne gestiegen, sondern infolge des – trotz Marshallplan – noch herrschenden Mangels und einer offenbar unnatürlich schnellen Umlaufgeschwindigkeit des neuen Geldes. Nach dem Verkauf hier und da gehorteter Warenmengen, der ersten Wegzehrung

für die Marktwirtschaft, fehlte es an kontinuierlichem Nachschub. Die rund ein Jahrzehnt zur Sparsamkeit verurteilten, von jeder Kauflust zurückgehaltenen Deutschen
gaben nun, gelockt vom ersten Schaufenstereffekt der Währungsreform, jedes verfügbare Einkommen fast hemmungslos aus. Heroischem Sparwillen fehlte der Nährboden. Die Marktwirtschaft begann mit einem Boom, da durch die Geldreform geschaffene Kaufkraft sich auf das noch zu knappe Angebot der Konsumgütermärkte
stürzte, dort wie eine Inflationsinjektion wirkte und die Preise, soweit nicht gestoppt,
in die Höhe trieb. (Index der Lebenshaltungskosten in Württemberg-Baden: 1938
= 100; 1947 = 122; Juli 1948: 139,9; 1953: 169,5). Der Handel verdiente gut am »ent-
fesselten« Verbraucher, der erst – bis 1957 – von der sog. »Freßwelle« und dann von
der ebenso eruptiven sog. »Putzwelle« (einschließlich Wohnbedarf) erfaßt wurde, die
sich schließlich in der »Bauwelle« fortsetzte – alles freilich nur für Verbraucher zutref-
fend, die nicht zum großen Heer der Armen zählten. Zwischen 1949 und 1953 hatte
sich der Umsatz von Warenhäusern und Konsumgenossenschaften, alle anderen Ein-
zelhandelsumsätze übertreffend, reichlich verdoppelt und bis 1957 verdreifacht.
Durch Kriegsverluste und Demontagen reduzierte Produktionskapazitäten, Kapital-
knappheit sowie der Mangel an Roh- und Hilfsstoffen bremsten zwar den Aufschwung der Industrie, konnten ihn aber nicht aufhalten. Die Produktionserfolge von
Industrie, Handwerk und Landwirtschaft waren erstaunlich und wurden damals
schon als Wunder empfunden. Unmittelbar vor der Währungsreform im Jahre 1948
lag der industrielle Produktionsindex beider Länder noch um mehr als 50 Prozent unter dem Produktionsstand von 1936, Ende 1950 mit den Investitionsgüterpro-
grammen der Bundesregierung – erste Arbeitsbeschaffungsprogramme – aber erheblich über ihm. Andererseits waren hierzu, um Defizite sichtbar zu machen, weit über
800000 Industriebeschäftigte erforderlich, 1936 nur 677000. Bis ins Jahr 1950 – wegen
seiner relativ hohen Arbeitslosenquote von 4,3 Prozent zwar mit 1936 vergleichbar –

Nominale Monatsdurchschnitte des Industrieumsatzes
(Bruttoproduktionswerte) in 1000 RM/DM

Baden und Württemberg 1936: 450 393	Südbaden 1947: 62 000	Württemberg-Baden II. Halbjahr 1947: 217 480 August 1948: 350 202	Baden-Württemberg 1950: 1 047 583

Index der industriellen Produktion (ohne Bau und Energie) 1936 = 100					
	1949	1950	1951	1952	1953
Gesamtproduktion	83,4	111,0	136,3	146,3	157,3
davon Investitions- güter	84,7	119,9	160,6	180,0	184,1
Verbrauchs- güter	83,8	112,2	129,8	133,8	149,7

reichte die vor allem durch tollkühne außenwirtschaftliche Experimente hervorgerufene sog. »Reinigungskrise«, während der der Saldo von Firmenneugründungen und -aufgaben leicht negativ war. Nach Ausbruch des Korea-Krieges im Juni 1950, der eine explosionsartige Hausse auf den Rohstoffmärkten auslöste, geriet die Bundesrepublik in eine bedrohliche Zahlungsbilanzkrise mit erheblichen Rückwirkungen auf die Liquidität der Unternehmen. Wiederum schien die junge soziale Marktwirtschaft gefährdet, und erneut empfahlen sich dirigistisch-administrative Maßnahmen – insbesondere die restriktive Kreditpolitik der Bank Deutscher Länder –, um die schwer gestörte Volkswirtschaft zu stabilisieren. Die Liberalisierung mußte eingeschränkt werden. Zwangswirtschaft und Arbeitslosigkeit verursachten heftige öffentliche Auseinandersetzungen. Die Industrie litt unter Absatzschwierigkeiten. Engpässe bei Kohle, Strom und Stahl und die noch nicht ersetzten Demontageverluste behinderten 1951/52 die kontinuierliche Aufwärtsbewegung der gesamten Industrie.

Diskontsenkungen seit 1952 (3%), die weiterhin geförderte Investitions- und Baukonjunktur, sensationelle Exporterfolge, die seit 1953 rückläufigen Preise und den Verbrauch stimulierende Anreize leiteten die Wirtschaft für einige Jahre in eine dynamische Phase der Mengenkonjunktur über. Etwa 1956, nachdem der Maschinen- und Fahrzeugbau den Vorkriegsbeschäftigtenstand überschritten hatte, näherte sich der Zustand der Vollbeschäftigung (1 249 516 Industriebeschäftigte) und bewegte sich die Wirtschaftsmaschinerie Baden-Württembergs, in Verbrauchs- und Investitionsgüterindustrie mit deutlichem Vorsprung vor dem Bundesdurchschnitt, dem der Überbeschäftigung zu. Wiederum – wie nach der Weltwirtschaftskrise – waren zur Beseitigung der Arbeitslosigkeit (Sept. 1956: 22711 Arbeitslose und 42621 offene Stellen) zeitweilig reale Wachstumsraten von mehr als zehn Prozent nötig. Zur Kennzeichnung der volkswirtschaftlichen Expansion kann sowohl die Entwicklung des Brutto-

sozialprodukts als auch – insbesondere zur Untersuchung einzelner Wirtschaftsbereiche – der Index der industriellen Nettoproduktion als mit Vorbehalten geeignete Meß-
größe dienen. Bei bis Anfang der sechziger Jahre immer vorhandenem absolutem
Wachstum zeigten die einzelnen Industriezweige ein differierendes Wachstumstempo
und traten zugleich Veränderungen in ihren Beschäftigten- und Produktionsanteilen
ein. Die höchsten Zuwachsraten bei bereits hohem Beschäftigungsniveau wiesen der
Maschinenbau (1950 = 100; 1957: 229), der Fahrzeugbau (1957: 278), die Elektrotechnik (329) und die stark von Kriegs- und Demontageverlusten betroffene Feinmechanik (364) auf. Damit sind zugleich die damaligen industriellen Wachstumsbranchen angesprochen, zu denen als weitere unbändige Auftriebskraft die schon auf ausländische Arbeitskräfte angewiesene Bauwirtschaft (Beschäftigte 1950 = 100; 1954 =
178) kam. Unerwartete Beschleunigungskräfte fachten seit der Mitte der fünfziger
Jahre Nachfragestöße an. Die Produktivität in der Industrie, die geleisteten Arbeitsstunden und die Umsätze (1950 = 100; 1954 = 173; 1958 = 259) waren zumeist stärker
gewachsen als die Beschäftigten (1954 = 132) und die Lohnkosten (1954 = 135; 1958
= 257), so daß dank gestiegener Umsatzrenditen und eines durchaus ergiebigen Kapitalmarktes bei den Unternehmen für wenige Jahre ein Investitionsboom einsetzte.
Nun kamen auch die Löhne kräftiger in Bewegung und mit ihnen die Verbrauchs-
güterkonjunktur (1960 = 197) angesichts des seit 1952 gesunkenen Preisindex.
Insgesamt war das bis Ende der fünfziger Jahre reichende, beschleunigte wirtschaftliche Wachstumstempo als Wiederaufbauboom, als kräftige, von der Wirtschaftspolitik begünstigte Aufholbewegung zu begreifen. Die Beseitigung der Kriegsschäden
hatte gewaltigen Raum für wirtschaftliches Wachstum geschaffen. Aufholmöglich-
keiten bot von der Nachfrageseite her auch der sich langsam verringernde Rückstand
gegenüber dem amerikanischen Wohlstandsmodell. Zu den Nachfragefaktoren gesellten sich die Aufholbewegung beschleunigende Angebotsfaktoren: die in der Nachkriegszeit vorhandene große offene und in rückständigen Sektoren (Handwerk, Land-

Bruttoinlandsprodukt 1950–1957				
	1950	1953	1955	1957
in jeweiligen Preisen/Mio. DM	13 829	20 315	25 570	30 226
1950 = 100	100	147	185	219
je Kopf der Bevölkerung in DM	2 206	3 057	3 683	4 171
1950 = 100	100	139	167	189

Index der industriellen Nettoproduktion in Baden-Württemberg
(1954–1963; arbeitstäglich; 1950 = 100) (1966–1968; arbeitstäglich; 1962 = 100)

	1955	1956	1959	1960	1962	1963	1966	1967	1968
Gesamte Industrie mit Energie	185,2	199,8	242,8	269,9	289,1	295,3	120,9	116,8	131,1
Maschinenbau	201,2	220,8	253,7	283,2	303,1	272,1	115,5	110,2	114,5
Fahrzeugbau	250,4	264,8	394,0	447,8	469,8	499,4	116,6	103,7	118,0
Elektrotechnik	276,0	301,6	447,4	521,1	542,3	571,1	128,5	125,3	149,4
Verbrauchsgüter-industrie	154,0	166,5	185,1	196,8	212,0	217,2	121,7	115,2	131,9

wirtschaft) versteckte Arbeitslosigkeit, also ein für weiteres Wachstum verfügbares hochqualifiziertes, motiviertes Arbeitskräftepotential, eine gut ausgebaute, wenn auch noch zu reparierende Infrastruktur sowie viel angehäuftes technisches Wissen, während der Kriegswirtschaft teilweise gefördert und oft in seiner Realisierung zurückgestaut. Sie verliehen seit den fünfziger Jahren dem Expansionsprozeß äußerst kräftige Impulse. Der Technologietransfer angesiedelter Unternehmen aus dem osteuropäischen und mitteldeutschen Raum kam der wirtschaftlichen Entfaltung Südwestdeutschlands zusätzlich zugute. Typisch für den Zustand der Vollbeschäftigung am Ende der »silbernen« fünfziger Jahre war eine relativ geringe Zahl an Arbeitssuchenden (Sept. 1959: 7212), die einem ständig hohen Angebotspolster an offenen Stellen (Sept. 1959: 79437) gegenüberstand.

Ein dritter Konjunkturzyklus seit der Währungsreform setzte im Sommer 1959 ein, zugleich der Anfang einer dramatischen Phase der nach wie vor prozyklisch instrumentierten deutschen Wirtschaftspolitik. Der neue, unerwartet hitzige Boom bei stürmischer Nachfrage im Investitions- und Konsumgüterbereich und hoher Exportsteigerungsrate erklomm 1959/60 seinen Höhepunkt. Um Preisstabilisierung zu erreichen und die im Kreuzfeuer ausländischer Kritik stehenden Zahlungsbilanzüberschüsse der Bundesbank abzubauen, wurde die Deutsche Mark aufgewertet und von der Bundesbank der Diskont herabgesetzt, nun wieder auf drei Prozent. Das Konjunkturklima verschlechterte sich spürbar 1961/62, ohne daß sich eine Konsolidierung der Wirtschaft einstellte, der konjunkturellen Überhitzung Einhalt geboten werden konnte. Beschwörend wandte sich Ludwig Erhard über den Rundfunk vor allem an die Tarifpartner: »Der Hexensabbat dauert fort, wenn überhöhte Löhne die Preise und steigende Preise dann wieder die Löhne treiben.« Schon im Frühjahr 1964 signalisierten die Konjunkturbarometer wieder eine neue, boomartige, weiterhin Inflation importierende Konstellation. Die Anpassung des deutschen Preis- und Kostenniveaus an das höhere Niveau des Auslands setzte sich fort. Im Mai 1964 stellte der Stuttgarter Kammerbericht fest: »Zum ersten Mal in der beginnenden Hochkonjunkturperiode nach der Währungsreform nahmen die Auftragsbestände, vornehmlich im Maschinenbau, in einem Maße zu, daß häufiger als bisher Meldungen über verlängerte Liefertermine« die Folge waren. Als die Konjunktur in anderen Teilen Deutschlands bereits zur Rezession abfiel, setzte sich das industrielle Wachstum in Baden-Württemberg großenteils fort, um Mitte 1966 auszulaufen.

Die wirtschaftlichen Kennziffern deuteten spätestens durch das Rezessionsjahr 1967 eine grundlegende Trendänderung an, nicht nur eine gebrochene Beziehung im wirtschaftlichen Rechensystem, zwischen überhitzter Vollbeschäftigung und inflationär gestiegenem Preis- und Lohnniveau (Index 1960 = 100; 1966 industrieller Umsatz: 156; geleistete Arbeitsstunden: 93; Löhne: 169). Ohne damit den oft gehörten Vorwurf, daß die Deutschen generell über ihre Verhältnisse lebten, bekräftigen zu wollen, war bis 1966 in der Bundesrepublik der Bruttostundenlohn der Industriearbeiter ohne Arbeitgeberanteil zur Sozialversicherung (1950 = 100) real auf 244,7 Prozent gestiegen, während der Preisindex für die Lebenshaltung auf 138,3 wies. Kein inflationärer Aufwind bewegte dagegen die Indexskala der Erzeugerpreise für industrielle Produkte in den sechziger Jahren. Wichtiger für das Verständnis des komplizierten Wirtschaftsgeschehens dürfte der weniger beobachtete strukturelle Wandel im Hintergrund gewesen sein. Wurde das industrielle Wachstum der fünfziger Jahre von einer starken Vermehrung der Arbeitsplätze und der geleisteten Arbeiterstunden getragen, so waren dazu im folgenden »goldenen« Jahrzehnt durch technisch-innovative Fortschritte und damit zusammenhängende Produktivitätssteigerungen (Industrieumsatz je Beschäftigten 1960: 29631 DM; 1969: 50863 DM) nicht viel mehr Arbeiter und erheblich weniger Arbeitsstunden nötig. Seit den sechziger Jahren begann eine neue Phase der technisch-industriellen Revolution, die Wirtschaftswachstum im industriellen Bereich nun im wesentlichen zum Resultat zunehmender produktiver Umsetzung neuer technologischer Kenntnisse machte.

Wachstumsbranche Maschinenbau

Der seit 1955 beschäftigungsstärksten Wachstumsbranche der Zeit des Wiederaufbaubooms, dem Maschinenbau (1956: 1105 Betriebe, Umsatz 3,8 Mrd. DM; 1967: 1385 Betriebe, 6,5 Mrd. DM Umsatz), fiel offenbar der Start in der Nachkriegszeit schwerer als anderen Industriezweigen. Die Siegermächte hatten den Bau von Maschinen zunächst stark eingeschränkt. Infolge der Demontageverluste lief die Nachkriegsproduktion vielfach auf reparierten, beschädigten Maschinen, wenn nicht überdies eine Art von politischem »Dornröschenschlaf« zeitweiligen Stillstand gebot. Die Entnazifizierung hatte nicht selten einen Großteil der Führungsmannschaft aus den Unternehmen entfernt. Bei Bosch beispielsweise gehörten in Stuttgart und Feuerbach etwa 3300 Arbeiter und 1450 Angestellte der NSDAP oder einer ihrer Gliederungen an, mehr als man sich heute vielleicht vorstellt. Bis 1964 bildete der Maschinenbau hinsichtlich seines Wachstumstempos das Schlußlicht im Investitionsgüterbereich, weil die Reorganisation der Unternehmen und der Aufbau eines marktgerechten, der veränderten Nachfragestruktur angepaßten Produktionsprogramms Zeit und Kapital in Anspruch nahm. Herkömmliche Maschinenkonstruktionen waren häufig überholt. Auch mußte der eigene Maschinenpark modernisiert und vergrößert werden, ehe die Umsätze stiegen. Einigen Unternehmen fiel es leichter, wieder auf dem Weltmarkt Fuß zu fassen, andere mußten neue Kontakte knüpfen und um Vertrauen werben. Einen Steinbeis gab es in den fünfziger Jahren nicht in der Stuttgarter Wirtschaftsverwaltung. Voith in Heidenheim konnte dennoch 1950 die in drei Etappen von der Firma erstellte türkische Staatspapierfabrik Izmit vollenden. Überall mußte die Konstruktionstätigkeit, um Neues zu schaffen, zügig wiederbelebt werden. Boley in Esslingen brachte 1951 seine erste vollkommene Neukonstruktion der Nachkriegszeit heraus, eine Leit- und Zugspindeldrehmaschine, und schon 1952 die Neukonstruktion der Revolverdrehmaschine. Kiefer in Stuttgart-Feuerbach ging zum Hochleistungsventilationsbau über. Bei Heller in Nürtingen erfolgte 1952 die Einführung der Schwachstromrelaistechnik und der Elektrohydraulik. Beim Turbogetriebebau entbrannte der Kampf zwischen der vor allem von Amerika vertretenen Dieselelektrik und der in erster Linie von Deutschland ausgegangenen und namentlich von Voith verbesserten Dieselhydraulik. Das sich räumlich stark erweiternde Heidenheimer Unternehmen berichtete Anfang 1953 der Kammer: »Die vorhandene Höhe des Auftragsbestandes jedoch läßt auf ca. zwei Jahre hinaus Vollbeschäftigung als gesichert erscheinen.«

Da das Drehen den wesentlichen Anteil aller Zerspanungsarbeit in der Metallindustrie einnimmt, versprach die Rationalisierung dieses Bereichs den größten Erfolg. In drei Demontageschüben war die Werkzeugmaschinenfabrik Gebr. Heinemann in St. Georgen bis 1948 restlos leer geräumt worden. Trotzdem blieb Heinemann (seit 1877) weiterhin an der Entwicklung der alten Leitspindeldrehbank zum modernen, kombinierten Revolverautomaten maßgeblich beteiligt. Die Werkzeugmaschinenfabrik Traub, Reichenbach/Fils (seit 1938; 1960: 1000 Beschäftigte), konnte an den schon 1938 von ihr erstmals gebauten Einspindel-Drehautomaten anknüpfen und mit der weiteren Automatenentwicklung die Basis für ihren weltweiten Markterfolg schaffen.

Wichtige Industriezweige in Baden-Württemberg 1936–1965
(Beschäftigtenzahl)

Industriegruppe	1936	1953	1960	1965
Textil	128 311	161 425	169 006	160 976
Maschinenbau	60 914	132 721	219 329	255 090
Elektrotechnik	18 060	79 225	174 798	206 879
Fahrzeug-, Luftfahrzeugbau	55 770	75 035	119 095	133 079
Eisen-, Stahl-, Metallwaren	52 695	63 478	76 294	80 550
Feinmechanik, Optik	32 222	53 116	69 600	69 207
Nahrungs-, Genußmittel (ohne Tabak)	29 720	42 342	54 687	59 843
Tabak	48 266	31 610	20 690	9 856
Holzverarbeitung	26 597	41 386	51 289	49 280
Chemie	22 877	34 222	45 106	53 244
Steine und Erden	21 123	31 168	34 336	38 964
Schuhe	19 659	25 931	25 377	21 547
Schmuck, Spielwaren, Musikinstrumente etc.	27 520	23 826	28 704	28 439
Druck	13 539	22 551	32 221	34 760
Gesamte Industrie	677 116	1 003 059	1 397 652	1 500 333

Anfangs war die sich ständig steigernde Automatisierung kaum vorstellbar. Die Nachfrage, seitens der Spitzenreiter der Investitionsgüterindustrie, der Auto- und Elektroindustrie, immer dem Zwang zu verstärkter Rationalisierung unterlegen, um Kostenwirkungen gestiegener Lohnaufwendungen durch erhöhte Produktivität zu kompensieren, trieb die Automatisierung seit den fünfziger Jahren unentwegt und im engen Konnex mit den Maschinenbauern voran. Oft stellten die Abnehmer von Werkzeugmaschinen den Herstellern gezielte Konstruktionsaufgaben, setzten sie auch unter Zeitdruck. Zur Herstellung anspruchsvollen technischen Geräts bedurfte es hochwertiger, präzis arbeitender Maschinen. Obwohl total demontiert und $9^{1}/_{2}$ Jahre von der US-Armee besetzt, begannen die Index-Werke in Esslingen 1954 wieder auf dem freigegebenen Werksareal mit der Fertigung und verließ im gleichen Jahr der zwanzigtausendste Automat das Werk. Im Jahre 1964 fertigte das Unternehmen mit einer Stärke von rund 1450 Beschäftigten (1940: rund 1200; 1956: über 1000) und unter Einsatz von 830 Bearbeitungsmaschinen monatlich ca. 120 Index-Automaten.

Aus Nachkriegsentwicklungen gingen die immer komplizierter mit Elektrik, Hydraulik und Pneumatik angereicherten Maschinentypen der sechziger Jahre hervor. Die Automatisierung sollte sich nicht nur bei herzustellenden hohen Stückzahlen lohnen. Wenn es sein mußte, stellten die überaus geschickten Fassondrehereien des Schwarzwalds, die zuverlässige Zulieferer vieler europäischer Industriezweige waren, dreimal am Tage den Automaten auf ein anderes Werkstück um. Burkhardt & Weber in Reutlingen (1985: 12 Mio. DM Stammkapital) bauten für kleinere und mittlere Stückzahlen vielseitig einsetzbare Sondermaschinen, die eine mehrspindelige und mehrseitige Bearbeitung ermöglichten, Umschalt- und Werkstückwechselzeiten verkürzten sowie das Be- und Entladen bereits selbsttätig vornahmen. Am vorläufigen Ende einer wahrhaft erstaunlichen Entwicklung, die 1951 mit der erstmals in Deutschland gefertigten Quasi-Transferstraße für ein Werkstück und gleiche Arbeitsgänge begann, standen mit gesteigertem Automatisierungsgrad 1963 bei Burkhardt & Weber mächtige Maschinenkombinationen, die vollautomatischen, zusammengekoppelten Transferstraßen mit einer Vielzahl von aufeinander abgestimmten Einzelfunktionen und Nebenvorgängen.

Um das zeitraubende Problem der Umstellbarkeit zu lösen, entwickelten Burkhardt & Weber 1959 eine mit Lochstreifen numerisch gesteuerte, bewährte Gelenkspindelmaschine für kleine Serien. Pioniere auf dem Gebiet spanabhebenden Werkzeugmaschinenbaus wie die Gebrüder Heller in Nürtingen stellten schon 1959 NC-Steuerungen aus Eigenfertigungen her, numerisch gesteuerte Fräsmaschinen und Bearbeitungszentren 1962, meßgesteuerte Bohreinheiten 1966.

Die Maschinenfabrik Arendt in Sersheim (1956–1983) brachte 1964 als erste Fabrik der Welt eine kontinuierliche Walzpresse auf den Markt. Schuler in Göppingen lieferte 1967 die ersten vollautomatisierten und synchronisierten Karosseriepressen-Linien. Karosseriepressen für die großen Automobilhersteller baute seit 1925 auch die Maschinenfabrik Weingarten AG. Obwohl fast zur Hälfte demontiert, erbrachten im Jahre 1951 (3,5 Mio. DM Aktienkapital) 1095 Beschäftigte einen Umsatz von 19 Mio. DM, 1962 dagegen 1954 Beschäftigte einen Umsatz von 110 Mio. DM (Umsatzanteil je Beschäftigter: 56000 DM), ein Rekordjahr. Bereits im folgenden Jahr mußte der Maschinenbau häufig Aufträge zu stark gedrückten Preisen annehmen, um vorhandene Kapazitäten auszunützen.

Die Stuttgarter Maschinenfabrik Werner & Pfleiderer überwand unter dem überragenden Otto Fahr ihre kritische Nachkriegssituation, indem sie für neue, rationalisierte Betriebsstrukturen des Bäckerhandwerks komplette Produktlinien entwickelte und das Produktionsprogramm in Richtung der schnell wachsenden Kunststoffindustrie erweiterte. Um die gleiche Zeit wandte die Waeschle Maschinenfabrik, Ravensburg, die bis dahin mechanische Förder- und Mischanlagen für Getreidemühlen herstellte, ihr Know-how mit Erfolg für den Einstieg in den Anlagenbau der chemischen Industrie an. Die Firma Karl Händle & Söhne, Mühlacker, ursprünglich Hersteller von Ziegelpressen, begann Mitte der fünfziger Jahre mit dem Bau von Maschinen für die Kunststoffverarbeitung und machte damit Rekordumsätze (1965: 507 Beschäftigte). Zum größten Produzenten von Werkzeugen für die maschinelle Holz- und Kunststoffbearbeitung in Europa stieg die Werkzeugfabrik Gebr. Leitz GmbH & Co., Oberkochen, auf (seit 1876; 1977: ca. 1700 Mitarbeiter).

Für den renommierten Stuttgarter Aufzughersteller R. Stahl begann der Betrieb nach der Währungsreform mit DM 16000 liquiden Mitteln und dem Gang zur Bank. Seitdem erlebte die Firma dank hervorragender technischer Entwicklungen auf dem Gebiet der elektrischen Hebezeuge eine ununterbrochene Aufstiegsphase (1948: 200 Mitarbeiter und 1,5 Mio. DM Umsatz; 1968: 3000 Beschäftigte und 110 Mio. DM Umsatz).

Stahl baute 1956 den damals schnellsten Aufzug Europas in den Messeturm in Hannover ein und erhielt nach der 1965 erfolgten Fusion mit der benachbarten Fa. Adolf Zaisser, jahrzehntelang erbitterter Konkurrent, im harten internationalen Wettbewerb den Spitzenauftrag für die Aufzüge im Fernsehturm in Moskau, damals das höchste freistehende Bauwerk der Welt.

Sogleich nach der Währungsreform bauten die Fortuna-Werke, Spezialmaschinenfabrik AG, Stuttgart-Bad Cannstatt, für die überraschend schnell angelaufene Autoindustrie schwere Sondermaschinen (Schleifmaschinen) und konnten auch nach dem Korea-Boom den Umsatz beachtenswert steigern (1945: 312 Beschäftigte; 1952: 764; 1965: 1164 und 36,9 Mio. DM Umsatz). In der Produktion von verschiedenen Schuh- und Lederbearbeitungsmaschinen behaupteten die Fortuna-Werke und in der von Gerbereimaschinen die Badische Maschinenfabrik AG, Seboldwerk, Karlsruhe-Durlach (1955: rund 900 Beschäftigte), einen weltweit guten Namen.

Als 1945 der Werkzeugmaschinenbau verboten war, nahm Dr. Georg Böhringer in Göppingen, ein unverwüstlicher Organisator des schwäbischen Maschinenbaus, die Fertigung der ersten Cottonmaschinen (Strumpfwirkmaschinen) in Westdeutschland auf, stellte 1951 mit annähernd 200 Beschäftigten sechs bis acht Maschinen monatlich her, zu wenig nach Meinung der Strumpfindustrie, die in Bonn voreilig wegen der Ansiedlung der amerikanischen Konkurrenz vorstellig wurde. Angeregt von einem großen Textilwerk, vollzog auch Dornier am Bodensee, da der Flugzeugbau auf Jahre hinaus unmöglich schien, 1950 den Einstieg in den Webmaschinenmarkt. Da die sächsischen Hersteller vom Markt verschwunden waren und die renommierte Schweizer Konkurrenz mit den damals relativ niedrigen deutschen Lohnkosten nicht Schritt halten konnte, gelang es Dornier, für seine Schnelläufer-Webautomaten ein bedeutendes europäisches Marktsegment zu erobern und bis zur Ablösung schützenloser Webma-

schinen im Jahre 1967 13 000 Schützenwebmaschinen zu verkaufen. Unter dem Zwang
der Demontage wurden in den Werken des Nadelherstellers Groz in Albstadt-Ebingen und Balingen-Bitz neue, betriebswirtschaftlich durchdachte Arbeitsabläufe entwickelt, so daß schon 1952 die Kapazität der Werke doppelt so groß war wie die der
württembergisch-sächsischen Groz-Beckert-Betriebe vor dem Kriege. Auf dem Näh-
maschinenmarkt kam es durch den harten Wettbewerb zu Besitzverschiebungen und
Konzentrationen. Die pfälzische Pfaff-Gruppe erwarb 1957 die Aktienmehrheit von
Gritzner-Kayser, Karlsruhe, heute Pfaff-Haushaltsmaschinen GmbH (15 Mio. DM
Stammkapital), die amerikanische Singer International die Nähmaschinenfabrik
Karlsruhe AG vorm. Haid & Neu, heute Singer GmbH, Stutensee (34,475 Mio. DM
Stammkapital).
Schwedische Beispiele waren Vorbild für die Ende der fünfziger Jahre einsetzende
Mechanisierung und Rationalisierung in der südwestdeutschen Sägeindustrie. Die
Konzentration von mehr Gattern in den Sägewerken machte eine Verbesserung des
Transportsystems erforderlich, zunächst gelöst durch die mechanisierte Zuführung
von vorsortiertem Holz. Mit revolutionären technischen Neuentwicklungen, einge-
leitet von Geschäftsführer J. Traben, eilte nach dem Krieg die teildemontierte Maschi-
nenfabrik Gebr. Linck in Oberkirch (1926: 150 Arbeiter, RM 167 600 Steuerkapital;
1948: 161 Beschäftigte, 700 000 DM Umsatz) der Zeit weit voraus. Im Jahre 1954 meldete Linck, führender Hersteller von Sägewerksanlagen, die ersten Patente für die
Profilspanertechnik für die automatische Besäumtechnik an. 1958 wurden die ersten
Profilspaner zum Abfräsen der Waldkante in der Sägeindustrie versuchsweise eingesetzt, heute die tragende Produktgruppe des sehr innovativen Unternehmens. Sein
Umsatz stieg im Jahresdurchschnitt zwischen 1955 und 1970 um 25 Prozent, eine
wahrhaft stürmische Aufwärtsentwicklung (Umsätze in Mio. DM: 1955 4,2; 1965: 13;
1970: 20; Beschäftigte 1958: 288). Mitte der sechziger Jahre wurde die die Holzausnut-
zung optimierende Profilspanertechnik allmählich vom Markt angenommen.
Keinen leichten Start hatte nach dem Kriege die Landmaschinenindustrie, in ihrer Geschäftsentwicklung stets unmittelbar abhängig von der jeweiligen Einkommenssituation und der sehr elastischen Investitionsneigung der Landwirtschaft. Die sich während der fünfziger Jahre fortsetzende technische Revolution in der Feldwirtschaft
durch Einführung des vielseitig verwendbaren Ackerschleppers verlief anfangs stürmisch, aber weniger anhaltend als erwartet. Auf das verwirrend vielfältige Acker-
schlepperangebot vieler Firmen reagierten die Landwirte bald mit mißtrauischer Zurückhaltung, insbesondere nach dem 1955 erreichten Maximum der deutschen Schlep-
perproduktion. Zeitweilig brachte bei der Heinrich Lanz AG in Mannheim das
Schleppergeschäft – 180 000 Lanz-Bulldogs wurden abgesetzt – 60 Prozent des Umsatzes. Mit dem fehlkonstruierten Geräteträger »Alldog« wurden es seit 1955 rasch weni-

ger. Lanz mußte seinen Beschäftigtenstand von 9000 auf 7300 reduzieren. Im Jahre 1956 übernahm der amerikanische Landmaschinenkonzern John Deere, Illinois, rund 75 Prozent des Aktienkapitals von Lanz (seit 1959: John Deere – Lanz AG). An technologischen Erfolgen fehlte es durch Erweiterung des Mähdrescher-Programms, durch Serienfertigung neuer Geräte und Abrundung des Schlepper-Programms auf sechs Typen bis in die sechziger Jahre nicht. Ein eher niederschmetterndes Bild bot dagegen die wirtschaftliche Entwicklung des Unternehmens durch die ausgewiesenen Verluste und den Rückgang der Zahl der Beschäftigten bis 1962 auf 5074.

Schon seit 1952 war die Finanzlage der Landmaschinenindustrie, wie im Geschäftsbericht von Fahr, Gottmadingen (Umsatz: rd. 80 Mio. DM), hervorgehoben, durch die branchenübliche »erweiterte Kreditgewährung an Händler und Verbraucher« erschwert. Fahr, der bis 1951 bereits 10000 Schlepper mit Dieselmotor von Deutz verkauft hatte, trieb den Bau von luftgekühlten Schleppern voran. Das Familienunternehmen Kramer in Überlingen, besonders erfahren seit dem Kriege in der Eigenfertigung von Getrieben und Achsen, baute Schmalspurschlepper für den Wein- und Obstbau und beteiligte sich an dem allgemeinen Wettlauf der Schlepperfabrikanten um die immer höher angesetzten PS-Leistungen der Traktoren schon früh mit allradgetriebenen Fahrzeugen. Obwohl etwa 1960 der Schlepperbedarf der deutschen Landwirtschaft bereits an die Sättigungsgrenze zu stoßen schien, konnte Kramer bis zum Auslaufen seines konventionellen Schlepperbaus nach 1973 über 100000 Kramer-Schlepper ausliefern. In der Maschinenfabrik Fahr lief im Jahre 1961, das eine mehrjährige, umsatzreduzierende Konjunkturabschwächung für die Landmaschinenindustrie einleitete, der hunderttausendste Ackerschlepper vom Band (Fahr-Umsatz in Mio. DM 1955/56: 130; 1960/61: 150; 1965/66: über 200; 1968/69: 188 Mio.). Im Mai 1965 stellte Fahr in Vereinbarung mit der befreundeten Klöckner-Humboldt-Deutz AG die Fertigung des Deutz-Dieselschleppers (D 15) ein. Typenbereinigungen waren vonnöten. Andere namhafte Firmen gaben den Schlepperbau wegen des zunehmenden Konkurrenzdrucks völlig auf (Gutbrod in Plochingen 1948; Zanker in Tübingen 1949/50; Andreas Stihl in Waiblingen 1963; der Porsche-»Volksschlepper« von Allgaier in Uhingen 1956; Porsche-Diesel-Motorenbau GmbH Friedrichshafen 1963). Als erfolgreiche Konkurrenz zum Standardschlepper wurde auf der DLG-Ausstellung in Frankfurt/Main 1948 erstmals das allradgetriebene Universal-Motor-Gerät »Unimog« vorgestellt, von 1948 bis 1950 in 600 Stück von Böhringer in Göppingen gebaut, seit 1951 in das Produktionsprogramm von Daimler-Benz in Gaggenau übernommen (bis 1961 Gesamtproduktion: 50000 Stück). Der Unimog war mehr als nur Packesel mit Dieselmotor, er war Schlepper, Kleinlastwagen, Zug- und Arbeitsmaschine zugleich, als erster Ackerschlepper der Welt seit 1958 sogar mit serienmäßigem Synchrongetriebe ausgestattet.

Für die eigentliche Landmaschinenindustrie entwickelte sich nach dem allzu kurzen Schlepperboom die Produktion der einem raschen technischen Wandlungsprozeß unterliegenden Landmaschinen zur Säule des Geschäfts. Infolge häufiger, einkommensbedingter Kaufzurückhaltung der Landwirte mußte sie nicht selten starke Umsatzrückgänge in Kauf nehmen oder mehrjährige Stockungsphasen beim Verkauf von bestimmtem Gerät verkraften. Bei der Fahr AG, führend in der Entwicklung von Futterbergemaschinen, blieb 1965/66 die Nachfrage nach Heuerntemaschinen fast völlig aus. Auf der Landwirtschaft lastete zwar der Zwang zur Modernisierung, weil abgewanderte Arbeitskräfte durch Maschinen zu ersetzen waren, aber er realisierte sich nur schubweise. Gleichzeitig entwickelte die technische Revolution im Landmaschinenbau eine gewisse absatzfördernde Eigendynamik, der sich die Landwirtschaft keineswegs zu entziehen vermochte. Letzten Endes wirkte die sukzessive Steigerung der Motorenleistung in der Landwirtschaft als wesentliche Triebkraft des technischen Fortschritts. Seit 1950 drangen die schweren Mähdrescher auf den Markt und verdrängten in ihren weiterentwickelten leichten Typen (Fahr) in reichlich einem Jahrzehnt die seit langem gebräuchlichen Bindemäher, die alten stationären Dreschmaschinen und den erst um 1955 aufgekommenen Schwad-Häcksel-Drusch. Viele Zwischenstationen durchlief der Kartoffelroder, bis die Kartoffel sauber, kaum beschädigt und nahezu ohne Handarbeit geborgen werden konnte. Vor allem die Technik beeinflußte den raschen Wandel der Pflugbauformen (Anhänge- und Anbaupflüge; Wechselpflüge; verschiedene Drehpflüge; Aufsattelpflüge), kombiniert auch mit anderem Gerät und im Zusammenhang mit den sich steigernden Schlepper-PS (bis 1960 ca. 25 PS). Ventzki in Eislingen hatte hierbei Anteil. Der Firma Eberhardt in Ulm gelang 1954 mit ihrem Rotor-Krümler (Ackerfräse) ein entscheidender Durchbruch. Bei der Futterbereitung ersetzten Maschinen (Sternrechwender u. a.) mit immer höheren Arbeitsgeschwindigkeiten aufwendige Handarbeiten. Als sich 1968 wieder ein leichter konjktureller Aufschwung bemerkbar machte, brachte Fahr Kreiselmäher und Kreiselschwader auf den Markt, Anfang einer neuen erfolgreichen Ära des Unternehmens.

Elektrotechnik als industrieller Motor

Einen zuverlässigen Maßstab für den Aufschwung der Technik in der Welt seit dem Zweiten Weltkrieg stellte die Steigerung des Energieverbrauchs dar, vor allem die Zunahme des Elektrizitätsbedarfs in allen Bereichen der Wirtschaft und in den privaten Haushalten. Je mehr elektrischer Strom in Baden-Württemberg floß, um so zahlreicher und vielfältiger war das in Wirtschaft und Gesellschaft gebrauchte elektrotechnische Gerät, alles Produkte der elektrotechnischen Industrie, die daher einen hervorragenden Aufschwung nahm, von stärkerem Wachstumstempo getrieben als die anderen Industriebranchen. Im Zahlenbild der Statistik Baden-Württembergs erschienen im Jahre 1954 355 Betriebe mit 103034 Beschäftigten, Umsatz 1,95 Mrd. DM, 1968 aber 658 Betriebe mit 214971 Beschäftigten, Umsatz 8,48 Mrd. DM (Umsatzsteigerung um 335%).

Mit der Bereitstellung von Elektrizität aus billiger Wasserenergie verband sich nach wie vor der Name von drei südwestdeutschen Firmen mit vortrefflichem Ruf: Voith in Heidenheim, Escher Wyss GmbH, Ravensburg, und BBC Mannheim. »In der Wasserturbinenabteilung«, so schrieb Hanns Voith in seinen Erinnerungen, »haben wir es mit Fabrikanten, Getreide- und Sägemüllern zu tun, die unsere Kleinturbinen gebrauchen. Dieser Kundenkreis hat leider abgenommen ... Die Hauptabnehmer sind die großen Elektrizitätsgesellschaften im eigenen Land und in vielen Teilen der Welt.« Escher Wyss, seit 1856 in Ravensburg und dort von den Gewerbetreibenden verpflichtet, sich auf die Herstellung von Großmaschinen zu beschränken, baut heute mit über 1800 Beschäftigten wahre Giganten von Wasserturbinen, Speicherpumpen und Pumpturbinen für Kraftwerke und mehr als 300000 Kilowatt Leistung, schwäbische Sendboten der Elektrifizierung in fast allen Teilen der Erde. Brown, Boveri & Cie., deren Mitarbeiterzahl von 15600 im Jahre 1951 auf 36900 im Jahre 1961 stieg und deren Umsatz sich in den zehn Jahren von 245 Mio. auf über eine Mrd. hochschraubte (1969: 1,65 Mrd.), war nicht nur am Ausbau von Wasserkraftwerken mit Generatoren beteiligt. Zur breiten Produktpalette des durch seine Entwicklungen bahnbrechenden Unternehmens zählten auch Hochtemperaturreaktoren (der seit 1967 betriebene 15-MW-Versuchsreaktor in Jülich), Freileitungssysteme, Lichtbogenöfen für das Elektroschmelzen, die Ausrüstung von Kaltwalzwerken, elektrische Förderanlagen, verschiedenste Motorenantriebe, die elektrische Ausrüstung von elektrischen Lokomotiven und Triebwagen (u. a. 378 Personenzug-Lokomotiven der Bundesbahn der Baureihe 141 und der »Olympiazug«, Baureihe 420), ein großes Programm von Installations- bzw. Bauelementen, an Hausgeräten u. a. m., alles Meilensteine, die den stürmischen Aufschwung sowohl von BBC als auch der Elektroindustrie markierten. Im Kraftwerksbau war der Technik die Aufgabe gestellt, die Kosten des erzeugten elektrischen Stroms durch Erhöhung des Wirkungsgrades der Energieumwandlung, die der Errichtung der Anlagen und ihrer Bedienung weiter zu senken. Zur kostenmindernden, immer größeren Einheitsleistung war die schrittweise Vergrößerung der jeweiligen Maschineneinheiten erforderlich. Ein bedeutender Schritt zu optimaler Kraftwerkstechnik war die erstmals in Deutschland von BBC im EVS-Kraftwerk Heilbronn verwirklichte einfache Zwischenüberhitzung des Turbinendampfes. An der leider um Jahrzehnte verzögerten Elektrifizierung der Eisenbahnen, beginnend 1954 und mit Höhepunkten 1965 und 1968, hatte BBC wesentlichen Anteil (im Jahre 1931 erhielt bereits die Stadt Pforzheim für Umbau und Einrichtung des elektrischen Betriebs für die von ihr erworbene Kleinbahnstrecke Pforzheim–Ittersbach ein Reichsdarlehen). Mit der E 41-323 wurde 1964 die tausendste von BBC Mannheim elektrisch ausgerüstete Lokomotive abgeliefert.

In der großen, die Fabrik elektrifizierenden Umwälzung wurde der Elektromotor der einzelnen Arbeitsmaschine zugeordnet, ihre Einsatzmöglichkeit flexibler und ließ sie sich überhaupt erst in die den Arbeitsprozeß optimierende Automatisierung einpassen. Im Jahre 1960 stellte BBC eine von 65 Elektromotoren angetriebene kombinierte Hobel- und Fräsmaschine vor. Die Verwendung von Halbleitern (u. a. Siliciumdioden) eröffnete der Stromrichtertechnik völlig neue Möglichkeiten. Mitte der sechziger Jahre waren die Halbleiter-Dioden und -Transistoren als zuverlässige Bauelemente der Starkstromtechnik so ausgereift, daß sie fast gleichermaßen wie die Transistoren in der Nachrichtentechnik die dritte technisch-industrielle Revolution auslösten. Als entscheidende Wegbereiter der Stromrichterspeisung der Antriebsmotoren verhalfen sie zur zunehmenden Automatisierung industrieller Fertigungsprozesse. Erst die Verbindung von Stromrichtergerät, Steuerungssystem und Elektromotor ergab den gewünschten Regelantrieb.

In der Fertigung von elektrischen Schalt-, Steuerungs- und Verteilungsanlagen, wie überhaupt von elektrotechnischem Spezialgerät, eröffnete sich mittelständischen Unternehmen mit Marktlückenspürsinn ein großes Tätigkeitsgebiet. Die Schiele Industriewerke KG, Hornberg (1985: Stammkapital 1 Mio. DM), widmete sich von Anbeginn diesem aufnahmefähigen Markt; 1261 Beschäftigte Ende 1943 (über 9 Mio. RM Umsatz), begann sie 1945 wieder mit 40 Mitarbeitern und kam 1952 auf 550 Beschäftigte. Als Installationsbetrieb begann mit viel Mut am 1. April 1945 die Georg Schlegel GmbH in Dürmentingen, wurde bekannt durch die fabrizierten Reihenklemmen für elektrische Steuerungen und ist seit Jahrzehnten erfolgreich im Bau von Befehlsgeräten. Der »Magie der Drucktaste«, mit der epochalen Erfindung des Rades verglichen, verschrieb sich die Elektrotechnische Spezialfabrik Rafi GmbH, seit 1908 in Berg bei Ravensburg. Für Präzisionsschaltwerke und Endtasterprogramme wurde die Gebhard Balluff KG in Neuhausen/Filder (seit 1921) ein Begriff. Induktive Abtastsysteme entwickelte seit 1958 die Pepperl & Fuchs GmbH, Mannheim, Gründungsjahr 1946. Als bahnbrechende Neuerung stellte sie 1962 den berührungslosen, elektronischen Näherungsschalter vor.

Nicht alle Firmen, die zum Begriff geworden sind, können auf dem Gebiet des Elektromotoren-Baus genannt werden, über ein Dutzend Betriebe mit mehr als 100 Beschäftigten darunter. Die teilweise erst nach dem Kriege entstandenen württembergischen AEG-Betriebe in Stuttgart-Bad Cannstatt, Göppingen, Kirchheim/Teck und

Backnang beschäftigten infolge des Verlustes der mitteldeutschen Produktionsstätten bereits 1951 mehr als 3300 Menschen und stellten neben den bisher gebauten Transformatoren und Elektrowerkzeugen Elektromotoren und fernmeldetechnische Anlagen her. Während des Krieges und durch Betriebsverlagerungen nach dem Kriege hat sich die Elektroindustrie Südwestdeutschlands wesentlich vergrößert, obwohl nicht wenige Unternehmen nach dem Kriege durch rigorose Demontagen den Absturz von stolzer Höhe erlebten und überstanden. Das Schicksal des weithin bekannten Himmelwerks in Tübingen (1943: 736 Beschäftigte und 7,7 Mio. RM Umsatz), Spezialwerk für Elektromotoren, war kein Einzelfall. Trotz aller Widrigkeiten hatte sich der Mengenindex der württembergischen Elektroindustrie, verglichen mit 1936, bis Mitte 1950 verdoppelt, während die gesamtdeutsche Produktion noch unter der von 1936 lag. Bei der Entwicklung von Einbaumotoren für Nähmaschinen, die nach dem Zweiten Weltkrieg nicht mehr Möbelqualität besaßen, sondern neues Zweckgerät wurden, leistete Franke & Kirchner, Mannheim (1943: 345 Beschäftigte und 1,5 Mio. RM Umsatz; 1961: rund 600 Beschäftigte) Wesentliches. Als Spitzenreiter unter den Elektro-Kleinstmotoren galten seit den fünfziger Jahren die der Dunkermotoren GmbH, seit 1955 in Bonndorf/Schwarzwald. Als sich Grundig in Fürth zum weltgrößten Tonbandgeräte-Hersteller emporschwang, stieg die Papst-Motoren KG, St. Georgen/Schwarzwald, auf (1961: rund 1000 Beschäftigte). Papst baute hohen Ansprüchen genügende Motoren für die verschiedensten Präzisionsgeräte von der Schreibmaschine bis zum Kardiographen.

Die Elektrotechnische Fabrik G. Bauknecht, Stuttgart und Welzheim (1943: 1000 Beschäftigte und 8,3 Mio. RM Umsatz; 1952: etwa 2000, 1962 ca. 6200 Mitarbeiter), entwickelte seit 1948 um ihr Elektromotoren-Programm ein sich von Jahr zu Jahr ausdehnendes, vom Markt angenommenes Hausgeräteprogramm und vollbrachte mit der ständig gesteigerten Produktion von Küchenmaschinen, Kühlschränken (seit 1968 mit Gefrierfächern), von Waschvollautomaten, Wärmegeräten und seit 1965 auch von Komplett-Küchen u. a. eine stürmische Aufwärtsentwicklung (1967: ca. 10000 Mitarbeiter und 490 Mio. DM Umsatz). Mit Übernahme der Firma Junkers & Ruh im Jahre 1965 war die Neff-Unternehmensgruppe, Bretten, innerhalb der Heiz- und Kochgeräteindustrie der Bundesrepublik Deutschland, teilweise auf Marktabschnitten mit Bauknecht, Bosch, der AEG, Miele, Siemens u. a. im Wettbewerb, zu einem der größten Hersteller aufgerückt. Um die Diversifizierung voranzutreiben, brachte die Robert Bosch GmbH ab 1952 Küchenmaschinen, seit 1958 auch Waschmaschinen und Gefriertruhen u. a. heraus.

Den von den USA durch die hemmende Kriegs- und Nachkriegszeit erreichten bedeutenden Vorsprung im Kühlmöbel- und Kühlautomatenbau, ein sehr expansiver Markt, wollten die südwestdeutschen Hersteller schnellstens einholen. Mit der Entdeckung der Tiefkühlung für die Lebensmittelkonservierung eröffnete sich ein neuer weltweiter Markt und begann ein weiteres dramatisches Kapitel in der Gesamtgeschichte des Kühlwesens. Eisfink in Asperg (seit 1886) wurde auf dem Gebiet der Gewerbekühlschränke wieder international ebenbürtig. Die Stierlen-Maquet AG, Rastatt, eine hundertprozentige Tochter der Rheinelektra, Mannheim, seit 1923 auf die Produktion von Kältemaschinen, Kühlanlagen und Geschirrspülmaschinen spezialisiert (Abt. Maquet seit 1933 auf Krankenhausmöbel), bot in ihrer Geschäftsentwicklung der sechziger Jahre – vom Absatzrückgang 1967 abgesehen – ein beispielhaftes Bild gestiegener Umsätze bei fast gleichgebliebenen Beschäftigungszahlen (1960: 24 Mio. DM Umsatz und 1200 Beschäftigte; 1969/70: 49 Mio. DM Umsatz und 1260 Beschäftigte). Infolge des Ansturms ausländischer Fabrikate, die unter einem günstigeren Kostengefüge produziert wurden, kam es Ende der sechziger Jahre zum Preisverfall auf dem Markt der Hausgeräte und teilweise zu Produktionsrückgängen (bei Haushaltswaschmaschinen 1967 = 311,1 Mio. DM; 1970: 199,9 Mio. DM). Zur Rationalisierung der Fertigung gründeten Bosch und Siemens 1967 die Bosch-Siemens-Hausgeräte GmbH.

Von den revolutionärsten Umwälzungen wurde die Kommunikationstechnik erfaßt. Bis in die fünfziger Jahre beherrschte die Elektronenröhre die Funktechnik. Lorenz, seit 1948 mit Geschäftssitz in Stuttgart-Zuffenhausen, baute seit 1950 als erste deutsche Firma nach Unterlagen der befreundeten Londoner Firma Standard Telephones and Cables Limited Siebenstift-Miniaturröhren für Rundfunkempfänger und brachte im Sommer 1955 Kombinationsröhren mit Pentoden- und Diodensystemen heraus, die völlig neue Schaltungsmöglichkeiten eröffneten. Damals begann die Verkleinerung der Bauteile durch die bahnbrechenden Entwicklungen mit Halbleitern und die Entdeckung des Transistoreffekts (1948). Mit Halbleitern und Transistoren, die eine lawinenhafte, heute noch nicht abgeschlossene Umwälzung in der Elektronik auslösten, wurden die Elektronenröhren des Radios u. a. schrittweise bis zu höchsten Frequenzen und Leistungen verdrängt (1957 Erscheinen des ersten Transistor-Taschenempfängers). Über die Modultechnik hinaus stieß man in die damals der Vorstellungswelt des Ingenieurs noch völlig fremde Mikrominiaturisierung vor, mit der die zweite Generation der elektronischen Datenverarbeitungsanlagen ihren Anfang nahm. Auch bei der Entwicklung und beim Bau von Fernsehröhren, in Deutschland durch den Krieg unterbrochen, versuchten die deutschen Hersteller (Lorenz), möglichst schnell den Anschluß an den Stand der führenden angelsächsischen Länder wiederzugewinnen. Im Jahre 1949 wurden in Deutschland die Fernsehsendungen wieder aufgenommen. Erst 1967 lief das Farbfernsehen an (in den USA 1951). In den sechziger Jahren wurde der sich in Baden-Württemberg fortsetzende Anstieg der sich vor allem mit Markennamen wie Schaub (Lorenz, SEL), SABA, WEGA, DUAL Gebrüder Steidinger, Perpetuum-Ebner und dem Pionier des Autoradios, Becker, verbindenden

Produktion von Unterhaltungselektronik (1969 insgesamt 213500 Rundfunk- und 735400 Fernsehgeräte) bereits sukzessiv von einem Preisverfall begleitet.

Im Bau von Kofferempfängern (»Touring«), der parallel mit dem von Schwarzweiß-Fernsehgeräten lief, nahm die Lorenz-Tochter Schaub Apparatebau in Pforzheim bald nach dem Kriege eine führende Stellung ein (1943: 1171 Beschäftigte und 10,5 Mio. RM Umsatz). Rund 2000 Mitarbeiter zählten 1955 die in die C. Lorenz AG integrierten Schaub- und Lorenz-Werke in Pforzheim, nachdem die Lorenz AG auch die Fertigung von Richtfunkanlagen und Fernschreibern nach Pforzheim verlagert hatte. 1958 kam es zum Zusammenschluß von C. Lorenz mit der renommierten Berliner Telefonfabrik Mix & Genest, nach dem Kriege in den verwaisten Gebäuden der Hirth-Motoren-Werke in Stuttgart-Zuffenhausen seßhaft, zur Standard Elektrik AG (Grundkapital 72 Mio. DM), einem komplizierten, stark dezentralisierten Imperium von verschiedenen deutschen Markenfirmen, praktisch der International Standard Electric Corporation New York (USA) gehörend. Binnen weniger Jahre vollbrachte der stark expansive Konzern (1959: 22000 Beschäftigte; 1962: 38000 und 870 Mio. DM Umsatz) unmittelbar vor der Phase des verschärften Wettbewerbs den fast romanhaften, steilen Aufstieg in die Spitzengruppe der deutschen Elektrotechnik nach Siemens und der AEG. Die Standard Elektrik partizipierte am damaligen, von Aufträgen der Bundespost und der Bundesbahn ausgelösten Fernmeldeboom und bot zugleich ein eindrucksvolles amerikanisches Lehrstück für die Organisation rentabler Fertigungen und für eine von traditionellen Bürden befreite, flexible unternehmerische Entscheidungsfindung.

Explosionsartig entwickelte sich mit den Produktionsschüben neuartiger Technik die Mitarbeiterzahl bei der IBM (Internationale Büro-Maschinen-Gesellschaft mbH) vor Stuttgarts Toren in Sindelfingen (1954: 2417; 1958: 4133; 1960: 6900; 1965 rd. 13000). In der Geschichte der IBM Deutschland fand sich bis heute kein Jahr mit stagnierendem oder gar rückläufigem Umsatz gegenüber dem Vorjahr. Zwischen 1961 und 1969 stieg er im Jahresdurchschnitt von 20,6 Prozent auf 2,5 Milliarden DM. Der Name Dr. Hermann Hollerith und die von ihm erfundene Lochkarte markierten mit den Anfängen des Unternehmens vor allem die der Entwicklung der Datenverarbeitung im betrieblichen Rechnungswesen. Ihren ersten spektakulären Höhepunkt erlebte die ebenso unscheinbare wie unentbehrliche Lochkarte, als mit über 90 Millionen Stück dieser neuen statistischen Spezies die deutsche Volkszählung 1939 durchgeführt wurde. Nach dem Zweiten Weltkrieg wurde Sindelfingen, wo die damalige Deutsche Hollerith-Maschinen AG, Berlin, 1934 die in Liquidation gegangene Optima-Maschinenfabrik übernommen und seitdem betrieben hatte, zum Sammelpunkt von Mitarbeitern der Firma (ab 1949 unter dem Namen IBM). Erweitert um das Gelände der ehemaligen Klemm-Flugzeugwerke in Böblingen begann für IBM in den fünfziger

Jahren die kurze, vom röhrenbestückten Rechenwerk bestimmte Phase in der Geschichte der Datenverarbeitung. Mit Elektronenröhren arbeitete noch der 1955 vorge-
stellte IBM 650, der erste »echt« programmierbare Computer, der, gekoppelt mit den
Speichermedien Magnetband und Magnetplatte, die Zeit der Umstellung auf den
Computer einleitete. In den sechziger Jahren trat er von Sindelfingen aus seinen Siegeszug durch Deutschland an. Den Riesenerfolg brachte Anfang der sechziger Jahre
der IBM 1401, der erste mit Transistoren und gedruckten Schaltungen arbeitende
Computer, der zweiten Generation elektronischer Datenverarbeitungsanlagen ange-
hörend, IBM-Verkaufsschlager neben der einzigartigen Kugelkopf-Schreibmaschine
(seit 1961) sowie Diktiergeräten (seit 1963) und später neben den Kopierern. Die Epoche der elektronischen Datenverarbeitung kündigte sich zunächst mit der Revolution
in der Bürokommunikation an, der Integration von mehr hilfreicher Technik in Kontoren und sog. Vorzimmern. Die Kombination von Halbleiterelementen und Transistoren in moderner Mikrominiaturisierung bedeutete aber weit mehr. In der Computertechnik, die nun schon Jahrzehnte mit rasanter Innovationsrate in alle Bereiche der
Wirtschaft, der Wissenschaft, des Alltags und der Freizeit der Menschen vorstürmt,
offenbarte sich die Inkarnation eines neuen technischen Zeitalters, die dritte industrielle Revolution.

Führungspositionen im Fahrzeugbau

Obwohl in hohem Maße von Kriegs- und Nachkriegsschäden betroffen, lag der Kraftfahrzeugbau – trotz aller weiterer Hemmungen (Stahlzuteilungen, Reifen- und Ben-
zinmangel) nach schwerer Anlaufzeit vor der Währungsreform – unmittelbar hinter
der Elektrotechnik an der Spitze im Produktionsfortschritt. Entsprechend der neuen
deutschen Bedarfslinie war nach der Besetzung der Ausstoß von Lastkraftwagen und
Schleppern, der wichtigen Gütertransportmittel, schneller in Gang gekommen als der
von Personenkraftwagen, der privaten Bequemlichkeitsvehikel also. Zahlreich waren
die Firmen, die Ackerschlepper, nicht wenig diejenigen, welche Straßenschlepper bauten (darunter Lanz-Mannheim und Lanz-Aulendorf). Seit 1949 holte der Personen-
wagenbau spürbarer auf, anfangs überwiegend der kleinerer Wagenklassen auf wenig
veränderter alter Typenbasis. Einkommensschwächere Käuferschichten bestiegen das
billigere Motorrad.
Typisch für die Käufermarktsituation seit der Währungsreform 1948 war der explosionsartige Anstieg von Produktion und Absatz von Motorrädern, an dem NSU einen
hervorragenden Anteil hatte (Umsatz 1949 = 100; 1950 = 153; 1951 = 199). Bis zum

Erzeugungsbild des Lkw-, Zugmaschinen- und Omnibusbaus			
	Wiederbeginnjahr	1948	I. Halbjahr 1949
Daimler-Benz, Stuttgart,	1945 : 747	3 805	2 250
Mannheim, Gaggenau	1946 : 523	948	877
Magirus-Klöckner, Ulm	1946 : 481	1 027	1 460
Kaelble, Backnang	1945 : 6	35	38
Gutbrod, Plochingen	1946 : 200	759	1 064

Jahre 1953, absoluter Nachkriegshochpunkt der deutschen Motorradindustrie, als sich ein erster Strukturwandel auf dem deutschen Zweiradmarkt abzeichnete, war der Jahresausstoß des renommierten, für Schlagzeilen in der Motorsportpresse sorgenden Neckarsulmer Werks (1947: 1860 Beschäftigte; 1953: 6200) auf 110855 motorisierte Zweiräder gestiegen (Produktion 1949–53: 410731 Stück). Bekannte Vier- und Zweitakter-Maschinen bis 350 ccm, ältere und einige neue Konstruktionen befanden sich darunter. Durch Gewichts-, Hubraum- und Geschwindigkeitsbegrenzungen setzte der Gesetzgeber dem seit 1936 in fast 300000 Stück gebauten 100-ccm-NSU-Mofa »Quick« ein Ende. Das führerschein- und zulassungsfreie Moped (mit Motorpedalen; seit 1960 mit erlaubtem Kickstarter zum Mokick geworden) trat an die Stelle von Fahrrad und Mofa, bei NSU seit 1953 das 50-ccm-Moped »Quickly«, das bis zur Einführung des Führerscheinzwangs im Jahre 1961 einen oft stürmischen Absatz fand. Fast schlagartig sank seit 1953 bei NSU – offenbar schon unter dem Einfluß der Billigangebote der japanischen Fahrradindustrie auf dem Weltmarkt – die Fahrradproduktion. Mit der Begründung, daß seit einigen Jahren wegen der niedrigen Weltmarktpreise der Fahrradabsatz (obwohl 1961/62 110826 Fahrräder verkauft wurden; 1951: 119328) auf den westdeutschen Markt beschränkt war, stellte NSU im Frühjahr 1963 die Fertigung von Fahrrädern, seit 1886 ununterbrochen im Produktionsprogramm, endgültig ein. Zu gering stellte sich der Umsatzanteil der Fahrradproduktion, daß Investitionen zu ihrer Rationalisierung als nicht lohnend angesehen wurden.
Der rapide Nachfragerückgang nach Motorrädern erschütterte seit 1954 den Zweiradmarkt, bei NSU von 1955 bis 1957 in einer das Unternehmen jedoch nicht gefährdenden Umsatzeinbuße von 26 Prozent durchgeschlagen (Umsätze in Mio. DM 1949: 67,0; 1955: 200,7; 1957: 147,9). Es war ein Schock für die mit der Kraftfahrzeugtechnik verbundene deutsche Öffentlichkeit und ein Schlag für die deutsche Motorrad-

industrie, als NSU 1958 seine Motorradproduktion aufgab und an die jugoslawischen Pretiswerke, Sarajevo, verkaufte. Ausverkauf deutscher Spitzenindustrie? Andere südwestdeutsche Zweiradhersteller warfen vorher oder wenig später das Handtuch, die mit Horex zusammenarbeitende Schnell-Motoren KG, Karlsruhe, 1954, die U.T.-Bauer (Schwenk & Schnürle, Möhringen) 1959 und die Gritzner-Kaiser AG, Karlsruhe, 1962 (Gritzner baute auch von 1903–1914 Motorräder, Kaiser 1901 Motor-Dreiräder). Das Motorrad entsprach nicht mehr den damaligen Vorstellungen des Verbrauchers von Fahrkomfort und Statussymbol. In Verbindung mit Staatseingriffen kam eine dreigeteilte Marktnachfrageverschiebung auf dem Kraftfahrzeugmarkt in Bewegung. Erhebliches Nachfragepotential floß in das weniger reglementierte Mopedgeschäft, noch mehr machte vom Motorrollerangebot Gebrauch oder wanderte zum Automarkt ab, der die verschiedensten Kleinwagen – ähnlich der Situation nach dem Ersten Weltkrieg – offerierte.

Kreidler in Stuttgart-Zuffenhausen hatte mit dem 1951 in Serie gegangenen Moped K 50 einen aussichtsreichen Zielmarkt anvisiert, bis 1952 10000 Maschinen verkauft und blieb durch gewichtsmäßig abgemagerte Modelle der eingeschlagenen Linie treu. Die Zielerfüllung gelang durch Steigerung der Leistung und Geschwindigkeit der Mopeds und eine dem Motorrad ähnelnde Konstruktion. Seit 1957 schaffte Kreidler mit dem Fahrzeug »Florett« (Mopeds, Mokicks und Kleinkrafträder) den Sprung in die Spitzengruppe der namhaften deutschen Kraftradhersteller. Seit 1965 waren 50-ccm-Aggregate Kreidlers die schnellsten der Welt und Kreidler-Produkte mit verkaufsförderndem Weltmeisterimage ausgestattet. NSU hatte nach 54 errungenen Weltrekorden durch Rückzug aus dem aktiven Motorsport seit 1955/56 darauf verzichtet, es zu erneuern.

Als bei Kreidler im März 1958 die Fertigstellung des insgesamt hunderttausendsten Fahrzeugs gefeiert wurde, suchte die NSU-Geschäftsführung, besorgt um den Umsatzschwund im Zweiradgeschäft, bereits seit Jahren nach einem Ausgleich des Absatzrückgangs. Dabei wurden damals noch weit über 100000 Zweiradmaschinen jährlich verkauft. Vor allem wohl die externe Marktbeeinflussung seit 1961 (Einführung des Führerscheins Klasse V) besiegelte den radikalen Niedergang der deutschen Mopedindustrie (Produktion 1960: 407476; 1962: 87088; 1982: 12996 Mopeds), ließ bei NSU, einst Deutschlands größte Motorradfabrik, bis 1965 den Verkauf der ehemals nur noch produzierten 50-ccm-Modelle auf rund 20000 Stück abrutschen (5% des Gesamtumsatzes, 1966: 2,3%) und führte dann 1967 in Neckarsulm zum Auslaufen der Produktion von Zweiradmaschinen, ein gewiß historisches und vielfach schmerzlich empfundenes, aber nicht reversibles Ereignis. Während der Strukturkrise auf dem Motorradmarkt Mitte der fünfziger Jahre hatte NSU Umsatzrückgänge durch den Absatz von Motorrollern zu mildern versucht. 186000 NSU-Lambretta (und Prima), Lizenzbau des gleichnamigen Motorrollers der Mailänder Firma Innocenti, liefen von 1950 bis 1960 in Neckarsulm vom Band, jahrelang Spitzenreiter in der Zulassungsstatistik. Italien und Japan entdeckten das neue, bequeme Bewegungsmittel schon 1946. Raiser & Söhne, Kirchentellinsfurt, schufen 1949 die ersten südwestdeutschen Roller.

Der langsam gewachsene Wohlstand vollzog mit Hilfe des Motorrollers einen Schritt in die Massenmotorisierung. Motorroller, ein Stück Wirtschafts-, Sozial- und Technikgeschichte der Nachkriegszeit, wurden für einige Jahre in den Fünfzigern Statussymbol und Identifikationsobjekt zugleich (Zulassungen in Baden-Württemberg 1951: 3132; Höhepunkt 1955: 16685; 1957: 8998). Etwa zehn südwestdeutsche Fahrzeughersteller wetteiferten auf dem plötzlich aufgetauchten, vielfach überschätzten neuen Markt miteinander (Walba-Roller, Reutlingen; Mota-Roller, Fellbach; Mota-Wiesel, Nagold; Kreidler R 50; Maicoletta, Pfäffingen; Binz-Roller, Lorch; Progress 200, Oberkirch; Heinkel-Roller, Stuttgart; Mulus, Bad Mergentheim). Kein Hersteller reichte an NSU-Verkaufszahlen heran; einige kamen nicht über Prototypen hinaus. Flugzeugkonstrukteur Ernst Heinkel stellte von 1953 bis 1965 einen der meistgekauften Viertaktroller her (über 100000 Stück). Der mit DM 1170 nicht gerade billige, aber hervorragende Progress-Strolch 200 aus Oberkirch brachte es bis 1960 auf ca. 14000 Stück. Etwa seit 1960 war der Rollermarkt, wenngleich heute wieder am Leben, für deutsche Hersteller uninteressant geworden. Die starken Roller der Maico-Fahrzeugwerke – weltberühmt durch die Moto-Cross-Erfolge ihrer Motorräder und ihre Einzylinder-Spitzenmaschinen – befanden sich noch 1966 im Programm. In dem herausragend hohen Umsatzerlös von 11,3 Millionen DM im Geschäftsjahr 1959/60 war jedoch mit 7,7 Millionen DM ein abgewickelter Bundeswehrauftrag enthalten.

Die allmähliche Abwanderung von Kaufkraft vom Motorrad- zum Automobilmarkt Mitte der fünfziger Jahre richtete sich nicht so sehr auf die größeren und teureren Wagen, sondern galt mehr den sparpolitisch entworfenen Novitäten, den vielen Klein- und Kleinstwagen. In dem noch armen Land waren die Hersteller auf die Konstruktion benzinsparender Typen und überhaupt auf das Niedrighalten der Bau- und Betriebskosten verwiesen. Insofern stand der deutsche Autobau vor einer neuen Lage, sollte Qualitätsarbeit aufrechterhalten und Wohlfeilheit im Interesse der Wettbewerbsfähigkeit gewährleisten. Nicht wenige Hersteller zielten auf die Marktlücke zwischen Motorrad und Automobil. Schon mit dem Einbruch der Zulassungszahlen bei Zweirädern rechnend, brachte Ernst Heinkel, der berühmte Flugzeugbauer – am 6. Oktober 1944 war seine He 162 V 1 mit Strahlturbine zum Erstflug gestartet –, im Jahre 1955 einen dreirädrigen Kabinenroller heraus. Mit Zähigkeit arbeitete der Stuttgarter Ex-Rennfahrer Brütsch an seiner dreirädrigen »Brütsch-Mopetta«, einem Kunststoff-Ei, das durch seine Kunststoffkonstruktion der Zeit anderthalb Jahr-

Bestände an fahrberechtigten Kraftfahrzeugen in Baden-Württemberg			
	Krafträder*	Personenkraftwagen	Lastkraftwagen
1938	131 058	106 669	26 296
1950	165 451	88 834	45 459
1954	398 710	222 604	71 936
1957	418 759	361 896	76 662
1966	427 809	1 550 506	124 388

* einschl. nicht zulassungspflichtige

zehnte vorauseilte. Die Zweirad-Hersteller O. und W. Maisch – Maico Werke in Pfäffingen bei Tübingen – offerierten Mitte der fünfziger Jahre ein vierrädriges, verhältnismäßig teures Kleinauto, Maico 500 mit Heinkel-Zweitaktmotor. Als Otto Maisch im März 1958 den Vergleich beantragen mußte, waren bis dahin 6301 Stück dieses durch seine Lenkeigenschaften in Verruf geratenen Vehikels gebaut. Der Automobilmarkt steckte damals nicht etwa in einer Krise. Durch den vom Bundesfinanzministerium bewilligten Pauschbetrag von 50 Pf je Kilometer für Fahrten zwischen Wohnung und Arbeitsstätte war ein wesentlicher Kaufanreiz zusätzlich vorhanden. Die Kleinstfortbewegungsmittel der fünfziger Jahre, wegen ihres Designs von der Presse gelobt, schreckten damals durch den von ihnen produzierten hohen Lärmpegel große Käuferscharen ab, wenngleich damit nicht das letzte Wort in Sachen Kleinstwagen gesprochen war.

Während des Umsatzeinbruchs von 1956/57 konzentrierte NSU die Kräfte auf die technische Entwicklung und die Vorarbeiten für ein eigenes vierrädriges Auto zwichen 500 und 1000 ccm, auf die Geburt der Neckarsulmer Prinzen-Garde, von einer Schönheitskönigin sodann aus der Taufe gehoben. 1958 lief die Produktion an. Bis einschließlich 1965 waren 418 005 populäre Prinz-Modelle verkauft, darunter seit 1968 der NSU-Spider mit Felix Wankels technisch interessantem, weltweit stark beachteten Kreiskolbenmotor, der die Drehbewegung unmittelbar ohne Kurbelgetriebe erzeugte. Unter dem Vorstandsvorsitzenden Gerd Stieler v. Heydenkampf durchliefen die NSU-Werke damals eine neue Glanzzeit, wurde der Umsatz von 152,6 Mio. DM im Jahre 1958 auf 425,7 Millionen DM im Jahre 1965, um 179 Prozent in sieben Jahren gesteigert, wuchs die Belegschaft von 5812 auf 10489 Menschen und sicherte sich NSU einen konstanten deutschen Marktanteil von drei Prozent. Es schien fast, als sei NSU die Anpassung an die interne Nachfrageverschiebung auf dem Automarkt gelungen

und dem Wettbewerb mit ausländischen Herstellern gewachsen. FIAT aus dem benachbarten Weinsberg zielte mit seinen Fahrzeugen fast auf das gleiche Marktsegment. Vom Fiat 500 wurden 1956 in Deutschland 30000 Stück abgesetzt. Von der Le-
benskraft der FIAT-Zwergautos ließe sich ein Roman schreiben.

Bei Daimler-Benz ging es nach der Währungsreform zunächst mit der praktisch unverändert gebauten Vorkriegsversion des 170 V (auch in der S-Klasse als 170 S-D bis
1955 im Programm) bei stürmischer Nachfrageentwicklung bergauf. Wer Geld hatte,
wollte es mit einem Mercedes zeigen. Als exklusive Repräsentationskarosse baute
Daimler-Benz schon seit 1951 den 300er mit 160 PS, wohl nur von Chauffeuren zu
lenken, für gekrönte und ungekrönte Häupter (bis 1961: 15145 Stück »300«). Gleichzeitig lief die Produktion der bescheideneren Gruppe 219/220 an, damals »Ruhrvolks-
wagen« genannt, der sich mit der Tendenz zum größeren Fahrzeug seit 1960 erstaunlich gut verkaufte. Eine kürzere Lebensdauer war dem 180 beschieden (Höhepunkt
1958). Den hoffnungslos veralteten 170 löste erst 1953 der für den gehobenen Mittelstand bestimmte 180 ab, dem in der mittragenden Pontonform ein modernes, bis heute
gebräuchliches Aufbauprinzip zugrunde lag. Die Ära der Rahmenkonstruktion ging
bei Daimler-Benz später zu Ende als bei anderen Fahrzeugbauern. Im Herbst 1950
entstand im bekannten Kässbohrer-Karosseriewerk, Ulm, mit Hilfe des Schweißbren-
ners auf der Basis eines selbsttragenden Stahlrohrgerippes in Gitterkonstruktion der
erste »Setra«-Omnibus. Dieser selbsttragenden Bauweise, damals eine wagemutige
Neuerung, gehörte die Zukunft.

Seit 1954 stellte die verstärkte Automobilnachfrage nach den neuen Modellen in Stutt-
gart-Untertürkheim Absatzberechnungen und Produktionsmaßstäbe wiederholt in
Frage. Kapazitätserweiternde Investitionsprogramme und eine stärkere Rationalisierung der Fertigungsabläufe waren die Folge. Man konnte es sich in Untertürkheim
auch leisten, 1959 die qualifizierte Mehrheit der illiquid gewordenen Auto-Union zu
übernehmen und 1960 die Horex-Motorradwerke zu erwerben. Ende der fünfziger
Jahre nahmen bei Daimler-Benz, bereits hervorragender Schmied des südwestdeutschen Wirtschaftswunders, das Geschäftsvolumen, Gewinne und Beschäftigung kräftig zu, nur kurz von der Konjunkturschwäche 1962 unterbrochen. Von 502,4 Mio.
DM im Jahre 1950 wurde der Umsatz bis 1960 auf 2904,8 Mio. DM (+ 478%) und bis
1965 auf 4475 Mio. DM gesteigert (+ 54%), die Belegschaft von 30846 Beschäftigten
auf 67521 (+ 119%) bzw. 81845 (+ 21%). Im Jahre 1950 machte der Pro-Kopf-Umsatz bei NSU 15210 DM aus, bei Daimler-Benz 16290 DM, im Jahre 1965 bei NSU
40587 DM, bei DB dagegen 54639 DM – Unterschiede, die ins Gewicht fielen. Am
Ende des Trends, des manchmal langen Weges vom kleinen zum größeren Auto, stand
häufig der Mercedes-Stern, der Merkzeichen technisch-handwerklicher Höchstleistung blieb. Der größere Teil des Gesamtumsatzes der Untertürkheimer entfiel wert-

mäßig auf die im Stuttgarter Raum konzentrierte Pkw-Produktion (1951: 42222 Fahrzeuge; 1965: 174007; 1945–65 über 1,5 Mio. Fahrzeuge), zu der die Produktions-
bedeutung der DB-Nutzfahrzeuge kam (Lkw, Busse, Unimogs u. a.; 1960: 72960
Fahrzeuge) mit den Hauptwerken Mannheim, Gaggenau und seit 1963 dem Montage-
werk Wörth bei Karlsruhe. Seit 1949 lief bei Daimler-Benz in Mannheim die Fertigung
des neuen Dreitonner-Diesels (Baureihe 312), Auftakt des Aufstiegs von Daimler-
Benz zum größten europäischen Lkw-Hersteller und einem der erfolgreichsten Lkw-
Produzenten auf dem Weltmarkt. 177475 Haubenfahrzeuge wurden von 1949 bis
1966 ausgeliefert. Abgelöst wurde die Haubenwagengeneration von den seit 1956 entsprechend den in Kraft getretenen Maß- und Gewichtsvorschriften entwickelten
Kurzhauber-Ausführungen, den sog. »Seebohm-Typen«.
Am prinzipiellen Aufbau der Kraftwagen veränderte sich seit den fünfziger Jahren
jahrzehntelang nichts mehr, wohl aber an vielen Details, an der verbesserten Kombination von Fahrsicherheit und -komfort sowie am Design. Über Lenkhilfen verfügten
die wenigsten Autos in den sechziger Jahren. Beheizbare Scheiben waren damals mit
Ausnahme der Frontscheibe nicht durchsetzbar, die Pracht des Chromschmucks aber
am vergötzten Automobil obligat, der Giebelkühler beim Mercedes für viele unverzichtbar. Zuverlässige Technik verschaffte den deutschen Autos in den fünfziger Jahren internationalen Ruf. Ein gepflegtes Interieur und formale Erfindungen mehrten in
den sechziger Jahren seinen Verkaufserfolg. Porsche-Automobile im funktionalisti-
schen Design des Porsche 356 Coupé »Ferdinand« (1950) wurden zum Inbegriff des
Sport- und Rennwagens. Nachahmung fanden die Flügeltüren des klassisch ge-
schwungenen Mercedes-Benz Sport-Coupé 300 SL (1954). Die Aerodynamik, die rationalistische Funktionalität, fand im Stromlinieneffekt des Automobil-Styling ihr
künstlerisches Pendant, das bis in die achtziger Jahre nicht auf das Dekorative verzichtet hat. Verbesserungen und Veränderungen vermochten den Lebenszyklus des am
Markt bereits eingeführten Automodells zeitlich zu verkürzen, um die vorhandene effektive Nachfrage auf die neuen, für den Markteintritt vorbereiteten Autos zu lenken,
ohne daß stets eine Neukonstruktion nötig war. Allzu langlebige Autos machen keinen Umsatz. Mit Spannung erwarteten VW-Liebhaber jedes Jahr den August, wenn
das VW-Werk das Geheimnis um die neuesten Verbesserungen am VW lüftete. Dadurch machte der zuverlässige Käfer, obwohl mehr und mehr veraltet, Rekordumsätze, bis der Weg der kleinen technischen Veränderungen nicht mehr weiterführte.
Technik förderte den materiellen Mehrkonsum, nahm aber auch Rücksicht auf konservative Konsumgewohnheiten.
Eine bemerkenswert lange Lebenslinie besaß nicht nur das Porsche-Produkt Volks-
wagen, in dessen lange Realisationsphase der NSU-Entwurf von 1934/35 gehörte,
sondern auch der erste Porsche, der 356, in ersten 50 Exemplaren bereits 1947 im

österreichischen Gmünd gebaut, damals unter der Bezeichnung VW-Zweisitzer Sportwagen. In dem 1939 errichteten kleinen Entwicklungswerk von Ferdinand Porsche in Stuttgart-Zuffenhausen – das heutige Porsche-Werk – lief 1949 die Produktion des Prominenten-Wagens an. Fürst Joachim von Fürstenberg war einer der ersten prominenten Besitzer des 356. Alfried Krupp kaufte von 1952 an jedes Jahr ein neues, verbessertes Porsche-Modell. Bis 1956 hatte das benachbarte Karosserie-Werk Reutter & Co. (1906–1963/64) – wie Kässbohrer in Ulm aus einer Wagnerfabrik hervorgegangen (1937 ebenso wie 1956: 800 Beschäftigte) – mehr als 13000 Porsche-Karosserien geliefert. Als Porsche nach über zehn Jahren daranging, einen Nachfolgetyp für den 356 zu entwickeln, wurden von diesem 1959 sogar 7055 Fahrzeuge verkauft. Endlich im Jahre 1966 entschied die Geschäftsleitung, den 356 C nicht weiterzuproduzieren und sich auf die relativ neuen 911- und 912-Serien zu konzentrieren. Es gelang.

Hinter dem kontinuierlichen Aufschwung der südwestdeutschen Kraftfahrzeugindustrie bis Mitte der sechziger Jahre, der Steigerung des Bruttoproduktionswertes allein des Pkw-Ausstoßes von 1957 bis 1967 um 326 Prozent (in Mio. DM 1957: 91,6; 1967: 3004,9), standen die nicht minder bedeutenden Leistungen der ihr vorgelagerten und mit ihr durch ein kompliziertes Vertrags- und Preisgefüge verflochtenen Zulieferindustrie, der Reifenfabriken (Michelin-Reifenwerke AG Karlsruhe; 1985: 300 Mio. DM Grundkapital), der – häufig handwerklichen – Karosseriebauer, der Metallgießereien und Motorenfabriken (Maybach-Motorenbau GmbH Friedrichshafen; Motorenwerke Mannheim AG vorm. Benz, 1985: 50 Mio. DM Grundkapital), der Kolbenund Bremsenwerke und der Hersteller des vermehrten elektrischen Zubehörs der Kraftfahrzeuge.

Das Leben mit dem Automobil hat die Robert Bosch GmbH jung und am Wachsen erhalten. Noch stärker als die Zunahme der Belegschaft – 1950: 16003; 1960: 46131 = 118 Prozent; 1965: 53336 – stieg der Umsatz (in Mio. DM 1950: 215,1; 1960: 1302,0 = 505%; 1965: 2042,5). Zur Expansion trug bei Bosch bis in die sechziger Jahre auch viel die Diversifizierung bei, der Ausbau des Hausgerätesektors und der Geschäftsbereich Elektrowerkzeuge. Im engen Konnex mit den Mercedes-Benz-Wagen und technischen Trümpfen begann 1949 der Aufstieg des Becker-Autoradiowerkes, heute Karlsbad (1985: 10 Mio. DM Stammkapital). Das Becker-Radio »Mexiko« – automatischer Sendersuchlauf, Mittel- und Kurzwelle, UKW – wurde unverändert in 100000 Stück 1953 bis 1960 weltweit verkauft. Ende der fünfziger Jahre trieb der Transistor die Radiotechnik im Auto voran. Seit Ende 1966 bot Becker Autotelefon-Anlagen an. Für die Motorentechnik (Ottomotoren) bedeuteten die fünfziger Jahre einen ziemlich steilen Anstieg der Hubraumleistung. Ähnlich verlief die Leistungserhöhung bei Dieselmotoren. Im Jahre 1963 erfolgte bei Daimler-Benz die Umstellung der Vorkammer-Dieselmotoren auf die die Wirtschaftlichkeit der Nutzfahrzeuge weiter verbes-

sernde Direkteinspritzung. Die Leistung von schweren Lastwagen wurde auf 218 PS
gesteigert. Bei gleichzeitiger Verkleinerung des Hubverhältnisses wurde die Drehzahl
der Motoren erhöht. Damit verstärkte sich die Beanspruchung der Kolben sowie der
Zylinder und Zylinderblöcke. Das alles führte seit etwa 1960 bei Dieselmotoren zur
allgemeinen Anwendung von eingegossenen Ringträgern aus austenitischem Gußeisen, von Ernst Mahle, Stuttgart-Bad Cannstatt, schon 1931 erfunden. Ein lange unentbehrliches, weltweit erfolgreiches Gerät, verfügbar an allen Tankstellen, ist der frei
bewegliche Reifenfüllmesser von Mahle, der Airfix, ein Produkt der bei Mahle entwickelten Kompressortechnik. Das der AB Svenska Kugellagerfabriken, Göteborg,
gehörende Werk Stuttgart-Bad Cannstatt (seit 1904) produzierte Anfang 1966 mit
über 4000 Mitarbeitern vornehmlich kleine Kugellager und gewisse Rollenlager, daneben auch Textilmaschinenteile (1985: SKF Textilmaschinenkomponenten GmbH mit
22 Mio. DM Stammkapital). Kolben-Schmidt, Neckarsulm (1959 rund 2150 Beschäftigte), stellte 1953 nach dem Croning-Verfahren die erste hohlgegossene Kurbelwelle
der Welt her. In die Turbolader-Entwicklung stieg Eberspächer in Esslingen 1948 ein.
Seit 1954 rüstete der schwedische Automobilkonzern Volvo einen Lkw-Typ serienmäßig mit Eberspächer-Turboladern aus.
Bis Mitte der sechziger Jahre entwickelte sich die Zahnradfabrik Friedrichshafen AG
zum größten europäischen Spezialunternehmen auf dem Gebiet des Fahrzeuggetriebe-
be-, Achsen- und Lenkungsbaus. Das mit 1000 Beschäftigten 1946 wiederaufgebaute
Unternehmen, anfangs noch auf Vorkriegskonstruktionen gestützt, steigerte im Zuge
von Neuentwicklungen (5- und 6gängige Allklauen-, Synchroma-, Media-Getriebe
u. a.) seinen Umsatz bis 1959 auf 260 Mio. DM (über 10000 Beschäftigte). In der Kühlerfabrik Behr, Stuttgart-Feuerbach (Ende 1948: 561 Mitarbeiter; 1951: 1000; 1961:
2072), sorgten in den Jahren nach der Währungsreform wichtige Entwicklungspro-
jekte, die erste Kühlanlage mit hydrostatischem Lüfterantrieb, Umstellungen des
Kühlerbaus auf Messing und Kupfer statt rostendem Eisen, das eingeführte Wellrip-
penkühlsystem und der Bau der ersten Pkw-Frischluftheizungen, für hektische Betriebsamkeit. Auf 25,8 Mio. DM belief sich der Fertigungsumsatz im Jahre 1951 nach
Jahren großer Investitionsleistungen und der Erweiterung des Produktionsprogramms außerhalb der Automobilindustrie auf 84,9 Mio. DM im Jahre 1962. Erst 1963
wurden die deutschen Automobilhersteller verpflichtet, Heizung und Lüftung des
Kraftfahrzeugs in dessen Preis miteinzubeziehen. Sonderwunsch blieb der Einbau von
damals aufgekommenen Kälteanlagen.
Seit der Währungsreform machte die Technik das Auto von Jahr zu Jahr komfortabler,
für den Automobilbesitzer das Leben mit dem Auto angenehmer, und weckte Kauflust. Die Firmen wuchsen, weil die im allgemeinen den Kostenbewegungen angepaßten Preise bis in die sechziger Jahre Erlöse gewährleisteten, die die übliche Gewinnaus-

schüttung, Sicherheitsrücklagen und vor allem die Investitionen für die Expansion deckten. Wem die Decke für Zukunftsinvestitionen zu kurz wurde, mußte bereits während des Wiederaufbaubooms aufgeben. Unumgängliche Voraussetzung für das hochprozentige Wachstum war die Umsatzvervielfachung im Laufe von etwa anderthalb Jahrzehnten, zu der wiederum der technische Fortschritt bei gegebener Nachfrage den entscheidendsten Beitrag leistete. Als Schrittmacher des wirtschaftlichen, Beschäftigung mehrenden Wachstums mit doppelt so hohen Wachstumsraten wie die des Bruttoinlandsprodukts war der Automobilsektor andererseits von der Entwicklung der Nachfragekomponenten abhängig: an erster Stelle etwa bis Mitte der fünfziger Jahre die Investitionsgüternachfrage (Verkehr, Straßenbau, Handel, Handwerk, Landwirtschaft), danach bis Mitte der sechziger Jahre die an die erste Stelle gerückte, noch nicht an Sättigungsgrenzen gestoßene private Verbrauchsnachfrage und auf der dritten Position die Wachstum verstärkende Auslandsnachfrage. Während des Wiederaufbaubooms hob das Wachstum der Automobilnachfrage das der Automobilproduktion über das durchschnittliche Wachstumstempo der Industrie und erwies sich zumeist als überproportional wachstumsfördernd. Um die volkswirtschaftliche Bedeutung des Automobils zu ermessen, genügt es nicht nur, den Einfluß der Automobilnachfrage auf Kraftfahrzeug- und Vorleistungsindustrie zu erkennen, sondern sind auch die vom Automobil und seinem Gebrauch induzierte Nachfragekomponenten in die Rechnung mit einzubeziehen, die Wachstumseffekte im Dienstleistungssektor, in der Bauwirtschaft, im Handwerk u. a. m.

Metallverarbeitung

Streit mit der Hohen Behörde in Brüssel um den Nachweis eines nicht aufstellbaren Wettbewerbspreises führte 1963 zur Einstellung des letzten Eisenerzbergbaus in Baden-Württemberg (1950 noch 4 Betriebe), zur Aufgabe der von den Schwäbischen Hüttenwerken ausgebeuteten Grube Karl bei Geislingen/Steige. Zum Billigtarif als Rückfracht wurde das Erz von der Bundesbahn nach Oberhausen ins Ruhrgebiet zur Verhüttung transportiert. Nach Einstellung des Blei- und Zinkerzbergbaus in den Schwarzwaldgruben schon 1954/55 schien damit ein einst bedeutendes Kapitel südwestdeutscher Wirtschaftsgeschichte sein kaum bemerktes Finale gefunden zu haben. Um verlorene Arbeitsplätze gab es damals kein Kopfzerbrechen. Den Eisen- und sonstigen Metallverarbeitern im Lande erwuchs dadurch jedenfalls kein Nachteil. Zwischen die Metallverarbeiter und die fernen Eisenerzeuger schoben sich seit jeher die Eisen-, Stahl- und Tempergießereien, in Baden-Württemberg wie in der Vorkriegszeit etwa 120 Betriebe bzw. Betriebsteile (1950: 17095 Beschäftigte; 1956:

24479; 1965: 24771). Vor allem der Maschinenbau brauchte die Gießerei »nebenan«. Zu den größten Produzenten von Gußwaren zählten im Land die Schwäbischen Hüttenwerke mit Gießereien in jedem ihrer fünf Zweigbetriebe. Hartgußwalzen für größte Glättwerke und Kalander von Papiermaschinen – insbesondere für Voith in Heidenheim – sowie für die Mühlenindustrie fertigte das darauf spezialisierte Zweigwerk Königsbronn. Alle Gießereien erzeugten nach Märkten, Produkten und Kundenbereichen spezialisierten Grauguß, die der Nachfrage der benachbarten Maschinenfabriken angepaßte Kundengießerei von Stutensee-Friedrichstal handgeformten Guß, die Wilhelmhütte bei Schussenried entsprechenden Guß vorwiegend für Abnehmer der Auto- und Landmaschinenindustrie und für die Feinmechanik, das Werk Ludwigstal veredelten, maschinengeformten Kundenguß, darunter ab Ende der fünfziger Jahre für zahlreiche Automobilhersteller des In- und Auslandes innenbelüftete Bremsscheiben (Bremsringe) aus einem hochwertigen perlitischen Gußeisen eigenen Know-hows (Luperlit). In Friedrichstal und Ludwigstal bildete die traditionelle Fertigung von geschmiedetem landwirtschaftlichem Handgerät, von Sensen, Sicheln, Hacken und Schaufeln in der für die jeweilige Landschaft üblichen Formung einen Produktionsschwerpunkt. Landwirtschaftliches Handgerät wurde mit Erfolg bis nach Südostasien verkauft. Als neue Mähtechniken den Markt für die seit uralter Zeit gebräuchlichen Sensen und Sicheln einengten, bedeutete der im Herbst 1961 erfolgte Verzicht auf die Sensenfertigung in Friedrichstal allerdings auch das Ende der über ein halbes Jahrtausend betriebenen südwestdeutschen Sensenproduktion. Die Gießerei in Wasseralfingen suchte sich den neuen Markt für Sphäroguß-Qualitäten zu erschließen.

Escher Wyss in Ravensburg nahm 1950 als erste deutsche Gießerei die Fabrikation von Sphäroguß, Gußeisen mit Kugelgraphit für den Sektor Maschinen- und Bearbeitungsguß, auf. Mitte der sechziger Jahre galt die Eisengießerei der Landmaschinenfabrik Fahr in Stockach als führender und größter deutscher Sphäroguß-Produzent. Nur unterbrochen von der umsatzmindernden Geschäftsberuhigung des Jahres 1953 erlebten die südwestdeutschen Eisengießereien bis Ende 1956 eine seit 1948 anhaltende mengenmäßige Steigerung der Produktion und eine noch stärkere Umsatzausweitung, der Graugußhersteller Hopff in Ulm eine Steigerung der Mengenerzeugung um 206 Prozent und des Umsatzes um 293 Prozent. Eine gegenüber der Vorkriegszeit erhöhte Produktivität kam der Gewinnsituation der Unternehmen zusätzlich zugute und erleichterte die Selbstfinanzierung fälliger Investitionen. Die Gießerei von Escher Wyss in Ravensburg erzeugte 1939 mit rund 100 Leuten eine Monatsleistung von 150 bis 180 Tonnen Guß, 1956 aber mit 270 Leuten rund 600 Tonnen und hatte damit die Produktivität um 48 Prozent erhöht. Bei der schweizerischen Georg Fischer AG, Singen (seit 1895; 1905: 1400 Mitarbeiter), war schon 1928 mit einer aus Amerika stammenden, damals vorbildlich mechanisierten Bandanlage mit Gußkonveyoren, die noch Jahrzehnte nach dem Zweiten Weltkrieg in Betrieb war, der erste durchgreifende Rationalisierungsschritt getan worden. Das Lieferprogramm des Unternehmens bestand anfangs aus verschiedenen Temperguß-Fittings zur Rohrmontage und diente seit 1949 in hohem Maße dem Kundenguß im Zusammenhang mit der raschen Entwicklung im Automobilbau. Zu der von 1948 bis 1960 in Angriff genommenen grundlegenden Modernisierung der gesamten Allweiler Pumpenfabrik AG Radolfzell, um zunächst die bewährten Flügelpumpen rationeller fertigen zu können, gehörte auch die mit schwerer körperlicher Arbeit verbundene Gießerei. Erleichtert wurde die Schwerarbeit mit dem Umbau der Gußputzerei, dem Neubau einer vollautomatisierten Formsand-Aufbereitungsanlage und der Vollmechanisierung der Maschinenformerei.

Seit Ende der fünfziger Jahre erwiesen sich die von der Geschäftslage der Investitionsgüterindustrie abhängigen Gießereien als sehr kostenempfindlich, stark auf Arbeitszeitverkürzungen und Rohstoffverteuerungen reagierend, während andererseits bei überwiegender Einzelfertigung die Rationalisierungsmöglichkeiten für die Betriebe gering waren. Für die sechziger Jahre konnte fast als Faustregel gelten, daß die Material- und Arbeitskosten doppelt so schnell wuchsen, »wie vorsorglich durch Erhöhung der Preise berücksichtigt werden« konnte (Schwäbische Hüttenwerke). Die Preiskonjunktur der fünfziger Jahre war bei allgemeiner Überbeschäftigung im folgenden Jahrzehnt in eine zeitweilige Mengenkonjunktur mit generell geschrumpften Erlösen umgeschlagen. Mit anfangs stark veralteten Werkseinrichtungen erzielten die Schwäbischen Hüttenwerke im ersten Wiederaufbaujahrzehnt beachtliche Umsatzsteigerungen (Umsätze in Mio. DM 1948/49: 17,5; 1952/53: 50,1; 1959/60: 90,4 und 3185 Beschäftigte). Unter der Geschäftsführung von Dr. W. Ernst (1953–1975) wurden langfristige Maßnahmen zur Modernisierung der Einzelwerke und eine umfassende neue Planung und Gestaltung ihrer Arbeitsgebiete in die Wege geleitet, wurde das Produktionsprogramm der mit etwa einem Fünftel am Unternehmensumsatz beteiligten Gießereien nach Märkten, Produkten und Kundenbereichen diversifiziert und die Stahlumformung, etwa die Hälfte des Gesamtumsatzes ausmachend, ausgebaut. Wasseralfinger Automatenstähle, unter dem Namen Schwabenstahl, wurden auf den Märkten der Welt bekannt.

Nach 1960 schien es zunächst, als würden an einigen traditionellen Standorten Industriegruppen der Metallverarbeitung bei allgemein verlangsamtem Wirtschaftswachstum ihre Wachstumsspitze bereits durchschritten haben, da Umsätze stagnierten oder sanken, wenn auch meist nicht so stark wie die Beschäftigtenzahl. Vermehrte Kosten durch DM-Aufwertung und Lohnsteigerungen verminderten die Konkurrenzfähigkeit vieler Unternehmen und zwangen sie, durch Rationalisierungsinvestitionen die Produktivität zu erhöhen.

Im hochsensiblen Stahlbau Mannheims reduzierten sich 1962 gegenüber dem Vorjahr
die Zahl der Betriebe, der Beschäftigten und das Umsatzvolumen. Im Mannheimer
Maschinenbau stieg zur gleichen Zeit bei Zunahme des Lohnanteils am Umsatz die
Zahl der Betriebe (47) und leicht auch das Umsatzvolumen, aber sank die Beschäftigung. Dem Mannheimer Maschinenbau kam damals offenbar seine breite Spezialisierung zugute. Zu den größten Unternehmen zählte die Familiengesellschaft Bopp
& Reuther GmbH (seit 1872), die in Mannheim-Waldhof 1965 etwa 4000 Mitarbeiter
mit dem Bau von Zähl- und Meßwerkarmaturen für Gase und Flüssigkeiten beschäftigte (Ovalradzähler). Die Eisengießerei und Maschinenfabrik Stotz in Kornwestheim
konnte ihren hohen Beschäftigtenstand von über 1000 Mitarbeitern nicht mehr halten.
Eine insgesamt unbefriedigende Umsatzentwicklung zwang die Schwäbischen Hüttenwerke (Umsatz 1965/66: 114 Mio. DM) zum Abbau ihrer 1962 erreichten Beschäf-
tigungsspitze von fast 3400 Mitarbeitern (1966/67: 2615). Von stärkeren Einbußen in
ihrem Beschäftigungs- und Umsatzvolumen wurden seit 1960 die Mannheimer Betriebe (13) der Gruppe: Ziehereien, Stahlverformung, Metallwaren betroffen und ließen bereits auf standortbedingte Symptome einer Strukturkrise schließen. Im Landesdurchschnitt mußten im Produktions- und Investitionsgüterbereich neben dem Stahlbau die Eisen-, Stahl- und Tempergießereien am stärksten mit einer rückläufigen
Nachfrage kämpfen. Ihre Produktion – Schlußlicht dieses Sektors während des Wiederaufbaubooms – hatte sich von 1950 bis 1961 nur knapp verdoppelt. Seit 1961 ver-
spürten die wenigen Eisen- und Stahlwerke im Lande die Rückbildungsphase des
Marktes. Das Stahlwerk Mannheim (seit 1899) war mit seinem Siemens-Martin-Ofen,
seinem Elektroofen, seinem Hammerwerk, seiner Gießerei und ca. 800 Beschäftigten
das einzige seiner Art in Baden-Württemberg, kein Gigant bei einer Jahreskapazität
von etwa 311000 Tonnen. Die Stahlerzeugung des unternehmungsfreudigen Korf in
Kehl lief 1968 an.
Die Nichteisenmetallindustrie, das Gegenstück zu den Eisenverarbeitern, die NE-
Metallgießereien (1950: 124 mit 3415 Beschäftigten; 1965: 117 mit 11308 Beschäftigten), die Halbzeughersteller, die Folien-, Tuben- und Dosenfabrikanten u. a. m., setzten ihren Siegeszug infolge ihrer vielfachen und immer enger gewordenen Beziehungen zu vielen Wirtschaftszweigen in den Nachkriegsjahrzehnten fast ungehindert fort.
Gründliche Kriegszerstörungen und Demontagen sowie das 1946 ergangene Verbot
der Erzeugung von Magnesium und Aluminium verhinderten offenbar nicht zügige
Wiederaufbauleistungen und die anschließende Vervierfachung der Produktion von
NE-Metallguß zwischen 1950 und 1960. Die 1896 als konventionelle Schwermetall-
gießerei gegründete Firma Weiland KG, Metallwerke, Mannheim, die sich schon in
den dreißiger Jahren dem Leichtmetallguß zugewandt hatte, wurde im Kriege fast völlig zerstört, beschäftigte Mitte der fünfziger Jahre 300 und zu Beginn der sechziger

Jahre über 500 Mann. Nach alten und neuen Gieß- und Formverfahren: Sandguß, Kokillenguß, Elektro- und Schleuderguß, Maskenform-Genauguß, wurden vor allem Leichtmetallteile für Verbrennungsmotoren hergestellt.

Über das 1948 aus Amerika gehörte Kompliment über die Fähigkeiten der südwestdeutschen Aluminiumwalzbetriebe konnte man geteilter Meinung sein. Am hochmodernen Feinwalzwerk in Teningen, sogleich als Reparationsobjekt abmontiert, fand der im Kriege vielgenannte amerikanische Universalunternehmer Henry Kaiser Gefallen. Er erwarb die Teninger Maschinen für ganze 203 000 Dollar von der JARA, um sie in seinem Magnesium-Werk Los Altos bei San Francisco aufzustellen und an ihnen 200 Arbeiter mehr zu beschäftigen. Zum Lebensunterhalt in Teningen oder Wutöschingen und zur Mehrung der deutschen Devisenbilanz wurden die Walzwerkanlagen sicher dringender gebraucht. Nach dem Wiederbeginn von Tscheulin in Teningen im Jahre 1949 wurde schrittweise und mit der mehrheitlichen Beteiligung der Société Alsacienne d'Aluminium und der Vereinigten Aluminium-Werke AG Berlin-Bonn seit 1964 kompromißlos die Hinwendung zum reinen Aluminium-Veredelungswerk betrieben, das aufgebaute Folien-Walzwerk stillgelegt.

War Aluminium im Kriege vorwiegend ein Rüstungsmetall und in nur wenigen zivilen Anwendungsbereichen zu Hause, so machte die Nachkriegszeit das leichte Metall zum zivilen Standardrohstoff, der durch unternehmerische Phantasie und Rentabilitätsüberlegungen in fast alle Wirtschaftsbereiche eindrang und andere Metalle verdrängte. Über ein Jahrzehnt ließ ein ständiger Nachfrageüberhang Märkte und Unternehmen wachsen. Die Mitarbeiterzahl der sich zum Großbetrieb entwickelnden Aluminium-Walzwerke Singen expandierte laufend, 1960 erreichte sie 4000. Das berühmte Bizerba-Eloxal gab 1957 zum Kauf der Aluminium-Gießerei in Villingen durch die Kraut-Gruppe Anlaß.

Beim NE-Halbzeughersteller Kreidler in Stuttgart-Zuffenhausen, bis in den Sommer 1948 unter Treuhänderschaft, begann mit dem Anlaufen der Transportbänder der Walzstraße zunächst für Aluminium- und Messingbleche eine sehr stürmische Phase der Halbzeugentwicklung. Zugleich mit dem Ausbau moderner, ausgefeilter Produktionstechniken wurde eine Produktlinie geschaffen, die von den 1952 zuerst gepreßten Messinghohlstangen, den 1956 folgenden Rundrohren und komplizierten Hohlprofilen, über Kupfer-Feinstdrähte mit einer Stärke von 0,06 Millimeter bis zu den ab 1962 gelieferten Aluminiumprofilen für Architektur und Bau reichte. Eigentlich mit »Pfennigartikeln«, zu denen auch Schrauben, Ziernägel usw. zählten, jedoch in Milliardenstückzahlen hergestellt, wurden bei hartem internationalem Wettbewerb Millionenumsätze gemacht. Eine Spitzenstellung unter den europäischen Herstellern von NE-Metallhalbzeugen nahmen seit langem die Wieland-Werke AG, Ulm, ein, die bereits im Geschäftsjahr 1959/60 auf einen Umsatz von knapp 175 Mio. DM kamen. Angesichts des furiosen Aufstiegs von Elektrotechnik und Maschinenbau in Baden-Württemberg wurde meist die führende Position der südwestdeutschen Industrie in der Produktion von gezogenem, gewalztem und gedrehtem, unentbehrlichem Kleinmetallwerkzeug übersehen. Im Jahre 1960 produzierte diese Industrie 23,9 Prozent der Drahtnägel und -stifte, auch Formerstifte, 40,6 Prozent der gedrehten Schrauben, Bolzen und Muttern, 31,4 Prozent der Fassondrehteile aller Art, 40,5 Prozent des Kleineisenzeugs für Bauten und oberirdische Leitungen, die deutsche Fabriken verließen. Auf dem Gebiet von Fenster- und Türbeschlägen hat sich im Laufe von Jahrzehnten die Familiengesellschaft Gretsch-Unitas GmbH, Ditzingen (seit 1863; 1985: 20 Mio. DM Stammkapital; 1965: ca. 1000 Beschäftigte), zum Branchenführer bei lüftungstechnischen Konstruktionen hochgearbeitet. Das schon 1935 verwirklichte Drehkipp-Fenster führte zum Aufstieg des Roto-Werks in Leinfelden (1965: etwa 1000 Mitarbeiter).

Im Bereich der Blechwarenindustrie zeichneten sich bereits vor dem Zweiten Weltkrieg mit dem Vordringen der Nichteisenmetalle und dem Aufkommen weltweiter Konkurrenz grundlegende Strukturverschiebungen ab. Bekannte württembergische Firmen der Emailgeschirrindustrie fielen ihnen zum Opfer. Trotz des Konkurses vieler Firmen während der Weltwirtschaftskrise blieben nach 1933 Überkapazitäten erhalten, sodann von der Rüstungswirtschaft des »Dritten Reiches« ausgelastet. Solange der Zustand des Verkäufermarktes andauerte, zeigte sich nicht die Gefahr des drohenden Überangebots. Sie machte sich im Verlaufe der fünfziger Jahre desto stärker geltend, erzwang Produktivitätssteigerungen und Diversifizierungen, sofern nicht die Tore der Betriebe geschlossen wurden. Seit der Herrschaft der Kriegswirtschaft verschob sich die Gesamtproduktion der deutschen Emailgeschirrindustrie und der Aluminiumgeschirrindustrie (1963: Verhältnis 81% zu 19%) zugunsten des Aluminiumgeschirrs, das 1953 bereits ungefähr die Hälfte des billigen Metallgeschirrangebots ausmachte. Als Wegbereiter gepflegter Tischkultur durch technische Umsetzung des rostfreien Edelstahls (Cromargan) in funktionsgerechte Produkte sicherte sich WMF in Geislingen seine beherrschende Marktstellung. Mit einer weitgespannten Produktpalette von anspruchsvollem Tafelgerät bis zu Feuerwehrhelmen steigerte während des Wiederaufbaubooms die auslandserfahrene Esslinger Neusilberfabrik Quist fast Jahr um Jahr ihren Umsatz (in Mio. DM 1950: 4,37; 1965: 18,20), in den fünfziger Jahren bei vermehrter Beschäftigtenzahl im Jahresdurchschnitt um 15,2 Prozent, in den folgenden Jahren bis 1965 im Jahresdurchschnitt nur um mühsame 3,4 Prozent (Quist-Preisindex 1954 = 100; 1964 = 120). Der Exportanteil lag gleichbleibend bei etwa zehn Prozent.

Eine andere Metallwarenfabrik, deren Produktionsprogramm vom Kinderherd über Kinderwagen bis zum Badeofen reichte, F. & R. Fischer in Göppingen (Beschäftigte

1939–43: 360; 1953: 578) verwies mit Stolz auf die mit Hilfe von Fließbandeinrichtungen seit 1938 gesteigerte Produktivität, auf die Pro-Kopf-Leistung von 10565 RM in den Jahren 1939 bis 1943 und 23898 DM im Jahre 1953, weniger übrigens als vergleichsweise bei Quist. Sie genügte auch nicht, um die 1959 eingeleitete Liquidation abzuwenden, als die Blechwarenhersteller mit verschärftem Wettbewerb erstmals Umsatzeinbußen hinnehmen mußten.

Am dritten Standort der württembergischen Blechwarenindustrie, dort ab dem frühen 19. Jahrhundert auf die handwerkliche Herstellung von Vogelkäfigen spezialisiert, in der Garnison- und Beamtenstadt Ludwigsburg, erreichte das bedeutendste Unternehmen der Branche, die Firma Wagner & Keller, im Jahre 1958 mit 600 Mitarbeitern ihren Beschäftigtenhöchststand (Umsatz: 9,98 Mio. DM). 50 bis 60 Prozent des Absatzes gingen damals in die USA. Gegründet wurde die Firma – fast gleichzeitig mit anderen Blechwarenmanufakturen – im Jahre 1869 bei der Übernahme einer seit 1832 nachweisbaren Vorgängerfirma. Anfänge für eine maschinelle Großserienfertigung der verschiedenen Vogelheime gab es Ende des 19. Jahrhunderts, als die Drähte der Käfige nicht mehr von Hand weich verlötet, sondern maschinell »eingerollt« wurden. Ihren Einzug hielt die technische Revolution im Vogelkäfigbau erst mit den zu Beginn des 20. Jahrhunderts entwickelten Druckschweißmaschinen, denen als weiterer wichtiger Schritt der Rationalisierung in zeitlichem Abstand, im Jahre 1964, die Umstellung auf den Kunststoffunterbau statt der arbeitsaufwendigen metallenen Unterteile der Käfige folgte. Das Galvanisieren der Drahtgehäuse, sofern nicht elektrostatisch beschichtet, ist heute aus Kostengründen noch im Handbetrieb üblich. Rationalisierungsschübe zwangen zu hoher Kapitalbindung in der Blechwarenindustrie, verschärften den Wettbewerb und veränderten die Betriebslandschaft. Vier namhafte, auch am Vogelkäfiggeschäft beteiligte Ludwigsburger Metallwarenfabriken wurden zwischen 1932 und 1967 von Wagner & Keller übernommen, um teilweise bzw. zeitweilig ihr Produktionsprogramm weiterzuführen: 1932 der in Konkurs geratene, angesehene Blechspielzeughersteller C. F. Dietrich (um 1820 gegründet), 1955 die mehr durch Zufall angekaufte Firma Weis & Cie., 1958 die aus familiären Gründen aufgelöste Metallwarenfabrik Kallenberg & Feierabend (gegründet 1851) und 1967 die rezessionsbedingt in Liquidation gegangene Firma Th. Kapff Nachfolger (gegründet 1872). Betriebskonzentrationen waren allgemein ein die gesamte Blechwarenindustrie erfassender Prozeß (Betriebe mit 10 und mehr Beschäftigten 1956: 246; 1965: 186) und wurden von einem kräftigen Umsatzwachstum begleitet. Bei einem Belegschaftsstand von durchschnittlich 400 Betriebsangehörigen machten die Firma Wagner & Keller und die mit ihr verbundene Handelsfirma Karl Weis & Cie. im Jahre 1966 hauptsächlich mit Vogelkäfigen und daneben mit Haushaltsartikeln Umsätze in Höhe von 12,7 Millionen DM (Pro-Kopf-Umsatz: 31852 DM).

Wohl gleichermaßen der Metallwarenindustrie wie dem Maschinenbau waren die Industriewerke Karlsruhe zuzurechnen. Diesen neuen (und alten) Namen führten die zum Quandt-Konzern gehörenden Deutschen Waffen- und Munitionsfabriken seit 1949. Ihre überlieferte rüstungswirtschaftliche Monostruktur wich nach dem Kriege, erhebliche Konversionsanstrengungen erfordernd, den verschiedensten, während des Wiederaufbaubooms insgesamt erfolgreichen zivilen Fertigungen. Unter dem Vorstandsvorsitz von Harald Quandt (1921–1967) als Spiritus rector des Unternehmens wurden die seit Jahrzehnten hergestellten Verpackungsmaschinen zu modernen vollautomatischen Kartonier-, Füll- und Verschlußmaschinen für die chemisch-pharmazeutische sowie für die Nahrungs- und Genußmittelindustrie weiterentwickelt, bekam vor allem die Produktion von verschiedenen Leichtstahlflaschen für komprimierte Gase ein spürbares Eigengewicht, wurden Stahlkompensatoren, Dehnungselemente für Rohrleitungsnetze gebaut, die Konstruktion und Produktion von Drehmaschinen sowie von Pressen und Scheren forciert und der Einstieg in die Textilmaschinenfertigung mit unentbehrlichen Neuerungen vollzogen. Aufgrund eines Lizenzvertrages mit Dupont lieferte die IWK als erste Maschinenfabrik in Europa der Chemiefaserindustrie die Aufspulmaschinen und andere Anlagen zur Herstellung synthetischer Fasern. Von Karlsruhe aus setzte sich die Mauser-Tradition der Industrie-Nähmaschinen fort, von denen 65 Prozent vom Ausland abgenommen wurden. In den wachstumsschwächeren sechziger Jahren versuchte die auf Umsatz bedachte Geschäftsführung der IWK, die Produktion – zumeist mit weniger Erfolg – weiter zu diversifizieren (Container- und Schwimmautofertigung) und durch Erwerb von Beteiligungen (Tochterfirmen) in zukunfträchtigen Industriebereichen den Expansionskurs fortzusetzen. Bis 1964 war ein Industrie-Imperium mit rund 11000 Beschäftigten entstanden.

Als in den fünfziger Jahren in den Mauser-Werken in Rottenburg-Oberndorf, einst die wichtigste Beteiligung von Karlsruhe, sich wieder neues Leben regte, wurden dort in einer besonders aktiven Nachfolgegesellschaft, der Mauser-Messzeug GmbH, technische Maß- und Prüfgeräte produziert. Die Mauser-Werke AG baute spanabhebende Sondermaschinen und befaßte sich, verstärkt im Zuge des Aufbaus der Bundeswehr, mit waffentechnischen Entwicklungen und Fertigungen, darunter des automatischen Gewehrs 63. Später kamen die Bordkanonen der »Tornado«-Kampfflugzeuge von Mauser aus Oberndorf. Das alte badische Munitionswerk Grötzingen blieb seiner Herkunft insofern treu, als es – wie nach dem Ersten Weltkrieg – Jagdmunition und Viehbetäubungspatronen herstellte. Gegenüber dem alten Mauser-Werk in Oberndorf gründeten 1949 ehemalige Ingenieure von Mauser die inzwischen weltbekannte Firma Heckler + Koch GmbH (heute nach wie vor Familienbesitz; Stammkapital 15 Mio. DM), die mit dem Bau von Näh- und Haushaltsmaschinen begann und bei

Aufstellung der Bundeswehr den Auftrag zur Entwicklung und Fertigung des robusten automatischen Sturmgewehrs »G 3« erhielt, gegenwärtig Standardwaffe der Bundeswehr und vieler Armeen in der Welt. In der Statistik Baden-Württembergs erschienen 1965 unter der Rubrik Herstellung von Handelswaffen und Munition 14 sehr arbeitsintensive Betriebe (bzw. Betriebsteile) mit 2784 Beschäftigten und einem Umsatz von nur 73,9 Mio. DM (Pro-Kopf-Umsatz 26558 DM; Exportquote 37%), in der statistischen Größenordnung mit der Füllhalter- und Kugelschreiberindustrie Baden-Württembergs vergleichbar, dennoch eine blühende Kleinindustrie für Faustfeuer- und Sportwaffen.

Mehr wirtschaftliches Gewicht besaßen im Metallwarenbereich die Feinblechverpackungsindustrie (Tscheulin, Teningen; Karl Huber, Öhringen seit 1845; Durodont Tubenwerk, Eislingen), die spezialisierte Werkzeugindustrie (Dick, Esslingen; Gebrüder Leitz, Oberkochen), die Stahlrohrmöbelindustrie und die aufstrebende Heizungsindustrie (Strebelwerk, Mannheim; Sulzer, Stuttgart seit 1938; E. Möhrlin, Stuttgart seit 1876; G. Konzmann & Co., Stuttgart seit 1921). Blecheimer »sollten zu den Prototypen von Millionen und Abermillionen Blechverpackungen werden«, die im Verlauf von über einem Jahrhundert in Öhringen produziert wurden. An die Verpackung schloß sich der Siegeszug der Industrie der Verpackungsmaschinen an (IWKA, Karlsruhe; Hesser, Stuttgart-Bad Cannstatt; u. a.).

Eine starke technische Dynamik kennzeichnete die Entwicklung der Heizungs- und Lüftungstechnik (Helios-Ventilatoren, Schwenningen). Aus der alten, schlecht regelbaren Dampfheizung des vorigen Jahrhunderts ging in den sechziger Jahren die Warmwasserheizung mit Radiator und gleitender Temperatur hervor. Mehr einem kurzen, modischen Trend entsprachen die Deckenstrahlungsheizungen. An der Marktreife der kombinierten Heizungs- und Lüftungsanlagen, der Klimaanlagen und der im Winter zu Wärmepumpen umgeschalteten Kältemaschinen wurde gearbeitet. In der Maschinenfabrik Kiefer in Stuttgart-Feuerbach entwickelte sich seit 1957 die EDV-Klimatisierung zu einem wichtigen Arbeitsgebiet und begann der Verkauf spezieller EDV-Klimageräte. Bis in die sechziger Jahre galt Möhrlin in Stuttgart (1939 und 1965 ca. 150 Beschäftigte) als Inbegriff der »hohen Kunst« der Heizungstechnik.

Anstrengungen in der Feinmechanik

Innerhalb der Industriegruppe Feinmechanik–Optik–Uhren (1956: 554 Betriebe mit 67380 Beschäftigten; 1964: 555 Betriebe mit 68495 Beschäftigten) stellte die Uhrenindustrie in Baden-Württemberg u. a. nach Zahl der Betriebe und Beschäftigten (1956: 299 Betriebe mit 31939 Beschäftigten) den weitaus stärksten – wenn auch bereits wäh-

rend des Wiederaufbaubooms rückläufigen – Industriezweig dar. Mehr als 90 Prozent
der in der Bundesrepublik Deutschland produzierten Groß- und Kleinuhren kamen
Anfang der sechziger Jahre aus dem Bundesland Baden-Württemberg, das damals 30
bis 45 Prozent seiner Uhrenproduktion exportierte. Es dominierten traditionsgemäß
die stark exportorientierten südwestdeutschen Großuhrenfabriken, deren guter Ruf
und Rang als bedeutendste Großuhrenhersteller der Welt unangefochten blieb. Problematisch gestaltete sich nach Befriedigung des starken Nachholbedarfs der deutschen Verbraucher die Marktsituation der Kleinuhrenindustrie (Armbanduhren) seit
1957. Im Raum Pforzheim, in Schwenningen und Schramberg im südöstlichen
Schwarzwald und in Schwäbisch Gmünd konzentrierte sich in mehr und weniger
dichter Ballung die im Vergleich zur Großuhrenfertigung jüngere Kleinuhrenindustrie. Ihre schon aus der Vorkriegszeit bekannte und beklagte Abhängigkeit von der
überlegenen schweizerischen Uhrenwirtschaft hat sich durch die schwerwiegende Zäsur des Kriegs- und unmittelbaren Nachkriegsjahrzehnts nicht verringert, sondern
mit der gewachsenen Importabhängigkeit bei der Rohwerkversorgung (Ankerwerke)
noch gesteigert. Auch der Anteil an Importuhren – 1965 mehr als ein Viertel der auf
dem deutschen Markt angebotenen Kleinuhren – nahm zu; die Werbekraft des »Swiss
Made« und die Spitzenstellung exklusiver Schweizer Markenuhren, der Schmuck-
stücke am Handgelenk, zahlten sich aus.

Das unterschiedliche, unter Kapitalmangel leidende Branchenwachstum der südwestdeutschen Kleinuhrenindustrie in den fünfziger Jahren veranlaßte offenbar den innovativen Uhren-Riesen Junghans in Schramberg (Bilanzumstellung von 11,4 Mio. DM
Aktienkapital auf 7,98 Mio. DM), dessen Maschinenpark zur Hälfte bis November
1949 demontiert worden war, die Kapitalhilfe der Konkurrenz und nicht deren Wettbewerb zu suchen. Im Jahre 1956 übernahm der Nürnberger Diehl-Konzern die Aktienmehrheit von Junghans (1985: 85 % eines Kapitals von 20 Mio. DM). An der Größenstruktur von Junghans hatte sich zwar zunächst kaum etwas verändert, doch zog in
Schramberg schon wenig später mit der vorgestellten elektronischen, kontaktlosen,
transistorgesteuerten Armbanduhr »J 100« das elektronische Zeitalter herauf, machte
sich am Horizont eine neue technische Revolution in der Uhrenherstellung bemerkbar. Eine dramatische Umwälzung erfaßte seitdem weltweit die Uhrenindustrie. Die
mechanischen Uhrwerke wurden allmählich von der elektronischen Uhr, von Digital-
uhren, verdrängt, in der die Unruh als Schwingungsgeber vom Quarz, das Räderwerk
von der integrierten Schaltung, Zifferblatt und Zeiger von Flüssigkeitskristallen und
die Feder von der Minibatterie ersetzt wurden.

Der Stolz auf die ausgefeilte Spitzenleistung ihrer mechanischen Produkte (mit Da-
tum-Anzeige und automatischem Aufzug) ließ jedoch bei den mittelständischen
Uhrenfabrikanten und Remontagebetrieben Südwestdeutschlands die Einsicht in die

Leistungsfähigkeit der elektronischen Konkurrenz vorerst nicht aufkommen. Als unseriöse und technisch unbefriedigende Angelegenheit wurde die Digitaluhr teilweise bis in die siebziger Jahre abgetan, belächelt. Statt auf die elektronische Uhr umzustellen, ersetzten die Pforzheimer Rohwerkefabriken in den sechziger Jahren ihre veralteten Maschinen durch elektronisch gesteuerte Automaten, um mit Qualitätsankerwerken die binnen- und außenwirtschaftlichen Anpassungsschwierigkeiten zu überwinden. Die Pforzheimer Uhren-Rohwerke (PUW; seit 1932) waren Mitte der sechziger Jahre mit über 800 Mitarbeitern die größte Uhren-Rohwerkfabrik im damaligen EWG-Raum, die von ihnen hergestellten Porta-Uhren zudem ein Exportschlager. Über 60 Prozent der Gesamtproduktion wurde auf Auslandsmärkten abgesetzt. Noch lag die weitgehend typenbeschränkte japanische Uhrenproduktion auf dem vierten Rang in der Weltuhrenerzeugung (1964) hinter der Schweiz, der Bundesrepublik und der Sowjetunion, war aber wegen ihrer kapitalstarken Betriebskonzentration – vom Niedriglohn ganz abgesehen – bereits imstande, vergleichbare Produktqualitäten zu erheblich niedrigerem Preis als westdeutsche Wettbewerber anzubieten. Wer diese Perspektive damals sah, mußte erschrecken. Die Entwicklung der mengen- und wertmäßigen Kleinuhrenproduktion Südwestdeutschlands Mitte der sechziger Jahre bot – von kurzfristigen Einbußen abgesehen – jedoch wenig Grund, die Lage zu dramatisieren (1962 Produktion von 6,52 Mio. Armbanduhren im Wert von 1,89 Mio. DM; 1968: 7,66 Mio. Stück im Wert von 2,32 Mio. DM). Nur gewissermaßen die Ruhe vor dem Sturm?

Namentlich im Pforzheimer Raum zeigten sich vielgestaltige Verknüpfungen der dortigen Gold- und Schmuckwarenerzeugung mit der Kleinuhrenfertigung (1968 Produktion von 530000 Armbanduhren mit Edelmetallgehäuse, Wert 46,2 Mio. DM), wodurch nicht nur Risiken gestreut und bessere Kapazitätsauslastungen ermöglicht wurden. Auf dem Schmuckwarenmarkt wurden möglichst individuelle Güter verlangt, die auch eine entsprechende Preisstellung mit wohl meist guter Rendite erlaubten. Wenn man den Geschäftsberichten der Allgemeinen Gold- und Silberscheideanstalt AG, Pforzheim (1952 Grundkapital 840000 DM), folgt, dann erlebte die dortige wichtige Schmuckwaren- und Edelmetallindustrie über anderthalb Jahrzehnte eine insgesamt befriedigende bis erfreuliche Aufwärtsentwicklung. Zeitweilig herrschte eine Goldhausse; stets erfuhr der Handel mit Edelmetallen eine Steigerung. Anfang 1967 kostete das Kilogramm Gold für gewerbliche Zwecke 4570 DM und das Kilogramm Platin 21600 DM. Da die Weltproduktion von Silber seit Jahr und Tag nicht ausreichte, um den Verbraucherbedarf zu befriedigen, gab es einen Run auf vorhandene Silberbestände, der den Silberpreis bis Ende 1967 auf 287 DM je Kilogramm trieb. In der reichlichen Verdoppelung des Umsatzes der Schmuckwarenindustrie Baden-Württembergs im Laufe eines Jahrzehnts (1956: 328 Betriebe mit 285,8 Mio. DM

Umsatz; 1965: 309 Betriebe mit 565,9 Mio. DM) schlug daher um so mehr das Anziehen der Edelmetallpreise zu Buche, je stärker sich in den sechziger Jahren die Nachfrage auf Schmuckwaren aus Gold, Platin und Platinbeilagen konzentrierte. Eine typische Silberwarenfabrik wie die der Gebrüder Kühn in Schwäbisch Gmünd, einst ein Unternehmen von Weltruf, blieb dennoch nur leicht hinter dem Trend zurück. Um 215 Prozent erhöhte sie ihren Gesamtwarenausgang zwischen 1955 und 1965/66 (von 987402 DM auf 2,1 Mio. DM) trotz mancher Einbußen in den sechziger Jahren. Die Auftriebskräfte in der Schmuckwarenindustrie in Pforzheim, wiederum größtes deutsches Schmuck produzierendes Zentrum, erwiesen sich als stärker, obwohl Pforzheim und seine Industrie 1945 von Bomben zerstört und anschließend von den Besatzungsmächten ausgeplündert wurde. Auf 348,3 Millionen DM (davon 31,2% Exportanteil) belief sich 1964 der Umsatz der Pforzheimer Schmuckwarenindustrie. Vier Unternehmen der edelmetallverarbeitenden Industrie, die Kiefer KG (seit 1938), Glauner & Epp (seit 1941), Gebr. Kuttroff (seit 1882) und Favor (seit 1910) schlossen sich dort 1966 zur exportstarken Unidor GmbH zusammen (1985: Stammkapital 3,5 Mio. DM zu 100% bei Joh. Fürst von Thurn und Taxis, Regensburg).

Nach Pforzheim blieb Schwäbisch Gmünd zweite deutsche Hochburg der Schmuckwarenindustrie, bereichert um Betriebe der Gablonzer Glas- und Schmuckwarenindustrie und ständig bemüht um ein neues Gesicht, um diversifizierende Ausweichmöglichkeiten, die die Runzeln der Krisenanfälligkeit nicht zu tief werden ließen. Bei einigen Schmuckbetrieben (1966 insgesamt 4650 Beschäftigte) gelang das Neben- und Miteinander von kunstgewerblicher Fertigung und Zulieferfunktionen für Fahrzeug- und Apparatebau unter einem Dach.

In einer nicht weniger schwierigen Situation wie Uhren- und Schmuckwarenindustrie befand sich unmittelbar nach dem Kriege die optische und fototechnische Industrie Südwestdeutschlands. Mit dem stürmischen Wachstum der Schmuckwarenindustrie vermochte sie jedoch nicht Schritt zu halten (1956: 69 Betriebe mit 252,4 Mio. DM Umsatz; 1965: 77 Betriebe mit 396,3 Mio. DM Umsatz und 17586 Beschäftigten). Fototechnische Fabriken mit weltbekannten Namen hatten im Raum Stuttgart und Calw schon vor dem Kriege ihren Sitz. Aus dem Zusammenschluß der bekannten Kamerawerke Contessa und Nettel AG in Stuttgart, Ernemann und Ica AG in Dresden sowie C. P. Goerz, Berlin, war unter Führung der Firma Carl Zeiss im Jahre 1926 die Zeiss Ikon AG hervorgegangen, deren Hauptsitz nach dem Kriege nach Stuttgart verlegt wurde, wo sich ein von Kriegsschäden weitgehend verschonter Fertigungsbetrieb von Zeiss Ikon befand. 1966 waren in den inzwischen vier Werken der Gesellschaft, dem damals größten fototechnischen Unternehmen der Bundesrepublik, etwa 4500 Mitarbeiter beschäftigt. Die Zeiss Ikon AG (15 Mio. DM Grundkapital) bot ein Produktprogramm an, das sich von preiswerten Anfänger-Kameras bis zu technisch vollendeten Systemkameras, den bahnbrechenden einäugigen Spiegelreflexkameras (Contaflex, Contflarex, Icarex) spannte. Die Kodak AG mit dem Dr.-Nagel-Werk in Stuttgart-Wangen, an dritter Stelle in der bundesdeutschen Fotomarkt-Hierarchie – 1966 über 3000 Arbeitnehmer –, erweiterte zunächst die Familie der weltberühmten Retina-Kleinbildkamera von 1934, zu der sich – neben dem breiten Sortiment von Kodak-Filmen – seit 1963 die Instamatic-Kamera-Serie gesellte. Millionenfach trat sie von Stuttgart aus ihren Siegeszug durch die Welt an. Noch einen dritten, in Stuttgart ansässigen beachtlichen Konkurrenten gab es auf dem fototechnischen Markt, die zur Bosch-Gruppe gehörende Eugen Bauer GmbH.

Der im Gemini-Raumflug-Programm der USA am 3. Juni 1965 frei im Weltraum fliegende Astronaut Edward H. White führte eine Zeiss Ikon Contarex aus Stuttgart mit einem Objektiv von Zeiss-Oberkochen mit sich. Die Vorgeschichte dazu begann genau zwei Jahrzehnte zuvor. Kurz vor der Übergabe Thüringens an das sowjetische Oberkommando im Juni 1945 brachten die amerikanischen Streitkräfte 126 Führungskräfte der Carl-Zeiss-Stiftung unter Prof. Walther Bauersfeld nach Oberkochen in Württemberg. Im Jahr darauf wurde in Oberkochen mit Unterstützung des Jenaer Zeiss-Werkes die Opton, Optische Werke Oberkochen GmbH, unter schwierigsten Umständen gegründet. Nach der Enteignung der Carl-Zeiss-Stiftung in Jena 1948 und ihrer Umwandlung in einen volkseigenen Betrieb nahm durch Zusammenfassung ihrer im Westen befindlichen Vermögenswerte die Stiftung – durch Urteil des Bundesgerichtshofs von 1957 legitimiert – ihren Sitz in Heidenheim. Oberkochen avancierte zum Hauptwerk des neuen Unternehmens. Dort wurde seitdem der bei weitem größte Teil aller Zeiss-Erzeugnisse, Inbegriff von Präzision, hergestellt, beginnend von Brillenglas über Objektive, optische Meßinstrumente u. a. bis zum gewichtigsten Produkt, dem von Prof. Bauersfeld erfundenen Planetarium. Entsprechend dem Wiederaufbau des internationalen Vertriebsnetzes wuchs der Mitarbeiterstamm des Hauptwerks Oberkochen (August 1946: 200; 1953: 2800; 1963: 4600), zusammen mit dem der Schleiferei Aalen und des Mikroskop-Werks Göttingen im Jahre 1963 rund 6000 Personen, die damals eines der größten und vielseitigsten optischen Unternehmen der Welt repräsentierten. Wesentlich gesteigert wurde seine Bedeutung durch den Konzernverbund der Carl-Zeiss-Stiftung, damals rund 40 Unternehmen von Australien bis Südamerika, darunter in Baden-Württemberg die A. Gauthier GmbH, Calmbach (Stammkapital 7 Mio. DM), und die Fritz Leitz GmbH, Oberkochen (Stammkapital 1,6 Mio. DM).

Die besonders die Wirtschaft während des Wiederaufbaubooms stark durchdringende Leistungs- und Produktivitätsidee – mehr erzeugen, Besseres erzeugen, mehr Arbeit einsparen – wirkte sich anhaltend auf die gesamte Meßtechnik aus, erforderte steigende Genauigkeit, umfassendere Datenlieferung, mehr Präzision und größere Betriebssicherheit, den Ausbau der Steuer- und Regeltechnik, ergab neue Wägeaufgaben und machte Rentabilität zu einer Funktion von Stück- und Zeitkosten. Maßstäbe für rationelle Zeiterfassung setzte die Hengstler KG, Aldingen, die sich Anfang der sechziger Jahre mit ihren über 650 Beschäftigten nach jahrelangem Wachstum unter die führenden Zählerfabriken der Welt reihte (1949: 145 Mitarbeiter und ca. 1,5 Mio. DM Umsatz). Erst in den fünfziger Jahren stand mit dem aufgekommenen Kunststoff ein ideales Material für den Durchbruch im Zählerbau und in neue Märkte zur Verfügung. Aus der Entwicklung von bausteinartig kombinierten Impulszählern entstand Hengstlers Bausteinsystem 400, »Europas erfolgreichste Zähler-Serie«.

In der auf den Einzelhandel bezogenen Waagentechnik erreichten die Bizerba-Werke, Wilhelm Kraut GmbH, Balingen, ständig im Wettbewerb mit der renommierten holländischen Firma Berkel, 1957 die optisch preisanzeigende Waage (OP-Waage), auf die die technisch sehr aufwendige, selbsttätig preisanzeigende OP-Waage folgte, bis 1966 in über 100000 Stück in alle Welt geliefert. Mit Hilfe eines elektronischen Kleinrechners und eines Druckers machte Bizerba 1960, wiederum der Zeit vorauseilend, die Waage zugleich zu einem Preisauszeichnungsgerät. Die elektronische Waage eroberte sich seit 1965 die Geschäfte und Ladentische des Einzelhandels, drang in die Fabrikhallen vor und ermittelte Stückzahlen, wurde in mechanisierte Fördersysteme eingebaut, mit Behältern zu den verschiedensten Behälterwaagen kombiniert und zu Abfüllfunktionen gebraucht. Damit wuchs die Waage in die Steuer- und Regeltechnik hinein, wurde »Meßglied« mit Signalwirkung in einer Regelstrecke. Über den Meßkopf der Waage wurde der Arbeitsablauf (anfangs mit Lochkarten) von automatischen Anlagen gesteuert, zuerst in Gießereien, dann bei den verschiedensten Gemengeanlagen in der Chemie, bei der Kunststoffherstellung, in den Futtermittelfabriken, bei Flüssigkeitsherstellern usw. Mitte der sechziger Jahre war das arbeitssparende Zeitalter der elektronischen Waagentechnik angebrochen. In den Bizerba-Werken lag die Beschäftigtenzahl seit 1965 bis in die jüngste Zeit ziemlich konstant bei 4000 Mitarbeitern.

Chemie und Kunststoff

Während des ersten Nachkriegsjahrzehnts spiegelte die Struktur der chemischen Industrie Baden-Württembergs (1950: 26345 Beschäftigte) noch weitgehend das Erbe der unmittelbaren Vorkriegszeit wider. Ihre wertmäßig wichtigsten Erzeugnisse bestanden aus pharmazeutischen Spezialitäten, Kunststoffen sowie aus Seifen, Wasch- und Körperpflegemitteln. Nach wie vor hatte die elektrochem. Industrie am Hochrhein ihren Sitz und befand sich der Schwerpunkt der Grundchemikalienerzeugung in

Mannheim. Es ist erstaunlich und bedarf noch einer plausiblen Erklärung, daß sowohl in Mannheim als auch im ganzen Lande die chemische Industrie in den fünfziger Jahren (nach Aufhebung alliierter Produktionsverbote) recht langsam wuchs, unter dem industriellen Durchschnittswachstum blieb. Dabei waren damals der Herstellung von Arzneimitteln und Chemikalien weder durch Arzneimittel- noch Umweltschutzgesetze Grenzen gezogen.

Klaus Lechler von der bekannten Firma Lechler, Stuttgart, nannte mehrere Schwierigkeiten für die Startprobleme in der Chemie, die freilich zum Teil auch für andere Branchen und Unternehmen zutrafen: 1. Die Produktentwicklung mußte wegen der fast zehnjährigen Isolation vom Ausland und damit »vom Wissen um neue technische Erkenntnisse« Anschluß an das internationale Qualitätsniveau finden. 2. Alte und neue Lieferantenverbindungen waren aufzubauen, um dem internationalen Qualitätsstandard entsprechende Rohstoffe zu beschaffen. 3. Die Umstellung vom Verkäufer- auf den sich neu bildenden Käufermarkt verlangte das Erarbeiten von Marktanteilen. 4. Verlorengegangene Exportmärkte waren zurückzugewinnen und Lizenzverbindungen herzustellen. 5. Infolge der zu kurzen Kapitaldecke war bei Familiengesellschaften die Beleihungsgrenze rasch erreicht. 6. Das Fehlen des heute üblichen Instrumentariums für differenzierte Unternehmensplanung zwang zu Mitarbeiter und Führungskräfte belastenden Improvisationen, um »einen im Grunde handwerklich gebliebenen Betrieb zu einem mittelständischen Produktionsunternehmen auszubauen« und damit den sprunghaft gestiegenen Markt- und Produktionserfordernissen anzupassen.

In zehnjähriger stürmischer Entwicklung hatte sich der Umsatz der stark diversifizierten Lechler-Firmen bis 1960 auf 29 Millionen DM vervierfacht. Die auf den Chemikalien-Großhändler Paul Lechler zurückgehenden Unternehmen formierten sich 1961 in drei selbständige Unternehmensbereiche, in die Lechler GmbH & Co., spezialisiert auf die Entwicklung und Herstellung von Düsen für Hütten- und Walzwerke, Chemie usw., in die Lechler Chemie GmbH, für die Bautenschutzchemie zuständig, und in die Lechler Dichtungswerke KG, seit 1964 Elring Dichtungswerke KG, die Hochdruck-Dichtungsplatten fertigte.

Eine andere Unternehmensgruppe der Chemie verband sich mit dem Apotheker- und Lackproduzenten Christian Lechler. In ihrem Stuttgart-Feuerbacher Werk für Lackfarben arbeiteten im Jahre 1948 kaum 75, nur zehn Jahre danach 633 Mitarbeiter. Der Erfolg bei den Serien-Einbrennlacken für Automobile und bei Industrielacken (Lesonal), mit denen zwischen 1950 und 1970 enorme Wachstumsraten erzielt wurden, legte der Lechler-Geschäftsführung nahe, diesen Bereichen vor den Malerlacken Priorität einzuräumen. Ein Beispiel für den ungeheuren weltweiten Aufschwung der Lackindustrie. Lesonal entwickelte sich, über Stuttgart hinausgreifend, zwar zu einem der größten Farben- und Lackproduzenten in Deutschland, war aber zu schwach, um sich auf den internationalen Märkten der Zukunft behaupten zu können. Im Jahre 1968 schloß sich Lesonal mit der holländischen Gruppe Sikkens und mit Astral in Frankreich zur KZO-Gruppe zusammen. Ein Jahr später folgte mit der holländischen AKU-Gruppe die Fusion zum AKZO-Konzern, einem internationalen Firmenverbund mit damals 100000 Mitarbeitern. Bezeichnend für die konservative Haltung der deutschen Lackindustrie und des Malerhandwerks nach der Währungsreform war es, daß sie die technisch fortschrittlichen Alkydharze der Kriegszeit ablehnten und statt dessen lieber wieder mit dem alten, langsam trocknenden Leinöl oder dem Standöl der zwanziger Jahre arbeiten wollten, die in ihren Augen nicht den Makel des Ersatzprodukts trugen.

In der Arzneimittelbranche stellte das Haus C. F. Boehringer & Söhne GmbH, Mannheim, mit seinen etwa 1600 Mitarbeitern (1963) und einem Kapital von 24,97 Millionen DM das stattlichste südwestdeutsche Unternehmen dar. Eingebunden war Boehringer in den etwa 20 Unternehmen umfassenden Komplex des von Mannheim aus aufgebauten, multinationalen Engelhorn-Konzerns, zu dem die alten Vereinigten Chininfabriken Zimmer & Co., die auf Leciferin spezialisierte Galenus-GmbH, Mannheim, u. a. gehörten, alle im Dienste der Pharmazie und Chemie bis auf die Vereinigten Altenburger & Stralsunder Spielkartenfabriken AG, Leinfelden-Echterdingen, sofern man dem nachweislich seit dem 16. Jahrhundert beliebten Kartenspiel nicht therapeutische Wirkung beizumessen bereit ist. Der hohe Stellenwert der Forschung und des internationalen Marketings in der Firmenphilosophie der Boehringer-Geschäftsführung erklärte den Aufstieg der Firma in den Nachkriegsjahrzehnten. 1953 gelang die Synthese von Paraxin, einem Breitband-Antibiotikum (das mit Vorsicht in Human- und Tiermedizin zu verwendende Chloramphenicol), und 1956 mit Nadisan die Einführung der ersten Tablettenbehandlung des Diabetes mellitus. Ein zweites »wachstumsstarkes« Bein erschloß sich Boehringer auf dem Gebiet der Diagnostica, zur Erkennung von Krankheiten mit Hilfe von einfachen Teststreifen bis hin zu hochkomplizierten Diagnosegeräten.

Wer »vom Fach« war, wußte in Deutschland schon vor dem Kriege, daß der Kunststoffsektor einen gewaltigen Aufschwung nehmen würde. Naturprodukte waren zu teuer, um sich zur Massenverwendung zu eignen. Mit teurem Naturkautschuk waren trotz seiner hervorragenden Eigenschaften auch nicht mehr alle technologischen Anforderungen befriedigend zu lösen. Im Jahre 1963 bestanden die rund 5 Millionen Tonnen in Deutschland verarbeiteten Kautschukmengen zu weniger als der Hälfte aus Naturkautschuk und demnach überwiegend aus Synthese-Kautschuk, der inzwischen auch durch die größere Ökonomie seiner automatisierten Herstellung, gestützt auf die riesige Mengen billiger Ausgangsstoffe bereitstellende Erdölchemie, der flächen- und

arbeitsintensiven Naturkautschukproduktion überlegen ist. Die deutsche Entwicklung des Synthesekautschuks knüpfte in der Nachkriegszeit an das Perbunan (Chlorbutadien) von Bayer (bzw. Dupont) an und konnte durch Kooperation der deutschen Chemie-Giganten den Anschluß an die moderne Kautschuktechnik wiedergewinnen. Auf der traditionsstolzen Familiengesellschaft Carl Freudenberg, Weinheim, mit ihren 150 zur Familie gehörenden Kommanditisten (Stammkapital 1960: 72 Mio. DM), basierten die Geschäftsbereiche der führenden Nora-Produkte (Laufsohlen, Bodenbeläge u. a.), die mit dem Sammelbegriff Simrit bezeichneten gummielastischen Werkstofftypen für Dichtungszwecke und die 1956 aufgenommene Fertigung von Gummi-Metall-Elementen für die Schwingungsdämpfung auf der Basis von Synthesekautschuk. Schon 1948 brachte Freudenberg das neue textile Flächengebilde des Vliesstoffs auf den Markt. 1949 begann die Verarbeitung von PVC und anderen Kunststoffen. Wer Ledergeschäfte um 1960 aufmerksam beobachtete, der entdeckte in den Auslagen Skai-Waren, Skai-Koffer usw., die verschiedensten, von echten Lederwaren äußerlich nicht zu unterscheidenden Kunstlederartikel. Der Anteil des Südwestens an der deutschen Kunstlederproduktion stieg im Jahre 1960 auf 65,3 Prozent, weil den südwestdeutschen Herstellern der Spatz der Mengenkonjunktur lieber war als die Taube der Preishausse. Schon 1963 begann Freudenberg mit der Produktion von Helia-Kunstleder (Feinsynthetics), das wegen seiner Qualitäten, Skai ablösend, bald eine führende Stellung auf dem Weltmarkt einnahm. Von den etwa 12000 Beschäftigten der Firma Freudenberg im Jahre 1963 waren kaum mehr ein Drittel in der herkömmlichen Lederproduktion beschäftigt. Von dem preiskorrigierten Gesamtumsatz von 1962 in Höhe von 406 Mio. DM entfielen 42 Prozent auf den Lederabsatz.
Der deutsche Durchbruch im Kunststoffbereich gelang – wenige Jahre nach dem Kriege – durch die Polyurethane (auch Klebstoff) und die Cellidor-Produkte. Vielfältig einsetzbare, harte, mittlere und weiche Kunststofftypen, zum Spritzguß geeignet, eroberten sich rasch den Markt der Gebrauchsartikel und der Elektrotechnik. Polyamid-Kunststoffe setzten sich ab der Mitte der fünfziger Jahre in Sortimenten wie Gewinden, Zahnrädern, Rohren durch, wo große Härte in Verbindung mit mechanischer Festigkeit gefordert wurde. Die glasfaserverstärkten Polyester-Kunststoffe erschlossen sich Anwendungsbereiche in der Bauwirtschaft (Wellplatten) bei der Fertigung von Behältern, von Bootskörpern und Autokarosserien. Mit den sehr beständigen Polycarbonat-Kunststoffen hielt das gegebene Material für medizinische und Haushaltsartikel (Kunststoffgeschirr) um 1960 seinen Einzug auf den Märkten. Wärmeisolierende Schaumstoffe gehörten zum Zweig der Polyurethankunststoffe (Moltopren) und bedurften zu ihrer Markteinführung erst geeigneter Verschäumungsmaschinen. Unzählige Kunststofferzeugnisse, beginnend nach dem Kriege mit kaum Beachtetem – mit Kämmen, Spangen, Schuhlöffeln und Schraubenziehern – eroberten

sich in anderthalb Jahrzehnten einen riesigen Markt, drangen in Marktnischen ein, schoben andere gewohnte Erzeugnisse aus dem Markt, gewannen sichtbar und weniger sichtbar immer neues Terrain. Nicht die in Baden-Württemberg weniger seßhafte Kunststoffherstellung, sondern die hier rasch aufgeblühte Kunststoffverarbeitung, ein sich besonders für mittelständische Unternehmen eröffnendes weites Betätigungsfeld, trat seit der Währungsreform einen beispiellosen Siegeslauf an, alle anderen Industriebranchen in ihrem Wachstum weit überrundend. Im südbadischen Raum erhöhte die kunststoffverarbeitende Industrie von 1950 bis 1965 ihre Beschäftigung auf das Fünfundzwanzigfache (von 212 auf 5275 Beschäftigte) und den Umsatz auf das Achtzigfache (von 2,7 Mio. auf 218,9 Mio. DM). Während sich die Nettoproduktion der Gesamtindustrie von 1950 bis 1963 knapp verdreifachte (Index 295,3), wuchs die der Kunststoffverarbeitung Baden-Württembergs »exponentiell« um mehr als das Zwölffache (Index 1229,4). In den sechziger Jahren erhielt der Substitutionsprozeß von Naturstoffen durch weitere, sich zugleich neue Verwendungsmöglichkeiten erschließende vollsynthetische Stoffe aus der Retorte neue Impulse. Die Bundesrepublik Deutschland, nach den USA größter Kunststoffhersteller in der Welt, steigerte ihre Produktion zwischen 1960 und 1970 um 444,8 Prozent (auf 4,36 Mio. t). Zum Alltag der Massenkonsumgesellschaft gehörte untrennbar der Kunststoff. Da sein Preisniveau ständig sank, ließ sich seine Produktion weltweit (1930: 0,1 Mio. t; 1950: 1,5 Mio. t; 1970: 30 Mio. t) unaufhörlich steigern.

Im textilen Bereich beherrschten die Zellulosefasern bis nach dem Zweiten Weltkrieg den rationierten Markt. 801 245 kg Kunstseide produzierte die hochentwickelte südbadische Industrie im ersten Halbjahr 1948, nur 4,3 Prozent davon wurden für den deutschen Zivilbedarf freigegeben (= 34 141 kg). Auf 44 600 000 Kilogramm belief sich die Chemiefaser-Produktion Baden-Württembergs im Jahre 1967. Triumphzug der Chemie! Die 1927 von Franzosen gegründete Deutsche Acetatkunstseiden AG, Rhodiaceta (Firmenname seit 1951), Freiburg/Breisgau, sowie die aus dem zerschlagenen IG-Farbenkonzern hervorgegangene Rottweiler Viskose- und Kunstseidefabrik, 1954 zum Bruttopreis von etwa 11,5 Millionen DM vom größten französischen Kunstseidenhersteller gekauft, waren die bedeutendsten südwestdeutschen Produzenten von Zellwolle und Kunstseide (1950: 4 Betriebe mit 4757 Beschäftigten). Die produzierte Acetylzellulose ist eine Essigsäureverbindung, deren Lösungsmittel beim »Spinnvorgang« verdampft werden. Trotz des bald starken Aufkommens der synthetischen Fäden haben sich zumindest die seidenglänzenden Acetatgespinste – im Unterschied zu den anderen Zellulosefasern – für hochwertige Stoffe bis heute auf dem Markt behaupten können. Schon vor und während des Zweiten Weltkriegs erreichten die vollsynthetischen Polyamide Nylon und Perlon Fabrikationsreife. Die Rhodiaceta stellte nach dem Kriege Perlon her, um ab 1950 ausschließlich auf Nylon (»Nylon-

Kunststoffverarbeitende Industrie (Betriebe mit 10 und mehr Beschäftigten)				
	Zahl der Betriebe	Beschäftigte	Ø je Betrieb	Umsatz insgesamt in Mio. DM
1956	162	10 276	63,4	243,0
1960	242	17 956	74,2	526,7
1970	306	32 862	107,4	1 641,9

Nyltest«) überzugehen. Ende der fünfziger Jahre war sie mit ihren etwa 3300 Mitarbeitern das einzige Textilfaser-Werk in Deutschland, das für die deutsche Textilindustrie Nylon erzeugte. Die im Wettbewerb nicht mehr mithaltende Rottweiler Kunstseidenfabrik – bis 1967 noch Viskosehersteller – wurde 1961 von der Rhodiaceta übernommen, 1967 auch mit ihr fusioniert und damit dem großen französischen Konzern Rhône-Poulenc S.A., Paris, einverleibt (heute Rhodia AG, Freiburg; 37,5 Mio. DM Grundkapital). Das Rottweiler Werk (1970: 1400 Beschäftigte) suchte den Anschluß an die Polyamid-Faser, verspann sie erstmals 1965 und stellte Nylon-66-Garne von hoher Qualität her.

Das gestiegene Angebot an Polyamidfasern drückte schon Ende der fünfziger Jahre auf dem Weltmarkt die Preise, so daß sich Synthesefaserhersteller entschlossen, andere, möglicherweise qualitativ bessere Fasern als das vergilbende und vergrauende Nylon zu produzieren, um die Lebensfähigkeit ihrer Unternehmen für eine fernere Zukunft zu sichern. Der bis in den Zweiten Weltkrieg erreichte Forschungsstand erlaubte die Wahl zwischen einer Polyester- und einer Polyacrylnitrilfaser. Beide Wege wurden von der Industrie beschritten. Anfang der sechziger Jahre begann sich die mit hervorragenden Eigenschaften ausgestattete, teilweise die Wolle übertreffende Acrylfaser den Markt zu erschließen. Für die mottensichere, formbeständige, großer Beliebtheit erfreuende Acrylfaser eröffnete sich bis heute ein großes Einsatzgebiet, weil besonders geeignet für Strickwaren aller Art, gewirkte Wäsche, gewebte Stoffe, Heimtextilien u. a. m. Polyacryl-Kunstseide kam der Naturseide näher.

Der ständig verstärkte qualitative und preisliche Wettbewerb unter den Fasererzeugern brachte unentwegt Dynamik in die Entwicklung. Die Synthesefasern Polyvinylchlorid, Polyamid und Polyester kamen hinzu. Sie allesamt setzten Marksteine für ein neues Textilzeitalter, so daß das Schicksal der Textilindustrie im wahrsten Sinne des Wortes »am seidenen Faden« der Chemie hing.

Neuerungen in der Textilindustrie

Der wirtschaftliche Zusammenbruch 1945 und die unmittelbare Nachkriegszeit hatten die Textilwirtschaft in Südwestdeutschland bei schwierigem Start wieder zu dem personell am stärksten besetzten Gewerbebereich werden lassen (1950 mit Handwerk 4067 Betriebe mit 163642 Beschäftigten). Trotz ihres bereits hohen Beschäftigungsniveaus entwickelte die Textilwirtschaft noch bis Mitte der sechziger Jahre eine bemerkenswerte Wachstumsdynamik (industrieller Produktionsindex 1950 = 100; 1963 = 172,5). Im Jahrzehnt des Nachholbedarfs waren die Leistungen der Verbrauchsgüterwirtschaft stark gefragt, so daß sich die Textilindustrie wieder für einige Zeit auf das Podest ihrer traditionellen und gern beanspruchten industriellen Spitzenposition gestellt sah. Nicht lange! Ihre Dominanz schrumpfte, je mehr sie ab Mitte der fünfziger Jahre im In- und Ausland unter verstärkten Wettbewerbsdruck geriet und der Verkäufer- sich zum Käufermarkt wandelte. Überalterte Maschinenausrüstungen halfen nicht gegen die starke Auslandskonkurrenz. Ende der fünfziger Jahre bereitete es der kapitalarmen Textilwirtschaft Schwierigkeiten, flexibel auf die zeitweilig undurchsichtige Situation auf dem ägyptischen Baumwollmarkt zu reagieren und sich rasch dem Preisverfall und der Nachfrageentwicklung für texturierte synthetische Garne anzupassen. Der Synthetic-Markt war etwa ab 1960 in Bewegung gekommen.
Nur über die kostengünstige Syntheticfaser ließ sich der steigende textile Weltbedarf befriedigen. Ein harter Kampf der Syntheticspinner und -verarbeiter um Letztverbraucher begann. Um den Synthetics positive bekleidungsphysiologische Eigenschaften zu verleihen, wurde ihre Kräuselung vergrößert und durch diese Strukturveränderung das texturierte Garn geschaffen. Spinner, Weber und Konfektionäre standen vor neuen Problemen. »Das von Jahr zu Jahr wachsende, schon kaum mehr überschaubare Angebot von Stoffarten, das dem Verbraucher, insbesondere dem Konfektionär, heute zur Verfügung steht, macht es nicht leicht, dem wechselnden Bedarf unserer Abnehmer immer zeitgerecht zu entsprechen«, beklagte der Geschäftsbericht von 1963 der Zwirnerei Ackermann AG, Heilbronn-Sontheim. 1957 war das namhafte Heil-

Betriebe der Textilindustrie mit 10 und mehr Beschäftigten			
	Betriebe	Beschäftigte	Ø je Betrieb	Umsatz in Mio. DM
1956	1 180	171 684	145	3,71
1960	1 215	169 006	139	4,30
1965	1 249	160 976	129	5,73

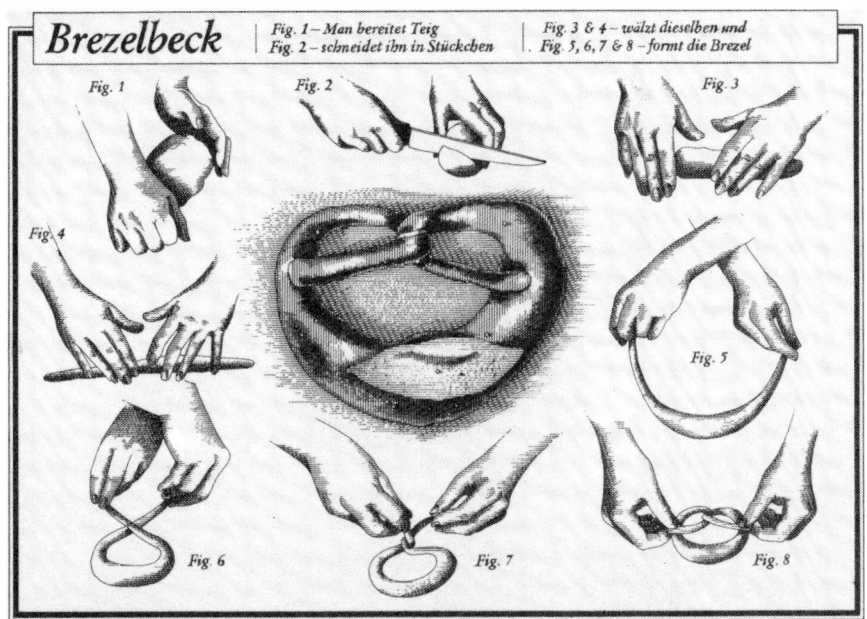

152 Handformen von Laugenbrezeln im 19. Jahrhundert
153 Vollautomatische Brötchenmaschine der Maschinenfabrik
Werner & Pfleiderer GmbH, Stuttgart-Feuerbach. Geliefert 1983

154 Brauerei im 18. Jahrhundert
155 Sudhaus der Brauerei Weldebräu GmbH & Co. KG Plankstadt (1982).
Ausschlagmenge 225 hl, Malzschüttung 3700 kg, Heißwasserhochdruckheizung

156 »Caffé de la Couronne« in der Kronengasse in Ulm. Kupferstich von 1780

157 Prunkküche im Schloß Favorite bei Rastatt um 1720. Sommerresidenz der Markgräfin Sibylla Augusta von Baden

158 Speisesaal im Zeppelin (um 1936)

159 *Südwestdeutsches Mineralbad im 15. Jahrhundert*
160 *Paracelsus-Bad, Bad Liebenzell (1984)*

Beschäftigte nach Wirtschaftsbereichen in 1000 (Arbeitsstätten)				
Wirtschaftsbereich	1939	1950	1961	1970
Produzierendes Gewerbe	1319	1413	2104	2284
Metallverarbeitung	118,4	103,4	174,5	197,0
Maschinenbau	144,6	113,7	267,4	305,4
Straßenfahrzeugbau	95,5	76,9	153,6	183,9
Chemische Industrie	25,9	31,1	53,6	69,6
Elektrotechnik	60,7	72,5	216,2	264,6
Feinmechanik und Optik	47,8	21,5	44,3	52,9
Textilgewerbe	148,7	163,6	175,3	156,8
Bekleidungsgewerbe	108,9	87,0	89,7	70,0
Holzverarbeitung	97,8	97,9	89,2	84,2
Nahrungs- und Genußmittelgewerbe	168,2	153,6	157,7	137,5
Handel und Verkehr	–	403	545	597
Sonstige Dienstleistungen	–	487	754	964

bronner Unternehmen (Grundkapital 18 Mio. DM) mit der Zwirnerei und Nähfadenfabrik Göggingen bei Augsburg verschmolzen, um sich im hart umkämpften Nähfadenbereich insbesondere gegenüber der starken südwestdeutschen Konkurrenz (Gütermann, Gutach; Mez, Freiburg; Amann & Söhne, Bönnigheim) seine führende Position mit großem Sortiment zu erhalten. Um 18 Prozent (von 86,2 auf 101,5 Mio. DM) steigerte Ackermann von 1960 bis 1965 seinen Umsatz, wenig, verglichen mit anderen Branchen und beachtlich viel wegen den sich der Textilindustrie entgegenstemmenden Schwierigkeiten. Infolge bestehender Einfuhrhemmnisse konnten ins Ausland ausgewichene, inländische Bekleidungsfirmen nicht mehr mit Heilbronner Garnen beliefert werden. Da die Textil- und Bekleidungsindustrie auf dem südwestdeutschen Arbeitsmarkt bei sinkender Arbeitszeit mit günstiger liegenden Wirtschaftszweigen nicht mithalten konnte, war sie zuerst genötigt, Fertigungen in Billiglohnländer zu verlegen, in verstärktem Maße ausländische Arbeitskräfte im Inland einzustellen und möglichst den Umsatz je Beschäftigten kräftig zu steigern (1956: 21 637 DM; 1970: 43 653 DM). Bei Ackermann belief sich 1965 der Lohnanteil am Umsatz auf 24 Prozent und die Umsatzrendite auf zwei Prozent.

Die auf mancher Hauptversammlung der J. F. Adolff AG (Grundkapital 1961:
18 Mio. DM; 1985: 12 Mio. DM) im kleinstädtischen Backnang verlautbarte pessimistische Zukunftsbeurteilung war auf längere Sicht durchaus berechtigt. Die Bedeutung
des Unternehmens als damals größte Verkaufsspinnerei der Bundesrepublik und bedeutendster Streichgarnproduzent Westeuropas sowie der enorme Anstieg des durch
Firmenkäufe expandierten Konzernumsatzes in den sechziger Jahren (1950 als
Streichgarn-Baumwoll-Mako-Spinnerei u. a.: 119 Mio. DM mit 4953 Beschäftigten;
1960: 179 Mio. DM mit 5827 Beschäftigten; 1969: 390 Mio. DM mit 9500 Beschäftigten) änderte daran nichts. Der Überlieferung des Hauses entsprechend beruhte der
Aufstieg des Stammwerkes in Backnang mit den Zweigbetrieben Diedenheim, Ehingen und Illertissen (1962 Umsatz von 109 Mio. DM bei etwa 3350 Beschäftigten) auf
den Kostenvorteilen, die ein dem durchschnittlichen Produktivitätsfortschritt (Drei-
zylindergarne) etwas vorauseilendes Unternehmen für sich verbuchen konnte. Als ein
Ergebnis des heftigen Kampfes der Spinnereien um Absatzsicherung erwuchs binnen
weniger Jahre der größere Adolff-Konzern, ein ab Ende der sechziger Jahre umstruk-
turiertes Imperium, bestehend u. a. aus Woll- und Kammgarnspinnereien, dem Werkkomplex der führenden Spinnerei und Webereien AG Zell-Schönau seit 1969, den
Schwäbischen Textilwerken und der 1968 gemeinsam mit Ackermann gegründeten
AGA-Garn, Crailsheim. Steuervergünstigungen beflügelten teilweise den Ehrgeiz der
allerdings die Produktivität verringernden Expansion. Man rechnete jedoch mit Um-
satzzuwächsen und höheren Erträgen, verstand es, durch geschickte Geschäftspolitik
in der Zusammenarbeit mit Chemiefaserherstellern und Weiterverarbeitern Marktpositionen auszubauen und war der Überzeugung, daß es sich in der Textilindustrie
um so schwerer verdient, je weiter man vom Verbraucher weg war.
Die Leistungskraft des Adolff-Konzerns war beachtlich. Nie zuvor hat es in der Geschichte der südwestdeutschen Textilindustrie eine vergleichbare Unternehmensbal-
lung in den Händen einer Familie gegeben und das ausgerechnet zu einer Zeit, als andere namhafte Textilunternehmer bereits den Rückzug antraten. Seit Jahren zehrte die
Gminder AG, Reutlingen (1958: 12,5 Mio. DM Kapital), von der Substanz, baute die
Beschäftigung ab (1956: über 2500 Beschäftigte; 1963: 1700) und mußte Umsatzverluste hinnehmen (1962 Rückgang von 42,2 auf 38,2 Mio. DM), ehe die Werke der nicht
mehr allein auf die Textilindustrie beschränkten Unternehmensgruppe 1964 an eine
Beteiligungsgesellschaft des Bosch-Konzerns übergingen. Schon 1956 wurde die still-
gelegte Badische Weberei in Lahr in ein Metallwerk der Schaeffler-Gruppe umgegrün-
det. Um unternehmerisches Risiko zu streuen, gründete die bedeutende Firma Otto
& Söhne, Wendlingen a. N., die 1968 in drei Werken 1100 Personen beschäftigte,
Bettwäsche produzierte und eine Syntheticspinnerei sowie eine Stoffweberei betrieb,
im Jahre 1962 eine kunststoffverarbeitende Tochtergesellschaft. Im Jahr zuvor hatte

sich die auf ein hundertjähriges Bestehen zurückblickende Firma Leuze (Spinnereien und Cordzwirnerei in Owen, Unterlenningen und Donzdorf) ein »zweites Bein« in Gestalt einer bald erfolgreichen Fabrik für elektrische Überwachungsgeräte »zugelegt«.

Andere Textilunternehmer setzten dennoch zielstrebig auf die Lebensfähigkeit der südwestdeutschen Textilindustrie. Günter Drews ist vor allem zu erwähnen, der aus kleinsten Anfängen aufstieg und jahrzehntelang die richtige Relation zwischen Ertrag und Expansion fand. 1952 hatte Drews im Gebäude der AOK in Stuttgart-Feuerbach ein Textilhandelsunternehmen eröffnet, um 1955 nicht nur den mutigen Sprung in die Textilproduktion, sondern zugleich in die hohenlohische Agrarregion, nach Schrozberg, zu wagen. Dort gelang ihm, eine in Konkurs gegangene Inlettweberei übernehmend und mit Hilfe einer Landesbürgschaft, bis 1964 der Aufbau einer modernen, von Jahr zu Jahr in größere Dimensionen hineingewachsenen Produktions- und Vertriebsfirma, geleitet vom erfolgreichen, kreativen Gespür eines Neuheitenwebers.

Einen oft verzweifelten Kampf führten ab der Mitte des 20. Jahrhunderts Samt (Baumwollsamt), Seide und Leinen gegen die Konkurrenz der Chemiefaser. Ein leider vergeblicher Versuch, das Leinen am Leben zu erhalten, wurde auf der Alb gemacht. Statt auf Mischgespinste umzustellen, wie die Laichinger Konkurrenz, erfolgte in der Blaubeurer Leineweberei Lang nach der Währungsreform die Vollautomatisierung der Weberei, um technisch der »strukturellen« Herausforderung gewachsen zu sein. Wachstum ist dennoch in den von 1950 bis 1960 überlieferten Umsatzzahlen der Weberei (Durchschnittsumsatz pro Jahr 2,7 Mio. DM) nicht zu entdecken. Die Auslastung der etwa 90 aufgestellten Webstühle (1962: 122 Beschäftigte) ging ständig zurück, die Blaubeurer Leinenindustrie 1974/75 in Liquidation und mit ihr die über vier Jahrhunderte alte Bleiche. Erst in den dreißiger Jahren wurde dort die mehr handwerkliche Leinenbleiche aufgegeben und zuerst unter den deutschen Garnveredlern – dem Beispiel der Baumwollindustrie folgend – das Bleichen von Leinengarn auf Kreuzspulen aufgenommen. Blaubeuren besaß die größte Kreuzspulbleicherei der Bundesrepublik. Auch diese Investition zahlte sich nicht aus.

Nicht mehr an die einengenden Kriegsvorschriften gebunden, unterwarfen sich die die Gewebe verschönernden Textilveredler während des Wiederaufbaubooms den rasch wechselnden Forderungen des Marktes. Weißware wurde verlangt, so weiß wie nur möglich, nicht der gelbliche Weißton, sondern der bläuliche, zu dem anfangs die Zugabe von blauer Farbe verhalf. Schon 1949 bot die chemische Industrie für das verlangte »Superweiß« optische, das menschliche Auge täuschende, umweltschädliche Aufheller an (auch für Waschmittel und Papierherstellung benützt). Nicht nur Freude, auch manchen Verdruß bereiteten sie. Weißmacher schoben sich wegen reklamierter Ware den »Schwarzen Peter« zu. Die Chemie löste nicht nur Probleme, sondern stellte auch neue. Als das Bleichen ohne Faserschädigung mit Natriumchlorit aufgenommen wurde, war dessen Bleichwirkung chemisch noch nicht geklärt. In der Ausrüstungsanstalt Wangen wurden 1950 die ersten Versuche für die damals genannte »OK«- (= ohne Knitter) Ausrüstung vorgenommen und damit die Grundlagen für die bügelfreie Veredelung von Geweben geschaffen. Dafür – später Sammelname »No Iron« – waren neben Chemikalien ebenso wie für die von den Verbrauchern verlangten nicht einlaufenden Gewebe Spezialmaschinen, Investitionen, erforderlich. Kunstharzausrüstungen kamen der gestiegenen Nachfrage nach pflegeleichten Textilien nach. Der Regenbogen der Farbenchemie erweiterte sich um die Reaktivfarbstoffe und Phtalogene, die vorhandene Lücken in Brillanz und Echtheit schlossen und neue färbereitechnische Möglichkeiten eröffneten. Rationalisierungszwang führte zum kontinuierlichen Färben. Ebenfalls in der Ausrüstungsanstalt Wangen wurde 1955 – zuerst in Deutschland – eine kontinuierlich arbeitende Indanthren-Färbeanlage in Betrieb genommen.

Um als Textilausrüster wettbewerbsfähig zu bleiben, mußten die Veredelungsverfahren stetig, den Markterfordernissen entsprechend, weiterentwickelt werden und war bei Neuerungen – wie beispielsweise durch das Vordringen der Synthesefaser oder beim Übergang von der »No Iron«-Ware zur »Cottonova«-Herstellung – die Anschaffung von zweckentsprechenden Maschinen und Einrichtungen erforderlich. Ende der fünfziger Jahre traten bei Julius Probst, Lindenfarb-Textilveredelung, Aalen-Unterkochen, neuartige vollsynthetische Gewirke in sog. blockierter Masche in den Vordergrund, deren rationelle Ausrüstung in allen Qualitäten große kontinuierliche Ausrüstungsstraßen verlangte. Probst baute 1963 das modernste Werk in Europa für diese Aufgabe und rüstete Mitte der sechziger Jahre monatlich ca. 500 Tonnen Maschenware bei einer Belegschaftsstärke von 450 Personen aus. Wenn nach Glanzleistungen der südwestdeutschen Textilindustrie während des Wiederaufbaubooms gefragt wird, ist in erster Linie auf die Textilveredler und die Maschenwarenindustrie mit ihren gewirkten Wachstumsartikeln zu verweisen. Den unausweichlichen Zwang zur kostenintensiven Modernisierung und Automation beleuchten Quantifizierungen für die Weberei der Schwäbischen Textilwerke (Kleinglattbach und Ebersbach/Fils, seit 1936 bei der Adolff-Gruppe). Danach stieg die Produktivität von 100 Webstühlen zwischen 1952 und 1962 um 321 Prozent. 40000 DM kostete 1964 ein moderner Webautomat.

Schwierigkeiten bei Holz und Papier

Es schien, als wäre das »Wirtschaftswunder« mit Sägerei und Holzbearbeitungsindustrie etwas stiefmütterlich umgegangen. Die Zahl der Sägewerke wurde weniger, die Beschäftigung schrumpfte (1956 in Betrieben mit 10 und mehr Beschäftigten: 16356; 1967: 13849), der industrielle Produktionsindex lag 1963 (= 119) nicht viel über dem von 1950, mäßige Umsatzsteigerung 1956 bis 1967 von 48 Prozent. Gab es kein Holz mehr oder ließ sich Holzreichtum nicht mehr verwerten, drängt sich zu fragen auf. Obwohl Holz seit dem ausgehenden 19. Jahrhundert als Bau-, Werk- und Rohstoff zunehmend mit anderem Material konkurrierte, behielten die Pessimisten auf die Dauer nicht recht, die dem Holz im Zeitalter der Technik und Chemie schwindende Nachfrage voraussagten. Holz blieb einer der wichtigsten Grundstoffe im Industriezeitalter, dessen Hunger nach Holz wurde nicht geringer. In Südwestdeutschland bestand nach wie vor reichlich Nachfrage nach Holz, wenn man von seiner weit verzweigten holzbe- und -verarbeitenden Industrie, dem hochentwickelten holzbearbeitenden Handwerk, der einst international führenden und wieder aufstrebenden Zellstoffindustrie, von den Lieferverpflichtungen nach Nachbarländern und dem nach dem Kriege bedeutenden Brennholzbedarf ausging. Doch über ein Jahrzehnt wurde am Wald diktatorisch angeordneter Raubbau getrieben, der die Herabsetzung der Holzeinschläge zur unausweichlichen Notwendigkeit machte. In den Wäldern des französisch besetzten Landes Südwürttemberg/Hohenzollern (348000 ha Fläche) mußte innerhalb von nur sieben Jahren von 1946 bis 1952 eine Mehrnutzung von rund 9 Mio. Festmeter m. R. eingeschlagen werden. Vergebens leistete die Regierung Gebhard Müller gegen die befohlene Abholzung ab 1948 entschlossenen Widerstand. 40000 Hektar Kahlflächen entstanden durch unabwendbare Großkahlschläge.

Zu lange, bis Ende 1952, wurden auch die Holzpreise künstlich niedrig gehalten, da sie dadurch nicht nur kein zusätzliches Holz schufen, sondern auch die Marktanpassung und Rationalisierung der auf dem Holz aufgebauten Industrien verzögerten, wenn nicht unmöglich machten. Der Bedarf war auf dem deutschen Holzmarkt gestiegen, die Leistungsfähigkeit des südwestdeutschen Waldes, das heimische Holzangebot aber vermindert und die Abhängigkeit von einem veränderten, an Veredelungsgewinnen interessierten Weltholzmarkt gestiegen. Und das alles traf nun auf eine aufgeblähte Sägeindustrie, auf viel Schnittkapazität, für deren volle Auslastung damals je Sägegatter 1400 fm Holz erforderlich waren. Ein bis heute zu beobachtendes Dilemma trat immer wieder ein, daß die Rundholzpreisgebote für heimische Stämme zu »Holz-Run-Preisen« wurden und sich nicht mehr mit den erzielten Schnittholzpreisen auch für rationell gut geführte Betriebe vereinbaren ließen. Kampfpreise bei Holzversteigerungen brachten die Betriebe an das Ende ihrer Kalkulationsmöglichkeiten.

Entgegen allen theoretischen Erwartungen klagte die staatliche Forstverwaltung ab
1958 über Absatzschwierigkeiten und erzielte schlechte Preise. Auf deren Tiefstand
im Jahre 1959 (fm Fichte/Tanne 78,70 DM) folgte nur ein kurzer, leichter Anstieg bei
gesteigerter Nachfrage und sodann ein rapider Preisverfall (1968: 62,09 DM). Günstige Importmöglichkeiten aus Skandinavien bzw. aus Donauländern, die Einfuhr von
Tropenhölzern, Holzschadensanfälle und die Konkurrenz von Kunststoffen hatten
Preise und Reinerträge gedrückt bei mengenmäßig gesteigertem und wohl zufrieden-
stellendem Absatz. Bemühungen der staatlichen Forstverwaltung um mehr Markt-
stabilität wurden von der Entwicklung auf dem internationalen Holzmarkt durch-
kreuzt. Auch die Preise des Faserholzes für die Zellstoffproduktion gerieten unter
Druck. Ins Bodenlose sank mit den grundlegenden Verschiebungen auf den Brenn-
stoffmärkten der Brennholzpreis. Die expandierende Buchenzellstoff- und Spanplat-
tenindustrie konnte dieses Marktloch nicht schließen. Einst wichtige Marktgebiete
(Eisenbahn, Verbraucher, Bergbau, Industrie u. a.) gingen dem Holz verloren. Immer
seltener stieg der beißende Rauch aus Holzkohlenmeilern im Walde empor. Köhlerge-
werbe und das Gerbrindenschälen sind nahezu eingegangen. Wenn der Wald nach vielen Jahren rücksichtsloser Ausbeutung nun Schonung erfuhr, so lag das – wenn auch
vielleicht nicht zur Genugtuung aller Waldbesitzer – im Interesse von Landeskultur
und Ökologie. Aus dem gleichen Grunde verdienen die aus Landesmitteln finanzierten Sanierungs- und Aufforstungsprogramme, die von 1956 bis 1962 »bezuschußte«
Aufforstung von 16 735 Hektar, von Ödland, Grenzertragsböden und Schwarzwald-
hochweiden sowie der schwere Kampf gegen die durch Grundwasserabsenkungen
entstandenen Waldverluste (südlich Breisach) besondere Hervorhebung.
Größeres Gewicht als der Holzbearbeitung kam in Südwestdeutschland seit jeher den
holzverarbeitenden Gewerben zu, im Jahre 1950 nahezu 19 000 Betriebe mit insgesamt
58 145 Beschäftigten, in großer Mehrheit Betriebe und Beschäftigte des Handwerks,
Bau- und Möbelschreinereien, Polstereien, Böttchereien, Drechslereien, Bürsten-
machereien usw. In Industriebetrieben, einer ab Ende des 19. Jahrhunderts überwiegend hochwertigen Qualitätsindustrie, wurden Möbel und Holzfässer hergestellt sowie Bürsten und sonstige Holzwaren (Bürstenfabriken des Wiesentals u. a.), Span-
körbe in den Obstanbaugebieten, Holzstiele (Kreis Tübingen) und Pferdepeitschen
(in den Kreisen Hechingen und Mosbach) gefertigt. Unternehmensagglomerationen
an einem Ort waren nicht selten. In der 2000-Seelen-Gemeinde Eschelbronn bei Heidelberg gab es 1965 sechs Möbelfabriken mit insgesamt rd. 400 Beschäftigten.
Die mittelständische Betriebsstruktur der Möbelindustrie, hinsichtlich ihres Standorts
mehr marktorientiert, stellte sich zumeist als zwangsläufige Folge der auf ihr lastenden
Produktionsrisiken dar. Die Gefahr, daß große Serien vom Markt nicht angenommen
werden könnten, der Nachteil des damals wegen der jahrelangen Holzlagerung recht

Holzverarbeitende Betriebe mit 10 und mehr Beschäftigten			
	Zahl der Betriebe	Beschäftigte	Ø je Betrieb	Umsatz insgesamt in Mio. DM
1956	901	50 333	56	813,67
1967	664	47 182	71	1 877,0

langwierigen und notwendig kapitalintensiven Produktionsprozesses und mögliche Verluste bei stark schwankenden Rohstoffpreisen waren zu minimieren. Auch die individuelle Eigenart der hergestellten Qualitätsmöbel setzte der Konzentration Grenzen. Eine umwälzende Neuerung auf dem Gebiet der Holzbearbeitungsmaschinen brachte der auf der Industrieausstellung in Hannover 1954 ausgestellte »Alleskönner«, eine im hohen Maß Arbeitszeit einsparende automatische »Doppel-Abkürz-Besäum-Profilier- und Schlitzmaschine« mit Oberfräs-, Dübelbohr- und Eckenabrundvorrichtung. Eine weitere wichtige technische Entwicklung für die holzverarbeitende Industrie ging nach dem Zweiten Weltkrieg von der Spanplatte aus, mit der namentlich die Firma Erwin Behr in Wendlingen (seit 1912; 1985: 2 Mio. DM Stammkapital) Geschichte machte. Dasselbe Unternehmen war 1925 zuerst mit einem Aufbaumöbelprogramm auf dem Markt hervorgetreten, das später zu einem zerlegbaren Möbelprogramm weiterentwickelt wurde. Mitte der sechziger Jahre bildeten hölzerne Rundfunkgehäuse neben der Möbelfabrikation die beiden Säulen des Betriebes.

Zu den am meisten verkauften Holzstühlen der fünfziger Jahre zählte der noch heute produzierte Klappstuhl »SE 18« mit verformtem Sperrholzsitz, Entwurf Egon Eiermann, hergestellt von der Wilde & Spieth GmbH, Esslingen. Vom Möbel-Design her drang Systemdenken und Systematisierung in die Verbrauchsgüterwirtschaft der modernen Industriezeit vor. Teile im Maßraster wurden zu System-, zu Kastengruppen kombiniert, gestapelt, aneinandergehängt und waren gleichermaßen für Büro und Wohnung programmiert. Vor allem der schier unersättliche Bedarf an Neumöblierung steigerte seit 1950 Jahr um Jahr den Absatz der holzverarbeitenden Industrie und verhalf ihr bis 1962 (Indexziffer 313 gegenüber 1950) zu kräftigem, kontinuierlichem Wachstum.

Großer Nachfrage erfreuten sich damals auch die Holzverpackungen. Nur mühsam war 1947 die Demontage der Faßfabrik und des Sägewerks K. Kurz Hessenthal KG (seit 1890) abgewendet worden, damals größter Hersteller von modernen Leichtfässern für Lebensmittel und Chemikalien in Westdeutschland (Gesellschaftskapital

1947: 240000 RM; 1985: 2,43 Mio. DM). Auf die Herstellung von bauchigen und zylindrischen Behältern aus Holz, Sperrholz, Hartpapier und später aus Kunststoff und Metall hatte sich das Unternehmen spezialisiert und für seine vielseitigen Produkte rasch einen Markt gefunden (1966: über 1200 Beschäftigte, davon 850 im Hauptwerk Hessenthal). Gepreßte hölzerne Stapelpaletten und stapelbare Kunststoff-Kanister erweiterten entscheidend das Produktionsprogramm. Die vielfach patentrechtlich geschützten Produkte der Kurz KG erinnern daran, den Beitrag der Verpackungsindustrie an der internationalen Wettbewerbsfähigkeit von Nahrungsmittelindustrie, Chemie und Pharmazie nicht zu unterschätzen.

Aus dem Index der industriellen Nettoproduktion läßt sich ein stetiger Aufstieg der südwestdeutschen Zellstoff- und Papiererzeugung zwischen 1948 und 1968 ablesen, bestenfalls ein kräftiger Preiseinbruch am Ende der Korea-Hausse 1952 diagnostizieren, aber nichts von den Preiseinbußen und Wachstumsschwierigkeiten dieser Branche ahnen. Kaum waren die Vorkriegszahlen erreicht bzw. übertroffen – bei Scheufelen in Oberlenningen (Gde. Lenningen) 1950 Papierproduktion: 24400 Tonnen und 1400 Beschäftigte (1939: 22800 Tonnen und 1257 Beschäftigte); bei Koehler in Oberkirch 1950 Produktion 8345 Tonnen und 508 Beschäftigte – da platzte in eine beginnende Absatzkrise der Korea-Boom mit seiner weltweiten Rohstoff-Hausse, die teilweise eine Verdreifachung der Zellstoffpreise bedeutete. Seit etwa 1954 ergab sich für die Betriebe eine neue schwierige Marktlage durch den Preisdruck steigender Importe aus europäischen Nachbarländern. Nur eine forcierte Rationalisierung gewährleistete internationale Wettbewerbsfähigkeit. Die zuerst in den USA eingeleitete breite Anwendung von schneller trocknendem Kunststoff als Bindemittel für die Streichfarbe – statt Kasein oder Stärke – wurde übernommen und dadurch die Erhöhung der Arbeitsgeschwindigkeiten der Maschinen ermöglicht. Die Produktion wuchs langsam, ohne die Beschäftigung vermehren zu müssen. Koehler in Oberkirch produzierte im Jahre 1960 12887 Tonnen Papier mit 550 Beschäftigten und hob erstmals den Umsatz über 20 Millionen DM, Scheufelen in Oberlenningen kam 1962 auf eine Jahresproduktion von fast 53800 Tonnen, die Zellstoffabrik Waldhof 1965 im Stammwerk Mannheim auf 140000 Tonnen Zellstoff und 80000 Tonnen Papier. Trotz stürmischer Expansion im Erzeugungsprogramm der dritten Produktionsstufe, durch den Aufbau des Zewawell Faltkistenwerks Mannheim-Rheinau 1954 (Grundkapital 1985: 60 Mio. DM), den Erwerb der Papierfabrik Fleischer in Eislingen 1957 u. a., erreichte Waldhof – Gesamtumsatz 1965 über 500 Mio. DM – wegen des kriegsbedingten Verlusts von 22 ihrer 30 Produktionsbetriebe nicht mehr das hohe Produktionsniveau der Vorkriegszeit. Das Zellstoffwerk Wangen/Allgäu, das zuerst das schwierige Problem der Laugenverbrennung gelöst hatte, wurde 1962 stillgelegt. Dennoch war und blieb der Mannheimer Betrieb der größte europäische Erzeuger von Sulfitzellstoff.

Betriebe der Papiererzeugung mit 10 und mehr Beschäftigten
(einschl. Zellstoff, Pappe usw.)

	Zahl der Betriebe	Beschäftigte	Ø je Betrieb	Umsatz insgesamt in Mio. DM
1956	83	18 791	226	726,29
1965	75	17 959	239	952,14

Wirtschaftliche Daten für Waldhof-Mannheim

	1938	1950	1958	1965
Umsatz in Mio. RM/DM	194,5	181,3	406,7	ca. 500
Zellstoffproduktion in 1000 t	581	181	231	250
Papierproduktion in 1000 t	295	71	141	200
Anzahl der Papiermaschinen	56	16	26	–
Aktienkapital in Mio. RM/DM	33,25	49,87	62,4	–
Beschäftigtenzahl	18 402	6827	10090	–

Noch mehr in den sechziger Jahren mußte die Unternehmenspolitik in der Papierindustrie darauf gerichtet sein, arbeitssparende Maschinen und Anlagen zu entwikkeln, in Betrieb zu nehmen und auf neue, rentablere Papiersorten ihr Programm umzustellen, um am Markt zu bleiben. Wiederum machte das Vorbild der Papierfabriken der USA Schule. Sie produzierten bereits besonders für den Offset-Druck geeignete maschinengestrichene Massenpapiere. Durch Anlauf einer vierten, 320 Zentimeter breiten Papiermaschine und einer dritten doppelseitigen Streichmaschine erhöhte Koehler 1963 mit der Kapazität den Jahresumsatz auf nahezu 30 Millionen DM (gegenüber 1960 um 50 %). Im Jahr zuvor war in der Bundesrepublik als einem der letzten Staaten der bereits im Ausland übliche, Wärme- und Rohstoffverluste wesentlich verringernde Durchfahrbetrieb der Papiererzeugung am Wochenende durch Gesetz gestattet und in Manteltarifen geregelt worden. Infolge des Widerstandes der Evangelischen Landeskirche gegen die Sonntagsarbeit gelang es jedoch im altwürttembergischen Raum nicht, notwendige Betriebsvereinbarungen abzuschließen. Das änderte sich erst, als die Papierfabrik des der Kirche nahestehenden Bruderhauses in Reutlingen den sonntäglichen Durchfahrbetrieb aufgenommen hatte.

Beträchtlich mehr Beschäftigung als die Erzeugung von Papier brachte seine Verarbeitung ins Land: Betriebe mit zehn und mehr Beschäftigten 1956: 315 mit 23020 Beschäftigten; im Druckgewerbe: 540 mit 27878 Beschäftigten. Die durchschnittliche Betriebsgröße in der Papierverarbeitung – auch im Druckgewerbe – war wesentlich kleiner als in der Zellstoff- und Papierfabrikation. Hergestellt wurden u. a. Tüten und Beutel, Gesellschaftsspiele (Ravensburg), Papierhülsen und -spulen (Reutlingen), Kunstblumen (Walldürn), Kartonagen, Lampenschirme und Tapeten (Gebrüder Ditzel GmbH, Bammental, seit 1868; 1985: Stammkapital 13,2 Mio. DM; rd. 270 Beschäftigte). Alle Rekorde brach der Verbrauch von Verpackungsmaterial, der pro Kopf von 3,4 kg im Jahre 1953 auf 21,7 kg 1969 (638%) stieg.

Schrumpfbranchen: Bekleidung, Leder

In den überseeischen Agrarländern war der Textilverbrauch pro Kopf nach dem Kriege erheblich niedriger als davor. Japan hatte sich unterdessen einen wachsenden Anteil aus dem auch durch die vorangeschrittene Industrialisierung der Überseeländer verengten Weltmarkt herausgeschnitten. Englands über ein Jahrhundert herrschende Baumwollindustrie war seit Jahrzehnten ein niedergehendes Gewerbe. Den deutschen Textilmarkt belebte ab der Währungsreform die Umstellung auf einträgliche »Edelprodukte«. Aber der für die Produzenten vorteilhafte Anstieg des deutschen Textilverbrauchs pro Kopf der Bevölkerung ließ sich nicht endlos verlängern. Er betrug 1938 13,7 Kilogramm und war bis 1957 auf 15,6 Kilogramm, also um 14 Prozent gestiegen. Damit war jahrzehntelang angestauter Ersatzbedarf bereits weitgehend befriedigt. Für das südwestdeutsche Textil-Bekleidungsgewerbe, im Jahre 1950 zu 95 Prozent Handwerksbetriebe mit 26290 Beschäftigten von insgesamt 87051 dieser Gewerbegruppe, begannen Absatz- und Strukturprobleme. Diese äußerten sich sogleich im gravierenden Rückgang des Bekleidungshandwerks und nach guten Anfangsjahren im industriellen Bereich mit zeitweilig schweren Umsatzeinbußen. Seit 1946 setzte bei der Vollmoeller AG, Stuttgart-Vaihingen, eine an der Gewinn- und Verlustrechnung abzulesende positive Geschäftsentwicklung ein (1949: 250900 DM Gewinn). Bis 1946 war Bleyle verlustreich. Mitte 1948 verarbeitete die Bleyle GmbH, größte württembergische Strickerei (2300 Beschäftigte), mit monatlich etwa 22 Tonnen Garn. In der Nachkriegszeit setzte sich der Aufstieg der 1919 von den Gebr. Mayer gegr. Trigema GmbH, Burladingen, ein Trikotagenhersteller, fort (Beschäftigte 1932: 350; 1949: 600). Bei vielen Bekleidungsfirmen ermöglichten Marshallplan-Gelder die Anschaffung der ersten Serie von modernen Maschinen.

Der Verdacht, daß Damenmode oder vielmehr die Launen ihres Wandels eine »Kriegslist« der Verkäufer zur Hebung des Absatzes seien, wurde schon 1948/49 überall geäußert. So sehr auch anfänglich auf Ablehnung stoßend, die Mode kam und ging so unbeirrbar »wie die letzte Rose und der erste Schnee«. Die Couturiers in Frankreich und Italien wetteiferten schon nach dem Kriege miteinander, die Frauenmode alljährlich schöpferisch zu erneuern. Nach jahrzehntelanger Herrschaft der Uniformen verstand es Christian Dior, mit Modellen einer seit 1914 nicht dagewesenen Weiblichkeit die Frau zu bekleiden. »New Look« nannten die Amerikaner unbekümmert diese Stillinie. Die neue Harmonie eroberte sich auch die deutsche Gesellschaft. Dennoch nahm die seit 1949 lebhafte internationale modische Entwicklung, »New Look«, H- und sodann A-Linie, obwohl mit stoffreich schwingenden Röcken gestylt, der Bekleidungsindustrie nicht die Absatzsorgen. Starke Preissteigerungen für Naturfasern brachten Umsatzrückgänge, bei Vollmoeller von 16 Prozent im Jahre 1952. Vor allem die kurz aufeinanderfolgenden Stagnationsphasen ab 1959 bedeuteten für viele Firmen Rückschläge. Die kniefreie Stoffarmut trug mit dazu bei. Das Wachstum des Textil- und Bekleidungsverbrauchs hielt nicht mehr mit dem allgemeinen Wirtschaftswachstum Schritt. Der Textilumsatz befand sich fortan in harter Konkurrenz, vor allem mit anderen Gütern und Dienstleistungen, mit Pelzen, Schmuck, Reisen, Haushaltsmaschinen. Das allgemein favorisierte Auto absorbierte wesentliche Teile der Kaufkraft des Verbrauchers.

Um Kaufkraft in Kaufwilligkeit umzusetzen, war die unmittelbar dem Verbraucher zugewandte Industrie gezwungen, nicht nur Waren, sondern zugleich mit ihnen auch neue Märkte zu produzieren. Textil- und Bekleidungsindustrie standen unablässig vor der schwierigen Aufgabe, neue Konsumbedürfnisse und Konsumgewohnheiten bei dem bereits von einem reich gedeckten Tisch verwöhnten Verbraucher zu schaffen. Der bald schnellere, halbjährliche Wechsel der kurzen modischen Takte ließ viele textile Güter häufiger und früher sterben, aber erhöhte auch das Risiko der Produzenten. Eine zur Automation drängende Technik trat als Beschleunigungsfaktor hinzu, machte den Wettbewerb noch unerbittlicher und es den Wettbewerbern immer

Betriebe der Bekleidungsindustrie mit 10 und mehr Beschäftigten

	Zahl der Betriebe	Beschäftigte	∅ je Betrieb	Umsatz insgesamt in Mio. DM
1956	760	52 287	68,8	899,31
1967	732	51 284	70,0	1 649,2

schwerer, der rasanten Dynamik der Märkte zu folgen. Trotz Rationalisierungsmaß-
nahmen und verstärkter Werbung rutschten die Vereinigten Trikotfabriken Vollmoeller AG – Warenzeichen Jantzen – 1960 in die Verlustzone und erwirtschafteten von
1961 (etwa 1400 Werk- und Heimarbeiter) bis 1968 nur kleinere Gewinne. Hoch blieb
nach wie vor der südwestdeutsche Anteil an der Fertigung von Wirk- und Strickwaren. Im Jahre 1960 wurden 72,8 Prozent der deutschen Produktion an Unterhem-
den, 78,8 Prozent der weiblichen Nachtkleidung, 94,7 Prozent der Trainingshosen
und 79,1 Prozent der Frauen- und Kinderkleider in Baden-Württemberg hergestellt.
Das größte einschlägige Unternehmen war die Vereinigte Bekleidungswerke R. & A.
Becker GmbH mit ihren drei schwäbischen Betrieben (Stuttgart, Deggingen, Bernhausen) und mindestens 3500 Beschäftigten (1985 ca. 900).
Im heftiger blasenden Wind des internationalen Wettbewerbs verschärfte sich um
1960 der auf der heimischen Textil-Bekleidungsindustrie lastende Druck. Stapelartikel
aus Ostblockländern strömten herein. Blusen und Hemden aus Hongkong waren bil-
liger. Bezüglich modischer Kleiderstoffe hatten Frankreich und Italien die Nase vorn.
Unternehmen der Textil-Bekleidungsindustrie verlegten daher Produktionen von
Hochlohnstandorten in billigere Produktionsgebiete, die traditionsreiche Stuttgarter
Firma Wilhelm Benger Söhne (Ribana-Werke) ihren Stammbetrieb Ende 1963 nach
Bad Rappenau. Der die Bekleidungsindustrie erfassende Strukturwandel wurde in der
Statistik von einem zum anderen Jahr überraschend greifbar, als im Ursprungsland des
Büstenhalters die Produktion dieses weiblichen Dessous von 32,5 Millionen Stück im
Jahre 1959 (= 86,6 % der bundesdeutschen Erzeugung) auf 21,8 Millionen absackte.
Die Schwabenfrauen verstanden sich zwar nach wie vor auf die Fertigung raffinierter
Wäschestücke, nur lagen die Lohnkosten in Baden-Württemberg zu hoch, und mit
den einsetzenden Produktionsverlagerungen in Gebiete billigster Arbeitskräfte be-
gann das Land sein »Monopol« in der Dessousschneiderei einzubüßen. Besonders
beim Kampf um den Miederwarenmarkt kam es – wie bei allen Geschäften mit der
Schönheit – auf rasches Reagieren, auf Ideenreichtum und auf sozialpsychologisches
Verständnis an; behäbige Tradition erwies sich eher als Bürde.
In Mannheim ging die rückläufige Entwicklung der Beschäftigungszahlen in diesem
Produktionsbereich stark auf Kosten der 1885 gegründeten Felina GmbH, ein namhaftes Familienunternehmen (1 Mio. DM Kapital), das 1958 noch 2468 Beschäftigte
zählte. Den wahrhaft triumphalen Sprung zur größten europäischen Miederwaren-
fabrik machte damals, ausgehend von der ehemaligen Zwergstadt Heubach am Alb-
rand, die Spießhofer & Braun OHG. Begonnen hat die Familiengesellschaft 1886 als
biedere, dörfliche Korsettnäherei, um mit billiger Stapelware Leibesfülle zu bändigen
und weibliche Tugend zu schützen. Auf den Wunschtraum, Schönheit lasse sich durch
zierliche Kleinigkeiten (Produktionswert eines Büstenhalters in Baden-Württemberg

1962: 4,53 DM, im übrigen Deutschland 6,79 DM) kaufen, setzten alle Miederwaren-
produzenten. Das Heubacher Unternehmen (1939: 2800 Beschäftigte; 1957 über
8000) ging seit 1950 mit Systematik und kalkulatorischer Präzision konsequent den
Weg des werbewirksamen, modischen Markenartikels, mobilisierte die Vorteile der
rationalisierten Serienproduktion, wanderte unbeirrt von Ostwürttemberg über Bayern bis zum Libanon dem billigsten Arbeitspreis, dem Lohngefälle nach und zeichnete
sich durch unerschöpfliche Leistungsrealisierung aus. Das Zurückfallen Baden-Württembergs in der deutschen Miederwarenproduktion ab 1958 hing wohl in erster Linie
mit der Geschäftspolitik von Spießhofer & Braun zusammen, der Gründung der Triumph Textil- und Bekleidungswerke München AG im Jahre 1959, seit 1961 als Triumph International AG firmierend (Kapital 6 Mio. DM; 1985: 68 Mio. DM). Vom
Münchener Firmensitz aus wurde intensiv der Aufbau von Nähfilialen in Bayern betrieben – bis Anfang 1961: 47 –, womit sich ein weiterer Beweis für die Rolle Baden-
Württembergs als einem Mutterland der bayerischen Industrialisierung darbot. Mit
mehrheitlicher bayerischer Belegschaft steigerte die Triumph-Gruppe als deutscher
Marktführer für Miederwaren und Bikinis ihren Umsatz gewaltig von ca. 100 Millionen DM im Jahre 1957 auf 320 Millionen DM 1962 und gar 600 Millionen im Jahr
1970. Vor allem mit Damenunterwäsche verfünffachte Schiesser am Bodensee ab 1956
seinen Umsatz, der sich 1965, als die Miederfertigung aufgenommen wurde, bei 4800
Beschäftigten auf 127,6 Millionen DM belief (Aktienkapital 12 Mio. DM).
Wie sehr modernes industrielles Unternehmenswachstum notwendig in einer »geographischen Wanderungsbewegung« mündete, um bei einem durch Billigimporte exi-
stenzgefährdenden Wettbewerb dem Arbeitskräftemangel und hohen Löhnen von
Verdichtungsräumen auszuweichen, bewies auch die Entwicklung der erst 1949 von
zwei mitteldeutschen Familien auf schmaler Kapitalgrundlage gegründeten Hudson-
Strumpffabrik GmbH, Stuttgart-Vaihingen. Die textile Revolution in der Strumpf-
produktion hatte Hudson an die Spitze gehoben. Bemberg-Seide aus Wuppertal war
als Strumpf nicht mehr gefragt, die Bemberg AG mit 20 Millionen DM Aktienkapital
offenbar zu schwerfällig, um sich auf vollsynthetische Fasern umzustellen. Binnen
kurzer Zeit stieg der Neuling Hudson zum Marktführer unter den Herstellern hauch-
zarter Damenstrümpfe aus Nylon und Perlon auf. Als Verkaufsschlager entpuppte
sich auch das hochelastische Gewirk der Helanca-Strumpfhosen. 1955 begann die
Verlegung von Produktionskapazität in die schwäbische Provinz (Beschäftigte insgesamt 1962 etwa 1450; 1969: 4500), so daß ab 1972 in Stuttgart nur noch die Verwaltung
residierte. Im Hudson-Werk Herrenberg befand sich die größte Kettelei Deutschlands. Die 800 in verschiedenen Drehzahlbereichen gesteuerten Rundstrickautomaten
des Werkes Mosbach waren schon 1966 in einen vollstufig rationalisierten Betrieb in-
tegriert, in dem sämtliche Herstellungsphasen von der Strickerei über die Formerei

und Färberei bis zum Legen und Verpacken der Strümpfe unter einem Dach
zusammengefaßt waren. Mode wurde von Technik und den umsichtigen Pionieren
des Geschmacks dirigiert.

Zu den schmerzlich wenig von der Konjunktur begünstigten Wirtschaftszweigen
zählte eine andere »Säule« der Bekleidung, die alteingesessene Ledererzeugung, in ge-
ballter Konzentration nach wie vor im badischen Weinheim an der Bergstraße und im
württembergischen Backnang ansässig. »Seit der Währungsreform haben wir verschiedene kräftige Nackenschläge erhalten, die wir nach Lage der Dinge nicht voraus-
sehen oder abwenden konnten«, erfuhren die Betriebsangehörigen der Firma Louis
Schweizer, Murrhardt (1958: über 250 Beschäftigte), aus dem Munde ihres Chefs anläßlich der alljährlichen Betriebsfeier Anfang November 1951. Starke Preisschwankungen am ausländischen Häutemarkt, auf den die deutsche Lederindustrie mehr
denn je angewiesen war, verursachten Verluste und erschwerten den Wiederaufstieg
der Lederindustrie. Erst enttäuschte das Programm der »Jedermann-Schuhe«, das ein
Erhöhen der Schuhpreise verhindern sollte und für das der Gerber auf Dollar-An-
rechtsscheine ausländische Rohware zum niedrigen Weltmarktpreis einkaufen sollte.
Die Häute kamen nicht, um 1948 auf dem überteuerten deutschen Ledermarkt die
Preise zu zügeln. Als sie 1949 eintrafen, wurden dort bereits ausländische und deutsche Häute zu Schleuderpreisen gehandelt, ohne daß aber die Gerber die finanziellen
Mittel besaßen, um sich mit Billigware eindecken zu können. Als während der Korea-
Krise die große Nachfrage nach Leder das Geschäft belebte, zogen nur die Betriebe
Vorteile, die zuvor billig Häute im Ausland eingekauft hatten. Wer sich mit Vorräten
in der Krise versorgte, erlitt mit dem Konjunkturrückgang und dem Preiszusammen-
bruch auf den Rohstoffmärkten ab 1951 schwerste Verluste. Sie summierten sich in der
Lederfabrik Stuttgart-Zuffenhausen (1947: 135 Beschäftigte) auf insgesamt sechs Millionen DM, führten wegen Kapitalmangels zur Herabsetzung der Produktion auf
etwa die Hälfte des Niveaus von 1936/38 und schließlich 1954 zur Stillegung. Im gleichen Jahr stellte L. Schweizer die Lederherstellung im Werk Backnang ein.

Betriebe der Ledererzeugung mit 10 und mehr Beschäftigten				
	Zahl der Betriebe	Beschäftigte	Ø je Betrieb	Umsatz insgesamt in Mio. DM
1956	105	11 872	113	385,56
1965	81	9 413	116	489,2

Die gesamte westdeutsche Lederindustrie – Südwestdeutschland inbegriffen –
kämpfte sich seit dem Zweiten Weltkrieg durch eine Jahrzehnte andauernde Strukturkrise. Auf dem Gebiet der Bundesrepublik Deutschland lag die Mehrzahl der leder-
erzeugenden Unternehmen des früheren Deutschen Reiches, deren überhöhter Kapazität eine häufig unbefriedigende Nachfrage gegenüberstand. Als einzige Industriegruppe erreichte ihre Produktion nicht mehr das Niveau der Vorkriegszeit. Sehr früh
stellten zudem die Lederverbraucher höchste Ansprüche und erwarteten von den Lederfabriken ein umfangreiches Angebot in qualitativer und modischer Hinsicht.
Gleichzeitig drängte ein qualitativ hochwertiges und preislich günstiges ausländisches
Angebot auf den deutschen Ledermarkt. Ihn verengten auch vordringende Gummi-
und Kunststoffprodukte, die allerdings das Leder nie vollwertig ersetzen konnten.
Diese veränderte Marktlage verlangte Modernisierungen und fabrikatorische Umstellungen – auch die Rückkehr zum Verbrauch von natürlichen Gerbstoffen –, während
andererseits finanzielle Anlagen in der Lederindustrie wegen der höchst unbefriedi-
genden Amortisation als problematisch angesehen wurden. Das Schrumpfen der Zahl
der Betriebe und der Beschäftigung in der Lederindustrie war verständlich, zumal zu
Beginn der sechziger Jahre ihre Existenz immer mehr zwischen den Mühlsteinen der
Häuteauktionen und der Schuhfabriken zerrieben wurde. Die namhafte Gerberei
Hüni & Co. (seit 1859) in Friedrichshafen hatte ab Ende der fünfziger Jahre auf diese
Entwicklung mit weiteren Rationalisierungen und der Konzentration auf bestimmte
Hautteile reagiert, begann aber vorsorglich 1962 mit der Umstellung auf eine völlig
neue Produktion, die Fertigung abgehängter Metalldecken, und gab 1965, als sich eine
neue Krise über der Lederindustrie zusammenbraute, nach 106jähriger Arbeit im
Dienste der Gerberei die Lederproduktion endgültig auf.
Angesichts der starken Preisschwankungen auf den internationalen Häute- und Le-
dermärkten dürfte die ab Beginn des 20. Jahrhunderts gesuchte Kombination zwischen Leder- und Schuhindustrie nach dem Zweiten Weltkrieg eher eine Bürde als eine
konzernmäßig sinnvolle, ebenso absatzsichernde wie gewinnbringende Integration
dargestellt haben. Sowohl bei der Freudenberg-Gruppe, Weinheim, als auch bei der
Kaess-Gruppe, Backnang, waren die Ledererzeugung als primärer und Schuhherstellung und -handel als sekundärer Faktor anzusehen. Zum Freudenberg-Konzern gehörten Schuhfabriken in Weinheim, Kleve und Butzbach/Oberhessen und Schuh-
handelsgesellschaften (Vital, Tack und Schwab) in Weinheim, Offenbach und Hanau,
die 1961 im Schuhsektor insgesamt einen Umsatz (Fabriken- und Einzelhandelsum-
satz) von ca. 120 Millionen DM machten (ca. 5% der westdeutschen Lederstraßenschuhproduktion). Der von der Familie Kaess repräsentierte Backnanger Konzern bestand aus der Lederfabrik Carl Kaess GmbH (1984 rd. 150 Beschäftigte), der Lederwerke GmbH, Backnang, ein 1959 moderner Betrieb mit rund 500 Beschäftigten, aus

Betriebe der Schuhindustrie mit 10 und mehr Beschäftigten			
	Zahl der Betriebe	Beschäftigte	Ø je Betrieb	Umsatz insgesamt in Mio. DM
1956	120	27 773	231,4	472,4
1965	115	21 547	187,3	577,9

der etwa gleich großen, mit der Aktienmajorität 1954 übernommenen Lederfabrik Fritz Häuser AG, Backnang (1985: 6 Mio. DM Stammkapital), ferner der 1938 erworbenen Medicus Schuhfabrik, Nürnberg, aus den Mercedes-Schuhfabriken, Stuttgart-Bad Cannstatt und Balingen (zeitweilig über 1000 Beschäftigte), sowie der Schuhfabrik W. Spiess, Stuttgart (heute Fellbach; 2 Mio. DM Stammkapital).
Nur im Falle der Salamander AG, Kornwestheim, hatte sich die Schuhherstellung (1961 in Kornwestheim, Speyer, Mailand, Vigevano und Wien) eine begrenzte Ledererzeugung (in Offenbach und Worms) angegliedert. Die marktführende Position der Salamander AG, Resultat unternehmerischer Leistung und nicht des ihr vorgeworfenen Wettbewerbsvorsprungs, spiegelte sich vor allem in ihrer Produktionsstatistik wider: Paar Lederstraßenschuhe in Millionen im Jahre 1949: 4,62; 1956: 8,24; 1962: 12,4. Salamander besaß an der westdeutschen Lederstraßenschuhproduktion einen Anteil zwischen 14 und 11,4 Prozent und erzielte 1961 im Schuhsektor unter Einschluß der fabrikeigenen Ladengeschäfte (insgesamt 72; bei der Conrad Tack AG 30) einen Umsatz von ca. 360 Millionen DM (Konzernumsatz 1969: 509 Mio. DM und 16000 Beschäftigte). Etwa zwei Drittel der Salamander-Schuhe wurden von mittelständischen Schuheinzelhändlern auf eigene Rechnung an den preisbewußten Letztverbraucher verkauft. Ungefähr bis 1956 nahm die Salamander AG auch die – nie mißbrauchte – Stellung des Preisführers in der mit Überkapazitäten belasteten deutschen Schuhwirtschaft ein und war bestrebt, bei niedrig gehaltener Handelsspanne, dem Verbraucher möglichst stabile Preise zu gewährleisten. Mit zunehmender modischer Differenzierung des Schuhangebots, vor allem im Zuge gestiegener Importe aus Italien, büßte sie nicht nur weitgehend ihre Preisführerschaft ein, sondern sah sich der Notwendigkeit gegenübergestellt, das traditionell-konservative Produktionsprogramm um modisches Schuhwerk zu ergänzen und entsprechend das Marken-Image »Salamander« auf dem Käufer-Markt zu erweitern.
Die ideenreichen Italiener verhielten sich zuerst auf dem deutschen Schuhmarkt wie der Hecht im Karpfenteich, indem sie unter Verwendung weniger hochwertigen Ma-

terials gut verarbeitetes modisches Schuhwerk zu bedeutend niedrigeren Preisen anboten, auf die modebewußten Käuferinnen zielten und tatsächlich eine absolute Ausweitung des Verbrauchs von schmucken Galanterieschuhen erreichten. Unter dem Druck der Nachfragemacht der Genossenschaften und des Einzelhandels und infolge des insgesamt relativ geringen deutschen Schuhverbrauchs (1960 pro Kopf 2,17 Paar Lederschuhe; USA: 3,37) mußten sich die bis nach dem Zweiten Weltkrieg auf relativ einfaches Schuhwerk ausgerichteten deutschen Schuhhersteller dieser Entwicklung anpassen, ihr modisches Angebot verbreitern und Preiskonzessionen machen. Kleinere Serien waren gefragt, wodurch sich im Grunde genommen die gewinnbringenden Absatzchancen für rationalisierte kleinere und mittlere Betriebe, sofern flexibel und spezialisiert genug, erhöhten. Aus der Statistik ließ sich dieser Trend zur Verringerung der Durchschnittsgröße der Unternehmen, bei gleichzeitiger Betriebskonzentration, ablesen. Der marktwirtschaftliche Ausleseprozeß traf die Schuhindustrie hart. Zudem war für Großbetriebe eine Ausweitung ihrer breiten Mischproduktion im traditionellen Agglomerationsraum wegen der kritisch verknappten und verteuerten Arbeitskräfte kaum noch möglich, so daß die Kapazitäten – wie das Beispiel der Salamander AG, Kornwestheim, und der Rieker & Co., Tuttlingen, zeigte – nur durch an anderen Standorten errichtete Zweigbetriebe erhöht werden konnten. Um 1960 steckte die Automatisierung in der industriellen Schuhherstellung noch in den Anfängen und die menschliche Arbeitskraft war zum zweckgerichteten Gebrauch der Maschinen von entscheidender Bedeutung.

Konzentrationen in der Ernährungsindustrie

Sogleich nach der Währungsreform stellte sich für die Menschen, in denen noch die Angst vor dem Hunger lebendig war, die Frage des Essens neu. Die wackere Kartoffel, die vor der Währungsreform manchen Hohlraum im Leibe ausfüllen durfte, mußte edleren Lebensmitteln weichen. Schlagartig änderten sich die Ernährungsgewohnheiten der Deutschen in Richtung auf Konzentration und Gehalt. Der durchschnittliche Pro-Kopf-Verbrauch signalisierte den Daseinswandel: Jahre neuer Gefräßigkeit brachen an, die als »Freßwelle« in die deutsche Ernährungsgeschichte eingingen. Der Ernährungswirtschaft und dem Handel war die Freude der Menschen am Essen willkommen. Ein gieriger Verbraucher kaufte vielfach wahllos aus der Überfülle des Dargebotenen, schwang sich nicht zu majestätischer Allmacht auf, um im Spiel von Angebot und Nachfrage den Ausschlag zu geben. Der Verbraucher mußte erst die Schule der freien Konsumwahl absolvieren. Der Bundeswirtschaftsminister sprach darüber und erhob die Hausfrau in einer Rede 1952 auf den Thron des Marktes.

Durchschnittlicher Pro-Kopf-Verbrauch			
	1948/49	1950/51	1957/61
Fleisch (in kg)	17,8	36,6	58,3
Trinkmilch (in kg)	67,2	108,3	106,7
Eier (Stück)	48	130	222

Nachdem sich die Schatten der Korea-Hausse, in deren Gunst sich die Investitionsgüterindustrie befand, verflüchtigt hatten, war die neu angebrochene Hochkonjunktur stärker auf die Verbrauchsgüter konzentriert, insbesondere auf die Nahrungs- und
Genußmittel, trotz Rückgangs deren Anteils an den privaten Ausgaben (1950: 52,2 %;
1965: 34 %). Unaufhörlich stieg bis in die sechziger Jahre die Beschäftigung sowohl im
Nahrungsmittelhandwerk als auch in der Ernährungsindustrie (1965: 59843 Beschäftigte in den etwa 700 Betrieben mit 10 und mehr Beschäftigten), und noch stärker erhöhte sich deren Gesamtumsatz (1965 in den Betrieben mit 10 und mehr Beschäftigten: 5,58 Mrd. DM), mit der Textilindustrie fast gleichziehend.
Der Zahl der Betriebe und der Beschäftigten nach, weniger hinsichtlich der Umsatzhöhe, bildete die Getränkeherstellung mit den Brauereien, Mälzereien und Brennereien (1962 Marktanteil des Obstbranntweins 92,7 %), den weinverarbeitenden Betrieben, der Mineralwasser- und Limonadenindustrie den wichtigsten Zweig der Ernährungsindustrie. Ständig gestiegener Bierdurst (l pro Kopf 1949: 22,1; 1972: 144),
ein nahezu unbegrenzt aufnahmefähiger Markt also, ließ die meisten Brauereien bis
um 1960 eine produktionsmengenorientierte Unternehmenspolitik betreiben, die ab
1949/50, seit Aufhebung der Stammwürzebegrenzung und mit Senkung der Bier-
steuer auch dem Unternehmensziel Gewinnmaximierung genügte. Ein erstaunliches
Wunder an Mehrkonsum vollbrachte auch der Ende 1952 abgeschaffte Kriegszuschlag
von 3 DM je Flasche Sekt. Die edlen Wässer und Brände von Schladerer in Staufen, abgerundet ab 1956 durch die Schladerer-Williamsbirne, waren in vielen Ländern aller
Kontinente als geistvolle »Früchtesträuße« willkommen. In den Ballungsräumen verzeichnete die Getränkeindustrie ihre stärkste Umsatzsteigerung – in Mannheim von
1950 bis 1962 um 438 Prozent (auf 44,1 Mio. DM). Besonders das tägliche Freizeitvergnügen mit den Massenkommunikationsmitteln, dem neuen Fernsehen an erster
Stelle, provozierte zu einem gewaltigen Genuß alkoholischer Flaschengetränke. Es
war für die Brauereien insgesamt eine Zeit kontinuierlichen Wachstums. Erst die sechziger Jahre waren durch den allmählichen Übergang von der Produktions- zur Absatzpolitik in der Bierbranche gekennzeichnet und machten infolge des geringeren Er-
tragsüberschusses Rationalisierungs- und Erweiterungsinvestitionen nötig. Die Um-

Brauereien und Mälzereien; Betriebe mit 10 und mehr Beschäftigten				
	Zahl der Betriebe	Beschäftigte	Ø je Betrieb	Umsatz insgesamt in Mio. DM
1956	225	9 317	41	448,4
1965	234	14 001	60	936,4

satzentwicklung der aus zahlreichen Mineralquellen des Schwarzwaldes und der Schwäbischen Alb gezapften, bekannten Tafelwässer hing stark von der allgemeinen Wetterlage, von Sonne und Regen ab. Doch auch bei rückläufigem Absatz ihrer Quellprodukte wies die Firma Mineralbrunnen AG Überkingen Gewinne aus, 1962 (618827 DM) den fast siebenfachen Betrag des Jahres 1951.

Im Unterschied zur expansiven Getränkeindustrie blies nach der Währungsreform dem Mühlengewerbe und der Nährmittelindustrie infolge alter und neuer Überkapazitäten und wegen des Verbrauchsrückgangs bei Mehlerzeugnissen (pro Kopf 1948/49: 124,2 kg; 1957/61: 82,4 kg) der Wind harter Konkurrenz voll ins Gesicht. Der traditionell hohe Marktanteil der baden-württembergischen Teigwarenindustrie (1962: 48,1%) mußte schwer erkämpft werden. 134 Betriebe mit einem Gesamtumsatz von 80 bis 90 Millionen DM im Jahre 1953 (2420 Beschäftigte und 74050 t Produktionsmenge; 1954 Tiefststand von 66829 t) suchten sich wechselseitig die Beine ihrer Marktstellung an- und abzusägen. Der Verband der Teigwarenindustrie Baden-Württembergs setzte deshalb große Hoffnungen auf das vorbereitete Gesetz gegen den unlauteren Wettbewerb, als er in seinem Jahresbericht 1953/54 zum Ausdruck brachte: »Die Verbände der Teigwarenindustrie haben in den Jahren seit der Verwirklichung der Marktwirtschaft auf dem Gebiete der Ernährung ständig darauf hingewirkt, die Mittel des Wettbewerbs auf das gesunde Maß einzuschränken.« Mit Hilfe von Neuheiten den eigenen Marktanteil auszuweiten, war legitim, aber des positiven Votums des Verbrauchers nicht sicher. Von der bankrott gegangenen namhaften Nudelfabrik Schüle-Hohenlohe übernahm Birkel, Weinstadt, 1954 die beliebte Marke »Schüle Gold« und entwickelte sie binnen zwanzig Jahren zur zweitgrößten nationalen Nudelmarke. 3 Glocken in Weinheim verzichtete 1958 als erste Nudelmarke auf jede Färbung und leitete mit dem ersten überraschenden Angebot einer fertigen Nudelsoße und einer modernen Nudelausformung einen Anstieg des Nudelkonsums ein. Die automatischen Maschinen mit der Schneckenpresse als »Herzstück« bezogen die lange Zeit handwerklich produzierenden Teigwarenhersteller meist aus Italien und der Schweiz.

Speisenfolge beim Abendessen des Bundeskanzlers Kiesinger zu Ehren des Präsidenten der Französischen Republik, General de Gaulle, 27. Sept. 1968
Klare Trepangsuppe
Eifeler Bachforelle blau; zerlassene Butter, Petersilienkartoffeln
Junger Fasan »Wienerin Art«; Champagnerkraut, Rahmpüree überbacken
Wiener Rahmeisbombe; Florentiner Gebäck
1966er Wehlener Sonnenuhr naturrein
1958er Château Ausone, 1er Grand Crû
Kessler Hochgewächs

Unter Überbesetzung und Überkapazität litt seit der Währungsreform auch das Mühlengewerbe. Seit 1955 kam deshalb bundesweit eine Stillegungsaktion in Gang, die Sanierung und Konzentration in der Mühlenindustrie förderte. 50 Betriebe verschwanden in Baden-Württemberg bis 1965, ohne daß zugleich wesentliche Beschäftigungseinbußen eintraten. Mannheim, der alte Stapel- und Handelsplatz für Nahrungsmittel, bewahrte seinen Ruf als eine der größten Mühlenstädte der Bundesrepublik und überhaupt als bedeutendstes Zentrum der südwestdeutschen Ernährungsindustrie. Anfang der sechziger Jahre arbeiteten die beiden Großmühlen der Auer-Gruppe, die »Erste Mannheimer Dampfmühle« (Tageskapazität 350 t) und die Pfälzischen Mühlenwerke sowie die Hildebrand Rheinmühlenwerke (Tageskapazität 450 t) mit leistungsfähigen, modernen Anlagen. Zu erwähnen sind die Germania-Mühlenwerke, die Huber-Mühle und die verschiedenen Schäl- und Gewürzmühlen. Nach Aufhebung der Fettrationierung im Jahre 1950 deckte die Margarine-Union GmbH, Sitz Hamburg, deutsche Konzernspitze der mächtigen Unilever-Gruppe (heute Union Deutsche Lebensmittelwerke; 172 Mio. DM Stammkapital), u. a. über ihre beiden Zweigniederlassungen in Mannheim den Großteil des deutschen Margarineverbrauchs (1958: pro Kopf 12,6 kg). Als Verein Deutscher Oelfabriken firmierte eines ihrer Mannheimer Zweigwerke, heute eine der größten deutschen Ölmühlen mit einer maximalen Tageskapazität von 3800 Tonnen (215 Beschäftigte). Die Mannheimer Margarinefabrik der Deutschen Lebensmittelwerke (1985: ca. 550 Beschäftigte; 80000–100000 jato Margarine) versorgt die südliche Hälfte der Bundesrepublik mit Margarine und ist alleiniger deutscher Hersteller von Palmin (seit 1887; ursprünglich »Mannheimer Cocosbutter«). Von Mannheim aus wurde 1954 eine qualitativ und herstellungsmäßig völlig neue, mit Vitaminen angereicherte und in luftdichter Verpackung aus der Maschine kommende »Rama«-Margarine (seit 1924) auf den Markt gebracht, heute eine von fünf in Mannheim produzierten Margarinesorten.

Die Mühlen- und Nährmittelindustrie zeichnete sich schon um 1960 nicht nur durch einen hohen Grad der Mechanisierung und eine entsprechend starke Kapitalintensität aus, sondern enthielt in ihren Umsätzen auch einen hohen Vorleistungsanteil, die häufig jahreszeitlich schwankenden Rohstoffkosten. Dementsprechend lag der Umsatzanteil je Beschäftigtem weit über den industriellen Durchschnittswerten, auch über denen von Führungsbranchen, im Jahre 1965 bei den 100 Betrieben (mit 10 und mehr Beschäftigten) der Mühlen- und Nährmittelindustrie Baden-Württembergs (10284 Beschäftigte; 1087,9 Mio. DM Umsatz) im Durchschnitt auf 105793 DM, bei Daimler-Benz dagegen »nur« auf 54639 DM.

Ungeachtet der unterschiedlichen Suppenkultur im Norden und Süden der deutschen Republik kam der allgemeine Trend zur vorgefertigten Mahlzeit den großen heimischen Herstellern von Fertigsuppen zugute, der C. H. Knorr AG in Heilbronn (1958: über 2000 Beschäftigte) und der seit 1947 mit dem schweizerischen Nestlé-Konzern fusionierten Maggi GmbH in Singen am Hohentwiel (heute 100 Mio. DM Stammkapital), der deutschen Marktführerin. Maggis Angebotspalette wuchs rasch über die flüssige Würze und den festen Suppenwürfel hinaus und wurde um Brüherzeugnisse, Würzmischungen, Soßen, Eintopf- und Fertiggerichte erweitert, damit »in Deutschlands Küchen gut und schnell gekocht wird«. Auch die Entwicklung der Maggi-Werke bot ein anschauliches Beispiel dafür, wie sehr die Leistungsfähigkeit der lebensmittelverarbeitenden Industrie von der Einführung komponentenschonender, automatischer Maschinen und Fertigungstechniken abhing. In jüngster Zeit näherte sich Maggi hier optimalen Lösungen. Die Bewältigung von Verpackungs- und Transportproblemen kam hinzu. Die Mitte der zwanziger Jahre gebauten und aufgestellten Einwickelmaschinen (die letzte lief bis 1960) brachten es auf die schon beachtliche Leistung von 75 Würfeln pro Minute, die in den letzten Jahren aufgestellten Einwickelmaschinen auf 1000 Würfel in der Minute. Trotz so viel Technik und Pneumatik, die die menschliche Hand von den Produkten und ihren Vorerzeugnissen fernhielten, beschäftigte das Maggi-Werk in Singen im Jahre 1984 rund 1800 Mitarbeiter. An die dritte Stelle des deutschen Suppenmarktes schoben sich bis Mitte der sechziger Jahre die Goldbeutel der ETO-Nahrungsmittelfabriken in Ettlingen, damals schon weitgehend automatisiert (etwa 800 Mitarbeiter). Das Unternehmen war 1900 von Richard Graebener in Karlsruhe gegründet worden und wurde 1955 von der Oetker-Gruppe übernommen (1985: 8 Mio. DM Kapital).

Der stark ausgebauten südwestdeutschen Kaffee-Ersatzmittelindustrie mit der Franck & Kathreiner GmbH, Ludwigsburg, an der Spitze, kamen die sich rasch und kurzfristig wandelnden Verbrauchsgewohnheiten der etablierten Massenkonsumgesellschaft nicht entgegen. Die Epoche des Kaffee-Ersatzes war vorüber. Franck & Kathreiner reagierten darauf rasch und nahmen neben Kathreiner und Kneipp-Malzkaffee schon

1954 Caro Instant und Thomy-Feinkost ins Produktionsprogramm. Auf dem neu entdeckten Sektor der Feinkost aus der Tube (Mayonnaisen, Soßen, Tomatenprodukte)
avancierten sie zum Marktführer, seit 1964 unter dem Namen Unifranck (1976 ca.
1000 Mitarbeiter). Um ihre Führungspositionen am Markt zu festigen und auszubauen, wurde 1970 die Muttergesellschaft Interfranck AG, Zürich (schon seit dem Ersten Weltkrieg bestehend), mit der Ursina AG (deutsche Tochter: Allgäuer Alpen-
milch) zur Ursina-Franck AG, Bern (Umsatz 1,86 Mrd. Schweizer Franken), fusioniert und im Jahr darauf kam es zur »Elefantenhochzeit« mit dem »großen Schweizer
Bruder«, mit der Nestlé Alimentana AG in Cham und Vevey, einem der größten Nah-
rungsmittelkonzerne der Welt (1970 Umsatz über 10 Mrd. Schweizer Franken). Mag-
gi-Würze, Kondensmilch »Bärenmarke«, »Lindes«, Langnese-Eiscreme, »Sel mit
Meersalz«, Tobler-Schokolade und Thomy's Tubenkost befanden sich in bester Gesellschaft unter einem Dach. Die Konzernbildung war zumeist mit neuen Produkten
– teils auch höheren Preislagen – für große Märkte verknüpft, während herkömmliche
Erzeugnisse namentlich mittlerer und unterer Preisklassen weitgehend den Markt der
oft auf regionale Versorgungsfunktionen begrenzten mittelständischen Lebensmittel-
industrie ausmachten.

Abhängig von örtlicher und regionaler agrarwirtschaftlicher Zulieferung und deren
Leistungskraft wahrten die südwestdeutsche Obst-, Gemüse- und Sauerkonserven-
industrie sowie die Milchverarbeitungsbetriebe ihren typischen Mittelstandscharak-
ter, 1965 (= insgesamt 237 Betriebe mit 12991 Beschäftigen und 1,3 Mrd. DM Umsatz) im Durchschnitt mit 55 Beschäftigten und 100000 DM Pro-Kopf-Umsatz statistisch ausgewiesen. Die Welt dieser Unternehmen zeichnete sich durch viele produkt-
und landschaftlich bedingte Eigenarten aus. Noch Mitte des 20. Jahrhunderts bot sich
vor den Toren Stuttgarts das seltene Schauspiel, wie in Filderorten ebenso geschäfts-
tüchtige wie arbeitsame Bauernfamilien durch Verarbeitung des damals angebauten
Spitzkrauts den Aufstieg zu industriellen Unternehmern, zu Sauerkrautfabrikanten,
vollbrachten (in Bernhausen u. a. die Manz und die Schuhmacher). Über das ursprüngliche Unternehmensziel, einen hochwertigen Weinessig und Essiggurken herzustellen, ist das Familienunternehmen Hengstenberg in Esslingen Schritt um Schritt
hinausgewachsen und hat sein Produktprogramm vor allem mit Sauerkrautspezialitä-
ten erweitert. Zum Ausbau der Kapazitäten und zur besseren Versorgung des Marktes
gründete Hengstenberg bis Mitte der sechziger Jahre – beginnend schon 1919 in Dort-
mund – zehn Zweigwerke (darunter Mosbach und Bad Friedrichshall). In Mannheim
verband sich die Herstellung von Sauerkonserven und Feinkostartikeln – auch Fisch-
und Fleischkonserven – in erster Linie mit den 1950 gegründeten Nadler-Werken
GmbH (heute 12 Mio. DM Stammkapital bei der Heinz Company, Pittsburgh), vereinigt mit der 1775 ins Leben gerufenen Haas'schen Essig- und Sauerkrautfabrik (1964

etwa 130 Beschäftigte). Die Nadler-Werke verfügten 1964 bei einer Gesamtbelegschaft von etwa 750 Mann über 13 Zweigbetriebe.

Nicht markt-, sondern anbauorientiert waren die über die Bundesrepublik verstreuten ursprünglich elf Rübenzucker-Werke (davon in Baden-Württemberg: Waghäusel, Stuttgart, Heilbronn, Züttlingen) der Süddeutschen Zucker AG (1948: 60 Mio. DM Grundkapital), die ihren Firmensitz in der repräsentativen Augusta-Anlage in Mannheim hat. Mit der marktgeordneten, noch mit üblem historischem Erbe behafteten Zuckerrübenwirtschaft der jungen Bundesrepublik war fast keiner der Beteiligten zufrieden, der Verbraucher nicht, weil der Anachronismus der hohen Zuckersteuer fortbestand, der das Volksnahrungsmittel Zucker zum Luxusgut machte (Pro-Kopf-Verbrauch 1956: 28 kg, in England 44 kg, in Dänemark 54 kg), die Zuckerindustrie nicht, weil ihre Kapazitäten nicht ausgelastet waren, der Rübenbauer nicht, wegen der niedrigen Rübenpreise, die Zuckerverarbeiter nicht, der Handel nicht – und, und . . . Nur die Finanzminister der Länder erfreuten sich einer ergiebigen Einnahmequelle. Bei einem erlösten Verkaufspreis von 132 DM je 100 Kilogramm Zucker entfielen im Jahre 1952 auf den Rübenbauern 46,20 DM (= 35%), auf den Fiskus – mindestens – 33,88 DM (= 25,6%), auf die Zuckerfabrik 26,92 DM (= 20,4%), auf den Handel 19,50 DM (= 14,8%) und auf den Frachtenausgleich 5,50 DM (= 4,2%). Endlich ab April 1956 senkte der Fiskus die Steuer je 100 Kilogramm Zucker von 26,50 DM auf zehn DM (16 Pf je kg Zuckerverkaufspreis), ein denkwürdiges Ereignis in der Geschichte des deutschen Rübenzuckers, das einen sich über Jahre erstreckenden stetigen Anstieg des Zuckerverbrauchs einleitete (1970/71 pro Kopf: 33,8 kg Weißzuckerwert). Die Höhe der Jahresumsätze der mit solider Eigenkapitaldecke arbeitenden Süddeutschen Zucker AG (Höchstdividende 18%) hing hauptsächlich von Menge und Zuckergehalt der Rüben ihres Einzugsgebiets, dem Umfang der Rohzuckerverarbeitung und den Erträgnissen ihrer landwirtschaftlichen Betriebe ab. Die Umsätze überschritten 1953/54 300 Millionen DM, 1956/57 400 Millionen und erreichten 1960/61 knapp 500 Millionen DM, während sich der Arbeitskräftebedarf durch Technisierung und Rationalisierung in Fabriken und Landwirtschaftsbetrieben seit Ende der fünfziger Jahre stark verringerte (1951/52: 8224; 1965/66: 5507).

Viel Zucker verarbeiteten die mittelständischen Süßwaren- und Schokoladenindustrien (1965: 57 Betriebe mit 7152 Beschäftigten und 434,4 Mio. DM Umsatz) und die über tausend Konditoreien, nicht nur weil das ein gutes Geschäft war, sondern weil die Deutschen um 1950 einen starken Zucker-Nachholbedarf hatten, weshalb auch reichlich Devisen für englische Schokolade und »Luxusfrüchte« ausgegeben wurden. Das bedeutendste Zentrum der südwestdeutschen Süßwaren- und Schokoladenindustrie (Schokoladenherstellung 1954: 20456 t; 1957: 28983 t) befand sich damals im Stuttgarter Großraum mit Markenherstellern wie Tobler, Waldbaur, Eszet und Ritter. Bei der

Firma Eszet (1949: 156 Beschäftigte; 1958 Höchststand: 202) bewirkten 1949 relativ
günstige Preise bei einer kaum zu befriedigenden Nachfrage eine Verzehnfachung des
Umsatzes (auf 6,4 Mio. DM) sowie eine Kapitalrentabilität von über 100 Prozent gegenüber dem Vorjahr. Unter zunehmendem Kostendruck gingen bei Eszet ab Mitte
der fünfziger Jahre die Umsätze (Durchschnitt 1954–1960: 12,7 Mio. DM) zurück,
und die Ertragslage verschlechterte sich, in den sechziger Jahren bewegte sie sich in
den roten Zahlen. Die Schokoladenfabrik Alfred Ritter GmbH, Waldenbuch, konnte
demgegenüber ihren Umsatz von 4 Millionen DM im Jahre 1950 auf 73 Millionen DM
im Jahre 1970 steigern und verdoppelte gleichzeitig die Mitarbeiterzahl. Nach 1968
überschritt die Waldenbucher Quadratschokolade die Grenzen ihres bisherigen südwestdeutschen Absatzgebietes und erschloß sich mit entsprechendem Werbeaufwand
und Erfolg den größeren deutschen Markt, auf dem die lukullischen Angebote der
größten südwestdeutschen Schokoladenfabrik, der von Phil. Suchard, Lörrach (1969
ca. 1400 Beschäftigte und etwa 120 Mio. DM Umsatz), bereits ein Begriff waren.
Gute Wirtschaftswerbung, die anfangs beim deutschen Endverbraucher noch auf ein
rückständiges »Werbungsbewußtsein« stieß, gehörte gewissermaßen zum Wettbewerb wie der Dampf zur Lokomotive. Mit Werbung ließen sich Kunden »produzieren«, weil sie – sofern nicht mit den kurzen Beinen der Täuschung daherkommend –
den Verbrauch beeinflussen konnte. Zur Höhe der Werbungskosten bekannten sich
die Beteiligten nicht gern. Nach britischen Angaben machte vor dem Kriege der Werbeaufwand für Haarwaschmittel 51 Prozent der Warenumsätze der Hersteller aus,
ohne daß deren Bäume oder gar die Haare der Verbraucher in den Himmel wuchsen.
Man kam auch mit wesentlich geringeren Werbungskosten zum Markterfolg. Hohner
in Trossingen warb für seine Mund- und Handharmonika im In- und Ausland im
Jahre 1936 mit 1,82 Prozent seines Umsatzes (Gesamtumsatz: 15,7 Mio. RM) und
1937 mit 2,23 Prozent (Gesamtumsatz: 16,9 Mio. RM). Heute geben in der Bundesrepublik Handelsorganisationen und der Automarkt das meiste Geld für die Werbung
aus, und die Schönheitspflege erreicht bei weitem nicht den Werbeaufwand der Pharmazie oder der Genußmittelindustrie. Letzten Endes zahlte sich imagebezogene Werbung auf die Dauer wohl nur aus, wenn man den Beweis für eigenes Tun nicht schuldig
blieb, und dann ließen sich die Kosten der Werbung über die Preise abwälzen. Es bedurfte sicher nicht erst der Mitte 1952 in Stuttgart veranstalteten Ausstellung »Das
werbende Bild«, um werbenden schwäbischen Warenproduzenten statt aufdring-
licher Quantität mehr Qualität zu empfehlen. Meist war für sie die Nationalisierung,
geschweige denn die Globalisierung der Werbung damals noch eine Fiktion.

Niedergang der Tabakfabrikation

Der Geschmackswandel der deutschen Raucher wurde während des Wiederaufbaubooms zum Schicksal der südwestdeutschen Tabakanbauer und Tabakfabrikanten,
soweit sie der Zigarre verpflichtet waren. Wo immer die amerikanische Militärmacht
hinkam, drang mit ihr siegreich der Rauch der amerikanischen Zigarette vor. Sie eroberte die Mehrzahl der Raucher – im Jahre 1952 auf 59,4 Prozent der Bevölkerung geschätzt, 1978 auf 34 Prozent, – und ließ sie nach der Währungsreform kaum zum alten
Rauchergeschmack, zur Orientzigarette aus badischen Landen oder zur Zigarre aus
Emmendinger oder Bruchsaler Blattwerk zurückkehren. Verglichen mit der Zeit vor
dem Krieg stieg in allen Industrieländern der Zigarettenkonsum gewaltig, obwohl beispielsweise in Deutschland die Zeit der 1931 eingeführten $3^1/_3$-Pfennig-Zigarette vorüber war. Gut im Rennen waren auch die Aschenbecher, während für die Zigarre ernste Zeiten anbrachen. Im Jahre 1938 wurden 133 Zigarren etc. je Kopf geraucht, 1957
noch 90 und 1970 kaum 60.
Infolge unbefriedigender Preise und des immer spürbarer gewordenen Mangels an Arbeitskräften ging der Tabakbau am Oberrhein fast ständig zurück. Mit der erstmals im
Jahr 1960 in Europa in großem Ausmaß aufgetretenen Blauschimmelkrankheit brach
eine Katastrophe über den südwestdeutschen Tabakbau herein, von der er sich trotz
aller eingesetzten Fördermittel des Bundes und des Landes, trotz eingeleiteter Rationalisierungen und Umstellungen von Zigarrengut auf Schneidegut sowie von heißluft-
auf luftgetrocknete Tabake eigentlich nie mehr erholte. Von 1960 auf 1961 reduzierte
sich die Tabakanbaufläche von 3196 Hektar auf rund 1850 Hektar und lag 1970 bei
1590 Hektar (Bundesgebiet 3317 ha), 1977 bei 1680 Hektar. Im Zuge der zu einem absoluten Höchststand tendierenden Erzeugerpreise (1970/71: 801 DM je dz) erweiterte
sie sich 1972 auf 1926 Hektar, fortan abhängig von der Tabakmarktordnung und der
Nachfrage der Hauptabnehmer des heimischen – vor allem schwarzen – Tabaks.
An den traditionellen badischen Standorten der Tabakverarbeitung dominierten die
Stumpen- und Zigarettenhersteller, das Familienunternehmen Burger Söhne GmbH,
Schweizerstumpen-Fabriken Emmendingen (1958: ca. 4400 Beschäftigte; 1985: 3,6
Mio. DM Kommanditkapital), die hundertprozentig zur Reemtsma-Gruppe, Ham-
burg, gehörende Badische Tabakmanufaktur GmbH, Lahr (1985: 44 Mio. DM
Stammkapital), das Familienunternehmen Villiger Söhne GmbH, Tiengen (1984:
7 Mio. DM Kapital; 77,1 Mio. DM Umsatz) und die Bruns bey Rhein Zigarrenfabrik
GmbH in Sandhausen bei Heidelberg (1958: 2350 Beschäftigte; Betriebsaufgabe
1974). Für die mittelständische Zigarrenindustrie begann ab den fünfziger Jahren ein
erbarmungsloser Kampf um die verbliebenen Zigarrenraucher. In der Zigarrenmache-
rei war trotz Maschinen noch immer ein guter Teil Handarbeit vonnöten. Das Verbot

Betriebe der Tabakverarbeitung mit 10 und mehr Beschäftigten			
	Anzahl	Beschäftigte	Ø je Betrieb	Umsatz insgesamt in Mio. DM
1956	172	27 363	159	771,9
1970	62	6 033	97	1 002,5

der Verwendung von Maschinen bei der Zigarrenherstellung wurde nach allmählicher Lockerung erst 1958 völlig aufgehoben. Der schlagartige Übergang zur preiswerten Maschinenfertigung vergrößerte die Marktanteile der konkurrenzfähigen kapitalgesunden Unternehmen und bedeutete den Tod vieler, über hundert kleiner. Die in Baden einst führende Tabakindustrie schrumpfte zu einer industriellen Minorität. Umsatzstatistiken und Bilanzen überliefern den Verzweiflungskampf der kleinen Zigarrenfabriken, die Erträge mit Leistung und Kapitaleinsatz in Einklang zu bringen. Dennoch sank ihre Gewinnspanne in den sechziger Jahren unaufhaltsam, rutschte für mehr und mehr schlecht verkäufliche Zigarrenmarken in rote Zahlen ab, zumal bei sinkenden Umsätzen bereits ein prozentual leichter Anstieg der Gemeinkosten (über 20% vom Umsatz) Verlust brachte. Die Zigarrenfabrik F. Krämer in Seelbach (bei Lahr) erzielte im Jahre 1952 mit 319 Beschäftigten einen Umsatz von 1,6 Millionen DM, von 1960 bis 1968 sogar einen Durchschnittsumsatz von jährlich 2,8 Millionen DM und mußte 1976 aufgeben.

Auch in der Folgezeit signalisierte die statistisch ausgewiesene leichte Umsatzsteigerung in der tabakverarbeitenden Industrie (1982: 1,39 Mrd. DM) keine Rentabilitätsverbesserung. Der Rationalisierungszwang des einzigen südwestdeutschen Zigarettenherstellers, der Badischen Tabakmanufaktur Roth-Händle GmbH (Marktanteil Ende 1982: 8,3%) – Hauptmarken die vorwiegend filterlosen Zigaretten »Roth-Händle« und »Reval« – machte in den letzten Jahren Schlagzeilen in der Presse. Ab 1983 war der Umsatz (1985: 1,21 Mrd. DM) um einige Millionen zurückgegangen und zog die Reduktion der Beschäftigtenzahl (1983: 949) nach sich. 800 badische Tabakanbauer fürchteten bereits, ihren Hauptabnehmer zu verlieren. Ließen sich für Tabak überhaupt noch Bestandsgarantien geben? Die medizinische Wissenschaft stoppte den Siegeszug der jahrzehntelang triumphierenden Zigarette, in ihrer maschinengestopften oder selbstgedrehten Gestalt, und ließ es selbst den gelblichsten Parlamentierfingern nicht geraten erscheinen, sich für diese zu erheben, nicht einmal um den statistischen Tagesverbrauch eines baden-württembergischen Zigarettenrauchers (1978) von 23,6 Stück der Nachwelt zu erhalten.

Leistungen der Bauwirtschaft

Seit dem Zweiten Weltkrieg bzw. seit der Währungsreform wurde im Wohnungsbau in Südwestdeutschland, zur »Staatsaufgabe Nummer eins« erklärt (Wildermuth), Beachtliches geleistet, um drückende Wohnungsnot zu beseitigen. Die Bauleistungen in Südwestdeutschland entsprachen in zwei Jahrzehnten umgerechnet dem Aufbau einer Weltstadt mit 1,5 Millionen Wohnungen und rund fünf Millionen Einwohnern. Nach außen schien es in den rasanten Wiederaufbaujahren, als sei unter dem Zwang der Not, möglichst schnell, möglichst viel und möglichst billig zu bauen, alles unwahrscheinlich glatt verlaufen. Dabei hatte überall der Staat – Land und Bund – bzw. die Behörde die Hand im Spiel. Es war eine Bauhierarchie entstanden, und in der Hauptsache ließ sich nur mit Hilfe der öffentlichen Fonds langfristig der gewaltige Kapitalbedarf des Wohnungsbaus finanzieren. Die Schwierigkeiten für den Industrie- und Wohnungsbau lagen damals im Geld- und Kapitalmarkt. Nur etwa ein Drittel der Milliarden DM, die Anfang der fünfziger Jahre für den Wohnungsbau aufgebracht wurden, stammten vom privaten Kapitalmarkt. Infolge der hohen Verbrauchsneigung der Bevölkerung fanden Pfandbriefe der Realkreditinstitute nur zögernd Aufnahme und verteuerten sich daher die Hypotheken. Mit der langsamen Zunahme der Kapazität der Hypothekenbanken stieg von Jahr zu Jahr die Zahl ihrer Ausleihungen. Die Württembergische Hypothekenbank, schon Ende 1950 an der Finanzierung von 4855 Wohnungen beteiligt, hatte Ende 1954 den Bau von 10218 Wohnungen mit einem durchschnittlichen Aufwand von 5115 DM je Wohnung finanziert. Die Baukosten aber stiegen, so daß sich die Wohnungen nicht in gleichem Maße vermehrten, Nachbeleihungen notwendig wurden und so mancher Bauherr in eine für ihn schwierige Situation kam.

Bis zur Rezession von 1967 erfuhr die Bauproduktion einen stetigen, teils steilen Anstieg. Im Jahre 1968 waren 45 Prozent des vorhandenen Gebäudebestandes (= 598661 Gebäude) zwischen 1949 und 1967 erstellt worden. 98 Prozent der Gebäude waren an ein Wasserleitungsnetz angeschlossen, 67 Prozent an eine Kanalisation und verfügten entsprechend über Bad und WC. Wohnungen mit Ofenheizung, im Jahre 1950 96 Prozent, machten 1978 nur noch 39 Prozent aus. Fast von Jahr zu Jahr stieg die durchschnittliche Wohnungsgröße, vermehrte sich der Wohnkomfort und verbesserte sich erheblich die Wohnungsausstattung. Der Satz von Le Corbusier, das neunzehnte Jahrhundert habe für das Geld gebaut, das zwanzigste baue für den Menschen, ist trotz mancher Einwände wahr geworden. Der vorangetriebene technische Fortschritt bot hierfür die Voraussetzungen und ermöglichte, daß sich menschliches Wohlbefinden in den »eigenen vier Wänden« berechnen ließ und sich überdies nicht einer Rentabilitätsrechnung entzog. In der offiziellen Wohnungspolitik, die über breit gefächerte För-

Wohnungsstatistik

	1952	1960	1970	1980
Wohnungen insgesamt in 1000	1 593,3	2 220,2	2 903,5	3 687,1
Einwohner je Wohnung Anzahl	4,1	3,4	3,1	2,5
Räume je Einwohner Anzahl	1,0	1,2	1,4	1,8
Fertiggest. Wohnungen Anzahl	62 374	82 612	74 362	70 709
Wohnfläche je Neuwohnung in m²	58,8	74,7	87,4	100,4

dermaßnahmen gebot, wurden die Beseitigung des vorhandenen Wohnungsmangels und die Bildung von Einzeleigentum in Form des Familienheimes oder der Eigentumswohnung als gleichrangig angesehen. Menschliches Wohlbehagen wurde nicht auf die Zukunft vertröstet, das Dasein in Elendsquartieren keine Dauererscheinung. Im Lande der »Häuslebauer« drückte sich im eigenen Haus auch »Nationalcharakter« aus, wenngleich auch aus steuerlichen Gründen nicht generell dem Einfamilienhaus der Vorzug gegeben wurde. Die Bedenken gegen die konstruktive Sparsamkeit der Nachkriegswohnbauten und vor allem gegen die Monotonie paralleler Stockwerkhäuser waren berechtigt und wurden in neueren Stadtplanungen zumeist berücksichtigt. Der Aufbau neuer Wohnviertel verlagerte sich mehr an den grünen Stadtrand, bevorzugte die helle, überschaubare kleinere, zentralbeheizte Wohnung mit obligatem Balkon und möglichst niedrigem Mietzins. Freilich sind den Baumeistern nicht immer Wohnkonstruktionen gelungen, die sich als freundliche Augenweide zu erkennen gaben.

Nur wenige Produktionsindizes stiegen bis Anfang der sechziger Jahre so stark wie die der expansiven Bauwirtschaft. Da auch der Kostenindex in die Höhe ging, mußten im übersetzten Baugewerbe die Umsätze unerbittlich gesteigert werden (in Mio. DM 1952: 1331; 1960: 3664), wurden mehr Aufträge, mehr Menschen, mehr Gerät benötigt. Preiskämpfe im Baugewerbe, alltägliche Erscheinungen, drückten auf die Gewinnspannen. Der Ed. Züblin AG, Stuttgart (1958: 7215 Beschäftigte; Tiefststand 1961: 6128; 1970: Höchststand von 9501 Beschäftigten), gelang die unerbittliche Umsatzsteigerung vor allem durch Expansion im Ausland (Bilanzsumme in Mio. DM 1957: über 50; 1966: über 150). Der Überdruck bedurfte der Ventile. Häufig zwang er die

Betriebe, mit dem Auftragsboom zu expandieren und nach Auftragserledigung zum Nachteil der Arbeitnehmer wieder zusammenzuschrumpfen. In der Wachstumsstatistik des für die Rohbauarbeiten zuständigen Bauhauptgewerbes ist bis 1965 (in 12100 Betrieben Höchststand von über 270000 Beschäftigten) der quantitative Rückgang des Menschen am Bau kaum sichtbar.

Auch die Bauwirtschaft wurde durch einfallsreiche Maschinenkonstrukteure mechanisiert. Dampfbagger und Dampflokomotiven verschwanden. Den Betonbrei schafften Tankwagen herbei. Pfeilschlanke Turmdrehkrane wurden zu unentbehrlichen Helfern bei der Montage von Betonplatten. Als legitimes Kind des Mangels an Kapital, Stahl und Holz setzte sich in der Zeit nach dem Zweiten Weltkrieg der Spannbeton allmählich auch im Hochbau durch. Auf Spannbeton fußte die gesamte witterungsunabhängige Fertigbeton-Montagebauweise, hervorstechendste Komponente der technischen Revolution im Bauwesen. Sie drückte den neuen Kirchen, Schulen, Industriebauten, Wohngebäuden und Brücken unverkennbar ihre Signatur auf und gab dem völligen Neubau vor der Rekonstruktion des Alten den Vorrang. Aus Stahl, Beton, Aluminium, Glas, Keramik und Kunststoffen erwuchs die neue Geometrie technischer Sachlichkeit.

Die Baukonjunktur zog den Boom in der Baumaschinenindustrie und in der Baustoffindustrie nach sich. Vollmechanisierte Kies- und Splittwerke wurden errichtet (von C. Baresel AG, Stuttgart, in Laiz bei Sigmaringen, Ehningen und Rottenburg a. N.). Sogleich nach der Währungsreform weiteten die Deutschen Linoleum-Werke AG in Bietigheim (DM-Umstellung 1:1 auf 12 Mio. DM) ihre Produktion aus, anfangs noch Leinöl und Jutegewebe verarbeitend. Wenig später waren die Plastic-Bodenbeläge von DLW Trumpf. Bei der Konstruktion von schweren Fahrzeugen für Erdbewegungen auf Großbaustellen setzte die Kaelble GmbH in Backnang neue Maßstäbe, beginnend 1952 mit dem Bau der ersten zwei- und dreiachsigen Hinterkipper sowie der 100-PS-Planierraupe (1958: 270 PS) und 1956 des ersten größeren Radladers in Europa.

Einer der hervorragenden Pionierunternehmer Baden-Württembergs, der damalige Bauunternehmer Hans Liebherr (geb. 1915), beschäftigte sich in Kirchdorf an der Iller nach der Währungsreform mit der Konstruktion und Fertigung von leicht montierbaren, preisgünstigen Turmdrehkranen neuer Art. Nach manchen Rückschlägen kam deren Verkauf in Schwung (1950: 110 Mitarbeiter; Umsatz 2,2 Mio. DM) und verwandelte das Baugeschäft in eine Maschinenbaufirma mit erstaunlicher, von den großen Maschinenbaukonzernen unterschätzter Expansionskraft. Wenige Jahre später wurde der von Liebherr eigengebaute, sehr leistungsfähige Hydraulikbagger zur Sensation für die Fachwelt. Die Produktion von Container-Kranen und Transportbeton-Fahrmischern kam hinzu. Mitte der fünfziger Jahre rasch hintereinander gegründete Zweigwerke erhöhten die Mitarbeiterzahl auf 2392, den Umsatz auf 77 Millionen DM.

Ab 1958 baute Liebherr Zweigwerke und Tochtergesellschaften im Ausland auf, in Ir-
land, Südafrika, Frankreich und Österreich. Am Ende des 20. Geschäftsjahres, 1968,
arbeiteten in der Firmengruppe Liebherr weltweit 5933 Beschäftigte und erwirtschafteten einen Umsatz von 388 Millionen DM. War der sprunghafte Aufstieg der Lieb-
herr-Gruppe nur ein nicht wiederholbarer Reflex des damals allgemeinen wirtschaftlichen Aufschwungs, drängt sich zu fragen auf. Die Karriere des Hans Liebherr beruhte eigentlich darauf, im Rahmen einer expandierenden Wirtschaft für vorhandene
Märkte mit Liebe und Neugierde für Technik neue, bessere Produkte anstelle vorhandener zu entwickeln und diese mit unermüdlichem Leistungswillen an den Märkten
durchzusetzen. Potentiellen Nachahmern ist damit die Hoffnung nicht genommen.
Eine in mancher Hinsicht vergleichbare Blitzkarriere begann 1948 aus unbefriedigender Situation. Das Erfindergenie Artur Fischer aus Tumlingen im Schwarzwald (geb.
1919; Fischer-Werke GmbH mit heute 20 Mio. DM Stammkapital) verband sich teilweise mit der Bauwirtschaft. Im Jahre 1958 brachte Fischer (rd. 200 Mitarbeiter; 1966:
537) den seitdem milliardenfach an Wänden und Decken in mehr als 100 Ländern bewährten Nylondübel heraus, eine folgerechte Verbesserung von schon existierenden
Produkten. Genau hierin, in der konsequenten Verbesserung von Bestehendem, lag
seit jeher ein Erfolgsgeheimnis südwestdeutscher Erfinder-Unternehmer, wobei es
auch auf die Branche nicht ankam.

Wasser und Energie

Wasser gehört zu den wichtigsten Voraussetzungen des Lebens und damit der Wirtschaft. Die ausreichende Versorgung mit einwandfreiem Wasser ist jedoch keine
Selbstverständlichkeit. Jahrhunderte war in Stuttgart, einer der wenigen deutschen
Städte, die bis in die zwanziger Jahre noch zwei voneinander getrennte Rohrnetze für
gutes Quellwasser und für Nutzwasser unterhielten, das Wasser kostbar und knapp.
Erst nach dem Zweiten Weltkrieg wurde der alte Traum der Stuttgarter Bürger verwirklicht, über einen Hausanschluß reichlich mit vorzüglichem, aber nicht ganz billigem Trinkwasser versorgt zu werden. Einen prächtigen Wasserturm wie Mannheim,
Wahrzeichen der Stadt und Symbol gesicherter Wasserversorgung, besaß Stuttgart
nie, obwohl schon seit 1861 im Besitz einer Druckwasserleitung. Die geologischen
Gegebenheiten machten große Teile Südwestdeutschlands mit seinen Hochflächen zu
einem wasserarmen Raum mit nur schwer erreichbarem Grundwasser und meist rasch
in die Tiefe versickerndem Regenwasser. Da für viele Gemeinden das dringend benötigte Wasser nicht an Ort und Stelle erreichbar war, mußte es aus der Nachbarschaft
herbeigeschafft werden. Seit der zweiten Hälfte des 19. Jahrhunderts wurden deshalb,

gefördert von der württembergischen und badischen Regierung, die ersten Gruppen-
wasserversorgungsanlagen gebaut. Ihr guter Erfolg wirkte beispielhaft und führte im
Laufe der Zeit zur Bildung von etwa 340 als kommunale Zweckverbände verwalteten
Wasserversorgungsgruppen in Baden-Württemberg mit 1750 Mitgliedsgemeinden.
Neben den vielfach im Verbund miteinander stehenden Gruppenwasserversorgungen
und den in vielen Städten und Gemeinden darüber hinaus genutzten örtlichen Wasser-
vorkommen wurden im klassischen Land der Gruppenwasserversorgung im Verlaufe
des 20. Jahrhunderts vier Feinwasserversorgungssysteme geschaffen. Seit 1912 besteht
die auf Gesuch von 43 württembergischen Städten und Gemeinden, darunter Stuttgart, vom Staat geschaffene Landeswasserversorgung mit besonderem Pumpwerk im
Donautal, die 1964 auf Antrag der Abnehmergemeinden aus staatlicher Obhut entlassen und in den kommunalen »Zweckverband Landeswasserversorgung« verwandelt
wurde. Um Wasserversorgungsschwierigkeiten völlig auszuschließen, wurde 1953 die
Wasserversorgung Nordostwürttemberg und 1954 von 13 Städten und Gemeinden
(mit zwei Drittel Beteiligung der Technischen Werke Stuttgart) der Zweckverband
Bodenseewasserversorgung gebildet und eine 160 km lange Fernleitung von Sipplingen am Bodensee bis in den Stuttgarter Raum gebaut. Zur Beschaffung von Fernwas-
ser aus der Rheinniederung bei Bruchsal entstand 1965 die Fernwasserversorgung
Rheintal.
Etwa 98 Prozent der Bevölkerung von Baden-Württemberg bekamen 1965 von
öffentlichen Wasserversorgungsunternehmen über kommunale Leitungsnetze ihr
Wasser, insgesamt ungefähr 700 Mio. Kubikmeter (75% Grundwasser, 17% Quellwasser, 8% Oberflächenwasser). Den größten Teil des Wassers entnahm die Industrie. An den Endverbraucher wurden 1967 durchschnittlich 178 Liter (1957: 138 l) je
Einwohner und Tag zu kostendeckendem Preis abgegeben (mit Leitungsverlusten und
Eigenverbrauch der Werke: 212 l). Im Jahre 1979 lagen die Werte je Einwohner und
Tag zwischen 45 und 430 Liter und zeigten ein deutliches Stadt-Land-Gefälle. Dieser
aus der Wand fließende, jederzeit in beliebiger Menge verfügbare und ohne eigene An-
strengung zu nutzende Beitrag der kommunalen Betriebe war für das Funktionieren
der industriellen Wohlstandsgesellschaft von elementarer Bedeutung, wurde zum
Wirtschaftsgut, das sich dem Rhythmus von Konjunktur und Wachstum anzupassen
hatte. Die Gemeinden waren es darüber hinaus, die im vorigen Jahrhundert durch die
in eigene Regie übernommene Förderung und Verteilung von Wasser die volkshygie-
nische Forderung nach keimfreiem Trinkwasser erfüllten und dadurch Entscheiden-
des zur Eindämmung vieler tödlicher Epidemien leisteten. An der Steigerung der
durchschnittlichen Lebenserwartung der Menschen in Stadt und Land war die hygie-
nische Wasserversorgung wesentlich beteiligt. Daß heute Wannenbad, Dusche, WC,
Wasch- und Spülautomaten zur Standardausstattung einer Normalwohnung gehören,

ist ebenfalls ohne die Leistungen der kommunalen Wasserverteilungsnetze nicht
denkbar. Hygiene und Industrie intensivierten den Wasserverbrauch und vermehrten
zugleich die anfallende Abwasserlast. Zellstoff- und Papierfabriken, die chemische
und Textilindustrie stellten die größten Wasserverbraucher dar, waren aber durch ihre
Eigenförderung meist unabhängig von der öffentlichen Wasserversorgung.

Auch die allgemeine Elektrizitätsversorgung der Städte und Gemeinden Baden-Würt-
tembergs geschah über kommunale Verteilernetze und wurde vielfach von örtlichen
kommunalen Unternehmen wahrgenommen. Auf kommunaler Ebene setzte sich im
Laufe von Jahrzehnten als Instrument der Kostenminimierung und Energieoptimie-
rung der sich verdichtende versorgungswirtschaftliche Querverbund durch, der außer
Wasser und Elektrizität auch die Gasversorgung (1962: in 287 von 3383 Gemeinden
Baden-Württembergs) einschloß. Im Jahre 1933 wurden in Stuttgart das städtische
Gaswerk, Elektrizitätswerk und Wasserwerk »zu einem Amt zusammengefaßt«, Geburt der Technischen Werke der Stadt Stuttgart. Vor allem Stadtwerke mit oft erheblicher Kapitalkraft demonstrierten ab der Mitte unseres Jahrhunderts die Stärke und
Bedeutung der Kommunen auf dem Markt für unentbehrliche öffentliche Güter. Neben den sechs großen Elektrizitätsversorgungsunternehmen Baden-Württembergs
– Energie-Versorgung Schwaben AG, Badenwerk AG, Neckarwerke AG, Kraftübertragungswerke Rheinfelden AG, Technische Werke der Stadt Stuttgart und Stadtwerke Karlsruhe – waren an der Elektrizitätsversorgung des Landes zahlreiche Klein-
und Mittelbetriebe beteiligt, nach der Statistik des Verbandes der Elektrizitätswerke
auch 325 kleinere Betriebe in Baden und 340 Industriebetriebe.

Im Jahre 1960 stammte die bereitgestellte nutzbare Abgabe von elektrischer Energie in
Baden-Württemberg von rund 11403 Millionen Kilowattstunden zu 55 Prozent aus
etwa 15 Dampfkraftwerken in Wassernähe, hauptsächlich die Werke in Karlsruhe,
Mannheim, Heilbronn, Marbach, Stuttgart-Münster und Altbach, zu 29 Prozent aus
rund 45 Wasserkraftwerken, zu einem Prozent aus Abgaben der Industrie und zu 15
Prozent aus Lieferungen auswärtiger Kraftwerke. Gegenüber dem Stande von 1952
(Stromerzeugung öffentlicher Kraftwerke: 4,8 Millionen kWh, davon 57,1% aus
Wasserkraft) wuchs bis in die sechziger Jahre der Anteil der Kohle als Ausgangsener-
gie absolut und relativ. Um 1960 begann das Mineralöl als Einsatzenergie in öffentlichen Kraftwerken eine Rolle zu spielen, knapp ein Jahrzehnt später die Atomenergie.
Der Anteil der billigen, umweltfreundlichen Wasserenergie, seit der zweiten industriellen Revolution von entscheidender Bedeutung für das Wirtschaftswachstum in Südwestdeutschland, verminderte sich, da der Ausbau der Wasserkräfte weitgehend erschöpft schien. Am Hochrhein waren bis 1963 acht Laufwasserkraftwerke als
deutsch-schweizerische Gemeinschaftswerke in Betrieb (das größte: die Kraftübertragungswerke Rheinfelden). Vier weitere Laufwasserkraftwerke erzeugten an der Iller,

Bedeutende Stadtwerke in Baden-Württemberg (1985)	Grund- bzw. Stammkapital in Mio. DM
Technische Werke der Stadt Stuttgart AG:	525,0
Stadtwerke Karlsruhe Eigenbetrieb:	150,0
Stadtwerke Mannheim AG:	149,0
Stadtwerke Heidelberg AG:	101,0
Stadtwerke Freiburg GmbH:	57,167
Stadtwerke Esslingen a. N. GmbH:	31,6

einige an der Donau Strom für die als Zweckverband organisierte Energieversorgung Schwaben (EVS), nach der staatlichen Badenwerk AG (1965: Energiebereitstellung ca. 5,7 Mrd. kWh) zweitgrößtes Stromerzeugungsunternehmen in Baden-Württemberg (1965: ca. 4,5 Mrd. kWh). Im Zuge der Neckarkanalisierung und dem notwendigen Schleusenbau entstanden am Neckar von 1921 bis heute 25 kleinere Laufwasserkraftwerke. Als Lieferant hochwertiger Spitzenenergie traten die Speicher- und Pumpspeicherkraftwerke Baden-Württembergs mehr und mehr hervor. Die Leistungen des älteren Murg-Schwarzenbachwerks wurden durch die allmählich, von 1933 bis 1965 ausgebauten Kraftstufen und Kraftwerksanlagen des Schluchsee-Hotzenwaldwerkes, des größten Spitzenkraftwerks seiner Art in Europa, um ein Vielfaches übertroffen (1972 installierte Engpaßleistung: 790 MW).

Die Entwicklung auf der Verbrauchsseite wurde ab der Währungsreform durch einen ständigen und raschen Anstieg des Stromabsatzes, durch seine reichliche Verdoppelung von 1954 bis 1965, bestimmt. Im Zahlenspiegel des Badenwerks schnellte er von 1950 bis 1965 um 425 Prozent in die Höhe (Umsatzerlöse in Mio. DM 1955: 140; 1968: 429). Entscheidend für die damals unentwegt starke Zunahme des Stromverbrauchs war die sich rasch fortsetzende Elektrifizierung in der gewerblichen Wirtschaft, in der Landwirtschaft und in den Haushalten im Rahmen eines bisher nicht dagewesenen und aufzuhaltenden Technisierungsschubes, der die gesamte Arbeits- und Lebenswelt, alle Stromabnehmergruppen erfaßte, da bei allen menschliche Arbeit durch elektrifizierte Technik ersetzt wurde. In der gewerblichen Wirtschaft steigerte vor allem die voranschreitende Automation den Stromverbrauch. Auf der Verbraucherseite standen 1960 die Elektrizitätsgroßabnehmer mit 6172 Millionen Kilowattstunden an

Elektrizitätsverbrauch aus der öffentlichen Versorgung in Mio. kWh					
Anstieg gegenüber Vorjahr			Anstieg gegenüber Vorjahr		
1936	ca. 2 200		1970	24 539	50 %
1954	7 718	350 %	1975	31 689	29 %
1957	8 414	9 %	1980	39 776	25 %
1965	16 256	93 %	1984	48 691	22 %

der Spitze (1957: Industrie 58,4 %), gefolgt mit Abstand von den Kleinabnehmern mit 3218 Kilowattstunden. Deren Anteil vermehrte sich sowohl durch den erhöhten Haushaltsverbrauch, als auch durch die starke Bevölkerungsverdichtung und die sich vermehrenden Kleinhaushalte. Im Jahre 1955 besaß das Badenwerk 292768 Tarifkunden und 1968 waren es 439269. Der Durchschnittsverbrauch je Tarifkunde belief sich 1955 auf 613 und 1965 auf 2138 Kilowattstunden, erhöhte sich demnach um 349 Prozent, um durchschnittlich 25 Prozent pro Jahr.

Wer damals allerdings Wachstumsraten des Energieumsatzes der Zukunft errechnete wie der Abt Knauer von Langheim im 17. Jahrhundert Wetterprognosen erstellte, nämlich nach dem Prinzip, daß alles so weiter gehen müsse, wie es einmal gewesen war, gelangte zu gewaltig getrübter und die Regierenden nicht minder trübenden Vorschau. Es kam anders, als wissenschaftliche Rechenkünstler prognostizierten. Am Pro-Kopf-Stromverbrauch läßt sich zwar das Niveau des Technisierungsgrades von Wirtschaft und Lebenswelt einigermaßen ablesen, alle Berechnungen aber, die Wirtschaftswachstum und Entwicklung des Energieverbrauchs in eine Art naturgesetzlichen Zusammenhang bringen wollten, machten die Rechnung ohne die Technik auf. Die Energieversorgungsunternehmen Baden-Württembergs bewältigten ohne Störungen die gewaltigen Anforderungen der fünfziger und sechziger Jahre, obwohl – oder gerade weil – sie sich überwiegend in öffentlicher Hand befanden. Für die Produktion und Verteilung von Wasser, Gas und Elektrizität, für die teilweise sehr kapitalintensive Versorgungswirtschaft mit hoher Kapitalumschlagsgeschwindigkeit, galt auch nicht der herrschende Wettbewerb, nicht die Monopolen feindliche soziale Marktwirtschaft. Grund, die stark unter kommunalem Einfluß stehende Versorgungswirtschaft zu entmonopolisieren, bestand dennoch nicht. Sie gewährleistete, daß es in Baden-Württemberg keine noch so kleine Gemeinde gab, die nicht eine zentrale Energie- und Wasserversorgung aufweisen konnte und bot überdies Gewähr dafür, daß Strom bis Mitte der sechziger Jahre im allgemeinen zu einem relativ günstigen Verbraucherpreisniveau angeboten wurde, verglichen mit heutigen Stromrechnungen eine fast paradiesische Kostenstruktur. Bäuerliche Einzelgehöfte ohne Elektrizitätsanschluß gab es damals noch.

In der ebenfalls größtenteils öffentlichen Gaswirtschaft erfuhren zwei Bereiche während des Wiederaufbaubooms aus Rentabilitätsgründen grundlegende Wandlungen, die Gasherstellung die allmähliche Substitution der über ein Jahrhundert üblichen Kohlevergasung durch Mineralöl als Ausgangsstoff ab Ende der fünfziger Jahre und die Gasversorgung die Umstellung von örtlich erzeugtem Stadtgas auf das Ferngas, hauptsächlich Erdgas (eigene Vorkommen in Oberschwaben). Anfänge des Aufbaus einer Ferngasversorgung Südwestdeutschlands gingen in die Zeit des Zweiten Weltkriegs zurück auf die 1941 von verschiedenen öffentlichen Körperschaften unter Führung des Reiches gegründete Südwestdeutsche Ferngas AG. Planungen für den Aufbau einer Gruppengasversorgung waren weit älter. Realisiert wurden sie erst 1961 unter Beteiligung des Landes Baden-Württemberg und der größten südwestdeutschen Gasversorgungsunternehmen bis Freiburg und Ulm.

Wachstum im Handwerk

Durch seine reiche handwerkliche Tradition unterschied sich seit jeher der deutsche Süden von Deutschlands Norden. So ist nicht verwunderlich, daß während des Wiederaufbaubooms Baden-Württemberg nach Bayern die größte Handwerksdichte aller Bundesländer aufwies und – gemessen am Handwerksumsatz je Einwohner – das handwerksintensivste Bundesland war. Gegenüber früheren Zählungen hat das Handwerk namentlich im württembergischen Raum seit dem Zweiten Weltkrieg an Umfang erheblich zugenommen. Zu den in der Arbeitsstättenzählung von 1950 erfaßten 145362 Handwerksbetrieben sind weitere 8688 nichthandwerkliche, jedoch mit Handwerksbetrieben kombinierte Arbeitsstätten (Handel) zu rechnen. Nach dem Zweiten Weltkrieg waren in Südwestdeutschland noch nahezu alle der rund 230 Handwerksberufe anzutreffen, zumal damals der Betrieb eines Handwerks durch die in der amerikanischen Zone eingeführte Gewerbefreiheit von der Eintragung in die Handwerksrolle nicht abhängig gemacht wurde. 125 verschiedene Handwerksberufe, gegliedert in sieben Handwerksgruppen (wie in den nachstehenden Statistiken), wurden schließlich in der 1953 für das Bundesgebiet einheitlich in Kraft getretenen Handwerksordnung festgelegt, Grundgesetz des noch heute gültigen deutschen Handwerksrechts. Sein Kernstück bildete der mit dem Grundrecht der freien Berufswahl vereinbare, der Erhaltung des Leistungsstands des Handwerks Rechnung tragende Befähigungsnachweis und nicht mehr das Organisatorische angesichts des neu verankerten handwerklichen Innungsprinzips.

Entwicklung des Handwerks (Betriebe und Beschäftigte) 1939–1982

Handwerksgruppe	1939		1950		1963		1977		1982	
	Be-triebe	Beschäf-tigte	Be-triebe	Beschäf-tigte	Be-triebe	Beschäf-tigte	Be-triebe	Beschäf-tigte	Be-triebe	Beschäf-tigte
I. Bau und Ausbau	28556	141884	30596	192720	24683	239565	21744	201834	21463	206513
II. Metall, Optik	20091	62266	22362	77598	28020	173112	32288	230975	34403	230607
III. Holz	17821	46373	17717	58304	14815	44953	9078	39106	8355	43697
IV. Bekleidung, Leder	39939	67008	42488	82414	25909	48494	10873	27273	8472	21343
V. Nahrung	25676	72869	18719	68740	17482	73252	13115	78581	11998	86064
VI. Gesundheit, Körperpflege, Reinigung	7458	20019	8495	24768	9961	45778	9583	68228	9973	87757
VII. Sonstige: Glas, Kera-mik, Steine, Erden, Chemie, Papier, Schmuck, Spielw., Foto etc.	3947	12281	5684	17582	4238	22068	3646	22379	3661	23698
Handwerk insgesamt	143488	422700	145061	522126	125108	647222	100327	668376	98325	699679

Die Entwicklung der Betriebs-, Beschäftigten- und Umsatzzahlen, in starkem Maße abhängig vom Industrialisierungsprozeß auf dem Verbrauchsgütersektor, verlief innerhalb der verschiedenen Handwerksberufe und -gruppen recht unterschiedlich. Erhebliche Verluste hinsichtlich Betriebszahl und Beschäftigung erlitt durch die überlegene Konkurrenz industrieller Fertigungen während des Wiederaufbaubooms das noch um 1950 bedeutende Bekleidungshandwerk, die Schneider und Schuhmacher (Umsatz in Mio. DM 1949: 333,3; 1962: 847,3). Von Strukturveränderungen im positiven und negativen Sinne wurden holzverarbeitende Handwerksberufe erfaßt (Umsatz in Mio. DM 1949: 238,6; 1962: 1102,6), unter denen die Rolladen- und Jalousiebauer den höchsten Durchschnittsumsatz je Betrieb erzielten. Im Nahrungsmittelhandwerk machten sich Schrumpfungen namentlich bei den Bäckern durch den Rückgang im Brotkonsum und das Vordringen der Brotfabriken bemerkbar. Andererseits war nach wie vor der größte Teil der deutschen Weinküfer in Baden-Württemberg ansässig. Der Wein- und Mosterzeugung verdankte auch das trotz industrieller Konkurrenz noch stark vertretene Böttcherhandwerk (Kübler) Arbeit und Brot. Als eindeutige Gewinner unter den Handwerksbranchen präsentierten sich während des Wiederaufbaubooms mit Abstand die Bau- und Ausbauhandwerke sowie die vielgestaltige Gruppe der Metallgewerbe. Beton- und Stahlbetonbauer wiesen 1968 je Betrieb die meisten Beschäftigten (49,8) und mit mehr als zwei Mio. DM den größten Umsatz auf. Im Metallgewerbe demonstrierten in erster Linie die Kraftfahrzeugmechaniker und

Elektroinstallateure die gelungene Anpassung des Handwerks an die industrielle Wachstumsgesellschaft.

Das Handwerk mit dem »goldenen Boden« verschwand nicht im Industriezeitalter, wenngleich nicht vergessen sein soll, daß den Handwerksbetrieben die Modernisierung nach der Währungsreform wegen der mangelnden Kreditbereitschaft der genossenschaftlichen Finanzierungsinstitute und der Vernachlässigung der mittelständischen Wirtschaft beim Einsatz öffentlicher Mittel sehr schwerfiel. Nur höchste Leistungsfähigkeit aber bot Gewähr für handwerkliche Selbständigkeit. Zu den Handwerkern, die durchschnittliche Umsatzwerte bei weitem übertrafen, gehörten nicht zuletzt die fast ausschließlich im Raum Tuttlingen ansässigen Chirurgiemechaniker (1968: = 84,3% der Betriebe in der Bundesrepublik) mit ihren weltweiten Handelsbeziehungen. Den Propheten des aussterbenden Handwerks wurde seit dem Zweiten Weltkrieg handwerkliche Stärke und Wandlungsfähigkeit bewiesen, die sich jahrzehntelang infolge der Arbeitsplatzverteuerung mit Konzentration und betrieblichem Wachstum verband (je Betrieb Beschäftigte von 1950 bis 1963 insgesamt: von 3,6 auf 5,4; beim Bauhandwerk: von 6,2 auf 9,7). Die Mechanisierung großer Teile des Handwerks durch Elektromotore und Maschinen sowie die Betriebsführung veränderten Struktur und Gewicht der Handwerksbetriebe. Im Zuge des technischen Fortschritts sind ihnen wichtige, unentbehrliche Versorgungs- und Dienstleistungsfunktionen in Stadt und Land zugewachsen. Nur etwa 20 Prozent niedriger lag die Arbeitsproduktivität des Handwerks Mitte der sechziger Jahre als die der Industrie in Baden-Württemberg und damit höher als im übrigen Bundesgebiet. Am Ende des Wiederaufbaubooms stellte das Handwerk hinsichtlich seiner Wirtschaftskraft nach der Industrie den wichtigsten Wirtschaftsbereich Baden-Württembergs dar (1967: 25,3 Mrd. DM Gesamtumsatz).

Entwicklung der Beschäftigtenanteile der Handwerkergruppen 1939–1982 (in %)

	1939	1950	1963	1977	1982
I	33,6	36,8	37,0	30,2	29,6
II	14,7	14,8	26,8	34,6	32,9
III	10,9	11,2	6,9	5,8	6,3
IV	15,9	15,8	7,6	4,1	3,0
V	17,3	13,2	11,3	11,8	12,3
VI	4,7	4,7	7,0	10,2	12,5
VII	2,9	3,5	3,4	3,4	3,4

Gewerbeförderung und Strukturpolitik

Seit den Anfängen des Industriezeitalters galt in Südwestdeutschland die staatliche
Gewerbeförderung als ein wesentliches Instrument der Wirtschaftspraxis mit vorwie-
gend der Wettbewerbsfähigkeit der mittelständischen Wirtschaft dienender Zielstruk-
tur. Priorität besaßen im Grunde wachstumspolitische Maßnahmen für Handwerk,
Handel und Industrie zur Erleichterung der Unternehmensgründung, zur Steigerung
der technischen und absatzwirtschaftlichen Leistungsfähigkeit der Betriebe und zur
Förderung der berufsspezifischen, seit 1960 auch zunehmend betriebswirtschaftlichen
Qualifizierung bzw. Fortbildung. Nach Vereinigung der beiden südwestdeutschen
Länder zu einem Bundesland übernahm 1952 das Landesgewerbeamt Baden-Württemberg in Stuttgart die Funktionen einer einheitlichen Landesoberbehörde für die
Gewerbeförderung unter weitgehender Ausklammerung finanzieller Anreize. Seine
Förderungstätigkeit bestand bis Mitte der sechziger Jahre aus einer sehr breiten Palette
an Bildungsangeboten und -investitionen, im wesentlichen aus der fortbildenden Mittelstandsförderung (Fachlehrgänge, Vortragskurse, technischer und betriebswirt-
schaftlicher Beratungsservice, Unternehmensführungslehrgänge u. a.), sowie aus den
ebenso wirksamen Maßnahmen zur Förderung des industriellen Designs, aus denen
das »Design-Center Stuttgart« hervorging. Gewerbeförderung erfolgte damals vom
Landesgewerbeamt und zunehmend über die Selbstverwaltungsorgane und Interessenvertretungen der Wirtschaft unter Einsatz wachstumspolitischer Instrumente, ar-
beitsmarktpolitisch durch Verbesserung der beruflichen Qualifikation und technolo-
gie-politisch durch Verbreitung neuen technologischen Wissens.
Gleichzeitig wurde die reaktive staatliche Wirtschafts- und Finanzpolitik schon in der
unmittelbaren Nachkriegszeit in Verbindung mit den Kommunen auf dem Gebiet der
Strukturpolitik tätig, die mit wesentlichen, für die südwestdeutsche Wirtschaftskraft
vorteilhaften Veränderungen in der branchenmäßigen und regionalen Zusammensetzung des Produktionspotentials verbunden war. Die mit Steuer-, Kapital- und Sach-
hilfen geförderte Ansiedlung von Unternehmen und Gewerbetreibenden, die aus ost-
mitteldeutschen Gebieten oder dem Ausland vertrieben oder geflüchtet waren, stellte
in den vierziger und fünfziger Jahren bereits Strukturpolitik in großem Ausmaß mit
noch dazu hoher Trefferquote dar. Von der Währungsreform bis 1952 wurden in Baden-Württemberg für die finanzielle Gewerbeförderung etwa 800 Millionen DM einschließlich ERP-Mitteln und Bürgschaften eingesetzt, darunter 325 Millionen DM
staatsverbürgte Kredite, Staatsdarlehen und Staatszuschüsse. Es gab eine Fülle von
Programmen für Finanzhilfen, deren Genehmigung allerdings einen üppig gewucher-
ten bürokratischen Dschungel durchlaufen mußten. In der Arbeitsstättenzählung von
1950 wurden über 102700 nichtlandwirtschaftliche Arbeitsstätten (fast ein Drittel aller

bestandenen Arbeitsstätten) ermittelt, die seit 1945 im Schatten des Zusammenbruchs gesamtdeutscher Staatlichkeit hauptsächlich von Flüchtlingen und Zugewanderten gegründet worden waren (insgesamt 332636 Beschäftigte). Knapp 1700 Industrie-betriebe (mit einem und mehr Beschäftigten) wurden im Jahre 1957 der Vertriebenen- und Zugewandertenindustrie zugerechnet (in Baden Vertriebenen- und Flüchtlings-betriebe 1955: 593 Betriebe mit 26822 Beschäftigten; 1961: 689 mit 40314 Beschäftig-ten). Die Ansiedlung dieser Betriebe und ihr Wachstum, wodurch teilweise kaum vor-handene Produktionen in Baden-Württemberg aufgenommen bzw. verstärkt wurden, haben nachhaltig zur Verbesserung der branchenmäßigen und regionalen Struktur des südwestdeutschen Wirtschaftspotentials, seiner räumlichen Streuung sowie zur Auf-wärtsentwicklung während des »Wirtschaftswunders« beigetragen.

Hervorgehoben sei hier besonders der reiche Zugewinn der Nachkriegsindustrialisie-rung durch die »Ost-West-Wanderung« von Unternehmen von Weltruf des Maschi-nenbaus (1957: 85 Betriebe mit 11049 Beschäftigten), der Elektrotechnik (1957: 81 Be-triebe mit 8819 Beschäftigten), der Textil- und Bekleidungsindustrie (1957: 437 Be-triebe mit 24514 Beschäftigten) sowie – nicht zu vergessen – des Glasgewerbes (1957: 104 Betriebe mit 3393 Beschäftigten). Der im 19./20. Jahrhundert beobachtete Trend zum Niedergang der traditionsreichen südwestdeutschen Glasindustrie wurde durch die Ansiedlung von Vertriebenen- und Zugewandertenbetrieben und ihr alsbaldiges Übergewicht in der südwestdeutschen Fertigung völlig umgekehrt und auf Expansion umgepolt. Dem herrschenden Mangel an Hohlglas konnte durch die Errichtung neuer Glashütten abgeholfen werden. Heimatvertriebene Gablonzer Unternehmer machten die Glasindustrie in Schwäbisch Gmünd und Karlsruhe seßhaft. Im Jahre 1947 ent-stand in Schwäbisch Gmünd die Wiesenthalhütte und begann die Cäcilienhütte GmbH mit der Erzeugung von Hohlglas, um württembergische Veredelungsbetriebe zu versorgen. Stadt und Kreis waren an der Unternehmensgründung beteiligt. Eine Staatsbürgschaft über 200000 DM sowie ein verlorener Zuschuß von 40000 DM wur-den gewährt. Unter dem Namen Josephinenhütte nahm 1951 Graf Schaffgotsch in Schwäbisch Gmünd die Glasschleiferei auf, ebenfalls eine für Südwestdeutschland neue Branche, die durch vertriebene Teplitz-Schönauer und Haidaer Glasschleifer seßhaft wurde. In der einstigen löwensteinischen Residenzstadt Wertheim am Main kam seit 1949 die Ansiedlung von ehemals thüringischen Betrieben der Glasindustrie mit finanzieller Hilfe des Landes und dank bedeutender infrastruktureller Maßnah-men der Stadt in Gang und konnte bereits 1950 eine Glashütte für Fertigartikel und Halbfabrikate die Produktion aufnehmen. Wie in Schwäbisch Gmünd, so gruppierte sich auch in Wertheim eine wachsende Zahl Hüttenprodukte weiterverarbeitender Betriebe verschiedenster Größenordnung um die Glashütten. Bereits mit der Nach-kriegsindustrialisierung, die sich über alle Gewerbebranchen erstreckte, brach in Südwestdeutschland die Epoche einer regionalen Strukturpolitik an, die dem Lande zu hervorragenden Strukturmerkmalen verhalf. Nicht zu übersehen sind die vorteilhaften Einsprengungen von elektrotechnischer Großindustrie in die südwestdeutsche Industrielandschaft, der Standortwechsel von Osram nach Heidenheim, von Mix & Genest und Lorenz nach Stuttgart-Zuffenhausen, des Röhrenwerks von Telefunken nach Ulm, von Siemens & Halske mit den Rundfunkgeräten nach Karlsruhe, des Transformatorenbaus der AEG nach Stuttgart-Bad Cannstatt und von IBM nach Sindelfingen.

Wandel in der Landwirtschaft

Seit dem Zweiten Weltkrieg hat der Bauer in Deutschland eine denkbar schlechte Presse. Man warf ihm Sabotage an der Nahrungsmittelversorgung vor, verwies auf seine Beteiligung am Schwarzhandel und erzählte sich von großen Aussteuerbeschaffungen für Bauerntöchter, von Teppichlagern in Schweineställen. Die Mär von den Klavieranschaffungen aus den Jahren nach dem Ersten Weltkrieg erwachte zu neuem Leben. Merkwürdigerweise aber schrumpfte sogleich mit der Währungsreform immer mehr der Bevölkerungsteil, der an den vermeintlichen paradiesischen Freuden und Vorteilen des Bauernlebens teilhaben wollte. Die Zahl der Erwerbstätigen in der Landwirtschaft (ab 2 ha Nutzfläche) halbierte sich fast zwischen 1950 und 1970, sank von 925000 auf 466000. Nur noch einen Anteil von 11,4 Prozent stellte die Land- und Forstwirtschaft an der Gesamtzahl der Erwerbstätigen (1950: 26,8%), etwas mehr jedoch als im Bundesdurchschnitt.

Seit alters her belasteten Strukturmängel den Großteil der südwestdeutschen Landwirtschaft. Die dominierende »Freiteilbarkeit« und mit der Industrialisierung fortschreitende Übergangsformen der Güterteilung haben entsprechend verkümmerte Betriebsgrößen und Betriebstypen hervorgebracht, in ihrer Mehrzahl rückständige, für eine Familienexistenz im Massenkonsumzeitalter nicht ausreichende Kleinbetriebe unter fünf Hektar landwirtschaftlicher Nutzfläche (LN), wenn auch insgesamt nur etwa ein Fünftel der gesamten Nutzfläche beanspruchen. Über 20 Hektar Fläche bewirtschafteten 1960 weniger als 3 Prozent aller Landwirtschaftsbetriebe, darunter die wenigen landwirtschaftlichen Großbetriebe 1,5 Prozent. Im Rahmen der verzögerten Bodenreform leistete der für den Südwesten nicht typische Großgrundbesitz eine Landabgabe von 12272 Hektar und erhielt dafür eine Entschädigung von etwa 48,8 Millionen DM.

Weder die problematische Bodenreform und die Erfolge in der Flurbereinigung noch die sukzessive Massenabwanderung von landwirtschaftlichen Erwerbstätigen, die Aufgabe von 130266 Landwirtschaftsbetrieben von 1949 bis 1969 (= Schwund von

Jahr	Betriebe ab 0,5 ha LN insgesamt	davon					
		0,5 – 2	2 – 5	5 – 10	10 – 20	20 – 50	50 u. mehr
1949	395 955	141 346	134 497	79 188	32 001	8 010	913
1960	325 500	116 007	90 373	70 974	39 082	8 393	671
1969	265 689	94 965	63 142	51 399	43 457	12 051	675

Größenklassen der landwirtschaftlichen Betriebe 1949–1969

33 %) und eine begrenzte positive Verschiebung in der Betriebsgrößengliederung gewährleisteten der Mehrzahl der verbliebenen Landwirtschaftsbetriebe eine sichere hauptberufliche Familienexistenz. Als einigermaßen »gesund« galt damals nur die Struktur der Weiler- und Einzelhofgebiete im Hohenloher Land, in Oberschwaben und im Schwarzwald. Nach einheitlichen Kriterien vorgenommene Erhebungen ergaben im Jahre 1965, daß knapp 30 Prozent der LN des Landes zu von der Natur benachteiligten Gebieten gehören und darin 1246 Gemeinden (= 37 % der damals 3382 Gemeinden des Landes) lagen. Damit war eine der Ursachen für die gewöhnlich unter dem deutschen Durchschnitt liegenden Erträge der südwestdeutschen, insbesondere der württembergischen Landwirtschaft angesprochen. Überdurchschnittlich vertretene Spezialkulturen wie Hopfen, Tabak, Obst und Wein, für Kleinbetriebe lebensnotwendig, setzten vor den Genuß den Schweiß der Arbeit. Eine andere, für eine Kabinettsvorlage bestimmte Erhebung wies in Baden-Württemberg einen ländlichen Förderraum mit schwacher Wirtschaftskraft von 659439 Hektar (= 34,9% der LN) aus und vertrat den aus heutiger Sicht allzu optimistischen Standpunkt, daß »über eine verstärkte Rationalisierung« die unzulängliche Einkommenssituation der landwirtschaftlichen Betriebe (1960 je Betrieb im Durchschnitt 5563 DM und je Arbeitskraft-Einheit 4493 DM) zu verbessern sei.

Faktisch stand die Agrarpolitik, noch stark von Bauerntumsideologie beeinflußt, Mitte des 20. Jahrhunderts vor der schwierigen Aufgabe, das von der Natur nicht sonderlich begünstigte, in Jahrhunderten der Massenarmut geprägte agrarische Erbe in eine hochindustrielle Wohlstandsgesellschaft zu integrieren. Ließ sich in diesen sozialökonomischen Wandlungsprozeß der der Wirtschaftspolitik lästige, konkurrenzschwache Kleinbetrieb, oft nur mit Kuhanspannung in Notzeiten als sicheres Krisenpolster fungierend, überhaupt einbeziehen? In den Armutszeiten, durch die Kriege bis in unser Jahrhundert verlängert, waren die Lebensansprüche der meisten Landfamilien bescheiden und das hauptsächlich auf die Selbstversorgung der Familien, nicht auf Einkommensmehrung gerichtete Betriebsziel weder durch besonders intensive noch

Jahr	LN	Acker- land	%	Getreide	Hack- früchte	Dauer- grünland	%	Obst- anlagen	%	Rebland	%
1938	2 061	1 149	56	628	238	836	40	22	1	23	1
1950	1 970	1 062	54	520	205	843	43	11	0,6	17	0,9
1965	1 886	999	53	560	171	800	42	22	1	19	1

Hauptnutzungs- und Fruchtarten 1938–1965 in 1000 ha

durch besonders rentable Bewirtschaftung der Höfe zu erreichen. Das änderte sich
rasch nach der Währungsreform. Der hauptberufliche Landwirt mußte sich über erhöhte Marktlieferungen mehr Einkommen verschaffen, um den allgemein gestiegenen
Lebensstandard, die Kosten der Industrialisierung und Technisierung seines Betriebes, längst fällige Nachholinvestitionen und den Mehraufwand an Betriebsmitteln finanzieren zu können. Die große Mehrzahl der südwestdeutschen Landwirtschaftsbetriebe war dazu wegen ihrer Strukturschwäche und schmalen Kapitalbasis bei dem
gegebenen Agrarpreisniveau aus eigener Kraft nicht imstande. Um das wirtschaftliche
Wachstum während des Wiederaufbaubooms nicht zu Lasten der Industrie durch
hohe und unsichere Lebensmittelpreise zu hemmen, galten auf dem deutschen Binnenmarkt bis 1959 vom höheren Weltmarktpreisniveau abgekoppelte agrarische Festpreise (ausgenommen Obst, Gemüse u. a.). Im krassen Gegensatz zu den liberalen
Postulaten der sozialen Marktwirtschaft wurde die Landwirtschaft aus dem Wettbewerb, aus der Marktwirtschaft seit 1950 durch Marktordnungen für die wichtigsten
Produkte ausgegrenzt und der deutsche Selbstversorgungsgrad erhöht, während agrarische Importe (Genußmittel ausgenommen) zunächst durch Subventionen verbilligt
wurden.

»Parität«, den amerikanischen Farmern schon vor dem Zweiten Weltkrieg zugestanden, hieß Anfang der fünfziger Jahre das neue Schlagwort, bedeutete soziale Gleich-
berechtigung und wurde auf dem deutschen Bauerntag im Jahre 1954 in Konstanz
energisch für die Landwirtschaft gefordert. Es war das Ziel des 1955 verabschiedeten
Landwirtschaftsgesetzes, »die soziale Lage der in der Landwirtschaft tätigen
Menschen an die vergleichbaren Berufsgruppen« anzugleichen. Eine hauptsächlich
produktbezogene Agrarsubventionspolitik (Preisstützungen, Direktsubventionen,
Strukturmaßnahmen) wurde mit der Zeit in Bewegung gebracht, die jedoch die Ein-
kommensschwachen unterdurchschnittlich förderte und die bittere Saat der Überproduktion langsam keimen ließ. Nur die auf die Dauer lebensfähigen Betriebe entsprechend auszurüsten, um sie jedem konjunkturellen Seegang gewachsen zu machen,

wäre auch politisch nicht durchsetzbar gewesen. Wer wollte schon Agrarpolitik zu einem militärischen Exerzierplatz machen und die Soldaten nach der Größe ordnen, um die Kleinen auszumustern? Aber war es am Ende nicht doch so?

Das Zurückbleiben der bäuerlichen Einkommen hinter dem Industriearbeiterlohn (F.-W. Henning) erklärte teilweise den nur langsamen Modernisierungsprozeß in der südwestdeutschen Landwirtschaft während des Wiederaufbaubooms. Wesentlich rascher als nach dem Ersten Weltkrieg wurden durch die nicht unproblematische, von den Beratern empfohlene Erhöhung des Handelsdüngerverbrauchs, der jedoch unter dem anderer Bundesländer blieb, die Hektarerträge über das Vorkriegsniveau gesteigert (Stickstoff, Phosphorsäure, Kali je ha/kg – 1951/52: 16,0; 18,5; 29,6 – 1960/61: 27,7; 38,1; 55,0).

Verbraucherpreise jeweils am Jahresende in DM						
Jahr	Helles Mischbrot	Vollmilch	Deutsche Markenbutter	Bohnenkaffee	Schweinefleisch	Deutsche Eier (ab 1959 A)
	1 kg	1 l	1 kg	1 kg	1 kg	1 St
1950	0,55	0,36	4,90	29,40	4,84	0,27
1959	0,84	0,44	7,20	17,38	6,54	0,25
1965	1,10	0,50	7,82	16,08	8,34	0,31

Aus der Sicht der staatlichen Landwirtschaftsverwaltung waren jahrzehntelang Leistungsfähigkeit und Wirtschaftlichkeit der tierischen Veredelungswirtschaft weit mehr »ausschlaggebend für die nachhaltige Verbesserung der Einkommensverhältnisse der meist bodenarmen Betriebe in Baden-Württemberg« (1966). Infolge der verringerten landwirtschaftlichen Nutzfläche, dem Abgang vieler Kleinbetriebe und der damals zu rund 70 Prozent auf der Basis wirtschaftseigener Futtermittel beruhenden Veredelungswirtschaft hat der Gesamtrinderbestand Anfang der sechziger Jahre trotz der zugenommenen Bedeutung der Jungviehmast die Vorkriegskopfzahl noch nicht erreicht. In ständigem Rückgang befand sich auch die Zahl der schweinehaltenden Betriebe, nur stockten die kleinen und mittleren Betriebsgrößen bis 15 Hektar ihren Schweinebestand gewaltig auf, so daß Ende der fünfziger Jahre die Vorkriegskopfzahl überschritten wurde. Entsprechend der Marktwünsche nach einem fettarmen Schwein ging das durchschnittliche Lebendgewicht der Schlachtschweine zwischen 1953 und

Viehbestände (1000 Stück) und Erträge (dt/ha)							
Jahr	Rindvieh	Schweine	Milch je Kuh kg	Jahr	Weizen	Kartoffeln	Zucker-rüben
1935/38	1 804,1	1 312,6	ca. 2 000	1939	20,1	145,0	338,4
1949	1 655,7	761,3	1 563	1949/51	24,4	190,6	299,7
1960	1 800,7	1 547,6	2 934	1960	34,3	230,7	476,8
1966	1 895,8	1 940,3	3 182	1966	33,8	263,7	494,9

1962 von 124 auf 111 Kilogramm zurück. Gezahlte Wollqualitätsprämien konnten andererseits bei tendenziell gesunkenen Wollpreisen auf dem Weltmarkt den bedauerlichen, rapiden Rückgang der bäuerlichen Schafhaltung nur etwas abbremsen (1949: 326737 Schafe; 1960: 149195).

Die Schrumpfung des Pferdebesatzes von 37 Pferden (1949 insgesamt 147600) je 1000 Hektar LN auf 27 (1960 insgesamt 91 600 Pferde) korrelierte mit dem Vordringen des die Feldwirtschaft und den Fuhrbetrieb revolutionierenden Schleppers. Im gleichen Jahr waren in Baden-Württemberg bereits 151944 Ackerschlepper zugelassen, entfielen auf einen Schlepper acht Hektar Ackerland – höchste Schlepperdichte im Bundesgebiet – und waren darüber hinaus etwa 5000 Mähdrescher im Einsatz. Warum dann noch die hohe Pferdehaltung? Nur weil sentimentale Anhänglichkeit der Altbauern dem »letzten Gaul« das Gnadenbrot gewähren wollte? Von etwa zehn Kühen wurden 1960 übrigens noch zwei zur Arbeitsleistung herangezogen. In die permanente Strukturkrise der Landwirtschaft verflochten sich um 1960 offenbar bei noch zu hohem Arbeitskräftebesatz bereits Erscheinungsformen einer »Übermechanisierungskrise«, soweit es das vorhandene höhere Zugkraftpotential betraf. Die bäuerlichen Anpassungsreaktionen an die Technisierung verwirrten daher den Betrachter.

Wiederum waren es Zuckerrübenbaubetriebe, die durch eine hohe Schlepperverwendungsquote bis zu 98 Prozent der technischen Entwicklung voraneilten. Nordbadische Hackfrucht-/Getreidebau- und Futterbaubetriebe wirtschafteten dagegen um 1960 teilweise bis zur Hälfte ausschließlich mit tierischen Zugkräften. Im klassischen Lande der Kuhanspannung, in Südbaden, fanden sich zur gleichen Zeit noch Betriebe ausschließlich mit Zugrindern an der Deichsel. Vor allem bei Kleinbetrieben wurde zeitweilig das Nebeneinander von Schlepper und Zugrind als vorteilhaft angesehen. Hackfruchtbetriebe wiesen grundsätzlich nur einen niedrigen bis mittleren Mechanisierungsgrad auf, während in den technisch leichter mechanisierbaren Getreidebaubetrieben oberer Größenklassen die arbeitssparende Vollmechanisierung schon zum

Zuge kam. Mit der kostenintensiven Mechanisierung stellten sich für die Landwirte viele neue Probleme und drängte sich die Kosten- und Wirtschaftlichkeitsfrage noch mehr in den Vordergrund. Die Ausdehnung des Getreidebaus und die Verringerung der Hackfruchtflächen war eine daraus gezogene Konsequenz. Zugunsten der Mechanisierung wurde die mögliche Kulturvielfalt eingeschränkt. Und dennoch überstieg der bereits hierfür erforderliche Kapitalaufwand »oft die Finanzkraft der Betriebe«. Aufstocken oder aufgeben lautete indes die agrarpolitische Losung. Von alten Hüten, die abzulegen und durch neue Kopfbedeckungen zu ersetzen seien, war aus berufenem Munde zu hören. Als für die Industrie des Landes das elektronische Zeitalter anbrach, fanden sich in der Landwirtschaft Zukunft und jahrhundertealte Tradition nebeneinander. Jedes »dritte Pferd in Baden-Württemberg ist nunmehr 14 Jahre und älter«, wurde 1965 im Stuttgarter Landwirtschaftsministerium vermerkt und gleichzeitig dem mit Beihilfen von Bund und Land gezüchteten Vielseitigkeitspferd eine gute Prognose gestellt.

Trostreiche Perspektiven eröffneten sich damals besonders Weinkennern, um nicht von Weintrinkern zu sprechen. Im witterungsempfindlichen Weinbau wurden in den Nachkriegsjahrzehnten überraschende Wunder vollbracht. Nachdem sich bis Mitte der fünfziger Jahre die mehrjährige Durchschnittsernte nahezu unverändert auf 350000 bis 450000 Hektoliter belaufen hatte, stieg sie binnen zehn Jahren plötzlich auf das Zweieinhalb- bis Dreifache. Nach den Erhebungen des Ministeriums für Ernährung, Landwirtschaft, Weinbau und Forsten waren die Hektarerträge in Baden-Württemberg »im zehnjährigen Durchschnitt von 32,3 (1930/39) auf 62,6 Hektoliter (1955/64), mithin um 93,8 Prozent angestiegen«. Obwohl sich die Ertragsrebfläche gegenüber der Zeit vor dem Zweiten Weltkrieg und die Zahl der Winzer verringert hatten (1965: 75808 Weinbaubetriebe einschließlich Selbstversorger), »floß« in Baden-Württemberg seit den sechziger Jahren mehr, zudem qualitativ besserer und kostengünstiger produzierter Wein (über eine Mio. hl). Diese Erfolge bei der Ertragssteigerung und -stabilisierung waren das lohnende Resultat der zielbewußten Anwendung moderner biologischer und produktionstechnischer Erkenntnisse, der während eines 13-Jahres-Plans durchgeführten Umstellung des Weinbaus auf reblaussichere Pfropfreben, der organisierten Spätfrostbekämpfung, der vielfältigen Selbsthilfebestrebungen der Weinwirtschaft und nicht zuletzt der umfassenden Fördermaßnahmen des Staates. Typisch für die vielen Weinbaugebiete Baden-Württembergs blieben die stark vorherrschenden, aber arbeitsintensiven Steil- und Hanglagen und für die schweren Keuper- und Muschelkalkböden Nordwürttembergs die unangefochtene flächenmäßige Dominanz des vollmundigen Blauen Trollingers (1965: 1776 ha). Er führte daher die Skala der Rotweinsorten weiterhin an, gefolgt von dem in Südbaden bevorzugten Blauen Spätburgunder (1670 ha), dort auch gerne als Weißherbst gekel-

tert. Rund zwei Drittel der mit Keltertrauben bestockten Rebfläche war den Weiß-
weinsorten vorbehalten, an erster Stelle der noch junge, blumig-milde Müller-Thur-
gau (2462 ha oder 26 %), dessen Siegeszug auf Kosten herkömmlicher Reben ging, der
Silvanerrebe und des für das Markgräfler Land typischen Gutedel.
Wandel stellte sich auch in der Kellerwirtschaft und im Weinhandel ein. Die für den
Ausbau der Weine wertvollen Holzfässer, noch 1958 wichtigste Behälterart, gerieten
in ungleiche, billigere Konkurrenz mit neuem, rasch sich ausbreitendem »Lager-
raum«, mit Metalltanks, Zementbehältern, Metall-Hochdrucktanks und riesigen
Kunststoffkanistern. Insbesondere Winzergenossenschaften und Zentralkellereien
bauten die Lagerkapazitäten beträchtlich aus, die Zentralkellerei Badischer Winzergenossenschaften in Breisach – 1952 gegründet – ihren Erzeugerkeller zum größten
Europas mit einem Fassungsvermögen von über 1,2 Millionen Liter. Für den heimischen Weinhandel hat sich im Unterschied zu den Jahrhunderten vor dem Ersten
Weltkrieg eine grundlegende Marktumschichtung ergeben, als er in seiner dominierenden Stellung bei raschem Umschlag heimischer Weine zugunsten der Genossenschaften an Boden verlor, seine Vormachtstellung beim Import von Auslandsweinen
aber weiter ausbauen konnte.

Veränderte Handelswege

Erst nach der Währungsreform 1948 zeigten dem deutschen Normalverbraucher, bis
dahin einen Großteil seines Lebens in seiner Konsumwahl behindert, mit Waren über-
quellende Schaufenster, wie groß und reich die Welt doch war und wie leistungsfähig
die Produktion. Wer aus dem Warentausch in Armutszeiten weitgehend ausgeschlossen war, hatte mit der »Entfesselung« von Handel und Verbrauch viel nachzuholen,
zunächst im Körper viel zu »investieren«, danach am Körper in Kleidern, Schuhen
und Wäsche und schließlich in der Wohnung. Auch in knapp einem Jahrzehnt war
freilich noch nicht alles ersetzt, was der Krieg zerstört hatte oder in mageren Zeiten
versäumt und vernachlässigt wurde. Der Warenhunger schlug sich in den Einzelhan-
delsumsätzen nieder, die bis 1957 (bezogen auf 1950 = 100) am stärksten im Nah-
rungs- und Genußmittelbereich stiegen (= 231; bei den Konsumgenossenschaften sogar 319), gefolgt von Hausrat und Wohnbedarf (220) und mit Abstand von Bekleidung, Wäsche und Schuhen (175). Knapp ein Jahrzehnt später, zwischen 1962 und
1965, wiesen die erwähnten, vom Nachholbedarf der fünfziger Jahre begünstigten
Einzelhandelsbereiche nur unterdurchschnittliche Zuwächse auf. Statt dessen verzeichnete der Einzelhandel (bezogen auf 1962 = 100) mit Landmaschinen (152), Tapeten, Bodenbelägen u. a. (150), Kraftfahrzeugteilen (150) und Rundfunk-, Fernseh-,

Phonogeräten (142) den stärksten Umsatzanstieg. Was früher als Luxus galt, rückte in den sechziger Jahren mehr in den Bereich der Lebensnotwendigkeiten, in die sich auch Hobby-Märkte einordneten. Die Verbraucher, längst nicht mehr untertänige Bittsteller auf einem Verkäufermarkt, aber auch keineswegs wie die Spatzen, von reifen Kirschen schnell angelockt, hatten andere, für ihre Bedürfnisbefriedigung wichtige Gütermärkte entdeckt. Man war schon dabei, sich wieder von der Sünde der Völlerei zu befreien, wozu der Gebrauch der Kalorientabelle verhalf und das neue Idol sportlicher oder photogener Unverwelkbarkeit motivierte. Verbrauchswille bestimmte souverän über Konjunktur und Wachstum und verteilte die verfügbaren Einkommen nicht gleichmäßig und gleichbleibend über die Märkte. Bemerkenswert gut schnitt bis 1965 auch die Einzelhandelsgruppe Elektro-, optische Erzeugnisse und Uhren ab (133), obwohl sich darunter viele Waren befanden, die unter Umgehung des Einzelhandels direkt beim rabattgewährenden Großhandel gekauft wurden. Insgesamt verbuchten die breiter sortimentierten Warenhäuser den höchsten Umsatzanstieg noch vor den stark von Käufergunst favorisierten Konsumgenossenschaften (1950: 45) in den Industrieregionen.

Im Einzelhandel, wichtig für die Versorgung der Endverbraucher, herrschte bis in die sechziger Jahre der tradierte familiengebundene Klein- und Kleinstbetrieb vor, der Nachbarschaftsladen in Stadt und Dorf, mit oft erstaunlich niedrigen Umsätzen (1950: 8908 Unternehmungen mit weniger als 6000 DM Jahresumsatz; durchschnittlicher Jahresumsatz je Einzelhandelsgeschäft 60206 DM; 1960: 144525 DM). Über die Problematik der starken Einzelhandelsdichte ist oft diskutiert worden. Das Gewicht der Absatzwirtschaft hat sich zwar mit Wachstum von Bevölkerung und Industrie seit der Mitte des vorigen Jahrhunderts kontinuierlich, fast überproportional verstärkt, auch erhöhte sich Mitte des 20. Jahrhunderts deutlich die Handelsdichte (Groß- und Einzelhandelsbetriebe je 1000 Einwohner 1939: 11,1; 1950: 11,5; 1960: 14), doch lag sie stets etwas unter dem Bundesdurchschnitt. Defizite im südwestdeutschen Großhandel, bezüglich des Exporthandels schon ein Erbe des 19. Jahrhunderts, verlänger-

---

Einzel- und Großhandel 1950 und 1960

Jahr	Einzelhandel			Großhandel		
	Betriebe	Beschäftigte	Umsatz Mio. DM	Betriebe	Beschäftigte	Umsatz Mio. DM
1950	57 717	155 533	3 474	15 500	89 766	–
1960	73 565	260 007	10 632	18 697	148 401	17 124

ten sich bis in die Gegenwart. Nur so erklärte sich das eklatante Auseinanderklaffen von Industrie- und weit nachhinkenden Handelsumsätzen (1960: 41,4 Mrd. DM zu 27,7 Mrd.). Die größten Umsatzleistungen erbrachte im Handelssektor der Großhandel, dessen Standort der industrielle Ballungsraum war und sein mußte. Traditionell überragendes Zentrum im südwestdeutschen Großhandel mit oft über ein Jahrhundert alten Firmen und dem weitaus höchsten Umsatz je Betrieb war Mannheim, eines der bedeutendsten Handelszentren der Bundesrepublik. Im Jahre 1961 entfiel nach der Umsatzsteuerstatistik in Mannheim ein Großhandelsumsatz von 11640 DM auf den Einwohner, in Stuttgart dagegen, dessen absolutes Umsatzvolumen im Jahre 1958 Mannheim überrundete, nur ein Betrag von 7021 DM. Eng mit der Rheinschiffahrt und den Bergbauinteressen war Mannheims Kohlehandel und mit diesem auch der Düngemittel- und der sonstige Treibstoffhandel verbunden. Dazu kam der bedeutende Handel mit Eisen und Eisenerzeugnissen, mit Drogen und Arzneimitteln und vor allem mit Nahrungs- und Genußmitteln, dem bedeutendsten Zweig in der Branchenstruktur des Großhandels Baden-Württembergs. Mannheims Großhandel, hauptsächlich Importhandel, stand mehr im Dienst der Versorgung von Produktion und Bevölkerung, der Stuttgarts diente mehr dem Absatz industrieller Fertigerzeugnisse (z. B. Hahn & Kolb). Der Großhandel lebte von der Vitalität der Industrie und diese umgekehrt von seinen Leistungen. Im südbadischen und südwürttembergischen Raum entbehrte er der Umsatzstärke und -konzentration, durch die er sich in den nördlichen Landeshälften auszeichnete.

Konzentrationstendenzen prägten auch die Entwicklung im Einzelhandel bei gleichzeitigem Zurückbleiben der Kleinstbetriebe hinter der allgemeinen, in den fünfziger Jahren stürmischen Umsatzentwicklung. Sie verstärkten sich Ende der fünfziger Jahre, als ein auch als »kommerzielle Revolution« bezeichneter Umstellungsprozeß im Handel in Bewegung kam, durch den Vertriebsmethoden und -strukturen im Laufe von Jahrzehnten eine grundlegende Änderung erfuhren. Seine Anfänge deckten sich ungefähr mit dem Anbruch der Wohlstandsgesellschaft, der infolge der stark gewachsenen Konsumkraft der Verbraucher und ihrer wechselnden und vielseitigen Bedürfnisse die herkömmlichen konservativ-individualistischen Einzelhandelsgeschäfte auf 20 bis 30 Quadratmeter Grundfläche mit begrenztem Sortiment nicht mehr genügten. Während sich die Umsatzentwicklung verlangsamte, Arbeitskräfte knapp und teurer wurden, verlangte der Verbraucher ein vergrößertes, verfeinertes und verbessertes Warensortiment und rechnete auch mit Verbilligungserfolgen beim Einkauf von Wochenbedarf, wobei überdies Zeitersparnis auf den Kunden wie ein Preisnachlaß wirkte. Zur Lösung des Problems bot sich offenbar nur die industrielle Vorverlegung der Abzähl- und Wägeprozesse des Einzelhändlers sowie die Einführung von großen, kapitalintensiven Selbstbedienungsläden nach amerikanischem Muster oder gar von

Stadt	Großhandels-betriebe	Großhandelsumsatz in Mio. DM	Ø je Betrieb	Einzelhandelsumsatz in Mio. DM
Stuttgart	2 262	4 148	1,8	1 691
Mannheim	1 088	3 593	3,3	678
Karlsruhe	700	978	1,4	564
Freiburg	428	410	0,9	435
Ulm	319	487	1,5	290
Heilbronn	278	385	1,4	280

Handelszentren 1960

Tausende Quadratmeter umfassenden Supermärkten an, häufig auf grüner Wiese er-richtet. Größere Ladenflächen, größere Sortimente, die zudem den verkaufspsycholo-gisch günstigen Eindruck der Warenfülle vermittelten, erforderten große Investitio-nen, viel Kapital, steigerten die Fixkostenquote, verminderten die Elastizität und er-höhten die Risiken je Ladeneinheit. Das alles zu tragen, waren die meisten kleinen, kapitalarmen Einzelhändler nicht imstande und deshalb gezwungen, angesichts des verschärften, oft aggressiven Wettbewerbs entweder aus dem Markt auszuscheiden oder sich den großen, dem Vorbild der Konsumgenossenschaften folgenden Einzel-handelsketten (Rewe, Edeka, Spar usw.) anzuschließen.

Als ursprünglich konventionelle Lebensmittelgroßhandlung der Ifa-Kette zählte die Firma Kriegbaum (Böblingen, Ehningen, Gomaringen, 1966: 400 Beschäftigte) – ge-gründet 1919 und ausschließlich in Familienbesitz – mit ihren etwa 10 000 Abnehmern des Einzelhandels, der Gastronomie und des Großgewerbes und ihren über 20 000 in Selbstbedienung angebotenen Artikeln um 1965 zu den bedeutendsten Lebensmittel-grossisten der Bundesrepublik. Die Strukturveränderungen im Einzelhandel nahmen zwar den gewerkschaftseigenen Konsumgenossenschaften ihre bisherigen Kostenvor-teile, bezogen sie aber nicht minder voll in den Prozeß der Umstellung auf Selbstbedie-nung und Ladenkonzentration ein. Beispielhaft hat sich die Konsumgenossenschaft Lörrach-Waldshut nicht nur dieser Herausforderung gestellt, sondern im Zuge des Aufbaus von Konsummärkten und Selbstbedienungsläden (88) auch ihren Markt-anteil zu erweitern verstanden (Umsatz in Mio. DM 1952: 15; 1959: 31,8; 1965: ca. 44). Die Konsumgenossenschaften führten frühzeitig das Selbstbedienungssystem ein und gehörten auch zu den ersten in der Bundesrepublik, die tiefgekühlte Lebensmittel in ihr Sortiment aufnahmen. Zur gewohnten Versorgung ohne Versorgungslücken und -pannen gehörte die als selbstverständlich angesehene reibungslose Lösung von komplizierten logistischen Problemen, vor allem die Koordination der Arbeitsabläufe aller Lager- und Produktionsbetriebe sowie des Fuhrparks. Wer um 1960 den Selbstbedienungsläden (oder auch den Discountern) eine trostlose Zukunft voraussagte, wurde enttäuscht.

Verkehrskonkurrenz

Bald nach der Währungsumstellung setzte die Abwanderung von Beförderungsleistungen von der Schiene auf die Straße ein, zumal die Auflockerung der Zwangswirtschaft, die Tariferhöhung der Eisenbahn und der sich ausdehnende private Kraftverkehr ein neues Kräftespiel um die marktwirtschaftlichen Beziehungen der einzelnen Verkehrsmittel zueinander entfachten. Gesteigert wurden die Transportleistungen zunächst auf allen Verkehrssträngen, auf der Schiene, der Straße und auf dem Binnenwasserweg, nur entsprachen die Zuwachsraten teilweise nicht den gehegten Erwartungen. Die Hohenzollerische Landesbahn (seit 1900; 107 km Streckenlänge) – vom preußischen Mehrheitsbesitz in den des Landes Baden-Württemberg übergegangen –, kein Paradebeispiel und doch beispielhaft auch in seiner Mikrowelt (ca. 260 Beschäftigte) für Entwicklungstendenzen, wies vor der Währungsreform die höchsten Jahresreinerträge aus und danach mehr rote Zahlen als schwarze (1951–1965 Verlustsaldo in Höhe von 324122 DM). Anstrengungen, um den Verkehr auf die Schiene zu locken, wurden reichlich unternommen, Schienenomnibusse angeschafft, 1957 auch eine Diesellokomotive von der Maschinenfabrik Esslingen für 484000 DM gekauft. Aber ab 1951 wurde von den Fahrgästen statt dem Bahnverkehr mehr und mehr dem bahneigenen Omnibusverkehr auf Gummireifen der Vorzug gegeben, und seit 1959 war auch mit seiner Hilfe der stetige Rückgang im Personenverkehr nicht mehr abzustoppen (beförderte Personen im Jahresdurchschnitt 1955–59: 1,534 Mio.; 1960–65: 1,185 Mio.).

Nach großen Wiederaufbauleistungen und enormem Anstieg der Zahl der beförderten Personen und der Gütermengen bis um 1950 flachten die Zuwächse an Beförderungsleistungen der Deutschen Bundesbahn in den beiden südwestdeutschen Direktionsbezirken Stuttgart und Karlsruhe (1957 insgesamt 65441 Beschäftigte) rasch ab. Seit 1958 schrumpfte das Beförderungsvolumen. Das Monopol der Staatsbahn wurde – wie auch in anderen europäischen Ländern – immer weniger wert, war finanzierungsbedürftig, die Stillegung unrentabler Strecken seit 1953 und die Reduzierung des überalterten Fahrzeugbestandes selbstverständlich (1957: 1474 Lokomotiven, davon noch 1180 Dampflokomotiven). Die Ausmusterung der noch vor dem Ersten Welt-

Schienenverkehr der Deutschen Bundesbahn (1957: 3110 km Hauptbahnstrecken)		
	Beförderte Personen in Mio.	Güterverkehr / Versand u. Empfang in 1000 t
1950	217,5	36 189
1958	285,9	37 233
1965	221,3	36 122

krieg entwickelten württembergischen sechsachsigen Schnellzuglokomotive der Klasse C, einst Höhepunkt des Esslinger Lokomotivbaus, fiel in diese Zeit. Der Diesel- und elektrische Betrieb löste allmählich den Dampfbetrieb ab, nicht überstürzend rasch, da gewaltige Investitionen aufzubringen waren. Zum Lokbahnhof Crailsheim – bis 1920 aufgrund bayerisch-württembergischer Animositäten mit gesonderten Abstellplätzen für bayerische und württembergische Lokomotiven ausgestattet – fuhr im Juni 1975 der letzte Dampflokzug. Die Vorteile der energiesparenden und umweltfreundlichen elektrischen Betriebsweise konnte die Bundesbahn bis 1965 erst auf 25 Prozent ihres südwestdeutschen Streckennetzes nutzen, vor allem auf der wichtigen Rheintalstrecke und im Nahverkehr um Stuttgart. Zur Anpassung an die modernere, flexiblere Verkehrskonkurrenz wurden von der Bundesbahn zahlreiche Anstrengungen im Güter-, Fern-, Reise- und Nahverkehr unternommen (Blumenexpreßgutverkehr, Obst- und Containerverkehr, TEE-Züge, Bahnbuslinien u. a.).
Gleiche Wettbewerbsbedingungen konnte die an die Schiene gebundene Eisenbahn mit der zeitraffenden Betriebsamkeit der motorisierten Straßenfahrzeuge nie erreichen, ganz zu schweigen von dem nicht durch die Bahn substituierbaren Prestigegewinn des eigenen Wagens. Eisenbahnen konnten nun einmal nicht vor jeder Haus- und Fabriktür jederzeit startbereit sein und nicht vor jedes Haus fahren, jeden Umweg machen und überall halten wie der Kraftwagen. Mit dem Zündschlüssel stimmten Reisende und Fernlastfahrer schließlich gegen die Fahrkarte und den Frachtschein des Schienenfahrzeugs ab. Der Güterfernverkehr mit Kraftwagen bewältigte vor dem Zweiten Weltkrieg kaum fünf Prozent des Bahnverkehrs (Nahfuhrverkehr ausgenommen), lag 1950 etwa auf der gleichen Höhe und machte 1960 – alles auf Baden-Württemberg bezogen – bereits 84 Prozent des inzwischen rückläufigen Eisenbahngüterverkehrs aus. Auch die 1960 ermittelten, von der Eisenbahn beförderten 265 Millionen Personen zuzüglich der 703,5 Millionen, die sich fahrplangemäß in öffentliche Straßenbahnen und Busse gezwängt hatten, entpuppten sich als Auslastungsrückgang und

Rentabilitätsschwund für die öffentlichen »Verkehrsträger«. Die Konkurrenz bot demgegenüber ein privates Fahrzeugpotential von 319089 Krafträdern und 654975 Personenkraftwagen auf, mit denen 1960 sicher mehr als eine Milliarde Menschen fuhren – zum und vom Arbeitsplatz, in den Urlaub, zum Einkaufen, zum Vergnügen, »nur so« –, ohne übrigens eine »Rentabilitätsberechnung« mit Rendite aufzumachen. Unbeirrt fuhr das sofort dispositionsfähige, kleinere Straßenverkehrsmittel im Laufe eines Jahrzehnts der traditionellen Verkehrsmacht Eisenbahn nicht nur den Rang ab, sondern konnte für sich – außer respektablen Verkehrsleistungen – auch die volkswirtschaftlichen Vorteile einer prosperierenden Kraftfahrzeug- und Zulieferindustrie und gut ausgelasteten Tiefbauwirtschaft geltend machen. Die Verkehrspolitik ließ unterdessen die Eisenbahnen in die Strukturkrise rollen.

In der Güterbeförderung lag nach der Eisenbahn bis 1964 die Binnenschiffahrt auf zweiter Position (1965 Versand und Empfang 39 715 000 t), überrundete diese 1965 und nahm für einige Jahre den ersten Platz unter den Verkehrsträgern ein. In den fünfziger Jahren bestätigte der seit 1803 »europäisierte« Rhein wieder seinen Rang als verkehrsreichste Wasserstraße der Welt nach Mississippi und Wolga, obwohl sich nach dem Zweiten Weltkrieg die Ausgangsposition der deutschen Binnenschiffahrt mit ihrem vielfach versenkten oder überalterten Schiffsmaterial, hauptsächlich Kahnraum, äußerst ungünstig darstellte. Dennoch klagten die mit Staatsdarlehen wiederaufgebauten, vom Staat beherrschten Neckarreedereien, die Reederei Schwaben und die Schleppschiffahrt Neckar AG, bereits 1949 über die übersetzte, von Kohlen- und Salzverladungen vor allem abhängige Neckarschiffahrt.

Quoten regelten die Anteile der Reeder und der zahlreichen Partikuliere, der privaten Schiffsbesitzer, die ihre Kleinschleppkraft stark vermehrt hatten. Für das schmucke Haßmersheim im Neckartal, einst größtes Schifferdorf Deutschlands, bildete seit Jahrhunderten die Schiffahrt die Haupterwerbsquelle. Zu Beginn der sechziger Jahre besaßen die Haßmersheimer eine Flotte von 120 privateigenen Schiffen. Gemessen am Güterverkehr war der Anteil der deutschen Flagge an der Rheinschiffahrt im Jahre 1951 mit 57 Prozent sogar größer als zwischen 1925 und 1939. Die Baustoff- und Kohletransporte der Schiffahrt verbilligten den Wiederaufbau.

Seit der Neckarkanalisierung 1935 war und blieb der Hafen von Heilbronn mit seiner bewährten Organisations- und Betriebsform (»Heilbronner System«) der führende, knapp die Hälfte der Neckarfracht umschlagende Neckarhafen (Steigerung des Umschlagverkehrs 1948–1956 um 475 Prozent). Heilbronn zog von Mannheim viel Verkehr ab und büßte nicht durch die Verlängerung der Neckarwasserstraße bis Stuttgart 1958 und die Eröffnung des Endhafens Plochingen im Jahre 1968 seine Vorrangstellung ein. Namentlich für Massengüter wie Energiestoffe, Baustoffe und Futtermittel brachte der bis Plochingen verlängerte Neckarkanal, befahrbar für Schiffe bis zu 1200

Umschlagverkehr in 1000 t				
	1936	1952	1965	1980
Mannheim	5 138	4 978	8 078	7 976
Karlsruhe	2 592	1 612	5 670	8 894
Heilbronn	905	3 139	5 127	5 365
Stuttgart	–	–	3 544	1 840

Tonnen Tragfähigkeit, eine wesentliche Frachtersparnis, ohne daß er für den Industriestandort Stuttgart eine überragende Bedeutung erlangte. Die Präsenz der energiesparenden Konkurrenz wirkte sich auch vorteilhaft auf die Tarife der Eisenbahn aus, die daraufhin eine günstigere Transportverbindung zwischen den Karlsruher Raffinerien und Stuttgart als der Wasserweg bot. Durch strukturelle und konjunkturelle Veränderungen im Roh- und Energiestoffbedarf wies der Warenumschlag im Stuttgarter Hafen seit 1961 einen ziemlich konstanten Rückgang auf.

Binnenhäfen an den südwestdeutschen Wasserstraßen wirkten seit jeher als sich ausweitende gewerbliche Entwicklungspole. Die Entwicklungsmöglichkeiten der Einflußzone eines Binnenhafens hingen wesentlich von der Versorgungs- und Industriestruktur des Umlandes, der Funktionstüchtigkeit der Hafenstruktur und ihrem Ausstattungsniveau sowie von der kostengünstigen Anbindung des Hafens an den Landverkehr ab. Je mehr die Rheinachse die wirtschaftliche Entwicklung am Ober- und Hochrhein begünstigte, Gewichte sich verschoben und neue Agglomerationen erwuchsen, um so schwerer fiel es Mannheim als zweitgrößtem deutschem Binnenhafen, seine führende Stellung am Oberrhein zu behaupten. Mit der Schiffbarkeit des Rheins schoben sich die industriellen Wachstumszonen weiter nach Süden vor. Ludwigshafen, Karlsruhe, Straßburg (Kehl) und Basel zogen mehr und mehr Umschlagverkehr an sich und nahmen Mannheim Verkehrsintensität. Der Verkehr paßte sich dem Vormarsch der Wirtschaft an und umgekehrt. Der Güterumschlag der Binnenschifffahrt stieg von 8 323 000 Tonnen im Jahre 1950 auf 48 137 000 Tonnen bis 1970 an (= 578 %). Damals war vor Schiene und Straße das Schiff der leistungsstärkste Verkehrsträger in Baden-Württemberg.

Auch die private, mit dem Wasser verbundene Verkehrswirtschaft mußte neue »logistische« Unternehmensstrategien verwirklichen, vor allem mit der Binnenschiffahrt Spedition und Landverkehr zu verbinden suchen, um sich am Markt zu halten. Die Rhenania Schiffahrts- und Speditionsgesellschaft mbH in Mannheim (1985: 14,8 Mio. DM Stammkapital), seit 1972 im Mehrheitsbesitz des weltweit tätigen Bowater-Konzerns, London, richtete sich auf Verbund aus. Im Jahre 1983 gehörten zur Rhenania-Gruppe (nahezu 2000 Mitarbeiter; Konzernumsatz rd. 400 Mio. DM) eine Binnenschiffahrtskapazität von 60000 Tonnen Tragfähigkeit, eine überdachte Lagerfläche von mehr als 300000 Quadratmeter und ein Lkw-Park bestehend aus mehr als 400 Fahrzeugen für den Ladungs- und Sammelgutverkehr. Durch Modernisierung ihres Schiffsparks und Abwrackaktionen, die von alten, langsamen Schleppkähnen befreiten, an deren Stelle schnelle Motorschiffe und moderne Schubeinheiten in Dienst gestellt wurden, hat die südwestdeutsche Binnenschiffahrt seit den fünfziger Jahren viel zur Stärkung ihrer Wettbewerbsfähigkeit gegenüber Straße und Schiene getan. Im Jahre 1971 waren in Baden-Württemberg 545 Binnenschiffe mit einer Tragfähigkeit von 390000 Tonnen beheimatet. Die Geschwindigkeit des Güterumschlags (Transportzeiten) und Wegekosten entschieden letztlich über die Wettbewerbsgestaltung auf dem Verkehrsmarkt und die Transportanteile der Wettbewerber. Ohne Berücksichtigung der Qualität des Tonnenkilometers ergab sich 1970 je Tonnenkilometer auf der Binnenwasserstraße die geringste Belastung von nur 1,5 Pfennig, auf der Schiene von 5,4 Pfennig und auf der Straße von 7,8 Pfennig.

Die Strukturveränderung und Intensivierung des Verkehrs hatten entscheidend zur Industrialisierung des Bodenseeraums beigetragen, ohne daß er seine oft überbeanspruchte primäre Bedeutung als Ferien- und Erholungslandschaft einbüßte. Auf dem Bodensee spielte statt des Gütertransports die dem zugenommenen Tourismus dienende Personenschiffahrt der »Weißen Flotten« der Bundesbahnen der drei Uferstaaten die führende Rolle. Unter der Firma Deutsche Bundesbahn verkehrte seit 1952 eine allmählich modernisierte Flotte (1972: 18 Schiffe, darunter seit 1960 MS »Stuttgart« und bis 1966 Dampfer »Stadt Überlingen«), die im Jahre 1961 rund drei Millionen Passagiere beförderte (1972: 6,6 Mio.). Hochfrequentierte Fährschiffe mit etwa 1200 PS verbanden Friedrichshafen und Romanshorn sowie – nach wie vor unter der Regie der Stadt Konstanz – Meersburg und Konstanz (seit 1980 mit der neuen »Meersburg«, der größten Bodenseefähre, gebaut von der Bodan-Werft, Kressbronn, und ausgerüstet mit zwei MTU-Motoren 8 V 396). Zum Bodensee als Freizeitraum gehörten auch die rund 19000 zum Jahresende 1970 allein am deutschen Ufer ermittelten Sportboote.

Beförderte Güter nach Verkehrsträgern 1965 in 1000 t
(Ohne Güternahverkehr. Versand ist Spiegelbild des Empfangs)
Eisenbahn 29026 = 28,7%; Straßengüterfernverkehr 27779 = 27,5%; Binnenschiffahrt 35511 = 35,1%; Luftverkehr 12 = 0; Rohölfernleitungen 8745 = 8,7%; insgesamt 101073

Für die südwestdeutsche Luftverkehrsgeschichte verzögerte sich die vielzitierte »Stunde Null« bis 1949. Im gleichen Jahr ließ die bisherige amerikanische Befehlsgewalt deutsche Mitbenützung und Verantwortung am Landesflughafen Echterdingen zu, geregelt in einem zwischen OMGUS und der Stadt Stuttgart geschlossenen Vertrag über den Luftverkehrsbetrieb. Stadt und Land übernahmen die Kosten für die Flughafen-Bodeneinrichtungen und die Kosten ihres Unterhalts (seit 1956 Flughafen Stuttgart GmbH). Sogleich nahm der inzwischen Jahrzehnte währende und noch heute nicht beendete »Kampf« um die Verlängerung der Startbahn (damals auf 1800 m, seit 1961 auf 2250 m ausgebaut) seinen Anfang. Eine außerordentliche Aufwärtstendenz erfuhr der Flugverkehr als Personen- und Gütertransportmittel vom ländlichen Echterdingen aus (daneben 23 Verkehrslandeplätze im Lande) seit den sechziger Jahren (abgehende Fluggäste in Tausend 1955: 38,9; 1965: 331,9; 1975: 1089,2; 1985: 1460,1) und hob den Landesflughafen, obwohl nicht für den Interkontinentalverkehr entsprechend ausgebaut, bis 1981 auf die fünfte Stelle unter den bundesdeutschen Flughäfen. Angebunden an das internationale Luftfrachtzentrum Frankfurt/Main sank jedoch seit 1973 offenbar aus Rentabilitätsgründen das Stuttgarter Luftfrachtaufkommen (erreichter Höchststand 1972: 28 332 000 t). Der zunehmend internationalen Verflechtung der Wirtschaft müßte theoretisch die nahtlose Einbindung in ein internationales Flugverkehrsgeflecht entsprechen. Das aber setzte von Stuttgart bzw. Baden-Württemberg bisher nicht erreichte Größenordnungen hinsichtlich des dem Luftverkehr vorbehaltenen Beförderungsaufkommens voraus.

Kreditmärkte

Den wünschenswert idealen Homo oeconomicus gab es nach der Währungsumstellung leider nicht – auch nicht in Schwaben –, den nämlich, der im Interesse volkswirtschaftlichen Wachstums möglichst viel verbrauchte und gleichzeitig zur Steigerung des Investitionskapitals recht viel sparte. Im Grunde war der individuelle Sparer, der sich zur Zukunftsvorsorge für ein wachsendes Sparkonto oder ein Wertpapierdepot Opfer auferlegte, nachdem ihm zwei Kriege das Ersparte genommen hatten, zu einer lächerlichen Figur geworden. Die altertümliche Vorstellung, daß Investieren und Sparen gleich groß sein müßten, ließ sich nicht verwirklichen. Zu kümmerlich waren in den Jahren nach der Währungsreform die Möglichkeiten des individuellen Sparens. Schon wurde in der Öffentlichkeit wieder der allgemeine Sparzwang erörtert, während die Steuereinnahmen der öffentlichen Kassen Jahr für Jahr über das Sparvolumen triumphierten, fast überquollen. Dennoch verstand es der Staat, den Einkommensbezieher mit dem Zuckerbrot der Steuerbegünstigung mit der Zeit zum Konsumverzicht

Spareinlagen und Kreditvergabe in Mio. DM 1950–1965

Jahr	Kredit-institute	Bauspar-kassen	Spareinlagen insgesamt	je Einwohner DM	Kredite	davon Unter-nehmen und Private	öffentliche Haushalte
1950	705	173	878	137	2 832	93,2	6,8
1960	7 170	2 502	9 672	1 252	18 498	84,6	15,4
1965	15 802	4 761	20 563	2 440	35 175	85,3	14,1

zu bewegen und das um so mehr, je stärker er mit dessen Bestreben nach Eigentums-erwerb rechnen durfte. Der ausgeprägte Wunsch nach materiellem Rückhalt war wohl der Hauptgrund dafür, daß die jährliche Sparleistung je Einwohner in Baden-Würt-temberg von Anbeginn der des durchschnittlichen Bundesbürgers davonlief, 1950 um 48 DM, 1960 um 191 DM, 1977 fast um 1000 DM. Dennoch klagten schwäbische Kreditinstitute wiederholt über die »hohe Verbrauchsneigung« der Bevölkerung wäh-rend des Wiederaufbaubooms.

Rund ein Jahrzehnt reichte weder die Spartätigkeit noch die steuerlich begünstigte Selbstfinanzierung der Unternehmen aus, um ein Gleichgewicht mit den notwendigen Investitionen herzustellen. Wer den Kapitalmarkt langfristig in Anspruch nehmen wollte, der entdeckte keine reichlich sprudelnden Quellen, sondern nur ein dünnes Rinnsal. Hinzu kam, daß die Währungsumstellung nach Form und Inhalt nicht etwa unternehmerfreundlich gestaltet worden war und die Finanzierung der notwendigen Folgekosten, der Lastenausgleich, den mittelständischen Unternehmen die Selbst-finanzierungsmöglichkeiten erheblich beschnitten. Das Problem der Entschädigung von Reparationslasten ist heute noch eine offene Wunde. Allgemein verarmt war das Wertpapiergeschäft. Vergeblich harrte die Wirtschaft bis Ende der fünfziger Jahre der Leistungen eines funktionsfähigen konsolidierten Kapitalmarkts. Restriktive Kredit-normen des Zentralbankrats bzw. der Bank deutscher Länder erschwerten zeitweilig die Unternehmensfinanzierung. Namhafte Unternehmen brachten mit starker auslän-discher Beteiligung Teilschuldverschreibungen unter. Erst Ende der fünfziger Jahre ließ die Investitionsfinanzierung durch kurzfristige Kredite (1960 noch 30%) oder durch eine nicht vertretbare Verwendung von Umlaufvermögen nach. In der örtlichen Kreditpraxis verfuhr man nicht selten allzu großzügig und achtete – vielleicht auch aus »Freundschaft« – nicht auf die nötigen Sicherheiten. Es kam um 1950 zu einer Art »Bankenkrach«, den Staatshilfe teilweise unter Kontrolle brachte. Fast 7 Mio. DM Verluste wies die Stuttgarter Städtische Spar- und Girokasse, größte Sparkasse Würt-

tembergs (Bilanzsumme in Mio. DM 1950: 213,1; 1958: 1123,4; 1960: 1500) in ihren
Bilanzen für 1949 und 1950 aus. Einige Jahre später war sie an der Finanzierung des
1958 eingeweihten Neckarhafens Stuttgart maßgeblich beteiligt. Auf der Hauptversammlung der Deutschen Bank gab Hermann J. Abs als Sprecher der Gesamtbank den
bankpolitischen Grundsatz aus: »Vorsicht bei dem Einsatz von Mitteln der Bank,
wenn Investitionen zu finanzieren sind.«
Erst das Wunder der Wiedergeburt des Sparens war um 1960 mit dem der Kapital-
marktrenaissance gepaart – auch weil sich die Einkommen der Bevölkerung stärker als
das Sozialprodukt erhöhten. Bis in die sechziger Jahre stellten die Selbständigenhaus-
halte den höchsten Anteil am Sparaufkommen und brachten die höchste durchschnittliche Sparquote auf. Im Kontrast zu historischen, das Wertpapier schätzenden Situationen zeigte sich beim Sparen in der Nachkriegszeit ein wichtiger Strukturwandel, da
das Kontensparen wie nie zuvor die größte Rolle spielte und das Interesse an Wertpapieren weit hinter dem Spareinlagenzuwachs zurückblieb. Über die Hälfte des Sparkapitals floß dem Bankenbereich zu, reichlich ein Fünftel den öffentlichen und privaten Bausparkassen (Badische Landesbausparkasse; öffentliche Bausparkasse Württemberg; Gemeinschaft der Freunde Wüstenrot, die größte deutsche Bausparkasse;
Bausparkasse Schwäbisch Hall AG als Bausparkasse der Genossenschaftsbanken, seit
1947 in Schwäbisch Hall und 1967 um den Bestand der liquidierten Süddeutschen
Bausparkredit, Singen, erweitert; Leonberger Bausparkasse [Persönlichkeiten der
evangelischen Kirche nahestehend]; Badenia Bausparkasse AG, Karlsruhe). Mit weitem Abstand übernahmen in Südwestdeutschland Sparkassen und Girozentralen (in
Baden 1257 Zweigstellen; in Württemberg 2879) die Spitzenposition im Bankgeschäft,
verwalteten 1962 knapp die Hälfte aller Spareinlagen (gegenüber 1953 um 402% gestiegen) und kamen auch als Kreditgeber – anfangs aus den Girokonten – in erster Li-
nie in Betracht. »Ohne den Giroverkehr der Sparkassen und den daraus ermöglichten
Kreditgewährungen wäre ein reibungsloser Ablauf vor allem der mittelständischen
Wirtschaft zumindest verzögert worden«, heißt es rückblickend in der Geschichte der
Städtischen Sparkasse Karlsruhe (Bilanzsumme in Mio. DM 1950: 48,4; 1960: 229,0).
Hervorzuheben sind nicht minder die Leistungen der Sparkassen bei der Wohnungs-
baufinanzierung. Beim Bau von 32075 Wohnungen half zwischen 1951 und 1962 die
Städtische Sparkasse Karlsruhe mit Krediten, eine löbliche Bilanz! Die Bankinstitute
pflegten grundsätzlich das Sparen, um die Eigentumsbildung zu erleichtern. Der in
Gang gesetzte Wandel schlug sich deutlich in Strukturveränderungen im Wohnungs-
bau nieder, im Raum Donaueschingen, um ein Beispiel von vielen herauszugreifen, im
Anteil der Hypothekenauszahlungen der Bezirkssparkasse Donaueschingen zur Finanzierung von Eigenheimen, 1956: 32,4 und 1963: 66,8 Prozent.
Die jeweiligen Girozentralen – die Württembergische Girozentrale–Württembergi-

sche Kommunalbank, Stuttgart (Bilanzsumme in Mrd. DM 1984: 28,96) und die Badische Kommunale Landesbank–Girozentrale, Mannheim (Bilanzsumme in Mrd. DM 1951: 0,28; 1965: 3,77; 1984: 24,32) – fungierten nicht nur als Zentralinstitute und Liquiditätshalterinnen der Sparkassen, sondern betrieben auch selber in erheblichem Umfang Geschäfte mit Kunden vor allem auf dem kommunalen Sektor sowie der Industrie und des Handels (Buch- und Akzeptkredite u. a.). Einen rückschlagfreien, überdurchschnittlichen Aufstieg zum größten Kreditinstitut in Baden-Württemberg seit 1965 erlebte die Badische Kommunale Landesbank.

Den Wohnungsbau unterstützten die kommunalen Landesbanken als staatliche Hilfsorgane insbesondere im sozialen Bereich in Zusammenarbeit mit den anderen öffentlichen Regionalinstituten (Landeskreditbanken u. a.). Der überregionale Baumarkt war Hauptgeschäft der beiden großen privatrechtlichen Realkreditinstitute, der traditionsreichen Rheinischen Hypothekenbank in Mannheim, seit 1960 Tochter der Commerzbank mit nach Frankfurt verlegtem Sitz (1985 Grundkapital: 85,305 Mio. DM), und der Württembergischen Hypothekenbank AG in Stuttgart (Bilanzsumme in Mio. DM 1950: 54,2; 1966: 1915; 1984: 9614,9; 1985: Grundkapital 27,5 Mio. DM), deren Mehrheitsaktionär seit 1922 die Bayerische Hypotheken- und Wechselbank AG, München, ist.

Nach ihrem Geschäftsvolumen und Einlagenbestand (1962: 5090 Mio. DM = 21% der Bankeinlagen) stellten die gewerblichen Volksbanken und die meist nebenamtlich oder als Einmannbetrieb geführten landwirtschaftlichen Raiffeisen-Kassen (über 2000), der Genossenschaftssektor also, die zweitgrößte Gruppe im Kreditgewerbe dar. Bei den Genossenschaftsbanken, um 1950 auch von einer Pleitewelle erfaßt, stand die Mittelstandsfinanzierung im Vordergrund. Von den im Jahr 1958 beispielsweise von der Volksbank Geislingen/Steige gewährten mittel- und langfristigen Krediten entfielen 37,5 Prozent auf selbständige Händler und Gewerbetreibende, 15 Prozent auf selbständige Handwerker, 35 auf kleinere und mittlere Industriebetriebe und die restlichen 12,5 Prozent auf Landwirte, Arbeiter, Angestellte usw. In den Exportgewerbestädten Tuttlingen und Pforzheim übernahmen die dortigen Volksbanken sogleich nach der Währungsreform auch die Funktionen von Außenhandelsbanken.

In Zusammenarbeit mit den bedeutendsten örtlichen Einzelhandelsbetrieben gründete die Volksbank Pforzheim 1949 eine Teilzahlungskreditbank, um durch Absatzfinanzierung den Konsum zu fördern. Der bankmäßig organisierte Teilzahlungskredit kam nach amerikanischem Vorbild Mitte der zwanziger Jahre in Deutschland auf und nahm nach der Währungsreform in Baden-Württemberg (Stuttgart, Karlsruhe, Mannheim, Pforzheim, Freiburg, Esslingen) einen ungewöhnlich starken Aufschwung (1952: 10 Institute; 1962: 45; darunter Südwestdeutsche Kundenkredit GmbH,

Mannheim). Noch umfangreicher als sie waren Banken und Sparkassen am Teilzahlungskreditgeschäft beteiligt. Den Genossenschaftsbanken ist als Regionalbank die nach dem Kriege unter großen Anstrengungen weitergeführte Württembergische Landwirtschaftsbank (1922 gegründet) zuzurechnen, mit Ausdehnung der Tätigkeit – insbesondere als Pachtkreditbank – auf Baden 1954 Südwestdeutsche Landwirtschaftsbank genannt. Im Jahre 1964 nahm sie den Namen Südwestbank an und leitete eine Phase verstärkten Einlagen- und Kreditgeschäfts für alle Wirtschaftszweige ein (Bilanzsumme in Mio. DM 1951: 30; 1964: 703; 1984: 2600).

Zu den bedeutenden regionalen Bankinstituten entwickelten sich die ehemaligen, dem Staat nahestehenden Privatnotenbanken Badens und Württembergs, die Badische Bank (Bilanzsumme in Mio. DM 1951: 159,8; 1964: 519,4; 1976: 1735,9) und die Württembergische Bank (Bilanzsumme in Mio. DM 1951: 125,8; 1964: 481,4; 1976: 2248,7). Beide Banken wurden 1977 gemeinsam mit der Handelsbank Heilbronn zur Baden-Württembergischen Bank AG, Stuttgart, vereinigt (Mai 1985: 108 Mio. DM Grundkapital; 1984 Bilanzsumme: 9,6 Mrd. DM). An der im nordwürttembergischen Raum tätigen Handels- und Gewerbebank Heilbronn AG (gegr. 1902; Bilanzsumme in Mio. DM 1951: 57,9; 1976: 1072) besaß die Württembergische Bank eine Schachtelbeteiligung. Die WKV-Kreditbank GmbH, Stuttgart (Bilanzsumme 1984: 105,7 Mio. DM) ist noch heute ihre hundertprozentige Tochter. Für Privatbankiers bot andererseits Südwestdeutschland wohl nie ein leichtes Terrain dauerhafter Selbstbehauptung. Der Konzentrationsprozeß zehrte an ihrer Substanz. Nach der Währungsreform schmolzen die teils kleinen Unternehmen wie der Schnee von gestern dahin (Privatbanken 1948: 34; 1962: 18). Trotzdem haftete der südwestdeutschen Bankenlandschaft insgesamt bis in die sechziger Jahre eine vielbeklagte Kleinstrukturierung an, vor deren Hintergrund dann die Potenz der Deutschen Bank überproportioniert schien.

Militärgesetze von 1947/48 über die Aufteilung der Großbanken erschienen jahrelang als Vorstufe ihrer endgültigen Zerschlagung. Von den jeweiligen Landesregierungen eingesetzte Treuhänder übten die Oberleitung über die Filialen der Großbanken bis 1952 aus, die in regionale Teilinstitute aufgegliedert wurden, die Deutsche Bank, soweit in Südwestdeutschland tätig, in Südwestbank, Oberrheinische Bank und Württembergische Vereinsbank und die Dresdner Bank in Allgemeine Bankgesellschaft, Süddeutsche Kreditanstalt, Bankanstalt für Württemberg und Hohenzollern. Die Commerzbank war nur durch den Bankverein für Württemberg-Baden vertreten. Zu glänzen mit großen Taten war diesen Regionalanstalten und ihren größeren Nachfolgeinstituten nicht vergönnt. Erst mit dem Wiederzusammenschluß der Zerstückelungen unter altem Namen begann 1957/58 die an Höhepunkten reiche Gegenwartsgeschichte der Großbanken. Ihre zentralisierte Kräftekonzentration kam

der Kooperation, dem Auslandsgeschäft und den sich eröffnenden Chancen zeitgemäßer Wandlungen zugute. Aus vorwiegend der Geschäftswelt dienenden Instituten entpuppten sich »Jedermann-Banken«, die sich auf den enormen Anstieg der Sicht- und
Spareinlagen ihrer vielen kleinen Kunden einstellen mußten. Die Großbanken wirkten
als Umschaltstationen von neugebildeten Kleinkapitalien zu Wertpapieren und starte-
ten die belächelten und gepriesenen Volksaktien, heute längst Normalpapiere. Mit der
Vermehrung von Geschäftsstellen wuchs die Zahl der Kunden, breitete sich das Klein-
geschäft der Großbanken in Konkurrenz zu den Sparkassen und Genossenschaftsbanken aus, eine in Stille an den Bankschaltern vollzogene sozialökonomische Umschichtung. Ihre Hauptursache lag »in der Ausdehnung des bargeldlosen Zahlungsverkehrs«
(K. E. Born), der seit der Mitte der fünfziger Jahre üblichen Überweisung von Löhnen
und Gehältern der Behörden und Betriebe auf von den Beamten, Angestellten und Arbeitern eingerichtete Girokonten.
Vor allem Sparkassen und Genossenschaftsbanken verdankten diesem neuen Kundenkreis ihre großen Umsatzzuwächse, die 1924 gegründete ehemalige gewerkschaftliche
Bank der Arbeiter, Angestellten und Beamten AG – mit Filiale in Stuttgart, von 1950
bis 1958 in Baden-Württemberg selbständige Bank für Arbeit und Wirtschaft AG –
unter dem Namen Bank für Gemeinwirtschaft, Frankfurt/Main, wesentlich ihren
Aufstieg zur neuen Großbank. Jede Bank- und Sparkassengeschichte wäre höchst lük-
kenhaft, würde sie nicht die Bedeutung des bargeldlosen Lohn- und Gehaltszahlungs-
verkehrs unterstreichen. Auf ihn entfielen bei der Städtischen Sparkasse Karlsruhe am
31. Dezember 1962 von 39468 Girokonten immerhin 18452, knapp die Hälfte. Auch
deshalb reichte der Umfang der Sichteinlagen fast an die der Spareinlagen heran. Gegebenheiten und Horizonte auf den Kreditmärkten, in die noch die bedeutende Geldkapitalbildung der ausgedehnten Versicherungswirtschaft einzubeziehen ist, verengten sich nicht, sondern erweiterten sich ständig durch neue Aufgaben und Zielsetzungen. Durch die schon Anfang der sechziger Jahre spürbar gewordene Verschärfung
des internationalen Wettbewerbs zeichneten sich für das Kreditgeschäft neue Anforderungen ab. Durch ihn dynamisierte sich der Zwang zur technischen Innovation,
wurde Druck auf die Gewinnspannen ausgeübt, damit die Möglichkeit der Selbstfinanzierung der Wirtschaft vermindert, ihre Kreditnachfrage und Verschuldung aber
erhöht.

Integration in die Weltwirtschaft

Auch im Rahmen der Weltwirtschaft sind die etwa zwei Jahrzehnte Wirtschaftswachstum von der Korea-Hausse bis zur Preisrevolution der siebziger Jahre zu den

bemerkenswertesten Abschnitten der modernen Wirtschaftsgeschichte zu rechnen. Vergleichbar hohe durchschnittliche Wachstumsraten in der Weltindustrieproduktion von 5,6 und im Welthandel von 7,3 Prozent waren zuvor nie zu beobachten (W. W. Rostow). Die Gunst des Zusammenspiels verschiedener Faktoren brachte sie hervor. Hierzu gehörten die Schlüsselfunktion der rapiden Expansion führender Industriebranchen, der Kraftfahrzeugindustrie, der Chemie, insbesondere der Petrochemie sowie der Kunststoff- und Elektroindustrie bei verhältnismäßig niedrigen »terms of trade« für Nahrungsmittel- und Rohstoffproduzenten, die relative Vollbeschäftigung in den Industrieregionen der verhältnismäßig friedlichen Welt, zwischenstaatliche Hilfsmaßnahmen (amerikanische Marshallplan-Hilfe), die zunehmend engere Zusammenarbeit und Handelsverflechtung namentlich der europäischen Industriestaaten außerhalb des sowjetischen Machtbereichs und der mit großen Mühen vorangegangene allmähliche Aufbau eines liberalisierten Welthandels mit entsprechendem relativ stabilen Zahlungsverkehr.

Ein großzügiger internationaler Lastenausgleich hatte mit dem European Recovery Program (ERP) des Marshallplans den daran beteiligten europäischen Ländern seit 1948 auf die Beine geholfen. Seit Kriegsende lebte Westdeutschland bzw. die junge Bundesrepublik Deutschland, im Oktober 1949 der Organization for European Economic Cooperation (OEEC) beigetreten, von Einfuhrüberschüssen, die seit 1952 in der Handelsbilanz einem ständigen Exportüberschuß wichen. Dollarhilfe hatte in den schlechten Jahren die deutsche Zahlungsbilanz ausgleichen helfen; vorübergehend taten es ab 1949/50, nach der zögernden deutschen Rückkehr auf den Weltmarkt, auch Sonderkredite. Die Überschüsse des Warenverkehrs ab 1952 und die Verwandlung des Defizits bei den Dienstleistungen in ein Aktivum waren in Verbindung mit dem Glück der angebrochenen Konjunktur- und Wachstumsphase großenteils deutsches Verdienst. Das Tempo und Ausmaß, in denen Außenhandelsüberschüsse entstanden, waren ungewöhnlich, nicht vorhersehbar, in der Wirtschaftsgeschichte geradezu einmalig. Im Jahre 1951 hielt die Welt von der Deutschen Mark nicht viel. Das änderte sich plötzlich mit der ansehnlich rasch gewachsenen Währungsreserve. Die noch nicht trockengelegten Schuldensümpfe der Vor- und Nachkriegszeit schoben jedoch die Austauschbarkeit der schwierig umrechenbaren Valuten hinaus und damit auch den technisch verbesserten, »liberalisierten« Warenfluß über die Grenzübergänge.

Erst der unerwartete Korea-Boom 1950/51 zog die südwestdeutsche Industrie in zunehmendem Maße in das noch nach Quoten geregelte Exportgeschäft. Der Esslinger Maschinenfabrikant Stoll stellte bereits 1950 auf der Messe in Chikago aus. Von Monat zu Monat schalteten sich immer mehr Unternehmen, voran die des Maschinenbaus, in das Ausfuhrgeschäft ein. Die Türkei und Argentinien waren schon 1953 Abnehmer von Landmaschinen. Der Anstieg der industriellen Erzeugung Baden-Würt-

Entwicklung der Ausfuhr in Mio. DM

	1951	1960	1965
Ausfuhr insgesamt	1 844	7 459	12 190
davon nach:			
Schweiz	191	733	1 232
Frankreich	149	486	1 437
USA	82	644	837
Niederlande	157	508	998
Österreich	52	456	724
Wichtigste Waren:			
Maschinen	530	2 109	3 666
Kraft- und Luftfahrzeuge	201	1 547	2 364
Elektrotechnische Produkte	132	931	1 569

tembergs (bezogen auf 1936 = 100; 1955: 212) über den Bundesdurchschnitt (1955: 206,3) stand in offensichtlichem Zusammenhang mit der über dem Bundesdurchschnitt liegenden Ausfuhrsteigerung. Nachdem mit Wirkung vom 1. Januar 1958 der Vertrag über die Europäische Wirtschaftsgemeinschaft (EWG) mit dem Ziel des Abbaus der zwischenstaatlichen Zölle in Kraft getreten war, überstieg der Export Baden-Württembergs in die Länder der von England angeführten Freihandelszone (Zusammenschluß zur European Free Trade Association = EFTA im Jahre 1960) zunächst den mit den sechs EWG-Ländern (1958: 1422 Mio. DM zu 1339,2). Der rasche Wiederaufbau der auf jahrhundertealter Tradition fußenden Handelskontakte mit der Schweiz, mit der seit 1949 wieder ein gutes Handelsvertragsverhältnis bestand, sowie mit Österreich hatte wesentlich dazu beigetragen. Die Schweiz nahm bis Mitte der sechziger Jahre die infolge wechselseitiger Wirtschaftsverflechtungen traditionelle erste Stelle unter den Ausfuhrländern Südwestdeutschlands ein. Die Kapitalverflechtung kam hinzu. »Heute noch«, schrieb G. Steuer 1963, »beträgt der schweizerische Kapitalanteil der im Bereich der Industrie- und Handelskammer Schopfheim ansässigen Industriebetriebe rund 65 Prozent.«

Ein entscheidender Schritt zum Freihandel wurde ab 1958 durch die volle Konvertibilität der DM erreicht. Zugleich »zog« die Konjunktur wieder an, denn es lohnte sich, aus Deutschland und namentlich aus Baden-Württemberg zu importieren. Der deutsche Exporteur war als Vertreter eines Niedrigpreislandes für den ausländischen Einkäufer besonders attraktiv. Von 1951 bis 1960 stieg die Ausfuhr Baden-Württembergs bei gleichzeitig enormen Devisenzuflüssen im Jahresdurchschnitt um 45 Prozent, 1961 nochmals um rund eine Milliarde DM. Diesen außenwirtschaftlichen Erfolgen wohnten lang nachwirkende volkswirtschaftliche und sozialpolitische Vor- und Nachteile inne. Um die Devisenschwemme im Interesse des Zahlungsbilanzgleichgewichts abzuwehren, wurde 1961 die Parität von DM zum Dollar heraufgesetzt, auf vier DM für den Dollar angehoben. Ein Jahr danach war die deutsche Zahlungsbilanz passiv. Der internationale Wettbewerb gestaltete sich schlagartig für die südwestdeutschen Exportfirmen schwieriger. Gestiegene Kosten verminderten ihre Konkurrenzfähigkeit auf dem Weltmarkt. Der Ruf nach Beseitigung der Wettbewerbsverfälschungen im grenzüberschreitenden Warenverkehr in die EWG-Länder wurde immer dringlicher. Die Exportzuwächse flachten in den fünf Jahren von 1960 bis 1965 prozentual ab, bewegten sich aber auf dem bemerkenswert hohen Niveau von jährlich etwa einer Milliarde DM. Reichlich zwei Drittel des Exports gingen 1965 in die EWG-Staaten (4076 Mio. DM) und in die EFTA-Länder (3775 Mio. DM). An der Spitze der Exportgüter Baden-Württembergs rangierten die Erzeugnisse des Maschinenbaus, gefolgt von Kraft- und Luftfahrzeugen und elektrotechnischen Erzeugnissen.

Dennoch beunruhigte die außenwirtschaftliche Situation Ende des Wiederaufbaubooms. Nicht nur die Aufnahmefähigkeit der wichtigen Märkte der Nachbarländer schien nachzulassen, sondern auch die erhöhten Fertigwarenimporte in den Südweststaat wurden mit Sorge registriert. Waren diese auf Vorstandsetagen baden-württembergischer Banken damals zu hörenden Befürchtungen so generell gerechtfertigt? Zugegeben, die stark eingeengte Bankenliquidität durch die verschlechterte Kassenlage der öffentlichen Hand dämpfte Optimismus, den jedoch die bis 1965 nach wie vor eindrucksvoll gesteigerten Exporterlöse der wichtigsten Ausfuhrindustrien im Bundesland mit dem höchsten Industrialisierungsgrad nach wie vor rechtfertigten. 1965 belief sich der Umsatzanteil der Ausfuhr (in Klammern 1960) des Maschinenbaus auf 31,4 Prozent (30,3%), des Fahrzeugbaus auf 32,0 (32,6%), der Feinmechanik und Optik auf 32,6 (36,3%), der Elektrotechnik auf 16,6 (16,4%) und der Textilindustrie auf 7,7 Prozent (6,9%). Um diese Zeit begann der Aufbau von ausländischen Fertigungsstätten durch baden-württembergische Unternehmen. Kosten, Währungsverhältnisse und die ausländische Konkurrenz verlangten, die Produktion mehr und mehr in den ausländischen Absatzmarkt hineinzuverlegen. Eine Wende? Der Exportgewinn in guten Jahren des Wachstums sollte eigentlich dazu dagewesen sein, um für verschiedene Puffer zu sorgen, damit sich die Stöße in mageren Zeiten ungünstiger Konjunktur auffangen ließen. Mitte 1966 endeten mit dem sachten Auslaufen der vierten Hochkonjunkturperiode seit der Währungsreform für den industriestarken mittleren Neckar-

Wichtige Beteiligungen des Landes Baden-Württemberg an Unternehmen der Energieversorgung, der Industrie, des Kreditwesens und des Verkehrs ab eine Mio. DM. Stand 1984.

Name und Sitz des Unternehmens	Anteil des Landes am Grund/Stammkapital	
	Mio. DM	%
Landeskreditbank Baden-Württemberg, Karlsruhe	900	100
Südwestbank AG Stuttgart	8,941	14,17
Landesbeteiligungen Baden-Württemberg GmbH	102	100
Energie-Versorgung Schwaben AG (EVS), Stuttgart	40,324	8,06
Gasversorgung Süddeutschland GmbH, Stuttgart	32,5	25
Neckar-AG, Stuttgart	7,685	34,93
Schwäbische Hüttenwerke GmbH, Wasseralfingen	10	50
Südwestdeutsche Salzwerke AG, Heilbronn	5,7	19
Staatliche Majolika-Manufaktur Karlsruhe AG, Karlsruhe	1	100
Flughafen Stuttgart GmbH, Stuttgart	42	50
Südwestdeutsche Verkehrs-AG, Lahr	5,81	100
Hohenzoll. Landesbahn AG, Sigmaringen	3,234	71,88
Reederei Schwaben GmbH, Stuttgart	1,320	44
Rheinhafengesellschaft Weil a. Rh. mbH, Weil a. Rhein	1,077	31,68

raum die goldenen anderthalb Jahrzehnte des »Wirtschaftswunders«, eine Zeit ungebrochenen Wirtschaftswachstums mit hohem Wachstumstempo und zunehmend verstärkter internationaler Verflechtungen. Qualität und Leistung waren die im Grunde zeitlose Formel, durch die Baden-Württembergs Ausfuhr (1960: 15,6% der Ausfuhr des Bundesgebietes) binnen anderthalb Jahrzehnten sich einen vielgeachteten Platz in der von Gegensätzen zerklüfteten Weltwirtschaft errungen hat. Für diese Qualität durch Leistung mußten jedoch Jahr für Jahr die Voraussetzungen geschaffen werden. Der Wohlfahrtszuwachs durch die europäische Zollunionsbildung war Mitte der sechziger Jahre noch nicht greifbar, da die Zollunion in der ursprünglichen Sechsergemeinschaft am 1. Juli 1968 und in der Neunergemeinschaft der EG am 1. Juli 1977 verwirklicht wurde. Über die sich für die EG-Staaten aus der Beteiligung an der europäischen Integration ergebenden Vor- und Nachteile wurde schon in den sechziger Jahren heftig diskutiert. Das exportorientierte Baden-Württemberg hoffte ein Hauptnutznießer im Industriebereich zu sein. Im Zusammenhang mit der Exportorientierung (Exportquote der baden-württembergischen Industrie 1960: 15,1%; 1965: 15,7%) erwuchs das Bestreben nach Aufbau von Auslandsproduktionen. Zu einem Krisen verursachenden Problem in der Gemeinschaft wurde schon in den sechziger Jahren die Finanzierung der gemeinsamen Agrarpolitik, deren Zielsetzungen letzten Endes überwiegend nicht erfüllt wurden. Der Agrarfonds nahm 1964 seine Tätigkeit auf. Fortan wuchs die Last der agrarischen »Überversorgung« fast von Jahr zu Jahr.

Gehemmtes Wachstum an der Schwelle zur »dritten industriellen Revolution«

Bevölkerungsprobleme?

Etwa seit 1965 war in Baden-Württemberg eine für hochindustrialisierte Gesellschaften nicht ungewöhnliche und daher nicht zu dramatisierende Bevölkerungsentwicklung zu beobachten. Die Zahl der Lebendgeburten nahm bis 1984 laufend ab (1966: 160802; 1984: 94414), wenngleich in einzelnen Jahren und Monaten das Ausmaß des Rückgangs sehr unterschiedlich ausfiel, manchmal auch aus einer temporären Geburtenzunahme sogleich eine Trendänderung herausgelesen wurde (1979/80). Der Geburtenrückgang hing – statistisch vordergründig – von dem für Industriegesellschaften typischen Trend der rückläufigen Kinderzahl pro Ehe ab (heute im Durchschnitt etwa 1,5 Kinder), diese wiederum vom Schwund an Eheschließungen (1966: 66553; 1984: 54349) bei gleichzeitiger Zunahme der Ehescheidungen. In der rückläufigen Entwicklung der Kinderzahl spiegelte sich der Wandel von der Groß- zur Kleinfamilie, die eine zeitweilige Betreuung der Kleinkinder von erwerbs- und nichterwerbstätigen Müttern durch vorhandene Großmütter nicht ausschloß. Im Hintergrund spielten bei der die Geburtenzahl reduzierenden Geburtenplanung – auch durch verstärkte Anwendung empfängnisverhütender Mittel – als Einflußfaktoren ein ausgeprägtes individualistisches Wohlstandsdenken und Freizeitbedürfnis, Emanzipationsvorstellungen der Frau, Abkehr von traditionellen Werthaltungen, pessimistische Zukunftsbeurteilungen und verringerte Risikobereitschaft sowie Zweifel an der künftigen sozialen Sicherheit der Kinder eine wesentliche Rolle. Im Schoße der individualistischen Wohlstandsgesellschaft entwickelte sich ein für sie typisches, sich grundlegend von dem noch überwiegend agrarisch geprägter Gesellschaften unterscheidendes »Bevölkerungsgesetz« ohne malthusianische Steigerungsraten.

Ein weiterer Wesenszug der Bevölkerungsentwicklung moderner Industriegesellschaften bestand darin, daß durch die Abnahme vieler tödlicher Krankheiten, durch die Fortschritte der Chemotherapie, der Strahlenbehandlung, durch die chirurgischen Spitzenleistungen u. a. m. die durchschnittliche Lebenserwartung der Menschen und

Bevölkerungsbewegung					
	1965	1970	1974	1980	1985
Bevölkerung insges. in 1000	8 360	8 895	9 250	9 258	9 271
Eheschließungen auf 1000 Einwohner	8,1	7,0	5,8	5,7	5,9
Lebendgeborene auf 1000 Einwohner	19,0	14,4	11,1	10,8	10,2
Wanderungsgewinn bzw. -verlust	96 000	109 452	–22 212	61 592	29 140

damit die Altersstruktur der Bevölkerung ständig gestiegen ist, in der Bundesrepublik Deutschland die mittlere Lebenserwartung von 66,5 Jahren 1950 und 70,6 Jahren 1971 auf 73,8 Jahre heute. Frauen lebten seit Jahrzehnten länger als Männer (derzeit 77,1 Jahre, dagegen Männer nur 70,5). Umweltbelastungen, sicher eine ständige Bedrohung für den Menschen, sind zumindest in der Lebenserwartungsstatistik offenbar kaum durchgeschlagen. Über das Schicksal von einzelnen ist damit freilich nichts ausgesagt, auch nichts über die Differenziertheit der vom statistischen Mittelwert abgewichenen Realität.

Durch den rapiden Rückgang der Geburten, vom sog. »Pillenknick« Mitte der sechziger Jahre eingeleitet, näherte sich die Zahl der Geburten unaufhaltsam der der Gestorbenen, sank sogar 1978 trotz der noch relativ hohen Fruchtbarkeit der zugewanderten Ausländer unter die Sterbeziffer, so daß die Bevölkerungsentwicklung nur noch geringfügig von den nachgewachsenen Generationen beeinflußt wurde. Der Bevölkerungsanstieg zwischen 1965 und 1974 auf 9,25 Millionen Menschen (= um fast 11 %) war in der Hauptsache Zuwanderungsgewinnen zuzuschreiben. Gleiches galt weitgehend für die mehr durch Bevölkerungsstagnation gekennzeichnete Phase bis Anfang der achtziger Jahre, während der sich entsprechend die neuerdings abflachende Ausländerdichte Baden-Württembergs erhöhte, 1983 mit knapp zehn Prozent der Gesamtbevölkerung die höchste unter den Flächenländern der Bundesrepublik (Ausländer in 1000 im Jahre 1970: 724; 1980: 913; 1985: 840).

Die aus Scheu vor Belastungen und Risiken stark gedämpfte Fortpflanzungswilligkeit namentlich deutscher Wohlstandsbürger im Zeichen weltweiter Überbevölkerung hat mit der Zeit zu wesentlichen Verschiebungen in den demographischen Strukturen geführt. Die Alterszusammensetzung der Bevölkerung stieg zugunsten der älteren Menschen, die durchschnittliche Haushaltsgröße sank. Die Binnenwanderung wurde erleichtert und verstärkt, eingeschlossen die stadtfluchtartige Abwanderung aus den großen Agglomerationszentren. Am 31. Juli 1984 lebten in der Landeshauptstadt Stuttgart nur noch 554112 Bürger, rund 57000 weniger als im Jahre 1975. Geburtendefizite und negative Wanderungssalden waren die Ursache.

Dimensionen des technischen Fortschritts

Je mehr das 20. Jahrhundert fortschritt, um so rascher wuchs die Zahl der naturwissenschaftlich-technischen Entdeckungen. Etwa seit der Mitte des Jahrhunderts schwoll das naturwissenschaftlich-technische Wissen lawinenartig an und veränderte durch seine praktischen Umsetzungen, durch Computer, Kernenergie, Laserstrahltechnik, Antibiotika, Raumfahrttechnik, Kunststoffe, neue Werkstoffe, Kommunikationsmittel, Robotik, Informationstechnik u. a. das wirtschaftlich-soziale Leben in den modernen Industriegesellschaften in kurzer Zeit. Nie zuvor bestand eine vergleichbare systematische Verbindung und wechselseitige Befruchtung zwischen den exakten Naturwissenschaften und den verschiedenen Zweigen der Technik. Dies steigerte deren Produktivität, verkürzte aber zugleich die Zeitspannen zwischen der wissenschaftlichen Idee, ihrer technischen Verwirklichung, der Durchsetzung von technischer Innovation am Markt. Nach den Patentanmeldungen beim Deutschen Patentamt im Jahre 1985 bewiesen die Einwohner Baden-Württembergs erneut ihren Erfindungsreichtum. Auf 100 000 Einwohner kamen 76 eingereichte Anmeldungen, im Bundesdurchschnitt 53.

Das die ökonomischen und sozialen Strukturen seit den sechziger Jahren zunächst nur sehr zögernd verändernde, sie aber in den achtziger Jahren unverkennbar revolutionierendste Gerät war der »sagenumwobene« Computer. Als bisher bedeutendstes Produkt der Elektronik bezeichnete er den Anfang der »dritten industriellen Revolution«. Kern- und Angelpunkt des vom Computer beherrschten neuen technisch-industriellen Zeitalters wurde die Tatsache, daß sich erstmals mit Hilfe von Mikroprozessoren (elektronische Bauteile) unvorstellbar viele und komplizierte, bisher von den Menschen geleistete Denkroutinen ausführen ließen und menschliche Intelligenz in Teilbereichen – wenn auch nicht hinsichtlich ihrer Kreativität – durch programmierte Maschinen ersetzbar wurde. Indem sie stellvertretend für den Menschen steuerten, rechneten, suchten, regelten und speicherten, trat eine neue technische Dimension ins menschliche Dasein. Sie bildete die von der »zweiten industriellen Revolution«, von der Elektrotechnik, Chemie und von Vergasermotorenbau geprägte technisch-industrielle Welt allmählich um, legte sich über sie, drang in sie ein und veränderte grundlegend die herkömmliche Arbeitsteilung zwischen Mensch und Maschine.

Aus den lawinenhaften Umwälzungen der Elektronik, beginnend mit den Transistoren, erwuchs die moderne Computergenealogie. Eine fruchtbare Wechselbeziehung zwischen Naturwissenschaften und Technik brachte Ende der fünfziger Jahre in den USA die Miniaturisierung der elektronischen Bauteilchen hervor und wenig später erstmals die Integration der Bauelemente auf dem Siliziumchip. Von ihrer ständig gesteigerten Kapazität, gemessen in Bit (= zwei Stromzustände), hing die Leistungsfähigkeit des Elektronikspeichers und damit des Computers ab. 1965 gelang es, etwa zehn Funktionen auf einem Chip unterzubringen; 1980 waren 10000 Funktionen möglich, beim Mega-Chip von 1986 über eine Mio. Zeichen. Die Vorteile der Chips bestanden in ihren relativ niedrigen Kosten, dem sich verringernden Raumbedarf und der großen Operationsgeschwindigkeit. Die Verbindung der digitalen Datentechnik, der Universalität des Computers mit konkreten Anwendungsbezügen in Wirtschaft, Technik, Verwaltung und Wissenschaft konnte beginnen. Spätestens bis Anfang der sechziger Jahre wurden in den USA nach den ersten numerisch gesteuerten Werkzeugmaschinen die ersten computergesteuerten Roboter entwickelt. Mikroprozessoren und Mikrocomputer besetzten seitdem in immer größerer Zahl die technische Landschaft und nisten sich in Fabriken, Labors, Büros, Haushalten, in Fahrzeugen, im Medienapparat, im Telefon, in Bildschirmterminals usw. ganz überwiegend im verborgenen ein. Bis 1985 war die Mikroelektronik in der Bundesrepublik Deutschland (Marktvolumen ca. 2,85 Mrd. DM) zu 70 Prozent in den Marktbereichen Konsumelektronik, Büro- und Datentechnik und Nachrichtentechnik vertreten, dagegen nur zu 23 Prozent in der Industrie und zu 7 Prozent im Automobil. Auch in Zukunft liegen die größten Marktchancen der konsumentenfreundlicher werdenden Mikroelektronik im Massengüterbereich.

Die Revolution in der industriellen Fertigungstechnologie zeigte sich darin, daß die mit einem Computer ausgerüsteten (programmierten), selbständig arbeitenden kostenintensiven Automaten bei verringerten Rüstzeiten nicht nur eine flexible wirtschaftliche Fertigung in kleineren Stückzahlen ermöglichten, sondern auch eine schrittweise Integration der einzelnen Bestandteile des Produktionsprozesses machbar wurde. Die Einmann-Fabrik der Zukunft, in der Entwicklung, Konstruktion, Fertigung, Materialwirtschaft, Logistik und Absatzwirtschaft computerintegriert (CIM) sind, ist technisch nicht mehr reine Utopie. Verwirklichen ließe sie sich am ehesten bei einfachen Fertigungsabläufen für einfache Produkte (Zucker, Bier u. a.). Als problematisch und äußerst schwierig erwies sich bisher die Verkettung von mehreren, verschiedenen Fertigungsabläufen an einem variantenreichen Produkt. Die Zahnradfabrik Friedrichshafen AG entwickelte mit hohem Investitionsaufwand ab 1979 zur

Produktion von Schaltgetrieben 14 miteinander verkettete Fertigungszellen. Die knappe Sprache des Geschäftsberichts von 1983 der Zahnradfabrik verlautete: »Der koordinierte systematische Aufbau von kompatiblen CAE-Systemen soll einen einfachen und schnellen Durchlauf der Ergebnisse von Entwicklungsaktivitäten bis hin zur Serienfertigung ermöglichen.« Die elektronische Datenverarbeitung erlaubte die Abkehr vom bisherigen Automationssystem der extrem arbeitsteiligen Transferstraße.

Kürzel für Automationstechnologien

Bit	Binary digit, Einheit der Nachrichtenmenge
Computer	wörtlich Rechner, Maschine zur Verarbeitung von Daten oder Informationen nach einem Programm
AS	Automatic Storage, Computerkontrolle und -gesteuerte Lagersysteme
CAD	Computer Aided Design, graphische Datenverarbeitung
CAE	Computer Aided Engineering, ingenieurmäßige Datenverarbeitung
CAM	Computer Aided Manufacturing, Datenverarbeitung im Fabrikationsbereich
CAQA	Computer Aided Quality Assurance, Datenverarbeitung zur Qualitätskontrolle
CIM	Computer Integrated Manufacturing
NC	Numerical Control, Computersteuerung von Werkzeugmaschinen
CNC	Computer Numerical Control, Steuerung von mehreren numerisch gesteuerten Werkzeugmaschinen durch ein Computersystem
MIS	Management Information Systems, Informationsinstrumentarium zur Unternehmensführung

---

Bisher gelangen in den Fabriken hervorragende EDV-Einzellösungen, aber insgesamt nur wenig informationstechnische Integration zwischen den verschiedenen Betriebsbereichen von der Geschäftsführung bis hin zur Optimierung der Logistik. Negative Auswirkungen einer technologisch bedingten Arbeitslosigkeit ergaben sich, sofern allein durch den technischen Fortschritt (Produktivitätssteigerung) der Umsatzerhalt der Unternehmen gewährleistet war oder Wachstum allein von ihm gespeist wurde. Sie zeigten sich noch stärker als Folge technologischer Defizite, mangelnder Flexibilität bei der notwendigen Anpassung und Weiterentwicklung herkömmlicher Betriebsstrukturen. Der Markt übte zunehmend Druck auf die konventionellen Fertigungen aus und zugleich in Richtung auf die Neuorientierung zu den elektronisch gesteuerten Vorgangsketten hin. Um produktionstechnisch schnell auf die neuen Markttrends reagieren zu können, wurde in vielen Industrien in fast stürmischen Aufbaujahren in die flexibel gesteuerten Technologien investiert, denen allerdings noch häufig Kinderkrankheiten anhaften. Technische Umstellungen – auch gerade im Computerbereich – störten Betriebsabläufe und verminderten zunächst die Rentabilität. Die jüngste Experten-Diskussion setzte auf das Managementinstrument CIM, auf die »Zauberformeln« der Koordinierung, Vereinheitlichung, Systemintegration, der notwendigen Vernetzung und auf die neue Software-Technologie KI (= künstliche Intelligenz), für die entsprechende Software-Spezialisten gefordert sind. Ähnlich wie in den beiden vorangegangenen industriellen Revolutionen erfaßte auch der gegenwärtige industrielle Transformationsprozeß die einzelnen Branchen und Betriebsgrößen mit unterschiedlicher Geschwindigkeit und Intensität. Spitzentechnologie löste nicht automatisch die Probleme des industriellen Strukturwandels. Neben Bereichen mit meist wachstumsstarker Spitzentechnik blieben auch solche mit »middle tech, low tech, no tech« bestehen. Die Frage, in welcher Proportion die verschiedenen Technikniveaus in einer Wirtschaft realisiert sein müßten, um bestimmte makro- und mikroökonomische Ziele optimal zu erfüllen, ist noch nicht befriedigend beantwortet. Ein allzu hitziger Innovationsboom führte zum Nachteil der Unternehmen zu ruinösen Preiswettbewerben auf begrenzt aufnahmefähigen Märkten. Mit neuen Techniken ließen sich nie beliebig neue Märkte aufstoßen. Durch die eingeführte Roboterformung von Camemberts, mit der eine Multiplizierung der Produktivität verbunden war, entwickelten sich die Deutschen nicht zu einer Nation von Camembert-Essern. Inzwischen zeigte sich auch, daß der Mensch als flexibelstes Glied in der Arbeitskette insbesondere bei Fertigungen mit hohem Qualitätsprofil, nach anfänglicher Minimierung der Spielräume für menschliche Arbeit, unverzichtbar sei. Die große Nachfrage nach Facharbeitern seitens der Metallindustrie Baden-Württembergs in jüngster Zeit bewies es, vor allem der deutliche Anstieg der industriellen Facharbeiterquote von 1980 bis 1984 um 4,3 Prozent (von 41 auf 45,3 %; 1985: 45,1 % gegenüber 34,3 % im Jahre 1970).

Mit den neuesten Erfahrungen über Zusammenhänge zwischen fortschreitender Technologisierung, Arbeitsmarktwirkungen, Kostenrelationen, Produktivitätswachstum und Marktentwicklung wird freilich die volle Komplexität der Automationsfolgen, der elektronischen Revolution, noch nicht abschätzbar. In den Zeitraum von 1980 bis 1986 (30. 9.) fiel in Baden-Württemberg der Abgang von 1070 Industriebetrieben (mit 20 und mehr Beschäftigten) und der schmerzliche Verlust von zehntausenden industriellen Arbeitsplätzen. Gleichzeitig erhöhte sich der Umsatzanteil je

Industriebeschäftigten von 139000 DM auf 169000 DM. Unaufhaltsam hielten Roboter in die Werkshallen Einzug (nach den nur für die Bundesrepublik erhältlichen Zahlen 1974: 125; 1981: 6600; 1985: 8800). Per Saldo war der reale Umsatzzuwachs der Industrie, im Unterschied zu den Wachstumsphasen der siebziger Jahre, zwischen 1980
und 1983/84 bis zum Greifen der Exportkonjunktur dem Produktivitätsfortschritt
zuzuschreiben. Dabei zeigten freilich die einzelnen Branchen und Unternehmen ein
sehr differenziertes Bild, das sich erneut mit dem Anstieg der Zahl der Industriebeschäftigten von 1984 bis 1986 (30. 9.) um 77623 wandelte.

Konjunktur eine Sphinx?

Bis Mitte der sechziger Jahre zeichnete sich die südwestdeutsche Wirtschaft durch ein
fast ungebrochenes Wachstum und eine bemerkenswerte konjunkturelle Stabilität
aus. Dabei gingen die wichtigsten Nachfrage- bzw. Wachstumsanreize vom Wiederaufbau nach dem Kriege, von der Verfügbarkeit über ein großes Arbeitskräftepotential und der explosionsartigen Expansion neuer Produkte und neuer Industrien aus,
begünstigt überdies durch relativ niedrige Energiekosten. Konjunkturstabilisierend
wirkten die sich verstärkende Investitionsneigung der Unternehmer, der sich auf hohem Niveau einpegelnde Wohlstandskonsum der Verbraucher, das vom Staat ausgebaute soziale Sicherungsnetz, das noch vorwiegend von Keynesschen Prinzipien in-
spirierte antizyklische, jedoch wachstumsorientierte Eingreifen des Staates und die internationale wirtschaftliche Verflechtung bei annähernd parallel verlaufenen Wachs-
tumszyklen in Westeuropa.
Im Verlaufe der sechziger Jahre häuften sich die Anzeichen, die auf Veränderungen im
Wachstums- und Konjunkturgeschehen hindeuteten. Arbeitskosten erhöhten sich bei
gleichzeitigem Arbeitskräftemangel. Neue Produktionstechniken intensivierten den
Wettbewerb. Einige Märkte zeigten bereits Sättigungserscheinungen. Die Gewinnspannen fielen, die Selbstfinanzierungsquote sank. Das Wirtschaftswachstum verlangsamte sich und stockte 1967. Rückgang der Beschäftigung. Kurzarbeit bei Daimler-
Benz. Der Stuttgarter Kammerbericht beliebte im Februar 1967 zu spötteln: Seit Jahresbeginn versuchten Bundesregierung und Notenbank, durch wackere Hefebeigaben
den zähen Konjunkturteig aufzubereiten. Allein, der Kuchen wollte nicht gehen!
Über zehn Prozent lag die durchschnittliche Wachstumsrate des umfassenden Wirt-
schaftsindikators Bruttoinlandsprodukt während der fünfziger Jahre. Im folgenden
Jahrzehnt sank sie auf etwa 6,5 Prozent.
Konjunktureinbrüche hatten Nullwachstum in einigen Jahren fast Wirklichkeit werden lassen, namentlich mit dem schockierenden Rückschlag von 1966/67, während der
Krise 1974/75 und in der Stagnationsphase 1981/82. In dem für die deutsche Wirt-

Baden-Württembergs wirtschaftliche Stellung im Bundesgebiet 1985		
Anteil am Bundesgebiet in %		Niveaukennziffern/Bundesgebiet = 100
Fläche	14,4	Bruttoinlandsprodukt
Einwohner	15,2	je Einwohner 103,2
Betriebe im Verarbeitenden		Handwerksdichte 121,8
Gewerbe	21,3	Exportquote des Verarbeitenden
Beschäftigte im Verarbeitenden		Gewerbes 106,6
Gewerbe	20,7	

schaft schwersten Nachkriegsjahrzehnt, in den siebziger Jahren mit der Wirtschaftskrise 1974/75 als absolutem Tiefpunkt, erreichte die durchschnittliche Wachstumsrate des Bruttoinlandsprodukts von Baden-Württemberg real 3,4 Prozent, verlängert bis einschließlich 1985 nur etwa 2,7 Prozent. Die vor rund einem Jahrzehnt vehement vorgetragene Philosophie vom Nullwachstum, die mit teilweise irrationalen Argumenten Wirtschaftswachstum verteufelte, war bereits durch das weltweite Ende der stürmischen Wachstumskonjunktur der Nachkriegszeit im Laufe der sechziger Jahre überholt. Vor dem Hintergrund einer allgemein europäischen »Lohnexplosion« verwandelte sich seit Ende 1969 die wenn auch noch nicht bedrohliche Nachfrageinflation in der Bundesrepublik in eine sich beschleunigende Kosteninflation. Die »neue Wirtschaftspolitik« unter Bundeswirtschaftsminister Karl Schiller, mit der die Bundesregierung zu einer keynesianischen Politik der Defizitfinanzierung überging, führte nicht zu dem gewünschten »Aufschwung nach Maß« (von etwa 4%), überhitzte ihn und mündete in einem inflationären Preisauftrieb. Er hielt wegen vorwiegend außenwirtschaftlicher Einflüsse auch während des daraufhin eingeleiteten Restriktionskurses an. Die in den fünfziger Jahren fast optimal gelungene Kombination von niedriger Arbeitslosenquote und Inflationsrate brach in einer beschleunigten Inflation auseinander. Zugleich schnellten bei anhaltender Flucht aus dem pessimistisch beurteilten Dollar die Preise für Rohstoffe in die Höhe.
Um sich gegen die inflationäre Dollarentwicklung abzusichern, erhöhte das OPEC-Kartell im November 1973 die Ölpreise drastisch um das Vierfache und erzielte damit eine verheerende Wirkung auf die Weltwirtschaft, die deutsche Binnenwirtschaft eingeschlossen. Die erzwungene Kaufkraftumverteilung zugunsten der erdölexportie-

renden Länder beschleunigte die Inflation, verminderte die reale Kaufkraft der westlichen Länder und führte namentlich in Baden-Württemberg mit seinen stark von der Nachkriegsexpansion angetriebenen Industrien zu einem stärkeren Wachstumseinbruch als im Bundesdurchschnitt. Zur Krisenbewältigung ging die kompromißbereite Bundesregierung – ähnlich wie andere westliche Staaten – zu einer der einheitlichen Konzeption entbehrenden Stop-and-go-Politik über, mit der die Inflationsspirale gestoppt und über befristete und gezielte Konjunkturprogramme (Investitionszulagen, »Steuerpaket«, Beschäftigungsprogramme u. a.) die erlahmten Aufschwungkräfte wiederbelebt werden sollten. Die Inflation wurde vor allem dank der Geldmarktsteuerung der Bundesbank gebremst, Wachstum wieder erreicht, das Phänomen der Stagflation gemeistert. Bemerkenswert gut überwand die baden-württembergische Wirtschaft die Krise 1974/75 und ihre nachwirkenden Folgen. Die Aufschwungphasen bei gleichzeitigem Druck auf die Unternehmenserträge erwiesen sich aber als zu kurz. Weitere Erhöhungen der Erdölpreise lösten erneute Depressionen zu Beginn der achtziger Jahre aus. Im Pleiten-Boom von 1981 erwiesen sich aber Baden-Württembergs Unternehmen im Vergleich mit anderen Ländern als am wenigsten krisenanfällig, blieb die Insolvenzhäufigkeit auf 37 von je 10 000 Unternehmen beschränkt. Ende 1982 stieg die Nachfrage nach langfristigen Krediten, und seit Anfang 1983 erhielt die Weltwirtschaft durch den beginnenden Aufschwung in den USA anhaltenden Aufwind. Seitdem entfaltete unter den Kräften, die Konjunktur »machten«, die Auslandsnachfrage die größte Dynamik. Dennoch blieb die Zahl der Insolvenzen auf hohem Niveau und die Arbeitslosigkeit infolge tieferliegender struktureller Ursachen ein Dauerproblem. Konjunkturprognose auf längere Sicht wurde in der Umbruchphase der dritten technisch-industriellen Revolution zu einer mehr denn je Rätsel aufgebenden Sphinx. Der Aufschwung erst durch Dollarstärke und sodann die sich fortsetzende Verlagerung auf das gut klimatisierte Inlandsgeschäft bildeten nur den Vordergrund des Geschehens.

Die konjunkturellen Wellenbewegungen ergaben sich als Resultante einer Vielzahl von zyklischen Schwankungen unterschiedlicher Dauer. Zur Erklärung der deutlichen Verlangsamung des wirtschaftlichen Wachstums während der letzten Jahrzehnte und der anhaltend starken Arbeitslosigkeit liegt es nahe, an J. A. Schumpeters 1939 veröffentlichte Deutung der langen Wellen (Kondratieff-Zyklen) anzuknüpfen. Wie die historische Erfahrung zeigte, entwickelten die revolutionären technischen Veränderungen auch der ersten und der zweiten industriellen Revolution nicht sogleich in einer längeren Aufwärtsbewegung gipfelnde Wachstumsimpulse. Dazu kam es nach teils jahrzehntelanger, dem schrittweisen Vordringen von Basisinnovationen dienender »Vorlaufzeit« erst nach 1850, unmittelbar vor Beginn des 20. Jahrhunderts und nach dem Zweiten Weltkrieg. Um die lange Welle eines Aufschwungs zu bewir-

Bruttoinlandsprodukt in Baden-Württemberg in Mio. DM				
Jahr	in jeweiligen Preisen	Veränderung gegen Vorjahr im Jahresmittel	in Preisen von 1970	Veränderung gegen Vorjahre im Jahresmittel
1960	42 999	–	61 659	–
1970	105 312	–	105 312	–
1975	159 117	8,7%	116 584	2,1%
1980	231 254	7,8%	142 176	3,7%
1985	286 537	4,3%	152 136	1,4%

ken, bedurfte es einer Ballung von Innovationen sowie des massenweisen Angebots neuer Güter und Dienstleistungen, die auf eine entsprechend große effektive Nachfrage stießen. Die Bündelung der neuesten Technologien bietet zwar alle Aussicht, im Sinne von Schumpeter einen Wechsel des vorherrschenden »technisch-ökonomischen Paradigmas« herbeizuführen, ist aber derzeit infolge ihrer noch geringen Ausbreitung und konsequenten Nutzung in den Schoß der überlieferten Strukturen eingebettet. Deren schmerzhafte Veränderung ist im Gange, dagegen hat das neue technisch-wirtschaftliche Paradigma mit neuen Kosten- und Preisstrukturen, einer Fülle neuer (nicht nur elektronisierter vorhandener) Produkte und Dienstleistungen und neuer Marktaussichten bisher nicht durchgeschlagen.

Wachstumsbranche Autoindustrie

Von der durchschnittlichen Wachstumsrate des Bruttosozialprodukts entfiel nachweislich bis in die siebziger Jahre der größte Wachstumsbeitrag auf den privaten Verbrauch. Schrittmacher des, wenn auch schwächeren wirtschaftlichen Wachstums während der letzten beiden Jahrzehnte blieb trotz der Absatzeinbrüche 1966/67 und 1974/75 und der abgeschwächten Zunahme des Kraftfahrzeugbestandes 1981–1985 die sich dem gesamtwirtschaftlichen Wachstumstrend nähernde Automobilnachfrage. Nach dem durchschrittenen Tiefpunkt des Automobilabsatzes infolge des Erdölschocks 1974/75 erwies sich wiederum das vielgeschätzte Automobil seit 1976 als kräftige Stütze des privaten Verbrauchs. Vor allem durch das private Kraftfahrzeug hat sich bei gestiegenem Wohlstand in den letzten drei Jahrzehnten von 1950 bis 1980 eine

neue Konsumstruktur herausgebildet, in der die Gruppe »Verkehr und Nachrichten«
vom letzten auf den dritten Platz (nach Nahrungs- und Genußmittel sowie Woh-
nungsmiete) der neunsprossigen Rangleiter des privaten Verbrauchs den spektakulärsten Sprung machte. Auf zwei Personen im »führerscheinfähigen Alter« entfiel neuerdings im Durchschnitt ein Kraftfahrzeug. In fast allen Aufschwungszyklen stand am
Beginn ein Anstieg der Auslandsnachfrage, die besonders in der letzten Aufschwung-
phase bei abbröckelnden Preisen für Mineralölprodukte und Dollarkursgewinnen den
Automobilherstellern zugute kam. Vier baden-württembergische Aktiengesellschaften des Straßenfahrzeugbaus steigerten 1985 ihren Bruttoumsatz um 17,7 Prozent.
Der Produktionsrekord bei Personenwagen von 1986 übertraf noch den von 1985. In
säkularen Jubel aber mischte sich auch Wehmut.

Kraftfahrzeugbestände in Baden-Württemberg					
	1966	1970	1975	1979	1985
Personenkraftwagen 1000	1460,0	2010,7	2692,2	3344,0	4073,2
Kraftfahrzeuge insges. 1000	1923,5	2461,1	3193,9	3911,0	4807,3

Ein Jahrhundert nachdem sich Gottlieb Daimler und Wilhelm Maybach 1885 ihren
»Reitwagen mit Petroleummotor« patentieren ließen, ist die Motorradindustrie im
Heimatland des Kraftrades bis auf zwei kleine Spezialisten – Maico und Solo – von der
Bildfläche verschwunden, hat sich unter dem Druck der japanischen Preis- und Ex-
portoffensive, durch extreme Markteingriffe und eigenes Mißmanagement fast in
nichts aufgelöst, im Grunde eine Tragödie. Durch ihre jahrzehntelang erfolgreiche
Teilnahme an Moto-Cross-Rennen (Werksfahrer Adolf Weil) und am Enduro-Sport
wurden die leichten, antrittsstarken Zweitakter der Maico-Fahrzeugfabrik, Ammer-
buch, in der Welt bekannt und verhalfen vor allem zu einem guten Auslandsgeschäft
(fast zwei Drittel des Umsatzes). Von 1968/69 (79 Beschäftigte) bis 1972/73 gelang
eine Umsatzsteigerung um 130 Prozent (auf über 17 Mio. DM), die sich in der Folgezeit dank der Schrittmacherfunktion des Unternehmens in der modernen Off-road-
Technik fortsetzte (1980 Jahresproduktion über 8500 Motorräder). 1983 war das Unternehmen pleite, begann mit der Konkursmasse erneut und meldete im November
1986 wiederum Konkurs an.
Gegen die harte Konkurrenz der japanischen Giganten konnten deutsche Zweiradhersteller einige Zeit bestehen, sofern sie sich im Mofa- und Moped-Geschäft behaupteten und teilweise weitere Standbeine besaßen. Das technisch sehr innovative Familien-

unternehmen Solo Kleinmotoren GmbH, Sindelfingen (1985: Stammkapital 10 Mio. DM, 1978: 1360 Mitarbeiter) war besonders durch sein Produktionsprogramm an Gartengeräten, Motorhacken, Motorsägen usw. hervorgetreten und machte einen kleineren Teil des Umsatzes mit Mopeds. Das erste Elektro-Mofa der Welt, in großer Stückzahl auch in den Verkehr gekommen, brachte Solo 1972 heraus. Durch die »Ungereimtheiten« und Unausgewogenheiten in den mit Verkehrssicherheitszielen begründeten behördlichen Änderungen im Führerscheinwesen und durch – verglichen mit den mehr Markt zulassenden Verhältnissen in anderen europäischen Ländern – überzogene Geschwindigkeitsbeschränkungen bei den kleinsten Zweiradfahrzeugen kam es verschiedentlich zu internen Marktverschiebungen. Auch der fast kometenhafte Aufstieg des Marktsegments Leichtkrafträder (80 ccm, bis 80 km/h, ab 16 Jahren zu fahren) im Jahre 1981 und der gleichzeitige starke Einbruch im Mofa-Moped-Sektor standen damit in unmittelbarem Zusammenhang. Bei Solo in Sindelfingen war die Mofa-Produktion im Jahre 1978 bei einem Absatz von ca. 40000 Stück (22 Mio. DM) noch mit ca. 20 Prozent am Gesamtumsatz beteiligt. Bis 1982 war sie auf ca. 5 Mio. DM, auf weniger als 5 Prozent des Gesamtumsatzes zusammengebrochen.

Kreidler in Stuttgart-Zuffenhausen, nach dem Ausstieg von NSU der bedeutendste schwäbische Motorradhersteller, hatte 1981 die Umstellung vom absterbenden Markt für Kleinkrafträder bei gleichzeitigem Aufstieg der Leichtkrafträder verschlafen und zeigte sich schon nach 1975 außerstande, am amerikanischen Boom des führerscheinfrei zu fahrenden Mopeds wesentlich zu partizipieren. Zu viele umsatzschwache, Kapital und Kapazität bindende Produkttypen schleppte die Firma jahrelang in ihrem stark differenzierten Leistungsprogramm mit (seit 1969 auch Mofas). Der Innovationsgeist des Unternehmens, der ihm bis in die sechziger Jahre zu einer führenden Marktstellung verholfen hatte, war erlahmt, die Produktion mit dem überalterten Maschinenpark zu kostenintensiv, die zu teuren Preise von der Konkurrenz leicht zu unterbieten. Der Firmengründer hatte recht, als er dem Sohn einst vorhielt: »Mit dem Motorlesg'schäft und den vielen Patenten muß ich zuviel zuschießen.«

Das verlustreiche Auslandsgeschäft (Exportanteil ca. 40%) ließ sich seit Jahren nur über die höheren erlösbaren Inlandspreise finanzieren, doch schrumpfte auch hier die erforderliche Manövriermasse. Je verkauftes Mofa erzielte Kreidler 1973 einen minimalen Gewinn von 5,21 DM im Inland, und 1974 ergab sich ein Verlust von 23,84 DM. Die entsprechenden Zahlen für das Kleinkraftrad Florett lauteten 1973 239,46 DM und 1974 201,18 DM Gewinn (demgegenüber Verlust je verkaufte Maschine im Ausland 1974 948,66 DM). Das Rückfahren der Produktion (1973: 62021 Zweiräder; 1975: 49365; 1981 Absatz 31500) löste nicht die Probleme, da man sich dadurch noch weiter von der Gewinnschwelle entfernte. Im Durchschnitt erlöste Kreidler 1974 je verkauftes Mofa im Inland 737,89 DM (Selbstkosten 761,73), für das je Modell laut

Preisliste die Kreidlerhändler 890,– bis 1053,– DM forderten. Der Durchschnittserlös des Werkes je verkauftem Kleinkraftrad betrug im Inland 1974 1301,22 DM, während sich die Endpreise der Händler (ohne Liefernebenkosten), differenziert nach Modellen, zwischen 1770,– und 2295,– DM bewegten. 1982 war Kreidler (450 Mitarbeiter), von einer altersstarrsinnigen Unternehmenspolitik »zielstrebig« zugrundegerichtet, am erwarteten Ende, pleite, Gläubigerforderungen über 11 Mio. DM. Am knatternden Motorrad-Boom seit der Mitte der siebziger Jahre, in denen das schnelle, schwere Zweirad zum begehrten Prestige- und Freizeitfahrzeug aufstieg, waren Hersteller im Heimatland des Motorrads nicht mehr beteiligt, überrollt von japanischen Marken. Trotz der auch in den Bilanzdaten der Automobilhersteller ersichtlichen Konjunkturabschwächung von 1966/67 zeigten sich diese nach wie vor zuversichtlich, der NSU-Vorstandsvorsitzende Gerd Stieler von Heydekampf mit gewohntem, strahlendem Optimismus. Unter dem Druck des Marktes hatte er NSU »auf vier Räder gestellt«, zum reinen Automobilwerk gemacht, 1967 dank der Gunst der EWG-Exporte genau 4586 Automobile mehr – wenn auch weniger ertragreich – verkauft als im Vorjahr. Doch die damalige französische und italienische Konkurrenz, von stärkerer Potenz und nachweislich zu flexibler, gespaltener Preispolitik imstande, befand sich bei den Automobilklassen unter 9000,– DM, bisher Domäne der NSU-Kleinwagen, in unaufhörlichem, von NSU offenbar nicht mehr abzustoppendem Aufwind. Um so mehr setzte der Neckarsulmer Vorstand seine Hoffnungen auf den mit einem Wankel-Motor getriebenen, schnittigen NSU Ro 80, im Car Magazine 1967 zum »Car of the Year« erkoren, und scheute für den Hochlauf seiner Produktion (geplant für Mitte 1968 monatlich 1000 Stück) keine Investitionen. Der bevorstehende Rückzug von NSU aus dem wichtigen, zukunftsträchtigen Marktsegment bis 1000 ccm ließ sich, aus den Geschäftsberichten von 1967 an, ohne Mühe herauslesen. Eine aus heutiger Sicht sehr bedauerliche Entwicklung, da dem Auto unter 10 000 DM Zukunft vorausgesagt wird.

Index der industriellen Nettoproduktion von Investitionsgütern									
	1965	1967	1970	1973	1974	1976	1980	1982	1984	1985
		(1962 = 100)					(1970 = 100)			(1980 = 100)
Maschinenbau	112,9	110,2	157,5	155,5	164,2	93,2	111,5	103,3	103,2	111,2
Fahrzeugbau	111,7	103,7	166,3	193,1	182,4	113,7	146,0	148,8	145,2	113,2
Elektrotechnik	126,6	125,3	206,7	250,5	254,1	123,6	143,7	135,5	145,3	115,0
Feinmechanik/Optik	121,8	123,8	184,2	203,9	213,2	103,3	115,7	101,5	100,3	108,4

1968 gestaltete sich für Daimler-Benz zu einem besonders erfolgreichen Geschäftsjahr (Pkw-Produktion 216284 Stück = + 7,8% gegenüber Vorjahr), für Neckarsulm (Pkw-Produktion 127715 Stück) hinsichtlich der Produktionssteigerung zu einem noch erfolgreicheren, war dort aber Anlaß, den angestrebten Fusionsprozeß mit der Auto-Union GmbH zu beschleunigen. Bis Ende 1968 waren von den NSU-Werken während der Nachkriegsjahrzehnte insgesamt 759913 Vierradfahrzeuge, fast zwei Drittel Zweizylindertypen, hergestellt worden, sicher eine respektable Bilanz. Aus ihr ließen sich aber auf dem hart umkämpften Automobilmarkt der unteren Klassen, einer zum begehrten Vierzylinder tendierenden Käufergunst und einer geringen »Morgengabe« von nur 6420 produzierten Ro 80 keine zwingenden Überlebenschancen ableiten. Bisher konnten die gestiegenen Kosten auf die Preise abgewälzt werden. Der unerwartete Verkaufserfolg des NSU-Prinz-4 1969 in Italien, nur ein Aufleuchten vor Sonnenuntergang, wiederholte sich nicht. 1973 lief die Produktion des NSU-Prinz aus, mit dem sich seit 1957 der rasche, bewunderte Aufstieg von NSU zum Automobilwerk verband. Ausgerechnet im Jahr des Erdölschocks fiel die Produktion von Kleinwagen dem Fallbeil der Typenbereinigung zum Opfer. NSU hatte sich mit dem Wankel-Motor – 1964 war mit dem NSU-Wankelspider Weltpremiere des ersten Serienautos mit Kreiskolbenmotor – übernommen.

Aus der Sicht der Landeszentralbank Baden-Württemberg schien der Fahrzeugbau im Jahr nach dem Erdölschock noch glimpflich davongekommen zu sein, denn man war 1974, »verglichen mit der Entwicklung im gesamten Bundesgebiet (– 11,6%) hierzulande nur zu relativ leichten Produktionseinschränkungen gezwungen (– 5,5%)«. Bei Daimler-Benz war vor dem weiteren, unaufhaltsamen Hochlauf nicht einmal eine kurze »Verschnaufpause« nötig (Pkw-Produktion 1973: 331682; 1974: 340006; 1975: 350098; 1976: 370348; 1977: 401255). Gemessen am Umsatz von 23,3 Mrd. DM stieg Daimler-Benz 1976 (126652 Beschäftigte) auf Platz 1 der größten deutschen Industrieunternehmen auf. Trotz Energiekrise steuerte der 13köpfige Daimler-Vorstand unter Joachim Zahn in seiner Unternehmenspolitik nach wie vor einen offensiven Wachstumskurs und setzte auf die umsatzbelebende Wirkung neuer Qualitätsprodukte. 1976 wurde das erfolgreiche Oberklassenprogramm W 123 auf dem Markt eingeführt und befand sich wegen des bei Daimler-Benz üblichen Modellzyklus von etwa sieben Jahren die Nachfolgereihe (W 201) in der Planung. Dennoch fragte man sich, woher der Vorstand die Sicherheit und den Mut nahm, um im Geschäftsbericht 1976 als künftige Marschroute zu verkünden: »Die Unternehmenspolitik von Daimler-Benz geht davon aus, daß sich der Trend zu qualitativem Wachstum künftig noch mehr verstärkt und die an das Automobil gestellten Ansprüche weiter steigen werden. Deshalb sehen wir für die spezifischen Mercedes-Fahrzeugprogramme auf längere Sicht überdurchschnittliche Wachstumsmöglichkeiten.«

Gerüstet war Daimler-Benz auch, wie Joachim Zahn ein Jahr später prophezeite, für die »Schlacht um Europa« auf dem Lastwagenmarkt. Europas Lastwagenfabrikanten, das deutsch-italienisch-französische Lkw-Konglomerat Iveco, die Filialen der US-Autoriesen, die schwedischen Firmen Saab-Scania, eine starke französische Konkurrenz und der kleinere deutsche Rivale MAN waren angetreten, um die unbestrittene Marktführerschaft von Daimler-Benz zu stoppen (1976 Nutzfahrzeuge ab 3,5 t in 1000: 133,7 Lkw; 12,8 Busse; insgesamt 146,5; die weiteren neun größten Hersteller Europas insgesamt: 354,5). 1973 hatte Daimler-Benz den Bau einer neuen Generation von Lastkraftwagen begonnen.

In Neckarsulm lebten die Bürger seit 1974 in Existenzangst. Ein dramatisches Geschehen kam ins Rollen. Auf die Erdölkrise reagierte die Chefetage des in »Modell-Not« geratenen Volkswagenwerkes (Leiding, seit 1975 Schmücker) mit der Ankündigung unerläßlicher Einschränkungen seiner Produktionskapazität. Ende 1973 begann im Audi-NSU-Werkbereich Neckarsulm (mit Heilbronn und Neuenstein/Hohenlohekreis) ein Personalabbau, der sich in den folgenden Jahren fortsetzte, ohne daß es bezeichnenderweise gelang, die Personalkosten merklich zu senken (1973: 722,5 Mio. DM; 1974: 718,8 Mio.; 1975: 755,8 Mio.; 1976: 738,4 Mio.). Der plötzlich starke Umsatzeinbruch bei Audi-NSU 1973/74 von rund 620 Mio. DM bei einem Verkaufsdefizit von fast 114 000 Fahrzeugen brachte die VW-Tochter schwer ins Schleudern, wenngleich durch geschicktes »Manövrieren« ein Abgleiten in die Verlustzone verhindert werden konnte. Offenbar unbeirrt von Massendemonstrationen, vom Aufmarsch der Gewerkschaften, den zahllos gefaßten Resolutionen, von den Unterschriftensammlungen, den energischen Interventionen der Landesregierung, von vielfältigen Solidaritätsbekundungen und dem Trommelfeuer der Medien für den Erhalt des NSU-Werkes senkte die Firmenleitung die Fahrzeugproduktion. 1974 wurden in Neckarsulm 93 499 Fahrzeuge produziert, 1975 nur 50 163 und 1976 46 501 (Audi-NSU insgesamt 240 905). Zeichen für einen Tod auf Raten? Ein Spitzengespräch mit dem VW-Vorstand kommentierte Ministerpräsident Filbinger im März 1975 mit den Worten: »Die Standpunkte sind natürlich so hart, wie sie in Wirklichkeit liegen, einander gegenübergestellt worden.«

Der VW-Vorstand sah nur in Massenentlassungen die Möglichkeit der Sanierung der unrentablen Audi-NSU-Betriebe. Neue Proteste... Im April 1975 beschloß das Bundeskabinett eine »200-Millionen-Spritze« für die »VW-geschädigten Regionen«. Das Land gab zusätzlich Zuschüsse in Höhe von 60 Mio. DM, darunter Rückkehrprämien für NSU-Gastarbeiter. Das Gesundschrumpfen ging weiter. Erst im Herbst, als das Autogeschäft wieder zu florieren begann, kam die rettende Lösung für Neckarsulm in Sicht, initiiert von Ministerpräsident Filbinger. Der neue Porsche 924, ursprünglich ein im Wolfsburger Auftrag entwickeltes 2,2-Liter-Sportcoupé, sollte im Lohnauftrag

161 Ausrufender Straßenhändler 1475. Ulmer Äsop
162 Modernes Einkaufszentrum: das Leo-Center in Leonberg (1982)

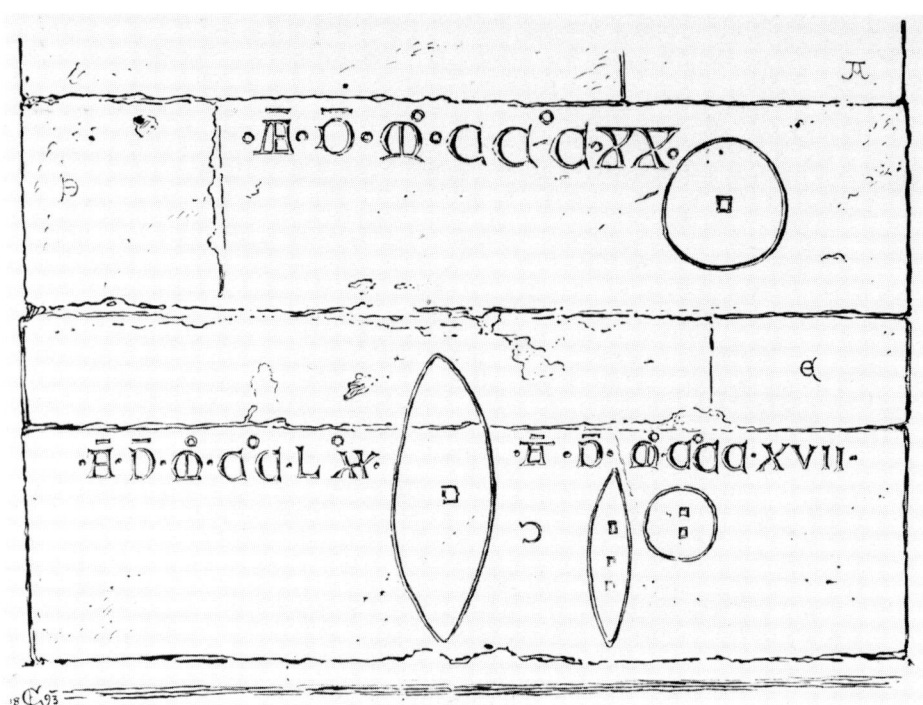

163 Mittelalterliche Brotmaße
am Freiburger Münster

164 Kaufhaus am Münsterplatz in
Freiburg von 1525–1532. Im Vordergrund derzeitige Marktstände

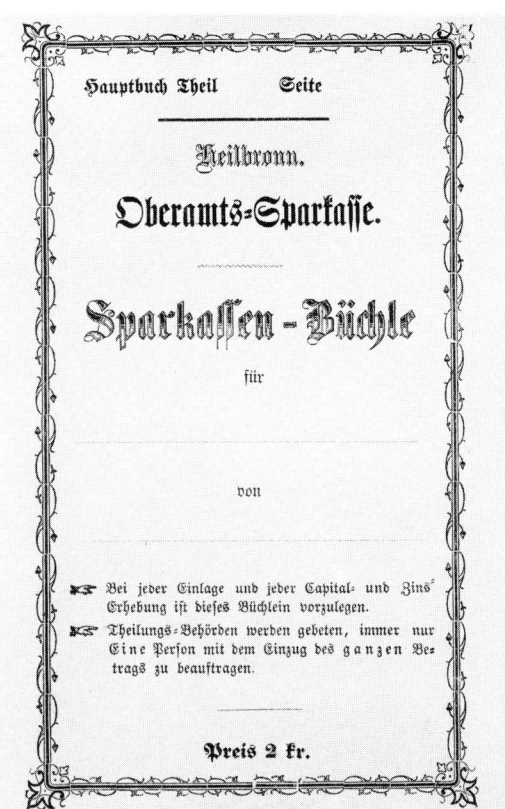

165   Badische Münzen des
18. Jahrhunderts aus Rheingold

166   Sparkassenbuch der württembergischen Oberamtssparkasse Heilbronn von 1863

167   Selbstbedienungs-Bank-
automat der Landesgirokasse Stuttgart (1977)

Umseitig:
168   Gewerbeausstellung
in Vaihingen/Enz 1857
169   Internationale Wassersport-
ausstellung Friedrichshafen 1983

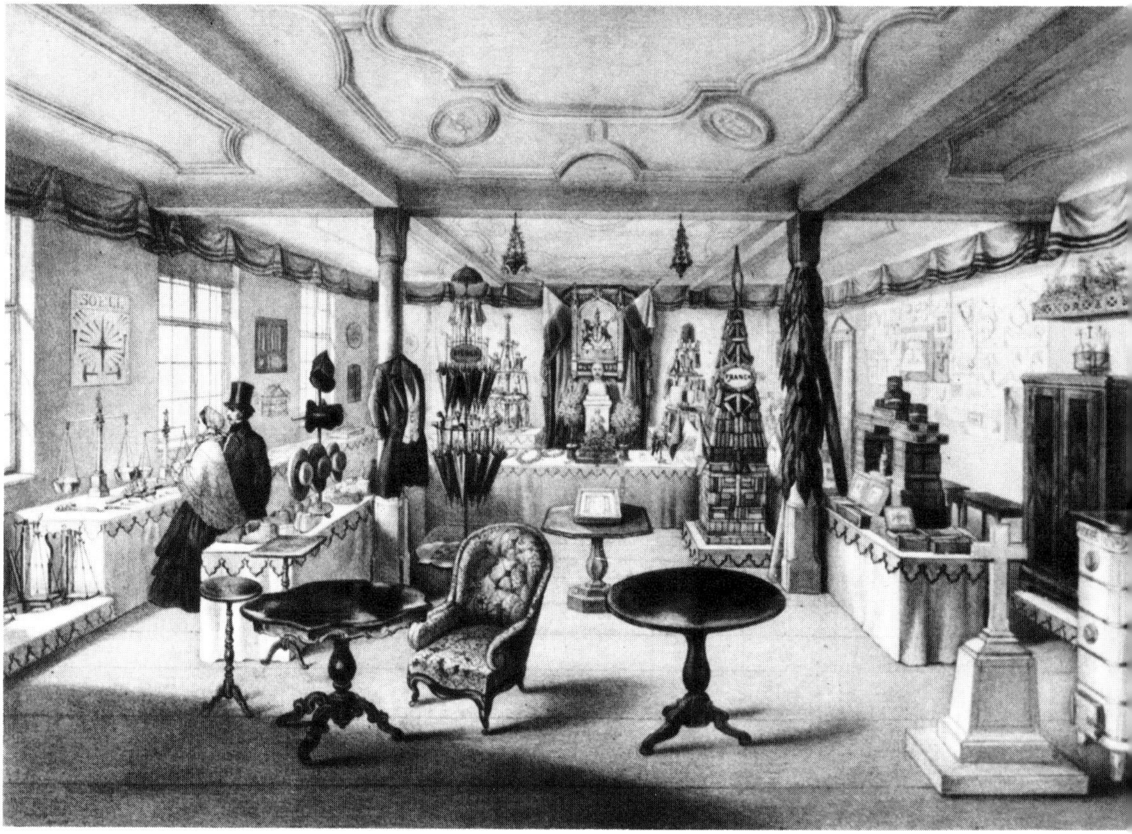

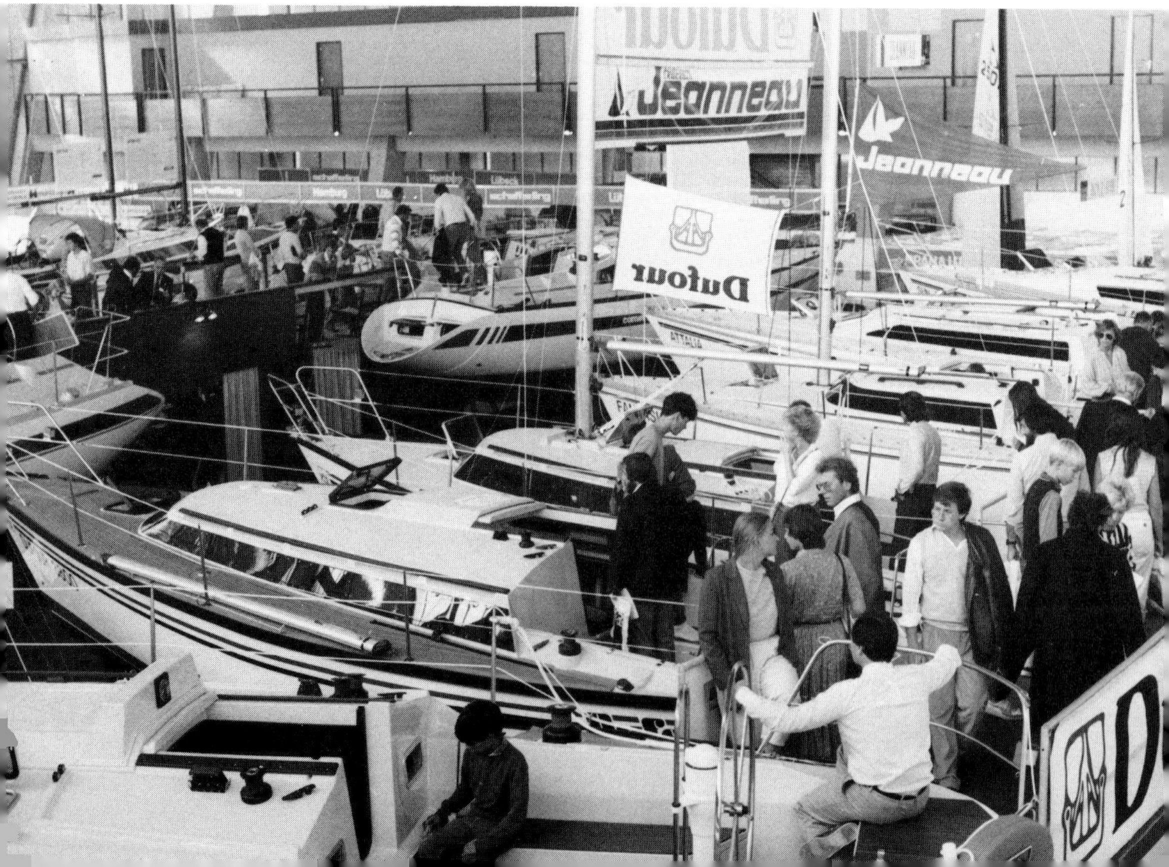
Jeanneau
Dufour

in Neckarsulm produziert werden. Mit Hilfe eines Investitionszuschusses des Landes Baden-Württemberg liefen 1975 in Neckarsulm die ersten 56 Porsche 924 in neuer Transaxle-Bauweise vom Band, 1976: 19 112, 1977: 21 955. Von dem frontgetriebenen 115-PS-Wankel-Veteran Ro 80, ein Benzinfresser, den einige mit Euphorie feierten (28 Lizenzverträge mit 30 Mio. DM Einnahmen bis 1973), andere keine Zukunftsaussichten als zugkräftiges »Flaggschiff« gaben, standen etwa 700 Anfang 1975, über zwei Drittel der Jahresproduktion von 1974, auf Halde. Gut 38 000 Ro 80 – erstes im Windkanal konstruiertes Auto der Welt – wurden verkauft. Verschiedene technische Nachteile des Kreiskolbenmotors gegenüber dem herkömmlichen Hubkolbenmotor ließen ein phantastisches Auto sterben. Statt dessen stießen die erfolgreichen Modelle von Audi seit 1977 auf eine überdurchschnittliche Nachfrage und hoben Audi-NSU aus der kritischen Talsohle, überwanden auch den erneuten Tiefstand von 1980 (Umsatzerlöse in Mio. DM 1977: 4,23; 1980: 4,9; 1983: 8,01). Nachdem seit Jahren kein Auto mehr mit dem Markenzeichen NSU – einst Symbol für Pionierleistungen der deutschen Kraftfahrzeugtechnik – in Neckarsulm (1984: 11 500 Beschäftigte) vom Band gelaufen war, verschwand 1985 von den Werkshallen auch der Name NSU.

Obwohl viele Verbindungen untereinander bestanden, wurden die abgekühlten Beziehungen zwischen VW und Porsche in Stuttgart zur Tradition. Für die Selbständigkeit von Deutschlands kleinstem und vor allem einzigen bisher ohne Bankschulden ausgekommenen Automobilunternehmen – insgesamt rund 500 000 verkaufte Automobile – hat Ferry Porsche entsprechende Vorsorge getroffen. Die Gründung der Porsche Aktiengesellschaft im Jahre 1972 (damals 4000 Mitarbeiter) und die aufsehenerregende Börseneinführung von 21 Mio. DM Porsche-Aktien ohne Stimmrecht im April 1984 (6512 Mitarbeiter) dienten diesem Zweck. Nach der Erdölkrise explodierte förmlich der Absatz der Zuffenhäuser Sportwagen mit dem Image individualistischer Exklusivität und dem Renommee errungener Weltmeistertitel im internationalen Automobilsport. Er stieg in wenigen Jahren von etwa 9000 auf 40 000 Stück an. Ein konjunkturell bedingtes Tief 1980/81 nützte namentlich Mazda, um Porsche Marktanteile in den USA abzujagen. In einer schon veränderten Automobilumwelt wurde Peter W. Schutz Vorstandsvorsitzender der Porsche AG. Er steuerte das Unternehmen, getragen vom Fortune der den Export fördernden Wechselkursentwicklung (Exportanteile in % 1983/84: 69, 1984/85: 75, 1985/86: 78), zu kaum vorstellbaren Produktionshöhen, im Geschäftsjahr 1985/86 zu einem Fahrzeugausstoß von 53 254 Einheiten und über gesetzte Ziele hinausschießende, bis 1985 ertragsstarke Umsatzsteigerungen (Umsätze in Mio. DM 1973/74: 397,0; 1981/82: 1488,2; 1984/85: 3176; 1985/86: 3568). Der Porsche-Markt wuchs im Jahresmittel von 1981 bis 1985 um satte 29 Prozent, da Exklusivität offenbar leichter erschwinglich wurde. Umsatzträger waren in den letzten Jahren die 944-Modelle, zwischen die und die 8-Zylinder-928 S-Sport-

wagen sich seit 1985 der leistungsstärkste Porsche-Vierzylinder (270 km/h Höchstgeschwindigkeit), der neue 944 Turbo schob, im Preisniveau dem 911 Carrera (seit
1963) ebenbürtig. Als Entwicklungsträger der Zukunft (neben den ab 1987 angebotenen Flugzeugmotoren) wurde 1985 der an den 911 (231 PS) anschließende 6-Zylinder-
Porsche 959 (450 PS) vorgestellt, eindrucksvoll die kalkulierten Marktchancen des
Automobils, der Coupés, Targas und Cabrios demonstrierend. Charakteristisch für
die Porsche-Produktion war der aus Qualitätsrücksichten und im Interesse der Flexibilität der Fertigungsabläufe trotz in Betrieb genommener Roboter verhältnismäßig
hohe Anteil an Handarbeit. Die Vermehrung der Arbeitsplätze auf 7915 Mitarbeiter
im Jahre 1984/85 und 8458 im Jahre 1985/86 ergab sich aus der gestiegenen Produk-
tionstätigkeit.

Unter dem neuen Vorstandsvorsitzenden Gerhard Prinz (1979–1983), Zahn-Nach-
folger, setzte sich der Erfolgskurs von Daimler-Benz mit gewohnter Stetigkeit fort.
Von Prinz stammte das kluge Wort vom Zwang zur Herstellung intelligenterer Produkte, um auf den Märkten wettbewerbsfähig zu bleiben. Mit dem Ende 1982 der Öffentlichkeit vorgestellten »kleinen Mercedes« (Baby-Benz), dem 190er (intern W 201),
trat die Firma den Beweis an, »daß Qualität nicht an Größe gebunden« sei. Mit dem
190er unternahm Daimler-Benz eine notwendige umsatzstärkende Programmerwei-
terung, aus historischer Perspektive den dritten Sprung in Richtung »Volks-Merce-
des«, zuletzt mit dem 170 V von Erfolg begleitet. Über 700 000 Fahrzeuge der Baureihe 190 wurden bisher ausgeliefert und gewannen in starkem Maße neue Mercedes-
Kunden hinzu.

Bei Daimler-Benz zeigten seit 1979 Pkw-Produktion, Abschlüsse und Umsatzzuwächse einen kontinuierlicheren Aufwärtstrend zu Rekordhöhen als in den vorangegangenen wechselvollen siebziger Jahren (Zuwachsrate des Umsatzes im Jahresmittel
1970–1978: 9,8 %; 1979–1985: 11,5 %). Die Pkw-Produktion stieg trotz der verschlechterten welt- und binnenwirtschaftlichen Entwicklung von 1971 bis 1978 im
Jahresdurchschnitt um 5,5 Prozent (von 284 230 Stück auf 393 203) und von 1978 bis
1986 um 7,8 Prozent (von 393 203 auf 595 000). Starke Wachstumsimpulse erhielt der
Konzernumsatz durch das ständig gesteigerte Auslandsgeschäft mit 172 Abnehmer-
ländern (Exportanteil der Inlandsgesellschaften 1971: 33,3 %; 1978: 44,9 %; 1985:
51,4 %), wenngleich die Pkws mit dem Stern auf dem Kühlergrill nur eine lukrative
Weltmarktnische von rund anderthalb Prozent abdeckten. Um nachhaltige Einbußen
auf dem Auslandsmarkt, vor allem in den USA, zu vermeiden, nahm die Untertürkheimer Konzernspitze 1984 einen geringfügigen Rückgang ihres Marktanteils im Inland in Kauf (9,8 %; Anstieg 1985 auf fast 12 %).

Neun Jahre – seit 1976 – produzierte Daimler-Benz die Baureihe 123 (Typen 200 – 300
E und D), mit rund 2,7 Mio. Fahrzeugen die bisher erfolgreichste Serie in der Firmen-

Daimler-Benz-Konzern	Daimler-Benz		AEG		MTU		Dornier	
	1980	1985	1984	1985	1982	1985	1980	1985
Umsatz in Mio. DM	31 054	52 409	11 015	10 843	2 135	2 740	1 011	2 118
Mitarbeiterzahl	183 392	231 077	73 190	77 600	12 607	12 832	8 454	8 755
Umsatz pro Mitarbeiter in DM	169 331	226 803	150 499	139 729	169 413	213 528	119 590	241 918

geschichte, ehe 1984/85 die Modelle einer neuen Pkw-Mittelklasse (Baureihe 124) ihre Markteinführung erlebten, umweltfreundlichere, sicherere, technisch ausgewogenere und im Verbrauch weniger durstige Fahrzeuge (insbesondere 260 E und 300 E) als Vorangegangenes, äußerlich jedoch dem kleineren 190 frappierend ähnlich. Mit dem Verzicht auf die meisten Chromteile, etwa drei Viertel des Jahrhunderts gewohntes, unentbehrliches Styling-Attribut des Automobils, wurde die Gegenwart des Kunststoff-Zeitalters mit seiner sparsamen Ästhetik unterstrichen. Statt dessen verlagerte sich die »Ästhetik« mehr in die Bilanz des Unternehmens, die 1984 Finanzvorstand Reuter »an eine Figur von Rubens« erinnerte. Ähnlich der gewaltigen Körpermassen der flämischen Hochbarockdamen hatte sich die bilanzpolitische Manövriermasse des Unternehmens bei prozentual verringertem Material- und Steueraufwand kräftig erweitert und ging das eigene Bare (Cash-flow) in die Breite.
Um gleichbleibend beste Qualität zu gewährleisten, wurden stets hohe Ansprüche an die Zulieferer gestellt und behielt die handwerkliche, wie überhaupt die nichttaktgebundene Arbeit noch einen großen Spielraum. Daher ließ sich ein menschliche Arbeit einsparender Automatisierungseffekt durch die bisher angewandten Spitzentechnologien, durch einen Einsatz von Robotern seit 1971, von NC-Stationen beim Motorenbau, von flexiblen Transferstraßen mit CNC-Stationen für die Bearbeitung von Lkw-Getriebegehäusen, von Pressenstraßen usw., bei überschlägiger Rechnung kaum erkennen. Bei Daimler-Benz wurde die Beschäftigungsentwicklung sowohl vom stückzahlmäßigen Wachstum als auch von der Erhöhung des Durchschnittswertes der Fahrzeuge, bedingt vor allem durch qualitativ-innovatorische Verbesserungen (Sicherheit, Umweltverträglichkeit, Komfort, Sonderausstattungen u. a.) positiv beeinflußt. Ein vielgelobter und nicht selten lokal beklagter Beschäftigungszuwachs war die Folge bei der Daimler-Benz AG von 119 029 Mitarbeiter im Jahre 1971 auf 157 249 im Jahre 1984 (um 32 %), in den vier baden-württembergischen Werken einschließlich

Zentrale von 1975 bis 1984 (102 622 Mitarbeiter) um 26 Prozent (Ende 1986 im Konzern weltweit ca. 320 000 Mitarbeiter).

»Im Verhältnis Personenwagen zu Nutzfahrzeugen hatte 1983 der Pkw-Umsatz erstmals seit zehn Jahren wieder einen größeren Anteil«, stellte der neue Vorstandsvorsitzende Werner Breitschwerdt auf der Hauptversammlung der Daimler-Benz AG im Juli 1984 fest. In den weltweit über dem schwer umkämpften Nutzfahrzeugmarkt aufgezogenen dunklen Wolken ließ sich noch keine Trendwende erblicken. Seit den ausgehenden siebziger Jahren litt der internationale Lastwagenmarkt unter Sättigungserscheinungen (ohne Kleintransporter), die Daimler-Benz, den größten Lkw-Hersteller (über 6 t) der Welt, in Verbindung mit Markteinbußen von 1981 bis 1984 zwangen, die Produktion zurückzunehmen (1980: 280 000 Nutzfahrzeuge; 1983: 210 000). Die Produkte des eigenen Gesetzmäßigkeiten unterworfenen Nutzfahrzeugmarktes zeichneten sich seit jeher durch einen erheblich längeren Lebenszyklus aus als die Personenwagen. Im Jahre 1984 löste die neue leichte Wörther Lkw-Klasse (6,5–13 t), quasi Welt-Laster, die seit Mitte der sechziger Jahre gebaute erfolgreiche Lkw-Reihe LP 608 bis 1113 ab, holte konkurrierende Produkte technisch ein und sicherte neue Markterfolge. 1985 (Produktion von 220 200 Nutzfahrzeugen) wurden Daimlers neue Lkw-Flaggschiffe (bis 38 t) mit »integralem« Kraftstrang und elektro-pneumatischer Schalthilfe, die »Trucks« 1635 und 1644 vorgestellt, bis 450 PS nach der internationalen ISO-Norm stark. Die Anstrengungen waren groß, um die abgeschwächte Nachfrage von Schwerst-Lkw und Omnibussen wieder zugunsten von Daimler-Benz zu beleben, das »rot gesprenkelte« Produktionstief bei Nutzfahrzeugen zu überwinden und dem mörderischen Kampf der großen Lastwagenhersteller gewachsen zu sein. Ein Marktanteil von 45 Prozent ist in Westeuropa bei schweren Lkw zu halten. Mit dem 1981 erworbenen US-Lastwagenhersteller Freightliner wurde erfolgreich das Ringen um den großen amerikanischen Markt aufgenommen. Im Fernen Osten und in Indonesien ist Daimler-Benz als einziger europäischer Hersteller mit Fertigungen vertreten. Dank der Geschäftsaktivitäten der südamerikanischen Tochtergesellschaften steigerte Daimler-Benz 1986 die Produktion auf mehr als 230 000 Nutzfahrzeuge. Der drastische Schrumpfungsprozeß auf dem Markt für Ackerschlepper führte zur Zusammenarbeit mit Klöckner-Humboldt-Deutz beim MB-Trac.

Zum großen Daimler-Benz-Konzern, dessen produktives Lebenszentrum stets die Daimler-Benz AG, Stuttgart (1984 Umsatz in Mrd. DM: 31,97; 1985: 36,6), bildete, gehörten 1985 insgesamt 34 Inlandsgesellschaften, hauptsächlich Handels- und Grundstücksgesellschaften. Unter den bis 1970 um Untertürkheim gruppierten fünf neuen Werksteilen befand sich die 1965 erworbene, traditionsreiche Maschinenfabrik Esslingen (3700 Beschäftigte), einst die Wiege der württembergischen Großmaschinenindustrie. Sie baute zuletzt Schienenfahrzeuge und Gabelstapler, Kessel und Kälteanlagen. Die Unwirtschaftlichkeit ihrer Produktion zwang sie 1964, »wegen einer Zusammenarbeit« mit Daimler-Benz in Verbindung zu treten. Unter den 102 Auslandstöchtern dominierten der Zahl nach die Anlage-, Finanzierungs- und Vertriebsgesellschaften und befanden sich 18 Produktions- und Montagegesellschaften.

Im Jahre 1985 gelangen dem mit 52,409 Mrd. DM nach VW umsatzstärksten deutschen Autokonzern die größten Fusionen in der deutschen Industriegeschichte. Mit Hilfe einer Konzern-Liquidität von 9,5 Mrd. DM kaufte Daimler im Februar 1985 für rd. 700 Mio. DM die zweite, dem Autokonzern noch nicht gehörende Hälfte der Anteile an der MTU, Motoren- und Turbinen Union München GmbH, München (Stammkapital 156,6 Mio. DM), von der MAN. Vier Monate später landeten die Spitzenmanager aus Untertürkheim, unterstützt von Ministerpräsident Späth, ihren zweiten Coup und erwarben nach nächtelangen Verhandlungen mit den zerstrittenen Mitgliedern der Familie Dornier für knapp 400 Mio. DM 65,5 Prozent der Anteile des Luftfahrt- und Technologiekonzerns Dornier GmbH, Friedrichshafen (Stammkapital 20 Mio. DM). Im Oktober wurde der dritte Trabant für den Mercedes-Stern gewonnen, für rd. 1,6 Mrd. DM (ohne Akquisition freier Aktien) die Mehrheit des mühsam sanierten Elektrokonzerns AEG-Telefunken AG, Berlin und Frankfurt/Main (Grundkapital 619,872 Mio. DM) gekauft. Spätestens diese Elefantenhochzeit – vielleicht ein vergleichbarer Markstein in der Daimler-Benz-Geschichte wie die Fusion von 1926 – signalisierte, daß sich die südwestdeutsche Großindustrie für den weltweiten Wettkampf mit der gigantischen japanischen und amerikanischen Herausforderung rüstete. Die Fusionen von 1985, eigentlich eine von den Okkasionen diktierte Reaktion auf ähnliche Aktivitäten der internationalen Konkurrenz, katapultierten Daimler-Benz schlagartig auf den 21. Platz in der Rangliste der weltgrößten Konzerne. Der neue Stuttgarter Verkehrs- und Technologie-Konzern überholte führende Automobilhersteller wie VW, Nissan und Chrysler und schloß zu Toyota, dem drittgrößten Autowerk der Welt auf. Der 1985 entstandene größere Daimler-Benz-Konzern, im Kern weiterhin Automobilunternehmen, vollbrachte mit dem qualitativen Sprung in neue Technologiebereiche auch den zum größten deutschen Industriekonzern mit einem Konzernumsatz im Jahre 1986 von mehr als 65 Mrd. DM unter Einbeziehung der AEG.

Laut Dornier-Geschäftsbericht von 1983 bildeten bei einer Exportquote von fast 59 Prozent Flugzeuge und die Betreuung von Flugzeugen seit Jahren die wichtigste Umsatzstütze (45,6 % des Umsatzes von 1,25 Mrd. DM), gefolgt von Raumfahrttechnologien, Elektronik u. a. (12,6 %), Maschinenbau (15,8 %), Wehrtechnik (9,0 %) und logistischen Dienstleistungen. Das auf der Tradition des Flugzeugbaus wurzelnde, in Baden-Württemberg und Bayern (Friedrichshafen, Lindau, Oberpfaffenhofen, Mün-

chen) ansässige einstige Familienunternehmen hat sich nach dem Zweiten Weltkrieg durch zielgerichtete Diversifikation ein bedeutendes Tätigkeitsspektrum im Bereich der Spitzentechnologie erschlossen. Bevor 1955 die Bundesrepublik die Lufthoheit wiedererlangte, glückte dem genialen Claude Dornier (1884–1969) der Neuanfang als Flugzeugbauer in Spanien. Das einmotorige Mehrzweckflugzeug Do 27 ging 1956 als Heeresaufklärer für die neugeschaffene Bundeswehr in die Serienfertigung. Die Entwicklungsaktivitäten mündeten in die inzwischen bewährte Flugzeugbaureihe Dornier 228 (erstes Serienflugzeug Do 228 – 100 Anfang 1982). Beteiligt war Dornier an der Entwicklung und Fertigung des Airbus, des Alpha-Jet, des U-Boot-Jagdflugzeugs Bréguet 1150 Atlantic und am europäischen Satellitenprogramm. Das vielseitige Unternehmen, durch seine fast 40 Prozent in Forschung und Entwicklung tätigen Mitarbeiter gleichsam eine »Denkfabrik« der Zukunft, arbeitete an zukunftsorientierten Lösungsmöglichkeiten auf dem Gebiet der Verkehrstechnik (Duo-Bus-Probebetrieb in Esslingen u. a.), der Energietechnologien (Solar- und Kernenergie), in der Umwelttechnik sowie in der Informations- und Datenverarbeitungstechnik (Fahrplaninformationssysteme u. a.). Die Erfolge im Webmaschinenbau, bei der Entwicklung neuer Werkstoffe (Carbonfaserverbund u. a.) sowie durch den Nierenlithotrypter zur nichtinvasiven Beseitigung von Nierensteinen (ohne Operation) haben internationale Anerkennung gefunden (mehr als 250 Geräte im Einsatz). Für die wirtschaftliche Zukunft hochstehender Technologien, wie sie sich im Dornier-Modell hervorragend repräsentierten, lieferten auch der Beschäftigungsanstieg (1977: 6848 Mitarbeiter) und der bemerkenswert hohe jährliche Umsatzzuwachs von 1974 bis 1984 im Jahresmittel von 13,8 Prozent (1985 Umsatzsprung um 40% auf 2,118 Mrd. DM), obwohl die Kapazitäten nicht gleichbleibend ausgelastet wurden, einen überzeugenden Beweis.
Eine Keimzelle für zukunftsweisende Technologien bildete auch die MTU Motoren- und Turbinen-Union München und Friedrichshafen, ehe die »familiäre Bindung« mit Daimler-Benz Schlagzeilen machte. Was den jährlichen Umsatzzuwachs der MTU Friedrichshafen anbetraf, von 1974 bis 1983 im Jahresmittel 10,9 Prozent, so wohnte auch dieser Tochter mehr Wachstum inne als der Muttergesellschaft. Bessere Verkäufer waren seit Jahren Dornier und MTU als die neue Mutter, doch so gute Verdiener wie sie im letzten Jahrzehnt nie. Den Umsatz der MTU Friedrichshafen machten 1983 (1,15 Mrd. DM) zu etwa 95 Prozent schnellaufende Hochleistungsdieselmotoren im Leistungsbereich von 400 bis 10 000 PS mit kleinstmöglichem Raum- und Gewichtsbedarf für Schiffe, Stromerzeuger, Eisenbahnen und schwere Kettenfahrzeuge (nicht Automobile), ferner Schiffsgetriebe und elektronische Steuer- und Überwachungssysteme. Seit den siebziger Jahren wurde in Friedrichshafen ein neues, kombiniertes Turboladeverfahren, die Doppelaufladung (Zylinderabschaltung und -nachladung und Registernachladung), für eine bedeutende Steigerung der Motorenleistung ent-

wickelt. Beim 1985 angezogenen Inlandsgeschäft wirkten sich die hohen Motorenlieferungen für den Kampfpanzer Leopard 2 positiv aus.

Nach dem Zweiten Weltkrieg stand als Unternehmensziel bei Maybach, Vorgängerunternehmen der MTU, unverrückbar fest, die noch zahlreich vorhandenen Aggregate des Dampfmaschinenzeitalters auf der Schiene, im Wasser und andernorts in aller Welt durch den Dieselmotor mit passendem Getriebe abzulösen. Auf die noch von Karl Maybach entwickelten robusten GTO-Motoren in Tunnelbauweise folgte die viel von der Bundesbahn verwendete Baureihe der MD-Motoren (Maybach-Dieselmotoren), erweitert bis zu 20-Zylinder-V-Motoren. Mit den Erfolgen dieser Motoren wuchs ihr Exportanteil, was den Aufbau eines kostspieligen auswärtigen Stützpunktnetzes zur Hauptüberholung der gelieferten Motoren nach sich zog. Vor ähnlichen Problemen stand bezüglich seiner Großmotoren Maybachs deutscher Hauptkonkurrent, Daimler-Benz. Dies brachte die Firmen einander näher. Damit begann eine über zwei Jahrzehnte währende Fusionsgeschichte. Aufgrund einer zwischen beiden Unternehmen geschlossenen Vereinbarung konzentrierten sie seit 1961 ihren Großmotorenbau in Friedrichshafen. Die Fertigung von Panzermotoren für die Bundeswehr von Daimler-Benz zog in das ehemalige Werk von Porsche-Diesel-Renault in Friedrichshafen, von 1963 bis 1966 separat unter dem Namen Mercedes-Benz-Motorenbau GmbH. Durch dessen Vereinigung mit dem Maybach-Motorenbau flossen im gleichen Jahr die Entwicklungs- und Fertigungsaktivitäten der Großmotoren von Daimler-Benz und der Hochleistungsmotoren von Maybach in der neugegründeten Maybach-Mercedes-Benz Motoren GmbH zusammen (rd. 4500 Mitarbeiter). Es war eine kurzlebige Konstruktion, da sich Daimler-Benz auf dem Sektor Gasturbinen mit der MAN zusammenschloß und 1969 die MAN-Turbo GmbH, München, und Maybach Mercedes-Benz Motoren GmbH, Friedrichshafen, zur Motoren- und Turbinen-Union auf paritätischer Grundlage vereint wurden. Der Bau der Schnelläufer-Motoren der MAN wurde von Augsburg nach Friedrichshafen verlagert. Mit Übernahme der 50 Prozent Beteiligung der MAN an der MTU, München, die ihrerseits zu 83,8 Prozent an der MTU Friedrichshafen, beteiligt war (Restbesitz bei Erben der Familien Maybach und Zeppelin), machte sich 1985 Daimler-Benz zum Alleinherrscher über die gesamte MTU und ihre Töchter, darunter auch ein Sorgenkind. Die MTU Friedrichshafen behauptete sich seit Jahren gut auf dem schwierigen Dieselmotorenmarkt (Umsätze in Mrd. DM 1983: 1,15; 1984: 1,01; 1985: 1,11; 1986: 1,22).

Mit dem Erwerb von drei zukunftsträchtigen Unternehmen schuf sich das renommierte Automobilwerk jedenfalls neue, einträgliche Standbeine, die sich durch internes, diversifiziertes Wachstum infolge des begrenzten Ressourcenmarktes nur sehr mühsam hätten aufbauen lassen. Zusammengeballte Fusionskraft, von den entschiedenen Gegnern mit dem Schlagwort »Monopolkapitalismus« geschmäht, besaß andererseits seit jeher Ein- und Verkaufsmacht, die schon allein durch ihre Anwesenheit, ohne daß Machtmißbrauch geschehen mußte, die Wettbewerbsverhältnisse veränderte. Für konkurrierende mittelständische Wettbewerber sowie große und kleine Zulieferer – nach wie vor das die südwestdeutsche Wirtschaftslandschaft prägende Element – waren neue Risiken im Wettbewerb nicht auszuschließen.

An der harten und rascher reagierenden Konkurrenz gegen die Großen in der Branche – wie Daimler-Benz, MAN und Magirus-Deutz (Iveco) – ließen es bisher die engagierten, ideenreichen »Mittelständler« im Lande nicht fehlen. Sie durchstanden deshalb auch die sie seit 1984 treffende Lieferblockade der Daimler-Benz AG, Stuttgart, die keine Motoren für Stadtlinienbusse der Konkurrenten verkaufen wollte. Der Stuttgarter Omnibusbauer Gottlob Auwärter GmbH, gegründet 1935, brachte 1953 seinen ersten selbsttragenden Omnibus (Bezeichnung Neoplan) heraus und schob sich seit 1961 durch die Konzeption eines mit technischen Neuerungen bestechenden Reiseomnibusses in die Reihe der Avantgardisten der Bustechnologie. Wenige Jahre später erlebten in Stuttgart-Möhringen die bisher nur im Großstadtverkehr bewährten Doppeldecker durch die für den Fernreiseverkehr geeigneten Neoplan-Skyliner eine moderne Renaissance. Vierachsige Skyliner – Preis 600 000 DM – blieben die Flaggschiffe des Unternehmens. Letztlich lag das Erfolgsgeheimnis der Auwärter-Produktion in der Innovationskraft und Flexibilität der bis ins kleinste Detail auf Kundenwünsche eingehenden, großenteils handwerklichen (kostenintensiven) Fertigung, obwohl in dem 1969 eingeweihten neuen Werk zugleich an drei Produktionsstraßen gearbeitet wurde. Die bisher gebauten rd. 20 000 Neoplan-Busse ließen die verblüffende Umsatzkurve des in die Handwerksrolle eingeschriebenen Unternehmens von 30 Mio. DM im Jahre 1970 auf rd. 650 Mio. DM im Jahre 1984 hochschnellen, ein kaum vorstellbares steiles Wachstum von fast 90 Prozent im Jahresdurchschnitt (1979–1984: 28 %). Der auch mit Enttäuschungen verknüpfte Aufbau von fünf Zweigwerken und zehn Tochtergesellschaften im In- und Ausland fiel in diesen Zeitraum (1984 insgesamt 2500 Mitarbeiter), das Erreichen eines Marktanteils von 25 Prozent bei Standardlinienbussen in den USA nicht zu vergessen. Der Anteil der weltweit in Neoplan-Busse eingebauten Daimler-Aggregate schrumpfte auf 50 Prozent zugunsten anderer in- und ausländischer Motoren.

Um sich im stark gedrosselten, mit Wechseln finanzierten Omnibusgeschäft des letzten Jahrzehnts behaupten zu können, mußte man innovatorische Qualitäten bieten und diese gut verkaufen können. Im Jahre 1974 hatte der Marktführer Daimler-Benz mit 13 726 Bussen seinen Höchstausstoß erreicht. Seitdem sank die Omnibusproduktion fast Jahr für Jahr bis auf den Tiefstand von 5186 Stück im Jahre 1984. Nach einigen euphorischen Jahren nahezu boomartiger Verkäufe mit Zulassungszahlen um 6500 Fahrzeuge setzte 1981 auf dem deutschen Busmarkt eine mehrjährige, 1983 vom Inve-

	Jahr 1983	Anteil in %	Jahr 1984	Anteil in %	Jahr 1985	Anteil in %	Jan.– Juni 1986	Anteil in %
Zulassungen / Marktanteil der Omnibusse über 8 t in der Bundesrepublik								
Marke								
Mercedes	2 123	44,0	1 371	42,0	1 644	46,5	903	47,0
Kässbohrer	1 073	22,2	805	24,6	846	23,9	487	25,4
MAN	1 024	21,2	626	19,2	604	17,1	240	12,5
G. Auwärter (Neoplan)	463	9,6	390	11,9	366	10,4	254	13,2
Iveco-Magirus	79	1,6	27	0,8	8	0,2	1	0,1
Sonstige	66	1,4	47	1,4	67	1,9	35	1,8
Gesamt über 8 t	4 828	100,0	3 266	100,0	3 535	100,0	1 920	100,0

stitionshilfegesetz nur kurz gestoppte, Talfahrt ein, die auch das Überdruckventil Export nicht auf Dauer aufhalten konnte. Die Mainzer Omnibusproduktion von Magirus wurde stillgelegt, ohne daß den Konkurrenten mehr »Luft« blieb.

Der »kleinste unter den Großen« im europäischen Nutzfahrzeugbereich, das Familienunternehmen Karl Kässbohrer Fahrzeugwerke GmbH in Ulm (1985 Stammkapital 100 Mio. DM) steigerte dennoch seine Umsätze von der Erdölkrise bis in die achtziger Jahre vor allem durch seine trotz Großserienfertigung flexibel gestalteten SETRA-Omnibusse (1976: 1309 Fahrzeuge; 1983: 1978; 1985: 1954). Im Jahresmittel belief sich der Zuwachs von 1973 (Umsatz: 309 Mio. DM) bis 1985 (Umsatz 1,035 Mio. DM; Gruppenumsatz 1,28 Mrd. DM mit vier Auslandswerken; insgesamt 7202 Beschäftigte) auf beachtliche elf Prozent. Der Außenseiter Kässbohrer hatte 1951 den ersten »Setra«-Bus mit selbsttragender Karosserie aus einem Stahlrohrgerippe gebaut und mit diesem Experiment eine Wende im Omnibusbau herbeigeführt, bis November 1969 den 10 000. Setra ausgeliefert, heute bereits über 40 000. Frankreich entwikkelte sich zum größten Exportmarkt der Ulmer. Der erste Setra-Hochdecker wurde 1983 nach Japan ausgeliefert. Export (etwa 50 %) sicherte Ertrag. Die Setra-Busse erfuhren ständig, anderen Herstellern oft vorauseilende, teilweise revolutionäre technische Verbesserungen (Gelenkbusse, exklusiver Fahrgastkomfort, elektronisch geregeltes Bordklima, Hochdecker, Bosch-Antiblockierschutz serienmäßig seit 1981 u. a.). Auch bei Kässbohrer wurde der Doppelstockbus zum Flaggschiff. Ende 1983 entfiel von den drei Produktgruppen Kässbohrers auf die Omnibusse ein Umsatzanteil von etwas mehr als 60 Prozent, ca. 30 Prozent auf den traditionellen Bereich Anhänger und Aufbauten und ca. 8 Prozent auf die neuen Geländefahrzeuge. Namentlich die seit 1969 gebauten und inzwischen in 42 Ländern und auf der Antarktis bewährten berg- und schneegewohnten Raupenfahrzeuge, die »Pisten Bully« (Pistenpfleger) und die seit 1983 aus ihnen weiterentwickelten, vielseitig verwendbaren »Flexomobile« bewiesen eindrucksvoll die Kreativität und das Innovationsvermögen des mittelständischen Unternehmens.

Mittelständisch strukturiert ist seit jeher das dezentralisierte, am speziellen Bedarf orientierte Gewerbe der Lkw-Anhänger- und Aufbautenhersteller, derzeit etwa 200 in der Bundesrepublik. Unter ihnen nahm – was die Zulassungen für den Fernverkehr betraf – Kässbohrer (1983 Marktanteil: 15,6 %) die Spitze ein. Um »hart am Ball zu bleiben«, spielte sich ein Kampf um die größte Nutzlast bei abgemagertem Fahrzeugeigengewicht ab, da die »Geldverdiener hinten am Truck sitzen«, in den Brücken- und Sattelanhängern usw. Die neuesten Weiterentwicklungen gingen in Richtung auf den 40-Tonnen-Zug, bei Kässbohrer mit den Vorteilen der Luftfederung kombiniert. Die kommenden 24-Tonnen-Hänger, Kühlanhänger in neuerdings selbsttragender Vollkunststoffbauweise und Kurzkupplungen waren Spezialitäten der Ulmer Anhängerfirma F. X. Kögel (1983 Marktanteil etwa 8 %). In der Gewichtsminderung bot seit einem Jahrzehnt Alusingen durch seine Aluminiumlastwagen und -hänger überzeugende Beispiele. Auch bei den Behälterfahrzeugen (Tank- und Silo-Aufbauten) verstand es das dem Vielseitigkeitsprinzip verpflichtete Kässbohrer-Werk, sich den größten Marktanteil »herauszuschneiden« (1983 Zulassungen 14,9 %). Spezialisiert auf den Bau von hohe Betriebssicherheit erfordernden Tankwagen, inzwischen für den 40-Tonnen-Zug angelegt, sind die Aurepa-Werke in Mannheim und Hockenheim. Die Staufen Fahrzeuge GmbH, Eislingen, nach ihrem finanziellen Niedergang Mitglied der Ackermann-Frühauf-Gruppe, Wuppertal, tat sich mit rationellen Beladungssystemen hervor, darunter mit einem Seitenwand-Rollsystem, für das die Markenplanen die Planen- und Markisenfabrik Eugen Bley, Stuttgart-Wangen, lieferte. Gut ausgelastet war in den letzten Jahren die auf Müllfahrzeuge spezialisierte Fahrzeugbau Haller GmbH, Stuttgart (1984: Gruppenumsatz 144,1 Mio. DM). Dem Vielseitigkeitsprinzip, wenngleich mit spezieller Ausrichtung, verpflichtete sich die bundesweit bekannte Firma Gebr. Wackenhut GmbH, Nagold. Das 1933 aus einer Wagnerwerkstatt in Altensteig hervorgegangene Unternehmen, seit 1953 nach Nagold verlegt, ist der einzige größere – noch dazu handwerkliche – Karosseriebauer im Schwarzwald (1983 Zulassungen im Fernverkehr an 8. Stelle = 2,4 %). Die stetige, an den Kundenwünschen orientierte Ausweitung des Unternehmens (Beschäftigte 1953: 120; Ende 1983: 744) ruhte – von der örtlichen Daimler-Benz-Vertretung abgesehen – auf drei Produktionssäulen, der (»eingetakteten«) Montage von variationsreichen Fahrzeugbauten (Aufbauten, Anhänger, Kipper usw.), der bedeutenden, ideenreichen

Produktion von Lkw-Fahrerhäusern (Großraumfahrerhäuser u. a.) und dem 1968 er-richteten, stark mit Risiken behafteten Preßwerk für Karosserieteile.

Im harten Wettbewerb um Fahrzeugaufbauten auf dem sich verengenden inländischen Nutzfahrzeugmarkt genügte nicht das Hoffen auf lukrative Großaufträge, um das Ku-mulieren von Verlustvorträgen zu vermeiden. Obwohl die Gelenkbustechnik und Spezialaufbauten für Getränkefahrzeuge Marktchancen hatten, machte die Schenk Fahrzeugwerk GmbH, Bietigheim-Bissingen (1985: 140 Beschäftigte, ca. 18 Mio. DM Umsatz), von 1982 bis 1986 dreimal pleite. Der zahlungsunfähige Hersteller von Vieh-transport-Fahrzeugen, E. Köpf GmbH in Schremmerberg bei Laupheim (1985: 12 Mio. DM Umsatz) gehörte zur Konkursmasse.

Der Leidensweg der einst durch bahnbrechende Pionierleistungen im Transportbe-reich hervorgetretenen, weltweit bekannten Carl Kaelble GmbH, Backnang (1985 Stammkapital: 27 Mio. DM), endete vorerst gewissermaßen in der libyschen Wüste. Gewaltige, offenbar häufig ihre Kosten nicht deckende Transportfahrzeuge wurden seit Ende der sechziger Jahre in Backnang entwickelt und gebaut, Schwerlast-Zugma-schinen bis 425 PS im Jahre 1967, mit 615 PS im Jahre 1983, das größte selbstaufneh-mende Schlackentransportfahrzeug der Welt 1975, Transportsysteme für den Berg-bau, große Airport-Feuerlöschfahrzeuge, an die keine Serienaufträge anschlossen. Im Jahre 1983 schob sich in das in Liquiditätsschwierigkeiten geratene einstige Familien-unternehmen die in zahlreichen Ländern engagierte Libyan Arab Foreign Investment Co., übernahm 75 Prozent des aufgestockten Kapitals. 13 Prozent davon gingen an einen jordanischen Kaufmann, die Präsenz arabischen Kapitals, angeführt vom ca. 14prozentigen kuwaitischen Aktienpaket an der Daimler-Benz AG, in Baden-Würt-temberg verstärkend. Der hohe Sanierungs- und Rationalisierungsbedarf der beiden stark vom Export abhängigen Kaelble-Werke in Backnang und Mosbach (1984: ca. 1000 Beschäftigte und ca. 120 Mio. DM Umsatz; 1986: ca. 600 Beschäftigte) erzwang bisher eine durch Schrumpfung etwas gebremste, unsichere Talfahrt.

Etwa die Hälfte des Marktanteils an Schwerlastfahrzeugen dürfte weltweit derzeit die Fahrzeugfabrik des Fabrikanten und Erfinders Willy Scheuerle in Pfedelbach bei Heilbronn verbuchen (gegründet 1869/1938; 1984: über 400 Mitarbeiter). Scheuerles Straßen-Schwersttransportfahrzeuge brachen alle Rekorde. 1982 stellte sein 2000-Tonnen-Transporter, der auch durch die eingebaute elektronische Lenkung überraschte, die bis damals weltweit größte Fahrzeugkombination dar.

Bewunderung verdiente ohne Zweifel der zähe Kampf der multinationalen Iveco (In-dustrial Vehicles Corporation), nach Daimler-Benz zweitgrößter europäischer Nutz-fahrzeughersteller, gegen die mehr und weniger roten Zahlen während der tiefen Krise des europäischen Nutzfahrzeugmarktes. Es ging dabei nicht mehr um die Eroberung neuer Märkte, häufig nicht einmal um den Erhalt von errungenen Marktpositionen,

sondern um den rigorosen Abbau immenser Fertigungskapazitäten für Nutzfahrzeuge, um zu einer rentablen Auslastung zu kommen. Hoffnungsvoll hatte 1974/75
die Gründung des europäischen Nutzfahrzeugkonzerns, bestehend aus den Italienern
Fiat, OM und Lancia, der französischen Unic und den Nutzfahrzeugaktivitäten der
deutschen Klöckner-Humboldt-Deutz (Magirus-Werke) begonnen. Die hochver-
schuldete Magirus AG, seit 1975 zu 100 Prozent in Besitz des auch mit libyschem Kapital sanierten Fiatkonzerns, Turin, steigerte zwar bis 1982 die Umsätze (1982: 2415
Mio. DM; 10 521 Beschäftigte), aber konnte die hohen Bilanzverluste nicht mehr
durch betretenes Schweigen unbeachtet lassen. Bis 1984 addierte die einer Roßkur unterworfene Ulmer Iveco-Dependance (1985: 252 Mio. DM Kapital; 1984: 1,5 Mrd.
DM Umsatz), obwohl auf 7084 Beschäftigte abgemagert, millionenfach Verluste. 1985
und 1986 (Umsätze bei 1,8 Mrd. DM; ca. 6500 Beschäftigte) fuhr Iveco Magirus aus
der Gefahrenzone, indem es beträchtlich den Bilanzverlust reduzierte. Spezialnutz-
fahrzeuge, schwere Baustellenlaster und modernste Feuerwehrfahrzeuge (30%
Marktanteil in der Bundesrepublik) wurden in Ulm entwickelt und montiert. Das Ive-
co/Magirus-Forschungs- und Entwicklungszentrum in Ulm (450 Mitarbeiter) konstruierte den neuen, in Turin gebauten Spitzenlastzug von Iveco, den 190-33 T Turbo-
star für die dichtbesetzte 330-PS-Klasse. In Ulm lief im Vorjahr die Produktion der
Iveco Magirus 190-38 T an, der zur T-Reihe überarbeiteten Stradale-Fahrzeuge für die
Märkte nördlich der Alpen. Knapp 13 000 Fahrzeuge produzierten die Ulmer 1986
(1985: 10 587; 1981: 18 232), obwohl die wirtschaftliche Logik, daß es für »gute Leistungen gutes Geld« gibt, auf den im Rabattkrieg erprobten europäischen Nutzwa-
genmärkten noch nicht einkehrte und überdies neuer Protektionismus, den Export zu
behindern, sich anschickte.
Den harten Konkurrenzkampf in der Kraftfahrzeugindustrie bekam zunehmend auch
deren »vorgelagerte Werkbank«, die Zulieferindustrie, zu spüren. Nach neuen, dem
japanischen Beispiel folgenden Logistikkonzepten nutzten die großen Hersteller ihre
Stärke, um ihre bisher umfangreiche, kapitalbindende Lagerhaltung, sofern keine anderen Lösungsmöglichkeiten gefunden wurden, auf die kleineren und schwächeren
Zulieferunternehmen abzuwälzen, deren Verdrängungswettbewerb sich dadurch
noch verschärfte. Teilweise eilte der Konzentrationsprozeß im Zulieferbereich dem
der Autoindustrie sogar voraus. Durch Verringerung der Vorratshaltung in Relation
zum Materialaufwand, auch Optimierung der Bestände an Zulieferteilen genannt,
konnte sich Daimler-Benz in den letzten Jahren erheblich von Kosten entlasten und
bedeutende zusätzliche Liquidität gewinnen. Keine andere Industriebranche Baden-
Württembergs eignete sich in der Tat so effektiv für eine Produktion auf Abruf mit
Zulieferung direkt an die unmittelbar verbrauchende Produktionsstufe wie die Kraftfahrzeugindustrie. Nach der Input-Output-Tabelle von 1972 hatte sie infolge ihrer in-

tensiven technologischen Verflechtung mit anderen Branchen und Herstellern den absolut höchsten Vorleistungsbedarf von 11,732 Mrd. DM gegenüber einer eigenen Bruttowertschöpfung von 5,7 Mrd. DM. Das große Heer der Zulieferer für Daimler-Benz-Autos wurde für Baden-Württemberg auf rd. 20 000 beziffert, der Materialaufwand der Daimler-Benz AG 1983/84 auf jährlich rd. 16 Mrd. DM bei einem Umsatz von rd. 32 Mrd. DM.

Nach den Zahlenrelationen der Input-Output-Statistik von 1972 könnte davon ausgegangen werden, daß auf einen Arbeitsplatz in der Kraftfahrzeugindustrie damals mindestens zwei Arbeitsplätze in der vorgelagerten Zulieferindustrie kamen. Etwa im gleichen Umfang dürfte das Automobil auch »arbeitsschaffend« in der der Autoindustrie nachgeordneten Wirtschaft (Handel, Verkehr, Kraftfahrzeugreparatur, Straßenbau, Mineralölindustrie usw.) gewesen sein, so daß ein Arbeitsplatz in der Autoindustrie insgesamt ungefähr den vierfachen Stellenwert besaß und im Vergleich zu anderen Industriezweigen den höchsten Multiplikatoreffekt auf die Beschäftigung ausübte. Jeder Siebte lebt vom Auto, lautet eine statistische Faustregel.

Mit dem gewachsenen Markt für Zylinder und Kolben für Fahrzeugmotoren verbündete sich die Expansion der Mahle GmbH, Stuttgart (1985, Stammkapital seit 1964 über 99 % Stiftungsvermögen: 121,8 Mio. DM). Leichtmetallzylinder für Motorsägen, Kompressoren, Druckluftgeräte und Installationsböden erweiterten mit wechselnden Markterfolgen die Produktpalette. Der Mahle-Umsatz stieg von 1973 bis 1985 (von 458 auf 962 Mio. DM) um 110 Prozent (im Jahresdurchschnitt um 9,2 %). Die Beschäftigung – seit 1982 rückläufig – von 6539 auf 7481 im Jahre 1981, um sich sodann bis 1984 auf 6486 (Mai 1985: 6923) zu vermindern. Seit 1982 lieferte Mahle in zunehmendem Umfang CAD/CAM gefertigte Erzeugnisse. Der Mahle-Konzern, vier inländische Gesellschaften – darunter der größte Kolbenbolzenhersteller Europas, die Süddeutsche Kolbenbolzenfabrik, Eislingen/Fils, und zwei Filterwerke – sowie elf ausländische Tochtergesellschaften, konnte seinen Umsatz bis 1984 auf 1,32 Mrd. DM (1985: 1,51 Mrd. DM) ausbauen. Auch die mit Mahle zusammenarbeitende Kolbenschmidt AG, Neckarsulm (1986 Kapital: 95 Mio. DM; 6132 Beschäftigte), profitierte seit 1983 von der Woge der Export- und Pkw-Konjunktur (Umsätze in Mio. DM 1983/84: 682; 1984/85: 780).

Die Leistungssteigerung der deutschen Viertakt-Ottomotoren für Pkw – stets eine Herausforderung an Kolben- und Motorenbauer – war seit der Mitte der sechziger Jahre bei sinkenden Oktanzahlen des Benzins infolge Herabsetzung des gefährlichen Bleigehaltes (Antiklopfmittel) durch die Anwendung immer höherer Drehzahlen des Motors gekennzeichnet. Auch der jüngste Rückgriff auf die schon vor Jahrzehnten erfundene Abgasturboaufladung diente der Leistungsmehrung, steigerte aber die Belastungen des Motors und zog entsprechende Maßnahmen der Ventiltechnik, der Küh-

lung, zur Ermüdungsfestigkeit von Lagern u. a. m. nach sich. Zur Leistungssteigerung
und Energieeinsparung wurden nach 1970 nur noch Dieselmotoren mit direkter
Kraftstoffeinspritzung gebaut. Auch für den Dieselmotor bot sich aus den gleichen
Gründen die Abgasturboaufladung, die Ausnützung der im Abgas vorhandenen
Energie, an. Führend im Bereich der Einspritzungstechnik sind seit Jahrzehnten
Bosch, Stuttgart, und die L'Orange GmbH, Stuttgart-Zuffenhausen. Die ursprünglich mechanischen Einspritzsysteme für Dieselöl und Benzin sind bereits elektronisch
geregelt (seit 1967 Bosch-Jetronic; neuerdings Computersteuerung von Benzinein-
spritzung, Zündung und Getriebe im Monotronic-System). Die zum ITT-Konzern gehörende SWF Auto-Electric GmbH, Bietigheim-Bissingen, verkaufte 1985 überra-
schenderweise ihre Tochtergesellschaft, die bis 1978 in Familienbesitz gewesene
L'Orange GmbH an die MTU, München. Am einstigen Firmensitz von L'Orange in
Glatten im Schwarzwald produzierte das Unternehmen Einspritzsysteme für Diesel-
und Schwerölmotoren (1984: 230 Mitarbeiter und etwa 38 Mio. DM Umsatz).
Da Wärmeverluste durch die Kühlung metallischer Motoren nicht zu vermeiden waren, wurden neue keramische Werkstoffe entwickelt. Kolbenschmidt in Neckarsulm
verwendete bereits Keramikfasern zur Verstärkung von Kolbenteilen. Die mit wachsender Bevölkerungs- und Motorisierungsdichte immer bedrohlicher gewordene Ver-
unreinigung der Luft durch Motorabgase hat – wenn auch mit einiger Verspätung –
seit 1985 an die Stelle von stahlwollegefüllten Auspufftöpfen edelmetallbeschichtete
keramische Katalysatoren mit Lambda-Sonde (bei Pkw über 2 l Hubraum) treten lassen. Eingeführte Hersteller von Auspuffanlagen und Schalldämpfern wie J. Eberspächer in Esslingen (Umsätze in Mio. DM 1976: 350; 1984: 465; 1985: 564; 3540 Mitarbeiter) oder das einstige Mannheimer Zweigwerk der Walker Deutschland GmbH
(1984: 190 Beschäftigte) erweiterten und konzentrierten ihre Produktionsprogramme
durch die arbeitsaufwendigen katalytischen Abgasreinigungssysteme. Als Weltneuheit stellte die Kühlerfabrik Behr 1979 den Metallwabenkörper für Abgaskatalysato-
ren vor, der in Mercedes-Exportfahrzeuge eingebaut wurde. Seit 1985 bietet Eberspächer Rußfilter für Dieselmotoren an. »Wachstum ist für uns kein Ziel an sich. Vorrang
hat die Kontinuität«, lautete die Firmenphilosophie der Eberspächer, schon in vier
Generationen erfolgreich unternehmerisch tätig. Ihr derzeitiger Zukunftsoptimismus
gründet sich aber mehr auf ein Unternehmen, das zu einem international leistungsstarken Firmenverband herangewachsen ist.
An Alternativen zur katalytischen Abgasminderung wurden die bisher kostenintensi-
veren Magermotoren mit reduziertem Schadstoffausstoß durch verminderten Kraft-
stoffanteil im Benzin-Luft-Gemisch, die sich durch hohe Klopffestigkeit auszeich-
nende, aber größere Tankinhalte erfordernde Alkoholverbrennung sowie die in jeder
Hinsicht günstige Verbrennung von dem in Lagerung und Handhabung problemati-

schen Wasserstoff seit Jahren in der Fachwelt erprobt. Durch neue keramische Werkstoffe dürften sich die Wirkungsgrade von Hochtemperaturgasturbinen, die sich seit
Jahrzehnten im Luftfahrzeugantrieb durchgesetzt haben, verbessern lassen. Der Einsatz von Dampf- und Elektromotoren bedurfte bisher einer teureren Technik. Chancen und Mißerfolge lagen für Motorenhersteller, die im Prinzip noch mit der alten
Dampfmaschinentechnik (Kolben-Zylinder) des 19. Jahrhunderts umgehen, dicht
beieinander. Für die auf einen berühmten Namen zurückgehenden, schrumpfenden
Motorenwerke Mannheim AG vorm. Benz Abt. statischer Motorenbau (1983: 2718
Beschäftigte, 546 Mio. DM Umsatz; 1985: 417 Mio. DM) nunmehr fest eingebunden
bei Klöckner-Humboldt-Deutz, zeigten sich in den dividendenlosen letzten Jahren
mehr die Schattenseiten des Marktgeschehens, die Flaute in der Werftindustrie und für
Kleinmotoren in landwirtschaftlichen Maschinen.
Die beiden großen schwäbischen Hersteller von Kfz-Kühlern – um dem kleineren den
Vortritt zu lassen – die Kühlerfabrik Längerer & Reich GmbH, Filderstadt (1985:
über 1250 Mitarbeiter), und die Süddeutsche Kühlerfabrik Julius Fr. Behr GmbH,
Stuttgart-Feuerbach (1985: Kommanditkapital 70 Mio. DM; 5563 Mitarbeiter), be-
schränkten sich nicht auf die Produktion von Kfz-Kühlern, aber verdankten ihnen ih-
ren Aufstieg. Seit Jahrzehnten gelangen Behr, einem besonders innovativen Familien-
unternehmen, auf dem Gebiet der Motorenkühlung (und nicht nur dort) wegweisende
Entwicklungen. Sie schlugen sich in entsprechendem Umsatzwachstum von 321 Mio.
DM im Jahre 1972 auf 923,5 Mio. DM 1984 nieder (Jahresdurchschnitt 15,6 %). Die
Erdölkrise 1974/75 hatte bei Behr wichtige, energiesparende Entwicklungsaktivitäten
freigesetzt, Umwälzungen im Bau von Aluminium-Wasserkühlern (heute Jahrespro-
duktion 600 000 Aluminiumkühler und rd. 800 000 Buntmetallkühler) und auf dem
Gebiet der Fahrzeugklimatisierung (Air-Condition-Anlagen). Im Geschäftsjahr 1985
(Umsatz: 1,27 Mrd. DM) machte die Kfz-Klimatisierung 49 Prozent des Gesamtum-
satzes aus. Die die unterschiedlichsten Materialien verwendende breite Produktpalette
Behrs, die fast alle Gebiete der Wärmetechnik belegte, erstellten acht um Stuttgart
gruppierte Werke sowie die bedeutende Tochtergesellschaft in Kornwestheim, die
Behr-Thomson Dehnstoffregler GmbH (Umsatz der Tochter- und Beteiligungs-
gesellschaften 350 Mio. DM).
Wenn von erfolgreichen Kraftfahrzeugzulieferern die Rede ist, verdienen die Moto
Meter AG, Leonberg (1985: Kapital 10 Mio. DM, von in- und ausländischen Kapital-
sammelstellen mehrheitlich gehalten), nach VDO zweitgrößter Hersteller von Kfz-
Armaturen in der Bundesrepublik (Marktanteil 20 %; 1985 Umsatz 141,4 Mio. DM;
ca. 1100 Beschäftigte), die ehrgeizig aufstrebende, hundertjährige Pebra GmbH, Paul
Braun, Esslingen (1985 nur 2 Mio. DM Stammkapital; 1983 über 200 Mio. DM Um-
satz), Hersteller von Karosserieteilen aus Metall und Kunststoff, und die Beru-Werk

Albrecht Ruprecht GmbH, Ludwigsburg (1984: Umsatz 140 Mio. DM, über 1000 Mitarbeiter), Hersteller von Kerzen für Verbrennungsmotoren und von Zündungsteilen, erwähnt zu werden. Das mittelständische Beru-Werk trotzte seit Jahrzehnten dem großen Konkurrenten Bosch, indem es von Zeit zu Zeit das technisch Neue rascher am Markt anbot. Eine Tochter der zur Quandt-Gruppe gehörenden Varta Batterie AG, Hannover, ist die Accumulatorenfabrik Berga in Rastatt (gegr. 1927), das einzige Unternehmen dieser Branche in Baden-Württemberg, Ausstoß 1986 täglich 4000 Starter- und Industriebatterien (1943: 178 Beschäftigte und 3,97 Mio. RM Umsatz; 1986: 280 Beschäftigte und ca. 60 Mio. DM Umsatz). Bereits Jahrzehnte ist die Bietigheimer Firma SWF Autoelectric GmbH (1985: Stammkapital 20 Mio. DM), seit 1972 zu 100 Prozent Tochter der ITT Corporation, New York, als Erstausstatter in der Autoelektrik vom Scheibenwischer bis zur Rückleuchte ein fester Begriff (1984 Gruppenumsatz 546,8 Mio. DM; 5944 Beschäftigte; 1985: 598 Mio. DM).
Zur Entwicklung des Autos zu einem »High-Tech«-Produkt kamen von der Firma Bosch wichtigste Impulse und Beiträge. »Wir sind auf der Woge der steigenden Fahrzeugproduktion geritten«, kommentierte 1976 Hans Merkle, Vorsitzender der Bosch GmbH, den gestiegenen Umsatz der Bosch-Gruppe. 1975 betrug er 7,3 Mrd. DM, von denen 58 Prozent auf Anlieferungen an die Autobranche entfielen. Bosch wurde zum Pionier der Kraftfahrzeug-Elektronik. Das traditionelle Arbeitsgebiet der Bosch-Autoelektrik (Zünder, Hörner, Batterien, Scheinwerfer, Starter usw.) erweiterte sich seit Anfang der siebziger Jahre mit neuen, mehr Sicherheit, Sauberkeit und Sparsamkeit bietenden Produkten (Bosch-3-S-Programm), die den Durchbruch der Elektronik im Kraftfahrzeug brachten. Dazu gehörten 1958 Serieneinsatz eines Bosch-Halbleiterelements für die Kraftfahrzeugelektronik, die digitale Motorenelektronik, vollelektronische Zündanlagen (seit 1975), die elektronische Getriebesteuerung, das Antiblockiersystem für Pkw (seit 1978) und die Lambda-Regelung. 1982 brachte der Anteil der vollelektronischen Erzeugnisse 23 Prozent des Bosch-Gesamtumsatzes, das waren 3,2 Mrd. DM. Merkle 1986: »Unser gesamter ›Elektronikumsatz‹ wird dieses Jahr annähernd zehn Milliarden DM erreichen, 45 % des konsolidierten Weltumsatzes, erarbeitet von rund 59 000 Mitarbeitern . . .« Wenn die Deutschen den Anspruch erhoben, die besten Autos der Welt zu bauen, so war dazu Bosch nötig, die Zahnradfabrik Friedrichshafen nicht minder. Die Qualität eines Automobils fing immer bei der der Zulieferer an. Auch deren Flexibilität wurde wiederum zur Voraussetzung für eine Stärkung der Wettbewerbsposition der Autohersteller. Obwohl die Elektronik immer mehr die herkömmliche Feinmechanik am Automobil verdrängte, nahm das notwendige Arbeitsaufkommen zu, weil die neuen Instrumente vielseitiger ausgelegt wurden (qualitatives Wachstum).
Fast 30 Kraftfahrzeughersteller in der Welt gehörten zum ständigen Kundenkreis der

Zahnradfabrik Friedrichshafen AG (1985: 75,675 Mio. DM Kapital, zu 88,8 % der Zeppelin-Stiftung), größtes europäisches Spezialunternehmen auf dem Gebiet des Fahrzeuggetriebe-, Achsen- und Lenkungsbaues. In den ökonomischen Daten manifestierten sich technische Erfolge und externes Wachstum des Konzerns (Inland): Zunahme der Beschäftigung von 17056 Mitarbeitern im Jahre 1974 bei einem Umsatz von 1,2 Mrd. DM auf 3,5 Mrd. DM Umsatz und 22500 Mitarbeitern im Jahre 1985 (Umsatzzuwachs im Jahresmittel 10 %). Das weltweit tätige, längst über die eigentliche Bedeutung des Wortes Zahnradfabrik hinausgewachsene Unternehmen löste komplizierte Antriebsprobleme durch komplexe, hydrodynamische, elektrische und hydrostatisch-mechanische Getriebeaggregate (Synchron-, Automat-, Wende-Getriebe u. a. m.), für die freilich Zahnräder unersetzliches Bauelement blieben. Seit Jahren wurde der Dieseltreibstoffverbrauch von Lastzügen auf der Motorenseite durch den Abgasturbolader und die direkte Einspritzung vermindert. Die neuesten vielstufigen Schaltgetriebe der Zahnradfabrik eröffneten weitere Sparmöglichkeiten.

Trotz aller Fortschritte blieb das von der zweiten industriellen Revolution hervorgebrachte Auto ständig verbesserungsfähig, aufnahmebereit für neue Techniken, bessere Werkstoffe und anderes Design. Das Neue war mehr und mehr mit Nützlichkeitserwägungen, mit der Erhaltung der natürlichen Umwelt und mit ökonomischer Vernunft zu vereinbaren, ihnen anzupassen. Kompromisse mußte das Automobil eingehen, teilweise gegensätzliche Ansprüche »unter einem Dach« versöhnen, in der elektronischen Gegenwart noch mehr als in der Vergangenheit. Ungeachtet aller gegenläufigen Faktoren, trotz Auto- und Ökologiekritik, hoher Verkehrsdichte (weniger Verkehrstote), Erdölkrisen und Arbeitslosigkeit wuchs die individuelle Motorisierung bis in die achtziger Jahre kräftig weiter. Gegen den Tadel von Autogegnern entschieden sich die Verbraucher der modernen Wohlstandsgesellschaft in überwältigender Einhelligkeit für das Auto (deutscher Pkw-Bestand 1981: 23,68 Mio.; Januar 1986: 26,1 Mio.). Sie votierten für die tagtägliche individuelle Bewegungsfreiheit, für die Auto-Mobilität. Da diese sich nicht durch andere Techniken ersetzen ließ, ist dem sich durch Elektronik und Sensorik zum High-Tech-Produkt entwickelnden, immer komplexer und komplizierter gewordenen Automobil, inzwischen allradgetrieben und mit »Vollgas« in das zweite Jahrhundert seiner Existenz gestartet, eine entschieden längere Entwicklungs- und Lebensgeschichte vorauszusagen als der alten Dampflokomotive, Symbol der ersten industriellen Revolution. Bisher genoß der tägliche Auto-Pendler (bei einem Weg von rd. 35 km) mehr Freizeit als der auf Bus oder Bahn angewiesene Pendler, ergab eine Umfrage. Das Ende des Automobilzeitalters ist nicht in Sicht.

Vordringen der Elektronik

Nach dem Maschinenbau bewegte sich die elektrotechnische Industrie in Baden-
Württemberg, ihrem bedeutendsten deutschen Produktionsstandort, an der Spitze der
Investitionsgüterindustrien und zeichnete sich bis 1980 durch ein überdurchschnittliches Wachstum aus (1967–1972 Beschäftigungsanstieg im Jahresdurchschnitt 3,8 %;
Umsatzzuwachs im Jahresdurchschnitt 18,7 %). Dennoch irritierten plötzliche Umsatzeinbrüche (1971 und 1975). In den Jahren 1981 und 1982 mußte die Elektrobran-
che Umsatzverluste von insgesamt 8,2 Prozent hinnehmen. Doch 1984 erfaßte sie erneut eine starke Aufwärtsentwicklung und machte sie seitdem auf Landesebene zur
Vorhut der konjunkturellen und strukturellen Entwicklung (1970 bis 1984 Umsatzanstieg von 12,46 Mrd. DM auf 33,4 Mrd. DM; 1985: 38,1 Mrd. DM).
Produktivitätsfortschritt und Umsatzanstieg des letzten Jahrzehnts waren beeindruk-
kend. Prognosen der siebziger Jahre, die Elektroindustrie würde mit Hilfe der Mikroelektronik ihren Umsatz verdoppeln, ohne die Zahl der Beschäftigten wesentlich erhöhen zu müssen, glichen keiner schillernden Seifenblase. 1970 waren in 701 Betrieben
der Elektroindustrie 258 209 Mitarbeiter beschäftigt, 1984 in 774 Betrieben 224 000.
Neues tauchte zuerst in der Unterhaltungselektronik auf und war aus der Militärtech-
nologie hervorgegangen. Als Karlheinz Stockhausen 1958/59 im Westdeutschen
Rundfunk »als erste elektronische Komposition seine ›Kontakte‹ abmischte, stammten Impulsgenerator, Anzeigeverstärker, Bandfilter, Sinus- und Rechteckoszillator
alle aus ausrangiertem Gerät der US Army« (F. Kittler). Neue Technik machte die hart
umkämpften Märkte für Unterhaltungselektronik ruinös.
1972 ging die Ulmer Radiofirma Ernst Mästling (EMUD-Geräte) in Konkurs (1943:
118 Mitarbeiter und 4,8 Mio. RM Umsatz). Die einst auf dem Gebiet der Rundfunktechnik revolutionäre Saba-GmbH in Villingen (1985: Stammkapital 50 Mio. DM)
wurde 1970 von General Telephone and Electronics übernommen und fiel 1980 an die
französische Thomson-Brandt-Gruppe (Thomson CSF S.A. Paris). Auch an der
Leine des französischen Staatskonzerns waren geschäftliche Enttäuschungen, Preisverfall und Managementfehler weder bei Saba noch bei der nach dem Konkurs 1982
von Thomson-Brandt übernommenen Dual GmbH, St. Georgen, auszuschließen.
Saba (1985 mit zwei weiteren französischen Töchtern in Villingen insgesamt 1900 Mitarbeiter) machte in dem seltenen »goldenen Jahr« 1983 hauptsächlich mit Farbfernseh-
geräten einen Umsatz von 733 Mio. DM. Der traditionelle Plattenspielerhersteller
Dual, der 1980 noch gut 3000 Mitarbeiter zählte (1986 als Produktionsgesellschaft De-
wek in St. Georgen 390 Beschäftigte), erreichte 1983 bei wenig brillanten Marktvor-
aussetzungen einen Umsatz von 181 Mio. DM mit einem aus Hifi-Anlagen, Platten-
spielern, Tunern, Verstärkern, Cassettendecks und Video-Geräten bestehenden Ver-

kaufsprogramm. Auf den Siegeszug der neuen metallenen Compact Disc (abgekürzt CD) reagierten die deutschen Töchter des Thomson-Konzerns 1986/87 mit der zögernden Aufnahme der Produktion von entsprechenden Geräten. In Ulm wurde 1980 das von Thomson-Brandt erworbene Farbbildröhrenwerk Videocolor trotz 1600 auf die Straße zu setzender Mitarbeiter geschlossen, die Produktion nach Frankreich verlagert. Die während des Krieges international bekannt gewordene WEGA-Radio GmbH (1943: 334 Mitarbeiter und 3,5 Mio. RM Umsatz), nach 1960 in Fellbach mehr auf hochwertige Geräte der Unterhaltungselektronik spezialisiert, kam 1975 an die japanische Sony Corporation (1986: 597 Mitarbeiter im Werk Fellbach). 220 000 Farbfernseher und 100 000 Videorecorder wurden dort 1985 hergestellt.

In der Bosch-Gruppe bildete die Unterhaltungselektronik, vertreten seit Jahrzehnten durch die erfolgreich arbeitenden Blaupunkt-Werke, Hildesheim, nur ein Teilgebiet in dem umfassenderen Bereich Nachrichtentechnik. Den wachsenden Zukunftsmarkt des Nachrichtentransports deckte weitgehend der Spezialist für Nachrichtenübertragungssysteme, die ANT Nachrichtentechnik GmbH, Backnang (1985 Stammkapital 150 Mio. DM), über eine Beteiligungsgesellschaft eine Tochter der Bosch GmbH, der Mannesmann AG und der Allianz-Versicherungs-AG. Aus dem angeschlagenen AEG-Konzern pickten sich 1982/83 die neuen Gesellschafter die Technologieperle heraus. Aus der innovativen Erbmasse von Telefunken und der AEG hervorgegangen, wurde das Unternehmen 1946 bzw. 1955 in der Gerberstadt Backnang seßhaft. Über zu geringes Umsatzwachstum konnt sich ANT in den letzten Jahren nicht beklagen (Umsätze in Mio. DM 1983: 853; 1985: 1080). Der guten Auftragsentwicklung entsprach die Vermehrung der Arbeitsplätze in den Betrieben Backnang, Schwäbisch Gmünd, Offenburg und Wolfenbüttel (1983: 5700 Mitarbeiter; 1985: 6800). Mit der schon nach dem Ersten Weltkrieg entwickelten Multiplextechnik bündelten ANT-Trägerfrequenzanlagen bis zu 10 800 Ferngespräche. Auch für die gebauten Richtfunksysteme, seit 1979 erstmals digitalisiert, war die Post Hauptkunde. Anfang der sechziger Jahre begann für die Backnanger der Einstieg ins Satellitengeschäft (erste deutsche Intelsat-Antennenanlage). Es folgten im Rahmen der sich alsbald stürmisch entwickelnden Nachrichtenübertragung über Satelliten der höchste Präzision erfordernde Bau der nachrichten-technischen Nutzlast für verschiedene Satellitensysteme und des europäischen Raumlabors. Aus dem Produktbereich Fernmeldekabel ist inzwischen als jüngstes Übertragungsmedium die das teure Kupfer vorteilhaft ersetzende Glasfaser hervorgewachsen, mit der der Weg zur zukunftsträchtigen Breitbandkommunikation freigemacht wurde. ANT richtete schon mehrere Videokonferenzstudios ein und ist dabei – in Verbindung mit Bosch –, auf dem in letzter Zeit überdurchschnittlich gewachsenen Markt für durch Digitaltechnik zu verbilligende Geräte der mobilen Kommunikation (Auto- und Taschentelefone) Fuß zu fassen.

Vor allem Hochtechnologieprodukte der Telekommunikation ließen die Wilhelm Sihn jr. KG, Niefern-Öschelbronn bei Pforzheim, Hersteller nachrichtentechnischer Erzeugnisse, in den letzten Jahren mit zweistelligen Raten wachsen. Das stolze Familienunternehmen (1985: 1070 Mitarbeiter; 1984: 108 Mio. DM Umsatz) bilanzierte immerhin eine für die elektrotechnische Industrie bemerkenswerte Umsatzrendite von 2,2 Prozent (bei Aktiengesellschaften 1985: 1,1% nach 0,9%). Am Aufbruch in die Kommunikationsgesellschaft besaß die Standard Elektrik Lorenz AG (1985: Kapital 383,953 Mio. DM) in Stuttgart mit ihren Spitzenleistungen hervorragenden Anteil. Der bedeutendste Vorgang in der Nachrichtentechnik der siebziger Jahre stellte mit der Verwendung digitaler, hochintegrierter Halbleiter-Bauelemente der Übergang von der Elektromechanik und Analogtechnik zur Digitalelektronik dar. Dadurch ließen sich Informationsgeschwindigkeit und -volumen erhöhen und verbilligen, der äußere Lebensraum der Menschen ausdehnen, ihre existenznotwendigen Kontakte intensivieren und die Möglichkeiten von innovativen Produktentwicklungen und neuer

---

Fortschritte in der Nachrichtentechnik

1963 Nachrichten-Satelliten-Bodenstation Raisting. Erste deutsche IN-TELSAT-Antennenanlage mit Beteiligung von ANT und SEL.

1967 Einführung des Farbfernsehens in der Bundesrepublik Deutschland.

1970 Selbstwählfernverkehr mit anderen Kontinenten.

1976 Erster elektronischer Fernschreiber von SEL.

1978 Inbetriebnahme des ersten Lichtleitübertragungssystems (SEL) in Berlin (Glasfaser).

1979 Erstes digitales Richtfunksystem (ANT) von der Deutschen Bundespost in Betrieb genommen. 1007 funktionstüchtige Satelliten umkreisen die Erdkugel.

1980/81 Durch Verbindung von Telefon, Computer und Fernsehgerät entsteht das neue Kommunikationsmedium Btx (Bildschirmtext). Aufbau des Systems für die Deutsche Bundespost durch IBM Deutschland mit Terminal in Stuttgart.

1982 Offizielle Eröffnung des Teletex-Dienstes in der Bundesrepublik Deutschland.

1984 Start des Bildschirmtextes als Fernmeldedienst.

1985 Anlauf des ISDN-Pilotprojekts in Stuttgart (= Integrated Services Digital Network), des universellen, dienstintegrierten Fernmeldenetzes (Sprache, Text, Daten, Bilder).

Wachstumsmärkte vergrößern. Freilich ist hiermit nur die technische Seite der Kommunikation gemeint, nicht die inhaltliche.

Nach einer verwirrenden Schwächephase in den siebziger Jahren (1974 Umsatz der SEL-Gruppe: 2686 Mio. DM) gelang dem umtriebigen neuen Vorstandsvorsitzenden Helmut Lohr um 1980 die Umstrukturierung des Unternehmens – in Baden-Württemberg mit sieben Werken vertreten – sowie seine Ausrichtung mehr auf eigenständige Spitzentechnologie. Die mühsame Wandlung von der Nachbaufirma zum technologischen Schrittmacher, verbunden zunächst mit einem Arbeitsplatzabbau (von 38 600 im Jahre 1974 auf 30 721 im Jahre 1983; März 1986: 32 813), ließ sich am Umsatz- und Ertragsanstieg der letzten Jahre ablesen (Umsatzzuwachs im Jahresmittel 1980 – 1984: 8,3 %; Gruppe 1985: 5049 Mio. DM). Einzelne Produktbereiche in den drei Unternehmensgruppen von SEL (Nachrichtentechnik; Audio-Video-Elektronik; Bauelemente) erfuhren bemerkenswert hohe Zuwachsraten. Durch eine Verdreifachung seines Umsatzes zwischen 1983 und 1985 zeichnete sich das Pforzheimer Richtfunkwerk aus (über 1600 Beschäftigte). Nach verlustreichen Jahren im Geschäftsbereich Bürokommunikation entdeckte SEL durch Vereinigung der bisher unterschiedlichen Netze für die Sprach-, Text- und Bildübertragung in neuer digitaler Technik einen »Kristallisationskern«. Dem Serienanlauf mit der digitalen Fernsprechvermittlungstechnik „System 12" schloß sich gegenwärtig die intensive Weiterentwicklung zur ISDN-Technik an. Neue Perspektiven eröffneten sich der einstigen ITT-Tochter SEL mit der begonnenen Einbindung in einen neuen Telekommunikationskonzern, die zweitgrößte Telefonbaugruppe der Welt, unter Führung der mächtigen französischen Compagnie Générale d' Electricité (CGE). Mit Jahresbeginn 1986 übernahm SEL voll die seit 1976 mit Mehrplatzrechnern (1983: 32-bit-Rechner) erfolgreiche Computertechnik Müller GmbH, Konstanz (seit 1972; 1985: ca. 650 Mitarbeiter und 130 Mio. DM Umsatz). Viel Mut zeigten die SEL-Tochter Graetz und die Bosch-Tochter Blaupunkt, als sie Ende 1985 auf dem von Überkapazitäten weltweit erdrückten Markt für Unterhaltungselektronik einen gemeinsam entwickelten Videorecorder anboten.

Auf dem deutschen Markt für Unterhaltungselektronik wurden seit Jahren Geräte mit deutschen Markenetiketten offeriert, die überwiegend von der japanischen, fast jeden Preis unterbietenden Importflut nach Europa gespült wurden. Der Einsatz von Computern und Robotern dürfte jedoch den Stellenwert des südwestdeutschen Industriestandorts neuerdings verbessert haben. Von etwa 700 Minuten auf 100 Minuten senkte die modernste Technik bei SEL im vergangenen Jahrzehnt die Produktionsdauer eines Farbfernsehgeräts und den direkten Lohnanteil daran auf weniger als zehn Prozent. Blaupunkt war einer der Pioniere des Video-Programm-Systems für die Aufzeichnung von Fernsehprogrammen durch Videorecorder. Die ersten nichtprofessionellen

Videocassettenrecorder, ideale Ergänzung zum TV-Gerät, kamen 1972 auf den deutschen Markt, das erste Bildplattensystem ein Jahrzehnt später. Mit dem Absatz von
Fernsehgeräten war auch die Bosch-Tochter nicht zufrieden. Dagegen schmeichelte
sie sich in der Rolle des »unumstrittenen Marktführers« bei Autoradios (in der Bundesrepublik jährlich über 4 Mio. Geräte). Ende der fünfziger Jahre erfuhr die Autora-
diotechnik durch den Einzug der die Batterie nicht mehr strapazierenden Transistoren
starken Auftrieb. Mit dem Radio ließ sich menschliche Isolation im Auto abbauen.
Das Becker Autoradiowerk GmbH, Karlsbad (1985: Stammkapital 10 Mio. DM), seit
Jahrzehnten gewissermaßen »Hoflieferant« der zu verwöhnenden Daimler-Benz-
Kunden, beschäftigte sich seit Ende 1966 auch mit Bau und Vertrieb von modernsten
Autotelefonanlagen.
Sein traditionelles Produktprogramm, Rundfunk-, Auto-, Fernseh- und Gemein-
schaftsantennen, diversifizierte Richard Hirschmann, Radiotechnisches Werk, Esslingen – trotz seines technologischen Vorsprungs als deutscher Marktführer bei hochwertigen Autoantennen – 1972 durch den Bereich Telekommunikation. Hier erzielte
Hirschmann vor allem durch Kabelpilotprojekte, ein eigenentwickeltes Richtfunksystem, Empfangssysteme für Satelliten, die Anfänge der Optoelektronik (Glasfaserka-
bel) jene Zuwächse, die schließlich die Umsätze des innovativen mittelständischen Familienunternehmens von reichlich 200 Mio. DM im Jahre 1977 (1950: 4 Mio. DM) mit
weltweit über 3000 Mitarbeitern bis 1985 auf 366 Mio. DM (Gruppe 378 Mio. DM)
hoben. Hauptumsatzträger blieben die Antennen und die Steckerverbindungen in ihren tausendfachen verwirrenden Varianten.
Die Anteilswerte nicht nur der Unterhaltungselektronik an der Produktion der deutschen Elektroindustrie schrumpften beängstigend zwischen 1974 und 1984 (von
12,1 % auf 6,7 %), sondern auch die der Bereiche Elektrizitätserzeugung, -umwand-
lung und -verteilung (von 23,4 % auf 19,6 %). Diese Entwicklung erklärte teilweise
das seit Jahren schwierige Geschäft für die Brown, Boveri & Cie. AG, Mannheim
(1985: Kapital von 156 Mio. DM zu rd. 56 % der BBC AG, Baden/Schweiz). Seit Ende
der siebziger Jahre gingen die Jahresüberschüsse bei hochfliegenden Plänen und gestiegenen Umsätzen zurück, 1984 auch der Umsatz auf 4,81 Mrd. DM (Zuwachs im
Jahresmittel 1979–1984: 4,2 %). 1961 erreichte die BBC die Umsatzmilliarde, in
knapp zehn weiteren Jahren deren Verdoppelung (1970 Beschäftigungshöchststand
über 40000 Mitarbeiter), im Jubiläums- und Krisenjahr 1975 durch Erfolge im Ausland die dritte Milliarde. Der Pro-Kopf-Umsatz betrug damals 75000 DM und lag
1984 (36050 Beschäftigte) bei 134000 DM, keine Spitzenstellung bezüglich der Produktivität pro Arbeitsplatz, obwohl davon 10000 im Laufe eines Jahrzehnts verschwanden. An der Großelektrifizierung der Bundesbahn, bis Anfang 1972 rd. 9000
km, hatte BBC gehörigen Anteil. Unter den von ihr gebauten Lokomotiven der fol-

genden Jahre verdiente besonders als Novum in der Lokomotivgeschichte die E 120 der Bundesbahn Hervorhebung. Sie löste als wirtschaftliche Universallokomotive, gleichermaßen zu spannen vor Intercity-Züge mit 200 km/h wie vor die an jedem Bahnhof haltenden langsamen Nahverkehrszüge, die seit anderthalb Jahrhunderten für jeden Zugtyp gebauten Speziallokomotiven ab. Die Stärke und das Hauptarbeitsgebiet des Mannheimer Elektrounternehmens lagen vor allem im Anlagengeschäft der Energieversorgung und -verwendung, in der Errichtung von Kraftwerken für fossile Energieträger und für Kernenergie (unter etwa 15 Reaktorherstellern in der Welt), von Gas- und Wasserturbinenkraftwerken sowie von Energieversorgungssystemen. Um den Wirkungsgrad der Energieumwandlung zu steigern und die Kosten der Kraftwerke zu vermindern, wurden immer größere Turbogeneratoren, Transformatoren und immer leistungsfähigere Schalter und Hochspannungsleitungen sowie neuerdings elektronisch gesteuerte Systeme der Netzleittechnik gebraucht und gebaut. Geschäfte mit den Ölländern füllten Mitte der siebziger Jahre die Auftragsbücher.

Schwierigkeiten mit der Abrechnung von Kraftwerksaufträgen offenbarten eine anfällige Struktur des Elektrokonzerns, zuerst in Auseinandersetzungen mit dem Iran, dann durch das kostspielige Abenteuer mit dem Leichtwasserreaktor Mülheim-Kärlich, das BBC Mannheim fast an den Rand des Ruins brachte. Sinkende Stromzuwachsraten und die Verschuldung in der dritten Welt dämpften international das Interesse am Kraftwerksbau, führten zu Auftragseinbußen. Sie ließen sich durch Diversifikationen, insbesondere durch Ausbau der Fertigung von Serienmaterial (Bauelemente, Elektromotoren, Maß- und Regelgeräte usw.) bisher nicht ersetzen. Der Rückzug aus der Solarenergie wurde angetreten, das Tor zu anderen Zukunftsbereichen zum »Ruhm« der BBC kaum geöffnet. »Ab 1986 sollen jährlich mindestens 100 000 Autos mit Batterie fahren«, kommentierte 1981 der BBC-Vorstandsvorsitzende Gassert etwas voreilig die Mannheimer futuristische Vision vom Elektroauto mit Hochenergie-Batterie. Einem »warmen Regen« glich daher die Abrechnung des Hochtemperaturreaktors THTR 300 in Schmehausen, die den Konzernumsatz 1985 um rd. 70 Prozent auf 8,177 Mrd. DM hob. Der Thorium-Hochtemperaturreaktor in Hamm-Uentrop gilt nach wie vor bei der BBC als Referenzanlage mit Zukunft.

Ängste um die Problembewältigung in der Gegenwart und Zukunft im Rahmen einer veränderten Umwelt riefen bei Unternehmern und Managern (auch bei Politikern) häufig den Mut zu konstruktiven Auseinandersetzungen und die Fähigkeit zu großen Leistungen hervor. »Mit engagierten Mitarbeitern die Krise meistern«, war im Geschäftsbericht der Transformatoren Union AG 1983/84 zu lesen (Umsatz in Mio. DM 1982/83: 481,9; 1983/84: 426,6; 1984/85: 430 und 3425 Beschäftigte). Der Glaube war da, allein die Kraft fehlte, um gegen das Versinken in roten Zahlen anzukämpfen. Die Trafo-Union, Stuttgart-Bad Cannstatt, bis 1986 zu 75 Prozent Siemens- und zu 25

Prozent AEG-Tochter, Konkurrent der BBC auf dem deutschen Markt, auf dem
Weltmarkt von den Japanern in die Zange genommen, drohte an den weltweiten
Überkapazitäten der rund 400 Trafo-Fabriken zu ersticken. Bedarf für die Rauchgas-
entschwefelung der Kraftwerke hat den letzten Geschäftsbericht aufgebessert.

Auf der Vorstandsetage des stark diversifizierten Elektrokonzerns AEG wurden Jahre
vor dem historischen Vergleichsantrag vom August 1982 und unmittelbar danach die
Ertrags- und Absatzerwartungen von wichtigen Produktbereichen – zumindest nach
außen hin – zu optimistisch beurteilt. Spätestens seit 1980/81 hing über den meisten
Märkten für Hausgeräte das Damoklesschwert des Nachfragerückgangs. Die Hoch-
zinssituation bedeutete Nachfragerückstau und zunehmende Verlustgefahren für die
Unternehmer. In der Marktstrategie großer mobiler Elektrokonzerne mit beträchtlichen Überkapazitäten rückte eine Expansion fortan mehr durch Verdrängungswettbewerb und externes Wachstum, durch Aufsaugung und mögliche Stillegung kleinerer
angeschlagener Produzenten in den Vordergrund, sofern die erforderliche Kapitalpotenz verfügbar war. Schon 1978 gab es – durch Rationalisierungszuschüsse der
Stuttgarter Landesregierung jedoch zerstreute – Überlegungen bei der AEG, den
Hausgerätehersteller Zanker GmbH, Tübingen (Waschvollautomaten) stillzulegen.
Nachdem der größte Hausgeräteproduzent Europas, der seit 1970 in rasantem Tempo
expandierte schwedische Elektrokonzern Electrolux, durch Übernahme des maroden
italienischen Herstellers Zanussi seinen Anteil am europäischen Hausgerätemarkt auf
etwa 26 Prozent erhöht hatte, folgte 1985 der zögernde Erwerb der in den Strudel der
AEG-Insolvenz gerissenen Zanker GmbH (1984 etwa 600 Beschäftigte und 126 Mio.
DM Umsatz) in das Electrolux-Imperium. Die Schweden wollten ihren »strategisch
wichtigen Vorstoß« auf den deutschen Markt verstärken. Mit dem gleichen Ziel übernahm AB Electrolux 1981 die kleine Staubsaugermarke Progress (Mauz & Pfeiffer,
Stuttgart) und nützte der zweitgrößte europäische Hausgerätehersteller, der nieder-
ländische Philips-Konzern (1983: Marktanteil in Europa 15 %) eine sich bietende
Chance, als er die (auch) durch Managementfehler gescheiterte Stuttgarter Bauknechtgruppe für »billiges Geld« Ende 1982 in seinen Interessenbereich vorsorglich einbezog.

Der steile Aufstieg von Bauknecht, 1973 nachweislich noch ohne Bankschulden und
1979 bei rd. 14 000 Beschäftigten einen Weltumsatz von rd. 1,5 Mrd. DM ausweisend,
endete im Mai 1982 mit dem von den Söhnen des Firmengründers, Gert und Günter
Bauknecht, angemeldeten Vergleich. Bis Ende 1982 gingen aus der Vergleichsmasse
des ehemaligen Bauknechtkonzerns vier Gesellschaften hervor. Der einst umsatzstärkste Bereich – die Hausgeräte – wurde im Einvernehmen mit einem kapitalhalten-
den Bankkonsortium unter Führung der Dresdner Bank AG zur Bauknecht Hausgeräte GmbH, Stuttgart (Stammkapital 20 Mio. DM), zusammengefaßt und wenig spä-

ter von Philips voll übernommen. Auch wurden von den drei Werken dieser neuen
Bauknechtgruppe (Schorndorf, Calw, Neunkirchen/Saar; 1986: 4500 Mitarbeiter) bei
überproportional gewachsenem Auslandsabsatz (59 %) wieder Gewinne geschrieben
(Umsätze in Mio. DM 1983/84: 822; 1985/86: 980). Einbau-Kühlgeräte, die von deutschen Hausfrauen jahrelang weniger bereitwillig angenommenen Mikrowellenherde
sowie umweltschonende Wasch- und Trockengeräte machten hauptsächlich den trotz
weltweiter Überkapazitäten gestiegenen Umsatz aus. Wachstumspotential wurde
auch in der Anpassung der Hausgeräte auf die unterschiedlichen Haushaltsgrößen
entdeckt.
In einem zweiten wichtigen Sanierungsakt wurde 1982 auf der Basis des Bauknecht
Motorenwerks in Welzheim (1943: 1000 Beschäftigte und 8,36 Mio. RM Umsatz) und
mit Gläubigerkapital die Antriebstechnik G. Bauknecht GmbH (ATB) gegründet.
Die Erfindung des ersten geschlossenen Elektromotors 1932 durch Gottlob Bauknecht, dessen Name deshalb noch heute Klang in der Welt der Industriemotoren besitzt, war zum Kristallisationskern eines Industrieimperiums geworden und lieferte
auch der Nachfolgegesellschaft Motivation. In elektronisch gesteuerten, wartungs-
freien Drehstrommotoren von ein bis 30 PS für maßgeschneiderte Kleinserien, bestimmt für den Maschinen- und Anlagenbau, erblickte die mit Landesbürgschaften
unterstützte ATB (1985: 160 Mio. DM Umsatz und 1156 Beschäftigte) ihre Marktchancen. Auf dem gedrängten Markt für Elektromotoren waren die Leistungen von
flexiblen kleinen und mittleren Herstellern, die sich auf die Motorenanwender aus-
richteten, gefragt. Die AMK Arnold Müller GmbH, Kirchheim/Teck, 1963 als Einmannbetrieb gegründet, stieg 1967 in die Entwicklung elektronisch gesteuerter An-
triebssysteme auf Drehstrombasis ein und war bisher nicht in eine Verlustphase abge-
rutscht (1985: 260 Mitarbeiter; ca. 30 Mio. DM Umsatz). Anpassung an den Markt bewies die expandierende Papst-Motoren GmbH, St. Georgen, mit ihren heute größtenteils Elektronik-integrierten Präzisions-Kleinmotoren und Gerätelüftern (1985: 1596
Mitarbeiter; Umsatz in Mio. DM 1984: 139; 1985: 180; Export 62 %).
Ein anderes südwestdeutsches Pionierunternehmen auf dem Gebiet des Elektromoto-
renbaus, das Himmelwerk in Tübingen (seit 1879), konnte 1958 den 1 000 000. Motor
ausliefern, bis 1970 den 5 000 000. Im Jahre 1979, nach von Gottlob Bauknecht über-
nommener Aktienmehrheit, waren an 10 Mio. Stück elektromotorische Himmel-An-
triebe vermarktet (1978: 850 Mitarbeiter; 64 Mio. DM Umsatz). Für die seit 1983 zur
Flender-Gruppe, Bocholt, gehörende Himmelwerk GmbH (1985: 95 Mio. DM Umsatz, 10 Mio. DM Stammkapital; 740 Beschäftigte) blieben sog. Getriebe- und Sonder-
motoren das Hauptprodukt neben den seit 1950 hergestellten Hochfrequenzröhren-
generatoren »zur kapazitiven und induktiven Erwärmung« (Löten, Schmelzen usw.).
Auf dem Marktsegment Getriebemotoren konkurrierte mit dem Himmelwerk das

1927 gegründete Esslinger Familienunternehmen Eberhard Bauer KG (1943: 118 Beschäftigte; 1,69 Mio. RM Umsatz; 1985: 1050 Mitarbeiter im Inland), erfolgreich in Europa und Übersee beim »maßgeschneiderten Einsatz« von Getriebemotoren in unbegrenzten Möglichkeiten.

Die älteste deutsche Spezialfabrik für Elektrowerkzeuge (seit 1908), C. & E. Fein GmbH, Stuttgart (1985: Kommanditkapital 9,2 Mio. DM), ein von der vierten Generation geleitetes Familienunternehmen (1943: 641; 1986: ca. 1000 Beschäftigte) fertigte, auf höchste Qualität bedacht, seit jeher den gesamten Elektromotor für ihr Elektrowerkzeugprogramm selbst, in der Hauptsache Schrauber, Schleifer und Bohrmaschinen für Industrie und Handwerk. Die erste elektronisch, durch Thyristorschaltung gesteuerte Handbohrmaschine für die Industrie stellte das Unternehmen 1967 der Öffentlichkeit vor. Richtungweisend für die Entwicklung von Elektrowerkzeug und Hausgerät waren die Gewichtsminderung, die Verbesserung ihrer Umweltfreundlichkeit und die Energieeinsparung. Ein Elektrohandbohrer mit gleicher Bohrleistung wie die erste 7,5 kg schwere elektrische Handbohrmaschine von Fein aus dem Jahre 1895 wiegt heute nur 0,9 kg. In der Senkung des spezifischen Energieverbrauchs von elektrischen Haushaltsgeräten, von 1978 bis 1984 im Schnitt um ca. 21 Prozent geschehen, lag ein Wettbewerbselement für die Elektroindustrie. Elektronische Drehzahlsteuerung sparte Stromkosten.

Durch Steigerung des Weltumsatzes konnte die AEG Elektrowerkzeuge GmbH in Winnenden, der größte Werkzeughersteller in Baden-Württemberg, im Jahre 1984 die Gewinnschwelle trotz Preisverfall erreichen (Umsatz in Mio. DM: 1984: 354; 1985: 384). Der moderne AEG-Betrieb (1979: ca. 2000 Mitarbeiter; 1984/85: 1700), im Jahre 1982 eines von 18 teils in ihrem Fortbestand bedrohten Konzernwerken der AEG im Lande, war 1962/63 als Ersatz für frühere AEG-Fertigungen in Berlin und Bad Cannstatt entstanden. In Cannstatt wurden seit 1898 AEG-Elektrowerkzeuge hergestellt. Die etwa 200 Typen umfassende Produktpalette des AEG-Werkes zielte auf den Heimwerkerbereich, insgesamt Geräte, deren Produkt-Lebenszyklen sich ständig verkürzten, so daß jährlich etwa ein Viertel des Geschäfts von Neuheiten bestritten wurde. Auch zur Steigerung des Boschumsatzes mit Gebrauchsgütern trug in den letzten Jahren vor allem das Geschäft mit Elektrowerkzeugen für Heimwerker, Handwerk und Industrie bei. Anfang der siebziger Jahre rückte Bosch, weltweit nach Black & Decker (Marktanteil 30 %) an die zweite Stelle aller Hersteller von Elektrowerkzeugen (Marktanteil 15 %; 450 Werkzeug-Grundtypen). Den ersten Akku-Bohrhammer der Welt brachte Bosch heraus, einen Elektrofuchsschwanz 1986.

Die Boschgruppe, seit 1977 multinationaler Konzern, war mit 21,1 Mrd. DM Jahresumsatz (1985) und 140 374 Beschäftigten (davon in Baden-Württemberg 36 000) nicht nur Europas größter Kraftfahrzeugausrüster (einschließlich Kfz-Prüftechnik).

45 Prozent des Umsatzes machte das seit Jahrzehnten beharrlich diversifizierte Unternehmen in den 15 nicht zur Kraftfahrzeugausrüstung gehörigen Geschäftsbereichen, in der Kommunikationstechnik (Fernsehanlagen u. a. m. ca. 23 %), im Gebrauchsgütersektor (darunter Elektrohausgeräte, Küchen- und Badeinrichtungen) und auf dem Gebiet Produktionsgüter (Industrieelektronik, Maschinen, Kunststoff- und Metallerzeugnisse). Dem neuerdings vom Export belebten Hausgerätesektor dienten die Aktivitäten der Bosch-Siemens-Hausgeräte GmbH, München (1983: 2,89 Mrd. DM Umsatz; 1985: 3,38), samt der 1982 aus der AEG-Substanz übernommenen, zusammengebrochenen Neff-Tochter in Bretten (1984: 340 Mio. DM Umsatz; 1985: 380; 1160 Beschäftigte; vor dem Konkurs 1950) und die Gasheizungs- und Heißwassergeräte der Marke Junkers. Seit 1969 fertigte Bosch elektronische Bauelemente in der eigenen Halbleiterfabrik in Reutlingen, gegenwärtig erneuter Investitionsschwerpunkt.

Kein Unternehmen Baden-Württembergs oder der Bundesrepublik verfügte je über eine so gewaltig ausgedehnte, vielfältige Produktpalette wie Bosch. Über 65 000 Artikel des Kraftfahrzeugausrüstungsbereichs wurden im Bosch-Vertriebszentrum Karlsruhe, dem größten und modernsten seiner Art in Europa, zum Versand bereitgehalten. Von Kontaktstellen bestehender Fertigungsprogramme und -techniken stieß Bosch gewöhnlich in benachbarte Gebiete vor, zog neue Produktionen an sich und erschien mit immer wieder neuen Produkten auf dem Markt, stellte neue Geschäftsbereiche auf die Beine. Bosch konnte es sich leisten, die Diversifikation, aufbauend auf breiten Erfahrungselementen, zugleich horizontal, vertikal und lateral zu betreiben, »Diversifikation ist in unserem Falle keine Flucht, auch keine Flucht nach vorne, sondern ein Angriff«, kommentierte der einflußreiche, hochangesehene Bosch-Chef Hans L. Merkle (1963–1984), ein gebürtiger Pforzheimer. Es war verständlich, daß auf der Gerlinger Schillerhöhe die Gedanken immer wieder um Diversifikation und Produktplanung kreisten. Kein anderes Unternehmen demonstrierte und beherrschte wie Bosch die Hohe Schule der Diversifikation, blieb »fahrstabil« und »lenkfähig«. »Die Produktplanung eines Unternehmens muß an die Spitze der einzelnen Bestandteile der Geschäftspolitik gestellt werden«, lehrte Merkle. Von der Verpflichtung, »nach Neuem Ausschau« zu halten, sprach er 1986. Das neue Rekordinvestitionsvolumen deutete auf eine Unternehmensstrategie hin, die offensiv vor allem die qualifizierte Marktführerschaft als Autoausrüster behaupten will.

Der Bosch-Vorstand erkannte rechtzeitig das Wetterleuchten von Rezessionen und Krisen, stellte sich darauf ein und mußte in seiner Wachstumsstrategie in keinem Jahr Umsatzeinbußen hinnehmen. Auf 10,1 Prozent belief sich der jährliche Umsatzzuwachs von 1973 bis 1984. Absatzsprünge erbrachten die beiden Rekordjahre 1984 (18,3 Mrd. DM) und 1985 (21,2 Mrd. DM, + 15,5 % gegenüber Vorjahr). Der seit

Jahrzehnten massiv gesteuerte Kurs zur Rückgewinnung ausländischer Märkte, namentlich mit Hilfe dort aufgezogener Fertigungen, zahlte sich aus. Schwerpunkt des Wachstums wurde in den letzten Jahren der größte Markt der Welt, die USA, wo Bosch zweimal enteignet worden war. Nach vierzigjähriger Unterbrechung durfte die Firma seit 1983 wieder Name und Marke ohne Einschränkung in den USA benützen und damit weltweit uneingeschränkt operieren. 1914 erreichte das schwäbische Weltunternehmen bereits einen Ausfuhranteil von 88 Prozent; seit einigen Jahren näherte man sich den 55 Prozent. Hohe Liquidität bildete bisher ein weiteres Erfolgsgeheimnis der konzernmächtigen Bosch-Expansion. Da etwa 90 Prozent der 680 Mio. DM Stammkapital der Robert Bosch GmbH bei der gemeinnützigen Robert Bosch Stiftung GmbH lagen und diese auf ihr Stimmrecht verzichtete, besaß die Unternehmensführung seit 1964 ein hohes Maß an Selbständigkeit und Verfügungsgewalt, entschied faktisch wie ein Eigentümer, ohne Eigentum am Unternehmen zu besitzen. Für die Legitimation zugefallener wirtschaftlicher Macht setzte Robert Bosch der Ältere als Maßstab: »Leitfaden muß sein die Wahrung wirtschaftlicher und gemeinnütziger Ziele und Zwecke.« Im Anstieg der Beschäftigung in der Boschgruppe von 112 610 (Jahresmittel 1973–1979) auf über 140 000 Arbeitsplätze sind beide Zielsetzungen nach heutigen Maßstäben sinnvoll miteinander verbunden.

Wann der amerikanische Computer-Riese IBM (1985 über 50 Mrd. Dollar Umsatz) den Platz des weltgrößten Unternehmens einnimmt, dürfte wohl nur eine Frage von wenigen Jahren sein. Größte Tochter der »blauen« amerikanischen Mutter (blaue Firmenfarbe) ist die IBM Deutschland GmbH, Sindelfingen, seit 1972 Stuttgart (1985: 1400 Mio. DM Stammkapital), seit Jahren nach Daimler-Benz und Bosch sowie vor BBC, Mannheim, drittgrößtes Unternehmen in Baden-Württemberg. Solche von den ausgewiesenen Umsätzen ausgehenden Vergleiche »hinkten« insofern, als die IBM Deutschland ihren Umsatz großenteils als Handels- und Serviceunternehmen erzielte und nicht als Produktionsbetrieb. Von ihren 27 507 Mitarbeitern im Jahre 1984 (1971: 22 525) waren nur 10 891 in der Produktion beschäftigt (= 39,6 %). Zu hochgespannte Erwartungen wurden der »Supermacht der Computerwelt« nie gerecht. Der durchschnittliche Umsatzzuwachs von 1970 bis 1984 (Anstieg von 3 Mrd. DM auf 11,3 Mrd. DM), sich gleichermaßen in ein- und zweistelliger Größenordnung bewegend, ergab gute 9,9 Prozent, kein Rekordwachstum und zudem etwas niedriger als von Bosch ausgewiesen. Die siebziger Jahre zeigten für die deutsche IBM problematische Niederungen, die mit Substanzverlusten verknüpfte Erdölkrise 1973/74 und das trotz konjunkturellen Aufschwungs mit leichtem Umsatz- und Ertragsrückgang abgeschlossene Geschäftsjahr 1978 ebenso.

Jahr für Jahr realisierter technologischer Wandel in Gestalt neuer, besserer und immer anspruchsvollerer Produkte bot durchaus keine Gewähr für steiles Umsatzwachstum.

Zu gewaltig waren die Technologiesprünge bei der Miniaturisierung von Halbleitern, so daß die Einbindung von IBM Deutschland in einen bahnbrechenden, kostenmindernden Systemverbund von 46 Fabriken in 15 Ländern Marktrisiken nicht ausschloß. Unentbehrlich war der besondere Erfolgsschlüssel der IBM, ihre gute Vertriebs- und Serviceorganisation. Auf die ersten Computer der »Systemfamilie 360« von 1964 folgte 1970 die 370-Familie, mit der dem Bildschirm als Ein- und Ausgabegerät allmählich eine führende Rolle zukam. An die Stelle des Kernspeichers traten mit der von der deutschen IBM entwickelten Halbleitertechnologie die quadratischen, speicherfreudigen Chips im Computer. Die Software bekam eine die Hardware übersteigende Bedeutung. Das Problem der Vereinfachung der Computersprachen stellte sich. Gleichzeitig wandelte sich die Computerfertigung von einem metallverarbeitenden Gewerbe zu einem chemischen Labor, in dem mit Aufdampf- und Ätzverfahren gedruckte Schaltungen produziert wurden. Das IBM-Werk Sindelfingen mußte umlernen und bewältigte den Strukturwandel. Produktionsziel war es seit Mitte der siebziger Jahre, die Datenverarbeitung zur Informationsaufbereitung auszubauen, durch den Dialog mit dem Computer in Datenbanken gespeichertes Wissen in bisher nicht gekanntem Ausmaß verfügbar zu machen. 1978 lieferte IBM in Ergänzung der 370-Familie den Großrechner 3033 auf den Markt und steigerte seitdem gewaltig die Leistungen ihrer kostspieligen Riesenanlagen, bis in die achtziger Jahre Rückgrat der gewöhnlich gemieteten Datenverarbeitung und der führenden Marktmacht von IBM. Da die Rechenwerke immer schneller wurden und die Speicher-Kapazität der Chips sich zusehends vergrößerte, kam verbraucherfreundliche Bewegung in den Computermarkt. Die konkurrierenden Anbieter IBM-kompatibler Geräte nahmen mit Mikrocomputern den Kampf gegen die IBM-Großrechner auf.

Auf dem deutschen Markt der beruflich nutzbaren Mikrocomputer – Preis 4500 bis 20 000 DM – zeigte sich 1984 auch der kleinere Konkurrent und nächste Nachbar der deutschen IBM (Marktanteil 4,5 %), die 1959 gegründete deutsche Hewlett-Packard GmbH in Böblingen (Marktanteil 11 %) als der erfolgreichere Verkäufer. Die deutsche Gesellschaft betätigte sich als größte Tochter des amerikanischen Hewlett-Packard-Konzerns in der elektronischen Meßtechnik und Datenverarbeitung. Ein in den vergangenen 15 Jahren vollbrachter durchschnittlicher Umsatzzuwachs von etwa 15 Prozent machte stolz. Von 1982 stieg der Umsatz von 1,088 Mrd. DM (rd. 3000 Mitarbeiter) auf 2,6 Mrd. DM bis 1985 (1986: 2,5 Mrd. Umsatz; rd. 4800 Mitarbeiter). Während IBM sich in der Produktpolitik auf den Großsystembereich konzentrierte (Branchenterminal-Systeme u. a.), begann mit den von kleineren Konkurrenten auf den Markt gebrachten, preisgünstigen Personalcomputern, den kleinen, nicht minder intelligenten Endbenutzerterminals für den Schreibtisch, eine neue Ära im internationalen Computergeschäft. Der Kleincomputer war auch Domäne der Kienzle Apparatebau GmbH in Villingen, die sich mit den wachstumsstarken Datensystemen neben den inzwischen elektronisierten Meßgeräten (Fahrtenschreiber, Kraftstoffmesser u. a.) ein zweites Standbein geschaffen hatte. IBM brachte 1983 den ersten Personalcomputer auf den Markt und leitete 1984 mit neuen, speicherstarken PC-Modellen (»Popcorn«) den Frontalangriff gegen die plötzlich herangestürmten amerikanischen und ausländischen Mikrocomputerkonkurrenten ein. Zur sprunghaften Umsatzausweitung verhalfen der IBM Deutschland (1985: 13,2 Mrd. DM Umsatz) das Neugeschäft, die neuen Marktschwerpunkte, Vernetzung von komplexen Systemen und dezentralisierter Einsatz von Bildschirmen und Datenstationen am Arbeitsplatz insbesondere in der mittelständischen Wirtschaft. Zugleich schrieb sich IBM Deutschland als gut geführt und gewinnträchtig in die Industriegeschichte. Die 1985 erzielte Umsatzrendite von 6,4 Prozent war überragend.

Den ruinösen Wettbewerb bei Kleincomputern bekam die Kienzle Apparatebau in Villingen schon 1981/82 zu spüren. Seit 1982 100 Prozent Tochter des Mannesmann-Konzerns, Düsseldorf (seit 1985 unter Namen: Mannesmann-Kienzle GmbH, 90 Mio. DM Stammkapital), bedurfte sie erst einer mit Brachialmethoden vorgenommenen »Restrukturierung«, um durch Produktstraffung und neue Produkte in schwarze Zahlen gedrückt zu werden (Umsatz in Mrd. DM 1976: 0,376; 1985: 1,33, mit der Computerdrucker herstellenden Tally GmbH, Elchingen; 8118 Beschäftigte).

Im Jahre 1964 brachten britische Unternehmer die erste elektronische Rechenmaschine auf den Weltmarkt. Als die namhafte Firma Walther 1969 als erster deutscher Hersteller dem Beispiel folgte, war das Rennen schon gegen sie gelaufen. 1974 ging die Walther Büromaschinen GmbH (1600 Beschäftigte) in Konkurs. Sie wurde 1979 als Walther Electronic AG wiederbelebt und baute neben Kleincomputern, Druckern u. a. weiterhin verlustreiche elektromechanische Rechner. 1985 (29 Mio. DM Umsatz; etwa 350 Beschäftigte) erneute Pleite, dann Weg zur Börse und Anschlußkonkurs. Über 200 weltweite Hersteller lieferten sich 1985/86 einen erbitterten, ruinösen Preiskampf auf dem Markt für Büroelektronik und Mikrocomputer. Der Champion, IBM, aber präsentierte in Siegerpose im Frühjahr 1986, die Verfolger abschüttelnd, den Megabit-Chip mit der Leistung von einer Mio. Transistoren. Die Jagd auf den Vier-Mega-Chip ist voll im Gange, die gleichzeitige durch die Sindelfinger Superchips bewirkte Talfahrt der Preise auf dem Computermarkt dem Endverbraucher höchst willkommen. Wachstum bis an die abschätzbaren Grenzen der Silizium-Technologie ist in Sicht.

Auch für die Qualität der Produkte der Computerindustrie und der anderen zahllosen Anwender von elektronischen Systemen war die Qualität der Zulieferungen entscheidend, der der Keramikmoduln, der Transistorplatten, vor allem der Leistungsfähigkeit der Chips, der treibenden Kraft des technischen Fortschritts. Den logistischen Be-

darf von IBM deckten 1971 über 4300 deutsche Zulieferbetriebe, 1984 mehr als 7400. Die Elektrotechnische Spezialfabrik Rafi GmbH (1985: Umsatz bei 100 Mio. DM; etwa 1000 Beschäftigte), hat dank der Elektronik, vor allem durch elektronische Steuertasten und Leiterplatten der übernommenen Hilzinger Leiterplattentechnik, Weilersbach, ihren Umsatz in acht Jahren verdoppelt. In das von der derzeitigen »Computerkrise« zwar beengte Marktsegment der Tasten und Tastenfelder für die Computerbedienung stieß auch die Marquardt GmbH, Rietheim-Weilheim, vor, die als Hersteller von Mikro- und Geräteschaltern (1985: 1574 Mitarbeiter; 1984: 118 Mio. DM Umsatz) in den beiden letzten Jahrzehnten stark expandierte. Zu den in aller Welt erfolgreichen Elektronikfirmen zählte vor allem die Telefunken Electronic GmbH, Heilbronn (1986 weltweit 5800 Beschäftigte), entstanden 1982 als AEG-Telefunken Nachfolgegesellschaft (93,75 Mio. DM Stammkapital, zu 49 % bei der United Technologies Corp./USA). Im Heilbronner Hauptwerk wurde ein umfangreiches Typenprogramm integrierter Schaltungen, optoelektronischer Bauelemente, von Transistoren und Dioden entwickelt und hergestellt. Die Reinraumtechnik, beispielsweise bei der Chip-Produktion unverzichtbar, wurde zum Entwicklungsschwerpunkt eines wachstumstarken Familienunternehmens, der Prettl-Unternehmensgruppe – Pfullingen, Bempflingen, Esslingen – 1986 etwa 200 Mitarbeiter und 60 Mio. DM Umsatz.
Die vordringende mikrominiaturisierte Elektronik hat ein neues technisches »Spiel ohne Grenzen« in Gang gesetzt. Die Dynamik dieser neuesten technischen Entwicklung, von Anbeginn Hoffnungen und Ängste wachrufend, erschloß sich ständig neue Anwendungsfelder, je mehr sich ihr Nutzen in Kostenersparnis, Zeitgewinn oder Leistungsverbesserungen ausdrückte. Die klassischen Anwendungsgebiete des Computers, das kaufmännische Rechnungswesen und die Statistik, wurden verfeinert und erweitert. Er eroberte sich bei der Fabrikenautomation, in der computergestützten Entwicklung und in der Bürokommunikation immer breiteren Raum. Die Variationsmöglichkeiten des Computereinsatzes bestimmten bereits die Qualität von Musikdarbietungen. »Zart säuselt der Computer«, urteilte kürzlich ein Musikkritiker. Mikroprozessoren und Mikrocomputer fanden inzwischen in viele Gebrauchsgüter Eingang und verschwisterten sich vor allem mit der Kommunikationstechnik. Nicht nur in Bildschirmterminals nahm diese Synthese zukunftsträchtige Gestalt an. Sprache, Ton, Text, Zahl und Bild ließen sich »vernetzen«, speichern und beliebig abrufen. Das Anwendungspotential von Mikroprozessoren und Computern ist nicht halbwegs ausgeschöpft, zumal in der Bundesrepublik wegen ihrem im Vergleich zu den USA und Japan recht niedrigen Pro-Kopf-Verbrauch an integrierter Mikroelektronik und ihrer Rückständigkeit in einigen High-Tech-Bereichen.
Der revolutionierende Wesenszug der neuen Informationstechniken bestand bisher darin, den Informationsfluß in Wirtschaft und Gesellschaft zu beschleunigen, zu in-

tensivieren und zu verbreitern sowie seine Verarbeitung und Verwertung zu erleichtern. Nur mit dieser Zielsetzung, nicht zum Selbstzweck als l'art pour l'art, war ihre Anwendung gerechtfertigt. Um zum allgemeinen volkswirtschaftlichen Nutzen die von den vorangegangenen technisch-industriellen Revolutionen hervorgebrachten Kommunikationsmittel durchzusetzen, so sollte man sich erinnern, bedurfte es des engagierten finanziellen Einsatzes der öffentlichen Hand. Die Leistungen der dritten technisch-industriellen Revolution dürften nicht billiger zu haben sein. Diese Lektion aus der Wirtschaftsgeschichte haben bisher Amerikaner und Japaner besser begriffen als die Deutschen. Für den Siegeszug der neuen Informationstechniken und ihre positiven Auswirkungen auf andere High-Tech-Bereiche ist das finanzielle Engagement des Staates um so entscheidender, je enger die Grenzen von Markt und Kapitalpotenz einer Volkswirtschaft gezogen sind. Die Angst, der Mensch könnte entbehrlich werden, ist nicht gerechtfertigt. Von der qualitativen und quantitativen Leistungsfähigkeit des menschlichen Gehirns ist auch die derzeit fünfte Computergeneration weit entfernt.

Maschinenbau mit Peripherie

Die elektronische Revolution setzte sich nicht sogleich in einer Revolution des gesamten Maschinenbaus fort. Neue, von Computern gesteuerte, automatisierte Technik wurde weder schlagartig bereitgestellt noch in großem Umfang auf den Investitionsgütermärkten nachgefragt. Die Anschaffung NC-gesteuerter Maschinen und von Bearbeitungszentren setzte hohe Kapitalinvestitionen voraus und erforderte daher zuverlässige Rentabilitätsüberlegungen. Eine kostensenkende, die Produktivität beträchtlich erhöhende Automation war nur dann ökonomisch sinnvoll, wenn eine entsprechende Absatzlage über mehrere Jahre zu erwarten stand und die teuren Anlagen stark ausgelastet werden konnten, um sie rasch zu amortisieren und Gewinn zu erzielen. Die durch die Gewinnstatistik der Deutschen Bundesbank erhellte gesunkene Ertragslage in der Metallindustrie während der siebziger Jahre, das Schrumpfen der Umsatzrendite nach Steuern von 4,5 auf 2,4 Prozent (1974: 1,8 %) von 1970 bis 1980, die rückläufige Eigenkapitalrate sowie hohe Rohstoff- und Energiepreise nahmen den Unternehmen ohnehin viel Spielraum für kostspielige Investitionen in neueste Technologien. Vor diesem Hintergrund war es nicht verwunderlich, wenn die Industrie in den vorwiegend wachtumsschwachen siebziger und achtziger Jahren kapitalintensive Anschaffungen hinauszögerte. Im Stagnationsjahr 1980 belief sich der Anteil der numerisch gesteuerten Werkzeugmaschinen am gesamten Werkzeugmaschinenpark in der Bundesrepublik Deutschland auf 2 Prozent, in den USA auf etwa 2,3 Prozent.

Auch in den vorangegangenen technisch-industriellen Revolutionen setzte mit dem Auftauchen neuer Technologien nicht sogleich eine boomartige Nachfrage nach ihnen ein. Nur sehr langsam eroberten sich auch Eisenbahn und Auto die Verkehrswege. Technische und ökonomische Gründe und Hemmschwellen hinderten vielfach technische Neuerungen an einer raschen, massenweisen Verbreitung. Technisch-industrielle Revolutionen waren eigentlich gar nicht revolutionär, weil es zur allgemeinen Umstrukturierung von Technik und Industrie eines langen Zeitraums bedurfte.

Die menschliche Angst vor der Technik ist so alt wie das Maschinenzeitalter, das mit den bahnbrechenden Erkenntnissen der Newtonschen Physik seinen Anfang nahm. Die maschinellen Zielobjekte der Angst veränderten sich unterdessen. In dem Science-fiction-Roman des tschechischen Schriftstellers Karel Čapek tauchte 1921 erstmals ein (auch autofahrendes) technisches Ungeheuer unter dem Namen Roboter auf (Robota = slawisch: Arbeit). F. Kroner 1932: Seine Frau hatte Julius, den Roboter, »morgens zum Kämmen hereingerufen, sie hatte sich das Frühstück ans Bett bringen lassen, sie gestand schließlich, daß sie ihn als Masseur benutzt hatte. Das mußte selbst einen Roboter verrückt machen.« Damals befürchteten Futuristen, Ingenieure würden den Roboter so vollständig konstruieren, daß er auch die gesamten Fehlleistungen der Menschheit produzieren und reproduzieren könnte. Die Realität des seit den siebziger Jahren unaufhaltsamen Vormarschs der in den USA erfundenen Roboter in den Fabrikhallen stand dagegen unter Rationalisierungs- und Qualitätsdruck. Kfz-Zulieferer Helmut Eberspächer erwähnte 1985 Einflußnahmen der Autohersteller: »Bei manchen Arbeitsgängen wird uns sogar vorgeschrieben, mit einem Schweißroboter zu arbeiten, weil ein Arbeiter die erforderliche Qualität nicht erbringen könnte.«

Der Einsatz der Roboter, obwohl schon über 30 Jahre alt, verzögerte sich in der Bundesrepublik (1980: 1255; 1985: 8900; 1986: 11 000), weil es auf Wirtschaftlichkeit ankam und daher die Produkte häufig erst »robotergerecht« konstruiert werden mußten. Wo unangenehme und gefährliche Arbeiten in gleichmäßiger, präziser Routine zu verrichten waren, beim Punktschweißen, Schleifen, Beschichten, Lackieren, beim Guß und an Werkzeugmaschinen, fanden zunächst die Gebilde aus Eisen und Edelstahl mit elektronischem Hirn aus Mikroprozessoren, die sog. Handhabungsautomaten, ihre bevorzugte, wenn auch bereits begrenzte Einsatzdomäne (Preis eines Grundgeräts bis 250 000 DM). Auch die inzwischen intelligenter gewordenen, mit abtastenden Sensoren bestückten Roboter, die sortieren und montieren, die an Schnittstellen des Materialflusses und der Fertigung beschleunigend eingreifen sollen und logistische Erfahrung demonstrieren, sind noch zu teuer für kleinere Unternehmen. Der Preisverfall in der Mikroelektronik könnte sie billiger machen. Die Robert Bosch GmbH, Stuttgart, schon 1976 mit einem eigenkonstruierten Schwenkarmroboter hervorgetreten, verstärkte seit einigen Jahren mit Erfolg ihre Aktivitäten gegen japanische Konkurrenz

auf dem ebenfalls wachstumsstarken Markt dieser neuen Roboterkategorie (Preis etwa
60 000 DM), der sich Einsatzmöglichkeiten in der Montage und Verpackung eröffneten. Ein mittelständisches Unternehmen, die Hermann Grau Werkzeugbau GmbH,
Schwäbisch Gmünd-Lindach (1985 Kommanditkapital 5 Mio. DM), nutzte die Robo-
tertechnik, um eine Kunsthand mit Feingefühl – auch um Glas zu halten und nicht zu
zerbrechen – marktreif zu entwickeln. Auf die »Hand« des Handhabungsautomaten,
ein »wunder Punkt« des Roboters, konzentrierte sich in den vergangenen fünf Jahren
die Entwicklungsarbeit des Familienunternehmens Fritz Schunk GmbH, Laufen. Das
bereits gewinnträchtige Ergebnis waren Greifertypen für die verschiedensten Roboter-
arme.

Als Hauptnachfrager von Robotern traten in den letzten Jahren die durch sie nicht be-
schäftigungsärmer gewordenen Automobilfabriken in Erscheinung. Roboter wirkten
sogar als kurstreibendes Stimulanz hinter der IWKA-Aktie. Das Robotergeschäft der
IWKA-Tochter Kuka (Keller & Knappich) Schweißanlagen & Roboter GmbH in
Augsburg, seit 1970 mit dem einstigen Quandt-Imperium fusioniert, verlief in besten
Bahnen. Es überschritt 1979 die 10-Mio.-Marke und 1984 über 100 Mio. DM. Für
Transferanlagen und fortwährend zu spezialisierende Roboter stellten in den letzten
Jahren die USA und die UdSSR die bedeutendsten Wachstumsmärkte dar.

Millionenfach hatten sich bei der stark diversifizierten IWKA-Industriewerke Karlsruhe Augsburg AG (Firmenname seit 1970) nach der Erdölkrise 1973/74 Verluste
(1978: 42 Mio. DM) angehäuft. Wohl infolge des nach dem Tode von Harald Quandt
zunehmend schwieriger gewordenen unternehmerischen Entscheidungsprozesses unterblieb die notwendige Konzentration der 22 Geschäftsbereiche auf gewinnbringende Produktionszweige (1974 im Inland 8140 Beschäftigte, in der Gruppe 9645;
Umsatz 565,7 Mio. DM). Herbert Quandt übernahm als Mehrheitsaktionär der
IWKA deren »Sanierung aus eigener Kraft«. Ihre Spuren zeigten sich u. a. im Kapital-
schnitt und in der Aufgabe unrentabler Produkte, ließen aber nicht binnen weniger
Jahre ein krankes Unternehmen gesunden (Umsatzzuwachs im Jahresmittel
1974–1979: – 1 %). Im Unterschied zum spektakulären Verkauf des Hauptteils des
Aktienpakets der Quandt-Gruppe bei Daimler-Benz Ende 1974 zum Preis von rd. ei-
ner Mrd. DM an das Scheichtum Kuwait gab der Großaktionär der IWKA, die
Quandt-Familie, nach dem Tode von Herbert Quandt Ende 1980 das Aktienpaket
ohne Entgelt ab und schoß noch Bares für die Sanierung zu.

In der damaligen Notsituation wurden sechs Tochter- und Beteiligungsgesellschaften
an den Nürnberger Diehl-Konzern verkauft. Die Bilanzsumme des IWKA-Konzerns
reduzierte sich um ein Drittel. Getrennt hat sich die IWKA 1979 u. a. von den damals
unbefriedigende Ergebnisse erwirtschaftenden Mauser-Werken Oberndorf GmbH
(Kapital 1985: 15,4 Mio. DM) mit den Produktgruppen Werkzeugmaschinen, Präzi-

sionstechnik, Maschinenkanonen und Jagdwaffen sowie 1983 u. a. von der Stahlfla-schenproduktion in Karlsruhe. Durch Abwerfen von Ballast, Konzentration auf vier Kernbereiche (Schweißanlagen und Roboter; Regeltechnik und Kompensatoren in Stutensee-Blankenloch; Wehrtechnik; Verpackungsmaschinen in Stutensee-Blanken-loch) und durch das eingeführte System der dezentralen Unternehmensführung, in-dem die bisherigen Produktionsabteilungen zu GmbHs »ausgegründet« wurden, ge-lang unter dem neuen Vorstandsvorsitzenden Prellwitz ein erstaunliches Wieder-erstarken der IWKA. Zweistellige Zuwachsraten im Jahresmittel wurden seit 1980 ausgewiesen (1985 Umsatz der Gruppe: 918,9 Mio. DM; 5237 Mitarbeiter). Dem in-zwischen wieder auf externes Wachstum umgeschalteten Unternehmen (1985: Beteili-gung an der Inda Industrie- und Akustikelektronik GmbH, Zell unterm Aichelberg) verlieh Spitzentechnologie, insbesondere seine sich gegen eine starke Konkurrenz be-hauptende Position als einer der führenden europäischen Hersteller von Transfer-straßen und von Lichtbogenschweißrobotern, sein Profil.

Fortschritte in der Montageautomatisierung waren in jüngster Zeit von der Entwick-lung der Sensorentechnik abhängig. Sensoren, vielfach noch in den technischen Kin-derschuhen, übernahmen Steuer-, Meß- und Kontrollfunktionen in der Raumfahrt, in der Bundesrepublik bisher hauptsächlich in der Autoindustrie bzw. im Auto (Tank- und Ölstandanzeige u. a. m.), in Haushaltsgeräten, in Sicherheitssystemen und zu kaum einem Prozent in der industriellen Prozeßregelung. Zur Qualitätskontrolle von Werkstücken und für Abstandsortungen wurden besonders Lasersensoren benutzt. Die Stuttgarter Dürr GmbH konstruierte einen mit drei Sensoren bestückten Robo-ter, der in Paletten gestapelte Motorblöcke erkennt, sie greift und an einen beliebigen Ort transportiert.

Die vielseitige Lasertechnik, geeignet vor allem zum präzisen industriellen Schweißen und Schneiden, erwachte in der deutschen Wirtschaft nur langsam. Der Laser (= light amplification by stimulated emission of radiation) wurde 1960 als Rubinlaser von dem Amerikaner T. H. Maiman entdeckt. Seine anfangs allgemein zu teure technische Aus-wertung, in die sich deutsche Hersteller aus verschiedenen Gründen nur sehr zurück-haltend vortasteten, begann schon wenige Monate später mit elektronischem Gerät, das scharf gebündelte, sehr energiereiche Lichtstrahlen in sehr schmalen Frequenzbe-reichen erzeugte. Ihren Durchbruch in der Schneidtechnik verdankten Lasersysteme letztlich der Entwicklung des Mikroprozessors, der nun wiederum den Spätstarter Ja-pan im Kampf um die »Laservorherrschaft« im Maschinenbau begünstigte. Im Okto-ber 1985 stellte die Maschinenfabrik Trumpf in Ditzingen bei Stuttgart, nach fünfjäh-riger Entwicklungszeit den ersten selbstentwickelten optischen Laser-Resonator vor. Nach vier Monaten waren rd. 100 Stück davon verkauft. Den größeren Zukunfts-markt müssen sich deutsche CO_2-Hochleistungslaser – verwendbar auch zum Oberflächenbehandeln, zum Härten, Umschmelzen, Beschichten, Legieren, Glasieren – noch erschließen. Die Pepperl & Fuchs GmbH, Mannheim, produzierte neuerdings mit Erfolg Näherungssensoren. Im Technologiezentrum Karlsruhe startete mit Geräten zur Messung von Staubemission die Palas GmbH Partikel- und Lasermeßtechnik.

Als klassisches schwäbisches Paradebeispiel eines Pionierunternehmens im Schumpeterschen Sinne sowie für die These der starken Neuerungsaktivität kleinerer Unternehmen bot sich seit Jahrzehnten die eben erwähnte Maschinenfabrik Trumpf GmbH, Ditzingen (1985 Stammkapital 56 Mio. DM), an, Spezialist für Blechbearbeitungsmaschinen. Unter dem unermüdlichen Spiritus rector Berthold Leibinger, der noch als typische Verkörperung eines zähen pietistischen Arbeitsethos gelten könnte, vollbrachte das Familienunternehmen, das mit der Produktion von elektrischen Blechscheren seinen Anfang nahm, immer wieder technisch Hervorragendes. Es wurde zum Motor des technischen Fortschritts in einem speziellen Technologiebereich. 1957, ein Jahr nach der Gründung des Zweitwerks Hettingen (Hohenzollern), stellte Trumpf als Konkurrenz zur gewohnten Stanzpresse die erste Kopiernibbelmaschine (mechanische Blechtrennmaschine für Konturenschnitt) mit einem bis heute unerreichten, patentierten Werkzeugprinzip her (Umsatz 1957: 10 Mio. DM; 280 Mitarbeiter; 1943: 2,6 Mio. RM, 151 Mitarbeiter). Der weitere technische Fortschritt setzte – typisch für die gesamte Entwicklung der Werkzeugmaschinenindustrie – mehr an den Rand der vorhandenen Technologie an. 1967 begann mit dem Bau der ersten bahngesteuerten Stanz- und Konturnibbelmaschine der Welt bei ca. 480 Beschäftigten und 23 Mio. DM Umsatz eine neue Expansionsphase des Unternehmens, das »numerische Zeitalter«.

Synergieeffekte beschleunigten den technischen Innovationsprozeß. Gleichzeitig verkürzte sich der Lebenszyklus der Produkte. 1970 brachte das Ditzinger Unternehmen das erste numerisch gesteuerte, bisher in ca. 2400 Stück verkaufte Blechbearbeitungszentrum mit Be- und Entladung (1975: ca. 720 Beschäftigte und 70 Mio. DM Umsatz) und 1977 die durch ihre zwei Stanzköpfe die Werkzeugwechselzeit völlig eliminierende Trumatic 300 top heraus. Die kräftig vorangetriebene Hochtechnisierung der Blechbearbeitung, eigentlich ein additiver Prozeß, steigerte sich insofern zu einem Qualitätssprung, als eine CNC-Maschine drei handgesteuerte Maschinen ersetzte. Die Idee des Systems wurde in der Werkzeugmaschinenindustrie geboren und der Übergang zu flexiblen Systemen angestrebt, um die im Grunde zeitlich geringe Auslastung der teuren Werkzeugmaschinen zu verlängern. Die erhöhte Leistungsintensität der Maschinen steigerte wesentlich den Pro-Kopf-Umsatz des Unternehmens, bei Trumpf bis 1984/85 auf 210 000 DM, 1986 überdurchschnittliche 245 000 DM. Mit der Einbeziehung des die Technologie innerlich verändernden Lasers, eines Universalwerkzeugs ohne Verschleiß, in die Blechbearbeitung seit 1979 mündete bei Trumpf ein erneuter, grundlegender Innovationsschub wiederum in starkes, überdurchschnittliches Umsatz- und Beschäftigungswachstum (1979/80: ca. 1000 Mitarbeiter und 135 Mio. DM Umsatz; 1985/86: ca. 1500 Mitarbeiter; 340 Mio. DM Umsatz). Den geschäftlichen Riesenerfolg sicherten zusammen mit Bosch und Siemens entwickelte werkstattprogrammierbare Stanz- und Nibbelmaschinen (Trumatic-Serie 200), deren Computer bereits vom Facharbeiter bedient werden kann. Um die flexiblen Bearbeitungszentren mit Selbstversorgung zu Fertigungssystemen zu verketten, baute Trumpf seit 1982 Laser-Roboter. In flexiblen Fertigungssystemen wurden Fertigungsanlagen über ein gemeinsames Steuer- und Transportsystem miteinander verknüpft. Neueste Kreation ist eine numerisch gesteuerte Biegezelle für Blechteile.

Technische Vorsprünge ließen sich nur durch Markterfolge realisieren, durch die gewinnbringende Vermarktung des Outputs. Die Maschinenfabrik Trumpf schuf sich für ihre neuen, auf Kundenwünsche eingehenden Produkte mit Hilfe von neun Tochtergesellschaften in sieben Ländern (Exportanteil 55 %) einen weitgehend neuen expansiven Markt (Gruppenumsatz 345 Mio. DM), auf den jedoch gleichzeitig starke japanische Konkurrenz zielte. Andere namhafte heimische Hersteller von Blechbearbeitungsmaschinen, wie beispielsweise Schuler (Querteilanlage mit »fliegender Schere«) oder das traditionsreiche Eisen- und Hammerwerk Teningen, boten zu Trumpf komplementäre Erzeugnisse an. Die Eisen- und Hammerwerk GmbH Maschinenfabrik Teningen, noch bis in die fünfziger Jahre von einem 1830 gebauten Wasserrad angetrieben, nahm im Jahre 1954 in Anpassung an die Erfordernisse der modernen Industriegesellschaft die Herstellung von hydraulisch angetriebenen Tafelscheren und Abkantpressen auf, inzwischen (1985: rd. 185 Mitarbeiter) ihre wichtigsten Erzeugnisse. Auch hier setzte der neueste technische Fortschritt an die Peripherie an und machte die bereits technisch ausgereiften, vollhydraulisch arbeitenden Tafelscheren und die gewaltigen Pressen durch die Kombination mit einer CNC-Steuerung produktiver und wirtschaftlicher.

Je mehr die wirtschaftlichen Vorteile numerisch (anfangs mit Lochkarten) gesteuerter Werkzeugmaschinen überzeugten, um so weniger ließ sich ihr weltweiter Vormarsch aufhalten. In den fünfziger Jahren wurden die ersten rechnergesteuerten Maschinen in den USA hergestellt, um Fertigungsprobleme in der Luft- und Raumfahrtindustrie zu lösen. Pioniere auf dem Gebiet des südwestdeutschen Werkzeugmaschinenbaus wie die Gebrüder Heller Maschinenfabrik GmbH, Nürtingen (1984: rd. 2000 Mitarbeiter u. ca. 330 Mio. DM Umsatz), stellten eigengefertigte NC-Steuerungen, der Konkurrenz weit vorauseilend, schon 1959 her, numerisch gesteuerte Fräsmaschinen und Bearbeitungszentren (mit Siemens- und Boschsteuerungen) ab 1962 und meßgesteuerte Bohreinheiten 1966. Im Jahre 1977 verfügten die Sonderfräs- und -bohrmaschinen so-

wie die Kleinbearbeitungszentren von Heller über einen automatischen Werkzeug-
und Palettenwechsel. Die erst 1948 in Ludwigsburg gegründete Karl Hüller GmbH,
seit 1975 zu 100 Prozent Tochter der Thyssen Industrie AG Essen (1984/85: rd. 1700
Mitarbeiter; 241,6 Mio. DM Umsatz), baute 1952 die ersten Transferstraßen für Bosch
und Opel und trat 1964 mit dem ersten Bearbeitungszentrum eigener Bauart hervor.
Die Einführung von Transferstraßen – ähnlich der von Bearbeitungszentren – in die
Fertigungstechnik bedeutete die Hochautomatisierung von Werkzeugmaschinen, um
komplexe Teile zu erschwinglichen Preisen für einen weiten Abnehmerkreis zu fertigen. Der wirtschaftliche Erfolg solcher Anlagen hing von ihrer Produktivität ab, von
der Verkürzung der Arbeitszeiten, der Stillstandszeiten, sonstiger Ausfallzeiten und
von der möglichen (flexiblen) Erweiterung des Teilespektrums, »um auf schwankende
Nachfrage des Marktes und auf notwendige Produktänderungen schnell reagieren zu
können« (Heller). Um künftig durch die deutsche Tochtergesellschaft in Eislingen/
Fils (1985: 800 Mitarbeiter; 103 Mio. DM Umsatz) den durch hohen Importdruck und
überhöhtes Kostenniveau gekennzeichneten amerikanischen Markt mit flexiblen
Transfermaschinen und Bearbeitungszentren zu bedienen, hat sich der amerikanische
Maschinenbaukonzern Ex-Cell-O Corp., Troy/Michigan, 1986 vom US-Mischkon-
zern Textron übernommen, entschlossen, amerikanische Betriebe aufzugeben.
Unter den südwestdeutschen Herstellern von Schleifmaschinen blickten die beiden
größten, die Fortuna-Werke Maschinenfabrik GmbH Stuttgart-Bad Cannstatt (1984:
800 Mitarbeiter) und die Schaudt-Maschinenfabrik GmbH, Stuttgart-Hedelfingen
(gegr. 1906; 1985: 6,95 Mio. DM Stammkapital; ca. 480 Beschäftigte), auf die umfas-
sendste Erfahrung und längste Tradition zurück. Als Weltneuheit präsentierte Fortuna 1965 (1164 Mitarbeiter und 36,95 Mio. DM Umsatz) eine NC-Schleifmaschine
mit Einachssteuerung. 1971 folgte die erste CNC-Schleifmaschine. Über 60 Prozent
des Umsatzes machte Fortuna in den letzten Jahren mit dem überwiegend exportierten Schleifmaschinenprogramm und dazugehörigem CNC-Paket. Schaudt, ebenfalls
stark für die Automobilindustrie und im Export tätig, geriet in dem für die Maschinenbauer abschüssigen Jahr 1982 in wirtschaftliche Schwierigkeiten und wurde im Juli
1983 von der Hauni-Werke Körber & Co. KG, Hamburg, übernommen.
Die Index-Werke in Esslingen, größter südwestdeutscher Produzent von Drehautomaten (bis 1964 30 000 gelieferte kurvengesteuerte Indexautomaten; 1450 Mitarbeiter), begannen 1967 mit dem Bau von programmgesteuerten Maschinen. »Als die NC-
Steuerungstechnik so ausgereift und verbilligt war«, daß sie für die Drehbearbeitung
interessant wurde, boten die Index-Werke ab 1970 »anstelle der bisher auf dem Markt
befindlichen Drehmaschinen mit NC-Steuerung richtige NC-Drehautomaten an. Der
große Erfolg, den diese Maschinen im Inland wie im Ausland erzielten, überraschte
anfänglich selbst uns«, so verlautbarten die Index-Werke (1973: 2230 Beschäftigte).

1977 kam bei Index der erste CNC-Universal-Drehautomat mit Handeingabe heraus. CNC-Automaten bzw. numerisch gesteuerte Maschinen brachten bis 1984/85 mehr als 75 Prozent des Umsatzes (Umsatz 1984: ca. 230 Mio. DM; 1950 Beschäftigte).

Der zweitgrößte Produzent von Drehmaschinen in Baden-Württemberg, die 1986 börsennotierte Traub AG in Reichenbach/Fils (1985: 12,4 Mio. DM Stammkapital), baute ab 1980 CNC-Drehmaschinen, kämpfte sich mühsam durch die Branchenrezession und bekam 1984 (Umsatz 158,7 Mio. DM; 1985: 200 Mio.; 1260 Mitarbeiter) den festen Boden einer Expansionsphase unter die Füße. Die vorsichtig kalkulierende Werkzeugmaschinenfabrik J. G. Weisser Söhne GmbH, St. Georgen, im Schwerpunkt Hersteller von CNC-Drehautomaten und daraus entwickelten flexiblen Fertigungssystemen, stieß schon 1984 (Umsatz knapp 65 Mio. DM; rd. 500 Mitarbeiter) an Kapazitätsgrenzen. Die Gebrüder Boehringer GmbH, Göppingen, die 1977 die erste numerisch gesteuerte Tiefbohrmaschine präsentierten, gingen schon 1973/74 in den Mehrheitsbesitz von Oerlikon-Bührle, Zürich, über. In das relativ kleine, stark umkämpfte Marktsegment der Drehmaschinen wuchs in den letzten Jahren die Emag Maschinenfabrik GmbH, Salach (Umsatz in Mio. DM 1975: 11; 1982: 113; 1983: 150; 1984: 125; 1985: 125) kräftig hinein. Nachdem die Süddeutsche Kolbenbolzenfabrik (Süko) dem Stuttgarter Mahle-Konzern einverleibt worden war, wurde die unbedeutende Emag in Salach, bis dahin Tochter der Süko, selbständig, weil die 1975 gegründete Beteiligungsgesellschaft der Mitarbeiter der Emag (heute rd. 400 Mitarbeiter mit 51 % Kapitalanteil) den Verkauf verhinderte.

Seit Jahrzehnten stammte der weitaus größte Teil der in der Bundesrepublik hergestellten hydraulischen oder mechanischen Pressen aus Baden-Württemberg. Die Weltgeltung der Schuler-Pressen ist unumstritten. Die seit fünf Generationen in Familienbesitz befindliche Schuler GmbH, Göppingen (1985: Stammkapital von 30 Mio. DM bei der Familie Schuler-Voith), hatte nach dem Ersten Weltkrieg den Gesamtbetrieb vornehmlich auf den Großpressenbau für die Karosserieausformung umgestellt und überzeugte 1960 die Fachwelt mit einer 3000-t-Stufenpresse für die Lkw-Räderfertigung in der UdSSR. Schuler lieferte 1967 die ersten vollautomatisierten, synchronisierten Karosseriepressen-Linien an Toyota nach Japan und 1976 die ersten freiprogrammierbaren CNC-gesteuerten Feeder (Transportsysteme). Die 100-Mio.-Marke überschritt der Umsatz der Schulergruppe (1985: 6 Auslandsgesellschaften und 1 Inlandstochter; weltweit 3300 Beschäftigte) im Jahre 1962, die 200-Mio.-Marke 1970. Zur Zeit liegt er bei über 500 Mio. DM. Die Rechnersteuerung großer, mit CNC ausgerüsteter Pressen, sog. Großteilstufenpressen (seit 1980 lieferte Schuler auch zwei rechnergesteuerte, vollautomatische Nutzentren), verkürzte die Werkzeugwechselzeit, bei konventionellen Pressen bis zu einem Tag beanspruchend, teilweise auf weniger als zehn Minuten.

Bedeutendster Konkurrent von Schuler auf dem europäischen Markt ist seit jeher der nächste Nachbar, die Pressenfabrik Fritz Müller, Esslingen, seit 1982 fusioniert zur Maschinenfabrik Müller-Weingarten AG, Weingarten (21 Mio. DM Aktienkapital; 2515 Beschäftigte). Erfolge im in- und ausländischen Pressengeschäft der sechziger Jahre ließen sich im folgenden Jahrzehnt nicht gleichermaßen wiederholen. Die Konkurrenz wurde härter. Um den Zusammenbruch zu vermeiden, übernahm Dr. Erhard Müller ein Aktienpaket der sanierungsreifen Maschinenfabrik Weingarten und leitete so die Kooperation mit der Esslinger Pressenfabrik Fritz Müller ein. Vom Autoboom pflegten Pressenfabriken mit einer gewissen Zeitverschiebung zu profitieren, so daß namentlich die Weingartener Aktionäre häufig mit Ungeduld auf die »Traumbilanz« warteten (Umsätze in Mio. DM 1975: 121,1; 1982: 303,6; 1984: 226,8; 1985: 282,4).

Von den 30 heute maßgebenden Produzenten rechnergesteuerter Werkzeugmaschinen im Mittleren Neckarraum hatten bereits bis 1973 immerhin elf (= 37 %) die NC-Steuerung in ihr Produktprogramm einbezogen. Auf der Grundlage einer Lizenz hatte Bosch 1967 mit der Herstellung von NC-Steuerungen für Werkzeugmaschinen begonnen. Inzwischen sind bahnbrechend neue Generationen von CNC-Steuerungen herangewachsen. Die neueste flexible CNC-Steuerung von Bosch ließ sich bereits, den Forderungen der Praxis entsprechend, in die Maschine integrieren und ermöglichte über bildschirmgeführte Bedientasten eine werkstattgerechte, Programmierkenntnisse nicht voraussetzende Bedienung. Eine zunehmende Produktvielfalt hatte kleinere Serien zur Folge und erforderte mehr Flexibilität in der Fertigung. Dazu war die numerisch gesteuerte Werkzeugmaschine, ihr Programmspeicher, ihre rasche Umrüstung, die Reduktion der Bearbeitungszeit eines Werkstücks auf 45 Sekunden, wozu der Facharbeiter fast zwei Stunden benötigte, unerläßlich. Eine neue Werkzeugmaschine ersetzte zwei bis drei alte. Neue Rechner in alte Strukturen hineinzubringen, ergab jedoch noch keine Produktivitätssteigerungen, sofern nicht zugleich die Arbeitsorganisation geändert wurde. Dazu war eine durchgängige Neuordnung des Materialflusses notwendig, Automation an den Schnittstellen.

Von der Fertigungstechnik aus setzte sich die Automation über die Montagetechnik (Handhabungsautomaten) bis zur Förder- und Lagertechnik fort. Über die Hälfte des Umsatzes der Stahl-Gruppe, Stuttgart (1970 nach Verkauf des Geschäftsbereichs Aufzüge an Rheinstahl: Umsatz in Mio. DM: 60; 1984: knapp 200; 1985: 215,3), entfiel auf Fördertechnik (Elektro-Hängebahnen, Portalroboter u. a.). Für das Familienunternehmen C. Haushahn GmbH in Stuttgart-Feuerbach (derzeit 1550 Beschäftigte; Umsatz in Mio. DM 1983: 160; 1985: 170), einer der deutschen Spitzenhersteller von Aufzügen, waren Industrie- und Personenaufzüge die wichtigsten Umsatzbringer. Mit Stolz verwies das Unternehmen auf die neuesten Haushahn-Panorama-Aufzüge in Stuttgarts Staatsgalerie und im Züblinhaus. Die moderne Lagertechnik ist bei Haushahn u. a. durch schienengebundene Regalbedienungsgeräte vertreten. An dem jüngsten stürmischen Aufschwung der Elektrohängebahnen, als neuentwickeltes Instrument für den innerbetrieblichen Materialfluß erst seit 1968 eingesetzt, hatte die Translift GmbH in Grenzach-Wyhlen (gegr. 1961; 1969: 56 Mitarbeiter, 1984 etwa 300) maßgeblichen Anteil.

Von einer förmlichen Nachfrageexplosion nach neuen Techniken konnte in den siebziger Jahren nicht die Rede sein. Die Zeit nach dem Erdölschock war für viele deutsche Maschinenbauer wenig befriedigend. Die seit über einem Jahrzehnt 15prozentigen Zuwachsraten im Jahresmittel bei Trumpf/Ditzingen stellten die Ausnahme und nicht die Regel dar. Die Index-Werke erhöhten von 1973 bis 1984 den Umsatz im Jahresdurchschnitt um 2,8 Prozent, Fortuna etwas mehr. Die notwendige Umstellungsphase, die Umwälzung von der reinen Maschinenbauorientierung zur kostenadäquaten Systemverbindung von Elektronik und Maschinenbau zu einem völlig neuen Produktkonzept kam bei nicht wenigen Werkzeugmaschinenbauern einer konfliktgeladenen Krisensituation gleich. Sie wurde bewältigt. Durch die Präzision und Qualität ihrer Erzeugnisse hatten die südwestdeutschen Werkzeugmaschinenbauer bis in die siebziger Jahre einen weltweiten Vorsprung. Zwischen 1970 und 1979 nahm die Bundesrepublik Platz 1 als größter nationaler Werkzeugmaschinenhersteller ein. Seit Jahrzehnten bildete Baden-Württemberg das Zentrum des deutschen Werkzeugmaschinenbaus. Die Statistik von 1982 wies über 400 vorwiegend mittelständische Betriebe, Hersteller von Metallbearbeitungsmaschinen, mit rund 66 600 Beschäftigten nach (September 1986: 403 Betriebe mit 68 876 Beschäftigten), die fast die Hälfte der Beschäftigten dieser Branche in der Bundesrepublik ausmachten.

Schwäbische Präzisionsarbeit in der Metallindustrie behielt auf der Schwelle zur »dritten technisch-industriellen Revolution« ihren hohen Stellenwert. Sie konnte aber Amerikaner und Japaner nicht daran hindern, daß sie mit deutlichem Vorsprung die Bundesrepublik 1981 auf Platz 3 im Werkzeugmaschinenoutput verwies. Auch die damals oft gehörte Selbstberuhigung, die ausgeprägte deutsche Spitzenstellung als

Produktionsergebnisse des Werkzeugmaschinenbaus in Tausend			
	1957	1969	1980
spanabhebende und spanlos formende Metallbearbeitungsmaschinen	85 632	141 400	(186 578)

Werkzeugmaschinenexporteur werde unangefochten bleiben, spendete nicht lange Trost. 1985/86 wurde die Bundesrepublik auch auf dieser Position von den Japanern eingeholt. Dennoch behauptet der deutsche Maschinenbau in 21 von 43 Bereichen die Weltspitze.

Mit dem Aufstieg der Japaner, ihrer konsequenten Ausrichtung auf die Elektronik und Konzentration auf die Produktion von computergesteuerten Standardmaschinen in großer Stückzahl wurde die Marktstellung der deutschen mittelständischen Werkzeugmaschinenhersteller zugleich durch die elektronischen Neuheiten und die aggressive Preispolitik der fernöstlichen Anbieter gefährdet. Subventionierte Billigangebote konventioneller Werkzeugmaschinen aus Schwellenländern erzeugten zusätzlichen Druck. Auf die japanische Herausforderung reagierte der Werkzeugmaschinenbau Baden-Württembergs, der bedeutendste Sektor des Maschinenbaus, mit technologischen Neuerungen und erfolgreichen Gegenstrategien, namentlich mit der Konzentration auf wenige Produktlinien (spezielle Bearbeitungszentren für mehrere Arbeitsgänge, Transferstraßen, Spezialmaschinen in Kleinserien). Er konzentrierte sich auf die flexible Automation, die »maßgeschneiderte« Automatisierung ganzer Fabriken, Bereitstellung von bedienerfreundlicher und flexibel einsetzbarer Software, von Engineering u. a. Eine Flucht in hochwertige Produkte und Produktionen begann.

Mit einer jährlich durchschnittlichen Steigerungsrate von etwa 34 Prozent wuchs von 1980 bis 1984 in der Bundesrepublik die Produktion von CNC-Werkzeugmaschinen (1984 = 10 614; Japan 38 036), Ausdruck der Umstellung auf die »Peripherie«. Bei der G. Boley GmbH, Esslingen (1984: 180 Beschäftigte), wurde 1976 der erste CNC-Drehautomat ausgeliefert, lag 1980 der Umsatzanteil der rechnergesteuerten Drehmaschinen bei ca. 30 Prozent und 1985 bei etwa 75 Prozent. Ungefähr 98 Prozent des Umsatzes entfielen 1985 auf vertikale Mehrspindelbearbeitungszentren, auf deren Produktion sich die 260 Mitarbeiter zählende Stama Maschinenfabrik GmbH in Schlierbach bei Göppingen (gegr. 1938) konzentrierte. Fortuna-Schleifmaschinen wurden für den Einsatz im CNC-Betrieb ausgerüstet. Die Bedeutung der NC-gesteuerten Werkzeugmaschinen, der Bearbeitungszentren und der Industrieroboter (vier Grundbauarten) nahm in den letzten Jahren stark zu. An die Grenzen ihrer potentiellen Einsatzmöglichkeiten, abhängig vor allem von der Leistungsfähigkeit der Steuerung und von den Absatzchancen, sind sie längst nicht gestoßen. Gleiches galt für die Faszination der CAD/CAM, für die computergestützte Konstruktion und Fertigungssteuerung, gewissermaßen das »elektronische Reißbrett«. Durch zentralen Rechnereinsatz die Durchlaufzeit der Produktion zu erhöhen und dadurch die gebildeten Automatisierungsinseln miteinander zu verknüpfen, waren bisher nur minimale Erfolge beschieden.

In der Frage des betrieblichen Wachstums erkannten mittelständische Unternehmen

Entwicklung der Industriegruppe Maschinenbau (Monatszahlen nur Sept. 1986)				
	1967	1973	1980	1986 Sept.
Betriebe	1 135			1 420
Beschäftigte	248 355	292 625	262 010	259 063
Umsatz in Mio. DM	9 347	17 332	30 206	4 034
Umsatz je Beschäftigten in DM	37 637	59 229	115 285	15 569

gewöhnlich die eigenen Grenzen und Möglichkeiten und verhielten sich ihr gegenüber differenziert. Auch Ablehnung von Wachstum über die Inflationsrate hinaus war zu hören. »Wachsen wollen wir nicht mehr«, erklärte Alfred Eisele von der Maschinenfabrik Chr. Eisele GmbH, Köngen (gegr. 1945; 1985: ca. 30 Mio. DM Umsatz, etwa 180 Mitarbeiter), Hersteller von Metallsägen (seit 1983 rechnergesteuert). Sein Ziel sei vielmehr, sich gegen die zehn bis zwölf Konkurrenten zu behaupten. Starke badische Wettbewerber gehörten dazu, Kaltenbach in Lörrach und die Kasto GmbH in Achern. Mit einer geringeren Umsatzrendite als von 4 bis 5 Prozent wollte sich Seniorchef Eisele allerdings nicht zufriedengeben. Zu den Maschinenbauern im Lande, deren Unternehmenspolitik nicht auf Umsatzexpansion, sondern -konsolidierung ausgerichtet war, zählte auch der Chef der Maschinenfabrik Kibler in Bad Waldsee (KIWA), ein aus einer 1913 gegründeten Reparaturschlosserei hervorgegangenes Unternehmen (1984: 160 Beschäftigte). Der auf agrarwirtschaftlichen Bau- und Maschinenbedarf spezialisierte Betrieb machte sich durch die gegen mancherlei Widerstand seit 1960/61 entwickelten und gebauten, für die Viehwirtschaft nützlichen Kiwa-Greiferhöfe, im Grunde dem Industriezeitalter angepaßte, stahlkonstruierte Scheunen, insbesondere im benachbarten Ausland einen guten Namen. Aus elektrisch gesteuerten Laufkränen und Greiferhöfen (Futterbergehallen) bestand zu 90 Prozent der Fabrikumsatz der letzten Jahre.

Im Landmaschinengeschäft, abhängig von der stark wechselnden Einkommensentwicklung und Liquidität der Landwirtschaft, bedurfte es der Fähigkeit, auf steinigem Feld erfolgreich zu sein. Bereits die zweite Hälfte der sechziger Jahre lief für die Landmaschinenfabrikanten und die Schlepperhersteller nicht gut. Bei Fahr in Gottmadingen lagen die erwirtschafteten Umsatzerlöse 1969/70 (200,3 Mio. DM) nur wenig höher als 1964/65. Seit 1968 leitete die enge Verbindung mit dem Mehrheitsaktionär

Klöckner-Humboldt-Deutz AG, Köln (99,5 %), eine neue Ära in der Fahr-Ge-schichte ein, die zunächst durch starkes Umsatzwachstum (bis 1974 im Jahresmittel von 13,5 %) und bis heute durch Ausbau und Pflege des Auslandsgeschäfts gekenn-zeichnet war (1976 Exportquote 51 %). Im Jahre 1975 mußte jedoch der zweitgrößte deutsche Mähdrescherlieferant (seit 1972 Einführung von Großmähdreschern mit hy-drostatischem Antrieb) und Euro-Marktführer bei Heumaschinen mit aufgelösten Rückstellungen Verluste ausgleichen. Der Feldhäcksler von Fahr, nach modernsten landtechnischen und maschinenbaulichen Gesichtspunkten gestaltet, galt 1976 als Leitprodukt einer neuen Feldhäckslergeneration. Einen gigantischen Anstoß erfuhren bis 1984 mit 1,1 Mio. Stück die Kreiselmaschinen (darunter vor allem die Kreiselheuer) des Gottmadinger Deutz-Fahr-Werks (1985: 3066 Beschäftigte; 1249 Mio. DM Um-satz; 66 % Exportanteil). Auch das Gottmadinger Zweigwerk blieb von Rückgängen nicht verschont. Etwa seit 1980 bewegte sich die westliche Landmaschinenindustrie der stark rückläufigen Nachfrage, gewaltiger Überkapazitäten und des aggresiven Verdrängungswettbewerbs wegen gleichsam in einem »Tal der Tränen«. Der namhaf-ten Firmengruppe Gebr. Holder GmbH in Metzingen (gegr. 1888; 1985: etwa 900 Be-schäftigte), Hersteller hauptsächlich von Pflanzenschutzgeräten und Spezialschlep-pern, gelang nicht die Erschließung neuer Märkte. Sie steuerte seit 1984 (Umsatz etwa 130 Mio. DM) in die Insolvenz. Die Landtechnik-Firmengruppe Johannes Rau GmbH, Weilheim an der Teck (»Rau-Kombi-System«), machte im Ausland gute Um-sätze (Umsatz in Mio. DM 1984: 201,3; 1985: 225,6).
Führende Hersteller überzeugten durch moderne Landtechnik, für die Zulieferer wie Bosch und die Zahnradfabrik Friedrichshafen viel Neuerungsaktivität einbrachten, und zeigten sich expansiv durch Konzentrationen zu Vollprogrammen und die Aus-weitung ihrer internationalen Vertriebsorganisation. Die exportstarke deutsche Deere-Gruppe (Umsatz in Mrd. DM 1983/84: 1,6; 1984/85: 1,9), in der die Heinrich Lanz AG aufgegangen war, behauptete sich (Werke in Mannheim, Bruchsal, Zwei-brücken) an der Spitze der deutschen Landmaschinenindustrie. Auf dem schwierigen, vom Rückzug der kleinen Hersteller gekennzeichneten Schleppermarkt ging die tech-nische Entwicklung zu immer stärkeren, größeren und schnelleren Ackerschlepper-typen hin mit Höchstleistungen um 300 PS, 12 t schwer und einer Geschwindigkeit von 30 km/h und mehr. Billiger wurde dadurch die landwirtschaftliche Produktion nicht, zumal die gewaltigen Maschinenkapazitäten in den bäuerlichen Familienwirt-schaften Baden-Württembergs meist nicht voll ausgelastet werden konnten. Fragte man nach den Gründen für den Einsatz der ständig in ihren Leistungen gesteigerten Landmaschinen, Pflüge usw., ihrer ausgedehnten Arbeitsbreite, die wiederum stär-kere Schlepperleistungen erforderten, dann wurde gewöhnlich auf die abnehmende Zahl der in der Landwirtschaft Beschäftigten verwiesen. Das Problem, die Rentabilität

der Landmaschinenindustrie der unrentablen Landwirtschaft besser anzupassen, hat weiterhin Zukunftschancen. Schon 1971 galt die nebenerwerbsgeprägte baden-württembergische Landwirtschaft als voll- bis übermechanisiert (Schlepperdichte je 100 Betriebe über 150; 1972: Schleppernennleistung 66 180 320 PS). Dennoch stieg die Zahl der immer leistungsstärkeren Schlepper weiter, verdoppelte sich von 1960 bis 1976 (265 800 Schlepper in 148 300 Betrieben). Gleichzeitig nahm die Verwendung von Vollerntemaschinen zu (Zahl der Mähdrescher 1960: 6500; 1972: 33 639). Die seit Jahrzehnten angestrebte Organisation des überbetrieblichen Maschineneinsatzes in Form der Maschinenringe oder des Lohnunternehmers fand bisher nicht den gewünschten Widerhall.

Obwohl auch den Baumaschinenmarkt seit dem Tief der Erdölkrise 1974/75 im Inland allgemein nur kurze und relativ schwache Belebungstendenzen erfaßten, setzte der seit 1969 umgruppierte Liebherr-Konzern, regiert von Hans Liebherr ohne Büro und Sekretärin, zumindest in den siebziger Jahren sein erstaunliches, Rekordmarken erreichendes Wachstum fort (Zuwachsrate im Jahresmittel 1974–1979: 17 %: vollkonsolidierter Umsatz in Mrd. DM 1974: 1; 1979: 2; 1985: 2,61). Der Export – namentlich in die OPEC-Länder – entwickelte sich zeitweilig zur tragenden Wachstumsstütze des in Deutschland führenden und international maßgeblichen Baumaschinenanbieters. Um das im Laufe der Jahre komplettierte Baumaschinenprogramm (1984: u. a. 60 Fahrzeug- und Baukrantypen, 20 Baggertypen, 13 Raupentypen, 5 Radlader, 21 Fahrmischer und Mischanlagen) gruppierten sich von Anbeginn – da Liebherr nicht allein auf den Erfolg seiner in Biberach hergestellten Kranen setzte – durch gezielte, breite Diversifikation weitere Produktbereiche wie die Fertigung von Werkzeugmaschinen und Materialflußtechnik, die Sparte Flugzeugausrüstungen und die erfolgreich auch für andere Markenhersteller tätige Kühl- und Gefriergeräte produzierende Liebherr-Hausgeräte GmbH in Ochsenhausen und Lienz/Österreich.

Nachdem die ausländischen sowie die acht deutschen, im schwäbischen Oberland (Biberach, Kirchdorf, Ochsenhausen, Bad Schussenried, Ehingen) und im bayerischen Allgäu gewöhnlich auf der »grünen Wiese« errichteten Betriebe 1969 zu selbständigen GmbHs aus der damaligen Einzelfirma Liebherr gegründet worden waren, wurden sie 1976 zu zwei rechtlich selbständigen Konzernen zusammengefaßt. Neben den deutschen Liebherr-Konzern mit der Liebherr-Holding in Biberach an der Spitze trat die inzwischen 31 Liebherr-Gesellschaften im Ausland unter einem Dach vereinende, in der Schweiz ansässige Liebherr-International AG. Aus ihr ging 1984 die zentral leitende Obergesellschaft des gesamten Konzerns (41 Gesellschaften) mit einem von der Familie Liebherr gehaltenen Aktienkapital von 560 Mio. sfr hervor.

Durch die Vielzahl von eigenen Produktions- und Vertriebsgesellschaften im Ausland, die erstmals 1983 dem Bruttoumsatz der deutschen Gesellschaften nahekamen,

sicherte sich Liebherr seine Positionen auf den internationalen Märkten. Die weit geringeren Zuwächse der achtziger Jahre (Jahresmittel 1980–1985: 5,2 %) wurden in erster Linie im Ausland erzielt, die Wertschöpfung dagegen in der Hauptsache auf deutschem Boden (1984: deutsche Gesellschaften 7729 Mitarbeiter von insgesamt 12 749
Beschäftigten). »Heute erhalten ist schwerer als damals aufzubauen«, beurteilte Hans
Liebherr die jüngste Entwicklung, die trotz Flaute in der Bauindustrie der Liebherr-
Gruppe 1985 jedoch ein gutes Baumaschinengeschäft bescherte. Die Misere bestimm-
ter Sparten des Baumaschinenmarkts nannte die Elba-Werk Maschinen-Gesellschaft
mbH, Ettlingen (1985: 420 Beschäftigte; 145 Mio. DM Umsatz) Ende 1986 als Haupt-
grund für die eigene Zahlungsunfähigkeit.
Die Bau-Baisse hinterließ Wunden. Man könnte an Kaelble in Backnang, den 1984
kräftig auf 78 Mio. DM abgesackten Umsatz der Mannheimer Straßenbaumaschinen-
Firma Joseph Vögele und ihre Durststrecke oder an das Fuchs-Baggerwerk in Bad
Schönborn, vielleicht auch an die sehr innovativen und flexiblen Kramer-Werke
GmbH, Überlingen am Bodensee (1984: rd. 700 Mitarbeiter, 80 Mio. DM Umsatz),
denken. Kramer bot in seinen modernsten Systemschleppern (die Serienschlepperpro-
duktion lief ab 1973 aus) und in seinen über 10 000 bisher im In- und Ausland verkauf-
ten Baumaschineneinheiten (mittlere und kleinere Schaufellader, allradgetriebene
Baggerlader) ausgefeilte Technik. Daß es auf dem südwestdeutschen Baumaschinenmarkt nicht an Wettbewerb mangelte, dafür sorgten auch die Zeppelin-Metallwerke,
Friedrichshafen (Name seit 1961), seit 1954 alleiniger Vertreter in der Bundesrepublik
Deutschland für das Produktprogramm der Caterpillar Tractor Company, USA, der
Welt größter und ältester Hersteller von Erdbewegungsmaschinen. Mit einer Zuwachsrate im Jahresmittel von neun Prozent steigerten die Zeppelin-Metallwerke von
1973 bis 1984 ihren Umsatz (auf 783 Mio. DM; 1915 Beschäftigte). Davon entfielen ca.
90 Prozent auf den Bereich Handel und Service u. a. mit Caterpillar-Baumaschinen,
mit Motoren und japanischer Robot-Technik (Hitachi). Der eigenen Fertigung von
Großbehältern, von Fahrzeugaufbauten und komplizierten, technisch sehr anspruchsvollen Richtfunk- und Radaranlagen (darunter die berühmte Interferrometer-
antenne zur Flugbahnbestimmung von Satelliten) entstammten etwa zehn Prozent des
Umsatzes. Auch kleinere Zeppelin-Baumaschinen gehörten zur Angebotspalette. Zur
Vollauslastung der Kapazitäten trug nach schwachem Geschäftsjahr 1985 (Umsatz
751 Mio. DM; 1880 Beschäftigte) im Jahre 1986 auch das Hochlaufen eines großen Ka-
binenauftrags für die Bundeswehr bei.
Einen für Außenstehende höchst ungewöhnlichen, weil kaum vorauskalkulierbaren
steilen Aufstieg nahm ein anderes, ebenfalls von den mehr und weniger starken Re-
gungen der Baukonjunktur in fast allen Ländern der Erde abhängiges Unternehmen,
die Familienfirma Andreas Stihl, Waiblingen (Eigenkapital 186,6 Mio. DM), mit

einem Weltmarktanteil von 26 Prozent führender Hersteller von Motorsägen (Kettensägen). Im Jahre 1973 übernahm Dipl.-Ing. Hans Peter Stihl als alleiniger persönlich haftender Gesellschafter die Verantwortung über die Geschicke des ererbten, schwach diversifizierten Unternehmens (Umsatz 222,1 Mio. DM; 2500 Mitarbeiter). Damals befand es sich bereits in stürmischer Aufwärtsentwicklung. Die wichtigsten Etappen in der Entwicklung der Sägetechnologie waren bewältigt, der Weg von der Einmann-Motorsäge zur ersten wirklichen Leichtsäge 1954 über das Kraftpaket der getriebelosen Stihl-Motorsäge 1959 (6 PS, 12 kg schwer) bis hin zur Einführung der vollgekapselten elektronischen Zündanlage 1968. Die technische Marktführerschaft Stihls auf dem Gebiet der nicht zu überhörenden Motorsägen – erst neuerdings von der Stiftung Warentest gleichermaßen wie die Konkurrenzmodelle der Solo Kleinmotoren GmbH, Sindelfingen, wegen ihrer guten Qualität gelobt – bildete das eine wesentliche Element für Markterfolg. Die systematisch ausgebaute internationale Markterschließung mußte gleichgewichtig als weiteres Element dazukommen, erst die Ausfuhr über Exporthäuser, dann über ein aufgebautes Großhändlersystem und schließlich in einem dritten Schritt der Aufbau von Vertriebs- und Produktionstochtergesellschaften (derzeit 6 Inlands-, 4 Auslandswerke und 6 Vertriebsgesellschaften mit 5487 Beschäftigten). Für ein zunehmend humaner zu handhabendes Arbeitsgerät, in eine Massennachfrage hineingewachsen, mußten Wege des Massenvertriebs gefunden werden.

Im positiven und negativen Sinne von den Verschiebungen im Energiepreisgefüge beeinflußt und abhängig von Konjunktur, Wachstum und Wechselkursen, stieg der Absatz von Benzinmotorsägen von 1974 bis1980 auf dem Weltmarkt von 3,1 auf 5,8 Mio. Stück, um jedoch in den folgenden drei Jahren fast wieder auf das Ausgangsniveau zurückzufallen. Trotzdem erwirtschaftete Stihl in den zehn Jahren von 1975 bis 1985 einen Umsatzzuwachs im Jahresmittel von beachtlichen 14,4 Prozent (Gruppenumsatz in Mio. DM 1984: 911; 1985: 1106) und steigerte das Auslandsgeschäft, das Lieferungen in 130 Länder umfaßte, auf etwa 88 Prozent, eine Spitzenexportquote. Neben dem beherrschenden Hauptprodukt Motorsägen trugen die sukzessive ausgebauten, an den Sägemotor angesetzten Diversifikationsprodukte (Motorsensen, -heckenscheren usw.) zu den Verkaufserfolgen bei.

Technische Marktführerschaft im Bereich der Holzbe- und -verarbeitung konnten nicht wenige mittelständische Familienunternehmen Baden-Württembergs für sich in Anspruch nehmen, nur stellten sie nicht Massenprodukte her und bewegten sich daher nicht in entsprechenden Umsatzdimensionen. In der in den siebziger Jahren am Markt durchgeschlagenen Profiliertechnik gebührte der Linck Holzverarbeitungstechnik GmbH, Oberkirch (1981: 373 Beschäftigte; 55,5 Mio. DM Umsatz) eine Schrittmacherfunktion, die auch in einem Export in 50 Länder (Exportanteil bis zu 70 %)

ihren greifbaren Niederschlag fand. Mit der modernen Profiliertechnik, neue Etappe des technischen Fortschritts, setzte sich für standardisierte Schnittware aus Schwachrundholz (bis 34 cm) eine kostengünstige Einschnitt-Technologie von existenzentscheidender Bedeutung für Sägewerke durch. Die Gefahr, daß Marktvorteile durch Preisschleuderei verschenkt wurden, ließ sich dabei nicht ausschließen. Durch ein stabiles Wachstum, finanziert auch durch Petro-Dollar aus Kuwait, zeichnete sich die Michael Wenig GmbH, Tauberbischofsheim, aus, weltweit führender, exportstarker Spezialist von Kehlmaschinen zum Profilieren von Holzbrettern (1984: etwa 870 Mitarbeiter; ca. 160 Mio. DM). Eine beachtliche Stellung am Markt sicherten sich verschiedene Hersteller von Kantenanleimmaschinen (u. a. Reich in Nürtingen unter der Marke »Holz Her« und Ott in Waiblingen, 1824–1986), sofern nicht biblischer Bruderzwist zuweilen die Unternehmenssubstanz auszehrte.

Auf neuen technischen Ideen, Pionierleistungen, die gewöhnlich Bestehendes systematisch und schrittweise weiterentwickelten, basierte die Stärke und das Wachstumspotential von J. M. Voith, Heidenheim. Im Jahre 1961 lieferte die Firma Voith die breiteste Zeitungsdruck-Papiermaschine Europas nach Finnland; 1978 war sie am Bau des leistungsstärksten Wasserkraftwerks der Welt in Itaipu/Brasilien beteiligt; 1982 exportierte sie die breiteste Feinpapiermaschine der Welt nach den USA und stellte 1985 aus einem Guß von 125 t den größten Glättzylinder der Welt fertig. Das Stammwerk, die Voith GmbH in Heidenheim (1985: 120 Mio. DM Stammkapital in Besitz der Familien Voith), steigerte seinen Umsatz von 1974/75 bis 1983/84 im Jahresmittel um 10,2 Prozent (von 355 auf 885 Mio. DM; Mitarbeiter 1974/75: 4846; 1981/82: 6152; 1983/84: 5670). Im Zahlenspiegel der 32 in- und ausländischen Unternehmen des Voith-Konzerns (1983/84: 1,13 Mrd. DM Umsatz; 1985/86 1,6 Mrd. DM; 12 500 Beschäftigte der 15 Unternehmen des Konsolidierungskreises) ging der vom Export getragene Umsatzanstieg in den letzten Jahren mit einem Beschäftigungsanstieg Hand in Hand. Papiermaschinen, Stoff- und Antriebstechnik stellten den Löwenanteil des Wachstums. Je mehr industrieller Fortschritt und zunehmender Wohlstand die Papierflut anschwellen ließen, mit um so größerer Siebbreite und höherer Produktionsgeschwindigkeit arbeiteten die von Voith hergestellten Papiermaschinen (bis 2000 m/min). Der erste Voith-Duoformer, der gleichzeitig die erste und zweite Seite der Zeitung bedruckte, nahm 1978 den Betrieb auf. Mit 1312 Meter Papier pro Minute wurde im April 1986 der Weltrekord bei der Zeitungspapier-Herstellung durch die Voith-Zeitungsdruck-Papiermaschine im Werk Braviken der Holmens Bruk AB (Schweden) vorgegeben.

Computertechnik erhöhte in letzter Zeit den Wirkungsgrad der Voith-Turbinen, des weltweiten Marktführers für Wasserturbinen (Francis-, Kaplan- und Peltonturbinen), von 80 auf 94 Prozent. Voith baute Pumpen für Kraftwerke sowie für Großanlagen der Be- und Entwässerung. Damit wurden auch Marktsegmente abgedeckt, die sich mit denen der Allweiler-Gruppe, Radolfzell (1985: 159,2 Mio. DM Umsatz; 1278 Beschäftigte), überschnitten, deren Lieferprogramm für alle Anwendungsbereiche Pumpenlösungen bot. Im Bereich der Schiffstechnik entwickelte Voith neuerdings Propeller für buggetriebene Schleppfahrzeuge und auf dem Gebiet der Antriebstechnik optimale Lösungen u. a. mit hydrodynamischen und hydrostatischen Komponenten. In der Fluidtechnik erschlossen sich die Heidenheimer – ähnlich wie Herion in Fellbach – ein wichtiges, expandierendes, wenngleich von der Theorie zwar noch nicht voll durchdrungenes Anwendungsgebiet. Fluidtechnik optimierte Lösungen bei Steuerungen und Regelungen durch Proportionalventile. Voith beherrschte zuerst die Wunderwerke hydrodynamischer Getriebe, die gleichermaßen Kraft- und Arbeitsmaschine sein können. In Windkanälen von Voith mit einer Tiefsttemperatur bis – 170° Celsius experimentierten Industrie und Wissenschaft. Der Name Voith schloß seit fast einem Jahrhundert im Schwäbischen die uneingeschränkte Hochachtung vor teilweise epochalen technischen Höchstleistungen ein. Wenn man nach den dazu anspornenden Kräften sucht, sollte die Konkurrenz in wichtigen Produktbereichen zu Escher Wyss Ravensburg, seit 1966 im Sulzer-Konzern, Winterthur, aufgegangen, nicht ganz übersehen werden.

An der Führungsposition der südwestdeutschen Produktion von Maschinen für die Papier- und Druckereiindustrie, nach der Werkzeugmaschinenindustrie bedeutendster Zweig des Maschinenbaus in Baden-Württemberg, war die Elite des badischen Maschinenbaus durch die Heidelberger Druckmaschinen AG (1985 Kapital 120 Mio. DM), eine Tochter der Rheinelektra AG, Mannheim, entscheidend beteiligt. In den sechziger Jahren erregten bereits die Umsätze, Exporterfolge, Erträge und die Neuerungsaktivität der damaligen Schnellpressenfabrik Heidelberg (seit 1967 Heidelberger Druckmaschinen AG) die Aufmerksamkeit der Fachwelt. Welches südwestdeutsche Unternehmen brachte es schon 1963 auf einen Exportanteil von 81 Prozent (damaliger Umsatz etwas über 200 Mio. DM)? Der Absatz bewährter, fast legendärer Tiegeldruckpressen, von Zylinderdruckautomaten und Bogenrotationsmaschinen florierte. Bis 1968/69 (293 Mio. DM Umsatz; 6850 Beschäftigte; Pro-Kopf-Umsatz 42 773 DM) liefen 200 000 Heidelberger Originaldruckmaschinen (41 verschiedene Maschinentypen) vom Band. Auf den neuen verstärkten Trend der ausgehenden sechziger Jahre zur »Simultandruckerei«, in der Buchdruck- und Offsetmaschinen (indirekter Flachdruck über Druckplatte und Gummituch) nebeneinander und im Verbund arbeiteten, rüsteten die Heidelberger rechtzeitig um. Eine Art Kombination von veralteter Buchdrucktechnik mit der modernen Offsetmaschine wurde als »Heidelberger Zwitter« von den sich umstellenden Druckereien als Einstiegsgerät begrüßt. 1971 brachten die Heidelberger die international gut aufgenommene Offset-Zweifarbenmaschine neu auf den Markt. Mehrfarbenmaschinen folgten, kurz darauf das sog. Schön- und Wiederdruckverfahren, bei dem der Papierbogen im Gerät gewendet wurde, und Anfang der achtziger Jahre die auf leichte Bedienbarkeit und kurze Rüstzeiten ausgerichtete Elektronik. Zu dem Angebot ambitionierter Technik gesellte sich eine intensive weltweite Kundenpflege, nicht minder Voraussetzung für eine Ausfuhr in mehr als 120 Länder und eine Exportquote von 84 Prozent, wie sie schon 1973 (476,8 Mio. DM Umsatz; 7291 Beschäftigte) erzielt wurde. Der Umsatzeinbruch nach der Erdölkrise konnte rasch wettgemacht werden und wich bis 1984 (Umsatz der AG in Mrd. DM: 1,27; 1985: 1,6) einem, durch keine weltwirtschaftliche Rezession aufzuhaltenden Wachstum (im Jahresmittel rd. 13 %). Im Herbst 1981 wurden die Bogenoffsetmaschinen um eine kleinere Rollenoffsetmaschine ergänzt, im März 1984 zwei kleinere T-Offset-Modelle (Preis 35 000–38 000 DM) herausgebracht, die den Markt für Kleinstdrucksachen – auch in Konkurrenz zu den Copyshops – erobern sollten. Obwohl es weltweit nur etwa 150 000 Druckereien gibt, stellte die exzellent geführte, stark ausgelastete, ertragreiche Heidelberger Druckmaschinen AG bis 1985 über 300 000 Maschinen auf. Bewährt hat sich auch die Innovationsphilosophie des »größten Druckmaschinenherstellers der Welt«, jeden Innovationsschritt sorgfältig abzusichern, bevor der nächste getan wird. Zur Frage der Standortwahl des neuen, seit 1983 aus eigener Kraft aufgebauten Werkes Amstetten auf der Alb erläuterte Vorstandschef Zimmermann: »Nur in der Bundesrepublik finden wir Facharbeiter, die unsere Qualitätsanforderungen garantieren.«

Produktionsergebnisse der Maschinenindustrie					
Maschinen der:	1956	1970		1980	
Bauwirtschaft	17310 t	133200 t	920,1 Mio. DM	161284 t	1599,5 Mio. DM
Holzbe- und -verarbeitung	20818 t	40600 t	490,7 Mio. DM	—	1023,2 Mio. DM
Landwirtschaft	60069 t	67400 t	396,9 Mio. DM	58468 t	539,2 Mio. DM
Nahrungsmittel- industrie	29404 t	17600 t	204,8 Mio. DM	20856 t	461,2 Mio. DM
Papier- und Druck- industrie	60212 t	82400 t	890,0 Mio. DM	98515 t	2077,9 Mio. DM
Textilindustrie	13171 t	43000 t	734,6 Mio. DM	39320 t	582,9 Mio. DM

In der Automatisierung der Nahrungsmittelindustrie taten sich verschiedene Maschinenfabriken als Wegbereiter hervor. Die Gericke GmbH in Singen-Rielasingen (1986: 75 Mitarbeiter; ca. 15 Mio. DM Umsatz) spezialisierte sich auf die Fertigung von hochpräzisen, staubfrei arbeitenden Dosieranlagen namentlich für die Nahrungsmittelindustrie. Bäckerhandwerk und Brotfabriken erblickten namentlich in der erfindungsreichen Maschinenfabrik Werner & Pfleiderer, Stuttgart-Feuerbach (1985 Kommanditkapital 21,6 Mio. DM) den traditionellen Partner. Der im Inland unangefochtene Marktführer im Bereich der revolutionierten handwerklichen Backtechnik bezog Mikrocomputer-Steuerungen in seine neuesten Backöfen ein, lieferte vollautomatische Anlagen für die industrielle Herstellung von Brot, Brötchen, Kuchen, Cocktailgebäck sowie von arabischem Fladenbrot und verstärkte seine mit erheblichem Risiko behafteten Exportaktivitäten in Nahost und auf dem afrikanischen Kontinent.

Etwa die Hälfte des Umsatzvolumens kam im letzten Jahrzehnt aus dem sich Anfang der achtziger Jahre stark negativ entwickelnden Geschäftsbereich Backtechnik herein, die andere Hälfte aus den bemerkenswert expansiven Geschäftssparten Kunststoff-, Chemie- und Gummitechnik (Granulier- und Knetanlagen, Schneckenmaschinen, Trocknungsanlagen u. a.), Resultate einer zielstrebigen Diversifikation. Der gestiegene Export und die rechtzeitig erkannte Umstellung auf den Bau von kleineren Maschinentypen für die Kunststoffherstellung hob den Umsatzzuwachs von 1974 bis 1981 im Jahresmittel auf rund 7 Prozent (1981: Umsatz 481,8 Mio. DM; 3136 Mitarbeiter). Die vielen kleinen, innovationsfähigen deutschen Kunststoffmaschinenbauer, die immer wieder Verblüffendes produzierten, waren technologisch unbestritten Nummer eins auf der Welt. Einen Freibrief für ökonomische Aufwärtsbewegung aber besaßen auch sie nicht. W & P rutschte wegen katastrophaler und kostspieliger Einbußen im Auslandsgeschäft in ein geschäftliches Tief, das erst 1985 die Kraft der Gegenbewegung überwand (Umsatz des Stammhauses in Mio. DM 1984: 399; 1985: 455). Die Suche nach einem neuen Teilhaber, da Baker-Perkins, seit 1927 Kommandantist und selber auf den Weltmärkten W & P-Konkurrent, verkaufen wollte, endete zum Jahresende 1985 überraschend mit der Übernahme der Mehrheitsbeteiligung von 50,1 Prozent durch die Friedrich Krupp GmbH, Essen.

Während sich W & P von der durch heftige Preiskämpfe namentlich mit der nachbarlichen Konkurrenz wenig ertragreichen Oberflächentechnik (Lackier- und Trocknungsanlagen) trennte, liefen die Geschäfte der stark auslandsorientierten Dürr GmbH, Stuttgart (Umsätze der Dürr-Gruppe in Mio. DM 1980: 383; 1984: 594; 1985: 689; 3009 Mitarbeiter; Pro-Kopf-Umsatz 211 387 DM), glänzend. Ganz überwiegend expandierte das Familienunternehmen (1985: 20 Mio. DM Stammkapital), erwachsen aus einem 1932 von Otto Dürr in Bad Cannstatt gegründeten Flaschnereibetrieb, durch Lieferungen von Lackier- und Förderanlagen an die Automobilindustrie, der man auch an ihre neuen, überseeischen Produktionsstandorte eilfertig folgte.

Ein gut diversifiziertes mittelständisches Unternehmen, die Albert Handtmann Ma-

schinenfabrik GmbH, Biberach – 1873 von einem Waffenschmied als Messinggießerei
für Armaturen des Brauerei- und Brennereibedarfs gegründet – eroberte sich durch
bewährte technische Neuentwicklungen in der Automatisierung der fleischverarbei-
tenden Betriebe in Industrie und Handwerk eine Spitzenstellung. Im Jahre 1954 begann Handtmann gegen starke Konkurrenz mit dem Bau von Fleischereimaschinen,
von Füllmaschinen (Öldruckfüller), die die altertümlichen, in ihrer Bedienung viel
Handarbeit und Geschicklichkeit erfordernden »Wurstspritzen« des »Dampfmaschinenzeitalters« verdrängten. Eine perfektionierte Technik führte 1966 zu der maschinellen Pionierleistung des Vakuumfüllautomaten mit Flügelzellenförderwerk und automatischer Portionierung. Über 5000 Geräte – im Grund Verpackungsautomaten
von Wurstmasse – verkaufte Handtmann von 1966 bis 1984 im In- und Ausland,
exportierte sie in 60 Länder, sogar bis nach Japan und China. Zu der nach siebenjähri-
ger Entwicklungszeit 1982 vorgestellten automatischen Würstchenaufhängung auf
den Rauchstock bedurfte es noch nicht der Robottechnik. Die vier Handtmann-Fir-
men (Metallgußwerk, Maschinenfabrik, Armaturenfabrik und Elteka-Kunststoff-
technik) erreichten 1984 ein Umsatzvolumen von ca. 137 Mio. DM (850 Beschäftigte;
Umsatz 1974: 53 Mio. DM), wobei der Maschinenbau ca. 40 Prozent ausmachte.
In der relativ jungen Industrie der Verpackungsmaschinenherstellung (Wert in Mio.
DM 1980: 411,2; 1982: 600,6) eröffnete sich besonders dem Erfindungs- und Taten-
drang lokal und regional verwurzelter mittelständischer Unternehmen (in der Bundesrepublik rd. 140 Betriebe) ein weites, neuerdings mit Elektronik angereichertes
Aktionsfeld, wenn es vor allem auf neue Speziallösungen ankam. Erfolgsideen sicher-
ten dem Konstrukteur Gerhard Schubert, dem »Verpackungskünstler von Crails-
heim«, in kurzer Zeit den Aufstieg zu einem heute maßgebenden Lieferanten von Verpackungsautomaten. Für die Carl Edelmann GmbH, Heidenheim (1984: 106 Mio.
DM Umsatz; 800 Beschäftigte), ein führendes Unternehmen auf dem Gebiet der Falt-
schachtelverpackungen, baute Schubert die ersten Maschinen. Zum Kernstück des
Maschinenbauprogramms des 1964 gegründeten Schubert-Unternehmens (1984: 24
Mio. DM Umsatz; 220 Mitarbeiter) wurde eine genial konstruierte vollautomatische
Schachtelaufrichtemaschine. Um das voll patentierte Aggregat gruppierte sich allmählich eine Familie weiterer Geräte zum Füllen und Schließen von Verpackungen, 1981
ein als Einlegegerät arbeitender, frei programmierbarer Roboter. Nicht selten entwikkelte die Verarbeitungsindustrie selber oder in Verbindung mit befreundeten Maschi-
nenbaufirmen eigene Maschinen und Anwendungsprogramme, die nicht für den
Markt bestimmt waren, um nicht den erreichten technischen Vorsprung den Wettbewerbern preiszugeben. Starke Konkurrenz in der Verpackungstechnik entfachten die
potenten Massenhersteller, die auch international erfolgreichen Großunternehmen
(IWK-Verpackungstechnik GmbH, Stutensee-Blankenloch; Schuler-Anlagen, Göp-

pingen; Bosch – Geschäftsbereich Verpackungsmaschinen u. a.). Als weltweit führend im Getränkemaschinenbau galt die mit der Badischen Kommunalen Landesbank verbundene Seitz Enzinger Noll Maschinenbau AG, Mannheim (gegr. 1887; Umsatz in Mio. DM 1982: 412,9; 1983: 394,7; 2971 Beschäftigte; 1985: Kapital 27,6 Mio. DM), nunmehr im Mehrheitsbesitz der Klöckner-Werk AG, Duisburg.

Auf wichtigen Teilmärkten im Textilmaschinenbereich entbrannten im letzten Jahrzehnt vorhandener Überkapazitäten wegen weltweit heftige Preiskämpfe, deren Auswirkungen in der baden-württembergischen Makrostatistik ihren negativen Niederschlag fanden. Die leistungsfähigen japanischen Anbieter Toyota und Howa bauten ihre Stellung auf dem Weltmarkt für Ringspinnmaschinen aus und brachten die Zinser Textilmaschinen GmbH, Ebersbach, ein Familienunternehmen, in Schwierigkeiten. Es wurde von der Textilmaschinenfabrik W. Schlafhorst & Co., Mönchengladbach, übernommen. Nach Verlustjahren erzielte Zinser 1984 (Umsatz in Mio. DM: 198,6; 1983: 132,7) im Kampf um Weltmarktanteile für Ringspinnmaschinen ein wenn auch noch nicht befriedigendes Ergebnis. Marktchancen eröffneten sich den südwestdeutschen Herstellern von Textilmaschinen durch Produktinnovation, die auf die Senkung des Energieverbrauchs, auf Automatisierung und auf flexible Systeme mit dem Ziel des bedienungsarmen Textilbetriebes gerichtet waren. Viel unternehmerischen Mut zeigte die Spindelfabrik Suessen (gegr. 1920), Hersteller von Komponenten, als sie 1980 eine eigene Parallelgarn-Spinnmaschine auf den Markt brachte.

Vom Boom der südwestdeutschen Maschenwarenindustrie profitierte der maßgebende Strickmaschinenhersteller, die H. Stoll GmbH, Reutlingen (1984: 170 Mio. DM Umsatz; über 1000 Mitarbeiter), wohl nur teilweise, da etwa 75 Prozent ihrer Maschinen ins Ausland verkauft wurden. Die Tradition von Terrot setzte bis in die Gegenwart auch die Union Special GmbH in Stuttgart (1985: 100,4 Mio. DM Umsatz; ca. 600 Beschäftigte) als Hersteller von handgesteuerten bis frei programmierbaren Kettenstichmaschinen fort. Mit der 1985 herausgebrachten, nach neuem Stichbildungsprinzip arbeitenden Kettenstichmaschine Typ 600 bewies das Unternehmen erneut seine Innovationsaktivität, die in Verbindung mit dem auf Kundenwünsche zugeschnittenen Spezialmaschinenprogramm angesichts des fernöstlichen Wettbewerbsdrucks bisher Gewähr für internationale Marktpräsenz bot. Die 100prozentige Tochter der amerikanischen Union Special ist der letzte Nähmaschinenhersteller (Sackzunähmaschinen!) in Baden-Württemberg. Karlsruhe konnte sich als Hochburg der Nähmaschine nicht mehr halten. Die jahrzehntelange Expansion der japanischen, nationalchinesischen und koreanischen Nähmaschinenhersteller auf dem Weltmarkt verursachte beim amerikanischen Singer-Konzern, dem einst größten Hersteller von Nähmaschinen in der Welt, eine unaufhaltsame Schrumpfkur, die 1986 mit der notgedrungenen Einstellung der Nähmaschinenproduktion endete.

Bis zur »Erdölkrise« 1973/74 spielte der Maschinenbau, hinsichtlich seines Beschäfti-
gungs- und Umsatzvolumens nach wie vor der größte Industriebereich Baden-Württembergs, zusammen mit Elektrotechnik und Fahrzeugbau die bedeutendste Rolle als
wirtschaftlicher Wachstumsmotor. Die »Erdölkrisen« nahmen ihm Finanzkraft und
damit Wettbewerbschancen. Trotz gelegentlicher Zwischenhochs – 1980 u. a. –
kämpfte der Maschinenbau insgesamt, von 1975 bis Anfang der achtziger Jahre hauptsächlich um den Besitzstandserhalt, um die Überwindung schwerer Umsatzeinbrüche
und ihrer Folgen. Einzelne Branchen und Firmen durchstanden diese Durststrecke
dennoch nicht nur ohne Schaden, sondern konnten auch ihr Wachstum fortsetzen.
Vor allem dadurch kam ein Anstieg des Beschäftigungsanteils des baden-württembergischen Maschinenbaus im Bundesgebiet (1985: 25,9 %; 1970: 23,6) zustande, der das
bewährte Durchstehvermögen der südwestdeutschen Investitionsgüterindustrie in
Krisenzeiten bestätigte.
Erst 1984/85 näherte sich der Maschinenbau wieder einem lange herbeigewünschten
Aufschwung, von dem freilich nicht alle Fachzweige gleichmäßig profitierten. Während einer jahrelangen, in den Bilanzen häufig nur mühsam verdeckten Talfahrt hatten
sich Technologie, Angebots- und Nachfragestrukturen auf dem Weltmarkt und seinen unzähligen Spezialmärkten grundlegend gewandelt, so daß die neuerliche Bergfahrt in einem gegenüber der Zeit vor der »Erdölkrise« veränderten Umfeld stattfand.
»Erblast« ließ sich nicht in jedem Falle umschulden. Aufgrund der ausgewiesenen Jahresüberschüsse errechnete sich bei Maschinenbau-Aktiengesellschaften 1983 und 1984
eine Umsatzrendite von unverändert 3,3 Prozent und 1985 von 4,2 Prozent als Folge
zweistelliger Zuwachsraten bei der Gesamtleistung. Die Eigenkapitalrendite erreichte
zwar 1985 hohe 17,4 Prozent, doch lag die Eigenkapitalausstattung im Maschinenbau
am Anfang der achtziger Jahre unter dem Durchschnitt der baden-württembergischen
Industrie. Infolgedessen war eine Investitionsfinanzierung allein aus den Abschrei-
bungen nicht möglich. Um so entscheidender für die Wettbewerbsfähigkeit wurde die
tägliche Nutzungsdauer der teuren Maschinensysteme. In der Heidelberger Druckmaschinen AG läuft bereits ein 20-Stunden-Schichtbetrieb und liegen die Maschinen
nur in vier Nachtstunden still. Aus dem Angebot des Maschinenbaus von heute zeich-
nen sich die Konturen der Fabrik von morgen ab. Auch in ihr – so viel ist sicher – kann
auf den Menschen nicht verzichtet werden, weil stets der Mensch das Maß aller Maschinen, aller Dinge bleibt.

Metallverarbeitung: Guß, Druck, Präzision

Die neuen vielversprechenden Werkstoffe, die im letzten Jahrzehnt den Gebrauch von Eisen, Stahl, Schwermetallen, Aluminium, auch Holz, Asbest u. a. m. einzuschränken suchten, obwohl in ihren Anwendungsmöglichkeiten bisher nicht hinreichend erprobt, haben noch keine spektakulären Einbrüche in den Metallverbrauch bewirkt. Insbesondere den faserverbunden Kunststoffen, in der Luftfahrt- und Freizeitindustrie vielfach verwendet, wurde in naher Zukunft ein riesiger Markt vorausgesagt, nur müßte das Problem des Recycling gebührende Berücksichtigung finden. Noch ist Eisen, hart bedrängt zwar seit Jahrzehnten von den Leichtmetallen, das gewichtsmäßig am meisten industriell verwendete Material. Aluminium gewann im Fahrzeugbau einen bedeutenden Bereich hinzu.

Gießereiproduktion					
	1956		1970	1980	
Eisenguß, Stahlsand	240 787 t	254,7 Mio. DM	249 200 t	200 000 t	543,6 Mio. DM
Stahlguß, Temperguß	–	–	78 400 t	49 000 t	277,3 Mio. DM
Leichtmetallguß	15 011 t	106,4 Mio. DM	53 800 t	61 525 t	717,9 Mio. DM

Der Metallguß ist nach wie vor der kürzeste und wirtschaftlichste Weg vom Rohstoff zum fertigen Produkt. Trotz der Marktverluste im Sanitär- und Heizungsbereich blieben die gewöhnlich mittelständischen Metallgießereien die typischen und unentbehrlichen Zulieferer der Automobilindustrie und der Maschinenbauer. Am stärksten schlug deren Flaute bei den Eisengießereien durch, die zugleich vom Importdruck, von anderen Fertigungstechniken und den NE-Metallgießereien in die Zange genommen wurden und sich in einer langen, schmerzhaften Schrumpfungszeit umstrukturierten (Eisengießereien 1967: 119; 1984: 42). Eingegangene Eisengießereien (Streicher in Stuttgart und Asperg 1982; Barth in Ludwigsburg 1980/81 machten Schlagzeilen). Wegen sich häufender Betriebsverluste gab die renommierte Eisengießerei und Maschinenfabrik Stotz in Kornwestheim (Umsatz in Mio. DM 1969: 30,6; 1976: 46,6) trotz vielseitiger unternehmerischer Anstrengungen 1981 die Gießerei auf und verkaufte ihr gesamtes Werksareal an die Stadt. Die von der Landmaschinenfabrik Fahr in Stockach betriebene Gießerei, über ein Jahrzehnt größter deutscher Sphäroguß-Produzent (bis Ende 1972: 100 000 t), stellte 1984 ihre Produktion ein. 1986 schlossen die

Keramikmaschinen herstellenden Rieter-Werke, Konstanz, trotz vorangegangener Modernisierung ihre defizitäre Gießerei. Andere Betriebe hielten dem Wettbewerbsdruck und Marktbereinigungsprozeß durch rationale Fertigung, hohes Qualitätsniveau und flexible Anpassung an die Anforderungen des Kundengusses stand. Der Umsatz des weltweit operierenden Georg-Fischer-Konzerns Schaffhausen mit Werk Singen (1985: 2487 Mitarbeiter), dem größten Kundengußhersteller in der Bundesrepublik, erreichte 1985 1753 Mio. Franken. Mit einer überdurchschnittlichen Eigenkapitalquote von fast 45 Prozent wirtschaftete die Claas Guß GmbH, Bielefeld, deren Eisenhütte in Saulgau 1983/84 ihre Leistung um kräftige 16 Prozent steigerte. Im Sandformguß gehörte die Gießerei Joh. Grohmann in Bisingen/Zollernalbkreis (gegr. 1954) zu den zehn größten Betrieben im Bundesgebiet. 1981 löste der erste Elektroinduktionsschmelzofen bei Grohmann die ölbeheizten hydraulischen Kippöfen ab.

Erstmals seit zwölf Jahren wurde – wahrscheinlich zur Freude der beiden Aktionäre – ab Geschäftsjahr 1983/84 von den Schwäbischen Hüttenwerken (SHW) GmbH, Aalen-Wasseralfingen, wieder eine Dividende verteilt. Das Stammkapital von 20 Mio. DM hielten zu je 50 Prozent nach wie vor die Gutehoffnungshütte Aktienverein, Oberhausen (nunmehr MAN AG), und das löbliche Land Baden-Württemberg. In dem Umsatzzuwachs im Jahresmittel von 5,4 Prozent von 1975/76 bis 1984/85 (Anstieg auf 332,9 Mio. DM; rd. 2000 Beschäftigte) drückte sich die schwierige Wegstrecke des ältesten Industriewerks Europas aus. Probleme der Umstrukturierung und Konsolidierung waren zu lösen. Vorstandschef Ernst leitete die Diversifizierung des Produktionsprogramms durch sein starkes persönliches Engagement den Marktausbau im In- und Ausland – vielfach eine Marktlückenstrategie – seit den sechziger Jahren ein (1969/70: 157,8 Mio. DM Umsatz; 3224 Beschäftigte). Die Spezialisierung der fünf Gießereien (mit Modellbau), die Konzentration auf den Bau von schwereren Werkzeugmaschinen (inzwischen CNC-Fräs- und Bohrmaschinen u. a.), die Weiterentwicklung der großen Königsbronner Hartgußwalzen, der Aufbau der Produktsparte Verfahrenstechnische Anlagen (Bunkertechnik in der Holzmehlherstellung), die Produktion von pulvermetallurgischen Sinter- und von Schmiedeformteilen gehörten zur Strategie der Marktanpassung eines »uralten« Eisenhüttenwerks. Die Schornsteinindustrie wurde modernisiert. Einschneidende Maßnahmen zur Kostenreduzierung und zum weiteren Ausbau von zukunftsträchtigen Produktbereichen standen seit der »Erdölkrise« im Vordergrund. 1979 ging die Fertigungsstätte Wilhelmshütte der für den Fahrzeug- und Maschinenbau bestimmten Hydraulikaggregate in Betrieb.

Die schon einmal nach 1870 im Werk Wasseralfingen aufgegebene und später wieder von der Maschinenfabrik Esslingen übernommene Produktion von Eisenbahn-Radsätzen wurde 1984 konzernintern mit der bestehenden Fertigung des GHH-Unternehmensbereichs Sterkrade vereinigt. Im Gegenzug wurde der seit dem 19. Jahrhundert in Wasseralfingen heimische Weichenbau – ebenfalls durch Aufträge der Deutschen Bundesbahn leider nicht kontinuierlich ausgelastet – um die international offenbar gut nachgefragten Produktlinien Brückenlager und Fahrbahnübergänge erweitert. Moderne High-Tech-Euphorie übersah gern die Unentbehrlichkeit des Traditionellen, die menschliche Hochschätzung des einfachen Handgeräts insbesondere. Das Werk Friedrichstal war gut beraten, daß es die im 16. Jahrhundert begonnene und heute auf Schmiedemaschinen laufende Produktion von Handwerkzeugen für Land- und Gartenbau wie für die Forstwirtschaft (Spaten, Hacken, Schaufeln usw.) in seinem Programm behielt. Fast alle 13 Sparten der SHW waren im Geschäftsjahr 1985/86 überbeschäftigt. Größter Träger des Umsatzes (392,3 Mio. DM; 2126 Beschäftigte) war der Bereich Maschinen und Anlagen (42 %), gefolgt von der Sparte Formteile.

Das Lob, das dem jüngsten Leistungsstand der Schwäbischen Hüttenwerke gebührte, verdiente auch die eindrucksvolle Verknüpfung von Tradition und Innovation in den vier Werken der Fürstlichen Hohenzollernschen Hüttenverwaltung Laucherthal (Umsatz in Mio. DM 1983: 190; 1984: 215; 1985: 1350 Beschäftigte). Eigentümer der Einzelfirma ist Friedrich Wilhelm Fürst von Hohenzollern. Als Anfang der siebziger Jahre das Massengeschäft mit Blankstahl (heute etwa 15 % des Umsatzes) Probleme brachte, begann eine schwierige Durststrecke für das Unternehmen, die Umstrukturierungen auf neue Fertigungstechniken, neue Produkte und neue Märkte erforderte. Die traditionellen Erfahrungen in der Verarbeitung, im Guß und Schmieden von Schwermetallen (Kupfer, Zinn, Bronze, Blei usw.) kamen der aktuellen Marktanpassung zugute. Die Zollern-Gruppe überwand die Verlustphase durch den Wandel zum Zulieferer, zum Komponentenhersteller für den Schiffs- und Motorenbau (MTU), für die Offshore-Technik, die Luftfahrt, die Energietechnik, die Baufahrzeugproduktion (Liebherr), für viele Bereiche des Maschinenbaus und für die Informationstechnik. Gußerzeugnisse und Antriebselemente machten über die Hälfte des Umsatzes aus.

Als andere das verlustreiche Stahlgeschäft scheuten, die deutschen Stahlkonzerne an Rhein und Ruhr die schlimmste Krise ihrer Geschichte durchstanden, baute sich der Stahlunternehmer und Außenseiter, der Siegerländer Willy Korf, vom badischen Kehl aus ein florierendes, riesiges Stahl-Imperium auf. Technologie war imstande, Standortnachteile in Standortgunst zu verwandeln. Im oft sehr harten Konkurrenzkampf mit etablierten Stahlkonzernen hatte Korf seit 1956 in Kehl im eigenen Werk mit wachsendem Erfolg Baustahlmatten produziert, bis ihm 1961 die Großen (darunter Klöckner) seine mittlerweile drei deutschen Werke zu »einem reizvollen Preis« abkauften. Im Besitz der erforderlichen Eigenkapitalquote, ferner von Handelsniederlassungen der zusammengebrochenen Hugo Stinnes OHG, Mühlheim/Ruhr, und guter Erfahrungen im internationalen Stahlgeschäft probte Korf seit 1963 den Einstieg in eine neue, wirtschaftlichere Technologie der Massenstahlerzeugung. Er hatte den Erfolg der neuen Elektrolichtbogenöfen und der aufgekommenen Stranggußverfahren, geeignet für kleinere, kostengünstig produzierende Werkseinheiten, in den USA und Italien kennengelernt und sah darin seine unternehmerische Chance.

Mit Bankenhilfe nahm Korf im verkehrsgünstig gelegenen und mit notwendiger Stromzufuhr ausgestatteten Kehl 1968 das erste deutsche Elektro-Ministahlwerk auf Schrottbasis in Betrieb, sogleich heftig attackiert vom Preisdumping der Hüttenwerke an der Ruhr. Der angezettelte Betonstahlkrieg konnte – angesichts des herrschenden Betonstahlbooms – die Korf-Gruppe, da sie schon zuvor ein Fünftel des deutschen Betonstahlmarkts beherrschte, nicht in die Knie zwingen. Bereits 1969 wagte Korf den kühnen Sprung nach den USA und errichtete dort nach dem Kehler Muster sein erstes Ministahlwerk. Wiederum war es wenig später vom Schrott unabhängig wachsendes, technologisch Neues, die erfundene Eisenerzreduktion (Eisenschwamm) auf Erdgasbasis unter Umgehung des Hochofens, die den Wagemutigen mit dem Glück des Erfolgreichen lohnte. Die Finanzkraft morgenländischer Petrodollar aus Kuwait verlieh seit 1975/76 der weltweiten Expansion der Korf-Gruppe, einem außerordentlich verschachtelten Konzern (1982: etwa 2,8 Mrd. DM Umsatz), neue Schubkraft. Noch im Spätsommer 1982 hatte eine neue Pilotanlage zur Stahlherstellung mit dem Einsatz minderwertiger, nicht verkokbarer, also billiger Kohle in Kehl »Weltpremiere«. Doch der Preisverfall auf dem US-Stahlmarkt riß schon Mitte 1982 die Korf-Beteiligungsgesellschaften in nicht lösbare Liquiditätsprobleme, in die auch das »Mini-Stahlwerk« am Oberrhein, die Badische Stahlwerke AG, trotz anerkannter Spitzenstellung in Europa, geriet. Vergleichs- und Konkursverfahren wurden eingeleitet. Korf glaubte, der Stahlkrise entrinnen zu können und wurde von ihr eingeholt.

Um die eingeleitete »Sterbehilfe« vernünftigerweise zu einer Überlebenshilfe zu gestalten, wurden unter Einsatz von Massenkrediten bzw. einer 40-Mio.-DM-Landesbürgschaft und durch Aktienkäufe die Badischen Stahlwerke nicht nur vor dem Konkurs gerettet, sondern vor allem aus der Korf-Gruppe herausgelöst und zugleich mit Beteiligungen verkoppelt. Dadurch wurde ihnen der notwendige Unterbau an Drahtverarbeitungsunternehmen verschafft. Im Ergebnis entstand eine neue Badische Stahlwerke-Gruppe, in einer allerdings zunächst wenig durchsichtigen Besitzstruktur durch ein eigenartiges Mutter-Tochter-Verhältnis. Die Neckar-Drahtwerke GmbH, Eberbach (1984: Umsatz bei 150 Mio. DM; Stammkapital 10 Mio. DM), ein 1977 von Korf übernommenes Familienunternehmen, hielt seit 1983 92,5 Prozent des Grundkapitals von 30 Mio. DM der Badischen Stahlwerke, während diese etwa zur Hälfte das Kapital der Neckar-Drahtwerke besaßen. Entscheidend aber war, daß die auf den regionalen Markt zugeschnittenen Badischen Stahlwerke, deren Gründung unbestritten das Verdienst einer wagemutigen Unternehmergestalt bleibt, überlebten und sich weiterhin auf einem hart umkämpften Markt erfolgreich behaupteten (Umsatz in Mio. DM 1982: 303; 1983: 429; 1984: 469; 1985: 475,5; 1051 Beschäftigte). Bei Walzstahllieferungen in Betonstahlmattengüte sind die Badischen Stahlwerke 1985/86 mit einem Marktanteil von 37 Prozent Marktführer in der Bundesrepublik geworden.

Dem Sog von Schrumpfungsprozessen, der die Zahl der Betriebe gravierend reduzierte, widerstanden hinsichtlich ihres Beschäftigungsniveaus seit den siebziger Jahren die NE-Metallgießereien, da Aluminiumverbrauch in der Wirtschaft weiterhin im Steigen begriffen war. Gießereimaschinenherstellern wie der schwedischen Avenco-BMD mit Hauptwerk in Karlsruhe-Durlach (1978: 850 Mitarbeiter; Umsatzanstieg 1975–1978 von 50 %) kam die beschleunigte Rationalisierung der Gießereien zugute. Die Aluminiumindustrie blieb in dem Substitutionswettbewerb nicht untätig.

Gießereien						
	1967		1982		1986 (Sept.)	
	Betriebe	Beschäftigte	Betriebe	Beschäftigte	Betriebe	Beschäftigte
Eisen-, Stahl- und Temper- gießereien	119	20 475	42	8 147	36	7 141
NE-Metall- gießereien	117	9 691	70	8 238	66	9 523

Zweitgrößter Aluminiumproduzent Deutschlands war der deutsche Alusuisse-Teilkonzern, zur Holding Alusuisse Deutschland GmbH, Konstanz (1984: 2,3 Mrd. DM Umsatz), zusammengefaßt. Als ihre wichtigsten Tochtergesellschaften in Baden-Württemberg firmierten die von 1980–1983 gewinnlose Aluminium-Hütte Rheinfelden GmbH (1985 Stammkapital: 70 Mio. DM; Umsätze in Mio. DM 1983: 376,1; 1984: 430,2), die neuerungsaktiven, um ein neues Folienveredelungswerk erweiterten Aluminium-Walzwerke Singen GmbH (1985: Umsatz 1108 Mio. DM) und die zu 81 Prozent den Bizerba-Werken Wilhelm Kraut gehörende Aluminium-Gießerei Villingen GmbH (1985: Stammkapital 22 Mio. DM). Eine Adresse im Fürstentum Liechtenstein zeichnete teilweise als Kapitaleigner der Aluminium-Werke Wutöschingen (1985 Stammkapital: 8 Mio. DM; 1969: ca. 600 Beschäftigte und 65 Mio. DM Umsatz). Aluminiumteile an BMW-Motorrädern stammten aus Biberach/Riß. Den größten Umsatzzuwachs erzielte seit 1974 deshalb in der Gesamtfirma Handtmann, Biberach, das mit neuester Technik, Roboter inbegriffen, ausgerüstete Metallgußwerk. Um Energie einzusparen, wurde seit der Erdölkrise das Aluminium von der Hütte in flüssigem Zustand (700° Celsius) mit Tankwagen in die Gießerei geliefert.

Vor allem den zunehmenden Substitutionsanstrengungen und Produktinnovationen von Alusingen (1985: 4071 Beschäftigte) war der Erfolg des Umsatzwachstums im Jahresmittel 1978–1985 um 9 Prozent (von 675 Mio. DM auf 1,1 Mrd. DM) zuzuschreiben. Im Halbzeugbereich wurden Verbundstoffe entwickelt, 1969 das Alucobond (Aluminium-Kunststoff-Aluminium-Platten) und 1981 ein neues Edelstahl-Kunststoff-Verbunderzeugnis. Walzerzeugnisse von Alusingen verkleideten Fassaden und Dächer und wurden zum Wesenselement der modernen Architektur. Für dünnste Aluminium-Folien (bis 0,02 mm Dicke) und ihre veredelten Varianten bot sich nicht minder ein wachsender Spezialitätenmarkt. Im Leichtbau überraschte Alusingen seit Jahren mit neuen, überzeugenden Produktentwicklungen. Unter den europäischen Herstellern von Nicht-Eisen-Metallhalbzeugen nahmen seit langem die Wieland-Werke AG in Ulm eine maßgebliche Stellung ein (1984: 4500 Mitarbeiter). Ihr Umsatz überschritt 1979/80 die Milliarden-Marke, 1984/85 1,5 Mrd. DM.

In Fellbach bei Stuttgart verarbeitete das dortige Mahle-Werk (über 1000 Beschäftigte) mit Kalt- und Warmkammermaschinen Aluminium und Magnesium im Druckgießverfahren. Diese Gießtechnik, unentbehrlich im heutigen Automobil- und Motorenbau, gestattete, durch Vermeidung kostenaufwendiger Verbundkonstruktionen auf kürzestem Wege vom Rohmaterial zum Endprodukt zu gelangen. Auf jahrzehntelangen, mit viel Inspiration gereiften Erfahrungen in der Fertigung von Warmpreßteilen aus NE-Metallen für hochwertige, präzise Sanitär- und Kältearmaturen beruhte das Wachstum der in Europa erfolgreichen Hansa Metallwerke AG, Stuttgart, ein Familienunternehmen (Umsatz in Mio. DM 1982: 137; 1983: 166,7; 1984: 166,8; 1985: 163; 1170 Mitarbeiter). 1979 begann Hansa mit der Fertigung von Keramik-Dichtungstechnik und von Elektronik-Armaturen. Nicht der Badezimmerbedarf im Inland, sondern Automobilzulieferungen hoben den Umsatz der Gruppe 1985 auf 237 Mio. DM.

Zur Oberflächenbehandlung von Metallen dienten mechanische, chemische, elektrochemische und organische Verfahren. In der Hartverchromung von Eisen, Stahl und NE-Metallen galt die Firma Gebr. Schoch, Stuttgart-Feuerbach (1984: etwa 270 Mitarbeiter) als führend in Europa. Die Art und Weise der Verwendung von Metallen und Kunststoffen in unserem Gegenwartsleben offenbarte nicht nur Zweckrationalität, sondern auch vielschichtigen Zeitgeist. War der Erfolg von Haustüren mit Aluminium-Eloxal-Oberfläche *nur* eine Frage der Wirtschaftlichkeit?

Nach Stillegung des letzten Folien-Walzwerks im Jahre 1964 hat sich das Aluminiumwerk Tscheulin GmbH, Teningen – an dessen Stammkapital von 22,5 Mio. DM der größte deutsche Aluminium-Hersteller, die Vereinigten Aluminium-Werke, seit 1980/81 zu 53,07 Prozent beteiligt ist –, der Veredelung von Verpackungsmaterial, von Folien, mit Erfolg verschrieben (1983: 130 Mio. DM Umsatz; etwa 800 Beschäftigte). Die Oberflächenbehandlung von Metallen und insbesondere von Schutz- und Marketingfunktionen erfüllenden Verpackungsfolien hat sich in jüngster Zeit zu einem kaum vorstellbaren, wachsenden Produktionsbereich entwickelt. Folien wurden geprägt, gefärbt, lackiert, beschichtet, kaschiert und farbig gedruckt. In der immer kleineren und zugleich haltbaren Verpackung von Nahrung erwies sich Aluminium als unschlagbar.

Mehr als nur ein Hauch Zeitgeist vergegenständlichte sich in den vielen Produkten der für den südwestdeutschen Raum traditionell typischen Metall- und Blechwarenindustrie. Die vielen hundert überwiegend mittelständischen Hersteller von Tisch- und Haushaltsgerät, von Geschirr, von Handwerkszeug zur Nahrungszubereitung und -aufnahme, von Profanem und Dekorativem gehörten dazu – nach der nur bedingt vergleichbaren Statistik 1970: 574 Betriebe mit 76 490 Beschäftigten und 3,8 Mrd. DM Umsatz; 1982: 483 Betriebe mit 61 322 Beschäftigten und 7,5 Mrd. DM Umsatz. Nicht zu den Metallwaren, aber sehr wohl zur Tischkultur gehörte die in Ludwigsburg wiedererstandene Herstellung des »weißen Goldes«. Private Initiativen und öffentliche Förderung ermöglichten die Pflege des Rokoko-Porzellans, für die die seit 1971 wirtschaftlich konsolidierte Porzellan-Manufaktur Ludwigsburg GmbH (1985: 50 Beschäftigte) geschaffen worden ist. Die Alt-Ludwigsburger Tradition des Vogelkäfigbaus lebte in guten Händen bei Wagner & Keller fort. Der Marktführer auf einem umkämpften Spezialgebiet hielt das größte Vogel- und Kleintierheimsortiment der Welt bereit. Ein anderer Ludwigsburger Traditionsbetrieb, die Metall- und Lackierwarenfabrik AG (gegr. 1872), Hersteller von Edelstahlgeschirren, Spültischen usw., stellte nach hohen Verlusten 1982 (Umsatz 15,6 Mio. DM) seine Produktion ein.

Mit einem Umsatzzuwachs im Jahresmittel von 6,6 Prozent behauptete sich die Württembergische Metallwarenfabrik AG, Geislingen/Steige, der Marktführer bei rostfreien Stahlbestecken, bemerkenswert gut von 1974 bis 1981 an einem schwierig gewordenen Markt, da die Nachfrage nach Hausrat sich noch bis heute mehr auf der Schattenseite der Konjunktur bewegt (1981: 594,1 Mio. DM Umsatz; 5770 Mitarbeiter). Der konkurrierende Hersteller von Tafelgerät, Quist in Esslingen (1972: 22,3 Mio. DM Umsatz), mußte 1981 kapitulieren. Dem preisaggressiven Importdruck von östlichen Billiglohnländern steuerte WMF durch Diversifizierung von Produkten und Vertriebswegen (»Marke Tischfein«) und mit Hilfe der 1975 in Singapore gegründeten Tochtergesellschaft entgegen. Gemessen nicht nur an den Umsatzeinbußen ab 1982 dürften die gleichzeitigen durchgreifenden Rationalisierungs- und Umstrukturierungsmaßnahmen (Aufgabe der eigenen Glashütte u. a.) unter der vom Kartellamt verkürzten Ägide von Rheinmetall dem Unternehmen wenig »bekömmlich« gewesen sein. Markterfolge vor allem in der Ausstattung von Hotellerie und Gastronomie des Auslands hoben den Umsatz 1985 um 1,4 Prozent auf 564,1 Mio. DM.

Ihre Leistungsfähigkeit bewies durch Verbindung von handwerklicher Tradition (heute im Musterbau) und bewährter Produktinnovation (Pyrogan-Töpfe und -Pfannen für Großküchen; Pyritstahlgeschirre; Kessel-Autoklaven »Korimat«) gleichermaßen in Konjunkturen, Krisen und bei starkem Konkurrenzdruck die kleine Esslinger Metallwarenfabrik von Christian Wagner (1985: ca. 150 Mitarbeiter; Umsätze bis 14,5 Mio. DM). Weit über 1000 Artikel, auch viel Kupfergerät, umfaßte das Produktprogramm, darunter Marktführendes in Europa. Mit den Erfolgen im Blechbau, vor allem der Entwicklung und des Exports des Progress-Feldkochherdes (Feldküchen) zu danken, wuchs das Progress-Werk im badischen Oberkirch zu heutiger Größe. Mehr Kontinuität und Stabilität brachte in den Umsatzanstieg der jüngsten Zeit der neben den weniger befriedigenden Bauverkleidungen ausgebaute Fertigungszweig der Stanz-, Zieh- und sonstigen Zulieferteile für die Automobilindustrie (1985: Umsatzanteil 60 %). Trotz der Verzögerungen im Exportgeschäft mit Afrika der letzten Jahre könnte, soweit bisher ersichtlich, das Progress-Werk in Oberkirch (1986: 841 Mitarbeiter) durch seinen Umsatzzuwachs in den letzten zwölf Jahren im Jahresmittel von 10,5 Prozent (Umsätze in Mio. DM 1973: 30,8; 1985: 96,5; 1986: ca. 102) zu den erfolgreichsten Unternehmen der Blechwarenindustrie im Land gerechnet werden. Vergleichbare Stabilität fehlte dem deutschen Marktführer bei emaillierten Apparaten und Ausrüstungen der chemischen Industrie, der Pfaudler Werke AG, Schwetzingen (1985: 71 Mio. DM Umsatz), seit 1982 der Standard Oil of Ohio gehörend.

Auf den Zukunftsmarkt Gaststätten, Cafeterien, Großküchen, Free-Flow- und Fast-Food-Systeme setzten nicht wenige Hersteller entsprechender Anlagen und Einrichtungen (DDR-Konkurrenz kam hinzu). Sie taten viel, um Kunden zu gewinnen und wurden häufig enttäuscht. Selbst in den etwa 30 Prozent der gastronomischen Betriebe, die 1979 mit Mikrogeräten ausgerüstet waren, um Tiefgefrorenes »mit schnellen Wellen« in Minuten genießbar zu machen, standen »die Dinger« meist ungenutzt herum. Die Presse berichtete gleichermaßen von Schwierigkeiten und Erfolgen von Großküchenherstellern. Die optimistische Rilling GmbH, Nehren/Tübingen (1984: 20 Mio. DM Umsatz), meldete die Lieferung von Küchen- und Cafeteria-Anlagen für Assads Präsidentenpalast in Damaskus. Perfektion und Gediegenheit zeichnete der Büffett-Bau der Firma Eisfink Carl Fink GmbH, Ludwigsburg, aus, nach Ausscheiden der Familien Fink 1982 weiterhin in Privatbesitz. Mitte der siebziger Jahre verzeichnete das in der Kältetechnik (Umsatzanteil derzeit 30 %) erfahrene Unternehmen seinen Personalhöchststand mit 380 Mitarbeitern (1985: 160).

Eine der Bedeutung der heimischen Schiffahrt entsprechende Werftindustrie besaß Baden-Württemberg nie (1982: 6 Betriebe). Herausragte nur die größte deutsche Werft südlich der Donau, die einfallsreiche Bodan-Werft in Kreßbronn/Bodensee (1984: 125 Mitarbeiter). Sie baute von 1948 bis 1984 insgesamt 317 Schiffe mit Bootskörpern aus Stahl oder Leichtmetall (Fähren, Fahrgastschiffe, Fischerboote, Yachten, Militärboote usw.) für nahe und sehr ferne Gewässer. Von der Krise der Werften blieb auch Baden-Württemberg nicht ganz verschont, sofern sich den Schiffsbauern nicht neue Tätigkeitsgebiete erschlossen. Die über hundertjährige Schiffswerft in Neckarsulm stellte Ende 1984 den Betrieb ein.

Eine ganze Reihe von Komponentenherstellern sind sowohl der Metallverarbeitung als auch dem Maschinenbau und der Feinmechanik zuzurechnen. Praktisch die gesamte industrielle Fertigung bildete das Einsatzgebiet der flexiblen metallischen Leitungselemente (Metallschläuche) der 1885 aus einer Pforzheimer Schmuckwarenfabrik hervorgegangenen Metallschlauchfabrik Witzenmann GmbH (1984: 7,2 Mio. DM Stammkapital und über 950 Mitarbeiter). Vom badischen Endingen aus versorgte die Hans Oetiker Metallwaren- und Apparatefabrik seit 1972 den gesamten europäischen Markt mit vielpatentierten, ständig verbesserten Schraubklemmen und Schnellverschlußkupplungen. Fast unersättlich erschien der Bedarf vieler Industrien nach Feindrehteilen. Den Kontakt mit rund 900 Schraubenherstellern und rund 10 000 Kunden hielt das Handelsunternehmen Ferdinand Gross GmbH, Leinfelden-Echterdingen (seit 1864), und setzte in dieser Mittlerfunktion 1985 55 Mio. DM um.

Es dürfte wohl auch keine Branche geben, in deren Technik nicht Ventile zum Zwecke der Steuerung (in offenen Systemen) oder der Regelung (in geschlossenen Systemen) Verwendung fanden. Wahrscheinlich war der einen Wasserlauf absperrende Stein- oder Holzverschluß das erste »Ventil« in der Wirtschaftsgeschichte der Menschheit. Das Dampfmaschinenzeitalter, sich im Bau von Vergasermotoren fortsetzend, eröffnete eine neue Ära der Ventiltechnik. Der schweizerische Sulzer-Konzern konnte seine Ventiltechnik auf die Pionierleistung der ersten Ventildampfmaschine von 1865 zurückschreiben. Die zweite technisch-industrielle Revolution erweiterte mit den Anwendungsgebieten der Ventile auch deren Konstruktionsarten. Im Mittelpunkt der Geschäftsaktivitäten der Herion-Werke in Fellbach (gegr. 1938) stand seit eh und je das Magnetventil. Mit elektromagnetbetätigten Ventilen in fluidischen Steuerungen (Allmedienventiltechnik, Pneumatik, Ölhydraulik) vor etwa 40 Jahren gelang dem Automatisierungsprozeß der eigentliche Durchbruch. Jünger ist die Servohydraulik. Die »Ehe« zwischen Fluidik und Elektronik (= Fluidtronik, von den Herion-Werken eingetragenes Zeichen), erst im derzeit laufenden Jahrzehnt »gestiftet«, eröffnete eine neue Epoche in der Ventiltechnik, weil über die Addition von Technik hinausgehende Effekte erkennbar wurden. Die Herion-Werke (ca. 1300 Mitarbeiter), kein Massenanbieter von Ventilen und trotzdem im Kontakt mit 40 000 Kunden, machten aus diesen präzis gefertigten Komponenten (Preisspanne von 40–40 000 DM) ca. 80 Prozent ihres Umsatzes (in Mio. DM 1975: 102; 1986: 190). Bosch hat durch das angebotene elektro-hydraulische Pflugregelsystem einen wichtigen Innovationsschritt eingeleitet.

Mit Einzug der Elektronik in den Waagenbau wurde allein das Wiegen bei industriellen und kommerziellen Arbeitsabläufen nicht mehr als ausreichend angesehen, soweit die Unternehmen zur Erhaltung ihrer Wettbewerbsposition zur Verringerung von Personalkosten gezwungen waren. Wägetechnik verband sich daher mit einer umfassenden Datentechnik für mannigfaltige Kontroll- und Steuerfunktionen. Diesem Technologie- und Markttrend in modernsten Industriestaaten folgten mit bemerkenswertem Gespür die Bizerba-Werke Wilhelm Kraut GmbH, Balingen, und steigerten trotz stark zugenommenem Wettbewerbsdruck (Berkel) und manchem Engpaß bei der Beschaffung von Elektronikteilen ihre Umsatzerlöse von 392 Mio. im Jahre 1980 auf 513 Mio. DM 1985 (= 30 %) (3595 Mitarbeiter). Die Marktakzeptanz der 1983 in der Bundesrepublik von Bizerba eingeführten vollelektronischen, preisrechnenden Selbstbedienungswaage (CD-E 8500 SB für Obst- und Gemüseabteilungen) mit angeschlossenem Etikettendrucker ist darin enthalten. Eine nicht minder hervorragende Aufnahme fand das 1984 herausgebrachte computergesteuerte Bizerba-Ladensystem, also der durch neue Systemwaagen ermöglichte Waagen-Kassen-Verbund. Länder, in denen Personalkosten weniger ins Gewicht fielen, bevorzugten aus dem Balinger Sortiment aber die kostengünstigeren Exportversionen mit weniger Hochtechnik. Auch in anderen Industriezweigen beruhte Baden-Württembergs Exportstärke bisher häufig noch darauf, daß auf weniger modernen Märkten nachgefragte Spitzenerzeugnisse der zweiten und nicht der dritten technisch-industriellen Revolution verkauft wurden.

Uhrenproduktion in Mio. Stück			
	1957	1970	1982
Armbanduhren Kleinuhren insgesamt	7,48	7,62	3,61
Großwecker	9,08	9,74	3,71

Für die südwestdeutsche Uhrenindustrie, insbesondere die des Schwarzwaldraums, endete mit dem Eintritt ins elektronische Zeitalter die Zeit stürmischen wirtschaftlichen Wachstums und ihre einst beherrschende Stellung. Etwa Mitte der siebziger

Jahre nahm das seit Jahren gefürchtete, von Pessimisten längst prophezeite Menetekel Gestalt an und verband sich obendrein mit der Krise von 1974/75. Die moderne elektronische Technologie begann auch den Uhrenmarkt zu beherrschen, ohne daß die großenteils traditionsverhaftete, mittelständisch-familiär strukturierte Schwarzwälder Uhrenindustrie wettbewerbsfähige Produkte entgegenzusetzen hatte. Vergleichbare, lehrreiche historische Krisenerfahrungen aus der Mitte des 19. Jahrhunderts und der Zeit um die Jahrhundertwende waren vergessen. Warum sollte man sich ihrer erinnern? Auch die von Amts wegen zur Technologieförderung Berufenen konnten Anpassungshilfen an die technische Umwälzung nicht wirksam plazieren. Man produzierte, weil es der Markt abnahm und zeigte sich überrascht, als er sich plötzlich verweigerte, beginnend auf wichtigen Exportmärkten. Von 1970 bis ins Krisenjahr 1975 stieg der Gesamtumsatz der südwestdeutschen Uhrenhersteller von 962,7 Mio. DM auf 1202,5 Mio. DM. Mehr ein Ausverkauf! Hinter dem 1982 erwirtschafteten Umsatz von 1252,2 Mio. DM verbarg sich gegenüber 1975 kein reales Wachstum mehr.

Nach Erhebungen der IG Metall war mit Beginn der Halbleiter-Ära die Beschäftigung in der südwestdeutschen Uhrenindustrie, die 1970 in 280 Unternehmen 31 800 Arbeitnehmern Verdienst bot, bis Mitte 1977 auf 18 100 Arbeitsplätze geschrumpft. Um 1976 arbeitete kaum einer der 250 Uhrenhersteller rentabel. Wohl die meisten hingen am »Tropf« von Landesbürgschaften und Liquiditätshilfen. Der zweitgrößte deutsche Uhrenhersteller, das schwer angeschlagene Kienzle-Werk in Schwenningen, unter dem altersstarrsinnigen Alfred Kreidler, hatte 1975 das firmeneigene Uhrenmuseum für 8 Mio. DM an das Land Baden-Württemberg verkauft, um nicht pleite zu gehen. Der größte Hersteller von Billigweckern, Blessing im badischen Waldkirch, stellte bei einem Jahresumsatz von 26 Mio. DM (920 Beschäftigte) im September 1975 die Produktion ein. Die Villinger Firma Uhren-Kaiser, Spezialist für mechanische Großwekker, beantragte 1974, die Mauthe GmbH in Schwenningen 1975 den Konkurs. Nur der Anfang einer Konkurswelle. Im Jahre 1974 stellte die deutsche Großuhrenbranche fast ein Drittel der Weltproduktion und hielt sich in der Weltrangliste vor Japan, den USA und der UdSSR. Damals bauten die Deutschen aber noch etwa drei Viertel der Uhren nach »Großväter«-Art, in mechanischer Präzision.

Das »Waterloo« der heimischen mechanischen Uhrentechnologie durch den stürmischen Siegeszug des Moduls und der Quarz-Digital-Technologie widerlegte nicht die These von der »Pionierfunktion« mittelständischer Unternehmen, sie bestätigte aber auch die von ihrer notorischen Kapitalschwäche. Eine bis dahin nahezu unbekannte Firma, die Gebrüder Staiger in St. Georgen, präsentierte schon 1970 das erste fertige Quarzgroßuhrenwerk der Welt und war jahrelang am Markt konkurrenzlos. Später folgten der leistungsstarke Großuhrenhersteller Kundo, Kieninger & Obergfell, St. Georgen (1985 Umsatz: 46 Mio. DM), die Großuhrenfabrik Emil Schmeckenbecher,

Villingen-Schwenningen (1985 Umsatz: knapp 20 Mio. DM; 150 Mitarbeiter), die inzwischen diversifizierten und wieder expandierten Kienzle Uhrenfabriken GmbH in Schwenningen (Umsatz der Kienzle-Gruppe 1985: 153 Mio. DM; 1300 Mitarbeiter) sowie die zur Diehl-Gruppe (1983 Gesamtumsatz: 1,76 Mrd. DM; 1985: 2,07 Mrd.) gehörenden, seit 1985 wieder rechtlich selbständigen, bis 1984 mit roten Zahlen kämpfenden Junghans GmbH Uhrenfabriken, Schramberg (Umsatz in Mio. DM 1984: 105; 1985: 112 mit 700 Mitarbeitern). Aus Schramberger Sicht nahm Junghans mit jährlich rd. 10 Mio. Uhren und Werken weltweit nach Seiko (22 Mio.) und Citizen (20 Mio.) den dritten Rang ein. Mit Zähigkeit – als ließe sich das Zeitalter der Mechanik anhalten – versuchte die Peter-Uhren GmbH, Rottweil (1984: 540 Beschäftigte), bis in die achtziger Jahre auf den schrumpfenden Binnen- und Exportmärkten ihren Anteil an mechanischen Wand- und Weckeruhren gegen die billigeren Quarzwerke zu verteidigen (1984 Umsatz rd. 30 Mio. DM; 60 % Exportanteil). Neuerdings mußte Peter-Uhren dem Beispiel der anderen Großuhrenhersteller folgen und stärker auf Quarzuhren und andere Diversifikationsprodukte umstellen.

Während die japanischen und amerikanischen vollelektronischen, ohne bewegliche Teile, nur mit einem Modul bestückten Armbanduhren (demgegenüber etwa 110 Einzelteile im mechanischen Werk) um 1975 auf den internationalen Märkten kräftig vordrangen, wurde in der südwestdeutschen Uhrenbranche noch wortstark um die Zukunft der am Handgelenk zu tragenden Modul-Uhren gestritten, in Europa noch immer als unseriöse Angelegenheit betrachtet. »Unsere Zukunft ist gut. Nur wer die Quarzuhr nicht hat, wird ihr keine Zukunft geben«, wurde damals aus der Uhrenfabrik Bifora, Schwäbisch Gmünd (268 Beschäftigte, etwa 20 Mio. DM Umsatz), »gekontert«. Bifora zählte zu den drei südwestdeutschen Unternehmen, die für den von japanischer und amerikanischer Technik (Timex Deutschland Corp., Pforzheim) beherrschten Markt Quarzkleinuhren entwickelt hatten. Aus Schwäbisch Gmünd kam die erste Quarzuhr mit Analoganzeige (Ziffernzeiger) auf den Markt. Da Millionen an Entwicklungskosten – auch einiger Familienstreit – in die Preise zu verrechnen waren, kostendeckende Stückzahlen wegen der zu teuren Preise nie erreicht wurden, die Schulden auf 10 Mio. DM angelaufen waren, stellte Anfang 1977 die Hausbank, die Kreissparkasse Schwäbisch Gmünd, den Konkursantrag für die Uhrenfabrik »Bifora J. Bidlingmaier«.

Zum Absatzschlager entwickelten sich in Deutschlands Uhrengeschäften die ständig billiger gewordenen Armbanduhren Hongkongs und Japans, voran Citizen- und Seiko-Modelle. Der Wiederaufstieg der deutschen Armbanduhren-Produktion auf 1,55 Mio. Stück im ersten Halbjahr 1985 ist daher bemerkenswert, vielleicht ein Hoffnungsschimmer, wenn auch ein schwacher. Zur Verbesserung der internationalen Wettbewerbsposition bedurfte es überbetrieblicher Kooperation, wie neuerdings von den beiden baden-württembergischen Quarzarmbanduhren-Herstellern, von Junghans und der Uhren-Rohwerke Porta GmbH, Pforzheim (350 Mitarbeiter), angestrebt. Gegen den Ansturm fernöstlicher Billiganbieter suchten sich die europäischen Hersteller die Domäne der mittleren und teuren Preissegmente zu sichern und setzten auf die schwieriger herzustellende quarzgesteuerte Analoguhr mit Zifferblatt und Zeiger sowie auf schmuckbeladene Prestigeuhren. Fernöstlicher Einfallsreichtum drängte inzwischen auch auf diese Märkte, mit Hilfe von Pforzheimer Gehäuseproduzenten auf den für Schmuckuhren.

Marktnischen sind für südwestdeutsche Uhren mehr denn je gefragt, möglichst eine so dauerhafte »Lücke« wie sie seit über einem Jahrhundert die Schwarzwälder Kukkucksuhr besetzt hält, die noch heute weltweit Käufer findet. 206 000 Kuckucksuhren mit vollem Stundenlauf und 646 000 billigere Jockeleuhren (Wert insgesamt 18,7 Mio. DM) wurden 1980 im Schwarzwald hergestellt, vor allem von der Uhrenfabrik Schmeckenbecher in Villingen-Schwenningen (1946 als Handelsbetrieb gegründet), die zu etwa 50 Prozent ihren Umsatz mit mechanisch getriebenen Großuhren machte. Nostalgische Großuhren brachten mittelständischen Unternehmen noch immer Exportquoten von 60 Prozent. Der Auslandsmarkt stand auch in der Unternehmenspolitik der ältesten Uhrenfabrik Baden-Württembergs, der Wehrle GmbH, Schönwald (gegr. 1815; 1985: 15 Mio. DM Umsatz; 170 Beschäftigte), im Vordergrund. Die St. Georgener Kieninger & Obergfell (Kundo), 1985 mit 10 Mio. Quarzuhren zu den größten europäischen Uhrenherstellern aufgestiegen, entwickelten wie Junghans Marktoptimismus mit der neuen funkgesteuerten, netzunabhängigen (batteriebetriebenen) Analoguhr und anderen Neuheiten. Eine Mengensteigerung im Uhrenausstoß um 30 Prozent ergab bei Junghans (rd. 1000 Modelle) im Jahre 1985 ein Umsatzplus von 15,5 Prozent und dennoch nicht die Rückkehr in die Gewinnzone. Die Aufholjagd gegen die japanische Konkurrenz entpuppte sich zugleich aber als Wettbewerb mit den eigenen Überkapazitäten, obwohl die Statistik im September 1986 nur noch 91 uhrenherstellende Betriebe mit insgesamt 9498 Beschäftigten auswies. Durch den eingetretenen Verlust an Fertigungstiefe büßte die Uhrenindustrie zusätzlich Arbeitsplätze ein und erhöhte ihren Pro-Kopf-Umsatz. Einen Umsatz von etwa 160 000 DM erwirtschaftete 1986 ein Mitarbeiter der Schwarzwälder Kleinuhrenhersteller, 220 000 DM aber ein Beschäftigter des japanischen Citizen-Konzerns.

Kienzle (Jahresproduktion etwa 8 Mio. Großuhren) bemühte sich mehr um Diversifikation in benachbarte technische Bereiche, entwickelte u. a. ein neues elektronisches Zeiterfassungs- und Zeitauswertungssystem und steuerte Marktsegmente bereits erfolgreicher anderer Hersteller des Schwarzwaldraumes an. Die Firma Dieter Graesslin Feinwerktechnik, St. Georgen (1984: 72 Mio. DM Umsatz), verdankte durch die rechtzeitige Verwendung der Mikroelektronik in der Zeitschaltuhrproduktion ihre

Marktposition. Maßstäbe für die rationelle Zeiterfassung, profitierend von flexiblen Arbeitszeitregelungen, setzte die Hengstler KG in Aldingen (Kapital 24 Mio. DM). Seit 1969 entwickelte sie diesen Geschäftsbereich und baute ihn von anfangs elektromechanischem Gerät bis zu hochmodernen elektronischen Zeiterfassungssystemen mit textorientiertem Bildschirm (Datamod 8020) aus. Hinter dem von manchen Stagnationsphasen gebremsten Umsatzanstieg der Hengstler-Gruppe, einer der großen weltweiten Anbieter der Zähler-, Meß- und Steuertechnik, von ca. 1,5 Mio. DM im Jahre 1949 auf konsolidierte 181 Mio. DM 1984 (1665 Mitarbeiter; 1979: ca. 100 Mio. DM Umsatz, 1480 Mitarbeiter) stand die expansive Kraft phantasiereicher technischer Innovation, eines gezielten Marktausbaus und kostensparender Rationalisierungseffekte. 1980 konnte im Stammwerk »mit nur zwei Dritteln der Mitarbeiter gegenüber 1974 ein höherer Umsatz als 1974 erzielt werden«.

Im allgemeinen erwies sich die Schmuckwarenindustrie Baden-Württembergs an der Schwelle zur dritten technisch-industriellen Revolution weniger krisenanfällig als andere Branchen und als bisher angenommen wurde. Pforzheim und der Enzkreis krönte der Glanz des überragenden Zentrums der deutschen Gold-, Silber- und sonstigen Schmuckwarenhersteller. In den 367 mit handwerklichem Geschick und modernsten Maschinen arbeitenden Betrieben (etwa 9650 Beschäftigte) dieser den kostbarsten Edelmetallen traditionsgemäß verpflichteten Region, wohl die größte Schmuckschmiede der Welt, wurden 1984 1,3 Mrd. DM umgesetzt bei einem Gesamtumsatz der deutschen Schmuckindustrie von 1,75 Mrd. DM. Freilich wurde auch bei den feinfühligen Schmuckherstellern der Glaube an sichere Märkte und gute ertragreiche Produkte nicht selten enttäuscht. Die Rodi & Wienenberger AG, Pforzheim (1985 Kapital 11 Mio. DM, davon über 50 % bei der Baden-Württembergischen Bank), machte in den sechziger Jahren mit Fixoflex- und Elastofix-Armbändern für Markenuhren glänzende Geschäfte, bis Billigarmbänder aus Ostasien anrollten. Ende der siebziger Jahre sackte bei der Louis Fiessler GmbH, Pforzheim, einstige Manufaktur für goldene Ketten (seit 1857), der Absatz ab. Zu Beginn der achtziger Jahre war die Beschäftigtenzahl auf 60 halbiert und verharrte der Umsatz auf ca. 15 Mio. DM. Nach wie vor belieferte Fiessler den exklusiven Einzelhandel mit Preziosen im Wert von 2000 DM aufwärts.

Vor allem hing das Umsatzvolumen der Schmuckhersteller stark von der preislichen Flut und Ebbe der internationalen Edelmetallmärkte ab. Die hohe Politik, Währungskrisen, Handelsbilanzdefizite, Spekulationsgeschäfte und Wechselkurse beeinflußten die Edelmetallpreise. Von der Rezession 1967 bis etwa 1971 reichte eine Phase niedriger bzw. fallender Edelmetallpreise. Unmittelbar vor der »Erdölkrise« zogen sie durch Spekulationskäufe infolge der Furcht vor weltweiten inflationären Tendenzen schlagartig an und verteuerten sich seitdem fast von Jahr zu Jahr. Nachfrageverschiebungen auf den Schmuckwarenmärkten stellten sich ein und mußten von den Herstellern durch Diversifikationen (auch Verringerung des Edelmetallgehalts) ausgeglichen werden. Ein leichter Schwund an Betrieben und Beschäftigung trat ein. In Schwäbisch Gmünd (und Umgebung 1984 insgesamt 45 Schmuckhersteller; 1966: 90) gab die namhafte Silberwarenfabrik Kühn nach einigen verlustreichen Jahren während der Silberpreishausse 1981 auf (Durchschnittsumsatz in Mio. DM 1966/67–1972/73 1,98; 1973/74–1976/77: 3,25). Rodi & Wienenberger verzichteten 1985 auf die kaum befriedigende Herstellung von Goldschmuck, um sich mit um so stärkerer Aktivität dem sich besonders günstig entwickelnden Markt für Modeschmuck zu widmen. An Mut zur Zierde mangelte es seit Jahren keinerlei sozialen Schicht. Als Europas größter Produzent von Modeschmuck erwies sich das 1906 gegründete Pforzheimer Familienunternehmen Henkel & Grosse (1985: Umsatz rd. 60 Mio. DM), Meister in der Herstellung von Preziosen aus Falschgold und gläsernen Diamanten, zu bewundern in den teuersten Geschäften des tonangebenden Auslandes. Der Schmuck »Christian Dior Bijoux«, made in Pforzheim, ließ »sich in Paris besonders gut verkaufen« (Grosse).

Goldpreisentwicklung						
	1967	1970	1973	1975	1979	1983
DM/kg	4 570	4 160	8 291	12 748	17 976	34 850

Erfolge mit Glas

Ohne deshalb Schlagzeilen in der Presse zu liefern, steigerte Baden-Württembergs Glasindustrie (insgesamt mit Glasverarbeitern 1986 über 70 Betriebe mit etwa 7100 Beschäftigten) auf einem schwierigen Markt die Flach- und Hohlglaserzeugung von 1957 bis 1980 um 529 Prozent, eine kaum erwartete Wiedergeburt des Glases nach einem Jahrhundert des Niedergangs. Durch den Einsatz mehrarmiger moderner Flaschenblasmaschinen, neuer Kühlöfen u. a. steigerte die Glashütte Achern, zu 100 Prozent Tochter der Gerresheimer Glas Aktiengesellschaft, Düsseldorf, Anfang der sechziger Jahre die Produktion an Spitzentagen auf 650 000 Flaschen und dank des technischen Fortschritts (seit März 1986 erste servohydraulisch arbeitende Produktionsmaschine Europas) auf derzeit 2,2 Mio. Flaschen und Gläser (560 t Tageskapazität; 520 Beschäftigte). Die überdurchschnittlich gewachsene Oberland Glas AG in Bad Wurzach (mit Werk Neuburg 1985: 311 Mio. DM Umsatz), durch eine Verarbeitungskapazität von 160 000 t Altglas größter Recycler im Bundesgebiet, stellte 1985 ca. 900 Mio. Glasbehälter her (730 Beschäftigte). Aus Bietigheim konnte durch die Südglas

Klumpp & Arretz GmbH (1976: 440 Beschäftigte) und ihre dortige Tochtergesellschaft ein nahezu komplettes Angebot an veredeltem Flachglas bezogen werden. Im Raum Wertheim (einschließlich Kreuzwertheim), gegenwärtig vor Schwäbisch Gmünd Zentrum der Glasindustrie Baden-Württembergs, bestanden 1980 etwa 100 Betriebe (3500–3700 Beschäftigte), die Hüttenprodukte zu wettbewerbsfähigen Hohlglasartikeln (Thermometer, Laborgerät usw.) verarbeiteten. Das 1951 gegründete Glaswerk Schuller GmbH in Wertheim (1985: 46 Mio. DM Stammkapital), zu 100 Prozent Tochter amerikanischer Gesellschaften, spezialisierte sich auf die Fabrikation von Glasfasern (Glasvlies). Auf das gleiche Zukunftsprodukt ist die Interglas-Textil in Ulm, eine Tochtergesellschaft von Steiger & Deschler, fixiert. Es gab nicht wenige Hohlglasveredler, Hersteller von Kristallglas, wie die Gral-Kristallglas-Manufaktur GmbH, Dürnau (seit 1930), die jedoch seit über einem Jahrzehnt auf ihrem speziellen Markt von den Glasimporten aus Billigländern und der Ausbreitung der Maschinengläser hart bedrängt wurden. Das Glaskontor Müllheim/Baden (1985: rd. 175 Beschäftigte), gegründet 1948, seit 1981 hundertprozentige Tochter der führenden Schott Glaswerke (Carl-Zeiss-Stiftung), fertigte auf Kundenwünsche Spezialglaserzeugnisse für die Wissenschaft und Technik (Exportanteil über 50%). Kaum eine Spitzentechnologie kommt ohne Spezialglas aus.

Produktion von Flach- und Hohlglas in t

| 1957: 88 524 | 1970: 339 700 | 1980: 468 259 |

Bekannter ist der kometenhafte Aufstieg der auf vielen Gebieten führenden und mit dem Glas stets verbundenen Gruppe Carl Zeiss–Schott (Carl-Zeiss-Stiftung), die 1984/85 einen Weltumsatz von 3,59 Mrd. DM (29 600 Beschäftigte; 1979: 2 Mrd. DM Umsatz) auswies. Die Zeiss-Gruppe (ohne Schott) steigerte 1984/85 den Umsatz um rund 11 Prozent auf gut 2 Mrd. DM (durchschnittliche jährliche Umsatzsteigerung 1974–1983: 9,6%). Gründe für dieses Wachstum waren nicht nur zeitweilig günstige Wechselkurse, und eine mitunter verstärkte Investitionsneigung, sondern vor allem die seit Jahren hohen Investitionen sowie eine energisch und mit viel Aufwand betriebene Forschung bei Zeiss, die »eine gute Trefferquote bei den Neuentwicklungen« erzielte (Vorstandssprecher Skoludek). Oft präsentierte Oberkochen sensationelle Weltneuheiten, beispielsweise das punktuell abbildende Brillenglas, 1984 das 3,5-m-Spiegelteleskop, das größte und präziseste jemals in Deutschland gebaute »Himmelsfernrohr«, bestimmt für das Deutsch-Spanische Astronomische Zentrum auf dem Calar Alto oder Anfang 1986, den Vorsprung im Mikroskopbau in der Welt unterstreichend, die neue Generation von Lichtmikroskopen, die u. a. mit Hilfe neuer Glassorten der abgebildeten Winzigkeit eine neue, schärfere Qualität verliehen. Elektronik erhöhte die Leistungsfähigkeit der Optik und bedurfte umgekehrt dieser zur Herstellung von Halbleitern. Zeiss erschloß sich bereits das neue Gebiet der optischen Komponenten für Hersteller von Laserwerkzeugen (für die Industrie und Medizin). Variantenreiche Laser, die aus einer Energiequelle Licht erzeugen und Glasfasern, die der Datenübertragung dienen, sind Elemente der neuen Schlüsseltechnologie Optoelektronik, der Verknüpfung von Licht und Elektrizität. Glasfaserkabelstrecken der Bundespost wurden 1985 zwischen Karlsruhe und Stuttgart sowie zwischen Stuttgart und Ludwigsburg eingerichtet. Es ist der erste kleine Vorstoß in die optoelektronischen Einsatzbereiche der haarfeinen und vergleichsweise billigen, robusten Glasfasern mit ihrer enormen Übertragungskapazität. Bis 1990 ist der Ausbau des überregionalen deutschen Glasfaser-Fernnetzes geplant, mit dem sich ein gigantischer neuer Absatzmarkt auftun dürfte. Technik-Experten vertraten bereits die Auffassung, daß in den jetzt angelaufenen ISDN-Entwicklungen der Telekommunikation (ISDN = Integrated Services Digital Network, dienstintegriertes digitales Fernmeldenetz) der Glasfaser mindestens die gleiche revolutionäre wirtschaftlich-soziale Bedeutung zukommen dürfte wie den Schienensträngen der Eisenbahn des 19. Jahrhunderts.

Kein Lebensbereich ohne Chemie

Die chemische Industrie Baden-Württembergs zeichnete sich insgesamt, wie die Entwicklung der Produktionsindices und der Umsätze von 1970 bis 1984 ausdrückten, durch ein zumeist überdurchschnittliches Wachstum aus. Es war weitgehend das Resultat von Produktspezialisierung und die Ausrichtung auf Abnehmerbereiche der gewerblichen Weiterverarbeitung. 1985 zeigten vier Aktiengesellschaften der chemischen Industrie nur ein unterdurchschnittliches Wachstum von 4 Prozent und kamen auf eine Umsatzrendite von 3,2 Prozent (Vorjahr: 2,8).

Chemische Industrie		Anzahl	Beschäftigte	Umsatz in Mrd. DM
1970	Betriebe ab 10 Beschäftigte	356	65 137	5,35
1982	Betriebe ab 20 Beschäftigte	275	63 691	14,52
1986 (Sept.)	Betriebe ab 20 Beschäftigte	267	68 538	–

Der starke Ausbau der Grundstoffchemie (Produktionswert in Mio. DM 1970: 615;
1982: 1502) diente überwiegend der Weiterverarbeitung und knüpfte teilweise an vorhandene bergbauliche Ressourcen an. Obwohl im Industriezeitalter nicht mehr klassisches Land des Bergbaus, betrug der Wert der Bergbauförderung Baden-Württembergs 1980 200 Mio. DM (und könnte noch gesteigert werden). Mit rd. 136 000 t Flußspat, ein wertvolles Mineral für industrielle Fertigungen, lag Baden-Württemberg an der Spitze dieses Bergbauzweigs in der Bundesrepublik. Heimisches Erdöl und Erdgas konnte den Bodenseeraum versorgen. Wirtschaftlich am bedeutendsten war der baden-württembergische Steinsalzbergbau (1979: 3,7 Mio. t), der etwa ein Drittel der deutschen Steinsalzproduktion bestritt. Die Südwestdeutschen Salzwerke AG, Heilbronn, seit 1971 nach Fusion der staatlichen Salinen und Salzbergwerke mit der Salzwerk Heilbronn AG größter Salzkonzern der Bundesrepublik, erhöhten ihren Umsatz 1984 auf nahezu 188 Mio. DM (1974: 105,1 Mio. DM). Langfristig unterlag das »Salz in der Suppe der deutschen Verbraucher« – nach wie vor bei einem Pro-Kopf-Verbrauch von 12 bis 14 g relativ hoch – einem abnehmenden Trend.

Ein Großteil des geförderten Salzes floß in den gewerblich-industriellen Verbrauch (Glas, Kunststoff, Grundchemikalien usw.). In stürmischem Tempo steigerte die vom konjunkturellen Rückenwind der Silizium-Nachfrage getragene Wacker-Chemie GmbH, München, seit 1961 die Förderung im Salzbergwerk Stetten/Hohenzollern (ca. 50 Beschäftigte). Die Preussag hatte es an die Wacker-Chemie, München, verkauft. Im Jahre 1962 überschritt die Förderung 100 000 t und 1971 400 000 t. Die 5 000 000. Tonne Industriesalz rollte am 12. Juni 1980 von Stetten über die Schienen der Hohenzollernschen Landesbahn und der Deutschen Bundesbahn in Richtung Wacker-Werk Burghausen. An der standortbedingten Produktion von Grundchemikalien waren in Nordwürttemberg vor allem die Kali-Chemie AG, Hannover (belgischer Solvay-Konzern), mit Werken in Heilbronn und Herrlingen und deren Tochter, die Kali-Chemie Fluor GmbH, Bad Wimpfen, beteiligt, in Südbaden die großen Elektrochemischen Werke der Degussa (1969: ca. 150 Mio. DM Umsatz; über 700 Beschäftigte), der Dynamit Nobel AG (1969: ca. 72 Mio. DM Umsatz; knapp 900 Beschäftigte) und der als PVC-Hersteller hervorgetretenen Lonza GmbH, Waldshut (ca. 850 Mitarbeiter).

Einen gewaltigen Aufschwung nahm von 1960/1970 bis 1982 die weit gespannte Pharma-Produktion Baden-Württembergs (auf über 4 Mrd. DM), stets der größte Produktionszweig der Chemie im Lande, und mit einem Anteil von knapp einem Viertel den ersten Platz in der Pharma-Produktion in der Bundesrepublik einnehmend. Die Tatsache, daß auch objektiv unwirksame Medizin subjektiv helfen kann, soll durch die Arzneimittelstatistik nicht widerlegt werden. Zahlreiche bedeutende Firmen, viele ausländische darunter, widmeten sich der Arzneimittelherstellung mit deutlichem

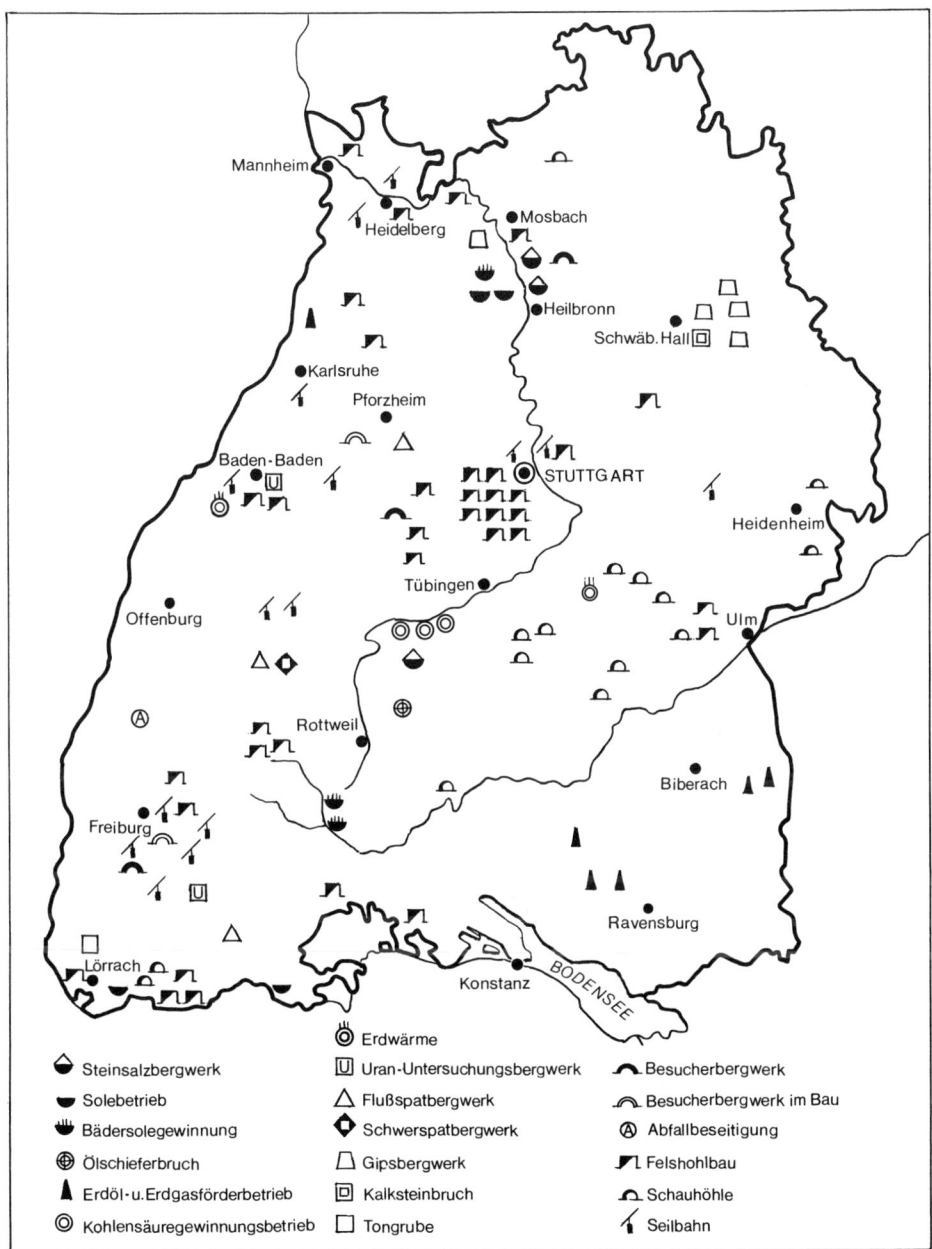

Mannheim
Heidelberg
Mosbach
Heilbronn
Schwäb.Hall
Karlsruhe
Pforzheim
Baden-Baden
STUTTGART
Heidenheim
Tübingen
Offenburg
Ulm
Rottweil
Biberach
Freiburg
Ravensburg
Lörrach
Konstanz
BODENSEE

⬭ Erdwärme		
⬗ Steinsalzbergwerk	Ⓤ Uran-Untersuchungsbergwerk	⌒ Besucherbergwerk
⬛ Solebetrieb	△ Flußspatbergwerk	⌒ Besucherbergwerk im Bau
♨ Bädersolegewinnung	◆ Schwerspatbergwerk	Ⓐ Abfallbeseitigung
⊕ Ölschieferbruch	⬠ Gipsbergwerk	⌐ Felshohlbau
▲ Erdöl- u.Erdgasförderbetrieb	▣ Kalksteinbruch	⌒ Schauhöhle
◎ Kohlensäuregewinnungsbetrieb	☐ Tongrube	✦ Seilbahn

Bergbau in Baden-Württemberg

Schwerpunkt im badischen Landesteil. Inbegriff homöopathischer Medizin war die Unternehmensgruppe Dr. Willmar Schwabe, Karlsruhe (4 Mio. DM Stammkapital; ca. 1000 Mitarbeiter), nicht das einzige Unternehmen, das auf dem Gebiet pflanzlicher Arzneimittel intensiv forschte. Durch bewährte neue Medikamente trat die aufstrebende mittelständische Merckle-Gruppe Blaubeuren (1981: über 500 Mitarbeiter; 125 Mio. DM Umsatz) hervor. Der Pharmabereich, der sich in den letzten Jahren verstärkt mit Strukturproblemen auf den Märkten auseinanderzusetzen hatte, gehörte zu einer der vier »Divisionen« der Deutschen Ciba-Geigy GmbH, Wehr/Baden (66 Mio. DM Stammkapital), Tochter des gleichnamigen schweizerischen Chemie-Konzerns (ca. 2300 Beschäftigte; Umsatz in Mio. DM 1977: 660; 1982: 935; 1984: 1123).

Auf dem problemreichen Gebiet der beruhigenden Psychopharmaka – in vorindustrieller Zeit von der schwarzen Nieswurz (Christrose) weitgehend und unheimlich abgedeckt – arbeiteten Ciba-Geigy und der von vielen Versäumnissen belastete Schweizer Pharma-Konzern Hoffmann-La Roche GmbH, Grenzach-Wyhlen, die Georg A. Brenner GmbH, Alpirsbach und die Tochter der amerikanischen Werner-Lambert-Gruppe, die Goedecke AG, Freiburg. Sie war auch bekannt wie die Dr. Karl Thomae GmbH, Biberach (210 Mio. DM Stammkapital), Tochter der Ingelheimer Boehringer, durch wichtige Schmerzmittel (meisterverkauft »Thomapyrin«). Um den Nachteilen der von Nachahmern billiger angebotenen Generica, der Arzneimittel mit patentfrei gewordenen Wirkstoffen, zu entgehen, engagierte sich Thomae (Umsatzanstieg von 1966 bis 1980 von 204 auf 416 Mio. DM; 1985: 589 Mio. DM) stärker in der Biotechnik. Die Produktion der körpereigenen Substanz t-PA, die die Blutgerinnung unterbindet, wurde in Angriff genommen. Im westlichen Bodenseeraum expandierte die Byk Gulden Lomberg Chemische Fabrik GmbH, Konstanz – zu 100 Prozent Tochter der zur Quandt-Gruppe gehörenden Altana Industrie-Aktien- und Anlagen AG, Bad Homburg. In aller Welt beschäftigte Byk Gulden 4450 Mitarbeiter und erlöste 1985 einen Umsatz von 864 Mio. DM.

An der Spitze der Antibiotica-Entwicklung standen, neuerdings von der Ungunst des Pharma-Geschäfts betroffen, Ciba-Geigy, die Pfizer GmbH, Karlsruhe (Stammkapital 1965 Mio. DM zu 100 % bei der Pfizer Corporation in Panama), und namentlich durch neueste Leistungen die der Familie Engelhorn gehörende Boehringer Mannheim GmbH (Stammkapital 70,1 Mio. DM; Umsätze in Mio. DM 1975: 627,8; 1982: 1098; 1984: 1214; rd. 7100 Beschäftigte). Seit der zweiten »Erdölkrise« flachten die Umsatzzuwächse bei Boehringer (Jahresmittel 1979–1984: 5,6 %) gegenüber dem vorangegangenen Jahrzehnt (Jahresmittel 1971–1975: 15 %) ab. Boehringer Mannheim, zusammen mit Hoechst Pionier der oralen Diabetes-Therapie, mußte 1984 mit dem Patentablauf für das umsatzstarke Euglucon ein Loch von 40 Mio. DM in der Ertragsrechnung hinnehmen.

Daß die Diagnose nicht mehr schweres Siechtum oder ein Todesurteil bedeutete, dazu haben neben den Fortschritten in der medikamentösen Therapie die Chirurgie und die Apparatemedizin (Diagnose- und Therapiegeräte) viel geleistet. Sensationelle Erfolge in der Transplantationschirurgie gingen teilweise Hand in Hand mit denen der Medizintechnik, die vor allem durch den Herzschrittmacher (auch vom Autohersteller Fiat angeboten) hohen Bekanntheitsgrad erlangte. Als Nebenprodukt der Rüstungstechnik und fußend auf Vorarbeiten, die bis 1966 zurückreichten, entwickelte Dornier in Friedrichshafen den 1980 vorgestellten Nierensteinlithotrypter, ein Meilenstein in der Medizintechnik. 1983/84 wurden im Stuttgarter Katharinenhospital mehr als 850 Patienten mit den Stoßwellen des Nierensteinzertrümmerers bei einer Erfolgsquote von über 90 Prozent behandelt. Die renommierte Hellige GmbH in Freiburg/Breisgau (Stammkapital 30 Mio. DM), 1965 von der amerikanischen Firmengruppe Litton-Industries übernommen, führte im gleichen Jahr das Modularsystem in der apparativen Patientenüberwachung ein. Durch Konzentration auf diesen Bereich (Servomedsystem), auf die Herzkreislaufdiagnostik (seit 1972 Memoport) und die kardiale Elektrotherapie arbeitete sich Hellige weltweit in eine Spitzenstellung vor (Umsätze in Mio. DM 1976: knapp 100; 1984/85: über 200). Ihren Weltruf als Hersteller ärztlicher Instrumente verteidigten erfolgreich gegen den Ansturm von einfachen Instrumenten aus den Niedriglohnländern des Ostblocks und Ostasiens die Aesculap-Werke AG, Tuttlingen (15,4 Mio. DM Grundkapital), mit einem Produktprogramm von mehr als 12 000 Artikeln und einem Umsatzzuwachs im Jahresmittel 1978–1985 von 14 Prozent (1985/86: 1964 Beschäftigte; 209,7 Mio. DM Umsatz). Einen international guten Ruf erwarb sich durch ihre instrumentellen Neuentwicklungen die familieneigene Willy Rüsch AG, Kernen (Umsatz in Mio. DM 1973: 35; 1983: 74; 790 Mitarbeiter). Ungefähr aus 10 000 Artikeln bestand die Produktpalette von Rüsch, wobei die Umsatzträger Instrumente für Anästhesie, Urologie und Chirurgie waren.
An Novitäten mangelte es nicht im Bereich der Chemiefasern und Kunststoffe. Als sensationell erwiesen sich die Anwendungsmöglichkeiten des neuesten deutschen Fluor-Kunststoffs »Hostalen«. Mittelständische Betriebe vor allem – wie beispielsweise die innovative Lechner & Bek GmbH, Singen (1986: 35 Beschäftigte; ca. 12 Mio. DM Umsatz) – erschlossen den Kunststoffen vielfältige neue Marktfelder, oft durch verblüffend einfache Lösungen. Für die Verbindung von Holz mit Kunstharzen ist das Produktprogramm der Werzalit-Werke, J. F. Werz KG, Oberstenfeld bei Ludwigsburg (1986: ca. 190 Mio. DM Umsatz) zum Begriff geworden. Die ursprüngliche Aversion der Verbraucher gegen die inzwischen in ihren Eigenschaften ständig verbesserten Plastikmaterialien (Polyäthylen, Polypropylen, Polystyrol, Polyacetal) ist fast völlig verschwunden. Zahlreiche Haushaltsartikel, Eimer, Behälter, Kanister, Armaturen, Bestecke usw. aus Kunststoffen, im Wärmedruck- oder Spritzgußverfahren

geformte Duro- bzw. Thermoplaste, wurden zur unentbehrlichen Selbstverständlichkeit. Kunststoffverarbeitung ließ viele neue Unternehmen entstehen und eröffnete anderen Firmen einen oft willkommenen und bis heute meist lohnenden Diversifikationsbereich. Der einstige Metallwarenhersteller Hühnersdorff in Ludwigsburg hatte schon bis 1954 den Schwerpunkt des Fertigungsprogramms auf Plastikprodukte verlagert. Millionen scheffelte Kurt Lorber inzwischen für die von ihm 1967 erfundene farbenfrohe Plastikbüroklammer, nur dauerte es einige Zeit, ehe er sie auf dem Weltmarkt durchsetzte und mit Hilfe eines vollautomatischen Maschinenparks und 20 Mitarbeitern Milliarden davon für jährlich 4 Mio. DM umsetzte. Laut Statistik hat sich seither die überwiegend in einigen Hundert mittelständischen Betrieben konzentrierte Kunststoffverarbeitung, ungeachtet der Probleme auf den internationalen Kunststoffmärkten, als die wachstumsstärkste Industriebranche Baden-Württembergs erwiesen (nominelles Durchschnittswachstum pro Jahr 15 %). Der relativ hohe bundesdeutsche Pro-Kopf-Verbrauch von derzeit etwa 100 kg Kunststoff resultierte vor allem aus dem starken Bedarf der Bauwirtschaft an Dämm- und Schaumstoffen und an Bodenbelägen (Gruppe Storopack, Metzingen; 1984: 184,4 Mio. DM Umsatz) sowie der Verpackungsindustrie.

Kunststoffverarbeitende Industrie	Betriebe	Beschäftigte	Umsatz in Mio. DM
1970 Betriebe ab 10 Beschäftigte	306	32 862	1 642
1982 Betriebe ab 20 Beschäftigte	401	38 907	4 587
1986 Betriebe ab 20 Beschäftigte (Sept.)	421	46 519	–

Seit der »Erdölkrise« Mitte der siebziger Jahre entdeckten auch die Automobilhersteller die Vorteile des leichten, nichtrostenden Kunststoffs, vermehrten seitdem beträchtlich den Kunststoffeinsatz am Auto und konnten dadurch nicht nur den Treibstoffverbrauch senken. In der Autoindustrie bildeten Kunststoffe – in anderen Metallbranchen ähnlich – nicht nur metallverdrängende Substitutionswerkstoffe, sondern eine neue Werkstoffkategorie mit innovativen, herkömmlichen Werkstoffen verschlossenen Möglichkeiten. Die 1984 in die Bizerba-Gruppe einbezogene Badische Waggonfabrik GmbH Rastatt (gegr. 1897) hat seit 1968 die Verarbeitung von glasfaserverstärkten Polymerwerkstoffen ausgeweitet (derzeit etwa ein Drittel des Umsatzes) und die sich dadurch ergebenden Vorteile im Fahrzeugbau zielstrebig nutzbar gemacht. Naturkautschuk verarbeitete die Hutchinson Gummiwarenfabrik, Mannheim, zu 100 Prozent Tochter der Pariser Hutchinson S. A., nach Einstellung der Reifen- und Schuhproduktion seit den sechziger Jahren nicht mehr. Für die auf technische Kautschukartikel für die Automobilindustrie ausgerichtete Fertigung (1985: ca. 100 Mio. DM Umsatz; 450 Beschäftigte) wurde Synthesekautschuk benötigt. Als Europas größter Reifenhersteller blieb Michelin, durch den 1948 erstmals vorgestellten Gürtelreifen bis zum Autoboom der sechziger Jahre im Besitz eines überlegenen Trumpfs, auch Nummer eins auf dem deutschen Reifenmarkt. Die deutsche Michelin-Tochter mit dem Stammwerk Karlsruhe beschäftigte 1985 9294 Mitarbeiter und wies einen Umsatz von 2,16 Mrd. DM aus (1984: 2,05).

Als Autozulieferer arbeiteten in jüngster Zeit die Kaliko- und Kunstlederwerke, Göppingen (1984: 1260 Beschäftigte; ca. 195 Mio. DM Umsatz), im Vier-Schichtenbetrieb. Wichtigster Kunde der ideen- und chancenreich diversifizierten Unternehmensgruppe Freudenberg, Weinheim, Synonym vor allem für Qualitätsprodukte in verschiedenen Kunststoffbereichen, waren Kraftfahrzeug- und Investitionsgüterindustrien (1985: über 60 % des Umsatzes). Freudenberg bot für den speziellen Bedarf verschiedenster Branchen ein Programm an Dichtungskomponenten und an Gummi-Metall-Elementen für die Schwingungstechnik. Vliesstoffe wurden hauptsächlich von der Bekleidungsindustrie nachgefragt, 1984 von Freudenberg in 16 Werken in zehn Ländern produziert. Seit der »Erdölkrise« sah sich das Unternehmen mit der schwieriger gewordenen Beschaffung von Rohware und wegen der Standortnachteile der heimischen Lederindustrie gezwungen, den Kernbereich des Weinheimer Familienunternehmens, die Lederproduktion, drastisch zurückzufahren. Man blieb in der Tradition des Hauses führender Hersteller von feinem Kalbleder und bot zugleich im Bereich der eigenen Kunstlederfertigungen (Marken »Nora«, »Helia«, »Frelen«) immer wieder technische und modische Neuentwicklungen, um auf umkämpften Märkten Umsätze zu halten oder zu erhöhen. Eine im Interesse der langfristigen Unternehmenssicherung stark diversifizierte Unternehmensgruppe wie Freudenberg konnte nur wachsen durch dynamische Anpassung an weltweite spezifische Märkte (Exportanteil etwa 41 %), durch vielzählige Verbesserungen an Technologien und Produkten. Sie befand sich daher eigentlich in einer permanenten Umstrukturierung, um auch Herr in prekären Situationen zu bleiben. Die Umsatzkurve der Dachgesellschaft Freudenberg & Co., Weinheim, zeigte von 1975 (1,5 Mrd. DM) bis 1985 (3,35 Mrd. DM) (23 510 Beschäftigte; in der Stammfirma Weinheim knapp 11 000) Höhen und nie ins Negative gehende Abflachungen. Der Zuwachs ergab im Jahresmittel 8,4 Prozent.

Wer auf den Märkten nach bahnbrechenden Erfindungen in der Chemie seit den siebziger Jahren Ausschau hielt, vergleichbar mit den großen Würfen der Jahrhundertmitte, stieß meist auf viele modifizierende Verbesserungen und Anwendungserweiterungen von vorhandenen Produkten. Die Videobänder waren ein solches Beispiel. Wegen der Reinheit der dortigen Luft nahm die BASF, Ludwigshafen, 1966 im Marktflecken Willstädt bei Kehl eine neue Fabrik für Magnetbänder in Betrieb, für deren Qualität die Staubfreiheit der Luft maßgebend ist. Seit Ende der siebziger Jahre entwickelte sich die neue Videobandproduktion zum Produktionsschwerpunkt des Werkes (1975: rd. 450 Mio. DM Umsatz und 2024 Beschäftigte; 1982: 2797).

Auch die in Baden-Württemberg stark entwickelte Lackindustrie kam mit neuen Produkten auf den Markt. Erhebliche Anstrengungen um den kleinen Bereich der Auto-Reparaturlacke (Kunststoffbeschichtung) unternahmen die Deutsche Akzo Coatings in Stuttgart-Feuerbach (1984: 1500 Mitarbeiter; 330 Mio. DM Umsatz) und die Vogelsang-Gruppe, Haßmersheim (1984: 657 Mitarbeiter; 117 Mio. DM Umsatz). Lesonal, die einstige erfolgreiche Lackkocherei des Chr. Lechler, ging 1977 in der Akzo Coatings GmbH (Firmenname seit 1985) auf, eine relativ junge europäische Unternehmensgruppe unter dem Dach des umfassenderen niederländischen Akzo-Konzerns Arnheim. Der umweltfreundliche, kostengünstige Wasserlack der Zukunft wurde schon erprobt. Für die aus den Paul-Lechler-Firmen hervorgegangene Lechler Chemie GmbH, Stuttgart (36,5 Mio. DM Stammkapital; Umsatz in Mio. DM 1981: 123; 1984: 190; 800 Beschäftigte), von 1969 bis 1982 im Mehrheitsbesitz von Schering, seitdem der schweizerischen SIKA Finanz AG, stand Bautenschutz im Vordergrund, insbesondere die chemische Verlängerung der Lebensdauer des von aggressiven Medien bedrängten Betons, des Baustoffs des 20. Jahrhunderts.

Die Biotechnologie wuchs langsam zur neuen Säule der Chemie heran. Als interdisziplinäre Wissenschaft ist sie eine Verbindung von Biochemie, Mikrobiologie, Chemie und Verfahrenstechnik. Ohne die kausalen Zusammenhänge zu kennen, nützten die Menschen die biotechnische Arbeit von Kleinlebewesen, von Hefen, Pilzen und Bakterien, um über die Bierbrauerei, Weinbereitung, Essigproduktion, Käseerzeugung usw. ihr Güterangebot zu mehren. Die Biotechnologie der letzten Jahrzehnte bemühte sich, über die bekannte Fermentation hinausgehend, durch Genveränderungen, also durch operative Manipulation von Erbanlagen, Mikroorganismen umzuprogrammieren. Beispielsweise gelang die Züchtung »erdölfressender« Bakterien zur Säuberung schmutziger Gewässer und Böden. Der Markt für biotechnologische Verfahren und Produkte ist vorhanden und mobilisierte das Interesse sowohl von Großindustrie und Kleinunternehmern. Mit Hilfe von Existenzgründungskrediten von Bund und Land und nachfolgenden Bankenbeteiligungen startete beispielsweise vor einigen Jahren die Gen-bio-tec-Gesellschaft in Heidelberg, anfangs eine Ein-Mann-GmbH, derzeit mit 20 Mitarbeitern (1 Mio. DM Umsatz), um zunächst gentechnische Verfahren zur Herstellung von Arzneimittelwirkstoffen aus Bakterien zu entwickeln. Auch Bio-Reaktoren wurden in Betrieb genommen. Die Bereitstellung von neuen

Arzneimitteln und entsprechenden Rohstoffen, zur Abwasserreinigung und Züchtung resistenter, ergiebigerer Getreide- und Kartoffelsorten (zur Beseitigung des Hungers in der Welt) wurden zu den vordringlichen, aber gefährlichen Arbeitsgebieten der Biotechnologie.

Namentlich seit den jüngsten Chemieunfällen am Oberrhein ist die Sensibilität gegenüber den Umweltgefahren der industriellen Welt gewachsen. Auch Umweltschädigungen durch den Masseneinsatz von Pflanzenschutz- und Insektenvertilgungsmitteln sowie von künstlichen Düngestoffen werden nicht mehr als selbstverständlich hingenommen. Umweltgefährdende und krankheitserregende Produkte der Chemie stoßen daher mehr und mehr auf Ablehnung. Profitiert hat wahrscheinlich vom gestiegenen Umweltbewußtsein das Hakawerk W. Schlotz & H. Kunz GmbH, Waldenbuch, durch Umsatzzuwächse zwischen 10 und 15 Prozent in den letzten Jahren (1986 Umsatz: rd. 165 Mio. DM; 390 Innendienstmitarbeiter) im Seifengeschäft. Während der Not der Nachkriegsjahre, 1946, wurde die seitdem vom Hakawerk produzierte und vertriebene »Neutralseife« erfunden. Sie enthält keine Weißmacher, ist polyphosphatfrei und angeblich weitgehend biologisch abbaubar. Der umweltschonende Allesreiniger ist wohl das bekannteste schwäbische Beispiel dafür, wie ökonomische und ökologische Interessen in Harmonie miteinander gekoppelt werden konnten.

Besorgnis wegen Holz und Papier

Arbeitskräftemangel bzw. hohe Lohnkosten, die zur rasch fortgeschrittenen kapitalintensiven Modernisierung der Sägeindustrie zwangen sowie mehr und mehr sich durchsetzende automatische, elektronisch gesteuerte Arbeitsvorgänge, die durch die hiermit meist verbundene Kapazitätsausweitung wiederum die kostengünstige Rundholzversorgung zum akuten Problem machten, und schließlich Klagen über den niedrigen Stand der Preise für Schnittholz, wesentlich bestimmt durch die Preise für Importholz vor allem aus Österreich und der DDR (auch billige Reimporte), kennzeichneten die schwierige Situation der schrumpfenden Sägeindustrie.

Sägewerke und sonstige Holzbearbeitung	Betriebe	Beschäftigte	Umsatz in Mio. DM
1967 Betriebe ab 10 Beschäftigte	616	13 754	695,3
1982 Betriebe ab 20 Beschäftigte	556	9 594	1 742,7
1986 (Sept.) Betriebe ab 20 Beschäftigte	501	8 385	–

Da der Stammholzpreis gewöhnlich über dem Bauholzpreis lag, war nicht selten der gegen die Landesforstverwaltung gerichtete Vorwurf zu hören, ihre auf den Betriebserfolg des Staatsforstbetriebs gerichtete Holzmarktpolitik (Auktionen) bedeuteten den Ruin der Sägeindustrie. Dabei waren die Einflußmöglichkeiten der Forstverwaltung auf die stark von externen Faktoren abhängige Preisentwicklung auf den heimischen Holzmarkt (Naturkatastrophen, Waldsterben) begrenzt. Durch die Erdölkrise 1973/74 verteuerten sich Energie und Rohstoffe und stieg der Holzpreis von 1976 bis 1981 kontinuierlich an (DM/fm Fichte/Tanne 1975: 115,48; 1981: 199,62) und brachte der Forstwirtschaft im Jahr 1981 das beste Ergebnis der Nachkriegszeit (einschlagsbezogener Reinertrag des Staatsforstbetriebes: 74,4 Mio. DM; 243 DM je ha Holzboden).

Waldbesitz in Baden-Württemberg in 1000 ha				
	1960	%	1983	%
Staatswaldungen (und Bundesrepublik)	310,6 =	24,1	331,3 =	24,4
Körperschaftswald (Gemeinden u. a.)	529,9 =	41,2	523,1 =	38,6
Privatwald (Bauernwald, seit 1976 auch Kirchenwald, u. a.)	445,9 =	34,7	502,4 =	37,0
Waldfläche insgesamt	1286,4 =	100	1356,8 =	100

Die wirtschaftliche Rezession seit 1980 holte die Forstwirtschaft erst 1982 ein und drückte die Erträge kräftig herunter (1985 Fichte/Tanne DM/fm: 151,96). Ihren bisherigen historischen Höchststand erreichte die Schnittholzproduktion der Sägeindustrie Baden-Württembergs (Werke ab 1000 fm) im Jahre 1980 mit einer Schnittleistung von 2,95 Mio. cbm (gegenüber nur 2,23 Mio. cbm 1967). Ein herausragendes Beispiel für den sich verstärkenden Trend der Sägeindustrie zur Hochtechnisierung und gleichzeitig Einbeziehung weiterverarbeitender Produktionszweige boten die Klenk Holzwerke in Oberrot (1984: 180 Beschäftigte; Einschnittmenge ca. 150 000 fm). Der von Klenk erzielte Umsatzzuwachs im Jahresmittel 1974–1983 von 11,9 Prozent spiegelte sicher nicht den Durchschnitt der in ihren Marktbeziehungen sehr unterschiedlich strukturierten Branche wider.

Oft vereinten sich die Klagen der holzbearbeitenden und der ebenfalls mittelständischen holzverarbeitenden Industrie (1982: 526 Betriebe ab 20 Beschäftigte mit 45 694

Mitarbeitern und über 5 Mrd. DM Umsatz) über konjunkturelle Talfahrten, verursacht durch Preisschlachten oder Nachfrageschwäche auf den Möbelmärkten, Niedergang oder Stagnation in der Bauwirtschaft, durch den Druck von Billigimporten u. a. m. Die belebende Kraft des neuen Fertighausgeschäfts versiegte fast. Inwieweit die Wandlungen in Mode und Design – derzeit helle Eiche rustikal – der Nachfrage auf den Möbelmärkten auf die Sprünge halfen, blieb stets abzuwarten. Die Firmengruppe Karl Danzer Furnierwerk, Reutlingen (Umsätze in Mio. DM 1982: ca. 600; 1984: rd. 750; 5756 Beschäftigte), verbesserte in den vergangenen Jahren entscheidend die Produktionstechnik und profitierte vom Auslandsgeschäft (auch die afrikanischen Produktionsunternehmen). Viele Firmen der Holzverarbeitung wichen dem harten Wettbewerbsdruck der Billiganbieter mit Erfolg durch verstärkte Auslandsaktivitäten (seit 1984 schwäbischer Möbel-Market Place in Philadelphia) und gleichzeitige Spezialisierung auf Möbel der gehobenen bis zur Spitzenklasse aus (u. a. Rausch, Karlsruhe, ca. 17 Mio. DM Umsatz). Die Unternehmensgruppe Behr, Wendlingen (1985: 850 Mitarbeiter; 90 Mio. DM Umsatz), lebte von anspruchsvollen Möbeln und in langer Zulieferehe mit Daimler-Benz. Marktführer im Küchenmöbelbereich waren die Alno Möbelwerke GmbH (25,02 Mio. DM Stammkapital), Pfullendorf (1984: 460 Mio. DM Umsatz; 1787 Mitarbeiter). Europas größte Bürositzmöbelfabrik Sedus Christof Stoll GmbH, Waldshut (etwa 700 Mitarbeiter), steigerte 1984 den Umsatz durch die neu aufgenommene Produktion von Konferenzmöbeln um beträchtliche 23 Prozent auf 92,5 Mio. DM (Exportquote rd. 49 %; 1985 Umsatz 98 Mio. DM). In erster Linie von der Auslandsnachfrage her wurde 1986 eine über fünf Jahre während Talfahrt der ertragsarmen deutschen Möbelindustrie gestoppt.

Produktion der Möbelindustrie (Stückzahl)			
	1957	1970	1982
Kleider- und Wohnzimmerschränke	150 629	–	641 907
Polstermöbel	507 457	1 118 600	1 392 014

Ende der sechziger Jahre bewegte sich die Papierindustrie Baden-Württembergs (1970 einschl. Zellstoff und Pappe 58 Betriebe mit 20 569 Beschäftigten) mit angelaufenem Durchfahrbetrieb und der Einführung neuer Produkte (Scheufelen/Oberlenningen: Maschinenstrichpapier; August Koehler/Oberkirch: Farbreaktionspapier u. a.) in einer Prosperitätsphase. Unterbrochen nur von einer kurzen Absatzkrise Anfang der siebziger Jahre hielt Wachstum bis 1974 an. Die Zellstoffindustrie – u. a. die 1970 fusionierten Papierwerke Waldhof-Aschaffenburg AG, insgesamt 10 000 Beschäftigte, die Schwäbische Zellstoff AG, Ehingen (über 550 Beschäftigte), und die Feldmühle AG Werk Baienfurt (rd. 150 Beschäftigte) – weitete wegen der zeitweiligen Übernachfrage der Papierindustrie Produktion und Umsatz aus. Auf den Ölpreisschock, der Zellstoff und Papier weltweit zu Spekulationsware machte, reagierten die Verbraucher mit gedrosselter Kauflust und durch Ausweichen auf dünne und holzhaltige Papiersorten. Der Umsatzeinbruch von 1975 ließ sich durch die überraschend belebte Nachfrage von 1976 wieder wettmachen. Unaufhörlich wuchs der Bedarf an Papier in der deutschen Wirtschaft, bis 1981 auf 157 kg je Kopf (USA: 272 kg).

Enorme, die Unternehmen teilweise überfordernde Investitionen in leistungsfähigere Maschinen mit größerer Arbeitsbreite und höherer Arbeitsgeschwindigkeit stärkten die Wettbewerbsfähigkeit der rationalisierten Werke und steigerten die Produktion. Endlich beseitigte die in der Papierbranche verwirklichte EG-Marktwirtschaft von italienischen und französischen Herstellern auf dem deutschen Markt genutzte Wettbewerbsverzerrungen. Die Papierfabrik August Koehler, Oberkirch, spezialisiert in erster Linie auf marktexpansive Selbstdurchschreibe- und Buchungspapiere, kam von 1974 bis 1983 auch wegen der Kostenwelle auf einen Umsatzzuwachs im Jahresmittel von 18 Prozent (1983: 238 Mio. DM Umsatz; 866 Mitarbeiter). Die ebenfalls technisch sehr innovativen Gebrüder Buhl Papierfabriken, Ettlingen (1985: 500 Beschäftigte), kauften 1981 die Anlage der in Konkurs gegangenen Papierfabrik zum Bruderhaus in Dettingen bei Urach auf und brachten es daher von 1974 bis 1983 auf den enormen Umsatzzuwachs von ca. 407 Prozent. Gegenüber 1970 war der Gesamtumsatz der Papierindustrie Baden-Württembergs bis 1982 (39 Betriebe, 14 309 Beschäftigte) um knapp 150 Prozent auf 3,4 Mrd. DM gewachsen. Für die Holzstoff- und Papierfabriken E. Holtzmann & Cie. AG, Weisenbachfabrik im Murgtal (gegr. 1883; Umsatz in Mio. DM 1980: 434; 1983: 583; 1985: 663; 1800 Mitarbeiter), einer der führenden deutschen Zeitungspapierhersteller, blieben bis 1983 die Preis-Kosten-Relationen unbefriedigend. Noch schwieriger gestaltete der Importdruck die Lage der Zellstoffhersteller bei rückläufiger Zellstoffproduktion in der Bundesrepublik (790 000 t, davon knapp 10 % aus Ehingen) seit 1982. Infolge des unter die Gestehungskosten abgesackten Preisverfalls brachte es die Schwäbische Zellstoff AG Ehingen (1983: Umsatz 98,2 Mio. DM; 489 Mitarbeiter) von 1974 bis 1983 nur auf einen Umsatzzuwachs im Jahresmittel von nominal 2,9 Prozent. Strenge Umweltschutzauflagen, die sich gegen bleichende Chemikalien wie Chlor und hohe Schmutzlasten der Abwässer richteten, stellten Zellstoff- und Papierproduzenten seit langem vor schwierige Finanzierungsprobleme.

Im Jahre 1984 erreichten die Papierhersteller auf boomendem Papiermarkt die höchsten Steigerungsraten (etwa 15 Prozent) seit 1945. Sie retteten trotz niedriger Umsatzrendite das an seinem Investitionsvolumen fast zugrunde gegangene Familienunternehmen Scheufelen, Spezialist für hochwertige Kunstdruck- und Bilderdruckpapiere (Umsatz in Mio. DM 1983: 273; 1984: 337; 945 Beschäftigte). Der größte deutsche Zellstoff- und Papierproduzent, die Papierwerke Waldhof-Aschaffenburg, München (610 000 t Zellstoff, 1 306 000 t Papier), steigerte 1985 mit den Preisen den Umsatz auf gut 3 Mrd. DM (1976: 1,53 Mrd. DM) und beendete offenbar damit die jahrelange Gratwanderung zwischen roten und schwarzen Zahlen.

Für die Hersteller von Wellpappe-Kartons und Faltschachteln sah die Lage wieder anders aus, undurchsichtiger, kämpferischer und weniger normal im Sinne volkswirtschaftlicher Vernunft. Dennoch kaufte die Seyfert Wellpappe GmbH, Reichenbach/Fils (1977: rd. 75 Mio. DM Umsatz), vom Chemiekonzern Henkel den ihm zur Last gewordenen Verpackungsbereich (1977: 135 Mio. DM Umsatz) und erzielte in ihren drei Werken 1985 einen Umsatz von 160 Mio. DM. Auch Branchenführer Zewawell AG, die PWA-Verpackungswerke, Mannheim (Kapital 60 Mio. DM), kauften Konkurrenz auf. Über dem Branchendurchschnitt liegend, steigerte Zewawell 1985 (340 Mitarbeiter) den Umsatz von 343 auf 389 Mio. DM. Fast 30 000 Beschäftigte (in 255 Betrieben; 1,4 Mrd. DM Umsatz) zählten 1970 die Papierverarbeiter Baden-Württembergs. Für das Jahresende 1985 nannte der zuständige Verband eine Beschäftigung von 14 700 Personen (Umsatz etwa 2,2 Mrd. DM).

Trotz der Revolution in der Bürokommunikation erhöhte der europäische Marktführer im Bereich Schriftgutorganisation, Leitz in Stuttgart-Feuerbach, den Umsatz fast konstant von 160 Mio. DM im Jahre 1975 (2200 Beschäftigte) auf 260 Mio. DM 1984 (1800 Beschäftigte in 6 Werken). Das traditionsreiche Familienunternehmen rationalisierte mit großenteils selbstgebauten rechnergesteuerten Spezialmaschinen und Fertigungsstraßen die Produktionsabläufe, es verbilligte die Materialzufuhr, indem es die benötigten 1800 t Pappe, Karton und Papier auf dem Wasserweg über den Stuttgarter Zollhafen bezog und entwickelte seit 1982 den neuen Geschäftsbereich der elektronischen Schriftgutverwaltung. Rund 1000 Artikel umfaßte das Produktprogramm von Leitz, im Interesse der systematischen Vollständigkeit auch Unrentables.

In der mittelständischen Druckindustrie, mit dem Großraum Stuttgart als ihrem bedeutenden Zentrum, traf die technische Revolution mit zeitweilig sehr ungenügenden Kapazitätsauslastungen und mit Ertragsschwäche der Unternehmen, einigen spektakulären Betriebsschließungen und daher mit einem im Vergleich zu anderen Branchen jedoch geringen Rückgang des Beschäftigungsstandes zusammen (1983: 396 Betriebe ab 20 Beschäftigte mit 33 224 Mitarbeitern; 4,9 Mrd. DM Umsatz). Die neuen Techniken und neue strukturelle Formationen (beispielsweise die 1971 erfolgte Zusammenfassung des Rotationsdrucks von 9 Zeitungen in der Z-Druck GmbH, Sindelfingen) entlasteten Druckereien und Verlage von nicht geringen Kosten. Kaum erkennbar für den Leser vollzog sich ein revolutionärer Substitutionsprozeß bei den Druckverfahren, schrumpfte – gemessen am Produktionswert der Druckindustrie – der Anteil des Hochdrucks (Buchdruck) von 61,7 Prozent im Jahre 1967 auf 31,3 Prozent 1983 und stieg der des rationelleren Flachdrucks von 21,4 auf fast 50 Prozent. An die Stelle des Bleisatzes trat vor allem der Fotosatz. Neue Texterfassung mit Computerhilfe aber erforderte die tastende Hand. Einen Markteinbruch bei den Produkten der Druckindustrie (über 80 % Zeitungen, Zeitschriften, Kataloge/Werbedrucke und Geschäftspapiere) erzeugten die neuen Techniken nicht. Im Jahre 1965 bewegten sich die Umsätze der baden-württembergischen Druck- und Vervielfältigungsindustrie etwa auf dem Niveau wie heute die von Burda-Druck und Burda-Verlag in Offenburg, bei einer Mrd. DM.

Wettbewerbsverzerrungen und Wunder im Textilgeschäft

Textilindustrie		Zahl	Beschäftigte	Umsatz in 1 000 DM	Export-anteil %
1965:	Betriebe ab 10 Beschäftigte	1 217	160 335	5 734,8	7,7
1984:	Betriebe ab 20 Beschäftigte	763	77 362	10 445,6	21,9
1986: (Sept.)	Betriebe ab 20 Beschäftigte	679	74 703	–	23,4

Der nüchterne statistische Zahlenvergleich über die Entwicklung der Textilwirtschaft Baden-Württembergs schmerzt, schockiert vielleicht und läßt doch hoffen. Daß die in Württemberg einst führende Textilindustrie im Laufe des Prozesses der zweiten technisch-industriellen Revolution ihre Führungsrolle zugunsten der Investitionsgüterindustrie, der Metallindustrie, abgeben mußte, war verständlich. War der Verlust von über 44 Prozent der Unternehmen, von reichlich der Hälfte der Arbeitsplätze, von mehr als 85 000, in den zwei Jahrzehnten von 1965 bis 1986 nicht zu vermeiden? Die derzeit viertgrößte Industriebranche Baden-Württembergs – ungefähr ein Drittel der deutschen Textilindustrie – wurde in die Dynamik eines tiefe Spuren hinterlassenden Strukturanpassungsprozesses hineingerissen, wobei das in der Weltwirtschaft unterschiedliche Lohnkostengefälle gewissermaßen die Rolle eines Perpetuum mobile spielte. Um nicht aus dem marktwirtschaftlichen Ausleseprozeß herauszufallen, um wettbewerbsfähig zu bleiben, mußten die Unternehmen mit Hilfe der modernsten

Technik rationalisieren und automatisieren, teure menschliche Arbeitskraft einsparen, mußten kreativ in der Produktgestaltung und im Marketing sein, großes modisches Gespür entwickeln und zudem die Launen des Marktes, der Mode und des verwöhnten Konsumenten eigentlich vorausahnen. Geschrumpft ist die Branche im Hinblick auf die Zahl der Betriebe und der Arbeitsplätze, nicht dagegen hinsichtlich ihres Gesamtumsatzes, ihres Mengenausstoßes (Oberbekleidung und Leibwäsche in Mio. Stück 1967: 362,9; 1980: 368,4), ihres Kapitaleinsatzes, ihres ebenso wertvollen Know-hows, ihrer Leistungsfähigkeit und in ihrer Exportkraft. Namhafte Betriebe gaben auf (1970 die Esslinger Wolle – Merkel & Kienlin – 1000 Beschäftigte; Umsatz in Mio. DM 1968: ca. 40; 1969: ca. 35), andere schränkten sich ein, aber wieder andere expandierten. Letztlich bedurfte die Textilindustrie zum Überleben einer Art »Ziehharmonika-Kapazität«, wie Günther Drews sich ausdrückte.

Mehr denn je kam es in der Textilindustrie – die Bekleidungsindustrie inbegriffen – auf die erfahrene, zielsichere, aber auch viel Mut erfordernde unternehmerische Leistung an. Ein wechselvoller Auf- und Abstieg von Unternehmensgruppen angesichts der hart umkämpften, oft gesättigten Textilmärkte war dennoch nicht auszuschließen. Nach dem aufsehenerregenden Zusammenbruch des durch Finanzspekulationen überschuldeten Glöggler-Konzerns (Umsatz 1974: 910 Mio. DM) im Jahre 1975 gebot die Adolff-Gruppe, Backnang, über das größte textile Imperium in Südwestdeutschland (6600 Beschäftigte; 420 Mio. DM Umsatz). Wenige Jahre später kam wegen eines falschen Marktkonzepts der Adolff-Konzern ins Wanken (1985: 167,4 Mio. DM Umsatz; 1137 Beschäftigte) und mußte die angeschlagene, einst ertragreiche Zell-Schönau AG, führender deutscher Hersteller von Tisch- und Bettwäsche (Marke »Irisette«) verkaufen. Der neue, nicht an einer Daueranlage interessierte Mehrheitsaktionär, die überaus erfolgreiche, zur Texunion, Paris, gehörende Stoffdruckerei Manufaktur Koechlin, Baumgärtner & Cie. (KBC), Lörrach (über 1600 Beschäftigte; Umsatz in Mio. DM 1978/79: 340; 1984: 491), verwandelte in wenigen Jahren die Zell-Schönau-Gruppe wieder in ein florierendes Unternehmen (Umsatzanstieg von 183,8 Mio. DM

Platzwechsel bei den umsatzstärksten Textilgruppen (in Mio. DM)			
Unternehmens- gruppe	Umsatz 1972	Unternehmens- gruppe	Umsatz 1984
Glöggler	689	KBC	626
Schiesser	490	Hartmann	598
Adolff	402	Schiesser	424
Wirth	383	Drews-Gruppe	390

im Jahre 1979 auf 212,9 Mio. DM 1981; über 1000 Beschäftigte) und trennte sich von
ihr schon 1982 zugunsten des befreundeten, nunmehr zu den »großen Textilern« Südwestdeutschlands aufgestiegenen Günter Drews.

Man müsse eine »erotische Beziehung zum Markt entwickeln«, so kommentierte
Drews seine dynamische Marktstrategie, die unentwegt kreativ und reaktionsschnell
im Hervorbringen modischer Gewebe war. Der Exportmarkt in der Modemetropole
Paris und die dortigen Manipulanten verhalfen seiner Produktion zu einem Exportanteil von über 45 Prozent und damit wesentlich zum Aufstieg der Firmengruppe Spinnerei Weberei Schrozberg. Auf knapp 10 Prozent im Jahresmittel, der vielbeschwore-
nen Textilkrise überhaupt nicht angemessen, belief sich deren Umsatzzuwachs von
1974 bis 1984 (1984: ca. 420 Beschäftigte; 140 Mio. DM Umsatz). Durch den Aufsichtsrat kontrollierte Drews den akquirierten Mehrheitsbesitz an der selbständig geführten Zell-Schönau-Gruppe mit Spinnerei Atzenbach und Textilveredelung Wehr
(Umsatz in Mio. DM 1984: 195; 1985: 201; 1790 Beschäftigte) und dem Frottee-
Hersteller Möve GmbH, Reutlingen (1984: rd. 55 Mio. DM Umsatz; ca. 500 Mitarbeiter).

Angesichts der unbefriedigenden Entwicklung des Inlandsmarktes während der letzten Jahre war die Textilindustrie gezwungen, ihre Exportbemühungen zu verstärken.
Als KBC, Lörrach, erstmals 1981/82 den Export über die Hälfte des Umsatzes hob,
kommentierte der Vorstand: »Einerseits sind wir darüber erfreut, daß es uns gelang,
den Exportmarkt auf breiter Front weiter zu erfassen und gegen eine starke in- und
ausländische Konkurrenz auszubauen. Andererseits ist auch eine gewisse Gefahr nicht
zu bestreiten, insofern als der freie Welthandel vielfach mehr auf dem Papier steht, als
praktiziert wird, vor allem in Ländern mit negativer Handelsbilanz.« Besorgnis wegen
der steigenden Einfuhren der Niedrigpreisländer äußerte die Brennet AG, Wehr/Ba-
den (1984: Exportquote 52,4 %; 192,5 Mio. DM Umsatz; 1774 Beschäftigte), ein führender Hersteller von Stoffen für Hemden und Blusen. Das galt auch für die Konkurrenz in Wangen/Allgäu, Zweigwerk der nach dem Glöggler-Skandal von den Ländern
Bayern und Baden-Württemberg wieder auf die Beine gestellten Erba (1983: 289 Mio.
DM Umsatz; Exportquote 39 %). Mit dem Mut zur Diversifikation (auch in branchenfremde Bereiche) und zur Spezialisierung – gewissermaßen »die Dominanz in der
Nische« suchend –, durch Einsatz modernster Technik und unentwegte Bemühungen
um den Export umschiffte ein 125jähriges Textilunternehmen, die Leuze Textil
GmbH, Owen/Teck, einst Baumwollverarbeiter, jetzt Kammgarnspinnerei, die Klippen der textilen Anpassungskrise. Anfang der sechziger Jahre wurden gut 30 Mio. DM
umgesetzt. 1985 knapp 100 Mio. DM. Für die Arlen Spinnweberei GmbH endete 1983
mit aufgestellten 40 Greifer-Webmaschinen die jahrhundertelange Ära der Schützenwebstühle. Entscheidend für die positive Entwicklung der Arlen Spinnweberei in letz-

ter Zeit (1965: 621 Beschäftigte; 1985: 297; ca. 65 Mio. DM Umsatz) war neben der
Fertigung hochwertiger, individueller Gewebekonstruktionen die gelungene Ausweitung des Exportanteils je nach Marktlage auf 50–80 Prozent.

Für die Calwer Decken- und Tuchfabriken AG, einer der Spitzenhersteller von Edel-
haarprodukten (Umsatz in Mio. DM 1976: 46,4; 1985: 72,5; 468 Mitarbeiter) hingen
die Geschäftsergebnisse wesentlich von der Preissituation auf den Rohstoffmärkten
ab. Nach 1975 kam ein anhaltender Lamaboom auf, der sich nun aber nicht ins südwestdeutsche Schlafzimmer fortsetzte. »Leider werden unsere Decken im Schlafzimmer auch in Süddeutschland immer mehr durch andere Zudecken verdrängt«, so der
Geschäftsbericht der Calwer Decken- und Tuchfabriken 1978. Mit dem Umsatzanstieg der Kolb & Schüle AG, Kirchheim/Teck, auf über 100 Mio. DM 1984/85 (seit
1975/76 im Jahresmittel knapp 4 %) korrelierte die weltweit aktivierte Präsenz des
Unternehmens auf dem Bettenmarkt (Exportquote fast 30 %). Die besonders in der
Produktgruppe Herrenwäsche marktführende Schiesser AG, Radolfzell (Umsatzan-
stieg im Jahresmittel 1970–1979: 9,7 %; 1980–1985: 5,5 %; auf 437,4 Mio. DM; 3745
Beschäftigte), enttäuschte nach überdurchschnittlichem Wachstum in den siebziger
Jahren der seit 1981 stagnierende Inlandsmarkt (Exportquote bei 11 %). Stagnierende
Märkte wirken »impulsiv« auf die zunehmende Verwendung von Chemiefasern, zumal ihre neuerdings auch durch Pool-Vereinbarungen geregelte Marktentwicklung im
Unterschied zu den Naturfasern keine ausgeprägten Preissprünge kannte. Die stark
rationalisierte deutsche Mengenproduktion an Chemiefasern lag 1983 (ca. 35 % Polyester und 24 % Polyacryl) fast auf dem gleichen Niveau wie 1976. Ungefähr 10 Prozent der deutschen Produktion kamen aus den beiden über dem Branchenwachstum
liegenden Werken der Rhodia AG, Freiburg (Umsätze in Mio. DM 1974: 413; 1985:
666,5; rd. 2500 Beschäftigte), zur französischen Rhone-Poulenc-Gruppe gehörend.
Den größten Marktanteil eroberte sich die Chemiefaserproduktion im Bereich der
Damenoberbekleidung, die Nähfäden (Ackermann, Amann, Gütermann, Mez AG,
1985: 112,8 Mio. DM Umsatz, 1005 Beschäftigte) eingeschlossen.

Das Problem des von südwestdeutschem Unternehmergeist seit jeher stark beeinflußten Miederwarenmarkts lag sicher weniger an mangelnder Produktinnovation und un-
genügender Marketingkreativität, auch nicht daran, daß von einigen Prozent Frauen
BHs völlg abgelehnt wurden. Die führenden Hersteller wie Triumph International,
München (Stammhaus Heubach; 1984 Umsatz weltweit 1,2 Mrd. DM), Schiesser in
Radolfzell, die Felina GmbH, Karlsruhe (1984 Umsatz 45 Mio. DM; Exportanteil
47 %), und Susa, Heubach, haben viele neue Modelle (Leichtdessous in Klarsichtfolie)
entwickelt, neue Technologien (das thermoplastische »molding«) eingeführt und
Marktnischen im wahrsten Sinne des Wortes erschlossen. Entscheidend war, daß auf
einem stagnierenden und deshalb stark umkämpften Markt (nur etwa 1,5 BHs pro

Bundesbürgerin im Jahr) der Wettbewerbsdruck durch preisaggressive Billigimporte dazu geführt hat, »daß die Produktion zum erheblichen Teil in kostengünstigere ausländische Standorte verlagert werden mußte und darüber hinaus die inländische Produktion stark rationalisiert wurde« (Felina-Geschäftsleitung 1984). Gleiches galt für den Markt für Feinstrümpfe (Hudson Textilwerke GmbH, Stuttgart; Umsatz 1985: 209,5 Mio. DM) und setzte sich bis in die Verbandsmittelindustrie fort, so daß die Bundesrepublik sogar in der Versorgung lebensnotwendiger Verbandsstoffe vom Ausland abhängig wurde. »Trotz modernster Technologie vermögen wir bei den hohen deutschen Arbeitskosten den Preisvorsprung der Staatshandelslieferanten, deren Dumpingpreise meist noch unter unseren direkten Herstellungskosten liegen, nicht auszugleichen«, bemerkte 1983 der Geschäftsbericht der Paul Hartmann AG, Heidenheim (knapp 2000 Beschäftigte). Der maßgebliche Verbandsmittelhersteller (Umsatzzuwachs der AG im Jahresmittel 1975–1983: 10,4 % auf 497,7 Mio. DM; Gruppe 1985: 639,4 Mio. DM) wies eine Eigenkapitalquote von 53 % Prozent aus, die Trigema sogar von 100 Prozent (Branchendurchschnitt bei 30 %).

Zu Mischkalkulationen, um wettbewerbsfähig zu bleiben, war auch die traditionell am stärksten in Baden-Württemberg verbreitete Textilbranche gezwungen, die sog. Maschenindustrie, die mittelständische Wirkerei und Strickerei. Fast 70 Prozent der Betriebe und ungefähr 46 Prozent der Beschäftigten stellte sie 1984 und bestritt 37,7 Prozent des Gesamtumsatzes (1982: fast 4 Mrd. DM; 6,8 Mio. DM im Durchschnitt je Betrieb). Die erfolgreiche Trigema GmbH, Burladingen (1985: 106,2 Mio. DM Umsatz), bezog seit 1982 keine Importe mehr, weil angeblich zu teuer. Mehr als »Familienkrise«, Folge von Fehlleistungen familieneigener Gesellschafter, stellte sich die jüngste Verlustkrise der fast hundertjährigen Wilhelm Bleyle KG, Stuttgart (Umsatz 1985: 230,9 Mio. DM), dar, da man nicht die Vorteile des seit 1981 gewachsenen Strickmarktes wahrnahm. Die einen kreierten eine eigene Modemarke (z. B. Marke »Jockey« von der Hechinger Volma Wirkwaren GmbH, rd. 75 Mio. DM Umsatz, oder Hardy-Strickmodelle GmbH, Vaihingen/Enz; 1984: 18 Mio. DM Umsatz, 120 Mitarbeiter), die anderen scheuten dieses Risiko.

Maschenerzeuger waren vom Angebot modisch interessanter Garne abhängig. Diesen besonderen, vom Markt gut aufgenommenen Garnqualitäten verdankte die im dreischichtigen Betrieb voll ausgelastete Kammgarnspinnerei Donaueschingen der Wirth-Gruppe in den letzten beiden Jahren ihren Umsatzanstieg von über 40 Prozent (1985: Umsatz 54 Mio. DM; 335 Mitarbeiter). Trotz aller Kreativität konnten auch die Maschenhersteller auf ihrem Markt den Druck der Importe nicht aufhalten, die schon Ende der siebziger Jahre über die Hälfte des deutschen Verbrauchs an Maschenware befriedigten. Verluste im Inlandsgeschäft mußte der Export kompensieren. Weder das 1973 zwischen der EG und 27 überwiegend asiatischen Staaten geschlossene und inzwischen verlängerte, Einfuhren begrenzende Welttextilabkommen noch die Produktionsverlagerung ins billigere Ausland ließen sich in jedem Falle als wirksame »Überlebensinstrumente« einsetzen. Den Sindelfinger Unternehmer Louis London führte die »billigere« ausländische Nähmaschine in die Pleite. Andererseits wurde bereits jedes dritte in der Bundesrepublik offenbar mit Gewinn verkaufte Kleidungsstück aus der DDR bezogen.

Glanzvolle Ausnahme vom Schrumpfungstrend der vom »Engpaß Nähmaschine« abhängigen Bekleidungsindustrie (1970 über 51 000 Beschäftigte, 1986: 27 000) bildete die unbändige Expansionskraft des deutschen Trendsetters in Herrenmode, die Hugo Boss AG, Metzingen. Wachstum auf auswärtigen Märkten wurde erst mit dem jüngsten Gang des Unternehmens an die Börse in die Unternehmensstrategie einbezogen. Für den Umsatzanstieg von 36 Mio. DM im Jahre 1972 auf 295,9 Mio. DM 1985, konzentriert auf den Binnenmarkt, benötigte der Metzinger Herrenausstatter (1985: 960 Mitarbeiter) noch keinen Exportleiter. Die Mustang Bekleidungswerke GmbH, Künzelsau (gegr. 1932, seit 1975 unter diesem Firmennamen), der größte deutsche Hersteller von Jeans, des »blauen Wunders«, sicherte sich seit 1972 durch den Export etwas vor den Launen des Binnenmarkts ab und erlöste 1984 im Auslandsgeschäft 23,5 Prozent des Gesamtumsatzes (134,2 Mio. DM; 1985: 1147,8 Mio.; knapp 870 Mitarbeiter). Mustang mußte jedoch gegen Levi, Wrangler und Lee antreten.

Die Steiger & Deschler GmbH, Ulm, Hersteller von hochmodischen und technischen Geweben (Umsatzanstieg 1982–1984 um 27,3 % auf 180,2 Mio. DM) erzeugte gewissermaßen mit antizyklischen Investitionen antizyklisches Wachstum. Optimistisch zeigte sich die seit Jahrzehnten größte deutsche Posamentenfabrik, Gustav Gerster in Biberach/Riß (gegr. 1882; 1986 etwa 250 Beschäftigte ohne Heimarbeit; ca. 30 Mio. DM Umsatz). Den Pfad wirtschaftlicher Tugend fand die Konrad Hornschuh AG, Weissbach, wieder. Nach dem Bilanzdurchschnitt der Landesbank verzeichnete die baden-württembergische Textilindustrie 1985 eine Umsatzausweitung von 10,4 Prozent. Der Kette an Firmenzusammenbrüchen setzten sie kein Ende. Diese verlängerte sich 1986 um die Sora-Kleiderwerke M. Ulmer in Spaichingen, die Mestri-Strickwarenfabrik in Trochtelfingen, die Vereinigten Bekleidungswerke R. & A. Becker GmbH, Filderstadt, die das Feinste an Tapisserie bietende Manufaktur P. Lindthorst in Neckargemünd . . .

Auf der Suche nach Exportmärkten: Schuhindustrie

Wenn jeder Bewohner Baden-Württembergs den ihm laut Statistik zugeschriebenen Pro-Kopf-Verbrauch von etwa 4,5 Paar Schuhen im Jahr ohne jede Kaufzurückhal-

tung voll ausschöpfen und – von verwerflichem Protektionismus verführt – nur heimische Schuhmarken kaufen würde, könnten die heimischen, von hohen Lohnkosten ge-
plagten Schuhhersteller, seit Jahren im Sog eines anhaltenden Produktionsrückgangs,
diese gewaltige Nachfrage ohnehin nicht mehr befriedigen. 1968 bekam der deutsche
Marktführer Salamander, Kornwestheim, damals ein Firmenkoloß mit 17 800 Beschäftigten und 18 Fertigungsstätten, wohl zuerst Schwierigkeiten, seine Jahresproduktion von 13,5 Mio. Paar Schuhen abzusetzen. Der Importdruck der Italiener, der
besten Schuhmacher der Welt, riß seitdem immer neue Verlustquellen in der deutschen Schuhindustrie auf. Mit dem niedrigen Preisniveau und dem raschen Modewechsel der südlichen Anbieter konnten die weniger flexiblen Deutschen nicht mithalten. Auf Umsatzeinbrüche folgten zahlreiche Betriebsschließungen. Die Salaman-
der-Konkurrenz Mercedes, Stuttgart, machte Konkurs. In die Pleite der Schuhfabrik
Medicus, Nürnberg, wurde 1975 im württembergischen Lauchheim die Roco-Schuh-
fabrik hineingezogen. Rieker in Tuttlingen (1986 über 400 Beschäftigte) fiel 1969
durch Realteilung in drei kleinere Firmen auseinander. Salamander schrumpfte unter
schweren Verlusten (Umsatz in Mio. DM 1971: 540; 1975: 452), wurde aber durch den
engagierten Vorstandsvorsitzenden Franz Josef Dazert mit neuer Marktanpassungs-
strategie und durch Verkauf von nicht betriebsnotwendigem Vermögen in vorher
kaum möglich gehaltener kurzer Zeit aus dem gefährlichen Fahrwasser gerissen. Seit
1976 expandierte das Unternehmen in die Märkte des Ostblocks. Das Verkaufsnetz
wurde erweitert (280 eigene Verkaufsstellen; 1700 Händler), die Fertigungsflexibilität
erhöht (je Schuhkollektion etwa 500 Grundmodelle mit Varianten) und die Personal-
kostenlastigkeit gesenkt (Gruppe 1984: 8564 Beschäftigte). 7–8 Mio. Paar Schuhe
stellte Westeuropas größte Schuhfabrik seit 1980 jährlich her (Umsatz der Salamander
AG 1979–1983 im Jahresdurchschnitt 624 Mio. DM; 1985: 728,4 Mio. DM). Der
Gruppenumsatz (mit Handel und Chemie) stieg 1985 auf 1,14 Mrd. DM.

Produktion von Lederstraßenschuhen in 1 000 Paar

| 1957: 19 383 | 1970: 14 415 | 1980: 10 029 |

Auch die Geschäftserfolge der Sioux-Schuhfabriken Peter Sapper GmbH, Walheim
(gegr. 1954), die mit »märchenhaft« bequemen Mocassins von hoher Qualität den
Durchbruch schafften und deren Jahresproduktion sich um 1980 bei 3 Mio. Paar Schuhen bewegte (1984: ca. 1120 Mitarbeiter und etwa 158 Mio. DM Umsatz, Exportanteil
27 %), widerstrebten dem negativen Trend in der Branche und der Neigung einer großen Verbraucherschaft nach Billigschuhwerk. In der noch viel Handfertigung erfor-

dernden »Schuhmacherei« hatte sich der Beschäftigtenstand zwischen 1960 und 1973 fast um die Hälfte und bis 1986 um insgesamt 69 Prozent verringert (von 24 217 auf 7300). Im Fertigungsumsatz (in Mio. DM 1973: 634; 1982: 828) spiegelte sich die zurückgefahrene Produktion angesichts des erdrückend gestiegenen Schuhimports der starken ausländischen Konkurrenz (Exportanteil 1967: 9,6 %; 1982: 20 %) und die erfolgreiche Suche nach Exportanteilen wider.

Einschneidender als die Schuhindustrie wurde in den letzten Jahrzehnten die ledererzeugende und lederverarbeitende Industrie von einem vielschichtigen Strukturwandel betroffen. Das Preisgefälle zum größere Rationalisierungsmöglichkeiten eröffnenden Kunstleder beeinträchtigte sie. Noch mehr wurde sie von den europäischen und überseeischen, von Umweltschutzproblemen kaum betroffenen Billiganbietern von Rohware in die Zange genommen. Die heimische Gerberei, einst von den aus hiesigen Rinderhäuten erzeugten vorzüglichen Lederqualitäten emporgetragen, magerte gewissermaßen zu einer Restgröße ab (Beschäftigtenschwund von 1967–1982 um 83 % auf 2597). An dem gegenüber 1967 etwa um die Hälfte geschrumpften Umsatz (von 830 auf 417 Mio. DM) partizipierten derzeit 25 gut modernisierte Betriebe (in Backnang, Nagold, Göppingen, Stuttgart-Feuerbach usw.), jeweils spezialisiert auf die inzwischen zeitlich stark verkürzte Loh- und Vollchromgerbung für Möbel-, Portefeuille-, Bekleidungs-, Blank-, Schuhleder und Spalt, abhängig von der launischen Mode, von Nachfrage und Erfolg der Weiterverarbeiter und der eigenen Produktinnovation. Den häufig aus dem Handwerk hervorgegangenen Lederverarbeitern fiel das Erschließen von Auslandsmärkten nicht leicht.

Gerber Ernst Harr aus Rohrdorf im Nagoldtal, als Invalide aus dem Zweiten Weltkrieg heimgekehrt, schulte auf die Sattlerei um und baute mit viel Energie, Umsicht und Ideenreichtum einen Handwerksbetrieb (bis 1972 noch Weißgerberei) zu einer durch ihre Qualitätsprodukte bekannten Fabrik für Lederbekleidung und Motorradzubehör aus. Gegen die starke italienische und fernöstliche Konkurrenz ankämpfend, beschäftigte das Familienunternehmen Harro – Ernst Harr GmbH – 1984 etwa 100 Mitarbeiter und machte ca. 10 Prozent seines Umsatzes im Export. Die jüngsten finanziellen Schwierigkeiten der Leder- und Kofferfabrik Hepting in Stuttgart-Feuerbach (einst 1000 Beschäftigte; Anfang 1986: 160) erinnerten an die Kehrseite der Entwicklung.

Fast völlig verschwunden sind vom deutschen Markt durch Produktschrumpfung die den Lederfabriken nachgelagerten Recycler, die Hautleim- und Gelatineindustrie (1952: 38 Betriebe; 1984: 4, davon 2 in Vaihingen/Enz). Der Jahrtausende fast ausschließlich in der Holzverarbeitung verwendete Hautleim, noch heute nach alten Verfahren – nur in technisiertem Gewande – hergestellt, mußte seinen angestammten Markt bis auf wenige Prozent billigen chemischen Klebemitteln preisgeben. Statt des-

sen entwickelten sich die Schleifmittel-, Kleberollen- und die Zündholzindustrie zu
Hauptabnehmern. Den schwierigen Strukturwandel, den die starke ausländische
Konkurrenz namentlich aus Brasilien und China nicht gerade erleichterte, bewältigte
überzeugend ein Familienunternehmen, die in der vierten Generation geführte
Leimfabrik Conradt, Vaihingen/Enz (600 000 DM Stammkapital), mit einer Leim-
erzeugung von 13 000 jato, einem seit 1974 nur wenig verbesserten Umsatz (1983: Exportanteil 42 %) und einer trotzdem konstant gehaltenen Beschäftigung von 50 Mitarbeitern. Letztlich gewährleistete das Überleben der Conradt-Fabrik der Bau einer biologisch und chemisch reinigenden Abwasseranlage, die eine ebenso große Fläche wie
das gesamte Fabrikanwesen beansprucht und Umweltschutzinvestitionen von rd.
4 Mio. DM verschlang.

Wachstum und Grenzen bei Nahrung und Genuß

Grenzen wurden auch der Expansion der allerdings weniger krisenempfindlichen
Nahrungs- und Genußmittelindustrie gesetzt, heute bei stagnierender Bevölkerungsentwicklung mehr denn je. Doch erhöhte Einkommen, steigender Lebensstandard,
auf Qualität abhebende Konsumgewohnheiten und der Siegeszug der verpackten Fer-
tignahrung eröffneten ihr Wachstumchancen, dem einen Hersteller mehr, dem anderen weniger. Da sich insgesamt der Mengenausstoß erhöhte und die Qualität des Angebots verbesserte, entging die Ernährungsindustrie trotz kostenoptimierender Rationalisierung und Konzentration per Saldo in der Statistik den Symptomen drastischer
Schrumpfung. An Marktkämpfen mangelte es nicht. Bedeutendster Zweig des Ernäh-
rungsgewerbes waren Molkerei und Käserei (1982: 2,6 Mrd. DM Umsatz), beherrscht
von der Marktmacht sechs großer Milchzentralen der 1969 gegründeten Intermilch-
Gruppe (Südmilch AG Umsatz 1985: 697 Mio. DM; Milchzentrale Mannheim AG,
Milchzentrale Karlsruhe GmbH u. a.). Als Absatzzentrale diente der genossenschaftlichen Milchwirtschaft in Baden-Württemberg die Molkerei-Zentrale Südwest eG,
Karlsruhe (Umsätze in Mio. DM 1983: 901; 1985: 1237). In fast unaufhaltsamem
Tempo wuchs seit 1971 die bäuerliche Milchanlieferung an die Milchverarbeitungsbetriebe bis zum prekären Milchboom von 1983 (Anstieg bei den württembergischen
Genossenschaftsmolkereien von 1,37 Mio. t auf 1,9 Mio. t = 38 %; bei der erfolgreichen Omira, Ravensburg, von 201 Mio. kg auf 340 Mio. kg = 69 %). Die Hauptursa-
chen für die Milchschwemme bei rückläufigem Trinkmilchverbrauch (pro Kopf 1955:
130,2 kg; 1985: 93,4 kg) waren der attraktive Milchpreis, die verbesserte Futterversor-
gung und die gesteigerte Milchleistung je Kuh (1983: 4231 kg). Eine Neuordnung der
EG-Milchmarktpolitik zu Lasten der Erzeuger wurde unausweichlich. Aber war sie

die »Milch der frommen Denkungsart?« Die EG-Milchquotenregelung, der Abbau
der Milchkuhbestände und der verordnete Rückgang der Milcherzeugung (1984/85:
2,775 Mio. t; 1983: 2,889 Mio. t) beschleunigten auch den Strukturwandel in der
Milchwirtschaft bei teilweise gesunkenen Umsätzen. Von den 80 Molkereien und Kä-
screien des Landes im Jahre 1967 überlebten bis Ende 1986 28 Betriebe.

Erzeugung in der Ernährungsindustrie			
	1957	1970	1980
Teigwaren in t	72 086	89 900	114 779
Schokolade und Schokoladen-erzeugnisse in t	28 983	–	132 984
Vollbier 1000 hl	5 871	10 651	10 892

Ernährungsindustrie		Anzahl	Beschäftigte	Umsatz in Mio. DM
1970	Betriebe ab 10 Beschäftigte	649	57 620	6 323
1982	Betriebe ab 20 Beschäftigte	643	55 298	16 897
1986 (Sept.)	Betriebe ab 20 Beschäftigte	599	54 067	–

Eine allseits befriedigende Lösung dürften die Probleme des seit 1968 in das Quoten-
system der EWG-Zuckermarktordnung einbezogenen Zuckermarktes gefunden haben, obwohl Spitzenerträge im Zuckerrübenbau schon über 500 dt/ha hinauskamen.
Da die Marktverhältnisse, sofern nicht vom Export begünstigt, keine nennenswerten
Kapazitätsausweitungen zuließen, wurde die Produktion von der leistungsfähigen
Süddeutschen Zucker AG, Mannheim, größter deutscher Rübenzuckererzeuger und
einziger in Baden-Württemberg, straff rationalisiert und in Baden-Württemberg
in zwei verbliebenen hochmodernen Fabriken, in Offenau/Kreis Heilbronn und
Waghäusel, konzentriert (Gesamtumsatz aller Südzucker-Fabriken in Mio. DM
1965/66: 569; 1972/73: 721; 1983/84: 1545; 1985/86:1447, wegen EG-Zucker-Preis-
senkung).
Für die großen marktführenden Schokoladenhersteller Baden-Württembergs gehörten Gefechte um Marktanteile seit langem zum Alltag. Aus dem einstigen Schokola-

denparadies Stuttgart ist jedoch im Zuge dieses Ringens mit dem Auszug von Choco-
lat Tobler nach Lörrach 1984 die letzte Schokoladenfabrik entschwunden. Von den
bekannten Firmen Eszet (bis 1975) und Waldbaur (bis 1976) sind nur die Markennamen geblieben, die im Stollwerck-Imperium, Köln, aufgegangen sind. Durch Konzentration auf die quadratische Sportschokolade operierte die Waldenbucher Schokoladenfabrik Alfred Ritter, ein Familienunternehmen, seit Jahrzehnten sehr erfolgreich
(Umsätze in Mio. DM 1970: 73; 1981: 257; 1984: 337; 630 Mitarbeiter) und lag Ende
1984 bei einem Marktanteil von ca. 17 Prozent (Exportanteil 8 %). Der größte Scho-
koladenproduzent, Suchard in Lörrach (Top-Marke »Milka«), seit 1982 von dem in
die Schweiz ausgewanderten Kaffeeröster Jacobs (1985: 2,7 Mrd. DM Umsatz) erworben, hielt einen Marktanteil von etwa 23 Prozent (Umsatz in Mio. DM 1969: ca. 120;
1984: rd. 600; ca. 1200 Mitarbeiter). Als Zulieferer für die Süßwarenindustrie wurde
die neuerdings um das gestrandete Silva-Werk, Heidelberg, erweiterte Mannheimer Schokinag, Schokoladenindustrie Hermann GmbH (1984: ca. 120 Beschäftigte),
tätig.

Das wenig befriedigende Ölmühlengeschäft und das mit dem jahrzehntelang verteufelten und auch deshalb rückläufig nachgefragten Fett beherrschte mit einem umfassenden großen Margarineprogramm (Rama, Bonella, Sanella, Becel, Flora soft, Blau-
band) u. a. von ihren zwei Mannheimer Großbetrieben aus die Union Deutsche Lebensmittelwerke GmbH, Tochtergesellschaft der Deutschen Unilever GmbH, Hamburg (1985: Umsatz 10,1 Mrd. DM). Der Stolz des Ölmüllers Walz in Oberkirch, des
letzten handwerklichen Ölmüllers in Baden, sich gegen die riesigen Mannheimer Öl-
werke mit seiner nur 14 PS-starken Wassermühle (seit 1832) zu behaupten, war daher
um so begreiflicher. Durch die stark nachgefragte Biokost (kaltgepreßte Pflanzenöle
u. a.) eröffnete sich ihm plötzlich eine nach manchen geschäftlichen Enttäuschungen
verdiente Marktchance. Der Anfang der siebziger Jahre einsetzende und anhaltende
Ernährungstrend »schlank werden – schlank bleiben« hat die ernährungswirtschaftliche Produktpalette ständig verbreitert, auch Verschiebungen im Pro-Kopf-Verbrauch bewirkt, an der grundsätzlichen quantitativen und qualitativen Überernäh-
rung von etwa 50 Prozent des Primärkalorienverbrauchs aber wenig geändert. Auch
entsprach die Qualität der Lebensmittel nicht in allen Teilbereichen den Bedürfnissen
und Wünschen der Verbraucher. Andererseits eroberten sich Markenartikel von hoher Qualität mit zusätzlichem Nutzen einer kalorienausgewogenen Ernährung den
der üblichen Preisoptik entrückten Wachstumsmarkt. Die Expansion der großen
Markenartikelfirmen der Ernährungswirtschaft war nicht zu übersehen, der Unilever-
Lebensmittel (Milkana, Edelweiß, Livio, Unox, Norda, Nordsee usw.), der Nestlé-
Gruppe Deutschland (1985 Umsatz: 3,93 Mrd. DM) und der Maizena GmbH, Heilbronn (1985 Umsatz: 1,37 Mrd. DM), zu 100 Prozent Tochter der CPC Europe

(Group), Wilmington/USA. Die Knorr AG, Heilbronn, kam Ende der sechziger Jahre in den Mehrheitsbesitz der Maizena-Werke. Der Verbund der geschäftlichen Aktivitäten der Teilkonzerne Nestlé und Maggi gestaltete sich 1983 durch Übernahme von 51 Prozent aller Anteile der Maggi GmbH, Singen (dort 1985: 1660 Beschäftigte) noch enger. Den Konzentrationsprozeß in der Markenartikelindustrie überrundeten fast die Supermächte des Handels, die nachfragemächtigen Herrscher über große, leistungsstarke Lebensmittel-Filialketten (Aldi, ca. 18 Mrd. DM Umsatz; REWE etwa 13 Mrd.; Tengelmann ca. 11,4 Mrd.; co op 10,1 Mrd., Nanz über 2 Mrd.). Im Lebensmittelhandel machten seit Jahrzehnten weniger Firmen immer mehr Umsatz. Die Feinkost Böhm KG, Stuttgart, bekannt durch hohe Qualitätsanforderungen und Luxuriöses, verstand es, sich möglichst nicht »an dem mörderischen Verdrängungswettbewerb zu beteiligen« und erlöste im Einzelhandelsbereich etwa 60 Mio. DM.
Die Fleischmärkte wurden immer wieder durch die besondere ökonomische Logik der Bauern in Bewegung gebracht, die bei Niedrigstpreisen gewöhnlich zur Mehrproduktion veranlaßt wurden, um das notwendige Familieneinkommen zu erwirtschaften. Mit dem im langfristigen Trend gewachsenen Fleischkonsum (pro Kopf 1955: 46,2 kg; 1985: 100,6) nahmen die Gesamtschlachtmengen zu (1983 in Baden-Württemberg: mindestens 464 535 t), nur stiegen mehr und mehr heimische Landwirte aus der Schweinemast aus. 200 Stück Großvieh wurden 1984 pro Woche im neuen, hochtechnisierten Mannheimer Fleischversorgungszentrum geschlachtet und rund 1300 großteils aus Norddeutschland angelieferte Schweine. Der Anteil der heimischen Schweinehaltung am Landes-Schweineverbrauch sank von 71 Prozent 1965 auf 46 Prozent im Jahre 1981.
Vorwiegend in mittelständischen Größenordnungen bewegte sich das Geschäftsvolumen der Teig- und Backwarenhersteller. Über diesen Rahmen erhob sich Birkel in Weinstadt. Die Wachstumsstrategie des Teigwaren-Marktführers, nach 1977 nicht mehr auf das Nudelgeschäft (1982: ca. 100 000 t) beschränkt, expandierte in den wachstumsträchtigen, umkämpften Fertiggerichte- und durch Übernahme von Firmen in Mannheim und Ulm seit 1980 auch in den Paniermehlmarkt (Umsatz in Mio. DM 1978: 250; 1983: 410; ca. 1300 Beschäftigte). Drei-Glocken in Weinheim (380 Beschäftigte), der zweitgrößte Nudelproduzent in der Bundesrepublik steigerte die Mengenproduktion von 1974 bis 1984 um mehr als das Doppelte (1984: Bruttoumsatz ca. 125 Mio. DM). Aufkauf von Konkurrenz ließ die Stuttgarter Brot- und Backwarengruppe Karl Jaus & Söhne GmbH bis 1984 auf eine Umsatzgröße von 205 Mio. DM wachsen (1985: 195 Mio. DM; 1600 Mitarbeiter). Zum innovativsten Großbäcker der Bundesrepublik avancierte Wilhelm Küntzle. Während sich seine 1964 in Freiberg am Neckar gegründete Brotfabrik dem Preisdruck der wenigen Großen im Lebensmittelhandel nicht entziehen konnte, gelang ihm seit 1979 mit dem offensiven Markt-

konzept des »Stefansbäck« – durch die als offene Backstuben gestalteten Filialen – der unmittelbare Kontakt zwischen Industriebetrieb und Endverbraucher. Durch den Wachstumskurs der »Stefansbäck«-Geschäfte in Konkurrenz zu den Bäckereien des Handwerks brachte es die Küntzle-Gruppe 1985 auf einen Umsatz von knapp 55 Mio. DM.

Für die Obst- und Gemüseverarbeitungsbranche (1967: 91 Betriebe; 1986: 39) begann der Schrumpfprozeß unter dem Druck der Gewinner im Strukturwandel des Lebensmittelhandels, der preisaggressiven Verbraucher-, Super- und Discountmärkte, schon in den siebziger Jahren. Namhafte Hersteller wie die Unterland Konserven- und Tiefkühlkost AG, Bad Friedrichshall, und die Ingelfinger Werke AG, Bad Künzelsau, machten Konkurs. Mit stark gedrückten Margen, Folge der durchgesetzten Rabattenforderungen der Handelsgruppen, kamen die Essig-, Sauerkonserven- und Feinkostfabriken Hengstenberg, Esslingen, »noch ganz gut über die Runden« (Hengstenberg). Der produktive Marktführer für Essig und Sauerkraut (Umsatzanteil 32 %) machte 1984 einen Umsatz von 280 Mio. DM (1750 Beschäftigte).

Der höchste Bierkonsum wurde in der Bundesrepublik 1976 mit 151 Litern je Kopf der Bevölkerung registriert. Seitdem flachten die Wachstumsraten der Brauereien ab. Die Moninger AG, Karlsruhe, seit 1975 über Henninger-Bräu, Frankfurt, in den Konzern der Reemtsma Cigarettenfabriken, Hamburg, einbezogen, brachte es von 1974 bis 1983 auf einen Umsatzanstieg im Jahresmittel von 5,2 Prozent. Mit den achtziger Jahren stieß die Brauwirtschaft an die Grenzen der Aufnahmefähigkeit des deutschen Biermarktes. Wachstum war möglich durch stärkeres Engagement im Export (wie die Fürstlich Fürstenbergische Brauerei, Donaueschingen, Ausstoßanstieg von 1970 bis 1985 um 145 % auf 810 900 hl), durch Erhöhung des betrieblichen Outputs auf Kosten der übernommenen kleineren Konkurrenten, mit Hilfe einer ausgeprägten preis- und qualitätsbewußten Absatzpolitik (beispielsweise die Staatsbrauerei Rothaus, Ausstoß 1984/85: 224 000 hl) und durch stärkere Diversifizierung in den noch expansiven Markt alkoholfreier Getränke. Nur lange Schönwetterperioden und Billigangebote schwächten den sich in Gewinnen und Umsätzen der Mineralbrunnen Überkingen-Teinach AG, größter deutscher Mineralwasserproduzent, ablesbaren Trend zum vermehrten Konsum von Mineralwasser etwas ab (Umsatzanstieg von 62,8 Mio. DM im Jahre 1970 auf 225 Mio. DM 1986). Im Zuge der verstärkten Brauereienkonzentration, teilweise mit dem Instrument des ruinösen Verdrängungswettbewerbs betrieben, reduzierte sich die Zahl der Brauereien in Baden-Württemberg von 350 im Jahre 1953 (Ausstoß 4 Mio. hl) auf 185 im Jahre 1983 (Ausstoß 11,2 Mio. hl). Die großen Brauereien im Lande bedurften alle des externen Wachstums, um zu derzeitiger Größe zu gelangen: Dinkelacker, Stuttgart, ca. 1,2 Mio. hl; Hofbräu, Stuttgart, 1,13 Mio. hl; Rob. Leicht (»Schwabenbräu«), Stuttgart, ca. 800 000 hl; Eichbaum, Mannheim,

953 800 hl; Moninger, Karlsruhe, 518 000 hl; Alpirsbacher Klosterbräu, 345 000 hl;
Ulmer Münster Brauerei, über 340 000 hl; Distel-Brauerei, Tauberbischofsheim,
201 000 hl. Die These der Großen, »im großen Kessel braut sich Bier billiger«, mußte
nicht unbedingt Erfolg haben. Mittelständische Spezialitätenbrauereien mit Qualitäts-
garantie zeigten sich der Konkurrenz der Massenbiere gewachsen. Im schwierigen
Braujahr 1984/85 steigerte die Karlsruher Privatbrauerei Hoepfner den Bierausstoß
um 3 Prozent auf 160 000 hl. Die Privatbrauerei Reitter in Lörrach schob ihren Absatzmarkt bis ins Elsaß, nach Mulhouse, vor. Eine Karlsruher Ein-Mann-Brauerei
schenkte reichlich nachgefragtes ungefiltertes Pils aus.
Im harten Verdrängungswettbewerb unter den noch auf Kupferblasen schwörenden
Alkoholbrennern, von der Branntweinsteuererhöhung von 1977 ohnehin im Absatz
gedrückt, konnten sich die beiden führenden südwestdeutschen Destillateure, beides
Familienunternehmen, die Schwarzwälder Obstbrennerei Schladerer in Staufen (110
Mitarbeiter; Umsatzzuwachs 1974–1983 im Jahresmittel ca. 6 %) und die Weinbren-
nerei Jacobi in Weinstadt (140 Mitarbeiter; Umsatzanstieg 1984 auf 129 Mio. DM) gut
behaupten. Auf aromareiche Reinheit und gleichbleibende Geschmacksqualität kam
es angeblich an, beim »Jacobi 1880« deshalb auf die Lagerung unbedingt in jungen Fässern der französischen Limousin-Eiche. Nicht Spirituosen, Bier, Wein (etwa 17 l pro
Kopf), auch nicht Milch, Mineralwasser, Fruchtsäfte u. ä. waren der Bundesdeutschen
liebstes Getränk, sondern Bohnenkaffee in großen Mengen – ganze Kaffee-Seen – fast
170 l pro Kopf im Jahre 1983. Absatzeinbußen wegen der österreichischen Diglykol-
affäre und des italienischen Methanolskandals mußten auch baden-württembergische
Weine hinnehmen, obwohl ihr guter Ruf, namentlich der des schon klassischen
„Trockenen“, nie in Frage stand. Ende 1986 lagerten in den Kellern der Weinbau- und
Weinhandelsbetriebe Baden-Württembergs, dem zweitgrößten deutschen Weinland,
knapp 3,1 Mio. hl Rot- und Weißweine älterer Jahrgänge und ca. 2,65 Mio. hl der
Weinmosternte 1986.

Strukturenwandel

Mit jeder technisch-industriellen Revolution gingen grundlegende Verschiebungen im
Gefüge der Wirtschaft, Veränderungen der Anteilswerte der einzelnen Wirtschafts-
sektoren, insbesondere Wandlungen in den Beschäftigtenstrukturen einher. Während
des fortschreitenden Prozesses der zweiten technisch-industriellen Revolution, von
der Jahrhundertwende bis in die siebziger Jahre, erfuhr in erster Linie die Landwirtschaft als Primärsektor mit der in ihrem Rahmen gewaltig vorangetriebenen Technisierung und Ertragssteigerung einen grundumstürzenden, irreversiblen Strukturwan-

del. Im Sog dieses Prozesses verlor sie, im Einkommenswettlauf unterlegen, ihre Stellung als beschäftigungsstärkster Wirtschaftszweig (1985: 5,5 % der Erwerbstätigen und 1,3 %-Anteil der Landwirtschaft an der volkswirtschaftlichen Bruttowertschöpfung). Wo nicht zusätzliche gewerbliche Arbeitsplätze geschaffen wurden, blieben die nach wie vor ländlich geprägten Gegenden strukturschwache Problemräume und bieten noch heute ein großes Arbeitsfeld für Strukturpolitik und regionale Wirtschaftsförderung. Von 1,3 Mio. Erwerbstätigen im Jahre 1925 versiegte die Beschäftigung in Land- und Forstwirtschaft auf etwa 70 000 vollbeschäftigte Arbeitskräfte, die man Ende 1983 in den rd. 132 000 landwirtschaftlichen Betrieben über ein Hektar, ganz überwiegend Nebenerwerbsbetriebe, zählte. In einem langen, schmerzlichen Anpassungsprozeß erhöhte sich die durchschnittliche Betriebsgröße auf 11,5 ha bis 1982 gegenüber 5,7 ha 1949. Kostendeckend produzierte der weitaus größte Teil der Betriebe nicht. In der Hektarproduktivität belegten die beim Kunstdüngerverbrauch sparsamen Bauern Baden-Württembergs, verglichen mit anderen Bundesländern, einen hinteren Platz (1983: 43,4 dt Brotgetreide je ha). Nicht mehr finanzierbare Agrarüberschüsse und sinkende bäuerliche Einkommen je Familienarbeitskraft (in Haupterwerbsbetrieben 1985/86 durchschnittlich 20 283 DM pro Jahr) waren das Resultat einer Agrarpolitik, die immer mehr Bauern zum Ausscheiden zwang, ohne den Verbliebenen einen Ausweg aus der Misere bieten zu können.

Ein weiterer Wesenszug der zweiten technisch-industriellen Revolution in Südwestdeutschland bestand in dem immer stärker zur Geltung gekommenen Bedeutungszuwachs des sekundären Sektors, des verarbeitenden Gewerbes, nicht nur am Anteil am Sozialprodukt und an der Erwerbstätigkeit abzulesen. Die Zahl der Arbeitskräfte in Industrie und Handwerk stieg von rd. 1 090 000 im Jahre 1925 auf ihren bisherigen historischen Höchststand von 2 371 000 im Jahr 1973 (Erwerbstätigenanteil 55,1 %; 1984: 48,5 % und 49,5 %-Anteil an der volkswirtschaftlichen Bruttowertschöpfung). Infolge des vielbeklagten Mangels an Bodenschätzen kam in Südwestdeutschland – verglichen mit anderen deutschen Wirtschaftsregionen – nicht nur dem Bergbau eine völlig untergeordnete Bedeutung zu, sondern auch die Grundstoff- und Produktionsgüterindustrie verharrten, durch zusätzliche Verkehrsungunst gehemmt, in einer atypisch starken unterdurchschnittlichen Besetzung.

Aus dieser Not von Standortnachteilen erwuchs gewissermaßen die Tugend eines breitgefächerten, überwiegend mittelständisch strukturierten verarbeitenden Gewerbes, einer stark ausgeprägten, anpassungsfähigen Investitions- und Verbrauchsgüterindustrie. Sie vor allem profitierte fast konkurrenzlos von dem vorhandenen großen Arbeitskräftepotential. Zudem ließ sie der Entfaltung des tertiären Sektors (Handel, Verkehr, Dienstleistungen usw.) namentlich in Württemberg weniger Raum als allgemein üblich, weil sie dezentralisiert über weite Strecken des Landes verstreut war. Der

Beschäftigte in den Industriezweigen des verarbeitenden Gewerbes								
	1973	%	1980	%	1984	%	1985	%
Grundstoff- und Produktionsgüter	201 992	12,8	173 077	11,8	160 031	11,9	161 403	11,8
Investitionsgüter	914 095	57,9	900 688	61,3	844 662	63,1	876 503	63,9
Verbrauchsgüter	399 268	25,3	337 613	23,0	283 645	21,0	281 015	20,5
Nahrungs- und Genußmittel	60 329	3,8	56 806	3,9	52 466	4,0	52 227	3,8
Insgesamt:	1 576 908	100,0	1 469 206	100,0	1 340 804	100,0	1 371 375	100,0

(1973 Betriebe ab 10 Beschäftigte; 1980–1985 nur fachliche Betriebsteile.)

räumliche Verdichtungsgrad erwies sich bei weitgehend dezentralisierter Industrialisierung im allgemeinen als zu gering, um einen gut ausgelasteten, rentablen privaten Dienstleistungssektor aufkommen zu lassen – ein Erbe, das bis in die Gegenwart in der Schwäche des Dienstleistungssektors in Baden-Württemberg fortlebte. Als Vorteil ergab sich auf der anderen Seite bisher eine anteilmäßig stärkere Beschäftigung in Industriebereichen mit höherer Produktivität und damit – namentlich in Württemberg – das seit 1930 zu beobachtende Wunder eines stets über dem deutschen Durchschnitt liegenden Pro-Kopf-Volkseinkommens.

Durch ihre stark überdurchschnittliche Besetzung mit flexiblen investitionsgüterproduzierenden Gewerben zeigte sich die Wirtschaft Baden-Württembergs an der Schwelle zur dritten industriellen Revolution deren Herausforderungen besser gewachsen als andere Wirtschaftsregionen, denen nach dem Absterben von Altindustrien im Grundstoff- und Produktionsgüterbereich vielfach die Kraft zur notwendigen Reindustrialisierung mangelte. Baden-Württembergs Industrie stand in erster Linie vor der Aufgabe, die Diffusion neuer Technologien zu beschleunigen, Fertigungen zu diversifizieren, die »Peripherie« zu modernisieren und Werkstoffe zu substituieren. Das Bruttoinlandsprodukt in Preisen von 1976 stieg von 1970 bis 1984 um 39,7 Prozent (Bundesgebiet 35,1 %). Seit Jahrzehnten behauptete sich Baden-Württemberg als Zentrum des industriellen Wohlstandes und hoher Lebensqualität. Obwohl die Beschäftigung im verarbeitenden Gewerbe im längerfristigen Trend eine rückläufige Tendenz erkennen ließ (in 1000, 1970: 1656; 1980: 1492; 1985: 1392), stieg die gesamte Erwerbstätigkeit über das Spitzenjahr 1973 (4,30 Mio.) hinaus.

Geprägt wurde die längerfristige Entwicklung im verarbeitenden Gewerbe durch die Führungsrolle des stark innovativen Investitionsgüterbereichs, eine sich beschleunigende Konzentration in der Industriewirtschaft und in vielen Bereichen des Handels, Tendenzen zur verstärkten Konzern- und Gruppenbildung, durch die relative Stabilität des sich zäh selbstbehauptenden Handwerks (Zahl der Betriebe 1980: 99 274; 1985: 98 171) und eine allmählich abnehmende Industrie- und Handwerkerdichte (Industrie- und Handwerksbeschäftigte je 1000 Einwohner). Der Industrieumsatz stieg von 1980 bis 1985 um 24,4 Prozent, der des Handwerks nur um 1,4 Prozent. Im Sog kräftiger Konzentrationsbewegungen schmolz das überlieferte Vorwiegen der Klein- und Mittelbetriebe der Industrie hinsichtlich ihres Beschäftigungs- und Umsatzanteils dahin. Im Jahre 1970 entfielen bereits auf die Industriebetriebe mit 500 und mehr Beschäftigten 51,5 Prozent der Industriebeschäftigung und 53,2 Prozent des Industrieumsatzes. Durch Fusionen verstärkten sich seit den siebziger Jahren die oligopolen Züge im Ordnungsbild der südwestdeutschen Wirtschaft.

Wachstumsträchtig erwiesen sich alte und neue Freizeitindustrien. Zum Freizeitmarkt gehörten große Teile der Buchproduktion, die verschiedensten audio-visuellen Angebote, die Musikinstrumentenindustrie, die Sportartikelhersteller, das Fotogeschäft (1985 Umsatz der wieder erstarkenden Kodak AG, Stuttgart, 1,1 Mrd. DM), die elektronisch gesteuerte Modelleisenbahn (1985 Umsatz der Gebr. Märklin & Cie., Göppingen, 152,8 Mio. DM), die Puppenstube und die Ravensburger Spiele für den häuslichen Kreis, die Technik-Baukästen von Artur Fischer in Tumlingen u. a. m. Der Freizeitgestaltung bzw. der sog. Freizeitgesellschaft diente ein Großteil der verkauften Kraftfahrzeuge, auf jeden Fall die exklusive Welt der Wohnwagen, 1930 von dem Skistock- und Peitschenfabrikanten Arist Dethleffs in Isny erfunden (1985/86 Umsatz der Dethleffs Caravans GmbH, Isny, 100 Mio. DM; 430 Mitarbeiter) und die seit 1961 existierenden luxuriösen, heute über 100 000 DM teuren Hymer-Reisemobile aus Bad Waldsee (Eriba-Hymer-Werk: 400 Mitarbeiter). An den Bedarf von kauffreudigen Heimwerkern sowie von Hobby-Gärtnern, deren Ausgabevolumen auf ca. 6 Mrd. DM beziffert wurde, knüpften sich bedeutende industrielle Aktivitäten. Die Gardena Kress & Kastner GmbH, Ulm (gegr. 1961), begann ihren Aufstieg mit einer Produktidee im Bereich der Hobbygartenbewässerung (Umsatz in Mio. DM 1967/68 ca. 4; 1983/84 über 140; mehr als 1000 Mitarbeiter) und bot 1984 ein Programm von über 300 verschiedenen Artikeln für Hobbygärtner an. Mit dem Thema Freizeit, Tourismus in seinen verschiedensten Varianten, mit der Verdichtung der Entwicklung auf den regionalen Arbeitsmärkten im sekundären Sektor, der zugleich beobachteten Zunahme des Freizeitkonsums u. a. stand offensichtlich der absolute und anteilsmäßige Anstieg der Beschäftigung im tertiären Sektor im Zusammenhang (1970: 37,4 % der Erwerbstätigen; 1984: 47 % und 48,7 %-Anteil an der volkswirtschaftlichen Bruttowertschöpfung). Überaus wichtige Vermarktungsfunktionen für Technik im In- und Ausland kamen dem Familienunternehmen Hahn & Kolb, Stuttgart (1985 Umsatz rd.

1,07 Mrd. DM) zu, inzwischen wohl größte Vertriebs- und Serviceorganisation für Werkzeuge und Werkzeugmaschinen in Europa. Einen ungewöhnlichen Aufstieg im Dienstleistungsbereich nahm die Dienstleistungsgruppe Lieblang, Mannheim (seit 1951), deren inländischer Umsatz von rund 70 Mio. DM bisher zu etwa 80 Prozent aus der Glas- und Gebäudereinigung erzielt wurde (1986: rd. 3600 Beschäftigte).

Die Großen im Bankgeschäft (Bilanzsumme in Mrd. DM 1985)			
Deutsche Bank	141,9	Badische Kommunale Landes-	
Dresdner Bank	99,8	bank (Girozentrale) Mannheim	25,7
Commerzbank	82,6	Landesgirokasse Stuttgart	15,6
Landeskreditbank	35,0	Baden-Württembergische	
Landesbank (Girozentrale)		Bank	10,7
Stuttgart	31,8		

Im Zuge des Strukturwandels der Wirtschaft geriet auch im Bankgeschäft viel in Bewegung, wurden Neuerungen eingeführt (seit 1964 Eurocheque-Karte, als Kreditkarte deutscher Kreditinstitute seit 1976, Bankomat; POS-Banking), zeichneten sich Umbrüche ab, wurden auf dem Klavier der risikoreichen Unternehmensfinanzierung neue Töne angeschlagen (Factoring, Zessionskredit, Warenkreditversicherung u. a.). Überraschend kam die Ablösung des hergebrachten »Primats« des Industriekredits durch Umstrukturierung des Kreditgeschäfts zugunsten des tertiären Sektors. Inflation, die Verschuldung der öffentlichen Hand und Hochzinspolitik verhalfen 1981 den Besitzern von Renten und festverzinslichen Papieren zu den höchsten Zinsen (bis 13 %) der Nachkriegszeit. Spareinlagen (insgesamt in Mrd. DM 1965: 15,8; 1977: 65,1; 1985: 94,8) hatten von 1978 bis 1982 ihre Attraktivität verloren. Kreditinstitute gaben sich Mühe, die Vermögensverwaltung auszubauen und organisierten den Anlagemarkt (Fonds). Beharrlich wiesen Großbanken seit Ende der siebziger Jahre dynamische Familienunternehmen mit chronischem Eigenkapitalbedarf auf das Finanzierungsinstrument Aktie hin und erreichten, daß sie an die Börse gingen.

In der anhaltenden Hochzinsphase sank permanent die Eigenkapitalquote der Unternehmen, wuchsen die Außenstände, war der private Wohnungsbau kaum noch finanzierbar und die Zahl der Firmenzusammenbrüche – namentlich bei gefährdeten Industrien – nahm rapide zu (Konkurs- und Vergleichsanträge 1978: 680; 1981: 924; 1982: 1332; 1983: 1497; 1984: 1391; 1985: 1669, davon 77 % Baugewerbe und tertiärer Sektor). Parallel zum Anstieg der Insolvenzen eskalierte die Zunahme der Arbeitslosigkeit (Zahl der Arbeitslosen 1978: 78 861, Quote 2,6; 1981: 124 729; 1982: 185 692;

Vergebene Kredite (ohne Hypotheken) der in Baden-Württemberg tätigen Kreditinstitute an inländische Unternehmen und wirtschaftlich selbständige Privatpersonen in Mrd. DM

	Ende 1974	%	Ende 1984	%	Ende 1985	%
Verarbeitendes Gewerbe	17,1	43,8	27,5	30,8	28,8	30,4
Handel	6,1	15,7	16,7	18,7	17,9	18,9
Dienstleistungen	9,1	23,3	27,9	31,3	30,1	31,8
Baugewerbe	3,2	8,2	6,5	7,3	6,7	7,1
übrige	3,5	9,0	10,6	11,9	11,1	11,8
	39,0	100,0	89,2	100,0	94,6	100,0

1983: 221 856; 1984: 204 990; 1985: 209 832, Quote 5,4; 1986: 199 000). Der jeweiligen Industriestruktur, ihrer Stärke und Schwäche entsprechend breitete sich Arbeitslosigkeit regional recht unterschiedlich aus, blieb aber auch in den höchsten Quoten, in Freiburg (März 1986: 8,6 v. H.) und Mannheim (März 1986: 7,8 v. H.) unter dem Bundesdurchschnitt. Mit dem Sinken des Dollarkurses und der Zinssätze änderte sich wiederum die Wirtschaftslage. Der Kreditwirtschaft taten sich neue Risiken auf einem sich verengenden Markt auf. Gegenwind blies ihr ins Gesicht. Doch das niedrigere Zinsniveau wirkte auch geschäftsbelebend, wenngleich kaum in der Bauwirtschaft. Die Industrie verbesserte während der ziemlich durchschnittlichen Aufschwünge der achtziger Jahre mit den Umsatzrenditen auch ihre Finanzkraft und konnte dadurch ihre Neuverschuldung verringern.

Aktiva der Kreditinstitute mit Sitz in Baden-Württemberg (in Mrd. DM)

Jahr	Bilanz-summe	dav.: Kredit-banken	Sparkassen	Genossen-schaften	Realkredit-institute
1974	144,9	6,4	69,7	40,5	27,4
1985	336,3	19,0	170,5	99,0	

Staatshilfe

Als Folge des Rezessionsjahres 1966/67 gewann in der staatlichen Wirtschaftspolitik die regionale Strukturpolitik, nunmehr in schwieriger Mischfinanzierung und Kompetenzverschränkung koordiniert zwischen Bund und Ländern, einen erhöhten Stellenwert. In strukturschwachen Gebieten wurden vor allem Maßnahmen zur Verbesserung der Infrastruktur (z. B. Raum Crailsheim) und Investitionsanreize für private Unternehmen finanziert. Darüber hinaus beanspruchte eine Art sektorale Liquiditätshilfe (seit 1974), die eigentlich dem reinen Geist der Marktwirtschaft widersprechende Sanierungshilfe illiquider Unternehmen, zunehmend mehr Mittel (seit 1974 über 1 Mrd. Darlehen der Landeskreditbank). Eine von der Tradition und von der Marktwirtschaft her begründete breite Ausgestaltung erfuhr im Interesse der Erhaltung und Entfaltung kleiner und mittlerer Unternehmen als dritter Förderkomplex die 1975 ausdrücklich durch Landesgesetz verankerte »Mittelstandsförderung«. Unter dem besonderen Engagement von Ministerpräsident Späth entwickelte sich in den letzten Jahren die Technologiepolitik zu einem eigenständigen, notwendigen vierten Förderpaket, mit dessen indirektem und direktem Instrumentarium »im Land die notwendigen Bindungen und Voraussetzungen für eine erfolgreiche wirtschaftliche, technische und soziale Strukturanpassung geschaffen werden sollen« (Gesamtkonzeption vom Juli 1985). Im Rahmen der Abwicklung der finanziellen Fördermaßnahmen für das Gewerbe (1984: 13 Programme, zuzüglich Förderung des Wohnungsbaus, der Landwirtschaft usw.) oblag der landeseigenen Landeskreditbank, seit 1972 Nachfolgeinstitut der Badischen und Württembergischen Landeskreditanstalt, eine nicht immer leicht zu bewältigende, auf Risikominderung bedachte Schlüsselfunktion (langfristige Ausleihungen der LKB für die gewerbliche Wirtschaft in Mio. DM 1976: 785; 1983: 2559). Mit Erfolgen in der Beschaffung und Sicherung von Arbeitsplätzen in einer Phase beschleunigten Strukturwandels und weltwirtschaftlicher Spannungen rechtfertigte die Stuttgarter Regierung die 1985 neugeordnete Wirtschafts- und Strukturförderung. Im Kammerbezirk Karlsruhe wurden von 1973 bis 1978 insgesamt 10 477 Betriebe, ganz überwiegend mit weniger als 10 Beschäftigten, neugegründet. Dem standen im gleichen Zeitraum 9277 Betriebsaufgaben gegenüber. Die vorliegende, erste positive, am Umsatzwachstum ablesbare Zwischenbilanz der 1984 gegründeten Karlsruher Technologiefabrik (16 Kleinunternehmen) bestätigte die Richtigkeit der beschrittenen Technologieförderung im Rahmen der mittelständischen Wirtschaft. Insofern wurde mit den Instrumenten der Förderung des Strukturwandels Wachstumspolitik betrieben. Ihre Erfolge hingen nicht nur von dem begrenzt verfügbaren mobilisierten Investitionspotential, sondern nicht minder von den Glückskonstellationen der konjunkturellen Großwetterlage ab.

Den Ablaufmustern der vorangegangenen zwei technisch-industriellen Revolutionen ähnlich, verstärkten sich in Baden-Württemberg an der Schwelle zur dritten technisch-industriellen Revolution die verschiedenen, mit liberalem Modelldenken wenig konformen staatlichen Hilfsmaßnahmen beim fortschreitenden Industrialisierungsprozeß (Technologietransfer u. a.), dienten seiner Beschleunigung und der Anpassung an das sich umstrukturierende Wachstumskarussell. Für den Landesverband der Baden-Württembergischen Industrie stellten die Förderprogramme der Landesregierung grundsätzlich »immer nur die zweitbeste Lösung« dar, weil es – wie auch die Landesregierung betonte – primär auf eine Verbesserung der ordnungspolitischen Rahmenbedingungen ankomme. Die Wettbewerbs- und Leistungsfähigkeit der Unternehmen durch Steuerreformen u. a. zu stärken, sei die »beste Lösung«. Immerhin sind die Personalnebenkosten, gemessen am direkten Arbeitsentgelt von 47,6 Prozent im Jahre 1963 auf 79,6 Prozent im Jahre 1984 gestiegen. Seitdem entfielen auf eine Mark Lohn 80 Pf Arbeitgeberbeiträge.

Dem Maßnahmenkatalog zur Verbesserung der Standortqualität sind auch die zur Erhaltung von Mensch und Natur ergriffenen, seit langem fällig gewesenen Umweltschutzmaßnahmen zuzuordnen, in die mittlerweile weite Bereiche der Wirtschaft einbezogen wurden. Der angestrebten »Aussöhnung von Ökonomie und Ökologie« dienten erhebliche, aber nicht sogleich über die Preise abzuwälzende Investitionen. Noch ist dem Waldsterben nicht Einhalt geboten, noch ist etwa die Hälfte der Waldbestände gefährdet oder krank, noch der Neckar nicht zu neuem Leben erweckt. Die Landesregierung verabschiedete bisher drei mittelfristige Umweltschutzprogramme mit Schwerpunkten in der Umweltforschung, wies zahlreiche Naturschutzgebiete neu aus, intensivierte die Anstrengungen für den grenzüberschreitenden Umweltschutz, den Gewässer- und Immissionsschutz und zur Überwachung der künstlichen und natürlichen Radioaktivität. Das vielzitierte technische »Restrisiko« ist seit der Reaktorkatastrophe von Tschernobyl kein abstrakter Begriff mehr, das Entwickeln und Durchrechnen neuer Energiemodelle vordringlich geworden.

Staatshilfe erwies sich bisher in allen technisch-industriellen Revolutionen bei der Lösung des Problems kostengünstiger Energiebeschaffung, in der Verkehrspolitik und im Rahmen der Exportwirtschaft als unverzichtbar. Südwestdeutschland, arm an Rohstoffen und Energiequellen, war mit gestiegener Bevölkerungsdichte und fortschreitender Industrialisierung zunehmend auf meist zu teure Energieimporte angewiesen. Erst das aufgekommene Erdölzeitalter begann um 1960, Benachteiligungen Baden-Württembergs in der Energieversorgung zu verringern. Überfluß an Energie, an immer billiger gewordenem und bequem zu verwertendem Mineralöl, zu beziehen auch von den 1963/64 angefahrenen Raffinerien in Karlsruhe und Mannheim, verwandelte auf dem Energiesektor den Verkäufer- in einen Käufermarkt. Die Verbraucherfreude aber währte nicht lange. Der Erdölschock von 1973/74 und nachfolgende Preis-krisen machten nicht nur die Fesseln der neuen Abhängigkeit schmerzlich bewußt (Anteil des Mineralöls als Primärenergieträger 1972: 74,3 %; 1984: 51,9 %). Sie ließen auch Wachstumspessimismus und Technologiefeindlichkeit unter den Menschen auf-kommen. Ausdehnung des Konsums wurde verteufelt, Nullwachstum proklamiert, Volkswirte bastelten an Stagnationsmodellen.

Als Nachwirkungen der Ölpreisschübe und einer jahrelang stagnierenden Konjunk-turentwicklung ging der Energieverbrauch etwas zurück (Primärenergieverbrauch in Mio. t Steinkohleneinheiten 1972: 39; 1978: 44; 1983: 43,1; 1984: 44,8). Nutzung ver-fügbarer Kernenergie bot sich als vorrangig zu beschreitender Ausweg aus der Ener-giekrise an. Im Jahre 1966 nahm bereits die erste bescheidene Kernkraftnutzung in Südwestdeutschland ihren Anfang. Von der deutschen Reaktorentwicklung im Zwei-ten Weltkrieg, die vor erreichtem Ziel im Frühjahr 1945 in Haigerloch endete, bis zum 1961 kritisch gewordenen Karlsruher Reaktor FR 2 führte durch die Schwerwasser-Kompetenz eine direkte Linie. Der Bund und das Land Baden-Württemberg hatten unter großen, von den Widerstrebenden gemachten Schwierigkeiten den 1956 be-schlossenen Aufbau des Atomforschungszentrums Karlsruhe bewerkstelligt. Der kommerzielle Durchbruch der Kernkraft erfolgte nach der Rezession von 1966/67. Das mit großer Sorgfalt gebaute Kernkraftwerk Obrigheim am Neckar, das erste in Baden-Württemberg, speiste seit 1968 Strom ins Versorgungsnetz ein. Es war zur Zeit der Inbetriebnahme mit einer installierten Bruttoleistung von 300 MW das größte leichtwassergekühlte Kernkraftwerk Europas. Trotz relativ geringem »Rest-Risiko« bei deutschen Reaktoren wuchs das Mißtrauen einer breiten Öffentlichkeit gegenüber der komplizierten Kerntechnik und ihren radioaktiven Spaltprodukten. In lokalen Widerstandsaktionen wurde die Akzeptanzkrise der Kernenergie eruptiv. Dem ge-planten Druckwasserreaktor Wyhl I stellte sich zeitweilig ein gerichtlicher Baustop in den Weg. Das Kernkraftwerk Neckarwestheim I (der Neckarwerke, TWS u. a.) ging 1976 ans Stromnetz (Block II im Bau), die vom Badenwerk und der EVS betriebenen Siedewasserreaktoren Philippsburg I und II im Jahre 1977 bzw. 1985. Innerhalb der Elektrizitätserzeugung des Landes überrundete die Kernenergie die Steinkohle.

Es gelang, den zu hohen Erdölverbrauch herunterzudrücken, nur lag er mit 51,9 Pro-zent im Jahre 1984 noch erheblich über dem Bundesdurchschnitt. Auch vermochte bisher die kostengünstigere Kernenergie (1984: 11,5 %) in der Gesamtbilanz nicht die festen Brennstoffe (1984: 12,7 %), obwohl mit Milliardeninvestitionen für Entschwe-felungs- und Entstickungsanlagen belastet, von ihrem zweiten Platz als Energieträger zu verdrängen. Den größten Zuwachs unter den Energiearten verschaffte sich das lei-der in die unerwünschte Preisnähe des Erdöls gerückte Erdgas (1984: 12,9 %). Unent-behrlich blieb die billige Wasserkraft (1984: 13 % der im Lande erzeugten Elektrizi-

tät), Energieträger vor allem auch des stark gestiegenen Elektrizitätsimports aus der
Schweiz. Das Interesse an umweltfreundlichen Kleinwasserwerken, obwohl insgesamt nur zu relativ geringer Stromleistung imstande, ist verständlicherweise in letzter
Zeit gewachsen und wurde im Energieprogramm 1985 der Landesregierung auch angesprochen. Um so mehr ist daher auch die Vergütung des von den vielen Kleinwerken
in das öffentliche Netz eingespeisten Stroms zu einem angemessenen Preis wünschenswert. Von eigenen Wasserturbinen erzeugte Elektrizität bildete nach wie vor
ein Rentabilitätspolster für zahlreiche kleinere Industriebetriebe. Ein Beispiel von vielen bot das Sägewerk Bernhardt in Hiltensweiler (seit 1570 im Besitz der Familie). Seit
1984 erzeugte es in einem hochmodernen Kleinkraftwerk aus sauberem Argen-Wasser
jährlich 2,3 Mio. kW Strom, 800 000 davon für den Eigenverbrauch.

Durch lebensnotwendige Einfuhren von Energie, Rohstoffen und Fertigwaren – auch
durch bedeutende Kapitalimporte – sowie durch die mit dem Industrialisierungsgrad
gestiegene Ausfuhr (in Mrd. DM 1970: 22,6; 1980: 59,3; 1985: 91,4) verdichteten sich
in den letzten Jahrzehnten die außenwirtschaftlichen Verflechtungen Baden-Württembergs als Teil des Wirtschaftsraumes der Bundesrepublik Deutschland mit den europäischen Nachbarstaaten und mit Übersee. Von 1960 bis 1984 stieg der Ausfuhranteil am Bruttoinlandsprodukt – wenn auch nicht geradlinig – von 17 auf 29,7 Prozent.
Den Investitions- und Verbrauchsgüterschwerpunkten des Landes entsprechend erzielten Maschinen, Fahrzeuge, Elektrotechnik, Chemieprodukte und Textilien die
höchsten Exportquoten. Zum wichtigsten Ausfuhrland entwickelten sich die USA vor
Frankreich, Italien und der Schweiz (EG etwa 39 %). Allein am direkten Export des
verarbeitenden Gewerbes (Exportquoten in % 1970: 19,2; 1975: 23,0; Jan. 1986: 32,2),
durch den jüngsten Höhenflug des Dollarkurses zu einem nie dagewesenen Ausfuhr-
boom angeschwollen, hing rund ein Drittel der industriellen Arbeitsplätze (Betriebe
ab 20 Beschäftigte). Dem gewaltigen Exportauftrieb bei abgewerteter D-Mark seit
1980 stand bis 1985 ein erheblicher Kaufkraftverlust der D-Mark bei Importkäufen
gegenüber. Trotzdem wurde 1984/85 erstmals in der Wirtschaftsgeschichte Baden-
Württembergs der Kapitalexport leicht vom gleichzeitigen Kapitalimport überrundet.
Von 1977 bis 1983 flossen ausländische Direktinvestitionen in Höhe von 84,5 Mrd.
DM nach Baden-Württemberg und beliefen sich die baden-württembergischen Di-
rektanlagen im Ausland auf 68,7 Mrd. DM. Die Wechselkurse sind inzwischen korri-
giert. Daß sich ein vielgewünschtes Gleichgewicht zwischen Angebot und Nachfrage
auf den internationalen Märkten einstellte, war nicht zu erwarten, auch nicht von dem
zeitweiligen Sieg über die Inflation. Sich immer wieder flexibel an kaufkräftige Nachfrage und Bedürfnisse anzupassen, darin lag – im Grunde seit dem Spätmittelalter – die
Stärke der südwestdeutschen Exportwirtschaft. Sie mußte sich immer wieder neu –
mit und ohne staatliche Hilfe und allen Handelshemmnissen zum Trotz – bestätigen.

Literatur und Quellen

Römisches Erbe

W. A. Boelcke: Römisches Erbe, alemannische Landnahme und die Entstehung der Grundherr-
schaft im deutschen Südwesten. In: Ludwigsburger Geschichtsblätter. Heft 27. 1975.
Filtzinger, Planck, Cämmerer: Die Römer in Baden-Württemberg. 1976.
W. Hankel: Caesar. Goldne Zeiten führt' ich ein. Das Wirtschaftsimperium des römischen
Weltreiches. 1978.
T. Pekáry: Die Wirtschaft der griechisch-römischen Antike. 1976.

Herr und Gefolgsmann: Die erste Feudalzeit

M. Bloch: Die Feudalgesellschaft. 1982.
W. A. Boelcke: Römisches Erbe, alemannische Landnahme und die Entstehung der Grundherr-
schaft im deutschen Südwesten. In: Ludwigsburger Geschichtsblätter. Heft 27. 1975.
R. Christlein: Die Alamannen. Archäologie eines lebendigen Volkes. 1978.
A. Dopsch: Die Wirtschaftsentwicklung der Karolingerzeit vornehmlich in Deutschland.
2 Teile. ³1962.
G. Duby: Krieger und Bauern. Die Entwicklung von Wirtschaft und Gesellschaft im frühen
Mittelalter. 1977.
E. Ennen, W. Janssen: Deutsche Agrargeschichte. Vom Neolithikum bis zur Schwelle des Indu-
striezeitalters. 1979.

Wirtschaftlicher Wandel in der zweiten Feudalepoche.
Das Hohe Mittelalter

W. Abel: Agrarkrisen und Agrarkonjunktur. ³1978.
M. Bloch: Die Feudalgesellschaft. 1982.
G. Duby: Krieger und Bauern. Die Entwicklung von Wirtschaft und Gesellschaft im frühen
Mittelalter. 1977.
J. Gumpel: Die industrielle Revolution des Mittelalters. 1980.
E. Maschke, J. Sydow (Hg.): Südwestdeutsche Städte im Zeitalter der Staufer. 1980.

Krisen und Spannungen im Herbst des Mittelalters

W. Abel: Geschichte der deutschen Landwirtschaft vom frühen Mittelalter bis zum 19. Jahrhundert. ³1970.
F. Lütge: Das 14./15. Jahrhundert in der Sozial- und Wirtschaftsgeschichte. In: Ders.: Studien zur Sozial- und Wirtschaftsgeschichte. Gesammelte Abhandlungen. 1963.
E. Maschke: Städte und Menschen. Beiträge der Stadt, der Wirtschaft und Gesellschaft 1959–1977. 1980.
H. Patze (Hg.): Die Grundherrschaft im Späten Mittelalter. 1983.
F. Rörig: Die europäische Stadt und die Kultur des Bürgertums im Mittelalter. ³1955.
W. Schnyder: Handel und Verkehr über die Bündner Pässe im Mittelalter zwischen Deutschland, der Schweiz und Oberitalien. Zürich 1973 u. 1975.
W. Frhr. v. Stromer: Die Gründung der Baumwollindustrie in Mitteleuropa. 1978.
H. Vocke (Hg.): Geschichte der Handwerksberufe. 2 Bde. 1959 u. 1960.

Modernität und Stagnation: Reformation, Merkantilismus, Aufklärung

W. A. Boelcke: Bäuerlicher Wohlstand in Württemberg Ende des 16. Jahrhunderts. In: Jb. f. Nationalökonomie und Statistik. Bd. 176 (1964).
–: Zur Entwicklung des bäuerlichen Kreditwesens in Württemberg vom späten Mittelalter bis Anfang des 17. Jahrhunderts. In: Jb. f. Nationalökonomie und Statistik. Bd. 176 (1964).
–: Die Wirtschaft in der Zeit des Spätmerkantilismus (1770–1780). In: Historischer Atlas von Baden-Württemberg. Karte XI, 4 mit Beiwort. 1977.
E. Gothein: Wirtschaftsgeschichte des Schwarzwaldes und der angrenzenden Landschaften. I. Städte und Gewerbegeschichte. Straßburg 1892.
W. v. Hippel: Bevölkerung und Wirtschaft im Zeitalter des Dreißigjährigen Krieges. Das Beispiel Württemberg. In: Zeitschrift für Historische Forschung. 5. Bd. (1978).
Oberrheinische Studien VI. Barock am Oberrhein. Hg. von A. Press, E. Reinhard u. H. Schwarzmaier. 1985.
J. Wallerstein: The Modern World-System. I u. II. New York, London etc. 1974 u. 1980.
W. Zorn: Handels- und Industriegeschichte Bayerisch-Schwabens 1648–1870. Wirtschafts-, Sozial- und Kulturgeschichte des Schwäbischen Unternehmertums. 1961.

Das liberale Reformzeitalter

Badische Geschichte. Vom Großherzogtum bis zur Gegenwart. Hg. von der Landeszentrale für politische Bildung Baden-Württemberg. 1979.
W. A. Boelcke: Wege und Probleme des industriellen Wachstums im Königreich Württemberg. In: Zeitschrift für Württembergische Landesgeschichte. Jg. 1973 (1974).
W. Fischer: Wirtschaft und Gesellschaft im Zeitalter der Industrialisierung. 1972.
W. v. Hippel: Die Bauernbefreiung im Königreich Württemberg. 2 Bde. 1977.
G. Seybold: Württembergs Industrie und Außenhandel vom Ende der Napoleonischen Kriege bis zum Deutschen Zollverein. 1974.

Wege zur Hochindustrialisierung

W. Bocks: Die Badische Fabrikinspektion. Arbeiterschutz, Arbeiterverhältnisse und Arbeiterbewegung in Baden 1879 bis 1914. 1978.
K. E. Born: Wirtschafts- u. Sozialgeschichte des Deutschen Kaiserreichs (1867/71–1914). 1985.
F. Kistler: Die wirtschaftlichen und sozialen Verhältnisse in Baden 1849–1870. 1954.
H. Loreth: Das Wachstum der württembergischen Wirtschaft von 1818–1918. In: Jahrbücher für Statistik und Landeskunde von Baden-Württemberg 19. 1974.
K. Megerle: Württemberg im Industrialisierungsprozeß Deutschlands. 1982.
R. Uhland: Gewerbeförderung in Baden und Württemberg im 19. Jahrhundert und die Entstehung staatlicher Zentralstellen. In: Bausteine zur geschichtlichen Landeskunde von Baden-Württemberg. 1979.

Krisen und Konjunkturen in der Zeit der Weltkriege

W. A. Boelcke: Die deutsche Wirtschaft 1930–1945. Interna des Reichswirtschaftsministeriums. 1983.
–: Industrialisierung im Kammerbezirk Schwarzwald-Baar-Heuberg vom 17. Jahrhundert bis 1945. In: Zeitschr. f. Württembergische Landesgeschichte. 42. Jg. 1983. S. 282–303.
Th. Heuss: Robert Bosch. Leben und Leistung. ²1981.
H. Köhler: Lebenserinnerungen. 1964.
G. Mai: Kriegswirtschaft und Arbeiterbewegung in Württemberg 1914–1918. 1983.
P. Sauer: Württemberg in der Zeit des Nationalsozialismus. 1975.
H. Schäfer: Regionale Wirtschaftspolitik in der Kriegswirtschaft. Staat, Industrie und Verbände während des Ersten Weltkrieges in Baden. 1983.

Wiederaufbauboom

W. A. Boelcke: Industrieller Aufstieg im mittleren Neckarraum. Zwischen Konjunktur und Krise. Das Beispiel der Werkzeug-, Maschinen- und elektronischen Industrie. In: Zeitschr. f. Württembergische Landesgeschichte. 43. Jg. 1984. S. 287–326.
C. Borcherdt u. a.: Die Landwirtschaft in Baden und Württemberg 1850–1980. 1985.
H. H. Götz: Weil alle besser leben wollen. Porträt der deutschen Wirtschaftspolitik 1963.
H. Klar: Strompreisvergleiche für 18 ausgewählte Gemeinden Baden-Württembergs während des Zeitraums von 1952 bis 1979. Diplomarbeit Hohenheim 1980.
Th. Pfizer (Hg.): Baden-Württemberg. Staat, Wirtschaft, Kultur, 1963.
K. Pritzkoleit: Das gebändigte Chaos. Die deutschen Wirtschaftslandschaften. 1965.

Gehemmtes Wachstum an der Schwelle zur »dritten industriellen Revolution«

Baden-Württemberg. Eine Wirtschaftsdokumentation. 1983/84.
Baden-Württemberg 1952–1982. 30 Jahre im Spiegel der Statistik. Hg. vom Statistischen Landesamt Baden-Württemberg. 1982.

Th. Eschenburg u. U. Frank-Planitz: Republik im Stauferland. Baden-Württemberg nach
   25 Jahren. 1977.
Th. Glaser: Produktion von rechengesteuerten Werkzeugmaschinen im Mittleren Neckarraum
   von 1960 bis zur Gegenwart. Diplomarbeit Hohenheim 1985.
Das Land Baden-Württemberg. Amtliche Beschreibung nach Kreisen und Gemeinden. I. Hg.
   von der Landesarchivdirektion Baden-Württemberg. ²1977.
A. E. Ott (Hg.): Die Wirtschaft des Landes Baden-Württemberg. 1983.
J. Radkau: Aufstieg und Krise der deutschen Atomwirtschaft. 1945–1975. 1983.
W. W. Rostow: The World Economy. History & Prospect. Austin & London 1978.
G. Zahnenbenz: Stuttgart als Industriestandort 1850–1982. Diss. Hohenheim 1984.

Benutzte Archive

Badisches Generallandesarchiv Karlsruhe
Bundesarchiv / Militärarchiv Freiburg/Breisgau
Gräflich Reischach'sches Privatarchiv Schloß Riet
Staatsarchiv Ludwigsburg
Stadtarchiv Biberach
Stadtarchiv Schwäbisch Gmünd
Stadtarchiv Singen
Stadtarchiv Ulm
Wirtschaftsarchiv Baden-Württemberg Stuttgart-Hohenheim
Württembergisches Hauptstaatsarchiv Stuttgart

Der Autor ist für viele Hilfe zu großem Dank verpflichtet. Unternehmen, Ministerien, Kammern stellten bereitwillig eine Fülle von Material zur Verfügung. Insgesamt 107 Firmen beantworteten die oft bohrenden Fragen des Autors. Die Deutsche Forschungsgemeinschaft, Bonn-Bad Godesberg und die Robert-Bosch-Stiftung, Stuttgart, förderten meine Forschungen zur Industriegeschichte im Rahmen ihrer Schwerpunktprogramme. Ohne die Hilfe der Robert-Bosch-Stiftung hätten auch die Kosten der Drucklegung nicht bestritten werden können. Wegen des großen Umfangs und der hohen Kosten des Buches mußte auf einen ausführlichen Anmerkungsapparat verzichtet werden. Dank gebührt vor allem meinem Verleger, dessen Engagement und Geduld es unbedingt bedurfte.   W. A. B.

Sachregister

Firmen- und Namenregister

Electrolux AB, Stockholm 608
Elektrizitätsversorgung Württemberg 357, 358
Elektrizitätswerk Stuttgart 298
Elektrometall GmbH, Kolbenbau, Stuttgart-Cannstatt 348
Elektro-Nitrum AG, Laufenburg 317, 366
Elring Dichtungswerke KG 499
Jean Elz, Leiternfabrik, Mannheim 411
Emag Maschinenfabrik GmbH, Salach 623
Energie-Versorgung Schwaben AG (EVS) 358, 536, 537, 568, 689
Engelbrauerei, Schwäbisch Gmünd 330
Engelbrauerei, Tuttlingen 137
Engelhorn, Friedrich 276
Enz-Nagold-Murg-Compagnie (Fauler & Co.) 150
Erba, Aktiengesellschaft für Textilindustrie, Wangen/Allgäu 394, 508, 670
Erbach, Erasmus Schenk zu 66
Erhard, Ludwig 455, 456, 458, 462
Joh. Erhard, Gelbgießerei, Heidenheim 315, 392
Erhardt & Söhne, Silber- u. Metallwarenfabrik, Schwäbisch Gmünd 248, 393
Eriba-Hymer-Werk, Reisemobile, Bad Waldsee 684
Ernst, Waldemar 487, 640
Erste Deutsche Ramiegesellschaft AG, Emmendingen 398
Erste Mannheimer Dampfmühle 524
Escher-Wyss GmbH, Ravensburg 192, 260, 261, 471, 486, 633
Estol AG, Margarine, Mannheim 418
ETO-Nahrungsmittelfabriken, Ettlingen 525
Eszet (Staengel & Ziller) Kakao- und Schokoladenfabrik, Stuttgart 222, 419, 678
Ettlinger Papiermühle 194
Eucken, Wilhelm 454, 455
Ex-Cell-O Corp. Maschinenbaukonzern, Troy/Michigan 622
Eyth, Max 235

Färberei und Appretur Schusterinsel GmbH, Weil 395
Fahr, Otto 466
Fahr AG, Landmaschinen, Stockach 234, 235, 334, 372, 469, 470, 486, 627, 628, 639
August Faller KG, Kartonagen, Waldkirch 409
Jos. Faller, Bürstenfabrik, Todtnau 352
Farbbildröhrenwerk Videocolor, Ulm 603
Farny, Oskar 331
C. & E. Fein GmbH, Elektrowerkzeuge, Stuttgart 352, 610
Feldmühle AG, Werk Baienfurt 279, 666
Felina GmbH, Miederwaren, Karlsruhe 246, 516, 671
Felix, Prinz von Hohenlohe-Öhringen 308
Fernwasserversorgung Rheintal 535
Feuerbacher Schmiede, Heidenheim 391

Feuerlein, Farbstoffindustrie, Stuttgart-Feuerbach 275
Fiat SA, Turin 337
Louis Fiessler GmbH, Schmuck, Pforzheim 652
Filbinger, Hans 584
Fischer, Artur 534
–, Wolfram 144
Georg Fischer AG, Singen 255, 486 f., 640
F. & R. Fischer, Metallwarenfabrik, Göppingen 249, 389, 391, 490 f.
Fischerwerke Artur Fischer GmbH & Co., KG, Dübel, Waldachtal-Tumlingen 534, 684
Fischer-Riegel, Damen- und Kinderkonfektion, Mannheim 402
Flammer, Ernst 364
Fleischer, Papierfabrik, Eislingen/Fils 408
F. Flinsch, Papierfabrik, Freiburg 279
Flughafen Stuttgart GmbH 431, 559, 568
Flugzeugbau Friedrichshafen GmbH 272, 317
Fortuna-Werke Spezialmaschinenfabrik AG, Stuttgart-Bad Cannstatt 265, 370 f., 467, 622, 625, 626
Fouquet, Honoré Frédéric 245
Frako, Gehäuse und Kondensatoren, Teningen 355
Franck & Kathreiner GmbH, Ludwigsburg 219, 417, 525
Frankenthaler-Porzellanmanufaktur 132, 134
Franke & Kirchner, Elektromotoren, Mannheim 352, 423, 473
Franz, Günther 94
Franz I., Kaiser 127
Freightliner, Daimler-Benz-Tochtergesellschaft, USA 588
Freudenberg, Carl 280
Carl Freudenberg & Co., Lederfabrik, Kunststoffverarbeitung, Weinheim 361 f., 404, 501, 519, 661
Friedrich der Schöne, dt. König 62
Friedrich II., Herzog (König) von Württemberg 117, 120, 127, 147, 157, 167, 212
Friedrich Wilhelm, Fürst von Hohenzollern 641
Fuchs-Baggerwerk Bad Schönborn 630
Fuchs Waggonfabrik AG, Heidelberg 372
Fürderer, Jägler & Co., Neustadt 250
Fürstenberg, Joachim Fürst von 483
Fürstlich Fürstenbergische Brauerei, Donaueschingen 137, 223, 224, 330, 680
– Fürstenbergische Maschinenfabrik, Emmendingen 260
– Hohenzollernsche Hüttenwerke Laucherthal 123, 257, 393, 641
L. Furtwängler Söhne AG, Uhrenfabrik, Furtwangen 374

Gaggenau-Werke Haus- und Lufttechnik GmbH 392
Galenius-GmbH, Pharmazeutische Produkte, Mannheim 500
Gardena Kress & Kastner GmbH, Unternehmen

Abbildungsnachweis

Die nicht nachgewiesenen Abbildungen wurden von den jeweils genannten Firmen zur Verfügung gestellt.

Landeskunde im Konrad Theiss Verlag

Baden-Württemberg

Bild einer Kulturlandschaft. Von Hermann Baumhauer. 256 Seiten mit 156 Farbtafeln. Großformat. Kunstleinen.
Dieser farbige Text-Bildband führt zu über 150 ausgewählten, besonders eindrucksvollen kul-
turhistorischen Sehenswürdigkeiten, die die Kulturlandschaft Baden-Württemberg charakteri-
sieren. Mit ausführlichem Text zu Landschaft, Geschichte und Kunst.

Baden-Württemberg

Eine Landeskunde im Luftbild. Von Albrecht Brugger mit Texten von Hermann Baumhauer
und Erich Ruckgaber. 258 Seiten mit 161 Tafeln, davon 125 in Farbe. Großformat. Leinen.
Die Spannweite und Vielschichtigkeit des Landes in Vergangenheit und Gegenwart, seine Möglichkeiten für die Zukunft erfaßt und beleuchtet dieses Werk unter den verschiedensten
Aspekten. Das Bild Baden-Württembergs, mit diesem klassischen großformatigen Luftbild-
band völlig neu gesehen und repräsentativ dargestellt wie nie zuvor.

Barock in Baden-Württemberg

Von Volker Himmelein, Klaus Merten, Wilfried Setzler und Peter Anstett. 256 Seiten mit
168 Tafeln, davon 78 in Farbe. Großformat. Leinen.
Als ein außergewöhnlich wertvolles Buch erweist sich der Bildband über den Barock in Baden-
Württemberg. Die Arbeit des Autorenteams bietet sowohl dem Laien wie dem Kunstliebhaber,
dem Heimatkundler wie dem Historiker einen reichen Einblick in die barocken Baudenkmäler
des Südweststaates – in ausführlicher Wortdarstellung und in einem reichhaltigen Bildangebot.

Romanik in Baden-Württemberg

Von Heinfried Wischermann. Mit Fotos von Joachim Feist und Peter Fuchs. 340 Seiten mit
100 Textabbildungen und 200 Tafeln, davon 22 in Farbe. Großformat. Leinen.
Die erste zusammenfassende Darstellung der romanischen Baudenkmäler auf dem Boden des
Bundeslandes Baden-Württemberg in Text und Bild.

Landeskunde im Konrad Theiss Verlag

Die Geschichte Baden-Württembergs

Herausgegeben von Reiner Rinker und Wilfried Setzler. 458 Seiten mit 203 Abbildungen, Stammtafeln, Zeittafel. Kunstleinen.
26 Landeshistoriker stellen – unter Berücksichtigung der Besonderheiten der badischen, württembergischen, pfälzischen und hohenzollerischen Geschichte – die Entwicklung des heutigen Bundeslandes Baden-Württemberg von der Steinzeit bis in die Gegenwart dar.

Unser Land Baden-Württemberg

Herausgegeben von Ernst W. Bauer, Rainer Jooß und Hans Schleuning. 336 Seiten mit 604 großteils farbigen Abbildungen. Fester Einband.
Mit diesem Buch ist es erstmals gelungen, Baden-Württemberg unter den verschiedensten Aspekten darzustellen. Das Wesentlichste und Wissenwerteste aus Landesgeschichte, Natur und Georgraphie, Wirtschaft und Technik, Politik und Zeitgeschichte wird zusammengefaßt. Damit liegt jetzt ein modernes Heimatbuch vor, das den Bedürfnissen und Ansprüchen der heutigen Zeit entspricht.

Württembergische Geschichte im südwestdeutschen Raum

Von Karl und Arnold Weller. 464 Seiten mit 56 Tafeln, 19 Karten, Zeittafel. Leinen.
Beginnend mit der Vor- und Frühgeschichte bis hin zur regionalen Neuordnung des Bundeslandes Baden-Württemberg spannt sich der Bogen dieser umfassenden Darstellung der Geschichte Südwestdeutschlands.

Wurzeln des Wohlstands

Herausgegeben von den Industrie- und Handelskammern Baden-Württembergs. 240 Seiten mit 374 Abbildungen. Fester Einband.
Bilder und Dokumente südwestdeutscher Wirtschaftsgeschichte: Vom Land der Kleinbauern und Handwerker zum Bundesland mit großer wirtschaftlicher Bedeutung im In- und Ausland.

Archäologie in Deutschland

Ca. 50 Seiten, vierfarbig. Erscheinungsweise vierteljährlich.
Die Zeitschrift mit sachkundigen und aktuellen Berichten zu allen Gebieten der Archäologie in unserer Heimat und deutscher Archäologie im Ausland. Auszug ständiger Themen: Der Forschungsbericht, Der archäologische Wanderweg, Das gerettete Denkmal, Neue Funde usw.